वैदिक संस्कृति

वैदिक संस्कृति

गोविन्द चन्द्र पाण्डे

लोकभारती प्रकाशन

लोकभारती प्रकाशन
पहली मंजिल, दरबारी बिल्डिंग, महात्मा गांधी मार्ग
प्रयागराज-211 001

वेबसाइट : www.lokbhartiprakashan.com
ईमेल : info@lokbhartiprakashan.com

शाखाएँ : 1-बी, नेताजी सुभाष मार्ग, दरियागंज
नई दिल्ली-110 002
अशोक राजपथ, साइंस कॉलेज के सामने
पटना-800 006
1, अनमोल सोराबजी संतुक लेन, धोबी तलाव,
मरीन लाइंस, मुम्बई-400 002

पहला संस्करण : 2001
पाँचवाँ संस्करण : 2024

बी.के. ऑफसेट
नवीन शाहदरा, दिल्ली-1100 032
द्वारा मुद्रित

VAIDIC SANSKRITI
by Govind Chandra Pandey

ISBN : 978-81-8031-064-5

मूल्य : ₹ 1495

सरस्वती नः सुभगामयस्करत्

के०के० बिड़ला फाउंडेशन के आर्थिक सहयोग से
लोकभारती द्वारा प्रकाशित

वुल्नराचार्य-शिष्याय श्रीश्वरीदत्तशास्त्रिणे।
पितामहाय विदुषे कृतिरेषा समर्प्यते॥

अतुलितबलधामं हेमशैलाभदेहं
दनुजवनकृशानुं ज्ञानिनामग्रगण्यम्।
सकलगुणनिधानं वानराणामधीशं
रघुपतिप्रियभक्तं वातजातं नमामि॥

आमुख

भारतीय परम्परा वेदों को धर्म, ज्ञान और विज्ञान के क्षेत्रों में परम प्रमाण मानती है। आधुनिक विद्वान् वेद को प्राचीन मानव-संस्कृति के, विशेषतया मूलभूत आर्य-संस्कृति के ज्ञान के लिए आकर ग्रंथ मानते हैं। इस प्रकार वेदों की महिमा सर्वविदित होते हुए भी उनका अध्ययन-अध्यापन बहुत दिनों से उपेक्षित-सा रहा है। यद्यपि वे अब मुद्रित और प्रकाशित हैं, उनका सही अर्थ अनेक अंशों में दुर्बोध है।

वेदविद्या में पारङ्गत गुरुवर आचार्य क्षेत्रेशचन्द्र चट्टोपाध्याय से सीखा था कि वेदों के सही परिशीलन के लिए आधुनिक पाश्चात्य एवं पारम्परिक दोनों ही प्रकार की व्याख्याओं का उपयोग अपेक्षित है। यही उपदेश इस ग्रंथ की विचारशैली का मूलमंत्र है। एक ओर ऐतिहासिक और तुलनात्मक पद्धतियों का उपयोग है, दूसरी ओर सायण आदि की यज्ञ-केन्द्रित व्याख्याओं का, जिनमें आनुषंगिक रूप से विस्तृत सांस्कृतिक सामग्री संगृहीत हैं। दयानन्द, श्री अरविन्द एवं मधुसूदन ओझा आदि की व्याख्याओं में वेदों के आधिदैविक, आधिभौतिक और आध्यात्मिक रहस्यों का निर्वचन है। कुछ नये विद्वानों ने आधिदैविक पक्ष पर महत्त्वपूर्ण प्रकाश डाला है।

एक मेरे मित्र ने मुझसे पूछा कि वेदों पर इतना कुछ लिखा जा चुका है, फिर आप नया क्यों लिख रहे हैं। मैंने कहा एक तो नए पुरातात्विक अनुसंधानों के कारण अब वैदिक युग का ऐतिहासिक परिप्रेक्ष्य बदल रहा है, दूसरे, औपनिवेशिक युग के विद्वानों ने जो वेद पर लिखा है उसमें अधिकांशतया वैदिक देवाख्यानों पर तुलनात्मक मिथकीय विज्ञान की दृष्टि प्रधान रही है, तत्त्व-जिज्ञासा की दृष्टि नहीं। समूचे वैदिक धर्म का आकलन भी इन विद्वानों के लिए उस परिप्रेक्ष्य में किया जाना चाहिये जिसमें धर्म के इतिहास की कल्पना मैक्समूलर एवं अन्य विद्वानों ने विशेषतया नृतत्त्वशास्त्रियों ने की है। इससे विपरीत दृष्टि सनातन-विद्या की है जिसके आधुनिक प्रतिपादकों में कुमारस्वामी, श्री अरविन्द आदि प्रमुख हैं। तीसरे, अधिकांश वेदों पर लिखे गये मानक ग्रंथ या तो विशिष्ट बिन्दुओं पर अनुसंधान करते हैं अथवा एकाङ्गी हैं। उदाहरणार्थ, ओल्डेनबर्ग अथवा कीथ की वैदिक धर्म पर प्रसिद्ध कृतियों में वैदिक इतिहास, समाज और संस्कृति छोड़ दी गई है। दूसरी ओर, **वैदिक एज** में दर्शन और विज्ञान का विवरण अत्यन्त संक्षिप्त है। मेरा प्रयास नवीनतम सामग्री, तत्त्वार्थ-जिज्ञासा और सर्वाङ्गीणता की दृष्टि से ग्रन्थ की रचना का है क्योंकि संस्कृति का स्वरूप जीवन और विचारों के विभिन्न पक्षों में अन्तर्निहित अव्यक्त सूत्रों को पहचानने से ही पता चलता है। इस संरचना-संवयन या त्सुज़ामेनॅहांग (Zusammenhang) में ही एक समग्रदृष्टि, मूल्य-परिप्रेक्ष्य या आधारीय विचार-संस्थान के रूप में संस्कृति का मौलिक स्वरूप प्रतिभासित होता है। वैदिक संस्कृति को परिभाषित करने वाला वह ऋत-सत्यात्मक सूत्र क्या है और किस प्रकार वह एक ऐतिहासिक युग की सभ्यता में

प्रकाशित हुआ एवं परम्परा का उत्स बना, इसी को व्यक्त करना इस ग्रन्थ का मूल उद्देश्य है।

इस ग्रन्थ के प्रणयन में प्रो० सुरेश चन्द्र पाण्डे, प्रो० शिबेश भट्टाचार्य एवं डॉ० राजेश कुमार मिश्र ने मेरी विशेष सहायता की है। प्रूफ संशोधन का कठिन कार्य तो पूरी तरह से डॉ० मिश्र ने ही संभाला है। उन्होंने ही अनुक्रमणी श्रमपूर्वक बनाई है। टंकन एवं संशोधन श्री सुनील कुमार पाण्डेय एवं श्री जयसिंह के हाथों में रहा। श्री हरिवंश तिवारी, श्री के० सीतारामकुमार एवं सुश्री सोनिका शर्मा ने भी प्रेस कापी के संशोधन में सहायता की। डॉ० सुनील प्रसाद सिन्हा ने पुस्तक के पूरी होने के लिए विविध सहायता जुटाई। लोकभारती के व्यवस्थापक श्री दिनेश ग्रोवर एवं श्री विनीत कपूर ने बहुत कुशलता और धैर्य के साथ इस पुस्तक का मुद्रण एवं प्रकाशन का भार ग्रहण किया है। प्रो० सत्य प्रकाश मिश्र ने इसके प्रकाशन में समुचित प्रेरणा के द्वारा सहायता की है। मैं इन सभी मित्रों का ऋणी हूँ। अन्त में यह कहना आवश्यक है कि अपनी पत्नी सुधा पाण्डे की सतत प्रेरणा से ही यह ग्रन्थ पाठकों के सामने प्रस्तुत करने में समर्थ हुआ हूँ।

श्रीराम नवमी, सं० २०५८ — **गोविन्द चन्द्र पाण्डे**
तदनुसार २.४.२००१
प्रयाग

दूसरे संस्करण की भूमिका

पाठकों द्वारा प्रथम संस्करण का स्वागत मेरे लिए उत्साहवर्द्धक रहा है। इस दूसरे संस्करण में कुछ नयी शोध सामग्री का संयोजन कर दिया गया है। पुरातत्व ऐसा विषय है जिसमें निरन्तर नयी खोज सामने आती है और अब आर्कियोजेनेटिक्स भी एक महत्वपूर्ण विषय हो गया है, जैसे कि आर्कियोएस्ट्रोनॉमी। भाषाशास्त्र के विषय में परिप्रेक्ष्य बदल रहे हैं। वैदिक अनुसंधान को सर्वतोन्मुखी होकर ही आगे बढ़ना होगा। यह अवधेय है कि 'बिभेत्यल्पश्रुताद्वेदः' इस प्रस्तुत कृति में इस दृष्टि का यथासंभव पालन किया गया है।

पाठकों से मेरा अनुरोध है कि वे राजनीतिक विचारधाराओं से मुक्त होकर इस ज्ञानयज्ञ में भाग ग्रहण करें। मैं अपने शिष्य और मित्र प्रो० दयानाथ त्रिपाठी, अध्यक्ष, भारतीय इतिहास अनुसंधान परिषद् का विशेष रूप से आभारी हूँ, जिन्होंने मुझे कुछ नवीन पुरातात्विक संदर्भों की सूचना दी है। अपने प्रकाशक लोकभारती के संचालक श्री दिनेश ग्रोवर के प्रति भी मैं आभार प्रदर्शित करना चाहता हूँ जो इतनी तत्परता से पहले संस्करण को पाठकों तक पहुँचाकर अब दूसरा संस्करण निकाल रहे हैं।

बुद्ध पूर्णिमा — **गोविन्द चन्द्र पाण्डे**
२४ मई, २००५

विषय-सूची

अध्याय *पृष्ठ संख्या*

• आमुख ... ix

भाग १

१. वेद, उनके रचयिता और रचनाकाल ... ५-३२
२. आर्यों की खोज : भाषाशास्त्रीय एवं पुरातात्त्विक ... ३३-४२
३. पूर्ववैदिक समाज और उसका भौतिक पक्ष ... ४३-६२
४. पूर्ववैदिक युग की आध्यात्मिकता ... ६३-१०४

भाग २

५. आर्षकाव्य की धारा ... १०७-२५४

भाग ३

६. उत्तरवैदिक काल ... २५७-२७९
७. उत्तरवैदिक संहिताएँ और ब्राह्मण साहित्य ... २८०-३३८
८. कर्मकाण्ड और उसका अर्थ ... ३३९-४२६

भाग ४

९. उपनिषदों का परिशीलन ... ४२९-५१३
१०. वैदिक विज्ञान ... ५१४-५३०
११. वैदिक और सिन्धु—कुछ नये तथ्य ... ५३१-५३४

• परिशिष्ट
  १. ऋग्वेद संहिता—[अनूदित सूक्तों के मूल] ... ५३५-६००
  २. यज्ञशालाओं के मानचित्र ... ६०१-६०६

• अनुक्रमणी ... ६०७-६५१

सा प्रथमा संस्कृतिर्विश्ववारा

—वाजसनेयि-संहिता, ७.१४

भाग-१

वेद उनके रचयिता और रचना-काल

आर्यान् विदुषः अनुष्ठातॄन्।

—सायणभाष्यम् ऋग्वेद १.५१.८

महत ऋग्वेदादेः शास्त्रस्यानेकविद्यास्थानोपबृंहितस्य प्रदीपवत्सर्वार्थावद्योतिनः सर्वज्ञकल्पस्य योनिः कारणं ब्रह्म।.......... अनेकशाखाभेदभिन्नस्य देवतिर्यङ्मनुष्यवर्णाश्रमादि-प्रविभागहेतोर्ऋग्वेदाद्याख्यस्य सर्वज्ञानाकरस्याप्रयत्नेनैव लीलान्यायेन पुरुषनिःश्वासवद्यस्मा-न्महतो भूताद्योनेः संभवः, 'अस्य महतो भूतस्य निःश्वसितमेतद्यदृग्वेदः' (बृह. २.४.१०) इत्यादिश्रुतेः।

—ब्रह्मसूत्रशांकरभाष्यम् १.१.३

वेद या वेद भगवान्, जैसा उन्हें परम्परानुसार श्रद्धापूर्वक कहा जाता है, एक विपुल ग्रन्थ-राशि हैं। ऋक्, यजुः, साम और अथर्व, ये चार वेदों के नाम सुविदित हैं। ऋग्वेद की २१ शाखाओं का, यजुर्वेद की १०१ शाखाओं का, सामवेद की १००० शाखाओं का तथा अथर्ववेद की ९ शाखाओं का प्राचीन उल्लेख मिलता है।[१] इनमें से अधिकांश शाखाएँ सर्वथा लुप्त हो चुकी हैं। उदाहरण के लिए ऋग्वेद की केवल शाकल शाखा ही शेष है, दो अन्य शाखाओं की कुछ ऋचाएँ भर शेष हैं। यजुर्वेद की छः संहिताएँ मिलती हैं—काठक, कपिष्ठल-कठ (अल्पांशमात्र), मैत्रायणी, तैत्तिरीय, जो कृष्णयजुर्वेद से जुड़ी हैं और वाजसनेयिसंहिता, जिसकी काण्व और माध्यन्दिन शाखाएँ मिलती हैं। सामवेद की राणायणीय, कौथुम और जैमिनीय संहिताएँ मिलती हैं। अथर्ववेद की शौनक संहिता प्रचलित है, पैप्पलाद संहिता विदित है।

ऋक्संहिता ही सभी संहिताओं में मौलिक और प्राचीन है। इसमें १०२८ सूक्त हैं[२] जिनमें प्रत्येक में प्रायः पाँच-दस अथवा न्यूनाधिक संख्या में ऋचाएँ या मन्त्र मिलते हैं।

प्रत्येक सूक्त के अपने निश्चित ऋषि, छन्द और देवता उल्लिखित हैं। सूक्तों के विषय नाना प्रकार के होते हैं—स्तुति, इतिहास, यज्ञ-विधान, प्रार्थना, ज्ञान-विज्ञान, लोक-विधान आदि। स्पष्ट ही वेद नाना प्रकार के जिज्ञासुओं के लिए अध्येतव्य हैं—धर्माचरण के लिए, यज्ञसम्पादन के लिए , इतिहास-ज्ञान के लिए, भाषावैज्ञानिक अनुसन्धान के लिए, दार्शनिक, वैज्ञानिक और समाज की तात्त्विक विचारणा के लिए। इतनी प्राचीन पुस्तकें मनुष्य को और कहीं पढ़ने के लिए नहीं मिल सकतीं।

यजुर्वेद में यज्ञविषयक विस्तार है और गद्य का भी समावेश है। साम गीति या धुन का नाम है, इस प्रकार सामवेद ऋचाओं पर आधारित धुनों का संग्रह है। अथर्ववेद में प्रकीर्ण, वैज्ञानिक और लोक-जीवन से संबद्ध विषय भी संगृहीत मिलते हैं, जैसे—राजनीति, आयुर्वेद, आत्मविद्या आदि। कर्मविधान से संबद्ध कुछ अंशों का एक व्याख्यात्मक विवरण वैदिक युग में ब्राह्मण ग्रन्थों के रूप में प्रसिद्ध हो चुका था। ब्राह्मण ग्रन्थ विस्तृत और गद्यमय हैं। उनमें यज्ञ-विधान के बहुत से नियम और अन्तर्निहित रहस्यों पर विचार किया गया है। आरण्यक ग्रन्थों में उपासना-काण्ड का प्राधान्य है। उपनिषद्, जो कि वेद के अन्तिम या मूर्धन्य भाग माने जाने के कारण वेदान्त कहे जाते हैं, ज्ञानप्रधान हैं।

संहिताओं से उपनिषदों तक विस्तृत वैदिक साहित्य की संज्ञा 'श्रुति' दी जाती है। धार्मिक अनुष्ठान और ज्ञान से संबद्ध इस साहित्य के समकाल ही नाना विद्याओं और उनके साहित्य का उदय हुआ। वैदिक चरणों में इन विद्याओं को वेद से संबद्ध रूप में विकसित किया गया और इस प्रकार वेदांगों और उपवेदों की रचना हुई।[३] नाना सूत्रात्मक शास्त्रों में यह पद्धति फूली-फली और मूल ऐतिहासिक-पौराणिक संहिताओं में उस युग के राजाओं और पुरोहितों के आख्यान भी निबद्ध किये गये। शिक्षा, निरुक्त, व्याकरण, छन्द, ज्योतिष एवं कल्प के विना मन्त्र ठीक समझे नहीं जा सकते, न उनका व्यावहारिक विनियोग ही ठीक हो सकता है। ऐसे ही आयुर्वेद, गान्धर्ववेद, धनुर्वेद, अर्थशास्त्र, आन्वीक्षिकी आदि का ज्ञान वेदसम्मत पुरुषार्थों के लिए आवश्यक है। इतिहास-पुराण की आवश्यकता तो पदे-पदे रहती है। इसीलिए प्रसिद्ध है—

इतिहासपुराणाभ्यां वेदं समुपबृंहयेत्।
बिभेत्यल्पश्रुताद् वेदो मामयं प्रहरिष्यतीति॥

परम्परा के अनुसार शब्दरूप वेद नित्य हैं। चूँकि ऋषियों ने उन्हें सुना, वे शब्द 'श्रुति' कहलाते हैं। उनका दर्शन या साक्षात्कार करनेवाले ही ऋषि कहे जाते थे—

साक्षात्कृतधर्माण ऋषयो बभूवुः

—*निरुक्त, १.२०*

चूँकि अन्य मानव-ग्रन्थों के समान वेद एक विशिष्ट मानव-भाषा में निबद्ध हैं, वे मनुष्यकृत प्रतीत होते हैं। अतः तर्कबुद्धि से यह मानना ठीक नहीं प्रतीत होता है कि

स्थूल शब्दात्मक वेद नित्य हो सकते हैं, न अपने उपलब्ध रूप में ईश्वरकृत ही। वेदों की नित्यता और अपौरुषेयता अथवा ईश्वरीयता के सिद्धान्तों का रहस्य अनेकधा व्याख्यात है, पर वे सिद्धान्त अक्षरशः लिये जाने पर तर्क के अनुरूप नहीं माने जा सकते। दूसरी ओर वेदों को ऋषियों के साक्षात्कारात्मक अन्तर्ज्ञान की अभिव्यक्ति मानने में ऐसी कोई अनुपपत्ति या विरोध नहीं है। वेदों को ईश्वरीय ज्ञान का प्रकाश मानने पर भी स्थिति समान रहती है।*

इस प्रकार वेद न स्थूल वैखरीरूप शब्दमात्र हैं, न स्वयंभू ज्ञानमात्र। वे ज्ञान-विज्ञान को व्यक्त करनेवाली विपुल ग्रन्थ-राशि हैं जो किसी रहस्यात्मक अर्थ में नित्य या अनादि, अपौरुषेय या ईश्वरकृत मानी जाने पर भी उपपत्तितः अलौकिक प्रेरणा और अन्तर्ज्ञान से अनुप्राणित मनीषियों की रचनाएँ हैं जो एक सुदीर्घ युग की ज्ञान-साधना प्रकट करती हैं। वे न केवल भारतीय परम्परा के मूलाधार हैं अपितु मानवीय इतिहास मात्र में मानवीय आत्मोपलब्धि और विमर्श के ऐसे प्राचीनतम दस्तावेज हैं जिनकी भाषा और विचार आज भी हमारे लिए सर्वथा अजनबी नहीं है। यदि इतिहास का मूल अर्थ बाह्य और परोक्ष घटनाओं का कार्यकारणात्मक अनुमान न होकर मानवीय चेतना के अभिलेखों की आत्मजिज्ञासा से प्रेरित परीक्षा है,[४] तो वेद का परिशीलन आद्य मानवीय इतिहास का सबसे महत्त्वपूर्ण अध्याय हो सकता है जिसकी तुलना मिस्र एवं मेसोपोटेमिया के अलावा हिब्रू जाति और चीन की प्राचीनतम आभिलेखिक सामग्री से ही हो सकती है। पर उस सामग्री में ऐतिहासिक,तिथ्यंकित तथ्यों का ब्यौरा अधिक प्राप्त होने पर भी मानवीय संवेदना के अन्तर्जगत् में झाँकने के लिए वैसा अवसर नहीं मिलता जैसा वेद में। वेद का अध्येता प्राचीन मानव के साथ जैसा हृदय-संवाद स्थापित कर सकता है वैसा अन्यत्र असंभव है। वेद से तुलनीय मर्मस्पर्शी

---

* वेद को शब्दराशि, ज्ञानराशि अथवा एकमत से सद्वस्तु-स्वरूप माना गया है। वेदात्मक शब्द को वर्णात्मक, स्फोटात्मक प्रत्ययानुवेधी वाचक अथवा सृष्टि का मूलभूत अव्यक्त नाद माना गया है। ऐसे ही वेदात्मक ज्ञान को सविकल्पक अथवा निर्विकल्पक, वृत्तिज्ञान अथवा नित्यज्ञान या सद्विद्या माना गया है। यह स्मरणीय है कि वर्णनित्यता का सिद्धान्त मानने पर भी वर्णानुपूर्वी की नित्यता का उपपादन कठिन है। स्फोटवाद अन्ततः एक महास्फोट के सिद्धान्त में पर्यवसित होता है जिसे अखण्ड ईश्वरीय ज्ञान से अलग नहीं किया जा सकता। प्रत्ययानुविद्ध अथवा प्रत्यायक शब्द चैतन्य की विमर्श शक्ति से अभिन्न है। पर-नाद भी विमर्श शक्ति के सृजनोन्मुख प्रकार के रूप में हैं। सभी शास्त्रीय विद्याएँ ईश्वरीय ज्ञान की ही मानवीय चेतना के धरातल पर अभिव्यक्तियाँ हैं। वेद के स्वरूप के विषय में विभिन्न मतों का प्रतिपादन मीमांसा, न्याय, व्याकरण और आगम दर्शन में देखा जा सकता है। उदाहरण के लिए द्रष्टव्य—*सर्वदर्शनसंग्रह, न्यायकुसुमाञ्जलि, वाक्यपदीय* आदि ग्रन्थ। वेद की वस्तु-वैज्ञानिक व्याख्या मधुसूदन ओझा और मोतीलाल शास्त्री ने विशेष रूप से की है। श्री अरविन्द ने वेद की रहस्यवादी व्याख्या की है। द्रष्टव्य—उनकी *सीक्रेट आफ दि वेद*। अनिर्वाण की *वेदमीमांसा* भी तुलनीय है। विज्ञान-सम्प्रदाय के लिए मोतीलाल शास्त्री, *सांस्कृतिक व्याख्यान पञ्चक*। एक विहंगावलोकन के लिए सच्चिदानन्दमूर्ति, *वैदिक हर्मेन्यूटिक्स*।

लेख मिस्र और मेसोपोटेमिया से गिने-चुने ही मिलते हैं, जिनमें निजी अभाग्य एवं सामाजिक उत्पीड़न के विरोध में आक्रोश का स्वर स्पष्ट दीखता है। इन सभ्यताओं में राजा देवमूर्ति या देवदास होने के कारण स्वयं प्रथम पुरोहित था एवं देवता राजाओं के समान ही बली और बलि माँगनेवाले थे। नियत अनुष्ठान के द्वारा ही वे सामान्यतया प्रसाद्य थे। अनेक अंशों में उन्हें अदृश्य राजशक्ति का मूर्त्तरूप कहा जा सकता है। पर राज्य और समाज के व्यवस्थापक इस ऐश्वर्य और आडम्बर, अनुष्ठान और रूप-विधान में व्याप्त धर्म के पीछे मनुष्य की सनातन अमृतत्व की आकांक्षा, सदसद्विवेक, दृष्टलौकिक रूपों से अपरितृप्ति, वास्तविक देवता की खोज, बृहत्, महत्, भूमा की खोज, अनुभव-विषयी के रूप में अपनी खोज, ये सभी आयाम अवश्य ही विद्यमान रहे होंगे पर उन्हें प्रबल स्वरों में उद्घोषित करने के लिए कवि, मनीषी, नबी का सहारा चाहिए। मिस्र में इस आध्यात्मिक अन्त:सलिला का उद्धार प्रथमत: इख्नातन ने असफल रूप से किया था, पीछे यहूदी नबियों के द्वारा वह प्रकट हुई। इस प्रकार पश्चिम में ईसापूर्व प्राय: छठी-सातवीं शताब्दियों में आध्यात्मिक चिन्तन-धारा स्पष्टत: उभरी। पर जैसा पीछे स्पष्ट किया जाएगा, यह परवर्ती आध्यात्मिकता एक प्रकार के द्वैत को मानकर और द्वन्द्वात्मकता को स्वीकार कर नागरिक सभ्यता के परिवेश में प्रकट होती है। यह उस मूल आध्यात्मिकता से भिन्न है जो आदि मानव के सहजबोध की सगी थी पर जिसे भौतिक सभ्यता, हिंसक राजनीति के संगठन और आर्थिक लोभ की परतों ने क्रमश: लुप्त-सा कर दिया था। वैदिकयुग काल-क्रम की दृष्टि से मानवीय इतिहास का आदियुग नहीं माना जा सकता पर उसकी अरण्योत्संगवासिता, सरल जीवन-विधा, देव-निर्भरता और सहज आध्यात्मिकता अपनी विशेषताओं से उस आदियुग का निदर्शन प्रस्तुत करती देखी जा सकती है। वैदिक युग भौतिक निर्माण के आगन्तुक युग का चारण नहीं था अपितु सनातन आदिधर्म को अपना प्रतिमान मानता था। उसके मूल्यांकन का परिप्रेक्ष्य पुरातात्त्विक साक्ष्य की एक व्याख्या के रूप में प्रस्तुत सभ्यता के बढ़ते चरणों की कल्पना को नहीं माना जा सकता।

'ऋक्' शब्द की व्युत्पत्ति आजकल 'अर्च्' धातु से मानी गयी है। धातुपाठ के अनुसार 'अर्च्' पूजार्थक है। पर इसके अतिरिक्त 'अर्च्' का एक मौलिक अर्थ चमकना, चमकाना, स्तुति करना भी था।[५] सम्भवत: इसी अर्थश्रेणी का अन्तिम विकास पूजा करना था। इस प्रकार ऋच् का अर्थ ठहरा दीप्ति, स्तुति, पूजा-वाक्य। मन्त्रात्मक वैदिक वाक् की तीन शाखाएँ थीं—ऋक्, यजुष् और सामन्। ऋक् छन्दोबद्ध और पाठ्य स्तुति होती थी जिसके द्वारा 'होता' नाम के ऋत्विक् देवताओं का यज्ञ में आवाहन करते थे। यजुष् यज्ञ-विधि में प्रयोज्य मन्त्र होते थे। सामन् ऋचाओं पर आधारित गीतियों का नाम है। ऋक्, साम और यजुष् के संग्रह ही ऋग्वेद संहिता, सामवेद संहिता और यजुर्वेद संहिता हैं जिनका प्रयोग होता, उद्गाता और अध्वर्यु नाम के तीन पृथक् ऋत्विग्गण करते थे। यही तीन संहिताएँ त्रयी नाम से विदित थीं।

त्रयी वै विद्या। ऋचो यजूंषि सामानीयम्

—शतपथ, ४.६.७.१

जैसा ऊपर कहा गया था ऋग्वेद संहिता में दस मंडलों में विभक्त १०२८ सूक्त संगृहीत हैं।[६] इस समय केवल शाकलक शाखा की ही संहिता अखंडित रूप से उपलब्ध है। आधुनिक विद्वानों का यह प्रायिक मत है कि प्रथम और दशम मंडल के सूक्त अधिकांश में अपेक्षया परवर्ती हैं।[७] नवम मंडल में सिर्फ सोम विषयक सूक्त संगृहीत हैं। दूसरे से सातवें मंडल के सूक्त विशिष्ट ऋषि-कुलों में दृष्ट माने जाते हैं, यथा- गृत्समद, विश्वामित्र, वामदेव, अत्रि, भरद्वाज और वसिष्ठ के। आठवें मंडल के सूक्तों के द्रष्टा कण्व और अंगिरस् गोत्र के माने जाते हैं। अनुक्रमणियों में सभी सूक्तों के ऋषियों का उल्लेख मिलता है।

यह प्रश्न उठाया गया है कि क्या जिन ऋषियों के नाम मन्त्र-द्रष्टाओं के रूप में उल्लिखित हैं, वे वास्तविक व्यक्ति और उन-उन मन्त्रों के वास्तविक प्रणेता थे। इन प्रश्नों के उत्तर देते समय यह ध्यान देने योग्य है कि ऋषि मन्त्र-द्रष्टा माने जाते हैं, न कि मन्त्र-प्रणेता। यह भी स्मरणीय है कि उसी गोत्र में मूलप्रवर्तक एवं उसके वंशजों में नाम-साम्य मिलता है। संहिताओं के रूप में मन्त्र-संग्रह का काल मन्त्र-प्रकाशन के काल से परवर्ती है। इन कारणों से मन्त्र-द्रष्टा ऋषियों के नामोल्लेख में सादृश्य अथवा विस्मृति के कारण भ्रान्ति की संभावना को नकारा नहीं जा सकता। किन्तु कुछ स्थलों पर विसंगति देखने से ही परम्परा सर्वथा अविश्वास्य नहीं हो जाती, क्योंकि समूची परम्परा एक अखंड वाक्य न होकर अनेक अवान्तर परम्पराओं का समूह है।

मूल ऋषियों की ऐतिहासिकता पौराणिक कल्पना से पृथक् करके नहीं देखी जा सकती, पर पौराणिक कल्पना को आधुनिक नृतत्त्वशास्त्रीय कल्पनाओं के संदर्भ में समझना आवश्यक नहीं है। देवताविषयक एवं सृष्ट्यादिविषयक पौराणिक आख्यानों में मानवीय अनुश्रुतियाँ और अतिमानवीय रहस्य रूप-कथाओं में प्रतीकात्मक प्रकार से गुँथी हुई हैं, राजवंशों के आख्यानों में लौकिक स्मृति वीरोचित आचरण के माध्यम से प्रस्तुत और रूपान्तरित है। ऋषि-वंशों के आख्यान इन दोनों को जोड़नेवाली मध्य-कड़ी होने के कारण रहस्यात्मक, उदात्त अवदानात्मक और अनुस्मृत तथ्यात्मक तीनों ही आयामों में विस्तृत हैं। एक ओर प्राचीन ऋषि-वंश वास्तविक शिक्षक, संप्रदायवाहक एवं रचनाकारों के एक समय प्रचलित वंश थे, दूसरी ओर उनके मूल प्रवर्तकों की स्मृतियाँ आदिकाल विषयक कल्पना के कुहासे में आच्छादित मिलती हैं। विश्वजनीन प्राचीन सांस्कृतिक और आध्यात्मिक परम्पराओं में देवता और मानवता के बीच में एक आन्तरालिक या माध्यमिक सत्ता की आवश्यकता स्वीकार की गयी है। सिद्ध, बुद्ध, नबी और अवतार के समान ही ऋषि भी मानवोत्तर ज्ञान और कृपा के मनुष्य तक वाहक हैं। आदिकाल में वेदात्मक ईश्वरीय ज्ञान के द्रष्टा और प्रकाशक होने के कारण ऋषियों और उनके प्रवर्तित गोत्रों को मात्र मानवीय ऐतिहासिक कुल-परम्परा नहीं समझा जा सकता। जहाँ गोत्र-प्रवर्तक ऋषियों के व्यक्तित्व मानवीय इतिहास के ऊपर

उठ जाते हैं, अपने को उन-उन गोत्रों के अन्तर्गत माननेवाले ऋषि-कुल अवश्य ही ऐतिहासिक माने जाने चाहिए।

यह भी सुझाया गया है कि प्रचलित गोत्र-नामों से ही उनके प्रवर्तक ऋषियों के नाम कल्पित हैं। कुछ विद्वान् इन ऋषि-गोत्रों को *टोटेमिक* मानते हैं और उनका मूल जनजातीय बताते हैं। इस प्रकार ऋषियों के नामों का मूल *एपोनिमस, टोटेमिक* या *मिथिकल* है, ऐसी कल्पनाएँ की गयी हैं। पर परम्परा के अनुसार प्रत्येक मन्त्र का द्रष्टा एक ऋषि है और ऋषियों के उल्लेख इतिहास-पुराण आदि में मिलते हैं। प्रत्येक मंत्र या ऋचा का एक ऋषि, देवता और छन्द होता है। ऋषि मंत्र का द्रष्टा, देवता उद्देश्य और छन्द उसका अक्षरगत संख्या एवं क्रम का नियम होता है। ऋषि, देवता और छन्द को मंत्रों का नियामक अंग कहा जा सकता है। यद्यपि मंत्रों को सामान्यतया देवताओं की स्तुति कहा जा सकता है तथापि उनके अनेक प्रकार मिलते हैं। स्तुति और निन्दा, आशीष और शाप, याचना और आक्षेप, विलाप और प्रश्नोत्तर, संशय और संलाप, आख्यान और प्रलाप, प्रमाद, अपह्नव और संक्षोभ, विस्मय और आचिख्यासा आदि अनेक प्रकार के भाव मंत्रों में देखे जा सकते हैं। किन्तु नाना भावों के अर्थ रखते हुए भी मंत्रों का सायण आदि व्याख्याकारों की परम्परा के अनुसार मुख्य विनियोग कर्मकाण्ड में माना जाता था। अर्थात् विभिन्न याज्ञिक संदर्भों में देवताओं के आवाहन के लिए इनका प्रयोग होता था। इन मंत्रों के वाक्यार्थ के अनुसार ही ऊपर निर्दिष्ट उनके प्रकार-भेद का उल्लेख किया गया है, पर विशुद्ध कर्मानुष्ठानवादी दृष्टि से विधि के अनुसार मंत्रों का सही उच्चारण ही सब कुछ है, देवता भी इन मंत्र-शब्दों से अभिन्न हैं। पर यह दृष्टि परवर्ती काल में प्रतिष्ठित हुई। जिस युग में मंत्रों का आविर्भाव हुआ उसमें उनके भाव को गौण मानना युक्तियुक्त नहीं प्रतीत होता।

ऋक्संहिता की विषयवस्तु की बानगी के रूप में कुछ सूक्त लिये जा सकते हैं। प्रथम मंडल के प्रथम सूक्त के देवता अग्नि, ऋषि मधुच्छन्दस् वैश्वामित्र और छन्द गायत्री हैं। गायत्री में आठ अक्षरों के तीन पाद होते हैं। अग्नि की स्तुति यज्ञ के दिव्य ऋत्विक् के रूप में की गयी है। अग्नि मानव ऋत्विक् के दिव्य प्रतिरूप हैं। स्वयं देवता होते हुए भी वे अन्य देवताओं को यज्ञ में ले आते हैं। अग्नि 'कविक्रतु' हैं, मनीषी और मनीषा के अनुरूप संकल्पवाले हैं। जैसे—पिता पुत्र के लिए ऐसे वे यज्ञकर्ता के लिए सुगम हैं।

दूसरे सूक्त में वही ऋषि और छन्द हैं, अलग ऋचाओं के देवता वायु, इन्द्र-वायु और मित्रवरुण हैं। 'हे दर्शनीय वायु, पधारो, यह सोमरस तुम्हारे लिए तैयार है, उसे पियो, हमारी पुकार सुनो।............मैं पवित्र शक्ति मित्र को पुकारता हूँ और हिंस्रघाती वरुण को, जो धी को धृताची बनाते हैं।'

तीसरे सूक्त में देवता अश्विन्, इन्द्र, विश्वेदेवाः और सरस्वती हैं। सरस्वती पवित्र करती हैं, वाजिनीवती हैं, सुनृता की प्रेरिका हैं, सुमति जतानेवाली हैं, समस्त प्रज्ञा को उज्ज्वल करती हैं (धियो विश्वा विराजति)।

चतुर्थ सूक्त में वे ही ऋषि और छन्द पर इन्द्र देवता हैं। दस ऋचाएँ हैं, जिनमें इन्द्र का आवाहन और स्तुति है। 'शोभन रूपों के कर्त्ता इन्द्र को उनके अनुग्रह के लिए हम प्रतिदिन बुलाते हैं, जैसे—सुदुधा गाय को गोदोहन की वेला।............जो समृद्धि के महान् स्रोत हैं, अनायास पार ले जानेवाले, सोम तैयार करनेवालों के सखा हैं, उन इन्द्र का गान करो।'

सूक्त ५, वही ऋषि, देवता, छन्द, १० ऋचाएँ—इन्द्र के लिए गाओ, सोम तैयार है, सोमपान कर वे शक्ति के करिश्मे करते हैं, नाना वरों के प्रदाता हैं।

सूक्त ६, वही ऋषि और छन्द, देवता इन्द्र और मरुत्, १० ऋचाएँ।

"प्रत्यूष काल है, तारे आकाश में चमक रहे हैं, चक्कर काटने वाले भूरे लाल घोड़े को जोत रहे हैं। इन्द्र के रथ के भी दोनों ओर तेजस्वी भूरे लाल घोड़े जोते जा रहे हैं। जहाँ कोई निशान नहीं था वहाँ निशानी बनाते हुए, सादे को सजाते हुए, तुम उषाओं के साथ जन्मे हो।" "पवित्र उपास्य नाम धारण किये हुए मरुद्गण अपनी सहज शक्ति से पुनः गर्भत्व को प्राप्त हुए हैं।"

इन्द्र ही स्तवनीय, इसके घोड़े आदेश से युक्त हो जानेवाले (वचोयुजा), इन्द्र वज्री हिरण्यकान्ति, सूर्य को आकाश में चढ़ानेवाला, किरणों से मेघ छिन्न करने वाला, उग्र, युद्ध में सहायक, सदा दाता, कृष्टियों का अपराजित नेता, अशेष चर्षणियों का, उनके धन और श्रेयस् का (वसूनाम्), पाँच जनों का (क्षितीनाम्) एक मात्र राजा। 'इन्द्र को सब जनों के लिए सब ओर से पुकारते हैं, वह केवल हमारा हो।'

इसका **आधिभौतिक अर्थ** इस प्रकार किया जा सकता है—प्रतापी राजा के नेतृत्व पर जन-गण का योगक्षेम निर्भर करता है, सब जन-गणों में एक देवता के द्वारा सामंजस्य का आयोजन, जनता कृष्टि और चर्षणि शब्दों से अभिहित है।

आधिदैविक अर्थ— अन्तरिक्ष में बादल फटने पर किरणों का प्रकाश फैलता है। स्वर्णकान्ति इन्द्र वज्र से मेघाद्रि का खंडन कर रश्मियों और धाराओं को बरसाते हैं।

आध्यात्मिक अर्थ—कामलोक में अज्ञान हटने पर ही ज्ञान का प्रकाश फैलता है, ज्योतिर्मय परम शक्तिमान् ईश्वर के अनुगमन से ही हित-सुख और सुरक्षा संभव है। आत्मशक्ति के अनुग्रह के विना आन्तरिक देवासुर संग्राम में विजय संभव नहीं है।

सूक्त ८, देवतादि पूर्ववत्

प्रतापी, सोमपायी इन्द्र की संघर्ष में सफलता के लिए स्तुति।

सूक्त ९, वही,

विश्वचर्षणि, विश्वायु इन्द्र सोमपान से हर्षित हो। अद्भुत, वरेण्य अनुग्रह प्रदान करे।

सूक्त १०, वही

पूर्ववत् स्तुति। शिखर से शिखर चढ़ने पर और भी करणीय दीखते हैं, इन्द्र लक्ष्य जानते हैं और उपासकों को उस तक ले जाते हैं, जैसे—'वृषा गो-यूथ को।'

प्रचलित मत के अनुसार वेदों के रचयिता आर्य जाति के लोग थे। १७८६ में सर विलियम जोन्स ने अनेक प्राचीन और नवीन योरोपीय भाषाओं की संस्कृत और फारसी से तुलना के द्वारा उनकी सजातीयता प्रमाणित की और तुलनात्मक भाषाशास्त्र के अध्ययन की नींव डाली। 'चाहे उसकी प्राचीनता कुछ भी हो, संस्कृत भाषा की संरचना अद्‌भुत है, वह ग्रीक से अधिक निर्दोष, लैटिन से अधिक समृद्ध, दोनों से अधिक सुपरिष्कृत है। साथ ही धातुओं और व्याकरणिक रूपों में उसकी उनसे निकट घनिष्ठता संयोगजन्य नहीं हो सकती। कोई भाषाशास्त्री इन भाषाओं को विना उनकी सजातीयता को माने नहीं परख सकता।' (*कैम्ब्रिज हिस्ट्री ऑव इण्डिया,* जि० १, पृ० ६४ से उद्धृत) मैक्समूलर ने स्पष्ट किया कि 'आर्य' शब्द भाषापरक है, न कि जातिपरक। 'आर्य जाति का अर्थ आर्यभाषाभाषी के अतिरिक्त कुछ नहीं है।' (*कलेक्टेड वर्क्स,* १८४८, जि० १०, पृ० ९०)। इसी मत को *कैम्ब्रिज एंशियंट* हिस्ट्री, जि० १ में दुहराया गया है।

प्रचलित आर्य भाषाओं की मूलभूत, आदिम आर्यभाषा के वक्ताओं को इण्डो-योरोपीय, इण्डोजर्मन, आर्य या विरॉस (वीर) की संज्ञा दी गयी है। पर इन लोगों की शरीर-रचना की विशेषताएँ किस प्रकार की थीं, इसे कोई भी बता नहीं सकता। कुछ विद्वानों के अनुसार तो मूल आर्य 'ऊँचे, गोरे, पिङ्गलकेश, नीली आँखों के' थे (सुनीति कुमार चटर्जी, *वैदिक इण्डिया,* पृ० १४६)। लेकिन इस प्रकार की कल्पना का पर्याप्त आधार नहीं है। पतञ्जलि के द्वारा वर्णित ब्राह्मणों के रूप या टैसिटस के द्वारा वर्णित ई० प्रथम शती के अन्त में जर्मनों के रूप उन वर्णनों से देश-काल में विप्रकृष्ट आर्यों की रूप-कल्पना के लिए प्रमाण नहीं हैं। यह नहीं कहा जा सकता कि आर्यों की 'खोपड़ी लम्बी थी या छोटी, कद लम्बा था या नाटा, रंग गोरा था या गेंहुआ', किन्तु यह प्रायः माना जाता है कि वे 'एक गोरी जाति के थे' (*कै०हि०इ०जि० १,* पृ० ६६) गोरेपन का अनुमान योरोप, ईरान एवं उत्तर-पश्चिमी भारत के अधिकांश वर्तमान जनसमुदाय को देखकर किया गया है। लेकिन क्या किसी देशवासी समुदाय में प्रकाशित जन्मागत लक्षणों को किसी प्रजातीय या भाषाभाषी समुदाय के लक्षणों से अभिन्न माना जा सकता है, विशेषतया जब उन भाषाभाषियों को नियमतः उस देश का वासी ही न माना जाय? आर्यों को भाषा से परिभाषित कर उनके मूल देश के अज्ञान में, आजकल के कुछ आर्यभाषा भाषी प्रदेशों की जनता के आधार पर क्या उनके मूल लक्षण पता चल सकते हैं? उदाहरण के लिए अमेरिका में इस समय अत्यन्त विभिन्न प्रजातियाँ अंग्रेजी और हिस्पानी भाषाएँ बोलती हैं।

मूल मानव का क्या रूप था? क्या उसकी एक ही जाति थी? इन प्रश्नों का सम्भवतः सकारात्मक उत्तर ही समीचीन होगा। कुछ लोग मानते हैं कि भूमध्य परिसर

के तीव्र ताप में काली त्वचा की उपयोगिता सिद्ध है। नेग्रिटो और प्रोटोआस्ट्रेलॉयड जातियों में यह लक्षण घुँघराले या पेचदार केशों के साथ मिलता है। पूर्वी अफ्रीका से यूरेशियन महाद्वीप की ओर बढ़ गयी जातियों में रंगहीन या कम रंग की त्वचा ही उनके गोरेपन की परिचायक बनी। इस महाद्वीप के उत्तर-पूर्व की ओर मंगोलिद जाति में गोरेपन के साथ अकुंचित केश और आँखों में 'एपिकैन्थिक फोल्ड' मिलते हैं। इस प्रकार यूरेशियायी महाद्वीप के दक्षिण की ओर निषाद एवं मध्योत्तर और पूर्व की ओर किरात जातियों का वास मिलता है और इन जातियों के मूल स्पष्टतः प्रागैतिहासिक हैं। शेष भाग में न्यूनाधिक गोरी जातियाँ अनेक भाषा-समुदायों में विभक्त मिलती हैं।[८] यह भी सही है कि इन प्रदेशों के जन-समुदायों के वर्तमान शारीरिक लक्षण वैसे ही हैं जैसे—आज से ४-५ सहस्र वर्ष पूर्व। पश्चिमी एशिया में सामी और उत्तरी अफ्रीका में हामी भाषा बोलनेवालों का इतिहास भी इस अन्तराल में प्रायः सुविदित है। लेकिन आर्यों के मूल लक्षण, मूल भूमि और प्रारम्भिक इतिहास अविदितप्राय हैं। भारत, पश्चिमी एशिया, उत्तरी अफ्रीका एवं योरोप के वर्तमान निवासियों में उनकी शारीरिक रचना का उनकी भाषा से कोई नियत सम्बन्ध भी स्थापित नहीं किया जा सकता है।

नेग्रिटो, आस्ट्रेलॉयड या निषाद, मंगोलिद या किरात से आर्यों को भिन्न माना गया है, पर उसी प्रकार से उत्तरी अफ्रीका और पश्चिमी एशिया के सामी भाषा बोलनेवाले और भारोपीय भाषाओं के बोलनेवालों के सामान्य रूप-रंग अलग नहीं किये जा सकते। अर्थात् भाषा और प्रजाति का समीकरण नहीं किया जा सकता।

इस सम्बन्ध में कुछ निर्विवाद तथ्य स्मरणीय हैं—'आर्य' शब्द मूलतः भाषापरक है, न कि प्रजातिपरक। प्रजातीयता, किसी समुदाय में कुछ खास जन्मागत शारीरिक विशेषताएँ किस प्रकार बँटी हुई हैं, इसका एक सांख्यिकीय निर्धारण है। पंजाब में उसी प्रकार की प्रजातीयता इस समय देखी जा सकती है जैसी—४००० वर्ष पूर्व।[९] प्रजातियों में संकर सुव्याप्त रहा है और उनका संस्कृति से कोई अन्तरंग सम्बन्ध नहीं है। शारीरिक प्रजाति सुदीर्घ वंशानुक्रमिक संस्कारयुक्त बीज होती है जब कि संस्कृति शिक्षागत होती है। इस प्रकार 'प्रजाति' का भाषा अथवा संस्कृति से आवश्यक सम्बन्ध नहीं है। 'आर्य' शब्द का प्रयोग भाषा और संस्कृति के ही सम्बन्ध में सार्थकता रखता है। भारत में आर्य भाषाओं का प्रचार यह नहीं सिद्ध करता कि प्राचीनकाल में आधुनिक योरोपियों की तरह भारत में एक गोरी प्रजाति बाहर से आयी थी जिसने यहाँ के मूल निवासियों पर जबर्दस्ती अपनी भाषा, धर्म और सत्ता आरोपित की। इस प्रकार की कल्पना अमरीका और अफ्रीका में पाश्चात्य जातियों के इतिहास के प्रतिमान पर पर्याप्त प्रमाणों के विना ही प्रचलित हो गयी है। उत्तरी अमेरिका में मूल प्रजातियों का विजेताओं ने संहार कर दिया, अफ्रीका से दासों के रूप में वहाँ लायी गई काली प्रजातियों के लोगों के प्रति गोरों का भेदभाव सुप्रकट है। यही स्थिति आस्ट्रेलिया में और रंगभेद की व्यवस्था दक्षिणी अफ्रीका में हुई है। मध्य और दक्षिण अमरीका में व्यापक प्रजातीय संकर के साथ-साथ विजेताओं का धर्म, भाषा और संस्कृति संपूर्णतया

आरोपित की गयी है। इन्हीं विजय के प्रकारों को मन में रखकर भारतीय आर्य-अनार्य इतिहास की कल्पना की गयी है।

भारत में अंग्रेजी शासन के प्रथम चरण में ही सर विलियम जोन्स ने संस्कृत और योरोपीय भाषाओं का अद्भुत साम्य देखकर उनकी सजातीयता की कल्पना प्रस्तुत की थी। आर्य-संज्ञित इस भाषा-जाति के मूल व्यवहर्ता आर्य एक पृथक् प्रजाति के थे और उन्हीं के वंशज योरोप, ईरान और भारत में बसे हैं, यह निष्कर्ष अनायास स्वीकार किया गया।[१०] पर योरोपवासी अपने पूर्वज आर्यों की कल्पना अपने अनुरूप अथवा अपने विदित पुराने इतिहास के ही अनुरूप करना चाहते थे--गोरे, कद्दावर योरोप से नातिदूर अनुष्णप्रदेशवासी, कबीलों में विभक्त, आपसी लड़ाई-भिड़ाई में संलग्न, सूर्यादि प्राकृतिक देवताओं के बलिदानपूर्वक यज्ञ के द्वारा उपासक, इत्यादि। इस प्रकार की कल्पनाएँ क्लासिकल और जर्मैनिक तुलनात्मक भाषा-शास्त्र एवं योरोपीय जातियों की पुरानी देवकथाओं, वीरकथाओं, जनश्रुतियों और पुरातत्त्व की आभिलेखिक सामग्री के आधार पर बहुधा की गयी हैं।[११] पर यह सामग्री ई० पू० १००० से अधिक प्राचीन नहीं प्रतीत होती। 'लिनियर बी' नाम की लिपि के अभिलेख आर्य भाषाभाषी यूनानी और एशिया माइनरवासी इतर जातियों का पूर्वी भूमध्यसागर के क्षेत्र में सम्पर्क ई०पू० १२०० के निकट सूचित करते हैं। इस क्षेत्र में यूनानी आर्यों का पदार्पण ई०पू० १४०० के पूर्व का मानना युक्ति से असमर्थित होगा। प्राय: उसी समय बोगाजकुई के अभिलेखों में 'आर्य' देवताओं के नामोल्लेख से यह कल्पना की गयी है कि कदाचित् इस समय आर्यजन अपने मूल निवास से बाहर संचार में लगे थे। जो योरोप में मूल निवास मानते हैं उनके लिए वे पूर्व की ओर बढ़ रहे थे। जो दक्षिणी रूस या मध्य एशिया या पामीर में आर्यों का मूल निवास मानते हैं उनके लिए इस समय आर्य पूर्व-पश्चिम दोनों ओर बढ़ रहे थे।

पर हित्ती (खित्ती) या कुश जाति की भाषा में आर्यभाषा की सजातीयता और मितन्नियों में इसका प्रभाव देखने से मध्य-पूर्व में आर्यों का कम-से-कम प्रारंभिक सम्बन्ध ई०पू० २००० के आस-पास से बाद का नहीं माना जा सकता। बोगाजकुई के देवताओं को वस्तुत: भारतीय आर्य देवता ही मानना उचित होगा।[१२] अतएव भारत, ईरान और अफगानिस्तान की सीमाओं पर आर्यों का बसा होना कम-से-कम ई०पू० १५०० के पूर्व और सम्भवत: ई०पू० २००० के लगभग मानने में सयुक्तिक सम्भावना का तिरस्कार नहीं होता। यह मत आर्य-संचार की दो तरंगोंवाली अभिकल्पना के भी अनुकूल है, जिसे कुछ पुरातत्त्ववेत्ताओं ने इधर प्रतिपादित किया है।[१३]

वर्तमान इतिहासकारों में प्रचलित मत के अनुसार वेदों की रचना आर्यों ने की जो कि भारत के बाहर के रहनेवाले थे। उनका भारत में प्रवेश एकाधिक धाराओं में सम्भवत: ई०पू० दूसरी सहस्राब्दी के पूर्वार्ध में कभी सम्पन्न हुआ। यद्यपि इन प्रचलित धारणाओं को माननेवाले इस पर एकमत नहीं हैं कि आर्य भारत के बाहर कहाँ के निवासी थे, वे इस पर एकमत हैं कि आर्य मूलत: भारतवासी नहीं थे। किस युक्ति के

द्वारा मूल आर्यभूमि भारत की सीमा के बाहर योरोप की ओर निर्धारित की जाती है, इस पर विचार आवश्यक है। यह कहा गया है कि योरोप में ही अधिकांश आर्यभाषाएँ मिलती हैं और लिथुआनियन ही एक मत से प्राचीनतम जीवित आर्य-भाषा है। पुरातात्त्विक साक्ष्य योरोप में आर्यों के आक्रमण एवं प्रसार का समर्थन नहीं करते। मूल आर्य *बीच* अथवा *एल्म* से परिचित थे, जो योरोप में उनका मूल निवास सूचित करता है।[१४] इन तथ्यों से आर्यों का योरोप से निकट सम्बन्ध है यह प्रमाणित करने का प्रयत्न किया गया है। *लिंग्विस्टिक पेलियोण्टॉलाजी* शब्दों के प्राचीन रूपों पर विचार कर उस लुप्त समय के परिचित अर्थों का पुनरुद्धार करती है। ऐतिहासिक काल में सुदूर स्थित आर्यभाषाओं में समान प्राचीन शब्दों के अर्थों को खोज कर उस समय और स्थान की कल्पना की जा सकती है जब मूल आर्यजन सहवासी रहे होंगे। वे हिम और शरत् से, पर्वत, उपत्यका और विशाल नदियों से, अरण्य, गोचर और उर्वरा से, गो और अश्व से; यव से और ताँबे से परिचित थे। उन्हें भूर्ज से परिचित कहा गया है, पर *एल्म* या *बीच* से उनके परिचय की कल्पना सर्वस्वीकृत नहीं हो पायी है। समुद्र से अपरिचय की बात वास्तव में एक व्याख्यात्मक अभिकल्पना ही है।[१५]

इन तर्कों को स्वीकार करने पर भी यह सिद्ध नहीं होता कि मूल आर्यभूमि भारत की सीमाओं के बाहर ही होनी चाहिए। गान्धार, बाह्लीक, कम्बोज जनपद भारत की अत्यन्त प्राचीन परम्परागत सीमाओं के अन्दर ही थे। मूजवन्त पर्वत, रसा, सिन्धु, वंक्षु आदि भी भारतीय परिचय-क्षेत्र के अन्दर ही परंपरया माने जाते हैं। इस आर्य-परिचित भारतीय क्षेत्र में वे सभी लक्षण मिलते हैं जो आर्यों की मूल भूमि के बताये गये हैं।

इस स्थिति में भारत के बाहर मूल भूमि खोजने के अन्य हेतु तुलनात्मक भाषाशास्त्र अथवा पुरातत्त्व के बाहर खोजने होंगे। एक तर्क यह दिया गया है कि घुमंतू जातियों के आक्रमण मध्य एशियायी चरागाहों के अपर्याप्त पड़ जाने के कारण और निर्बाध प्रसार के अनुकूल होने के कारण वहाँ से अन्य दिशाओं में हुए हैं। आर्यों का प्रसार शक, हूण, कुषाण, तुर्क, मंगोल आदि जातियों के तुल्य हुआ होगा और उसी प्रतिमान पर उसकी कल्पना की जा सकती है। वास्तव में इस प्रकार की कल्पना तभी सार्थक होती है जब आर्यों की मूल भूमि मध्य एशिया में रखी जाए। पर प्रश्न तो यह है कि उस मूल भूमि को वहाँ क्यों रखा जाए?

एक और तर्क यह है कि भारत में आक्रमणकारी उत्तर-पश्चिम से आये हैं, उस ओर गये नहीं हैं। यदि आर्यों की मूल भूमि भारत में मानी जाय तो यह मानना पड़ेगा कि भारत में सरल पूर्वाभिमुख और दक्षिणाभिमुख प्रसार को स्थगित कर उनकी प्रबल शाखाएँ उत्तर-पश्चिम के बीहड़ पहाड़ों को पार कर पश्चिम की ओर चलती गयीं और सामी एवं अल्ताई भाषा-क्षेत्रों के मध्य से योरोप में सर्वत्र व्याप्त हो गयीं। इस प्रकार की कल्पना के पर्याप्त हेतु या समानान्तर दृष्टान्त इतिहास में नहीं मिलते। न इस प्रकार की कल्पना योरोप के पुरातत्त्व से प्रमाणित होती है।[१६]

पर आर्यों का लड़ाकू और घुमंतू आक्रमणकारी कबीलों के रूप में चित्रण ही असिद्ध है। आर्यों में पहले भी, जैसे बाद में, लड़ाकू जन भी थे, पर सभी आर्यों को वैसे ही चित्रित करना निष्प्रमाण है। यह मानने में कोई अड़चन नहीं दीखती कि प्रागैतिहासिककाल से आर्यजन एक विस्तृत प्रदेश में सजातीय बोलियाँ बोलते हुए संचरण करते थे और इस प्रदेश का विस्तार सिन्धु से वंक्षु और वंक्षु से वोल्गा तक माना जा सकता है। वाह्लीक प्रदेश चतुर्दिक् विस्तार का एक सहज केन्द्र है।

वस्तुत: नाना आर्यभाषाओं के तुलनात्मक अध्ययन ने एक तुलनात्मक भाषाशास्त्र को अवश्य जन्म दिया है, जो भाषा-संरचना और भाषा-परिवर्तन के नियमों पर प्रकाश डालता है, किन्तु इस शास्त्र के अनेक विशेषज्ञों का यह आग्रह है कि उससे उन भाषाओं के अभिन्न मूल एवं प्रागैतिहासिक विकास का निश्चित पता चल सकता है जिसके सहारे आर्यों की मूल संस्कृति और उसके विकास का इतिहास भी पता चल सकता है, तर्कसंगत नहीं है। नियत संरचनात्मक होते हुए भी भाषा एक सांस्कृतिक व्यापार है, न कि प्राकृतिक सत्ता। उसकी रचना के नियम एक सीमित परिस्थिति में शिष्ट वक्ताओं की प्रवृत्तियाँ बताते हैं, न कि अविचल लोक-व्यवहार। भाषा-व्यवहार के ज्ञान से ही भाषा के नियमों का पता चलता है और यह व्यवहार सिर्फ नियमों पर नहीं बल्कि अतर्क्य ऐतिहासिक कारणों पर भी निर्भर करता है। इसीलिए वर्तमान भाषा के ज्ञान से उस भाषा का अतीत या अनागत इतिहास यथावत् पता नहीं चल सकता। उदाहरण के लिए आधुनिक हिन्दी, गुजराती आदि के ज्ञान से संस्कृत का उद्धार असंस्कृतज्ञ के लिए संभव नहीं है। तो फिर देश, काल, जाति अथवा समाज के भेद से भिन्न, ग्रीक आदि के ज्ञान से उन सबकी अविदित जननी का उद्धार किस प्रकार हो सकता है?[१७] न तो बोलियों से पृथक् एक मूल भाषा की सत्ता ही निश्चित है[१८] न यह कि उससे अन्य भाषाएँ किस प्रक्रिया से उत्पन्न हुईं—शाखा-प्रशाखा के क्रम से या तरंग-अनुतरंग के रूप में, या दोनों के अनिश्चित मेल से।[१९] संभवत: नाना बोलियों में अनियत सादृश्य, सान्निध्य और संपर्क से उनमें एक जाति का भ्रम होता है। ऐतिहासिक काल की बोलियों से उनके प्रागैतिहासिक रूपों का अनुमान संभव नहीं है, न वे अनुमान किसी प्रकार सत्यापनीय हैं।

मूल आर्यभाषा के ही अनिश्चित होने पर उसके आधार पर आर्यों की मूल संस्कृति का अनुमान भी संदिग्ध हो जाता है। उस संस्कृति को घुमंतू पशुपालक संस्कृति भी कहा गया है, कृषि-प्रधान भी, ताम्राश्मयुगीन भी, नवाश्मयुगीन भी।[२०] उसका मूल स्थान योरोप, दक्षिण रूस अथवा मध्य एशिया बताया गया है। उसके प्रसार को आक्रमण या प्रव्रजन का परिणाम भी बताया गया है, कृषि के प्रसार का परिणाम भी।[२१] इन मतभेदों के पीछे ऐतिहासिककाल की भाषाओं के आधार पर सुदूर प्रागितिहास के अनुमान का प्रयास है।

इस प्रकार भारत के प्राचीन भूगोल का स्मरण करते हुए आर्यों की मूल भारतवासिता की कल्पना उनकी वैदेशिकता की कल्पना से अधिक अयुक्त नहीं कही

जा सकती। कुछ लोग यह अवश्य कहते—सोचते हैं कि आर्यों को भारतीय बताना एक मिथ्या भारतीय अहंकार को पुष्ट करना है, जो अन्य राष्ट्रों को नापसंद होगा। पर यह युक्ति तथ्य-निर्धारण में अप्रासंगिक है।[२२] इस दृष्टि से कुछ लोगों के लिए 'बृहत्तर भारत' आदि की चर्चा भी प्रतिबन्ध का विषय है। प्रचलित मत के अनुसार आर्य विदेशी आक्रमणकारी थे, जिन्होंने भारत के मूलवासियों को दास-दस्यु की संज्ञा दी, उनके साथ संघर्ष कर उनकी भूमि और धन छीन कर उन्हें कालान्तर में समाज के एक निचले और उत्पीड़ित दर्जे में रख दिया। दास-दस्यु के काले रंग, चपटी नाक, देव विरोध आदि के विवरण को उनके अनार्य होने के प्रमाण के रूप में माना गया है। इस प्रकार यूनेस्को के संरक्षण में निबद्ध मानव-सभ्यता के इतिहास में ऋग्वेद-संहिता को आर्य-अनार्य जातियों के संघर्ष के ऐतिहासिक दस्तावेज के रूप में समझा गया है।[२३]

इस मत के कुछ सामाजिक-सांस्कृतिक अनुषगों पर दृष्टिपात अनुपयुक्त न होगा। भारतीय इतिहास का आधार प्रतियुग में आक्रमणकारी जातियों की विजय बतायी गयी है। जेम्स मिल से विंसेण्ट स्मिथ तक इतिहासकारों ने भारतीय राजनीति को बदलते विजेताओं की नीति बताया है। फर्ग्युसन ने यह सूत्र प्रतिपादित किया था कि भारतीय कला का इतिहास आयातित प्रतिमानों के ह्रास का इतिहास है। मार्शल, स्मिथ आदि ने इसको विस्तृत रूप से आत्मसंतोषावधि प्रमाणित किया है। भारतीय विज्ञान के अनेक आधुनिक विवरणकार इस प्रसिद्ध पाश्चात्य ऐतिहासिक मत का अनुसरण करते हैं कि विज्ञान का यथार्थ इतिहास यूनान में आरम्भ होकर आधुनिक पश्चिम में विकसित हुआ है, भारतीय विज्ञान को यूनानियों के समय से आज तक विदेशी विज्ञान की धोवन मानना ही सत्य का आग्रह है। चीन में उसकी सांस्कृतिक दृष्टि ने वैज्ञानिक विकास को एक अपूर्व दिशा प्रदान की है, पर भारत में भारतीय दृष्टि ने उसमें बाधा ही पहुँचायी है।[२४]

इस प्रकार यह प्रतीत होता है कि विदेशी विजेताओं के द्वारा बार-बार धकेले जाने पर भी भारतीय प्रकृति में एक सहज जड़ता है, जो उसे प्रगतिमार्ग से रोके रहती है। लार्ड कर्जन जैसे अंग्रेज और नीरद चौधरी जैसे भारतीय इस जड़ता की प्रवृत्ति का मूल भारतीय जलवायु में खोजते हैं, जो कि बौद्धिक छिछलापन दिखलाता है। जहाँ तक भारतीय जन-प्रकृति में जड़ता प्रमाणित है, उसका मूल उत्पीड़नात्मक समाज-व्यवस्था में ही खोजना चाहिए। इस दृष्टि से आक्रमणकारी विजेताओं की सामाजिक-सांस्कृतिक भूमिका को प्रगति की प्रेरणा मान लेना एक भूल है, वह भूमिका बहुधा उत्पीड़न और अवरोध की थी। वस्तुतः आक्रमणमूलक जातीय संपर्क और आदान-प्रदानमूलक सांस्कृतिक संपर्क दो सर्वथा भिन्न बातें हैं।

परन्तु ऊपर यह उपपादित किया गया है कि जैसे आर्यों को विदेशी मानने के लिए पर्याप्त प्रमाण नहीं है, ऐसे ही यह भी विचार्य है कि क्या सचमुच वेदों में आर्य एक विजेता जाति के रूप में दास-दस्युओं से संघर्ष करते हुए अभिलिखित हैं?

वस्तुतः एक मूल आर्यभाषा, जाति और संस्कृति की कल्पना कर उसके प्रसार को आक्रमण, संघर्ष और विजय का इतिहास समझना और इस इतिहास के दस्तावेज के रूप में वेदों को समझना न सिर्फ अप्रमाणित कल्पनाएँ हैं बल्कि वैदिक इतिहास को एक भ्रामक परिप्रेक्ष्य में रखना है। आर्यभाषाभाषी सरदार और उनके अनुयायी लगभग २००० ई० पू० से १२०० ई० पू० के बीच पूर्वी भूमध्यसागर, एशिया माइनर और एनेटोलिया से लेकर पंजाब तक यत्र-तत्र मिलते हैं और उनके अन्य भाषाभाषियों से निकट सम्बन्ध हैं। सामरिक दृष्टि से कहीं विजयी और सत्ताधारी होते हुए भी सांस्कृतिक दृष्टि से वे प्रधान नहीं दीखते हैं। इन विभिन्न जातियों का पिछला इतिहास कल्पना का ही विषय है। खत्ती कहाँ से आये, यह पता नहीं है, पर उनका विदित इतिहास हामी-सामी जातियों के इतिहास में एक घटना के समान है। यूनानियों का अपना विलक्षण और महत्त्वपूर्ण सांस्कृतिक इतिहास उनके जातीय संकर का परवर्ती है और ई०पू० १००० के बाद का है। प्राचीन ईरानी धार्मिक संस्कृति का विकास भी ई०पू० १००० के पूर्व का नहीं है। ई०पू० ६०० से पहले ईरानी और यूनानी परम्पराओं का संपर्क विदित नहीं है। होमर एवं अवेस्ता को समझने के लिए मूल भारोपीय भाषा की कल्पना उतनी महत्त्वपूर्ण नहीं जितनी उनके रचनाकाल की सामाजिक-ऐतिहासिक विशेषताएँ।

इसी प्रकार वेदों को समझने के लिए आर्यजातीय आक्रमण की कल्पना वेदमूलक न होकर आर्यजातीय अभिकल्पनामूलक है। वैदिक भाषा को समझने के लिए अन्य सजातीय भाषाओं का ज्ञान अवश्य सहायता प्रदान कर सकता है पर वे भाषाएँ और उनसे जुड़ी संस्कृतियाँ वेद से देश-काल में अनिश्चित दूरी पर हैं। वैदिक संदर्भ में आर्यों का प्रश्न वैसे ही वैदिक संदर्भ के अन्तर्गत है जैसे दासों का। वेदों का अर्थ एवं उसकी सामाजिक व्याख्या मुख्यतया वेदों पर और भारतीय पुरातत्त्व एवं इतिहास पर निर्भर करती है। वेदों के प्रणेता ऋषि ज्ञानी माने जाते हैं और वेद का प्रतिपाद्य विषय धर्म एवं ब्रह्म माना गया है। ज्ञानी की जाति नहीं होती। यद्यपि धर्मोपदेश अधिकार-सापेक्ष होता है तथापि प्राचीन संहिता-युग में इस अधिकार को जाति-सापेक्ष नहीं माना जा सकता। ब्रह्मविद्या के लिए तो सिर्फ नैतिक अधिकार चाहिए। वेदोपदिष्ट धर्म स्वयं कोई जातिसापेक्ष धर्म या जातिसापेक्ष समाज-व्यवस्था-परक धर्म नहीं है। यह बात दूसरी है कि सनातन और सार्वभौम नैतिक-आध्यात्मिक तत्त्वों के उपदेश में भी अगत्या उसके औपाधिक निमित्त के रूप में तत्कालीन या परम्परागत व्यवस्था का प्रतिबिम्ब देखा जा सकता है, पर यह आनुषंगिक अर्थ इतिहासकार के लिए महत्त्वपूर्ण होते हुए भी वेद के जिज्ञासु के लिए मुख्य अभीष्ट अर्थ या अभिप्राय नहीं माना जा सकता। ऐतिहासिक दृष्टि से भी उन अर्थों के यथार्थ काल का ध्यान रखना आवश्यक है। संक्षेप में, वेदों और उनके युग के इतिहास को एक अभिकल्पनात्मक और संदिग्ध आर्यजातीय इतिहास से न जोड़कर मूलतः भारतीय साहित्य और पुरातत्त्व के संदर्भ में देखना चाहिए जिस पर प्रकाश डालने के लिए सभी प्रकार की उपलभ्य तुलनात्मक सामग्री का उपयोग किया जाना चाहिए।

यह कहा गया है कि संस्कृत 'आर्य' और ईरानी 'ऐर्य' एक ही मूल शब्द के दो रूप हैं। प्राचीन ईरानी अपने को 'ऐर्य' कहते थे, जिससे यह सिद्ध होता है कि ऐर्य-आर्य जातिविशेष की संज्ञा थी। इस जाति की ईरानी और भारतीय शाखाएँ क्रमशः विभक्त होकर आमू और सीर दरिया के पास अपने संयुक्त निवास के क्षेत्र से अलग दिशाओं में संचारित हुईं। यह संयुक्त निवास-क्षेत्र 'एरानवेज' कहलाता था और वह्वीदतिया एवं रन्हा नाम की नदियों के बीच था। संयुक्त अवस्था में दोनों अपने महान् देवता को 'असुर' कहते थे, पर विभाजन के बाद भारतीय आर्य परमदेवता को देव और देवविरोधी शक्ति को असुर कहने लगे, जबकि ईरानियों में इन शब्दों के ठीक उल्टे अर्थ प्रचलित हुए। इस प्रकार भारतीय आर्य देवोपासक और ईरानी आर्य असुरोपासक बने। इससे यह भी प्रतीत होता है कि आर्यों की भारतीय और ईरानी शाखाओं में विभाजन के समय से संघर्ष ने भी जन्म लिया, जिसे घुमंतू चरवाहों और खेतिहरों के बीच का संघर्ष भी बताया गया है। ऐतिहासिक युग में भी इस संघर्ष को देखा जा सकता है।[२५] इस मत के प्रचलित होने पर भी उसका प्रबल खंडन किया गया है। इस जातीय संघर्ष की कल्पना न तो प्रमाणित है, न उसका पर्याप्त कारण बताया गया है।[२६] ईरानियों के द्वारा 'ऐर्य' और 'एरानवेजन' शब्दों के प्रयोग से ईरानी कल्पना का पता चलने पर भी वह वैदिक जनों के लिए स्वीकार्य थी, यह सिद्ध नहीं होता और न यह कि आर्य जनविशेष या प्रजातिविशेष का नाम था, न ही वैदिक आर्यों का प्रव्रजनात्मक इतिहास ही पता चलता है। सामान्यतः शिष्ट या श्रेष्ठ का वाचक होने पर भी आर्य शब्द का प्रयोग गौण रूप से स्वजाति के लिए किया जा सकता था, जिससे यह सिद्ध नहीं होता कि वह मूलतः किसी जाति का नाम था। कम-से-कम भारतीय 'आर्यों' में जातिवाचक 'आर्य' का असंदिग्ध प्रयोग नहीं मिलता। 'आर्य' शब्द की निरुक्ति अर्य, अरि, अर् से मानी गयी है। निघण्टु के अनुसार— *राष्ट्री अर्यः नियुत्वान् इनः इति चत्वारि ईश्वरनामानि*। यास्क का कथन है—'आर्य ईश्वरपुत्रः' इस प्रकार 'आर्य' घर या भूमि के स्वामी का वाचक था। इस अर्थ में स्वाधीनता और श्रेष्ठता, ये दोनों भाव जुड़े थे। ज़िस योग्यता के आधार पर आर्य श्रेष्ठ था, वह उसकी अतिथि-सेवा और यज्ञ-परायणता से निश्चित होती थी। आर्य का आदर्श उदार, दानशील, सत्यपरायण, देवभक्त मनुष्य का था। उदाहरण के लिए 'मैंने भूमि आर्य के लिए दी, मैंने वृष्टि दानी मनुष्य के लिए दी' इस ऋचा में आर्य और दानी स्पष्ट ही समानार्थक हैं। यह स्मरणीय है कि दानी या दानवान् लक्षणा से यजमान की उदारता का संकेत करता है, जो कि देवताओं के प्रति हवि और ब्राह्मणों के प्रति दक्षिणा देने में व्यक्त होती थी। इसी प्रकार दानवान् या दानी का तात्पर्य देवभक्त भी है। स्कन्दस्वामी ने आर्य के पर्याय के रूप में उत्तम, पूज्य, स्वामी या साधुवृत्त अर्थात् सदाचारी दिये हैं। इस प्रकार 'आर्य' शब्द एक ओर स्वामित्व का द्योतक था, दूसरी ओर नैतिक तथा धार्मिक श्रेष्ठता का। स्वामी का अर्थ है, अपने घर-बार का मालिक होना अर्थात् किसी का दास न होना। इस प्रकार वह परवर्ती पालि साहित्य के 'गहपति' या जैन 'गाहावयी' से इस सन्दर्भ में तुलनीय प्रतीत होता है। अर्थशास्त्र में जब आर्य के

दासभाव का निषेध किया गया है, तो इसी अर्थ की प्रतीति होती है। श्रेष्ठ के अर्थ में 'आर्य' शब्द का परवर्ती साहित्य में प्रयोग सुलभ है। पृथग्जन के प्रतियोगी के रूप में 'आर्य' शब्द आध्यात्मिक ज्ञान से सम्पन्न पुरुष का द्योतक था, म्लेच्छ के प्रतियोगी के रूप में परम्परागत शिक्षा से शिष्ट पुरुष का।

आर्य का मौलिक या नैरुक्तिक अर्थ जो रहा हो, उसका रूढ़ अर्थ समाज में ऊँची स्थिति और प्रतिष्ठा दिखाता है, वह किसी जनसमुदाय का नाम, प्रजातीय या जनजातीय, नहीं प्रतीत होता। अत: 'आर्य' और 'दास' के परस्पर विभाग से यह निष्कर्ष नहीं निकाला जा सकता कि दास आर्येतर प्रजातियों की सामान्य आख्या थी। गुरुवर पंडित क्षेत्रेशचन्द्र चट्टोपाध्याय ने 'दास' और 'दस्यु' के ऋक्संहिता में १४८ स्वतंत्र और ३३ समस्त प्रयोगों के स्थलों का विस्तृत विश्लेषण कर यह सिद्ध किया है कि इन सभी स्थलों में इन शब्दों की देव विरोधी असुर-राक्षसों के रूप में व्याख्या सही बैठती है।[२७] वेद में दास और देव का संघर्ष पौराणिक देवासुर-संग्राम का ही रूपान्तर है। यह संघर्ष मानवजातियों के बीच संघर्ष नहीं है। दास को अयज्वा, अव्रत आदि कहना असुरों की सुविदित यज्ञ-विरोधिता के अनुरूप है। देवता ज्योतिर्मय हैं, इसलिए दास कृष्ण वर्ण हैं। आर्य और दास का भेद धार्मिक और अधार्मिक का विरोध है। 'इन्द्र ने आर्य के लिए ज्योति प्रकट की, दास को गिरा दिया' यहाँ सायण के अनुसार, आर्य का अर्थ है-- 'कर्म का अनुष्ठान करनेवाले लोग'। स्पष्ट ही दास कर्महीन जन हैं, उनका गिरना विस्मयजनक नहीं है। यह सही है कि दास का वर्ण के रूप में उल्लेख करते हुए उसे नीचे फेंका हुआ बताया गया है, पर यहाँ सामाजिक अभिप्रेत न होकर पृथ्वी के नीचे के लोग से तात्पर्य है जहाँ आसुरिक शक्तियों का सहज निवास है। *'उभा वर्णावृषिरुग्र: पुपोष'* में 'आर्य' और 'दास' वर्ण अभिप्रेत नहीं है बल्कि दो भिन्न जीवनविधा अपनाये समुदाय अभिप्रेत हैं। कभी स्वामी या ऋतचारी के रूप में देवता भी आर्य कहे गये हैं, जैसे— इन्द्र के लिए कहा गया- *यथावंश नयति दासमार्य:*। कभी आर्य मनुष्य मात्र के लिए प्रयुक्त है और मानवीय एवं आसुरिक शत्रुओं का समुचित उल्लेख आर्य और दास शत्रुओं के रूप में मिलता है, यथा- *दासा च वृत्रा हतमार्याणि*। यहाँ आर्य और आर्येतर जातियों के मानवीय विरोधी अभिप्रेत नहीं हैं, बल्कि मानवीय और अमानवीय शत्रु अभिप्रेत हैं।

'दास' की व्युत्पत्ति 'दस्' या 'दास्' से कही जाती है, 'दस्यु' समानान्तर शब्द है। ये धातुएँ हिंसार्थक हैं। इसीलिए 'जिघांसत:' और 'अभिदासत:' पर्यायवत् प्रयुक्त हैं। पर एक दस् धातु कर्मार्थक भी थी और 'दास्' परिचारक के अर्थ में भी प्रयुक्त मिलता है, यथा- *दासो न मीढुषे कराणि* इत्यादि में। इस प्रकार आर्य-दास की प्रतियोगिता दो रूपों में मिलती है- देवभक्त मनुष्य, देवविरोधी असुर, स्वामी-सेवक। उनमें दूसरी प्रतियोगिता परवर्ती युग में विशेष रूप से मिलती है।

मानव-प्रजातीय स्तर पर आर्य-दास संघर्ष की कल्पना असिद्ध होते हुए भी यह प्रश्न शेष रहता है कि संस्कृतभाषी वेद-रचयिताओं के युग में भारत में कौन सी जातियाँ

थीं और उनके क्या सम्बन्ध थे? आजकल की तरह पहले भी भारत में नाना प्रजातीय समुदाय, नाना जनजातियाँ और नाना भाषाभाषी शिष्ट समुदाय विद्यमान थे, यह निस्सन्देह है। प्रसिद्ध भाषाविद् प्रो० सुनीति कुमार चटर्जी ने भाषाओं के आधार पर भारतीय जनसमुदायों को चार मुख्य वर्गों में बाँटा है-आर्य, द्राविड, निषाद और किरात। इन वर्णों के मूल उद्गम या भारत में आगमन का इतिहास अविदित है। प्राय: स्वीकृत मत के अनुसार निषाद और किरात जनजातियाँ भारत में प्रागैतिहासिक काल से विद्यमान रही हैं। किरात जातियाँ भारत के उत्तर और उत्तर-पूर्व के पार्वत्य प्रदेशों में मिलती हैं। निषाद जातियाँ इस समय मुख्यतया मध्यवर्ती पार्वत्य और आरण्य पट्टी में मिलती हैं। इस तरह के क्षेत्र को बचाव या रक्षा का क्षेत्र कहा गया है, पर यह विवरण ऐतिहासिक युग के लिए ठीक होते हुए भी प्रागैतिहासिक युग के लिए सार्थक नहीं है। मध्याश्मयुग में गंगा घाटी से जनजातियाँ पलायन कर विन्ध्य श्रेणी की ओर बढ़ी हों, ऐसा न होकर ठीक इसके विपरीत ही इतिहास का क्रम दीखता है।[२८] दक्षिण का पठार ही भारतीय भूगोल की रीढ़ है और प्रागैतिहासिक युगों में उसकी भूमिका महत्त्वपूर्ण रही है।

द्राविड जनसमुदाय को अनेक विद्वान् हड़प्पा सभ्यता का रचयिता और भूमध्यसागर से प्रव्रजन कर भारत में आया हुआ मानते हैं। ब्राहुई भाषा और उसके बोलनेवालों के बलूचिस्तान में द्वीपवत् ठहरे मिलने से इस मत का समर्थन किया गया है और यह कल्पना की गयी है कि यह समुदाय सिन्धु घाटी से समुद्र के किनारे सुदूर दक्षिण की ओर चला गया। किन्तु ब्राहुई की उस क्षेत्र में सत्ता प्राचीन या प्रागैतिहासिक काल के लिए प्रमाणित नहीं है[२९] और न द्राविड समुदायों के विषय में इस प्रकार की अभिकल्पनाएँ निश्चयात्मक रूप से प्रमाणित होती हैं। जो बात निश्चित रूप से पता है वह इतनी ही है कि ऐतिहासिक युग में द्रविड समुदाय सुदूर दक्षिण के जनपद थे।

इन भाषाभाषियों की देह-रचना के विषय में कुछ भी स्पष्टत: नहीं कहा जा सकता। देह-रचना के आधार पर भारतीय जनता का अनेकधा विभाजन किया गया है, पर ये प्रजातियाँ मिले-जुले रूप में ही क्षेत्रीय या भाषामूलक समुदाय बनाती हैं। इसीलिए हड़प्पा सभ्यता के निर्माता या वैदिक साहित्य के रचयिताओं को किसी एक निश्चित प्रजाति का नहीं कहा जा सकता। मार्शल ने मोहनजोदड़ो में प्राप्त कुछ कंकालों की प्रजातीयता को नाना प्रकार की बताया था। हड़प्पा की कब्रगाह-एच् से प्राप्त कंकालों के नृतात्त्विक विश्लेषण ने यह सिद्ध कर दिया है कि पंजाब में प्राय: वैसा ही प्रजातीय संकर तब था, जैसा अब है।[३०] ई०पू० तीसरी-दूसरी सहस्राब्दियों के पंजाब का यह प्रजातीय मिश्रण जैसा हड़प्पा की जनता को चित्रित करता है, वैसा ही उसे वैदिक जनता को भी करना चाहिए। इस कल्पना का कोई पुष्ट आधार नहीं है कि प्रजातीय सम्मिश्रण सिर्फ भारतीय प्रदेशों की विशेषता थी जिन पर एक विशुद्ध आर्य जाति आक्रमण कर छा गयी। इस प्रकार की कल्पना का आधार यह विश्वास है कि एक भाषाभाषी समुदाय एक विशुद्ध प्रजातीय समुदाय भी है, जो स्वयं असिद्ध ही नहीं

बल्कि विदित तथ्यों के विरुद्ध है। इस संदर्भ में यह विशेष रूप से स्मरणीय है कि भारतीय पुरातात्त्विक साक्ष्यों के आधार पर आर्य और आर्येतरीय समुदायों को अलग नहीं पहचाना जा सकता।[३१]

वेदों की रचना कहाँ हुई, इस प्रश्न का उत्तर देना कठिन नहीं है। वेदों के अन्दर जिन नदियों और जनपदों के नाम मिलते हैं, उनसे ही उनके रचयिताओं का भौगोलिक परिज्ञान सूचित होता है, जो उस समय के सीमित यातायात को देखते हुए उनकी अपनी अवस्थिति से बहुत अधिक विस्तृत न रहा होगा। ऋग्वेद संहिता के भौगोलिक क्षितिज अफगानिस्तान और पंजाब से लेकर समुद्र, रेगिस्तान और गंगा-यमुना तक सीमित प्रतीत होते हैं। उत्तर-पश्चिमी क्षितिज, मूजवन्त पर्वत एवं रसा और 'सरयू' नदियों से निर्मित दीखते हैं। अफगानिस्तान की नदियाँ— कुभा, सुवास्तु, गोमती, क्रुमु उल्लिखित हैं और गन्धार एवं कंबोज वहाँ के जनपद हैं। पंजाब की प्रसिद्ध पाँच नदियाँ— वितस्ता, असिक्नी, परुष्णी, शुतुद्रि, विपाशा और उनके अतिरिक्त सिन्धु उल्लिखित हैं। इनके अतिरिक्त सरस्वती प्रसिद्ध है एवं गंगा और यमुना का परिचय मिलता है। यह स्पष्ट है कि वेदों की प्रारम्भिक रचना का प्रदेश हिन्दुकुश से गंगा तक फैला था। उत्तरवैदिक युग का भूगोल बहुत अधिक विस्तृत और पूर्व की ओर फैला है। यह निष्कर्ष विश्वसनीय रूप से निकाला गया है कि पूर्ववैदिक युग से प्रारम्भ होकर वैदिक जनों का क्रमशः पूर्व की ओर प्रसार हुआ। सिन्धु और सरस्वती उनकी मुख्य नदियाँ थीं।

वेदों के रचना-काल का निर्णय टेढ़ी खीर है। भारतीय परम्परा के अनुसार वेद अनादि हैं, जो ऐतिहासिक एवं तार्किक प्रज्ञा के लिए अमान्य है। आधुनिक पाश्चात्य विद्वान् वेद-रचना को प्रायः १२०० ई०पू० अथवा १००० ई०पू० के पास मानते हैं।[३२] इस अनुमान का मुख्य आधार यह कल्पना है कि भाषा साम्य के कारण ऋक्संहिता का युग अवेस्ता से अनतिदूर होना चाहिए, अर्थात् ई०पू० १००० के पास। इस दृष्टि से अत्यन्त प्राचीन सूक्त ई०पू० १२०० के हो सकते हैं, ब्राह्मण साहित्य ई०पू० ८००-६०० के बीच का है। प्राचीन उपनिषद् बुद्ध से प्राचीनतर हो सकते हैं। बोगाजकुई में आर्य देवताओं के उल्लेख से इस मत की पुष्टि मानी गयी है क्योंकि उन अभिलेखों के देवताओं को अभी अविभक्त भारत-ईरानी समुदाय के देवता मानकर भारतीय वैदिकयुग से पूर्वतर माना गया है।[३३] हड़प्पा सभ्यता को आर्येतरीय मानकर उससे परवर्तिता के कारण भी आर्यों के युग को भारत में ई०पू० दूसरी सहस्राब्दी के उत्तरार्ध में रखा गया है। आर्यों को हड़प्पा सभ्यता का विनाशक भी माना गया है।[३४]

ये युक्तियाँ अपने आप में प्रबल या निश्चयात्मक नहीं हैं। मैक्समूलर की युक्ति द्वारा निर्धारित तिथि, वेद-रचना के काल की वह सीमा निर्धारित करती है, जिसके पश्चात् वह रचना संभव नहीं है। इस सीमा को उसकी आद्य या पूर्वतम सीमा नहीं मानना चाहिए। विभिन्न भाषाओं, वाङ्मयों और परिस्थितियों में भाषा-परिवर्तन की गति एक-सी नहीं होती और ईरानी भाषा और धर्मग्रन्थों के प्रतिमान पर वेद का तिथि

निर्णय स्वतंत्र कल्पना का विलास मात्र है। वैदिक मंत्रों के द्रष्टा किन परिस्थितियों में रहते थे, उनकी रचनाओं एवं भाषा के संरक्षण की क्या व्यवस्था थी, शिक्षा पद्धति कैसी थी, अभिलेखन विदित था या नहीं, इत्यादि नाना विषयों पर निश्चित जानकारी के अभाव में वैदिक भाषा के परिवर्तन की गति की युगान्तर अथवा देशान्तर में भाषा-परिवर्तन की गति से तुलना करना संभव नहीं है। इतना असंदिग्ध है कि प्राचीन मंत्रों की भाषा पाणिनीय लौकिक संस्कृत से बहुत भिन्न है। इतना भेद कितने समय में प्रकट हुआ होगा, यह कहना कठिन है। न्यूनतम अनुमान ५०० वर्षों का किया गया है, अधिकतम ५००० वर्षों का।

बोगाजकुई में जिन देवताओं का उल्लेख है, उन्हें वैदिक देवता मानना ही युक्तियुक्त है क्योंकि उनके नाम उसी प्रकार के हैं और वहाँ मित्र एवं वरुण के लिए 'इलानि' (=*देवाः*), इस बहुवचन के प्रयोग से अनुवाद्य मूल में देवताद्वन्द्व की अवधारणा की सूचना मिलती है। खत्ती शासक शब्बिलुल्यूमा और मितन्नी शासक मत्तिवाजा के बीच एक सन्धि दर्ज करने के संदर्भ में नाना देवता साक्षी के रूप में यहाँ उल्लिखित हैं। संभवतः भारतीय अश्व व्यापारियों की भी वहाँ एक बस्ती थी और उनमें प्रचलित देवता भी अन्य जातियों के देवताओं के समान साक्षी रूप से बुलाये गये हैं। वैदिक प्रयोगों से अभिलक्षित इन आर्यों को भारोपीय या भारत-ईरानी आर्यों की उपस्थिति मानना उस समय प्रदेश में अप्रमाणित है।

सैन्धव सभ्यता के निर्माता आर्यों से भिन्न और उनसे पूर्ववर्ती थे, यह मत मार्शल के युग से अद्यावधि प्रचलित रहा है।[३५] इसका आधार वैदिक और सैन्धव सभ्यता का तथाकथित विरोध रहा है। 'आर्य' चरवाहों के जन थे, सैन्धव सभ्यता नागरिक थी। आर्य अमूर्त्त देवताओं के उपासक थे, सैन्धव सभ्यता मूर्तिपूजक थी। आर्य अश्वप्रेमी थे, सैन्धव सभ्यता अश्व से अपरिचित। आर्य युद्धप्रेमी थे, सैन्धव सभ्यता शान्तिप्रिय। आर्य निरक्षर थे, सैन्धव सभ्यता साक्षर। सैन्धव सभ्यता प्रायः १७५० ई०पू० तक अपने मुख्य रूप में समाप्त हो गयी थी, जबकि आर्यों की तब तक पश्चिमी एशिया में ही कुछ भनक मिल रही थी, भारत बहुत दूर था। कुछ पुरातत्त्ववेत्ताओं ने तो भारतीय आर्यों का तादात्म्य चित्रित धूसर भांड के प्रयोक्ताओं के साथ किया है, जिनका युग प्रायः वहीं से आरम्भ होता है, जहाँ मैक्समूलर ने वेदों को रखा था। यह सिद्ध होते हुए भी कि सैन्धव सभ्यता के लोग नाना प्रजातियों के थे, अधिकांश प्रत्नविद् उस सभ्यता को भूमध्यसागर की ओर से समागत द्राविड भाषाभाषी समुदाय की रचना मानने के पक्ष में हैं।

इन युक्तियों में प्रायः सभी संदिग्ध होने से अग्राह्य हैं। वेदों में घुमंतू चरवाहों का, स्थिर-निकेत कृषीवलों के ग्रामों का एवं पुरों का उल्लेख मिलता है। वैदिक ऋषि बाद तक नगर-जीवन के पक्षधर न होकर अरण्यवास के प्रेमी थे। दुष्यन्त के दरबार को जाते शाङ्र्गरव की राजधानी को देखकर उक्ति स्मरणीय है कि-*हुतवहपरीतं गृहमिव*। यह वही दृष्टि है, जो प्राचीन सूत्रों में मिलती है- *ग्रामसमीपे नाध्येयम्*। वेद पौर जीवन के

दस्तावेज नहीं हैं, पर वैदिक ऋषि पुरों से अपरिचित नहीं थे।[३६] वेदों में व्यक्त आध्यात्मिक संस्कृति पुरवासिनी नहीं है, पर उसका एक पुरप्रधान सभ्यता के साथ सहभाव या समसामयिकता अंसभव नहीं है। बहुत बाद तक भी भारतीय सभ्यता का अभ्यस्त दृश्य एक जंगलों का अबाध सागर था जिसमें द्वीपायमान छोटे-छोटे गाँव और दूर-दराज नगर टिमटिमाते थे। सिंधु सभ्यता के दिनों से सामान्य परिदृश्य इससे विशेष भिन्न था, ऐसा संभाव्य प्रतीत नहीं होता। इस तरह यह कल्पना अबाधित है कि एक ही सभ्यता का पौर-व्यापारिक पक्ष सैन्धव सभ्यता में परिगणित है, उसका आध्यात्मिक-आरण्यपक्ष वैदिक संस्कृति में। जहाँ तक आधारभूत सामाजिक-धार्मिक संस्थाओं का प्रश्न है, वे परम्परागत भारतीय सभ्यता में ग्राम-नगर के भेद से प्रायः अछूती हैं।

जहाँ तक मूर्तिपूजा का प्रश्न है, यह सही है कि मोहनजोदड़ो में 'पशुपति' और मातृशक्ति की मूर्तिपूजा का अनुमान प्रबल है किन्तु वेद में भी रुद्र अन्य देवताओं से विलक्षण पशुपति एवं अपनी बहन अम्बिका के साथ अर्चनीय कहे गये हैं। रुद्र और रुद्रियों का यज्ञ-बाह्य अर्चन वैदिकयुगीन लोकधर्म का एक अंग था।[३७] मोहनजोदड़ो में भी पश्चिमी एशिया से तुलनीय प्रतिमापूजन या देवायतन नहीं मिलते हैं और यह भी सही है कि कालीबंगन में यज्ञवेदियों का पता चलता है। वेदों में देवताओं की रूप - कल्पना नहीं मिलती, ऐसी बात नहीं है। वैदिक देवता हिब्रू जाति के देवताओं के समान अरूप नहीं थे। उनका किसी प्रकार से चित्रण नहीं होता था, यह नहीं कहा जा सकता। वैदिक देवताओं की मूर्तिपूजा न होने पर भी * उस युग में यक्षपूजा की संभावना से इन्कार नहीं किया जा सकता।[३८] यज्ञपरायण ब्राह्मण, यज्ञविरोधी व्रात्य, मुनि एवं यति, लोकधर्मी यक्षपूजक सभी एक साथ माने जाने चाहिए।[३९] यजन और पूजन का भेद आत्यन्तिक नहीं कहा जा सकता और इन उपासना-पद्धतियों के आपेक्षिक भेद से सभ्यताओं का आत्यन्तिक भेद नहीं निश्चित होता। सैन्धव या वैदिक सभ्यता को *मोनोलिथिक* या एकरस मानना अयुक्त है, वे भी नाना प्रजातियों, जनों और संस्कृतियों के संगम की पृष्ठभूमि में ही लक्षित होते हैं। भारतीय परम्परा को बनानेवाले मूल और विशुद्ध सूत्रों की खोज में तो प्रागितिहास के गहन में धँस कर भी असफलता ही प्राप्त होगी क्योंकि इस प्रकार के विशुद्ध मूलों की कल्पना ही यथार्थ में खरी नहीं उतरती।

अश्व के परिचय पर आधारित युक्ति मार्शल के युग में बहुत प्रभावोत्पादक थी, पर अब बहुत सी खोजों ने यह सिद्ध कर दिया है कि सिन्धु-सभ्यता के कुछ प्रदेशों और युगों में अश्व का परिचय विद्यमान था।[४०] यह संभव है कि अश्व का उपयोग उत्तर-पश्चिमी पहाड़ी प्रदेशों में अधिक रहा हो, सिंध में कम। यह भी विचारणीय है कि वैदिक अश्व की प्रचुरता का परिचय हमें वाङ्मय से मिलता है, न

* **कुछ विद्वान् वेदों में देव-मूर्तियों के संकेत देख पाते हैं।**

कि पुरातात्त्विक साक्ष्य से, जब कि सिंधुघाटी में पुरातत्त्व से ही हम यह परिचय माँगते हैं।[४१]

वेदों में युद्धवर्णन की बहुतायत उस एकांगी व्याख्या का परिणाम है, जो स्पर्धा और संघर्ष मात्र को युद्ध मानती है और देवासुर संग्राम को मानव जातियों के युद्ध।

साक्षरता और निरक्षरता का प्रश्न महत्त्वपूर्ण है। यदि वेदों में लिपि का ज्ञान न माना जाए, जैसी प्रचलित धारणा है तो वैदिक संस्कृति को सैन्धव सभ्यता से प्राचीनतर मानना क्या उचित न होगा?[४२] दूसरी ओर, वेदों में लिपि ज्ञान के अनेक प्रमाण दिये गये हैं।[४३] यह भी स्मरणीय है कि उपलब्ध लेखन सामग्री सिन्धु-सभ्यता में भी लिपि के अत्यन्त सीमित प्रयोग को ही जताती है। वेदों के न लिखने की परम्परा का कारण यह नहीं है कि वेद-रचना एक निरक्षर समाज में हुई, बल्कि यह है कि रहस्यात्मक परमज्ञान के लिए लेखन उपयोगी न होकर बाधक ही माना जाता था।[४४]

इस प्रकार विदित तथ्य यह सिद्ध नहीं करते कि वैदिक और सैंधव सभ्यताओं को पृथक् मूल और पृथक् शाखा वाला दरख्त माना जाए। उनमें सांस्कृतिक शैली-भेद होते हुए भी वे देश और काल में असंबद्ध नहीं कहे जा सकते। दोनों ही सरस्वती और सिन्धु के क्षेत्रों में केन्द्रित थे। जैसे क्षेत्रीय रूप से ये दोनों सभ्यताएँ सटी हुई हैं, ऐसे ही काल-विस्तार में भी सम्भव है।

वैदिक काल निर्णय का प्रयत्न अनेक विद्वानों ने ज्यौतिषिक साक्ष्य के आधार पर किया है। इनमें तिलक का मत सुविदित है। उन्होंने यह तर्क दिया है कि मार्गशीर्षी पौर्णमासी से वर्ष का आरंभ कभी माना जाता था, जिस कारण मार्गशीर्ष आग्रहायण कहलाता था। अयन-चलन की गणना से यह स्थिति लगभग ४००० ई०पू० की प्रतीत होती है। इन्होंने छः महीने के दिन-रात के उल्लेख से आर्यों का मूल स्थान उत्तरी ध्रुव के पास निश्चित किया है।[४५] अन्य विद्वानों ने इन उल्लेखों को संदिग्ध बताया है। पर शतपथब्राह्मण का उल्लेख कि सूर्योदय के समय कृत्तिका नक्षत्र का ठीक पूर्व में उदय होता था, अधिक महत्त्वपूर्ण है। डॉ० गोरख प्रसाद ने उसके आधार पर इस उल्लेख की तिथि प्रायः २५०० ई०पू० बतायी है।[४६] सूत्रों में उल्लिखित विवाह के अवसर पर ध्रुव-दर्शन भी संभवतः १३०० ईसा पूर्व के आस-पास ही उनकी तिथि का संकेत करता है।[४७] इन सभी युक्तियों के विरोध में पश्चिमी विद्वानों का कहना है कि वैदिक वाङ्मय के नक्षत्र-दर्शन को यथावत् नहीं माना जा सकता पर वे यह भूल जाते हैं कि नक्षत्र-दर्शन मानव जाति में अत्यन्त प्राचीनकाल से प्रचलित रहा है। उदाहरण के लिए इंग्लैड के नवाश्मयुगीन स्थल 'स्टोनहेंज' के बृहदाकार पाषाणों का घेरा ऐसे ही पर्यवेक्षण पर आधारित है।[४८] प्राचीन मिस्र में प्राचीनतम पिरामिड की रचना भी यथावत् नक्षत्र-दर्शन पर आधारित है। तीसरी सहस्राब्दी ईसा पूर्व में बेबीलोनिया के पुरोहित विशेषरूप से नक्षत्रों का अध्ययन करते थे।[४९] वेद में नक्षत्रदर्श का एक पृथक् व्यवसायी के रूप में उल्लेख आता है। अतएव ज्यौतिषिक उल्लेखों को ऐतिहासिक अदालत से साक्ष्य-चर्चा में बहिष्कृत करना न्याय-संगत नहीं होगा।

वास्तव में वैदिक आर्यों की सभ्यता को निरक्षर घुमन्तू चरवाहों की सभ्यता मानने से अनावश्यक कठिनाइयाँ पैदा होती हैं। वेदों के रचयिता आर्य प्रागैतिहासिक जर्मन या यूनानी आर्यों से गुणात्मक रूप से भिन्न थे, यह इसी से स्पष्ट है कि इन्होंने वेदों जैसी रचना को विरासत के रूप में छोड़ा। वेदों में एक सम्पन्न एवं परिष्कृत समाज के उदात्त विचारों का प्रकाशन मिलता है। ताम्राश्म युग में जो सभ्यता का प्रथम उन्मेष भारत में हुआ था उसी में सैन्धव व वैदिक सभ्यताओं को रखना युक्तिसंगत प्रतीत होता है। सैन्धव सभ्यता में इस प्रथम सभ्यता का भौतिक कलेवर और वेदों में उसका आध्यात्मिक प्राण देखा जा सकता है, ऐसी कल्पना एकांत रूप से असंगत नहीं कही जा सकती। ह्वीलर का यह कथन उल्लेखनीय है कि भारतीय इतिहास में सिन्धु सभ्यता का भौतिक कलेवर नष्ट हो गया जब कि उसका आध्यात्मिक पक्ष शेष रहा।[५०] उस आध्यात्मिक पक्ष की वाणी वेदों में मिलती है, यह कल्पनीय है।

इस प्रकार भाषावैज्ञानिक वेद के काल को लगभग ई०पू० १००० में रखते हैं[५१] जबकि ज्योतिर्वैज्ञानिक उसे दो–तीन हजार वर्ष और अधिक प्राचीन मानते हैं। अधिकांश वैदिक विद्वानों के भाषावैज्ञानिक होने के कारण उनके मूल अभ्युपगमों पर उतना संदेह नहीं व्यक्त किया गया है, जितना ज्योतिर्वैज्ञानिकों के। वैदिक ऋषि और पुरोहित खगोलीय दृश्यों का स्थूल प्रत्यक्ष के अनुकूल यथावत् वेध कर सकते थे, इसका निर्णय अवश्य ही संभावना–बुद्धि की अपेक्षा रखता है किन्तु उसमें कोई गहरी कठिनाई नहीं प्रतीत होती। दूसरी ओर, मूल आर्य–भाषा का रूप–निर्णय ऐसे अनुमानों की लम्बी शृंखलाओं पर निर्भर है जिन्हें असंदिग्ध नहीं माना जा सकता विशेषतया जब उस भाषा की बोलियों का असंदिग्ध ज्ञान नहीं है और जब वैदिकभाषा से तुलनीय उतनी पुरानी और कोई वाचिक लिखित सामग्री नहीं है।

पौराणिक अनुश्रुतियों और राजवंशों के द्वारा भी वैदिककाल के अनुमान का प्रयास किया गया है। उदाहरण के लिए, इस आधार पर परीक्षित् का काल ई०पू० ९०० अथवा १४०० के आस–पास किया गया है।[५२] इसी प्रकार वैदिक वंश–सूचियों के आधार पर प्राचीन ऋषियों की काल–गणना ई०पू० तृतीय सहस्राब्दी में की गयी है। पर इस प्रकार की लम्बी सूचियों में पुनरुक्तियों के कारण सही निर्धारण संदिग्ध रहता है। तथापि यह सर्वथा उपेक्षणीय नहीं है कि एक प्रसिद्ध पौराणिक श्लोक के अनुसार परीक्षित् का काल नन्द से प्राय: १०५० वर्ष पुराना था, जिसमें प्राय: ५० पीढ़ियाँ कही गयी हैं। परीक्षित् से इक्ष्वाकु तक ८९ अथवा ९५ पीढ़ियाँ गिनी गयी हैं और २० अथवा १८ वर्ष के औसत से प्रारम्भिक वैदिककाल प्राय: ई०पू० ३००० ठहरता है। शतपथ, वंश–ब्राह्मण और शांखायन आरण्यक की वंश–सूचियाँ प्रसिद्ध हैं। शांखायन आरण्यक के कहोड़ कौषीतकि को प्रो० हेमचन्द्र रायचौधरी ने बुद्ध से एक पीढ़ी पूर्व और उद्दालक आरुणि को दो पीढ़ी पूर्व माना है। इस प्रकार छान्दोग्य और बृहदारण्यक उपनिषदों का काल प्राय: ई०पू० ७वीं शती सूचित होता है, परीक्षित् का नवीं। इस आधार पर

वंशावली के अनुसार गणना करने पर वैदिक युग का आरम्भ प्राय: ई०पू० २५०० प्रतीत होता है।[५३]

इस प्रकार जहाँ एक मत वैदिक युग को ई०पू० १००० के लगभग रखता है, दूसरा उसे ई०पू० ३००० के आस-पास मानने का समर्थन करता है। इधर कुछ पुरातत्त्ववेत्ता भारोपीय संस्कृति के चिह्न लगभग ई०पू० ६००० में पाते हैं पर वे उन्हें भारतीय आर्यों से सम्बद्ध नहीं करते, किन्तु कुछ भारतीय पुरातत्त्ववेत्ता इस सामग्री में वैदिक संस्कृति का प्रतिबिम्ब पाते हैं।[५४]

हरमत्ता जैसे भाषाशास्त्री भी मूल आर्यभाषा को इतना पुराना मानते हैं पर वैदिक से उसे नहीं जोड़ते। नयी पुरातात्त्विक खोज आर्यों की इस प्राचीनता को समर्थित करती है।[५५]

पहले मत से वैदिकसभ्यता, सिन्धु-सभ्यता से नितान्त भिन्न और परवर्ती है, दूसरे मत से दोनों अभिन्न नहीं तो संश्लिष्ट अथवा समकालीन अवश्य हैं। पहले मत के मूलभूत आर्यवादी अथवा द्राविडवादी प्रजातीय आग्रह को यदि छोड़ दिया जाए , तो दूसरा मत ही अधिक युक्तिसंगत और संभाव्य प्रतीत होता है। इस अनिश्चय से उबरने का एक ही उपाय दीखता है और वह है सिंधु लिपि का पढ़ा जाना। पर वह भी भविष्य की किसी खोज के संयोग की बाट जोहता है।

वेद का अर्थ सनातन विद्या और उसका प्रतिपादन करने वाली शब्दराशि है। प्रत्यक्ष और अनुमान से उपलब्ध न होने वाला मनुष्योत्तर ज्ञान इस शब्दराशि से प्राप्त होता है; शब्दात्मक वेद इस अपूर्व ज्ञान का साधन होने के कारण परम प्रमाण है। शब्द और शब्दप्रमाण के स्वरूप के विषय में चिरकाल तक विचार-विमर्श के द्वारा उनके अनेक पक्ष उजागर किये गये हैं। यदि परम्परागत शब्दराशि के रूप में वेद को नित्य मानने में अनेक तार्किकों को आपत्ति हो सकती है तो भी वेद को लोकोत्तर अथवा असाधारण प्रेरणा से प्रतिभालब्ध ज्ञान की अभिव्यक्ति मानने में ऐसी कोई कठिनाई नहीं है।

शब्दात्मक वेद ग्रन्थराशि के रूप में कालमहिमा से पूर्णतया उपलब्ध नहीं है। संहिताओं के रूप में व्यवस्थित होने के बाद उनके संरक्षण का अथक प्रयास किया गया है किन्तु संहिताकरण के पहले सूक्त और मन्त्र कदाचित् विभिन्न उपासक-संप्रदायों में चिरकाल से प्रचलित थे। उनका संहिताकरण एक राष्ट्रीय समाज का आविर्भाव और उनके लुप्त होने का भय सूचित करता है। मंत्रों के रचयिता ऋषियों को मानव व्यक्ति ही मानकर प्रो० ए० एस० अल्टेकर, प्रो० पी० एल० भार्गव (*इण्डिया इन द वेदिक एज,* १९७१) जैसे विद्वानों ने उनके चरित और वंशावलियों को पुरानी अनुक्रमणियों एवं वंश-विवरण के आधार पर विश्लेषित करने का प्रयास किया है। किन्तु ऋषियों का मानव इतिहास बहुत अल्प विज्ञात है क्योंकि उसमें इतिहास के साथ आख्यान या मिथक बराबर जुड़े हुए मिलते हैं। इससे यह भी सूचित होता है कि ऋषि केवल मानव व्यक्ति नहीं थे बल्कि बहुधा वे तत्वों अथवा नक्षत्रों के प्रतीकात्मक नाम थे।

मोतीलाल शास्त्री ने ऋषियों को आदिकालीन प्राण की आख्या बताया है। दूसरी ओर नक्षत्रों के साथ ऋषियों के नाम जुड़े हुए मिलते हैं। यह स्पष्ट है कि मंत्रद्रष्टा या गोत्रप्रवर्तक के रूप में प्रथित सब ऋषि मानव नहीं माने जा सकते हैं।

वेदों का आधुनिक अध्ययन जिस युग में आरम्भ हुआ वह औपनिवेशिकता का था। उसी परिप्रेक्ष्य में तुलनात्मक भाषाविज्ञान, तुलनात्मक धर्मविज्ञान, नृतत्त्वविद्या और पुरातत्त्व का आविर्भाव हुआ था, इन सभी में प्रजातीयता और विकासवाद की धारणाएँ अभ्युपगत थीं। इनके साथ यह भी अव्यक्त मान्यता थी कि पश्चिम की गोरी जातियाँ ही प्रजातीय एवं सांस्कृतिक विकास के सर्वश्रेष्ठ मानक हैं। इस सन्दर्भ में नवीन वैदिक अनुसंधान ने जहाँ एक ओर भाषा विज्ञान और तुलनात्मक सांस्कृतिक अध्ययनों के द्वारा वेदों की व्याख्या में सहायता की वहीं एक आग्रह-परक ऐतिहासिक दृष्टि के कारण वेदों के समुचित मूल्यांकन में बाधा भी उपस्थित की।

वेदों की रचना का ऐतिहासिक संदर्भ 'आर्य' 'अनार्य' प्रजातियों के संघर्ष को मानना सर्वथा अप्रमाणित है। 'आर्य' और 'दास' शब्दों को प्रजातिपरक मानना ही संदिग्ध है। वेदों के रचनाकाल के विषय में अब ज्योतिषशास्त्रीय साक्ष्यों का पुनर्मूल्यांकन संभव है और उससे तिलक और याकोबी के पुराने मतों का समर्थन होता है। पुराज्योतिष (Archaeoastronomy) ने प्रदर्शित कर दिया है कि नवाश्मयुग में ही तारों का यथावत् वेध किया जाता था। दूसरी ओर पुरातात्त्विक खोज ने भी प्राचीनतापरक इस मत का समर्थन किया है। सिन्धु-सारस्वत सभ्यता की नई खोजों में और मूल आर्यविषयक पुरातात्त्विक खोजों ने काल का परिप्रेक्ष्य बदल दिया है। भाषातात्त्विक खोज भी इस बदले परिप्रेक्ष्य का समर्थन करती है। पौराणिक वंशावलियाँ भी इसी दिशा में संकेत करती हैं। भाषाशास्त्रीय और नृतत्त्वशास्त्रीय परिप्रेक्ष्यों में औपनिवेशिक आग्रह का क्रमशः हटना भी एक महत्त्वपूर्ण प्रवृत्ति है।

संक्षेप में वेदों की रचना गंगा और सरस्वती से अफगानिस्तान तक फैले हुए प्रदेश में वहीं के चिरन्तन निवासियों के द्वारा आज से ५००० वर्ष या और अधिक पहले की गयी मानना इस समय उपलब्ध साक्ष्यों के अनुकूल प्रतीत होता है।

पाद-टिप्पणी

१. 'एकशतमध्वर्युशाखाः सहस्रवर्त्मा सामवेदः एकविंशतिधा बाह्वृच्यं नवधाथर्वणो वेदः' *महाभाष्य,* (दिल्ली, १९७९), भाग-१, पृ० ६४

२. इनमें ११ बालखिल्य सूक्त शामिल हैं। मंत्र-संख्याओं के ज्यौतिषिक महत्त्व का विस्तृत प्रतिपादन किया गया है—द्र० सुभाष काक, *द एस्ट्रोनौमिकल कोड ऑव ऋग्वेद,* नई दिल्ली, १९९४

३. वेदाङ्ग ६ प्रसिद्ध हैं—शिक्षा, कल्प, व्याकरण, निरुक्त, छन्द, ज्योतिष—(उदा० आपस्तम्ब, २.४.८.११)। पुराण, न्याय, मीमांसा और धर्मशास्त्र उपांग कहे गये हैं।

ऋग्वेद का उपवेद आयुर्वेद, यजुष् का धनुर्वेद, साम का गान्धर्व, अथर्व का स्थापत्य अथवा अर्थशास्त्र कहा गया है। वैदिक साहित्य के सामान्य विवरण के लिए द्रष्टव्य विन्टरनित्स, जि० १, खोण्डा, जि० १-२; युधिष्ठिर मीमांसक, *वैदिक सिद्धान्त मीमांसा,* जि० १-२; मोतीलाल शास्त्री, *वेद का स्वरूप-विचार*

४. द्र० गोविन्द चन्द्र पाण्डे (सं०), *उपन्यास और इतिहास दृष्टि* (इलाहाबाद संग्रहालय, १९९४), पृ० ३५-४१

५. द्र० रॉथ, *वौर्तरबुख,* अर्च्, जि० १, पृ० ४२३; वही, ऋच्, पृ० १०४१, *मायरहौफ़र,* जि० १, पृ० ५०

ऋक् की व्युत्पत्ति अमरकोश के टीकाकार भानुजिदीक्षित 'ऋच्' स्तुतौ धातु से मानते हैं— *ऋच्यन्ते स्तूयन्ते देवा अनया। ऋच् स्तुतौ (तु.प.से.) क्विप्।*

६. द्र० उदा० बटकृष्ण घोष, *वैदिक एज,* पृ० ३४३

७. उदा० विण्टरनित्स, *हिस्ट्री,* जि० १, पृ० ५८

८. द्र० आर्थर कीथ, *न्यू थियरी ऑव ह्यूमन एवोल्यूशन; क्रोबर, एन्थ्रोपोलॉजी;* हैडन, *रेसेज ऑव मैन।*

९. द्र० बी० के० चटर्जी एवं जी० डी० कुमार, कम्परेटिव स्टडी एण्ड रेशल एनालिसिस ऑव द ह्यूमन रिमेन्स ऑव द इण्डस वेली सिविलिजेशन विद पर्टिकुलर रिफरेन्स टु हरप्पा, पृ० २१

१०. भाषा-समुदाय और प्रजातीय समुदाय का भेद और आर्यों का कोई प्रजाति न होना अनेक विद्वानों ने तर्क और तथ्य से प्रमाणित किया है। जिनके मतों के संक्षिप्त विवरण के लिए द्र०, टेलर, *ओरिजिन ऑव आर्यन्स,* (१८८९)

११. इसका मानक विवरण द्र० औटो श्रादेर, *प्रीहिस्टारिक एन्टिक्वटीज ऑव द एर्यन पीपुल्स,* (१८९०)

१२. अनेक पाश्चात्य और कुछ भारतीय विद्वानों को यह मत ग्राह्य नहीं है, उदा० द्र० बटकृष्ण घोष, *वैदिक एज,* पृ० २०८-२०९; पर ऊपर उल्लिखित मत की पुष्टि के लिए द्र० क्षेत्रेशचन्द्र चट्टोपाध्याय, *स्टडीज इन वैदिक एण्ड इण्डोइरानियन रिलिजन एण्ड लिट्रेचर,* (१९७८) जि० २, पृ० १२८ और आगे; वही, जि० २, पृ० ३८ और आगे

१३. आल्चिन एण्ड आल्चिन, *राइज ऑव सिविलिजेशन इन इण्डिया एण्ड पाकिस्तान* (१९८२) पृ० ३०२

१४. द्र० टेलर, पूर्व०; शेरेर (सं०), *उरहाइमात देर इण्डोगर्मानिशश्प्राख़े* (१९६८); गार्डेन चाइल्ड, *द एर्यन्स,* के० हि० इ०, जि० १, पृ० ६५ और आगे

१५. द्र० श्रादेर, पूर्व०; समुद्र के लिए द्र० डेविड फ्राउले, *गॉड्स, सेजेज एण्ड किंग्स,* भगवान सिंह, *द वेदिक हड़प्पन्स,* (नयी दिल्ली, १९९५)

१६. तु० रेनफ्रू, *आर्क्योलॉजी एण्ड लैंग्वेज,* पृ० ३५-४१

१७. तु० रेनफ्रू, पूर्व०, पृ० ८५, वर्तमान भाषाओं से मूल भाषा के उद्धार का प्रयत्न अतिमहत्त्वाकांक्षी है। इस प्रवृत्ति के हास्यास्पद परिणाम अर्न्स्ट पुल्ग्राम ने व्यंग्यात्मक ढंग से दर्शाये हैं—पुल्ग्राम, *द टंग्स ऑव इटली* (१९५८)

१८. उदा० द्र० त्रुवेत्स्कॉय का लेख, शेरर (सं०), पूर्व० में संगृहीत—एक मूल इण्डोजर्मन भाषा की कल्पना का कोई पुष्ट आधार नहीं है क्योंकि नाना भाषा समुदाय दीर्घकालीन संपर्क, प्रभाव और शब्दों के उधार लेने से सन्निकट आ जाते हैं। इससे एक मूल निवास, प्रजाति अथवा संस्कृति की कल्पना भी संदिग्ध हो जाती है।

इसके विरोध में यह कहा जा सकता है कि मौलिक व्याकरणिक संरचना में सादृश्य शब्द-कोश-गत सादृश्य से अधिक दूरगामी है जो कि प्रभाव मात्र से सिद्ध नहीं होता। किन्तु एक सीमा तक संरचनात्मक सादृश्य मूलतः भिन्न भाषाओं में भी संभव है। भाषा की उत्पत्ति किसी जातीय बीज से नहीं होती बल्कि एक प्रकार की संरचनात्मक मनोवृत्ति से होती है, जिसका भाषाभाषियों की दैहिक संरचना या जातीय बीज से या भौतिक पर्यावरण से कोई सम्बन्ध नहीं है। तु० गोविन्द चन्द्र पांडे 'भाषाओं की उत्पत्ति और निधन', डायोजिनीज, ५१

१९. तु० आज यह मानने के लिए कोई युक्ति नहीं है कि कभी भी कोई आर्य प्रजाति ऐसी रही थी जो कि भारोपीय भाषाएँ बोलती थी और एक संगत अथवा लक्षणयुक्त आर्य या भारोपीय संस्कृति से लक्षणीय थी (अनूदित)-पोसेल, *इण्डस एज* (१९९९) पृ० ४२

२०. तु० योआन श्मित का १८७२ में प्रतिपादित मत, द्र० रेनफ्रू, पूर्व०, पृ० १०५ और आगे

२१. तु० रेनफ्रू, पूर्व०, पृ० ८५ : मूल भारोपीयों का घुमंतू पशुपालक होना एक मिथ; टेलर, पूर्व० मूल आर्य नवाश्मयुगीन; गॉर्डन चाइल्ड, *द एर्यन्स*

२२. रेनफ्रू, पूर्व० का मुख्य अभिमत यही है कि आर्य-प्रसार मूलतः एक सामाजिक आर्थिक परिवर्तनों की बढ़ती तरंग थी।

२३. नवीन राष्ट्रीयता की दृष्टि से तो भारत की सीमा रावी से पहले ही बँध जाती है। अधिकांश वैदिक भारत तो उसके बाहर ही था। और फिर दो सदियों से तो भारत यही इतिहास पढ़ता रहा है कि उसका इतिवृत्त विदेशी आक्रमणकारियों के हाथ पराजय का ही रहा है। यदि यह इतिहास आर्यों से प्रारंभ न हो तो क्या बहुत पुष्ट हो जाएगा? योरोपियन जातियों की उपलब्धि का मूल उनकी जाति न होकर कृतित्व है। उनकी भाषाएँ किन्हीं अन्य भाषाओं पर आश्रित नहीं है। जैसे उन भाषाओं की संस्कृत-सजातीयता उन्हें पराधीन नहीं बनाती, ऐसे ही आर्यों का योरोपीय न होना भारतीय होना उन्हें कम नहीं बनाता। भारत के राष्ट्रीय स्वाभिमान का आधार आर्य जाति नहीं है, बल्कि भारतीय भाषाएँ, धर्म और संस्कृतियाँ हैं।

२४. द्र० नीडहम, *सायंस एण्ड सिविलिजेशन इन चाइना,* इसके विपरीत देवी प्रसाद चट्टोपाध्याय, *हिस्ट्री ऑव इण्डियन सायंस एण्ड टैक्नॉलाजी*

२५. *वैदिक एज,* पृ० २२२ और आगे; सामान्यतया, मार्टिन हाउग, *एसेज ऑन द रिलिजन ऑव द पारसीज; हर्जफेल्ड, ईरान इन द एन्शियेण्ट ईस्ट*

२६. क्षेत्रेशचन्द्र चट्टोपाध्याय, *स्टडीज, इन वेदिक एण्ड इण्डो-इरानियन रिलिजन एण्ड लिट्रेचर,* (१९७८) जि० २, पृ० १०१ और आगे

२७. बारहवाँ अन्तर्राष्ट्रीय प्राच्यविद् सम्मेलन, रोम, १९३५

२८. तु० गोवर्धन राय शर्मा, भारतीय संस्कृति के पुरातात्त्विक आधार

२९. ब्रे डेनिस, *द ब्राहुई लैंग्वेज* (पुनर्मुद्रित, १९८६)

३०. द्र० बी० के० चटर्जी एवं जी० डी० कुमार, कम्परेटिव स्टडी एण्ड रेशल एनालिसिस ऑव द ह्यूमन रिमेन्स ऑव द इण्डस वेली सिविलजेशन विद पर्टिकुलर रिफरेन्स टु हरप्पा, पृ० २१

३१. तु० लोकेश चन्द्र (सं०) *विवेकानन्द कॅमेमोरेशन वॉल्यूम,* पृ० १४९ और आगे जहाँ विभिन्न पुरातात्त्विक संस्कृतियों के आर्य-सम्बन्ध का विवेचन किया गया है।

३२. उदा० मैक्समूलर, *हिस्ट्री ऑव एन्शियेण्ट संस्कृत लिट्रेचर, ऋग्वेद,* जि०४ की भूमिका, *वैदिक एज,* पृ० २०८; बरो, *द संस्कृत लैंग्वेज* (१९७७) पृ० ३

३३. *के० ए० हि०,* जि०२, पृ० १३

३४. तु० लाल और गुप्त (सं०), *फ्रण्टियर्स,* पृ० ४३७ और आगे

३५. मार्शल, *मोहनजोदड़ो एण्ड इण्डस सिविलिजेशन* जि० १ में द्रष्टव्य वैदिक आर्य, सैंधव और वैदिक संस्कृति की तुलना, पृ० ७७-७८ एवं ११०-१११; व्हीलर, *इण्डस सिविलिजेशन* (१९६८), पृ० १३०-३२; डी० पी० अग्रवाल, *इण्डियन प्रीहिस्ट्री* एवं *कॉपर ब्रोन्ज एज ऑव इण्डिया,* पृ० २५५

३६. द्र० गोविन्द चन्द्र पाण्डे, *फाउण्डेशन्स ऑफ इण्डियन कल्चर,* जि० २, पृ० ७२

३७. रुद्रार्चन को लोकधर्म अथवा वैदिक युगीन आर्येतरीय धर्म का अंग कहा गया है- *वैदिक एज,* पृ० २०, २१७, मोहनजोदड़ो में लिंग और योनि के पूजन की कल्पना असंदिग्ध नहीं है।

३८. सैन्धव मुद्राओं में वृक्षदेवता का संकेत मिलता है।

३९. तु० क्षे० च० चट्टोपाध्याय, पूर्व०, जि० २, पृ० ४२

४०. जगतपति जोशी, सुरकोटदा के हाल के उत्खनन का प्रकाशित विवरण विशेष रूप से द्रष्टव्य है—*एक्सकेवेशन एट सुरकोटदा एण्ड एक्सप्लोरेशन इन कच्छ,* (१९९०), पृ० ३८१ और आगे

४१. अश्व के इतिहास के लिए एफ० ई० जायनर, *हिस्ट्री ऑव डोमेस्टिकेटेड एनिमल्स,* (लन्दन, १९६३), पृ० ३३२

४२ तु० सेठना, *कर्पास*

४३. तु० क्षेत्रेशचन्द्र चट्टोपाध्याय, पूर्वोद्धृत; गोविन्द चन्द्र पाण्डे, हि० इ० सा० फि० सी०, जि० १, भाग-२ (एच० आई० एस० पी० सी०)

४४. तु० प्लेटो, सातवां पत्र; बर्नेट, *ग्रीक फिलॉसफी में* उद्धृत, पृ० २२१

४५. बा० ग० तिलक, *द ओरायन* (१८९३, कौस्मो प्रिण्ट, १९८४, नयी दिल्ली), पृ० ७२-७३

४६. गोरख प्रसाद, *प्राचीन भारतीय ज्योतिष,* पृ० ५०

४७. इस पद्धति का मूल संभवतः २७८० ई० पू० में रहा होगा, वही, पृ० ६०-६१

४८. तु० क्रुप (सं०), *इन सर्च ऑव एन्शियेण्ट एस्ट्रोनौमीज* (पैंग्विन, १९८४), पृ० ७७ और आगे

४९. उदा०, जेम्स हेनरी ब्रेस्टेड, द *कांक्वेस्ट ऑव सिविलिजेशन,* (१९५४), पृ० १७९ और आगे।

५०. ह्वीलर, *इण्डस सिविलिजेशन,* (१९५३), पृ० ९५

५१. तु० स० स० मिश्र, *द आर्यन प्रॉब्लेम* (१९९२), पृ० ४, जहाँ ऋक्संहिता का काल ५००० ई०पू० बताया गया है।

५२. द्र० हे० च० रायचौधरी, *पोलीटिकल हिस्ट्री ऑव एन्शियेण्ट इण्डिया,* पृ० २७-३५; अल्तेकर, *भारतीय इतिहास कांग्रेस, तृतीय सत्र १९३९ का अध्यक्षीय भाषण,* पृ० ६८-७७

५३. महाभारत युद्ध से मनु वैवस्वत के बीच ९५ राजकीय पीढ़ियाँ थीं। यदि प्रो० रायचौधरी के अनुसार एक पीढ़ी का काल औसत १८ वर्ष माना जाय तो मनु वैवस्वत का काल २५०० ई० पू० के आस-पास होगा किन्तु उनके द्वारा निर्धारित परीक्षित् का काल संदिग्ध है। तु० - गोविन्द चन्द्र पाण्डे, द डौन *ऑव इण्डियन सिविलिजेशन, पृ० १०; वंशावलियों के लिए द्रष्टव्य—पार्जिटर, एन्शियेण्ट इण्डियन हिस्टारिकल ट्रैडिशन; मौर्टन स्मिथ, डेट्स एण्ड डायनेस्टीज इन अर्लिएस्ट इण्डिया*

५४. द्र० मार्या गिम्बुतास, *गॉड्स एण्ड गॉडेसेज ऑव ओल्ड योरोप,* (लन्दन, १९८४), सत्यस्वरूप मिश्र, *द आर्यन प्रॉब्लेम* (१९९२), दयानाथ त्रिपाठी, *प्रोटो-इण्डोयूरोपियन आर्कियोलॉजी एण्ड वैदिक कॉस्मोगोनी, आई०सी०ए०एन०ए०एस०,* ३६-मॉण्ट्रेयाल।

५५. वर्तमान पश्चिमी मतों के लिए द्रष्टव्य; जे०पी० मैलोरी, *इन सर्च ऑव इण्डो-यूरोपियन लैंग्वेज, आर्कियोलॉजी एण्ड मिथ,* (न्यूयार्क, १९९१)

परिशिष्ट

आर्यों की खोज : भाषाशास्त्रीय एवं पुरातात्त्विक

सक्तुमिव तितउना पुनन्तो यत्र धीरा मनसा वाचमक्रत।
अत्रा सखायः सख्यानि जानते भद्रैषां लक्ष्मीर्निहिताधि वाचि॥
उत त्वः पश्यन् न ददर्श वाचमुत त्वः शृण्वन् न शृणोत्येनाम्।
उतो त्वस्मै तन्वं वि सस्रे जायेव पत्य उशती सुवासाः॥

—ऋग्वेद १०.७१.२, ४

अथ किमर्थो वर्णानामुपदेशः?......
इष्टबुद्ध्यर्थश्च वर्णानामुपदेशः – 'इष्टान्वर्णान् भोत्स्यामहे' इति।
नह्यनुपदिश्य वर्णानिष्टा वर्णाः शक्या विज्ञातुम्॥

—पातञ्जलमहाभाष्यम् १.१

शब्दगत एवं रचनागत न्यूनाधिक सादृश्य के आधार पर विश्व की प्रायः ३००० भाषाएँ अनेक परिवारों और जातियों में बाँटी गयी हैं यद्यपि इन परिवारों की संख्या और सीमाएँ सर्वथा निश्चित नहीं है।[१] ऐतिहासिकतया सबसे अलग-थलग अमरीकी महाद्वीपों के प्राचीन निवासियों के अनेक भाषा-परिवार हैं। ये लुप्त और मृतप्राय भाषाएँ सामान्यतया प्रश्लिष्ट योगात्मक या *इनकार्पोरेटिंग* बतायी जाती हैं। एस्किमो (Eskimo), एल्गोंकियन (Algonquian), अथबास्कन (Athabascan), इरोक्वियन (Iroquoian), मुस्कोगियन (Muskogean), सियुअन (Siouan), पिमन (Piman), शोशोनियन (Shoshonean), नहुअत्लन (Nahuatlan), एज़टेक (Aztec) आदि अनेक परिवारों में नाना क्षेत्रीय और जातीय भाषाएँ संगृहीत हैं। यदि अमरीका में मानव-जाति का आव्रजन नवाश्मयुग में लगभग १०,००० ई०पू० में अलास्का-सेतु से माना जाय तो यह स्पष्ट होगा कि वहाँ की प्राचीन भाषाओं में एक सजातीयता की कल्पना

'पारिवारिक सादृश्य' के आधार पर भले ही की जाय, किन्तु उन सादृश्यों के तुलनात्मक अध्ययन से नवाश्मयुगीन मूल भाषाओं का पुनरुद्धार संभव नहीं है।

प्रशान्त महासागर की प्रकीर्ण द्वीपावलियों में औस्ट्रोनेशियायी या मलै-पौलिनेशियायी भाषा परिवार का अनेक शाखाओं में विस्तार है। इस क्षेत्र के ऊपरी भाग में मलय, जावा, बाली, फिलिपाइन, फॉरमूसा आदि की पुरानी भाषाएँ हैं, जिन्हें मलेशियायी या हिन्देशियायी शाखा का माना गया है। मलैपौलिनेशियायी परिवार की दूसरी शाखा मलैनेशियायी है जो सोलोमन, फिजी द्वीपों में मिलती है। गिलबर्ट मार्शल, केरोलीन आदि द्वीपों में तीसरी शाखा माइक्रोनेशियायी कही गयी है। चौथी पौलिनेशियायी शाखा में माओरी एवं समोआ, ताहिती, हवाई, ईस्टर आदि द्वीपों की भाषाएँ परिगणित हैं। औस्ट्रोनेशियायी भाषाएँ अभिश्लिष्ट योगात्मक या 'एग्लूटिनेटिव' कही गयी हैं। पौलिनेशियायी भाषाओं के विभेदन का ऐतिहासिक-पुरातात्त्विक परिशीलन उसमें संपर्क और स्थानान्तरण की भूमिकाएँ स्पष्ट करता है।

कुछ लोग मौन-खमेर भाषाओं को औस्ट्रोनेशियायी भाषाओं से संबद्ध मानते हैं। मलय, कम्बुज की पुरानी भाषा और अन्नमी इस वर्ग की हैं। दक्षिणपूर्वी और पूर्वी एशिया से मध्य एशिया तक का क्षेत्र हिन्द-चीनी या तिब्बती-चीनी परिवार की भाषाओं का क्षेत्र है। चीनी, तिब्बती, बर्मी और थाई इसके मुख्य विभाग हैं। जापानी, कोरियायी आदि भी इसी क्षेत्र की हैं। ये भाषाएँ प्रायः एकाक्षरिक और वियोगात्मक, *आइसोलेटिंग* हैं।

चीनी-तिब्बती के क्षेत्र से सटे मध्य-एशियायी क्षेत्र में मंगोल भाषा का सीमित विस्तार है, पर तुर्की या अल्ताई भाषा का विस्तार पश्चिम में एशिया माइनर तक है। तुर्की भी अभिश्लिष्ट योगात्मक या *एग्लूटिनेटिव* है।

मध्य और दक्षिणी अफ्रीका में बांटू, बुशमैन, हॉटेनटॉट आदि भाषा-परिवार है। उत्तरी अफ्रीका में हामी भाषा-क्षेत्र है जिनमें प्राचीन मिस्री भाषा लुप्त हो चुकी है और समूचे क्षेत्र में इस्लाम के साथ अरबी घर कर चुकी है। पश्चिमी एशिया सामी भाषा क्षेत्र है जिसमें पुरानी बाबुली, अक्कदी आदि के अलावा अब अरबी और पुनरुज्जीवित इबरानी मुख्य हैं।

दक्षिण में हामी-सामी और उत्तर में तुर्की-अल्ताई भाषा-क्षेत्रों के बीच में भारोपीय भाषाएँ मिलती हैं। मध्य-एशिया में इस समय इनकी एक पतली पट्टी है जिसमें ईरानी-आर्मानी गिनाये जा सकते हैं। पश्चिम की ओर ये भाषाएँ फैलकर अधिकांश योरोप को आच्छादित करती हैं और पूर्व की ओर अधिकांश भारत को। भारत में 'आर्यभाषाएँ' मुंडा-द्राविड-तिब्बती-बर्मी भाषा परिवारों से घिरी मिलती हैं। योरोप में इनके उत्तरी प्रान्त में फिनो-उग्रियन या यूरालिक परिवार की भाषाएँ मिलती हैं। योरोप से भारत तक फैली होने के कारण ही 'आर्यभाषाएँ' भारोपीय कहलाती हैं। योरोप में

भाषाएँ अनेक परिवारों में बँटी हैं- यूनानी, इतालिक या रोमैंस, कैल्टिक, जर्मनिक और बाल्टोस्लाविक, जैसे- भारत में उत्तर-मध्यवर्ती हिन्दी, उत्तर-पूर्वी बंगाली, आसामी आदि भाषाएँ, पंजाबी आदि उत्तर पश्चिमी, मराठी, कोंकनी, सिंहली आदि दक्षिणी आर्य भाषाओं के वर्ग हैं।[२]

विश्व के इन भाषा-परिवारों को देखने से यह स्पष्ट होता है कि दक्षिणपूर्वी एशिया एवं प्रशान्त महासागरीय क्षेत्र की अश्लिष्ट योगात्मक भाषाओं के वक्ताओं में मूल तत्त्व प्रोटो-ऑस्ट्रेलॉइड या निषादजातीय हैं, जिस पर दक्षिणपूर्वी एशिया में अन्य जातीय तत्त्व आरोपित हैं। पूर्वी और मध्य एशिया की भाषाओं में किरात या मंगोलिद जाति का प्राधान्य है। मध्य और दक्षिणी अफ्रीका में नेग्रिटो जाति का प्रचार है। उत्तर अफ्रीका और पश्चिमी एशिया में जो हामी-सामी भाषाएँ, उनके ऊपर जो आर्यभाषाएँ और उनके ऊपर जो तुर्की-अल्ताई भाषाएँ मिलती हैं, उनके वक्ताओं की निश्चित प्रजातीय पहचान नहीं की जा सकती सिवा इसके कि वे मूलतः नेग्रिटो, मंगोलिद और प्रोटो-ऑस्ट्रेलॉयड नहीं थे और उनकी उत्पत्ति भी उत्तर अफ्रीका एवं यूरेशिया के, अपेक्षाकृत मध्य भाग में उत्तरी भारत से योरोप तक विस्तृत क्षेत्र में संभवतः हुई। हामी-सामी, भारोपीय एवं तुर्की-अल्ताई भाषा के व्यवहर्ताओं में निश्चित शारीरिक पहचान अलग-अलग नहीं बतायी जा सकती, न वर्तमान युग में आर्य-भाषाभाषियों की ही निश्चित प्रजातीय पहचान बतायी जा सकती है।

नाना भारोपीय भाषाओं की समानताओं की तुलना से एक मूल भारोपीय भाषा की कल्पना की गयी है और उसके आधार पर एक मूल आर्य जाति एवं संस्कृति की कल्पना की गयी है। तुलनीय समानताएँ व्याकरणिक रचना, मूल धातुएँ और अनेक ऐसे आधारभूत शब्दों में मिलती हैं, जो उधार लिये हुए नहीं हैं। ये समानताएँ ध्वनियों में और उनके नियम क्रमों में मिलती हैं। ये सभी भाषाएँ एकाक्षरिक धातुओं से उपसर्ग एवं परसर्ग लगाकर शब्द निष्पन्न करती हैं और उन शब्दों का वाक्यों में प्रयोग उनको निश्चित रूपों में रखकर ही होता है। विभिन्न आर्यभाषाओं में धातु, उपसर्ग-परसर्ग, रूप आदि में आश्चर्यजनक एवं नियमानुसारी सादृश्य है। इस सादृश्य को विलियम जोन्स ने पहले देखा, बौप ने समान व्याकरणिक रचना प्रदर्शित की, ग्रिम ने ध्वनि-परिवर्तन के नियम प्रतिपादित किये। अनेक विद्वानों के अनुसंधानों से एक मूल आर्यभाषा की कल्पना की गयी है जिससे विभिन्न आर्यभाषाओं का विकास निश्चित नियमों के अनुसार बताया जा सके। उदाहरण के लिए संस्कृत 'पितृ', लातिन 'पातेर', अंग्रेजी 'फादर' एक ही मूल शब्द के नियमवर्ती भेद हैं, यह प्रदर्शित किया गया है। इस प्रकार का साम्य अथवा नियत भेद इन भाषाओं में सैकड़ों शब्दों में, मूल धातुओं में, प्रत्ययों और विभक्तियों में, कारकों में, लिंग एवं वचन आदि में मिलता है। यह कल्पना की गयी है कि एक मूल से विभक्त होकर इन भाषाओं ने निश्चित नियमों के अनुसार अपने-अपने भिन्न रूप प्राप्त किये।

मूलभाषा में क्या ध्वनियाँ थीं? क्या धातुएँ और प्रत्यय थे? क्या समान विरासत के रूप में मूल शब्द थे? इन सब के तुलनात्मक अनुमान के आधार पर कल्पना की गयी है।[३] पर यह स्मरणीय है कि तुलना पर आधारित रूप तुलना के तत्त्वों को ही प्रस्तुत करते हैं, मूलभाषा के वास्तविक शब्दों को नहीं, वे तुलना सूत्र हैं, यथार्थ शब्द नहीं।[४] एक समय यह माना जाता था कि संस्कृत मूलभाषा के संनिकृष्ट है, पर अब यह नहीं माना जाता। संस्कृत में मूल व्यंजनों का संरक्षण अधिक हुआ, यूनानी में मूल स्वरों का, यह कल्पना अब प्रचलित है। मूलभाषा की ध्वनियाँ निम्न प्रकार की मानी जाती हैं [५]–

(अ) स्वर-व्यवस्था

१– मूल– अॅ, एँ, इँ, ऑ, उँ, ə ('श्वा' अव्यक्तवत् स्वर)

दीर्घ– आ , ए, ई, ओ, ऊ

२– संयुक्त स्वर–

ह्रस्व– अॅइ, एँइ, ओॅइ

अॅउ, एँउ, ओॅइ

दीर्घ– आइ, एइ, ओइ

आउ, एउ, ओउ

(ब) व्यंजन-व्यवस्था

१– स्पर्श–

* * * *		शुद्ध कंठ्य	
कवर्ग	–	क्, ख्, ग्, घ् (वेलर)	
		क्य्, ख्य्*, ग्य्, घ्य्	(कंठ-तालव्य)
		क्व्, ख्व्* ग्व्, घ्व्	(कंठोष्ठ्य)
तवर्ग	–	त्, थ्,* द्, ध्	
पवर्ग	–	प्, फ्,* ब्,* भ्	

२– ऊष्म – स्, ज़्

३– अनुनासिक – म्, न्

४– अन्तस्थ – य्, व्, र्, ल्

* इनकी सत्ता संदिग्ध है।

इस प्रकार की मूल वर्णमाला आधुनिक भाषातत्त्वविदों का आविष्कार है। वह किसी भी वर्तमान या अतीत की भारोपीय भाषा से सर्वथा अभिन्न नहीं है और उसकी सत्यता संभावना मात्र तक सीमित है। संस्कृत में 'ए' और 'ओ' संयुक्त और दीर्घ स्वर हैं। ह्रस्व 'एॅ' और 'ऑ' प्राकृत और आधुनिक भाषाओं में मिलते हैं। इसी प्रकार अ इ, ए उ, ओ इ आदि संयुक्त स्वर भी संस्कृत में न मिल कर उससे निकली भाषाओं में मिलते हैं। ऐसी स्थिति में यूनानी आदि भाषाओं में नाना संयुक्त स्वर देखकर उन्हें मूलभाषा का संरक्षण न मानकर परवर्ती विकृतियाँ मानना क्या ठीक नहीं होगा। ऐतिहासिक दृष्टि से भी यूनानी आदि भाषाओं के उपलब्ध रूप प्राकृत भाषाओं के उदय के समकालीन ही माने जा सकते हैं। मध्य हिन्द-ईरानी भाषागत वैशिष्ट्य को मूल भारोपीय मानने के लिए संस्कृत और यूनानी को मूलभाषा से समान दूरी पर समान रूप से प्रामाणिक मानने का आग्रह है। दूसरी ओर *घ ध भ* जैसी सघोष महाप्राण ध्वनियाँ सिर्फ संस्कृत और तन्मूलक भारतीय भाषाओं में मिलती हैं, जिससे संस्कृत की मूलभूमि भारत ही सिद्ध होती है।[६]

संस्कृत को ही मूलभाषा माना जाय, यह आग्रह यहाँ अभीष्ट नहीं है। वस्तुतः किसी भाषा का मानक रूप शिक्षा, अनुशासन और लेखन से ही स्थिर होता है, अन्यथा वह अनेक भिन्न बोलियों के रूप में मिलती है, जिनमें किसी को भी दूसरी से स्वतः अधिक प्रामाणिक नहीं माना जा सकता। विभिन्न बोलियाँ एक मूल भाषा के विकार नहीं हैं बल्कि एक मानक भाषा किसी एक बोली का सम्यक् व्याकृत एवं आधिकारिकतया शिष्ट-सम्मत रूप है। एक मूल भारोपीय भाषा की कष्ट कल्पना से बेहतर यह कल्पना है कि वह नाना न्यूनाधिक दूरियों के प्रदेशों की अन्योन्य संबद्ध बोलियों का समाहार थी। इन बोलियों से विकसित भाषाओं का प्राचीन इतिहास अज्ञात अथवा अत्यन्त अधूरे रूप से ही ज्ञात है। उनका व्यापकतम विभाजन *शतम्* और *केन्तुम्* परिवारों में किया गया है, पर उनका भी न तो क्षेत्रीय विभाजन निरपवाद है, न विभाजन-काल ही ज्ञात है। मूल भारोपीय की कवर्गीय ध्वनियाँ केन्तुम् परिवार में कण्ठीय ध्वनियों के रूप में शेष रहती हैं जबकि शतम् परिवार में वह ऊष्म ध्वनियाँ बन जाती हैं। मूल भारोपीय शब्द था कम्तौम्* जिसका केन्तुम् लातिन में और शतम् संस्कृत में बन जाता है। *शतम्* परिवार में हिन्द-ईरानी, बाल्टोस्लाविक, आर्मीनी और अल्बानी संग्राह्य हैं। *केन्तुम्* परिवार में यूनानी, इतालिक, केल्टिक, जर्मैनिक, हिटाइट और तोखारी गिनी जाती है। केन्तुम् परिवार में स्पर्श ध्वनियों के परिवर्तन का एक प्रसिद्ध नियम ग्रिम द्वारा प्रतिपादित है। इस प्रकार के नियम भाषागत ध्वनि-परिवर्तन को व्यवस्थित रूप अवश्य देते हैं किन्तु उनका व्यापार निरपेक्ष नहीं माना जा सकता। भाषा-नियमों का सर्वोत्कृष्ट प्रतिमान पाणिनीय व्याकरण है जिससे आधुनिक तुलनात्मक भाषाविज्ञान को प्रेरणा मिली। पर उसमें भी वस्तुगत तथा बौद्धिक कल्पनाएँ मिली-जुली हैं। व्याकरण के नियम लोक-सिद्ध एवं शिष्ट-सम्मत रूढ़ियों के ज्ञापक हैं न कि कारक, न वे स्वतंत्र कार्य-कारण नियमों के प्रतिरूप हैं। उच्चारण की प्रवृत्तियाँ

प्रादेशिक रूप से पायी जाती हैं पर उन्हें शाश्वत या स्थिर नहीं माना जा सकता। उदाहरण के लिए भारत में टवर्ग का उच्चारण और स्वराघात का अभाव प्रचुरता से मिलता है, योरोप में इसका उलटा है। पर भारत में ही संयुक्त स्वरों एवं व्यजनों के उच्चारण में अन्तर आ गया है। इन प्रवृत्तियों में कितना हाथ आनुवंशिक जाति का है, कितना समुदायों के अन्योन्य संपर्क का, कितना आगन्तुक कारणों से परिवर्तित-संरक्षित सामाजिक परम्परा का, यह निश्चित करना कठिन है, विशेषतया प्रागैतिहासिक युग की अविदित भाषाओं के लिए जिनके आनुमानिक साक्ष्य बहुत बाद के हैं।

भारोपीय परिवार में संस्कृत ही एकमात्र भाषा है जिसका रूप और इतिहास कम-से-कम ३५०० वर्षों से अधिक का ज्ञात है। उसे अवरकालिक भाषाओं के समकक्ष मानकर सब के 'अधिकतम समान मान' (हाइयेस्ट कॉमन फैक्टर) के रूप में एक मूलभाषा की कल्पना असंदिग्ध नहीं कही जा सकती। उस भाषा के वक्ताओं के समुदाय के रूप में आर्यजाति की कल्पना और भी संदिग्ध है। आर्यभाषा के 'सजातीय' शब्दों से उस जाति की संस्कृति की कल्पना प्रायः पूर्वसिद्ध कल्पनाओं को ही पुष्ट करती है। एक मत से मूलगामी शब्दों में कुछ संस्कृत के इन शब्दों के मूल थे- शर्धः, गो, अवि, अज, शूकर, श्वन्, अश्व, वृक, ऋक्ष, सारस, हंस, मक्षिका, मधु, भूर्ज, 'ओक', 'बीच', विलों (वेतस्?), यव, अयस्। सिंह, व्याघ्र, हस्तिन् आदि शब्द भारोपीय मूल के नहीं हैं।[७] इससे सूचित होता है कि भारोपीय जाति मुख्यतया नवाश्मयुगीन आरंभिक कृषि के साथ पशुधन पर निर्भर, समुद्र से दूर पर पहाड़ों के निकट और 'बीच' के क्षेत्र में अवस्थित थी। 'बीच' से क्या आर्य परिचित थे? क्या 'भगोस्' शब्द इस अर्थ में मूलभाषा में था? क्या मूलभाषा में जलाशयवाची शब्द समुद्रवाची था? क्या कोई धातुवाची शब्द मूल आर्यभाषा में था? क्या अयस् शब्द मूलतः भारोपीय एवं धातुवाची था?

इन प्रश्नों पर निश्चय का समुचित आधार नहीं मिलता क्योंकि विभिन्न भाषाओं में एक ही क्षेत्र अथवा अवस्था सूचित नहीं है। वैदिक संस्कृत में 'बीच' या 'एल्म' का कोई चिह्न नहीं है, समुद्रवाची शब्द स्पष्ट हैं, अयस् धातुवाची है।

योरोपीय पुरातत्त्वविदों ने पुरातात्त्विक साक्ष्य के आधार पर आर्यों को खोजने का प्रयास किया है। लिथुवानियन पुरातत्त्वविद् मार्या गिम्बुतास ने दक्षिण रूस की कुर्गन संस्कृति को मूल आर्य संस्कृति बताया है और उसका विस्तार छठी से चतुर्थ सहस्राब्दी ई०पू० में दक्षिणपूर्वी योरोप में खोजा है।[८] किन्तु किसी पुरातात्त्विक संस्कृति को 'आर्य' किस आधार पर कहा जा सकता है, यह स्पष्ट नहीं है। भारत और उसके पास भी योरोप की तरह एकाधिक प्राचीन नवाश्मयुगीन बस्तियाँ मिलती हैं जो संभाव्यतया आर्य हो सकती हैं। वंक्षु के सन्निकट अक्कुप्रक में ई०पू० ८००० के लगभग नवाश्मयुगीन बस्ती में पालतू पशुओं के चिह्नों में घोड़े का भी पता चलता है। ई०पू० ८००० से ई०पू० २००० के बीच वहाँ मृद्भांडरहित, मृद्भांडीय और ताम्राश्मीय अवस्थाएँ मिलती हैं, जो रूसी मध्य एशियायी बस्तियों से तुलनीय हैं। ऐसा ही

विकास बलूचिस्तान और दक्षिणी अफगानिस्तान में मेहरगढ़ और मुंडिकाक में ई०पू० ६००० से ई०पू० ३००० के बीच उपलब्ध होता है। इस विकास में तुर्कमेनिस्तानी या मध्य एशियायी संपर्क की भूमिका का प्राधान्य नहीं प्रतीत होता। न उसमें आर्यों की पहचान निश्चित की जा सकती है। जैसे-योरोप में पाषाण-युग से सभ्यता के युग तक अविच्छिन्न विकास से वहीं आर्यों के मूल निवास की कल्पना की गयी है, वैसे ही भारत में भी संभव है। इस संपूर्ण विकास में भारत में एशियायी संपर्क वैसे ही निश्चित हैं, जैसे-योरोप में। नवाश्मयुगीन काँगड़ा घाटी की संस्कृति का रूसी-मध्य एशियायी गिस्सार संस्कृति पर प्रभाव बताया गया है। हड़प्पा संस्कृति का रूसी-मध्य एशियायी गिस्सार संस्कृति पर प्रभाव बताया गया है। हड़प्पा संस्कृति का तुर्कमेनिस्तान तक प्रसार पता चलता है।

गन्धार शवाधान संस्कृति ई०पू० १४०० से ई०पू० ९०० तक प्रमाणित है।[९] उसमें पहले ताँबे का और बाद में लोहे का उपयोग मिलता है, तीसरे स्तर में पालतू घोड़े का पता चलता है, मृतकों का शवाधान मिलता है। इन लक्षणों से इस संस्कृति को आर्य कहा गया है। प्रथम और तृतीय स्तर के नृतत्त्वीय भेद और तीसरे में पिछली बस्ती का विध्वंस इस बात का संकेत माना गया है कि तृतीय स्तरीय लोग एक भिन्न तरंग के रूप में आये थे। पर आर्यों के भारत में आक्रमण के लिए इस संस्कृति की तिथियाँ बहुत बाद की हैं। ऐसे ही सेमिटरी 'एच' की आर्यों से पहचान भी अविश्वास्य प्रतीत होती है क्योंकि उस संस्कृति का विस्तार बहुत सीमित है। दक्षिण, मध्य और उत्तर भारत में दूसरी सहस्राब्दी में मिलनेवाली ताम्राश्मयुगीन संस्कृतियों को आर्य मानने के लिए कोई निश्चयात्मक प्रमाण नहीं है। यही स्थिति चित्रित-धूसर भांड संस्कृति की है।

पश्चिमी एशिया में हिसार २-३, गियान-२, अनाउ २-३, शाह टीपे-२ और तुरंग-टीपे में आक्रमण और प्रव्रजन की उथल-पुथल ई०पू० तीसरी-दूसरी सहस्राब्दी में प्रमाणित होती है। शाह टीपे में पालतू घोड़े के चिह्न भी मिलते हैं। इस युग में एशिया माइनर में अभिलेखों से आर्यों की उपस्थिति सिद्ध होती है किन्तु जहाँ कहीं घुमंतू जातियों या आक्रमणों को देखने से आर्यों की उपस्थिति सिद्ध नहीं होती।

वस्तुतः आर्यों की पहचान मात्र भाषा है, भाषारहित भौतिक संस्कृति से उनकी पहचान नहीं हो सकती। वरना नवाश्मयुग से लौहयुग तक उनके चिह्न बहुत स्थानों पर माने जा सकते हैं। मूल आर्यजाति, मूल आर्य निवास, मूल आर्य संस्कृति और आर्यों का प्रागितिहास, इनकी खोज वस्तुतः उपलब्ध भाषात्मक प्रमाण के अभाव में शशश्रृंग की खोज बन जाती है। तुलनात्मक भाषाशास्त्र भारोपीय भाषाओं की समानताओं और सम्बन्धों पर प्रकाश डालता है, पर वह उनके लुप्त प्रागितिहास का पुनरुद्धार नहीं कर सकता। ऐसे ही अभिलेखरहित प्रागैतिहासिक पुरातत्त्व भौतिक सभ्यता का सामान्य विकास बता सकता है पर किसी विशिष्ट समाज अथवा संस्कृति की अपनी पहचान नहीं बता सकता।

विशुद्ध भाषाशास्त्रीय अभिकल्पना अथवा विशुद्ध पुरातात्त्विक अनुमानों से भारोपीय इतिहास का विश्वासयोग्य पता नहीं चल सकता। आभिलेखिक एवं साहित्यिक साक्ष्य के मिलने पर भाषाशास्त्र एवं पुरातत्त्व दोनों ही ज्ञान के साधन बन जाते हैं। दूसरी सहस्राब्दी ई०पू० के पूर्वार्ध में एशिया माइनर और सीरिया में भारोपीय भाषाएँ बोलनेवालों के शासन के प्रमाण मिलते हैं। तेल-अल-अमर्ना और बोगजकुई के मिस्री और खत्ती अभिलेखागारों में ये प्रमाण सुरक्षित हैं। खत्ती भाषाभाषी जिस जनता पर शासन करते थे, उसकी भाषा अन्य थी। स्वयं खत्तियों की भाषा अपनी व्याकरणिक संरचना और कुछ महत्त्वपूर्ण शब्दों में स्पष्टतः भारोपीय है पर उसकी शब्दराशि में विजातीय शब्दों की भरमार है, विशेषतया सुमेरियायी-असीरियायी *आइडियोग्राम्स* का। खत्ती जाति एशिया माइनर में कहाँ से आयी और उसका मूल भारोपीय से ठीक सम्बन्ध क्या था, यह संदिग्ध है। खत्ती *केन्तुम्* परिवार में रखी जाती है पर वह भारोपीय की दुहिता न होकर स्वसा हो सकती है।

दूसरी ओर तेल-अल-अमर्ना के पत्रों से यह स्पष्ट है कि ई०पू० १५वीं सदी में सीरिया में भारोपीयभाषी शासक थे। उनके नाम संस्कृत के अत्यन्त निकट थे- स्वरदात, अर्तमन्यु, सुबन्दु। मितन्नी और खर्री जनों के शासकों में भी ऐसे नाम मिलते हैं- अर्ततम, अर्तस्वर। सीरिया के इन राज्यों में योद्धा वर्ग की आख्या मर्यन्नु (= संस्कृत मर्य) मिलती है। यही नहीं, बोगजकुई के अभिलेखों में खत्ती सम्राट् शुब्बिलुल्यूमा और मितन्नी शासक मत्तिवाज के बीच एक सन्धि में जिन अनेक देवताओं की शपथ उठाई गयी है उनमें कुछ स्पष्ट रूप से भारतीय देवताओं के नाम हैं— मित्र, वरुण, इन्द्र और नासत्य। खत्ती में द्विवचन न होने के कारण 'मित्रावरुणा' इस देवता-द्वन्द्व को बताने के लिए पृथक्-पृथक् बहुवचन का प्रयोग किया गया है, यही प्रकार 'नासत्या' के लिए अपनाया गया है। इन्द्र और वरुण दोनों ही वैदिक देवता हैं। इसके अतिरिक्त एक किक्कुलि नाम के मितन्नी का लिखा हुआ आजि-धावन का प्रकरण भी वहाँ मिलता है जिसमें एक-वर्तन, तेर-वर्तन, पंज-वर्तन, सत्त-वर्तन, ना-वर्तन आदि शब्द मिलते हैं, जो स्पष्ट ही संस्कृत के हैं। अवेस्ता में एक के लिए 'ऐव' मिलता है। ऐसे ही 'सत्त' प्राकृत रूप से अभिन्न है और अवेस्ता के हप्त (परवर्ती हफ़्त) से दूर। इन सभी साक्ष्यों से यह सिद्ध होता है कि ई०पू० १५०० के आस-पास वैदिक संस्कृतभाषी भारतीय शासक, योद्धा और व्यापारी सीरिया में बसे हुए थे। ये भारत से पश्चिम की ओर गये हुए थे, यही मानना समुचित प्रतीत होता है, जैसा कि एदुआर्द मायर ने भी १९२८ई० में माना था। १९७७ई० में बरो का कथन है कि इन सीरियायी आर्यों की तीन प्रकार से पहचान संभव है— वे ईरानी हो सकते हैं, भारतीय हो सकते हैं, इन दोनों के पूर्वज हो सकते हैं। इन तीनों विकल्पों में उन्हें भारतीय मानना ही इस समय सर्वाधिक सम्मत है। पर वे उन्हें भारत से गया हुआ न मानकर वहाँ से गया हुआ मानते हैं जहाँ से वे भारत आये थे।

इन आभिलेखिक साक्ष्यों से पूर्व में भी कस्सी राजवंश के शासकों और देवताओं के नामों मे वैदिक नाम मिलते हैं, जैसे— सूर्यस्, मरुत्तस्, अबिरत्तस्। कस्सियों का शासन लगभग १७५० ई०पू० से प्रारम्भ होता है। ईराक की मितन्नी संस्कृति में मयूर का अभिप्राय मिलता है। मितन्नी सिलिण्डर सीलों में मयूर चित्रित मिलता है। यह स्मरणीय है कि हड़प्पा संस्कृति में इस प्रकार का अभिप्राय सर्वप्रथम उपलब्ध होता है। हड़प्पा संस्कृति का पश्चिमी एशिया से व्यापारिक संपर्क ई०पू० तीसरी सहस्राब्दी से था। ई०पू० दूसरी सहस्राब्दी में भारत और पश्चिमी एशिया में यह संपर्क एक दूसरे रूप में मिलता है, जिसमें आर्य भाषाभाषियों की भूमिका स्पष्ट है।

एक प्रचलित मत के अनुसार आर्य एक लड़ाकू और असभ्य जाति थी, जिसके समुदायों ने अनेकत्र स्थानीय जनता को पराजित कर अपना शासन और भाषा उन पर आरोपित की किन्तु उन्होंने स्वयं उन्नततर विजित जाति की सभ्यता को क्रमशः अपना लिया।[१०] खत्तियों का इतिहास इसका एक दृष्टान्त है। मितन्नी और कस्सी इतिहास में भी इसकी झलक है। यूनानी इतिहास इसका महत्त्वपूर्ण निदर्शन है। मिनोआयी-संस्कृति पर अधिकार स्थापित कर यूनानी संस्कृति उसकी ऋणी न सिर्फ भौतिक-सामाजिक जीवन, धर्म और कला में बनी बल्कि स्वयं उसकी भाषा में बहुत से शब्द बाहरी मूल के भर गये।[११]

एक मत के अनुसार भारत में भी ऐसा ही हुआ। असभ्य, पर लड़ाकू आर्य जाति ने सिन्धु-सभ्यता का विध्वंस किया पर उसके अनेक तत्त्वों को क्रमशः अपना लिया। यदि सिन्धु-सभ्यता सर्वथा आर्येतरीय है तो इसमें मौलिक सत्य स्वीकारना होगा। यद्यपि आर्यों को विध्वंसक नहीं माना जा सकता तो भी वैदिक संस्कृति को विशुद्ध आर्य न मान कर एक मिली-जुली संस्कृति मानना ही ठीक रहेगा। वेद भी किसी लड़ाकू, बर्बर जाति का प्रतिनिधित्व नहीं करते बल्कि एक जाति-निरपेक्ष विश्ववारा संस्कृति व्यक्त करते हैं। आर्य और द्राविड आदि के भेद और संघर्ष के स्थान पर उनके शान्तिपूर्ण सम्बन्ध और समन्वय को ही इस संस्कृति का मूल मानना होगा।[१२] वस्तुतः संस्कृति और सभ्यता के इतिहास में आधुनिक प्रजातीयतावाद और उस पर ही निर्भर संकीर्ण राष्ट्रीयतावाद का कोई स्थान नहीं है। वे विश्ववारा संस्कृति की अन्तर्भूत प्रतनु धाराएँ हैं।

पिछले विवरण से यह स्पष्ट होगा कि भारत में आर्य और आर्येतरीय भाषा परिवारों का सर्वथा और विरोधात्मक पार्थक्य नहीं रहा है। इन सभी परिवारों के बीच में और उनके अन्दर आदान-प्रदान चलता रहा है जो कि सांस्कृतिक समन्वय की परम्परा से जुड़ा रहा है। आर्य-अनार्य, आर्य-द्रविड आदि प्रभेदों को उजागर करने के पीछे वैज्ञानिक वस्तुनिष्ठता राजनैतिक उद्देश्यों से रंजित हुई है। जैसे भारत एक सांस्कृतिक इकाई है, ऐसे ही वह एक समन्वित भाषाई क्षेत्र है। इस स्थिति का आरम्भ प्रागैतिहासिक है और पूर्ववैदिक युग को इसके सहारे ही समझना चाहिए। मूल आर्यभाषा के स्वरूप, प्रसार और पारस्परिक आदान-प्रदान के विषय में नवीन

भाषाशास्त्रीय अनुसन्धान इसी दिशा में संकेत करता है। द्राविड भाषा के सम्बन्ध में भी अब पिछली मान्यताओं से हटकर भी ऊहापोह जारी है।

पाद टिप्पणी

१. द्र० ब्लूमफील्ड, *लैंग्वेज* (१९६३), पृ० ५६ से आगे

२. द्र० रामविलास शर्मा, *भारत के प्राचीन भाषा-परिवार और हिन्दी,* ३ जि० (राजकमल, १९७९-८१)

३. तु० रा०वि० शर्मा, *वही,* जि० १, पृ० १४-१५, 'वास्तव में ऐतिहासिक भाषाविज्ञान आर्य भाषाओं के सामान्य तत्त्वों की जो ध्वनि-व्यवस्था रचता है, वह निराधार और काल्पनिक है।'

४. द्र० रॉबिन्स, *जनरल लिंग्विस्टिक्स,* पृ० ३६२

५. हन्स क्रे, *इन्दोगर्मानिशेश्प्राख़े,* जि०१, पृ० ५४ और आगे; विस्तार के लिए द्र०ब्रुगमान, *कम्पैरेटिव ग्रामर ऑव इण्डोजर्मनिक लैंग्वेजेज,* जि० १

६. द्र० रा०वि०शर्मा, पूर्वोद्धृत

७. द्र० श्रादेर और गार्डन चाइल्ड की पूर्वोद्धृत कृतियाँ- *प्रीहिस्टारिक ऐण्टिक्विटीज ऑव द आर्यन पीपुल्स,* (१८९०), *एवं द आर्यन्स : ए स्टडी ऑव इण्डो-यूरोपियन औरिजिन्स,* (१९२६)

८. द्र० मार्या गिम्बुतास, *गॉड्स एण्ड गॉडेसेज ऑव ओल्ड योरोप,* (१९८४) तु० तलगेरी, *द आर्यन इन्वेजन थियरी* (१९९३), पृ० ९९ और आगे

९. द्र० लोकेश चन्द्र (सं०), *इण्डियाज कण्ट्रिब्यूशन टु वर्ल्ड थॉट एण्ड कल्चर*- थापर का लेख, *द आर्यन्स -ए रिएप्रेजल,* पृ० १४७-६५

१०. बटकृष्ण घोष, *सर्वे ऑव इण्डोयोरोपियन लैंग्वेजेज* (१९७९), पृ० ३४

११. बटकृष्ण घोष, *सर्वे ऑव इण्डोयोरोपियन लैंग्वेजेज* (१९७९), पृ० ३५

१२. तु० स्वामीनाथ अय्यर, *द्रविडियन थियरीज*-भारोपीय और द्राविड भाषाओं की एकमूलता मूल भारोपीय की कल्पना के समान संभाव्य है। अनुसन्धान की यह एक नयी दिशा है।

पूर्व वैदिक समाज और उसका भौतिक पक्ष

समानो मन्त्रः समितिः समानी समानं मनः सह चित्तमेषाम्।
समानं मन्त्रमभि मन्त्रये वः समानेन वो हविषा जुहोमि॥
समानी व आकूतिः समाना हृदयानि वः।
समानमस्तु वो मनो यथा वः सुसहासति॥

—ऋग्वेद १०.१९१.३, ४

वसोः पवित्रमसि शतधारं वसोः पवित्रमसि सहस्रधारम्।
देवस्त्वा सविता पुनातु वसोः पवित्रेण शतधारेण सुप्वा कामधुक्षः॥

—यजुर्वेद १.३

प्राचीन वैदिक समाज न सिर्फ काल में अतिविस्तृत था बल्कि देश में भी वह उत्तरी हिमाच्छादित गिरियों से समुद्र और रेगिस्तान तक और पूर्व में कम-से-कम गंगा-यमुना तक फैला था। इस विस्तृत समाज को किसी 'विशुद्ध' या असंकीर्ण प्रजाति से जोड़ना प्रमाणसंगत नहीं प्रतीत होता। न उसके अन्तर्गत नाना समुदायों को सजातीय या समानधर्मा माना जा सकता है। उसके अवान्तर समुदायों में पर्यावरणिक, प्राविधिक और पारम्परिक कारणों से आजीविका के साधन नाना थे, यह युक्तिसंगत और साक्ष्यों के अनुकूल कहा जा सकता है। भारतीय संस्कृति में इस प्रकार की मिलीजुली स्थिति सभी युगों में देखी जा सकती है, पर धर्म या आचार-विचार-व्यवस्था की दृष्टि से इसे सहभाव एवं समन्वय की स्थिति मानना चाहिए न कि संकर या मिलावट की। वनवासी किरात, निषाद आदि आखेटकगण, ग्वाले, गड़रिये आदि चरवाहों के गण, खेतिहरों के गाँव, व्यापारियों के नगर, ये चारों प्रकार की बस्तियाँ और जीविकाएँ वेद से आज तक सुविदित और प्रचलित रही हैं।

ऋक्संहिता में सोम को मौजवत कहा गया है जिससे यह अनुमान लगाया जा सकता है कि मूजवान् नाम के पर्वत में सोम पाया जाता था। इस पर्वत की स्थिति को सुदूर उत्तर-पश्चिम में मानना समीचीन होगा क्योंकि परवर्ती काल में उस पर्वत की दुर्गमता को सोम की दुर्लभता का कारण संभावित किया जा सकता है।[१] ऋक्संहिता में ही *यस्येमे हिमवन्तो महित्वा यस्य समुद्रं रसया सहाहुः*[२] से न केवल ऊँचे हिमालय का परिचय मिलता है बल्कि हिमालय और समुद्र के बीच फैली प्राजापत्य भूमि के रूप में भारत का भी प्रथम परिचय मिलता है।

समुद्र के पार उल्लिखित मरुभूमि— *समुद्रस्य धन्वन्नार्द्रस्य पारे*— शायद वर्तमान राजस्थानी मरु हो जहाँ उस समय पर्जन्य बरस कर उसे यात्रा के योग्य बनाता था। *अवर्षीर्वर्षमुदु षू गृभायाऽकर्धन्वान्यत्येतवा उ*।[३] (ऋग्वेद ५.८३.१०)

इस प्रकार पूर्ववैदिक भारत का विस्तार हिमालय और हिन्दुकुश से अरब सागर और गंगा-यमुना तक तो निश्चित है। पूर्व और दक्षिण में कहाँ तक उस युग में संचार और परिचय था, यह पूर्ववैदिक साक्ष्य से निश्चित नहीं है। प्रचलित मत के अनुसार आर्यजन उत्तर-पश्चिम से क्रमशः पूर्व और दक्षिण की ओर बढ़े और उत्तरवैदिक काल में सदानीरा के उस पार पहुँचे जैसा कि विदेघ माथव की प्रसिद्ध कथा से पता चलता है।[४] पर वस्तुतः इस कल्पना का मूलाधार ही निष्प्रमाण है। आर्यों को एक प्रजातीय संचरणशील जनसमूह मानना एक आग्रह मात्र है। वेदों में अनेक जन स्थिर रूप से निवास करते मिलते हैं। उनका केन्द्र उत्तर-पश्चिम में न होकर सारस्वत प्रदेश में लक्षित होता है।

इस सम्बन्ध में यह उल्लेख्य है कि प्रायः वैदिक जनों को सप्तसिन्धु का वासी माना जाता है और सप्तसिन्धु को पंजाब का क्षेत्र। प्रदेशार्थक 'सप्तसिन्धु' के लिए मुख्य प्रमाण यह मंत्र है— *य ऋक्षादंहसो मुचद् यो वार्यात् सप्तसिन्धुषु*।[५] (ऋ० ८.२४.२७) सात नदियों में पंजाब की पाँच नदियाँ और सिंध के अतिरिक्त सातवीं नदी कुभा, वंक्षु या सरस्वती बतायी गयी है। पर वस्तुतः सात एक रहस्यार्थ का संकेत करनेवाली संख्या है और 'सिन्धु' भी रहस्यवाची है। वेद का भौगोलिक अभिप्राय नितान्त भौतिक अथवा बहिरंग नहीं है।[६] उसके समस्त अर्थ के समान उसका भूगोल भी एक आध्यात्मिक चिन्तन से जुड़ा है। जैसे—काल और तिथि पुण्यात्मकता और यज्ञार्हता से अभिसंबद्ध माने जाते हैं, ऐसे ही देश और स्थान भी। इसी प्रकार भारत देश में स्थान-स्थान पर पवित्रता की कल्पना की गयी है। नदी को ज्योति, रस और पवित्रता की धारा के रूप में देखा गया है। एक ही मूलधारा की सात नदियों के रूप में कल्पना सात लोकों की कल्पना से जुड़ी हुई है। भूलोक में सात नदियाँ एक प्रकार से अध्यात्म-यात्रा का मानचित्र प्रस्तुत करती हैं।[७]

नदियों के जन्म का आख्यान इन्द्र के प्रधान पराक्रम के साथ जुड़ा है। वृत्र ने जल को पर्वतगुहा में छिपा दिया था, इन्द्र ने वज्र के आघात से वृत्र और उसकी धारा को नष्ट

कर सात नदियों को प्रवाहित किया। *अवासृजत्सर्तवे सप्तसिन्धून्।* (ऋ० २.१२.१२) इस आख्यायिका को वर्षा के जन्म की आख्यायिका कहा गया है पर इसका अर्थ विस्तृततर और गम्भीरतर है। आवरणात्मक तम के खंडित होने पर हृदयगुहा से ही ज्योतिर्धारा जन्मती है और सरसता लाती है। यही सृजनात्मकता का रहस्य है। भूलोक में नदी-वितान सरस उर्वरता का विधान है, उसकी मूलधारा का तट यज्ञार्ह है, यज्ञ-पावन है। यह मूलधारा ही सरस्वती है। वही त्रिलोक में सप्तधा विभक्त होकर पंचजनों की रक्षा करती है—*त्रिषधस्था सप्तधातुः पञ्च जाता वर्धयन्ती।*[८] (ऋ० ६.६१.१२) ज्ञानमयी और पावन सब नदियों में एक सरस्वती है, जो पर्वतों से समुद्र तक जाती है। *एका चेतत् सरस्वती नदीनां शुचिर्यती गिरिभ्य आ समुद्रात्।* (ऋ० ७.९५.२) 'वह नदियों में दिव्य है'—*असुर्या नदीनाम्।* (ऋ० ७.९६.१)

सरस्वती-क्षेत्र को केन्द्र मानकर ही वैदिक सभ्यता के भूगोल को ठीक समझा जा सकता है। यह स्मरणीय है कि सरस्वती एक युग में महानदी थी जिसमें यमुना और सतलज की धाराएँ मिलतीं थीं और जो हरियाणा और राजस्थान पार कर समुद्र में गिरती थी। किन्तु कालान्तर में यमुना और सतलज की धाराएँ पलट कर गंगा और सिंधु में गिरने लगीं और सरस्वती सिमट कर पश्चिम की ओर मुड़ी और स्वयं सिंधु में मिलने लगी। कालान्तर में वह अल्पजला होकर मरुस्थल में लुप्त हो गयी। नदीपात्रों के पुरातात्त्विक एवं उपग्रह-फोटोग्राफी से प्राप्त साक्ष्यों से इस प्रकार का परिचय प्राप्त होता है किन्तु इस इतिहास का सूक्ष्म कालक्रम निर्धारित करना कठिन है।[९]

सरस्वती को केन्द्र मानकर ही नदी सूक्त ठीक से समझ में आ सकता है। इस सूक्त में नदियों का उल्लेख पूर्व से पश्चिम की ओर प्रतीत होता है—

इमं मे गङ्गे यमुने सरस्वति शुतुद्रि स्तोमं सचता परुष्ण्या।
असिक्न्या मरुद्वृधे वितस्तयाऽऽर्जीकीये शृणुह्या सुषोमया॥
तृष्टामया प्रथमं यातवे सजूःसुसर्त्वा रसया श्वेत्या त्या।
त्वं सिन्धो कुभया गोमतीं क्रुमुं मेहत्न्वा सरथं याभिरीयसे॥[१०]

—ऋ० १०.७५.५-६

यास्क के अनुसार परुष्णी, इरावती का नामान्तर है, सुषोमा सिन्धु है। सिन्धु, कुभा, गोमती और क्रुमु गन्धार की प्रसिद्ध नदियाँ हैं। रसा की तुलना अवेस्ता की रंहा से की गयी है। उसे सुदूर उत्तर-पश्चिम की क्षुद्र नदी अथवा पृथ्वी के सिरों पर या चारों ओर स्थित कल्पित नदी भी कहा गया है। दूसरी ओर उसे नर्मदा का पर्याय भी माना गया है। 'गंगा' को यास्क 'गम्' धातु से निष्पन्न मानते हैं। दूसरी ओर अनेक आधुनिक भाषाशास्त्री उसे आर्येतरीय भाषामूलक मानते हैं, पर यह मत अविदित मूल की कल्पना प्रतीत होता है। गंगा सिर्फ दशम मंडल के नदी सूक्त में ही नहीं बल्कि प्राचीनतर षष्ठ मंडल में भी रूपान्तर से उपलब्ध होती है—*उरुः कक्षो न गाङ्ग्यः।*

(ऋ० ६.४५.३१) से गंगा के कक्ष का विस्तार विदित होता है। 'कक्ष' का अर्थ कदाचित् पार्श्व, तट, तट-प्रदेश या तट-प्रान्तर है।

नदियों के विषय में यह प्रायिक उल्लेख है कि वे समुद्र तक जाती हैं— *समुद्रायेव सिन्धवः*। (ऋ० ८.६.४) एक मत से वैदिक समाज स्थल-निगडित था। इस मत में 'समुद्र' का अर्थ जलाशय मात्र है, पर यह अर्थ पूर्वाग्रहमूलक है, न कि संदर्भमूलक। सृष्टि के मूलभूत अव्यक्त को समुद्र कहा गया है (ऋ० १०.१९०), समुद्र की विशालता, तरंगों और गर्जन का उल्लेख मिलता है, नदियाँ वहाँ संगत होती हैं। दो अथवा चार समुद्रों का उल्लेख, अश्विनों का भुज्यु को पोतभंग होने पर समुद्र पार ले जाना आदि समुद्र का सामान्य अर्थ ही सूचित करते हैं। वैदिक ऋषि समुद्र से अवश्य ही परिचित थे। एक मत से वेदों में एक सामुद्रिक सभ्यता की भी झलक मिलती है।[११] अतः यह संभव है कि वैदिक सभ्यता के विविध देश-काल विस्तार में एक सूत्र सामुद्रिक सभ्यता का रहा हो। 'पुर' और 'पणि' नगर और व्यापारी का अर्थ द्योतित करते हैं और इस सामुद्रिक परिचय के आयाम से संगत होते हैं।[१२]

यदि वैदिक सभ्यता में सामुद्रिक व्यापारियों और व्यापारिक पुरों की भागीदारी थी तो जंगलों और जंगलवासियों का तो निश्चय ही हाथ था। रवीन्द्रनाथ ठाकुर ने भारतीय संस्कृति को अरण्यवासी बताकर इस तथ्य को ही प्रकाशित किया है। वैदिक ऋषियों के तपोवन और आश्रम परम्परा में प्रसिद्ध हैं। एक ओर वेद का अध्ययन गाँव के भी बाहर किया जाता था, दूसरी ओर आदिम अरण्यों की भयंकरता जनमानस में पैठी हुई थी— *वनं प्रतिभयं घोरम्*। अरण्यानी सूक्त में अरण्य की दिव्य चेतना और भयकारिता, दोनों की ध्वनि मिलती है—

आञ्जनगन्धिं सुरभिं बह्वन्नामकृषीवलाम्।
प्राहं मृगाणां मातरमरण्यानिमशंसिषम्॥[१३]

—ऋ० १०.१४६.६

वृक्षों के निर्यास और फल-फूल की गंध से अरण्य सुरभित है, खेती से दूर, पशुओं की वह मातृभूमि है। खेती, गाँव और घर के जीवन से अलग आरण्यक जीवन की निराली विधा थी। उसके प्रति वैदिक मानस में घृणा या अवहेलना का भाव न होकर सतर्क विस्मय, भय, प्रीति और प्रशंसा के भाव थे।

भूमि और पर्यावरण की ओर वैदिक मानव की दृष्टि द्वन्द्व और संघर्ष की नहीं थी बल्कि तादात्म्य की थी। उसे सर्वत्र देवशक्ति की व्याप्ति का भान था और अपने को वह एक देवेषित विश्व का वासी मानता था। वह भूमि की माता के रूप में कल्पना करता था। *माता भूमिः पुत्रोऽहं पृथिव्याः*। (अथर्ववेद १२.१.१२) 'सत्य, ऋत, दीक्षा, तप, ब्रह्म और यज्ञ पृथ्वी को धारण करते हैं। भूत और भविष्य की पालयित्री वह हमारे लोक को प्रशस्त करे।' उसमें नाना ओषधियाँ, अन्न और जन, समुद्र और नदियाँ

विधारित हैं। वह समुद्र-गर्भ से दिव्यशक्ति के द्वारा खोजी गयी है, उसका हृदय परम व्योम में सत्य से आवृत अमृत रूप में स्थित है। वह नानाभाषाभाषी, नानाधर्मा जनों का यथानिवास भरण करती है— *जनं विभ्रती बहुधा विवाचसं नानाधर्माणं पृथिवी यथौकसम्*। (अथर्ववेद १२.१.४५) स्पष्ट ही वैदिक मानव पृथ्वी पर किसी एक जाति, भाषा या संस्कृति का स्वत्व या अधिकार नहीं मानता था, न वह उसे बलवद् भोग्य मानता था। वह पृथ्वी को अपनी माता, एक दिव्य विभूति और विश्वमानव की हितावहा मानता था। उसकी दृष्टि संघर्ष और स्पर्धा की न होकर सौम्य सामरस्य की थी।[१४]

भूमि नाना प्रकार की घास, ओषधियों, वनस्पति और धान्य से आच्छादित थी। घासों में उलप, काश, कुश, तृण, दर्भ, मुंज, दूर्वा, शष्प, शाद, बल्बज, वीरण, शुम्बल आदि का उल्लेख मिलता है। दर्भ को भूरिमूल, सहस्रपर्ण, शतकांड कहा गया है। मुंज छाने के काम आती थी। तृण का चढ़ाई पर उगना बताया गया है। शाद हरी मैदानी घास थी। शुम्बल सुगंधित घास थी। दूर्वा के फूलों का उल्लेख मिलता है। वैदिक साहित्य में उल्लिखित प्रमुख वृक्ष थे—अश्वत्थ, उदुम्बर, न्यग्रोध (उत्तरवैदिक साहित्य में असंदिग्ध), कर्कंधु, किंशुक, शमी, शलालि, हरिद्र, बदर, प्लक्ष, पीतदारु, बिल्व, खदिर, शिंशपा, कार्श्मर्य, पलाश, विकंकत। किंशुक का विवाह-सूक्त में उल्लेख है। ओषधिसूक्त (१०.९५) में ओषधियों को रोग-निवारण में समर्थ बताया गया है। फूलों में कुमुद, पुष्कर, पुंडरीक उल्लिखित हैं। शाकों में अपामार्ग, अलाबु, उर्वारु (खीरा) का उल्लेख अथर्ववेद में मिलता है।

अनाजों में ऋक्संहिता में यव का उल्लेख है, जिसे आजकल प्राय: जौ कहा गया है, पर उसका अर्थ सामान्य अनाज भी हो सकता है।[१५] ऋक्संहिता में उसका बोना, पकना, खेती करना, वृष्टि में मुदित होना उल्लिखित है। चावल का, कपास का परिचय ऋक्संहिता में नहीं मिल पाता। सिन्धु-सभ्यता के संदर्भ में यह आश्चर्यजनक है।[१६] खेती, एक मुख्य धंधा था। खेत व्यक्तिगत सम्पत्ति थे।* उन्हें हल-बैल से जोता

---

* तु० *वै० इ०*- जि० १, पृ० २११, क्षेत्र का नापना —*ऋ०* १.११०.५, ''क्षेत्रमिव वि ममुः''; क्षेत्रजेष —*ऋ०* १.३३.१५, क्षेत्रसा —*ऋ०* ४.३८.१, क्षेत्रंजय —*मै० सं०*, २.२.११— व्यक्ति को, क्षेत्र की प्राप्ति; क्षेत्रस्य पतिः, वास्तोष्पति के समान प्रत्येक क्षेत्र का अधिष्ठाता मानना ही ठीक होगा।

क्षेत्र का व्यक्तिगत स्वत्व सिर के बालों से उसकी तुलना से सिद्ध होता है—

''इमानि त्रीणि विष्टपा तानीन्द्र वि रोहय।
शिरस्ततस्योर्वरामादिदं म उपोदरे
असौ च या न उर्वरादिमां तन्वं मम॥'' *ऋ०* ८.९१.५-६॥

अपाला की उक्ति है ''हे इन्द्र, इन तीन उत्तल स्थानों को उगाओ
—उसका (मेरे पिता का) सिर, उर्वरा, मेरे उदर का सीमान्त भाग।
वह, और जो हमारी उर्वरा, और मेरी देह॥

जाता था।** सिंचाई के लिए कुँओं और नालियों, नहरों का प्रबंध था।*** कुँए से पानी खींचने के लिए रहट विदित था।**** गाँवों में बस्ती के घर थे, उनके चारों ओर खेत जिनमें बाड़ें लगी होती थीं। उसके बाहर ग्राम के सामान्य स्वत्व के अन्दर गोचरभूमि थी। चारों ओर अरण्य-सागर लहराता था। ग्राम मूलतः संचारी सजात-समूह था जिसके एक स्थान पर बस जाने पर इसका परवर्ती रूप सिद्ध हुआ। इस प्रक्रिया में जमीन का बँटवारा मूल समूह के संगठन को प्रतिबिम्बित करेगा, यह कल्पनीय है। मूल समूह आर्यों का अर्थात् स्वाधीन कुटुम्बियों का था।

ग्रामों के विवरण से यह स्पष्ट है कि उनमें पर्याप्त रूप से बड़ी बस्तियाँ भी शामिल थीं जिनमें अनेक घोड़ों के रथ में बैठ कर अपने घर से उत्सव-स्थलों में जाना वाजिब माना जाता था।***** यह स्थिति चरवाहों या आखेटकों के घुमंतू समाज से बहुत दूर की है।

एक स्थापना के अनुसार आर्य-संस्कृति मूलतः योरोपीय नवाश्मयुगीन थी। प्राचीन योरोपीय भाषाओं में धातुवाची शब्द मौलिक न होकर अन्य भाषाओं से उधार लिये गये प्रतीत होते हैं। *श्रादेर* और *नेरिंग* ने इस विषय पर विशेष विचार किया है। यूनानी का *मैटालौन* सामी भाषा से उधार लिया बताया गया है। धातुकर्मियों के लिए भी समान शब्द नहीं मिलता— यूनानी *खलकेउस,* लातीनी *फार्बेर,* ट्यूटोनी *स्मिद,* स्लावोनी *वुत्री*। स्वर्ण के लिए भी यूनानी शब्द *ख्रूसोस* सामी से उधार है। पर वैदिक और अवेस्तायी *हिरण्य* और *जरण्य* मौलिक हैं। ऐसे ही *अयस्, आएस्* (लातीनी) *आइज* (गौथिक), ऍर्ज (जर्मन), *ओर* (अंग्रेजी) से सिद्ध होता है कि ताँबे का ज्ञान अविभक्त आर्यों को था। किन्तु यह भी स्मरणीय है कि ताँबे की बाबुली संज्ञा *ऍरु* है। यूनानी *खलकॉस* उधार लिया प्रतीत होता है। दूसरी ओर टिन का समान अभिधान न होने से यह अनुमेय है कि काँसे का ज्ञान आर्यों को न रहा होगा। यूनानी *कस्सितरॉस,* अक्कदी *इद-कसद्रु* से उधार लिया हुआ है। चाँदी के लिए बाल्टोस्लावी और गौथिक *सिलुब्र* असीरियायी *सर्पु* से निकला प्रतीत होता है। लातीनी *आर्गेन्तुम,* संस्कृत के *अर्जुन* से तुलनीय है। लातीनी लोहवाची *फेरुम* भी सामी *बरजुम* से निकला प्रतीत होता है। यूनानी *सिदरोम्* भी उधार प्रतीत होता है।

वस्तुतः पश्चिमी एशिया और उत्तरी अफ्रीका की आर्येतरीय विकसित सभ्यताओं में धातुओं और धातुकर्म का विशिष्ट परिचय था। वहीं से बहुत-सी जानकारी और शब्द योरोपीय आर्यों ने उधार लिये, ऐसा प्रतीत होता है। किन्तु भारत में सिन्धु-सभ्यता

** लांगल, सीर (हल), फाल और सीता— *ऋ०* १०.१०१.३-४; *वही,* ४.५७

*** कुँआ— *ऋ०* ७.४९.२; *वही,* ६.५४.७; *वही,* २.१६.७; कुल्या (नहर) *वही,* १०.४३.७; *वही,* ५.८३.७-८

**** "द्रोणाहावमवतमश्मचक्रमंसत्रकोशं सिञ्चता नृपाणम्"॥ *ऋ०* १०.१०१.७॥

***** द्र० प्रो० घुर्ये, *वैदिक सोसायटी;* गो० च० पाण्डे, *फाउण्डेशन,* जि० २; पृ० ७२

आर्य थी या आर्येतरीय, यह अनिश्चित होते हुए भी उस सभ्यता में धातुओं का ज्ञान निश्चित है—सोना, चाँदी, ताँबा, काँसा, पर लोहा नहीं। वैदिक वाङ्मय में इन धातुओं के परिचय का मिलना आश्चर्यजनक नहीं है, पर इनके वाचक शब्द वैदिक वाङ्मय में क़िसी आर्येतरीय भाषा से उधार लिये नहीं लगते, यह विचारणीय है।[१७] पूर्ववैदिक काल में *अयस्* एक चमकीली धातु के रूप में विदित था। जिसे ताँबा और कांसा प्रायः माना गया है। उत्तरवैदिक काल में काले *अयस्* या *कार्ष्णायिस* के नाम से लोहे का परिचय मिलता है। हिरण्य, रजत और अयस् अन्य भाषाओं से उधार लिए नहीं बल्कि संस्कृतमूल के ही प्रतीत होते हैं। वाजसनेयिसंहिता में हिरण्य, अयस्, श्याम, लोह, सीस और त्रपु का उल्लेख मिलता है।[१८] अथर्व में *अयस्* के दो भेद किये गये हैं—श्याम और लोहित। शतपथ में *अयस्* और *लोहायस* का भेद किया गया है। ऐसा प्रतीत होता है कि *अयस्* मूलतः धातुवाचक था और यह धातु ताँबा थी। क्रमशः लोह° और श्याम° से उसका भेद उसका अर्थ 'ब्रोंज'[१९] सूचित करता है, जिसमें राँगा (=त्रपु) या आर्सनिक मिलाया जाता था। जर्मनिक भाषाओं में भी इसी प्रकार *आइज* से *आइजन, आयर्न* निकले हैं।

संक्षेप में धातु या ताँबे के लिए प्राचीनतम भारोपीय शब्द *अयस्* है जो वैदिक साहित्य में मिलता है और जो वैदिक जन का ताँबे से परिचय बताता है। यह शब्द मौलिक है या उधार लिया गया, इस पर विवाद है। इसका मूल प्राचीन बाबुली शब्द *ऍर* है अथवा भारोपीय धातु *ऐ* है, इसका निश्चय भाषाशास्त्री दृष्टि से कठिन है। दूसरी ओर सिन्धु-सभ्यता में ताँबे के लिए प्रयुक्त शब्द का ही मूल वैदिक शब्द का होना संभाव्य प्रतीत होता है। यदि सिन्धु-सभ्यता का धातुकीय ज्ञान मूलतः पश्चिमी एशिया से आयातित नहीं था तो उस सभ्यता का भाषा की दृष्टि से वैदिक के निकट होना सूचित होता है। उसमें प्रयुक्त शब्द को बाबुली *ऍर* और वैदिक *अयस्* के सदृश होना चाहिए अथवा यह भी स्मरणीय है कि प्राचीन युग में भी धातु की और शिल्पकारी के ज्ञान का आदान-प्रदान विभिन्न देशों और समाजों में अबाध रूप से प्रचलित था, उसके साथ शब्दों का आदान-प्रदान और अर्थान्तरण भी अनियत रूप से होता था। ऐसी स्थिति में जैसे प्रजातीय शुद्धता की खोज निरर्थक है, ऐसे ही विभिन्न भाषाओं में सभ्यता के मौलिक आविष्कारों की शब्दावली में मूल-शुद्धि की अपेक्षा भी अयुक्त है। नाना भाषाओं में कुछ प्रवृत्तियों की पृथक्ता के साथ ही उनमें आदान-प्रदान को उनके इतिहास का एक चिरन्तन और स्थायी तत्त्व मानना चाहिए। यह भी स्मरणीय है कि प्रस्तर-शिल्प और दारु-शिल्प समवेत रूप से प्राचीनतम शिल्प के अंग थे, धातुओं के ज्ञान से क्रमशः प्रस्तर-निर्मित अस्त्र-शस्त्र और उपकरणों का स्थान धातु-निर्मित हथियारों और औजारों ने ले लिया। इससे उनके वाचक शब्द अनिवार्य रूप से नहीं बदले बल्कि बहुधा उनमें अर्थान्तर हो गया। इषु, ऋष्टि, परशु, वज्र, स्वधिति आदि मूलतः पाषाणाग्र या पाषाण-निर्मित होकर पीछे धातु से बनाये गये। असि संभवतः धातु-युग का आविष्कार थी। उसके वाचक शब्द भारोपीय स्तर पर मिलते

हैं—लातीनी *एन्सिस,* अवेस्ता *अंहू,* जिससे भारोपीय समुदायों का ताम्राश्मयुगीन संपर्क पता चलता है। अथवा ताम्र-श्यामायस-युग में पूर्व विकसित सभ्यताओं से तलवार के साथ उसके वाचक शब्द भी भारोपीय समुदायों ने उधार लिये, यह कल्पना की जा सकती है। उदाहरण के लिए *क्सैफ़ोस* सामी मूल से उधार लिया हुआ प्रतीत होता है। वैदिक *अयस्* और *असि,* अथवा *अयोमुख इषु* संभवतः सैन्धव सभ्यता से लिये गये हैं। इन शब्दों से सैन्धव भाषा का अवैदिक होना सिद्ध नहीं होता। किन्तु यह अवश्य सिद्ध होता है कि वैदिक और अवेस्ता के क्षेत्र—उत्तर-पश्चिमी भारत और उत्तर-पूर्वी ईरान-सैन्धव सभ्यता के क्षेत्र से जुड़े थे क्योंकि उनमें ये शब्द सजातीय हैं।

पूर्ववैदिक काल से ही अनेक प्रकार के शिल्पियों का उल्लेख प्राप्त होता है, जैसे कर्मार जो धातु-शिल्पी का सामान्य नाम था।[२०] ध्माता और द्रविता अर्थात् स्पष्ट ही भट्ठी में धातु गलाते थे।[२१] कुलाल मिट्टी के बर्तन बनाता था।[२२] बढ़ई[२३], जुलाहा[२४], चर्मकार[२५], ग्वाला, खेतिहर, शिकारी, नाई, बनिया, मुखिया, वैद्य, पुरोहित, कवि, गायक, वादक, नर्तक का उल्लेख वैदिक वाङ्मय में मिलता है। रथ बनाना, तीर बनाना, पत्थर काटना विशिष्ट शिल्प थे। करघा, छेनी, चाकू, हथौड़ा, कुल्हाड़ी आदि औजारों और तीर-कमान, फरसा, तलवार, बरछा, कवच आदि युद्ध सम्बन्धी हथियारों का वर्णन मिलता है।

संक्षेप में यह कहा जा सकता है कि पूर्ववैदिक काल की सभ्यता सामान्यतया कांस्ययुगीन सभ्यता थी पर वह सामाजिक-सांस्कृतिक दृष्टि से एकरस नहीं थी। उसमें अनेक जातियाँ और जनपद, अनेक आर्थिक व्यवस्थाएँ, भाषाएँ और धार्मिक सम्प्रदाय, सामाजिक समुदाय और राज्य शामिल थे। वैदिक और हड़प्पा सभ्यताओं के सपाट चित्र सरलीकृत और अयथार्थ हैं। इसी कारण इनके नितांत भेद की धारणा बद्धमूल हो गयी है। न तो हड़प्पा सभ्यता मात्र नागरिक थी, न वैदिक सभ्यता मात्र पशुपालक-यायावरीय। दोनों ही सभ्यताएँ देश-काल में विस्तार और प्राविधिक विकास की दृष्टि से समान हैं। स्थूल रूप से एक ही विशाल सभ्यता के उनमें विविध पक्ष, प्रदेश या अवस्थाएँ देखी जा सकती हैं।

ऊपर कहा जा चुका है कि वैदिक समाज में प्रजातिमूलक या भाषामूलक भेदों को महत्त्व नहीं दिया गया था। लोक में अनेकधा विभक्त एक ही मूल मानवी सृष्टि और दैवी वाक् का सिद्धान्त मान्य था। यह धारणा कि आर्य, दास-दस्यु का भेद एक मौलिक प्रजातीय भेद सूचित करता है, न यह परम्परासंमत है, न ही पर्याप्त रूप से प्रमाणित। आर्य-म्लेच्छ का भेद पूर्व-वैदिककाल में अविदित है। सामाजिक समुदायों के भेद निवास, जन्म, कर्म और विद्या पर मुख्यतया आधारित थे। निवासमूलक समुदायों में ग्राम, पुर और राष्ट्र उल्लेखनीय हैं। जन्ममूलक समुदायों में कुल, गोत्र और जन उल्लेख्य हैं। कर्म एक ओर सामाजिक कार्य की भूमिका थी, दूसरी ओर वृत्ति के साधनभूत शिल्प। पहले रूप में कर्म पर आधारित समुदायों में वर्ण प्रधान थे। वृत्ति

के साधन शिल्पों पर आधारित नाना व्यवसाय थे, जो बाद में श्रेणियाँ और जातियाँ कहलायीं। विद्या पर आधारित थे, चरण।

ग्राम आकार में छोटे भी होते थे, बड़े भी। उनका आधार खेती, पशुपालन और हस्तशिल्प थे। पशुचारण को एक मत से मुख्य वैदिक आजीविका माना जाता है, किन्तु यह एकांगी है। आर्य संस्कृति के सुविदित शब्द थे—अश्व, गो, अज, अवि, शूकर, वृक, श्वन्, जिससे इनके पशु-चारक जीवन का अनुमान किया गया है। पशु, अवेस्तीय *पसु*, लातीनी *पेकुस*, गौथिक *फाइहु*, जर्मन *फीह* मूलतः *पक्* पाश् बन्धनार्थक धातु से निकले हैं और वह पशुधनवाची होकर पशुचारण युग के अनुरूप धनवाची शब्द हो गये। किन्तु इससे यह पता नहीं चलता कि पशुचारण युग कब था और कब बीता।

वैदिक युग में 'गो' शब्द के महत्त्व से यह निष्कर्ष निकाला गया है कि वह पशुचारण युग की स्थिति चित्रित करता है। 'गोष्ठ' सम्मेलन के लिए, 'गोत्र' बिरादरी के लिए, 'गविष्टि' युद्ध के लिए, 'गोप' राजा के लिए प्रयुक्त होता था। किन्तु इन शब्दों के ये अर्थ संभवतः वैदिक प्रयोग के समय अतीतमूलक रूढ़ि पर निर्भर थे, न कि तात्कालिक यौगिक प्रयोग पर।

अविभक्त आर्यों की पशु-चारण-संस्कृति के प्रमाण के रूप में यह तथ्य प्रस्तुत किया गया है कि उनमें रंगों के वाचक समान शब्द उन्हीं रंगों के हैं जो गायों के मिलते हैं—लाल, भूरा, काला, सफेद, पीला, स्लेटी। उनमें 'हरा या नीला' के लिए समान शब्द नहीं मिलते। पर यह तर्क निस्सार प्रतीत होता है क्योंकि नीला आकाश और हरा जंगल या घास विश्वजनीन परिचय के तथ्य हैं। घास और जंगल से पशु-चारक कैसे अपरिचित हो सकते हैं? और फिर रंगों का परिचय मनुष्य को सूर्य-रश्मियों से मूलतः होता है।

पाषाणयुगीन योरोप में जंगली घोड़ा आखेट और आहार का विषय था। पाषाणयुगीन भारत में भी उसके चिह्न मिलते हैं। पर पालतू घोड़े का उपयोग उत्तरी अफ्रीका में हिक्सॉस आक्रमण के पहले और पश्चिमी एशिया में खत्ती और कस्सी जातियों के पूर्व नहीं मिलता। सिन्धु-सभ्यता में उसके उपयोग की प्रचुरता अनिश्चित होने पर भी वह अविदित नहीं था, यह सम्भावना अब निश्चित है। यह संभव है कि घोड़े को पालतू बनाना सर्वप्रथम दक्षिणी रूस या मध्य एशिया में किन्हीं समुदायों के द्वारा हुआ हो किन्तु इस ज्ञान का अन्यत्र संपर्क के द्वारा प्रसार अनायास हुआ होगा, यह कल्पनीय है। घोड़े का रथवाहक के रूप में आर्यों के द्वारा सर्वप्रथम उपयोग हुआ प्रतीत होता है। यह कब और कहाँ हुआ, यह कहना कठिन है, पर यह ई०पू० १५०० के पूर्व हो चुका था—भारत से लेकर पश्चिमी एशिया तक फैले आर्यभाषी समुदायों के द्वारा।

हल को लांगल या सीर कहते थे। सीर को सीता से जोड़ा गया है और इसमें खेती की वह अवस्था द्योतित थी जिसमें भूमि की ऊपरी सतह किसी नुकीले डंडे से खरोची

जाती थी, लांगल को लगुड से संबद्ध मानने पर इस कल्पना की पुष्टि होती है। पर इसे कुदाली से जोड़ने की स्थिति एक सामान्य स्थिति के रूप में वैदिक युग से पूर्वतर युग की दशा द्योतित करती है क्योंकि जैसा कि कालीबंगन के साक्ष्य से प्रमाणित है, हड़प्पा सभ्यता में खेती हल के द्वारा होती थी। वैदिक हल की नोक धातु की बनी प्रतीत होती है।[२६]

खेती की प्रक्रिया नाना अनुष्ठानों और लोकोत्तर कल्पनाओं से जुड़ी थी। हल के अधिष्ठाता शुनासीर नाम के दो देवता थे। खेत का अधिष्ठाता क्षेत्रपति, सीता या कूँड़ की देवता सीता थी, किसान 'कीनाश' कहा गया है। *क्षेत्र* और *उर्वरा* के ऋक्संहिता में ३६ उल्लेख मिलते हैं। क्षेत्र में निजी स्वत्व की धारणा स्पष्ट है। इस स्वत्व में व्यक्ति और कुटुम्ब के अधिकारों की सीमाएँ किन नियमों से निर्धारित थीं, यह निर्णय करना कठिन है। पर यह निस्सन्देह है कि खेतों पर न तो राजा का स्वत्व था, न ग्राम-समुदाय का। पर गव्यूति पर संभवतः साधारण स्वत्व था। अरण्य पर कोई अपना स्वत्व मानता था, यह अविदित है।[२७]

सिंचाई के लिए कुँए और रहट का प्रयोग होता था। एक चमड़े की पट्टी *(वरत्रा)* में कोश लगे रहते थे और चक्र के घूमने से पट्टी खिंचती थी जिससे पानी नीचे द्रोण में गिरता रहता था। कुँओं के अलावा कृत्रिम जल प्रणालियों का भी उल्लेख मिलता है।[२८]

कृषि-प्रक्रिया न सिर्फ यज्ञ से उपमेय थी, वह अनुष्ठानों और देवाख्यानों से जुड़ी हुई थी। नासत्यों ने मनुष्यों को कृषि की शिक्षा दी। वे ही कृषकों के दिव्य प्रतिमान हैं। खेती करता हुआ किसान किसी निरे लौकिक दृष्टार्थक कर्म में व्यासक्त नहीं है, वह एक सनातन देवकर्म का पृथ्वी पर अनुसरण करता है। अन्न और धन का उत्पादन एवं उसका त्यागपूर्वक उपभोग यज्ञानुष्ठान से तुलनीय था और इस प्रकार आर्थिक जीवन की कल्पना नैतिक-आध्यात्मिक जीवन से जुड़ी थी।[२९]

खेती में उगाये जानेवाले यव को संभवतः सिर्फ जौ न मानकर तत्सदृश अनेक प्रकार के धान्यों का नाम मानना उचित प्रतीत होता है। उत्तरवैदिक साहित्य में अनेक प्रकार के धान्यों का स्पष्ट उल्लेख मिलता है।

भोजन के प्रकारों में अपूप, ओदन, करंभ और यवागू अनाज के बने होते थे।[३०] अपूप, यव के आटे और घी के साथ शायद रोट की तरह बनता था।[३१] यह व्युत्पत्या परवर्ती 'पुआ' शब्द से संबद्ध प्रतीत होता है। ओदन, दही, घी, पानी आदि के संयोग से बनता था। पीछे भात बनाने के क्रम में चावल की एक अवस्था को ओदन कहा जाता था।[३२] पर ऋग्वेद में चावल या व्रीहि का उल्लेख नहीं मिलता।[३३] करंभ दलिया या सत्तू की लप्सी से तुलनीय प्रतीत होता है। दन्तहीन पूषा का यह विशेष रूप से खाद्य था। यवागू भी एक तरह का जौ का दलिया प्रतीत होता है। यह स्मरणीय है कि व्रीहि का अनुल्लेख उसके अज्ञान का असंदिग्ध प्रमाण नहीं है और फिर यव को धान्यार्थक

मानने पर अनुल्लेख भी अप्रसिद्ध रहता है। चावल का अज्ञान स्वीकार करने पर भी यह प्रादेशिक विशेषता का सूचक होगा, न कि कालिक विशेषता का।

भोजन में गोरस का विविध रूपों में प्रचुर उपयोग था—दूध, घी, दही, मक्खन, पनीर। मांस-भोजन प्रचलित था[३४] पर सुरा को निन्दनीय माना जाता था। सोमपान धार्मिक अनुष्ठानों का अंग था। मधु एक प्रिय आस्वाद्य था। उसका मूल अर्थ मीठा पेय या चोष्य प्रतीत होता है। पर पीछे शहद के लिए उसका प्रयोग रूढ़ हो गया।[३५]

ऊपर कहा गया है कि विभिन्न आजीविकाएँ—कृषि, पशुचारण एवं शिल्प, पौरोहित्य एवं राजत्व, दिव्य प्रतिमान के निदर्शन थे, इसी प्रकार अन्न का आहार भी त्यागपूर्वक यज्ञवद् अभीष्ट था। उपनिषदों में 'अन्नं ब्रह्म' यह स्पष्ट उद्घोषित है।

यद्यपि हड़प्पा सभ्यता में कपास और सूत का उपयोग विदित है, यह प्राय: माना जाता है कि ऋग्वेद में उनका उल्लेख नहीं मिलता।[३६] वहाँ ऊन और चमड़े के गर्म कपड़े ही मुख्यतया देखे गये हैं, पर किन्हीं पौधों के रेशों से बने और बुने परिधान अवश्य प्रयुक्त थे जिनमें तार्प्य प्रधान था।[३७] कुछ विद्वान् तार्प्य को एक प्रकार का रेशमी कपड़ा मानते हैं।[३८] *वास:* का अर्थ भी चिन्तनीय है। जैसे कपड़ा सूती कपड़े या कार्पासिक वस्त्र के लिए रूढ़ है, ऐसे ही वास: का भी संभवत: प्रयोग था। करघे से बुनने की प्रक्रिया का विस्तृत विवरण मिलता है।[३९] धोबी का व्यापार भी महत्त्वपूर्ण था। उष्णीष, अत्क, द्रापि, वासस्, नीवी और उपानह परिधान के मुख्य प्रकार थे। नीवी निचले अन्तर्वास का रूप था, वासस् सामान्यतया ऊपर के परिधान का, अत्क और द्रापि वासस् के ऊपर पहने जाते थे। प्रावार ओढ़ा जाता था, उष्णीष शिरोवस्त्र था। उपानह पैरों में बाँधा जानेवाला पादत्राण था।[४०] वस्त्र का महत्त्व उसके रूप और शिल्प की निपुणता में माना जाता था।

गाँव के घर लकड़ी, बाँस और छप्पर के बनाये जाते थे। उनमें बैठक (सदस्) और अन्तर्गृह (पत्नी-सदन) का भेद मिलता है। अनाज के रखने के लिए कोठरी और पशुओं के लिए गोठ (गोष्ठ) आदि का उसमें प्रबंध रहता था। छत फूस से छायी होती थी और थूनी एवं बाँस के पच्चर पर टिकी होती थी।[४१] कच्ची और पकी ईंटों का उपयोग अग्निचयन में निश्चित रूप से होता था। यहाँ दो प्रकार की परम्पराएँ समानान्तर दीखती हैं। घर या शाला की अवधारणा उसमें देवसृष्टि का संधान पाती थी, जो अंतत: वास्तु-ब्रह्म की अवधारणा बनी।

यह सामान्य धारणा है कि पूर्ववैदिक सभ्यता ग्रामीण थी और पौर जीवन से अपरिचित थी किन्तु यह निस्सन्देह है कि ऋग्वेद में *पुर्* का उल्लेख ग्राम से अधिक आता है।[४२] *पुर्* का अर्थ बाड़े से घिरी बस्ती या गढ़ी किया गया है।[४३] पर इस प्रकार की असामान्य व्याख्या के लिए पर्याप्त आधार नहीं है। *पुर्* का अर्थ नगर मानने के विरुद्ध कोई अकाट्य युक्ति नहीं दीखती। इन्द्र को पुरन्दर कहने का यह अर्थ नहीं है

कि इन्द्र नगर मात्र का शत्रु था बल्कि यही है कि वह अपने प्रताप से प्रतिपक्षी नगरों का जेता था।[४४] यह सही है कि वैदिक ब्राह्मण परम्परा नगरों और व्यापार की प्रशंसक नहीं है, पर यह भी स्मरणीय है कि वह परम्परा ग्रामों और कृषि की भी प्रशंसक नहीं है।[४५] यह निस्सन्देह है कि वैदिक ऋषि नगरों से परिचित थे पर उनकी ओर अरुचि रखते थे। दूसरी ओर शिल्प और व्यवसाय का विभाजन और विशेषीकरण विनिमय और व्यापार के विकसित होने की स्थिति को दिखाता है। पणियों में एक व्यापारी वर्ग की छवि देखना युक्तियुक्त है पर यह स्पष्ट है कि यह व्यापारी वर्ग अपनी रक्षा के लिए शस्त्रसन्नद्ध होकर ही देश-देशान्तर की यात्रा करता था। पश्चिमी एशिया की सुविदित फिनिशन जाति से इनकी तुलना अनायास की जा सकती है।[४६]

यातायात के साधनों में घोड़ों का रथ, बैलगाड़ी, शिविका और नाव प्रधान थे। रथ का और गाड़ी का विस्तृत वर्णन मिलता है।[४७] रथ का प्रचार सड़कों की अच्छी स्थिति सूचित करता है। नदियाँ तो अर्वाचीन काल तक यात्रा की धमनियाँ रही हैं।

ऋग्वेद में *राष्ट्र* शब्द राज्यवाची, राजा के अधिकार का प्रदेश सूचित करता है। स्पष्ट ही वैदिक जन स्थिर निकेतवाले हैं और उनके गाँव और नगर राष्ट्रों में बँटे थे। पंच-जन और सप्त-सिंधु इन राज्यों के वाचक हैं। एक मत के अनुसार *जन* शब्द कल्पित साजात्य पर आधारित और यायावरीय गण था। घुमंतू जाति के रूप में उसे कबीला या ट्राइब (ट्रिबुस, फुले) कहा गया है। यह कल्पना व्यापक रूप से स्वीकृत है कि मध्य प्रागैतिहासिक युग के घुमंतू आखेटक कबीले नवपाषाण युग में पशुपालक कबीले बने और दूसरी ओर इसके भी प्रमाण बहुत मिलते हैं कि वे खेती के द्वारा गाँवों में बस गये। इस संचार और संनिवेश के क्रम से जन जनपदों में रूपान्तरित हुए और यह प्रक्रिया उत्तरवैदिक काल में देखी जा सकती है, जब जनपदों का स्पष्ट उल्लेख मिलता है। इस मत में यह प्रमाणित कल्पना है कि अपने विशाल विस्तार में समस्त वैदिक जनों का इतिहास समानान्तर और समानकालिक था। तृतीय सहस्राब्दी ई०पू० की ताम्राश्मयुगीन सभ्यता में पशुचारण, खेती और व्यापारिक पुर, तीनों का ही प्रचार विदित है। सभ्यता के इसी युग के अन्तर्गत एक प्रदेश के रूप में वैदिक सभ्यता की स्थिति भी सामान्यतोदृष्ट अनुमान से समान होनी चाहिए। वस्तुत: ग्रामीण बस्तियाँ ईसा पूर्व चतुर्थ सहस्राब्दी से ही उत्तर-पश्चिम भारत में सुविदित हैं। अवश्य ही अनेक यायावरीय जन, आखेटक, पशुपालक रहे होंगे पर उन्हें वैदिक जनों का सामान्य प्रतिनिधि मानने में कोई औचित्य नहीं है।

व्युत्पत्त्या *जन* शब्द जन्मशील मानव अथवा सजात मानव-समुदाय सूचित करता है। किन्तु वैदिक युग में वह किसी विशिष्ट राजा की प्रजा अथवा स्वायत्त गण के रूप में राज्यवाची या राष्ट्रवाची ही प्रतीत होता है।[४८] राजा को *गोपा जनस्य* कहा गया है, भरत, यदु आदि जन कहे गये हैं। पाणिनि ने भरतों का अनेकत्र उल्लेख किया है जिससे यह सिद्ध होता है कि उनका सम्बन्ध देश और गोत्र दोनों से था। गोत्र को *क्लैन, गैंस* अथवा *गेनॉस* से तुलनीय बताया गया है। *विश्* से भी जन का सम्बन्ध प्रतीत होता

है। संक्षेप में यह कहा जा सकता है कि मूलतः सजातीय गोत्रवाची होते हुए भी जन-शब्द वैदिक युग में राष्ट्रपरक बन चुका था। यद्यपि जनसंचार अविदित नहीं था पर वह समस्त जन का न होकर कारणविशेष से उसके साहसिक या बाधित तत्त्वों का ही कल्पनीय है। साथ ही राजनीतिक स्थिरीकरण से 'जन' क्रमशः देशवाची बनकर उत्तरवैदिक युग से जनपद में परिवर्तित हो चुका था। इस प्रक्रिया में आर्थिक परिवर्तनों की भूमिका प्रधान नहीं दीखती, यद्यपि अनेक समाजशास्त्री और पुरातत्त्ववेत्ता उसे प्रधान मानते हैं। उनका यह भी अभिमत है कि अभी राजा और राज्य के अर्थ सिर्फ नेता और जन थे, अभी राष्ट्र अथवा व्यवस्थित राज्य का विकास नहीं हुआ था। पर यह स्मरणीय है कि यद्यपि राजा के प्रत्यक्ष शासन एवं जन-नेतृत्व के दृष्टान्त परवर्ती युग तक मिलते हैं, ऋक्संहिता में मित्र और वरुण सम्राट् के रूप में मिलते हैं जिनका नियमों और चारों (=गुप्तचरों) अथवा अधीक्षकों के द्वारा अप्रत्यक्ष शासन था।[४९]

वैदिककालीन साजात्य-व्यवस्था के मूलाधार कुल और गोत्र थे। कुल पितृप्रधान संयुक्त-परिवार होता था, यह एक ऐसी व्यवस्था थी जो आज तक चली आ रही है। ब्राह्मण अपने को कुछ मूल ऋषियों की सन्तति मानते थे और इस प्रकार के अधिकांश में कल्पित या आरोपित वंश गोत्र कहे जाते थे। सूत्रों में और स्मृतियों में सगोत्र-विवाह का निषेध मिलता है, ऋक्संहिता के समय इन निषेधों के होने पर संदेह व्यक्त किया गया है। मूल गोत्र सात माने जाते थे—भार्गव, आंगिरस, आत्रेय, काश्यप, वासिष्ठ, आगस्त्य और कौशिक। ऋक्संहिता के मंडलद्रष्टा ऋषियों में गृत्समद, विश्वामित्र, गौतम, अत्रि, भरद्वाज, वसिष्ठ और कण्व के नाम मिलते हैं। कुछ विद्वानों ने इन गोत्रों को टोटमवाची बताया है। किन्तु यह शब्द व्युत्पत्तिमूलक कयास है।

यद्यपि राजाओं के अपने-अपने पुरोहित होते थे और परवर्तीकाल में उन्हीं पुरोहितों से राजकीय गोत्र निर्धारित होता था, राजाओं के वंशों की पहिचान उन्हीं नामों से होती है जिनसे उनके जनों की। परंपरानुसार राजवंशों से जनों की पहिचान होती थी। 'भारत जन' का अर्थ करना होगा भरतवंशी राजाओं से शासित जन। दूसरी ओर आधुनिक दृष्टि से जन के नाम से ही राजकुल का नाम निर्धारित था। इस बात के प्रमाण मिलते हैं कि सभी जन वंशानुगत एक राजा के द्वारा शासित नहीं थे। कुछ जनों में गण-राज्यात्मक व्यवस्था का निर्देश मिलता है।* संभवतः तब भी ये जन गण कहलाते थे जिनमें सभी बराबर राजा थे। इस प्रसंग में रुद्र, मरुद्, वसु, साध्य, आदित्यों और गुह्यकों (यक्ष आदि) के देवगणों पर ध्यान देना आवश्यक है। गणों के गणपति और सेनानी का उल्लेख मिलता है। = *यत्रौषधीः समग्मत राजानः समिताविव* ((ऋ० १०.९७.६) में गणराज्यात्मक समिति का उल्लेख मिलता है। उत्तरवैदिक साहित्य की स्वाराज्य और वैराज्य नाम की व्यवस्थाएँ स्मरणीय हैं। (ऐ०ब्रा० ७.३) राजतंत्र के अन्तर्गत भी राजाओं की स्थिति निरंकुश नहीं थी। राजा का प्रजा के द्वारा वरण उसके

*** जे० पी० शर्मा ने अपनी *एन्शियेण्ट इण्डियन रिपब्लिक्स* में इस विषय की सामग्री प्रस्तुत की है।**

अभिषेक का अंग था। *त्वां विशो वृणतां राज्याय*। (अथर्व० ३.४.२) राजसत्ता के प्रतीक पर्णमणि के धारण के अवसर पर रत्नियों की एक मंडली जनता का प्रतिनिधित्व करती थी। *ये धीवानो रथकाराः कर्मारा ये मनीषिणः। उपस्तीन् पर्ण मह्यं त्वं सर्वान् कृण्वभितो जनान्॥ ये राजानो राजकृतः सूता ग्रामण्यश्च ये*। (अथर्व० ३.५.६-७) राजा धर्म के अनुसार शासन करने की शपथ लेता था और सभा एवं समिति की सहायता से शासन करता था। अभिषेक जल से होता था और उसका कर्म-विधान ब्राह्मण-ग्रन्थों में मिलता है, यद्यपि मंत्र संहिताओं में विद्यमान हैं। उदाहरण के लिए व्याघ्रचर्म पर स्थित राजा के लिए प्रार्थना की जाती है कि दिव्य जल से अभिषिक्त वह वर्चस्वी हो और सब प्रजा उसे चाहे— *व्याघ्रो अधि वैयाघ्रे वि क्रमस्व दिशो महीः। विशस्त्वा सर्वा वाञ्छन्त्वापो दिव्याः पयस्वतीः ....अंपामभि षिञ्चामि वर्चसा*। (अथर्व० ४.८.४-५) सभा और समिति को प्रजापति की पुत्रियाँ कहा गया है और उसमें सांमनस्य एवं अनुकूलता की प्रार्थना की गयी है— *सभा च मा समितिश्चावतां प्रजापतेर्दुहितरौ संविदाने। येना संगच्छा उप मा स शिक्षाच्चारु वदानि पितरः संगतेषु॥ विद्म ते सभे नाम नरिष्टा नाम वा असि। ये ते के च सभासदस्ते मे सन्तु सवाचसः* ॥ (अथर्व० ७.१२.१-२) ब्रह्म और क्षत्र, पौरोहित्य और राजत्व, इन दोनों से समाज का नेतृत्व प्रतिष्ठित माना जाता था। सत्ता क्षत्र के हाथ में थी किन्तु उसका सैद्धान्तिक निर्देशन ब्रह्म अथवा पुरोहित के अनुसार होना चाहिए, यह मत ही मुख्य वैदिक मत था। मित्र और वरुण के देवता-द्वन्द्व में यही कल्पना निहित है। वरुण सम्राट् हैं और उनका नियम या ऋत समस्त विश्व में फैला हुआ है। मित्र उनके साथ जुड़े हुए ज्ञानी हैं। मित्र और वरुण का शासन एक युगनद्ध शासन है।[५०] यही मानवीय शासन का दिव्य प्रतिमान है।

यह निःसन्देह है कि पूर्ववैदिक राज्य प्रायः जनसंख्या और देश-विस्तार की दृष्टि से सीमित रहे होंगे। यद्यपि साम्राज्य की अवधारणा मिलती है और पौराणिक विवरण उस युग के राजाओं के प्रताप का अतिरंजित उल्लेख करता है तो भी यह तय है कि राजाओं में परस्पर लोभमूलक संघर्ष, राजा और प्रजा का न्यायार्थक संघर्ष, राजा और पुरोहित का सत्तार्थक संघर्ष सुविदित था।[५१] राजसत्ता का आधार राजा के व्यक्तिगत गुण और नेतृत्व, जन-सम्मति एवं पुरोहितों का अनुमोदन, इन तीनों को ही संयुक्त रूप से माना जा सकता है। इस संदर्भ में जो मुख्य बात थी वह ऋत के अनुकूल अभिषेक के द्वारा प्राप्त सांस्कारिक शक्ति थी। राजसत्ता का आधार अंततोगत्वा बाहुबल नहीं होता था, जनता की पसन्द भी समुचित युक्ति से रहित होने पर सिर्फ एक तात्कालिक सहारा बन जाती है। उस युग की मनीषा के अनुसार राज-सत्ता का वास्तविक आधार यह विश्वास है कि वह धर्म से प्राप्त है। और जिस पर यह आस्था टिकी थी कि धर्म के ज्ञान से निर्देशित राजा अपने कर्तव्यों का निर्वाह करेगा, यह अपेक्षा भी अभिषेकात्मक संस्कार से नियत होती है। इस प्रकार प्रजावरणपूर्वक, पुरोहितसम्मत, धर्मानुकूल राज्याभिषेक प्रतीकात्मक होते हुए भी राजसत्ता का वास्तविक आधार था क्योंकि यह संस्कार की विशेषता होती है कि वह प्रतीकात्मक होते हुए भी दृढ़

विश्वास और अभ्यास के बल से मंत्रोद्दीप्त अग्निशिखा के समान वास्तविक प्रताप का आभास दिलाता है।[५२]

संशितं म इदं ब्रह्म संशितं वीर्यं बलम्। संशितं क्षत्रमजरमस्तु जिष्णुर्येषामस्मि पुरोहितः ....एषामहमायुधा सं स्याम्येषां राष्ट्रं सुवीरं वर्धयामि। (अथर्व० ३.१९.१ एवं ४) वसिष्ठ ऋषि प्रार्थना करते हैं कि मेरा यह ब्रह्म पैना हो; वीरों का बल पैना हो; यह पैना राजत्व अजर हो; जिनका मैं विजयी पुरोहित हूँ। इनके आयुधों को मैं तेज करता हूँ, इनके वीरों से युक्त राष्ट्र को बढ़ाता हूँ। *तस्मै विशः स्वयमेवा नमन्ते यस्मिन् ब्रह्मा राजनि पूर्व एति।* (ऋ० ४.५०.८) ऋषि वामदेव गौतम कहते हैं कि वही राजा समस्त विरोधियों को अपने प्रबुद्ध पराक्रम से अभिभूत करता है, जो बृहस्पति का अच्छी तरह से भरण करता है और उनकी स्तुति करता है, वही शासन करता है, अपने राज्य में सुप्रतिष्ठित होकर उसके लिए सदा देव प्रसाद बढ़ता रहता है। जिस राजा से पहले पुरोहित पुरस्सर होता है—उसके लिए प्रजा स्वयं आनत होती है। वह निर्विरोध समृद्धि जीतता है और उसके सम्बन्धी अथवा अन्य कुलों के प्रतिद्वन्द्वी पराजित होते हैं। जो अनुग्रहशील पुरोहित की वन्दना करता है उस राजा की देवता रक्षा करते हैं। (ऋ० ४.५०.७-९)

राजा को प्रजा कर देती थी, जिसे 'बलि' कहते थे— *विशश्चक्रे बलिहृतः सहोभिः* (ऋ० ७.६.५); *अथो त इन्द्रः केवलीर्विशो बलिहृतस्करत्।* (ऋ० १०.१७३.६) अग्नि या इन्द्र ने प्रजा-विशः को बलि लानेवाला बनाया है। बलि या उपहार देवताओं के लिए भी लाया जाता था। कुछ विद्वानों का मत है कि बलि स्वेच्छापूर्वक लाया गया उपहार था, न कि आवश्यक कर। यह निश्चित है कि बाद में बलि एक नियत कर था। ऊपर उद्धृत स्थलों में भी ऐसा ही अर्थ संगत प्रतीत होता है। भाग और भागदुघ् का उल्लेख उत्तरवैदिक साहित्य में मिलता है। *इभ्यान्न राजा वनान्यत्ति* (ऋ० १.६५.७) में यदि 'इभ्य' का परवर्ती अर्थ लिया जाय तो राजा उनसे कर रूप धन का अदाता सिद्ध होता है, जैसा 'विशामत्ता' में भी अभिप्रेत है।

राजा के अनुसार 'उपस्ति' और सैनिक 'वीर' कहलाते थे। उत्तरवैदिक काल में राजा के विशेष सहचर रत्नी या वीर कहलाते थे, जिनमें सेनानी, सूत, ग्रामणी का उल्लेख ऋग्वेद में भी मिलता है। सभा में राजा के सहकारी या सखा होते थे— *सर्वे नन्दन्ति यशसागतेन सभासाहेन सख्या सखायः* (ऋ० १०.७१.१०)' यशस्वी सभा के नेता के रूप में सखा के आने का सब सखा अभिनन्दन करते हैं। प्राचीन जर्मन कबीलों के साथी या कोमेस (Comes) तुलनीय हैं। परवर्तीकाल में राजसभा मुख्यतया प्रशासनिक और न्यायिक विचार की सभा होती थी। समिति को जन संसद् कहा जा सकता जिसमें महत्त्वपूर्ण राजकीय निर्णय लिये जाते थे। *राजा न सत्यः समितीरियानः* (ऋ० ९.९२.६) —जैसे सत्यनिष्ठ राजा समिति में जाता है। *यत्रौषधीः समग्मत राजानः समिताविव* (ऋ० १०.९७.६) —जहाँ ओषधियाँ संगत होती हैं, जैसे राजा लोग समिति में। समिति में समानचित्तता की अभिलाषा की जाती थी—

समानो मन्त्रः समितिः समानी समानं मनः सह चित्तमेषाम्।
समानं मन्त्रमभि मन्त्रये वः समानेन वो हविषा जुहोमि॥

—ऋ० १०.१९१.३

''समान संकल्प हो, समान समिति, समान मन, इनका विचार एक-सा हो। समान संकल्प को मैं अभिमंत्रित करता हूँ, आपके समान संकल्प से मैं हवि का हवन करता हूँ।''

पूर्ववैदिक सभ्यता का भौगोलिक प्रसार मुख्यतया सिन्धु और सरस्वती नदियों के बीच में था और यह बात उसे मोहनजोदड़ो और हड़प्पा की सभ्यता से जोड़ती दिखायी देती है। कालक्रम की दृष्टि से और प्राविधिक-आर्थिक दृष्टि से भी इन दोनों सभ्यताओं में सादृश्य है। दोनों ही तीसरी सहस्राब्दी ई०पू० और दूसरी सहस्राब्दी ई०पू० के पूर्वार्द्ध में प्रायः एक ही प्रदेश में ताम्राश्मयुगीन संस्कृति प्रदर्शित करती हैं।

पिछले विवरण से यह स्पष्ट होगा कि पूर्ववैदिक समाज न तो मुख्यतया चरवाहों का समाज था, न घुमंतू कबीलों का। वह एकरस नहीं था, उसमें अनेक प्रदेशों में अनेक जन और जातियां अनेक प्रकार की आर्थिक विधाओं से जुड़ी हुई थीं। वनवासी, ग्रामवासी और पुरवासी जनता वैदिक समाज के अन्तर्गत थी, यद्यपि उसमें जनसंख्या की दृष्टि से केन्द्रीय स्थान ग्रामवासी कृषकों और पशुपालकों का था। किन्तु सामुद्रिक व्यापार अविदित नहीं था। यद्यपि धातु का प्रयोग प्रचलित था किन्तु काष्ठशिल्प प्रधान शिल्प था। इस विषय में यद्यपि पिछले विद्वानों ने वैदिक साहित्य की पर्याप्त छानबीन की है, वे इस भ्रामक मान्यता को लेकर चले हुए थे कि पूर्ववैदिक समाज नागरिक और साक्षर सभ्यता के पूर्व का अल्प-विकसित समाज था। उन्होंने वैदिक सभ्यता के सामुद्रिक और व्यापारिक पक्ष की प्रायः उपेक्षा की है और उसमें साक्षरता एवं पुरों के विवरण की भी उपेक्षा की है। सिन्धु-सारस्वत सभ्यता से प्राप्त नये प्रकाश के सन्दर्भ में और नवाश्मयुगीन एवं ताम्राश्मयुगीन पुरातात्त्विक खोजों के सन्दर्भ में वैदिक सभ्यता के भौतिक पक्ष का पुनर्मूल्यांकन आवश्यक हो गया है। पूर्व वैदिक सभ्यता का भौतिक पक्ष अधिकांश में एक प्रकार का प्रोटो-हड़प्पन आभास प्रस्तुत करता है।

पाद-टिप्पणी

१. **अथर्ववेद ५.२२.५.७—में मूजवत् और बल्हिक एक ही दिशा में उल्लिखित हैं—'तक्मन् मूजवतो गच्छ बल्हिकान् वा परस्तराम्'। हे ज्वर, मूजवत् या उससे परे बल्हिक (नाम के प्रदेशों) को जाओ।**

हिन्दुकुश के ठीक उत्तर में अभी भी मुंजान नाम का स्थान है।

२. **ऋग्वेद १०.१२१.४, रसा एक दिव्य नदी का भी नाम है जो पृथ्वी और अंतरिक्ष की परिक्रमा करती है, दूसरी ओर उसका तादात्म्य वेन्दिदाद में उल्लिखित रंहा से भी किया गया है—*वैदिक इण्डेक्स,* २.२०९**

३. 'तुम ने बारिश बरसाई, अब अच्छा विराम करो, तुम ने स्थल को संचारयोग्य बनाया'।

४. *शतपथ,* १.४.१.१०-१७

५. 'तुम राक्षसी पाप से छुड़ाते हो सप्तसिन्धुओं में आर्य से (दूर)—'

६. वस्तुतः देश का बोध सिर्फ देह के बोध पर आश्रित नहीं है बल्कि उसमें अपना बोध भी मिला रहता है। इस प्रकार देश सिर्फ भौतिक क्षेत्र न होकर आत्मिक या चैतसिक क्षेत्र भी होता है। 'अपना घर', 'स्वदेश' आदि से स्वत्व की प्रतीति का यही मूल हेतु है। द्र० गोविन्द चन्द्र पाण्डे, *एन एप्रोच टू इण्डियन कल्चर एण्ड सिविलिजेशन,* (१९९५) पृ० १०० और आगे

७. द्र० गोविन्द चन्द्र पाण्डे, *वही*

८. 'तीन लोकों में स्थित सप्तधा विभक्त, पाँच जनों को पोषित करती हैं'।

९. तु० पोसेल (सं०), *हरप्पन सिविलिजेशन* (दूसरा संस्करण), पृ० ११३-१४९, बी० बी० लाल और एस० पी० गुप्ता, *फ्रण्टियर्स ऑव द इण्डस सिविलिजेशन,* (१९८४) पृ० ४९१-४९९

१०. 'हे गंगे, यमुने, सरस्वति, शुतुद्रि, परुष्णि, मेरी इस स्तुति को अपनाओ, असिक्नी के साथ मरुद्वृधे, वितस्ता के साथ आर्जिकीये, सुषोमा के साथ, (इसे) सुनो। हे सिन्धु, तुम अपने प्रवाह के प्रथम (चरण) में तृष्टामा के साथ, सुसर्तु के, रसा के, उस श्वेत्या के साथ, कुभा के साथ गोमती (से मिलने), मेहत्नु के साथ क्रुमु (से मिलने) समान रथ में जाती हो।'—ऋ० १०.७५.५-६

११. तु० डेविड फ्रॉउले, *गॉड्स, सेजेज एण्ड किंग्स,* (१९९३) पृ० ४५-६७

१२. द्र० गोविन्द चन्द्र पाण्डे, *फाउण्डेशन्स ऑव इण्डियन कल्चर,* जि० २, पृ० ७१-७२ तु० भगवान् सिंह, *हड़प्पा सभ्यता और वैदिक साहित्य,* (१९८७), जि० १, पृ० ४० और आगे

१३. 'मैं अरण्यानी की प्रशंसा करता हूँ जिसमें (सुगन्धित) विलेपन की गन्ध है, जो सुरभित है, अन्न से भरपूर है, जोती नहीं गयी है, मृगों की (पशुओं) की माता है।'—ऋ० १०.१४६.६

१४. *अथर्ववेद*—१२.१: भूमिसूक्तम्

१५. तु० अवे० *यव,* यू० *जेइऐ,* एक तरह का गेहूँ, लिथ० *जावस,* खत्ती *एउँअ,* एक प्रकार का कृषिफल, *फिन्न, ज्यव, एस्टो, इव* इन उदाहरणों से प्रतीत होता है कि अनाजवाची *यव* शब्द न सिर्फ कुछ भारोपीय जनों में यूनानी, खत्ती, बाल्तोस्लावी, हिन्द-ईरानी में विदित था बल्कि आर्येतर फिनो-उग्रियन जनों में भी।

१६. तु० के०डी० सेठना, *कार्पास,* जहाँ यह तर्क किया गया है कि कर्पास के ज्ञान के लुप्त होने के असंभाव्य होने के कारण वेदों में कर्पास का अनुल्लेख उनकी सिन्धु सभ्यता से प्राचीनता सूचित करता है।

१७. *अयस्* से तुलनीय अवेस्ता *अयः,* ला० *अएस,* गौ० *ऐज,* प्रा० ऊ० जर्मन *एँर,* किन्तु इसका अर्थ ताँबा था या यह उधार लिया नहीं था, इस पर मतभेद है—मायरहौफर, *ए कन्साइज इटिमोलॉजिकल संस्कृत डिक्सनरी,* यथाक्रम

१८. यह स्मरणीय है कि होमर में सात धातुओं का उल्लेख मिलता है—सोना, चाँदी, सीसा, राँगा, ताँबा और श्यामायस (ब्रोंज)।

१९. राँगे या हरिताल- *जनक* या *यैलो औरपिमेण्ट* की मिलावट वाला ताँबे का रूप।

२०. ब्रह्मणस्पतिरेता सं कर्मार इवाधमत्।
देवानां पूर्व्ये युगेऽसतः सदजायत:॥—ऋ० १०.७२.२
अथर्ववेद ३.५.६ में कर्मारों को रथकारों के साथ मनीषी कहा गया है। 'धीवानो रथकारा:' में 'धीवान:' का अर्थ मछुवे अथवा निपुण किया गया है, *तु० वैदिक इण्डेक्स,* १.१४० पर यह स्मरणीय है कि परवर्ती लोक-प्रचलन में 'धीमान्' बढ़ई के लिए आता है।

२१. उपध्मातेव धमति शिशीते ध्मातरी यथा।—ऋ० ५.९.५
अयो न देवा जनिमा धमन्त:।—ऋ० ४.२.१७.
जरतीभिरोषधीभि: पर्णेभि: शकुनानाम्।
कार्मारो अश्मभिर्द्युभिर्हिरण्यवन्तमिच्छतीन्द्रायेन्दो परि स्रव॥—ऋ० ९.११२.२

२२. *कुलाल* शब्द *वाजसनेयिसंहिता,* १६.२७ में मिलता है—किन्तु उसका व्यवसाय अत्यन्त प्राचीन है।

२३. = तक्षा, त्वष्टा का वैदिक युग में महत्त्व कर्मार या धातुकर्मी से कम नहीं था क्योंकि वैदिक शिल्प का पारम्परिक मूलाधार दारुकर्म था। त्वष्टा का नामकरण एवं निस्तक्षण का रूपकरण के लिए लाक्षणिक प्रयोग रथ, गृह, यूप, धनु, इषु आदि में उपयोग इसकी सूचना देते हैं। प्रस्तर-शिल्प और धातु-शिल्प के प्रचलित होने पर भी दारुशिल्प उसके प्रतिदर्श के रूप में बना रहा। यह कहा जा सकता है कि यह बात वैदिक शिल्प को सैन्धव-शिल्प से पृथक् कर देगी क्योंकि सैन्धव शिल्प प्रस्तर, धातु और इष्टका के उपयोग पर आधारित था। पर यह निष्कर्ष अनिवार्य नहीं है क्योंकि प्रस्तर और धातु का प्रयोग वैदिक उपकरणों और हथियारों में सुविदित है और जहाँ तक गृहनिर्माण के उपादान का प्रश्न है, वेदोपदर्शित कुटियाँ ग्राम और वन की स्थिति प्रकट करती हैं जिसका पौर-व्यवस्था से विरोध नहीं है। ईंटों का प्रयोग वैदिक यज्ञ-व्यवस्था में विदित है, अग्निचयन में पकाई ईंटों का प्रयोग भी स्वयमातृण्णा से ही अनुमेय है। यह भी स्मरणीय है कि वस्त्र और आच्छादन की स्थिति वेद में सिन्धु-सभ्यता से प्राचीनतर या अविकसिततर प्रतीत होती है। यह भी स्मरणीय है कि तक्षा का वैदिक साहित्य में महत्त्व उसके पारम्परिक गौरव का सूचक है न कि शिल्प के क्षेत्र में उसके एकाधिकार का।

—तु० *वेदिक इण्डेक्स,* १.२९७ एवं जी० सी० पाण्डे (सम्पा०) *द डौन ऑव इण्डियन सिविलिजेशन,* जि० १ में प्रकाशित लेख प्रेमसागर चतुर्वेदी, *वेदिक टैक्नौलॉजी,* पृ० ६३७ और आगे

२४. जुलाहा वाय था जो वेमा या करघे पर तसर या ढरकी से ताने-बानों से (=ओतु और तंतु) कपड़ा (वासस्) बुनता था और उसमें अलंकरणात्मक रूप का भी निवेश करता था। जैसे तक्षण सृष्टि का मुहावरा बन गया था, ऐसे ही वयन (सूत्रों से ताना-बाना बुनना) ऋतचर्या के प्रतीक के रूप में प्रयुक्त होता था। ऋत्विजों का यज्ञ करना मानो एक शाश्वत वितान का निर्माण था।

२५. चर्मकार के लिए *चर्मम्न* शब्द का प्रयोग मिलता है। चर्म का परिधान, अधिषवणफलक, कवच, ज्या आदि के निर्माण में प्रयोग होता था।

२६. हल को लांगल या सीर कहा जाता था। उसका सिरा *फाल* कहलाता था, उसे नुकीला-पवीरवत् बताया गया है। हल की मूठ *त्सरु* कहलाती थी। हल को ६ से २४

बैलों के द्वारा खींचा बताया गया है, जिससे उसके भारीपन का अनुमान हो सकता है। *—द्र० वेदिक इण्डेक्स;* ऋ० ४.५७

२७. खेतों पर प्रातिस्विक स्वत्व के लिए ऊपर युक्तियाँ दी गयी हैं। गोचर भूमि पर सामूहिक अधिकार परम्परासिद्ध है। ग्राम और अरण्य का भेद—द्र० ऐ० ब्रा०, ३३.३

भूमि पर राजा का अधिकार बलि-ग्रहण का था, स्वत्व का नहीं। यह बात विश्वजित् यज्ञ के प्रसंग में मीमांसासूत्रों में स्पष्ट है। पर कुछ अर्थशास्त्री परवर्तीकाल में भूमिस्वाम्य का अर्थ उसका स्वत्व भी मानते थे। द्र० कांगले, *अर्थशास्त्र,* जि० ३, पृ० १६८ और आगे जहाँ ब्रेलर (Breloer) के मत की समीक्षा की गयी है।

२८. ऋ० १०.१०१.५-७, *वही,* ७.४५

२९. द्र०, गोविन्द चन्द्र पाण्डे, *फाउण्डेशन्स ऑफ इण्डियन कल्चर,* जि० २, पृ० ५८ से आगे

३०. *ऋ०* १०.१४६.६ में अरण्यानी को 'बह्वन्ना', 'अकृषीवला' कहा गया है।

ऋ० ८.७७.६—पक्वमोदनम्; *वही,* ८.७७.१०—क्षीरपाकमोदनम्,

धानावन्तं करम्भिणमपूपवन्तम्— *वही,* ३.५२.१। यवागू के उत्तरवैदिक साहित्य में प्रचुर उल्लेख हैं। प्रारंभ में ओदन यव को गीलाकर पकाया जाता होगा, क्षीरपाक ओदन यव और दूध का बनता प्रतीत होता है। वह दलिये से तुलनीय होगा। पीछे ओदन चावल के लिए ही प्रसिद्ध है। यदि यव का मूल अर्थ सामान्यतया धान्य ही लिया जाय और उसमें चावल भी शामिल माना जाय तो ओदन आरंभ से ही 'भात' का वाचक होगा। उत्तरवैदिक साहित्य में तरह-तरह से पकाये ओदन का उल्लेख'—क्षीरौदन, दध्योदन, मुद्‌गौदन, तिलौदन, उदौदन, घृतौदन, मांसौदन—द्र० *वैदिककोश,* पृ० ७६.

३१. तु० अपूपं देव घृतवन्तमग्ने— *ऋ०* १०.४५.९

३२. तु० दण्डी, *दशकुमारचरितम्* (सं० एम० आर० काले), पृ० १६१-६२

३३. सिन्धु सभ्यता और परवर्ती वैदिक साहित्य में विदित चावल का ऋग्वेद में अनुल्लेख कार्पास के अनुल्लेख से तुल्य है।

३४. मधुपर्क एवं श्राद्ध में मांस का प्रयोग स्मृतियों में उल्लिखित है—*आश्वलायन गृह्यसूत्र,* मनु, बृहस्पति में आर्षभ एवं औक्ष मांस का उल्लेख है। मेष और अश्व के मांस का उल्लेख मिलता है—'पीवानं मेषमपचन्त वीरा' *ऋ०* १०.२७.१७; 'ये चार्वतो मांसभिक्षामुपासत'— *वही,* १.१६२.१२

३५. तु० *वेदिक इण्डेक्स,* यथाक्रम

३६. द्र० सेठना, *कार्पास इन प्रीहिस्टारिक इण्डिया,* (१९८१)

३७. 'तत् त्वं यमस्य राज्ये वसानस्तार्प्यं चर'— *अथर्ववेद,* १८.४.३१, तार्प्य व्याख्याकारों के अनुसार तृपा नाम के रेशों का बना अथवा एक प्रकार का क्षौमवस्त्र

३८. तु० *वेदिक इण्डेक्स,* यथाक्रम

३९. करघे और बुनने का वेद में उतना ही प्रतीकात्मक महत्त्व है, जितना कबीर में।

४०. द्रापि— *ऋ०* ४.५३.२; अत्क— *वही,* ६.२९.३; नीवि— *अथर्ववेद,* ८.२.१६.

४१. अथर्व का प्रसिद्ध शालासूक्त ९.३ विशेष रूप से द्रष्टव्य है—

विश्ववारा शाला के उपमित् (=खंभा), प्रतिमित् (=तिरछे बाँस) और परिमित् (=छप्पर के लम्बे बाँस?) के बन्धन खोलते हैं। - (१)

तुम्हारे बाँसों के, रस्सियों के *(नहनानां)* और सब ओर से छायी जानेवाली घास-फूस के जोड़ों को खोलते हैं। - (४)

चिमटियों (संदंश), चटाइयों (पलद) और परिष्वंजल्य (?) वाली, ठीक नाम से बनी शाला के बन्धन खोलते हैं। - (५)

तुम्हारे अन्दर जो छींके *(शिक्यानि)* बाँधे हुए हैं—प्रमाण पालन करनेवाली *(मानस्य पत्नी)* शाला ऊपर उठी हमारे कल्याण के लिए हो। - (६)

धान्य का कोठार *(हविर्धानम्),* यज्ञशाला (अग्निशाला), पत्नीसदन (अन्तःपुर), सदस (बैठक), देवसदस् हैं तुम्हारे। - (७)

विषुवत् (शिरोरेखा, छत की उन्नत रेखा) में शोभित हजार छिद्रोंवाला जाल (अक्षु) ऊपर बँधा और तना है। - (८)

हे प्रमाणपलिके *(मानस्य पत्नि)* शाले, जो तुम्हें लेता है, जिसने तुम्हें नापा है, दोनों ही दीर्घ आयु हों। - (९)

अग्नि, पुरुषों और पशुओं के लिए तुम आच्छादक हो। - (१४)

घासफूस से छायी, चटाइयों से मढ़ी शाला रात्रि के समान जगत् को विश्राम देती है, ठीक नपी हुई वह पृथ्वी पर खड़ी है हथिनी के समान (हथिनी के पैरों के समान चार) खंभोंवाली। - (१७)

दो, चार, छः, आठ, दस पक्षोंवाली शाला। - (२१)

४२. द्र० गोविन्द चन्द्र पाण्डे, *फाउण्डेशन्स ऑव इण्डियन कल्चर,* जि० २, पृ० ७१ = ऋक्संहिता में 'ग्राम' नौ बार और 'ग्राम्य' एक बार आता है, 'पुर्' ८५ बार से कम नहीं आता। 'कृष्' और 'कृषि' के तीन उल्लेख हैं, 'वणिज्' के दो।

४३. द्र० ग्रासमान्, *वौर्तरबुख,* यथाक्रम

४४. तु० ह्वीलर, *इण्डस सिविजिलेशन* (१९५३), पृ० ९०

४५. तु० ग्रामसमीपे नाध्येयम्—गौतम, २.१६, तु० कृषिर्वेदविनाशिनी—बौधायन का निर्णय

४६. द्र० गोविन्द चन्द्र पाण्डे, *फाउण्डेशन्स ऑव इण्डियन कल्चर,* जि० २, पृ० १९० और आगे

४७. द्र० *वेदिक इण्डेक्स,* यथाक्रम

४८. तु० जे० पी० शर्मा, *एन्शियेण्ट इण्डियन रिपब्लिक्स;* के० पी० जायसवाल, *हिन्दू पौलिटी*

४९. राजनीतिक संरचना पर तु० शिबेश भट्टाचार्य, अध्यक्षीय भाषण, प्राचीन भारतीय इतिहास प्रभाग, इण्डियन हिस्ट्री कांग्रेस, १९९३

५०. द्र० कुमारस्वामी, *स्पिरिचुअल औथारिटी एण्ड टैम्पोरल पावर इन इण्डियन ट्रेडिशन ऑव गवर्नमेंट* (पुनर्मुद्रित, १९७८)

५१. अनुक्रमणियों एवं इतिहास-पुराण में इन वृत्तान्तों की प्रतिध्वनि मिलती है।

५२. द्र० गोविन्द चन्द्र पाण्डे, *जैन पोलीटिकल थॉट,* पृ० १४-२३

पूर्व वैदिक युग की आध्यात्मिकता

इन्द्रं मित्रं वरुणमग्निमाहुरथो दिव्यः स सुपर्णो गरुत्मान्।
एकं सद् विप्रा बहुधा वदन्त्यग्निं यमं मातरिश्वानमाहुः॥

—ऋग्वेद १.१६४.४६

पुरुष एवेदं सर्वं यद्भूतं यच्च भव्यम्।
उतामृतत्वस्येशानो यदन्नेनातिरोहति॥

—ऋग्वेद १०.९०.२

सूक्तों में मुख्यतया देवताओं के ही नाम, गुण, जन्म एवं कर्म का कीर्तन किया गया है। पर कुछ सूक्तों में आख्यान, संवाद, दार्शनिक मीमांसा, प्रकृति-सौन्दर्य का वर्णन, सृष्टि, ऋत, पुरुष, यज्ञ, वाक्, परलोक, लोक-जीवन से जुड़े संस्कार और समुदाचार जैसे कृषि, द्यूत, आजिधावन आदि विषय निबद्ध हैं। देवताओं में अग्नि, इन्द्र और सोम पर सबसे अधिक सूक्त हैं। मित्र, वरुण, सूर्य, विष्णु, वायु, रुद्र, मरुत्, पर्जन्य, अश्विन्, सविता, पूषा, द्यावापृथिवी, अपांनपात्, अदिति, सरस्वती, विश्वकर्मा, त्वष्टा, ऋभु, प्रजापति, रात्रि आदि देवताओं के विषय में भी न्यूनाधिक सूक्त मिलते हैं।*

यह निस्सन्देह है कि देवताओं को शुभ, ज्योतिर्मय, अमर, अतिमानवीय शक्तियाँ माना जाता था। वे प्रकृति और मानव-जीवन के विविध क्षेत्रों की अध्यक्षता करती हैं और उपासना से प्रसन्न होकर मानव-हित का संपादन करती हैं। उनका नाम और रूप

---

* **ऋक्-सूक्तों के प्राचीन और प्रामाणिक विवरण के लिए, द्र० शौनक, बृहद्देवता (सं० एवं अनु० मैक्डॉनेल), २ जि०**

से बहुत्व उनमें किसी प्रकार का विरोध या संघर्ष आपादित नहीं करता। उनमें एक समष्टिगत सहकारिता एवं तात्त्विक एकता का अनेकत्र उल्लेख मिलता है। आधुनिक पश्चिमी विद्वान् यह मानते हैं कि प्रारंभ में वैदिक देवता नाना ही माने जाते थे और उनकी कल्पना प्राकृतिक शक्तियों को देखकर एवं भाषा की लाक्षणिक शक्ति से उत्पन्न हुई।[१] यह प्राकृतिक बहुदेववाद ही कालान्तर में विचार के विकास से एकदेववाद में परिणत हुआ।[२] किन्तु यह धारणा भारतीय देववाद की मौलिक विशेषता की अनदेखी करती है जो कि देवता को तत्त्वतः एक, किन्तु नाम-रूप से अनेक मानती है। अनेकता में अन्तर्निहित एकता का भान इस दृष्टि की विशेषता है। इसने नाना जातियों और सम्प्रदायों में प्रतिष्ठित देवताओं की उपासना को एक सार्वभौम धर्म में समन्वित करना संभव बनाया। स्वधर्म-निष्ठा और विश्वजनीन बन्धुता दोनों ही इस प्रकार अविरोधी बन जाती हैं।

इस संदर्भ में धर्म की उत्पत्ति और विकास के विषय में इतिहासकार की दृष्टि क्या है, इसकी परीक्षा अत्यन्त आवश्यक है। अनेक आधुनिक इतिहासकार इलहामी सामी धर्मों को छोड़कर शेष धर्मों को अज्ञानमूलक कल्पना की प्रसूति मानते हैं। नृतत्त्ववेत्ताओं ने *ऐनिमिज्म, ऐनिमैटिज्म* आदि अनेक अभिकल्पनाएँ प्रवर्तित की हैं जिनके अनुसार आत्मा, देवता आदि की कल्पना प्राचीन मानव की नासमझी का परिणाम है।[३] कुछ लोग यह अवश्य मानते हैं कि धर्म का आदर्श रूप सामी धर्मों का एकेश्वरवाद है जिसका सही ज्ञान नबियों को प्राप्त इलहाम पर आधारित है, तो भी आदिम जनजातीय धर्मों में अथवा प्राचीन सभ्यताओं में इलहाम के अभाव में श्रद्धा के माध्यम से एक अदृष्ट तत्त्व का आभास पाया जाता है, जिसका उन्होंने विभिन्न कल्पनाओं से पल्लवन किया।[४] विकासवाद के सामान्य सिद्धान्त के अनुसार प्राचीन धार्मिकता का क्रमशः तार्किक परिष्कार हुआ। इसी कारण वैदिक धर्म का बहुदेववाद कालान्तर में एकदेववाद में परिणत हुआ। नाना देवताओं में समान गुण देखने के कारण उनमें एक व्यापक एकता की कल्पना जन्मी। प्रारम्भ में कार्यकारणभाव के ठीक न समझने के कारण सृष्टि को इच्छा-सृष्टि के रूप में और स्रष्टा को शक्तिमान् पुरुष के रूप में कल्पित किया गया। इस प्रकार प्रकृति के व्यापारों को चलानेवाले नाना पुरुषों के रूप में देवताओं की कल्पना हुई। कार्यकारणभाव के ठीक समझे जाने पर समस्त सृष्टि के एक परम कारण के रूप में ईश्वर की कल्पना का उदय हुआ। अवधारणात्मक विकास के समानान्तर ही उपासना का भी विकास हुआ। पहले द्रव्य-यज्ञ के द्वारा ही देवताओं का प्रसादन होता था ताकि उनके कृपा से ऐहिक अभ्युदय की प्राप्ति हो। पीछे जब देवता सूक्ष्मसत्तात्मक ईश्वर या ब्रह्म में विलीन हुए तो उनकी उपासना भी ध्यान और ज्ञान में बदल गयी।

इन सामान्य धारणाओं के अनुसार ही वैदिक धर्म की आधुनिक व्यवस्थाएँ प्रवृत्त हुई हैं। पर इन धारणाओं की आधारभूत तीन मान्यताएँ आग्रह मात्र हैं- धर्म का आधार सामी इलहाम न होने पर मिथ्या कल्पनामात्र है, यह सामी धर्मों के अनुयायियों के

लिए ही ग्राह्य है; धर्म मात्र का आधार कल्पना ही है, यह सिर्फ प्रत्यक्षवादियों के लिए ही सिद्ध है; धारणाओं का यौक्तिक विकास आधुनिक धारणाओं की दिशा में होता है, यह भी कोई सार्वत्रिक नियम नहीं है।

दूसरी और वेदों को नित्य, अभ्रान्त और सम्पूर्ण ज्ञान का प्रतिपादक स्वीकार करना एक पारम्परिक वैदिक धारणा मात्र है, इतिहासकार के लिए स्वीकार्य सत्य नहीं। सभी धर्मों के मूल में किसी-न-किसी प्रकार का लोकोत्तर आर्षज्ञान प्रतीत होता है पर उसके प्रकाशक नाना नबी, ऋषि, मुनि, संत आदि नाना युगों में उन युगों की भाषा और संदर्भ में अपने विशिष्ट ज्ञान का उपदेश देते रहे हैं। इस प्रकार वेदों में भी लोकोत्तर ज्ञान और लौकिक धारणाओं को संदर्भ सापेक्ष वाक्यों में गुम्फित मानना चाहिए। उनकी व्याख्या के लिए स्वयं वेदों के साक्ष्य को उनकी प्राचीन व्याख्या-परम्परा जो कि ब्राह्मणों में और निरुक्त में शेष है, वेदाङ्ग, इतिहास-पुराण, मीमांसाशास्त्र, मध्यकालीन व्याख्या-परम्परा विशेषतया सायण, आधुनिक भारतीय मनीषियों के व्याख्या-संकेत तथा आधुनिक तुलनात्मक भाषाशास्त्र और पुरातत्त्व से पुष्ट करना आवश्यक है। संक्षेप में यास्क और सायण; दयानन्द, अरविन्द और कुमारस्वामी एवं पाश्चात्य भाषाशास्त्री वेद की व्याख्या के लिए मार्गदर्शन प्रस्तुत करते हैं। पाश्चात्य भाषाशास्त्रियों में वाकरनागल ब्रुगमान और मैक्डॉनेल का वैदिक व्याकरण का अनुव्याख्यान, रॉथ और बाथलिंक, ग्रासमान और मायरहौफर का कोश के क्षेत्र में कार्य एवं मैक्समूलर, लुडविग, गैल्डनर, ग्रिफिथ एवं विल्सन का अनुवाद एवं वाक्यार्थ के क्षेत्र में कार्य वैदिक व्याख्या का मार्ग प्रशस्त करता है।[५]

प्रसिद्ध दार्शनिक ह्वाइटहैड के अनुसार प्रत्येक युग के चिन्तन की विभिन्न दिशाओं में एक सामान्य विचार-योजना अन्तर्निहित होती है और यह सृष्टिविद्या के रूप में अभिव्यक्त होती है।[६] यह निस्सन्देह एक गम्भीर सत्य है, पर इतना ही गम्भीर सत्य यह है कि प्रत्येक युग की विचारधारा अन्ततोगत्वा मनुष्य की आत्मपरिकल्पना पर आधारित होती है। मनुष्य का आत्मानुभव और विश्वानुभव एक साथ जुड़े रहते हैं। प्रत्येक युग का विज्ञान इस मूलतत्त्व का ज्ञान होता है जिससे सृष्टि होती है और समझी जा सकती है। आत्मा और अनात्मा, अहं और इदं, इन दोनों की प्रतीति के पीछे क्या मौलिक तत्त्व हैं और वे किस प्रकार संबद्ध हैं, यह अनुसन्धान सभी सांस्कृतिक विचारधाराओं को उनका आधारभूत रूप प्रदान करता है। सभी अनुभवों के विषयी के रूप में मानवीय स्वरूप के अनुसन्धान को आत्मविद्या कहा जा सकता है। विश्व-प्रकृति के उद्गम के विवेचन के रूप में सभी प्राकृतिक और विषय-तात्त्विक मीमांसाएँ सृष्टिविद्या में परिसम्पन्न होती हैं। इस प्रकार आत्मविद्या और सृष्टिविद्या, इन दो तरह के ताने-बानों से वैदिक विचार-वितान का निर्माण समझा-परखा जा सकता है। प्रारंभिक वैदिक युग में सृष्टिविद्या के सूत्र प्रधान थे और पुरुषविद्या के अपेक्षाकृत गौण। परवर्ती वैदिक युग में आत्मविद्या का प्राधान्य देखा जा सकता है। पूर्ववैदिक युग में ऋत ही सृष्टि का मूल नियामक तत्त्व था, देवता ऋत-सूत्र से जुड़ी-चित् शक्तियाँ थीं।

ऋत, सत्य और देवता एक ही तत्त्व के तीन आयाम थे। पुरुष एक ओर विश्वातिक्रामी देव तत्त्व से अभिन्न था, दूसरी ओर अपने विश्वाभिव्यक्त रूप में वह देवता, सृष्टि, हवि और याजक से अभिन्न माना जाता था। स्पष्ट ही मानव पुरुष से यज्ञ के द्वारा जुड़ा हुआ था। परवर्ती वैदिक युग में देवताओं का स्थान ब्रह्म ने, ऋत का धर्म ने ले लिया और पुरुष से अधिक प्रचलन 'आत्मा' का हो गया। यज्ञ का स्थान उपासना और अन्ततः ज्ञान ने ले लिया और अन्तिम ज्ञान था आत्मा और ब्रह्म का अद्वैत-प्रतिपादक ज्ञान। पूर्ववैदिक युग के मुख्य विचार पद हैं- ऋत और देवता, पुरुष और यज्ञ। अपर वैदिक युग के प्रत्यय हैं- ब्रह्म, आत्मा, उपासना, ज्ञान और धर्म। तब से आज तक ये प्रत्यय भारतीय चिन्तन को प्रकाशित करते आये हैं।

वैदिक सृष्टिविद्या का मूलाधार ऋत की अवधारणा है। ऋत की व्युत्पत्ति 'ऋ' धातु से मानी जा सकती है, जो गत्यर्थक बतायी गयी है। इस प्रकार ऋत का मूल अर्थ होगा गति और गति का मार्ग, हेतु और लक्ष्य, लक्षणा से गति का नियम ठीक या सही प्रकार की गति। सत्य के साथ ऋत प्रारम्भ से जुड़ा हुआ है। अवेस्ता में ऋत का ईरानी रूप *अश* सत्य और धर्म के लिए प्रयुक्त होता है। पुरानी फारसी में *अर्त* शब्द सदृश है। कुछ विद्वान् ऋत के मूल में अवस्थित क्रिया को 'जोड़कर पक्का करना या पक्की तरह से जोड़ना' बताते हैं, जैसा कि *अर* शब्द में देखा जा सकता है। इस व्युत्पत्ति से ऋत का अर्थ है— पक्का बन्धन या जोड़ और लक्षणा से व्यवस्थापक या विधारक नियम।[७]

'नदियाँ ऋत से बहती हैं। सूर्य ने सत्य को फैलाया'।[८] 'ऋत बड़े योद्धओं को भी अभिभूत करता है।'[९] 'ऋत से चलती हुई सरमा ने गायों को पाया',[१०] 'हे आदित्यों, ऋत से चलनेवाले के लिए पथ सुगम है।'[११] इन उदाहरणों में ऋत औचित्य, सत्य, सही मार्ग का वाचक है। 'ऋत और सत्य को सृष्टि के आरम्भ में बताया गया है।' ऋत और सत्य ज्वलन्त तप से जन्मे। फिर रात्रि जन्मी, फिर तरंगित समुद्र। तरंगित समुद्र से संवत्सर जन्मा। जंगम विश्व के अध्यक्ष ने दिन और रात बनायी। धाता ने सूर्य और चन्द्र को पूर्ववत् संकल्पित किया, आकाश और पृथ्वी, अंतरिक्ष और सूर्य को।[१२] यहाँ ऋत को सत्य से जुड़ा बताया गया है और दोनों को सर्जनात्मक तप से उत्पन्न। किन्तु यह व्यक्त सृष्टि और अव्यक्त प्रकृति दोनों से ही पूर्व की अवस्था है, रात्रि और समुद्र अव्यक्त अथवा मूल प्रकृति के संकेत हैं, जिसके बाद काल की अभिव्यक्ति बतायी गयी है। सृष्टिमात्र या अभिव्यक्तिमात्र में काल ही प्रथम नियामक है। काल का क्रम पूर्व कल्पों से चला आ रहा है, उसके बाद अनेकधा विभक्त लोकविस्तार और उसकी प्रकाशक ज्योति की सृष्टि का उल्लेख है। इस प्रकार ऋत और सत्य का जन्म व्यक्त और अव्यक्त, देश और काल के पूर्व का है। उन्हें सिसृक्षात्मक तप के अन्तर्गत स्रष्टा की तात्त्विक बुद्धि या मूल बौद्धिक प्रतिदर्श समझना उचित होगा, जिसकी तुलना प्लातोन् के *एइदॉस* से अथवा अरस्तू के आकारिक हेतुओं से की जा सकती है। सृष्टि के पहले स्रष्टा के ध्यान में उसका नियामक मूलरूप ही ऋत है और सृष्ट पदार्थों

के आदर्श के रूप में वही सत्य है। ऋत का लोक इस लोक के अतीत हैं और इसलिए परमव्योम के नाम से अभिहित है। 'मित्र और वरुण परमव्योम में ऋत के रक्षक हैं, वे सत्यधर्मा हैं'।[१३] 'मित्र और वरुण धर्म से, असुर की अर्थात् दिव्य, माया से ऋत के रक्षक हैं, वे ऋत से विश्व भुवन पर शासन करते हैं।[१४] 'ऋत का चक्र आकाश का चक्कर मारता है।'[१५] 'अदिति के ऋतवान् पुत्र ने भूमि का द्विधा विस्तार किया।'[१६]

इस प्रकार परमव्योम में अवस्थित, देश-कालातीत ऋत सृष्टि का मूल तत्त्व और नियामक है, उसका प्रतिदर्श और आदर्श है। व्यक्त जगत् में नाना पदार्थ और घटनाएँ जिस एक अदृश्य महासूत्र से व्यवस्थित हैं, वही ऋत है। पश्चिमी चिन्तन में *आर्केटाइप* या *लेक्स नातुरालिस* 'प्राकृतिक नियम' की कल्पना ऋत या धर्म की कल्पना से तुलनीय है। विश्व के प्रतिमानभूत ऋत की अनुरूपता ही विषयों को सत्यता प्रदान करती है। उसकी अनुसारिता ही क्रिया या गति को सही, ठीक या उचित बनाती है। ऋतानुसारिता ही अचार और व्यवहार की नैतिकता का आधार है। ऋत का प्रतीकात्मक प्रतिरूपण और उसका अर्थानुध्यान ही उपासना या यज्ञ का सार है। इसलिए यज्ञ या याज्ञिकता भी ऋत-पद-वाच्य है। प्रकृति का नियम, आचार-व्यवहार का नियम और अनुष्ठान का नियम, ये तीन ऋत के मुख्य रूप हैं। तीनों मिलकर प्राकृतिक और मानवीय जगत् को व्याप्त करते हैं और उसे एक नियत, व्यवस्थित और सार्थक इकाई बनाते हैं।

आधुनिक दृष्टि से इस प्रकार का चिन्तन सदोष है, क्योंकि इसमें द्रव्यगत, विधिगत और ज्ञानगत तत्त्वों का सम्प्लव देखने में मिलता है। पृथ्वी, जल आदि द्रव्य सत् पदार्थ हैं और उनका व्यापार कार्य-कारण-नियम के अधीन है। ऐसे नियम अचेतन और नाना हैं। दूसरी ओर कौन सा कर्म अच्छा है, कौन बुरा है, क्या कर्त्तव्य है और क्या अकर्त्तव्य है इत्यादि बातें विधि-वाक्यों पर निर्भर करती हैं और विधि-वाक्य किसी विधायक की इच्छा व्यक्त करते हैं। विधि-वाक्यों की प्रेरणा और कार्य-कारण-नियम की प्रेरणा दोनों सर्वथा पृथक् हैं। कार्य-कारण नियम की प्रेरणा अज्ञात रहने पर भी कार्य करती है और अपने विषय को बाध्य करती है। नैतिक और विधिक प्रेरणा ज्ञातरूप से ही प्रभावित करती है और इसमें कारणात्मक रूप से अनिवार्यता नहीं होती है। इन दोनों से भिन्न है ज्ञानगत नियम। व्याप्ति के ज्ञात होने पर व्याप्य से व्यापक का अनुमान किया जा सकता है, यह तार्किक ज्ञापकता एक नियत व्यापार है, किन्तु न यह कारक हेतु है, न विधायक हेतु। इस प्रकार कारक, विधायक और अनुमापक हेतुओं के व्यापार अलग-अलग प्रकार के हैं। इनसे सम्बद्ध नियम भी प्राकृतिक, वैज्ञानिक, नैतिक-विधिक और तार्किक स्तरों के होने के कारण परस्पर विविक्त हैं।[१७]

यह आधुनिक धारणा प्राचीन ऋत और धर्म की अवधारणाओं से संगत नहीं है। ऋत में कारकता, ज्ञापकता और विधायकता तीनों ही संगृहीत हैं। चेतन और विवेकी

प्राणी के सन्दर्भ में यह बात अनायास समझ में आ सकती है। विवेकी मनुष्य के लिए उसके आदर्श की प्रेरणा उसके चेतन और अचेतन स्तरों पर काम करती है और उसमें ऊपर कही हुई तीन प्रकार की कारकताओं का भेद पूरी तरह से नहीं घटता। जहाँ तक बाह्य प्रकृति का प्रश्न है उसके नियम अल्पज्ञ मनुष्य के लिए अचेतन कार्य-कारण-भाव के नियम प्रतीत होते हैं। किन्तु वस्तुतः प्रत्यक्ष और तर्क के द्वारा भी कार्य-कारण-भाव को नियम के रूप में सिद्ध नहीं किया जा सकता। कारणता और आकस्मिकता का द्वन्द्व आधुनिक विज्ञान में उभरता है पर जहाँ सृष्टि को चेतन-मूलक माना जाता है वहाँ प्राकृतिक नियमों को भी अन्ततोगत्वा मानवोत्तर चेतना की इच्छा ही मानना होगा। उसी मानवोत्तर चेतना की इच्छा विधि का भी मूल है और वही सांकेतिकता के माध्यम से मानवीय ज्ञान का भी आधार है। इस इच्छा की सर्वातिक्रामी और सर्वव्यापी नियामकता ही ऋत है।

इससे यह स्पष्ट होगा कि ऋत में नानात्व और एकत्व, व्यापकता और अतिक्रामिता दोनों ही पक्ष जुड़े हुए हैं। इससे यह भी स्पष्ट होगा कि ऋत में द्रव्य, सत्ता और गति, धर्ममूलक औचित्य और कर्त्तव्यता एवं समस्त ज्ञान की आधारभूत विश्व-रचना का प्रतिमान, ये तीनों पक्ष समाहित हैं। ऋत और देवता का सम्बन्ध भी अयुत-सिद्ध है। देवताओं को ऋत-व्रत कहा गया है। देवताओं का सहज संकल्प ही ऋत है।

यह प्रश्न विचारणीय है कि ऋत का क्या प्रमाण है और उसके ज्ञान का क्या उपयोग है? कुछ विद्वान् मानते हैं कि प्राकृतिक घटनाओं में आवृत्ति देखने से ऋत का अनुमान किया गया है। सूर्य, चन्द्र आदि की गति, दिन, रात और ऋतु-चक्र, पशु और मनुष्यों के जीवन में जन्म, वृद्धि, जरा-मरण का चक्र देखने से कल्पना को लगता है कि मानवीय और प्राकृतिक पुनरावर्ती व्यापार किसी महान् नियम के अधीन हैं। ऐसे ही नाना भिन्न पदार्थों में अनेक प्रकार के सादृश्य, अनुवृत्ति और नियत सम्बन्ध देखने से जातीय सामान्यों की एवं कार्य-कारण नियमों की कल्पना होती है, ऐसा प्रतीत होता है कि सामान्य नियामकता के प्रत्यय के रूप में ऋत की अवधारणा संभावनात्मक तर्क और उसकी अनुकूल कल्पना पर आधारित थी। यदि यह माना जाय तो ऋत की अवधारणा का इतना ही महत्त्व होगा कि वह ज्ञान-विज्ञान के इतिहास में नियम की अवधारणा का एक प्रारम्भिक स्फुरण है। वस्तुतः ऋत का मूल प्रमाण ऋषियों का प्रातिभ-ज्ञान ही मानना चाहिए जो कि औरों के लिए प्रामाणिक शब्द के रूप में उपस्थित होता है। ऋषि वेद के द्रष्टा हैं और वेद मूलभूत शब्द-प्रमाण हैं। उसी के द्वारा ऋत औरों के लिए प्रमाणित होता है और यह पता चलता है कि प्राकृतिक घटनाएँ, मानवीय कार्य और अनुष्ठानिक कर्म, ये सभी अन्ततोगत्वा नियत और सम्बद्ध हैं। अनुष्ठान की विधि ही मानवोपयोगी रूप में ऋत का प्रतीकात्मक प्रकाशन है।

आध्यात्मिक सत्य और सांस्कारिक विधि के रूप में ऋत वेदों में प्रतिपादित और अनुष्ठानों में रूपान्वित है। प्राकृतिक नियमों के रूप में ऋत भौतिकविज्ञान का प्रतिपाद्य है। किन्तु उस रूप में ऋत का प्रतिपादन वेद में है अथवा नहीं, यह प्रश्न स्वाभाविक

है। अधिसंख्य मत यही है कि वेद का प्रतिपाद्य पुरुष-विज्ञान का आत्म-विज्ञान है, न कि प्रकृति-विज्ञान। प्रकृति-विज्ञान के साध्य लक्ष्य-सापेक्ष और अनैकान्तिक होते हैं, जब कि आत्मविज्ञान परमार्थ का साधक होता है। इसलिए सामान्य दृष्टि से वेद में पारमार्थिक लक्ष्य और उसके आध्यात्मिक साधन का प्रतिपादन ही अभिमत है, न कि भोगोपयोगी भौतिक विज्ञान का प्रतिपादन। यह भी एक दृष्टि से युक्तियुक्त प्रतीत होता है कि भौतिक विज्ञान की उपलब्धि आधुनिक प्रत्यक्षमूलक पद्धति से ही संभव है, न कि आर्षज्ञान से। इसीलिए ऐतिहासिक क्रम में विज्ञान का विकास देखा जा सकता है। यदि वेद में विज्ञान होगा तो एक चिरातीत युग का ही अर्धविकसित विज्ञान होगा, ऐसी कल्पना अयुक्त न होगी। मीमांसक परम्परा के अनुसार भी वेद का प्रतिपाद्य अदृष्ट ही हो सकता है क्योंकि लौकिक और दृष्ट अर्थों का ज्ञान प्रमाणान्तर से संभव है और उसके लिए वेद की आवश्यकता नहीं है। वेदविद्या की प्रमाणान्तर से अनधिगतता और अज्ञातव्यापकता उसके प्रतिपाद्य-क्षेत्र से लौकिक ज्ञान को बहिष्कृत कर देती है। कहा गया है कि वेद में लौकिक ज्ञान ढूँढ़ना ऐसा है, जैसे- *कौपीनाच्छादनप्राया वाञ्छा कल्पद्रुमादपि*।[१८] प्राकृतिक, तार्किक और नैतिक नियमों को जो आजकल सर्वथा पृथक् माना जाता है। उस सन्दर्भ में भी तीनों में अनुगत सामान्य नियामकता की अवधारणा आवश्यक है।

आज के बहुत से विचारक कार्य-कारण नियम को विज्ञान के क्षेत्र में भी पारमार्थिक स्वीकार नहीं करते। तार्किक नियम भी पुनरुक्ति मात्र (*टोटॉलजी*) माने जाते हैं। नैतिक नियम रूढ़ि या समय मात्र कहते जाते हैं। इस तरह से प्रत्यक्ष और तर्कमात्र से खोजने पर नियम का कोई आधार नहीं उपलब्ध होता है। नियम की अवधारणा को मानव-बुद्धि में प्रतिरूपित सहज सत्य ही स्वीकार करना होगा। यही सहज साक्षात्कारात्मक प्रतीति ऋत है। यह अवधारणा सभी प्रमाणान्वेषण में मूलभूत है। इसके विना तर्क करना आज भी सम्भव नहीं है। संक्षेप में दोनों मीमांसाओं को एक साथ लेने पर वेद का प्रतिपाद्य धर्म और ब्रह्म कहे जा सकते हैं। धर्म श्रेयस्-प्राप्ति के लोकोत्तर साधन का विधान है, ब्रह्म निःश्रेयसभूत परम सत् है। दोनों की ही साधना सीमित लौकिक विषयों के अनुसन्धान का अतिक्रमण करती है।

इस प्रकार जहाँ आधुनिक व्याख्याकारों के अनुसार ऋत की अवधारणा में वैज्ञानिक और नैतिक बुद्धि के प्रारम्भिक उन्मेष का उदाहरण देखा जा-सकता है, पारम्परिक मत से ऋत और सत्य को धर्म और ब्रह्म से अभिन्न समझना चाहिए। पहली दृष्टि से वेद में जो प्रकृति-विज्ञान उपलब्ध होता है वह तत्कालीन विज्ञान ही हो सकता है। दूसरी दृष्टि से वेद में उपलब्ध प्रकृति-विज्ञान लोक-प्रचलित मतों का अनुवाद ही हो सकता है।

किन्तु इसके बावजूद यह उल्लेखनीय है कि कुछ प्रकृष्ट विद्वानों ने वेद में प्रकृति-वैज्ञानिक अर्थों को आनुषंगिक अथवा प्रधान रूप से देखा है। स्वामी दयानन्द वेद में ईश्वर-भक्ति को मुख्य मानते हुए भी आनुषंगिक रूप में वैज्ञानिक आविष्कारों का

उसमें उल्लेख स्वीकार करते हैं।[१९] आजकल प्राय: स्वीकृत ज्ञान-विज्ञान के ऐतिहासिक विकास के सिद्धान्त के अनुसार वेदों में आधुनिक आविष्कारों को देखना काल-व्युत्क्रम के दोष से ग्रस्त है। महामहोपाध्याय मधुसूदन ओझा और मोतीलाल शास्त्री ने वेदों की नयी वैज्ञानिक व्याख्या प्रस्तुत की है। इनके अनुसार, 'वेद की प्रत्येक शाखा में विज्ञान, स्तुति, इतिहास ये तीन मुख्य विषय हैं। इतिहास दो प्रकार का है- सृष्टि का इतिवृत्त और मानवचरित। इन तीन मुख्य विषयों के अतिरिक्त संहिताओं में संक्षेप से कर्म, उपासना और ज्ञान इन तीन अनुष्ठेय काण्डों का भी उल्लेख मिलता है। इस प्रकार विज्ञान, स्तुति, इतिहास, कर्म, उपासना, ज्ञान ये छ: संहिता के विषय हैं। ब्राह्मण भाग में कर्म भाग ब्राह्मण नाम से प्रसिद्ध है, उपासना-भाग आरण्यक और ज्ञान-भाग उपनिषद् नाम से प्रसिद्ध है। वेद का यह स्वरूप ग्रन्थात्मक है और प्रसिद्ध है'।[२०] इस विज्ञान-सम्प्रदाय के अनुसार वेद का वास्तविक स्वरूप सद्विषयात्मक है। वेद-पदार्थ का निर्वचन तीन प्रकार से हो सकता है- *विद्यते इति वेद:; वेत्ति इति वेद:; विन्दति इति वेद:*। सत्तार्थक 'विद्' धातु से 'विद्यते' बनता है। ज्ञानार्थक विद्धातु से 'वेत्ति' बनता है एवं लाभार्थक 'विद्' धातु से 'विन्दति' बनता है। 'विद्यते' सत्ता-भाव का द्योतक है, 'वेत्ति' विज्ञान-भाव का द्योतक है एवं 'विन्दति' रस-भाव समर्थक है। तीनों की समष्टि वेद है। यही सच्चिदानन्द ब्रह्म है। प्रत्येक पदार्थ सच्चिदानन्द है, प्रत्येक पदार्थ वेद है, यह प्राकृतिक पदार्थात्मक वेद ही नित्य अपौरुषेय वेद है। मूर्ति या पिण्ड ऋग्वेद है। बहिर्गामी तेजोमण्डल सामवेद है। साम एवं ऋक् का अन्त:पाती गतिभावापन्न प्राणतत्त्व यजुर्वेद है, तीनों का अधिष्ठाता अथर्ववेद है। तैत्तिरीय ब्राह्मण में इस मत का अत्यन्त स्पष्ट प्रमाण मिलता है—

ऋग्भ्यो जातां सर्वशो मूर्तिमाहुः
सर्वा गतिर्याजुषी हैव शश्वत्।
सर्वं तेजः सामरूप्यं ह शश्वत्
सर्वं हेदं ब्रह्मणा हैव सृष्टम्॥

—तै० ब्रा० ३.१२.९.१-२

इस प्रकार वेद प्रकृति का सृष्टिविज्ञान है। तीन वेदों का सम्बन्ध विशेष रूप से पिण्डोत्पत्ति, गति और तेज से है, जो प्राकृतिक सृष्टि के तीन व्यापक तत्व हैं।[२१]

विज्ञान-सम्प्रदाय में वेद की सृष्टि-विज्ञानात्मक व्याख्या विस्तार से की गयी है। इस वैज्ञानिक व्याख्या में विज्ञान की भी एक अपनी व्याख्या मिलती है जिसमें भौतिक, मनोवैज्ञानिक और प्रतीकात्मक ज्ञान सम्मिलित है। इस विज्ञान का अभी समुचित अध्ययन नहीं हो पाया है। इसकी जटिलताओं में कितनी संगति है और लौकिक विज्ञान से कहाँ तक उसका अविरोध है, इसकी विद्वानों के द्वारा पूरी परीक्षा अभी शेष है किन्तु इसमें अभी कोई सन्देह नहीं है कि विज्ञान अपनी सूक्ष्मता, गम्भीरता और व्यापकता के कारण परिशीलनीय है।

अस्तु, ऋत विश्व का मूल नियम है, उसके आध्यात्मिक, सामाजिक, आधिभौतिक एवं आधियाज्ञिक पक्ष वेद में स्फुट अथवा रहस्यात्मक रूप से वर्णित हैं। उसका आधिदैविक वैज्ञानिक पक्ष रहस्य से ढका हुआ है। उसे एक ओर मिथ दूसरी ओर तात्त्विक विज्ञान कहा गया है।

आर्षज्ञान पर आधारित शब्दों के द्वारा उसका ज्ञान मनुष्य तक पहुँचता है। यह ध्यातव्य है कि वेद-मन्त्रों में ज्ञान और वाक्, दोनों का समन्वय है। मन्त्र ज्ञानात्मक भी हैं, शब्दात्मक भी। शब्द और ज्ञान का जो भी भेद स्थूल स्तर पर दिखता है वह मूलतः पश्यन्ती के स्तर पर तिरोहित हो जाता है। शब्द को मूलतः ज्ञान का आत्म-प्रकाश कहा जा सकता है और ज्ञान के अन्तरंग पक्ष के स्तर में ही शब्द भी नित्य माना जा सकता है। इस दृष्टि से वेद ज्ञानात्मक और शब्दात्मक दोनों ही है और इसी रूप में वे नित्य हैं। किन्तु शब्द और ज्ञान दोनों ही नित्य सत्य के रूप के प्रकाश हैं। सत् का रूप, ज्ञान का रूप और शब्द का रूप तीनों का समभाव होना ही सत्य माना जाता है। नित्य सत्यगत रूप ही समस्त सृष्टिविवर्त का बीज है। इसी दृष्टि से वह सृष्टि का प्रतिदर्श है और ऋत-पद-वाच्य है। ब्रह्म और जगत्, प्रकृति और विकृति, ऋत और सत्य इनकी एकता तभी बोधगम्य हो सकती है जब मूलभूत सत् के स्वरूप में समस्त सृष्टि-प्रपंच के असंख्य रूपों का व्यापक नियामक असली रूप देखा जाय। नाना प्रतीयमान रूपों और घटनाओं के पीछे एक व्यापक नियामक की खोज ही समस्त ज्ञान-विज्ञान के अनुसंधान का कारण है। उदाहरण के लिए- रेखागणित से यह सिद्ध होता है कि समस्त प्रत्यक्ष गोचर मूर्त्तपिण्डों का आधार दैशिक अवकाश का अमूर्त्त स्वरूप है जो कि बुद्धि के द्वारा स्वतन्त्र रूप से ग्राह्य है, समस्त भौतिकविज्ञान अमूर्त्त गणितीय प्रत्ययों को निदर्शित करता है जो गणितीय प्रत्यय विशुद्ध तार्किक और वाचिक प्रत्ययों पर निर्भर करते हैं। इस प्रकार समस्त सृष्टि का रहस्य ज्ञान के स्वरूप को व्यक्त करनेवाले मूल शब्दानुविद्ध प्रत्ययों में खोजा जा सकता है। इसका यह अर्थ नहीं है कि सृष्टि के प्रत्येक स्तर में पूर्व गुणों का विवर्त नहीं होता, उदाहरण के लिए संख्या या प्रत्यक्ष निःशेषतया अमूर्त्ततर प्रत्ययों में विश्लेष्य नहीं है, यद्यपि उनका आकारिक सारांश बुद्धि से विचारित होने पर निरन्तर व्यापकतर होता जाता है। यही कारण है कि विशुद्ध वाचिक और तार्किक विश्लेषण गणित की पूर्वपीठिका बनता है और गणितीय विश्लेषण प्रत्यक्षविज्ञान की। किन्तु स्तरीय स्वायत्तता के कारण इस विशुद्ध निगमनात्मक पद्धति से स्थूल विज्ञान तक नहीं पहुँचा जा सकता। उसके लिए प्रत्यक्ष का विश्लेषण आगमनात्मक तर्क या अनुमान आवश्यक होता है। यही कारण है कि ऋत के सूक्ष्म ज्ञान को व्यावहारिक विज्ञान का रूप देने के लिए उनके बीच में क्रियात्मक और प्रत्यक्ष-सम्बद्ध ज्ञान की आवश्यकता है, इसलिए भाषा-तत्त्व के प्रकृति-सिद्ध होने पर भी विशिष्ट संस्कृति-सिद्ध भाषाएँ सीखनी पड़ती हैं। विधि-सूत्रों को आचरित करने के लिए अनुष्ठान आवश्यक होते हैं। नैतिक शिक्षा ग्रहण करने के लिए सत्पुरुषों के द्वारा प्रस्तुत दृष्टान्तों का परिचय आवश्यक होता है। प्राकृतिक तत्त्वों के ज्ञान के लिए

क्रियात्मक योग-तन्त्र अथवा प्रत्यक्ष प्रयोग आवश्यक होते हैं। ऋत का अपरार्ध सत्य है और दोनों तप के द्वारा ही प्रत्यक्ष-योग्य रूप धारण करते हैं।

सूक्ष्म तत्त्वों का ज्ञान विधि से इन्द्रिय-संवेदन तक विस्तृत है। इस ज्ञान के विस्तार में प्रत्येक स्तर एक दूसरे से संश्लिष्ट हैं, जिससे स्थूल को सूक्ष्म की अभिव्यक्ति और सूक्ष्म को स्थूल का सारतत्त्व कहा जा सकता है। यदि सूक्ष्म की उपलब्धि सिर्फ व्यावृत्ति अथवा अभिकल्पना के द्वारा ही होती है, तो सूक्ष्म-ज्ञान व्यापकतर होते हुए भी विषय-वस्तु की दृष्टि से अकिंचन होता चला जाता है। यह बात विशुद्ध सांकेतिक, तार्किक एवं वाचिक ज्ञान के लिए सटीक बताई जा सकती है। ज्ञान को व्यावृत्तिजन्य दरिद्रता से बचाने के लिए हीगेल ने उसकी चरम परिणति ज्ञान के ही आत्मज्ञान में स्वीकार की[२२] और प्लेटो ने चरम प्रत्यय को अखण्ड सत् के प्रत्यय से अभिन्न बताया। ऐसे प्रत्यय को समस्त प्रत्ययचक्र की नाभि कहा जा सकता है। प्लेटो ने यह भी स्पष्ट किया था कि 'सत्य का ज्ञान प्रत्ययात्मक तार्किक ज्ञान के परे साक्षात्कारात्मक ज्ञान है'।[२३] ऐसी कुछ बातें ऋत के विषय में भी हैं। ऋत का ज्ञान व्यावृत्यात्मक बौद्धिक ज्ञान नहीं बल्कि पारमार्थिक साक्षात्कारात्मक ज्ञान में प्रदत्त विशेष ज्ञान है। पतञ्जलि का सूत्र स्मरणीय है-

निर्विचारवैशारद्येऽध्यात्मप्रसादः।[२४]

ऋतम्भरा तत्र प्रज्ञा।

व्यास ने *योगभाष्य* में यह स्पष्ट किया है कि प्रज्ञा विशेषार्थक होती है। सृष्टि का यह मूल विज्ञान स्रष्टा के आत्मज्ञान से अभिन्न है। यह ब्रह्मात्मविज्ञान का ही नामान्तर है, यही पराविद्या है। पराविद्या, ब्रह्मविद्या, आत्मविद्या, सद्विद्या या ऋत-चित् एक ही अर्थ के विभिन्न नाम हैं। सर्वत्र ऐसा निर्विकल्पक अखण्ड ज्ञान अभिप्रेत है, जो साक्षात्कारात्मक भी है, अद्वय भी है व साथ ही प्रपञ्च के मूलभूत नामरूप का और उनके तिरस्कार का अधिष्ठान भी है। यह बात अवश्य स्मरणीय है कि ब्रह्म के दो रूप बताये गये हैं- *द्वे वाव ब्रह्मणो रूपे मूर्तं चैवामूर्तं च*।[२५] प्रायः परवर्ती वेदान्त में इन दोनों का उल्लेख किया जाता है। सगुण ईश्वर स्रष्टा है और निर्गुण ब्रह्म सर्वथा निरुपाधिक। प्राचीन वैदिक साहित्य में इस प्रकार का भेद महत्त्वपूर्ण नहीं है। उसमें ऋत और सत्य, 'विश्वमिन्व' और 'अविश्वमिन्व' इन दोनों का अभेद ही प्रधान है, इसलिए ऋत देवताओं का व्रत है और देवता ब्रह्म के नानाशक्त्यात्मक सोपाधिक रूप हैं।

देवताओं के स्वरूप पर आधुनिक इतिहासकारों और विचारकों में तरह-तरह की कल्पनाएँ प्रचलित हैं। प्रायः वे देवताओं को असत्य कल्पना की प्रसूतियाँ ही मानते हैं। जैसा ऊपर कहा जा चुका है, इस दृष्टि का मूल या तो आधुनिक प्रत्यक्षवाद है या सामी धार्मिक आग्रह या फिर सांस्कृतिक विकासवाद। वैदिक संदर्भ में अनेक पाश्चात्य व्याख्याकारों ने विभिन्न देवताओं की कल्पनाओं को विचित्र प्राकृतिक व्यापारों से जोड़ा है। कुछ ने देवताओं की कल्पना को मानवीय जीवन के विभागों से जोड़ते हुए उन्हें

'विभाग-देवता'[२६] का नाम दिया है। प्राय: सभी ने वैदिक निष्ठा को बहुदेववादी माना है। कुछ ने बहुदेववाद के एक परिष्कृतरूप को पर्यायापन्न-देववाद *(हेनोथीइज़्म/ कौथेनोथीइज़्म)* भी कहा है। सभी ने यह माना है कि बहुदेववाद से एकदेववाद की ओर प्रगति मुख्यतया कल्पना और संभावनात्मक अनुमान के आधार पर हुई है।

इसके विपरीत अनेक आधुनिक मनीषियों ने वैदिक देववाद में एकेश्वरवाद अथवा उपासना एवं योग से संबद्ध निगूढ़ अध्यात्मवाद की सूचना पायी है। यदि केवल उपलब्ध संहिता पाठ के अनुसार वैदिक धर्म को समझने का प्रयास किया जाय तो यह नि:सन्देह है कि इसमें एकरसता के स्थान पर उच्चावच अभिप्राय और संदर्भों की झलक मिलती है। अतएव व्याख्याकारों के लिए यह अनिवार्य हो जाता है कि वे अपने मत के समर्थन के लिए मूल सामग्री को अनुकूल चयन के आधार पर स्थापित करें और परवर्ती संदर्भों से उसे समर्थित करें।

एक विचारणीय तथ्य यह है कि उत्तरवैदिक काल से आज तक एक उपासना की परम्परा चली आ रही है, जिसमें देवता-विषयक धारणा परिभाषित और अपरिभाषित रूप से एक विपुलधारा के अन्तर्गत उपलब्ध होती है। यों कहना चाहिए कि भारतीय अध्यात्मबोध ने नानाजातीय और नानास्तरीय देवोपासनाओं में एक व्यापक सत्य का साक्षात्कार किया है, जिसका सबसे स्थूल और प्रचलित नाम 'देवता' है। यह सही है कि बहुत से संप्रदायों ने देवता का अर्थ परिभाषित और सीमित कर दिया है और उसके पीछे और परे सत्य को अन्य नामों से अभिहित किया है। यह भी सही है कि इस प्रकार के व्यापक धार्मिकबोध का स्पष्ट विवरण अपेक्षाकृत परवर्ती काल में मिलता है। तब भी यह बात विचारणीय है कि देवता-विषयक यह आध्यात्मिक बोध एक काल्पनिक ऐतिहासिक व सांस्कृतिक दृष्टि न होकर एक वैज्ञानिक वस्तुतत्त्व को सूचित करता है। आधुनिक समाजविज्ञान और धर्मविज्ञान के मूल-प्रत्यय प्राचीन धार्मिक ग्रन्थों को समझने के लिए एक सीमा तक उपयोगी हैं, जैसे- आधुनिक विज्ञान के प्रत्यय प्राचीन विज्ञान की धारणाओं व भ्रांतियों को समझने के लिए उपयोगी हैं। इसी प्रकार से भारतीय परम्परा में क्रमश: आविष्कृत और उपलब्ध आध्यात्मिक धारणाएँ भी उपयोगी हैं। धर्म-कल्पना का क्षेत्र न होकर एक सनातनबोध की नानायुगीन अभिव्यक्ति है। उनका अन्तर्निहित सत्य कल्पना और महज सांस्कृतिक अवधारणाओं का विषय न होकर तात्त्विकज्ञान का विषय है। इस तत्त्वज्ञान से यह पता चलता है कि सभी जातियों और जनजातियों का देवताविषयक बोध उनकी वास्तविक उपासनात्मक ज्ञान-पद्धति को प्रकट करता है। धर्म के क्षेत्र में मानवजाति आरम्भ से ही देवतत्त्व से सदा और सर्वत्र परिचित नहीं है भले ही अपने परिचय को उसने बौद्धिक, वैज्ञानिक, तार्किक ढंग से व्यक्त न किया हो। प्राचीन मानव की भाषा जीवन के अमूर्त्त चिन्तन, तार्किक विवेचन और व्यावहारिक लेखन से अपरिचित थी, पर उसमें अनुभूति की सघनता और जीवन्तता एवं प्रतीकात्मक मूर्त्तता मिलती है। इसी प्रकार से काव्यात्मक भाषा में वैदिक ऋषियों ने भी आध्यात्मिक अनुभूति व्यक्त की है। सभी प्राचीन जन-जातियों

और सभ्यताओं में इसी प्रकार की आख्यानात्मक या काव्यात्मक भाषा में धार्मिक विवरण मिलते हैं। इस प्रकार के देवताओं के विवरण को काव्यात्मक, प्रतीकात्मक न मानकर मिथ्या कथात्मक या मिथकीय मानना या मिथ को ज्ञान से स्वतन्त्र एक मनोविद्या मानना आधुनिक प्रत्यक्षवाद और तार्किकतावाद के लिए अनिवार्य होते हुए भी, धर्म की सनातन विद्या के अनुकूल नहीं है।

यदि ध्यान से देखा जाय तो देवतातत्त्व के विषय में कुछ सार्वभौम प्रतीतियाँ और मान्यताएँ असंदिग्ध लगती हैं। पहले तो देवता कोई देशकालगत प्राकृतिक वस्तु नहीं है बल्कि इस प्रकार की स्वतन्त्र वस्तु की कल्पना ही व्यवहारपरक एक विशेष प्रकार की दार्शनिक-वैज्ञानिक बौद्धिकता से उत्पन्न होती है। सामान्य अनुभव में स्वतन्त्र प्राकृतिकता नाम का कोई पदार्थ नहीं मिलता है। देवता की प्रतीति लौकिक प्रत्यक्ष अथवा कल्पना से नहीं होती, देवता की प्रतीति उसके अनुग्रह से, सामान्यतया उपासना के दौरान होती है। देवता के स्वरूप की उपलब्धि उसके द्वारा अनुगृहीत हुए विना किसी मानवीय साधन से संभव नहीं है। इस अर्थ में वह लोकोत्तर और मनुष्योत्तर सत् है। देवता की सत्ता प्रत्यक्ष-विषयता से परिभाषित नहीं होती किन्तु अर्थ-क्रियाकारिता और साक्षात्कारविषयता उसमें रहती है। आप्तवचन के द्वारा निर्दिष्ट उपासना के विधान और फल देव-सत्ता को प्रमाणित करते हैं। ऐसे ही देव-तत्त्व का निगूढ़ साक्षात्कार भी सम्भव माना जाता है। बाह्य विषयों में भी देवतत्त्व को संकेतित या प्रकट करने की क्षमता देवता के अनुग्रह से, आगमिक वचन से, महापुरुषों के अनुभाव से एवं निबिड श्रद्धा से सम्भव है, किन्तु देव-सत्ता लौकिक सत्ताओं के नियमों से सीमित नहीं है, इसलिए उसमें चमत्कारिकता या करामात का आभास अनिवार्य है। इसीलिए देवता-विषयक प्रतीतियों का विशुद्ध तार्किक विश्लेषण उनकी निजी विशेषता को खोकर व्यर्थ हो जाता है, जैसे-काव्य-संप्रेष्य अर्थ का तथ्यात्मक विश्लेषण अथवा किसी गम्भीर अचेतन प्रवृत्ति को प्रदर्शित करते हुए स्वप्न का जागरित विश्व के अनुसार विश्लेषण और खण्डन उसके तत्त्व की अनदेखी है।

सर्वत्र ही देवतत्त्व की प्रतीति कुछ विशेष प्रकार के भावों से जुड़ी हुई मिलती है जिनमें पवित्रता, आश्वासन, अभय, शान्ति, आनन्द, विरक्ति, प्रीति, भय, संवेग, उत्साह आदि गिनाये जा सकते हैं।* नाना भावों से सम्मिलित होने पर भी देवतत्त्व की प्रतीति में एक अद्वितीय विशेषता रहती है जो लौकिक मानवीय अनुभूतियों में सर्वथा नहीं बतायी जा सकती।

देवता की प्रतीति प्राय: नाना नाम-रूपों से उपहित रूप में होती है। परम्परागत उपासना और धार्मिक विचारधारा के सन्दर्भ में ये नाम-रूप, जन्म-कर्म, आख्यान आदि

---

* द्र० विलियम जेम्स, *वैरायटीज़ ऑव रिलिजस एक्सपीरियेन्स* (प्रथम संस्करण, १९०२); रूडौल्फ ऑटो, *द आइडिया ऑव द होली. अनु०जे०डब्ल्यू० हार्वे*, विस्तृत संस्करण (लन्दन, १९३६)

रूढ़ हो जाते हैं और जैसे विचार-जगत् वाचिक और रूपात्मक संकेतों के माध्यम से गोचर होता है, ऐसे ही देवानुभूति का जगत् भी। इस नानात्व में किसी समाज की दृढ़निष्ठा होते हुए भी, उदार आध्यात्मिक दृष्टि से उनमें अन्तर्निहित अतिक्रामी एकता की उपेक्षा नहीं की जा सकती, यही देवता-तत्त्व की सार्वत्रिक प्रतीति का भारतीय आध्यात्मिक परम्परा में विकसित सनातन विद्या के प्रकाश में संक्षेप है।

देव शब्द की उत्पत्ति चमकने के अर्थ में 'दिव्' धातु से प्राय: मानी जाती है। इसी धातु से व्युत्पन्न 'द्यौ' का अर्थ चमकता आकाश था। समानान्तर 'देव' शब्द भी भास्वर सत्ता के लिए प्रयुक्त होता था। यह स्मरणीय है कि प्राचीन भाषा में प्रकाशवाचक धातु प्राय: ज्ञानवाचक भी है। इसलिए 'देव' शब्द में ज्ञान अथवा वेद का अर्थ भी अन्तर्निहित है। आँख से देखी जानेवाली चमक से जोड़कर उसे मूलत: प्राकृत सत्ता नहीं माना जा सकता।

देवताओं के विषय में जो आधुनिक मत है वह उन्हें प्राकृतिक व्यापारों पर आरोपित मानवीय कल्पना मानता है। अग्नि, वायु, मरुत्, सूर्य, चन्द्र इनमें ऐसा प्रतीत होता है कि ये स्पष्ट ही अपने नामों से सूचित प्राकृतिक तत्त्वों के वाचक हैं। इन्द्र, वरुण, मित्र, विष्णु आदि अपने कर्म के कारण इन्हीं विभिन्न वर्गों के सदस्य प्रतीत होते हैं। इस प्रकार नाम-साम्य से वे प्राकृतिक पदार्थों के रूप में पहचाने जा सकते हैं। उनमें जो मानवोचित ज्ञान, इच्छा आदि गुण उल्लिखित मिलते हैं, उन्हें काव्योचित कल्पना माना जा सकता है। लेकिन अगर उनमें चैतन्य को आरोपित माना जाय तो फिर धार्मिक उपासना में वे कैसे स्थान पायेंगे। शेली की 'ओड टू दी वेस्ट विंड' क्या मरुत् या रुद्र की उपासना का अंग बन सकती है? कल्पना में साम्य होते हुए भी वैदिकसूक्तों को काल्पनिक काव्य मात्र नहीं माना जा सकता, न देवताओं को काव्यालंकार मात्र। निरुक्त में वेद-विरोधी बहुत सी आपत्तियों का उल्लेख है। यथा, लोक-विदित बातों का पुनर्वचन, अनुपपन्न अर्थों का कथन, परस्पर विरुद्ध बातों का कथन, अर्थहीनता या अर्थ का अस्पष्ट होना।[२७] किन्तु यास्क का कहना है कि यह ठूँठ का अपराध नहीं है यदि अन्धा उसको नहीं देख पाता; न यह वेद का अपराध है कि अविद्वानों को उसके ठीक अर्थ का पता न चले।[२८] अवश्य ही वेद में लाक्षणिक और आलंकारिक प्रयोग मिलते हैं, उदाहरण के लिए उनमें अतिशयोक्ति, रूपक और गुणवाद देखे जा सकते हैं। किन्तु लाक्षणिक प्रयोगों का बोध उनमें निरूपित देवताओं के चैतन्य-रूप को ही सूचित करता है। सूर्य भौतिक आकाश में स्थित अग्नि-पिण्ड न होकर उसकी अधिष्ठात्री शक्ति का नाम है। सूर्य नाम से देवता का व्यपदेश एक स्थूलारुन्धती न्याय से सुविधा के लिए प्रयुक्त है। दूसरे, उपाधि-विशेष की ओर ध्यान आकृष्ट करने के द्वारा देवता की शक्ति-विशेष की सूचना दी जाती है। यही युक्ति अग्नि, वायु आदि देवताओं पर भी लागू होती है। एक ही देवता अपने ऐश्वर्य के कारण अनेक प्रकार से स्तुति का विषय बनता है। इन सभी देवताओं में स्वभावगत एकात्मकता है।[२९] एक ही सद्रूप महान् आत्मा ही परब्रह्म या देवता है, वही भूतात्मा और भूतप्रकृति है।[३०]

जो आत्म-ज्ञानी हैं उनकी दृष्टि से देवताओं का ऐकात्म्य पक्ष सिद्ध होता है किन्तु सकाम उपासना अथवा यज्ञ के सन्दर्भ में उनका नानात्व प्रसिद्ध है।[३१] देवता के अचिन्त्य ऐश्वर्य के कारण उसे पुरुषवत् या अपुरुषवत् कहना कठिन है तो भी उभय प्रकार से विदित होते हुए भी उन्हें मूलतः पुरुषवत् मानना ही सही है।[३२] ऐसे ही देवता एक हैं अथवा अनेक, इसमें भी मौलिक एकत्व को कार्यार्थ स्वीकृत नानात्व के साथ समन्वित किया जा सकता है जैसे एक ही मनुष्यता अनेक मनुष्यों में प्रकट होती है और अनेक मनुष्य फिर एक राष्ट्र के रूप में देखे जा सकते हैं।[३३]

इस पर यह आपत्ति की गयी है कि देवताओं के एकत्व और लोकोत्तर चैतन्य-स्वरूप का पक्ष उत्तरवैदिक काल में ही विकसित हुआ जबकि देवताओं का स्थान एक महादेवता या ब्रह्म ने ले लिया। इसमें कोई सन्देह नहीं है कि उत्तरवैदिक और वेदोत्तर कालों में देवताओं में एकात्मकता और स्वरूपतः ब्रह्माभिन्नता सुप्रतिपादित थी किन्तु सभी युगों में यह स्वीकार्य रहा है कि वासनापेक्ष, सम्प्रदायापेक्ष उपासना-भेद से नाना-रूपात्मक देवता-भेद उतना ही यथार्थ है जितना कि देवताओं के उपासकों का अहं। देवताओं की एकता की प्रतीति का यह अर्थ कभी नहीं था कि नाना देवताओं को मिथ्या मानकर उनकी उपासना का वैसे खण्डन कर दिया जाये जैसा सामी धर्म बराबर करते रहे हैं। दूसरी ओर पूर्ववैदिक युग से ही देवताओं के वर्णन में समानरूपता स्पष्ट रूप से मिलती है। सभी देवता लोकोत्तर शक्तिमान, जगत्स्रष्टा, जगद्धारक, ऋत के पालक, सत्यधर्मा, अजर, अमर, ज्योतिर्मय, अचिन्त्य, ऐश्वर्यशाली, चेतन, मनुष्य के हितकारी, न्यायकारी और दयालु हैं। एक ईश्वर की कल्पना में इन्हीं गुणों का समुच्चय देखा जाता है। इसी सादृश्य के कारण देवताओं को बहुधा एक-दूसरे से द्वन्द्व के रूप में अथवा गण के रूप में जोड़ा भी गया है। पृथक्-पृथक् नामरूप आदि देने पर भी इनमें संघर्ष नहीं माना जाता बल्कि उन्हें सहयोगपूर्वक ही विश्व-राष्ट्र का समवेत संचालक माना जाता है। इसके अतिरिक्त अनेकत्र यह स्पष्ट ही कहा गया है कि एक ही सत् को ज्ञानी बहुधा निरूपित करते हैं।[३४] इस तरह के वाक्यों की प्रतिपादन-शैली की आपेक्षिक अर्वाचीनता उनके अभिप्राय की चिरन्तनता को नष्ट नहीं करती।

देवताओं के औपाधिक नानात्व को स्वीकार करने पर उनके वर्गीकरण का प्रश्न उठता है। निरुक्त में कहा गया है कि तीन ही मुख्य देवता हैं- पृथ्वीस्थानीय अग्नि, अन्तरिक्षस्थानीय वायु या इन्द्र और द्युस्थानीय सूर्य।[३५] यही तीन देवता जो कि तीन लोकों के अधिपति हैं, वे तैंतीस माने जाते थे, जैसा कि ऋक्संहिता में अनेकत्र मिलता है।[३६] इन तैंतीस में आठ वसु, ग्यारह रुद्र, बारह आदित्य, द्यौ और पृथ्वी गिने गये हैं। इस प्राचीन वर्गीकरण में एक मूल सिद्धान्त है जो कि मानव-स्वभाव और लोक-विस्तार को तीन भूमियों में विभक्त करता है। इसी आधार पर देवताओं का विभाजन है। इसके विपरीत अनेक आधुनिक विद्वानों ने अनेक विचित्र प्रकार के वर्गीकरण प्रस्तुत किये हैं। प्रो० मैक्डॉनेल का वर्गीकरण इस प्रकार है- आकाशीय देवता, अन्तरिक्ष देवता, पार्थिव देवता, अमूर्त्त देवता-देवियाँ, देवता-द्वन्द्व, समूह-देवता, अवर देवता।

प्रो०ब्लूमफील्ड का वर्गीकरण है- प्रागैतिहासिक देवता, स्पष्ट देवता, अर्धस्पष्ट देवता।[३७] इन वर्गीकरणों में कोई आधारभूत सिद्धान्त नहीं प्रतीत होते। इसका मूल कारण यही है कि सब देवताओं को आगन्तुकतया नाना मानते हैं, उनमें कोई आधारभूत अन्तर्दृष्टि या युक्ति नहीं मानते।

ज्योतिर्मय शुभशक्ति के रूप में देवता का सबसे प्राचीन रूप 'द्यु' प्रतीत होता है। सर्वत्र चमकता 'द्यु' या आसमान या 'द्यौः' मनुष्यों को दिव्य शक्ति का आभास देनेवाला एक सहज प्रतीक है। इस मूल और परम देवता को हमारा पिता, *पिता नः* कहा गया है। फादर श्मित् के नाम से प्रसिद्ध नवत्त्ववेत्ता ने मनुष्यों की मूल धार्मिक भावना को परम पिता पर केन्द्रित एकेश्वरवादी बताया है। यह धारणा प्राचीनतम वैदिक धर्म के विषय में सही प्रतीत होती है। प्राचीन यूनानी देवगण में भी प्रधानदेवता जेयुष; द्यौः का समानान्तर था। सम्भवतः एक दूसरी धारा के अनुसार परममाता के रूप में पृथ्वी की ही कल्पना थी और दोनों के समन्वय के रूप में द्यावापृथ्वी की कल्पना परमपिता, परममाता के रूप में आविर्भूत हुई। द्यौः या 'पिता नः', पृथिवी या 'मही माता' और द्यावापृथिवी में सब के माता-पिता के रूप में देवत्व की प्रारंभिक अवधारणाएँ देखी जा सकती हैं।

पितृरूप से अवधारित द्युस्थानीय देवताओं की उपासना के प्राधान्य से पृथ्वीस्थानीय देवता भी मुख्यतया अग्नि माने गये और उन्हें पिता और गृहपति कहा गया। पृथ्वी और आकाश के बीच अन्तरिक्षस्थानीय इन्द्र और वायु को प्रधानता दी गयी। इस प्रकार देव-कल्पना में रूप-त्रयी का आविर्भाव हुआ। पर इस संदर्भ में मातृ-देवताओं का स्थान गौण हो गया। ऐसा प्रतीत होता है कि प्राचीन भारत में दो प्रकार की आध्यात्मिक और सामाजिक परम्पराएँ थीं। एक पुरुष-देवता-प्रधान और पितृसत्तात्मक, दूसरी स्त्री-देवता-प्रधान और मातृसत्तात्मक। बहुधा इस भेद को 'आर्य' और 'द्राविड', वैदिक और तांत्रिक अथवा निगम और आगम की परम्पराओं के भेद से जोड़ा गया है। इन परम्पराओं की प्राचीनता एवं प्रजाति-सम्बन्ध अविदित हैं पर ऐतिहासिक काल में सामाजिक-सांस्कृतिक प्रवृत्तियों का भेद देखा जा सकता है, जैसा एक दूसरे आयाम में ब्राह्मण और श्रमण परम्पराओं का। इन सभी प्रभेदों का पारस्परिक सम्बन्ध और इतिहास भी अस्पष्ट ज्ञान के कुहासे में ही मिलते हैं।

ऋग्वेद-संहिता में पहले सातवें मण्डल तक सबसे पहले अग्नि, उसके बाद इन्द्र उसके बाद अन्य देवताओं के सूक्त आते हैं। अग्नि और इन्द्र प्रधान देवता माने जाते थे, इसमें सन्देह नहीं है कि अग्नि का सम्बन्ध इस पार्थिवलोक, प्रातःकालीन सवन, वसन्त ऋतु, गायत्रीछन्द, त्रिवृतस्तोम और रथान्तर साम से माना जाता था। अग्नायी, पृथ्वी और इडा उसकी पत्नियाँ हैं। अग्नि का कर्म- हवि का वहन, देवताओं का आवाहन और जो भी कुछ प्रकाश-विषयक व्यापार है। अग्नि का बहुत सा विवरण उसके भौतिक रूप और मानवोपयोगी प्रत्यक्ष कार्यों के आधार पर मिलता है। अग्नि के सुनहले वेश, दाढ़ी, लपलपाती जिह्वा और गीत-संगायन, लपटों और जलती

लकड़ियों के चटखने की आवाज के प्रत्यक्ष भौतिक रूप का ही काव्यात्मक वर्णन है। देवताओं तक हवि पहुँचाने और उन्हें बुलाने का कार्य करने के कारण वे होता और पुरोहित हैं। घर के अन्दर एक सतत प्रज्वलित प्रकाश, उष्मा और ऊर्जा का उत्स होने के कारण वह गृहपति हैं। इसीलिए वे पिता से तुलनीय हैं। प्रकाशक होने के कारण वे अन्धकार की शक्तियों के विनाशक हैं। देवताओं में वह मनुष्य के निकटतम हैं, साथ ही मनुष्य और देवताओं के मध्यस्थ हैं।

अग्नि के अनेक जन्म बताये गये हैं। वे अन्तरिक्ष में मेघों की टकराहट से उत्पन्न होते हैं, पृथ्वी पर अरणियों के घर्षण से। उनका अन्तरिक्ष में जन्म जल से होता है, पृथ्वी पर लकड़ियों से। क्योंकि वर्षा से ही पेड़ उगते हैं, इसलिए उनका पार्थिव जन्म अन्ततः जल से भी होता है। आकाश में सूर्य की ज्योति के रूप में अग्नि नित्य स्थित है। किन्तु पृथ्वी पर वे छिपे हुए हैं और उन्हें प्रकट करने के लिए शक्ति की आवश्यकता होती है। इसीलिए अग्नि का यह आख्यान है कि वे एक बार देवों से भागकर जल में छिप गये, फिर देव-कार्य के लिए उन्हें प्रसन्न करके निकाला गया। तीनों लोकों से सम्बद्ध होने के कारण उन्हें त्रिषधस्थ भी कहा गया है।

इस प्रकार अग्नि के जन्म की कथा यह है कि नित्योद्यत होते हुए भी वे छिपे हुए हैं और वे वीर्यपूर्वक निर्मन्थन के द्वारा प्राप्त किये जाते हैं। उनके जन्म में आकाश और पृथ्वी अथवा दो अरणियों का वीर्यपूर्वक संयोग ही कारण है। अग्नि के जन्म की कथा में न सिर्फ एक आधिदैविक सत्य है जो अन्तरिक्ष में प्रत्यक्ष दिखता है और न सिर्फ मानवीय जीवन की एक आधिभौतिक प्रक्रिया है, जिससे अग्नि सुलगाई जाती है बल्कि आधिभौतिक अरणिघर्षण, आधिदैविक विद्युत् की अभिव्यक्ति और सूर्य की ऊर्जा, इन सब में एक समान रूप से व्याप्त आध्यात्मिक तत्त्व का संकेत देखने से ही उनमें देवत्व की प्रतीति होती है। आकाश में नित्य-सिद्ध होते हुए भी अग्नि भूलोक में प्रयत्नसाध्य है। अन्तरिक्ष में जल से संवर्द्धित होने पर भी भूलोक में वे जल सुखाने पर ही प्रकट होते हैं। अग्नि आध्यात्मिक भूमि में ज्ञान से अभिन्न है। श्वेताश्वतरोपनिषद् का प्रसिद्ध श्लोक है-

स्वदेहमरणिं कृत्वा प्रणवं चोत्तरारणिम्।
ध्याननिर्मथनाभ्यासाद् देवं पश्येन्निगूढवत्॥ १.१४॥

ज्ञान रूप आत्मदेव के प्रकट होने के लिए ध्यानात्मक निर्मन्थन आवश्यक है। भगवान् बुद्ध की साधना के विवरण में भी आता है कि 'ध्यान के पूर्व उन्होंने तप से कामार्द्रता को सुखा दिया, प्रतिदिन अग्नि को प्रज्वलित करना अभ्यास के द्वारा उपासना और ज्ञान को प्रज्वलित करना ही है। आधिभौतिक अग्नि आध्यात्मिक अग्नि का प्रतीक है, जैसे कि वह आधिदैविक अग्नि का पार्थिव रूप है।

यदि अग्नि का स्वरूप ज्ञान है और उसका जन्म प्रयत्नपूर्वक साधना से होता है तो अग्नि का कार्य मनुष्य को देवताओं से जोड़ना और मानव जीवन को अनुगृहीत कर

सच्चे और सीधे मार्ग से आगे ले जाना है। देवताओं को मनुष्य से जोड़नेवाला ज्ञान श्रद्धा और वीर्य से उत्पन्न लोकोत्तर स्फूर्ति है। सही मार्ग दिखानेवाला ज्ञान विवेक है। इस प्रकार अग्नि विवेकात्मक और भावनात्मक ज्ञान के रूप में मनुष्य के सामाजिक, नैतिक व धार्मिक जीवन का नेतृत्व करता है। इसीलिए वह अग्रणी अथवा अग्नि है।

अग्नि के अनेक नाम प्रसिद्ध हैं। पृथ्वी पर वे अग्नि, पवमान कहे जाते हैं। मध्यलोक में जातवेदस् अथवा अग्नि वनस्पति, दिव्यलोक में शुचि अथवा वैश्वानर, यद्यपि एक मत से पार्थिव ही अग्नि वैश्वानर है। अग्नि के अन्य प्रसिद्ध नाम हैं- द्रविणोदस्, तनूनपात् एवं नराशंस।

ऋग्वेद-संहिता के लगभग चौथाई सूक्त इन्द्र विषयक हैं। किसी भी देवता के सूक्त इतने अधिक नहीं हैं यद्यपि वेद में इन्द्र को देवराज की आख्या नहीं दी गयी है तो भी उनका स्थान अग्नि से ही तुल्य है। उनके कार्य के विषय में निरुक्त का कथन है कि उनका कार्य रस को प्रदान करना और वृत्र का वध है। जो कुछ भी शक्ति का कर्म है, वह सभी इन्द्र का है।[३८] यही बात बृहद्देवता में भी कही गयी है।[३९] ये तीनों कर्म वास्तव में एक ही कर्म के तीन भाग हैं। इन्द्र बल के देवता हैं, बल से वह वृत्र का वध करते हैं और वृत्र के वध द्वारा पृथ्वी को रस से आप्लावित करते हैं। उनका सबसे प्रसिद्ध आख्यान वृत्र-वध ही है। ऐसा प्रतीत होता है कि जैसे एक ओर अग्नि और उनके नाना भेद, ज्ञान और प्रकाश के कर्म से जुड़े हैं और अग्नि की भूमिका घर के अन्दर पिता की और समाज में पुरोहित या धार्मिक नेतृत्व की है, ऐसे ही इन्द्र बल के देवता हैं, उनकी भूमिका महाबली योद्धा की है जो संग्राम में विजयी नेतृत्व करता है। किन्तु यह संग्राम मूलत: आधिभौतिक संग्राम नहीं है जो कि खेत और गोधन के लिए लड़ा जाता था बल्कि मूलत: यह आध्यात्मिक स्तर पर ज्योति और तम का संग्राम है। वृत्र का अर्थ है, ढकनेवाला। यह आवश्यक तत्त्व ही तम या अज्ञान है, जिसे वृत्र का नाम दिया गया है। आख्यान में कहा गया है कि वृत्र ने सब गायों को हाँककर एक गुफा में छिपा दिया। इन्द्र ने वज्र से वृत्र का वध कर गायों को खोल दिया और प्रवाहित किया। 'गो' शब्द का आध्यात्मिक स्तर पर अर्थ प्रकाशरश्मि अथवा ज्ञानदीप्ति है, दूसरी ओर आधिदैविक स्तर पर 'गो' शब्द का अर्थ जलधारा है। वृत्र ने उर्वरता अथवा सृष्टि के मूलभूत रस का शोषण किया और इन्द्र ने हृदय-गुहा को बन्द करनेवाली शिला-सी कठोरता को वज्र से भंग किया जिससे कि फिर से रस का संचार हो सके। इसी घटना के विषय में कहा गया है कि इन्द्र ने सात नदियों को बहाया। बादलों को चट्टान व बिजली को वज्र कहा गया है जिसकी कड़क से मेघाद्रि के कटने पर वर्षा प्रवाहित होती है। इस प्रकार वृत्र का आख्यान आधिभौतिक स्तर पर सूखे या अकाल को मिटाने अथवा गोधन के लिए संघर्ष सूचित करता है। आधिदैविक स्तर पर वर्षा के द्वारा अकाल से मुक्ति का और हृदय की कठोरता से मुक्त होकर रस के संचार का प्रतीक है। आध्यात्मिक स्तर विवेक-रूपी वज्र से अन्धकार के नष्ट होने पर ज्ञान का उदय होता है।

इन्द्र के स्वरूप के विषय में विद्वानों में बहुत मतभेद रहा है। इन्द्र को द्युस्थान का देवता, तूफान और बारिश का देवता, सूर्य देवता, चन्द्र देवता, पुराकालिक वीर, बल एवं युद्ध का देवता कहा गया है।[४०] वस्तुतः इन्द्र को द्यौष्पिता से जोड़ना जेउस या ज्यूपिटर के विषय में इस भ्रान्ति के कारण है कि वह मूलतः अन्तरिक्षीय गड़गड़ाहट से संबद्ध था। इस अर्थ में अन्तरिक्ष के देवता रुद्र, मरुत्, वायु, अपांनपात् आदि हैं, न कि इन्द्र। अवश्य ही वज्र विद्युत् का प्रतीक है, परवर्ती काल में इन्द्र वृष्टि का देवता है और वेद में मरुत् इन्द्र के सखा हैं, किन्तु इतने मात्र से इन्द्र को मूलतः क्या तूफान और वर्षा का देवता कहा जा सकता है? पानी बहाना और रस सरसाना, मेघरूपी चट्टानों और पहाड़ी दुर्गों को तोड़ना इन्द्र के कार्यों में निश्चित रूप से परिगणित है, पर *रसानुप्रदानं* या *स्नेहानुप्रदानं* के उल्लेख के बावजूद इन्द्र का प्रधान कार्य बलकार्य ही माना गया है– *'या च का च बलकृतिः'*; *'बलस्य निखिला कृतिः'* (बृहद्देवता, २.६)।

इन्द्र शब्द की व्युत्पत्ति इस संदर्भ में आलोचनीय है। *इदि ऐश्वर्ये* को 'इन्द्र' शब्द की मूल धातु बताया गया है, जो कि इन्द्र के ऐश्वर्य या सामर्थ्य का द्योतक है। दूसरी ओर 'इन्द्र' को मूलतः 'नृ' शब्द से जोड़ा गया है। जैसे प्राचीन यूनानी भाषा में 'आनेर' (नर) शब्द से 'अन्द्रैय्या' (= नृम्ण) शब्द बनता है, ऐसे ही इन्द्र भी 'नृ' शब्द से व्युत्पन्न होकर पौरुष या वीर्य का वाचक समझा जा सकता है। इस प्रकार की व्युत्पत्ति इन्द्र के बलदेवता होने की कल्पना को समर्थित करती है।[४१] बौद्ध आगम में इन्द्रिय शब्द बल का पर्याय है।

संक्षेप में इन्द्र अपने आधिभौतिक पक्ष में युद्ध के नेता हैं, परम पराक्रमी, वीर सेनापति, शत्रुनाशक, पर-पुरंजय, धनदाता, विजयदाता। इस संदर्भ में वृत्र शत्रुवाची है, पुर दुर्गवाची, वज्र अस्त्रवाची, गो धन-संपत्तिवाची। अपने आधिदैविक पक्ष में इन्द्र रसप्रदाता, वृष्टिकर्त्ता हैं, पुर और पर्वत मेघ हैं, वृत्र सूखा है, गो जलधारा है, वज्र बिजली है। अपने आध्यात्मिक पक्ष में इन्द्र साधन की शक्ति के प्रतीक हैं, जो साध्य के पास पहुँचाती है और जो कालान्तर में अनुग्रह कर आनन्द बरसाती है। विशेष रूप से साधन शक्ति के संकल्पात्मक वीर्य के रूप में अभिप्रेत है। यह स्मरणीय है कि साधना के बल पाँच बताये गये हैं– श्रद्धा, वीर्य, स्मृति, समाधि, प्रज्ञा। श्रद्धा के साथ ही विवेक संश्लिष्ट रहता है, प्रारम्भ में परोक्ष ज्ञान के रूप में। इस आध्यात्मिक संदर्भ में इन्द्र आत्मशक्ति के ही प्रतीक हैं, वज्र विवेक है, वृत्र अज्ञान, गुहा हृदय, गाय ज्ञान।

इन्द्र शक्ति के देवता हैं पर उन्हें अनार्यों के विरुद्ध संघर्ष में आर्यों का युद्ध-देवता मानना एक कल्पनामात्र है। प्राचीन पश्चिम एशियायी जातीय देवताओं की तरह इन्द्र को आर्यजातीय देवता मानना और फिर आर्य-अनार्य संघर्ष मानना, दोनों ही बातें प्रमाणित नहीं हैं। यह मानना कि इन्द्र के नेतृत्व में आर्यों ने सैन्धव सभ्यता नष्ट की, यह और भी अप्रमाणित है।

इन्द्र का विवरण अन्य देवताओं की अपेक्षा अधिक मानवोपम है। इन्द्र का आकार बृहद् है, उनका रंग रक्ताभ या हरि है। उन्हें हरिकेश भी कहा गया है। उनके हाथ में वज्र है जिसे ताँबे का बना या आयस बताया गया है। इसलिए इन्द्र को वज्रबाहु, वज्री भी कहा गया है। उनके धनुष-बाण और अंकुश का भी उल्लेख मिलता है। वे रथ पर सवारी करते हैं। उनके घोड़े भी हरि बताये गये हैं। उनका एक और प्रसिद्ध नाम है- वृत्रहन्। वे सोम के पीनेवाले हैं। सोमपान से उत्तेजित होकर वे पराक्रम करते हैं। उनके नामों में मरुत्वत्, शचीवत्, शचीपति, शतक्रतु, अप्सुजित्, पूर्भित् और मघवन् उल्लेखनीय हैं।

वृत्रवध के अतिरिक्त इनसे सम्बद्ध एक उपाख्यान यह है कि उन्होंने सूर्य के घोड़ों को रोका एवं उषा के रथ को तोड़ा। इन उपाख्यानों के पीछे तूफान और बादलों के द्वारा सूर्य के आच्छादन का रूपक प्रतीत होता है। यह स्मरणीय है कि परवर्ती काल में पवनपुत्र हनुमान् ने भी सूर्य का रोध किया था, ऐसी कथा प्रचलित है। एक अन्य उपाख्यान के अनुसार इन्द्र के लिए सुपर्ण सोम का आहरण करता है। एक और आख्यान के अनुसार इन्द्र सरमा के द्वारा पणिओं से अवरुद्ध गायों का पता लगा लेते हैं और उन्हें लौटा लेते हैं। दाशराज्ञ युद्ध में इन्द्र ने राजा सुदास को सहायता दी, ऐसी कथा है। एक स्थान पर यह भी उल्लेख है कि इन्द्र ने अपने पिता त्वष्टा का वध किया,[४२] यह साहस इन्द्र ने सोम को चुराने के लिए किया। वस्तुतः त्वष्टा और इन्द्र के विषय में यह उपाख्यान एक आध्यात्मिक रूपक प्रतीत होता है। त्वष्टा एक ओर तो सब रूपों के कर्त्ता हैं, एक दिव्य शिल्पी हैं, उन्हें सृष्टि में आवश्यक रूप प्रदान करने की शक्ति समझा जा सकता है और इसी नाते वे सार्वभौम पिता भी हैं। वे मानव जाति के भी आदि पिता हैं। क्योंकि उनकी पुत्री सरण्यू विवश्वान् की पत्नी थी एवं यम और यमी की माता थीं। बृहस्पति, इन्द्र, अग्नि इन सब का उन्हें जनक बताया गया है। रूप-स्रष्टा होने के नाते ही त्वष्टा इन्द्र के पिता कहे गये हैं और इन्द्र के द्वारा उनका सोम प्राप्ति के लिए वध परमार्थ की प्राप्ति के लिए परम-रूपात्मक सत्ता का अतिक्रमण सूचित करता है।

वायु, मरुत् और अपांनपात् भी अन्तरिक्ष स्थानीय देवता हैं। यह स्मरणीय है कि तीन लोकों का आधिदैविक विभाजन आधिभौतिक और आध्यात्मिक विभाजन के समानान्तर है। त्रिगुणात्मक प्रकृति के अनुसार ही आधिभौतिक स्तर पर मानवसत्ता और कार्य विभक्त हैं। सत्त्वप्रधान ब्रह्म, सत्त्वोपसर्जनीभूत रजः प्रधान क्षत्र और रजस्तमः प्रधान विशः जिनके कार्य पौरोहित्य, शिक्षण और मंत्रणा, रक्षा, प्रशासन, न्याय और प्रतिविधान के द्वारा हित-सुख-संपादन और भौतिक सुविधाओं का उत्पादन एवं विभाजन क्रमशः कहे जा सकते हैं। ब्रह्म, क्षत्र और विशः का विभाजन क्रमशः ज्ञान, बल और पुष्टि से संबद्ध कार्यों के भेद पर आधारित है। सृष्टि का मूलभूत सत् ही निःश्रेयस है, उसका सृष्टि-प्रतिबिम्बित यथार्थ और व्यवस्थात्मक रूप ही धर्म है। ब्रह्म, क्षत्र और विश् श्रेयोरूप और धर्म के अवयवभूत कहे गये हैं। क्षत्र ही देवभूमि में

इन्द्र, वरुण, सोम, रुद्र, पर्जन्य, यम, मृत्यु और ईशान के रूप में व्यक्त है। अग्नि, मित्र और बृहस्पति देवस्थानीय ब्रह्म हैं। विश् की तुल्यता गणात्मक देवताओं में देखी गयी है। जैसे वसु, रुद्र, आदित्य, विश्वेदेव और मरुत्। विश् के वैश्य और शूद्र में विभक्त होने पर पूषा को शूद्रों के समानान्तर बताया गया। इस प्रकार सामाजिक वर्ग और व्यापार तीन हिस्सों में बँट जाते हैं-पुरोहित, शिक्षक, मंत्री, राजा, सेनापति, कर्षक, पशुपालक, वणिक और सेवक। समाज की मूलभूत इकाई और उसकी रचना का प्रतिबिम्ब कुटुम्ब है, उसमें भी पिता और गुरु अग्नि के प्रतिनिधि हैं, पति रक्षक और भर्ता के रूप में इन्द्र और वरुण का, पत्नी एवं माता सोम और पूषा की प्रतिनिधि हैं। दासों को कुटुम्ब के अन्दर मानने पर वे ही पूषा के प्रतिनिधि होंगे। कुलों और वर्णों के संगठन के रूप में समाज ही आधिभौतिक और ऐहिक सत्ता है।

आध्यात्मिक सत्ता जागरित, स्वप्न और सुषुप्ति के अनुसार त्रिविध कही गयी है और इन अवस्थाओं के पुरुष विश्व, तैजस एवं प्राज्ञ बताये गये हैं। इन तीन भूमियों में सत्ता, ज्ञान और आनन्द की त्रिविधता सृष्टि अथवा अविद्या कोष के अन्दर देखी जा सकती है। जागरित में सत्ता का भान उतना ही असंदिग्ध होता है जितना उसकी क्रियात्मकता, अनित्यता और परतंत्रता का। स्वप्न में ज्ञान की अपरोक्षता, विषय की ज्ञान से अभिन्नता और ज्ञान की विषयि-निमग्नता स्पष्ट होती है। सुषुप्ति में आनन्द की विषयनिरपेक्षता और स्वरूपता का भान होता है। साधन के द्वारा अविद्या के अतिक्रमण की प्रक्रिया में ये अवस्थाएँ कर्मयोग, ज्ञानयोग और भक्तियोग को निदर्शित करती हैं। कर्मयोग में आत्मशक्ति गुरु या पुरोहित के रूप में अप्रत्यक्षतया कार्य करती है। आविद्यक उपाधि और सांसारिक परिग्रह का देवात्मशक्ति के लिए त्याग ही याग या कर्म है। उसके नेता अग्नि हैं जिन्हें सम्यक्दृष्टि और निःस्वार्थ संकल्प की प्रेरणा कहा जा सकता है। सही मार्ग पर चलने का दृढ़ संकल्प ही कर्म का संबल है और अग्निस्थानीय है। ज्ञानयोग आत्मशक्ति का क्रमशः अपरोक्ष उन्मेष है। श्रद्धा और वीर्य कर्म के उपष्टम्भक हैं, तो विचार, विवेक, स्मृति, समाधि और प्रज्ञा ज्ञान की अवस्थाएँ हैं। यही इन्द्र के स्वाराज्य और वज्रोपम चित्त की भूमि है। भक्ति-योग ब्रह्मानन्द की साधना है, जिसे वैदिक पदावली में सोम और साम की साधना से जोड़ा जा सकता है। इन्द्र का सोमपान ज्ञानी की आनन्दानुभूति है। जिस ज्ञानरसात्मक गोपदार्थ को इन्द्र उद्घाटित करता है उसका पूर्णविकास विष्णु के परमधाम में उपलब्ध होता है।

अस्तु वायु को इन्द्र के समान ही प्रमुख अन्तरिक्षस्थानीय देवता माना गया है। लगभग आधे दर्जन सूक्तों में, वायु और इन्द्र की संयुक्त स्तुति मिलती है। वायु को विश्वपुरुष की साँस के साथ संबद्ध बताया गया है। वह सब देवताओं में सबसे तीव्रगति है- *वायुर्वैक्षेपिष्ठा देवता*। अपनी इसी तेजी के कारण वे देवताओं की दौड़ में प्रथम आये और इसलिए सर्वप्रथम सोमपान के अधिकारी हैं। उनके रथ के घोड़े रोहित या लाल हैं। अनेक घोड़ों से खींचे जानेवाले रथ के कारण उन्हें नियुत्वान् कहा गया

है। वे सोम के रक्षक हैं और शुचिपाः कहलाते हैं। आँधी या झंझावात के रूप में उन्हें वात कहा गया है। परवर्ती दर्शन में वायु को चलनात्मक और प्राण को अन्तःकरण का धर्म माना गया है। ये दोनों वायु के आधिदैविक और आध्यात्मिक रूप हैं। आधिभौतिक स्तर में वायु गति और प्रवृत्ति का द्योतक है।

मरुद्गण का अकेले ही तैंतीस सूक्तों में स्तवन किया गया है, सात सूक्तों में इन्द्र के साथ एवं एक-एक सूक्त में अग्नि और षूषन् के साथ। मरुतों को अनेक का गण या 'शर्ध' कहा गया है। इन्हें रुद्र का पुत्र या रुद्रगण बताया गया है। पृश्नि या चितकबरी गाय को इनकी माता कहा गया है। पृश्नि की पहिचान कुछ आधुनिक विद्वानों ने तूफानी और वर्षुक मेघमाला से की है। वस्तुतः *पृश्निमातरः, गोमातरः, सिन्धुमातरः,* ये विशेषण स्पष्ट ही पृश्नि, गो और सिन्धु की एकता बताते हैं। समुद्री जलराशि ही मरुद्गण की माता है। समुद्र से आती मानसूनी हवा के रूप में मरुद्गण युक्त हो सकते हैं। वैसे वर्षा मात्र का मूल समुद्र माना जाता था जहाँ से मेघ उठते थे। उन मेघों से जुड़े पवन को मरुद्गण कहना सटीक होगा। वर्षा-मेघों को पर्जन्य कहा गया है, वे मरुद्गण की मशक हैं, जिनसे वे पानी बरसाते हैं। इस प्रकार सिन्धुमूलक वर्षा-वायु ही पर्जन्य और मरुद्गण सिद्ध होते हैं।

मरुद्गण में मानवीय गणसिद्ध विशेषताएँ मिलती हैं, उनमें भाईचारा और बराबरी है, उनका जन्मस्थान और आवास समान है। वे स्वर्णाभ, तेजस्वी दीप्तायुध और रथधावी हैं। वे आभूषणों से अलंकृत हैं, बिजली के भाले लिये होते हैं, उनके रथ को चितकबरे घोड़े खींचते हैं, इसलिए वे 'पृषदश्व' कहलाते हैं। कभी वे भयंकर कार्य करते हैं, पर्वतों को हिला देते हैं, पृथ्वी को कँपाते हैं। उनके द्वारा की गयी वर्षा दूध, घी और मधु की वर्षा है। उनको 'पुरुद्रप्साः' या 'द्रप्सिनः' कहा गया है।

मरुत् प्रकृष्ट गायक हैं, उन्होंने वृत्रवध के समय गीत गाया था। वे इन्द्र के सहचर और सहायक हैं। उनके पिता रुद्र ऋक्संहिता के कुल तीन पृथक् सूक्तों में प्रधान देवता हैं, यद्यपि वाजसनेयिसंहिता और अथर्वसंहिता में उनके विषय में अतिरिक्त विवरण मिलता है। रुद्र महाबली और भीषण देवता हैं, तेजस्वी, धनुर्धारी हैं। उनकी विशिष्ट आख्याएँ हैं- त्र्यम्बक और जलाषभेषज। अग्नि के आठ नाम रुद्र, शर्व, पशुपति, उग्र, अशनि, भव, महान्देव और ईशान में रुद्र के ही नामों की गणना है (शतपथ ब्राह्मण, ६.१.३.१०-१७)। रुद्र को एक ओर बिजली कड़कनेवाले झंझावात का देवता कहा गया है जिस कारण परवर्ती काल में उन्हें त्रिशूलधारी माना गया है। इस रूप में रुद्र, मरुत् और इन्द्र से सम्बन्ध रखते हैं पर एक गौण देवता हैं। दूसरी ओर उनके परवर्ती विवरण और बढ़ते महत्त्व से उन्हें आर्येतरीय लोकदेवता कहा गया है। मोहनजोदड़ो में पशुपति के चित्रण से और परवर्ती काल में शिव-रुद्र के लिङ्ग रूपधारी होने के कारण इस कल्पना का समर्थन किया गया है। इस दृष्टि से रुद्र मूलतः एक पशुपालक समाज में प्रजनन और उर्वरता के देवता थे किन्तु परवर्ती आर्य समाज में उनकी वैदिक रुद्र से एकात्मकता प्रसिद्ध हुई, लेकिन मूलतः अन्यजातीय देवता होने के कारण उनसे भय

की प्रतीति बनी रही, इसलिए उन्हें अपवार्य या *एपोट्रोपेइक* देवता कहा गया है। वस्तुतः पशुपति-रुद्र को मूलतः उर्वरता और प्रजनन से जोड़ना ही निष्प्रमाण है। पशुपति-रुद्र में, आरण्यक योगी की कल्पना चित्रित है। बिजली और बिजली की कड़क से गिरे पत्थर ही ज्योतिर्मय और स्वयंभूलिंग की कल्पना के मूल प्रतीत होते हैं।

यदि इन्द्र आत्मशक्ति हैं तो रुद्र-मरुत् को मनःप्राणात्मक शक्तियाँ माना जा सकता है।

द्युस्थानीय देवताओं में सूर्य और सविता, मित्र और वरुण, पूषन् और अश्विन्, आदित्य और विष्णु प्रधान हैं। सूर्य की स्तुति ऋक्संहिता के दस पूरे सूक्तों में मिलती है। सूर्य सृष्टजगत् के प्रकाश और दृक्-शक्ति के प्रतीक हैं। उनकी उत्पत्ति विराट् पुरुष के नेत्रों से बताई गयी है। उन्हें सर्वदर्शी और 'स्पश्' कहा गया है। वे ब्रह्माण्ड की आत्मा और पाप-पुण्य के साक्षी हैं। अदिति के पुत्र होने से वे आदित्य कहलाते हैं। उनके दृश्य आधिदैविक रूप को नाना देवताओं के द्वारा स्थापित किया बताया गया है।

प्रत्यक्ष सौरपिण्ड का आकाशसंचार दीखता है अतः सूर्य को आकाशचारी पक्षी के रूप में कल्पित किया गया है। स्मरणीय है कि देह छोड़कर आत्मा का जाना भी पंछी के उड़ने से तुलनीय है। उन्हें रथी भी बताया गया है। उनके रथ में सात घोड़े जुते हैं जो प्रकाश-रश्मियों के प्रतीक हैं। इनमें एक का नाम 'एतश्' है, ऋतु एवं काल के व्यंजक होने के कारण सूर्य को चक्र भी कहा गया है। वे समय नापते हैं। जीवन के दाता और आरोग्य के विधाता हैं।

इस प्रकार प्रकाश, जीवन और काल के कारक सूर्य आध्यात्मिक पक्ष में सर्वसाक्षी विश्वात्मा हैं, जो जगद्गति के विधायक हैं।

सविता का ऋक्संहिता के ग्यारह सूक्तों में पृथक् रूप से स्तवन मिलता है। वे सूर्य के ही एक भेद हैं। उनकी सुनहरी आभा उनकी विशेषता है। इसके अतिरिक्त उनकी विशेष शक्ति प्रेरणा देने की बतायी गयी है। वे पाप को जलाते हैं और सुमति देते हैं। वेद की सब से प्रसिद्ध ऋचा गायत्री या सावित्री मंत्र है और उसके देवता सविता हैं। आध्यात्मिक स्तर पर मानव-बुद्धि की प्रेरक दिव्य बुद्धि की तेजस्विता ही सविता के रूप में कल्पित है। आधिदैविक स्तर पर सविता सन्ध्याकालीन सौर तेज से अभिन्न है। उनका एक रूप वह है जब अभी सूर्योदय नहीं हुआ है, पर अँधेरा हट गया है। दूसरा रूप उनका सूर्यास्त के बाद उपसंहृत होता प्रकाश है। आधिभौतिक स्तर पर सविता सुमति हैं। जो सब कार्यों में शुभ प्रेरणा होती है, उसके दाता और अनुमंता होते हुए भी सावित्र अनुभाव के प्रतिनिधि हैं।

पूषा भी सौरवर्ग के देवता हैं। आधिभौतिक स्तर पर वे मवेशियों के रक्षक हैं, पथों के निर्माता और ज्ञाता हैं। नष्ट वस्तु का पता लगाने और बतानेवाले हैं। संक्षेप में वे

चरवाहों और यात्रियों के निर्देशक और रक्षक हैं। आधिदैविक स्तर पर वे सूर्य की पोषक ऊर्जा और दूर-दूर तक मार्ग दिखलाने की शक्ति हैं। आध्यात्मिक स्तर पर वे आत्मशक्ति के आधीन अर्थसाधक प्रज्ञा हैं जो पुष्टि और सुरक्षा की नीति बताती हैं। उनके सार्थक विशेषण हैं 'आधृणि', 'अजाश्व', 'करम्भाशी', 'विश्ववेदस्', 'अनष्टवेदस्', 'पुष्टिम्भर' आदि।

इन्द्र, अग्नि और सोम के बाद सबसे अधिक सूक्तों में अश्विन्देवों का स्तवन मिलता है। अश्विन् समान नाम के दो यमज देवता हैं। वे भी सौर परिवार के प्रकाशात्मक देवता ही हैं। वे नासत्य कहे जाते हैं। यास्क एक को रात्रि का, दूसरे को उषस् का पुत्र बताते हैं। एक उनका विशेषण 'दस्र' है। उन्हें 'रुद्रवर्तनि' और 'हिरण्यवर्तनि' कहा गया है। मधु के साथ उनका घनिष्ठ सम्बन्ध है। वे मधुप्रेमी हैं और मधु मधुमक्खियों को देते हैं। इनका रथ विचित्र है। उसके तीन खंड और तीन पहिये हैं, पर वह अत्यन्त वेगवान् है।

अश्विनों के प्रकट होने का समय उषा का आरम्भकाल है, जब कपिला गायों के जाते समय अभी अँधेरा बना रहता है।

सहायता करने में ये तेज हैं, सागर में डूबने से बचाते हैं, समुद्र की ओर से रथ में आते हुए कहे गये हैं। ये दिव्य चिकित्सक हैं। उन्होंने च्यवन को नवयौवन दिया, तुग्र के पुत्र भुज्यु को डूबने से बचाया। भुज्यु लहरों में एक लट्ठे के सहारे पड़े थे। जल से मृतप्राय रेभ को उन्होंने बचाया। ऋज्राश्व को उन्होंने दृष्टिदान दिया, विश्पला को लोहे का पैर दिया, घोषा को पति प्रदान किया। अथर्वा के पुत्र दध्यञ्च पर अश्व का सिर लगाया। उनके अनेक अद्भुत कर्मों का उल्लेख मिलता है।

अश्विनीकुमारों की मूल पहचान विवादग्रस्त है। एक मत उन्हें प्रातःकालीन तारे से जोड़ता है और चूँकि यह तारा सायंकालीन तारे से स्वभावतः जुड़ा है, इसलिए ये दो तारे ही अश्विन् हो सकते हैं, यह कल्पना अनायास है। एक अन्य मत से उन्हें चमत्कारी महापुरुष की कल्पना माना जा सकता है। उनकी तुलना यूनानी *दियोसकूरोइ* से की गयी है।

आधिभौतिक स्तर पर अश्विनीकुमार सामुद्रिक विपत्तियों से तारक और करामाती चिकित्सक हैं। आधिदैविक स्तर पर वे भोर और साँझ के तारों का युग्म प्रतीत होते हैं। आध्यात्मिक स्तर पर साधना की मधुमती भूमिका और उनकी चमत्कारिता के प्रतीक हैं।

अदिति अनन्त आकाश और पृथ्वी के रूप में कल्पित दिव्य प्रकृति हैं। वह बन्धनहीनता या पापमुक्ति की भी देवता हैं। मुक्तिरूपा और मातृरूपा अदिति के पुत्र आदित्य कहलाते हैं। आदित्यों की संख्या अनेकधा बतायी गयी है। आदित्यों में मित्र, अर्यमन्, भग, वरुण, दक्ष और अंश (ऋग्वेद, २.२७.१) उल्लिखित हैं। आठ आदित्यों

के नाम मित्र, वरुण, अर्यमन्, अंश, भग, धातृ, इन्द्र, विवस्वन्त् (तैत्तिरीय ब्राह्मण, १.१.९.१, जि० १, पृ० ५२) है, अन्यत्र मार्तण्ड को भी गिना गया है (शतपथ के अनुसार आदित्य का आठवाँ पुत्र मार्ताण्ड था जो कि अविकृत अर्थात् अविकसित था। उससे विवस्वान् का निर्माण हुआ-द्र० शतपथ ब्राह्मण, ३.१.३.३)। उसको जोड़कर उनकी संख्या ८ हो जायगी। बारह आदित्यों का बारह महीनों से समीकरण किया गया है।

आदित्यों की मूल संख्या सात मानकर ओल्डेनबर्ग ने उन्हें सूर्य, चन्द्र और पाँच ग्रहों से तुलनीय बताया है।[४३]

अर्यमन् संभवतः अतिथियों के देवता थे। भग सौभाग्यदाता के रूप में अनुग्रहशाली देवत्व के ही प्रतिनिधि हैं। अंश भी प्रायः समानार्थक ही हैं। दक्ष कुशल निर्माता हैं, अन्ततः उनका प्रजापति के साथ ऐक्य मिलता है। सभी आदित्य शुभ और सत्य के देवता हैं। उनके विशेषण हैं- शुचि, हिरण्यमय, भूर्यक्ष, अनिमिष, अस्वप्नज्, दीर्घधी, अरिष्ठ, धृतव्रत, अनवद्य, अवृजिन, ऋतावन्।

मित्र प्रायः सदा ही वरुण के साथ संयुक्त रूप में स्तुति के विषय हैं। मित्र की पहचान विवाद का विषय रही है। मित्र लोगों को जोड़नेवाले, मित्र बनानेवाले हैं और ज्योति के देवता हैं। अथर्ववेद और ब्राह्मण साहित्य में मित्र को दिन एवं वरुण को रात के साथ संबद्ध किया गया है। इसी के प्रतीक के रूप में यज्ञ-संदर्भ में मित्र को श्वेतवर्ण और वरुण को कृष्णवर्ण पशु की बलि दी जाती है।

वरुण ऋक्संहिता के एक महान् देवता हैं यद्यपि इनकी स्तुति एक दर्जन सूक्तों में और मित्र के साथ स्तुति दो दर्जन सूक्तों में मिलती है। तो भी उन्हें सर्वत्र सर्वोपरि विराजमान सम्राट् के रूप में बताया गया है। वे सर्वोत्तम राजसत्ता-क्षत्र से समन्वित हैं। वे सब के कर्मों का, उनके पाप-पुण्य का अवलोकन करते हैं। उनके सहस्रों निरीक्षक उन्हें सूचना देते हैं। संभवतः रात्रिकालीन तारे ही यहाँ अभिप्रेत हैं। वरुण अथवा मित्रावरुण के लिए 'असुर' शब्द का प्रयोग हुआ है और उनकी माया का उल्लेख मिलता है। वे ऋत के रक्षक हैं और 'धृतवत्', 'ऋतावन्', 'ऋतस्य गोपा' कहे गये हैं। उनकी शक्ति का विस्तार अपार है, वे सर्वसाक्षी हैं और विश्व के नैतिक नियामक हैं। पापियों को दण्ड देने के लिए उनके 'पाशों' का उल्लेख है। वरुण की पहचान विवादग्रस्त है। उन्हें ऊरानॉस, आकाश, रात्रिकालीन आकाश अथवा चन्द्रमा बताया गया है। पं० क्षेत्रेशचन्द्र चट्टोपाध्याय ने युक्तियुक्त रूप से इन मतों का खंडन कर वरुण को रात्रिकालीन सूर्य सिद्ध किया है। सूर्य के दो रूप-दिवाकालीन और रात्रिकालीन, मित्र और वरुण में देखे जा सकते हैं। पश्चिम में सूर्यास्त होने के कारण वरुण का सम्बन्ध समुद्र से स्थिर हुआ। रात्रि से सम्बन्ध होने के कारण वे पाप-पुण्य के साक्षी और दण्डपाशधर हैं।

आधिभौतिक स्तर पर मित्र और वरुण ब्रह्म-क्षत्रात्मक साम्राज्य विधारक शक्तियों को सूचित करते हैं। मित्र पुरोहित और वरुण राजा के द्योतक हैं। आधिदैविक स्तर पर

मित्रावरुण सूर्य के ही दो रूप हैं, जो मनुष्य को प्रकाश देते हैं और पाप से बचाते हैं। आध्यात्मिक स्तर पर वे अन्तर्यामी विवेक और धर्माध्यक्ष के रूप में ईश्वर को ही द्योतित करते हैं।

विष्णु का ही प्रधान रूप से स्तवन ऋक्संहिता के सिर्फ पाँच सूक्तों में मिलता है। विष्णु के तीन पग धारण करने की कथा प्रसिद्ध है, ये ही उनके विक्रम हैं। उनका तीसरा पग उच्चतम आकाश में है। उनका स्थान परम व्योम में है, जहाँ भूरिशृंग गायें हैं। वही विष्णु का रहस्यात्मक नाम भी है। विष्णु के परम पद में अक्षय मधु का कूप है। उन्हें 'उरुगाय' और 'उरुक्रम' कहा गया है। अग्नि के समान ही वे त्रिषधस्थ हैं।

उरुगाय, त्रिविक्रम, परमव्योमस्थ विष्णु की आधिदैविक पहचान अनेक कल्पनाओं का विषय रही है। तीन पगों को सूर्य के उदय, मध्याह्न और अस्त की तीन स्थितियाँ कहा गया है। तीन लोक भी विष्णु के तीन पग बताये गये हैं। विष्णु की इन्द्र से मित्रता प्रसिद्ध है। स्पष्ट ही विष्णु सर्वव्यापी और सर्वातिशायी सौर तेज से अभिन्न हैं। दूसरी ओर आधिभौतिक स्तर पर वे यज्ञसंस्था के रूप में कल्पित हैं। आध्यात्मिक स्तर पर विष्णु यज्ञ की आधारभूत भावना भक्ति का प्रतीक है। उनकी कल्पना क्रमशः अधिक महत्त्वपूर्ण होती गयी है।

बृहस्पति की ग्यारह संपूर्ण सूक्तों में स्तुति की गयी है। वे मंत्र के ही देवता हैं। ऋत उनका रथ है, ऋत उनकी प्रत्यंचा है। सर्वोच्च ज्योति से उनका जन्म होता है, उनके गर्जन से अंधकार भागता है। उन्हें सप्तमुख और सप्तरश्मि कहा गया है, जो उनका यज्ञ से सम्बन्ध स्पष्ट करता है। उन्हें ब्रह्मणस्पति, अंगिरस, सदसस्पति कहा गया है। वे मंत्रगायकों के नेता हैं। गणपति भी उनकी उपाधि है। अग्नि के समान ही वे दिव्य पुरोहित हैं।

आधिभौतिक स्तर पर वे पुरोहित और मंत्री हैं। आधिदैविक स्तर पर इन्हें तिष्य नक्षत्र-पुंज से जोड़ा गया है। आध्यात्मिक स्तर पर वे मंत्रशक्ति से अभिन्न और वाक् के देवता हैं।

ऋग्वेद का समस्त नवम मंडल और कुल १२० सूक्त सिर्फ सोम की स्तुति को दिये हुए हैं। अपने आधिभौतिक रूप में सोम एक ओषधि विशेष का नाम था जिसका रस यज्ञ में देवताओं को दिया जाता था। देवताओं का सामान्यतः प्रिय होते हुए भी सोमरस इन्द्र को विशेष रूप से प्रिय था। इसका रस रंग में भूरा और प्रभाव में प्रहर्षक होता था। सोम का उद्गम मूजवन्त पर्वतश्रेणी में माना जाता था।

सोम के आधिदैविक रूप को चन्द्रमा से अभिन्न बताया गया है पर यह कल्पना कब से सोम के लिए नियम से लागू होने लगी, यह कहना कठिन है। आध्यात्मिक स्तर पर सोम रस या आनन्द ही है। अपने भावनात्मक और भाव्यात्मक पक्षों में यह रस भक्ति की ही दो अवस्थाएँ— अपरा और परा, सूचित करता है।[४४]

नाना देवताओं के वर्णन में बहुत सी बातें समान मिलती हैं। सभी देवता अचिन्त्यशक्ति से संपन्न होते हैं और नाना रूपों में प्रकट हो सकते हैं। उनके वाहन, आयुध और अलंकारों के वर्णन में समानताएँ हैं। नाना प्राकृतिक और मानवीय व्यापारों से उनका सम्बन्ध माना जाता है। वे सभी यज्ञ के द्वारा उपास्य हैं। उनके परस्पर सम्बन्ध अनेक प्रकार के माने जा सकते हैं। उनको मूलतः या वस्तुतः पृथक् और सीमित स्वभाव के मानने से असाध्य कठिनाइयाँ और विरोध उत्पन्न हो जायँगे। वे एक ही अनन्त ज्योतिर्मय सत्ता के औपाधिक भेद हैं। द्रष्टा ऋषियों के भाव के अनुरूप उनके नाम-रूप-कृत भेद सिद्ध होते हैं, जिनके विवरण उनके जन्म, कर्म, चरित आदि के आख्यानों के द्वारा ऋषियों के सूक्तों में मिलते हैं। इन विवरणों में काव्यात्मक और प्रतीकात्मक भाषा में आध्यात्मिक अनुभूति और रहस्य व्यक्त होते हैं। इन विवरणों को वस्तु-वृत्तान्त मानकर परस्पर-व्याहत और मिथ्या कल्पना की उड़ान मानना उनको न समझना है और वेद को असंस्कृत बुद्धि के लोगों की रचना मानना है।

देवताओं तक मनुष्यों की चेतना को पहुँचाने का कार्य ऋषियों का है। ऋषि मानव होते हुए भी असामान्य मानव हैं। उनका ज्ञान और शक्ति अलौकिक है, भृगु को वरुण का पुत्र या दत्तक पुत्र कहा गया है। वे अग्नि को मनुष्यों तक लायें, यह उनका प्रसिद्ध कर्म है। मातरिश्वा अग्नि को विद्युत् के रूप में आकाश से लाते हैं, भृगु उन्हें मनुष्यों तक पहुँचाते हैं।

अथर्वा ने सर्वप्रथम यज्ञ-व्यवस्था स्थापित की। अथर्वा का शब्दार्थ 'अग्नि पुरोहित' प्रतीत होता है। अथर्वा का पुत्र दध्यञ्च् था, जिस पर अश्विनीकुमारों ने अश्व का सिर आरोपित किया था। दध्यञ्च् ही परवर्ती काल में दधीचि के नाम से विख्यात हुए।

अंगिरा भी पुरोहित थे, जिन्होंने लकड़ी से अग्नि को मथा था। वे इन्द्र के मित्र थे और नवम मंडल के द्रष्टा हैं। विरूप, नवग्व और दशग्व भी उनके जैसे ही पुरोहित थे। सप्तर्षि भी दिव्य ऋषि थे, जिन्हें ऋक्ष कहा गया है और जिन्हें उसी नाम के तारा-पुंज से अभिन्न बताया गया है। अत्रि नाम के ऋषियों ने स्वर्भानु नाम के दैत्य के द्वारा छिपाये सूर्य को पुनः आकाश में प्रतिष्ठित किया। इसे सूर्यग्रहण के बाद सूर्य के साफ होने की घटना कहा गया है। अत्रि पंचम मंडल के द्रष्टा हैं। कण्व अष्टम मंडल के अधिकांश सूक्तों के द्रष्टा हैं। कुत्स इन्द्र के मित्र और साथी के रूप में प्रसिद्ध हैं। उनके अन्योन्य-संबद्ध अनेक विक्रमों का उल्लेख मिलता है। काव्य उशना, गौतम, विश्वामित्र, वामदेव, भारद्वाज और वसिष्ठ भी इसी प्रकार के मंत्रद्रष्टा ऋषि हैं जिनके देवताओं से सम्बन्धों का उल्लेख मिलता है। सुदास्, पुरुकुत्स, त्रसदस्यु, दिवोदास, अतिथिग्व आदि राजा भी ऋषियों और देवताओं के साथ जुड़े दीखते हैं।

वस्तुतः ऋषिचरित, वीरचरित और देवचरित, तीनों ही आदिकालीन आख्यानात्मक इतिहास के अन्तर्गत मिलते हैं। इन आख्यानों में इतिवृत्त, रूपक और

रहस्य जुड़े हैं और अलग-अलग करना एक दुष्कर कार्य है। यह स्पष्ट है कि मूल ऋषियों को देवकल्प और चमत्कारी माना जाता था। वे देवताओं के कृपापात्र थे और यज्ञ-संस्था के प्रवर्तक। इनका ऐतिहासिक चरित कल्पनाप्रचुर आख्यानों में लुप्त हो चुका है। प्राय: यही स्थिति उस युग के राजाओं की है। ऋषियों और राजाओं का यह आख्यानात्मक इतिहास, जिसके बीज वेद में मिलते हैं, पुराणों में पल्लवित मिलता है। वंश और वंशानुचरित के रूप में यह पौराणिक इतिहास नामों और वंशावलियों का अद्‌भुत अवदानों से संसृष्ट रूप में स्मरण करता है।

इस पौराणिक आख्यान के वातावरण में जहाँ मनुष्यों और देवताओं का सहचार उपलब्ध होता है, एक ओर ऋषियों और राजाओं में देवत्व आरोपित मिलता है, दूसरी ओर देवताओं में मानवत्व। दोनों ही तरफ से इस आरोप में प्रतीति और कल्पना का मिश्रण है। साक्षात्कार और उपासना के द्वार से मनुष्य और देवता निकट आते हैं और इसी स्थिति में उनके धर्मों का पारस्परिक आरोप सिद्ध होता है। अनादिसिद्ध या साधनसिद्ध ऋषियों एवं वीरों में इसी कारण देवत्व की प्रतीतिं उल्लिखित होती है।

पूर्ववैदिक युग की साधना यज्ञ-विधानात्मक थी, यह सुविदित है। यज्ञ का स्वरूप क्या है, यह विचारणीय विषय है। अक्सर प्रचलित आधुनिक दृष्टि के अनुसार आदिम युग के धर्मों में यज्ञ बलिदान और जादुई अनुष्ठान का समवेत रूप था। देवता को मनुष्यवत् मानकर उसे प्रसन्न करने के लिए बलिदान दिया जाता था और उसके अनुष्ठान में जादुई शक्ति मानी जाती थी। वैदिक यज्ञ में बलि गोरस, अनाज से बने अन्न, सोम अथवा पशु की हो सकती थी और उसे अग्नि में डालकर देवता को अर्पित किया जाता था। यज्ञ से स्वर्ग और नाना ऐहिक सुख अभीष्ट होते थे। पूरा अनुष्ठान पौरोहित्य से नियंत्रित और *मिथ* अथवा देवाख्यान के वातावरण में कल्पित था। इसके विपरीत उन्नत धर्मों में यज्ञ को प्रतीकात्मक और भावनात्मक माना जाता है। वस्तुत: आदिम और उन्नत धर्मों में मौलिक अन्तर के लिए पर्याप्त प्रमाण नहीं है, न वैदिक धर्म को आक्षेपात्मक अर्थ में आदिम कहा जा सकता है। वैदिक यज्ञ-विधि में अनुष्ठान, भावना और प्रतीक तीनों ही तत्त्वों का समवाय मिलता है अनुष्ठान उपास्य देवता के प्रति समर्पण के भाव का ही प्रतीक-विधान है। यज्ञ का पारिभाषिक लक्षण है, देवता के लिए द्रव्यत्याग। द्रव्यत्याग, स्वत्वत्याग के संकल्प से सम्पन्न होता है। इस संकल्प के अनन्तर द्रव्य का जो अग्नि में प्रक्षेपण होता है वह प्रतिपत्ति-कर्म कहलाता है, देवता को समर्पित द्रव्य का सुरक्षित रूप से स्थापन। वैदिक यज्ञ-विधि की प्रारम्भिक अवस्था में उसका रूप सरल था, उसका सार था प्रार्थना में, जिसे 'ब्रह्म' कहा जाता था। ब्रह्म, मंत्र या स्तुति में मानवीय भाव और दिव्य अनुभाव समवेत होते हैं। प्रार्थना में उपास्य के लिए अपने समर्पण का भाव सहज रूप से विद्यमान रहता है। स्व के समर्पण के प्रतीक के रूप में ही स्व-द्रव्य से स्वत्व-निवृत्तिपूर्वक द्रव्य का त्याग सार्थक होता है। देवता की महिमा का चिन्तन, उसके प्रति अपने हृदय का निवेदन और

इस आत्मनिवेदन के प्रतीक के रूप में द्रव्य-त्याग और त्यक्त द्रव्य का अग्नि में प्रक्षेपण, यही वैदिक यज्ञ-विधान का मूल रूप था। क्रमशः विभिन्न अवसरों के लिए विभिन्न यज्ञों की उद्‌भावना प्रकट होती है। उनमें विभिन्न देवताओं के लिए नाना द्रव्यों का विधान मिलता है। अग्नि के लिए नाना वेदियाँ और बड़े यज्ञों के लिए नाना पुरोहितों का विधान मिलता है। कालान्तर में यज्ञ की प्रत्येक क्रिया का स्पष्ट पृथक् विधान किया गया और समस्त यज्ञ एक जटिल अनुष्ठान बन गया। इस प्रकार पारदर्शी प्रतीकात्मकता से दूर हट कर वह एक शास्त्रीय आनुष्ठानिक विज्ञान में परिणत हुआ। आधुनिक दृष्टि अनुष्ठान या विधि के विज्ञान को सिर्फ जादुई मानती है क्योंकि वह सिर्फ प्राकृतिक कार्य-कारण-सम्बन्ध मानती है। उसके लिए न अदृष्ट हेतु है, न अदृष्ट फल, न शब्द प्रमाण। भाव अथवा ज्ञान में स्वतः अपने से अतिरिक्त एवं विसदृश कार्य उत्पन्न करने की शक्ति है। किन्तु सभी धर्म और धार्मिक साधन इस निष्ठा पर आधारित हैं कि इस दृष्ट जगत् के पीछे और परे एक अदृष्ट सत्ता है जो उपास्य भी है और उपासना में अन्तर्निहित शक्ति भी है। देवता और उसके द्रष्टा ऋषि ही उपासना-विधि के नियामक एवं प्रमाण हैं। यही आगम-प्रामाण्य है जिस पर विधि निर्भर करती है।

वैदिक यज्ञ के तीन प्रकार थे— पाकयज्ञ, हविर्यज्ञ और सोमयाग।[४४क] पाकयज्ञ गृह्याग्नि में सम्पन्न और आत्मसंस्कारक होते हैं। गृह्य या आवसथ्य या स्मार्त अग्नि विवाहाग्नि से उपलब्ध होती थी। विवाह अथवा दाय-विभाग के बाद पाकयज्ञों का इसमें अनुष्ठान होता था। *कर्म स्मार्तं विवाहाग्नौ कुर्वीत प्रत्यहं गृही। दायकालाहृते वाऽपि*। (याज्ञ० १.९७) ये पाकयज्ञ सात हैं— औपासन-होम, वैश्वदेव, पार्वण, अष्टका, मासिक श्राद्ध, श्रवणा और शूलगव। औपासन-होम सायं-प्रातः दही और चावल या अक्षत को हाथ से अग्नि में डालकर अनुष्ठित किया जाता था। सायं अग्नि प्रधान देवता और प्रजापति अंग देवता होते हैं। प्रातः सूर्य प्रधान देवता और प्रजापति अंग देवता। सायं प्रारंभ कर सुबह इसकी एक इकाई पूरी होती है। यह होम सायं अग्नि और प्रातः सूर्य के रूप में प्रकट एवं प्रजापित के रूप में अप्रकट ईश्वरीय ज्योति का दैनिक चिन्तन है।

वैश्वदेव में सभी देवताओं की अर्चना होती है और पञ्च महायज्ञ इसी का दूसरा नाम है- जो कि देवयज्ञ, भूतयज्ञ, पितृयज्ञ, मनुष्ययज्ञ और ब्रह्मयज्ञ हैं। देवताओं के लिए अग्नि में आहुति भले ही वह समिधामात्र हो, देवयज्ञ है- *देवेभ्यः स्वाहाकार आ काष्ठात्*। प्रतिदिन प्राणियों के लिए अन्न-वितरण भूतयज्ञ है, मनुष्यों के लिए यथाशक्ति दान मनुष्ययज्ञ है, पितरों के लिए स्वधा या भोजन देना अन्ततः जल से उनका तर्पण पितृयज्ञ है, स्वाध्याय अथवा वैदिक ऋचाओं का पाठ ही ब्रह्मयज्ञ है। इन महायज्ञों से मनुष्य अपने जन्मजात ऋणों से छुटकारा पाता है। वह देवताओं का स्मरण करता है, पितरों के प्रति श्रद्धा निवेदित करता है, ऋषियों का ऋण उनके द्वारा परम्परित ज्ञान का

पार्वण, अष्टका और मासिक श्राद्ध तीनों पितृपूजा से संबद्ध अनुष्ठान हैं। पार्वण अमावास्या को विधेय पितृतर्पण है। अष्टका श्राद्ध हेमन्त और शिशिर की कृष्णपक्षीय अष्टमियों में विधेय है। पर इस प्रथा का कात्यायनियों में लोप हो गया। मासिक श्राद्ध प्रतिमास विधेय था।

श्रवणाकर्म श्रावण पौर्णमासी से मार्गशीर्ष पौर्णमासी तक हर शाम सर्पों के लिए बलि देना था। शूलगव भी अष्टका के समान गोमांस की अपेक्षा रखने से लुप्त हो गया अथवा स्थालीपाक के विकल्प के द्वारा होता था।

हविर्यज्ञ सात श्रौत संस्थाएँ हैं। ये हैं- अग्निहोत्र, दर्शपूर्णमास, आग्रयण, चातुर्मास्य, पशु, सौत्रामणी, पिण्डपितृयाग। यहाँ पाकयज्ञ स्मार्त या गृह्य अग्नि में होते हैं, श्रौत संस्थाएँ आहवनीयादि तीन अग्नियों में संपन्न होती हैं। यह स्मरणीय है कि ६ प्रकार की अग्नियाँ थीं— लौकिक, गृह्य, त्रेता (आहवनीय), गार्हपत्य, दक्षिण, सभ्य। इनमें पिछली चार श्रौत अग्नियों के लिए अग्न्याधान का अनुष्ठान आवश्यक है। अग्न्याधान का अर्थ है- व्रतपूर्वक सपत्नीक यजमान के द्वारा अरणिमन्थन से अग्नि उत्पन्न कर उसको विभिन्न यज्ञ-कुंडों में रखना। अरणि शमीवृक्ष से संबद्ध अश्वत्थ वृक्ष की होती है। चार अग्निकुंड यज्ञशाला में बनाने होते हैं।

अग्निहोत्र सामान्यतया नित्यकर्म है जो सायं-प्रातः अनुष्ठेय होता है। सायं अग्नि और प्रजापति के लिए, प्रातः सूर्य और प्रजापति के लिए दूध, दही या यवागू का इसमें होम किया जाता है।

दर्श और पूर्णमास पाक्षिक याग हैं और सब इष्टियों की प्रकृति हैं। अमावास्या अथवा पूर्णिमा से आरम्भ कर प्रतिपदा तक उनका अनुष्ठान होता है। इष्टि में व्रीहि, यव, नीवार, प्रियंगु आदि ओषधियों से उत्पन्न द्रव्य को पुरोडाश (एक प्रकार का रोट) या चरु (एक तरह का दलिया) के रूप में पकाकर होम किया जाता है। दर्श और पौर्णमास में तीन-तीन याग होते हैं। दर्श में तीन याग हैं- आग्नेय पुरोडाश का याग, ऐन्द्र दधियाग, ऐन्द्र पयोयाग। पौर्णमास के तीन याग हैं- आग्नेय पुरोडाश, आज्यद्रव्य का उपांशुयाग, अग्नीषोमीय पुरोडाश। दर्श में इन्द्र और अग्नि, पौर्णमास में अग्नि और सोम मुख्य देवता हैं। इनमें चार पुरोहित नियुक्त होते हैं और प्रत्येक में दो दिन लगते हैं। पूर्णिमा के दिन के प्रधान कृत्य हैं— गार्हपत्यकुंड से अग्नि को उठाकर कुंडान्तर में रखना अग्नि-प्रणयन है, अग्नियों में मंत्रपूर्वक लकड़ी डालना अन्वाधान है, यज्ञ के लिए कुश-संग्रह एवं समिधाओं का आहरण अपेक्षित है। यजमान को केश और नख कटा कर, आरण्यक धान्य का भोजन कर, व्रतपूर्वक भूमि पर शयन या रात्रिजागरण करना चाहिए। दूसरे दिन यज्ञ-पात्रों का स्थापन, वेदि-निर्माण, कुशों को बिछाना, स्थान एवं पात्र आदि की सफाई, हवि का पकाना, आज्य-ग्रहण, सामिधेनी नाम की ऋचाओं के साथ समिधाओं का आधान, पाँच प्रयाज नाम के होम, प्रधान याग, स्विष्टकृत् अर्थात् मांगलिक अग्नि का याग, इडाभक्षण (प्रसाद ग्रहण); ऋत्विग्दक्षिणा

और अनुयाज तथा पत्नीसंयाज। पत्नीसंयाज के देवता हैं— सोम, त्वष्टा, देवपत्नियाँ, राका, सिनीवाली, कुहू, अग्नि गृहपति। दर्शपूर्णमास आदि इष्टियों में यज्ञशाला के अन्दर अग्निकुंड, वेदि आदि के प्रकार परिलेख में प्रदर्शित रूप से बनते थे। (द्रष्टव्य, अन्त में संलग्न चित्र)

दर्श-पूर्णमास में यजमान, उसकी पत्नी और चार ऋत्विक्— अध्वर्यु, आग्नीध्र, होता और ब्रह्मा, शाला में कार्य करते हैं। कार्य का सामान लकड़ी, कुश और तृण, गोरस, अनाज और बर्तन होते हैं। लकड़ी की समिधा। परिधा आदि विभिन्न रूपों के उपयोग ईंधन, रेखा खींचना, सीमा दिखाना, बछड़ा हाँकना, अंगारों को चलाना आदि कार्यों में होता था। कुश और तृण का उपयोग वेद, पवित्र, आस्तरण आदि रूपों में बिछाने, झाड़ने-छानने और साफ करने, पात्र में द्रव पदार्थ चलाने, छिड़कने आदि में होता था। दूध, दही, जामन, फाड़ा हुआ दूध, घी, ये गोरस प्रयुक्त होते थे। व्रीहि और यव मुख्य अनाज थे। मुख्य बर्तन और यज्ञोपकरण थे— स्रुव (लकड़ी का छोटा चमस), स्फ्य (खड्गाकृति), जुहू (बड़ा चमस), उपभृत्, ध्रुवा, अग्निहोत्रहवणी, उलूखल, मुसल, कूर्च, इडापात्री, पुरोडाशपात्री, शम्या (खूँटी), उपवेष (अंगारे हटाने के लिए संडसी), प्राशित्रहरण, शूर्प, चमस, योक्त्र, मदन्तीपात्र (मदन्ती = खौलता पानी), मेक्षण, अन्वाहार्यस्थाली, पिष्टलेपमात्र, फलीकरणपात्र, शकट, कपाल, इध्म, आसन, कृष्णाजिन, कुम्भी, दोहनपात्र, अभिधानी (चमड़े की पेटी), निदान, पिधानपात्र, शिक्य। इनमें अधिकांश लकड़ी के हैं; कुछ मिट्टी के, दो-तीन धातु के।

चातुर्मास्य चार-चार महीनों में किये जाते थे और चार होते थे। इनके नाम हैं- वैश्वदेव, वरुणप्रघास, साकमेध और शुनासीरीय। फाल्गुनी पूर्णिमा, आषाढ़ी पूर्णिमा, कार्तिकी पूर्णिमा एवं फाल्गुनी शुक्ला प्रतिपदा को ये चार पर्व क्रमशः अनुष्ठित किये जाते थे।

वैश्वदेव में आठ हवि दी जाती है- अग्नि के आठ कपालों में पुरोडाश, सोम को चरु, सविता को आठ या बारह कपालों में पुरोडाश, सारस्वत चरु, पूषा के लिए पैष्ट चरु, मरुतों के लिए सप्तकपाल पुरोडाश, विश्वेदेव के लिए पयस्या, द्यावापृथिवी के लिए एक कपाल।

आषाढ़ी को अनुष्ठेय वरुणप्रघास में पाँच हवि या वैश्वदेव की पहली पाँच हवि होती है, उनके अनन्तर चार इस प्रकार हैं— इन्द्र और अग्नि के लिए द्वादशकपाल, वरुण के लिए आमिक्षा, मरुत् के लिए आमिक्षा और प्रजापति के लिए एककपाल पुरोडाश। सभी आहुतियाँ जौ की होती हैं।

कार्तिकी पूर्णिमा को साकमेध किया जाता था। इसमें दो दिन लगते थे। पूर्णिमा के पहले दिन अनीकवान् अग्नि, सन्तपन मरुत् एवं गृहमेधी मरुत् के दिन इष्टियाँ होती थीं। अनीकवान् को अष्टाकपाल पुरोडाश, सन्तपनों को मध्याह्न में चरु, गृहमेधी मरुतों को सायं चरु दिया जाता था। मुख्य दिन पाँच आहुतियाँ वैश्वदेववत् और शेष तीन इस

प्रकार होती हैं— इन्द्र और अग्नि के लिए द्वादशकपाल पुरोडाश, महेन्द्र के लिए चरु, विश्वकर्मा के लिए एककपाल पुरोडाश। ये आठ होम महाहवि हैं। इनकी दक्षिणा एक बैल होता है। महाहवि के अनन्तर पितृयज्ञ और फिर त्र्यम्बकहोम होता है।

शुनासीरीय की विशिष्ट आहुतियाँ हैं— वायु और आदित्य अथवा इन्द्र शुनासीर के लिए द्वादशकपाल पुरोडाश, वायु के लिए धारोष्ण दूध, सूर्य के लिए एककपाल पुरोडाश।

आग्रयण इष्टि में वर्ष के नवीन अन्नों का होम होता है। व्रीहि की आग्रयण शरद् में, यव की वसन्त में, श्यामाक की वर्षा में की जाती थी। पशुयाग स्वतंत्र इष्टि भी है, सोमयाग में अंगभूत भी है। स्वतंत्र पशुयज्ञ निरूढ पशुबंध कहलाता है, जिसमें आँत निकाले पशु के अंगों की बलि चढ़ाई जाती है।

पशुयाग प्रतिवर्ष वर्षाऋतु में अथवा दक्षिणायन एवं उत्तरायण के आरंभ में अनुष्ठेय होता है। चातुर्मास्यों में प्रतिप्रस्थाता जोड़कर पाँच ऋत्विक् होते हैं। पशु में मैत्रावरुण अधिक जोड़कर छ: होते हैं। प्रतिप्रस्थाता अध्वर्यु का सहायक होता है, मैत्रावरुण होता का। पशु बकरा होता है, उसके कतिपय अंगों की बलि दी जाती है, जैसे- वपा या आमाशय की झिल्ली, हृदय, जिह्वा, वक्ष, यकृत, वृक्क आदि। देवता होते हैं— इन्द्र और अग्नि, सूर्य अथवा प्रजापति। पशु बाँधने के लिए यूप गाड़ा जाता है जो वल्कलरहित अष्टकोण होता है। पशु का वध संज्ञपन द्वारा किया जाता था। पशु के अंगों की हवि पकाकर हवन किया जाता था। ग्यारह प्रयाज और उतने ही अनुयाज होते थे।

सोमयाग में सोम के पौधे के रस का हवन होता है। इसे जिन पात्रों (लकड़ी के प्यालों) में निचोड़कर इकट्ठा किया जाता है, उन्हें ग्रहों में रखा जाता है। ग्रहों में रस जिन देवताओं के नाम से ग्रहण किया जाता है वे ही सोमयाग के देवता होते हैं। अन्य यागों के समान देवता का प्रत्यक्ष विधान नहीं होता। इस अर्थ में सोमयाग की संज्ञा अव्यक्त है। इसमें तीनों वेदों का उपयोग होता है और अन्यून चार वर्गों में विभक्त सोलह ऋत्विजों का वरण होता है।

सोमयाग की प्रकृति ज्योतिष्टोम कहलाती है। जिस स्तोत्र से ज्योतिष्टोम की समाप्ति या संस्था होती है उससे उसका विशेष नामकरण हो जाता है, यथा- अग्निष्टोम, उक्थ्य, षोडशी, अतिरात्र। अग्निष्टोम एक सामिक गीति है जो *'यज्ञायज्ञा वो अग्नय'* इस ऋचा पर अध्यारूढ है। इसमें १२ स्तोत्र, १२ शस्त्र और ५ स्तोम होते हैं। अग्निष्टोम के बारह स्तोत्रों के बाद उक्थ्य नाम के तीन स्तोत्र जब गाये जाते हैं तो वह उक्थ्य संस्था कहलाती है। षोडशी में सोलह शस्त्र होते हैं। अतिरात्र नामक साम के गान से अतिरात्र संस्था होती है।

साम के चार स्तोमों को ज्योति कहते हैं और उनसे युक्त सोमयाग ज्योतिष्टोम कहलाता है। ये स्तोम त्रिवृत्, पञ्चदश, सप्तदश, एकविंश कहलाते हैं। इन स्तोमों में

नौ विशेष ऋचाओं की बारी-बारी से आवृति होती है। तीन विशेष सूक्तों में तीन-तीन ऋचाओं के समूह या तृच 'उपास्मै', 'दविद्युतत्या' एवं 'पवमानस्य' इन प्रतीकों से आरम्भ होते हैं, इन नौ ऋचाओं को तीन पर्यायों में गाने से त्रिवृत्स्तोम सम्पन्न होता है। विविध आवृत्तियों के द्वारा ये पंचदश आदि बनते हैं।

ज्योतिष्टोम की पूर्वोक्त चार संस्थाएँ ही कुछ परिवर्तन से अत्यग्निष्टोम, वाजपेय और आप्तोर्याम जोड़कर सात हो जाती हैं।

अग्निष्टोम में पाँच दिन लगते हैं, प्रायः वसन्त में शुक्ल एकादशी से आरम्भ कर पूर्णिमा में उसे समाप्त किया जाता है। पहले ऋत्विजों का वरण कर शाला-निर्माण और अग्नि-स्थापना की जाती है। प्रथम दिन के अपराह्ण में समाप्त कर यजमान को सपत्नीक उपवास या व्रत-भोजन करना होता है। वपन और स्नान के बाद यजमान दीक्षणीय इष्टि करता है, जिसके देवता अग्नि और विष्णु होते हैं। यजमान दम्पति के नवनीत से लेपन के बाद अँगूठा और एक अंगुलि छोड़कर उनकी मुट्ठियाँ बाँध दी जाती हैं। कृष्ण मृगचर्म पर बैठ, मेखला बाँध सिर को ढक कर उनकी दीक्षा होती है। खुजलाना सिर्फ कृष्णमृग के सींग से होता है। समाप्ति तक सब नित्य कर्म स्नान आदि, स्थगित रहते हैं। पहले दिन ही महावीर नाम का दही आदि रखने के लिए मिट्टी का पात्र बनाया जाता है और यूप स्थापित किया जाता है।

दूसरे दिन अदिति के लिए चरु एवं पथ्या स्वस्ति, अग्नि, सोम और सविता के आज्य के हवन से प्रायणीय इष्टि सम्पन्न की जाती है। फिर सोम खरीदा जाता है और उसे शाला में रखा जाता है। फिर विष्णु-देवताक आतिथ्य इष्टि होती है। यजमान और ऋत्विज् तानूनप्त्र नाम के आज्य को छूकर शपथबद्ध होते हैं। प्रवर्ग्य का अनुष्ठान पानी के विना देखे होना चाहिए। महावीर में तपाये हुए घी में दूध डालने से घर्म नाम का खाद्य बनता है, वही प्रवर्ग्य भी है। अग्नि, सोम और विष्णु के लिए आज्य की प्रातः-सायं उपसद् नाम की इष्टियाँ होती हैं।

तीसरे दिन प्रवर्ग्य और उपसद् के अतिरिक्त सोमयाग के लिए महावेदि बनती है। (द्रष्टव्य, अन्त में संलग्न चित्र)

चौथे दिन अग्निषोमीय पशुयाग होता है और बाहर बहते पानी से जल संचित करना चाहिए जो सोमरस में मिलाने के काम आता है। यह जल वसतीवरी कहलाता है।

पाँचवें दिन सोम निचोड़ा जाता है, ग्रहों में संचित होता है और उसका होम होता है। पक्षियों के कलरव के पूर्व ही होता प्रातरनुवाक् के शस्त्र पढ़ता है। प्रातः सवन में हरिवान् इन्द्र, पृषण्वान् इन्द्र, सरस्वती भारती, इन्द्र और मित्रावरुण के लिए आहुतियाँ दी जाती हैं— पुरोडाश, धाना, करम्भ, दधि और पयस्या की। फिर सोम पीस कर उसका ग्रहों में संग्रह किया जाता है। प्रातःसवन में ज्योतिष्टोम के अन्तर्गत तेरह ग्रह

होते हैं। फिर अध्वर्यु आदि चात्वाल के पास जाकर बहिष्पवमान स्तोत्र का गायन करते हैं। इसके बाद सवनीय पशुयाग होता है। फिर सोम की आहुतियाँ होती हैं और चमस-भक्षण होता है।

माध्यन्दिनसवन में मूलतः सदृश कार्य होता है जिसमें सोम के ग्रहों का ग्रहण, पवमान-गान, सवनीय-पशु-पुरोडाश का कार्य, ग्रह-होम और चमस-भक्ष शामिल है। प्रारंभ में लोकद्वारि साम गया जाता है।

तृतीय सवन में आदित्यग्रह, लोकद्वारिसाम, आर्भव पवमान, सवनीय हवि और पशु-पुरोडाश का होम, चमस-भक्षण, पितरों को पिंडदान, सावित्रग्रह, सौम्यचरु, अग्निष्टोम स्तोत्र एवं पत्नीसंयाज होते हैं। अन्त में अवभृथ उदयनीय इष्टि, मैत्रावरुण पशु और उदवसानीय इष्टि होती है। नित्यकर्म प्रारम्भ होने पर ब्राह्मणों को जिमाया जाता है।

अग्निष्टोम में पाँच दिन लगने पर भी मुख्य कार्य-सोम की आहुति और सामगान-एक दिन में होने के कारण वह एकाह माना जाता है। अन्य सोमयाग अहीन अर्थात् एक से बाहर दिन चलनेवाले अथवा सत्र, बारह दिनों से अधिक चलनेवाले कहे जाते हैं।

सभी यज्ञों में देवता, मंत्र और द्रव्य तीन तत्त्व होते हैं। इनके भेद और विस्तार से ही यज्ञों के भेद सम्पन्न होते हैं। पाकयज्ञ, हविर्यज्ञ और सोमयाग में यह विस्तार बढ़ता जाता है और अल्पायास-साध्य नित्यकर्मात्मक उपासना संवत्सर-चक्र से जुड़े यागों में एवं विशेष प्रयोजनों के साधक यागों में बदल जाती है। सोमयाग में बहुत से ऋत्विजों का सहयोग, सामगान एवं सोमपान उसे एक बड़े धार्मिक समारोह का रूप देते हैं। वैदिक दृष्टि सर्वत्र देवतत्त्व का प्रकाश देखती थी। एक अनन्त शुभ शक्ति असंख्य रूपों में सृष्टि की मूल और नियामक है। मनुष्य में विवेक, श्रद्धा और तप की सहज क्षमता है। उसके सहारे वह ऋतात्म दिव्य विधान को पहचान कर उसका अनुसरण कर सकता है। यही उसकी ऋतचर्या या यज्ञ-विधान है। ऋतचारी देवभक्त मनुष्य के लिए सभी कुछ शुभावह होता है, ऐसी गम्भीर वैदिक निष्ठा थी- *मधु वाता ऋतायते, मधु क्षरन्ति सिन्धवः*। यह मानव हृदय का सहज विश्वास है कि पुण्यात्मा को सुखी होना चाहिए। वैदिक विश्वास इसके अनुकूल है। मनुष्य के लिए प्रमाद से बचना कठिन है और वह अनिवार्यतया मरणधर्मा है। किन्तु उसे देवताओं से क्षमा की आशा रहती है। मृत्यु के पश्चात् वह पितृलोक में देवकृपा से आनन्दपूर्वक रह सकता है। और्ध्वदेहिक जीवन में अन्त्येष्टि और पिण्डपितृयाग सहायक अनुष्ठान हैं। मनुष्य स्थूल देहमात्र नहीं है। मृत्यु के बाद उसे प्राण, मन, वायु, चक्षु और श्रोत्र से युक्त छायामय देह प्राप्त होती है, जो पितृलोकोपयोगी है। किन्तु पितृयाण और देवयान का भेद मूलतः यह विश्वास सूचित करता था कि जहाँ पितृलोक सर्वसुलभ था, देवलोक में वास भी मनुष्य के लिए यज्ञ और देवकृपा से ही संभव था, ऋषियों और वीरों के चरित्र इसके प्रमाण हैं। वस्तुतः वैदिक विचारधारा को प्राचीन यूनानी या जर्मन विचारधारा के तुल्य न

मानना चाहिए। प्राचीन मिस्र आदि देशों में मनुष्य के लिए दो प्रकार की नियतियों का विकल्प मिलता है, एक सामान्य जन के लिए, दूसरी विशेष साधना के बल से विशिष्ट पुरुषों के लिए।

देवतत्त्व और ऋत में सृष्टिविज्ञान अन्तर्निहित है, यज्ञसाधना या ऋतचर्या में वह प्रतिरूपित है और उससे ही लोकविधान नियंत्रित होता है। नृतत्त्व को समझने का मार्ग देवतत्त्व ही है, अन्ततोगत्वा यह ज्ञान ब्रह्मात्मैक्यविज्ञान में ही पर्यवसित होता है। इसका एक पक्ष शाश्वतज्ञानात्मक या नित्यसिद्धवस्तु का ज्ञान है। दूसरा पक्ष उसका धर्मात्मक साध्य पदार्थ का कर्म द्वारा साधन है। इसके अन्तर्गत आदर्शव्यवस्था और कर्मव्यवस्था लोकजीवन की नियामक होती है। यह स्मरणीय है कि सामान्य कर्म-जीवन में आदर्शों का अनुधावन कोई वस्तुपरक प्रविधि नहीं होती बल्कि दृष्टि को सुधारनेवाला आत्मपरक विवेक होता है। उदाहरण के लिए अन्न और भोजन वैसे ही रहते हुए भी उनकी ईश्वरार्पण बुद्धिपूर्वकता उन्हें एक नया आयाम प्रदान करती है। यज्ञ के अन्तर्गत अग्नि-प्रज्वालन या विवाह के अन्तर्गत स्त्री-पुरुष का सम्बन्ध धर्माचरण के अंग बन जाते हैं। आदर्श की स्मृति अपने-अपने कर्म और उसके विषय के सम्यक् या सनातन मूल रूप की स्मृति है। इस सम्यक् तत्त्वबुद्धि के साथ जीवन-यापन ही धर्माचरण है। जीवन में धर्म की स्मृति बनाये रखने का वैदिक उपाय उसे संस्कारों के अनुष्ठान से जोड़ता है।

संस्कार, आश्रम और वर्ण नामतः और लक्षणतः उतने प्राचीन नहीं हैं, जितने वे वस्तुतः थे। उदाहरण के लिए ऋक्संहिता में चार वर्णों का एकत्र नाम उल्लेख होने पर भी वर्ण शब्द का वहाँ प्रयोग नहीं है। ब्रह्म, क्षत्र और विशः का अनेकधा उल्लेख होते हुए भी उनके लिए वर्ण शब्द का प्रयोग नहीं किया गया है। तो भी परवर्ती जाति की अवधारणा से उसे मुक्त कर उसका प्रयोग समाज के प्रधान अंगभूत वर्ग के लिए किया जा सकता है और इससे मूलभूत वैदिक समाज-विभाजन की दृष्टि स्पष्ट होती है। ऐसे ही यद्यपि चातुराश्रम्य का समुचित विकास सूत्रों में मिलता है यह अनुमान भ्रान्त नहीं है कि पहले दो आश्रम प्राचीन वैदिकयुग से प्रचलित थे और तीसरा उत्तरवैदिक काल में स्पष्टतया मिलता है। इसी प्रकार संस्कारों की व्यवस्था और लक्षण सूत्रकालिक होते हुए भी तदात्मक प्रथाएँ प्राचीन हैं। संस्कार आदि लक्षणतः परवर्ती होते हुए भी विकास की शर्तों के अन्दर प्राचीन सामाजिक लक्ष्यों का निर्देश करने में समर्थ हैं। 'संस्कार' शब्द धर्मसूत्रों में सर्वप्रथम व्यवस्थित रूप से मिलता है। 'संस्कार' का प्राचीन वैदिक प्रयोग सफाई एवं आनुष्ठानिक पवित्रता के आधान के लिए मिलता है। यज्ञ के संदर्भ में हवि के, पात्र के, मन के, वाक् के संस्कार का उल्लेख उत्तरवैदिक साहित्य में स्पष्टतया मिलता है। सूत्रों में संस्कारों की व्यवस्था और विवरण मिलते हैं। सूत्रों के विवरण पूर्ववर्ती वैदिकयुग की परम्पराओं का, उनकी स्मृति का, व्यवस्थित उल्लेख के द्वारा संरक्षण करते हैं। प्राचीन संस्कारों में जातकर्म, उपनयन, विवाह और अन्त्येष्टि सबसे महत्त्वपूर्ण थे।

संस्कार का मूल आशय आत्मा की शुद्धि से है। सांस्कारिक अनुष्ठान मनुष्य को पाप के मल से मुक्त करते हैं और नवीन योग्यता प्रदान करते हैं। इस प्रकार दोषापनयन और अपूर्व गुणाधान ये दो संस्कारों के कार्य हैं। दोनों की कल्पना आनुष्ठानिक, आध्यात्मिक और नैतिक है। यद्यपि सूत्रों में संस्कार का उल्लेख सीमित अर्थ में परिगणित संस्थाओं के लिए प्रयुक्त है, मूलतः उसका क्षेत्र व्यापक है। सौत्रव्यवस्था में षोडश संस्कार गर्भाधान से विवाह और अन्त्येष्टिपर्यन्त व्यक्ति के निजी जीवन को अनुष्ठान-शृंखला से बाँधते हैं। अन्य गणनाओं में आनुष्ठानिक और याज्ञिक विधान भी संस्कारों में शामिल हैं। वस्तुतः संस्कारों की ये सभी सूचियाँ रूढ़िमूलक हैं। सभी कर्मों में ऋतानुकूलता का संपादन ही उनकी वास्तविक सांस्कारिकता है। गृह्य संस्कार, पाकयज्ञ, हविर्यज्ञ और सोमयाग की संस्थाएँ मनुष्य को ऋतचक्र से जोड़ती हैं। जन्म, शिक्षा, विवाह, कौटुम्बिक जीवन, व्यवसाय, राज्यसंचालन, मृत्यु, सभी ऋतचक्र से संचालित हैं। स्त्री-पुरुष के सम्बन्ध, माता-पिता और संतान के सम्बन्ध, गुरु-शिष्य के सम्बन्ध, राजा-प्रजा के सम्बन्ध, स्वामी और सेवक के सम्बन्ध, सभी निश्चित आदर्श और अनुष्ठान से व्याप्त हैं, हल से जमीन जोतना, मकान की नींव रखना, राजत्व में अभिषिक्त होना, विद्यारंभ, शस्त्र-ग्रहण सभी कार्यों में सांस्कारिक अनुष्ठान आवश्यक माने जाते थे।

ऋत और सत्य प्रधान नैतिक आदर्श थे। देवभक्ति और यज्ञनिष्ठा प्रधान साधन थे। वैदिक शील का आदर्श, वीरोचित और कर्मयोगात्मक था, वह परवर्ती युग की नैष्कर्म्य नीति पर आधारित नहीं था। उसमें अहिंसा, तितिक्षा, सहनशीलता, त्याग, वैराग्य, निष्कामता, संतोष आदि का प्राधान्य नहीं था। पौरुष, वीरता, वीर्य, पराक्रम, तप, अध्यवसाय, सत्संकल्प, चर्या, कर्मसाधना, ये वैदिक नीति के मूलमंत्र हैं। उनका जीवन-चित्र देवासुर-संग्राम का है, जिसमें ज्योति और तम, सत् और असत् का संघर्ष है। इस संघर्ष में पराक्रम के द्वारा ही मनुष्य की सहज सर्जनशीलता अकुंठित होकर प्रवाहित हो सकती है। इस दृष्टि में सहज प्रवृत्तियाँ और काम निषिद्ध न होकर धर्म से मर्यादित रूप में स्वीकार्य माने जाते हैं। मनुष्य की मरणशीलता पहचानते हुए भी यह दृष्टि मृत्यु-केन्द्रित और निषेधात्मक नहीं है।

धर्मानुकूल भोग को निस्संकोच स्वीकार करते हुए भी वैदिक शील में भोग की त्यागपूर्वकता ही ठीक मानी जाती थी। उदारता, दानशीलता सच्चरित्र की विशेषताएँ हैं। जो अकेला भोगता है वह पाप ही संचित करता है- *केवलाघो भवति केवलादी*।

जन्म से ही मनुष्य तीन ऋणों से ऋणी होता है। ठस पर ऋषियों, देवताओं और पितरों का ऋण होता है। *जायमानो वै ब्राह्मणस्त्रिभिर्ऋणवा जायते ब्रह्मचर्येण ऋषिभ्यो यज्ञेन देवेभ्यः प्रजया पितृभ्य एष वा अनृणो यः पुत्री यज्वा ब्रह्मचारिवासी*। (तै०सं० ६.३.१०.५) ऋषि-ऋण से मुक्ति ब्रह्मचर्य के द्वारा, देव-ऋण से मुक्ति यज्ञ द्वारा और पितृ-ऋण से मुक्ति संतानोत्पत्ति द्वारा मानी जाती थी।

उपनयन का मूल अर्थ शिष्य का गुरु के समीप जाना था। आचार्य से विद्याध्ययन और अध्ययनकाल में नियत आचार से गुरुकुलवास ही ब्रह्मचर्य था। ब्रह्मचारी का वर्णन ऋक्संहिता और अथर्वसंहिता में मिलता है। ब्रह्मचारी को शुभ्रवासा और मेखलाधारी कहा गया है। उपनयन को दूसरा जन्म बताया गया है, जो सावित्री के साथ विद्या के ग्रहण से होता है। शिष्य हाथ में समिधा लेकर गुरु के पास जाता था और गुरु उसे दीक्षित करता था। शिष्य भिक्षा के द्वारा उपलब्ध रूखा-सूखा खाकर रहता था, गुरु की सेवा करता था और अप्रमत्त होकर वेदाध्ययन करता था। उसका जीवन कठोर संयम और परिश्रम का था। स्त्रियों और तीनों वर्णों का उपनयन विदित था। पृथक् शूद्र वर्ण प्राचीन वैदिक युग में था ही नहीं। उनके विकास के बाद क्रमशः उन्हें वैदिक शिक्षा में अनधिकारी माना गया है।[४५] पर अनुलोम वर्णसंकर-अधिकारी माने जाते थे। शूद्रों का और स्त्रियों का वैदिक शिक्षा से बहिष्कार वेदोत्तरकाल में सांस्कृतिक ह्रास का एक महत्त्वपूर्ण कारण था।

ब्रह्मचर्य में शिक्षा का आदर्श विद्या और चरित्र दोनों को समन्वित करता था। ब्रह्मचारी विद्या की परम्परा को अपना कर आगे बढ़ाता था और अपना चरित्र-निर्माण भी करता था। इस शिक्षा-पद्धति में शुद्ध उच्चारण यथावत् स्मृति और श्रद्धा के साथ ही जिज्ञासा, अनुसंधान, विचार और विवेक पर जोर था। शिक्षा-पद्धति उपदेश, संवाद और परिप्रश्न से आरंभ कर मनन, निदिध्यासन और आचरण में चरितार्थ होती थी। शिक्षा वेदांगों से प्रारंभ कर नाना विद्याओं में विकसित हुई। यह सोचना भ्रम होगा कि वह सिर्फ धार्मिक विषयों तक ही सीमित थी। उत्तरवैदिककाल तक विद्या-वृक्ष विशाल और बहुशाखी बन गया था।

ब्रह्मचारी के लिए अन्तिम उपदेश था कि उसे सत्य और धर्म का अप्रमादपूर्वक आचरण करना चाहिए। विवेकी, मेधावी, तपस्वी और तेजस्वी बनकर उसे गृहस्थाश्रम में प्रवेश करना चाहिए, जिसका द्वार विवाह था।

ऋक्संहिता में युवती कन्या के विवाह के प्रमाण मिलते हैं, बालविवाह अप्रमाणित है। विवाह कन्या की अपनी पसंद से भी होता था, इसका भी उल्लेख मिलता है। विवाह एक धार्मिक अनुष्ठान या अमिट संस्कार था। उसके मुख्य प्रयोजन थे धर्मचर्या एवं सन्तानोत्पत्ति। ऋक्संहिता के प्रसिद्ध विवाहसूक्त में सविता की पुत्री सूर्या एवं सोम का विवाह उल्लिखित है। दोनों अश्विनीकुमार सोम के लिए सूर्या को माँगने आते हैं, सविता राजी हो जाते हैं, वर के रूप में सोम को सम्मानपूर्वक गायें दी जाती हैं और वे सूर्या का पाणिग्रहण करते हैं और यह मंत्र कहते हैं- 'भग, अर्यमा, सविता और पूषा ने तुम्हें गृहिणी बनने के लिए मुझे दिया है।' वधू को आशीर्वाद दिया जाता है कि उसका पति से दीर्घ साहचर्य बना रहे, दस पुत्र हों, सास, ससुर और देवर, ननद पर उसका शासन हो। विवाह के मुख्य कर्म थे- पाणिग्रहण, होम, अग्नि-प्रदक्षिणा और सप्तपदी। विवाह की अग्नि ही संरक्षित होकर पाकयज्ञों के लिए स्मार्ताग्नि बनती थी। वैदिक यागों में यजमान पत्नी के साथ ही अधिकारी माना जाता

था। यदि ब्रह्मचर्य गार्हस्थ्य का आधार था तो गार्हस्थ्य समस्त लौकिक और धार्मिक कृत्यों का आधार था।

मृत्यु के बाद गाड़ने और जलाने दोनों के ही उल्लेख ऋक्संहिता में मिलते हैं। इस प्रथा-भेद को यह कहकर स्पष्ट भी किया गया है कि गाड़ना अग्निदग्ध मृतक के अस्थिशेष का होता था। अग्नि को क्रव्याद् रूप में स्वीकार करने से यह प्रतीत होता है कि मुख्य वैदिक-प्रथा शवदाह की ही थी। दग्धशेष के ऊपर स्मारक निर्माण की प्रथा बाद में भी मिलती है। क्रव्याद् अग्नि से प्रार्थना की जाती थी कि वह मृतक को सर्वांगपूर्ण तनु प्रदान करे और उसे पितृलोक पहुँचाए।

निजी धार्मिक, नैतिक और कौटुम्बिक जीवन-चक्र के अतिरिक्त सांस्कारिक अनुष्ठान आर्थिक और राजनीतिक जीवन में भी महत्त्व रखते थे। खेती के मुख्य देवता क्षेत्रपति, शनु एवं सीर थे।

'क्षेत्रपति' से हम गाय और अश्व की ऐसे प्राप्ति करें जैसे पुष्टि देनेवाले हितैषी मित्र से। वह हम पर अनुग्रह करें। हे क्षेत्रपति! हमारे लिए मधुमती तरंग दुहो, जैसे गाय से दूध। मिठास चुआनेवाले शुद्ध घी की तरह। ऋत के स्वामी, हम पर कृपा करें। मधुमान् हों; पौधे, आकाश, जल, अन्तरिक्ष। क्षेत्रपति हमारे लिए मधुमान् हों; अक्षय रूप से हम उनका पीछा कर सकें। स्वस्तिपूर्वक हमारे वाहक पशु और हमारे वीर, स्वस्तिपूर्वक खींचे हल, स्वस्तिपूर्वक रस्सी, स्वस्तिपूर्वक अंकुश उठाएँ।

शुन और सीर इस स्तुति को पसंद करें जिन्होंने आकाश में पय बनाया, उससे पृथ्वी को सींचें।

सुभगा सीते, पास आओ तुम्हारी वन्दना करते हैं।
ताकि हमारे लिए सुभग बनो, सुफल बनो
इन्द्र सीता को दबाये, पूषा मार्ग दिखाए
पयस्वती वह उत्तरोत्तर वर्षों में दुग्ध से
स्वस्तिपूर्वक फाल भूमि को काढ़े,
स्वस्तिपूर्वक किसान वाहों के साथ बढ़े,
स्वस्ति पर्जन्य मधुमय पय बरसाएँ, शुनासीर स्वस्ति हमें दें।।[४६]

इस सूक्त में किसान, हल और बैल, पृथ्वी, आकाश और वर्षा, धन और धान्य सब एक मंगलमय विश्व विधान के अंग हैं। क्षेत्रपति शुन और सीर, इन्द्र और पर्जन्य उसके सहयोगी देवता हैं। पहले कहा जा चुका है कि खेत व्यक्तिगत स्वत्व के अंग थे, पर व्यक्ति कुटुम्ब और ग्राम से कटा और मात्र स्पर्धा और संघर्ष के न्याय का अनुवर्ती नहीं था।

शिल्प में विशिष्ट ज्ञान-विज्ञान की करामात मानी जाती थी। विश्वकर्मा, त्वष्टा और ऋभु शिल्प के दिव्य प्रवर्तक और रक्षक थे। शिल्पों के साथ व्यापार का प्रचार

स्थल और जल दोनों ही मार्गों से था। वणिज् सामान्य व्यापारी थे, पणि लुटेरे व्यापारी। विनिमय साक्षात् और द्रव्यपूर्वक दोनों ही प्रकार से होता था। पर वैदिक दृष्टि व्यापार की ओर सतर्क थी कि उसमें उपकारिता की मनोवृत्ति लेने-देने के भाव से सर्वथा न दब जाय, इसलिए वैदिक दृष्टि में दानशीलता बड़ा गुण है, व्यापारी की त्याग-विमुखता एक बड़ा दोष। इसी वैदिक दृष्टि ने भारतीय परम्परा में महाजन और सेठ को दान के लिए प्रेरित किया है।

वैदिक आर्थिक दृष्टि सहज समवाय की थी। वह अमर्यादित भोग-निष्ठा की, प्रतिस्पर्धात्मक संघर्ष की, कृत्रिमता की दृष्टि नहीं है। उसमें उत्पादन और भोग, आदान और प्रदान के एक सहज चक्र की कल्पना है, जिसका प्रतीक यज्ञ अथवा वसुधारा है।[४७] मानवजीवन देवशक्ति के अधीन है, उसी से प्राप्त साधन से मनुष्य कर्म करता है। उसे त्यागपूर्वक ही कर्म और भोग में प्रवृत्त होना चाहिए।[४८] इस प्रकार की त्यागपूर्वक कर्मठता ही समस्त प्राणियों को सहज समवाय में जोड़ती है। देवभक्तिपूर्वक त्यागप्रवणता ही आदर्श कर्म का रहस्य है। आर्थिक व्यवहार का क्षेत्र उतना ही इसका विषय है, जितना राजनीतिक।

यदि आर्थिक व्यवहार का मूल भाव दान, आपूर्ति या पुष्टि है तो राजनीति का मूलभाव रक्षा है, धर्म की अधर्म से। राजा की सत्ता या प्रभुता मात्र शक्तिमत्ता या जन-नेतृत्व नहीं है अपितु ज्ञानी को स्वीकार कर उसके अनुरूप धर्ममर्यादा का आवश्यक शक्ति से पालन है। वरुण राजत्व या साम्राज्य के दिव्य प्रतिनिधि हैं, मित्र ज्ञानी पुरोहित के। इन्द्र राजत्व की शक्ति के प्रतिनिधि हैं। सभा और समिति के द्वारा जनमत प्रकट होता था। वे प्रजापति की दुहिताएँ हैं।[४९] उनके नेतृत्व से ही राजा जनता का नेता बन सकता है। परामर्श या मंत्रणा द्वारा उत्पन्न समानचित्तता ही इस जन नेतृत्व का आधार है। प्रबल सेना का नेतृत्व इन्द्र में प्रतिबिम्बित है, जो कि राजसत्ता का प्रकट अंश है। पुरोहित और राजा के सम्बन्ध को प्रतिबिम्बित करनेवाला मित्र और वरुण का सम्बन्ध ऐसा है जैसा ज्ञानशक्ति और संकल्पशक्ति का। ज्ञान लक्ष्य का और उपाय का निर्देश करता है, संकल्प उसे कर्म द्वारा चरितार्थ करता है। इस प्रकार राजा के कर्त्तव्यों में एक ओर समुचित आचार और व्यवहार की व्यवस्था की शिक्षा और उसकी रक्षा है, दूसरी ओर प्रजा की जान-माल की रक्षा और लौकिक अर्थव्यवस्था का पोषण है। यह प्राचीन वैदिक आदर्श कालिदास के शब्दों में पितृवत्ता का सिद्धान्त था—

प्रजानां विनयाधानाद् रक्षणाद् भरणादपि।
स पिता पितरस्तासां केवलं व्यक्तिहेतवः॥

—रघुवंश १.२४

इस प्रकार का आदर्श जिसमें राजा पुरोहित का अनुगामी हो और जिसमें वह प्रजा के लिए पितृतुल्य हो, आजकल सही नहीं माना जाता। पर इसका कारण योरोप में चर्च और राज्य के संघर्ष का इतिहास एवं निरंकुश राजतंत्र के द्वारा घोषित

अपनी पितृतुल्यता का इतिहास रहा है। अर्थात् पौरोहित्य एवं राजत्व, दोनों की विकृति का ऐतिहासिक अनुभव ही यहाँ कारण है। पर कोई आदर्श विकृति से त्याज्य नहीं होता।[५०] वैदिक राजा निरकुंश भी थे और पुरोहितों एवं प्रजा के द्वारा उनके निकाले जाने का भी इतिहास उपलब्ध होता है। पुरोहितों और राजाओं के संघर्ष का भी इतिहास मिलता था। वैदिक युग का इतिहास सभी आदर्शों के प्रति सजगता का इतिहास है, न कि उनके निहित स्वार्थ-व्यवस्थाओं में बदल कर निर्जीव और दोषप्रधान बन जाने का।

राजत्व के आदर्श का सांस्कृतिक निदर्शन अभिषेक के अनुष्ठान में मिलता है, जिसका पहले उल्लेख किया जा चुका है। इस अनुष्ठान में यह स्पष्ट रूप से निर्देशित होता है कि राजत्व में अभिषेक धर्म की सर्वोपरिता स्वीकार करने में है। राजसत्ता निरंकुश प्रभुता नहीं है बल्कि धर्म और ज्ञान की दासता है।

इस विवरण से यह स्पष्ट होगा कि वैदिक दृष्टि समस्त मानव-जीवन को ऋतसूत्र के द्वारा देवसत्ता से जोड़कर चरितार्थ करना चाहती है।

पिछले विवरण से यह स्पष्ट होगा कि पूर्ववैदिक आध्यात्मिकता के आधारभूत ऋत और सत्य, देवता और पुरुष, यज्ञ, सृष्टि और परलोक की अवधारणायें रही हैं। इनको परम्परागत व्याख्याकारों ने कर्मकाण्ड के सन्दर्भ में ही समझा है। नवीन पाश्चात्य व्याख्याकारों ने इन्हें मिथकीय कल्पना की प्रसूति बताया है। तुलनात्मक भाषाशास्त्र, तुलनात्मक धर्मविज्ञान, नृतत्त्वविज्ञान आदि के सहारे उन्होंने नाना वैदिक देवताओं और यज्ञ-विधियों के मनोवैज्ञानिक और ऐतिहासिक स्पष्टीकरण का प्रयास किया है। संक्षेप में उनकी दृष्टि से वेद विद्या आदिम कपोल-कल्पनाओं का ही विस्तार है।

निरुक्त में देवताओं के स्वरूप के विषय में गंभीर अन्तर्दृष्टि प्रकाशित की है। योगतन्त्र की परम्परा में देवता तत्त्व का सुविशद् निरूपण मिलता है। ब्राह्मणों में तथाकथित अर्थवादात्मक आख्यानों के द्वारा यज्ञों के सांकेतिक पक्ष पर प्रकाश डाला गया है और यह मत विचारणीय है कि आरम्भ से ही बहिर्याग और अन्तर्याग साथ-साथ विद्यमान थे।* यज्ञ का मूलरूप आत्म समर्पण की भावना ही है जिसके साथ स्वत्व का त्याग और देवता-भक्ति जुड़े हुए हैं।

पूर्ववैदिक आध्यात्मिकता का आधार न मात्र कर्मानुष्ठान है; न पूरी कल्पना, उसका आधार देवोपासनामूलक स्वानुभूति है। जो कि अपरोक्षता का सर्वोत्कृष्ट निदर्शन है क्योंकि उन देवताओं के विषय में यही वैदिक निर्णय अन्तिम है कि- *एकं सद्विप्रा बहुधा वदन्ति*।

ऋत और सत्य ही समाज व्यवस्था के आधारभूत धर्म को प्रकाशित करते हैं। परम्परागत भारतीय सामाजिक, राजनैतिक दर्शन का मूल विशुद्ध रूप पूर्ववैदिक युग में ही निखर जाता है। इस समय परवर्ती जन्ममूलक चातुर्वर्ण्य की व्यवस्था नहीं थी और

---

* द्र० कपालीशास्त्री, *सिद्धांजनभाष्यम्*

न निरंकुश राजतंत्र की। स्त्रियों की शिक्षा और समाज में सम्मानित स्थान में कोई प्रतिबन्ध नहीं था।

पाद-टिप्पणी

१. वैदिक धर्म विषयक मतों के लिए द्र० मैक्समूलर, हिबर्ट लेक्चर्स, *सेक्रेड बुक्स ऑफ द ईस्ट,* जि० ३२ एवं ४६; ओल्डेनबर्ग, *दी रेलिगियोन देस वेद,* कीथ, *रि० फि० वे० उ०,* २ जि०

२. गोविन्द चन्द्र पाण्डे, *फाउण्डेशन्स,* जि० १, पृ० ११-६० एवं *ओरिजिन्स ऑफ बुद्धिज्म,* (१९९५) पृ० २६५-२६६, जहाँ वैदिक देवताओं के विषय में नाना आधुनिक मतों की समीक्षा है।

३. तु० कार्स्टन, *दि ओरिजिन्स ऑव रिलिजन,* पृ० १७९

४. श्लाइअरमाखर का प्रायः इसी प्रकार का अभिमत था, द्रष्टव्य, श्लाइअरमाखर पर लेख *एन्साइक्लोपीडिया ऑव रिलिजन्स,* मर्सियाइल्याड (सं०); कीथ, *रिलिजन एण्ड फिलौसफी ऑफ द वेदाज़ एण्ड द उपनिषदाज़,* जि० १, पृ० ४२ और आगे

५. द्र० गोविन्द चन्द्र पाण्डे, *फाउण्डेशन्स ऑफ इण्डियन कल्चर,* जि० १, पृ० ११-२१; गोविन्द चन्द्र पाण्डे का लेख 'द वेदाज़ देयर औथर्स एण्ड सिगनिफिकेंस', *डॉन ऑव इण्डियन सिविलिजेशन,* पृ० ५४९-६४

६. ह्वाइटहैड, *एडवेंचर ऑव आइडियाज,* पृ० १४ (कैम्ब्रिज, १९४७)

७. द्र० ग्रासमान, *वौर्तरबुख देस रिगवेद;* रॉथ और बॉथलिंक, वौर्तरबुख; मायरहौफर, *कन्साइज इटिमोलॉजिकल संस्कृत डिक्शनरी*

८. ऋतमर्षन्ति सिन्धवः सत्यं तातान सूर्यो....—ऋ० १.१०५.१२

९. ऋतं सासाह महिचित् पृतन्यतः—ऋ० ८.८६.५

१०. ऋतं यती सरमा गा अविन्दत्—ऋ० ५.४३.७

११. सुगःपन्था अनृक्षर आदित्यास ऋतं यते—ऋ० १.४१.४

१२. ऋतं च सत्यं चाभीद्धात् तपसोऽध्यजायत।
ततो रात्र्यजायत ततः समुद्रो अर्णवः।
समुद्रादर्णवादधि संवत्सरो अजायत।
अहोरात्राणि विदधद्विश्वस्य मिषतो वशी॥
सूर्याचन्द्रमसौ धाता यथापूर्वमकल्पयत्।
दिवं च पृथिवीं चान्तरिक्षमथो स्वः॥—ऋग्वेद १०.१९०. १-३

१३. ऋतस्य गोपावधिष्ठतो रथं सत्यधर्माणा परमे व्योमनि—ऋ० ५.६३.१

१४. धर्मणा मित्रवरुणा विपश्चिता व्रता रक्षेथे असुरस्य मायया—*वही,* ५.६३.७

१५. वर्वर्ति चक्रं परि द्यामृतस्य —*वही,* १.१६४.११, आधिदैविक दृष्टि से यही अर्यमा का मार्ग या नक्षत्र मार्ग है जिसमें २७/२८ नक्षत्र-पुञ्जों के द्वारा सूर्य और चन्द्र की सांवत्सरिक गति के मार्ग निर्धारित किये जाते थे।

१६. ऋतेन पुत्रो अदितेर्ऋतावोत त्रिधातु प्रथयद् वि भूम— *वही,* ४.४२.४

१७. इस प्रकार के विवेचन को समर्थित करने में इंग्लैंड के दार्शनिक ह्यूम की भूमिका सुविदित है।

१८. तु० के० सच्चिदानन्दमूर्ति, पूर्वोद्धृत

१९. तु० दयानन्द, *ऋग्वेद-भाष्य,* जिसका अंशतः युधिष्ठिर मीमांसक ने परिष्कृत संस्करण सम्पादित किया है।

२०. द्र० मोतीलाल शास्त्री, *वेद का स्वरूप-विचार* (प्रकाशित, क० च० कुलिश), पृ० ६-७

२१. *वही*

२२. हेगेल, *एन्तिसक्लोपेदी* (हाम्बुर्ग, १९६६), पृ० १९४-९६

२३. द्र०, ए० ई० टेलर, *प्लेटो,* (लन्दन), अनेकत्र

२४. *योगसूत्र,* १.४७-४८

२५. *बृहदारण्यक उपनिषद्,* ३.१

२६. जौन्देरगौतर, ओल्डेनबर्ग, पूर्व०, पृ० ६०-६३

२७. कौत्सोऽनर्थका हि मन्त्राः, —*निरुक्त,* १.१३-१५, अनुपपन्नार्थाः ....विप्रतिषिद्धार्थाः ....अविस्पष्टार्था भवन्ति —*वही,* पृ० १.१३-१६, द्र० राजवाडे (सं०), पृ० २५-२७, पूना

२८. नैष स्थाणोरपराधो यदेनमन्धो न पश्यति।— *वही,* १.१६-१९

२९. माहाभाग्याद् देवताया एक आत्मा बहुधा स्तूयत एकस्यात्मनोऽन्ये देवाः प्रत्यंगानि भवन्ति। *वही,* आनन्द आश्रम संस्करण, २, पृ० ६२५

३०. *वही,* २, पृ० ६३३

३१. *वही,* २, पृ० ६३६-३७

३२. *वही,* २, पृ० ६४५, ६५२

३३. *वही,* २, पृ० ६३६

३४. इन्द्रं मित्रं वरुणमग्निमाहुरथो दिव्यः स सुपर्णो गरुत्मान्।

एकं सद् विप्रा बहुधा वदन्त्यग्निं यमं मातरिश्वानमाहुः॥—ऋ० १.१६४.४६; तु० मेरी, *एकं सद्विप्रा बहुधा वदन्ति* (सम्पूर्णानन्द संस्कृत विश्वविद्यालय, वाराणसी)

३५. *निरुक्त,* २, पृ० ६३६

३६. पत्नीवतस्त्रिंशतं त्रींश्च देवान्—ऋ० ३.६.९

३७. मैक्डॉनेल, *वैदिक माइथौलजी,* कीथ, पूर्व०; पृ० ५८ से आग

३८. या च का च बलकृतिरिन्द्रकर्मैव तत, *निरुक्त,* २, पृ० ६६३

३९. द्र०, मैक्डॉनेल, *बृहद्देवता* (सं०), (१९६५), जि० १

४०. द्र०, क्षेत्रेशचन्द्र चट्टोपाध्याय, *वैदिक रिलिजन,* पृ० १५ और आगे (का० हि० वि० वि०, १९७५)

४१. द्र०, क्षेत्रेशचन्द्र चट्टोपाध्याय, *पूर्व०*

४२. तु० कीथ, *रि० फि० वे० उ०*, जि० २, पृ० २०५-६

४३. बोस, सेन एवं सुब्बारायप्पा, *ए कन्साइज हिस्ट्री ऑव साइन्स इन इण्डिया*, (१९७१), पृ० ६५

४४. वैदिक भक्ति पर द्र० सुस्मिता पाण्डे, *बर्थ ऑव भक्ति इन इण्डियन रिलिजन्स एण्ड आर्ट*, पृ० ३४-५३ (१९८२) तु० कल्याणमल लोढ़ा (सं०) सोमतत्त्व, पृ० ४७-७२, (१९९८)

४४क. मेरी, *द ओरिजिन्स ऑव बुद्धिज्म*, पृ० २७४-८०; हिल्लेब्रान्त, रिचुअल लितरातूर वेदिशे आप्फेर उन्त्साउबेर, (१८९७), काणे, *धर्मशास्त्र का इतिहास*, जि० २, भाग २, पृ० ९७६ और आगे

४५. द्र० *मीमांसासूत्रों* में अपशूद्राधिकरण जिसमें बादरि द्वारा समर्थित पूर्वपक्ष शूद्रों को अधिकारी मानता है। *ब्रह्मसूत्रों* के अपशूद्राधिकरण पर शाङ्करभाष्य तुलनीय है, जहाँ ब्रह्मविद्या में अधिकार प्रश्न निरर्थक बताया है।

४६. ऋ०, ४.५७

४७. तु० मेरी, *फाउण्डेशन्स ऑफ इण्डियन कल्चर*, जि० २, पृ० ५८-७०

४८. *वा० सं०*, अध्याय ४०

४९. *अथर्ववेद*, ७.२१.१

५०. यह स्मरणीय है कि अरस्तू ने अपनी प्रसिद्ध कृति *पॉलिटिक्स* में राज्य की कुटुम्ब से तुलना ही अयुक्त बतायी है।

भाग-२

आर्षकाव्य की धारा

ऋचो अक्षरे परमे व्योमन् यस्मिन् देवा अधि विश्वे निषेदुः।
यस्तन्न वेद किमृचा करिष्यति य इत् तद् विदुस्त इमे समासते॥

—ऋग्वेद १.१६४.३९

गौरीर्मिमाय सलिलानि तक्षत्येकपदी द्विपदी सा चतुष्पदी।
अष्टापदी नवपदी बभूवुषी सहस्राक्षरा परमे व्योमन्
तस्याः समुद्रा अधि वि क्षरन्ति तेन जीवन्ति प्रदिशश्चतस्रः।
ततः क्षरत्यक्षरं तद् विश्वमुप जीवति॥

—ऋग्वेद १.१६४.४१-४२

वेद को प्राचीन भारतीय परम्परा में शास्त्र माना जाता है। साहित्यशास्त्री शास्त्र और काव्य को सर्वथा पृथक् विधायें मानते हैं। आधुनिक पश्चिमी विद्वान् वेद को धार्मिक काव्य मानते हैं। अनेक आधुनिक भारतीय विद्वान् वेद में काव्यत्व देखते हैं। स्वामी दयानन्द ने वेदों में अलंकारों के महत्त्व की ओर ध्यान दिया, श्री अरविन्द वेद को अधिमानसिक (Overmind) कविता विज्ञापित करते हैं, जहाँ काव्य मन्त्रात्मक हो जाता है। स्वयं वेद में द्रष्टा कवि ही माने जाते हैं और उन्हें उस परमकवि का मानवीय प्रतिनिधि ही समझना उचित है। वैसे भी गम्भीर आध्यात्मिक सत्यों का प्रकाशन अभिधा के द्वारा न होकर अनुभूति की अभिव्यंजक काव्यात्मक भाषा से ही सम्भव है। प्रार्थना, स्तुति, आख्यान, नाट्यात्मक संवाद आदि जो सूक्तों के विभिन्न रूप हैं वे काव्य की विभिन्न विधा हैं। यह काव्य असत् कल्पना पर आधारित न होकर सत् की अनुभूति पर आधारित है, इसीलिए वह काव्य भी है, शास्त्र भी है क्योंकि वह अप्रत्यक्ष लोकोत्तर सत्य का प्रतिपादक है।

वैदिक मन्त्रों की व्याख्या में सायण आदि की परम्परा मन्त्रों के कर्मकाण्ड में विनियोग को उनका मूल सन्दर्भ मानती है। आधुनिक व्याख्या उनके सन्दर्भ को मिथकीय मानती है। इन मन्त्रों को समझने में आधुनिक व्याख्याकारों ने तुलनात्मक भाषाशास्त्र, तुलनात्मक व्याकरण, तुलनात्मक धर्मविज्ञान, मिथकविज्ञान, तुलनात्मक प्राचीन इतिहास आदि की प्रचुर सहायता जुटाई है किन्तु वे वेद मन्त्रों के आशय को सत्य की गम्भीर अनुभूति के सन्दर्भ में नहीं देखते हैं। वे आध्यात्मिक सत्य को प्राय: *थियोलॉजी* के प्रकाश में समझते हुए वेदों के अभिप्राय को आध्यात्मिक सत्य से दूर मानते हैं।

आचार्य क्षेत्रेशचन्द्र चट्टोपाध्याय का कहना था कि वेद को समझने के चार मुख्य प्रमाण हैं-वेद स्वयं मुख्य प्रमाण है, अवेस्ता वेद को समझने में प्रकाश डालती है, तुलनात्मक अध्ययन वेद की व्याख्या में सहायता प्रदान करता है, भारतीय परम्परा भी वेद को समझने में एक अनिवार्य साधन है। जहाँ तक स्वयं वेद का प्रश्न है इसमें *वैदिक पदानुक्रमकोश* अब ऐसा नया उपयोगी साधन है, जो पुराने विद्वानों को उपलब्ध नहीं था। पुराने साधनों में ग्रासमान् की *वौर्तरबुख* और रॉथ और बॉथलिंक की *वौर्तरबुख* विशेष रूप से उल्लेखनीय हैं। भारतीय परम्परा का निदर्शन यास्क से लेकर सायण, दयानन्द और अरविन्द तक भाष्यकारों की व्याख्या में मिलता है। तुलनात्मक अध्ययन के आधार पर पश्चिमी विद्वानों ने बहुत लिखा है, इनमें गैल्डनर और लुडविग के जर्मन अनुवादों और टिप्पणियों को विशेष रूप से उपयोगी यहाँ पाया गया है। वे वाक्य-योजना के विश्लेषण में पटु हैं किन्तु वेद में निरूपित आध्यात्मिक सत्य अथवा काव्यात्मकता की ओर उनका उतना ध्यान नहीं है।* वेदों के लाक्षणिक और प्रतीकात्मक अर्थों को दयानन्द और अरविन्द ने विशेषरूप से प्रकाशित किया है। प्रस्तुत अनुवादों का प्रयोजन एक ओर तो वैदिक आध्यात्मिक और नैतिक अन्तर्दृष्टि सामने रखना है दूसरी ओर यह विश्वास है कि मूल वैदिक मन्त्र इतने काव्यात्मक हैं कि उनकी अद्‌भुत छन्दोमयता छोड़ देने पर भी उनकी काव्यात्मकता का कुछ आभास मिलता है। जहाँ तक छन्द का प्रश्न है वैदिक छन्द का आधार अक्षर संख्या है। वे एक प्रकार के वर्णवृत्त हैं। उनका उसी रूप में यथावत् अनुवाद मुझे असंभव प्रतीत हुआ है क्योंकि हिन्दी भाषा और छन्द की प्रकृति सर्वथा भिन्न प्रकार की है।**

---

* वैदिक सौन्दर्यभावना के विवेचन पर हर्मन ओल्डेनबर्ग का लम्बा लेख द्रष्टव्य है- *क्लाइना श्रित्फन,* जि० १, पृ० ८३०-६७, पर इस प्रकार का विवेचन *बाउमगार्तन* के सौन्दर्यशास्त्रीय दर्शन से प्रभावित है; जो सौन्दर्य को सर्वथा पृथक् मूल्य मानता है।

** वैदिक छन्दोमयता में अन्तर्निहित अद्‌भुत श्वनिक सममात्रिकताओं की ओर पीटर रैस्टर ने ध्यान दिलाया है—द्र० *फोनेटिक सेमेट्रीज इन द फस्ट हिम ऑव द ऋग्वेद,* (इन्स्बुक, १९९२)

ऋग्वेद : १.१

इस सूक्त के ऋषि विश्वामित्र के पुत्र मधुच्छन्दस् प्रसिद्ध हैं, देवता अग्नि एवं छन्द गायत्री है। इसका विनियोग अग्निष्टोम के प्रातरनुवाक में बताया गया है (सा०)। सामान्यतया अग्निहोत्र एवं अग्न्युपस्थान से इसका सम्बन्ध कल्पनीय है (गै०)।

अग्नि पुरोहित पूज्य
यज्ञ के ऋत्विक् दिव्य।
होता, श्रेष्ठ निधिदाता ॥ १ ॥

जगद्गति के नियामक ऋत की मूल शक्ति के स्मरण, आवाहन और उसके लिए आत्मार्पण रूप यज्ञ का, आराधना का समय है, अग्नि की महिमा कहनी है, वे सामने प्रतिष्ठित हैं, स्वयं पुरोहित हैं, यज्ञविधान के अधिष्ठाता, प्रत्यक्ष ज्योतिर्मय रूप में। वे स्वयं ही विधान के यथासमय, यथाक्रम अनुष्ठाता, ऋत्विक् भी हैं, पुकारनेवाले होता भी हैं। वही यज्ञ के रूप में अमूल्य निधि के दाता हैं।

विश्व का एक नियत विधान है, जिसकी संज्ञा ऋत है। ऋत देवशक्ति का सनातन व्रत है और विश्व की सभी क्रियाओं का मूल और प्रतिमान। प्राकृतिक नियम उसका एक रूप है। ऋत का सांकेतिक, अनुस्मरणीय, भावनीय रूप यज्ञ है जिसका बाह्य रूप द्रव्ययाग है। आन्तरिकरूप मानसिक उपासनात्मक अन्तर्याग है। नैतिक नियम भी ऋत के रूप हैं।

यज्ञ में पुरोहित अध्यक्ष के समान हैं। आधिदैविक स्तर पर वह अग्नि है जिनके तीन लोकों में तीन रूप हैं। आधिभौतिक स्तर पर वह समाज-विधान-धर्म के अग्रणी, नेता हैं और ब्रह्मशक्ति से अभिन्न हैं। आध्यात्मिक स्तर पर वह ज्ञानशक्ति हैं, आधियाज्ञिक स्तर पर पुरोहित, ऋत्विक् और होता। प्रस्तुत ऋचा के संदर्भ में पुरोहित में अध्यक्षता देखी जा सकती है, वे ऋत्विक् कर्म के यथा—ऋतु अर्थात् यथासमय, अनुष्ठाता हैं। क्रिया में प्राण भाव से ही आता है जिसका अपना छन्द और अभिव्यक्ति होती है। छन्दोमय काव्यभाषा भाव की आन्तरिक पुकार की सहज अभिव्यक्ति है। यह पुकारनेवाला, छन्दोमय ऋचाओं के द्वारा देवशक्ति का आवाहन और आत्मनिवेदन करनेवाला याजक होता है।

जो अग्नि यज्ञ के अध्यक्ष, कर्त्ता और प्राणसंयोजक हैं, वही उसके फलदाता भी हैं। उपासना का फल एक अनमोल खजाना है, जो उपास्य शक्ति के द्वारा पहले से ही अन्दर रखा है। इसीलिए अग्नि को धाता कहा गया है।

प्रस्तुत ऋचा का सन्दर्भ उपासना में केन्द्रित है। मानवीय उपासना देवशक्ति के व्यापार पर ही आधारित है। देवशक्ति ही उसकी वास्तविक निर्देशक, सम्पादक, योजक और लक्ष्य है। अग्नि के रूप में वह संमुख प्रत्यक्ष है जो स्वयं ही उपासना का पथ-प्रदर्शक, साधक, प्रेरक और गन्तव्य है। उसकी उपासना में कवि कैसे प्रवृत्त हो, सिवा उसके अनुस्मरण में अपने को भूलकर। ऋचा में यह विरोधाभास और इसके साथ इस सूक्त में कवि का आत्मनिवेदन और अग्नि की महिमा ध्वनित है।

अग्नि पूर्व ऋषियों के
पूज्य, आजकल के भी।
ले आयें वे देवगण॥ २॥

अग्नि प्रतिदिन समिद्ध किये जाते हैं, प्रतिदिन जन्म ग्रहण करते हैं, पर वे सनातन, अजन्मा हैं। वे स्वयं साध्य, स्वयं साधन हैं।

प्रकृति और विकृति, अव्यक्त और व्यक्त, अक्षर और क्षर, *नातुरा नातुराता* और *नातुरा नातुरान्स,* आदि अनेक रूपों में सृष्टि-प्रपंच और उसके प्रतीयमान द्वैत की कल्पना हुई है। वैदिक दृष्टि से एक नित्य चेतन सत्ता ही नाना रूपों में अपने को व्यक्त कर सृष्टि करती है। अनित्य के मूल में नित्य है। इस मूल सत्ता को ही पहले देवता, पीछे ब्रह्म कहा जाने लगा। दार्शनिक विश्लेषण के साथ अनित्य और नित्य के सम्बन्ध के विषय में अद्वैतवादी और द्वैतवादी धाराएँ पृथक् हो गयीं। ब्रह्मवाद, प्रधानवाद एवं अनेक संकीर्ण मतों का विस्तार हुआ। नित्य को कूटस्थ, परिणामी अथवा प्रवाहमात्र कहा गया। पर यह निर्विवाद है कि एक ही सत् बार-बार उत्पन्न और नष्ट होता प्रतीत होता है। विश्लेषणात्मक मतवैभिन्य के होते हुए भी श्रुति एक नित्य सत् का समर्थन करती है।

साध्य और साधन की एकता आत्मोपलब्धि के विषय में ही होती है। शंकराचार्य ने गीताभाष्य में अध्यात्मसाधन की इस विशेषता का सटीक उल्लेख किया है। साधनभूत अग्नि अमर्त्य को मर्त्य तक लाती है।

अग्नि से पायें सम्पदा
और पुष्टि प्रतिदिन।
यशस्वी वीरवत्तम॥ ३॥

रयि और पुष्टि या रायस्पोष योगक्षेम से तुलनीय है। इष्ट विषय की प्राप्ति रयि या लाभ है, उसकी वृद्धि और रक्षा पुष्टि। यहाँ जीवन में निरन्तर अभ्युदय की प्रशंसा व्यक्त है। कीर्ति और पराक्रम की प्रशंसा अभीष्ट लाभ की उदात्तता सूचित करती है।

लाभ के साथ यश और वीरों की प्राप्ति भी अभीप्सित है। *'वीर'* से वीर-पुत्र का अर्थ ग्रहण किया गया है।

अग्नि, वह यज्ञ-विधि
जिसके चतुर्दिक् तुम।
पहुँचती देवों तक॥ ४॥

यज्ञम् अध्वरम् = उपासना और द्रव्ययाग अथवा ऋजु उपासना, सीधे भजन-पूजन का मार्ग।

मैक्डॉनेल ने यज्ञ का अर्थ सामान्यतया उपासना और अध्वर का द्रव्ययाग किया है। पर 'अध्वर' का अर्थ 'अकुटिल' भी किया गया है। शब्द की व्युत्पत्ति 'अध्व' से की जाय या 'ध्वर्' से, दोनों ही स्थितियों में उपासना की एक सीधे मार्ग से तुलना अनायास उपस्थित होती है।

अग्नि उस उपासना की रक्षा करते हैं जो अकुटिल है, वही सफल होती है।

अग्नि होता[१], कविक्रतु[२],
सत्य, चित्रश्रवस्तम[३]।
ले आयें देव देवों को॥ ५॥

१. *होता* = पुकारनेवाले याजक,

२. *कविक्रतु* = क्रान्तदर्शी मनीषा या संकल्पवाले,

३. *चित्रश्रवस्तम* = अतिशय प्रभास्वर यशवाले,

अग्नि स्वयं दिव्य हैं, उनसे आशंसा है कि वे देवों को अपने साथ ले आयें। कवि द्रष्टा और स्रष्टा दोनों ही है, क्रतु भी संकल्प और बोध दोनों का ही वाचक है। अग्नि में दर्शन और सर्जन, संकल्प और ज्ञान अभिन्न है। यह ईश्वरीय चेतना का प्रसिद्ध लक्षण है। इसीलिए उन्हें सत्य कहना अशेष रूप से सार्थक है।

'श्रवस्' है, श्रूयमाण नाम, गुणगान, कीर्ति। अग्नि की निनादित प्रभास्वरता ही उनका अद्भुत नामरूपात्मक यश है।

दानी* के लिए सदा ही
अंगिरा भद्र-संकल्प।
तुम्हारा सत्य सहज॥ ६॥

**दाशुषे* = दानशील, मैक्डॉनेल इसका अर्थ करते हैं (यज्ञ में प्रभूत दक्षिणा देनेवाला) यजमान, किन्तु दान के सन्दर्भ को द्रव्ययाग तक सीमित करना अपर्याप्त है। दान और याग दोनों ही मूलतः देवता के लिए अर्पण या त्याग की वृत्तियाँ हैं। धन,

संपत्ति आदि के रूप में दान, दक्षिणा, हवि आदि वस्तुतः स्वत्व का ही त्याग है। स्वत्वत्याग आत्मार्पण के उपाय के रूप में ही प्रासंगिक है। देवताओं का भोग भी स्थूल द्रव्यात्मक न होकर सूक्ष्मभाव के साक्षित्व से अभिन्न है। देवताओं की कल्पना का प्रतिमान सामान्य मनुष्य नहीं है। देवोपासना जीवन-विधान का केन्द्र होने से उपासनोपयोगी वृत्तियाँ भी केन्द्रीय बन जाती हैं। त्याग और दान, सत्य और विवेक (धी), वीर्य और तप आदि इन वृत्तियों में प्रधान हैं।

तुम्हारे पास प्रत्यह,
तिमिरहर[१], ध्यान में[२]।
प्रणति ले आयें, अग्नि*॥ ७॥

(* हे अग्नि, हम प्रणति लेकर आयें)

१. *दोषावस्त:* = रात्रि को उजाला करनेवाले,

२. *धिया* = धी के द्वारा,

इस ऋचा में द्रव्ययाग गौण होकर मानसिक आराधना का अवसरमात्र है।

राजा तुम अध्वरों के
ऋत-गोप्ता द्योतमान।
बढ़ते निज सद्म में॥ ८॥

ऋत विश्व का व्यापक विधान है, प्राकृतिक, नैतिक, आनुष्ठानिक। अग्नि उसके प्रकाशमान रक्षक हैं, विशेषतया प्रस्तुत सन्दर्भ में उपासनात्मक अनुष्ठान के। अग्नि का अपना घर जहाँ वह प्रज्वलित होकर बढ़ते हैं, स्पष्ट ही वेदि है। पर उक्ति के प्रकार में अर्थान्तर की ध्वनि है। उपास्य अग्नि की ज्योति का विकास उपासक की बुद्धि में होता है।

पिता-से पुत्र के लिए
अग्नि, बनो सूपायन*।
साथ रहो स्वस्ति-प्रद॥ ९॥

इस ऋचा में भक्तिभाव का सटीक दृष्टान्त मिलता है। यहाँ उपासक का उपास्य के साथ निजी सम्बन्ध विवक्षित है, जिसमें उपास्य का गौरव और निकटता, दोनों ही ध्वनित हैं।

**सूपायन:* = अभिगम्य, जिसके पास बेरोक-टोक जाया जा सके। तु० *अधृष्यश्चाभिगम्यश्च यादोरत्नैरिवार्णव:*॥ रघुवंश-१.१६॥

ऋग्वेद : १.२

विश्वामित्र के पुत्र मधुच्छन्दस् ऋषि, वायु देवता, गायत्री छन्द, प्रउग शस्त्र में विनियोग। प्रातःसवन में वैश्वदेव के ग्रहण के पश्चात् होता के द्वारा प्रउग-शस्त्र का शंसन होता था। पहले तृच में वायु देवता, दूसरे में इन्द्र और वायु जो दोनों मध्यमलोक की देवशक्ति के दो रूप हैं, तीसरे तृच में मित्र और वरुण।

वायु, आओ, हे दर्शनीय,
ये सोम तैयार है,
उनमें से पियो, पुकार सुनो॥ १॥

टिप्पणी—अदृश्य वायु को दर्शत या दर्शनीय कहना उसे प्रत्यक्ष वायु से अलग करता है।

वायु, उक्थों[१] से स्तुति करते हैं
तुम्हारी स्तोता।
जिन्होंने सोम निकाल लिया है, जो अहर्विद्[२] हैं॥ २॥

१. *उक्थ* = अप्रगीत मंत्रों से साध्य स्तुति या 'शस्त्र'।
२. *अहर्विद्* = कालज्ञ (गै०), एक दिन में संपाद्य अग्निष्टोम आदि यज्ञों के अभिज्ञ (सा०)

वायु, तुम्हारी जुड़ानेवाली[१] धारा[२]
पहुँचती है देनेवाले के लिए
सब ओर फैलती[३] सोमपान के लिए॥ ३॥

१. *प्रपृञ्चती* = सोमसंपर्क करती हुई (सा०), आस्वाद से प्रहृष्ट (गै०)
२. *धेना* = निघंटु में वाक् के नामों में पठित है; गाय, दूध की धारा-द्र० वै० को०
३. *उरुची* = सब यजमानों तक पहुँचती (सा०) = सोमपान के लिए होठ या जिह्वा को पहुँचना चाहिए, न कि धेनु, वाक् या धारा को, पर यह विरोधाभास है। देवता को सोमपान कराना, उनकी कृपाधारा का पान करना है।

इन्द्र और वायु, यह (सोमरस) निकाला हुआ है
प्रीतिपूर्वक पास आओ।
बूँदें आपको चाहती हैं॥ ४॥

वायु और इन्द्र, तुम जानते-पहिचानते हो
निकाले (सोमरस) को, उषा के समान शुभ।[१]
वे तुम आओ शीघ्रता से॥ ५॥

१. *वाजिनीवसू* = वाजिनी उषा के नामों में पठित है, पर सायण और नवीन व्याख्याकार उसे वाजयुक्त और वाज को अन्न या विजय का पुरस्कार मानते हैं। इस प्रकार *वाजिनीवसु* अन्न, 'धनादि से समृद्ध' का वाचक माना गया है।

वायु और इन्द्र, सोम-रस निकालनेवाले के[१]
तैयार रस[२] के पास आओ।
यथाशीघ्र[३], यथेष्ट[४], हे वीरों॥ ६॥

१. *सुन्वतः* = यजमान के
२. *निष्कृतम्* = संस्कृतम्
३. *मक्षु* = द्रवत्
४. *इत्था* = सायण के अनुसार सत्यार्थक क्रिया विशेषण

मित्र को पुकारता हूँ पवित्र बलवाले[१]
वरुण को जो शत्रुभक्षक हैं[२]।
जो (दोनों) स्निग्धोज्ज्वल[३] प्रतिभा और संकल्प[४] सम्पादित करते हैं॥ ७॥

१. *पूतदक्षम्* – दक्ष संज्ञावाची है
२. *रिशादसम्* < रिश् हिंसार्थक धातु
३. *घृताचीम्* < घृ जिससे *घृणि* निष्पन्न होता है, तु० अंग्रेजी *ग्लो*
४. *धियम्* – धी में ज्ञान और कर्म दोनों के अर्थ जुड़े हैं।

हे मित्र और वरुण
ऋत[१] से बढ़नेवालों, ऋत से संसक्त।
ऋत से तुम बृहत्[२] क्रतु[३] को प्राप्त हुए हो॥ ८॥

१. *ऋत* = उदक के नामों में पठित, यज्ञ, सत्य, नियम
२. *बृहत्* = ऊँचा
३. *क्रतु* = संकल्प, यज्ञ

द्रष्टा[१] मित्र और वरुण

बली[२], सर्वव्यापी[३]।

हमें क्रियाशील[४] शक्ति[५] दें॥ ९॥

१. *कवी* तु० *'कविर्मनीषी'*

२. *तुविजाता* < तु० स्फीत होना

३. *उरुक्षया* < क्षि निवासार्थक है

४. *अपसम्* = अन्त्योदात्त अतः विशेषण

५. दक्षम् = तुवि और उरु, बहु के नामों में पठित, अपस् कर्म के नामों में और दक्ष बल के नामों में पठित।

इन्द्र और वायु का सम्बन्ध ऐसा प्रतीत होता है, जैसा—शक्ति और गति का।

ऋग्वेद : १.३

ऋषि मधुच्छन्दा वैश्वामित्र, प्रथम तृच के देवता अश्विन्, दूसरे के इन्द्र, तीसरे के विश्वेदेवा:, चौथे की सरस्वती, गायत्री छन्द। प्रथम तृच का विनियोग प्रातरनुवाक के आश्विन् क्रतु में (सा०)। पिछले सूक्त से लगा हुआ उसके आगे (गै०)।

क्षिप्रहस्त, अतिशय शोभन
अश्विगण, यज्ञसाधक, ऊर्जाधायक (हवि)[१] को।
पाने की इच्छा रखो, हे विविध आस्वादक[२]॥ १॥

१. *इषः* = अन्न (सा०), इष् ऊर्ज् से भिन्न पर संबद्ध है, इष् का मूल अर्थ प्रेरणा या स्फूर्ति का आधान लगता है, अतः प्रेरक या स्फूर्तिप्रद आहार या अनुभाव।
२. *पुरुभुजा* = विविधभोजी या बहुबाहु (सा०)

हे अश्विगण, अद्‌भुतकर्मा[१],
वीर, प्रबल समझ से[२]।
हे ध्यातव्य[३] (अश्विगण) हमारी पुकार[४] अपनाओ॥ २॥

१. *पुरुदंससा* = दंसस् कर्मनामों में पठित
२. *शवीरया धियो* = 'धी' में अनेक अर्थच्छायाएँ हैं।
३. *धिष्ण्य* = ध्यातव्य या धातव्य; देने को इच्छुक (ग्रा०), धीगोचर, विचारशील (गै०), बुद्धिमान् (सा०)
४. *गिरः* = पुकार, स्तुति, वचन।

अलौकिक शक्तिमान्[१] नासत्यगण,
तृण बिछा कर[२] तैयार सोमरस[३] तुम्हारे लिए है[४]।
रुद्र-मार्ग के संचारी[५], यहाँ पधारो॥ ३॥

१. *दस्रा* = दंस् से, अद्‌भुतकर्मा (ग्रा० आदि), विनाशक (शत्रुओं के) (सा०) - दस् से
२. *वृक्तबर्हिषः* = सा० अनेक विग्रह देते हैं।
३. *सुताः* = तु० पिछला *निष्कृतम्*
४. *युवाकवः* = वसतीवरी से संयुत (सा०)
५. *रुद्रवर्तनी,* कदाचित् अन्तरिक्ष से तात्पर्य है।

इन्द्र, आओ, हे अद्‌भुत प्रभामय (*चित्रभानो*)
तैयार सोमरस तुम्हारे लिए उत्सुक है।
अँगुलियों (*अण्वीभिः*) से छाना हुआ॥ ४॥

इन्द्र, आओ, प्रार्थना से प्रेरित होकर (*धियेषितः*)
विप्रों से वेग प्राप्त कर (*विप्रजूतः*), सोम तैयार किये
ऋत्विक्[१] के मंत्रों के[२] पास॥ ५॥

१. *वाघतः* = ऋत्विक् के नामों में पठित

२. *ब्रह्माणि* = स्तुति, प्रार्थना आदि

इन्द्र, सत्वर (*तूजुजान*) आओ
मंत्रों के पास, हे हर्यश्व[१]।
हमारे तैयार सोमरस को पसंद करो॥ ६॥

१. *हरिवः* = इन्द्र के घोड़े हरि, अग्नि के रोहित कहे गये हैं। 'हरि' कुम्मैत या लाखी घोड़ा है जिसका रंग हलका भूरा या पीलापन लिये लाल समझा जा सकता है।

रक्षा करनेवाले, जनता के विधारक
विश्वेदेव-गण, आइए।
दाता, देनेवाले के सोमरस के प्रति॥ ७॥

विश्वेदेव-गण, क्रियाशील[१],
त्वरमाण, सोमरस के प्रति आओ।
जैसे लाली अपने अवकाश की ओर[२]॥ ८॥

१. *आप्तुरः* = वृष्टिप्रद (सा०, गै०)

२. *उस्रा इव स्वसराणि* = उस्रा, उषा की लाली और गाय दोनों के लिए प्रयुक्त होता है, *स्वसरं* = गोठ, गोचर, घोंसला, दिन के लिए समझा गया है। (द्र० - ग्रा०, सा०)

विश्वेदेव-गण, अहिंस्त्र *(अस्त्रिधः)*,
जो स्वागत पर कष्ट से विदा[१], अद्रोह!
हविष्य *(मेधं)*-सेवन करो, वाहक-गण! ॥ ९ ॥

१. *एहिमायासः* के तीन अर्थ किये गये हैं—'जिनका आना स्वागत है, जाना मना किया जाता है, 'जो सर्पवत् मायावी या नाना रूपधर हैं', 'जो व्यापक या विशिष्ट प्रज्ञा से युक्त हैं'।

पावन सरस्वती
पुरस्कार लिये पुरस्कारवती[१]।
हमारा यज्ञ पसंद करे, प्रज्ञा से चमकती[२] ॥ १० ॥

१. *वाजेभिर्वाजिनीवती* = वाज का अर्थ अन्न अथवा स्पर्धा में जीत का इनाम प्रायः किया गया है। मूलतः वाज बल का वाचक प्रतीत होता है, अतः लक्षणा के द्वारा बल से प्राप्य अथवा बल के हेतु में प्रयुक्त, पुनश्च बलाधायक अक्ष एवं बल के द्वारा जीती जानेवाली बाजी का पुरस्कार वाज से सूचित होते हैं। तु० वज्र, उग्र, ओजस् - द्र० ग्रा०, तु० ओल्डेनबर्ग, क्लाइन, १ पृ० २१-२२

२. *धियावसुः* = √ वसु वस्, चमकने से

प्रेरित करती हुई प्रिय और सत्य वचनों *(सूनृता)* को
अच्छे विचारों को *(चेतन्ती सुमतीनां)*
यज्ञ अपनाती सरस्वती ॥ ११ ॥

महान् जल-प्रवाह को सरस्वती
प्रकाशित करती है ध्वजा से[१]।
सभी ज्ञान-विज्ञान पर शासन करती हैं[२] ॥ १२ ॥

१. *केतुना* = 'कर्मणा प्रज्ञया वा' (नि०)

२. *धियो विश्वा विराजति* = 'सर्वाणि प्रज्ञानानि अभिविराजति' (नि०)।

ऋग्वेद : १.४

ऋषि और छन्द पूर्ववत्, देवता इन्द्र। विनियोग अभिप्लवषडह, महाव्रत आदि में।

अच्छा रूप बनानेवाले को[१] रक्षा के लिए
जैसे अच्छी गाय को दुहनेवाले के लिए।
हम पुकारते हैं प्रतिदिन॥ १ ॥

१. *सुरूपकृतुम्* = सामान्यतया रूप बनाने, करने या देने की बात प्रासंगिक नहीं लगती, पर अपना अच्छा रूप बनाना इन्द्र के सौम्य, अघोर रूप की ओर संकेत है।

हमारी सोमाहुतियों के पास आओ
सोमपायिन्, सोम का पान करो।
गोप्रद है, धनवान् का हर्ष॥ २॥

अब हम तुम्हारी घनिष्ठ (*अन्तमानां*)
कृपा को (*सुमतीनां*) पहिचानें।
हमें अनदेखा मत करो, आओ॥ ३॥

दूर हटो, विपश्चित् से पूछो
विग्र[१], अस्तृत[२] इन्द्र के विषय में।
जो तुम्हारे मित्रों में श्रेष्ठ है॥ ४॥

१. *विग्रम्* = वेगवान्

२. *अस्तृतम्* = अनधरीकृत, अजेय

चाहे हमारे निन्दक कहें
कहीं और से (तुम) निकले हो[१]।
इन्द्र में ही भक्ति रखते हुए[२]॥५॥

१. *निरन्यतश्चिदारत* = 'आरत' को √ ऋ का लोट् में (सा०) या लुङ् में (ग्रा०) रूप माना गया है।

२. *दधाना* = दुव: दुव: = परिचर्या (सा०)

और हमें सुभग कहें
अरि[१] और कृष्टि, हे दस्म[२]।
हम रहें इन्द्र की शरण में॥ ६॥

१. अरि का अर्थ अनेकधा किया गया है—अदाता, शत्रु, सक्रिय या कर्मठ, स्वामी, अतिथि, सम्बन्धी। जनवाची कृष्टि के सहयोग से यहाँ अर्थ संभवत: स्वामी लिया जाना चाहिए।

२. *दस्म* = समर्थ, स्वामी

इस आशु को आशु के लिए लाओ[१]
(जो) यज्ञ की श्री है, वीरों का प्रहर्षण है।
मित्रों का प्रहर्षण है, उसे पंख देते हुए[२]॥ ७॥

१. *आशु* = तेज, सोम अथवा अश्व के लिए प्रयुक्त, यहाँ सोम और इन्द्र दोनों ही समानरूप से तेज, अचिरकारी हैं, यह अभिप्राय है।

२. *पतयत्* = पंख देते या पंख लगाते, जल्दी करते, करवाते।

इसे पीकर, हे शतक्रतु[१],
तुम शत्रुओं के हन्ता बने।
तुम संग्रामों में सांग्रामिक की रक्षा करते हो[२]॥ ८॥

१. *शतक्रतु* = सौ क्रतुवाले, क्रतु = संकल्प, कर्म = विपुल-संकल्प, बहुकर्मा

२. *वाज* = यहाँ युद्ध का प्रसंग है।

बाजी जीतने वाले को, संघर्षों में विजयी को, ऐसे तुम्हें,
युद्धों में योद्धा को,
हे शतक्रतु, हम बढ़ावा देते हैं।
इन्द्र, धनों [*]की प्राप्ति के लिए॥ ९॥

[*]*धन* = बहुवचन में नाना निधि या मूल्यवान् अर्थों का द्योतक है। पीछे के विद्याधन, यशोधन आदि प्रयोग स्मरणीय हैं।

जो सम्पदाओं का स्त्रोत, महान्
उस पार तारनेवाला,
सोमरस तैयार करनेवाले का सखा है।
उस इन्द्र के लिए गाओ॥ १०॥

ऋग्वेद : १.५

ऋषि, देवता, छन्द, विनियोग पूर्ववत्। विशेष विनियोग अतिरात्र में।

आओ बैठो
इन्द्र का स्तुतिगान करो।
सखाओं! स्तुतिवाहक!॥ १॥

बहुतों में उत्तम,
वरणीय अर्थों के स्वामी।
इन्द्र के लिए अभिषुत सोम में साथ (गाओ)॥ २॥

वह जोड़ने में हमारे साथ हो
धन संपदा में, विविध प्रज्ञा में।
वह हमारे पास आये पुरस्कार लिये॥ ३॥

सामना होने पर नहीं रोकते
जिसके घोड़ों को युद्ध में शत्रु।
उस इन्द्र के लिए गाओ॥ ४॥

सोमरस पीनेवाले के लिए[१] ये निकाले हुए
साफ और दधिमिश्रित[२]
सोम आस्वादन के लिए जाते हैं॥ ५॥

१. *वीतये* = बुलाने ले आने के लिए (गै०)
२. *दध्याशिर:* = नीरस भाग हटा कर साफ किया हुआ (सा०)

तुम सोमरस पीने के लिए
तत्काल बड़े हो गये।
इन्द्र, सुक्रतु, ज्यैष्ठ्य के लिए॥ ६॥

तुम में प्रवेश करें आशु
सोम, हे स्तुतिप्रिय इन्द्र।
अनुकूल हों प्रकृष्टज्ञानी तुम्हारे लिए॥ ७॥

तुम्हें स्तुतिगीतों ने बढ़ाया है,
शतक्रतु,[१] तुम्हें स्तुतिपाठ[२] ने।
तुम्हें बढ़ाये हमारी पुकार[३] ॥ ८ ॥

१. *स्तोम* = सामगान के अन्तर्गत प्रगीत स्तुति है,

२. *उक्थ* = ऋक्पाठियों का शंसन या शस्त्र है,

३. *गिर्* = उपासक की पुकार है जिसमें स्तुति, प्रार्थना आदि सभी सम्मिलित है।

जिसकी रक्षा अक्षय[१] है, वह पाये[२] इस
सहस्त्रविध सोम को इन्द्र।
जिसमें सभी पौरुष हैं॥ ९ ॥

१. *ऊति* का अर्थ अनुकूलता भी किया गया है, (गै०),

२. '*सनेत्.......वाजम्* का अर्थ 'इन्द्र जीत का माल पाये' (गै०), 'इन्द्र सोम रूप अन्न पाये' (सा०) किया गया है।

मर्त्य प्राणी क्षति न करें
हममें से किसी की इन्द्र, जो पुकार सुनते हो।
(तुम) समर्थ हो, हिंसा अलग करो॥ १० ॥

तनूनाम् का अर्थ 'शरीरों का' किया गया है—सा०, गै०। पर उससे पहली पंक्ति का अर्थ स्थूल होकर घट जाता है। तनूनाम् अभिद्रोह के विषय को निर्विशेष सामान्य के स्तर से हटाकर प्रातिस्विक बना देता है।

ऋग्वेद : १.६

ऋषि और छन्द पूर्ववत्। देवता १-३ इन्द्र; ४,६,८,९, मरुत्; ५,७, मरुत् और इन्द्र; १०. इन्द्र, किन्तु यह कहा गया है कि इन्द्र के साथी मरुत् न होकर अंगिरस् हैं, और साक्षात् अनुक्त होने पर भी सूर्य की उपस्थिति बुद्धिस्थ है। विहित विनियोगों का मंत्रों से मौलिक सम्बन्ध नहीं प्रतीत होता (तु० गै०)

जोतते हैं भूरे हलके लाल (अश्व) को
जो (इन) स्थिर (लोकों) के गिर्द घूमता है।
चमक रहे हैं चमकीले (तारे) नभ में॥ १ ॥

ब्रध्न – तु० ग्रा०, गै०। तु० *कृष्णः श्वेतोऽरुषो यामो अस्य ब्रध्न ऋज्र उत शोणो यशस्वान्*॥ ऋ० १०.२०.९॥
तस्थुषः – असौ वा आदित्यो ब्रध्नः ....अग्निर्वा अरुषः ....इमे वै लोकाः परितस्थुषः .... । (तै० ब्रा०, उद्धृत सायण)

इसके (इन्द्र के) रथ में जोड़ते कमनीय
दोनों तरफ[१] दो कुंमैत।
लाल, प्रगल्भ, वीरों के वाहक॥ २ ॥

१. 'विविध पक्षों में' (सा०) 'विपक्षी या प्रतिस्पर्धी' (गै०) दोनों अर्थ एक साथ संभव हैं।

प्रज्ञानरहित के लिए प्रज्ञान बनाते,
मनुष्यों, अरूप के लिए रूप।
उषा के साथ तुम[१] जन्मे हो॥ ३ ॥

१. सूर्य

उन्होंने अपनी शक्ति से (उसके)
पुनर्जन्म का प्रवर्तन किया।
यज्ञोचित नाम धारण करते हुए॥ ४ ॥

भावार्थ—प्राक्तन ऋषियों ने अपनी मंत्रशक्ति से सूर्य को रात्रि की गुफा से निकाला मानो गर्भ से निकाल कर पुनर्जन्म दिया। सूर्य या ज्योति ज्ञान को लक्षित करते हैं।

सुदृढ़ को भी भंग करते हुए[१]
आगे ले जानेवालों के साथ[२], इन्द्र, गुफा में
खोज कर तुमने पाया रक्ताभ[३] (गायों को)॥ ५॥

१. वृत्रोपाख्यान का संदर्भ।
२. *वह्निभिः* = ले जानेवाला, वाहक नेता। नेता मरुत् कहे गये हैं (सा०)।
३. *उस्रियाः* = गाय, किरणें

जैसे देवताओं को चाहनेवाले मन से[१] (प्रार्थना करते हैं)
(ऐसे) शब्द निधि जतानेवाले[२]।
महान प्रसिद्ध (इन्द्र की) स्तुति करते हैं॥ ६॥

१. *मतिम्* = प्रार्थना, मानसिक अर्चन, ध्यान
२. *विदद्वसुम्* = 'धन पानेवाला', 'धन दिलानेवाला'। ये अर्थ महान्‌देवता की उपासना में समंजस नहीं लगते। 'वसु' का मूल अर्थ 'चमकदार' है, जो ज्ञान को लक्षित करता है। चमकदार धातु या धन भी उसे लक्षित कर सकते हैं।

इन्द्र के साथ दीखो (मरुद्‌गण)**
साथ जाते हुए, निर्भीक के।
(दोनों) प्रहर्षित, जिनकी दीप्ति समान॥ ७॥

** सा० के अनुसार।

अनिंद्य सुदीप्तिमान् (गणों के साथ)
यज्ञोत्सव * जोर से गा रहा है।
इन्द्र के प्रिय गणों के साथ॥ ८॥

* *मखः* = को 'मख्' से संबद्ध कर उसका अर्थ संघर्ष, युद्ध आदि किया गया है (ग्रा०), √ मह् √ मंह् से संबद्ध कर दान आदि किया गया है (गै०, रॉ०)। निघंटु में मख यज्ञ नामों में पठित है।

परिभ्रमणशील (मरुद्‌गण) इधर से (अंतरिक्ष से) जाओ
या ऊपर चमकते आकाश से।
यहाँ (तुम्हारी ओर) पवित्र गीत वेग से प्रधावित हैं॥ ९॥

इन्द्र से लाभ की याचना करते हैं
इस पार्थिवलोक से या ऊपर द्युलोक से।
या विपुल अंतरिक्ष से॥ १०॥

ऋग्वेद : १.७

ऋषि देवता, छन्द, विनियोग पूर्ववत्, विशेष विनियोग महाव्रत, अतिरात्र आदि में।

इन्द्र का ही सामगायक बृहत् साम से
इन्द्र का ही मन्त्रपाठक मन्त्रों से।
इन्द्र का संगीत के स्वर* गुणगान करते हैं॥ १॥

* *वाणीः* = वाण के स्वर, संगीत के स्वर, प्रार्थना के स्वर तु० रॉ०

इन्द्र ही हरि (घोड़ों) के साथ रहता है
(वह) शब्द से युक्त होनेवाले (घोड़ों) को जोतता है।
इन्द्र का वज्र है, सुनहरी कान्ति है॥ २॥

इन्द्र ने दूर तक देखने के लिए
सूर्य को द्युलोक में चढ़ाया।
मेघ को[१] किरणों से[२] छितराया॥ ३॥

१. *अद्रिम्* = शिला, पर्वत, बट्टा, मेघ
२. *गोभिः* = गाय, रश्मि, दूध

इन्द्र, संघर्षों *(प्रधनेषु)* में हमारी रक्षा करो
जिनमें सहस्त्र 'लाभ' हैं।
हे उग्र, अपनी उग्र रक्षाओं से॥ ४॥

इन्द्र को हम महत् संग्राम में[१]
इन्द्र को अल्प में बुलाते हैं।
वज्रधारी मित्र को शत्रुओं के बीच॥ ५॥

१. *महाधन* = संग्राम के नामों में पठित।

ऐसे तुम, हे वीर्यवान् अनावरण करो उस चरु[१] का।
सदादाता, खोल दो।
हमारे लिए अप्रतिवारित॥ ६॥

१. *चरु* = पात्र, मेघ,
√ *ष्कु* = ढकना, रखना

हर बार जो उत्तम[१] रहें
वज्रधर इन्द्र के गान।
कभी न खाली[२] पाता उनकी सुन्दर स्तुति॥ ७॥

१. *तुञ्जे* = दान (यास्क), वेग, हिंसा, पालन आदि अर्थों में धातु कही गयी है।
२. *विन्धे* = √ विध्, देवसेवा, खाली होना या पाना

जैसे कमनीयगति पुंगव *(वंसगः)* गायों के झुंड को,
(इन्द्र) प्रेरित करता *(इयर्ति)* जनता को ओज से।
अधीश्वर अप्रतिवारित॥ ८॥

जो अकेला मनुष्यों के लिए
सब मूल्यवान् पदार्थों का संरक्षक है।
इन्द्र पाँच जनों (जनपदों) के लिए *(इन्द्रः पञ्च क्षितीनाम्)*॥ ९॥

सर्वोपरि[१] इन्द्र को हम
आप जनों के लिए पुकारते हैं
वह हमारा ही हो केवल॥ १०॥

१. *विश्वतस्परि* = नाना शाखाओं के (गै०)

ऋग्वेद : १.८

ऋषि, देवता, छन्द वही। महाव्रत, अतिरात्र और दर्शयाग में विनियोग।

इन्द्र, संभजनीय सम्पदा[१] को पास लाओ
(जो) सर्वजयी, सदा पराभिभव में समर्थ।
वृद्धतम हमारी रक्षा के लिए हो॥ १॥

१. *रयिम्* = धन (सा०), निधि (गै०) - प्रायः रयि पुत्रधन है। यहाँ पर विशेषणों से स्पष्ट ही मानवीय सम्पदा अभिप्रेत है।

जिस (सम्पदा) से हम मुष्टियुद्ध में,
शत्रुओं से अपनी रक्षा करें।
तुमसे रक्षित हम घोड़ों से (रक्षा करें)॥ २॥

तुम्हारी रक्षा में हम
वज्र और गदा पकड़ें।
स्पर्धा करनेवालों से युद्ध में जीतें॥ ३॥

हम शूर धन्वियों से,
इन्द्र, तुम्हारा साथ होने पर
आक्रमणकारियों पर विजयी हों॥ ४॥

इन्द्र महान् है, इससे भी अधिक
महिमा वज्रधर की हो।
उसकी शक्ति विस्तार में आकाश-सी॥ ५॥

संग्राम में जिन वीरों ने (लाभ) पाया है
या सन्तान वृद्धि में।
या प्रज्ञाकाम विप्रों ने॥ ६॥

यह अध्याहार्य है = 'वह सब इन्द्र की रक्षा से पाया है'।

जिसका उदर सोम पीने में सर्वाधिक है
और समुद्र की तरह फूलता है।
(जिसकी) जिह्वा[१] पानी-सी फैली है ॥ ७ ॥

१. *काकुद्* = जिह्वा के साथ वाक् के नामों में पठित।

ऐसी उसकी प्रिय सत्य वाणी
कृपा[१] से भरी, गायों से, महती।
दानशील के लिए पकी शाखा-सी *(पक्वा शाखा न दाशुषे)* ॥ ८ ॥

१. *सूनृता* = सौजन्य, कृपा (गै०)

ऐसी तुम्हारी विभूतियाँ,
इन्द्र, मेरे जैसे की रक्षा के लिए।
दानशील के लिए तत्काल उपस्थित ॥ ९ ॥

ऐसे उसके अभीष्ट
शंसनीय स्तोम और उक्थ्य।
सोमपायी इन्द्र के लिए ॥ १० ॥

ऋग्वेद : १.९

ऋष्यादि पूर्ववत्। विशेष विनियोग—अतिरात्र के दूसरे पर्याय में अच्छावाक शस्त्र में। अतिरात्र ज्योतिष्टोम की चतुर्थ संस्था है, उसमें शस्त्र पढ़नेवाले होतृप्रधानगण के ऋत्विजों में तीसरा अच्छावाक कहलाता है। वह तीन पर्यायों या प्रकारों में स्तोत्र पढ़ता है।

इन्द्र, आओ यह पेय[१] तुम्हें भाये
सभी सोम के पर्वों[२] में।
(तुम) महान् हो, ओज से अभिभूत करते हो[३] ॥ १ ॥

१. *अन्धस्* = अन्न (अद् + असुन्, औणादिक, नित्वादाद्युदात्त:) ओषधी, सोमलता

२. *पर्व* = विच्छिन्न भाग, उत्सव, पर्व पूरणे, पृ पालनपूरणयो: तु० परुष्, पर्वत, गाँठ, उत्सव (संवत्सर में संधियाँ)। *सोमपर्वण: सोमरसा:* (सायण), वनिप्, पित्त्वाद् धातुस्वर:।

३. *अभिष्टि:* = अभि + इष् गतौ + क्तिन्, क्तिन्नन्तोदात्त: पर्व के प्रयोग में श्लेष।

(चमस में सोम को आहुति के लिए उठाये अध्वर्युगण)
अभिषुत सोम में इस सोम को छोड़ो,
प्रहर्षण[१] सोम को प्रहृष्ट इन्द्र के लिए,
क्रियावान्[२] सोम को सब कर सकने[३] वाले इन्द्र के लिए। ॥ २ ॥

१. *मन्दि:* = मदि स्तुतिमोदमदस्वप्नकान्तिगतिषु, इ प्रत्यय:, प्रत्ययस्वर:

२. *चक्रि:* = कृ + किन्, नित्वादाद्युदात्त:

३. *विश्वानि* = विशे: कृन्, नित्वादाद्युदात्त:

हे सुन्दराधर[१]! आनन्दित हो आनन्दप्रद
स्तुतियों से, हे विश्वजनीन।
साथ आओ इन सवनों में। ॥ ३ ॥

१. *सुशिप्र* = हनू नासिके वा (नि०)

इन्द्र, तुम्हारे लिए रची[१] स्तुतियाँ,
तुम्हारे प्रति प्रधावित।
अतृप्त[२], कामवर्षी[३] पति के प्रति॥ ४॥

१. *सृज्* = बाहर प्रकट करना, रचना, छोड़ना

२. *अजोषा:* = सायण *'असेवथा:'* का पर्याय क्रियापद मानते हैं,
गैल्डनर बहुव्रीहि, = अतृप्ता:, स्तुतियाँ इन्द्र की ओर दौड़ती है, जैसे—गायें यूथपति वृषभ की ओर।

३. *वृषभ:* = औणादिक: अभच्, चित्वादाद्युदात्त:।

सम्प्रेरित करो चमचमाता (हमारे) पास
इन्द्र, वरेण्य[१] प्रसाद।[२]
तुम्हारा (वह प्रसाद) विपुल और सर्वोपरि हो॥ ५॥

१. *वरेण्यम्* = वृञ् एण्य:, वृषादित्वादाद्युदात्त:।

२. *राध:* = असुन्, नित्वादाद्युदात्त:

हमें उधर प्रेरित करो
इन्द्र, सम्पदा के लिए स्फीत तेजोमय।
तेजी से[१], (बढ़ते हुए हमें[२]) कीर्ति से॥ ६॥

१. 'रभ राभस्ये, राभस्यं कार्योपक्रम:' (सा०)

२. *रभस्वत:* = सारंभान्, संरम्भशीलान् वा

इन्द्र, हमें समृद्धि और पराक्रम से युक्त विस्तृत और ऊँची कीर्ति।
अहिंसित समस्त आयु दो॥ ७॥

हमें दो कीर्ति, ऊँची द्युति असंख्यलाभिनी।
इन्द्र, वे रथारूढ तृप्तियाँ[१]॥ ८॥

१. *तु० रथिनीरिष:* = मनोरथ

अशेष वसुपति[१] इन्द्र की
स्तुति गाते अर्चनीय की।
पुकारते[२] हैं अभयदाता को॥ ९॥

१. *वसोः वसुपतिं* = वसुमात्र पर ऐश्वर्य रखनेवाले
२. *होम* = पुकार (गै०)।

प्रत्येक सवन में घर आते
महान् के लिए यजमान[१] महान्
तार-स्वर में गाता है[२] इन्द्र के लिए॥ १०॥

१. *अरिः* = गृहस्वामी, यजमान
२. *शूषम्* = ऊँचे स्वर में, √ श्वस्

ऋग्वेद : १.१०

मधुच्छन्दा वैश्वामित्र ऋषि। इन्द्र देवता। अनुष्टुप् छन्द।

विनियोग—सोमयाग की संस्थाविशेष उक्थ्य में अभिप्लवषडह के अन्दर तृतीय सवन में अच्छावाक के द्वारा गेय। उक्थ्य नाम के स्तोत्रों से समाप्त होनेवाली सोम-संस्था भी उक्थ्य कही जाती है। *षडह*—६ दिन व्यापी अनेक बार किया जानेवाला, सोमयाग से जुड़ा सामिक कर्म है, जिसका एक प्रकार अभिप्लव है। अच्छावाक होता के गण का ऋत्विज् है।

गायन्ति त्वा गायत्रिणोऽर्चन्त्यर्कमर्किणः।
ब्रह्माणस्त्वा शतक्रत उद्वंशमिव येमिरे॥ १ ॥

उद्गाता तुम्हारी स्तुति गाते हैं, होता अर्चनीय तुम्हारी स्तुतियों का पाठ करते हैं। हे शतक्रतो (= महापराक्रमी, महाप्राज्ञ), ब्रह्मा आदि (अन्य ऋत्विज्) तुम्हें वंश (छत की टेक, नट का बाँस, कुल) की तरह ऊपर उठाते हैं॥ १॥

टिप्पणी—सायण संभवतः इन्द्रमह के इन्द्रध्वज की ओर संकेत करते हैं। क्या उस ध्वज या समारोह में नट करतब दिखाते थे? यूपसनाथ यज्ञ का उद्यमन और बाँस या ध्वज का उत्थापन तुल्य है।

जब (यजमान, साधक, यात्री) शिखर पर चढ़ता है, वह और भी अधिक देखता है कि क्या करना है। *यत्सानोः सानुमारुहद् भूर्यस्पष्ट कर्त्वम्*। इन्द्र लक्ष्य को पहिचानता है, वह अपने दल के साथ नेता की तरह गतिशील होता है॥ २॥

टिप्पणी—साधक लक्ष्य को क्रमशः नये कर्त्तव्यों के रूप में पहिचानता है। ईश्वर की चेतना में लक्ष्य नित्य प्रतिष्ठित है। इन्द्र की कल्पना के साथ 'यूथ' मरुद्गण के रूप में व्याख्येय है। 'वृष्णि' को सायण कामवर्षी, फलदाता बताते हैं, गैल्डनर आगे चलनेवाला पशु, यूथपति, यूथाग्रणी। तात्पर्य है कि वस्तुतः ईश्वर ही सब साधक-समूह के नेता हैं और उन्हें लक्ष्य की ओर एजित, प्रेरित करते हैं।

जोतो अयालदार भूरे-लाल (घोड़े)
वीर्यवान् कक्ष्या में न समाते-से।
और फिर सोमपा इन्द्र
हमारी स्तुतियों के पास आओ॥ ३॥

आओ, स्तुति-गान के जवाब में बोलो
स्वीकार में गाओ, ऊँचा स्वर करो।
भद्र इन्द्र, हमारी प्रार्थना को
हमारे यज्ञ को बढ़ाओ॥ ४॥

इन्द्र के लिए स्तुति-वाक् कहें
(उस) भूरिकर्मा की पुष्टि के लिए।
ताकि शक्तिमान् (इन्द्र)
हमारे सोम और सख्य में आनन्दित हों॥ ५॥

उनकी मित्रता चाहते हैं
उन्हें रै के लिए, उन्हें सत्पराक्रम के लिए।
वे शक्तिमान् हमारे लिए समर्थ हों
इन्द्र वसु देते हुए॥ ६॥

इन्द्र, 'सुविवृत' है 'सुनिरज' है
तुम्हारा दिया 'यश' है।[१]
गायों[२] के बाड़े[३] को खोल दो
हे अद्रिवस्[४], अनुग्रह करो॥ ७॥

टिप्पणी—

१. यश का अर्थ अन्न, धन, पशुधन किया गया है, पर सामान्य श्रीसमृद्धि को अभिप्रेत समझने में बाधा नहीं है, अन्न, रत्न, धन, रै, यशस्, वाज आदि शब्दों के प्राचीन प्रयोग एक व्यापकतर लक्षणा से रहित नहीं हैं।
२. गो का सांकेतिक अर्थ जल, रश्मि, ज्ञान, पृथ्वी भी था।
३. व्रज का अर्थ गैल्डनर गोठ के संदर्भ में ही करते हैं—'जिनकी ओर गायें प्रसन्नता से कूदती, भागती हैं'।
४. इसका अर्थ वज्रधर *(सायण)*, अद्रिवासी *(सातवलेकर)*, सोम पीसने के पत्थर से सनाथ (गैल्डनर), किया गया है।

नहीं तुम्हें द्यावापृथिवी दोनों
घेर सकते हैं (जब तुम) वेग से प्रवृत्त होते हो।
तुमने ज्योतिर्मय जल जीता है
गायों को हमारे लिए संप्रेरित करो*॥ ८॥

**संधूनुहि–बरसाओ (गैल्डनर)*

तेज कानवाले, सुनो पुकार
अब ग्रहण करो मेरी स्तुति।
इन्द्र, मेरी इस स्तुति को
अपनाओ मित्र से भी बढ़कर॥ ९॥

हम जानते हैं तुम सबसे पराक्रमी हो
स्पर्धाओं में पुकार सुननेवाले हो।
सबसे पराक्रमी को पुकारते हैं
उसकी सहस्त्र प्रकार की कृपा के लिए॥ १०॥

हे कुशिकपुत्र इन्द्र, सम्प्रहर्षित होकर सोम पियो
फिर से आयु बढ़ाओ
ऋषि को सहस्त्रलाभी बनाओ॥ ११॥

हे स्तुतिप्रिय, ये स्तुतियाँ तुम्हें
सब ओर से घेरें
बढ़ी आयु के साथ बढ़त
और सेवाएँ स्वीकार हों॥ १२॥

नाम

ऋग्वेद : १.२४

अब हम अमर-गण से किस देवता का
सुन्दर नाम याद करें?
कौन हमें महती अदिति को फिर से देगा
ताकि मैं पिता और माता को देखूँ॥ १॥

अमरगण प्रथम देवता अग्नि का हम
सुन्दर नाम कहते हैं
वह हमें महती अदिति को फिर से देगा
ताकि पिता को देखूँ मैं और माता को॥ २॥

सविता

ऋग्वेद : १.३५

बुलाता हूँ अग्नि को पहले स्वस्ति[१] के लिए
बुलाता हूँ मित्रावरुण की 'रक्षा के लिए' (*अवसे*[२])
बुलाता हूँ रात्रि को, जगत् को विश्राम देनेवाली (*निवेशनी*[३])
बुलाता हूँ दिव्य सविता को सहायता के लिए (*ऊतये*[४])॥ १॥

१. *स्वस्ति* = अच्छी तरह से बने रहना है,
२. *अव:* = रक्षावाची या प्रसादवाची है,
३. *निवेशनी* = घर के अन्दर पहुँचानेवाली,
४. *ऊति* = में भी अव् धातु है, अत: ऊति = रक्षा या सहायता।

सविता, सूर्य का वह रूप है जिसमें वे जगत् को प्रेरित करते हैं, विशेषतया सन्ध्याकाल में, प्रात=सन्ध्या में कर्म की ओर, सायं-सन्ध्या में विश्राम की ओर। आध्यात्मिक स्तर पर वह बुद्धि के प्रेरक हैं। इसी रूप में उनका सावित्री मन्त्र में ध्यान किया जाता है। उनकी सुनहली आभा है।

कृष्ण रजस्[१] में घूमते हुए
मर्त्य अमर्त्य को विश्राम देते
देव सविता सुनहले रथ से
आते भुवनों[२] को निरखते॥ २॥

१. *रजस्* = अन्तरिक्ष,
२. *भुवन* = लोक, सृष्टि
इस ऋचा को आज सूर्योपासना में प्रयुक्त किया जाता है।

जाते देव उतरते चढ़ते (पथों से)[१]
जाते आराध्य दो शुभ्र[२] घोड़ों से।
आते सविता क्षितिज पार से (परावत:)
समस्त दुर्गति (दुरितानि) दूर करते॥ ३॥

१. *प्रवता, उद्वता* = अस्त और उदय के पथ,
२. *शुभ्र* = चमकीला या शोभमान

दुरितानि = बाद में स्पष्टतया पापवाची, अतएव सम्भवत: मूल अर्थ—कुटिल या कुत्सित चलन अथवा दुस्तर कठिनाई भी अर्थ हो सकता है।

अलंकृत (*अभीवृतं*) मोतियों से (*कृशनैः*), विश्वरूप,
सुनहली कीलों* (*हिरण्यशम्यं*) वाले बृहत्
रथ पर चढ़े सविता, आराध्य (*यजतः*), प्रभास्वर (*चित्रभानुः*)
काला अन्तरिक्ष (*कृष्णा रजांसि*) और शक्ति (*तविषीं*) ओढ़े (*दधानः*)॥ ४॥

* *शमी* = कीला

साँझ के झुक आते अँधेरे में डूबते सूर्य का बिम्ब प्रस्तुत है। उगते तारे मोतियों की झालर हैं, सविता सुनहले रथ पर आरूढ हैं, उन्होंने अँधेरे आसमान की काली चादर ओढ़ ली है, उस आवरण में उनकी अतर्क्य ताकत निगूढ है।

जनों की निरखा (*वि अख्यन्*[१]) काले (*श्यावाः*[२]), सफेद-पैर वाले (*शितिपादः*[३]),
सुनहले जुएवाले (*हिरण्य-प्रउगं*) रथ के वाहक (*घोड़ों ने*)।
सदा ही (*शश्वद्*) समस्त लोक (*विश्वा भुवनानि*) और निवासी (*विशः*)
दिव्या सविता की गोद में (*उपस्थे*) रहते हैं (*तस्थुः*)॥ ५॥

१. *वि अख्यन्* = निरीक्षण किया, स्पष्ट देखा ऊपर से नीचे जनता को,

२. *श्यावाः* = साँवरे

३. *शितिपादः* = तु० 'शितिकण्ठ', घोड़ों का विशेषण।

समस्त सृष्टि देवशक्ति के सहारे टिकी है जो कि उसका मूल और अन्तर्व्याप्त आधार है *सृष्ट्वा तदेवानुप्राविशत्*। साथ ही वह उससे उत्तीर्ण होकर उसकी अध्यक्ष है। *त्रिपादस्यामृतं दिवि*।

तीन लोक (*द्यावः*[१]), दो सविता की गोद (*उपस्था*)
एक यमलोक में (*भुवने*) जहाँ मनुष्य (*वीर*) अभिभूत (*विराषाट्*[२]) (होते हैं)
उन पर अधिष्ठित अमरगण (*अमृताः*)
मानो धुरी की कील पर रथ की (*आणिं न रथ्यं*)
जो समझे वह बताए॥ ६॥

१. *द्यावः* = द्युलोक, 'स्वर्ग', लोक

२. *विराषाट्* = 'वीर' मनुष्यवाची शब्द था। ऋचा पहेली के ढंग से कही गयी है।

सुपर्ण[१] ने अन्तरिक्ष का निरीक्षण किया
गम्भीर ज्ञान से अनुप्राणित (*गम्भीरवेपाः*[२]),
दिव्यशक्तिक (*असुरः*[३]), सुनेता (*सुनीथः*)
कहाँ इस समय सूर्य? कौन जानता है?
उसकी रश्मि किस लोक तक फैली है?॥ ७॥

१. *सुपर्ण* = सुन्दर पंखवाली चिड़िया, गरुड, सूर्य का प्रतीक।

२. *वेपः* = जो ज्ञान या अनुभूति अपने आवेश से कंपित करती है। तु० विप्र

३. *असुरः* = असु अथवा प्राण से सम्पन्न, देवता, तु० *अहुर*। पीछे असुर का अर्थ उलट गया।

पृथ्वी के आठ शिखरों को (*ककुभः*[१]) निरखा
तीन मरुस्थलों को (*धन्व*[२]), योजनों को, सात सिन्धुओं[३] को,
हिरण्याक्ष देव सविता आये हैं
दानशील के लिए (*दाशुषे*) वरणीय (*वार्याणि*) निधि (*रत्ना*) लिये हुए॥ ८॥

१. *ककुभः* = परवर्तीकाल में दिग्वाची, यहाँ शिखर अर्थ किया गया है तु० ककुध

२. *धन्व* = मरुस्थल

३. *सप्तसिन्धु* = द्रष्टव्य सप्तसिन्धु का वर्णन अध्याय में।

हिरण्यपाणि कर्मठ (*विचर्षणिः*) सविता
दोनों द्यावापृथिवी के मध्य गतिमान् हैं।
रोगों को दूर भगाता है, सूर्य को मार्ग दिखाता है[१] (वेति)
काले अन्तरिक्ष से[२] आकाश को आक्रान्त करता है (*अभि ऋणोति*)॥ ९॥

१. *वेति* = धातु पाठ के अनुसार गमन, व्याप्ति, प्रजनन, कान्ति, अशन और खादन के अर्थों में मूलतः अर्थ था। किसी को ध्यान में रखना, पास जाना, अभीप्सा, चाहने के अर्थ से ही आस्वादन का अर्थ भी निकला प्रतीत होता है।

२. = अन्तरिक्ष से

सुनहले हाथों वाले *(हिरण्यपाणिः)*, दिव्यप्राण *(असुरः)*, उत्तम नेता *(सुनीथः)*
परम कृपालु *(सुमृळीकः)*, परम रक्षक *(सुअवाँ)* पास आयें।
राक्षसों और मायावियों *(यातुधानान्)* को दूर हटाते,
स्तूयमान देव रात होते-होते *(प्रतिदोषम्)* उठ गये हैं *(अस्थात्)*॥ १०॥

जो तुम्हारे चिरन्तन *(पूर्व्यासः)* पथ, हे सविता,
धूलिरहित, सुनिर्मित हैं अन्तरिक्ष में।
उन सुगम पथों में आज हमारी
रक्षा करो, हे देव, हमारी वकालत करो *(अधि ब्रूहि)*॥ ११॥

दिव्य बुद्धि या सविता की गति जिन पथों पर होती है, वे चिरन्तन, विमल और सुगम हैं। वे ही मनुष्य द्वारा अनुसरणीय मार्ग का प्रतिमान प्रस्तुत करते हैं। अपनी परम दयालुता से सविता दोषी मनुष्य की ओर से यथासंभव वकालत करते हैं। हेगेल का 'बुद्धि के चातुर्य' का सिद्धान्त अथवा परवर्ती भक्तिसिद्धान्त में शक्ति की अनुग्राहक मध्यस्थता का सिद्धान्त तुलनीय है।

मरुद्गण

ऋग्वेद : १.८५

मरुतों की ऋग्वेद में स्तुति ३३ स्वतंत्र सूक्तों में मिलती है। स्वयं मरुतों की संख्या साठ की तिगुनी अथवा सात की तिगुनी कही गयी है। वे रुद्र के पुत्र कह गये हैं, पृश्नि उनकी माता है। पृश्नि को बहुरंग गाय के रूप में कल्पित किया गया है, जो संभवतः बहुरंगी मेघ से अभिन्न है। उन्हें वायु का पुत्र भी बताया गया है। वे समान चित्त भाई हैं। उनका रूप सुनहला, अरुण चमकदार है। उनके पास बिजली की माला है, उनका सुनहला परशु है। वे गहनों के शौकीन हैं। उनके रथ में सफेद बुन्दोंवाली हिरनियाँ जुती रहती हैं। रोदसी देवता रथ पर उपस्थित रहती है। मरुत् इन्द्र के सहायक हैं।

मरुत् मध्यमलोक का एक विशिष्ट देव-समूह है। उनकी शक्ति अन्तरिक्ष के प्राकृतिक व्यापारों में- बादलों के वेग और गर्जन में, बिजली के कड़कने में, वर्षा आदि में प्रकट होती है। यह उनका आधिदैविक रूप है। आधिभौतिक स्तर पर उन्हें युवा-शक्ति का प्रतीक कहा जा सकता है। आध्यात्मिक स्तर पर उन्हें इन्द्रियों की शक्ति माना जा सकता है।

मरुतों के रूप की कल्पना आलंकारिक है जिसमें बारिश-तूफान में प्रत्यक्षदृष्ट संरम्भात्मक शक्ति की अनुभूति प्रकाश पाती है। तूफानी शक्ति प्रकृति में भी मिलती है, समाज में भी और मनुष्य के अन्तस् में भी। पर मरुत् स्वयं न भौतिक हैं, न सामाजिक, न मनोवैज्ञानिक। वे देवशक्ति का एक प्रभेद हैं, अजर, अमर, मनुष्योत्तर, लोकोत्तर। लोक में व्यक्त होती हुई देवशक्ति स्वयं लौकिक नहीं होती।

जो महिलाओं की तरह सजते हैं, *(वे)* साथी *(सप्तयः*[१]*)*
मार्ग में निकलते समय रुद्र के अद्भुतकर्मा *(सुदंससः)* पुत्रगण।
मरुद्गण द्यावापृथ्वी[२] को बढ़ाते
वे संरम्भशील [अथवा द्युतिशील] *(घृष्वयः*[३] *)* वीर प्रहर्षित होते विदथों में[४]॥ १॥

१. *सप्तयः* = सप् या सच् साथ देने के अर्थ में (ग्रास्मान्) अतः साथी, सहयुक्त। 'घोड़ा' बाद में रूढ़ अर्थ।

२. द्यावापृथ्वी की वृद्धि रसानुप्रदान के द्वारा।

तु० शेली, *ओड टु द वेस्ट विंड* : "डिस्ट्रॉयर एण्ड प्रिजर्वर-"

३. घृष्वि = ∠ घृ द्योतनार्थक, घृष् मर्दनार्थक।

४. *विदथेषु, विदथ* = यज्ञ (सा०)

उन्होंने प्रवृद्ध होकर महिमा प्राप्त की
आकाश में रुद्रों ने सदन (*सदः*) बनाया (सभा में बैठे)।
गीत गाते हुए (अर्चन्तो अर्कं) उन्होंने पराक्रम (*इन्द्रियं*) जना
चमक (*श्रियो*) ओढ ली उन्होंने जिनकी पृश्नि[1] माता हैं॥ २॥

१. *पृश्नि* = बहुरंगी गाय, मेघ

जिनकी गौ माता[1] है, वे जब अलंकारों से सुशोभित होते
देह में जिन्हें वे चमकते दमकते धारण करते।
सब अरातियों को वे दूर हटा देते
उनके मार्ग में उनके पीछे घी की धारा[2] बहती है॥ ३॥

१. *गोमाता* = पृथ्वीपुत्र (सा०), मेघपुत्र (मै०)।
मरुद्गण पृश्निमातरः, सिन्धुमातरः भी कहे जाते हैं।
२. *घृतम्* = पौष्टिक स्निग्ध वृष्टिधारा

जो भ्राजमान भालों से योद्धा
ओज से अच्युत (पर्वतों) को भी डिगानेवाले हैं।
मनोजवी मरुतों ने रथों में
वीरगणों ने (*वृषव्रातासः*) श्वेतबिन्दु-शोभित मृगियों (*पृषतीः*) को जोता॥ ४॥

जब तुमने, हे मरुतों, रथों में मृगियों को जोता
बाजी में पर्वत (मेघ) लाँघते (उड़ाते)।
तब अरुणाभ (*अरुषस्य*[1]) की खुल गयी धाराएँ
मशक से (*चर्मेव*[2]) मानो भिगाते जमीन को॥ ५॥

१. *अरुषस्य* = आकाश में थिरकती अरुणाभ बिजली से चमकते मेघ की कल्पना।
२. *चर्मेव* = चर्मणेव मेघरूपी मशक के बन्धन खुल गये हैं और जमीन पर छिड़काव हो रहा है अथवा जमीन ही चर्मरूप में कल्पित है।

तुम्हें ले आयें वाहक (*सप्तयः*[1]) तेज भागते हुए (*रघुष्पदः*)
तेज उड़नेवाले (*रघुपत्वानः*) बाँह पसारे बढ़ो।
बैठो तृणों (*बर्हि*[2]) पर, तुम्हारे लिए विपुल आसन तैयार है
हे मरुतों, प्रहर्षित हो मधुर पेय से॥ ६॥

१. *सप्ति* = यहाँ अश्ववाचक।
२. *बर्हि* = यज्ञ वेदि में देवताओं के बैठने के लिए छिन्न तृणों का आसन कल्पित होता था।

निजी शक्ति की महिमा से वे बढ़े हैं
स्वर्लोक में स्थित हुए, विपुल उन्होंने बनाया सदन।
विष्णु ने जब नशे में चूर पुंगव का साथ दिया
पक्षियों की तरह वे प्रिय बर्हि पर बैठें॥ ७॥

बहादुर योद्धाओं की तरह वेगवान्
यशस्वियों की तरह संघर्ष में जुटे।
डरते हैं समस्त भुवन मरुतों से,
(वे) राजाओं से तेजस्वी रूपवाले वीर॥ ८॥

जब त्वष्टा ने सुनिर्मित स्वर्णमय
सहस्त्रधारा वज्र को बनाया, कुशल कारीगर ने।
इन्द्र ने उठाया उसे वीरक्रमों के लिए
वृत्र को मारा, तरंगित जल-प्रवाह को बाहर निकाला॥ ९॥

उन्होंने अपने बल से कुँए को *(अवतं)* ऊपर की ओर उलट दिया
सुदृढ़ पर्वत को भी भेद दिया।
बाण बजाते हुए दानवर्षी मरुत्
सोम के मद में आनन्द के चमत्कार (रण्यानि) करते हैं॥ १०॥

वर्षा में मानो सरोवर उलट गये हैं, मेघ-पर्वत भिन्न हो गये हैं। पवन के मानो बाण बजने के स्वर हों। बाण, वंशी जैसा श्वास-वाद्य यंत्र था।

टेढ़ा ढकेल दिया कुंए को उन्होंने उस दिशा में
बरसा दिया झरने को प्यासे गोतम के लिए।
प्रभास्वर *(चित्रभानवः)* वे आते हैं उनकी सहायता को
विप्र की कामनापूर्ति करें वे अपने तेज से॥ ११॥

जो तुम्हारी शरण के सुख *(शर्म)* सेवापरायण के लिए *(शशमानाय)* हैं
तिगुना उन्हें देनेवाले के लिए (दाशुषे) दो।
हम तक उन्हें फैला दो *(वि यन्त)*, हे प्रतापी मरुद्गण,
वीरविपुल उपलब्धि[१] हमें दो॥ १२॥

१. *रयिम्* = प्राप्य, धन-सम्पदा, तु० रायस्पोष

प्रार्थना

ऋग्वेद : १.८९

गोतम राहूगण ऋषि, विश्वेदेवाः देवता

भद्र संकल्प सब ओर से हमारे पास आयें
अदम्य, अविपरीत, ऊपर उठनेवाले (सतह भेदकर)।
ताकि देवता हमें सदा वृद्धि-प्रदान करें
सावधानतया प्रतिदिन हमारी रक्षा करें॥ १ ॥

देवताओं का कल्याणकारी अनुग्रह
सरलता चाहनेवाले देवताओं का वरदान
हमारी ओर मुड़े।
हम देवताओं का सख्य पायें
देवता हमें दीर्घ जीवन के लिए आयु दें॥ २ ॥

पुरानी निविदाओं से उन्हें बुलायें
भग, मित्र, अदिति, दक्ष, प्रतापी (मरुद्गण)।
अर्यमा, वरुण, सोम, अश्विन् को
सुभगा सरस्वती हमारे लिए सुखकारी हो॥ ३ ॥

वायु सुखद भेषज को हमारे पास बहाये
वही माता पृथिवी और पिता द्यौः (करें)।
सोम चुआनेवाले बहें, सुख जनें
अश्विन्, तुम दोनों हमारी प्रार्थना सुनो॥ ४ ॥

चराचर विश्व के उस नियन्ता और स्वामी को
हम रक्षा के लिए पुकारते हैं जो हमारी बुद्धि का प्रेरक है।
ताकि पूषा बढ़ाये जो हमने पाया
त्राता, पालक, अदम्य, हमारी स्वस्ति के लिए॥ ५ ॥

महायशा इन्द्र हमें स्वस्ति दें
सर्वज्ञ पूषा हमें स्वस्ति दें।
तार्क्ष्य हमें स्वस्ति दें अक्षत-रथवाले
बृहस्पति हमें स्वस्ति दें॥ ६ ॥

चितकबरे पृश्निपुत्र मरुत्
सुन्दर-गति यज्ञों में आनेवाले।
अग्निजिह्व मननशील, सूर्यचक्षु,
विश्वेदेव हमारी रक्षा के लिए आयें॥ ७॥

हे देवगण, हम कानों से शुभ सुनें,
भद्र देखें आँखों से, हे यजनीय।
स्थिर अंगों से स्तुति करते हुए
देव-निर्धारित आयु का भोग करें॥ ८ ॥

देवगण, सौ वर्ष तक ही आयु है
जिसमें शरीर का बुढ़ापा भी किया हुआ है।
जहाँ पुत्र पिता होते हैं
बीच में ही आयु को मत काटो॥ ९ ॥

अदिति द्यौः है, अदिति अन्तरिक्ष है
अदिति माता है, पिता है, पुत्र है।
अदिति सारे देवता और पाँच जन हैं
अदिति अतीत है, वही भविष्य है॥ १० ॥

मरुद्गण

ऋग्वेद : १.९०

सरल मार्ग से (*ऋजुनीती*) हमें
वरुण और मित्र ले जायें जानकार।
अर्यमा देवताओं के सहचर॥ १॥

ऋतचारी के लिए वायु मधुर है
नदियाँ मधु प्रवाहित करती हैं।
ओषधियाँ हमारे लिए मधुर हों॥ ६॥

मधुर रात और उषाएँ
मधुमत् पृथ्वी और अंतरिक्ष।
मधुर द्यौः हमारे पिता॥ ७॥

मधुमान् हमारे लिए वनस्पति
मधुमान् हो सूर्य।
मधुर हमारे लिए गायें हों॥ ८॥

विष्णु

ऋग्वेद : १.१५४

इस सूक्त के ऋषि दीर्घतमा औचथ्य हैं, देवता विष्णु और छन्द त्रिष्टुप्

अब विष्णु के वीर-चरित बखानूँ
जिसने पार्थिव लोकों का मापन किया (*विममे*)।
जिसने ऊपर के सभा-सदन (*सधस्थं*) को उत्तम्भित किया,
उरुगामी जिन्होंने त्रिधा विक्रमण किया॥ १॥

'विष्णु' की व्युत्पत्ति विष् अथवा वि+स्नु से की जा सकती है और उसका अर्थ 'व्यापक', 'क्रियाशील' या 'शिखरस्थ' किया जा सकता है। विष्णु सौर देवता हैं, सूर्य के ही एक रूप हैं। उनका प्रसिद्ध कर्म या पराक्रम त्रिलोक के विस्तार का अपनी गति से अतिक्रमण है। यही उनका विक्रम या विक्रमण है जिससे वे *उरुगाय* या *उरुक्रम* कहलाते हैं। आधिदैविक स्तर पर यह सूर्य के द्वारा आकाश को प्रतिदिन पार करना है। लोक-मापन अर्थात् लोकों का पृथक्-पृथक् विस्तार और व्यवस्थापन भी उनका कार्य है। उनका सदन या निवास उत्तमलोक में है। स्वयं दिव्यलोक में प्रतिष्ठित होकर वे पृथ्वी और अन्तरिक्ष को व्यक्त करते हैं और उसकी नियत परिक्रमा से उनका रक्षण-पोषण करते हैं। विष्णु की व्यापकता उनका प्रधान लक्षण है।

अपने वीर-चरित के कारण विष्णु स्तुत्य हैं
सिंह की तरह (*मृगो न*) भयकारी (*भीमः*),
स्वच्छन्द (*कुचरः*), गिरिवासी (गिरिष्ठाः)।
जिनके तीन विस्तृत विक्रमणों में
समस्त भुवन निवास करते हैं॥ २॥

अतिप्राचीन कल्पना में पशु के साथ निन्दा का भाव जुड़ा नहीं था बल्कि उनके रहस्यमय बल और स्वच्छन्द गति के लिए प्रशंसा और विस्मय से जुड़ा साध्वस का भाव था जिससे वे देवताओं के उपमान के रूप में देखे जाते थे।

मृगो न भीमः = आरण्य पशु, सम्भवतः सिंह का द्योतक प्रतीत होता है। 'मृग' का मूल अर्थ है, 'जिसको ढूँढ़ा जाता है', जैसे जंगल में पदचिह्नों से। यह पगडंडी या पद्धति ही मार्ग है। इस प्रकार 'मृग' मार्ग में अन्वेष्य लक्ष्य बन जाता है। इसमें आधुनिक शिकारी की दृष्टि न होकर रहस्यानुसन्धान या संराधन की दृष्टि है, तु० नरसिंह की कल्पना।

यहाँ मृग को वृषभ समझना युक्तिविरुद्ध है। वृषभ के लिए ऋचा में प्रयुक्त सभी विशेषण अनुपयुक्त हैं।

यहाँ उपमान से 'मेघ' की भी ध्वनि होती है- गर्जन, स्वच्छन्दता, शिखरवास, ये धर्म मेघ और सिंह में समान हैं। यह स्मरणीय है कि सूर्य को ही पीछे मेघ-स्रष्टा माना जाता था। मेघ सूर्य की माया के सदृश हैं। स्वच्छन्दता और शिखरवास सुपर्ण आदि पक्षियों के भी लक्षण हैं। उपमागत साधर्म्य में अरण्य, पशुता आदि अप्रासंगिक हैं, सिर्फ भयहेतुता, स्वच्छन्दचारिता और शिखरवास ही प्रस्तुत हैं। विष्णु के प्रतिमानभूत प्रतिबिम्ब की कल्पना सुदूर आकाश के आसन्न गिरिशिखर पर होने की है, न कि निकट गहन जंगल में होने की।

विष्णु के लिए जाय मेरा प्राणोच्छ्वसित (*शूषम्*)[१] मंत्र (*मन्म*)[२]
गिरिवासी, उरुगति वृषा के लिए (*वृष्णे*)।
जिसने यह दीर्घ विस्तृत (*प्रयत*) सभासदन (*सधस्थं*)[३] का
अकेले मापन किया है (*विममे*) तीन ही पगों से॥ ३॥

१. *शूष* = √ श्वस् से
२. *मन्म* = मननार्थ,
३. *सधस्थम्* = सभासदन, लोक

जिसके तीन पग (*पदानि*) मधु से पूर्ण हैं
अक्षय, स्वधा[१] से मुदित।
जिसने त्रिधा पृथ्वी को और आकाश को
अकेले धारण किया भुवनों को समस्त॥ ४॥

१. *स्वधा* = अपनी शक्ति, अपनी स्थिति?

समस्त भुवन विष्णु के पदों से अंकित हैं। जहाँ-जहाँ उनके पैर पड़े हैं और वे सर्वत्र पड़े हैं, वहाँ अक्षय आनन्द से पूर्ण मधु भरा है।

उनके प्रिय धाम को (*पाथः*) पाऊँ
जहाँ देवभक्त (*देवयवः*) नर आनन्द करते हैं।
क्योंकि वह (लोक) उरुक्रम से जुड़ा (*बन्धुः*) है
विष्णु के परम पद में मधु का उत्स है॥ ५॥

मधुपूर्ण, विष्णु के परम पद और प्रियलोक की चर्चा परवर्ती वैष्णव सिद्धान्तों का मूल है।

तुम दोनों (*वां*)[१] के उन निवासों को (*वास्तूनि*) हम जाना चाहते हैं
जहाँ बहुत सींगोवाली (*भूरिशृङ्गाः*) फुर्तीली (*अयासः*) गायें हैं।
वहाँ उरुगाय वृषन्[२] (*वृष्णः*) का
परम पद उज्ज्वलतया (*भूरि*) नीचे की ओर चमकता है (*अवभाति*)॥ ६ ॥

१. वाम् = तुम दोनों = इन्द्र और विष्णु
यहाँ गोलोक की कल्पना का बीज है। शृंग शक्ति का लक्षण है। गायें रश्मियाँ हैं।
२. *वृषन्* = वृषभ = श्रेष्ठ, तु० वृष्णि।

द्यावापृथिवी

ऋग्वेद : १.१६०

ऋषि दीर्घतमा औचथ्य। छन्द जगती जिसमें १२ अक्षरों का पाद होता है।

वे *(ते)* धरती-आकाश *(द्यावापृथिवी)* सब के लिए शुभ हैं *(विश्वशंभुवा)*
ऋतवान् *(ऋतावरी)*, धारक अन्तरिक्ष कवि के *(धारयत्कवी)*।
अच्छी सृष्टि के आधार *(सुजन्मनी)*, दो दिव्य *(देवी)* पात्र *(धिषणे)*
उनके बीच देव गतिमान्, धर्म से सूर्य प्रभास्वर *(शुचिः)*॥ १॥

द्यावापृथिवी की उपासना अत्यन्त प्राचीन है। अन्तरिक्ष का कवि स्पष्ट ही सूर्य है। अवकाश प्रदान करनेवाले द्यावापृथिवी में दृश्य आकार के कारण पात्र की कल्पना की गयी है। ऋतु सृष्टि की आधारभूत व्यवस्था है। सूक्त एक मौलिक आशावाद से पूर्ण है।

विपुल विस्तारवाले, महान्, अद्वितीय
पिता माता, भुवनों के रक्षक।
सुप्रगल्भ *(सुधृष्टमे)* रूपवतियों *(वपुष्ये)* की तरह हैं द्यावापृथिवी
जब से पिता ने उन्हें रूप पहिना दिये॥ २॥

= यहाँ द्यावापृथिवी अव्यक्त गर्भ और आद्यव्यक्त सृष्टि के रूप में कल्पित हैं।

वह वाहक, पुत्र माता पिता का, पावक
धीमान् माया[१] से भुवनों को पवित्र करता है।
पृश्नि धेनु से और बीजसमृद्ध वृषभ से
उसने सदा चमकदार दूध दुहा है॥ ३॥

पुत्र अग्नि या सूर्य, धेनु पृथिवी, वृषभ आकाश, दूध *(पयस्)* जल। सूर्य का प्रकाश, आकाश से वर्षा, पार्थिव ओषधियों का रस, एक ही सृष्टि व्यापी दिव्य यज्ञ के अंग हैं।

१. *माया* = रहस्यमय, दिव्य सृजनात्मक शक्ति है।

क्रियाशील देवताओं में वह[१] सर्वाधिक क्रियाशील है
जिसने विश्वशंभु द्यावापृथिवी को जन्मा।
दोनों अंतरिक्षों को शोभन प्रज्ञा (*सुक्रतूयया*) से नापा
अजर खंभों से (ठहराया), सर्वत्र प्रशंसित हुआ॥ ४॥

१. *वह* = आदि पिता, ''पिता नः'', जिसने द्यावापृथिवी को जना।

ये (*आपः*) स्तूयमान महान् द्यावापृथिवी,
हमें बड़ा यश, बृहत् क्षत्र दो।
जिससे जनों में (*कृष्टीः*[१]) सदा विस्तार कर सकें
श्लाघ्य पराक्रम हमें प्रेषित करो॥ ५॥

१. *कृष्टि* = जन

अस्य वामीय

ऋग्वेद : १.१६४

इस कमनीय (*वामस्य*) और उस पलित होता का
एक मध्यम भ्राता है सर्वत्र व्यापक (*अश्नः*)।
इसका तृतीय भ्राता 'घृतपृष्ठ' है,
यहाँ मैंने देखा विश्पति[१] को जिसके सात पुत्र[२] हैं॥ १॥

व्याख्या- होता अग्नि हैं, जिनके तीन रूप तीन भाइयों के रूप में उत्प्रेक्षित हैं। इन तीन रूपों की व्याख्या अग्नि, वायु, आदित्य, आहवनीय, दक्षिण, गार्हपत्य, वैश्वानर, तैजस्, प्राज्ञ आदि अनेक प्रकार से की गयी है।

वाम का अर्थ लक्षणा से युवा हो सकता है और उसमें 'वामन' की ध्वनि देखी जा सकती है।

पलित या पके केशोंवाले का लक्ष्य सूर्य या आहवनीय किया गया है। 'वाम' और 'पलित' एक ही विशेष्य के दो विशेषण भी माने गये हैं, पर उस स्थिति में *'अस्य'* और *'तस्य'* का अन्वय दुर्बोध हो जाता है।

अश्नः का अर्थ 'भक्षक' या 'खाऊ' भी किया गया है।

घृत का अर्थ घी, जल, ज्योति आदि किया गया है। *घृतपृष्ठ* का अर्थ घी से लदे, 'घी से स्निग्ध', 'ज्योतिर्वह', 'उदकवाही' आदि किये गये हैं।

१. *विश्पति* = अग्नि ही हैं, सभी घरों के, जनों के स्वामी।

२. *सप्तपुत्र* = वेद में बहुत से सप्तक हैं, यहाँ अग्नि, वायु, सूर्य, यज्ञ या ऋत्विजों के सात प्रभेद अभिप्रेत हो सकते हैं।

भावार्थ- आधिदैविक स्तर पर भूमिगत नित्य नवीन अग्नि, मध्यमलोक या अन्तरिक्ष में सर्वत्र संचारी वायु, द्युलोक में सूर्य, तीनों एक ही मूल दिव्यशक्ति के सजात प्रकट रूप हैं। प्रतिदिन जन्मग्रहण के कारण अग्नि युवा और कमनीय है, ज्योतिर्मण्डलित सूर्य, श्वेत और पिंगल किरण-केशों से मंडित है, वायु मध्यमलोक में संचरणशील और स्निग्धोज्ज्वल रसवाही है।

आध्यात्मिक स्तर पर यह वैश्वानर, तैजस् और प्राज्ञ अथवा देह, मन और प्राण का त्रैत है, जिसमें तुरीय सत् व्यक्त होता है। आधिभौतिक स्तर पर ब्रह्म, क्षत्र और विश् का त्रैत स्मरणीय है।

एक पहिये के रथ को सात जोतते हैं
सात नामों का एक घोड़ा उसे खींचता है।
तीन नाभियों का पहिया अजर, अविचल *(अनर्व)* है
जिसमें ये सारे-भुवन अधिष्ठित हैं॥ २॥

व्याख्या- सात रथी, ऋषि अथवा प्राण प्रतीत होते हैं। रथ व्यष्टि एवं समष्टि देह का रूपक है, अश्व काल है, चक्र उसका व्यक्त प्रतीक सूर्य।

भावार्थ- पिण्ड और ब्रह्माण्ड निरन्तर काल से गतिशील हैं। इस गति में प्राण विषयी और आरूढ़ है।

जो सात इस रथ पर अधिष्ठित हैं (इन्हें, उनके)
सात पहियेवाले रथ को सात घोड़े खींचते हैं।
सात बहिनें प्रशस्ति करती हैं
जिसमें गायों के सात नाम निहित हैं॥ ३॥

भावार्थ- पिण्ड और ब्रह्माण्ड के सात चक्र-लोक या स्तर के रूप में प्रसिद्ध हैं। उनके अनुरूप इन्द्रिय, मन, प्राण, शक्ति और विषयी के रूप में अवधारणीय हैं। सात बहिनें सात धाराएँ, स्वर या छन्द हैं, जो अभिव्यक्ति देती हैं सात नामों को। वस्तुत: वाक् सप्तधा प्रकाशित होती हुई एक ही नाम को सप्तधा प्रकाशित करती है। गाय मातृशक्ति ही है, वाक् और नाम उसके ही पक्ष हैं।

इसमें गति और ज्ञान के आयामों में प्रत्येक की द्विधा कल्पना कर वाहक और वाह्य, वाचक और वाच्य-इनकी सप्तात्मकता संकेतित है।

किसने देखा प्रथम जन्म ग्रहण करते
अस्थिमान् को जिसे निरस्थित ने धारण किया।
भूमि की जीवनी शक्ति, लहू, साँस कहाँ है?
कौन पूछने के लिए जाननेवाले के पास जायेगा॥ ४॥

भावार्थ- भौतिक सृष्टि के पीछे प्राचेतस सृष्टि, व्यक्त के पीछे अव्यक्त है। मूल कारण दुर्विज्ञेय है।

सरल, अबोध मन मैं पूछता हूँ
देवताओं के पद-चिह्न कहाँ निहित हैं।
साल भर के बछड़े पर सात तन्तुओं को
मनीषियों ने बुनने के लिए ताना॥ ५॥

व्याख्या- साल भर का बछड़ा स्पष्ट ही सूर्य का रूपक है। सप्ततन्तु वितान सृष्टि-यज्ञ को लक्षित करता है। ऋषि प्राणशक्तियाँ हैं।

अनजान मैं सुजान मनीषियों से
पूछता हूँ अज्ञानी जानने के लिए।
जिसने इन छह लोकों को अलग-अलग सहरा दिया
अजन्मे रूप में वह कौन एक है?॥ ६ ॥

यहाँ तो यह जानता है वह बताये
इस कमनीय पक्षी का निहित स्थान कहाँ है?
सिर से इसकी गायें दूध दुहती हैं
रूप[१] पहने हुए उन्होंने पैर से जल ग्रहण किया॥ ७ ॥

१. *वव्रि:* = रूप (सा०)

व्याख्या- पक्षी सूर्य है, सिर द्युलोक है, गायें किरणें और पैर किरणों का भूस्पर्शी छोर। आकाश से स्निग्धोज्ज्वल प्रकाश और जल झरता है, किरणें जल नीचे से ग्रहण कर ऊपर पहुँचाती हैं।

माता ने पिता को ऋत में भागी बनाया
आदिकाल में वह मन और ध्यान से *(धीती)* संगत हुई।
वह वीभत्सु गर्भरसा निबद्ध हुई[१]
प्रमाणपूर्वक सब स्तुति के लिए पास आये॥ ८ ॥

१. वह जुगुप्समान, रजस्वला गर्भवती हुई

भावार्थ- पृथ्वी और आकाश ऋतसूत्र से मनसा जुड़े हैं और सृष्टि में माता और पिता हैं।

दक्षिणा की धुरा में माता जुती हुई है
बाड़ों में *(वृजनीषु)* गर्भ ठहर गया है।
बछड़ा रँभाया गाय के पीछे ताकता
विश्वरूपी को *(विश्वरूप्यं)* तीन पड़ावों तक *(योजनेषु)*॥ ९ ॥

भावार्थ- दिन-रात की गति में सूर्य मानो बछड़े की तरह माँ के पीछे ताकता बढ़ता है।

तीन माताओं को तीन पिताओं को धारे एक
सीधा खड़ा है, उसे वे (माता-पिता) कभी थका नहीं पाते हैं।
इस द्युलोक की पीठ पर वे मनन मंत्रणा करते हैं
विश्वविद्, अविश्वमिन्वा वाक् की॥ १०॥

भावार्थ-त्रिलोकी का मूलस्तम्भ एक सनातन सत्य है, अव्यक्त और विराट्। परमव्योम सहस्राक्षरा वाक् का धाम है जहाँ विश्व का आधारभूत ज्ञान, विश्वोत्तीर्ण की विश्वात्मक गति की प्रेरणा निहित है।

बारह तीलियों का वह ऋत-चक्र
अथक काटता आकाश के चक्कर।
अग्नि, यहाँ जोड़ों में पुत्र
सात सौ और बीस॥ ११॥

अर्थ—द्वादश अर बाहर महीने, बारह राशियाँ हैं, सात सौ बीस पुत्र संवत्सर के दिन-रात हैं।

पञ्चपाद द्वादशाकृति पिता को
अपनी पूर्णता (भरितता) में द्युलोक के परार्ध का वासी कहते हैं।
किन्तु और लोग उन्हें अपरार्ध *(उपरे)* का
सप्तचक्र, षडरथ में आहित बताते हैं॥ १२॥[१]

१. आदित्य और संवत्सर का वर्णन

पाँच अरों के घूमते चक्र में
ठहरे हुए हैं विश्व-भुवन।
बहुत बोझे से तपती नहीं धुरी
न पुराने युग से टूटी नाभि॥ १३॥

हाल से *(सनेमि)* घूमता अजर चक्र
सीधी दिशा में *(उत्तानायां)* खींचते दस युक्त (घोड़े)।
सूर्य की आँख फिरती रजोवृत (अंतरिक्ष के अप्रकाश से) रजसा (ढँकी)
उससे प्रवर्तित *(अर्पिता)* विश्व भुवन॥ १४॥

सहजातों में सप्तम एकज कहा गया है
छः देवजन्मा जुड़वा ऋषि हैं।
उनके यज्ञ यथा धाम विहित हैं
आधार पर वे काँपते बदलते रूपों में॥ १५॥

उन स्त्रियों को पुरुष बताया
आँखवाला देख पाये न अन्धा।
जो पुत्र द्रष्टा है वह जाने इन्हें
जो जाने वह पिता का पिता होगा॥ १६ ॥

व्याख्या- आदिम स्त्री-पुरुष की अर्धवृगलता जैसे मनु-शतरूपा की।

पर से नीचे, अवर से ऊपर
पैर से लगे बछड़े धारे गाय[१] उठ खड़ी।
किधर जानेवाली किस मंडलार्थ को वह चली गयी
कहाँ जनती है वह, यूथ के अन्दर नहीं॥ १७॥

१. गाय = उषा

पर से नीचे और अवर से ऊपर
इसके पिता को कौन जानता है?
कौन कवि मानी बतायेगा
दिव्य मन कहाँ से जन्मता है?॥ १८॥

पास आते हुओं को दूर जाते हुए
दूर जाते हुओं को पास आते कहते हैं।
सोम, तुमने और इन्द्र ने जो बनाये
वे मानो अन्तरिक्ष की धुरी को वाहकों से खींचते हैं॥ १९॥

भावार्थ-मंडलाकार गति में परार्ध-पास या नीचे आता है, अवरार्ध दूर या ऊपर जाता है। अव्यक्त और अनागत, व्यक्त और वर्तमान बनता है। वर्तमान दूर हटता अव्यक्त हो जाता है। देश, काल और स्वभाव, तीनों ही आयामों में पर और अवर, असत् और सत्, अव्यक्त और व्यक्त की चक्राकार गति लक्षित होती है।

दो पंछी साथी और सखा
एक ही पेड़ से चिपटे हुए हैं।
उनमें एक मीठा फल खाता है,
दूसरा विना कुछ खाये देखता रहता है॥ २०॥

जहाँ पंछी अमृत के भाग का
विदथ में अनिमेष गान करते हैं।
विश्व-भुवन के प्रेरक गोप
धीमथ वही मुझ अबोध में आविष्ट॥ २१॥

भावार्थ- पंछी जीव हैं, जो अपने अमृतत्त्व के प्रार्थी हैं। धीर या विज्ञानमय ईश्वर सरल मन में प्रेरणा बनते हैं।

जिस वृक्ष में मधु चाखते पंछी
बसेरा बनाते, जनते विश्व के ऊपर।
उसके शिखर में मीठा फल
उचक नहीं पाते पिता से अनजान॥ २२॥

जो गायत्री छन्द में निबद्ध गायत्र (पद)
त्रिष्टुभ् से तराशे त्रैष्टुभ
जगती में आहित जगत्
पहिचानते, वे पाते, अमृतत्त्व॥ २३॥

भावार्थ- *गायत्रेऽस्मिन् लोके गायत्रोऽयमग्निरध्यूढः, त्रैष्टुभेऽन्तरिक्ष त्रैष्टुभो वायुरध्यूढः, जागतेऽमुष्मिं लोके जागतोऽसावादित्योऽध्यूढः* (कौषीतकि ब्राह्मण, १४.३)

गायत्र से नापते अर्क[१]
अर्क से साम, त्रैष्टुभ[२] से वाक्।
वाक् से वाक्, द्विपदा से चतुष्पदा
अक्षर से नापते सात वाणी॥ २४॥

व्याख्या- १. *अर्क* = ऋक्, ऋक् = मूर्ति, *जामित्र*,
२. *त्रिष्टुभ्* = साम = तेजोमंडल

भावार्थ- छन्दोभूत संख्याएँ या मात्रा मूर्ति, गति और तेजोमंडलरूपी प्रत्यक्षत्रयी या अपौरुषेय वेद की आधार हैं। व्यक्त वाक् अव्यक्त पर आधारित है, अक्षर पर क्षर।

जगती से द्युलोक में सिन्धु को टिकाया
रथन्तर में सूर्य को पहिचाना।
गायत्री की तीन समिधाएँ कही गयी हैं
उनसे बढ़कर उसकी महिमा सर्वातिशायी हुई॥ २५॥

व्याख्या- *असौ लोको बृहत्* (ऐ० ब्रा०, ८.२, पृ० ८९९); *इयं वै पृथ्वी रथन्तरम्*॥ (ऐ०ब्रा० ८.१, पृ० ८९७) = *प्राणो वै सिन्धुश्छन्दः* (शत०, ८.५.२.४) गायत्री की तीन समिधाएँ।

भावार्थ- समञ्चन-प्रसारणात्मक प्राण ही छन्द है और उसके मूल धाम की कल्पना द्युलोकगत् सिन्धु के रूप में की गयी है- ज्योतिर्मय, तरंगित, भावात्मक, अपार, उदात्त। उस दिव्यप्राण को जगती-छन्द, सौरतेज, बृहत्साम कहा गया है।

पृथ्वी या मनुष्य की गायत्री छन्द, रथन्तर साम या देवरथ के रूप में कल्पना की गयी है। पार्थिव मनुष्य के तेज या गति में स्वर-संवाद से सौर तेज या दिव्यगति का पता चलता है। इसीलिए कहा गया है कि गायत्री ने सोम या अमृत का आहरण किया।

गायत्री को दीप्त करनेवाली समिधाएँ तीन कही गयी हैं। इन्हीं पर उसकी महिमा का अतिशय आधारित है।

इस दुधार गाय[१] को पास बुलाता हूँ
इसे निपुण-हस्त दुहनेवाला दुहे।
सविता[२] श्रेष्ठ प्रेरणा प्रदान करें
घर्म[३] तप गया है, इसे विज्ञापित करता हूँ॥ २६॥

व्याख्या- १. गाय-माता प्रकृति, अदिति है। वह 'सुदुधा' या कामदुधा है।

२. *सव* = सोम, दुग्ध, प्रेरणा है।

३. *घर्म* = दूध उबालने का पात्र है।

भावार्थ- प्रकृति मनुष्य की कामनाएँ पूरी करती है यदि उसका निपुण आवाहन और दोहन किया जाय। इसके लिए बुद्धि की प्रेरणा चाहिए। बौद्धिक प्रेरणा की सफलता के लिए प्रयोग, तप और सार्वजनिक विवेचन चाहिए।

हिं हिं करती वसुओं की पालयित्री
बछड़े को चाहती मन से, पास आयी।
दुहें, अश्विनीकुमारों के लिए दूध
अघ्न्या वह बढ़े महत् सौभाग्य के लिए॥ २७॥

व्याख्या- *ते यदिदं सर्वं वासयन्ते तस्माद् वसव इति।* (शत०, ११.६.३.६)

गाय आँख झपकाते बछड़े के लिए रँभाती है
सिर पर हिङ्करती सूँघती है ताकि वह भी रँभाये।
मुँह के गर्म होने की लालसा से
रँभाती है दूध बहाती है॥ २८॥

यह गाय को आबद्ध करनेवाला मर्मरित है,
वह रँभाती है मेघ के ऊपर आश्रित।
उसने मनोबल से मर्त्य को नीचा दिखाया
बिजली बन कर उसने रूप के आवरण को उतार दिया॥ २९॥

पड़ा हुआ है साँस लेता, त्वरित, सजीव, चंचल,
ध्रुव, मध्य में विश्रान्ति स्थानों के।
जीव चलता है मृत की स्वधाओं से
अमर्त्य और मर्त्य सयोनि हैं॥ ३०॥

मैंने देखा गोप को न गिरनेवाले,
मार्गों के पास आते और दूर जाते।
समान दिशा में पृथक्-पृथक् चमक को पहने धारे
भुवनों के अन्दर वह बार-बार आवर्तन करता है॥ ३१॥

व्याख्या- *एष वै गोपा य एषसूर्यस्तपति।* (शत०, १४.१.४.९)

= अग्नि वैं देवानां गोपाः (ऐ० ब्रा०, १.२८, पृ० १२३) = इन्द्रो वै गोपाः (ऐ० ब्रा०, ६.१०, पृ० ७०५), = प्राणो ह वै गोपाः = हीदमनिपद्यमानो गोपायति (जैमिनीयोपनिषद् ब्राह्मण, ३.३७.२)

जिसने इसे बनाया वह इसे नहीं जानता
जिसने इसे देखा उससे यह अन्तर्हित है।
वह मातृगर्भ के अन्दर लपेटा
बहुजन्मा निर्ऋति में प्रविष्ट हुआ॥ ३२॥

द्युलोक मेरा पिता, जनक केन्द्र है
मेरी माता और बन्धु है यह महती पृथिवी।
उत्तान दो कटोरों के बीच गर्भाशय है
यहाँ पिता ने दुहिता का गर्भ स्थापित किया॥ ३३॥

व्याख्या- *इयं पृथिवी वा उत्ताना अंगिरसः (ता०, २.३.२)*, तु० ता०, २०.१४.२

तुमसे पृथ्वी की अन्तिम सीमा पूछता हूँ,
पूछता हूँ कहाँ है भुवन का केन्द्र?
पूछता हूँ वृषा घोड़े के वीर्य के विषय में,
वाक् का परमव्योम पूछता हूँ॥ ३४॥

यह वेदि पृथ्वी की चरम सीमा है
यह यज्ञ भुवन की नाभि है।
यह सोम अश्व का बीज है
यह ब्रह्मा वाक् का परमव्योम है॥ ३५॥

व्याख्या- *पुरुषो वै यज्ञः (शत०, १.३.२.१) = पुरुषौ वै सहस्रस्य प्रतिमा॥ (वही, ७.५.२.१७) = प्राजापत्यो वा अश्वः (वही, ६.५.३.९) = असौ वा आदित्योऽश्वः (तै० ३९.२३.२)*

सात अर्ध-गर्भ[1] भुवन के बीज हैं
विष्णु के आदेश से वे पृथक् कार्यों में रहते हैं।
वे विपश्चित् धी से मन से
व्यापनशील सर्वत्र व्याप्त करते हैं॥ ३६॥

१. *अर्धगर्भाः* = संवत्सर का मध्य या भुवन का मध्य।

ठीक पता नहीं कि क्या मैं यह हूँ
रहस्यमय, मन से संनद्ध मैं जीता हूँ।
जब ऋत का प्रथमजात मेरे पास आया
मैंने इस वाक् का भाग पाया॥ ३७॥

भावार्थ- अहं और इदं (विश्व-भुवन), ऋत (यज्ञ, सृजन) और वाक् इस सूक्त के विषय हैं। 'मैं क्या हूँ' का उत्तर मन से परे दिव्यवाक् से मिलता है। तु० = *अग्निर्हि नः प्रथमजा ऋतस्य॥ ऋग्वेद,* १०.५.७॥

जाता लौट आता वह अपने स्वभाव के वश
अमर्त्य और मर्त्य सजात हैं, (एक ही जन्मस्थान के)।
वे सदा अलग, उलटे चलते
एक को पहिचानते लोग, दूसरे को नहीं॥ ३८॥

ऋचा के अक्षर परमव्योम में
जहाँ सब देवताओं का अवस्थान है।
जो उसे नहीं जानता, वह ऋचा से क्या करेगा
जो उसे जानते हैं, वे ये समासीन हैं॥ ३९॥

अच्छे चारे से तुम भागवान् हो
हम भी भागवान् रहें।
अघ्न्ये[१], सब कालों में तृण खाओ
शुद्ध जल पीती विचरो॥ ४०॥

१. *अघ्न्या* = वाक्

महिषी रँभाती है जल तराशती
वह एकपदी, द्विपदी, चतुष्पदी है।
अष्टपदी, नवपदी बनती
वह परम व्योम में सहस्त्राक्षरा है॥ ४१॥

व्याख्या- वह कृष्णवर्णा वाक् है, जो अव्यक्त को रूपों में व्यक्त करती है, संख्याओं से नापती है, स्वयं परम व्योम में अपरिमित रूप में रहती है।

उसके (थनों से) समुद्र बहते हैं
जिससे चारों दिशाएँ जीती हैं।
उससे अक्षर क्षर बनता है
विश्व उसके सहारे जीता है॥ ४२॥

उपलों के धुँए को मैंने दूर से देखा
मध्यबिन्दु में पृथ्वी और आकाश के।
चितकबरे बैल को वीरों ने पकाया
वे आदिकालीन धर्म थे॥ ४३॥

व्याख्या- शकमय धूम, आर्द्र ईंधन से निश्चरित, अग्नि का अशुद्ध सहचर और संकेत जैसे भूत ऊर्जा के। इस सृष्टियज्ञ की नाभि या केन्द्र द्यावापृथिवी का मध्य। 'पृश्नि उक्षा' संवत्सर (सोम? सूर्य?), वीर मरुद्गण या देवगण। उजाले और अन्धकार से चितकबरे संवत्सर को सौर अग्नि में पकाया जाता है।

तीन केशी ऋतुओं के अनुसार प्रकट होते हैं
इनमें एक संवत्सर में बोता है।
एक अपनी शक्तियों से विश्व को निहारता है
एक का वेग प्रवाह दीखता है, व्यक्त रूप नहीं॥ ४४॥

व्याख्या- तीन केशी = आदित्य, अग्नि, वायु।

वाक् चार पदों में परिमित हुई
उन्हें मनीषी ब्राह्मण जानते हैं।
तीन गुहनिहित अचल हैं
वाक् का तुरीय मनुष्य बोलते हैं॥ ४५॥

उसे इन्द्र, मित्र, वरुण अग्नि कहते हैं,
वह दिव्य सुन्दर पंखोंवाला गरुड।
विप्र उसे एक होते हुए भी बहुधा कहते हैं
अग्नि, यम, मातरिश्वा बताते हैं॥ ४६॥

मार्ग अँधेरा, पंछी सुनहरे,
पानी के वस्त्र पहिने आकाश में उड़ते हैं।
वे बार-बार घूमकर लौटते हैं ऋत के सदन से
तभी स्निग्धता से धरती भीग जाती है॥ ४७॥

भावार्थ- सौर तेज से बने मेघों के द्वारा वर्षा।

बारह हाल, एक पहिया
तीन 'घाट' (नाभि), किसने उसे समझा।
उसमें एक साथ तीन सौ साठ निवेशित,
मेखों की तरह जो कभी भी शिथिल नहीं॥ ४८॥

भावार्थ- संवत्सर-चक्र

जो तुम्हारा स्तन अक्षय, सुखदायी
जिससे समस्त अभीष्टों का पोषण करती हो।
जो निधिदाता, अच्छाइयों का प्रापक, देनेवाला
उसे, हे सरस्वति, हमें पीने के लिए दो॥ ४९॥

देवताओं ने यज्ञ से यज्ञ का सम्पादन किया
वे धर्म आदिकालीन थे।
महिमामय वे द्यु-शीर्ष तक पहुँचे
जहाँ प्राचीन साध्य देवता वास करते हैं॥ ५०॥

एक ही पानी ऊपर उठता, नीचे गिरता
काल के क्रम में।
धरती को पर्जन्य ज़िलाते हैं
आकाश को अग्नि॥ ५१ ॥

दिव्य, सुन्दर पंखोंवाला बृहत् पक्षी
जल और ओषधियों के गर्भ में जन्मा दर्शनीय।
यथासमय वर्षा से तृप्त करता,
उस महासर को पुकारता कृपा के लिए॥ ५२ ॥

अग्नि

ऋग्वेद : १.१८९

प्रार्थना

अग्नि, हमें सन्मार्ग से अभ्युदय की ओर ले जाओ
हे देव, तुम सब कर्म-विधान को जानते हो।
हमसे कुटिल पाप को छुड़ाओ
प्रभूत प्रणतिपूर्वक पूजते तुम्हें॥ १॥

इन्द्र

ऋग्वेद : २.१२

उत्पन्न होते ही (सर्व) प्रथम मनस्वी जिस
देवता ने देवताओं को (संकल्प) शक्ति से *(क्रतुना)* व्याप्त किया *(पर्यभूषत्)*।
जिसके संरम्भ से *(शुष्मात्)* दोनों लोक *(रोदसी)* काँपते हैं *(अभ्यसेतां)*
वह, हे लोगों, पौरुष की *(नृम्णस्य)* महिमा से इन्द्र है॥ १॥

यहाँ आधिदैविक स्तर पर इन्द्र सृष्टि की अधिष्ठात्री शक्तियों में व्याप्त परमशक्ति है। आधिभौतिक स्तर पर वह क्षत्र का अधिपति, क्षत्रिय या शासक है। आध्यात्मिक स्तर पर वह मन की संकल्पशक्ति है।

जिसने विचलित *(व्यथमानां)* पृथ्वी को दृढ़ किया
जिसने उद्विग्न *(प्रकुपितां)* पर्वतों को स्थिर किया *(अरम्णात्)*।
जिसने विस्तीर्ण अन्तरिक्ष को मापा *(विममे)*
जिसने आकाश को उत्तम्भित किया, वह, हे लोगों, इन्द्र है॥ २॥

जिसने अहि का घात कर सात सिन्धुओं[1] को बहाया
जिसने बल के घेरे से *(अपधा)* गायों[2] को हाँका।
जिसने शिलाओं के *(अश्मनोः)*[3] बीच अग्नि को उत्पन्न किया,
युद्धों का विजेता, हे लोगों, वह इन्द्र है॥ ३॥

अहि या *बल* वृत्रासुर है, जिसने गायों को गुफा में बन्द कर रखा था। इन्द्र ने गुफा को खोल कर गायों को मुक्त किया। इन्द्र-वृत्र के आख्यान में इन्द्र का मुख्य कर्म उल्लिखित होता है। आधिदैविक स्तर पर वृत्र मेघ है, जो गायों को अर्थात् जलधाराओं को अपने अन्दर छिपा रखता है, इन्द्र विद्युत्-रूपी वज्र से पानी बरसाता है। आधिभौतिक स्तर पर वृत्र सूखा है, जिसमें वर्षा और नदियाँ लुप्त हो जाती हैं। इन्द्र राजा है, जो सिंचाई के द्वारा सूखे का प्रतिविधान करता है। आध्यात्मिक स्तर पर वृत्र हृदय-गुहा को आवृत करनेवाला अज्ञान का अन्धकार है, जिसको प्रज्ञा द्वारा हटाने से ज्ञानरश्मियाँ प्रकट होती हैं। स्मरणीय है कि परवर्ती साहित्य में प्रज्ञा, दृढ़ता, अक्षोभ्यता, पारदर्शिता के कारण वज्र से तुलनीय है।

१. *सप्त सिन्धु* = एक ही मूल धारा की सात लोकों में विभक्त धाराएँ हैं-द्र० गोविन्द चन्द्र पाण्डे, *ऐस्पैक्ट्स*

२. *गो*[1] शब्द के अनेक अर्थ हैं- गाय, धन, जल, प्रकाश, ज्ञान।

३. *अश्मनोरन्तः* = मेघों के बीच, मेघों की पहाड़ी के रूप में कल्पना की गयी है।

जिसने इन सबको *(इमा विश्वा)* च्युतिशील *(च्यवना)* बनाया है

जिसने दानव वर्ग को *(दासं वर्णम्)* नीचे गुहा में कर दिया है।

जैसे विजयी जुआरी *(श्वघ्नी)* लक्ष को ले लेता है

***(ऐसे)* वह अरि की *(अर्यः)* पोषक सम्पदा को, हे लोगों, वह इन्द्र है॥ ४॥**

समस्त दृश्यजगत् च्युतिशील, अनित्य है। सत्-असत् के संघर्ष से, देवासुर-संग्राम से, उसकी स्थिति निरन्तर बदलती है। देवताओं के नेता इन्द्र वृत्रप्रधान असुरों को रसातल में नियंत्रित रखते हैं।

दास *वर्ण* का अर्थ अनार्य जाति करने के लिए कोई प्राचीन प्रमाण नहीं है। यास्क अथवा सायण को इस प्रकार का अर्थ विदित नहीं था। आधुनिक व्याख्याकार आर्य जाति, उसके अनार्यों से संघर्ष और इस पृष्ठभूमि में वेद-रचना की कल्पना के रूप में एक मनगढ़ंत इतिहास प्रस्तुत करते हैं। इस प्रकार के इतिहास का कोई पुरातात्त्विक समर्थन प्राप्त नहीं हुआ है। द्र०-पं० क्षेत्रेशचन्द्र चट्टोपाध्याय का लेख- *दास एण्ड दस्यु इन द ऋग्वेद* (इण्टरनेशनल काँग्रेस ऑव ओरिएण्टलिस्ट्स, रोम)।

अरि का अर्थ अनिश्चित है, संभवतः कर्षक, अतिथि, सम्बन्धी, शत्रु।

जिस घोर (रूप) के विषय में पूछते हैं 'वह कहाँ है?'

और जिसके विषय में यह भी कहते हैं कि 'वह नहीं है'।

जो अरि की पुष्टियों को बाजी में लगे लक्ष्य की तरह *(विज इव)* घटाता है *(आ मिनाति)*

उसमें श्रद्धा करो, हे लोगों, वह इन्द्र है॥ ५॥

टिप्पणी- इन्द्र को घोर कहने से उनका रौद्र रूप व्यक्त होता है।

जो समृद्ध का प्रेरक है, जो दरिद्र का

जो याचक *(नाधमानस्य)*, याजक *(ब्राह्मणः)*, गायक का *(कीरेः)*।

जो सुमुख *(सुशिप्रः)* (है और जो यज्ञ-) कर्म में उद्युक्त *(युक्त-ग्राव्णः)* का रक्षक *(अविता)* है

सूत सोम का, वह, हे लोगों, इन्द्र है॥ ६॥

युक्त-ग्राव्णः सुतसोमस्य = कूटने-पीसने में तत्पर, जिसने सोम का रस निकाला

जिसके निर्देश में (*प्रदिशि*) हैं, अश्व गायें,
ग्राम, सारे रथ।
जिसने सूर्य को, जिसने उषा को उत्पन्न किया
जो जल-धाराओं का (*अपां*[1]) नेता है, वह, हे लोगों, इन्द्र है॥ ७॥

१. *अपाम्* = नदियाँ, वर्षा, जल तत्त्व

जिसे मुकाबले में डटे हुए (*क्रन्दसी संयती*) अपनी-अपनी ओर बुलाते हैं
दूरस्थ और आसन्न, दोनों विरोधी पक्ष (*अमित्राः*)।
एक ही रथ में आरूढ
अलग-अलग पुकारते हैं, वह, हे लोगों, इन्द्र है॥ ८॥

आधिभौतिक स्तर पर विरोधियों की स्पर्धा या चुनौती की कल्पना युद्ध की भी हो सकती है, खेलों की होड़ की भी। इसमें जातीय या कबीलायी युद्धों की गूँज देखना अनावश्यक है।

एक ही रथ पर अलग-अलग पुकारनेवाले विरोधी पक्षों का उल्लेख रथी और सारथि पर नहीं घटता। आध्यात्मिक संकेत के रूप में ही वह सार्थक है। इन्द्रियों की अधिष्ठात्री शक्तियों में प्रधान इन्द्र हैं, उन्हीं इन्द्रियों से युक्त शरीररूपी रथ के रथी को सत् और असत् की प्रेरणाएँ विरुद्ध दिशाओं में खींचती हैं। तु० *कठोपनिषद्* में रथ का प्रसिद्ध रूपक-योद्धा, रथी और सारथि। पुरोहित अलग-अलग (नाना) आवाहन करते हैं, यह कल्पना उतनी युक्तिसंगत प्रतीत नहीं होती।

जिसके विना जन विजयी नहीं होते हैं
योद्धा (*युध्यमानाः*) जिसे सहायता के लिए (*अवसे*) पुकारते हैं।
जो विश्व का प्रतिमान[1] रहा है
जो अच्युत को च्युत[2] करनेवाला है, वह हे लोगों, इन्द्र है॥ ९॥

१. *विश्वस्य प्रतिमानं* = जो सब के लिए अनुकरणीय, अपने में बेजोड़ है।

२. *अच्युतच्युत्* = गतिशील जगत् का गतिरहित आधार है।

जो सदा महापापी (*मह्येनो दधानान्*)
अविवेकियों को (*अमन्यमानान्*) शर से (*शर्वा*) मारता है।
जो घमंडी के घमंड को (*शर्धते...शृध्यां*) नहीं चलने देता (*नानुददाति*)
जो दस्यु[1]-हन्ता है, वह हे लोगों, इन्द्र है॥ १०॥

भावार्थ- देवशक्ति कर्मफलदात्री है, पाप का मूल अविवेक और अहंकार है, अहंकार टूटता है, देवविरोधी शक्ति अन्ततः पराजित होती है।

१. दस्यु = द्र० पूर्वोक्त लेख दास एण्ड दस्यु इन ऋग्वेद,

जिसने पर्वतों में बसते शम्बर को
चालीसवें वर्ष खोज लिया।
जिसने प्रताप प्रकट करते हुए *(ओजायमानं)* अहि को मारा
पड़े हुए *(शयानं)* दानु को, वह, हे लोगों, इन्द्र है॥ ११ ॥

इस ऋचा की भाषा आख्यानपरक है और उसका सामान्य तात्पर्य देवासुर संग्राम के रूप में है। 'अहि' और 'पर्वत' रूपक के अंग है। 'शम्बर', 'दानु', 'चालीसवाँ वर्ष' इनमें क्या विशेष अर्थ अभिप्रेत है, यह व्याख्येय है।

सप्तरश्मि,[१] श्रेष्ठ[२] बली जिसने
सप्तसिन्धुओं को बहने के लिए खोला।
जिस वज्रबाहु ने रौहिण[३] को कँपाया *(अस्फुरद्)*[४]
***(जो)* आकाश का आरोहण कर रहा था, वह, हे लोगों, इन्द्र है॥ १२ ॥**

१. *सप्तरश्मिः* = तु० *सप्ततन्तु* = यज्ञ
२. *वृषभः* = वर्षिता, वीर्यवान्, श्रेष्ठ
३. *रौहिणम्* = 'आरोहण करनेवाला'
४. *अस्फुरद्* = प्रेरणार्थक

आकाश भी और पृथ्वी भी उसके सामने झुकते हैं *(नमेते)*
संरम्भ से *(शुष्माद्)* ही उसके पर्वत भय खाते हैं।
जो सोमपायी प्रसिद्ध है, वज्रबाहु,
जो वज्रहस्त है, वह, हे लोगों, इन्द्र है॥ १३ ॥

जो सोम-रस निकालते हुए की *(सुन्वन्तं)*,
***(पुरोडाश)* पकाते हुए की रक्षा करता है,**
जो स्तोता की, यज्ञकर्मी की (*शशमानं*), सहायता के द्वारा *(ऊती)*।
जिसका ब्रह्म[१] वर्धक है और सोम
जिसका यह अनुग्रह *(राधः)* है, वह, हे लोगों, इन्द्र है॥ १४॥

१. *ब्रह्म* = स्तुति, मन्त्र

जो सोमरस निकालते, *(पुरोडाश)* पकाने के लिए, दुर्धर्ष *(दुध्र)*[१] होते हुए भी
बलवद् वाज[२] देते हो *(दर्दर्षि)*,[३] तुम सत्य प्रसिद्ध हो।
हे इन्द्र, हम सदा तुम्हारे प्रिय
सुवीरवान् *(सुवीरासः)*[४] उपासना *(विदथम्)*[५] करें॥ १५॥

१. *दुध्र* = व्युत्पत्ति और अर्थ अनिश्चित, कदाचित् √धृ से

२. *वाज* = अन्न *(सायण)*, लूट का माल/जीत में हासिल किया इनाम (पश्चिमी व्याख्याकार) मूलतः वाज = बल, बलकारक, बल लभ्य

३. *दर्दर्षि* = शत्रु से छीनना, विघ्न निरस्त कर फल देना

४. *सुवीरासः* = सत्पुत्रोंवाले, शूर सहायकवाले

५. *विदथम्* = उपासना, उपासना-सभा, उपासना-स्थल

रुद्र

ऋग्वेद : २.३३

हे मरुतों के पिता, तुम्हारा सौम्य संकल्प *(सुम्न)* हमारे पास आये
सूर्य के सन्दर्शन से *(संदृशः)* हमें वियुक्त मत करना।
वीर हमारे ऊपर 'अश्वों के विषय में' *(अर्वति)*[१] अनुकूल हों *(अभि क्षमेत)*
हे रुद्र, हम सन्तान से *(प्रजाभिः)* सन्ततिमान् हों *(प्रजायेमहि)* ॥ १ ॥

१. *अर्वति* = अश्व शक्ति और वेग या साधनों का प्रतीक था, जैसे- गो ज्ञानरश्मि और सर्जक प्रेरणा का, वृष प्राधान्य और अनुग्रह का। यहाँ *अर्वत्* स्वत्व या संपत्तिविषयक प्रतीत होता है। सायण ने इसका अर्थ शत्रु किया है—*अर्वति शत्रौ "भ्रातृव्यो वा अर्वा" इति श्रुतेः*।

रुद्र काल शक्ति हैं, जिनकी संहारमूर्ति सुविदित है। पर देवतात्मक होने के कारण वे उपास्य और कृपालु हैं।

भावार्थ- यह है कि रुद्र की ही कृपा से काल के संहार से बचकर जीवन-मूल्यों का अभ्युदय हो, जिनमें प्राथमिक हैं—आयु, साधन और सन्तान।

रुद्र, तुम्हारी दी हुई शिवतम *(शंतमेभिः)*
भेषजों से हम सौ वर्ष *(हिमा)* पायें।
हमसे दूर द्वेष, सुदूर पाप *(अंहः)*
रोग *(अमीवाः)* को हटा दो *(चातयस्व)* सब ओर॥ २ ॥

श्रेष्ठ हो सृष्टि में *(जातस्य)*, रुद्र, अपनी श्री से
शक्तिमत्तम हो शक्तिशालियों में, हे वज्रबाहु।
उतारो *(पर्षि)* हमें उस पार पाप के स्वस्तिपूर्वक
समस्त आक्रमण की क्षति *(आभीती रपसः)* से वियोजित करो॥ ३ ॥

न तुम्हें, रुद्र, क्रुद्ध करें वन्दना से
न दुःस्तुति से, हे श्रेष्ठ *(वृषभ)*, न औरों के साथ रख कर *(सहूती)*[१]।
ऊपर हमारे वीरों को उठाओ *(अर्पय)* भेषजों से
मैंने सुना है तुम भिषजों में सर्वोत्तम भिषज् हो॥ ४॥

१. *सहूती* = *स-हूति* की तृतीया,

रुद्र रोगहारी हैं, इसीलिए सर्वोत्तम चिकित्सक हैं, भेषज उनके हाथ में है।

पुकारने से जो बुलाये जाते हैं, हवि से,
स्तुतियों से रुद्र को समर्पित करना चाहता हूँ *(अव दिषीय)*[१]।
कोमल अन्तरवाले *(ऋदूदरः)*,[२] अनायास बुलाये जा सकनेवाले *(सुहवः)*-मत हमें
उस अपने मन्यु का विषय बनाये *(रीरधन् मनायै)*[३]
(वह) रक्ताभ गौर *(बभ्रुः)*, सुमुख *(सुशिप्रः)*॥ ५॥

१. *अवदिषीय* = ∠√ दा, आत्मनेपद आशीर्लिङ्

२. *ऋदूदरः* = *मुदूदरः* (नि०)

३. *मनायै* = तु० *मन्युः*

रुद्र की अप्रसन्नता घोर होते हुए भी उनका अन्तर कोमल है। वे वस्तुतः दयालु हैं और सुन्दर हैं। उनकी आभा बभ्रु है।

मुझे प्रहर्षित किया है श्रेष्ठ *(वृषभः)* मरुतों से युक्त (उनके नेता) ने *(मरुत्वान्)*,
तेज शक्ति से *(त्वक्षीयसा वयसा)*, दीन को *(नाधमानम्)*।
धूप में *(घृणीव)* छाया की तरह अनभितप्त *(अरपाः)* मुझे मिले
रुद्र की शुभेच्छा *(सुम्नम्)* जीत सकूँ॥ ६॥

कहाँ है, रुद्र, तुम्हारा कृपालु *(मृळयाकुः)*[१]
हाथ जो है रोगहर्ता *(भेषजः)*,[२] शीतल *(जलाषः)*[३]।
दूर करनेवाला हिंसा को दैवमूलक *(दैव्यस्य)*
हमारे प्रति, देवर्षभ *(वृषभ)*, क्षमा रखो॥ ७॥

१. *मृळयाकुः* = दयालु

२. *भेषजः* = चिकित्सोपयोगी पौधे, ओषधि

३. *जलाषः* = शीतल

रक्ताभ गोरे देवर्षभ के लिए
महान् के लिए महान् स्तुति उच्चारित करता हूँ।
प्रणाम हो ज्योतिर्मय के लिए
गाते हैं उनका तेजस्वी नाम॥ ८॥

स्थिर अंगों से युक्त (वह) पुरुरूप, उग्र
रक्ताभ, चमकीले सुनहले आभरणों से अलंकृत है।
इस विराट् भुवन के ईश्वर
रुद्र से (हमें) दूर न करे प्रभुत्व॥ ९॥

सुयोग्य, धारण किये हो धनुर्बाण
सुयोग्य, निष्क यजनीय विश्वरूप।
सुयोग्य, इस खाली *(अभ्वम्)* विश्व की रक्षा करते हो
तुमसे अधिक ओजस्वी, रुद्र, कोई नहीं है।। १० ॥

स्तुति करो रथासीन कीर्तिमान् युवा की
सिंह के समान भयकारी, दुर्धर्ष, उग्र।
कृपा करो स्तुतिकर्ता के लिए हे स्तूयमान रुद्र
तुम्हारी सेनाएँ हम से दूर कहीं काट गिरायें॥ ११ ॥

कुमार भी नमस्कार करते पिता को
प्रतिनमस्कार करता है, रुद्र, पास आते हुए को।
बहुत देनेवाले सच्चे स्वामी के गुण गाता हूँ
स्तुति किये जाने पर भेषज देते हो हमें॥ १२ ॥

हे मरुद्गण तुम्हारी जो शुचि भेषज हैं
जो तुम्हारी हिततम *(शंतमा)* सुखद *(मयोभु)* है, हे वीरगण
जिनका हमारे पिता मनु ने वरण किया
उन्हें, सुखशान्ति को *(शं च योश्च),* रुद्र से चाहते हैं॥ १३ ॥

हमसे परे मुड़े रुद्र के अस्त्र,
तेजस्वी की महती अप्रसन्नता परे हटे।
अपने खड़े आयुधों को दानियों के लिए ढीला करो
कृपावर्षी *(मीढ्वः)* हमारे बच्चों और संतति पर दया करो॥ १४ ॥

इस प्रकार हे सुविदित, रक्ताभ, देवपुंगव,
जैसे न कोप करते हो, न मारते हो।
हमारी पुकार सुनते सजग हो, रुद्र
वीरों से युक्त हम विदथ में जोर से बोलें॥ १५ ॥

अपांनपात्

ऋग्वेद : २.३५

विजयार्थी मैंने *(वाजयुः)*[१] उनकी स्तुति की,
नदीजन्मा को पसंद आये गीति।
अपांनपात्, आशु-प्रेरणा-प्रद,
क्या उसे सँवारेंगे रुचि-पूर्वक॥ १॥

१. *वाजयुः* ∠ वाज = विजेता का पुरस्कार

इस मंत्र को मन से तराश
हम कह रहे, वे देखें इसे।
स्वामी अपांनपात्, ने महिमा से
दिव्य *(असुर्यस्य मह्ना)* बनाये समस्त भुवन॥ २॥

कुछ साथ जाती हैं, कुछ पास
वही समुद्र *(ऊर्वं)* भरती नदियाँ।
दीप्तिमान् अपांनपात् के परितः
शुभ्र जलधाराएँ शोभमान॥ ३॥

अस्मेर युवतियाँ युवा को
संमार्जित घेरतीं धाराएँ।
(वह) शुभ्र शिखाओं से वर-प्रदायी,
जल में अनिन्धन, प्रभाधौत॥ ४॥

उस अविचल देव के लिए
तीन दिव्य नारियाँ देतीं अन्न।
'कृता'[१] के निकट जल में फैल
पीता वह पूर्व-प्रसू का स्तन्य *(पीयूषं)*॥ ५॥

१. *कृता* = का अर्थ अनिश्चित है।

अश्व का जन्म यहाँ, स्वर्लोक में,
यजमान को बचाओ, द्रोही की हिंसा से।
कच्चे नगरों में *(आमासु पूर्षु)*[१] दूर अप्रमृष्य
न वहाँ पहुँचें शत्रु, न झूठ॥ ६॥

१. कच्चा पुर = सहज पुर = मेघ/मानव देह

उसके घर हैं दुधारू गाय,
स्वधापान, उत्तम-अन्न-भोग।
अपांनपात् ऊर्जस्वी जलमग्न,
उपासक के लिए वसुदाता॥ ७॥

जो जल में दिव्य शुचिता से
ऋतवान्, अजस्र, उरुज्योति।
शाखोपम उसके अन्य भुवन
लताएँ पनपतीं प्रजात॥ ८॥

अपांनपात् गोद में बैठ गया
सीधा 'टेढ़ों' पर *(जिह्मानामूर्ध्वो)* विद्युत् पहने।
उसकी ज्येष्ठ महिमा उठाती
हिरण्यवर्ण परिक्रामी महान्॥ ९॥

हिरण्यरूप वह हिरण्याकृति
अपांनपात् वह हिरण्यवर्ण।
हिरण्यमय गर्भ से आकर बैठे
उसे अन्न देते हिरण्यदायी॥ १०॥

वह मुख वह रहस्यमय
चारु नाम अपांनपात् के बढ़ते।
जिसे समिद्ध करतीं युवतियाँ
हिरण्यवर्ण प्रभा *(घृतम्)* इसका अन्न॥ ११॥

उस सखा के लिए, बहुतों में कनिष्ठ *(बहूनामवमाय)*।
यज्ञों से सपर्या करें प्रणति से हवि से।
पृष्ठ घिसता *(सं सानु मार्ज्मि)*, छिपले, *(बिल्मैः)* अन्न
डालता, वन्दना करता ऋचाओं से॥ १२॥

उस पुरुष ने (वृषा) उनमें गर्भ जना
वही शिशु बन दूध पीता है उसे वे चाटती हैं।
वह अपांनपात् अम्लान-वर्ण
यहाँ मानो दूसरी देह से कार्य करता है॥ १३॥

इस परम पद में स्थित
अक्षय ज्योति से सदा दीप्यमान।
अपांनपात् के लिए प्रभा और अन्न धारण किये
अत्क[१] पहिने महान् (धाराएँ) सब ओर उड़ती हैं॥ १४॥

१. ऊपरी परिधान विशेष, द्रष्टव्य-वैदिक इण्डेक्स।

अर्पित की *(अयांसम्)* अग्नि, सुक्षिति जन के लिए
अर्पित की दानियों के लिए सुगीति *(सुवृक्तिम्)*।
वह सब भद्र है जिसके अनुकूल हैं देवता
विदथ में वीरसनाथ हम खूब बोलें॥ १५॥

मित्र

ऋग्वेद : ३.५९

मित्र जनों को प्रवर्तित करता है बोलते हुए
मित्र ने धारण की पृथ्वी और द्यौः।
मित्र निर्निमेष देखते जनता को
मित्र के लिए घृतवत् हवि का हवन करो॥ १॥

मित्र, हवि लिए *(प्रयस्वान्)* वह मर्त्य प्रकृष्ट हो
जो, आदित्य, तुम्हारे व्रत के अनुशासन में है।
तुमसे रक्षित वह न मारा जाता है, न पराजित होता है,
उसे पाप नहीं होता, न पास से, न दूर से॥ २॥

नीरोग, हविष्यान्न से प्रहर्षित,
दृढ घुटनों से पृथ्वी के विस्तार पर।
आदित्य के व्रत का पालन करते हुए।
हम मित्र की सुमति में रहें॥ ३॥

वह मित्र है वन्दनीय, कृपालु
राजा, सदधिपति, जन्म से विधाता।
हम उस यजनीय की सुमति में
भद्र सौमनस्य में रहें॥ ४॥

महान् आदित्य प्रणतिपूर्वक उपसर्पणीय
जन-प्रवर्तक, स्तुतिकर्मी के लिए कृपालु।
स्तव्यतम मित्र के लिए सेव्य
हवि अग्नि में हवन करो॥ ५॥

जनता के विधारक, दिव्य
मित्र की कृपा लाभ पहुँचाती।
(उनकी) ज्योति प्रभास्वर कीर्तिमय॥ ६॥

अपनी महिमा से आकाश को
अभिभव करते प्रथित मित्र।
अपने यश से पृथ्वी का॥ ७॥

सहायक शक्तिवाले मित्र के
अधीन पाँच जन।
वही सब देवताओं के भर्ता हैं॥ ८॥

मित्र ने देवताओं में, मनुष्यों में,
आसन बिछाये जन के लिए।
अभीष्ट अनुशासन के अन्दर भोग सम्पादित किये॥ ९॥

अग्नि

ऋग्वेद : ३.६२

उस प्रकाशमान सविता के वरेण्य तेज का हम ध्यान करते हैं,
जो हमारी बुद्धि को प्रेरित करें॥ १०॥

टिप्पणी- यह विश्वामित्र ऋषि के द्वारा दृष्ट प्रसिद्ध गायत्री मन्त्र का अनुवाद है।

उषा

ऋग्वेद : ४.५१

यही वह विपुल[१], पूरब से
उठी ज्योति, तम से (बाहर), स्पष्ट रूप[२]।
अब आकाश-पुत्रियाँ[३] भास्वर
उषाएँ पथ बनातीं भू पर[४]॥ १॥

१. *पुरुतमं* ∠ *पुरु* = बहु, विपुल,

२. *वयुनावत्* ∠ *वयुन* = विशिष्टतापूर्वक बुना हुआ, निपुण शिल्पकृति, प्रतिदर्श, यज्ञविज्ञान, ज्योति-रश्मि-वितान, रूप, मार्ग

३. *दिवो दुहितरः* = द्यौष्पिता की दुहिताएँ। पुत्री, दुहना, गाय, प्रकाश-रश्मि में अर्थ-संसर्ग है। आकाश से आती उषःकालीन रश्मियाँ कपिला गायें हैं, दुग्ध-धाराएँ हैं।

४. *जनाय* = मानवी प्रजा के लिए, प्राणियों के लिए,

खड़ी प्रोज्ज्वल उषाएँ पूर्व में
यूपावली अध्वरों की प्रमित[१]।
तमोव्रज[२] के खोल कर द्वार
चमकतीं दमकतीं पावन॥ २॥

१. *मिता इव/मा* = नापना, यथावत् बनाना (निर्माण), प्रतिदर्श के अनुरूप निश्चय या निष्पादन करना, अतः यथावत् बना हुआ सुरूप।

२. *व्रजस्य तमसः* = अँधेरे बाड़े के। बाड़े से छूट कर निकलती गायों की तुलना ध्वनित है।

भास्वर आज देखें[१] दाताओं को[२]
उषाएँ वर-दान[३] में उदार।
रूपहीन अँधेरे में संकीर्ण
सोयें न जागनेवाले-हृदय[४]॥ ३॥

१. *चितयन्त* = प्रज्ञापयन्ति (सा०), प्रेरित करें (मैक्०)

२. *भोजान्* = यजमानान् (सा०), लिबरल (मैक्०)

३. *राधोदेयाय* = प्रसाद देने के लिए

४. *पणयः* = सौदा करनेवाले

दिव्य उषाओं, पुराना या नया
वही तुम्हारा मार्ग हो आज भी।
जिससे नवग्व[१], अंगिरस् दशग्व[२] के लिए
सप्तमुख में[३] चमकीं समृद्ध॥ ४॥

१. *नवग्व* = अंगिरस।

२. *दशग्व* = इन्द्र के सहचर ऋषि।

३. *सप्तास्य* = अर्थ अनिश्चित

देवियों ऋतयुग्[१] अश्वों से आप
तत्काल भुवनों की परिक्रमा करती हो।
उषाओं, सोते को जगाती हुईं
द्विपाद, चतुष्पाद प्राणियों को चलने के लिए॥ ५॥

१. *ऋतयुग्भिः* = ऋत के अनुसार (यथानियम) जोते हुए। जिनकी शक्तियाँ और गति शाश्वत नियम के अनुरूप हैं।

कहाँ इनमें कौन सी पुरानी है
जिससे ऋभुओं के विधान (उन्होंने) बनाये।
शुभ्र उषाएँ जब उज्ज्वलतया चलती हैं
अलग-अलग नहीं पहिचानी जातीं, समान-रूपा, नित्य युवतियाँ॥ ६॥

विधाना विदधुर्ऋभूणाम् = ऋभुओं ने एक चमस को चार में विभक्त किया था। यह संभवतः संवत्सर के ऋतुविभाग का प्रतीक है अथवा दिक्पात्र के चतुर्धा विभाजन का।

तात्पर्य यह है कि जिस प्रथम उषा में संवत्सर का ऋतुविधान अथवा दिग्विभाग सम्पन्न हुआ, वह अब पहिचानी नहीं जा सकती, जैसे समान अरों के घूमते चक्र में 'प्रथम' अर।

वे ही शुभ उषाएँ जो पहले थीं,
जिनकी सहायक ज्योति, सहज नियम से जो सत्य[१]।
जिनमें यजन का श्रम करते, उक्थ्य[२] पढ़ते
साम गाते समृद्धि पाते तत्काल॥ ७॥

१. *ऋतजातसत्याः* = सत्य का आधार ऋत

२. *उक्थैः* = उक्थ्य = शस्त्र ऋचाएँ पाठ्य ऋचाएँ। स्तोम या स्तोत्र गेय होते हैं।

वे आतीं साथ पूर्व से
समान प्रदेश से फैलतीं साथ।
ऋत-सदस् से जागतीं देवियाँ
छोड़े हुए भागते गोबृन्द[१] सी उषाएँ सक्रिय, स्तूयमान हैं॥ ८॥

१. *गवां न सर्गा* = गायों का छूटना, नदी की धारा, प्रकाश-रश्मियों का निपात।

वे ही आज भी, समान-रूपा।
उषाएँ अम्लान-वर्ण संचार करती हैं।
काले शून्य को *(अभ्वं)* छिपातीं चमकते
रूपों से उज्ज्वल, दहकते, भाते॥ ९॥

टिप्पणी- काल-चक्र में व्यक्त रूपों के पीछे अव्यक्त शून्य है। रूप प्रकाशगत है, प्रकाश के अभाव में अंधकारमय शून्य शेष रहता है।

द्यौष्पिता की दुहिताओं, दिव्य, प्रभामय,
संततिसम्पन्न रयि दो हमें।
सुख-शय्या से *(स्योनात्)* तुम्हारे प्रति जागकर
सुविक्रम के स्वामी बनें॥ १०॥

द्यौष्पिता की दुहिताओं, प्रभामय
तुमसे अनुरोध करता हूँ, उषाओं, यज्ञ की पताका लिये *(यज्ञकेतुः)*[१]।
हम यशस्वी हों जनों में,
दिव्य द्यावापृथिवी वह (यश) प्रदान करें॥ ११॥

१. *यज्ञकेतुः* = यज्ञ ही जिसका प्रज्ञापक है।

ऋत

ऋग्वेद : ५.६३

ऋत के गोपा, सत्यधर्मा मित्रावरुण
परम व्योम में तुम रथ पर अधिष्ठित हो।
जिस पर तुम्हारी कृपा होती यहाँ
उसके लिए द्युलोक से होती मधुमती वर्षास्फीत॥ १॥

ज्ञानी मित्रावरुण, धर्म से
व्रतों[१] की रक्षा करते हो असुर (महाप्राण देवता) की माया से।
ऋत से विश्व भुवन की व्यवस्था करते हो
सूर्य को रखते हो द्युलोक में एक जाज्वल्यमान रथ॥ ७॥

१. संकल्पित नियम

पर्जन्य

ऋग्वेद : ५.८३

पराक्रमी पर्जन्य की स्तुति करो इन गीतों से
प्रणतिपूर्व उनकी अभीप्सा।
गरजते वर्षुक जीवन्तदानी
डालते बीज का गर्भ पौधों में॥ १॥

वृक्षों के राक्षसों के विघातक,
जिनके महायुध से डरते विश्व भुवन।
निष्पाप भी भागते हैं बलवान के सामने
जब पर्जन्य गरजते मारते पापियों को॥ २॥

जैसे रथी अश्वों को घोड़े से हाँकता,
वर्षा के दूतों को वह प्रकट करता।
दूर से सिंह का गर्जन उठता
जब पर्जन्य आकाश को करता वर्षुक॥ ३॥

आँधी बहती बिजली कड़कती
ओषधि उठ पड़ती आकाश भरा लगता।
समस्त भुवन का भोजन उगता,
जब पर्जन्य पृथ्वी को बीज से अनुगृहीत करता॥ ४॥

जिसके अनुशासन में पृथ्वी झुकी पड़ती,
जिसके अनुशासन में खुरवाले पशु कूदते फाँदते।
जिसके अनुशासन में सब प्रकार के पौधे हैं,
ऐसे तुम पर्जन्य हमें बड़ी शरण दो॥ ५॥

हे मरुद्गण आकाश से हमें वृष्टि पहुँचाओ,
वृषा अश्व की धाराएँ बहाओ।
गरज के साथ यहाँ पास आओ,
पानी छिड़कते हमारे दिव्य पिता *(असुरः पिता)*॥ ६॥

गरजो कड़को गर्भ डालो
पानी भरे रथ से उड़ो चतुर्दिक्।
मशक को खींचो उलट दो, खोलकर
बराबर हो जाए सब ऊँचा-नींचा॥ ७॥

बड़े बर्तन को ऊपर खींच छिड़का दो,
नालियाँ बहने लगें खुलकर सामने।
स्निग्धता से द्यावापृथ्वी भिगा दो,
पीने को मिले अवकाश गायों को॥ ८॥

जब पर्जन्य कड़कते हुए,
गरजते हुए मारते हो दुष्कर्मियों को।
तब यह विश्व प्रतिमुदित होता है,
और जो कुछ भी पृथ्वी पर है॥ ९॥

बारिश बरसा कर अब थम जाओ,
मरुस्थल को पार करने योग्य बना कर।
ओषधियों को भोजन के लिए पैदा किया,
और प्रजा के लिए मनीषा का पता दिया॥ १०॥

पूषा

ऋग्वेद : ६.५४

पूषा! विद्वान् से मिलाओ,
जो सीधे अनुशासन करे।
बताये, 'ऐसा ही यह'॥ १॥

पूषा के साथ हों हम,
घर का मार्ग दिखाये।
बताये, 'वही हैं वे'॥ २॥

पूषा का चक्र अक्षत
उसका कोष अडिग।
नेमि भी अविचल॥ ३॥

जो हवि से विधान करता
उसे नहीं भूलता पूषा।
वह प्रथम हो पाता वसु॥ ४॥

पूषा हमारी गायों के पीछे रहे
पूषा अश्वों की रक्षा करे।
पूषा हमें लक्ष्य प्राप्त कराये॥ ५॥

हे पूषा, गायों के पीछे जाओ
सोमयाजी की।
और हमारी जो करते स्तुति॥ ६॥

न खोये कोई, न हिंसित हो,
कोई गड्ढे में न चोट खाये।
और अहिंसितों के साथ लौट आओ॥ ७॥

सुननेवाले पूषा, साक्षी
उनकी अलुप्त-ज्ञान संपदा की।
शरण जाते-भाग्याधिपति की *(ईशानं रायः)*॥ ८ ॥

पूषा, तुम्हारे व्रत में
कभी न हिंसित हों।
स्तोता तुम्हारे हम॥ ९ ॥

पूषा दूर से रखे
दाहिना हाथ हम पर॥
खोये हुए को फेर दे॥ १० ॥

आपः

ऋग्वेद : ७.४९

गगन-सर से समुद्रावधि
बह रहीं पावन अविराम।
बली वज्री इन्द्र से कृतमार्ग
दिव्य धाराएँ बनें रक्षा-धाम॥ १ ॥

जो दिवश्च्युत या जो स्त्रोतोवहा, स्वयं
खोदने से व्यक्त या निर्झरित।
समुद्राभिमुख स्वच्छ, पावन
दिव्य धाराएँ बनें रक्षा-कृत्॥ २ ॥

जिनके बीच जाते राजा वरुण
सत्यानृत अवलोकते जनों का।
मधु चुआतीं, स्वच्छ, पावक
वे दिव्य धाराएँ बनें रक्षक॥ ३ ॥

जिनमें राजा वरुण और सोम
सारे देवता ऊर्जा से प्रहृष्ट।
वैश्वानर अग्नि जिनमें प्रविष्ट
वे दिव्य धाराएँ रक्षा करें॥ ४॥

मित्रावरुण

ऋग्वेद : ७.६१

विस्तारित कर *(ततन्वान्)* सुदर्शन *(सुप्रतीकं)* चक्षु
तुम दोनों देवताओं की, हे (मित्रा) वरुण,
उदित होता सूर्य।
जो समस्त भुवनों[१] का निरीक्षण करता
मर्त्यों के मनोभाव *(मन्युं)* पहिचानता है ॥ १ ॥

टिप्पणी- मित्र दिन के सूर्य हैं, वरुण रात्रि के। दोनों विश्व के दिव्य सम्राट् हैं, नैतिक नियमों के अनुशासक। मित्र ईरानियों के *मिथ्र* से तुलनीय है, पर वरुण का *ऊरानॉस* से संबंध संदिग्ध है। मित्रावरुण का उल्लेख बोगाजकोई अभिलेख में मिलता है।

१. *भुवनानि* = भूतजातानि (सा०)

हे मित्रावरुण, तुम्हारे लिए वह ऋतवान् *(ऋतावा)*
चिर-श्रोता *(दीर्घश्रुत्)* विप्र मन्त्र *(मन्मानि)* प्रेरित करता है।
हे सुक्रतु, उसकी स्तुतियों के लिए अनुकूल बनो
उसके वर्षों को *(शरदः)* क्रतु से मानो भर दो ॥ २ ॥

'मन्म' और 'ब्रह्म' एक ही अर्थ के वाचक हैं। 'क्रतु' संकल्प एवं मनीषा का वाचक है। तु० = *यस्य ज्ञानमयं तपः* (मु०)

हे मित्रावरुण, विस्तृत पृथिवी से,
बड़े ऊँचे आकाश से, हे वरद *(सुदानू)*।
देखनेवाले *(स्पशो)*[१] रखे *(तुमने)* ओषधियों में, निवासों में *(विक्षु)*
जो पृथक्-पृथक् जाते हैं, हे अनिमेष रक्षा करनेवालों ॥ ३ ॥

१. *स्पशः* = देखनेवाले, द्रष्टा, साक्षी, गुप्तचर। सायण—दृश्य, रूप।

सर्वत्र और प्रत्येक के मित्रावरुण साक्षी और रक्षक हैं।

स्तुति करो मित्र और वरुण के धाम[१] की
उनका बल द्यावापृथिवी को बाधित करता है (*बद्बधे*)[२] महिमा से।
जायें मास यज्ञहीनों के अवीर ही
यजनशील (*यज्ञमन्मा*) वृजन[३] को पार करें॥ ४॥

१. *धाम* = विधारक नियम, तेज, लोक
२. *रोदसी बद्बधे* = अर्थात् द्यावापृथिवी में नहीं समाते।
३. *वृजनम्* = जंगल में साफ किया स्थान, घेरा

हे अमर्त्य, व्यापक, वीर्यवान् (*अमूरा विश्वा, वृषणौ*), ये तुम्हारी स्तुतियाँ
जिनमें न कुछ विचित्र दीखता है, न अद्भुत।
लोगों की झूठ के साथ उसका बदला (*द्रुहः*) लगा रहता है
छिपायी हुई बातें तुम्हारे लिए अज्ञात नहीं हैं॥ ५॥

तात्पर्य- देवता सर्वव्यापी और सर्वज्ञ हैं, उनकी स्तुति में अपूर्वता लाना कठिन है, उनके नियमों की अवहेलना अनिवार्यतया दुष्परिणाम लाती है, उनसे कुछ छिपा नहीं है।

तुम्हारे यज्ञ का समुत्सव करूँ (*सं महयम्*) वन्दना से (*नमोभिः*)
पुकारता हूँ तुम्हें, मित्रावरुण, बलवत् प्रेरणा से (*सबाधः*)।
तुम्हारी अर्चना के लिए (*ऋचसे*) ये मंत्र (*मन्मानि*) नवीन,
(*नव*) रचित प्रार्थनाएँ (*ब्रह्म*) पसंद आयें॥ ६॥

यह पुरोहिति, देव, तुम्हारे
यज्ञों में, मित्रावरुण, सम्पन्न।
समस्त कठिनाइयों से (*दुर्गा*) तारो
बचाओ स्वस्ति संकल्प से सदा॥ ७॥

सूर्य

ऋग्वेद : ७.६३

उदित होता सुभग विश्वसाक्षी
वही सूर्य सब के लिए समान।
मित्र वरुण की दिव्य चक्षु, जिसने
चमड़े सा लपेट दिया अँधेरा॥ १॥

उदित होता जनों का प्रेरिता
तरंगित महाध्वज सूर्य का।
समान चक्र को घुमाते हुए
एतश खींचता धुरी में युक्त॥ २॥

उषाओं की गोद से चमकता
उदित, गायकों से अनुप्रहर्षित।
यह प्रतीत होते सविता
जो व्यापक धर्म *(समानं धाम)* के पालक॥ ३॥

गगन-मणि दूरदर्शी उदित
चमकती प्लवमान दूर-लक्ष्य की ओर।
अब सूर्य से प्रबोधित जन
अर्थार्थी सँभालते कामकाज॥ ४॥

जहाँ देवगण ने उसका मार्ग बनाया
श्येन-से उड़ते अनुसरण करता पथ।
उदित होने पर सूर्य, (हे) मित्रावरुण,
प्रणति और हवि से तुम्हें पूजेंगे॥ ५॥

अब मित्र, वरुण, अर्यमा
हमारे और हमारी संतति के लिए प्रशस्तता दें।
सब मार्ग हमारे लिए सुगम हों
तुम स्वस्ति से सदा हमारी रक्षा करो॥ ६॥

अश्विन्

ऋग्वेद : ७.७१

रात विदा होती अपनी बहिन उषा से,
छोड़ती मार्ग कृष्णवर्णा अरुण के लिए।
गो-अश्व के धनी, तुम्हें बुलाते हैं
हमें दिन-रात शर से बचाओ॥ १॥

पास आओ देनेवाले मर्त्य के,
अश्विन्, रथ से वहन करते अभीष्ट (*वामम्*)।
हटाओ हम से अशक्ति (*अनिराम्*), रोग
दिन-रात, मधुप्रेमियों (*माध्वी*), हमें रक्षा दो॥ २॥

तुम्हारे रथ को आसन्नतम प्रभात में
प्रसन्न (*सुम्नायवः*) घोड़े इधर घुमायें।
स्यूतरश्मि[१], वसुपूर्ण, इसे लायें
वे घोड़े ऋत से जुते (*ऋतयुग्भिः*), हे अश्विनों॥ ३॥

१. *स्यूमगभस्तिम्*

हे नृपतियों, जो तुम्हारा वाहक रथ है
तीन, आसनयुक्त (*त्रिबन्धुरः*), वसुमान्, उषा के समय छूटता।
उससे, हे नासत्यों, हमारे पास आओ
जब (वह) समस्त उत्तम भोजन लिये (*विश्वप्स्न्यः*) पास आये॥ ४॥

तुम दोनों ने च्यवन को जरा से मुक्त किया
पेदु के लिए तेज घोड़ा लाये।
अत्रि को बाधा और तम से छुड़ाया
नहुष के बन्धन ढीले किये (*शिथिरे धातमन्तः*)॥ ५॥

हे अश्विनों, यह मनोरथ, यह वाणी,
इस स्तुति को, वीरों, अपना लो।
ये प्रार्थनाएँ तुम्हारे लिए उद्दिष्ट,
तुम सदा स्वस्ति-पूर्वक रक्षा करो॥ ६॥

वरुण

ऋग्वेद : ७.८६

वसिष्ठ स्वप्न में वरुण के घर गये जहाँ कुत्ता उनकी ओर लपका पर उन्होंने उसे मंत्र से सुला दिया। वरुण के अनुचर को भी ऐसे ही सुला दिया। इस पर वरुण ने उन्हें पाशों से बाँध दिया। मुक्ति के लिए उन्होंने यह स्तुति की। *(बृहद्देवता)*

विवेकसंमित *(धीरा)* (हैं) उसकी महिमा से जन्मे *(जनूंषि)*[१]
जिसने अलग-अलग टिकाये विस्तृत द्यावापृथिवी।
बृहत् आकाश को *(नाकं)*[२] ठेला ऊँचे,
द्विधा *(द्विता)* नक्षत्र[३] को, भूमि को फैलाया॥ १॥

१. *जनूंषि* = वरुण के जन्म (सा०), पीढ़ियाँ, प्राणियों के जन्म (मैक्०) 'धीर जन्म', मनुष्यों का ही मानना ठीक लगता है। तात्पर्य यह है कि वरुण की महिमा से मनुष्य में विवेक जन्मता है, उस महिमा की प्रेरणा उदात्तता, व्यवस्था और प्रशस्तता की ओर ले जाती है।

२. *नाकं* = आकाश, आदित्य (सा०)

३. *नक्षत्रं* = एकवचन में सूर्यवाची, बहुवचन में तारों का वाचक (मैक्०)

और अपने आप से संवाद करता हूँ
कब वरुण के अन्तर्भूत होऊँगा *(अन्तः भुवानि)*[१]।
क्या मेरी हवि *(हव्यं)* को *(वे)* विना क्रुद्ध हुए पसंद करेंगे
कब मैं प्रसन्नचित्त उनकी कृपा का दर्शन करूँगा?॥ २॥

१. *अन्तःभुवानि* = सामीप्य, संवाद, लय

पूछता हूँ पाप के विषय में, वरुण, देखना चाहते हुए *(दिदृक्षु)*
जानकारों के *(चिकितुषो)* पास जाता हूँ पूछने के लिए *(विपृछम्)*।
एक ही बात मुझसे मनीषी कहते हैं
'वरुण तुम पर क्रुद्ध हैं'॥ ३॥

क्या इतना बड़ा अपराध था, वरुण
कि स्तुतिकर्ता सखा को मारना चाहते हो।
मुझे बता दो, अवंचनीय *(दूळभ)*, अपनी शक्ति में प्रतिष्ठित *(स्वधावः)*।
ताकि पाप-मुक्त हो सत्वर तुम्हारी वन्दना करूँ॥ ४॥

पैतृक अपराधों से हमें मुक्त करो
स्वयं किये हुए (अपराधों) से भी।
छोड़ दो पशुहारक चोर की तरह
फोड़ दो वसिष्ठ को रस्सी से जकड़े की तरह॥ ५॥

वह मेरा बुद्धिपूर्वक कर्म *(दक्षः)* नहीं था, धोखा *(ध्रुतिः)* था
(जैसे) -सुरा, द्वेष, पांसे, प्रमाद।
बड़ा भी छोटे के निकट *(उपारे)*[१] होता है
स्वप्न भी अनृत को जुटा लाता है॥ ६॥

१. *उपारे* = उपागते समीपे (सा०), पाप (मैक्०, ग्रा०)

दास की तरह दयालु स्वामी की *(भूर्णये)*[१]
परिचर्या करूँगा निरपराध, देवता की।
स्वामी देवता ने अविवेकियों को प्रबुद्ध किया *(अचेतयदचितो)*
निपुण को *(गृत्सं)*[२] भी वह प्राज्ञतर *(कविवरः)*
प्राप्ति के लिए *(राये)*[३] प्रेरित करते हैं॥ ७॥

१. *भूर्णिः* = क्रुद्ध (मैक्०), भर्ता (सा०)

२. *गृत्सं* = प्रशस्तिवाचक है, इतना निश्चित है। मैक्० = अनुभवी, सा० = स्तोता

३. *राये* = सामान्यतया धन प्राप्ति के लिए।

हे वरुण, स्वराट् *(स्वधावः)*, तुम्हारे
हृदय में यह स्तुति पक्का स्थान पाये *(उपश्रितः)*[१]।
निरुपद्रव हो हमारा क्षेम, निरुपद्रव योग,
रक्षा करो स्वस्ति से सदा॥ ८॥

१. *उपश्रितः* = अभिलिखित (मैक्०) उपगत (सा०) योग और क्षेम का यह क्रम निभालनीय है। सायण— *अप्राप्तस्य प्रापणं योगः प्राप्तस्य रक्षणं क्षेमः*।

विश्वेदेवाः

ऋग्वेद : ८.२९

भूरा (*बभ्रुः*) एक विविध सुन्दर युवा
भूषण पहनता सुनहरा॥ १ ॥

टिप्पणी- यह सोम के लिए है।

प्रभव-स्थान में बैठा एक द्युतिमान्
देवों के मध्य मेधावी॥ २ ॥

टिप्पणी- अर्थात् अग्नि।

हाथ में कुल्हाड़ी लिये एक लोहे की
देवों के बीच सुस्थिर॥ ३ ॥
—त्वष्टा

एक हाथ में वज्र लिये
जिससे शत्रुओं को मारता है॥ ४ ॥
—इन्द्र

एक तेज आयुध हाथ में लिये है
भास्वर, उग्र, शीतल भेषज भी॥ ५ ॥
—रुद्र

एक पथ समृद्ध करता है, जानता है
निधियों को जैसे तस्कर॥ ६ ॥
—पूषा

एक उरुगामी ने तीन कदम रखे
जहाँ देवता हर्षित होते हैं॥ ७॥
—विष्णु

पक्षियों से (खींचे रथ में) संचरण करते दो एक के साथ
मानो प्रवास में यात्रा करते ॥ ८ ॥
—अश्विन्

स्थान बनाया दो ने आकाश के ऊपर
वे सम्राट् हैं, घृत उनकी हवि है ॥ ९ ॥
—मित्रावरुण

गाते हुए कुछ ने महासाम सोचा
उससे सूर्य को प्रकाशित किया ॥ १० ॥
—अङ्गिरस्

सोम

ऋग्वेद : ८.४८

स्वादु चाखा भोज्य, बुद्धिमत्ता ने *(सुमेधाः)*,
(जो) विचारोद्बोधक *(स्वाध्यः)*, मुक्ति का दाता *(वरिवोवित्तरस्य)*।
सारे जिसे देवता और मर्त्य
मधु कहते एकत्र होकर॥ १ ॥

अन्तः प्रविष्ट हो बनो अदिति
दूर करनेवाले दैव-कोप।
इन्दु,[१] विहरो इन्द्र की मैत्री में
वाह- जैसे *(श्रौष्टीव)* धुरा खींचो अर्थोन्मुख *(राय)*॥ २ ॥

१. इन्दु = विन्दु, सोम

श्रौष्टी = सुनने वाला, आज्ञाकारी, क्षिप्र, इशारे से दौड़नेवाला वाह (रथवाहक पशु)

राये = प्राप्य अर्थ, लाभ, धन

पिया सोम, बन गये अमर
पहुँचे ज्योति, देवों को पा गये।
अब हमारा क्या करेगा शत्रु,
क्या मानवीय धूर्तता, हे देव *(अमृत)*॥ ३ ॥

इन्दु, पान से पाये मन शान्ति,
पिता-से, सोम, पुत्र-अनुकम्पी *(सुशेवः)*।
सखा-से सखा का रखते ध्यान
नामी *(उरु-शंस)* सोम, आयु तारो अन्यून *(जीवसे)*॥ ४ ॥

इन बूँदों ने, दीप्त, मुक्तिकारी *(यशस उरुष्यवः)*
कसे मेरे जोड़ फीतों ने रथ-से।
वे बचायें फिसलने से पैर
और रोग से दूर रखें मुझे॥ ५ ॥

मथित अग्नि-से मुझको दीप्त
प्रकाशित करो श्रेय के लिए *(वस्यसः)*।
तुम्हारे प्रहर्ष में *(मद)*, सोम, मुझे
लगता *(मानो)* पा लिया *(रेवान् इव)*, पुष्टि पास (आने) दो॥ ६॥

अभीप्सामय *(इषिरेण)* मन से निचोड़े
तुम्हारे भागी (बनें) पैतृक धन-से।
राजा सोम, आयु तारो हमारी
जैसे सूर्य चमकते दिनों को॥ ७॥

प्रार्थना दीर्घ आयु के लिए प्रायः मानी गयी है (सा०, मैक्०, ग्रा०), पर आध्यात्मिक पक्ष में *देवेषितं यदायुः* की निष्ठा के अनुसार आयु के सुखपूर्वक बीतने की प्रार्थना मुख्य माननी चाहिए, जैसे चमकीले, प्रातःकालीन या वासन्तिक, दिन बीतते हैं। संयत सुखी जीवन दीर्घ आयु का विरोधी न होकर उसके अनुकूल है।

सोम राजन्, दया करो, स्वस्ति दो
तुम्हारे व्रती हम, समझ लो।
बल *(दक्ष)* और क्रोध *(मन्युः)* प्रकट होते *(अलर्ति)*
हमें अरि की इच्छा पर *(अनुकामम्)* न छोड़ो॥ ८॥

प्रार्थी देवव्रती हैं, काम और क्रोध की प्रेरणाएँ ही उनकी शत्रु हैं। इसे आध्यात्मिक अर्थ समझना चाहिए।

तुम हमारे रक्षक हो, सोम
अंग अंग में बैठे जन-साक्षी।
तुम्हारे व्रत में जो प्रमाद किया
उसे क्षमा करो देव, सु-सखा॥ ९॥

सौम्य सखा के साथ बना रहूँ
जो, हर्यश्व[१], पीने पर सुख दे *(न रिष्येत्* = हानि न करे*)*
जो यह सोम हम में निहित
उसके लिए इन्द्र दे दीर्घायु*॥ १०॥

१. *हर्यश्व* = सोम का अश्व हरिवर्ण का कल्पित है।

* सोमपाननिमित्तक दीर्घ आयु या निपीत सोम की जठर में दीर्घ-कालावस्थायिता (सा०)।

भक्ष्यरहित *(अनिराः)* रोग हट गये
त्रास देते, रंग हरनेवाले *(तमिषीचीः)*।
सोम खूब[१] चढ़ गया हमको
पहुँचे हम जहाँ आयु बढ़ती है ॥ ११ ॥

१. *विहायाः* = बड़ा

पितरों, अन्दर निपीत इन्दु
अमर्त्य, मर्त्यों में आविष्ट हुआ।
उस सोम को हवि से आराधें
उसकी दया, सुमति में रहें ॥ १२ ॥

सोम, तुम पितरों से एकमत
द्यावापृथ्वी के अनुरूप फैले।
इन्दु, तुम्हारी हवि-सपर्या से
हम स्वामी बनें सम्पदाओं के ॥ १३ ॥

त्राता देवता हमारा पक्ष लें
हम न हों निद्रा-प्रलाप-वश।
सोम के सदा प्रिय बनें हम
वीर-सनाथ बोलें विदथ में ॥ १४ ॥

तुम सब ओर, सोम, भोगदाता हो *(वयोधाः)*,
ज्योतिर्विद् हो, जाओ, नरसाक्षी।
इन्दु, तुम अनुकूल साहाय्य
रक्षा करो पीछे और सामने ॥ १५ ॥

ऋग्वेद : १०.१

उषाओं के आगे, बृहत् (अग्नि) ऊपर उठ गये हैं, अँधेरे से बाहर निकल कर वे ज्योति के साथ आ गये हैं। उत्पन्न होते हुए अग्नि ने चमकती किरणों से निखिल भुवनों को भर दिया है॥ १॥

अग्नि, तुम द्यावापृथिवी के गर्भ से उत्पन्न हो, पेड़-पौधों से तुम्हारी कान्ति का विशेष भरण हुआ है। बहुरंगी प्रभा से अद्‌भुत शिशु तुम रातों के अँधेरे के दोनों ओर माताओं के सम्मुख चिल्लाते हुए प्रकट हुए हो॥ २॥

विष्णु इसके परम (जन्म-स्थान) को जानते हैं, जन्म लेकर (क्रन्दन-चीत्कार करते) वह बृहत् (अग्नि, विष्णु) तृतीय (पद) की रक्षा करते हैं। सचेता (ऋत्विक्) यहाँ इसके मुख में दूध डालते और अन्वर्चन करते हैं॥ ३॥

पुष्टिधात्री जननियाँ अन्नवर्धक तुम्हारी प्रतिचर्या अन्नधारा से करती हैं। जब तुम उनके पास लौटते हो उनका दूसरा रूप होता है। तुम मानवीय प्रजा में होता हो॥ ४॥

तुम अध्वर के दीप्तिमान् रथवाले होता हो, प्रत्येक यज्ञ की प्रकाशमान पताका हो, अपनी शोभा से सब देवताओं के अधीश्वर हो, तुम जनों के अतिथि हो॥ ५॥

अलंकृत वस्त्रों को धारण किये उस अग्नि ने पृथ्वी की नाभि में इडा के स्थान में अरुण रूप में जन्म लिया है। हे राजन्, तुम पुरोहित हो। देवताओं का यजन करो॥ ६॥

हे अग्नि, तुमने पुत्र की तरह सदा माता-पिता द्यावापृथिवी को अर्पित किया है, कनिष्ठ देव, कान्तिमान् देवताओं के पास जाओ और हे महाबली, उन्हें यहाँ ले आओ॥ ७॥

ऋग्वेद : १०.२

हे कनिष्ठ, कामयमान ! कान्तिमान् देवताओं को प्रीति-प्रदान करो। ज्ञानी ऋजुपति, ऋतुओं का यजन करो। अग्नि, तुम दिव्य ऋत्विजों के (साथ हो), तुम देवताओं में यजनीयतम हो॥ १ ॥

तुम जनों के होत्र और पोत्र का आस्वादन करते हो। तुम हर्षदाता हो, धनदाता हो, ऋतपालक हो। तुम्हारे लिए हम हवि को स्वाहा करते हैं, पूज्यदेव अग्नि देवताओं का यजन करें॥ २ ॥

देवताओं के पथ में हम आयें, यदि उसका निर्वाह कर सकें। जाननेवाले अग्नि यजन करें, वे होता हैं, वे अध्वरों को, वे ऋतुओं को रचते हैं॥ ३ ॥

हे देवगण, हम अज्ञानी ज्ञानियों के नियमों का जो उल्लंघन करते हैं, तो ज्ञानी अग्नि सब पूरा करते हैं, जब समय से वे देवताओं के भाग बाँटे॥ ४ ॥

जब बालोचित मन से दीनकर्मा मर्त्य का चिन्तन नहीं कर पाते, तो होता कर्मविद्, ज्ञानी यजनीयतम अग्नि देवताओं का समय से यज्ञ करें॥ ५ ॥

स्रष्टा ने तुम्हें सब यज्ञों का प्रत्यक्ष प्रतीक, चमचमाता चिह्न बनाया है। वह तुम यजन करो ताकि सब मनुष्यों के लिए जनपद स्फीत और समृद्ध हों॥ ६ ॥

द्यावापृथिवी ने, अंतरिक्ष ने, त्वष्टा ने तुम्हें जन्म दिया है। पितृयाण पथ के जानकार अग्नि, समिद्ध होते हुए दीप्तिमान् रूप से भासित हो॥ ७ ॥

ऋग्वेद : १०.३

हे राजन्, सभी यज्ञ को तैयार करनेवाले नेता (अब) समिद्ध हों। प्रचण्ड होते हुए भी वह (यज्ञ) कर्म के लिए सौम्य रूप से प्रकट होते हैं। (स्वयं) जाननेवाले वे ऊँची लपटों से लक्षित होते हैं। असितवर्ण (रात्रि) के पास आते हैं, चमकती (सन्ध्या) को दूर हाँकते हुए॥ १ ॥

अपने रूप से जब काली, चितकबरी (रात्रि को) अभिभूत करते हैं, महान् (द्यौष्) पिता से जायी युवति को व्यक्त करते हैं। सूर्य के तेज को ऊपर सहारा देते हुए द्युलोक को चमकानेवाली किरणों से निस्तन्द्र प्रकाशित होते हो॥ २ ॥

भद्र (उषा) के साथ यह (अग्नि) आ चुके हैं। बहिन के पीछे-पीछे प्रेमी पहुँचता है। अपनी स्थिति से सुलक्षण दिनों को सूचित करते हुए अग्नि चमकी तो रात्रि के अँधेरे को स्थगित करते हैं॥ ३ ॥

कल्याण सखा अग्नि के मार्ग ऊँचे वचनों की तरह समिद्ध हैं। स्तवनीय पराक्रमी उनके अपने मुख का तेज अब मार्ग की छायाओं में बदल रहा है॥ ४॥

जिनकी किरणें मंत्रोच्चार की तरह पवित्र हैं, जो प्रकाशमान्, महान्, सुभग दिन लानेवाले हैं, जो अपनी तेज और चपल, बड़ी बूढ़ी किरणों से आकाश छूते हैं॥ ५ ॥

वायवीय अश्वों से गतिमान्, दर्शनीय हविवाले उनका वेग निनादित है। जो फुरतीले श्रेष्ठ देव चिरन्तन, जाज्वल्यमान, शब्दायमान तेज से चमकते हैं॥ ६ ॥

तुम वह अग्नि महान् देवताओं को आवाहित करो, द्यावापृथिवी के मध्य गतिशील यहाँ बैठो, अग्नि, तुम सत्वर, सुलक्षण वेगवान् अश्वों से वेगपूर्वक यहाँ आओ॥ ७ ॥

देवता अग्नि

ऋग्वेद : १०.४

तुम्हारे अर्चन के मन्त्रमय विचार प्रेरित करता हूँ,
ताकि तुम हमारे यज्ञ के बुलाने में आओ।
तुम मरु में प्याऊ के समान हो,
हे पुरातन राजन् जैसे तुम यज्ञकाम पुरु[१] के लिए॥ १॥

१. *पुरु* = पुरु नाम का राजा

हे युवतम[१] तुम्हारी ओर जन[२] संचार करते हैं,
उष्ण गोष्ठ की ओर गायों की तरह।
तुम देवताओं और मर्त्यों के दूत हो,
तुम महान् (हो) ज्योति से जाते अन्तरिक्ष में॥ २॥

१. *यविष्ठ* = युवतम, सद्योजात अग्नि। २. *जन* = यजमान (सा०),

साथ हर्षित होती हुई माता[१] अभिजात शिशु की तरह तुम्हारा,
वर्धन करती हुई भरण करती है।
धनु[२] के ऊपर चढ़ते हुए मार्ग से,
जाते हो चाहते हुए पाना चाहते हो (लक्ष्य को) जैसे खोया[३] हुआ पशु॥ ३॥

१. *माता* = पृथिवी, प्रकृति,

२. *धनु* = अंतरिक्ष (सा०),

३. *अवसृष्ट* = खोया, घोड़ा

हे प्राज्ञ विद्वान् अग्नि, हम मूढ तुम्हारी महिमा,
नहीं पहचानते, तुम्हीं जानते हो।
अव्यक्तरूप में पड़े रहते हो, उठते हो जीभ चटकारते,
गृहपति हो युवजन को चूमते॥ ४॥

टिप्पणी–ओषधि में अग्नि अव्यक्त रहता है, परिपक्व ओषधि को जीभ से चाटता है।

कहीं पुरानी ओषधियों में वह नवीन उत्पन्न होता है,
लकड़ी में वह पके केश और धूम की निशानी लिये रहता।
अस्नाता वह जल में वृषभ की तरह धँसता है,
जिसे एक मन से मर्त्य (वेदि को) ले जाते हैं॥ ५॥

टिप्पणी-सदाशुचि होने के कारण अग्नि अस्नाता है, अन्तरिक्ष के जल में वह विद्युत् के रूप में रहता है।

प्राण देने के लिए[१] तत्पर वनचर,
तस्करों के समान (बाहु) दस रस्सियों से बाँध कर रखते हैं।
अग्नि, यह तुम्हारे लिए नयी प्रार्थना है,
प्रकाशमान अंगों से रथ को जोतो॥ ६॥

१. तनूत्यजा- *desperate,* दो भुजाएँ दस उँगलियों से अग्नि को मथती हैं।

हे जातवेदस्, तुम्हारे लिए यह मंत्र और प्रणति है,
यह स्तुति सदा बढ़ानेवाली हो।
हे अग्नि, हमारी संतति की और हमारी नित्य रक्षा करो॥ ७॥

यम

ऋग्वेद : १०.१४

ऊँची चढ़ाइयों पर दूर गये हुए
बहुतों के लिए मार्ग का पता लगाते हुए।
जनों के मिलानेवाले, विवस्वान् के पुत्र
राजा यम की परिचर्या करो हवि से॥ १ ॥

यम ने हमारा मार्ग पहले पाया
वह गोचर छूटनेवाला नहीं।
जहाँ चले गये हमारे पूर्वज पितर
वहीं जाते अपने मार्गों से सब प्राणी॥ २ ॥

मातली कव्यभाक् पितरों से, यम अंगिरसों से
बृहस्पति गायकों से संवर्धित होते हुए।
जिन्हें देवताओं ने, जिन्होंने देवताओं को बढ़ाया
कुछ स्वाहा से, कुछ स्वधा से प्रहर्षित होते हैं॥ ३ ॥

इस तृणासन *(प्रस्तरम्)* पर, यम बैठो
अंगिरसों, पितरों के साथ एक मन होकर।
तुम्हें कविशंसित मन्त्र यहाँ लायें
हे राजन्, इस हवि से प्रहर्षित हो॥ ४ ॥

यजनीय अंगिरसों के साथ आओ,
यम, विरूप पुत्रों के साथ प्रहर्षित हो।
विवस्वान् का आवाहन करता हूँ जो तुम्हारे पिता हैं
यज्ञ में बर्हि पर बैठ कर (वे प्रहर्षित हों)॥ ५ ॥

अंगिरस् हमारे पितर, नवग्वा
अथर्वगण, भृगु सोमप्रिय।
उन यजनीयों की हम सुमति में रहें
और भद्र सौमनस्य में॥ ६ ॥

जाओ बढ़ो, प्राचीन मार्गों से
जहाँ हमारे पूर्वपितर चले गये।
दोनों राजाओं को स्वधा से प्रहर्षित
यम और दिव्य वरुण को देखोगे॥ ७॥

पितरों के साथ मिलो, यम के साथ
इष्टापूर्त से (यजन एवं दानादि सुकर्म से) परम व्योम में।
दोषों को छोड़कर फिर से घर लौटो
देह से संगत, सुवर्चस्-युक्त होओ॥ ८॥

भागो, हटो, अलग-अलग सरको यहाँ से
इसके लिए पितरों ने यह लोक बनाया है।
दिन, पानी और रात से स्फुट
यम ने इसे विश्राम-स्थान दिया है॥ ९॥

बच भागो सरमा के दो पुत्रों से-
चतुरक्ष, चितकबरे श्वान-सही मार्ग से।
फिर सुलभ *(सुविदत्रान्)* पितरों के पास जाओ
जो यम के साथ समान उत्सव में प्रमोद करते हैं॥ १०॥

जो तुम्हारे दो कुत्ते, यम, पहरेदार हैं
चतुरक्ष मार्गरक्षक, लोगों के लिए सजग *(नृचक्षसौ)*।
इसको, हे राजन्, उन्हें सौंप दो
इसे स्वस्ति और आरोग्य दो॥ ११॥

तेज नाक, प्राणों से तृप्त उदुम्बर-वर्ण
यम के दो दूत लोगों के पीछे घूमते हैं।
वे हमें सूर्य देखने के लिए
फिर से दें, आज भद्र जीवन॥ १२॥

यम के लिए सोम निचोड़ो
यम के लिए हवि को यज्ञ में डालो।
यम के पास यज्ञ जाता है
तैयार किया हुआ, जिसका दूत अग्नि है॥ १३॥

यम के लिए घृतयुक्त हवि का
हवन करो, आगे बढ़ो।
वह देवताओं में आयत करें
दीर्घ आयु हमारी जीने के लिए॥ १४॥

यम के लिए शहद से लबालब *(मधुमत्तमं)*
हवि समर्पित करो, वह राजा है।
यह प्रणाम है पूर्वज ऋषियों के लिए
पहले मार्ग बनानेवालों के लिए॥ १५॥

त्रिकद्रुकों के अन्तराल से उड़ता
छः विस्तृत लोकों से उस एक सर्वोच्च तक।
त्रिष्टुप्, गायत्री छन्द
सब यम में आहित हैं॥ १६॥

पितर

ऋग्वेद : १०.१५

ऊपर उठें जो निचले हैं, दूर हैं,
बीच में हैं, सोमपायी पितर।
अमृतत्व को *(असुं)* प्राप्त, अहिंसक, सन्मार्ग के अभिज्ञ *(ऋतज्ञाः)*
वे पितर हमारी पुकार पर कृपा करें॥ १ ॥

यह प्रणाम आज पितरों के लिए हो
जो पहले सिधारे या बाद में।
जो पार्थिव अन्तरिक्ष में बैठे हैं
या जो अब सुथरे घेरों की बस्तियों में हैं *(सुवृजनासु विक्षु)*॥ २ ॥

सुलभ पितरों को मैंने पाया
और पोते को, और डग भरने को विष्णु के।
बिछाये तृणों पर बैठे जो स्वधा से
सोमपेय के *(सुतस्य पित्वः)* भागी यहाँ आयें॥ ३ ॥

बर्हि पर बैठे पितरों, अपनी सहायता के साथ पास
आओ, ये तुम्हारे लिए हवि तैयार है, सेवन करो।
वे तुम आओ शुभतम सहायता से
हमारे ऊपर शम् और अक्षति बरसाओ॥ ४॥

पास बुलाये सोमपायी पितर,
इन आस्तीर्ण तृणों पर रखी प्रिय निधि।
वे आयें यहाँ, वे सुनें
वे हमारा पक्ष लें, हम पर अनुकूल हों॥ ५ ॥

घुटना मोड़ दाहिनी ओर बैठकर
इस यज्ञ का आप अभिगायन करें।
पितरों, हमे किसी प्रकार से हिंसित मत करें,
जो भी हमने अपराध मानवतावश *(पुरुषता)* किया हो॥ ६ ॥

अरुण उषाओं की गोद में बैठे
दानशील मर्त्य को पुष्टि दो।
पितरों, पुत्रों के लिए उस धन को
बाँटो, यहाँ ऊर्जा दो॥ ७॥

सोमपायी हमारे पूर्व पितर
वसिष्ठ सोमपान के लिए अनुवाहित।
साभिलाष उनके साथ अभिलाषी यम
संविभागपूर्वक यथेष्ट आस्वादन करें॥ ८॥

जो देवलोक में प्यासे हाँफते हैं
हव्य के अभिज्ञ, जिनकी गीतों से स्तुति तराशी गयी।
उन पितरों के साथ अग्नि, पास आओ,
जो भूरिदायी *(सुविदत्रेभिः)* सत्य, मनीषी, घर्मपात्र (गरमाने के पात्र)
के पास बैठते *(घर्मसद्भिः)* हैं॥ ९॥

जो सत्य हविर्भक्षी, हविरक्षक हैं
इन्द्र और देवताओं के साथ समान रथवाले।
उन सहस्रों देवोपासक, घर्मसद्
चिरन्तन, पूर्व पितरों के साथ अग्नि, आओ॥ १०॥

अग्निभक्षित पितरों यहाँ आओ
अपने-अपने आसनों पर बैठो, सुनीति जतानेवाले।
बर्हि पर समर्पित हवियों के भक्षक
सर्वथा वीरसनाथ रयि को हमें दो॥ ११॥

जातवेदस् अग्नि, तुम प्रार्थित हो,
हव्यों को सुरभित कर तुमने वहन किया है।
इन्हें पितरों को तुमने दिया, उन्होंने स्वधा से खाया
देव, तुम समर्पित हवियों को खाओ॥ १२॥

जो पितर यहाँ हैं, जो नहीं हैं
जिन्हें हम जानते हैं, जिन्हें नहीं जानते।
तुम जातवेदस्, जानते हो कितने हैं
स्वधा से सुकृत यज्ञ का सेवन करो॥ १३॥

जो अग्निदग्ध हैं, जो अग्निदग्ध नहीं हैं
जो स्वर्ग में स्वधा से प्रहृष्ट हैं।
उनके साथ स्वराट् तुम इस असुनीति[१] से
जैसा चाहो (उनकी) देह बनाओ॥ १४॥

१. प्राणमयी सूक्ष्मगति

अग्नि

ऋग्वेद : १०.१६

मत जलाओ इसे, अग्नि, मत झुलसाओ,
त्वचा को मत फेंको या शरीर को।
जातवेदस्, जब तुम पका चुको
फिर इसे पितरों के पास भेजना॥ १॥

जब तुम पका लोगे, जातवेदस्,
फिर उसे भेज देना पितरों को।
जब वह इस प्राणों के मार्ग (*असुनीति*) से जाता है
तो देवताओं के वश से चलता (*वशनी:*) है॥ २॥

सूर्य को चक्षु जाय, साँस वायु को
आकाश और पृथ्वी को जाय स्वभाव से (*धर्मणा*)।
जल में जाओ, यदि वही तुम्हारा भागधेय है
पौधों में प्रतिष्ठित हो शरीर के अंगों से॥ ३॥

अज तुम्हारा भाग है, ताप से उसे तपाओ
तुम्हारा दाह और लपक उसे तपाये।
जो तुम्हारी शुभदेह है, जातवेदस्
उससे इसे ले जाओ पुण्यशीलों के लोक॥ ४॥

अग्नि, उसे छोड़ दो पितरों के (पास जाने के) लिए
जो तुममें आहूत, स्वधा के विचरता है।
जो शेष है (अस्थि-रूप में) (वह) आयु भोगे तुम्हारे पास आये
जातवेदस्, (नूतन) देह से संगत हो॥ ५॥

जो कृष्ण पक्षी ने तुम्हें नोचा
या चींटी ने, सर्प ने या जंगली जानवर ने।
सर्वभक्षी अग्नि उसकी चिकित्सा करें
और सोम, जो ब्राह्मणों में चढ़ा है॥ ६॥

अग्नि से कवच (की तरह) गोचर्म से (अपने को) मढ़ लो *(परि-व्ययस्व)* ढँक लो उसे स्थूल चर्बी से।

ताकि वह धृष्णु, तेज से उल्लसित जबरदस्त, गर्मी के जोश में
जलाना चाहते भी सहसा न दबोचे *(पर्यङ्खयाते)* तुम्हें ॥ ७ ॥

अग्नि, इस पात्र *(चमसं)* को मत उलटो *(विजिह्वरः)*
जो देवताओं का और सोमपायी पितरों का प्यारा है।
यह जो पात्र है देवताओं के पान के लिए
इसमें अमृत देवता हृष्ट होते हैं ॥ ८ ॥

आमिषभोजी *(क्रव्यादं)* अग्नि को दूर भेजता हूँ
दोष हटा ले जानेवाले *(रिप्रवाहः)* वे यमराज्य को जायँ।
यहाँ दूसरे जातवेदस् जो जानकार हैं।
देवताओं के लिए हवि ले जायँ ॥ ९ ॥

जिस आमिषभोजी अग्नि ने प्रवेश किया तुम्हारे घर
उससे अन्य जातवेदस् को देखते हुए।
बाहर ले जाता हूँ उस देवता को पितृयज्ञ के लिए
वह घर्म (हवि?) को प्रे करे परम सभा-स्थान *(सधस्थे)* में ॥ १० ॥

जो अग्नि मृतदेह की वाहक *(क्रव्यवाहनः)* है
वह ऋतवर्धिष्णु *(ऋतावृधः)* पितरों को यज्ञ कराये।
वह हव्य लाना सूचित करे
देवताओं को, पितरों को ॥ ११ ॥

मन से *(उशन्तः)* तुम्हें स्थापित करते हैं
मन से तुम्हें समिद्ध करते हैं।
उत्कण्ठित पितरों को प्रसन्न-मन
ले आओ हवि खाने के लिए ॥ १२ ॥
जिसे, अग्नि, तुमने दग्ध किया

उसे ही अब शान्त करो।
कियाम्बु[१] यहाँ उगे
पाकदूर्वा[२] और व्यल्कशा[३] ॥ १३ ॥

१. 'कितना पानी'

२. 'छोटी दूर्वा'

३. 'बहुशाखा'

हे शीते, हे शीतावहे,
आह्लादिके, आह्लादावहे।
मेंढकी से संगत हो,
इस अग्नि को हर्षित करो ॥ १४ ॥

यम

ऋग्वेद : १०.१८

हे मृत्यु, दूसरे मार्ग का अनुसरण कर दूर जाओ
जो तुम्हारा अपना है, देवमार्ग से भिन्न।
देखते-सुनते तुम से निवेदन करता हूँ
हमारी संतति की, हमारे वीरों की हिंसा मत करो॥ १॥

मृत्यु के पगचिह्नों को मिटाते हुए जो आये हो
दीर्घतर आयु को बढ़ाते हुए।
संतति और धन से आप्यायित हो,
निर्मल, पवित्र और यज्ञ के योग्य बनो॥ २॥

जीते लोग मरे हुओं से व्यावृत्त हो गये,
आज हमारा देवताओं का आह्वान शुभ हो गया।
आगे आ गये हम नाचने-हँसने के लिए
लम्बी आयु और लम्बी करते हुए॥ ३॥

जीवित लोगों की यह परिधि बनाता हूँ
ताकि उनमें से कोई और पथ के इस अन्त तक *(अर्थम्)* न पहुँचे।
सौ भरे पूरे *(पुरुचीः)* वर्ष जियें
मृत्यु को अन्तर्हित करें शिलोच्चय से॥ ४॥

जैसे दिन एक के पीछे एक होते हैं
ऋतुएँ ऋतुओं के साथ ठीक चलती हैं।
जैसे बड़े को छोटा नहीं छोड़ता
ऐसे, हे धाता, इनकी आयु बनाओ॥ ५॥

आयु का आरोहण करो बुढ़ापे को अपनाना चाहते
ज्येष्ठता के क्रम में जतन करते हुए जितने हो।
यहाँ त्वष्टा, सुखपूर्वक जन्म के अधिष्ठाता, प्रसन्न होकर
आयु लम्बी करें तुम्हारी जीने के लिए॥ ६॥

ये नारियाँ अविधवा और सत्पतिकाएँ
घी का अंजन लगाये प्रवेश करें *(सं विशन्तु)*।
अश्रुरहित, रोगरहित, शोभमान *(सुरत्नाः)*
पत्नियाँ पहले जन्मस्थान *(योनिम्)* में आरूढ़ हो ॥ ७ ॥

टिप्पणी— *सायण*– घर में प्रवेश करें, घर में आरूढ हों अथवा पति के साथ प्रवेश करें, वेदि पर चढ़ें।

उठो नारि, जीनेवालों के लोक की ओर,
इस निष्प्राण के पास सोई हो, आओ।
अपने पाणिग्राहक, गर्भधायक *(दिधिषोः)* पति के
इस जायात्व में तुम्हारा अभिसंभव[१] हुआ था।। ८ ॥

१. संकल्पित भूमि का ग्रहण

मृत के हाथ से धनुष लेते हुए
अपने आधिपत्य, तेज और पराक्रम के लिए।
''यहीं तुम (मृत पुरुष) और इस लोक में हम वीरसनाथ
सारे प्रतिद्वन्द्वी विरोधियों को जीतें'' ॥ ९ ॥

इस माता भूमि में तुम प्रवेश करो
जो प्रभूत विस्तारवाली दयालु पृथिवी है।
युवति, दक्षिणादायी के लिए ऊन सी मृदु-
यह तुम्हें बचायें निर्ऋति[१] की गोद से ॥ १० ॥

१. अव्यवस्था, ऋत का विरोधी अभाव

पृथिवि, उत्श्वंचित करो, दबाओ मत
उसके लिए सुगम, सूपवंचन बनो।
जैसे माता पुत्र को अंचल से
ऐसे भूमि, उसे ढँक लो ॥ ११ ॥

उच्छून होती पृथ्वी सुप्रतिष्ठित हो
हजार खंभे *(मित:)* उसे सहारा दें।
वे भवन घृत (घी, जल, ज्योति) चुआनेवाले हों
सब दिन वे उसका आसरा हों॥ १२॥

तुम्हारे चारों ओर जमीन ऊँची करता हूँ
इस लोष्ठ को रखते हुए कोई हानि न पहुँचाऊँ।
इस स्थूणा को पितर धारे रहें
यहाँ यम तुम्हारे भवन खड़ा करें॥ १३॥

किसी परले (प्रतीचीने = भावी) दिन
बाण के पंख की तरह मुझे रख गये होंगे।
प्रतीची वाक् को मैं रोकता हूँ
जैसे अश्व को लगाम से॥ १४॥

कवष ऐलूष का विलाप

ऋग्वेद : १०.३३

पहली पाँच ऋचाएँ त्रसदस्यु के पुत्र कुरुश्रवण की स्तुति में, शेष मित्रातिथि नाम के राजा के मरने पर उसके पुत्र उपमश्रवस् के प्रति-

मुझे जनता के प्रयोक्ताओं ने प्रयुक्त किया है
मैं मार्ग में पूषा का वहन करता हूँ।
विश्वेदेवताओं ने मेरी रक्षा की,
शोर हुआ कि 'दुःशासन' आ गया है॥ १॥

दोनों ओर से पसलियाँ मुझे
सताती हैं जैसे सौतें।
मन की जड़ता, गरीबी, थकान
मुझे फोड़ती हैं, चिड़िया-सा फड़फड़ाता मन॥ २॥

चिन्ताएँ मुझे खातीं जैसे चूहे अपनी दुम को
हे शतक्रतु, मैं तुम्हारा गुणगायक हूँ।
हे मघवन् इन्द्र, एक बार हम पर
दया करो, पिता की तरह बनो॥ ३॥

त्रसदस्यु के पुत्र कुरुश्रवण राजा का वरण करता हूँ।
ऋषि होकर, वे ऋत्विजों के लिए महादानी थे॥ ४॥

तीन हरिताश्व मुझे रथ पर ले जाते हैं ठीक तरह।
स्तुति करता हूँ सहस्र दक्षिणावाले यज्ञ में॥ ५॥

उपमश्रवा के पिता की वाणी मधुर थी।
जैसे माँगनेवाले के लिए स्मरणीय खेत॥ ६॥

मित्रातिथि के पुत्र उपमश्रवस्, मेरे पास पढ़ो।
मैं तुम्हारे पिता के लिए वन्दना करता था॥ ७॥

यदि मैं अमरों या मरणशीलों पर प्रभुत्व रखता।
तो मेरे मेहरबान जीते॥ ८॥

देवताओं के नियमों का अतिक्रमण कर सौ प्राणवाला भी नहीं जीता।
वैसे ही मित्रों से वियोग हो जाता है॥ ९॥

मन

ऋग्वेद : १०.५८

जो तुम्हारा मन दूर वैवस्वत यम को चला गया।
उसे लौटाता हूँ यहाँ बसने, जीने के लिए॥ १॥

जो तुम्हारा मन दूर आकाश, पृथ्वी को चला गया।
उसे लौटता हूँ यहाँ बसने जीने के लिए॥ २॥

जो तुम्हारा मन दूर चौकोर भूमि को चला गया।
उसे लौटाता हूँ यहाँ बसने जीने के लिए॥ ३॥

जो तुम्हारा मन दूर चार दिशाओं को चला गया।
उसे लौटाता हूँ यहाँ बसने जीने के लिए॥ ४॥

जो तुम्हारा मन इस तरंगमाली समुद्र को चला गया।
उसे लौटाता हूँ यहाँ बसने जीने के लिए॥ ५॥

जो तुम्हारा मन दूर मरीचि-प्रवाह को चला गया।
उसे लौटाता हूँ यहाँ बसने जीने के लिए॥ ६॥

जो तुम्हारा मन दूर पानी पौधों को चला गया।
उसे लौटाता हूँ यहाँ बसने जीने के लिए॥ ७॥

जो तुम्हारा मन दूर सूर्य को, उषा को चला गया।
उसे लौटाता हूँ यहाँ बसने जीने के लिए॥ ८॥

जो तुम्हारा मन दूर ऊँचे पहाड़ों को चला गया।
उसे लौटाता हूँ यहाँ बसने जीने के लिए॥ ९॥

जो तुम्हारा मन दूर इस विश्वजगत् को चला गया।
उसे लौटाता हूँ यहाँ बसने जीने के लिए॥ १०॥

जो तुम्हारा मन दूर दिगंत से परे चला गया।
उसे लौटाता हूँ यहाँ बसने जीने के लिए॥ ११॥

जो तुम्हारा मन दूर अतीत, अनागत को चला गया।
उसे लौटाता हूँ यहाँ बसने जीने के लिए॥ १२॥

ब्रह्मज्ञान

ऋग्वेद : १०.७१ (*वाक् का जन्म*)

बृहस्पति[१], वाक् के मूल को जब उन्होंने[२] पहले
प्रेरित किया नाम देते हुए।
उनका जो श्रेष्ठ और अक्षत (रहस्य) था
गुहा में निहित, वह प्रेम से (*प्रेणा-प्रेम्णा*) आविर्भूत हुआ॥ १॥

टिप्पणी- वाक् का मूल अन्तःप्रेरणा है, देवशक्ति ने ऋषियों के हृदय में अनुग्रह से नामों का रहस्य प्रकाशित किया, सामाजिक सौहार्द से संप्रेषणात्मक वाक् का विकास होता है।

१. बालकों का वेदार्थग्रहण देखकर- बृहस्पति मुस्कराते हुए अपने से कहते हैं।

२. सा० बालक, गै० कवि-मनीषी

सत्तू को चलनी से छानने के समान
जब मनीषियों ने वाक् को मन से निखारा।
तब उसमें सखाओं ने सख्य पहचाना[१],
उनकी वाक् में निहित है भद्र निशानी[२]॥ २॥

१. *सख्यानि* = सख्य यहाँ सामाजिकता का अर्थ देता है। भाषा से सामाजिकता का ज्ञान होता है। उसमें संस्कार का सौंदर्य और समाज की अपनी पहचान व्यक्त होती है।

२. *लक्ष्मी* = लक्ष्म का निशान, विशिष्टता, शोभा

वाक् की पगडंडी का उन्होंने यज्ञ से पता चलाया
उसे उन्होंने, ऋषियों में प्रविष्ट पाया।
उसे समेट कर उन्होंने अनेक स्थानों (या बहुतों) में बाँटा
सात गायक उसका संगायन करते हैं[१]॥ ३॥

१. सात ऋत्विज्, सात छन्द

एक वाक् को देखकर नहीं देखता
एक उसे सुनकर नहीं सुनता।
एक के लिए अपने आपको वह प्रकाशित करती है
पति के लिए प्रेमिका शोभनवसना पत्नी के समान॥ ४॥

एक को विद्वत्संसद् में *(सख्ये)* जड *(स्थिरपीत)* कहते हैं
उसे प्रतियोगिताओं में *(वाजिनेषु)* नहीं भेजते।
वह माया-सी विना दूध की गाय-से व्यवहार करता है
सुनते हुए फल-पुष्प- रहित वाक् को॥ ५॥

जिसने सहाध्यायी सखा का त्याग किया
उसका वाक् में भी भाग नहीं रहता।
जो वह सुनता है मिथ्या सुनता है
वह सुकृत के पथ को नहीं जानता॥ ६॥

आँख-कानवाले सखा
मनोवेग में असमान हैं।
मुख तक, कक्षा तक आनेवाले,
स्नानीय सरोवरों की तरह वे दीखते हैं॥ ७॥

मन की प्रतीतियाँ जब हृदय से तराशी जाती हैं,
जब ब्राह्मण सखा साथ यज्ञ करते हैं।
तब विद्या के हेतु कुछ छोड़ देते हैं
कुछ अनुमान के सहारे विचरते रहते हैं॥ ८॥

जो न निकट, न दूर विचरते हैं
जो न ब्राह्मण, न सोमयाजी।
वे वाक् का दुष्प्रयोग करते
अनिपुण बुनकरों-से करघे पर बुनते हैं[१]॥ ९॥

१. अथवा, पानी में बुनते हैं।

सब सखा अभिनंदन करते हैं यशस्वी
सभाजयी सखा का।
वह पाप रोकनेवाला, अन्नलाभी है
वह वीर्यवत् कार्यों के लिए तैयार होता है॥ १०॥

एक ऋचाओं को पुष्पित करता है
एक शक्वरी छन्द में साम गाता है।
ब्रह्मा सत्त्वविद्या कहता है
एक यज्ञ के मान का निर्धारण करता है॥ ११॥

अदिति

ऋग्वेद : १०.७२

देवताओं के हम जन्म
बखानते हैं विस्मय से *(विपन्यया)*।
स्तोत्रों के गाये जाने पर
कोई उन्हें देखे उत्तरकालीन युगों में॥ १ ॥

ब्रह्मणस्पति ने उन्हें कारीगर-सा धौंका *(संकर्मार इवाधमत्)*।
देवताओं के पूर्वकालीन युग में
असत् से सत् उपजा॥ २ ॥

देवताओं के पूर्वकालीन युग में
असत् से सत् उपजा।
फिर दिशाएँ पैदा हुईं
उत्तानपद् से चतुर्दिक्॥ ३ ॥

भूमि उपजी उत्तानपद् से
भूमि से दिशाएँ निकलीं
अदिति से दक्ष जन्मा
फिर दक्ष से अदिति॥ ४॥

दक्ष, अदिति ने जन्म लिया है
जो तुम्हारी दुहिता है।
देवता उसके बाद जन्मे हैं
भद्र, अमृतबन्धु॥ ५ ॥

हे देवगण, जब उस सलिल में
तुम सुसंरब्ध खड़े थे।
वहाँ मानो नाचते हुए तुमसे
गहन धूल निकली॥ ६ ॥

जब, देवगण, यतियों की तरह
तुमने लोकों को आप्यातित किया।
यहाँ समुद्र में निगूढ
सूर्य का तुमने आहरण किया॥ ७॥

आठ पुत्र अदिति के
जन्मे उसकी देह से।
देवताओं को सात से उपगत हुई
मार्ताण्ड को दूर फेंक दिया॥ ८॥

सात पुत्रों के साथ अदिति
चली गयी पूर्वकालिक युग में।
जन्म-मृत्यु के लिए
पर मार्ताण्ड को यहाँ छोड़ दिया॥ ९॥

विश्वकर्मा

ऋग्वेद : १०.८१

इन सारे भुवनों की आहुति देते हुए
जिस हमारे पिता ऋषि ने होता का आसन ग्रहण किया!
संकल्प के द्वारा *(आशिषा)* धन की इच्छा करते हुए।
प्रथमाच्छादक वह औरों में प्रविष्ट हुआ॥ १॥

टिप्पणी- निरुक्त के अनुसार विश्वकर्मा ने सर्वमेध में सब की आहुति देकर अन्ततः अपनी आहुति भी दी।

उसमें अधिष्ठान क्या था? आलम्बन उपादान
कौन-सा था, किस प्रकार से था।
जिससे पृथ्वी को उत्पन्न किया विश्वकर्मा ने
आकाश को प्रकट किया अपनी महिमा से विश्वदर्शी ने॥ २॥

सब ओर आँखें, सब ओर मुख
सब ओर बाँहें और सब ओर पैर-
बाँहों से पंखों से फूँकते
देवता ने अकेले द्यावापृथिवी को पैदा किया॥ ३॥

वह कौन सी लकड़ी थी, कौन सा वृक्ष था
जिससे द्यावापृथ्वी तराशे गये।
मनीषियों, मन में पूछो, किस पर
अधिष्ठित हो उसने भुवनों को धारण किया।। ४॥

जो तुम्हारे धाम परम हैं या अवम
जो मध्यम हैं, विश्वकर्मन्।
अपने सखाओं को सिखाओ हवि के विषय में
हे शक्तिमान्, स्वयं आहुति दो, अपने को बढ़ाते हुए॥ ५॥

विश्वकर्मन् हवि से पुष्टिलाभ करते हुए
स्वयं यजन करो पृथ्वी का, आकाश का।
दोनों ओर दूसरे जन विमोहित हों
यहाँ हमारे यजमान धनी और उदार हों॥ ६॥

वाचस्पति विश्वकर्मा का रक्षा के लिए
मनोजवी का हम लक्ष्यार्थी *(वाजे)* आज आवाहन करते हैं।
वह हमारा बुलावा स्वीकार करें
परित्राण के लिए विश्वशम्भु, साधुकर्मा॥ ७॥

विश्वकर्मा

ऋग्वेद : १०.८२

(विश्व) चक्षु (सूर्य) के पिता, अन्तर्विवेकी *(मनसा हि धीरो)* ने
नीचे झुकी इन (द्यावापृथिवी) को घृतवत् पैदा किया।
जब पूर्व की सीमाएँ दृढ़ हो गयीं
तब द्यावापृथिवी फैल गयी॥ १॥

विश्वकर्मा मन से विशेष और महान्
धाता, विधाता, परमरूप हैं।
उनके 'इष्ट' वहाँ भोज्य के साथ प्रहर्षित हैं
जहाँ सप्तर्षियों के परे एक को बताया गया है॥ २॥

जो हमारे पिता और जनक हैं, जो विधाता हैं
विश्वभुवन के नियम (धामानि) जानते हैं।
जो देवताओं में अकेले नाम देते हैं
अन्य लोक जिनके पास जिज्ञासा से जाते हैं॥ ३॥

उनके लिए धन लाकर यज्ञ किया
समृद्धि से (भूना = *भूम्ना*) पूर्व ऋषियों ने गायकों की तरह।
जब ज्योतित- अज्योतित अन्तरिक्ष में *(असूर्ते सूर्ते रजसि)* निमग्न,
तब जिन्होंने इन सृष्ट पदार्थों को *(भूतानि)* यथावत् बनाया॥ ४॥

आकाश के परे, परे इस पृथ्वी के,
देवों के असुरों के *(देवेभिरसुरैः)* परे जो है।
आपः ने पहले कौन सा गर्भ धारण किया
जहाँ सब देवताओं ने साथ देखा॥ ५॥

आपः ने पहले उस गर्भ को धारण किया
जहाँ सब देवता संगत हुए।
अज की नाभि में एक अर्पित है
जिसमें सारे भुवन स्थित हैं॥ ६॥

उसे नहीं पा सकते हो जिसने इनको पैदा किया
तुम्हारे बीच में एक अन्य आ गया है।
धुंध से ढँके प्रलापरत तृप्तिपरायण स्तोत्रवाची घूमते रहते हैं॥ ७॥

सूर्या का विवाह

ऋग्वेद : १०.८५

सत्य के ऊपर टिकी है भूमि,
सूर्य पर द्यौः।
ऋत के सहारे टिके आदित्य
द्युलोक में सोम अधिष्ठित है॥ १॥

सोम से आदित्य बलवान् है,
सोम से पृथ्वी महान् है।
और इन नक्षत्रों की गोद में,
सोम आहित है॥ २॥

सोम को पी लिया यह सोचते हैं,
जब पौधे को पीसते हैं।
जिस सोम को पुरोहित जानते हैं
उसे कोई नहीं खाता॥ ३॥

ढके हुए आच्छादन से
दिव्य[१], सोम तुम रक्षित हो।
बट्टों को सुनते रहते हो
तुम्हें कोई मनुष्य नहीं खाता॥ ४॥

१. *बार्हतैः* = दिव्य सोमपाल (सा०)

जब तुम्हें हे देव, वे पीते हैं
तब तुम फिर से बढ़ जाते हो।
वायु सोम का रक्षक है
वर्षों और महीने का वह बनानेवाला है॥ ५॥

रैभी अनुदेयी थी
नाराशंसी न्योचनी
सूर्या के भद्र वस्त्र
गाथा से परिष्कृत होते॥ ६॥

टिप्पणी- रैभी, नाराशंसी और गाथा वैदिक काव्य विधाएँ हैं। *अनुदेयी* का अर्थ सखी के रूप में साथ दी गयी किया गया है। *न्योचनी* सेविका के रूप में दी गयी (सा०)।

मन उसका उपधान, आँख अंजन
द्यावापृथिवी रथ में उपवेश *(कोशः)*[१]।
जब सूर्या पति के पास गयी॥ ७॥

१. *कोश* का अर्थ वधू के साथ जानेवाली निधि भी किया जाता है।

स्तोत्र उसके प्रतिधि थे
छन्द कुरीर और ओपश।
सूर्या को माँगनेवाले अश्विन् थे
अग्नि पुरोहित॥ ८॥

टिप्पणी- *प्रतिधि, कुरीर* और *ओपश* प्रसाधन से संबद्ध हैं। *प्रतिधि* आभूषण को चिपकाने पेच या कील है, *कुरीर* मुकुट, *ओपश* जूड़ा है। *प्रतिधि* का अर्थ रथ के पच्चर में जुड़े तिरछे डंडे भी किया गया है, *कुरीर* का छन्द-विशेष और *ओपश* का अलंकरण। (सा०)

सोम अपने लिए वधूकामी *(वधूयुः)* ये
दोनों अश्विन् उनके लिए वधू माँगनेवाले थे *(वरा)*।
जब पति के लिए मन से चाहती हामी भरी
सूर्या ने, उसको सविता ने दिया॥ ९॥

मन उसकी गाड़ी थी
आकाश ऊपर छत।
दो चमकीले (तारे)[१] वाहक वृषभ थे
जब सूर्या (पति) - गृह गयी॥ १०॥

१. *शुक्रौ* = सूर्य और चन्द्र

ऋक् और सामन् की लगामवाले
वे सहयुक्त वृषभ यहाँ से (बढ़े)।
श्रोत्र (मनो-रथ के) चक्र थे
आकाश में मार्ग था चराचर॥ ११॥

चराचरः = चर और स्थिर। *अत्यन्त गमनसाधनभूतः* (सा०)

तुम्हारी यात्रा में सूर्य और चन्द्रमा थे
उच्छ्वास धुरी थी।
मनोमय रथ पर सूर्या चढ़ी
पति के (घर) जाती हुई॥ १२॥

सूर्या की बरात[१] बढ़ी
सविता ने विदा किया।
मघा (*अघासु*) में बैलों की बलि*
फल्गुनी में (*अर्जुन्योः*) विदायी॥ १३॥

टिप्पणी- * *हन्यन्ते गावः* = गायें हँकायी जाती हैं (सा०), बलि के पक्ष में मधुपर्क की प्रथा का प्रमाण है- तु० मनु०, ३.३, पुराने वर्ष के जाने, नये के आरम्भ का रूपक है।

१. *वहतुः* = यौतुक (सा०)

जब, अश्विन्, तुम पूछते हुए गये
सूर्या की बरात में त्रिचक्र रथ से।
सब देवताओं ने तुम्हें सहमति दी
पुत्र होते हुए पूषा ने
तुम्हें पितृ रूप में वरण किया॥ १४॥

टिप्पणी- विवाह के विषय में पूछते हुए (सा०)। अनेक व्याख्याता, सोम, अश्विन् और पूषा सभी को सूर्या के प्रत्यर्थी मानते हैं, जैसे स्वयंवर में।

जब कल्याणकारी तुम आये
सूर्या के पास वरण के लिए।
कहाँ तुम्हारा एक चक्र था
कहाँ तुम निर्देश के लिए खड़े रहे॥ १५॥

हे सूर्ये, उन दो चक्रों को
सभी ऋत्विजों ने ऋतुशः जाना।
किन्तु एक छिपे हुए चक्र को
मेधावी ही जानते हैं॥ १६॥

सूर्या के लिए देवताओं के लिए
मित्र के लिए, वरुण के लिए।
जो सब जन्तुओं को जानते हैं
उनके लिए यह प्रणति करता हूँ॥ १७॥

आगे पीछे चलते हैं माया से ये दो-
बच्चे खेल-खेल में अध्वर की परिक्रमा करते हैं।
एक सब भुवनों को देखता है
दूसरा ऋतुएँ बनाता हुआ फिर-फिर जन्म लेता है॥ १८॥

वह नया-नया बनता है जन्म लेता हुआ
दिवसों की पताका वह उषाओं के आगे जाता है।
आते हुए देवताओं को भाग बाँटता
चन्द्रमा आयु को बढ़ाता, दीर्घ करता है॥ १९॥

टेसू के फूलों से शोभित, सेंमर से बने, नाना रूपों से चित्रित
सुनहरे रंग के, सुखचारी, सुचक्र।
अमर-लोक (रूपी रथ) पर, सूर्ये, चढ़ो
पति के लिए सुखद बरात/यौतुक ले चलो॥ २०॥

'उठो यहाँ से यह पतिवती है',
वन्दनापूर्वक मैं विश्वावसु से प्रार्थना करता हूँ।
'पिता के घर में बैठी अन्य विकसित-यौवना को चाहो
वह तुम्हारा जन्म से भाग है, उसे समझो'॥ २१॥

'उठो यहाँ से, विश्वावसु,
प्रणामपूर्वक तुम्हारी प्रार्थना करते हैं।
तुम[१] दूसरी को चाहो जो यौवनवती हो,
पत्नी को पति से मिलाओ'॥ २२॥

१. विश्वावसु

निष्कंटक और सीधे हों मार्ग
जिनसे हमारे सखा विवाह के लिए जाते हैं।
अर्यमा और भग हमें साथ मिलायें
हे देवगण, दाम्पत्य सुख से चले॥ २३॥

तुम्हें वरुण के पाश से छुड़ाता हूँ
जिससे तुम्हें कृपालु सविता ने आबद्ध किया।
ऋत के मूल स्थान में सुकृत के लोक में
तुम्हें पति के साथ अक्षत रखता हूँ।। २४॥

यहाँ से छुड़ाता हूँ वहाँ से नहीं
वहाँ से तुम्हें दृढ़ता से बाँधता हूँ।
जैसे, उदार इन्द्र, यह
सुपुत्रा और सौभाग्यवती हो॥ २५॥

पूषा तुम्हें यहाँ से हाथ पकड़ा कर ले जायँ
अश्विन् तुम्हें रथ से वाहित करें।
घर जाओ ताकि गृहपत्नी बनो
विदथ में साधिकार बोलो॥ २६॥

यहाँ संतान से तुम्हारा अभीष्ट समृद्ध हो
इस घर में तुम गार्हपत्य के लिए जागरूक रहो।
पति के साथ तुम्हारा संयोग हो
और तुम दोनों वृद्ध दम्पति के रूप में विदथ में बोलो॥ २७॥

(वधू का वस्त्र जो) नीललोहित होता है
उसमें कृत्या का चिपटा रहना व्यक्त है।
सम्बन्धी उससे (मुक्त होकर) बढ़ते हैं
पति बन्धन में फँसता है॥ २८॥

कृत्या पाप का परिणाम देनेवानी भयानक शक्ति है। वधू के विवाह के समय के वस्त्र का २८-३० में वर्णन है। इस वस्त्र को बाद में त्याग दिया जाता है, छोड़ने पर स्वजनों का, अभ्युदय होता है पति बँधा रहता है। यहाँ कौमार्यभंग से जनित रुधिरस्राव से लांछित वस्त्र अभिप्रेत है, यह कल्पना भी की गयी है।

शामुल्य वस्त्र को हटा दो
ऋत्विजों को धन बाँटो।
(अन्यथा) यह कृत्या ही चलकर
पत्नी के रूप में पति (गृह) में प्रविष्ट होती है॥ २९॥

पत्नी पर अधिकार स्थापित करते हुए पति उस पर सोम के पूर्वाधिकार का अतिक्रमण करता है और कृत्या का भागी बनता है। उचित दानादि के द्वारा इसका परिहार संभव है।

(पति का) उज्ज्वल शरीर मलिन हो जाता है
उस पापरूप (कृत्या) से।
जब पति वधू के वस्त्र से
अपना तन ढँकना चाहता है॥ ३०॥

जो वधू की सुन्दर बरात का
पीछा करते हैं रोग।
उन्हें यजनीय देवता ले जायँ
(वहीं) जहाँ से वे आये॥ ३१॥

न पायें वे परिपन्थी
जो दम्पति के पास पहुँचते हैं।
सुगम मार्गों से कठिनाइयों के पार जायँ,
भाग जायँ शत्रु॥ ३२॥

सुमंगली यह है वधू
इसे मिलकर देखिए।
इसे सौभाग्य देकर
अपने-अपने घर जाइए॥ ३३॥

टिप्पणी- चौराहा प्राप्त होने पर।

यह तीखा है, यह कड़वा है
मैला है, जहर है खाने में।
जो ऋत्विज् सूर्या को जानता है
वही वधू के वस्त्र का अधिकारी है॥ ३४॥

काटना, चीरना-फाड़ना, टुकड़े करना।
(इनमें) देखो सूर्या के वस्त्र के रूप
उन्हें पुरोहित शुद्ध करता है॥ ३५॥

सौभाग्य के लिए तुम्हारा हाथ पकड़ता हूँ
मुझ पति के साथ रहो बुढ़ापे तक।
भग, अर्यमा, सविता, पुरंधि ने
तुम्हें मुझे दिया है गार्हपत्य के लिए देवों ने॥ ३६॥

हे पूषन, उस शिवतम को पास प्रेरित करो
जिसमें मनुष्य बीज-वपन करते हैं।
जो सकामा होकर हमारे लिए उरु फैलाये
जिसमें हम सकाम प्रवेश करें॥ ३७॥

तुम्हारे लिए पहले ले गये
सूर्या को बरात के साथ।
फिर से पतियों के लिए पत्नी को
दो, हे अग्नि, सन्तति के साथ॥ ३८॥

अग्नि ने फिर से पत्नी को दिया
आयु और वर्चस्व के साथ
इसका पति दीर्घ आयु
जीये सौ साल॥ ३९॥

सबसे पहले सोम ने पाया
उसके बाद गन्धर्व ने
तुम्हारा तीसरा पति अग्नि है
चौथा तुम्हारा मनुष्य॥ ४०॥

सोम ने गन्धर्व को दिया
गन्धर्व ने अग्नि को
अग्नि ने सम्पदा आँर संतति के साथ
फिर मुझे दिया इसको॥ ४१॥

यहीं तुम दोनों रहो, मत अलग हो
समस्त आयु पाओ
लड़कों और पोतों के साथ खेलते हुए
आनन्द से रहो अपने घर में॥ ४२॥

प्रजापति हमारे लिए सन्तान प्रदान करें
अर्यमा बुढापे तक हमें जीने दें
समंगली पत्नी पतिलोक में प्रवेश करो
कल्याणकारी बनो, हमारे लिए
दो पायों के लिए और चौपायों के लिए॥ ४३॥

सौम्य चक्षु पति के लिए शुभ, होती बढ़ो
पशुओं के लिए शुभ प्रसन्न मन और तेजस्विनी
वीर पुत्रों को जन्म देनेवाली देवभक्त और सुखकारी
शुभ हो हमारे लिए, दोपायों के लिए और चौपायों के लिए॥ ४४॥

हे दानी इन्द्र, तुम इसे
सुपुत्रा और सौभाग्यवती बनाओ
इसे दस पुत्र दो
ग्यारहवाँ इसके पति को करो॥ ४५॥

ससुर पर राज करो
सास पर राज करो।
ननद पर राज करो
देवरों पर राज करो॥ ४६॥

टिप्पणी- पत्नी के सम्राज्ञी बनने का यह आदर्श परवर्ती स्थिति से नितांत भिन्न है।

सब देवता हमें साथ अभ्यंजित करें
आपः हम दोनों के हृदयों को।
मातरिश्वा, धाता और देष्ट्री
हम दोनों में सामंजस्य रखें॥ ४७॥

टिप्पणी-यहाँ पति-पत्नी के हृदयों पर अभ्यंजन (सुरभित विलेपन द्रव्य) रखा जाता था जो उनके हृदयों के सामंजस्य का प्रतीक है।

पुरुषसूक्त

पुरुष-सूक्त ही ऋग्वेद का एकमात्र सूक्त है, जिसमें 'वर्ण' अथवा 'जाति' शब्दों का प्रयोग न होने पर भी ब्राह्मण, क्षत्रिय, वैश्य, शूद्र, इस चतुष्टय का स्पष्ट उल्लेख है। धर्मशास्त्रीय चातुर्वर्ण्य के सिद्धान्त का इस प्रकार यह अकेला श्रुति-प्रमाण है। चूँकि वैश्य और शूद्र का ऋक्संहिता में अन्यत्र उल्लेख नहीं है पर ब्राह्मण-साहित्य में प्रचुर है, इसलिए यह कल्पना स्वाभाविक है कि यह सूक्त ऋक्संहिता के परवर्ती स्तर का है जो कि इसके दशम मंडल में संगृहीत होने से भी सूचित होता है।

इस सूक्त का मुख्य विषय पुरुष है। पुरुष शब्द उस चेतनसत्ता का वाचक है जिसका एक रूप ईश्वर है, एक मानव। ईश्वर के रूप में पुरुष या चैतन्य विश्व में व्याप्त भी है, विश्वोत्तीर्ण भी। वह स्रष्टा भी है, सृष्ट जगत् भी। सृष्टि की प्रक्रिया एक यज्ञ के रूप में कल्पित है। वही मानवयज्ञ या मानव कर्म-विधान का प्रतिमान है। मनुष्य का आत्म बलिदान ही मूल पुरुष-यज्ञ है।

मानव-जीवन जिस कर्म-विधान से चलता है वही समाज की सृष्टि करता है। मनुष्य सामाजिक सहयोग से कर्म करते हैं और इस प्रक्रिया में वर्गशः विभक्त हो जाते हैं। ब्राह्मण, क्षत्रिय आदि का विभाजन इसी सामाजिक कर्म-विभाजन का परिणाम है। इस प्रकार ब्राह्मण आदि अपने अलग-अलग कर्मों से परिभाषित हैं, न कि जन्म से। वे जातियाँ न होकर वर्ग हैं।

पर वैदिक दृष्टि अर्थशास्त्रीय या समाजशास्त्रीय नहीं है, वह सांस्कारिक है। वह मानव कर्म और आचार को अदृष्टपरक नियमों के अनुसार संस्कार्य मानती है। मानवोचित कर्म सिर्फ प्रवृत्ति या भोगसंपादन के लिए तर्कसम्मत साधन-संग्रह मात्र नहीं है, वह ईश्वरीय नियमों की विवेकपूर्वक पहिचान और उसे प्रतीकात्मक ढंग से व्यक्त करनेवाली विधि है। शास्त्रीय विधि प्रत्यक्षकर्म को परोक्ष से जोड़ती है, वह प्रतीकात्मक स्मारकता के साथ एक अदृष्ट शक्ति का आधान करती है। दृष्ट का अदृष्ट के साथ यह संसर्ग और सहकार ही संस्कार है। कर्म-विधान और समाज-व्यवस्था के मूल में यही संस्कार, प्रवृत्ति का धर्म के रूप में परिष्कार है। सामाजिक कर्तव्यों का निर्वाह ऋत-चक्र का प्रवर्तन है।

यज्ञ त्यागपूर्वक ग्रहण की प्रक्रिया है, मनुष्य देवताओं, पितरों अथवा मनुष्यों एवं जीवमात्र का ऋणी है और उनके प्रति उसका दायित्व है। इस दायित्व निर्वाह से ही सामाजिक जीवन सम्पन्न होता है। समाज का सर्जक और विधारक यह कर्म-विधान या यज्ञ-वितान ईश्वरोपासना या कर्मयोग के मार्ग से अभिन्न है।

तु० : भगवद्गीता = **सहयज्ञाः प्रजाः सृष्ट्वा पुरोवाच प्रजापतिः।**

अनेन प्रसविष्यध्वमेष वोऽस्त्विष्टकामधुक्॥

पुरुषसूक्त

ऋग्वेद : १०.९०

सहस्त्र सिर हैं पुरुष के
सहस्त्र आँखें, सहस्त्र पैर।
वह भूमि को सब ओर से छाकर
दस अंगुल उससे ऊपर उठ गया॥ १॥

पुरुष ही है यह सब कुछ
जो हुआ, जो होनेवाला है।
वही अमृतत्व का स्वामी है,
और (उसका भी) जो अन्न से बढ़ता है॥ २॥

वह मृत्यु और अमृतत्व का स्वामी है,
देवत्व और प्राणवत्त्व से भी परे उसका स्वामी है।
इतनी है उसकी महिमा
इससे भी बड़ा है पुरुष।
उसका चौथाई है समस्त भूत
तीन-चौथाई द्युलोक में अमर है॥ ३॥

तीन-चौथाई पुरुष ऊपर उठ गया
उसका चौथाई इस लोक में फिर से जन्मा।
तब सब ओर वह विक्रान्त हुआ
खानेवालों और न खानेवालों की ओर॥ ४॥

टिप्पणी-अर्थात् पुरुष के एकांश से पार्थिव सृष्टि का, पशु--पौधों का विकास हुआ।

उससे विराट् उत्पन्न हुआ
विराट् से पुरुष।
जन्म लेने पर वह अधिक हो गया
भूमि से, पीछे और सामने॥ ५॥

जब पुरुषरूप हवि से
देवताओं ने यज्ञ का विस्तार किया।
वसन्त उसका आज्य था
ग्रीष्म इध्म, शरद् हवि॥ ६॥

प्रारम्भ में जन्मे उस पुरुष का
यज्ञ में बर्हिः पर प्रोक्षण किया।
उससे देवताओं ने यज्ञ किया।
साध्यों और ऋषियों ने॥ ७॥

उस सर्वथा आहुत यज्ञ से
बटोरा पिघला आज्य।
बनाया पशुओं को हवा के,
अरण्य के, ग्राम के॥ ८॥

उस सर्वथा आहुत यज्ञ से
ऋक् और साम जन्मे।
छन्द जन्मे उससे
यजुष् उससे जन्मा॥ ९॥

उससे अश्व जन्मे
और वे जिनके दाँत हैं ऊपर नीचे।
गायें उससे जन्मीं
और जन्मी बकरियाँ और भेड़॥ १०॥

जब पुरुष का विभाग किया
कैसे भागों की कल्पना की।
मुख उसका क्या था, क्या बाहें
क्या जाँघें, क्या पैर कहे गये॥ ११॥

ब्राह्मण उसका मुख था
बाहें राजन्य बनीं।
ऊरु उसके वैश्य
पैरों से शूद्र जन्मा॥ १२॥

चन्द्रमा मन से जन्मा
चक्षु से सूर्य।
मुख से इन्द्र और अग्नि
प्राण से वायु जन्मी॥ १३॥

नाभि से अन्तरिक्ष हुआ
सिर से आकाश विवर्तित हुआ
पैरों से भूमि, कान से दिशाएँ
ऐसे लोकों को बनाया॥ १४॥

सात उसकी परिधियाँ थीं
त्रिगुण सात समिधाएँ बनीं।
जब देवताओं ने यज्ञ किया
पुरुष को बाँधा पशु (के स्थान)॥ १५॥

यज्ञ से यज्ञ का यजन किया देवताओं ने,
वे ही प्रथम धर्म थे।
उन्हीं महिमामय ने अन्तरिक्ष को सहारा दिया
जहाँ प्राचीन साध्य, देवता हैं॥ १६॥

ऋत्विक् स्तुति

ऋग्वेद : १०.१०१

यज्ञकर्म के लिए प्रस्तुत विभिन्न रूपकों में सामाजिक जीवन के नाना आयाम प्रतिबिम्बित हैं-

जाग उठो एक मन से, मित्रों,
अग्नि समिद्ध करो, तुम अनेक होकर भी एक साथ रहनेवाले हो।
दधिक्रा, अग्नि और देवी उषा को
इन्द्र के साथ, कृपा के लिए तुम सब को पुकारता हूँ॥ १॥

प्रहर्षण स्तोत्र बनाओ, कर्मसूत्रों को फैलाओ (यज्ञ के करघे पर)
पतवारों से पार जानेवाली नाव बनाओ।
आयुध बनाओ, सुसज्जित करो
यज्ञ को आगे बढ़ाओ, मित्रों॥ २॥

हल को जोतो, जुए को खींचो उस पर
तैयार खेत *(कृते योनौ)* में बीज बोओ।
यदि हमारी स्तुति के सुनने में सामर्थ्य हो
तो फसल हसिये के नजदीक आ जायेगी॥ ३॥

मनीषी हल जोतते हैं, जुओं को अलग-अलग खींचते हैं।
देवताओं के प्रसाद के लिए *(सुम्नया)* वे धीमान्॥ ४॥

कठवत *(आहावान्)* तैयार करो
रस्सियों चमड़े की पट्टियों को *(वरत्राः)* जोड़ो।
सींचना है हमें जलाधार से *(अवतम्)*
उच्छल *(उद्रिणं)* खींचने के लिए सुलभ, अक्षीण॥ ५॥

तैयार कठवत कुँआ, अच्छी रस्सी, सुलभ जल।
उच्छलित, अक्षीण, मैं सींचता हूँ॥ ६॥

घोड़ों को प्रसन्न रखो, तुम बाजी जीतोगे
रथ को स्वस्ति का वाहक बना दो।
सोमपात्र कठवत *(द्रोणाहावं)* (सोम पीसने का) बट्टा
जिस जलाधार के रहट की चर्खी *(अश्मचक्रम्)*
अंसत्राण (आवरण) कोश है, उससे सींचो,
वही देवोचित पान का स्थल है[१] ॥ ७ ॥

१. *नृपाणाम्* = नृ = पुरुष, वीर, देवता

बाड़ा (व्रर्ज = गोठ, दुर्ग) बनाओ, वही पुरुषों का पेय है[१]
कवच सियो बहुत से, बड़े-बड़े।
अयस् के पुर बनाओ अजेय
अपने पात्र को दृढ बनाओ, ताकि कुछ न चुए ॥ ८ ॥

१. व्रजम् = तु० गिरिव्रज, सोम ही गोष्ठ में वृष है।

तुम्हारी यज्ञार्ह ज्ञानशक्ति की ओर मुड़ता हूँ रक्षा के लिए,
देवताओं, यजनीय, पूज्य, दिव्य ज्ञानशक्ति की ओर।
वह महा गौ दूध से हमारे लिए बने
सहस्त्रधारा मानो गोचरभूमि में विचरती ॥ ९ ॥

हरितवर्ण (सोम) को दारु निर्मित (पात्र) की गोद में भरो
पत्थर की वाशियों[१] से तराशो।
दस रस्सियों से *(कक्ष्याभिः)* लपेटो
दोनों धुरों में वाहक को जोतो ॥ १० ॥

१. *वाशी* = चाकू, बसूला, नुकीला तराशने का साधन, ऋभुओं का साधन, मरुतों के हाथ में परशु।

दोनों धुरों में कसा वाहक
मानो घर में *(योनेव)* दो पत्नियों के बीच।
वन में वृक्ष *(वनस्पतिं)* को आस्थापित करो
विना खोदे उत्स को नीचे रखो ॥ ११ ॥

इन्द्र (*कपृथ्*)[१], पुरुषों, इन्द्र को ऊँचा रखो
आगे बढ़ाओ, निवेशित करो, बाजी जीतने के लिए
निष्टिग्री (अदिति) के पुत्र इन्द्र को अपनी ओर
ढरकाओ उत्सुकता से सोमपान के लिए॥ १२॥

१. *कपृथ्* का अर्थ सायण ने इन्द्र किया है। सामान्य अर्थ शिश्न है। इन पंक्तियों में सोम पीसने के लिए रतिकर्म के रूपक की भनक देखी गयी है। 'देवताओं इन्द्र को सामने करो, प्रेषित करो, सोम-पान की बाजी जीतो'। शिश्न अर्थ लेने पर भी पंक्तियों का अर्थ होगा- ऊर्ध्ववेत्ता बनो, ब्रह्मचर्य पालन करो, रेत:स्खलन से बचो।

हिरण्यगर्भ

ऋग्वेद : १०.१२१

आदिकाल में हिरण्यगर्भ व्यक्त हुए
जन्म लेने पर वह सब जन्तुओं के पति हुए।
उन्होंने आकाश को और इस पृथ्वी को धारण किया
किस देवता के लिए हवि संपादित करें॥ १॥

जो प्राणदाता है, बलदाता है, जिसके सब
अनुशासन का पालन करते हैं देवगण,
जिसकी छाया अमृत है और मृत्यु है
किस देवता के लिए हवि संपादित करें॥ २॥

जो अपनी महिमा से प्राणवान् निमेषवान्
जगत् का अकेला राजा बन गया।
जो दोपाये और चौपाये का स्वामी है
किस देवता के लिए हवि संपादित करें॥ ३॥

जिसकी महिमा से ये हिमवान् हैं
रसा के साथ जिसका समुद्र कहा गया है।
जिसकी विदिशाएँ बाँहें हैं
किस देवता के लिए हवि संपादित करें॥ ४॥

जिसने उग्र आकाश और पृथ्वी दृढ़ किये
जिसने स्वर्लोक स्तम्भित किया और सूर्य।
जो अन्तरिक्ष में रजस् (अवकाश, उदक) का मापक है
किस देवता के लिए हवि संपादित करें॥ ५॥

सहायता से[१] *(अवसा)* अवष्टम्भित दोनों सेनाएँ[२] *(क्रन्दसी)*
मन से आन्दोलित जिसकी ओर देखती हैं।
उदित सूर्य जिन पर चमकता है
किस देवता के लिए हवि संपादित करें॥ ६॥

१. या, लोकरक्षा के लिए

२. द्यावापृथिवी

जब बृहती आपः विस्तृत हुई विश्वतः
गर्भ को धारण किये अग्नि को जन्म देती हैं।
देवताओं को एक प्राण विवर्तित-वितत हुआ॥
किस देवता के लिए हवि संपादित करें॥ ७॥

जिसकी महिमा से परिदर्शन किया आपः ने
बल को धारण करते हुए यज्ञ को जन्म दिया।
जो देवताओं का अधिदेवता है
किस देवता के लिए हवि संपादित करें॥ ८॥

हमें न हिंसित करे जो पृथ्वी का जनक है,
जिस सत्यधर्मा ने द्युलोक को जन्म दिया है।
जिसने विपुल सुन्दर जलराशि को पैदा किया
किस देवता के लिए हवि संपादित करें॥ ९॥

प्रजापति, तुम्हारे अतिरिक्त कोई समस्त
जन्तुओं को अपने में नहीं समेटता।
जिन कामनाओं से तुम्हारा हवन करते हैं वे पूरी हों
हम सम्पदाओं के अधिपति हों॥ १०॥

वाक्

ऋग्वेद : १०.१२५

मैं रुद्रों के, वसुओं के साथ विचरती हूँ
मैं आदित्यों के और विश्वेदेवों के।
मैं मित्र और वरुण दोनों का भरण करती हूँ
मैं इन्द्र और अग्नि, मैं दोनों अश्विनों का॥ १॥

मैं फूलते *(आहनसं)* सोम का भरण करती हूँ
त्वष्टा का और पूषा का, भग का।
मैं धन देती हूँ हविष्मान् को
सुरक्षणीय *(सुप्राव्ये)*, सोम तैयार करते यजमान के लिए॥ २॥

मैं शासनकर्त्री हूँ, समृद्धियों की संगमकारिणी
यज्ञार्ह लोगों में मैं प्रथम जानकार हूँ।
मुझे देवताओं ने बहुत स्थानों में विभक्त किया
मैं बहुत स्थानों में रहती हूँ बहुत रूपों मे अन्तर्भूत हूँ॥ ३॥

मुझसे वह अन्न खाता है जो सचमुच देखता है
जो साँस लेता है, कहा हुआ सुनता है।
मुझे न जानते हुए वे मुझमें रहते हैं
सुनो, हे विश्रुत जन, तुम्हें श्रद्धेय तत्त्व बताती हूँ।॥ ४॥

मैं स्वयं यह कहती हूँ
जो देवताओं और मनुष्यों का सेव्य है।
जिस-जिस को चाहती हूँ उसे उग्र बनाती हूँ
उसे ब्रह्मा, सुमेधा बनाती हूँ॥ ५॥

मैं रुद्र के लिए धनुष को आतत करती हूँ
ब्रह्म के द्वेष्टा और हिंसक को मारने के लिए।
मैं जनों में स्पर्धा[१] प्रेरित करती हूँ।
मैं द्यावापृथिवी को व्याप्त करती हूँ॥ ६ ॥

१. *समदं* = संहर्ष, संघर्ष

मैं पिता को *(द्यौः को)* जन्म देती हूँ इसके (भूमंडल के) मस्तक में
मेरा जन्मस्थान समुद्र के पानी के अन्दर है।
समस्त भुवनों में अलग-अलग व्याप्त हूँ
उस द्युलोक को अपने मस्तक से छूती हूँ॥ ७॥

मैं ही वायु के समान बहती हूँ
विश्व भुवनों को आलिंगित करती हुई।
इस आकाश के परे, इस पृथ्वी के परे
इतनी मेरी महिमा हुई है॥ ८ ॥

रात्री

ऋग्वेद : १०.१२७

रात्री आती दीप्यमान
झाँक *(व्यख्यत्)*, नेत्रों से सर्वत्र।
ओढती सारी चमक (श्रियः)॥ १॥

टिप्पणी- *श्रियः* = शोभाएँ, (तारों की) रोशनी

भरती देवी अमर्त्य
विस्तार (उरु)[१], नीचे ऊपर।
ज्योति से हटाती तम॥ २॥

१. उरु = विस्तृत दैशिक अवकाश

उतारा कर्ज़ बहिन
उषा का देवी ने आते।
जायेगा अँधेरा भी॥ ३॥

निर्‌अकृत = तु० निष्कृति, दिन में सूर्य से लिया प्रकाश रात में उसे लौटा दिया गया।

वही तुम आज पास
जिस तुम्हारे आने पर हम लौटते घर
जैसे पंछी वृक्ष में घोसलों को॥ ४॥

घर गये ग्रामवासी
पैरवाले, पंखवाले।
लौटे श्येन भी लालची॥ ५॥

भगा दो वृकी को, वृक को
चोर को भी, तरंगिणि।
सुख से हो सकें पार॥ ६॥

रंगों का चितेरा गाढ़े
काला प्रकट तम।
ऋण-सा हटाओ, उषा॥ ७॥

टिप्पणी- रात्रि और उषा एक ही शक्ति के दो रूप हैं- धनात्मक और ऋणात्मक।

गायों-सी तुम्हारे पास
पहुँचायी स्तुति, रात्रि।
स्वीकारो विजेता जैसे॥ ८॥

टिप्पणी- जैसे गोधूलि में गायें पहुँचायी जाती हैं या विजेता के लिए प्रशस्तियाँ, ऐसे ही यह प्रार्थना भी।

नासदीय सूक्त

ऋग्वेद : १०.१२९

न असत् था, न सत् था तब
न अन्तरिक्ष था, न उसके परे जो आकाश।
किसने ढँका, कहाँ, किसी शरण।
पानी था क्या अथाह *(गहनं)* गहरा *(गभीरम्)*? ॥१ ॥

न मृत्यु थी, न अमृत तब,
न रात से दिन का प्रकाशक कोई।
साँस लेता विना वायु अपनी शक्ति से वह अकेला
उसके अतिरिक्त और कुछ नहीं था॥ २ ॥

अँधेरा अँधेरे से छिपा था प्रारंभ में
प्रकाशहीन सलिल ही था यह सब कुछ।
शून्य से *(तुच्छ्येन)* ढँका जो कुछ भव्य *(आभु)* था
तप की महिमा से उस एक ने जन्म लिया॥ ३ ॥

पहले काम ही उसमें वृत्तिमान् हुआ
वह मन का प्रथम बीज था।
सत् का बन्धु असत् में पा गये
हृदय के अन्दर खोज कर मनीषा से कविगण॥ ४ ॥

तिरछी फैली थी रश्मि उनकी
क्या अधस्तल कुछ था, या उपरितल।
रेतोधा थे, महिमाएँ थीं
नीचे स्वधा, ऊपर प्रयति[१] ॥ ५ ॥

१. *प्रयतिः* = प्रयत्न, प्रवृत्ति नीचे स्वधायुक्त महिमाएँ, ऊपर रेतोधा प्रयति, यह द्वन्द्व सृष्टि के आदि में है।

कौन सचमुच जानता है, कौन बता सकता है
कहाँ से जन्मी यह विसृष्टि।
इसके विसर्जन के बाद के हैं देवता,
तो कौन जानता है, कहाँ से यह जन्मी ॥ ६ ॥

यह विसृष्टि जहाँ से जन्मी,
इसका उसने धारण किया था या नहीं।
जो इसका अध्यक्ष है परम व्योम में
वह कदाचित् जाने, या वह भी नहीं ॥ ७ ॥

यज्ञ

ऋग्वेद : १०.१३०

जो यज्ञ सब ओर तन्तुओं से फैला है
एक सौ एक देवकर्मों से आयत।
ये आये हुए पितर बुनते हैं
'आगे बुनो, पीछे बुनो', यह (कहते) बैठे *(करघे के पास)*॥ १ ॥

पुरुष *(ताना)* फैलाता है, *(बाना)* लपेटता है
पुरुष नभोमंडल[१] में विस्तृत करता है।
ये खूँटियाँ[२] स्थान में जड़ी हैं
गीतियों को उन्होंने बुनने की ढरकी *(तसर)* बनाया॥ २ ॥

१. करघा

२. तारे

प्रमा[१] क्या थी? प्रतिमा[२] क्या? क्या उनका सम्बन्ध *(निदानम्)*
आज्य क्या था? परिधि क्या थी?
छन्द क्या था? प्रउग क्या? उक्थ्य क्या?
जिससे सब देवताओं ने देवयजन किया॥ ३ ॥

१. मूलरूप

२. अनुकृति

अग्नि की गायत्री हुई सयुग्वा
सविता उष्णिह् के साथ हुआ।
अनुष्टुभ् के साथ सोम उक्थ्यों से तेजस्वी (संवाद या समनुरणन से महत्तर)
बृहस्पति की वाक् की बृहती ने रक्षा की॥ ४॥

मित्रावरुण के साथ विराज् अभिश्रित था
त्रिष्टुभ् हुई इन्द्र के दिन का भाग।
जगती सब देवताओं में व्याप्त हुई,
उससे मनुष्य ऋषि बन गये॥ ५॥

उससे मनुष्य ऋषि बन गये
प्राचीन यज्ञ के समय हमारे पितर।
द्रष्टा मन से उन्हें देखते, सोचता हूँ
जिन पूर्वजों ने इस यज्ञ का यजन किया॥ ६॥

स्तोमों के साथ, छन्दों के साथ चलानेवाले *(आवृत:)*
प्रमा के साथ सात दिव्य ऋषि।
पूर्वजों के मार्ग को पीछे देख कर
मनीषियों ने सारथियों की तरह रश्मियों को पकड़ा॥ ७॥

यम

ऋग्वेद : १०.१३५

(कुमार:)

''जिस हरे-भरे पेड़ के नीचे
देवताओं के साथ यम पीते हैं।
वहाँ हमारे गृहपति पिता
पुराने लोगों को चाहते याद करते हैं॥ १ ॥

पुराने लोगों को चाहते हुए भी
उस पापीयसी गति से जाते हुए।
उसे मैंने कष्ट से देखा
फिर से उसे (वापिस) चाहते तुम''॥ २ ॥

(पिता/यम:)

''कुमार, जिस नये रथ को
विना चक्र के तुमने मन से बनाया।
एक हरिस *(ईषा)* का, सब ओर बढ़ता,
विना देखे जिस पर चढ़ते हो॥ ३ ॥

टिप्पणी-मनोरथ का वर्णन, जो अनजाने कालायत्त।

जिसे, कुमार, तुमने बढ़ाया
रथ को विप्रों से परे।
उसके पीछे (गीति प्रवृत्त हुई) धुन चली
यहाँ से नाव तक आहित''॥ ४॥

किसने कुमार को जन्म दिया
किसने रथ को बनाया।
कौन इसे आज हमें बतायेगा,
पाथेय *(अनुदेयी)* क्या हुआ?॥ ५॥

जैसा पाथेय बना
उससे अगला आरम्भ (*अग्रं*) उपजा।
सामने नीचे का आधार (*बुध्नः*) बना
पीछे निष्क्रमण-द्वार॥ ६॥

टिप्पणी-स्तोत्र और रथ दोनों की निर्माण विधि।

यह यम का सदन है
देवमान जिसे कहते हैं।
यह उसके लिए वेणु बजायी जा रही है,
वह गान से सुशोभित है॥ ७॥

श्रद्धा

ऋग्वेद : १०.१५१

श्रद्धा से अग्नि समिद्ध होती है
श्रद्धा से दी जाती हवि।
श्रद्धा सौभाग्य[१] के मस्तक पर आस्थित
स्तुति से हम उसे पायें॥ १॥

१. *भगस्य*

श्रद्धे, देनेवाले के लिए प्रिय
श्रद्धे, जो देना चाहता है उसके लिए प्रिय
भोजकों के लिए और यज्ञ करनेवालों के लिए प्रिय
मेरी इस उक्ति को बनाओ॥ २॥

जैसे देवताओं ने उग्र असुरों में
श्रद्धा पैदा की।
ऐसे ही भोजक यज्ञकारियों में
हमारे कहे हुए को बनाओ॥ ३॥

यज्ञ करते हुए देवता श्रद्धा को
वायु से रक्षित होकर आराधते।
सच्चे मन के संकल्प से[१] श्रद्धा
श्रद्धा से प्राप्त होता श्रेयस् (वसु = धन, शुभ)॥ ४॥

१. हृदय्ययाऽकूत्या

प्रातःकाल हम श्रद्धा को पुकारते हैं
मध्याह्न में भी श्रद्धा को।
सूर्य के डूबते समय भी
हे श्रद्धे, हमें श्रद्धा प्रदान करो।।५॥

मृत्यु

ऋग्वेद : १०.१५४

कुछ (पितरों) के लिए सोम छाना जाता है
कुछ (= अन्य) पितर घी के पास बैठते हैं।
जिनके लिए शहद बहता है
उनके पास जाओ ॥ १ ॥

जो तप से अपराजेय हैं
जो तप से स्वर्लोक सिधारे।
जिन्होंने तप से महिमा पायी,
उनके पास जाओ ॥ २ ॥

जो संग्रामों में शूरवीर
लड़ते देह त्यागनेवाले।
जो सहस्त्रों को दक्षिणा देते
उनके पास जाओ ॥ ३ ॥

जो पूर्वज ऋतसेवी
ऋतयुक्त ऋतवर्धक हैं।
उन तप करते पितरों को यम
उन्हीं के पास जाओ ॥ ४ ॥

सहस्त्रमार्गी कवि
जो सूर्य की रक्षा करते हैं।
तप करते ऋषियों के पास, यम,
तप से जात (नवीकृत, पुनर्जात) के पास भी जाओ ॥ ५ ॥

वात

ऋग्वेद : १०.१६८

अब गाऊँ वात के रथ की महिमा
भेदता गरजता उसका घोष।
लाली फैलाते उठता नभःस्पर्शी
धूल बिखेरते जाता भूमि पर॥ १॥

पीछे भागते वात के अनुचर *(विष्ठाः)*
जैसे नारियाँ उत्सव के पीछे।
उनके साथ जुते रथ से जाते देवता
इस समस्त भुवन के राजा॥ २॥

अन्तरिक्ष के मार्गों से चलते
वह किसी दिन नहीं थमते।
वर्षा के साथी, प्रथमोत्पन्न, ऋतवान्
कहाँ जन्म लेकर कहाँ से आये॥ ३॥

देवताओं की साँस *(आत्मा)*, भुवन के गर्भ
यथेष्ट संचरण करते देव।
उनका सुनायी देता घोष, न दीखता रूप,
उन वात के लिए (हम) हवि से सपर्या करें॥ ४॥

राजसूय

ऋग्वेद : १०.१७३

तुम्हें यहाँ लाया हूँ यहाँ रहो
स्थिर ठहरो अविचल।
सब जनता तुम्हें चाहे
तुमसे राष्ट्र अलग न हो॥ १॥

यहीं रहो, च्युत मत होना
पर्वत की तरह से अविचल।
इन्द्र की तरह यहाँ ध्रुव ठहरो।
इस राष्ट्र का धारण करो॥ २॥

उसको इन्द्र ने ध्रुव रूप धारण किया
ध्रुव हवि से।
सोम उसका पक्ष ले
और ब्रह्मणस्पति॥ ३॥

आकाश ध्रुव है, पृथ्वी ध्रुव है
ध्रुव हैं ये पर्वत
ध्रुव यह विश्व जगत्
ध्रुव यह जनता का राजा॥ ४॥

ध्रुव रखे राजा वरुण
ध्रुव देव बृहस्पति।
ध्रुव तुम्हारे राष्ट्र को
रखें इन्द्र और बृहस्पति॥ ५॥

ध्रुव सोम को ध्रुव
हवि से छूते हैं।
ताकि इन्द्र केवल
तुम्हारी जनता को करदात्री (*बलिहृतः*) बनाये॥ ६॥

सृष्टि

ऋग्वेद : १०.१९०

ऋत और सत्य अभीद्ध तप से अधिजात हुए।
फिर रात्रि जन्मी, फिर तरंगित समुद्र॥ १॥

तरंगित समुद्र पर संवत्सर जन्मा।
अहोरात्र का विधान करते समस्त प्राणियों का स्वामी॥ २॥

सूर्य और चन्द्र को धाता ने यथापूर्व कल्पित किया।
द्युलोक, पृथ्वी, अन्तरिक्ष और स्वर्लोक को॥ ३॥

भाग-३

उत्तरवैदिक-काल

अग्निः पूर्वेभिर्ऋषिभिरीड्यो नूतनैरुत।

—ऋग्वेद १.१.२

माता भूमिः पुत्रोऽहं पृथिव्याः।

—अथर्ववेद १२.१.१२

पूर्ववैदिक युग को ऋग्वेदसंहिता के अधिकांश का युग कहा जा सकता है। ऋक्संहिता के प्रथम एवं दशम मंडल के अनेक सूक्त आपेक्षिक रूप से परवर्ती माने जाते हैं। यजुर्वेदसंहिता एवं अथर्वसंहिता के अधिकांश सूक्त इस परवर्ती युग के ही समझे जाते हैं। ब्राह्मण-साहित्य इस युग का प्रतिनिधि साहित्य है। यह परवर्ती युग ही उत्तरवैदिक काल है। पूर्ववैदिक और उत्तरवैदिक युग का विभाजन आपेक्षिक और आनुमानिक है। इस विभाजन का आधार परवर्ती सूक्तों, संहिताओं और ब्राह्मणों में मिलनेवाली कुछ विशेषताएँ हैं। प्राचीन युग यदि मन्त्र-युग था तो यह संहिताकरण, शाखाभेद और ब्राह्मणों का युग है। मन्त्र अब व्याख्या के विषय बन गये हैं और इस संदर्भ में एक ओर कर्मकाण्ड का महत्त्व-ख्यापन, विस्तार और व्यवस्थापन मिलता है तो दूसरी ओर प्रतीकात्मक कल्पना एवं अमूर्त्त अवधारणाओं की ओर रुझान मिलता है। देवताओं का स्थान गौण हो जाता है। कर्म और अनुष्ठान, ध्यान और ज्ञान का स्थान बढ़ जाता है। इस वाङ्मय में भौगोलिक परिचय के विस्तार के साथ धातुओं से परिचय भी विस्तृत मिलता है। इस प्रकार उत्तरवैदिक साहित्य व्याख्यात्मक गद्य का युग है, जिसमें चिन्तन की प्रौढ़ता प्रकट होती है। यह कर्मकांड और तत्त्व-जिज्ञासा का युग है। साथ ही यह सभ्यता के विस्तार और विकास का युग है। पर इसमें पूर्ववैदिक युग की

सरलता, निःसंशयता, आशावादिता और अखंड पूर्णता की प्रतीति के सूत्रों के अन्तराल में अब संशय, द्वन्द्व और संघर्ष के भाव स्पष्ट रूप से चिन्तन में गुँथे हुए प्रतीत होते हैं। सरल विश्वास के स्थान पर परोक्ष शक्ति को अन्तर्गर्भित किये अनुष्ठान प्रतिष्ठित हो जाता है। देवताओं और ऋत के स्थान पर ब्रह्म और धर्म स्थापित हो जाते हैं। जनों के स्थान पर जनपद प्रकट हो जाते हैं।

इस युग के संभाव्य काल-निर्णय के लिए तीन प्रकार के साक्ष्यों पर विचार किया जा सकता है। पूर्ववैदिक युग ताम्राश्म और ताम्र-कांस्य युग था। अथर्वसंहिता, वाजसनेयी और शतपथ में लौह धातु से परिचय संभावित है। यह परिचय लौह उपकरणों का है, यह निश्चित नहीं है। लोहे के उपकरणों का ज्ञान द्वितीय सहस्राब्दी ई०पू० के अन्तिम चरण अथवा अंत की ओर संकेत करता है।[१] परीक्षित् और महापद्मनन्द के बीच १०५० वर्षों का अन्तराल पुराणों में बताया गया है अर्थात् परीक्षित् का काल लगभग १४०० ई०पू० संभावित होता है। डॉ० अल्तेकर ने इसका समर्थन ब्राह्मण-वंशों के क्रम पर विचार के द्वारा किया है।* हेमचन्द्र रायचौधरी प्रकारान्तर से लगभग ९०० ई०पू० की तिथि सुझाते हैं।** तीसरे प्रकार का प्रमाण उन ज्यौतिषिक उल्लेखों का है जो संवत्सर विषयक वैदिक विवरणों में मिलते हैं विशेषतः 'अयन' एवं 'विषुवत्' के अवसरों में नक्षत्रों की पृष्ठभूमि में, सूर्य और चन्द्र की स्थितियों के विषय में। शतपथब्राह्मण की प्रसिद्ध उक्ति कि 'कृत्तिका पूर्व से कभी विच्युत नहीं होतीं', का अर्थ यह माना गया है कि उस समय वसन्त विषुव में पूर्वक्षितिज में कृत्तिका-नक्षत्र लक्षित होता था।[२] कृत्तिका का कौन सा अंश अभिप्रेत है, इस पर मतभेद के कारण अयन-चलन की गणना से यह काल लगभग २३५० ई०पू० से १४२६ ई०पू० के अन्तराल का सिद्ध होता है।[३] कौषीतकि-ब्राह्मण में उल्लिखित माघ शुक्लपक्ष के साथ उत्तरायण का आरंभ वेदांग-ज्योतिष के विवरण से समंजस है, जिसके अनुसार उत्तरायण धनिष्ठा के आरम्भ में और दक्षिणायन अनुराधा के मध्य में होता था। इसका काल लगभग १२०० ई०पू० सिद्ध होता है।[४] इन अनेक प्रकार के साक्ष्यों के समवधान से अनुमान किया जा सकता है कि उत्तरवैदिक युग लगभग ई०पू० दूसरी सहस्राब्दी का काल था। उत्तरवैदिक संहिताओं और ब्राह्मणों का विपुल विस्तार उनके रचना-काल को भी विस्तृत बताता है। यदि उनका वर्तमान रूप में संकलन संभवतः ई०पू० १२५० से ८०० के बीच पूरा हुआ हो तो भी उनमें निबद्ध परम्पराएँ उनके रचना-काल की अन्तिम सीमा से सदियों पुरानी थीं।

यह उल्लेखनीय है कि तिथि के ज्यौतिषिक आधारों को पश्चिमी विद्वान् विश्वसनीय नहीं मानते। मैक्समूलर, कीथ आदि ने वैदिक प्रमाणों की आलोचना में

---

* **द्र० प्रेसिडेन्शल एड्रेस, आर्केइक सैक्शन ऑव द इण्डियन हिस्ट्री काँग्रेस, प्रोसीडिंग्ज़ ऑव द थर्ड सेशन, १९३९, पृ० ६८-७७**

** **द्र० *पु० हि० ए० इ०*, (पंचम सं०), पृ० ३६**

कहा है कि न तो उस युग के पर्यवेक्षक नक्षत्रों को सही तौर से देख-समझ सकते थे, न उनके द्वारा उल्लिखित विवरणों को तथ्यात्मक मानना या तथ्यों को उनके द्वारा प्रत्यक्षीकृत या उनके समकालीन मानना आवश्यक है। इसी प्रकार वेदांग-ज्योतिष जैसे ग्रन्थ की नक्षत्र-सूचियों एवं संवत्सर के नाक्षत्रिक विवरणों को शास्त्र-प्रणेता के प्रत्यक्ष साधन का परिणाम नहीं मानना चाहिए क्योंकि उसने संभवतः किसी उन्नततर विदेशी परम्परा से उन्हें उधार लिया होगा।[५]

इस प्रकार की आलोचना यह भूल जाती है कि नक्षत्र-दर्शन प्राचीन जातियों में व्यापक रूप से प्रमाणित है और भारत जैसे देश में उपकरणों के विना भी आँखों से ही लगभग ३° के अन्तर से स्थूल नक्षत्र-दर्शन संभव है।* उत्तरवैदिक काल में तो नक्षत्रविद्या एक अलग विद्या थी, ज्योतिष एक स्वतंत्र वेदांग, नक्षत्रदर्श एक विशेषज्ञ की संज्ञा थी। यज्ञानुष्ठान का संवत्सर के साथ घना सम्बन्ध था। सत्र एक प्रकार से संवत्सर का प्रतीकात्मक निरूपण करते थे। यज्ञ मिथकीय कुहासे में छिपी कोई तुच्छता नहीं है बल्कि एक वैज्ञानिक उद्योग है जिसका गणित, रेखागणित, खगोल और ब्रह्मांड-दर्शन से घनिष्ठ सम्बन्ध है। वैदिक खगोलीय विवरण मिथकीय न होकर तथाकथित मिथक ही परोक्ष शैली में कहे हुए वैज्ञानिक विवरण हैं। जहाँ तक विदेश से उधार लेने की बात है, यह विशुद्ध पूर्वाग्रह है। चीन की नक्षत्र-पद्धति या बाबुली पद्धति भारत से प्राचीन है, इसका कोई प्रमाण नहीं है। भारतीय सभ्यता का अन्य सभ्यताओं के साथ आयात-निर्यात का सम्बन्ध बराबरी से कम का नहीं रहा है, कौन विषय कब, किसने, किससे आयात किया, इसका निर्णय विशिष्ट प्रमाणों के संदर्भ में ही हो सकता है, न कि पूर्वाग्रही कल्पना के द्वारा।[६]

पूर्व वैदिक साहित्य में जिस भौगोलिक क्षेत्र का उल्लेख मिलता है वह मुख्यतया गंगा-जमुना से उत्तर और पश्चिम की ओर का है। इस प्रदेश को 'सप्तसिन्धु' कहा जाता था। मनु ने ब्रह्मावर्त के नाम से इसके ही सर्वाधिक प्रसिद्ध भाग का उल्लेख किया है-

सरस्वतीदृषद्वत्योर्देवनद्योर्यदन्तरम्
तं देवनिर्मितं देशं ब्रह्मावर्तं प्रचक्षते॥ अध्याय-२ ॥

सरस्वती और दृषद्वती दो देव नदियाँ हैं, उनके मध्य में देवनिर्मित देश है, जिसे ब्रह्मावर्त कहते हैं वेदाध्ययन, यज्ञानुष्ठान और ब्रह्ममीसांसा के लिए यहाँ के शिष्टजन प्रसिद्ध थे और उनका आचार प्रामाणिक माना जाता था। ब्रह्मावर्त से बृहत्तर देश ब्रह्मर्षिदेश था जिसमें कुरु, मत्स्य, पञ्चाल और शूरसेन जनपद शामिल थे। यह लगभग गंगा-यमुना दोआब का उत्तरी और पश्चिमी भाग था जैसे-आजकल दिल्ली-मेरठ,

---

* **तु० चन्द्रशेखर सामंत, *सिद्धान्तदर्पण* (नाग प्रकाशन, १९९६), योगेशचन्द्र राय की भूमिका, पृ० xxii-xxiii, जहाँ आँखों देखे वेध की यथार्थता का साक्ष्य दिया है।**

बरेली, मथुरा, अलवर के बीच। उत्तरवैदिक काल में कुरु-पञ्चाल प्रदेश ही ज्ञानी-ब्रह्मर्षियों का प्रमाण क्षेत्र था।

ब्रह्मर्षि-देश से बड़ी भौगोलिक इकाई को मध्य-देश कहते थे। इसका विस्तार हिमालय और विन्ध्य, विनशन और प्रयाग के बीच में मनु ने बताया है। विनशन वह क्षेत्र था, जहाँ सरस्वती विलुप्त हुई। इससे अधिक विस्तृत क्षेत्र 'आर्यावर्त' था, जो हिमालय और विन्ध्य तथा पूर्वी और पश्चिमी समुद्रों के बीच में था। समूचा भारत, जम्बूद्वीप अथवा भारतवर्ष कहलाता था।

इन क्रमशः व्यापकतर होती आख्याओं को आर्यों के संचार एवं विस्तार की अवस्थाओं का द्योतक माना गया है। इस मत की मूलभूत कल्पना ही अप्रामाणिक है। नाना युगों के वाङ्मय में भौगोलिक परिचय का विस्तार किसी एक जाति अथवा जन का विस्तार न दिखला कर नाना जातियों, जनों और जनपदों के पारस्परिक सम्बन्धों का विकास दिखलाता है। ऐसा प्रतीत होता है कि जिस वैदिक-संस्कृति का केन्द्र ब्रह्मर्षिदेश था उसका पूर्व और दक्षिण की जानपदिक संस्कृतियों से सम्पर्क व्यापारिक और राजनीतिक विकास के साथ क्रमशः विस्तृत हुआ और यह विकास मौर्य साम्राज्य के युग में सम्पूर्ण हुआ। 'ब्राह्मी भाषा' और यज्ञ-पद्धति का केन्द्र उत्तर-पश्चिम की ओर होने से यह न सोचना चाहिए कि पूर्व और दक्षिण के क्षेत्र असंस्कृत या असभ्य थे। श्रमण और आगमिक संस्कृति का उद्‌भव इन्हीं क्षेत्रों में विशेष रूप से हुआ। प्रथम अखिल भारतीय साम्राज्य एवं प्रथम विश्वधर्म का केन्द्र भी पूर्व में था। यज्ञ-विधान, वर्णाश्रम-धर्म और संस्कृत भाषा की शिथिलता के कारण इन प्रदेशों की ओर प्राचीन ब्राह्मणसाहित्य में एक निन्दा का भाव था। पर यह स्थिति पीछे नहीं बनी रही। उत्तर-पश्चिम नाना विदेशी आक्रमणकारियों के प्रभाव में आकर अपना 'आर्यत्व' अधिकाधिक खो बैठा, जबकि पूर्व की ओर वैदिक शिक्षा का विस्तार हुआ। पाणिनि उत्तरापथ के थे तो कात्यायन और बौधायन सम्भवतः दाक्षिणात्य थे और पतञ्जलि पौरस्त्य। इस प्रकार वैदिक युग से साम्राज्य-युग तक भौगोलिक क्षितिज का विस्तार किसी जातीय देशान्तरण का परिणाम न होकर वास्तव में व्यापारिक और राजनीतिक सूत्रों से नाना जनपदों के संव्ययन के द्वारा एक बहुकेन्द्रीय संस्कृति का विकास था। इस युग में यज्ञ-प्रधान धर्म और वैदिक साहित्य का पूर्व की ओर प्रसार उसी प्रकार का है जैसे उसकी प्रतितरंग के रूप में परवर्ती साम्राज्य-युग में बौद्ध और जैन धर्मों का उत्तर और पश्चिम की ओर प्रसार।

शतपथब्राह्मण का एक प्रसिद्ध उल्लेख है कि विदेघ माथव अग्नि वैश्वानर का पीछा करते हुए सदानीरा के पार हुए। इसकी यह व्याख्या की गयी है कि जंगल जलाते हुए जो आर्य समुदाय पूर्व की ओर बढ़े उनके एक नेता विदेघ माथव थे, जिन्होंने विदेह जनपद की स्थापना की। पर इसकी यह व्याख्या अधिक समीचीन प्रतीत होती है कि विदेघ पूर्व की ओर फैलते वैदिक कर्मकांड के प्रतिनिधि थे। कर्मकांड की प्रधान भूमि ब्रह्मर्षिदेश में प्रतिष्ठित थी। उत्तरवैदिक साहित्य के पूर्व में अंग जनपद भी उसी

प्रकार से सुदूर सीमावर्ती प्रदेश था, जैसे- पश्चिम में मूजवान् या बाह्लीक। अथर्वसंहिता के *तक्मनाशनसूक्त* (५.२२) में तक्मा या ज्वर को इन्हीं सुदूर प्रदेशों में जाने के लिए कहा है- *गन्धारिभ्यो मूजवद्भ्योऽङ्गेभ्यो मगधेभ्यः*। गोपथ ब्राह्मण (२.९) में अंग के साथ मगध का उल्लेख मिलता है। ऐतरेय ब्राह्मण में (३३.६) विश्वामित्र के द्वारा शुनश्शेप के गोद लिये जाने की कथा है, जिसमें उनका विरोध करनेवाले उनके ज्येष्ठ पुत्रों के देश निकाले की बात आती है। *अन्तान् व प्रजा भक्षीष्टेति*। अन्त सीमावर्ती प्रदेश की संज्ञा है। इस प्रकार विश्वामित्र के ये पुत्र 'उदन्त्य', सीमाबाह्य, हुए। उन्हें अन्ध्र, पुण्ड्र , शबर, पुलिन्द और मूतिब कहा गया है। यह ध्यान देने योग्य है कि वंग का कोई असंदिग्ध उल्लेख वैदिक साहित्य में नहीं मिलता, न सुदूर दक्षिण के जनपदों का ही उल्लेख मिलता है। यह भौगोलिक क्षितिज ब्राह्मणसाहित्य के ऋषियों के परिचय का क्षितिज है, जिसका क्रमशः विस्तार होता देखा जा सकता है।

कोई भी अर्थ-व्यवस्था मनुष्य और प्रकृति के सहयोग पर निर्भर करती है जिसमें मनुष्य की भूमिका सक्रिय और प्रकृति की भूमिका उस क्रिया से परिवर्तनीय उपादान की होती है। प्रकृति की ओर वैदिक मानव की दृष्टि यज्ञात्मक थी, न कि संघर्ष, वशीकार अथवा भोगमात्र की। प्रकृति की शक्तियाँ देवतात्मक हैं, जड-यंत्रात्मक नहीं। मनुष्य यज्ञ के द्वारा उनकी उपासना करता है और उनकी कृपा से सहज जीवन के साधन लाभ करता है। वैदिक मानव के लिए जीवन के सभी व्यापार उपयुक्त अनुष्ठान अथवा ऋत-सूत्र से जुड़े थे। श्रद्धा और विधि से प्रकृति की अधिष्ठात्री देव-शक्तियों के प्रति द्रव्य-प्रदानपूर्वक आत्म-निवेदन से मनुष्य धन-धान्य से समृद्ध होता है। *परस्परं भावयन्तः श्रेयः परमवाप्स्यथ*। (गीता, ३.११) कृषि, शिल्प, विवाह, जीवन-मरण, राज्याभिषेक, युद्ध, गृह-निर्माण, रोग-शमन, सभी व्यापारों में ऋत अथवा दिव्य-प्रतिमान का स्मरण और उसके अनुसार विधिसम्मत कर्म ही वैदिक जीवन-नीति या कर्मयोग था। *स्वकर्मणा तमभ्यर्च्य सिद्धिं विन्दति मानवः*। (भगवद्गीता, अध्याय-१८.४६)

वैदिक अर्थनीति का आधार मात्र जड-विज्ञान या शिल्प नहीं था। जड-विज्ञान सामर्थ्य देते हुए भी विवेक नहीं देता। विवेकहीन बल अनायास आसुरिक बन जाता है। जडवादी आर्थिकनीति प्रकृति के एकान्तिक प्रसह्य भोग की नीति बनती है। वैदिक अर्थनीति जिस ज्ञान से जुड़ी थी उसके लिए विश्व एक दिव्य अखंड और पूर्ण इकाई है, जिसमें मनुष्य को पर-देवतात्मक बृहत् सत्य में अपने को समर्पित कर ही अपनी अपूर्णता से छूटना है।

पूर्णमदः पूर्णमिदं पूर्णात्पूर्णमुदच्यते।
पूर्णस्य पूर्णमादाय पूर्णमेवावशिष्यते॥ *बृहदारण्यकोपनिषद्*॥

वैदिक दृष्टि में प्रकृति चेतनाधिष्ठित उदार और दानी है और मनुष्य से भी यही आशा की जाती है कि वह दानशील हो। इस दृष्टि का आधार देववाद या ब्रह्मवाद था, पर उसकी प्रत्यक्ष पुष्टि उस समय के तात्कालिक मानव-प्रकृति समीकरण से होती है। अल्प जनसंख्या, नदीमातृक प्रदेशों की उर्वरता और गोचर एवं अरण्य का सब ओर विस्तार इस आशावाद को प्रत्यक्ष आधार देता था। पर ऋत-दृष्टि में आशा अपने प्रति संयम के साथ बँधी थी। वह प्रकृति के उत्पीडन अथवा भोगैकान्तवादी स्वेच्छाचार की दृष्टि नहीं थी। इस दृष्टि का एक प्रसिद्ध प्रतीक वसुधारा है। मनुष्य और देवता द्यावापृथिवी एक मधुमयी, स्निग्ध-दीप्त धारा से एकान्वित हैं, जिसका प्रत्यक्षतम रूप वर्षा में दीखता है। सूर्य की रश्मियाँ पृथ्वी से रस ग्रहण कर बादलों से उसे छानकर, सहस्र धाराओं से बरसाती हैं और पृथ्वी को उर्वरता प्रदान करती हैं। *वसोः पवित्रमसि शतधारं वसोः पवित्रमसि सहस्रधारम्।* (वाजसनेयिसंहिता-१.३) *सहस्रगुणमुत्स्रष्टुमादत्ते हि रसं रविः*। (रघुवंश- १.१८) भारतीय परम्परा में यह धारणा दृढ़ रही है कि मानव-समाज के मर्यादा-पालन पर ही प्रकृति के साधनों का समुचित उपयोग निर्भर करता है। मर्यादाहीन समाज तो प्रकृति विमुख और अनुदार प्रतीत होगा।

आधुनिक नृतत्त्ववेत्ताओं के अनुसार इस प्रकार की वैदिक धारणा आदिम मानवीय अज्ञान को ही दृष्टान्तित करती है, जिस पर जादुई अनुष्ठान और मिथकीय विवरण आधारित होते हैं। पर इस प्रकार की मान्यता एकांगी और अतिरंजित है।[७] अत्यन्त प्राचीन काल से ही मनुष्य व्यवहारोपयोगी प्रविधि का विकास अनुभव के आधार पर करता रहा है।[८] इस दशा में अवश्य ही प्रविधि की उपपादक कल्पनाओं में युक्ति और भ्रान्ति सम्मिश्रित रही है। विशुद्ध सिद्धान्तानुगामी प्राविधिक आविष्कार तो बहुत हाल की बात है। पारम्परिक विज्ञान में अवश्य ही एक अंश प्रत्यक्षातिक्रामी कल्पना का रहा है और पारम्परिक शिल्प में एक अंश अदृष्टसाधक धार्मिक अनुष्ठान का। पर जादू को कभी भी धर्म अथवा शिल्प नहीं माना गया है, न *मिथ* या *देवाख्यान* को मिथ्या कल्पना कह सकते हैं। ये आख्यान रूपकात्मक और प्रतीकात्मक होते हैं। अनुष्ठान और आख्यान में विज्ञान का उपयोग हो सकता है, पर वे विज्ञान या शिल्प से भिन्न विधाएँ हैं।

यह भी स्मरणीय है कि आर्थिक प्रविधि, वैज्ञानिक या यांत्रिक प्रविधि मात्र नहीं है। वह बहुत दूर तक मानवीय विधि है, जो ज्ञान, नीति और धर्म से अलग नहीं की जा सकती। मानवीय इच्छाओं की तृप्ति के लिए अपेक्षित भोगसाधन द्रव्यात्मक और सेवात्मक होते हैं। इनका उत्पादन सदा विशिष्ट भौतिकविज्ञान या उस पर आधारित प्रविधि की अपेक्षा नहीं करता। मानवीय अभिवृत्तियों, कल्पनाओं और आयोजनों की उसमें प्रधान भूमिका रहती है जिसके साथ इन्द्रियपाटव और प्रकृति के सुलभ उपादान पर्याप्त होते हैं। खान-पान, वस्त्र, आभूषण, गृह-संभार, आयुध-उपकरण, रथ-शकट आदि प्रवहण, गो-अश्व, दास-दासी, हिरण्य आदि अपेक्षापूर्ति के साधन वैदिक समाज

में धन के प्रकार थे, जिनका उत्पादन जटिल प्रविधि अथवा जटिल अर्थतंत्र पर निर्भर नहीं था। उत्पादन के प्रकार थे- कृषि, पशुपालन, हस्तशिल्प एवं उसके उत्पाद्य का वितरण, जो अधिकांश में विनिमयात्मक व्यापार पर निर्भर था। अथर्ववेद में पृथुवैन्य को कृषि प्रारम्भ करने का श्रेय दिया गया है।[९] खेती के तरीके पूर्ववैदिक काल से चले आ रहे थे। खनित्र अथवा हल से भूमि खोदी जाती थी। खनित्र या अभ्री, कुदाल, खुरपी या गैंतीनुमा लकड़ी की बनी होती थी। लकड़ी बाँस, विकंकत या गूलर से ली जाती थी। एक अरत्नि या बालिश्त के बराबर इसका आकार गैंतीनुमा बताया गया है। बीच में खोखली और दोनों ओर के कोनों में पैनी थी। इसका बेंट लकड़ी का और सिरा धातु का बनता था। हल को लांगल या सीर कहते थे, जिसके तीन अवयव होते थे एक पैना फाल, उससे लगी हरिष या ईषा और युग या जुआ जिसे बैल ढोते थे। फाल, काष्ठ एवं धातु दोनों का ही होता था। एक अथवा एकाधिक बैलों का प्रयोग किया जाता था। बैल जिस प्रतोद से हाँके जाते थे, उसे अष्ट्रा कहते थे। जमीन जोतने के बाद बुवाई या वपन की क्रिया होती थी, फिर दात्र या सृणि से कटाई या लवन, फिर पूलियों में (पर्श) बाँध कर खलिहान (खल) में गाहना और तितउ या शूर्प से सफाई। शतपथब्राह्मण का एक प्रसिद्ध संदर्भ द्रष्टव्य है- ऋतुओं ने चाहा कि देवता उन्हें यज्ञ में भाग दें-देवताओं ने नहीं माना। वे ऋतुएँ देवताओं के न मानने पर उनके शत्रु असुरों के पास चली गयीं। उन्होंने असुरों में वृद्धि प्रवर्धित की, कुछ भूमि जोतने लगे और बोते, अन्य काटते-माँडते, सर्वदा उनके लिए अकृष्टपच्य ओषधियाँ पकती थीं। *(कृषन्तो ह स्मैव पूर्वे वपन्तो यन्ति लुनन्तोऽपरे मृणन्तः शश्वद्धैभ्योऽकृष्टपच्या एवौषधयः पेचिरे।* शतपथब्राह्मण- १.६.१.३.)

खेती में खाद (शकन्, करीष) का उपयोग किया जाता था। शतपथ में पुरीष और करीष को समानार्थक बताया है और आखु-पुरीष को पृथ्वी के रस का द्योतक माना है। अथर्व में करीष स्पष्ट ही गोबर का वाचक है। पुरीष-करीष पृथ्वी के रस-संवर्द्धक अर्थात् उर्वरक माने जाते थे।

खेतों की सिंचाई के लिए वर्षा के अतिरिक्त खुदाई के द्वारा जल पहुँचाया जाता था *(खनित्रिमा आपः)*। खेतों तक जल की नालियाँ *(कुल्या, सुषिरा, सूर्मि)* बनायी जाती थीं और कुँए (अवत) खोदे जाते थे। कुँए से पानी खींचने के लिए अंसत्रकोश और अश्मचक्र का प्रयोग होता था, जिसमें चमड़े की पेटी में बँधे डोल एक घिरडी से ऊपर खिंचते और खाली होते थे, शायद यह एक प्रकार का रहट था।[१०]

उत्तरवैदिक साहित्य में कृषि द्वारा उपजाये जानेवाले अनाजों के अनेक नाम उपलब्ध होते हैं। वाजसनेयि-संहिता के एक प्रसिद्ध संदर्भ में प्रार्थना की गयी है कि यज्ञ के द्वारा नाना धान्यों की वृद्धि हो। आज भी इन मन्त्रों का रुद्राष्टाध्यायी के रूप में भारत के अनेक भागों में नित्यपाठ होता है- *व्रीहयश्च मे यवाश्च मे माषाश्च मे तिलाश्च मे मुद्गाश्च मे खल्वाश्च मे प्रियङ्गवश्च मेऽणवश्च मे श्यामाकाश्च मे नीवाराश्च मे गोधूमाश्च मे मसूराश्च मे यज्ञेन कल्पन्ताम्।* (१८.१२)। यहाँ उल्लिखित

हैं- चावल, जौ, उड़द, तिल, मूँग, चना, प्रियंगु (कंगनी), अणु (चना), सावाँ, कोदो, गेहूँ, मसूर। उनमें श्यामाक (सावाँ, कोदो) तृणधान्य होते हुए भी ग्राम्य थे, नीवार जंगली (आरण्य) तृणधान्य थे। यह सुविदित है कि गेहूँ का उत्तर-पश्चिम की ओर और चावल का उत्तर-पूर्व की ओर प्रचलन अधिक था। खेती का ऋतुओं से सम्बन्ध परिज्ञात था। वर्ष में दो फसलें (शस्य) काटी जाती थीं।[११]

पशुपालन की, विशेषतया गोपालन की महत्त्वपूर्ण भूमिका थी। अथर्ववेद में गोष्ठ की महिमा पर सूक्त मिलते हैं। गाय को धन का प्रतीक और विनिमय का मानदंड माना जाता था। गायों को पकड़ने-छीनने के लिए युद्ध लड़े जाते थे। गाय को क्रमशः अवध्य (अघ्न्या) घोषित कर दिया गया। गाय का वेदों में महत्त्व किसी पशुचारण के युग का आर्थिक महत्त्व नहीं था बल्कि गाय उनके लिए धन से अधिक मूल्य की प्रतीक थी, जिसमें मातृत्व, पावनता और प्रकाश की अभिव्यक्ति होती थी। पृथ्वी, सूर्यरश्मि, जलधारा, दुग्ध, वाणी, ये सभी अर्थ 'गो' से गम्य थे। ज्ञानधारा का वाचक होने से 'गो' शब्द इन्द्रियों का भी वाचक बन गया। आर्थिक-युग बदलते रहे हैं पर गाय की महिमा भारतीय परम्परा में अक्षत रही है। मध्यकाल से गोरक्षा हिन्दू धर्म की एक बड़ी पहचान रही है। गाय को मात्र आर्थिक दृष्टि से देखना, भारतीय परम्परा के विरुद्ध है।

आर्थिक जीवन में महत्त्वपूर्ण अन्य पशुओं में अज, अवि, अश्व और वृषभ थे। अज प्रजापति, अग्नि और ब्राह्मणों का प्रतीक था। अज एकपाद्, एक देवता की संज्ञा थी। अवि या मेष ऊन के लिए प्रसिद्ध था। गन्धार की भेड़ मशहूर थीं। अश्व रथ में जोते जाते थे और उनका सामरिक महत्त्व था। वृषभ गाड़ियों में और हलों में जोते जाते थे।

वैदिक शिल्प मुख्यतया दारु-शिल्प था, न कि पाषाण-शिल्प या धातु-शिल्प, यद्यपि इन माध्यमों का शिल्प अविदित नहीं था। प्रागैतिहासिक युग से पत्थर के हथियार और औजार बनते थे जिसका स्थान क्रमशः धातु ने लिया- पहले ताँबा और कांसा, पीछे लोहा। यह परिवर्तन वैदिक साहित्य में देखा जा सकता है। आयुधों और उपकरणों के निर्माण मे प्रास्तरिक उपादान की स्मृति वेदों में मिलती है, पर धातु का उपयोग स्पष्ट उल्लिखित है। उदाहरण के लिए इन्द्र का आयुध वज्र कहलाता था, जो परम्परानुसार अस्थि का बना हुआ था। यह सुविदित है कि अस्थि निर्मित अनेक प्रकार के हथियार विभिन्न पाषाण-युगों में प्रयुक्त होते थे। वाशी जो कि बसूले का पूर्वरूप थी, पत्थर की भी बनती थी (अश्मन्मयी)। पर इन उदाहरणों को पूर्वावशेष अथवा पूर्व-स्मृतियाँ मानना चाहिए। धनुष-बाण, ऋष्टि (भाला), परशु आदि हथियारों के पैने या नुकीले भाग में अयस् का प्रयोग उल्लिखित है। 'असि' का अर्थ मुख्यतया छुरी था, उसका युद्ध में भी उपयोग होता था। वर्म अयस्, लोह या रजत का हो सकता था, ऐसा उल्लेख जैमिनीयोपनिषद् ब्राह्मण में मिलता है।

उपकरणों में अनाज काटने के लिए पर्शु, दात्र या लवित्र का प्रयोग होता था, लकड़ी काटने के लिए परशु, मांस काटने के लिए स्वधिति, क्षुर, असि या वज्र का। लकड़ी छीलने के लिए वाशी थी, कूट अथवा घन या वृषारव संभवत: हथौड़ा था। मयूख, शंकु, आणि, शम्या आदि अनेक प्रकार की खूँटियाँ या कीलें थीं। धातु गलाने के लिए भस्त्र या धौंकनी प्रयुक्त होती थी। खाना पकाने के लिए अनेक प्रकार के उपकरणों का उपयोग होता था, अंगारे उठाने के लिए, आग को फूँकने के लिए, चूल्हे पर चढ़ाने के लिए और खाद्य एवं पेय रखने के लिए भाँति-भाँति के बर्तन-अङ्गारावक्षयण, उखा, स्थाली, चमू, चरु, कंस, कुम्भ, चमस, द्रोण आदि थे। ये उपकरण मिट्टी, लकड़ी और धातु तीनों के ही बनते थे। कपड़े बनाने में सुई (सूची, वेशी), कैंची (भुरिज्), करघा (वेमा) आदि का प्रयोग होता था। वस्त्र बनाने में ऊन, चमड़ा तार्प्य और क्षौम का इस्तेमाल होता था। यद्यपि कार्पास का उल्लेख नहीं मिलता तो भी यह चिन्तनीय है कि सामान्यतया वास: अथवा सूत्र का ग्रीष्मोपयोगी उपादान क्या था। सिन्धुघाटी में विदित कपास का वेदों में अज्ञान दुर्बोध प्रतीत होता है। यह सुझाव दिया गया है कि प्राचीन वैदिक युग सिन्धु-सभ्यता से प्राचीनतर था- (सेठना, कर्पास)। वैदिक वेश-भूषा में तीन प्रकार के वस्त्र धारण किये जाते थे- अन्तर्वासक या नीवी, उत्तरीय और अधोवस्त्र के रूप में वासस् और ऊपरी अधिवास जिसमें द्रापि या अत्क शामिल था। उष्णीव या पगड़ी उल्लिखित है और उपानह या जूते भी। वस्त्र सिले और रँगे जाते थे एवं उनमें अलंकरण काढ़े जाते थे और सुनहले आभूषण पहने जाते थे। उषा, रात्रि और सूर्या के वर्णनों में सुसज्जित नारियों का और मरुतों के वर्णन में सुसज्जित योद्धाओं के चमकीले चित्र मिलते हैं।

ऐतरेयब्राह्मण (अध्याय ३०) में शिल्प को आत्मसंस्कृति बताया गया है। उससे मानव-स्वभाव का परिष्कार होता है। शिल्प का प्रतिमान देवशिल्प है जिसका उदाहरण पृष्ठ्यषडह के छह दिन में प्रयुक्त शिल्प नामक शस्त्र है। यह सूक्त नाभानेदिष्ठ द्वारा दृष्ट है। अर्थत: मन्त्रकाव्य ही देवशिल्प है, अन्य शिल्प जैसे हाथी, आदि की प्रतिमाओं का निर्माण या कांसे के पात्र, दर्पण आदि का निर्माण या वस्त्रनिर्माण, स्वर्णकारी या रथनिर्माण ये मानुष शिल्पों के उदाहरण हैं-

देवशिल्पान्येतेषां वै शिल्पानामनुकृतीह शिल्पमधिगम्यते हस्ती कंसो वासो हिरण्यमश्वतरीरथः शिल्पामिति,..........आत्मसंस्कृतिर्वाव शिल्पानि च्छन्दोमयं वा एतैर्यजमान आत्मानं संस्कुरुते। (ऐ० ब्रा०, भाग २, पृ० ७६४)

शिल्पों के प्रवर्तक और अधिष्ठाता देवता त्वष्टा और ऋभु माने गये थे। त्वष्टा को धातुकर्म से और ऋभुओं को दारुकर्म से विशेषरूप से जोड़ने का प्रयत्न किया गया है, पर दोनों ही मूलत: तक्षण से जुड़े थे, जिसकी विधि पत्थर तराशने से लकड़ी तराशने में अथवा व्युत्क्रम से संक्रमित हुई होगी। शिल्पों और शिल्पकारों की लम्बी सूची वाजसनेयिसंहिता में मिलती है। वहीं नाना धातुओं का भी उल्लेख मिलता है- *हिरण्यं च मेऽयश्च मे श्यामं च मे लोहं च मे सीसं च मे त्रपु च मे यज्ञेन कल्पन्ताम्।*

(१८.१३). हिरण्य, सुवर्ण और रजत दोनों का ही वाचक है, अयः लोहा है, श्याम तांबा या कांसा, लोह कालायस या कार्ष्णायस, सीस सीसा या *लेड (Lead)*, त्रपु रांगा (रंग, *Tin*)। श्याम और लोह में कौन ताँबा है, कौन लोहा इस पर वर्णन और व्याख्या, दोनों में ही भेद लक्षित होता है।

वाजसनेयिसंहिता में ही नाना प्रकार के शिल्पियों एवं व्यवसायों के नाम उल्लिखित हैं- सूत, शैलूष, रेभ, रथकार, तक्षा, कुलाल, कर्मार, मणिकार, इषुकार, धनुष्कार, ज्याकार, रज्जुसर्ज, मृगयु, श्वनी, विदलकारी, कण्टकीकारी, पेशस्कारी, नक्षत्रदर्श, प्रश्नी, प्रश्नविवाक, हस्तिप, अश्वप, गोपाल, अविपाल, अजपाल, कीनाश, सुराकार, वित्तध, अनुक्षत्ता, दार्वाहार, परिवेष्टा, पेशिता, वासःपल्पूली, रजयित्री, अश्वसाद, अयस्ताप, अंजनीकारी, कोशकारी, चर्मम्न, धीवर, दाश, कैवर्त, हिरण्यकार, वणिज्, वीणावाद, तूणव, शंखध्म, ग्रामणी, गणक, पाणिन्धम, वंशनर्ती। इस सूची से पता चलता है कि इस युग में जीविका के साधन के रूप में व्यवसायों के क्षितिज आरण्यक जीवन से नागरिक जीवन तक विस्तृत थे। शिकारी, मछुए, लकड़हारे (मृगयु, श्वनी, धीवर, दाश, कैवर्त, दार्वाहार); पशुपालक (गोपाल, अजपाल, अविपाल, हस्तिप, अश्वप), कृषक (कीनाश), भाँति-भाँति के शिल्पी, कुम्हार (कुलाल), चमार (चर्मम्न, कोशकार), लुहार (कर्मार, अयस्ताप), कलवार (सुराकार), बेंत का काम करनेवाले (विदलकारी, कंटकीकारी), तरह-तरह के बढ़ई (तक्षा, रथकार), भाँति-भाँति के आयुधकार- (धनुष्कार, ज्याकार, इषुकार), सोना-चाँदी, जवाहरात आदि काम करनेवाले- (हिरण्यकार, मणिकार), बुनकर, काढ़नेवाले (पेशिता), रँगनेवाले, धोबी (वासःपल्पूली, रजयित्री), गाने, बजाने-नाचनेवाले (रेभ, शैलूष, पाणिध्म, वीणावाद, तूण व शंखध्म), नट (वंशनर्ती), ज्योतिषी और हिसाब करनेवाले (नक्षत्रदर्श, गणक), व्यापारी और महाजन (वणिज्, वित्तध), ग्राम प्रशासक (ग्रामणी)। श्रेणी शब्द मिलता है पर शिल्पीगण के अर्थ में उसका प्रयोग संदिग्ध है।

व्यापार कितना विकसित था, इस पर मतैक्य नहीं है। एक मत के अनुसार उत्तरवैदिक युग में 'आर्यों' का समाज पशुपालन से कृषि की ओर मुड़ रहा था। इस दृष्टि से व्यापार अपनी आरंभिक अवस्था में ही रहा होगा किन्तु सिन्धु सभ्यता का आधार एक विकसित व्यापार पद्धति बतायी गयी है जिसके ह्रास का युग ही उस सभ्यता के पतन का युग था। यदि पूर्ववैदिक युग इस पतन का समकालीन था तो उसकी यायावरीयता समंजस होती है, पर ऋग्वेद में विकसित सामुद्रिक व्यापार के पक्ष का भी इधर प्रबल समर्थन किया गया है। उस दशा में पूर्ववैदिक युग सिन्धु सभ्यता का समकालीन होगा और उत्तरवैदिक युग उसका परवर्ती।

वणिज् और वाणिज 'व्यापारी' के वाचक थे। श्रेष्ठी का उल्लेख ब्राह्मणों में मिलता है। पणि भी व्यापारी थे पर आयुधजीवी थे। उनकी निन्दा मिलती है। वैदिक दृष्टि बराबरी के मोल-तोल की प्रवृत्ति को संकीर्णहृदय का लक्षण समझती है। वह उदारता

और दानशीलता को आदर्श मानती है। व्यापार का माध्यम सम्भवतः सोना-चाँदी था, जिसे हिरण्य अथवा निष्क कहते थे। निष्क एक प्रकार का सिक्का था या नहीं, यह विवादास्पद है। इसमें संदेह नहीं कि गाँवों में व्यापार विनिमयात्मक ही रहा होगा। दूर प्रदेशों से व्यापार सोने-चाँदी के द्वारा ही संभव था। पहले कहा जा चुका है कि वैदिक बस्तियाँ आरण्यक, ग्रामीण और पौर थीं। पुर की व्याख्या कुछ विद्वान् नगर न कर चारों ओर बाड़े से घिरी बस्ती, रक्षात्मक घेराबन्दी या कच्ची या तात्कालिक गढ़ी आदि करते हैं। उनकी धारणा है कि वैदिक युग में शहर नहीं थे। किन्तु यह धारणा उस युग की थी जब यह पता नहीं था कि प्राचीन यूनानी 'आर्यों' की तरह वैदिक आर्य भी एक ऐसे क्षेत्र से परिचित थे, जिसमें नागरिक जीवन का समुचित विकास हो चुका था। यह सही है कि ईसा पूर्व दूसरी सहस्राब्दी में प्राचीन सैन्धव नगर ध्वस्त और लुप्त हो चले थे पर सब प्रकार का नगर-जीवन समाप्त हो गया था, यह नहीं कहा जा सकता। ई०पू० १००० के लगभग हस्तिनापुर और कौशाम्बी की नींव पड़ चुकी थी। इससे कुछ पहले के द्वारका के अवशेष पश्चिमी तट से मिलते हैं। ऐसा प्रतीत होता है कि ई०पू० दूसरी सहस्राब्दी के उत्तरार्ध में सभ्यता के नागरिक केन्द्रों से अलंकृत एक चरण के लोप के बाद क्रमशः दूसरे चरण का धीरे-धीरे उदय हुआ। पश्चिमी एशिया से व्यापार का अवरोध और पूर्वी एवं दक्षिणी जनपदों से व्यापार का विकास इस युगान्तर का कारण हो सकता है। यह स्मरणीय है कि नगर और ग्राम का बहुत बाद तक भी कोई आत्यन्तिक विभेद नहीं माना जाता था। वस्तुतः कृषि प्रधान भारतीय उपमहाद्वीप में कुछ नगरों के उदय को 'नागरिक क्रान्ति' की संज्ञा देना एक परिप्रेक्ष्यात्मक भ्रान्ति है। सुविस्तृत प्राचीन सभ्यताओं में दूर देशों से व्यापार के केन्द्रों का एक सीमित ही महत्त्व होता था। आधुनिक सभ्यता की तरह वे मूलतः औद्योगिक-व्यापारिक या नागरिक नहीं थीं। प्राचीन सभ्यताएँ नागरिक क्रान्ति से उतनी ही दूर थीं, जितनी प्राचीन कारीगरी औद्योगिक क्रान्ति से। श्रम-विभाजन, अतिरिक्त उत्पादन एवं विनिमय की प्रक्रियाओं में तात्त्विक समानता होने पर भी मात्राभेद से युगान्तरकारी परिणाम पैदा हो जाते हैं।

पुर को कच्चा (आमा) भी कहा गया है, अश्ममयी भी और आयसी भी। कच्चे पुर संभवतः लकड़ी के रहे होंगे, अश्ममय पुर, गिरिदुर्ग अथवा अनगढ़ पत्थरों के प्राकारवाले रहे होंगे। आयस पुरों में संभवतः द्वार में अयस् का प्रयोग होता होगा। पिशेल और गैल्डनर का यह अनुमान संगत प्रतीत होता है कि पुर प्राकार और परिखा से युक्त नगर थे, जैसे पीछे मेगास्थनीज ने भारत में देखे। पुरों में एक अथवा अनेक द्वार होते थे। शतपथ में पुर के अन्दर प्रवेश के लिए एक द्वार का उल्लेख है, पर अन्यत्र एकादशद्वार अथवा नवद्वार का भी उल्लेख मिलता है।* शतभुजि अथवा सौ दीवारों वाले पुर की भी चर्चा मिलती है। पालि साहित्य में जिस प्रकार ग्राम, निगम, क्षुद्रनगर और महानगर का भेद मिलता है, उस प्रकार का भेद उत्तरवैदिक साहित्य में नहीं

---

* तु० *अथर्ववेदसंहिता,* ११.४.२२; वही, १०.२.३१

मिलता। गाँवों में भी बाड़ा और द्वार होते थे पर घर कच्चे होते थे। यद्यपि पक्की ईंटों का ज्ञान अग्नि-चयन के विवरणों में स्पष्टतया मिलता है और कदाचित् कुँओं में भी पक्की ईंटों का प्रयोग होता है, जैसा कि यास्क की 'पर्शु' की व्याख्या से प्रतीत होता है, तथापि पुरों में इस प्रकार की ईंटों का प्रयोग सैन्धवोत्तर वैदिक युग में विलुप्त प्रतीत होता है। कच्चे पुर (आमा) का उल्लेख अवश्य ही एक प्राचीनतर वेदविदित युग में, संभवतः सिन्धु-सरस्वती युग में, पक्के पुरों की विद्यमानता को सूचित करता है, किन्तु द्वितीय सहस्राब्दी ई०पू० के अपरार्ध में या वैदिक युग के शेष भाग में ईंटों का स्थान लकड़ियों ने ही मुख्यतया ले लिया था। पुरों के प्राकार और द्वार एवं मकान मिट्टी और लकड़ी के ही बनते थे। लगभग ई०पू० १००० में जिन पुरों का उल्लेख मिलता है, वे हैं- परिचक्रा (एकचक्रा), काम्पिल्य, काशी, कौशाम्बी। कुरुओं की राजधानी का नाम पीछे हस्तिनापुर मिलता है। 'देवानाम्पूरयोध्या' में अयोध्या पुर का नाम है अथवा नहीं, यह संदिग्ध है। गन्धार, कोसल और विदेह की राजधानियों के इस युग में नाम निश्चित नहीं किये जा सकते। प्राचीन गंधार-केकय, कुरु-पंचाल, काशी-कोसल आदि जनपदों में पुरातात्त्विक शोध के और अधिक विकास होने पर ही उत्तरवैदिक युग के भौतिक पक्ष पर समुचित प्रकाश पड़ सकेगा।

गृह-निर्माण में लकड़ी के खम्भे और बल्लियाँ प्रयुक्त होती थीं। उपमित् खड़े आधार-स्तम्भ थे, प्रतिमित् उन्हें सहारा देते थे, परिमित् उनके ऊपर लगते थे जिन पर बाँस की पच्चर और छाजन टिकते थे। बाहरी कमरा सदस् या बैठक होती थी, अभ्यन्तर कक्ष पत्नीसदन था। अग्निशाला घर का अत्यावश्यक अंग थी क्योंकि अग्नि को सतत बनाये रखना उपयोगिता और अनुष्ठान दोनों की ही दृष्टि से आवश्यक था। हविर्धानी गोशाला भी घर के अंग थे। अथर्ववेद का शालासूक्त (९.३) इस संदर्भ में विशेष रूप से द्रष्टव्य है। सब के लिए वरणी शाला के उपमित्, प्रतिमित् और परिमित् के बन्धनों को खोलता हूँ। (शालादान लेनेवाले के लिए)। हे विश्वारे शाले, तुम्हारे बंधन, पाश और ग्रन्थि को गिरा देता हूँ जैसे बृहस्पति वल को मन्त्र से। खींचकर और जोड़कर जो तुम्हारी गाँठें मजबूत की गयी थीं, उन्हें इन्द्र की सहायता से अलग करते हैं, जैसे-कसाई जोड़ों को। हे विश्ववारे, तुम्हारे दोनों पक्षों की बल्लियों और घास के बन्धनों को खोलता हूँ। फूस और चटाइयों की संयोजक सँड़सियों (संदंश) के मानानुकूल बन्धनों को खोलते हैं। तुम्हारे अन्दर जो रमणीय छींके बाँधे गये हैं, उन्हें खोलते हैं, मान (नाप) का पालन करनेवाली कल्याणी वह शाला हमारे लिए उत्थित हो। दे देवी शाले, तुम हविर्धान हो, अग्निशाला हो, पत्नीसदन हो, सदस् हो, देवसदन हो। बड़ेरे से (विषुवत्) फैला सहस्र छिद्रवाला जाल (अक्षु) बँधा है, उसे अलग करते हैं। हे शाले, जो तुम्हें लेता है, जिसने तुम्हें बनाया है, वे दोनों, हे मान-पालयित्री, बुढ़ापे तक जियें। दृढ़ता से बँधी और परिष्कृत वहाँ उसके पास जाओ जिसके लिए तुम्हारे अंग-अंग और जोड़-जोड़ अलग किये हैं। शाले, जिसने तुम्हें बनाया, लकड़ियों को लाकर जोड़ा, जिस परमेष्ठी प्रजापति ने (बनाया) प्रजा के लिए, उसके लिए

प्रणाम, देनेवाले के लिए और शालापति के लिए। नमस्कार अग्नि के लिए, आगे चलते पुरुष के लिए, गायों के लिए, अश्वों के लिए, जो शाला में जन्मते हैं। उत्पादक और संतानवती शाले, तुम्हारे पाश अलग करते हैं, तुम अग्नि के अन्दर ढँकती हो, पुरुषों को पशुओं के साथ। उत्पादक, संतानवती, तुम्हारे पाश अलग करते हैं। आकाश और पृथ्वी के बीच जो फैली हुई है, उस शाला को लेता हूँ। विस्तृत अन्तरिक्ष को मैं खजाने का निधान बनाता हूँ और शालाग्रहण करता हूँ। पृथ्वी में बनाई और स्थापित ऊर्जस्वती और पयस्वती शाले, समस्त अन्नों को धारण करती हुई तुम प्रतिग्रह करनेवाले की क्षति मत करो। घास से ढँकी, चटाइयाँ पहने शाला रात्रि की तरह जगत् को विश्राम देती हैं। नाप से बनायी हुई तुम सुन्दर पैरोंवाली हस्तिनी के समान पृथ्वी पर ठहरी हो। तुम्हारी चटाइयों को अलग करता हूँ, बंधे को खोलता हूँ, वरुण से बँधी को मित्र प्रातः खोले। ब्रह्मा के द्वारा बनायी शाला की, मनीषियों के द्वारा बनायी शाला की, अमर इन्द्र और अग्नि रक्षा करें, सौम्य बैठक की रक्षा करें। घोंसले पर घोंसला, कोश पर कोश, सीधा रखा है, उससे मर्त्य जन्मता है, जिससे सब कुछ उत्पन्न होता है। जो दो, चार, छः, आठ, दस पक्ष (तरफ) वाली शाला बनी है, उस मानयुक्त शाला में अग्नि समाश्रित है, जैसे गर्भ में। पश्चिमाभिमुख अक्षत की ओर मैं पश्चिमाभिमुख होकर आता हूँ। अग्नि और जल अन्दर हैं, वे ऋत के पहले द्वार हैं। रोगमुक्त, रोगनाशक जल ले आता हूँ और अमृत अग्नि के साथ घर में आता हूँ। हमें पाश से मत बाँधो, बोझा हलका करो, हे शाले, तुम्हें वधू की तरह यथेष्ट देंगे। दसों दिशाओं से शाला की महिमा के लिए , देवताओं के लिए स्वाहा। इस सूक्त में 'खोलना' मन्त्रात्मक कार्य प्रतीत होता है, जिससे शाला का हस्तान्तरण किया जा सके।

सिन्धु-सारस्वत सभ्यता और वैदिक सभ्यता की समकालीनता स्वीकार करने पर यह मानना होगा कि उत्तरवैदिक युग में पश्चिमी सामुद्रिक वाणिज्य में ढलने पर और तत्कालीन 'महानगरों' के उजड़ने पर स्वदेशी वाणिज्य के प्रसार के बावजूद पौर-जीवन में ह्रास की प्रतीति होती है और कच्चे एवं लकड़ी के मकानों में ग्रामीण जीवन का प्रचलन ही मुख्यतया विदित होता है। उर्वरभूमि में अल्पायास-साध्य कृषि, पशुपालन, सीमित लघु उद्योगों तथा विनिमय के आधार पर आर्थिक जीवन चलता था। पर समाज का निर्देशन किसानों, शिल्पियों या व्यापारियों के हाथ में नहीं था, राजसत्ता क्षत्रियों के हाथ में थी और समाज का नैतिक, शैक्षणिक और धार्मिक निर्देशन ब्राह्मणों के हाथ में था। चूँकि ब्राह्मण और क्षत्रिय स्वयं उत्पादान कार्य में संलग्न नहीं थे, अतः यह स्पष्ट है कि उनका भरण-पोषण शेष समाज के अतिरिक्त उत्पादन पर निर्भर था। आर्थिक दृष्टि से वे अन्याश्रित सुविधाभोगी थे पर वे न तो महत्त्वपूर्ण सामाजिक दायित्व से शून्य थे, न यह माना जाता था कि उनका आर्थिक जीवन में कोई सहयोग नहीं है। ब्राह्मण धर्म के नेता थे, यज्ञानुष्ठान के पुरोहित, विद्या के संरक्षक और अध्यापक, विधि-विधान के विशेषज्ञ और राजा के परामर्शदाता। दान का प्रतिग्रह उनका विशेष अधिकार था। क्षत्रिय, शासक और राष्ट्र के संरक्षक थे। मूलतः राजा और राजवंशी

अभिजात क्षत्रिय थे किन्तु क्रमशः सैनिक, योद्धा और प्रशासनकर्मी भी अधिकाधिक क्षत्रिय माने जाने लगे। धर्म की मर्यादाएँ समाज में पाली जा रही हैं कि नहीं, इसको देखना राजा का कर्तव्य था। अपराधी को दंड देना राजा का कर्तव्य था। प्रजा से भाग के रूप में कर-ग्रहण उसका अधिकार था। शेष जनता वैश्यों और शूद्रों में विभक्त थी। कृषि, पशुपालन और वाणिज्य वैश्यों के कर्म थे। शूद्रों का विशिष्ट कर्म, सेवा माना जाता था। किन्तु उनमें अनेक प्रकार के शिल्पी और जनजातियाँ शामिल थीं। इस प्रकार ब्राह्मण, क्षत्रिय, वैश्य और शूद्र क्रमशः समाज के धार्मिक, राजनीतिक और आर्थिक क्रियाकलाप के स्तंभ थे।

यह सुविदित है कि इन चार वर्गों का स्पष्ट विभाजन सर्वप्रथम पुरुषसूक्त में मिलता है और ब्राह्मण साहित्य में चार वर्णों की कल्पना स्पष्ट रूप से सामने आती है। पुरुषसूक्त में मानव सृष्टि का कर्म के आधार पर चतुर्धा विभाजन बताया गया है। मन्त्रपाठ, अध्यापन, मन्त्रणा आदि भाषा के प्रयोग और मुख के व्यापार हैं। जैसे शरीर में मुख प्रधान है, ऐसे ही समाज में ब्राह्मण मुख्य हैं। मन्त्र शब्द-ब्रह्म कहलाता है। उसके धारक होने के कारण ही ब्राह्मण आख्या होती है। समाज में ब्राह्मणों की भूमिका का महत्त्व ऐश्वर्य, वैभव अथवा निरंकुशता अथवा विलासिता के लिए पारपत्र नहीं था बल्कि तपस्या के जीवन के लिए था। बुद्धि और ज्ञान, एक निर्देशक किन्तु अभोक्ता और अकर्त्ता तत्त्व हैं। शरीर की रक्षा के लिए बाहु उपयोगी हैं, उनके समान ही क्षत्रियों का समाज में रक्षात्मक कार्य है। यह स्मरणीय है कि विश्व के अन्य समाजों में शासक वर्ग ही प्रधान नेतृत्व का दावा करता रहा है। वैदिक वर्ण व्यवस्था की यह खास बात है कि उसमें राजा के सलाहकार और उपदेशक के रूप में पुरोहित को उससे अलग और ऊँचा स्थान दिया गया है। किन्तु उसको राजा के सत्ता अथवा भोग के अधिकार नहीं दिये गये और न राजा को अपने मनमाने, नैतिक अथवा वैधानिक निर्णयों का अधिकार दिया गया। अन्य समाज व्यवस्थाओं की तुलना में इस व्यवस्था की विशेषता स्पष्ट हो जाएगी। प्राचीन मिस्र में राजा का देवता से अभेद मानकर उसे ही सर्वोच्च धार्मिक अधिकार का केन्द्र माना जाता था। यद्यपि कालान्तर में मंदिरों का पुजारीवर्ग परम्पराओं का संरक्षण करने के कारण प्रभावशाली बन गया था। प्राचीन पश्चिमी एशिया में राजा को देवता का विशिष्ट सेवक और मुख्य पुरोहित माना जाता था। चीन में सम्राट् देवपुत्र था। मध्यकालीन यूरोप में तीन ही वर्ग मुख्य थे जिनमें पुरोहित और शासकों में सत्ता का संघर्ष अंततः शासकों के प्रभुत्व के स्वीकार में समाप्त हुआ। कहीं भी वर्ण व्यवस्था की यह मौलिक धारणा नहीं मिलती कि पुरोहित,सत्ता के विना और राजा धार्मिक नेतृत्व के विना अलग-अलग वर्ग होंगे। वर्ण विभाजन में धर्म और विद्या को सत्ता की विकृतियों से बचाने का एवं सत्ता को निरंकुशता से बचाने का उपाय किया गया है।

समस्त शरीर को धारण करने का भार उरुओं पर टिकता है। वैश्यों के आर्थिक व्यापार इस सामाजिक पोषण के प्रतिनिधि हैं। वैश्यों को समाज के अर्थतंत्र में संलग्न

समुदाय कहा जा सकता है। समाज की अधिकांश जनता इसी वर्ण की थी। शूद्र भी वैश्यों के समान ही सामाजिक शरीर का वहन करने में और गति प्रदान करने में कार्यरत माने जाते थे।

शरीर के अंगों के रूप में कल्पित चारों वर्ण एक प्राणी के अवयवों की तरह से अन्तरंग व्यवस्था का निर्माण करते हैं। जिसमें कार्य भेद की दृष्टि से सब अंगों का भिन्न-भिन्न महत्त्व है। कोई अंग आवश्यक अथवा अनावश्यक नहीं माना गया है। सभी प्राण धारण की दृष्टि से समान महत्त्व के हैं। यह भी ध्यान देने योग्य है कि उत्तरवैदिककालीन वर्ण-व्यवस्था में विशेष बल ब्राह्मणों और क्षत्रियों के कर्तव्य निर्धारण पर है। वैश्यों और शूद्रों के विषय में अधिक चर्चा नहीं है। किन्तु कुछ स्थल ऐसे हैं जिनकी व्याख्या से शूद्रों को धार्मिक, अधिकारों से वंचित बताया जाता है। ऐतरेय ब्राह्मण के एक प्रसिद्ध संदर्भ में वैश्य को '*आद्य*' और शूद्र को '*यथाकामवध्य*' कहा गया है। आद्य अथवा भक्षणीय का अर्थ यही होता है कि वैश्य ही सामाजिक पुष्टि के आधार हैं। *यथाकामवध्य* में वध्य का अर्थ दण्डनीय है, न कि हंतव्य। यह बात सही है कि ब्राह्मणों के कुछ सन्दर्भों में शूद्रों के प्रति अपमान और उपेक्षा व्यक्त करनेवाले कथन मिलते हैं। किन्तु ऐसे भी सन्दर्भ हैं, जिनमें शूद्रों को अन्य वर्णों के समान ही प्रदर्शित किया गया है। शूद्रों के अधिकारों का समर्थन सूत्रकाल में भी बादरि नाम के आचार्य के द्वारा किया गया मिलता है। यह स्मरणीय है कि शूद्रों में शिल्पियों और जनजातियों का निवेश था- जैसे शिल्पियों में रथकार एवं जनजातियों में निषादों का विशिष्ट स्थान उल्लिखित है। पालागल, रथकार, तक्षा रत्नियों में गिने जाते हैं। दूसरी ओर चांडाल और पौल्कस नाम की जनजातियाँ निकृष्ट और हेय मानी जाती थीं।

वर्ण-विभाजन जन्म से था अथवा कर्म से, इस पर विवाद रहा है। प्राचीनकाल में भी एक उदार और सुधारवादी दृष्टिकोण था जो वर्ण-व्यवस्था का आधार गुण-कर्म को ही मानता रहा है। इतना निश्चित है कि पूर्ववैदिक काल में वर्णभेद जन्म से नहीं था। किन्तु उत्तरवैदिक काल में क्रमशः ब्राह्मण पौरोहित्य-व्यवसायी एवं क्षत्रिय राजकुलीन वर्ग के रूप में जन्ममूलक बन रहे थे। किन्तु साथ ही अब न सब ब्राह्मण पौरोहित्य में लगे थे, न सब क्षत्रिय राजकुल से संबद्ध थे। सैन्यकर्म का एक व्यवसाय के रूप में विकास हो रहा था और ऐसे ही नाना विद्याओं के साथ उनके शिक्षकों का तथा राज्य के विस्तार के साथ प्रशासकों एवं राजा के सलाहकारों का। व्यवसाय के विशेषीकरण एवं नाना आंचलिक जातियों के समावेश से समाज का यथार्थ विभाजन चातुर्वर्ण्य के स्थूल विभाजन से अधिक सूक्ष्म और जटिल बनता जा रहा था। वर्ण-विभाजन उस समय का था जब सामान्य जनता से कर्म के आधार पर ब्राह्मणों और क्षत्रियों के दो वर्गों का निर्धारण समाज के व्यवस्थापन के लिए आवश्यक और पर्याप्त लगता था। शास्त्र और शस्त्र की कुलागत शिक्षा के कारण ब्राह्मण और क्षत्रिय अनायास आनुवंशिक बन गये जैसे अन्य शिल्पी और व्यवसायी। इस प्रकार शैल्पिक और नृतात्त्विक भेदों के आधार पर आनुवंशिकता के कारण वर्ण-व्यवस्था के अन्दर जातिव्यवस्था का विकास होने

लगा। उत्तरवैदिक काल मूल वर्ण-व्यवस्था और परवर्ती जाति व्यवस्था का आन्तरालिक युग है। उसमें कर्ममूलक वर्ग अनेक जन्ममूलक जातियों में रूपान्तरित हो रहे थे।

इस परिवर्तन की स्थिति में उत्तरवैदिक साहित्य वर्णों के विषय में सदा एकमत नहीं है। उस समय तक न तो वर्णों की जन्ममूलकता सर्वमान्य हुई थी, न स्त्रियों एवं शूद्रों की वेद में निरधिकारता ही सर्वमान्य थी। काठकसंहिता में आता है-

किमु ब्राह्मणस्य पितरं किमु पृच्छसि मातरम्।
श्रुतं चेदस्मिन् वेद्यं स पिता स पितामहः॥ ३०.२॥

सत्यकाम जाबाल को सत्यवादी होने के कारण ब्राह्मण मान लिया जाता है। राजा जानश्रुति पौत्रायण का सम्बोधन शूद्र मिलता है। रथकार, निषाद, स्थपति एवं शूद्र के याज्ञिक अधिकार के समर्थकों का उल्लेख मिलता है। गार्गी जैसी ब्रह्मवादिनी स्त्रियों का पता चलता है। साथ ही उनके विपरीत मत और शूद्रों की प्रभूत निन्दा भी मिलती है। उन्हें 'चलता फिरता श्मशान' कहा गया है। यह स्मरणीय है कि उत्तरवैदिक साहित्य सामान्य या जन-प्रतिनिधि साहित्य नहीं है। वह पौरोहित्य में लगे ब्राह्मणों का ही अधिकांश में साहित्य है यद्यपि कहीं-कहीं उसमें क्षत्रियों अथवा संसार-त्यागियों की भी बात सुनने में आती है। यह भी स्मरणीय है कि समाज के यथार्थ का प्रतिपादन उसका लक्ष्य नहीं है। उसकी शैली परोक्षप्रिय है, जिसमें रूपकों, प्रतीकों और उपमानों की भरमार है। सादृश्य-विधान के द्वारा ब्राह्मण-ग्रन्थ परोक्ष तत्त्वों का विवरण देना चाहते हैं। इस प्रसंग में वे दृष्ट तथ्यों को तोड़ते-मरोड़ते हैं, जैसा-काव्य-रचना अथवा रहस्य-निर्वचन में बहुधा मिलता है। वे प्रजापति को बंदर के रूप में, सूर्य को घोड़े के रूप में देखते हैं। उनकी शूद्रों के प्रति उक्तियाँ उतनी ही अतिवादी हैं जितनी ब्राह्मणों के विषय में। इस प्रकार की उक्तियों से किसी प्रकार की विधिक-व्यवस्था का यथातथ्य पता नहीं लगाया जा सकता।

इतिहास के अध्येता के लिए यह भी स्मरणीय है कि अद्यावधि कभी सामाजिक वास्तविकता निर्दोष अथवा सर्वथा न्यायसम्मत नहीं रही है। दासता, *सर्फडम*, सर्वहारावर्ग एवं उपनिवेशों अथवा अविकसित देशों का शोषण पश्चिमी समाज के विभिन्न युगों में व्यवस्थागत अन्याय को उजागर करते हैं। भारत में पुरातन जातीय विषमता को दूर करने के लिए एक प्रतिजातीय विषमता स्थापित की जा रही है। साम्यवादी रूस में दमन-चक्र ही आत्मघाती सिद्ध हुआ। हर सामाजिक क्रान्ति में नये समाज के निर्माणकर्त्ता स्वयं अपने को ही सत्ता में प्रतिष्ठित कर लेते हैं। इसका यह अर्थ नहीं है कि दोषों को सहना चाहिए या कि सब व्यवस्थाओं को बराबर समझना चाहिए। दोष-निवारण का प्रयत्न तो एक नैतिक दायित्व है पर प्रत्येक सामाजिक आन्दोलन अथवा क्रान्ति को इतिहास की कचहरी का न्याय मानना उतना ही भ्रान्त है जितना प्रत्येक व्यवस्था को सनातन धर्म की यथावत् प्रतिमूर्ति मानना। ऐतिहासिक

सत्य है कि व्यवस्थाओं में और क्रान्तियों में न्याय और अन्याय नाना मात्राओं में द्वन्द्वात्मक रूप से संश्लिष्ट रहते हैं। इस सतत् धर्माधर्म के कुरुक्षेत्र में वास्तविक विजय के लिए वैसी ही स्वभाव-परावृत्ति चाहिए जैसी अर्जुन से कृष्ण ने चाही थी।

वैदिक सामाजिक आदर्श परम्परा में सनातन धर्म के रूप में माना गया है और उसका प्रभाव चिरस्थायी रहा है। इस आदर्श में तात्त्विक अपूर्णता भी है और व्यावहारिक विसंगतियाँ एवं दोष भी रहे हैं, किन्तु उतने से इसकी अद्‌भुत महिमा निरस्त नहीं होती। धर्म की अवधारणा की मुख्य कमी यह है कि वह मानव स्वभाव और समाज की शाश्वत संरचना की ओर ध्यान देते हुए उसके ऐतिहासिक परिवर्तनों में मानव प्रयत्न की भूमिका की ओर पर्याप्त ध्यान नहीं देती। इस कारण वह सामाजिक परिवर्तन के युग में पुराणपंथी प्रतीत होती है। पर समाज की ऐतिहासिकता पर आग्रह और इतिहास-निर्माण में मानव पुरुषार्थ की भूमिका पर आग्रह एक ऐसी दृष्टि सूचित करते हैं जो ठेठ आधुनिक पश्चिम की उपज है, तात्त्विक दृष्टि से सार्वभौम नहीं है। मानव आदर्श सनातन है या ऐतिहासिक, यह एक विचारणीय प्रश्न है। ऐसे ही शूद्रों पर अत्याचार इस व्यवस्था के अन्दर बढ़ा यह निर्विवाद है, किन्तु इसका धर्म के सनातन आदर्श से कोई आवश्यक सम्बन्ध नहीं है। न धर्म स्वतः विषमताओं को आरोपित करता है। आदर्श के नाम पर स्वार्थ साधने की प्रवृत्ति ही इन विषमताओं की मूल है और यह प्रवृत्ति किसी विशेष देश-काल का लक्षण नहीं है।

पूर्ववैदिक युग में ऋत की मूल नियामक और आदर्श के रूप में कल्पना की गयी थी। जगत् की समस्त रचना और गति एक नियम के अनुसार होती है। मानव आचार और अनुष्ठान भी एक आदर्श प्रतिमान के अनुकरण से ही सफल होते हैं। ऋत ही जगत् का नियामक और मानव कर्मों का आदर्श है। आधुनिक चिन्तन में भौतिक कारणता और नैतिक आदर्शों की साध्यता में आत्यन्तिक अन्तर माना जाता है। भौतिक कारण स्वरूपतः कार्यकारी होते हैं, नैतिक आदर्श ज्ञाततया ही मनोवैज्ञानिक स्तर पर प्रभावी होते हैं। किन्तु प्राचीन अवधारणा में इस प्रकार का आत्यन्तिक भेद नहीं माना जाता था। भौतिक नियम एवं नैतिक नियम दोनों समान रूप से देवताओं अथवा ईश्वर की इच्छा पर निर्भर करते हैं। इस दृष्टि से आनुष्ठानिक अथवा नैतिक प्रमाद अनिष्ट का आपादन एक अनिवार्यता से ही करते हैं, जिससे छुटकारा देवकृपा से ही संभव है।

ऋत और धर्म समानार्थक थे। पूर्ववैदिक प्रयोग में नाना धर्म या विधारक नियम ऋत के अन्तर्गत थे। क्रमशः एक वचन में धर्म शब्द ऋत के स्थान पर प्रचलित हो गया। धर्म अदृष्ट और वेदगम्य अर्थ है, श्रेयस् है, कर्त्तव्य है, चारित्रिक आदर्श है, पुण्य कर्म है, सामाजिक व्यवस्था है और सनातन नियम है। यहाँ 'अर्थ' शब्द अभीष्ट अर्थ अर्थात् सुख का वाचक है किन्तु धर्म के अदृष्ट अर्थात् परोक्ष या अलौकिक होने के कारण यह सुख पारलौकिक है। चूँकि परलोक का ज्ञान मनुष्य को अपनी बुद्धि अथवा अनुभव से नहीं हो सकता, उसके ज्ञान का साधन एकमात्र वेद ही है। वेद धर्म का सनातन ज्ञापक है। मानवीय अभीष्ट विषयों में प्रीतिकर और हितकर विषयों का भेद करना आवश्यक

है। नितान्त अहितकर विषय भी तात्कालिक सुख देकर अथवा इच्छापूर्ति कर प्रिय प्रतीत होते हैं, दूसरी ओर हितकर विषय कभी कड़वी ओषधि के समान अप्रिय भी होते हैं। प्रिय और हित, प्रेयस् और श्रेयस् का विवेक बुद्धि के द्वारा ही संभव है। जहाँ इस जीवन में प्रत्यक्ष भोग के हेतु स्वरूपतः अप्रत्यक्ष हैं अथवा जहाँ इस जीवन के प्रत्यक्ष कर्मों के पारलौकिक फल अप्रत्यक्ष होते हैं, वहाँ लौकिक बुद्धि कर्म और भोग का सम्बन्ध निर्धारित नहीं कर सकती, वहाँ श्रेयस् का ज्ञान वेद के द्वारा ही संभव है। यह मानव श्रेयस् या कल्याण जिसे मनुष्य लौकिक साधनों से नहीं पहचान सकता, धर्म है। संक्षेप में धर्म नैतिक और आध्यात्मिक पदार्थ है।

जहाँ कर्म-फल-सम्बन्ध प्रत्यक्ष अथवा लौकिक बुद्धि का गोचर होता है, वहाँ कर्म की कर्त्तव्यता का निर्णय भी मनुष्य स्वयं कर सकता है कि अमुक फल की प्राप्ति अथवा परिहार के लिए मुझे अमुक कर्म करना चाहिए। किन्तु जहाँ इस प्रकार का ज्ञान संभव नहीं है, वहाँ वेद के निर्देश के अनुसार ही कर्मों का स्वीकार या परिहार करना आवश्यक हो जाता है। इस प्रकार कर्म के क्षेत्र में धर्म विधि और निषेध के रूप में मिलता है। नित्यकर्मों का ज्ञान धर्म के ही रूप में हो सकता है।

चारित्रिक आदर्श अथवा आध्यात्मिक गुण जिनमें सत्य, ज्ञान, तपस, दानशीलता, संयम, दया आदि परिगणित हैं, धर्म का आन्तरिक, नैतिक और मनोवैज्ञानिक रूप है। यज्ञ में हिंसा के अनुमत होने पर भी उसके औचित्य का प्रश्न उठना आरम्भ हो गया था।

श्रेयः प्राप्ति के साधन के रूप में धर्म न सिर्फ कर्म-विधान और चारित्रिक आदर्श उपस्थित करता है बल्कि कर्मलोक के रूप में समाज का उसके कार्यों, सम्बन्धों और भूमिकाओं के निर्धारण के द्वारा व्यवस्थापन करता है। चातुर्वर्ण्य ही समाज की धर्मानुकूल व्यवस्था है जिसमें कार्यों का मूल्यात्मक औत्तराधर्य वर्णों के औत्तराधर्य का आधार बनता है। मूल्यों में एक सहज तारतम्य रहता है और इस कारण वर्णों में तारतम्य को सामाजिक विषमता न समझना चाहिए। यह औत्तराधर्य मानवीय समता का विरोधी नहीं है, यह मानवीय लक्ष्यों और भूमिकाओं का श्रेणीकरण है। ब्राह्मणों को वेदाध्यापन और प्रतिग्रह के विशेषाधिकार के साथ तपस्वी जीवन मिला था, क्षत्रियों को सत्ताधारण और करग्रहण के साथ वीरोचित संघर्षमय जीवन मिला था, वैश्यों को पूँजी के द्वारा धनोपार्जन के विशेषाधिकार के साथ दान-पुण्य का जीवन मिला था, शूद्रों को शिल्प-संधान और स्वच्छन्दाचार के साथ पराधीन परिचर्यात्मक जीवन मिला था। इस व्यवस्था में ज्ञानतंत्र और राजतंत्र, धनतंत्र के ऊपर सनातन धर्म के अनुसार ही रखे गये हैं किन्तु श्रमिकों को इस व्यवस्था में हेय दृष्टि से देखा गया है, जो सनातन धर्म के अन्तर्गत कर्मयोग के विरुद्ध होने से असंगति आपादित करता है।

यह स्पष्ट तौर से माना जाता था कि धर्म सिर्फ प्रदत्त व्यवस्था नहीं बल्कि न्याय है, जो बलवान् और निर्बल को समानता देता है। इस परिभाषा से धर्म विधिक न्याय

और प्राकृतिक न्याय दोनों को ही व्याप्त करता है। इस संदर्भ में धर्म को *यो धर्मः सत्यंवैतत्* कहा गया है।[१२] मानव-स्वभावरूपी अथवा समाज-व्यवस्थारूपी सत्य का वह न्यायात्मक या अवैषम्यात्मक सत्य है। व्यवस्था की दृष्टि से इसका अर्थ है कि कोई वर्ण वर्णान्तर का उत्पीड़न न करे, स्वभाव की दृष्टि से भी नाना मानवीय प्रवृत्तियाँ या गुण परस्पर सामंजस्य रखें। गुण और कर्म के अनुसार वर्ण विभाजन और वर्ण के अनुसार स्वधर्म पालन, ये ही धर्म के मुख्य सूत्र हैं। जन्म से वर्ण-निर्धारण और शूद्रों के साथ वैषम्य का बर्ताव, ये दो चातुर्वर्ण्य के आगन्तुक, पर चिरस्थायी दोष थे।

अनेक विद्वान् चातुराश्रम्य को भी पूर्णतया वैदिक मानते हैं। ब्रह्मचर्य, गार्हस्थ्य और वानप्रस्थ आश्रमों की वैदिकता असंदिग्ध है। वेदाध्ययन के लिए ब्रह्मचर्य और यज्ञानुष्ठान के लिए गार्हस्थ्य वैदिक जीवन-विधा के सारभूत अंग थे। तपश्चर्या, याज्ञिक रहस्यों के अनुसंधान और अन्तर्याग या उपासना के लिए वनों में आश्रम-वास उत्तरवैदिक युग में सुविदित था। किन्तु आश्रम के रूप में संन्यास की स्थिति संदेहास्पद है। मुनि, श्रमण या यति वैदिक युग में विदित थे किन्तु पृथक् आश्रम के रूप में उनका स्वीकार पर्याप्त रूप से प्रमाणित नहीं प्रतीत होता।[१३]

ऐतिहासिक पृष्ठभूमि

पूर्ववैदिक युग जानराज्य का युग कहा जा सकता है। नानाजनों में राजकीय सत्ता विभक्त थी। जन का अर्थ आधुनिक व्याख्याकारों ने Tribe या कबीला किया है, लैटिन 'ट्रिबुस' अथवा ग्रीक 'फुले' का उसे समानान्तर कहा गया है। जन से जुड़े हुए शब्द कुल, गोत्र, ग्राम और विश् थे। विश् कुटुम्बियों के रूप में सामान्य जनता का वाचक था और शासक और शासन में अधिकृत लोगों से पृथक् सामान्य प्रजा का वाचक था। कुल और गोत्र सजातीय समुदायों के भेद थे। ग्राम निवास की प्रादेशिक इकाई थी। जन व्यापक राजकीय इकाई प्रतीत होती है, जन को राष्ट्र का ही आद्य रूप कह सकते हैं। उसमें साजात्यमूलक, प्रदेश-मूलक और राज्यमूलक इकाइयों का ऐकात्म्य था। वह न सिर्फ सजातीय समूह था, न सिर्फ प्रादेशिक इकाई। वस्तुतः एक परम्परागत राजकीय इकाई या राज्य की जनता ही 'जन' का इस समय मुख्य अर्थ प्रतीत होता है। ऋक्संहिता में पाँच जनों का अनेकधा उल्लेख आता है। मिस्र में पुरु, अनु, द्रुह्यु, तुर्वश और यदु या यादव, ये पाँच प्राचीन नाम मिलते हैं। यह ध्यान देने योग्य है कि पौराणिक विवरण के अनुसार ये पाँच ययाति के पाँच पुत्र थे। ऐसा प्रतीत होता है कि जनों के नाम से ही उनके प्रवर्तकों के ये नाम कल्पित हुए हैं। इस तरह के नाम अंग्रेजी में *एपॉनिमस* कहलाते हैं और गोत्र प्रवर्तकों के नामों से तुलनीय हैं। ययाति का नाम ऋग्वेद संहिता में एक प्रसिद्ध प्राचीन यजमान के रूप में आता है, उसे नहुष का पुत्र या वंशज भी कहा गया है। पुराणों के अनुसार ययाति नहुष का पुत्र था और नहुष इला के पुत्र पुरूरवा का वंशज था। ऋग्वेद में भी इला के पुत्र पुरूरवा का उल्लेख है यद्यपि

नहुष के साथ उसका सम्बन्ध उल्लिखित नहीं है।[१४] पुराणों के अनुसार मनु वैवस्वत् के अनेक पुत्र थे जिनमें इक्ष्वाकु, नाभाग, शर्याति, नाभानेदिष्ठ और सुद्युम्न प्रधान थे। इला जो कि कन्या थी, उसे पुराणों में सुद्युम्न से अभिन्न बताया है। ये सभी नाम ऋग्वेद में मिलते हैं। पुराण इनमें इक्ष्वाकु को सूर्यवंश का संस्थापक और ऐल पुरूरवा को चन्द्रवंश का संस्थापक बताते हैं। चन्द्रवंशी ययाति के पूर्वलिखित पाँच पुत्र ही ऋग्वेद संहिता के प्रसिद्ध पाँच जन हैं। इनमें यदु या यादव जन का पीछे पश्चिम की ओर आधिपत्य प्रसिद्ध हुआ, द्रुह्यु जन का गान्धार में, पुरु जन ही पौरव और पीछे भरत कहलाये। भरतों की ही पूर्ववर्ती शाखाएँ कुरु, पंचाल, सृंजय और सोमक कहलाये। अनु अथवा आनवों के निकले हुए जनों में, उशीनर, शिवि, केकय, और मद्रक गिने जा सकते हैं। यादवों से ही सम्बद्ध थे- भोज और चेदि। किन्तु प्राचीन वैदिक युग में भी पंचजन ही जिनमें भरत शामिल थे, मुख्य थे। 'सूर्यवंशियों' में इक्ष्वाकु, युवनाश्व, मान्धाता, पुरुकुत्स और त्रसदस्यु के नाम प्रसिद्ध थे।[१५]

जैसा पहले कहा जा चुका है पूर्ववैदिक युग में इन प्राचीन जनों में उनके प्रसिद्ध राजाओं का क्षेत्र गंगा-यमुना से उत्तर और पश्चिम की ओर फैला हुआ था। इस युग की प्रधान राजनीतिक घटना दाश-राज्ञ युद्ध थी। इसमें सुदास् ने दस राजाओं को पराजित किया था। सुदास् को तृत्सु कहा गया है। वसिष्ठ उनके पुरोहित थे जिनके सहयोग से उन्होंने दस राजाओं पर विजय प्राप्त की थी। सुदास् को पैजवन भी कहा गया है और वह सम्भवत: दिवोदास का पुत्र था। कौन से दस राजा थे? यह निश्चत नहीं है, पर उनमें शिम्यु, तुर्वश, द्रुह्यु, कवष, पुरु, अनु, भेद, शम्बर, वैकर्ण और यदु सम्मिलित प्रतीत होते हैं। उनके सहायकों के रूप में थे मत्स्य, पक्थ, भलानस, अलिन, विषाणिन्, शिव, अज, शिग्रु और यक्षु। इनमें स्पष्ट ही पक्थ, अलिन, भलानस, विषाणिन् और शिव सिन्धु के परे उत्तर-पश्चिम के वासी थे, अनु पूर्व के, तुर्वश यदु और द्रुह्यु पंजाब के और अज, शिग्रु, यक्षु, भेद कदाचित् पूर्व के थे। मुख्य युद्ध रावी के किनारे हुआ था और एक अवान्तर युद्ध यमुना पर। तृत्सु जन का भरतों से क्या सम्बन्ध था, इस पर मतभेद रहा है।[१६]

उत्तरवैदिक काल में भौगोलिक क्षितिज के साथ ही राजनीतिक क्षितिज भी बहुत विस्तृत हो चुका था। जनों का स्थान जनपदों ने ले लिया था। इनका पहले वर्णन किया जा चुका है। यह कहा गया है कि कालक्रम से तृत्सु, भरत और पुरु मिलकर कुरु जनपद में बदल गये। दूसरी ओर क्रिवि ही पञ्चालों के मूल में थे। सृंजय उनसे संबद्ध थे। इस युग में प्रसिद्ध राजाओं की गाथाएँ अश्वमेध के अवसर पर गायी जाती थीं।

पौराणिक वंशानुचरित के अनुसार मनु वैवस्वत से परीक्षित् तक ९५ पीढ़ियाँ थीं। इस गणना से मनु का समय संभवत: ई०पूर्व० ३००० से २५०० के बीच अनुमानित होता है। मनु ऐतिहासिक व्यक्ति थे, इसमें सन्देह किया जा सकता है। उसी प्रकार नहुष अथवा आयु भी सम्भवत: व्यक्तिगत नाम नहीं थे। पुरु, यदु, तुर्वश आदि स्पष्ट ही राजाओं के नाम न होकर जनों के नाम थे, इक्ष्वाकु, ययाति, सुदास्, मन्धाता, पुरुकुत्स,

त्रसदस्यु आदि ऐतिहासिक प्रतीत होते हैं। पौराणिक और वैदिक विवरणों में मौलिक विरोध नहीं है प्रत्युत प्राचीन स्मृतियों के धुँधलके में उनका लक्ष्यालक्ष्य तथ्यों को परवर्ती प्रचलन के सहारे फिर से गढ़ने का प्रयत्न है। सिवाय कुछ राजाओं, युद्धों और जनों के प्रतिध्वनित नामों के, इससे अधिक इतिहास पूर्ववैदिक युग के राजनीतिक जीवन का पता नहीं चलता। प्रायः दो सहस्त्र वर्षों के इस युग में वंशावलियों के पुनरावर्ती इतिहास को आख्यानों और जनश्रुतियों से अलग कर सकना कठिन है। राजनीतिक इतिहास तभी इतिहास बनता है जब वह जातीय संस्थात्मक, भौतिक वर्गात्मक या सांस्कृतिक परिवर्तनों या क्रान्तियों से जुड़ा हो, अन्यथा चाहे प्राचीन मिस्त्री राजवंशों की तीन सहस्त्राब्दियाँ हों, चाहे भारत में तुर्की राजवंशों की तीन सदियाँ हों, वे इतिहास-धारा में सतही आन्दोलन मात्र रहते हैं। राजनीतिक इतिहास का सार कुछ सामान्य राष्ट्रीय विशेषताओं की स्थापना एवं उनके रूपान्तरण में ही पर्यवसित देखा जा सकता है। पूर्ववैदिक युग में राजा जन का नेता था, उससे अपेक्षा थी कि वह शूरवीर, दानी, धर्मप्राण और पौरोहित्य का अनुवर्ती हो तथा धर्म-कर्म के द्वारा देवताओं की कृपा अर्जित कर जन की सुख-समृद्धि को बढ़ाये। ऋग्वेद की ऋचाओं में राजाओं का उल्लेख उनके शौर्य, दान और यजन की कीर्तिगाथा की अनुश्रुति के रूप में मिलता है। राज्य व्यवस्था मात्र राजतंत्रीय नहीं थी और न राजतंत्र निरंकुश था, उसमें जन की महत्त्वपूर्ण भूमिका थी।[१७]

उत्तर वैदिक साहित्य में उल्लिखित परम्पराएं तृतीय सहस्त्राब्दी ई०पू० के मध्य भाग को एक ओर छूतीं हैं तो दूसरी ओर वे ई०पू० दूसरी सहस्त्राब्दी के अन्तिम भाग का स्पर्श करतीं हैं। शतपथ में उल्लिखित कृत्तिकाओं की अविच्युति से लेकर जनमेजय और जनक तक के उल्लेख इस साहित्य में मिलते हैं। पूर्व वैदिक युग के जन जनपदों में बदल चुके हैं, कुरु-पांचाल को केन्द्र बनाकर वैदिक संस्कृति चारों ओर दूर तक सुविस्तृत है जैसा ऐ०ब्रा० से विदित होता है। भौतिक परिस्थिति में लोहे का क्रमशः उपयोग इस युग की विशेषता है। कृषि पूर्णतः विकसित है और अनेक नगरों का अब नामतः उल्लेख मिलता है। विद्याओं का विभाजन और व्यवस्थापन विकसित हो चुका है। चातुर्वर्ण्य की व्यवस्था स्पष्टतया उभरी हुई है और शूद्रों की स्थिति को लेकर एकमत उन्हें वैदिक कर्मकाण्ड से बहिष्कृत करना चाहता है और उनकी सामाजिक हीनता को प्रस्तुत करता है। तीन आश्रम स्पष्ट रूप से विदित हैं और साथ ही मुनियों, यतियों और व्रात्यों का परिचय मिलता है जो इस व्यवस्था से बाहर थे। जहाँ एक ओर यह युग कर्मकाण्ड के विस्तार का था वहीं यह अध्यात्म विद्या के उन्मेष का भी था। राजव्यवस्था पहले की अपेक्षा विकसित हो चुकी है। और साम्राज्य की अवधारणा प्रतिपादित की गई है। ब्रह्म और छत्र के सम्यक् सम्बन्ध को ही राष्ट्र का मूलाधार बताया गया है। समाज-व्यवस्था का आधार धर्म बताया गया है। संक्षेप में भौगोलिक विस्तार और भौतिक प्रगति के साथ उत्तर वैदिक काल विद्या के विकास और धर्म-जिज्ञासा एवं ब्रह्म-जिज्ञासा का था।

पाद टिप्पणी

१. लोहे के संभावित वैदिक संदर्भों के लिए द्र० *वै० इ०*, जि ० १, पृ० ३१-३२; हल्लूर में प्राप्त लोहे की कैलिब्रेटेड रेडियोकार्बन तिथि ई०पू० १००० मानी गयी है। तुलनीय डी०के० चक्रवर्ती, *एन्टिक्विटी*, अंक ५० (१९७६), पृ० ११४-१२४; चक्रवर्ती, *पुरातत्त्व*, (१९८४) अंक १३-१४, पृ० ८१-८५; *रिसेण्ट एडवान्सेज इन इण्डियन आर्कियोलॉजी*, पृ० ७४-८८ में डी०के० चक्रवर्ती का लेख; *डॉन ऑफ इण्डियन सिविलिजेशन*, पृ० ४९४-४९५ में विभा त्रिपाठी का लेख

२. *शतपथ*, २.१.२.३- *एता ह वै प्राच्यै दिशो न च्यवन्ते।*

३. द्र० तिलक, *ओरायान* (१९८४), पृ० ५४-५९, इस प्रश्न की विस्तृत आलोचना के लिए द्र० गोरख प्रसाद, भारतीय ज्योतिष का इतिहास, पृ० ४९-६४; बर्जेस *(अनु०)* सूर्यसिद्धान्त, सेनगुप्त की भूमिका, पृ० XXXII-XXXIII.

४. *कौषीतकि*, १९.३; *वेदांग ज्योतिष*, ५; द्र० गोरख प्रसाद, पूर्वोद्धृत, पृ० ४५; तु० *डॉन ऑव इण्डियन सिविलिजेशन* में एस०एन० झा का लेख- वेदांग एस्ट्रॉनॉमी, पृ० ६९० और आगे

५. उदा० मैक्समूलर, *ऋक्संहिता*, जि० ४, भूमिका; कीथ (अनु०) *ऋग्वेद ब्राह्मणाज*, पृ० ४९, इनके विरुद्ध द्र० गोरख प्रसाद, पूर्वोद्धृत, पृ० ५० और आगे; याकोबी और ओल्डेनबर्ग का इस विषय पर शास्त्रार्थ द्र० *जैड०डी०एम०जी० १८९४-१८९६, क्लाइन*, पृ० ६४३-७४

६. तु० गोरख प्रसाद, *भारतीय ज्योतिष*; शंकर बालकृष्ण दीक्षित, *भारतीय ज्योतिष* (हिन्दी अनु०); तिलक, *ओरायन; फ्राउले, गॉड्स, सेजेज एण्ड किंग्स*, (१९९५)

७. तु० विट्गैन्स्टाइन की टिप्पणी फ्रेजर की *गोल्डेन बाउ* पर द्र० एडवार्ड शैंकर (सं०), *लुडविग विट्गैन्स्टाइन क्रिटिकल एसेसमेन्टस* जि० ४, पृ० १७०

८. तु० ल्यूइस मम्फोर्ड, *मिथ ऑव द मशीन*

९. अथर्ववेद, ८.१०.२४

१०. ऋग्वेद, १०.१०१.६-७, ८.७२.१०

११. *तै० सं०* ५.१.७.३; *तु० कौ०*, १९.३; *तै० सं०*, ७.२.१०.२

१२. द्र० *बृहदारण्यक*, १.४.१४

१३. द्र० गोविन्द चन्द्र पाण्डे, *स्टडीज इन द औरिजिन्स ऑव बुद्धिज्म*, पृ० ३२४ और आगे

१४. द्र० पार्जिटर, *एन्शिण्ट इण्डियन हिस्टौरिकल ट्रेडिशन*, (लन्दन, १९२२), *द पुराण टैक्स्ट ऑव द डाइनैस्टडीज़ ऑव द कलि एज* (चौखम्भा, १९६२); द्र० पार्जिटर के पारम्परिक इतिहास पर लेख- जे० आर० ए० एस०, १९१०, १९१४, तु० *वेदिक एज*, पृ० २७७-७८

१५. *वही*, पृ० २९२ और आगे

१६. *वही*, पृ० २४९-५०

१७. उत्तरवैदिक काल के सामाजिक, राजनीतिक, आर्थिक पक्ष पर विचार विमर्श के लिए सामान्यतः द्रष्टव्य- बेनवेनिस्ट, *इण्डो-यूरोपियन लैंग्वेज एण्ड सोसाइटी*, एस०

सी० भट्टाचार्य, *सम ऐस्पेक्ट्स ऑव इण्डियन सोसाइटी,* (१९७८), ए० एन० बोस, *सोशल एण्ड रूरल इकॉनामी ऑव नार्दर्न इण्डिया,* (१९४५, १९६१), कुमारस्वामी, *स्पीरिचुअल ऑथारिटी एण्ड टेम्पोरल पॉवर इन द इण्डियन थियरी ऑव गवर्नमेन्ट,* (१९७८), डुमेज़िल, *इडियोलॉशी त्रिपार्टीत दे एँदोयोरोपिएन,* (१९५८), फेयरसर्विस, *द रूट्स ऑव एन्शियन्ट इण्डिया,* (शिकागो, १९७५), जी० एस० घुर्ये, *वेदिक इण्डिया,* (१९७९), पोसेल (सं०), *एन्शियन्ट सिटीज ऑव द इण्डस,* (१९७२), सेठना, *कर्पास इन प्रीहिस्टोरिक इण्डिया,* (१९८१), जे० पी० शर्मा, *रिपब्लिक्स इन एन्शियन्ट इण्डिया, लाइडेन,* (१९६८), त्सिमर, *अल्त इनदिशेस लेबेन,* बर्लिन, (१८७९), बी० पी० राय, *द लेटर वेदिक इकोनॉमी,* (१९८५), जी० सी० पाण्डे, *द वेदाज, देअर ऑथर्स एण्ड सिग्नीफिकेंस,* पृ० ५४९-५६४, एस० सी० भट्टाचार्य, *वैदिक सोसाइटी,* पृ० ५६५-५८४, प्रेम सागर चतुर्वेदी- *वेदिक टेक्नोलॉजी,* पृ० ६३७-६६३ और भी द्रष्टव्य-जी० सी० पाण्डे (सं०), *द डौन ऑव इण्डियन सिविलिजेशन,* उदयनारायण राय, *प्राचीन भारत में नगर तथा नगर-जीवन,* (इलाहाबाद-१९९७)

उत्तरवैदिक संहिताएँ एवं ब्राह्मण साहित्य

अथर्वा त्वा प्रथमो निरमन्थदग्ने।

—वा. सं. ११.३२

प्राणो वा वामो वाक् सा, तत् साम।

—जै. उ. ब्रा. ४.२३.३

ऋक् च वा इदमग्रे साम चास्तां सैव नाम ऋगासीदमो नाम साम।

—ऐ. ब्रा. ३.२३

अथर्ववेदसंहिता की शौनकीय शाखा का पाठ ही इस समय अपेक्षया अखंडित और प्रामाणिक माना जाता है। इस पाठ के अनुसार संहिता में २० काण्ड, ७३१ सूक्त और लगभग ६००० मन्त्र हैं। संहिता की विषयवस्तु उसके अनेक प्रसिद्ध नामों से ही पता चल जाती है। स्वयं अथर्ववेद में उसे *अथर्वाङ्गिरसां वेदः* (१०.७.२०) एवं ब्रह्मवेद (१५.६.८) कहा गया है। स्वयं 'अथर्ववेद' इस आख्या का भी अर्थ यही है कि वह अथर्वा का वेद है। यह आख्या गोपथ ब्राह्मण (१.२९) में और पीछे सूत्रों में मिलती है। शतपथ (१३.४.३.८) में अङ्गिरोवेद यह संज्ञा प्राप्त होती है। भृग्वंगिरसों का वेद यह नाम भी गोपथ (३.४) में उपलब्ध है। क्षत्रवेद, यह संज्ञा शतपथ (१४.८.१४.२) में और भैषज्यवेद यह अथर्ववेद *यज्ञं ब्रूमो यजमानमृचः सामानि भेषजा। यजूंषि होत्रा ब्रूमस्ते नो मुञ्चन्त्वंहसः॥* (११.६.१४) में उपलब्ध होती है।

'अथर्वन्' एक प्रकार के पुरोहितों का नाम था। वे विशेष रूप से अग्निप्रज्वालक पुरोहित थे। *अग्निर्जातो अथर्वणा* (ऋ० १०.२१.५) अथवा *यज्ञैरथर्वा प्रथमः पथस्तते* (ऋ० १.८३.५) अथवा *अथर्वा त्वा प्रथमो निरमन्थदग्ने* (वा० ११.३२) आदि

उल्लेखों से स्पष्ट है कि अथर्वा का प्राचीनकाल से ही यज्ञाग्नि से समबन्ध था। अवेस्ता के 'अथ्रवन्' नाम के पुरोहित से उनका सम्बन्ध कल्पनीय है। अरणियों को मथकर उनसे अग्नि को प्रज्वलित करना अवश्य ही एक युग में महत्त्वपूर्ण विशेषज्ञता का कार्य था। आथर्वण पुरोहित इस विशेषज्ञता के प्राचीनतम प्रतिनिधि के रूप में प्रसिद्ध थे। उनके साथ ही अङ्गिरस् और भृगु नाम के पुरोहित भी संयुक्त थे। सम्भवत: अथर्ववेद का मूल अर्थ 'अथर' वाले का वेद था, और 'अथर' शब्द अग्निवाची था। परवर्ती फारसी में आतिश शब्द उससे जुड़ा है, ऐसी कुछ विद्वानों की कल्पना है।*

ब्रह्मवेद शब्द के साथ यास्क की दी हुई अथर्वन् शब्द की निरुक्ति तुलनीय है। यास्क के अनुसार *अथर्वाणोऽथर्वणवन्त:। थर्वतिश्चरतिकर्मा तत्प्रतिषेध:।* (दैवतकाण्ड–११.२.१७) इसका सम्बन्ध मन की निश्चलता अथवा प्राण की स्थिरता के अभ्यास या योग के साथ जोड़ा गया है। जैसे ब्रह्मवेद अध्यात्मविद्या की ओर संकेत करता है ऐसे ही क्षत्रवेद और भैषज्यवेद इस संहिता के राजनीति और आयुर्वेद से सम्बन्ध को सूचित करते हैं।

त्रयी में अथर्ववेद के परिगणित न होने से कुछ लोग यह कल्पना करते हैं कि यह अथर्ववेद संहिता के परवर्ती और मूलत: अप्रामाणिक होने का सूचक है, किन्तु यह भ्रान्ति है। त्रयी का सम्बन्ध श्रौतयज्ञ-विधान से प्रत्यक्ष रूप से था। होता, अध्वर्यु और उद्गाता क्रमश: ऋक्, यजुष् और साम का प्रयोग करते थे। अथर्ववेद का सम्बन्ध पीछे ब्रह्मा के साथ जोड़ा गया है और इसीलिए त्रयी में अथर्ववेद का परिगणन नहीं है। किन्तु इसका यह अर्थ नहीं है कि अथर्वसंहिता में संगृहीत मन्त्र भी परवर्ती हैं। यह सही है कि संहिता में अपेक्षाकृत परवर्ती बीसवें काण्ड को छोड़कर भी लगभग १४ प्रतिशत से अधिक भाग ऋक्संहिता से लिया गया है। बीसवें काण्ड के सूक्त अधिकतर ऋग्वेद से लिये गये हैं। वैसे भी यहाँ और अन्य भागों में ऋक्संहिता से लिये गये सूक्त और मन्त्र अधिकांश में उसके दशम मण्डल अथवा प्रथम और अष्टम मण्डल से लिये गये हैं। इस रचनागत विशेषता से यह अवश्य सिद्ध होता है कि अथर्वसंहिता ऋक्संहिता को अपना उपजीव्य बनाती हुई उससे परवर्ती है। यह बात इससे भो सिद्ध होती है कि अथर्व की देवाख्यान विषयक कल्पनाएँ ऋक्संहिता में पूर्ण अभिव्यक्त प्रतीत होती हैं। अथर्व के सूक्तों और मन्त्रों की शैली ऋग्वेदीय स्तोत्रों से प्राय: भिन्न है। किन्तु यह भेद सम्भवत: कालिक भेद न होकर विषयवस्तु और विनियोग का भेद सूचित करता है।

ऋग्वेदीय मन्त्र प्रसिद्ध श्रौतयागों में प्रयुक्त होते थे। अथर्ववेदीय मन्त्र अधिकतर शांतिक, पौष्टिक आदि संज्ञाओं से अभिधेय काम्य अर्थों की सिद्धि के लिए किये जानेवाले अनुष्ठानों में प्रयुक्त दीखते हैं। आधुनिक पश्चिमी समालोचक अथर्ववेद की मूल प्रवृत्ति जादू, टोना अथवा यातु और अभिचार से जुड़ी मानते हैं। विण्टरनिट्ज़ का

---

* मैंने यह अपने गुरु प्रो० क्षेत्रेशचन्द्र चट्टोपाध्याय से सुना था।

कहना है कि अन्य देशों के जादू-टोने के मन्त्रों के साथ इन मन्त्रों की तुलना की जा सकती है। वे संहिता के मन्त्रों में आध्यात्मिक रहस्य अथवा निगूढ़ तत्त्वों के अनुसन्धान को काकदन्त गवेषणा मानते हैं। यही दृष्टि जो आधुनिक पाठक के लिए अथर्ववेद का महत्त्व प्रागैतिहासिक जादुई संसार के रूप में प्रस्तुत करती है, अधिकांश पाश्चात्त्य विद्वानों की है। अपवाद के रूप में वे यह अवश्य मानते हैं कि अथर्व के कुछ सूक्तों में उदात्त कविता भी मिलती है।

वस्तुतः आधुनिक इतिहासकार प्रागैतिहासिक धर्म और जादू को मिला-जुला मानते हुए उनमें एक अन्तर्गत प्रवृत्ति का भेद स्वीकार करते हैं। धर्म में श्रद्धा, विनय और समर्पण का भाव प्रमुख रहता है, जादू में अपने ज्ञान और शक्ति का अहंकार, जो प्राकृतिक और मानवीय व्यापारों को नियंत्रित करने का दावा करता है। जादू को मिथ्या विज्ञान कहा है। इस दृष्टि से ऋग्वेद की मुख्य प्रवृत्ति धार्मिक और अथर्ववेद की जादुई व्याख्यात हुई है। पर इस प्रकार की व्याख्या में यह भुला दिया जाता है कि काम्य अर्थों के लिए प्रार्थना सभी धर्मों का एक प्रचलित अंग है। जो इतिहासकार धर्म में श्रद्धा नहीं रखता उसे वहाँ जादू देखना अनायास लगता है। आर्ष वैदिक विधान की सफलता उसके अनुष्ठाता अथवा अनुष्ठापक की निजी सिद्धि पर आधारित नहीं है, जैसे जादू-टोने में होती है। आर्ष वैदिक अनुष्ठान भी मन्त्र, देवता और पारम्परिक विधि के आधार पर ही प्रभावी होते हैं। न ये मन्त्र 'अनमिल आखर अरथ न काहू' में निर्दिष्ट शाबर मन्त्र ही हैं। ये उसी प्रकार की प्रार्थनाएँ हैं जैसी अन्यत्र धार्मिक साहित्य में मिलती हैं। आजकल की दृष्टि से टोना, नितान्त अन्धविश्वास और जादू अन्धविश्वास, अपविज्ञान और धोखाधड़ी का सम्मिश्रण है। पारम्परिक दृष्टि से टोना, अदृष्ट शक्ति पर निर्भर करता है और जादू को प्रतारणात्मक एवं क्षुद्र सिद्धि के रूप में माना जाता है। किन्तु परम्परा के अनुसार अथर्ववेद जादू-टोना नहीं है बल्कि मानव अभ्युदय के लिए विद्या, मन्त्र और उपयुक्त विधान है। विद्याओं में मुख्य तीन हैं- अध्यात्मविद्या, क्षत्रविद्या, भैषज्यविद्या।

सायणाचार्य ने कहा है कि त्रयी आमुष्मिक फल देनेवाली है, जबकि अथर्ववेद *ऐहिक* और *आमुष्मिक* दोनों फल को प्राप्त कराता है।[१] आथर्वण कर्मों का विधान ५ सूत्र ग्रन्थों में किया गया है। ये हैं- कौशिक, वैतान, नक्षत्रकल्प, आंगिरसकल्प और शांतिकल्प। इनमें कौशिकसूत्र ही मुख्य संहिताविधि है। इसमें इस प्रकार कर्मों का विधान है- प्रारंभ में स्थालीपाक के विधान से दर्शपूर्णमासविधि, फिर मेधाजनन ब्रह्मचारियों के लिए उपयोगी कर्म। ग्राम, नगर, दुर्ग, राष्ट्र आदि की प्राप्ति के लिए कर्म। पुत्र, पशु, धन, संतान, स्त्री, हाथी-घोड़े, रथ आदि संपदा के साधक कर्म। जनों में ऐकमत्य के स्थापन के लिए, सामंजस्य के स्थापन के लिए और राजकीय उपयोग के लिए कर्म। शत्रु, हाथी आदि के त्रास से जुड़े हुए कर्म। संग्राम में जय के साधक, बाण निवारण के लिए, खड्गादि शस्त्रों के निवारण के लिए, दूसरे की सेना के मोहन, उद्वेजन, स्तंभन, उच्चाटन के लिए, अपने सेना में उत्साह-परिरक्षण के लिए कर्म।

संग्राम में जय-पराजय की परीक्षा के लिए; सेनापति और प्रधान पुरुषों की जय के लिए; दूसरे की सेना के संचरण-प्रदेश में अभिमंत्रित पाश स्थापित करने के लिए; जयार्थी राजा के रथ में आरोहण के लिए और अभिमंत्रित साधनों के लिए; वाद्य बजाने के लिए; शत्रु से नाशित राजा के फिर से अपने राष्ट्र में प्रवेश के लिए और राजा के अभिषेक के लिए कर्म। पाप-क्षय के लिए- निर्ऋतिकर्म, चित्राकर्म, पौष्टिककर्म, गो-समृद्धि के लिए, धनवर्धन के लिए, पुष्टि के लिए, रत्न बाँधने के लिए, कृषि की पुष्टि के लिए, बैलों की समृद्धि के लिए, घर की समृद्धि बढ़ाने के लिए, नये घर बनाने के लिए, आग्रहा़यण उत्सव के लिए कर्म।

जन्मांतर में किये पाप से उत्पन्न रोगों की चिकित्सा विधि-पहले सब बीमारियों के लिए भैषज्य, ज्वर, अतिसार, बहुमूत्र आदि के लिए भैषज्य। ज्वर, अतिसार, बहुमूत्र आदि के लिए भैषज्य। शस्त्र आदि से उत्पन्न रुधिर प्रवाह को रोकने के लिए, भूत-प्रेत-पिशाच, अपस्मार, ब्रह्मराक्षस, बालग्रह आदि के निवारण के लिए, वात, पित्त श्लेषम आदि के लिए भैषज्य। हृद्‌रोग, कामला निवारण के लिए; जलोदर के निवारण के लिए; कंद, मूल, सर्प, वृश्चिक, स्थावर, जंगम विष निवारण के लिए; सिर, आँख, नाक, जीभ, गर्दन, आदि के रोग के निवारण के लिए, ब्राह्मण आदि के शाप के निवारण के लिए, पुत्र आदि के लिए।

स्त्रियों के द्वारा कर्म- सुखपूर्वक प्रसव के लिए, गर्भाधान, गर्भ का दृढ़ीकरण, पुसंवन आदि के लिए, सौभाग्य के लिए।

राजा आदि के क्रोध के निवारण के लिए, अभीष्ट की सिद्धि, असिद्धि के निवारण के लिए, दुर्दिन, अतिवृष्टि के निवारण के लिए कर्म। नदी प्रवाह को स्वेच्छा से करने के लिए, वृष्टि के लिए, धन बढ़ाने के लिए, जुए में जीत के लिए, गाय-बछड़े के विरोध के निवारण के लिए, आत्मशांति के लिए कर्म। स्त्री के पाप लक्षणों के निवारण के लिए, वस्तु के संस्कार के लिए, गृह-प्रवेश के लिए, ग्रह-शांति विधि, दुष्प्रतिग्रह के दोष निवारण के लिए, दु:स्वप्न के निवारण के लिए, बच्चे के दुष्टग्रह के निवारण के लिए, ऋण मोचन के लिए, दु:शकुन की शांति के लिए कर्म।

अभिचार सम्बन्धी कर्म: दूसरे के किये हुए अभिचार के निवारण के लिए। स्वस्त्ययन कर्म, आयुष्य कर्म, जातकर्म, नामकरण, चूड़ाकरण, उपनयन आदि एकाग्नि-साध्य काम्ययाग, २२ संचयन, हिंस्र पशुओं का शमन, आवसथ्य का आधान।

पितरों के कर्म- श्राद्ध, मधुपर्क, धूल, रुधिर आदि की वर्षा, यक्ष-राक्षस आदि का दर्शन, भूकम्प, धूमकेतु, ग्रहण आदि उत्पातों की शांति। आज्यतंत्र की विधि, अष्टकाकर्म, इंद्रमह और अंत में अध्ययन विधि।

वैतानसूत्रों में दर्शपूर्णमासादि त्रयीविहित कर्मों में चारों ऋत्विजों के कर्त्तव्यों का प्रतिपादन है। नक्षत्र-कल्प में नक्षत्रों की पूजा, होम आदि अद्‌भुतों की महाशांति आदि।

अमृतादि और अभयांत ३० महाशांतियाँ। आंगिरस-कल्प में अभिसार कर्म से जुड़े अनुष्ठान निर्दिष्ट हैं। शांति-कल्प में वैनायक ग्रह से गृहीतों के लक्षण और उनकी शांति, आदित्यादि ९ ग्रहों के यज्ञादि।

राज्याभिषेक के लिए आवश्यक बातें इन कल्पों में नहीं कही गई हैं। किन्तु सायण ने उनका उल्लेख किया है, ये सारे अनुष्ठान ३ प्रकार के होते हैं- नित्य, नैमित्तिक, काम्य। इन कर्मों में जातकर्म आदि नित्य हैं, उत्पातों का निवारण आदि नैमित्तिक है, काम्य है- आभ्युदयिक कर्म। इन कर्मों का प्रयोग बस्ती के बाहर पूर्व या उत्तर प्रदेश में नदी, तालाब आदि के किनारे करना चाहिए, ऐसा विधान है। किन्तु नित्य कर्मों का यह विधान है कि वह घर में करना चाहिए। आभिचारिक कर्म गाँव से बाहर दक्षिण की ओर कृष्णपक्ष में अनुष्ठेय है।

अथर्ववेदसंहिता का विचारों और भावों का बना वातावरण ऋक्संहिता और यजुष्संहिता से स्पष्ट रूप से भिन्न है। ऋक्संहिता में तीन लोक इस तरह से सम्बन्धित हैं कि पृथ्वी पर रहनेवाला मनुष्य स्वर्गाभिमुख होकर श्रौतयागों में प्रवृत्त होता है। उसका दिग्दर्शक अग्नि स्वयं स्वर्य प्रकाश का पार्थिव प्रतिनिधि है। नाना देवताओं की महिमा में कीर्तित सूक्त उसी प्रकार से स्वर्य अभीप्सा से अनुप्राणित हैं, जैसे किसी ऊँचे कैथेड्रल के अन्दर प्रार्थना के गीत। यदि ऋग्वेद-संहिता में देवताओं का चिन्तन, आख्यान और आवाहन का वातावरण है तो यजुर्वेद-संहिता में कठोर और सूक्ष्म नियमों से बँधे अनुष्ठानों का वातावरण है। यज्ञ के लिए दूध चाहिए, उसके लिए गाय को दुहना, बछड़े को हटाना, बछड़े को हटाने के लिए छड़ी चाहिए, छड़ी के लिए टहनी कटनी है, पेड़ से टहनी काटते समय काटनेवाले का मन क्या होना चाहिए इसके लिए मन्त्र-विधान से यजुष्-संहिता का आरम्भ होता है।[२] आथर्वण-संहिता का वातावरण न स्वयंज्योतियों के स्तवन का है, न बृहत् और जटिल श्रौत कर्मकाण्ड का है। उसका वातावरण पार्थिव, आभ्युदयिक और ऐहिक है। मनुष्य भू-लोक में जीवन बिताते हुए जिस सामाजिक, आर्थिक, प्राकृतिक परिवेश के नियंत्रण के द्वारा अभ्युदय प्राप्ति के लिए सचेष्ट रहता है, वही संसार अथर्वसंहिता का है। वहाँ ज्योतिर्मय सत्ताओं के कीर्तन के स्थान पर पृथ्वी का कीर्तन है। पृथ्वी सूक्त ही न्यायसंगत रूप से अथर्ववेद का प्रतिनिधि सूक्त माना जा सकता है। मानव जीवन के सभी पक्ष भौतिक, सामाजिक, राजनीतिक यहाँ निदर्शित हैं। गृह-निर्माण, कृषि का उन्नयन, व्यापार के मार्गों का गाहन, रोग निवारण, राजा का वरण, निरापद जनपद की स्थापना, स्त्री-पुरुष का प्रेम, ब्रह्मचारी की विद्योपासना, आत्मवेत्ता की अन्तर्यात्रा इन सभी पक्षों को लेकर आथर्वण सूक्त मिलते हैं।

अध्यात्मविद्या और ब्रह्मविद्या अथर्वसंहिता में मात्र देवविद्या को अभिभूत करके प्रतिष्ठित है। ऋक्संहिता के सजीव देवता यहाँ अब नाम मात्र बन गये हैं। सृष्टि का मूल ब्रह्म है, जिसे वेन या हिरण्यगर्भ के रूप में प्रतिपादित किया गया है। देवता उसी के नाम हैं, या आंशिक रूप या विभूतियाँ हैं। यह परम सत्ता ही विश्व में सर्वत्र व्याप्त

है और मानव-हृदय में भी। किन्तु इस सर्वात्म, सर्वव्यापी विश्वसर्जनी शक्ति को परवर्ती निवृत्ति-साधना के सन्दर्भ के नहीं देखा गया है। यह सत्ता सब लोक में व्याप्त है और इसका ज्ञान और इसकी कृपा समस्त मानव जीवन के उन्नयन में समर्थ और आवश्यक है। जिस मन्त्र से यजुर्वेद का चतुर्थ अध्याय आरम्भ होता है वह मन्त्र अथर्ववेद में सर्वत्र स्वीकृत है।

समाज का नियन्त्रण राजव्यवस्था के अधीन है, यह एक सुविदित तत्त्व है। अथर्व में प्रजा के द्वारा राजा के वरण का विधान किया गया है। किन्तु राजा प्रजा का नेता है, कठपुतली नहीं। सामान्य जनता अपने विशिष्ट प्रतिनिधियों को जिन्हें 'राजकर्त्तारः' कहते थे, उनके द्वारा राजा का वरण और अभिषेचन करती थी और वे उसके शासन को सफल बनाते थे। सेना और उसके द्वारा जनपद की सुरक्षा, राजव्यवस्था के महत्त्वपूर्ण अंग थे और इन सभी दिशाओं में अथर्वसंहिता के मन्त्र विधान करते हैं, परामर्श देते हैं और मानवीय अभ्युदय के लिए सर्वत्र व्याप्त लोकोत्तर शक्तियों का आह्वान करते हैं। यही अथर्वसंहिता का क्षात्रवेदात्मक रूप है।

चरक के अनुसार अथर्ववेद में दान, स्वस्त्ययन, बलि, मंगल, होम, नियम, प्रायश्चित, उपवास और मन्त्र आदि के द्वारा चिकित्सा का विधान किया गया है।[३] रोग क्या है? उसका कारण क्या है? कैसे उसका निवारण हो? यह भैषज्य की सनातन समस्या है। अथर्व की दृष्टि से स्वास्थ्य मनुष्य के सहज जीवन का सन्तुलन है जिसे वह ऋत के अनुसार देव-प्रेरणा से जीता है। यह पुराना वैदिक आदर्श था कि हम उतनी आयु जियें जितनी देवेच्छा से विहित है। इसे सौ वर्ष माना जाता था *जीवेम शरदः शतम्*। किस कारण मनुष्य की मृत्यु होती है अथवा वह रोगी होकर दुःख पाता है, इसमें जीवनविधि की असहजता के अतिरिक्त बाहरी हेतु कारण होते हैं। शस्त्राघात आदि स्पष्ट ही बाहरी कारण हैं, जैसे कि शाप और अभिचार हैं। इनके अतिरिक्त अथर्वसंहिता में विष और क्रिमियों को विशेष रूप से रोग का कारण बताया गया है और उनके लिए बहुत से साधन कहे गये हैं। क्रिमि पृथ्वी, अन्तरिक्ष और द्युलोक, पर्वत, वन, जल आदि में एवं आँतों, व्रण आदि में रहते हैं और शरीर में प्रवेश कर रोग उत्पन्न करते हैं। ''पर्वत आदि में रहनेवाले क्रिमि व्रण के मार्ग से या खान-पान से हमारे शरीर में प्रविष्ट होते हैं। मन्त्रों से वे नष्ट किये जा सकते हैं'' (अथर्व० २.३१.४-५) सूर्य की किरणों से भी क्रिमियों का नाश होता है और ओषधियों से भी।

बहुत सी वनस्पतियों और ओषधियों का उल्लेख किया गया है। फल से युक्त पौधे वनस्पति कहलाते हैं। फूलों और फलों से युक्त वानस्पत्य जिनका फल आने पर नाश हो जाता है, वह ओषधियाँ हैं और जिनमें प्रतान विकसित होते हैं, वह वीरुध् हैं। बाद में चरकसंहिता में इन ओषधियों में कुछ पहचानी जाती हैं, कुछ नहीं। परिचित ओषधियों में पिप्पली, अपामार्ग, कृष्णपर्णी, रोहिणी, अश्वत्थ, निग्रोध, अर्जुन, अजश्रृंगी, हराटकी, तीक्ष्णश्रृंगी आदि का उल्लेख मिलता है। श्यामा, रामा, कृष्णा, असिक्नी इनका प्रयोग किलास या कुष्ठ रोग में होता था। जिन रोगों की चिकित्सा का

अथर्ववेद में उल्लेख आता है, उनमें ज्वर, राजयक्ष्म, जलोदर, अर्श, जम्भ (जिसमें जबड़े जकड़ जाते हैं), अतिसार, हृद्रोग (पीलिया) आदि हैं। व्रण, अस्थिभंग, रक्तस्राव आदि का उपचार भी उल्लिखित है। रसायन और वाजीकरण एवं विषनाशन के उपाय भी कहे गये हैं। शरीर के अंगों का ज्ञान भी अनेकत्र मिलता है। संक्षेप में आथर्वण भैषज्यवेद में रोग-निवारण के लिए मन्त्र और ओषधियों का संयुक्त प्रयोग मिलता है।

प्रथम काण्ड में ३५ सूक्त और १५३ मन्त्र हैं। पहले सूक्त के ऋषि अथर्वा और देवता वाचस्पति हैं। उसका तात्पर्य मेधाजनन है, सूक्त इस प्रकार है—

जो २१ (*त्रि-षप्ताः*) विश्वरूपधारी परिक्रमण करते हैं।
उनकी मूर्तियों के बलों को वाचस्पति आज मुझे दें॥ १॥

हे वाचस्पति, दिव्य मन के साथ फिर आओ।
हे वसुपति, अन्दर ही स्थिर करो, मुझ में ही विद्या बनी रहे॥ २॥

यहीं तानो जैसे धनुष की प्रत्यंचा को दोनों कोटियों तक।
वाचस्पति नियमित करें, मुझ में विद्या बनी रहे॥ ३॥

वाचस्पति बुलाये गये हैं, वे हमें बुलायें।
हम विद्या से जुड़े रहें, उससे अलग न हों॥ ४॥

इस सूक्त में २१ परिव्राजक कौन हैं, इसकी अनेकधा व्याख्या हुई है। ह्विटनी के अनुसार यह संख्या निरर्थक है किन्तु त्रि-षप्त करने से यह प्रतीत होता है कि त्रिगुणित सात तत्त्व या शक्तियों का यहाँ उल्लेख है। तीन लोक और सात लोक प्रसिद्ध हैं, उनमें जितनी भी शक्तियाँ समस्त रूपों में प्रकट हैं, वे सभी यहाँ अभिप्रेत हैं। प्रत्येक मूर्ति या रूप के साथ एक विशिष्ट शक्ति जुड़ी रहती है। उन सभी शक्तियों को वाचस्पति की कृपा से अपने में यहाँ आवाहित किया जा रहा है। विशेष रूप से यह प्रार्थना की जा रही है कि सुनी हुई विद्या की धारणा बनी रहे। सीखे-सुने का मन में विधारण मेधा कहलाती है। वाचस्पति दिव्य मन से उसका वर दें, यही प्रार्थना है।

देवेन मनसा में दिव्य मन ध्यान देने योग्य है। ज्ञान की धारा दिव्य मन से मानव मन तक पहुँचती है, यही गुरु-शिष्य की पारमार्थिक जोड़ी है। दूसरी उपमा धनुष की कोटियों के बीच तनी प्रत्यञ्चा से की गयी है जो कि एक अद्‌भुत उपमा है। इसमें परम्परा की अविछिन्नता और तनाव दोनों का ही एक साथ बोध होता है।

यद्यपि इस मन्त्र का विनियोग मेधाजनन के लिए कहा गया है, किन्तु सायण का कहना है- आथर्वण मन्त्र सिद्ध मन्त्र हैं, उनकी शक्ति अपरिमित है। यह दिखलाने के लिए इस आदिसूक्त का सब कर्मों में उपलक्षण के रूप में विनियोग सूत्रकार ने कहा है। उसका उपयोग ब्रह्मचारी के लिए भी होता है और राजा के अभिषेक में भी।

दूसरे सूक्त का अनेकधा विनियोग बताया गया है। संग्राम में विजय के लिए; रोग निवारण के लिए और पुष्पाभिषेक में भी इसका विनियोग है—

हम जानते हैं शर के पिता पर्जन्य को जो प्रभूत पुष्टि का आधायक है।
हम जानते हैं उसकी माता पृथ्वी को जिसके बहुत से रूप हैं॥ १॥

हे प्रत्यञ्चे, हमें छोड़कर तुम सधो, हमारी देह को पत्थर बनाओ
दृढ और विस्तृत, शत्रुओं को दूर करो॥ २॥

धनुष से चिपटी और प्रस्फुरित प्रत्यञ्चा चमकीले शर को जब टंकारती है।
द्योतमान हंस (शर) को हे इन्द्र! हमसे दूर रखो॥ ३॥

जैसे आकाश और पृथ्वी के बीच में वेणु ठहरता है,
ऐसे ही रोग और आस्राव के बीच में मूँज ठहरे॥ ४॥

इस सूक्त में प्रत्यञ्चा और धनुष के चिपटने के स्थान पर वृक्ष और गायों के चिपटने का उल्लेख है जो कि अतिशयोक्ति अलंकार का उदाहरण है और श्लेषमूलक है।

अन्तिम ऋचा में 'तेजन' शब्द 'वेणु' और 'बाण' दोनों का वाचक है। 'वेणु' बाण के लिए है और 'मूँज' सम्भवत: मौञ्जी प्रत्यञ्चा अथवा 'नरकुल' का वाचक है। आस्राव को मूत्र प्रकोप अथवा अतिसार बताया गया है।*

जैसे पहले सूक्त में धनुष के कोनों और डोरी के बिम्ब से गुरु और शिष्य का सम्बन्ध रूपित है, ऐसे ही दूसरे सूक्त में धनुष, डोरी और बाण के बिम्ब से माता-पिता और पुत्र बिम्बित हैं। पर्जन्य और पृथ्वी के विशेषण भी पिता और माता के लक्षण व्यक्त करते हैं।

काण्ड-१

सूक्त-१.३ : इसका विषय भी रोग-निवारण, विशेषतया अवरुद्ध मूत्र का मोचन है। वेशन्ती या कैथीटर के प्रयोग का इसमें उल्लेख है।

सूक्त-१.४-६ : ये आप: देवता के लिए हैं और ऋक्संहिता से लिये गये हैं। इनका प्रयोग अनेकधा होता था।

जलदेवता मातृवत् है, वह मधुमयी है,
'जल में अमृत है, जल में भेषज है'॥

---

* मूँज की सींक का प्रयोग कैथीटर की तरह होता था।

सूक्त-१.७ : पूरा सूक्त यातुधान के नाश के लिए है-

> **हे अग्नि, तुम उस जादू टोनेवाले को यहाँ उठा लाओ**
> **वह अपना नाम बताये।**
> **हे देव, तुम पूजित होकर दस्यु के हन्ता रहे हो॥**

सूक्त-१.८ :

> **यह हवि यातुधानों को उठा ले जैसे नदी फेन को।**
> **अपने आपको विज्ञापित करते हुए यह स्त्री या पुरुष को जिसने यह किया है॥**

सूक्त-१.९ : विजय की प्रार्थना-

> **इसमें वसु का वसु धारण करें, इन्द्र, पूषा, वरुण, मित्र, अग्नि।**
> **इसे आदित्य और विश्वेदेवाः धारण करें ऊर्ध्व उत्तरज्योति (उत्कृष्ट प्रकाश)॥**

सूक्त-१.१० : पाश विमोचन के लिए-

यह असुर (= महाबली) देवताओं पर शासन करता है क्योंकि राजा वरुण के आदेश सत्य होते हैं।

> **मन्त्र के शंसन से मैं इस पुरुष को उसके उग्र कोप से उठा लेता हूँ,**
> **हे राजा वरुण, तुम्हारे मन्त्र को प्रणाम! तुम सब मक्कारों को पहचानते हो।**
> **मैं और सहस्त्रों को तुम्हारी ओर ठेलता हूँ,**
> **यह १०० वर्ष जिये।**

सूक्त-१.११ : यह स्त्री की सुखपूर्वक प्रसूति के लिए है-

> **इस प्रसूति में हे पूषा, अर्यमा जानकार होता के रूप में तुम्हारा वषट्कार करें**
> **ऋतप्रजाता नारी अपनी संधियों को शिथिल करे**
> **और प्रसूति के लिए अंगों को खोले॥**

सूक्त-१.१२ : यक्ष्म नाशन के लिए है-

जो प्रथम जरायुज कपिलवर्ण वृषा है
और जो गरजता (हुआ), तूफान में चमकती, वर्षा के साथ आता है।
वह ऋजुगामी हम पर कृपा करे,
जो एक बल को त्रिधा तोड़ता हुआ विक्रमण करता है॥ १ ॥

टिप्पणी—यहाँ विद्युत् का वर्णन है, जिसकी चमक त्रिशूल की तरह त्रिधा हो जाती है।

अंग-अंग में जलन के साथ घुसे हुए
तुमको प्रणाम करते हुए हम हवि प्रदान करते हैं।
अंकुश का, सींके का हवि से उपाय करते हैं
जिनसे पकड़नेवाले ने इसके जोड़ों को पकड़ा है॥ २ ॥

सिरदर्द और खाँसी इसे छोड़े
जो इसके अंग-अंग में जकड़े हुए हैं।
जो बादल से उत्पन्न हुआ, तूफान से उत्पन्न हुआ वह बल,
वनस्पतियों का संगी-साथी वन और पर्वतों का॥ ३ ॥

मेरा ऊपर का गात्र नीरोग हो,
नीचे का नीरोग हो।
मेरे चारों अंग नीरोग हों
समस्त शरीर मेरा नीरोग हो॥ ४ ॥

टिप्पणी— इस सूक्त में ऐसे ज्वर का उल्लेख है जिसमें जोड़ों में दर्द, सिर दर्द, खाँसी तथा अंगों में जलन होती है। इसका निदान वात और कफ के प्रकोप के रूप में संकेतित है और बिजली, तूफान और बारिश के मौसम में रोग के बढ़ने का संकेत है। रोग का इसमें प्रार्थना के द्वारा उच्चाटन है और आरोग्य का संकल्प है।

सूक्त-१.१३ : यह विद्युत् विषयक है-

बिजली के लिए नमन,
नमन कड़कनेवाले के लिए।
नमन तुम्हारे वज्राश्म के लिए,
जिसे अनुष्ठान-कृपण पर तुम फेंकती हो॥ १ ॥

प्रवत् (ऊँचाइयाँ) की सन्तान तुम्हें नमन हो,
जहाँ से तुम ज्वाला बटोरती हो।
हमारी देहों पर कृपा करो,
सन्तति पर सुख-सौभाग्य बरसाओ ॥ २ ॥

प्रवत् के नपात् तुम्हें नमन ही हो,
तुम्हारे अस्त्र और ज्वाला के लिए हम नमन करते हैं।
तुम्हारा वह परम धाम जो गुहाहित है उसे हमने जाना,
समुद्र की अन्तर्निहित नाभि या केन्द्र में ॥ ३ ॥

विश्वे देवताओं ने तुम्हें ऐसा बनाया है,
प्रहार के लिए धृष्णु (दुर्धर्ष) बाण को बनाते हुए।
वह तुम यज्ञशाला में स्तूयमान हम पर क्षमा और दया करो,
ऐसे तुम्हारे लिए हे देवि! हमारा नमन हो ॥ ४ ॥

टिप्पणी—इस सूक्त में काम्यार्थ के लिए विनियोग स्पष्ट नहीं है किन्तु विद्युत् को सम्बोधित कर सजीव काव्य की प्रस्तुति है, जो प्रकृति में दिव्यशक्ति का अनुभव करते हुए प्रार्थना से अभिन्न है।

सूक्त-१.१४ : यह कुलरक्षिणी कन्या के विषय में है। इसकी एक व्याख्या के अनुसार यह कन्या के वरण और उसके विवाह की स्वीकृति से जुड़ा संवाद है, किन्तु दूसरी व्याख्या के अनुसार यह कन्या के ऊपर शाप है।

मैं इसका सौभाग्य और तेज लेता हूँ,
जैसे वृक्ष से माला।
जैसे विस्तृत तल में पर्वत,
ऐसे यह चिरकाल तक पितृकुल के मध्य बैठी रहे ॥ १ ॥

हे राजन्! (वरुण) तुम्हारी यह कन्या,
हे यम! यह वधू निधुत हो।
वह माता के घर में बँधी रहे,
और भाई के और पिता के ॥ २ ॥

यह कुलरक्षिणी शोभित हो,
इसे तुम्हारे लिए देते हैं।
चिरकाल तक पितृगण के बीच में रहे,
सिर के ढँकने तक ॥ ३ ॥

असित के मन्त्र से
कश्यप के और गय के।
जैसे थैले के अन्दर
ऐसे में तेरे भाग को बाँध लेता हूँ॥ ४॥

टिप्पणी—उक्तियाँ कन्या के पक्ष-विपक्ष दोनों ओर से दिखायी देती हैं अतएव समूचा अभिप्राय स्पष्ट नहीं हो पाता।

सूक्त-१.१५ : यह सामान्यतया पुष्टि कर्म के लिए है-

नदियाँ साथ बहें,
साथ पवन और पक्षी।
इस मेरे यज्ञ का प्रतिदिन सेवन करें,
संस्राव्य हवि से मैं हवन करता हूँ॥ १॥

सूक्त-१.१६ : यह शत्रुबाधन के लिए है-

जो अमावास्या की रात को उठते हैं राक्षसों के झुण्ड,
यह यातुघातक अग्नि,
झट-पट हमारी वकालत करे॥ १॥

वरुण ने सीसे के लिए कहा,
सीसे के लिए निकट अग्नि ने।
इन्द्र मुझे सीसा दे
क्योंकि वह जादू-टोने को भगानेवाला है॥ २॥

टिप्पणी—'तुरीयः' का अर्थ चतुर्थ करने पर उसकी कोई संगति नहीं बैठती। सीसे को उच्चाटन के इस प्रयोग में महत्त्व दिया गया है, यह ध्यान देने योग्य है।

सूक्त-१.१७ : इस सूक्त का प्रयोग रुधिर को बहने से रोकने के लिए धमनीबन्धन के रूप में कहा गया है-

वे जो नारियाँ चलती हैं,
लाल कपड़े पहने शिराएँ
जैसे विना भाई की बहनें,
वे अपनी तेजस्विता रोक कर ठहर जायें॥ १॥

नीचे की ओर से तुम ठहरो,
परे भी ठहरो।
बीचवाली भी तुम ठहरो, सबसे छोटी ठहर गयी है,
जो बड़ी धमनी है वह भी रुक जाय॥ २॥

सौ धमनियाँ और हजार शिराएँ,
मध्यमा ठहर गयी है।
बीच में रुक गयी हैं,
साथ ही पर्यन्त भाग में ठहरी है॥ ३॥

तुम्हारी वह सिकतावती और बृहती धनु ने परिक्रमा कर ली है,
ठहर जाओ स्वस्ति के लिए॥ ४॥

टिप्पणी—यहाँ शिरा और धमनी का भेद स्पष्ट है। सम्भवत: रक्त-प्रवाह के चक्र का भी। सिकता और धनु का अर्थ *सैण्ड बैंक* करना या रेतीली थैली करना ठीक नहीं प्रतीत होता। धनु के उल्लेख से और परिक्रमा के उल्लेख से शायद रक्त का संचार संकेतित है। रक्त बाहर न बहे अपितु धनुषाकार मार्ग से प्रवाहित होता रहे, यह तात्पर्य है।

सूक्त-१.१८ : अलक्ष्मी नाशन का सन्दर्भ है

सूक्त-१.१९-२१ : शत्रु निवारण

सूक्त-१.२२ : हृद्रोग- कामला नाशन का सन्दर्भ है-

सूर्य के पास हृदय की जलन जाय,
और तुम्हारा पीलापन।
रोहित रंग से,
हम तुम्हें ढँकते हैं॥ १॥

रोहित वर्ण से तुम्हें दीर्घायु के लिए रखते हैं।
अब यह अक्षत हो, इसका पीलापन दूर जाय॥ २॥
इत्यादि......

टिप्पणी—यह झाड़ने-फूँकने का मन्त्र है।

सूक्त-१.२३ : श्वेत कुष्ठनाशन के लिए-

रात में पैदा हुई, हे ओषधी! सुन्दर
कृष्णवर्ण काली हे रात्रि! इसे रंगों
कुष्ठ की सफेदी को।।
इत्यादि....

सूक्त-१.२४ : श्वेतकुष्ठ नाशन

पहले उत्पन्न जो सुपर्ण उसके तुम पित्त थे।
युद्ध में जीती आसुरी ने वनस्पतियों का रूप बनाया॥ १॥

आसुरी ने पहले यह कुष्ठ की भेषज बनायी,
कुष्ठ को नाश करनेवाली।
कुष्ठ को नष्ट कर दिया,
त्वचा को एक रूप कर दिया॥ २॥

तुम्हारी माता का नाम सरूपा है,
तुम्हारे पिता का नाम सरूप।
हे ओषधी! तुम सरूप समान रूप करनेवाली हो,
इसे भी सरूप कर दो।। ३॥

श्यामा सरूप करनेवाली है,
पृथ्वी से ऊपर निकली हुई।
इसे सिद्ध करो,
फिर से रूप बनाओ॥ ४॥

टिप्पणी—कुष्ठ नाशक ओषधी के लिए कही हुई, ये ऋचाएँ रोग के लक्षण और रोगी की आशा दोनों को ही मार्मिक रूप से प्रस्तुत करतीं है।

सूक्त-१.२५ : ज्वरनाशन के लिए-

जब अग्नि ने जल में प्रविष्ट होकर उन्हें तपाया था,
जहाँ धर्मधारकों ने नमन किया।
उसे तुम्हारे जन्म का परम स्थान कहा गया है,
उसे जाननेवाला हम को उससे दूर करे॥ १॥
इत्यादि....

टिप्पणी—इसमें रहस्यात्मक रूप से जो बात कही गयी है उसे अश्रद्धालु निरर्थक ही मानते हैं।

सूक्त-१.२६ : सुख की प्राप्ति के लिए-

हमसे दूर रहें अस्त्र,
हे देवगण! दूर हमसे वह अशनि
जिसे तुम फेंकते हो॥ १॥

सूक्त-१.२७ : स्वस्ति अयन

सूक्त-१.२८ : राक्षसों के हनन के लिए

सूक्त-१.२९ : राष्ट्र का अभिवर्द्धन और प्रतिद्वन्द्वियों के नाश के लिए

अभीवर्त मणि से, जिससे इन्द्र अभिवृद्ध हुआ था।
उससे हे ब्रह्मणस्पति! हमको राष्ट्र के लिए बढ़ाओ॥ १॥

प्रतिद्वन्द्वियों को पीछे लौटाकर उनकी ओर हमारे शत्रुओं को करो।
हमारे विरुद्ध सेना बढ़ानेवाले को रोको जो दुरभिसंधि रखता है॥ २॥
इत्यादि.....

सूक्त-१.३० : दीर्घायु प्राप्ति के लिए

सूक्त-१.३१ : पाशमोचन के लिए

यह निर्ऋति के पाश से मोचन के लिए है और माता-पिता आदि सब के लिए स्वस्ति की प्रार्थना है।

सूक्त-१.३२ : महद् ब्रह्म का यज्ञ में यह वर्णन है—

वह न पृथ्वी में है न आकाश में।
जिससे लताएँ प्राणवान् होती हैं॥ १॥

अन्तरिक्ष में इनका (आपःका) आस्थान है,
जब वे परिश्रान्त होते हैं।
इस भूत (जगत्) का आस्थान
मनीषी जानते हैं या नहीं जानते॥ २॥

जब काँपती हुई द्यावापृथिवी और भूमि ने निष्तक्षण किया।
तब सर्वदा समुद्र की नदियों की तरह सब आर्द्र हुआ॥ ३॥

सब कुछ ने एक-दूसरे को ढँका,
एक-दूसरे में आश्रित हुआ।
सब कुछ जाननेवाले द्यौः के लिए और पृथ्वी के लिए
मैं नमन करता हूँ॥ ४॥

टिप्पणी—यह सृष्टि का रहस्यात्मक वर्णन है। जिसमें मूलभूत आर्द्र तत्त्व और अव्यक्त के आन्दोलन के द्वारा सृष्टि बतायी गयी है। सभी विश्व पदार्थ अन्योन्याश्रित हैं।

सूक्त-१.३३ : आपः

ये सुनहरे भास्वर पवित्र आपः हैं
जिनमें सविता उत्पन्न हुआ, जिनमें अग्नि।
इन्होंने अपने गर्भ में अग्नि को रखा,
वे सुवर्ण आपः हमारे लिए सौम्य हों॥ १ ॥

सूक्त-१.३४ : मधुविद्या वैवाहिक कड़वाहट को दूर करने के लिए अनुष्ठान के साथ-

वह वीरुध् मधु से उत्पन्न है,
मधु से तुम्हें खोदते हैं।
मधु से यह उत्पन्न है,
हमको वह मधुमान् करे॥ १ ॥

जिह्वा के अग्र में मधु है,
जिह्वा के मूल में मधु।
मेरे संकल्प में रहो, मेरे मन में॥ २ ॥

मेरा आना और जाना मधुमय हो,
मेरी वाणी मधुमय बोले।
मधुर मेरा रूप हो॥ ३ ॥

मधु से मैं मधुतर हूँ,
मधु से मधुमत्तर हूँ।
मैं तुम्हें अच्छा लगूँ,
जैसे मधुमती शाखा॥ ४॥

तुम्हें चारों ओर से घेरूँ जैसे ईख,
जैसे तुम मुझे चाहो
जैसे मुझसे दूर न हो जाओ॥ ५॥

सूक्त-१.३५ : दीर्घायु प्राप्ति के लिए।

काण्ड-२

सूक्त-१ : परम धाम विषयक

वेन ने परम (धाम) को गुहा में देखा,
जहाँ विश्व एकरूप हो जाता है।
पृश्नि ने इसे दुहा, जायमान,
ज्योतिर्लाभी व्रातों ने अनुस्तवन किया॥ १॥

वह उसे बताये अमृत को जाननेवाला,
गन्धर्व जो गुहा में परम धाम है।
गुहा में उसके तीन पद निहित हैं,
जो उन्हें जानता है वह पिता का पिता होगा॥ २॥

वह हमारा पिता है, जन्मदाता है,
और वह बन्धु धामों को जानता है विश्वभुवनों को।
जो अकेला ही देवताओं के नामों से पुकारा जाता है,
समस्त भुवन जाते हैं सम्प्रश्न के लिए॥ ३॥

मैंने अभी ही द्यावापृथिवी की परिक्रमा की,
मैं ऋत के प्रथमजात के निकट उपस्थित हुआ।
वक्ता में वाक् के पास भुवन-निहित,
यह धाता क्या अग्नि ही नहीं है॥ ४॥

मैंने सब भुवनों की परिक्रमा की है,
ऋत के विस्तृत तन्तु को देखने के लिए।
जहाँ देवता अमृत को पाते हुए,
एक ही मूल स्थान से प्रेरणा देते हैं॥ ५॥

अध्यात्मविद्यापरक इस सूक्त को ह्विटनी जानबूझकर पहेली बुझाना बताते हैं[४], जो न्यायसंगत नहीं हैं। वेन, जिसे आदित्य कहा गया है, सम्भवतः सूर्योदय के पूर्व दृश्यमान शुक्र तारा है; पृश्नि उषा अथवा वाक् जिसने ज्योतिःपय को दुहा है, रश्मियों के वैतालिकगण उसका कीर्त्तन करते हैं। गन्धर्व सूक्ष्मशरीरी मन है—*मनोमयोभाशरीरः* जो अन्तराकाश-गुहा में तत्त्ववेध करता है। तीन पद काल के तीन अध्वा हैं, उनके प्रभाव को जाननेवाला सनातन पितामह से अभिन्न हो जाता है। वही साक्षी विश्व-नियामक ऋतसूत्र का मूल, नाना देवशक्तियों का व्यापक तत्त्व और जगद्गति का प्रेरक है। विश्व के देश-काल के परे, नाम-रूपों के परे मनुष्य के अन्दर वह सदा निवास करता है। इसीलिए वह अध्यात्म है। यहाँ *कॉस्मोलॉजी* और *साइकोलॉजी* एक हो जा रहे हैं। विश्व भुवन का तत्त्व अन्तर्गुहा में निहित है।

सूक्त-२ : भुवनपति सूक्त

दिव्य गन्धर्व भुवन का जो पति है,
वह अकेला ही वन्दनीय है, सब जनों में पूजनीय है।
हे दिव्यदेव, उस तुम को मैं मन्त्र से जोड़ता हूँ,
तुम्हें नमन है, द्युलोक में और उन्हें जो तुम्हारे साथ हैं॥ १॥

गगनचुम्बी, यजनीय, सूर्य की छवि लिये,
वह देव-कोप का अपहर्ता है।
क्षमा-दया कर गन्धर्व जो भुवन का पति है,
वही एक वन्दनीय है, अनुग्रहशाली॥ २॥

इन अनवद्याओं से संगत हुआ,
गन्धर्व अप्सराओं में था।
मुझे कहा गया समुद्र उनका घर है,
जहाँ से वे तत्काल आती जाती हैं॥ ३॥

बादलों में जो विद्युत्, नक्षत्रों में,
विश्वावसु गन्धर्व के तुम साथ हो।
उनके लिए देवियों को नमन करता हूँ॥ ४॥

जो खिखियाती, श्यामवर्ण, द्यूतप्रिय मन मोहित करनेवाली हैं,
उन गन्धर्वपत्नी अप्सराओं को प्रणाम॥ ५ ॥

गन्धर्व मन का और अप्सराएँ ऐन्द्रिय प्रवृत्तियों के प्रतिबिम्ब हैं। समुद्र काम का प्रतीक है।

सूक्त-३ : आस्त्रावरोध के लिए चींटियाँ समुद्र से भेषज लाती हैं।

सूक्त-४ : जङ्गिडमणि दीर्घायु देती है।

सूक्त-५ : इन्द्र के पराक्रम के लिए है।

सूक्त-६ : सपत्नहा अग्नि के लिए है।

सूक्त-७ : शापमोचन। एक वीरुध् की प्रशंसा।

सूक्त-८ : क्षेत्रिय रोग के निवारण के लिए है-

उदित हुए विचृति (= उन्मोचक) नाम के (दो) भागवान् तारे
क्षेत्रिय के पाश को खोल दें, उत्तम और अधम॥ १ ॥

यह रात ढल जाए, ढल जाएँ टोना करनेवालीं
क्षेत्रिय-हारिणी वीरुध् क्षेत्रिय को अस्त कर दे॥ २ ॥

भूरे सफेद डंठलवाली (अर्जुनकाण्ड की) जौ की भूसी से,
तिल की तिलपिञ्जी से वीरुध् क्षेत्रियहारिणी...॥ ३ ॥

नमन हल के लिए, (हल के) बाँस और जुए (ईषा-युग) के लिए वीरुध्..॥ ४ ॥

नमन सतत ढीले अक्षों के लिए, संदेश्यों के लिए, क्षेत्रपति के लिए, वीरुधु...॥ ५ ॥

ऐसा प्रतीत होता है कि क्षेत्रिय रोग खेत में फैलनेवाला संक्रामक रोग है। जौ और तिल के साथ पैदा कोई पौधा झाड़ने में काम आता लगता है।

सूक्त-९ : दीर्घायुः प्राप्ति के लिए

हे दशवृक्ष, इसे छुड़ाओ राक्षस की पकड़ से......

सूक्त-१० : पाशमोचन के लिए।

सूक्त-११ : श्रेयस् प्राप्ति के लिए।

सूक्त-१२ : शत्रुनाशन के लिए।

सूक्त-१३ : दीर्घायु प्राप्ति के लिए।

सूक्त-१४ : दस्युनाशन के लिए।

सूक्त-१५ : अभय प्राप्ति के लिए।

'जैसे द्यावापृथिवी न डरते हैं, न हिंसित होते हैं, ऐसे ही मेरा प्राण भी न डरे'

सूक्त-१६ : सुरक्षा के लिए।

सूक्त-१७ : बलप्राप्ति के लिए।

सूक्त-१८-२४ : शत्रुनाशन के लिए।

सूक्त-२५ : पृश्निपर्णी।

कण्व के विरुद्ध एक पौधे के द्वारा। कण्व राक्षस का नाम प्रतीत होता है।

सूक्त-२६ : पशुसंवर्धन के लिए।

सूक्त-२७ : शत्रुपराजय के लिए।

पौधे के सहारे विवाद में जय के लिए।

सूक्त-२८ : दीर्घायु की प्राप्ति के लिए।

सूक्त-२९ : दीर्घायुष्य।

सूक्त-३० : कामिनीमनोऽभिमुखीकरणम्।

जैसे भूमि पर तृण को हवा मथती है
ऐसे मैं तुम्हारे मन को, मेरी कामिनी रहो, दूर न जाओ॥ १॥

अश्विन् साथ लायें, साथ वहन करें प्रेमियों को
साथ उनके भागों को, मनों को, संकल्पों को॥ २॥

जहाँ सुपर्ण कहना चाहते हैं, नीरोग कहना चाहते हैं
वहाँ मेरी पुकार पहुँचे तीर की नोक जैसे नाल को॥ ३॥

जो बाहर है वह अन्दर, जो अन्दर वह बाहर
विश्वरूप कन्याओं के मन को, हे ओषधे, पकड़ो॥ ४॥

यह पतिकामा आये, मैं वधूकाम आया हूँ
हिनहिनाते घोड़े की तरह मैं आया हूँ उसका भाग साथ लिये॥ ५॥

सूक्त-३१ : क्रिमिनाशन के लिए—

जो इन्द्र की बड़ी शिला है समस्त क्रिमियों को नष्ट करनेवाली
उससे मैं क्रिमियों को पीसता हूँ जैसे बट्टे से खल्व के दाने॥ १॥

सूक्त-३२ : क्रिमिनाश के लिए।

सूक्त-३३ : यक्ष्म-विबर्हण के लिए।

सूक्त-३४ : पशु, पशुपति की स्तुति।

सूक्त-३५ : विश्वकर्मा—

जो सोमभक्षण करने पर भी धन से समृद्ध नहीं हुए
जिन पर श्रौत अग्नियों ने पश्चात्ताप किया
उनकी दुरिष्टि के प्रायश्चित्त से
विश्वकर्मा हमारे लिए उसे स्विष्टि बनाए।

सूक्त-३६ : पति-वेदन के लिए—

हे अग्नि, कृपा कर इस कुमारी को भागसहित
वर से मिला दो, उत्सवों में वरों को यह प्रिय लगे,
पति से सौभाग्य पाये।

काण्ड-३

तीसरा काण्ड विशेष रूप से अथर्ववेद के क्षात्रवेदात्मक पक्ष का प्रतिनिधित्व करता है। इसके अधिकांश सूक्त राज्यप्राप्ति, राज्यसंरक्षण, राज्यसंवर्धन और श्रद्धापूर्वक राज्य-व्यवस्थापन के विषय में है। प्रथम सूक्त शत्रुसेना के सम्मोहन के लिए अग्नि, मरुत् और इन्द्र की प्रार्थना है। दूसरा भी सदृश है। तीसरा स्वराज्य से विस्थापित राजा के पुनः स्थापन के लिए है। इसकी चौथी ऋचा है—

बुलाये जानेवाले को श्येन दूसरे क्षेत्र से ले आये।
जहाँ देश निकाले में दिन बिता रहा है।
अश्विन् उसके लिए सुगम करें।
उसके सजातीय बन्धु उसको स्वीकार करें

ऐसा प्रतीत होता है जैसे कोई राजा अपने देश से निकाल दिया गया है और फिर से वह लौटना चाहता है।

सूक्त-४ : ऋचाओं के द्वारा राजा के संवरण के विषय में है। यह सूक्त बहुत प्रसिद्ध है और अनेक राजनीतिक विवेचकों ने इसका उल्लेख किया है। उदाहरण के लिए काशीप्रसाद जायसवाल अथवा यू०एन० घोषाल ने।

तुमको वर्चस् के साथ राष्ट्र प्राप्त हो।
तुम प्रजाओं के (रक्षक बनकर)
एकराट् होकर सामने सुशोभित हो।
राजन् तुम्हें सब ओर से बुलायें, तुम सब के वन्दनीय बनो॥ १॥

तुम्हें प्रजा (*विशः*) राज्य के लिए चुने।
तुम्हें पाँच दिव्य प्रदिशाएँ चुनें।
राष्ट्र के सर्वोच्च स्थान में तुम आसीन हो।
तुम हमें ओजस्वितापूर्वक सम्पत्ति बाँटो॥ २॥

तुम्हारे निकट पुकारनेवाले बिरादर आयें
अग्नि क्रियाशील दूत होकर संचरण करे।
स्त्री और पुत्र प्रसन्न रहें।
बहुत उपहार (बलि) का तुम अवलोकन करो॥ ३॥
इत्यादि.....।

सूक्त-५ : राष्ट्र के राजा और राज्यकारकों *(राज्यकृतः)* के बारे में है।

प्राचीन काल से कुछ विशेष पदाधिकारी राजा के चुनाव में से *पर्णमणि* देते थे। ये *राजकृतः* कहलाते थे।

यह बली पर्णमणि मेरे पास आयी है यह बल से प्रतिद्वन्द्वियों
को मसलती है।
यह देवताओं का ओज है, पौधों का पय है,
यह मुझे वर्चस् से प्रेरित करे॥ १॥

हे पर्णमणि, मुझमें क्षत्र या प्रभुता और सम्पत्ति (रयि)
का धारण करो।
मैं राष्ट्र के सन्दर्भ में उत्तम बन सकूँ॥ २॥

जिसे देवताओं ने वनस्पति में छुपाकर रखा था।
उसे देवता आयु के साथ भरण करने के लिए हमें दें॥ ३॥

जो धीमान्, रथकार, मनीषी, कर्मार,
उन सब जनों को हे पर्ण, मेरे अनुकूल करो॥ ६॥

जो राजा राजकारक, सूत और ग्रामणी हैं, उन सबको॥ ७॥

टिप्पणी—सूक्त से यह स्पष्ट है कि राजा के चुनाव में जिन राजकर्त्ताओं का मुख्य हाथ था, उनमें अभिजात, कुलीन, राजवंशी (राजा के बिरादर), गाँवों के नेता, सूत, शिल्पी और रथकार शामिल थे।

सूक्त-६ : शत्रुनाश के लिए है।

सूक्त-७ : यक्ष्मनाशन के लिए है।

सूक्त-८ : राष्ट्र धारण के लिए है। उसकी पञ्चम ऋचा है—

मैं आपके समानाकार विचारों और संकल्पों के सामने झुकता हूँ।
ये जो नाना संकल्पवाले हैं उन सबको मैं झुकाता हूँ।
मैं मन से मनों को ग्रहण करता हूँ।
मेरे विचारों के पीछे आपके विचार चलें।
मेरे वश में आपके हृदय हों, मेरे साथ चलें।

टिप्पणी—राजा अपने स्वजातीय विरादरों के बीच में अर्थात् सभा में इस आशंसा से अपने नेतृत्व के स्वीकार की प्रार्थना करता है।

सूक्त-९ : दुःखनाशन के लिए है।

सूक्त-१० : रायस्पोष-प्राप्ति के लिए है।

सूक्त-११ : दीर्घायु-प्राप्ति के लिए है।

सूक्त-१२ : शालानिर्माण के लिए है। (इसका अनुवाद ऊपर दिया गया है।)

सूक्त-१३ : नदियों के विषय में है।

सूक्त-१४ : गोष्ठविषयक है।

सूक्त-१५ : वाणिज्य के विषय में है और अपने विषय का अनोखा सूक्त है। वणिक् इन्द्र को प्रेरित करता है कि वह उसका नेतृत्व करे और उसके प्रतिद्वन्द्वियों को पराजित करे। उसके मार्ग सुगम हों ताकि वह खरीद कर धन ला सके। प्रपण, विक्रय और प्रतिपण उसे सफल करें। उसे लाभ हो, कमी नहीं।

सूक्त-१६ : स्वस्ति के लिए प्रार्थना है।

सूक्त-१७ : कृषि के विषय में है और ऋग्वेद के सूक्त से तुलनीय है।

सूक्त-१८ : वनस्पति-विषयक है, यह भी ऋग्वेद १०:१४५ के तुल्य है।

सूक्त-१९ : अजर क्षत्र अथवा राजकीय प्रभुता के लिए है।

सूक्त-२० : रयि संवर्द्धन के लिए है।

सूक्त-२१ : शांति के लिए है।

सूक्त-२२ : वर्चस् की प्राप्ति के लिए है।

सूक्त-२३ : वीर-प्रसूति के लिए है।

सूक्त-२४ : समृद्धि-प्राप्ति के लिए है।

सूक्त-२५ : कामिनी के मन के वशीकरण के लिए है।

सूक्त-२६ : आत्मरक्षा के लिए है।

सूक्त-२७ : शत्रु-निवारण के लिए है।

सूक्त-२८ : पशुपोषण के लिए है।

सूक्त-२९ : शितिपाद् अवि के विषय में।

सूक्त-३० : सामनस्य के लिए है।

सामनस्य के लिए सम्भवत: राजा सभासदों से कहता है—

मैं तुम्हारे हृदयों को, मनों को समान और द्वेषरहित करता हूँ।
एक-दूसरे से आकृष्ट हों जैसे गाय बछड़े से॥ १॥

पुत्र पिता का कहना माने, माँ उससे मन मिलाये।
पत्नी पति के लिए मधुमती वाक् बोले॥ २॥

भाई-भाई से द्वेष न करें, बहन-बहन से।
सही और समान संकल्प होकर भद्र वाणी बोले॥ ३॥

जिससे देवता न जायें और न (लोग) परस्पर विद्विष्ट हों।
उस मन्त्र को तुम्हारे घर में लोगों के लिए पहचान बनाता हूँ॥ ४॥

अपनों से बड़ों के मन में वियुक्त न हो
संराधन करते हुए और मधुर आचरण करते हुए।
एक-दूसरे से मीठा बोलते हुए
समान साथ-साथ तुम्हारे मन को एक करता हूँ॥ ५॥

समान तुम्हारी कृपा हो, समान अन्य भाग
समान योक्त्र में तुम्हें जोतता हूँ।
साथ अग्नि की उपासना करते हुए
जैसे चारों ओर से केन्द्र की॥ ६॥

तुमको साथ-साथ और समान मनस्क करता हूँ
एक साथ सबको संवनन के द्वारा
देवताओं की तरह से अमृत की रक्षा करते हुए
सायं-प्रातः तुम्हारा सौमनस्य हो॥ ७॥

टिप्पणी—सामनस्य जनता में अथवा सभा में कहा जाता प्रतीत होता है।

काण्ड-४

सूक्त-४.१ : ब्रह्मविद्या–

पूर्व दिशा में पहले उत्पन्न होता हुआ ब्रह्म,
वेन ने सीमा से (क्षितिज) सुन्दर चमक को खोल दिया।
इस विश्व की आधारभूत आकृतियों को प्रतिबिम्बित किया,
उसने सत् और असत् के गर्भ को प्रकट किया॥ १॥

टिप्पणी—सायण ने ब्रह्म का अर्थ हिरण्यगर्भ कहा है। वेन को वह सूर्य बताते हैं किन्तु सम्भवतः वेन सूर्य से पहले उदित होनेवाला शुक्र तारा है। हिरण्यगर्भ में ही सृष्टि के बीजभूत आकार ध्यामल रूप से प्रतिभासित होते हैं। सत् और असत् अर्थात् व्यक्त और अव्यक्त का गर्भ प्रकृति है।

जगत् पिता की तनया विश्व की सम्राज्ञी
यह (वाक्) भुवन-व्यापिनी सृष्टि के आरम्भ में
प्रथमोत्पन्न हिरण्यगर्भ के पास आये।
उसके लिए इस कांतिमय घर्म (दुग्ध और घृत का योग) को
प्रथम हवि के लिए पकायें॥ २॥

टिप्पणी—*इयं* का अर्थ वाक् प्रतीत होता है, न कि पृथ्वी। ऋचा के उत्तरार्ध में सृष्टि के लिए एक याज्ञिक रूपक प्रयुक्त है, जिसे अतिशयोक्ति का रूप दिया हुआ है। प्रथम प्रकाश ही घर्म है, जिसे हवि की तरह अर्पित किया जा रहा है।

जो आद्य सर्वज्ञ इस विश्व का बंधु है,
सब देवताओं के जन का व्याख्यान करता है।
जिसे ब्रह्म ने ब्रह्म के मध्य से उद्धृत किया,
नीचे और ऊपर अपनी स्वधा से आत्मशक्ति से स्थित॥ ३॥

वह द्युलोक से, पृथ्वी से ऋत में अवस्थित,
महान् द्यावापृथिवी को घर की तरह से उत्थम्भित करता है।
जिस महान् ने उत्पन्न होते ही महद् द्यावापृथिवी को
ऐसे खड़ा किया जैसे खम्भे पर घर॥ ४॥

उसने सृष्टि के आरम्भ में
मूल से सब को व्याप्त किया।
बृहस्पति देवता उसका सम्राट् है
चमकीले दिन को ज्योति से उत्पन्न किया
तब द्योतनशील विप्रों* को मुरझाने दो॥ ५॥

टिप्पणी—ब्रह्म ने सृष्टि के साथ ही जगत् में अनुप्रवेश किया। बृहस्पति के रूप में ही वे जगत् के सम्राट् हैं। बृहस्पति मन्त्र के देवता हैं। ऊपर वाक् को राष्ट्री कहा गया है। अन्तिम पाद का अर्थ स्पष्ट नहीं है। दीप्तिमान् विप्र कौन है? जिनको रहने या मुरझाने के लिए कहा गया है। शायद दिन के प्रतियोगी के रूप में रात के चमकते तारों की कल्पना कवि के मन में आती है—जब चमकीले दिन को ज्योति से पैदा किया तो फिर द्युतिशील विप्र पृथक् बसे।

* **विप्र** = वेपनशील, थिरकते, टिमटिमाते।

अब इसको काव्य प्रेरणा देते हैं,
महान् आद्य देवता के धाम को।
यह बहुतों के साथ उत्पन्न हुआ है,
इस प्रकार वियुक्त पूर्वार्द्ध में मानो सोता हुआ॥ ६॥

टिप्पणी—काव्य का अर्थ सायण ने 'कवयः' या 'ऋत्विजः' किया है। ह्विटनी ने उसको काव्य ही छोड़ दिया है। काव्य शुक्र का प्रसिद्ध नाम है। पूर्वोद्धृत शुक्र तारा मानो सूर्य के तेज को प्रेरित करता है। बहुत तारों के साथ जन्मा वह शुक्र तारा दिन-रात के पूर्वार्द्ध में सुप्त रहता है।

जो अथर्वा को प्रणतिपूर्वक देवबन्धु पिता बृहस्पति समझता है
वह तुम सबके जन्मदाता हो, कवि, देववत्;
स्वधावान्; प्रतापी ॥ ७ ॥

टिप्पणी—अथर्वा दिव्य कवि बृहस्पति से अभिन्न है, यह उपासना का विषय है। कवि शुक्र का नाम भी स्मरणीय है।

सूक्त-४.२ : आत्मविद्या—

जो आत्मदाता है, बलदाता है,
जिसके आदेश को सब देवता पालन करते हैं।
जो दोपाये और चौपाये पर शासन करता है,
उस प्रजापति के लिए हम हवि से उपासना करें॥ १ ॥

टिप्पणी— *कस्मै देवाय* में 'क' अनिरुक्त प्रजापति का वाचक बताया गया है।

जो सब प्राणियों से बढ़कर जगत् का एक राजा हुआ,
जिसकी छाया अमृत है और जिसकी मृत्यु..... ॥
इत्यादि.....

टिप्पणी—यह सूक्त ऋग्वेद के दसवें मण्डल के सूक्त १२१ से अभिन्न है। इसका तात्पर्य सृष्टि की मूलभूत अव्यक्त शक्ति की महिमा का कीर्तन है।

सूक्त-४.३ : शत्रुनाशन के लिए है।

व्याघ्र, पुरुष और भेड़िया, ये तीन यहाँ से भागें
झट-पट अन्तर्धान हो ज़ायें
जैसे नदियाँ, देवता, वनस्पति, शत्रु प्रणत हो...... ॥ १ ॥
इत्यादि.....

सूक्त-४.४ : वाजीकरण—
इसमें वीर्यवर्द्धक ओषधि की स्तुति और अनुष्ठान है।

सूक्त-४.५ : इसका विषय स्वापन है।

सूक्त-४.६ : विषहरण के लिए है।

सूक्त-४.७ : विषनाशन के लिए है।

सूक्त-४.८ : राज्याभिषेक में प्रयुक्त

सूक्त-४.९ : अंजनविषयक या लेपनविषयक है।

सूक्त-४.१० : शङ्खमणि के विषय में है। वारुणी नाम की महाशान्ति में इसका प्रयोग बताया गया है। पहली ऋचा—

> **तूफान से उत्पन्न, अन्तरिक्ष से, बिजली की चमक से,**
> **वह हिरण्य से उत्पन्न शङ्ख चमकती मणि के सदृश (कृषन)**
> **हमें पाप से बचाये॥ १॥**

सूक्त-४.११ : बलीवर्दविषयक

सूक्त-४.१२ : रोहिणी वनस्पतिविषयक

सूक्त-४.१३ : रोग निवारणविषयक

सूक्त-४.१४ : स्वर्ज्योति की प्राप्तिविषयक

सूक्त-४.१५ : वृष्टि के विषय में—

> **पवन से आन्दोलित सब दिशाओं से एक साथ उड़ें,**
> **तूफान से प्रेरित बादल साथ जुटें।**
> **हुंकारते महावृषभ सी पवन,**
> **रँभाती हुई गायों सी जलधारा पृथ्वी को छका दे॥ १॥**
> **इत्यादि.....**

टिप्पणी—१६ ऋचाओं में वर्षा का स्फुट और सजीव वर्णन मिलता है।

सूक्त-४.१६ : यह सत्य और अनृत के समीक्षकों के विषय में है। वरुण की महिमा का इसमें वर्णन है। इस सूक्त के उदात्तभाव की भूरि-भूरि प्रशंसा हुई है।

> **जगत् का बृहत् अधिष्ठाता सब कुछ पास से देखता है।**
> **जो चोरी से चलना चाहता है उसे देवता पहचानते हैं॥ १॥**

> **जो खड़ा रहता है, जो चलता है या जो कुटिलगति से चलता है,**
> **छिपकर चलता है या जो प्रकट रूप से शत्रुता करता है।**
> **जहाँ दो पास बैठकर मन्त्रणा करते हैं,**
> **राजा वरुण वहाँ तीसरा रहता है॥ २॥**

> **यह पृथ्वी वरुण राजा की है**
> **और वह ऊँचा द्युलोक जिसके दूर क्षितिज हैं**
> **समुद्र भी वरुण की कुक्षि में है, जैसे थोड़े से पानी में खोया हुआ॥ ३॥**

जो द्युलोक से दूर सरक जाय वह वरुण से नहीं छूट पाता,
द्युलोक के जासूस हजार आँखों से पृथ्वी में उसे देखते हैं॥ ४॥

वह सब राजा वरुण देखता है जो द्यावपृथिवी के परे है।
लोगों के निमेष उसके गिने हुए हैं, जैसे जुआरी पाँसों को
ऐसे वह उन्हें उठा लेते हैं॥ ५॥

हे वरुण, जो तुम्हारे उनचास पाश हैं,
जो त्रिगुणित लिपटे हुए पीड़ित हैं।
वे झूठ बोलनेवाले को काट दें परन्तु सत्यवादी को छोड़ दें॥ ६॥

हे वरुण, सौ पाशों से तुम इसे बाँधते हो,
हे वीरदृष्टि, झूठ बोलनेवाला न छूटे।
दुरात्मा पेट को ढीला करके इस तरह से कटता रहे
जैसे एक थैला॥ ७॥

टिप्पणी—सायण के अनुसार यहाँ दुरात्मा के लिए जलन्धर रोग की प्रार्थना है किन्तु सम्भवतः इसका अर्थ है कि इस प्रकार से कष्ट भोगे जैसे लटका पर, कटता हुआ थैला।

जो साथ जुटे हैं, जो बँटे हैं,
जो सन्देश्य हैं, जो विदेश्य हैं।
जो देव हैं, जो मानुष हैं,
उन सब पाशों से तुम्हें बाँधता हूँ॥ ८॥

वह जो तुम उस पुरुष के उस स्त्री के पुत्र हो,
उन तुम्हारे सबको मैं अनुसंदिष्ट करता हूँ॥ ९॥

सूक्त-१७-१९ : अपामार्ग ओषधि के विषय में

सूक्त-२० : पिशाच-नाशन

सूक्त-२१ : गायों के विषय में

सूक्त-२२ : शत्रुनाशन

सूक्त-२३-२९ : पापमोचन

सूक्त-३० : राष्ट्री देवी के विषय में ऋग्वेद के प्रसिद्ध वाक्-विषयक सूक्त लिया गया है।

सूक्त-३१ : सेना-निरीक्षण

सूक्त-३२ : सेना के संयोजन

सूक्त-३३ : पापनाशक

सूक्त-३४ : ब्रह्मौदन

सूक्त-३५ : मृत्यु से

सूक्त-३६ : अग्नि

सूक्त-३७ : क्रिमिनाशन

सूक्त-३८ : जुए के विषय में

सूक्त-३९ : सन्तति के विषय में

सूक्त-४० : शत्रुनाशन।

काण्ड-५

सूक्त-१ : इसका विषय अमृत या अमरप्राण बताया गया है। ह्विटनी के अनुसार यह सूक्त जानबूझ कर दुर्बोध बनाया गया है।

> **जो मात्र अपने जन्म स्थान में पृथक् रूप से प्रकट हुआ है,**
> **वह प्राणिक ऊर्जा लिये हुए जन्म से ही सुहाने रूप में विस्तृत होता है।**
> **अनभिभूत में (रात्रियों में?) दिन के समान भ्राजमान,**
> **उस त्रिगुण धारक ने तीन का धारण किया॥ १॥**

टिप्पणी—इस वर्णन का विषय सृष्टि का हेतुभूत ब्रह्म हिरण्यगर्भ अथवा नाद समझना चाहिए। अनभिभूत रात्रि या जल का अर्थ अव्यक्त समझना चाहिए। तीन स्वरूप शक्तियों से युक्त हिरण्यगर्भ त्रिगुणात्मक प्रकृति का विधारक है।

> **जिसने सबसे प्रथम सृष्टि के नियमों *(धर्माणः)* को प्राप्त किया**
> **और फिर विविध रूपों को बनाया।**
> **जिस बीज-आधान करनेवाले ने सर्वप्रथम सृष्टि की विश्वयोनि**
> **अथवा सृष्टि के गर्भ में प्रवेश किया,**
> **जिसने अनुक्तवाक् को पहचाना॥ २॥**

टिप्पणी—यह स्पष्ट ही सृष्टिकर्त्ता हिरण्यगर्भ अथवा ब्रह्मा का वर्णन है। अनुक्तवाक् से यहाँ पश्यन्तीवाक अभिप्रेत है।

जिसने (ब्रह्माण्ड को) तपाने के लिए अपनी मूर्ति को रिक्त किया
अपनी सुनहरी स्वच्छ आभा बिखेरते हुए।
जहाँ वे अमर नाम इसे देते हैं, जैसे वस्त्र को प्रजाएँ प्राप्त हों॥ ३॥

टिप्पणी—ब्रह्माण्ड सुनहरे अण्डे की तरह कल्पित है जिसके सब ओर किरणें बिखर रही हैं मानो उसके अन्दर की ऊर्जा बाहर जा रही है। इसी फैलते हुए प्रकाशात्मक रूप में वस्त्रवत् नामों के आधान से पृथक्-पृथक् पदार्थों की सृष्टि होती है। यह पदार्थ ही हिरण्यगर्भ की क्रियाशील प्रजा है।

जब ये प्रकृष्ट रूप से अपने से पूर्व की ओर गये,
सनातन रूप से जो सदस् में बैठते हैं।
वह कवि, वे वत्सल मातायें अपनी कन्या के लिए,
श्रेष्ठ पति को प्रेरित करें॥ ४॥

टिप्पणी—इसका अर्थ नितान्त अस्पष्ट है। सभासद् कौन है? कवि कौन है? माता, कन्या और पति कौन है? शायद सभासद् देवगण होने चाहिए, कवि-ब्रह्म, माताएँ—जल, कन्या-पृथ्वी और पति-द्युलोक या सूर्य।

हे पृथु परिव्राजक वायु, मैं कवि तुम्हारा काव्य से प्रणाम करता हूँ।
जो तुम सम्यक् अभियन्ता हो, पृथ्वी को थामते हो,
रोधचक्रों के बढ़ते हुए॥ ५॥

टिप्पणी—दिक्चक्र अथवा द्यावापृथिवी के चक्र अथवा दिन-रात के चक्र निरन्तर घूमते हैं और उनमें वायु देवता पृथिवी को धारण करते हैं।

कवियों ने सात मर्यादाओं का तक्षण किया है।
उनमें यह एक सरल गति से जाय।
(अथवा घूमता हुआ जाय) प्राणी के लिए जैसे घर की स्थूणा होती है।
ऐसे वहाँ मार्गों के विसर्जन में सुस्थिर॥ ६॥

मैं अमर प्राणों से युक्त होकर व्रत लेता हूँ।
असुरात्मा स्वयं प्रकाशित हो॥ ७॥

शक्तिमान् वह रत्न देता है, ऊर्जा से हविर्दायक जब देता है,
पुत्र, शासक पिता की उपासना करते हैं।
ज्येष्ठ की, स्वस्ति के लिए, पुकारते मर्यादा को,
हे वरुण, हमें वे रूप दिखाओ, अपनी मूर्तियाँ प्रकट करो॥ ८॥

तुम आधे को आधे दूध से ढँकते हो,
हे अमर्त्य तुम आधे से ही बलवान् बढ़ते हो।

* * * *

तुम्हारी शक्तिमान् कृपा को *(अवि)* आदित्य,
हम शक्तिमान् रक्षक को, सखा को, वरुण को, पुत्र को
हे आदित्यगण, बढ़ाते हैं।

* * * *

कवियों को कहे हुए रूपों के लिए हमने इसको कहा है।
हे द्यावापृथिवी सत्यवाक् इसकी साक्षी है॥ ९॥

टिप्पणी—इस अत्यन्त दुर्बोध-सूक्त का सायणभाष्य नहीं मिलता।

'ह्विटनी' ने इसको जानबूझ कर दुर्बोध बताया है। इसका अनुवाद बहुत कुछ अटकल पर आधारित है।

सूक्त-२ : सृष्ट जगत् में ज्येष्ठ के लिए यह ऋक्-संहिता के १०वें मंडल के १२०वें सूक्त से लिया गया है। इसका अभिप्राय भी दुर्बोध एवं आध्यात्मिक है। वह भुवनों में ज्येष्ठ था, उस तेजस्वी से उग्र जन्मा जन्मते ही उसने सब शत्रुओं को खाली किया, जिससे सब रक्षित (प्रजा) प्रहृष्ट होती है।

सूक्त-३ : विजय की प्रार्थना है।

सूक्त-४ : कुष्ठ के परिहार के लिए, वीरुध् (लता) की प्रार्थना है। वह हिमालय के उत्तर में पैदा होती है।

सूक्त-५ : लाक्षा के विषय में है।

'रात्रि तुम्हारी माता बादल पिता,
अर्यमा पितामह तुम्हारा नाम सिलाची है,
तुम देवताओं की बहिन हो'॥

सूक्त-६ : ब्रह्मविद्या के सन्दर्भ में है। पहली ऋचा में ब्रह्म की स्तुति है, १०-१४ ऋचाओं में सर्वात्मा रुद्र की। इसके बाद अनेक ऋचाएँ सेना के विजय के लिये इन्द्र, सोम, रुद्र की प्रार्थना करती हैं। अन्तिम दो ऋचाओं में ब्रह्म की सर्वात्मता का प्रतिपादन है।

इस सूक्त की पहली ऋचा चतुर्थ काण्ड के पहले सूक्त की पहली ऋचा से अभिन्न है। इसमें ऋचा, विश्वस्रष्टा, ब्रह्म या हिरण्यगर्भ अथवा व्यक्त और अव्यक्त का मूल बताती है।

वे जिन्होंने प्राथमिक कर्म किये थे
उन हमारे वीरों को अभिभूत न करें॥ २॥

द्युलोक के सहस्त्रधार शिखर में
तुम्हारी मधुर जिह्वा स्वरित होती है।
उसके चर, चुस्त हैं और कभी लक्षित करना नहीं भूलते।
पग-पग पर बाँधने के लिए पाशधर विद्यमान हैं॥ ३॥

मरु के चारों ओर लाभ के लिए,
शत्रुओं के चारों ओर सहायक हो।
समुद्र के ऊपर से शत्रुओं तक चढ़ाई करते हैं।
इसलिए सनिस्त्रश तुम्हारा नाम है।
इन्द्र का निवास १३वाँ महीना है॥ ४॥

इस प्रकार तुम आराधित हो यह स्वाहा,
तेज आयुधवाले, तेज अस्त्रवाले।
अनुग्रहशील सोम और रुद्र वे हम पर दया करें॥ ५॥

छठीं-सातवीं-ऋचा सोम रुद्र से दया की प्रार्थना है।

आठवीं ऋचा दुरिता से और पाप से मुक्ति और अमृत यज्ञ के अवधान के लिए प्रार्थना है।

नवीं ऋचा आँख, मन, ब्रह्म और तप के अस्त्र से रक्षा के लिए प्रार्थना है।

दसवीं ऋचा भी सदृश है। इसमें इसी तरह की प्रार्थना है।

ग्यारहवीं-चौदहवीं ऋचा तक इन्द्र की सर्वव्यापकता की स्तुति है।

सूक्त-७-८ : शत्रुनाशनविषयक है।

सूक्त-९ : इसको आत्मविषयक कहा गया है। इसमें द्यौ, पृथिवी, अन्तरिक्ष के लिए क्रम और व्युत्क्रम से स्वाहाकार है। सातवीं ऋचा में कहा गया है सूर्य ही मेरी आँख, वात प्राण, आत्मा अन्तरिक्ष, पृथ्वी शरीर है। मैं अक्षत हूँ। अपनी आत्मा को द्यावापृथिवी में रखता हूँ।

आठवीं ऋचा रक्षा के लिए प्रार्थना है।

सूक्त-१० : आत्मरक्षा विषयक है।

सूक्त-११ : सम्पतकर्म

सूक्त-१२ : ऋत् का यज्ञ

सूक्त-१३ : सर्प विष का नाशन

सूक्त-१४ : कृत्या परिहार

सूक्त-१५-१६ : रोग शमन,

सूक्त-१७ : ब्रह्म जाया

सूक्त-१८-१९ : ब्रह्मगवी के विषय में

सूक्त-२०-२१ : शत्रु-सेना के विनाश के लिए

सूक्त-२२-२३ : चिकित्साविषयक है।

सूक्त-२४ : ब्रह्म कर्म है।

सूक्त-२५ : गर्भाधान विषयक है।

सूक्त-२६ : नये घर बनाने में घृत के होम के विषय में है।

सूक्त-२७ : अग्नि के विषय में

सूक्त-२८ : दीर्घ आयु के विषय में

सूक्त-२९ : राक्षसों को हटाने में

सूक्त-३० : दीर्घ आयु के लिए

सूक्त-३१ : कृत्या परिहार के लिए

काण्ड-६

सूक्त-१ : इसमें १४२ सूक्त हैं और अधिकांश सूक्त ३ ऋचाओं के हैं। पहले सूक्त में अमृतत्व की प्रार्थना है।

साँझ को गाओ बहुत गाओ, उद्दीप्ति गाओ।
हे आथर्वण, सविता देवता की स्तुति करो॥ १॥

उसका स्तवन करो जो आभ्यन्तर प्रवाह में पुत्र है।
सत्य का, युवा अद्रोह-वाक् कृपालु॥ २॥

वह सविता देवता प्रेरित करें, प्रभूत अमृत अर्थों को।
दोनों प्रकार की शोभन स्तुति को गाने के लिए॥ ३॥

सूक्त-२ : विजयी इन्द्र के लिए

सूक्त-३ : आत्म रक्षा के लिए है।

हमारी रक्षा करें, इन्द्र और उषा अदिति और मरुत्।
अपांनपात् और सप्तसिन्धु विष्णु और द्यौः हमारी रक्षा करें॥ १॥

सूक्त-५ : वर्चस् की प्राप्ति के लिए

सूक्त-८ : कामविषयक है। जिसमें एक प्रेमी की प्रार्थना है कि उसकी प्रेयसी उसके साथ रहे, अलग नहीं।

सूक्त-२१ : केशवर्धनी ओषधि

सूक्त-२२ : भैषज्य

सूक्त-२३ : जल के भैषज्य पर है।

दिन-रात प्रवहणशील और सक्रिय
दिव्य जलधाराओं को वरेण्य संकल्प से
आहूत करता हूँ॥ १॥

सूक्त-२४ : जल के भैषज्य पर है।

हिमवान् से बहती हैं सिन्धु में संगम के लिए।
वे दिव्य आपः मेरे हृदय की जलन की ओषधि॥ १॥

सूक्त-३१ : गो विषयक है।

यह गाय रंग-बिरंगी प्रकाशमयी संचरण करती है।
माता के सामने रहती है
और ज्योतिर्मय पिता की ओर चलती है॥ १॥

चमकती हुई यह अन्तःसंचार करती है
इसके प्राण और अपान से
मध्यम आकाश स्पष्ट हुआ है॥ २॥

तीस स्थानों में यह शोभित होती है
वाक् पतंग (सूर्य) ने आश्रय लिया है।
प्रकाशित करने के लिए दिन को॥ ३॥

टिप्पणी—यह प्रतीकात्मक रूप में स्वा हुआ सूक्त है। गाय पृथिवी है माता-चन्द्रमा, पिता-सूर्य। पृथिवी चन्द्रमा के प्रत्यासन्न है और सूर्य के प्रति आकृष्ट होकर संचरण करती है। दिन-रात के ३० मुहूर्त्त अथवा महीने के ३० दिन सूर्य से प्रकाशित होते हैं।

सूक्त-५५ : सौमनस्य के विषय में है।

जो बहुत से देवयान मार्ग हैं
द्यावापृथिवी के बीच संचरण करते हैं।
उनमें जो मुझे वहन करे उसमें अक्षति
सब देवता प्रदान करें॥ १॥

ग्रीष्म, हेमन्त, शिशिर और वसन्त
शरद और वर्षा हमें स्वस्ति दें।
गायों के लिए और सन्तान के लिए हमें भागीदार बनायें
आपके निर्वात घर में रहें॥ २॥

इदवत्सर के लिए, परिवत्सर के लिए,
संवत्सर के लिए, बृहत् प्रणाम करो।
हम उन यजनीयों की सुमति में रहें
और भद्र सौमनस्य हमें मिले॥ ३॥

टिप्पणी—इदवत्सर, परिवत्सर, संवत्सर, ज्योतिषशास्त्र के वेदांग में प्रथम, द्वितीय, तृतीय वर्षों के नाम हैं, जब ५ वर्षों का युग माना जाता था।

सूक्त-५७ : जल-चिकित्सा
सूक्त-६० : पतिलाभ के लिए
सूक्त-७० : अघ्न्या अथवा अहिंसनीय गाय के लिए।

जैसे मांस या सुरा या जुआ।
या जैसे कामी पुरुष का मन स्त्री में आसक्त रहता है।
ऐसे ही अघ्न्ये तुम्हारा मन बछड़े में॥ १॥

जैसे हाथी हथिनी के पीछे चलता है,
जैसे कामी पुरुष स्त्री के पीछे।
इत्यादि.....

सूक्त-७१ : अन्न विषयक है। इसमें यह प्रार्थना है जो कि विविध प्रकार का अन्न खाया जाता है उसे अग्नि शोभन आहुति के रूप में ग्रहण करे। अन्न देवताओं के लिए, पितरों के लिए दिया है। अनुमत हो वह ईमानदारी से (ऋत-पूर्वक) प्राप्त हुआ हो। वैश्वानर की महिमा से अन्न शुभ और मधुमत हो।

जो बहुत प्रकार का अन्न मैं खाता हूँ
जो हिरण्य, अश्व, गो, अज और अवि को
मैंने स्वीकार किया है, होता अग्नि उसे सुहुत करे॥

सूक्त-८० :

अन्तरिक्ष में उड़ता दिव्य श्वान
तीन कालकंज॥

टिप्पणी—असुर जिनमें तै०ब्रा० के अनुसार दो आकाश में ठहर गये थे।

सूक्त-९२ : यह अश्व के विषय में है। इसमें इन्द्र के रथ में जुते हुए मनोजव और वात वेग सम्पन्न अश्व बनें, यह प्रार्थना है। सब तरह के साम में उसे मरुत् जोतें, त्वष्टा उसे संघर्ष में वेग प्रदान करें।

अश्व को *वातरंहा:* और *मनोजव:* कहा गया है।

सूक्त-९८ : अजर क्षत्र के लिए इन्द्र की प्रार्थना

सूक्त-१०६ : दूर्वाशाला के विषय में है।

आने जाने (के मार्ग में) फूलती दूब उगे
वहाँ झरना निकले या ताल हो सफेद कमलों से भरा॥ १॥

यह जल-संगम समुद्र का निवेश हो
ताल से घिरे हमारे घर के द्वार दोनों ओर हों॥ २॥

शाले! तुम्हें शीतल जरायु से घेरता हूँ
ताल से शीतल रहो, अग्नि चिकित्सा करे॥ ३॥

टिप्पणी—ऐसे घर की कल्पना है जिसके चारों ओर तालाबों से ठण्डक रहे। जिसके अन्दर अग्नि विद्यमान रहे।

सूक्त-१११ : उन्मत्तता से छुड़ाने के लिए है।

हे अग्नि इस मेरे पुरुष को छुड़ाओ
यह जो बँधा हुआ बक-बक कर रहा है।
मैं तुम्हारा अतिरिक्त भाग दूँगा
जब यह उन्मत्तता से छूट जायेगा॥ १॥

सूक्त-११४ : पाप मलिन बन्धन के समान है, उससे मुक्ति के लिए प्रार्थना।

सूक्त-११६ : आशय यह है कि खेती में पृथ्वी की हिंसा होती है। उस पाप से यम छुड़ाकर अन्न को मधुमय बनायें।

सूक्त-११७ : आनृण्य

विना प्रतिदिन के भोगा हुआ भोग पाप है, उससे मुक्त होकर हम यहाँ से जायँ। इसकी अन्तिम ऋचा है—

> **इस लोक में, परलोक में, तृतीय लोक में हम अऋण हों**
> **देवयान्, पितृयाण पथों में हम अनृण रहें॥ ३॥**

सूक्त-११८ : जुआ, कर्ज़ और व्यभिचार पाप हैं।

सूक्त-१२५ : वीर के रथ के विषय में है।

सूक्त-१२६ : दुन्दुभि अपने भैरव स्वर से शत्रुओं को भगा दे।

सूक्त-१२८ : राजा, शुभ मुहूर्त के लिए

> **जब शकधूम (उपले का धुँआ) को नक्षत्रों ने राजा बनाया**
> **तो उसे भद्र दिन दिया कि उसका यह राजत्व हो॥ १॥**
>
> **जो तुमने हमारे लिए भद्र दिन किया है सायं, रात्रि और दिन में**
> **हे नक्षत्रराज शकधूम, तुम्हें सदा प्रणाम॥ ४॥**

टिप्पणी—शकधूम मुहूर्त निर्णय में कदाचित् प्रयुक्त होता था, लक्षणा से मौहूर्तिक ब्राह्मण के लिए भी। सम्भवतः शकधूम आकाशमार्ग का वाचक है।

सूक्त-१३० : इसका विषय स्मर कहा गया है।

> **रथजयिनी अप्सराओं का यह स्मर (काम) है।**
> **देवता स्मर को भेजें वह मेरे विषय में सोचे और जले॥ १॥**
>
> **वह मुझे याद करे मेरा प्रिय मुझे याद करे।**
> **हे देवगण, उसके पास स्मर को भेजो वह मेरे बारे में सोचे और जले॥ २॥**
>
> **ताकि वह मुझे याद करे मैं उसे न याद करूँ।**
> **हे देवगण, उसके पास स्मर को भेजो वह मुझे सोचे और जले॥ ३॥**
>
> **हे मरुद्गण उसे उन्माद दो उसे उन्मत्त करो।**
> **हे अग्नि उसे उन्मादित करो वह मेरे विषय में सोचे और जले॥ ४॥**

टिप्पणी—यह स्मर, स्मरण और काम दोनों का वाचक है और सोचतु में सोचना, चाहना, कष्ट भोगना तीनों के अर्थ वैसे ही जुड़े हैं, जैसे हिन्दी भाषा के 'सोच करने' में।

सूक्त-१३७ : यह केशवर्द्धन के लिए है।

सूक्त-१४२ : अन्न समृद्धि की प्रार्थना करता है।

अन्य सूत्रों के विषय प्रायः वैसे ही हैं जैसे पिछले काण्डों में।

काण्ड-७

सूक्त-१ : आत्मविद्या-विषयक

जो ध्यान द्वारा वाणी को श्रेष्ठ पद तक ले गये
जो मन से सदा सत्यवादी रहे
***तीसरे* ब्रह्म से बढ़ते हुए उन्होंने**
***चौथे* से धेनु के नामों का मनन किया॥ १॥**

उस *पुत्र* ने पिता को जाना और माता को
वह पुत्र है और *पुनर्मघ* है
उसने द्युलोक को ढँका और अन्तरिक्ष और ज्योति को
वह यह समस्त विश्व है॥ २॥

टिप्पणी—'तीसरे ब्रह्म', 'तुरीय ब्रह्म' का अर्थ सायण ने मध्यमा और वैखरी किया है। ध्यान से वाक् का परम पद प्राप्त होता है, ऋजु मन ऋत को व्यक्त करता है, चिन्तन और व्यक्त वाक् नाम पहचानती है। *धेनु* अदिति या सृजनात्मक प्रकृति *(नातुरा नातुरान्स)* है। *पुत्र* को प्रजापति (सायण) कहा गया है किन्तु अग्नि समझना अधिक संगत लगता है।

भावार्थ—आधिदैविक स्तर पर द्यावापृथ्वी के पुत्र अग्नि की स्तुति है। आध्यात्मिक स्तर पर अन्तरात्मा के रूप में अग्नि के द्वारा ज्ञान के अवतरण का रूपक है।

सूक्त-१२ : राष्ट्रसभा-विषयक

सभा और समिति प्रजापति की दो दुहिताएँ हैं, उनमें सदस्यों के संवाद और सामनस्य की प्रार्थना है।

सूक्त-१७ : द्रविणार्थ प्रार्थना

सूक्त-४८ : सिनीवाली

सूक्त-४९ : कुहू

सूक्त-५० : राका

सूक्त-६० : रम्य गृह

घर में प्रभूत धन और अन्न हो, गाय-भेड़ हों, क्षेम और सुख हो।

सूक्त-६९ : सुखविषयक

वायु हमारे लिए सुखपूर्वक बहे
सूर्य सुखपूर्वक तपे।
दिन और रात शुभ हों
उषा शुभ चमके॥ १॥

सूक्त-८१ : सूर्य और चन्द्रमा

ये दोनों बालक आगे पीछे चलते हैं अपनी माया से
खेलते हुए समुद्र की परिक्रमा करते हैं।
एक सब भुवनों को देखता है
दूसरा ऋतुओं को बनाता हुआ नया जन्म लेता है॥ १॥

जन्म लेते हुए बार-बार नया होता है
दिनों के संकेत के रूप में वह उषाओं के पहले आता है।
आते हुए देवताओं के भाग का विधान करता है
चन्द्रमा! तुम दीर्घ आयु पार कराते हो॥ २॥

इसके बाद ६ ऋचाओं में प्रतिपदा के चन्द्रमा को सोम का अंशु बता कर उससे अभ्युदय की प्रार्थना है।

सूक्त-८७ : सर्वव्यापी देव की स्तुति

जो अग्नि में, रुद्र में, जल में, वीरुधों में, ओषधियों में प्रविष्ट है
जिसने समस्त भुवन बनाये, उस रुद्र के लिए, उस अग्नि को नमः॥

काण्ड-८

सूक्त-१ : दीर्घायु के लिए देवताओं की प्रार्थना, जो मृत्यु की प्रार्थना से आरम्भ होती है।

सूक्त-९ : विराट्-विषयक लम्बा सूक्त है जिसमें आध्यात्मिक रहस्य गूढ़ रूप से कहे गये हैं। विराट् धेनु की तरह है जिससे दो द्वन्द्वात्मक तत्त्व पैदा हुए हैं। विराट् को जल और त्रिभुज भी कहा गया है। अग्नि और सोम ही द्वन्द्व बनाते हैं। यज्ञ और ऋतुओं का भी इसमें विवेचन है और अनेक रहस्यात्मक संख्याएँ उल्लिखित हैं।

सूक्त-१० : यह भी लम्बा विराट्-विषयक है।

काण्ड-९

सूक्त-१ : मधुविद्या-विषयक

पहली १० ऋचाओं में मधुकशा का गाय के रूप में वर्णन है। गाय का जन्म आकाश और पृथ्वी, अन्तरिक्ष, समुद्र, अग्नि और वायु से हुआ है। वह मधुरता की चाबुक है, अमृत धारण किये है। सब जन उसका हृदय से प्रतिनन्दन करते हैं, वह आदित्यों की माता है, वसुओं की दुहिता है, जीवों का प्राण है, ऋत का केन्द्र है, स्वर्णवर्ण है, मधुकशा है, घृताची है, मर्त्यों में रहनेवाला तेज है।

अगली दस ऋचाओं में देवताओं से तेज का आशंसन है। शेष ऋचाओं में गाय का विश्वरूप में वर्णन है। 'पृथिवी दण्ड है, अन्तरिक्ष गर्भ है। आकाश कशा है, विद्युत् प्रकुश, स्वर्णिम बिन्दु है।' सात उस कशा के मधु हैं—ब्राह्मण, राजा, धेनु, बैल, व्रीहि, यव और शहद।

मधु का अर्थ है आनन्दमय सार, वह आधिदैविक स्तर पर प्रकृति में अन्तर्निहित दान है, आधिभौतिक स्तर पर गाय और आध्यात्मिक स्तर पर वाक् है।

सूक्त-२ : कामविषयक है। काम इच्छारूपी देवता है, उसे सम्बोधित कर प्रतिद्वन्द्वियों पर वियज की प्रार्थना है।

वाक् को काम की पुत्री कहा गया है। काम सर्वप्रथम जन्मा, वह देवता, पितर और मनुष्यों से बड़ा है। वह अपने भद्र रूप में हमारे पास आये और पापबुद्धि को हटाये।

संकल्पशक्ति का यहाँ आवाहन है।

सूक्त-३ : शालानिर्माण के विषय में—

शाला लकड़ी के खम्भों (उपमित्, परिमित्) पर टिकती थी, बल्लियों (प्रतिमित्, वंश) के टट्टर पर छत होती थी, चटाइयों की दीवारें। एकाधिक प्रकोष्ठ होते थे। गोष्ठ पास होता था।

सूक्त-६ : अतिथि-सत्कार पर

सूक्त-९ : आत्मविषयक, ऋ० से गृहीत।

सूक्त-१० : उसी के आगे।

काण्ड-१०

सूक्त-२ : इस सूक्त में मनुष्य के माहात्म्य का वर्णन है। उसके भिन्न-भिन्न अवयवों को गिनाकर प्रश्न किया गया है किस देवता ने इसे बनाया? परम्परा के अनुसार पुरुषमेध में पुरुष के उत्सर्जन के समय इसका विनियोग था।

सूक्त के अन्त में सर्वव्यापी ब्रह्म की महिमा है, जिस कारण उसे पुरुष कहते हैं ब्रह्म की उस पुरी को जो जानता है (वह ब्रह्मविद् है)। अष्टाचक्रा और नवद्वारा देवताओं की पुरी अयोध्या है। उसमें ज्योति से आवृत स्वर्गीय हिरण्मय कोश है। उस हिरण्मय कोश में जिसमें तीन *अर* हैं और जो तीन पर प्रतिष्ठित हैं, उसमें जो आत्मवान् यक्ष है उसे ब्रह्मविद् जानते हैं। उस ज्योतिर्मय सुनहरे कोश में, सुनहरी पुरी में ब्रह्म ने प्रवेश किया।

सूक्त-६ : विश्वाधार ब्रह्म मनुष्य का भी आधार है।

मनुष्य में कहाँ ठहरे हैं—तप, ऋत, सत्य, व्रत, श्रद्धा, देवता, दिन-रात, संवत्सर आदि? कौन उनका आधार-स्कम्भ या स्तम्भ है? 'जो पुरुष में ब्रह्म को जानते हैं, वे परमेष्ठी को जानते हैं, वे प्रजापति को जानते हैं।' वही सर्वाधार स्कम्भ है।

सूक्त-८ : ज्येष्ठ ब्रह्म का वर्णन

वही भूत और भव्य का अधिष्ठाता है, देश-काल का व्यापक, उसका एकार्ध भुवनों का स्रष्टा है, वह सब के अन्दर अदृश्य प्रजापति है। 'तुम स्त्री हो, तुम पुरुष हो, कुमार हो, कुमारी हो। तुम डंडे के सहारे टेढ़ा-मेढ़ा चलते बूढ़े हो। तुम विश्वतोमुख हो।' 'एक ही देव मन में प्रविष्ट, सर्वप्रथम जन्मा है।' 'नवद्वार, त्रिगुणावृत पुण्डरीक में आत्मवान् यक्ष प्रविष्ट है', वही ब्रह्म है। उसे जाननेवाला निष्काम, रस से तृप्त अमृतत्व प्राप्त करता है।

काण्ड-११

सूक्त-१ : ब्रह्मौदन पकाने के लिए अदिति के पुत्र अग्नि का आवाहन और स्तवन

सूक्त-२ : रुद्र की महिमा

सूक्त-४ : प्राण का स्तवन

सूक्त-६ : उच्छिष्ट ब्रह्म का सूक्त—

नाम, रूप और समस्त सृष्टि उच्छिष्ट से हुई है। आशय यह है कि ब्रह्म या परमात्मा द्वारा साक्षात्कृत अर्थ ही समस्त सृष्टि का मूल है। 'उच्छिष्ट' का सामान्य अर्थ है उत्सृष्ट और अवशिष्ट। सृष्टि शेष है, ब्रह्म शेषी। किन्तु उच्छिष्ट कहने से यह संकेतित है कि शेष ईश्वरीय भोग का है, और वह सृष्टि का मूल है।

सूक्त-८ : प्रश्नप्रतिप्रश्न के द्वारा शरीर के एक-एक कर भागों का, मन की वृत्तियों का, अधिष्ठातृ देवताओं का विवरण है और यह प्रतिपाद्य है कि शरीर के मध्य में ब्रह्म ही आत्मरूप से प्रविष्ट है।

काण्ड-१२

सूक्त-१ : भूमिसूक्त या पृथ्वीसूक्त

भूमि विश्वम्भरा और विश्ववारा है, शान्त और सुरभि, सुन्दर और समृद्ध। बहुविध जीवन की धारयित्री और पालयित्री है। नाना जन और पथ उसमें फैले हैं। वह दयामयी, स्नेहमयी माता है, *माता भूमिः पुत्रोऽहं पृथिव्याः*।

मातृभावापन्न भूमि पृथ्वी, राष्ट्र और प्रकृति, तीनों की ही द्योतक है।

काण्ड-१३

सूक्त-१ : रोहित नाम से उदयमान सूर्य और उसके साथ अन्य देवताओं का राष्ट्र-सम्भरण के लिए आवाहन-स्तवन।

काण्ड-१४

इसके दो सूक्त विवाह विषयक हैं जिनमें विवाह के अनुष्ठान, आख्यान और शुभाशंसा, विशेषतया नववधू के लिए दी हुई है।

काण्ड-१५

सूक्त-१-१८ : व्रात्य के विषय में कुछ रहस्यमय विवरण है। सामान्यतया व्रात्य उपनयनादिरहित अनधिकारी को कहा जाता है। यहाँ व्रात्य की सर्वोपरितया महिमा दी गयी है। वैदिक कर्मकाण्डियों से उपेक्षित ज्ञानी यहाँ विवक्षित मानना चाहिए जैसे योगी और मुनि।

काण्ड-१६

सूक्त-१-८ : विविध दुःखमोचन के लिए शान्तिक कर्म से जुड़े।

काण्ड-१७

सूक्त-१ : उपनयन, अद्‌भुत शान्ति आदि में प्रयुक्त आदित्य की स्तुति।

काण्ड-१८

पितृमेध-विषयक

काण्ड-१९

आधुनिक विद्वानों ने इसे परवर्ती समझा है।

सूक्त-१९ : रात्रिविषयक काव्यदृष्टि से महत्त्वपूर्ण है।

सूक्त-५३-५४ : काल की महिमा रहस्यवादी शैली में बखानते हैं।

काण्ड-२०

प्राय: ऋक्संहिता का ऋणी है। अधिकांश स्तुतियाँ इन्द्रविषयक हैं।

यजुर्वेद संहिता अनेक शाखाओं में मिलती है, यह पहले कहा जा चुका है।[५] अध्वर्यु के उपयोग के लिए संकलित इसमें यज्ञों में प्रयुक्त ऋचाएँ मिलती हैं। वाजसनेयि-संहिता में, जो कि इसका एक प्रधान भेद है, यज्ञों के क्रम से ही ये ऋचाएँ संगृहीत हैं। शतपथ ब्राह्मण में यही क्रम अपनाया गया है। प्रथम अध्याय और दूसरे अध्याय की २८ कण्डिकाएँ दर्शपूर्णमास विषयक मन्त्रों की हैं। द्वितीय अध्याय की अन्तिम ६ कण्डिकाएँ पिण्डपितृयज्ञ से संबद्ध हैं। तीसरे अध्याय में अग्न्याधान, अग्निहोत्र और चातुर्मास्य के मन्त्र हैं। चौथे अध्याय से आठवें की ३२वीं कण्डिका तक अग्निष्टोम के मन्त्र हैं और अध्याय के अन्त तक प्रासंगिक रूप से षोडशी, द्वादशाह आदि के प्रासंगिक मन्त्र हैं। नवम अध्याय में ३४वीं कण्डिका तक वाजपेय के मन्त्र हैं, उसके बाद राजसूय के मन्त्र हैं। दशम में राजसूय का शेष और अंगभूत चरक और सौत्रामणी के मन्त्र हैं। ११वें से १८वें तक अग्निचयन-मन्त्र हैं। १९वें से २१वें तक सौत्रामणी के मन्त्र हैं। फिर ४ अध्यायों में (२२-२५वें तक) अश्वमेध के मन्त्र हैं। अध्याय २५ से ३५ तक खिल मन्त्र हैं, ३६-३९ में प्रवर्ग्य के मन्त्र हैं। ४०वाँ अध्याय प्रसिद्ध ईशावास्योपनिषद् है।

सोलहवें अध्याय में शतरुद्रिय होम के प्रसंग में *नमस्ते रुद्र मन्यवे* इत्यादि मन्त्र आज भी रुद्राभिषेक में सर्वत्र भारत में प्रयुक्त होते हैं। इनमें रुद्र की उदात्त सर्वव्यापी महिमा का प्रभावी वर्णन है। ३४वें अध्याय में शिवसंकल्प सूक्त में मन की महिमा निरूपित है, जो एक अद्‌भुत प्रार्थना है। यह अवधेय है कि फॉन श्रादेर और विण्टरनित्स जैसे अनेक प्रसिद्ध पाश्चात्त्य विद्वान् यजुर्वेद की अनेक प्रार्थनाओं को उन्मत्तप्रलाप मानते हैं।[६]

तैत्तिरीय संहिता कृष्णयजुर्वेद की है और उसमें संहिता और ब्राह्मण मिले हुए हैं।[७] इस कारण इसका आकार बड़ा है। कुछ विद्वान् इस मिले जुले रूप को तैत्तिरीय संहिता के अन्य संहिताओं से परवर्ती होने का प्रमाण मानते हैं।

सामवेद संहिता की शाखाओं और रचना के विषय में पहले कहा जा चुका है। इसके पूर्वभाग में, जिसे आर्चिक कहा जाता है, नाना प्रकार के साम अथवा गेय धुनों का निर्देश करनेवाली ५८५ ऋचाएँ हैं जो सामयोनि कहलाती हैं। उत्तरभाग उत्तरार्चिक कहलाता है जिसमें सामाख्य गीतियों में गेय ४०० स्तोत्रों का संग्रह है। अधिकांश में तीन ऋचाएँ हैं। सम्पूर्ण संहिता की कुल १८१० ऋचाओं में ७५ को छोड़कर शेष ऋक्संहिता से ली गयी हैं। आर्चिक-धुनों का संग्रह है, उत्तरार्चिक में पद या बोल हैं। इस गान में स्वरों का प्रयोग कैसे होगा, इसका निर्देश 'गान' नाम के ग्रन्थों में होता है। इनके दो विभाग हैं—अरण्यगेयगान और ग्रामगेयगान। इनमें स्वरों का निर्देश संख्याओं के द्वारा होता है। इनके अतिरिक्त ऊहगान और ऊह्यगान नाम से भी संग्रह मिलते हैं, जिनमें क्रतु-प्रयोग के क्रम से स्तोत्रों का संग्रह है। सामगान संगीत का प्राचीनतम अध्याय था। वाण, वेणु, वीणा, दुन्दुभि आदि का प्रयोग उस युग के लोक-संगीत में होता था। *नारदीय शिक्षा* में उसके स्वरों का विवरण मिलता है।[८] जैमिनीयोपनिषद् ब्राह्मण में सामगान का रहस्यात्मक पक्ष प्रकाशित किया गया है जिसमें संगीत के शास्त्रीय पक्ष का भी संकेत मिलता है।[९] इस संगीत के वैपुल्य और विस्तार का अनुमान इस बात से लगाया जा सकता है कि सामिक धुनों की संख्या परवर्ती आकलन के अनुसार ८००० थी। सामगान में न केवल ७ स्वरों का प्रयोग होता था बल्कि उसमें अनेक उद्गाताओं के समवाय के द्वारा प्रस्ताव से निधन तक के अनेक पर्यायों में गान का विकास होता था।[१०]

सामवेद का प्रयोग सोमयागों में मुख्यतया होता था। इन यागों में प्रयुक्त कुछ प्रसिद्ध स्तोत्रों के विषय में यहाँ एक निदर्शन प्रस्तुत किया जाता है—

त्रिवृत्, पञ्चदश, सप्तदश और एकविंश स्तोम ज्योति कहलाते हैं (तै० ब्रा० १.५.११)। स्तोम स्तोत्रगत संख्या से पहचाने जाते हैं। स्तोत्र ऋग्वेदीय मन्त्रों में प्रगीत होते हैं। ज्योति नाम के स्तोम जिस सोमयाग में होते हैं, वे ज्योतिष्टोम कहलाते हैं। जब अन्तिम स्तोम अग्निष्टोम होता है, तब यज्ञ अग्निष्टोम कहलाता है। अग्निष्टोम में १२ स्तोत्र होते हैं—बहिष्पवमान, चार आज्य-स्तोत्र, चार पृष्ठ-स्तोत्र, माध्यन्दिनपवमान, आर्भवपवमान, अग्निष्टोम स्तोत्र। इनमें बहिष्पवमान स्तोत्र त्रिवृत् स्तोम होता है। आज्य-स्तोत्र पञ्चदश स्तोम होते हैं। पृष्ठ-स्तोत्र सप्तदश स्तोम का होता है। अग्निष्टोम स्तोम एकविंश स्तोत्र का होता है। त्रिवृत्, पञ्चदश, सप्तदश और एकविंश बनने के लिए स्तोम में स्तोत्रगत ऋचाओं का अनेक बार विभिन्न क्रमों में गान होता है। बहिष्पवमान में नौ ऋचाओं का गान होता है। आज्यादि स्तोत्रों में एक-एक स्तोत्र में तीन-तीन ऋचाएँ पठित हैं। पञ्चदश स्तोम बनाने के लिए पहली ऋचा तीन बार पढ़ी जाती है, फिर दूसरी और तीसरी एक-एक बार। यह पहला पर्याय है। दूसरे पर्याय में

पहली ऋचा एक बार, दूसरी तीन बार, तीसरी एक बार। तीसरे पर्याय में पहली और दूसरी एक-एक बार और तीसरी तीन बार। सप्तदश स्तोम में तीसरे पर्याय में दूसरी और तीसरी ऋचाओं का तीन बार पाठ होता है। शेष पूर्ववत् रहता है। एकविंश स्तोम में प्रथम पर्याय में पहली और दूसरी ऋचा तीन बार पढ़ी जाती है, तीसरी एक बार। दूसरे पर्याय में पहली और तीसरी तीन बार, दूसरी एक बार। तीसरे पर्याय में पहली एक बार, दूसरी और तीसरी तीन बार। ताण्ड्य ब्राह्मण (अध्याय-२.३) में इन विष्टुतियों का विशेष विवरण मिलता है।

बहिष्पवमान स्तोत्र प्रातःसवन में गायत्र साम से गाया जाता है।[११] इसमें तीन तृचात्मक सूक्त हैं—

उत्तरार्चिक : प्रथम अध्याय - प्रथम खण्ड

उपास्मै गायता नरः पवमानायेन्दवे।
अभि देवां इयक्षते॥ १॥

गाओ हे मनुष्यों, गाओ इस पवमान सोम के लिए*
(जो) यजन करना चाहता है** देवताओं के लिए॥ १॥

अभि ते मधुना पयोथर्वाणो अशिश्रयुः।
देवं देवाय देवयु॥ २॥

तुम्हारे मधु के साथ दुग्ध को मिला दिया अथर्वणों ने।
देवकामों ने दीप्तिमान् को देवता के लिए॥ २॥

स नः पवस्व शं गवे शं जनाय शमर्वते।
शं राजन्नोषधीभ्यः॥ ३॥

हे राजन्, वह तुम स्वच्छ प्रवहमान मंगल करो।
गो अश्व के लिए, प्रजाजन के लिए, पौधों के लिए॥ ३॥

---

* *इयक्षते = ''आभिमुख्येन यष्टुमिच्छते''* (सा०, सा० सं०, जि० ३, पृ० ४)

** *पवमानाय क्षरते.....इन्दवे सोमाय*

दविद्युतत्या रुचा परिष्टोभन्त्या कृपा।
सोमाः शुक्रा गवाशिरः॥ १॥

विद्योतमान प्रकाश से, परिध्वनित रूप से।
जाज्वल्यमान हैं सोम (की बूँदें) दुग्ध से मिश्रित॥ १॥

हिन्वानो हेतृभिर्हित आ वाजं वाज्यक्रमीत्।
सीदन्तो वनुषो यथा॥ २॥

बढ़ानेवालों से आगे प्रहित वाजी ने
वाज को जीत लिया।
जैसे बैठे-बैठे चाहनेवालों ने॥ २॥

ऋधक्सोम स्वस्तये संजग्मानो दिवा कवे।
पवस्व सूर्यो दृशे॥ ३॥

हे कवि सोम, तुम बढ़ते हुए स्वस्ति के लिए
दिव्य दीप्ति से जुड़ते हो।
सूर्य के समान दीखते हुए स्वच्छ हो॥ ३॥

पवमानस्य ते कवे वाजिन्त्सर्गा असृक्षत।
अर्वन्तो न श्रवस्यवः॥ १॥

हे ओजस्वी द्रष्टा, स्वच्छ प्रवहमान
तुम्हारी धाराएँ छूट चली हैं।
जैसे यशस्वी अश्व-पंक्तियाँ॥ १॥

अच्छा कोशं मधुश्चुतमसृग्रं वारे अव्यये।
अवावशन्त धीतयः॥ २॥

मधुस्रावी कोष को खोलती हैं
ऊनी पवित्र पर।
हमारी प्रार्थनाएँ निचोड़ती हैं॥ २॥

अच्छा समुद्रमिन्दवोऽस्तं गावो न धेनवः।
अग्मन्नृतस्य योनिमा॥ ३॥

समुद्र के निकट गयीं सोम की बूँदें
जैसे गायें अपने घर।
ऋत के जन्म स्थान को॥ ३॥

यदि अग्निष्टोम-संस्था का बहिष्पवमान सूक्त प्रथम स्तोत्र है, तो अग्निष्टोम में गेय उसका अन्तिम स्तोत्र है। यह यज्ञायज्ञिय कहलाता है।* इसका प्रारम्भ इस प्रकार से होता है—

यज्ञायज्ञा वो अग्नये गिरागिरा च दक्षसे।
प्रप्र वयममृतं जातवेदसं प्रियं
मित्रं न शंसिषम्॥ १॥[१२]

यज्ञ-यज्ञ में अग्नि के लिए तुम्हारी
प्रार्थनाएँ उठें पराक्रम के लिए।
स्तुति करें हम अमर जातवेदा की प्रिय मित्रवत्॥ १॥

ब्राह्मण-साहित्य

ब्राह्मण-साहित्य एक विस्तृत गद्य-साहित्य है जिसमें यज्ञ-विधि का विवरण मिलता है। इन विधियों के प्रसंग में इतिहास, आख्यान, उपाख्यान, रहस्य आदि का भी वर्णन और व्याख्यान संगृहीत है। ऋक्संहिता से जुड़े ब्राह्मण हैं—ऐतरेय और कौषीतकि अथवा शाङ्खायन ब्राह्मण। सामवेद से जुड़े हैं—ताण्ड्यमहाब्राह्मण, षड्विंश ब्राह्मण और जैमिनीय ब्राह्मण। कृष्णयजुर्वेद से सम्बद्ध हैं—तैत्तिरीयब्राह्मण, शुक्लयजुर्वेद से शतपथ ब्राह्मण। अथर्ववेद से गोपथ ब्राह्मण जुड़ा है, पर उसे परवर्ती माना जाता है।

ऐतरेय ब्राह्मण

प्राचीन आख्यान के अनुसार ऐतरेय ब्राह्मण का प्रतिभान महिदास ऐतरेय को हुआ था, जिसकी माता का नाम इतरा था। यह प्रतिभान भूमि देवता की विशेष कृपा से प्राप्त हुआ था। इस ब्राह्मण का मुख्य विषय सोम संस्थायें हैं, जिनमें ज्योतिष्टोम, गवामयन

---

* तु० ''प्रकृतौ तृतीय सवने आर्भवपवमानस्योपरि 'यज्ञायज्ञीयं' साम गीयते तेन च साम्ना अग्निष्टोमस्य समाप्यमानत्वात् तदग्निष्टोम सामेत्युच्यते। तच्च प्रकृतौ 'यज्ञा यज्ञा वोऽग्नये' इत्याद्याग्नेयीष्वृक्षु (३ अ०, १ प्र, २० सूक्त, १-२-३ ऋ०) गीयते।''

(*सा० सा० सं०*, जि० १, पृ० ५२)

आदि प्रधान है। ज्योतिष्टोम के अन्दर अग्निष्टोम, उक्थ्य, षोडशी और अतिरात्र पर विवरण मिलता है। ग्रन्थ का आरम्भ दीक्षणीय इष्टि के विधान से होता है। आग्ना, वैष्णव, एकादश कपाल हवि का निर्वपन प्रस्तुत है। ब्राह्मण का आरम्भ अत्यन्त महत्त्वपूर्ण कथन से होता है कि अग्नि देवताओं में प्रथम हैं, विष्णु अन्तिम हैं। सब देवता उनके बीच में संग्रहीत हैं-

ऊँ अग्निर्वै देवानामवमो विष्णुः परमस्तदन्तरेण सर्वा देवताः इति।

(ऐ० ब्रा०, प्रथम अध्याय, जि० १, पृ० ७)

यहाँ पर अवधेय है कि *अवं* का अर्थ सायण ने प्रथम किया है।

यह स्मरणीय है कि विधान के सूत्र और अनेक आख्यायिकायें नाना ब्राह्मणों में सदृश हैं तथापि उनमें प्राधान्य क्रम और प्रासंगिक अन्तर्दृष्टियों का प्रतिपादन विशेषतः रहता है। ऐतरेय की एक प्रसिद्ध आख्यायिका कवष ऐलूष के विषय में है। ऋग्वेद संहिता में वे कुछ सूक्तों के मन्त्रद्रष्टा हैं। जैसे दशम मण्डल के सूक्त ३१-३४ तक। मण्डल ७ के सूक्त १८ की १२वीं ऋचा में उनके विषय में एक अनुश्रुति का उल्लेख है जिसमें वे द्रुह्युवों के राजा के साथ इन्द्र से पराजित हुए थे।

उनके विषय में अनेक अनुश्रुतियां मिलती हैं किन्तु ऐतरेय का आख्यान विशेष महत्त्व रखता है। इसके अनुसार ऋषिगण सरस्वती तट पर सत्र के लिए एकत्रित थे। उन्होंने कवष ऐलूष को 'दासी का पुत्र, कितव (धूर्त), अब्राह्मण' (ऐ० ब्रा०, जि० १, पृ० २१६) कहकर सोमयाग से बाहर निकाल दिया और उसे मरु में छोड़ दिया कि वह सरस्वती का जल पिये बिना प्यासा मर जाय।

वहाँ कवष ने आपोनप्त्रीय का साक्षात्कार किया। उसी के पास सरस्वती मार्ग बदलकर चलीं गयीं। उस स्थान को अभी भी परिसारक कहते हैं। ऋषियों ने इस पर कवष को स्वीकार किया। इस आख्यायिका का विशेष महत्त्व इस बात में है कि यहाँ दासी पुत्र को उसके ज्ञान के कारण कुलीन ऋषियों ने स्वीकार किया। (ऐ० ब्रा०, अष्टम अध्याय, खण्ड-१)

इक्ष्वाकु वंश के राजा 'हरिश्चन्द्र' के विषय में कही हुई आख्यायिका भी सुप्रसिद्ध है यद्यपि राजा की १०० पत्नियाँ थीं। उसका कोई पुत्र नहीं था। पर्वत और नारद राजा के घर पहुँचे। उन्होंने परामर्श दिया कि वरुण से प्रार्थना करो कि यदि मेरा पुत्र होगा तो उससे तुम्हारा यज्ञ करूँगा। पुत्र होने पर जब उसके बलिदान का प्रश्न आया तो राजा ने बहाने बनाये। पुत्र के वर्मधारण की अवस्था पहुँचने पर राजा उसकी बलि के लिये तैयार हुआ। किन्तु रोहित नाम के पुत्र ने यह स्वीकार नहीं किया और वह वर्ष भर के लिये जंगल चला गया। हरिश्चन्द्र को वरुण ने पकड़ लिया और उसे जलोदर रोग हो गया। यह सुनकर रोहित अरण्य से ग्राम लौटा। इन्द्र ने मार्ग में परामर्श दिया घूमते

रहो। दूसरे वर्ष भी रोहित ने अरण्य विचरण किया। इस प्रकार ६ वर्ष तक इन्द्र के परामर्श में वह अरण्य में घूमता रहा। फिर वह सवयवसिअजीगर्त ऋषि से मिला जो भूखा था, उसके तीन पुत्र थे। शुन:पुच्छ शुन: शेप और शुन:लांगूल। रोहित ने सौ गाय देकर अपने निष्क्रय के लिए उनमें से एक को लेना चाहा। शुन:शेप को लेकर वह ग्राम पहुँचा और पिता से कहा- इसे वरुण राजा को देकर अपने आप को छुड़ाऊँगा। वरुण ने यह स्वीकार किया और हरिश्चन्द्र के लिये राजसूय का कर्तव्य निर्देश करके उसमें अभिषेचनीय नाम के एकाह सोमयाग में शुन:शेप को पशु के रूप में बलि के लिये कहा। हरिश्चन्द्र के राजसूय के अधिष्ठान में विश्वामित्र होते थे। जमदग्नि अध्वर्यु, वशिष्ठ ब्रह्मा, अयास्य उद्गाता, शुन:शेप को यूप में बाँधने के लिये कोई तैयार नहीं था। तब उसके पिता अजीगर्त ने कहा- मुझे १०० और दो तो मैं बाँध दूँ। फिर जब उसे काटने के लिये कोई तैयार नहीं था तो भी १०० लेकर उसका पिता ही खड्ग के साथ आगे बढ़ा। शुन:शेप ने इस अमानुषिक घटना को देखकर देवता की प्रार्थना की। उसने पहले प्रजापति की फिर अग्नि, फिर सविता और अंतत: वरुण की ही प्रार्थना की। वरुण ने कहा- अग्नि ही देवताओं में सुहृदयतम है। उसकी स्तुति करो तो मैं तुम्हें छोड़ दूँगा। अग्नि ने विश्वेदेवा: देवताओं का उपदेश दिया। उन्होंने इन्द्र की, अश्विनौ की, उन्होंने उषा की, इस तरह से उसका पाश छूट गया और हरिश्चन्द्र का पेट भी हल्का हो गया।

ऋत्विजों ने शुन:शेप से कहा- आप ही इस अभिषेचनीय याग को पूरा करें। शुन:शेप को अत्र्ज: सव के दर्शन हुए। फिर वह विश्वामित्र की गोद में बैठ गया। अजीगर्त ने अपना पुत्र फिर से मांगा किन्तु विश्वामित्र ने मना कर दिया। शुन:शेप का नाम देवरात वैश्वामित्र हुआ। अजीगर्त ने पुत्र को फिर से फुसलाने का प्रयत्न किया और कहा- मैंने पाप किया था और मैं सौ गायें लौटा दूँगा। शुन:शेप ने कहा- जो एक बार पाप करता है वह दुबारा भी करेगा। तुमने शौद्रन्याय बरता है, मेरा तुमसे मेल नहीं हो सकता। विश्वामित्र ने उसे अपना ज्येष्ठ पुत्र घोषित किया और उसे अपना दैवदायाद बताया। विश्वामित्र ने मधुच्छन्दापूर्वक अपने पुत्रों को बुलाया और कहा- ये तुम्हारा ज्येष्ठ है। मधुच्छन्दा से बड़े पुत्रों ने इस पर विरोध किया। विश्वामित्र ने उन्हें शाप दिया, तुम अन्त प्रदेश चले जाओ, वहीं तुम्हारी सन्तान जियेगी। वे ही अन्ध्र, पुण्ड्र, शवर, पुलिन्द, मूतिब आदि हुए- *एतेऽन्ध्रा: पुण्ड्रा: शबरा: पुलिन्दा मूतिबा इत्युदन्त्या बहवो वैश्वामित्रा दस्यूनां भूयिष्ठ:, इति।* (ऐ० ब्रा०, जि० २ पृ० ८५६)।

तैत्तिरीय ब्राह्मण

तैत्तिरीय ब्राह्मण का तैत्तिरीय संहिता से वैसा ही सम्बन्ध है जैसा शतपथ का वाजसनेयि संहिता से। इतना विशेष अन्तर है कि तैत्तिरीय संहिता स्वयं संहिता और ब्राह्मण का मिश्रित रूप है। तैत्तिरीय ब्राह्मण कृष्णयजुर्वेद की तैत्तिरीय शाखा के अनुसार यजुर्वेदीय कर्मकाण्ड का व्याख्यान कहा जा सकता है। प्रथम काण्ड के प्रथम प्रपाठक

और प्रथम अनुवाक में शुक्रामन्थी ग्रह विचार के मंत्र कहे गये हैं। दूसरे अनुवाक में अग्न्याधान के समय का विधान है। कृत्तिकाओं में अग्न्याधान का विधान है। जब कृत्तिकाओं का चन्द्रमा से संयोग होता है वह अग्न्याधान का सही समय होता है। कृत्तिका नक्षत्र की देवता अग्नि ही है किन्तु कुछ इसी कारण इस नक्षत्र से बचते हैं कि कहीं घर न जल जाय। रोहिणी नक्षत्र में और फल्गुनी में भी अग्न्याधान विधान मिलता है। ऋतुओं के विषय में ब्राह्मणों के लिए वसन्त; राजन्य के लिए ग्रीष्म; वैश्य के लिए शरद् का विधान है। पूर्वी फल्गुनी में निषेध है क्योंकि उन्हें संवत्सर की जघन्य रात्रि कहा गया है। अर्थात् फाल्गुनी पूर्णिमा को पूर्व संवत्सर का अन्त माना जाता था। उत्तर फल्गुनी से नवीन संवत्सर का आरम्भ मानते थे।

दूसरे अनुवाक में आधान के नक्षत्रादि का निवेश करके तीसरे में यज्ञोपयोगी सम्भारों का विवरण है। चतुर्थ अनुवाक में सम्भारों के निवेश के बाद अग्नियों का आधान विहित है। पांचवाँ अनुवाक भी उसी विषय का शेष भाग है। छठें में पवमान हवियों का विस्तृत विधान है और दक्षिणाओं का वर्णन है। सातवें में आधान मन्त्र दिये गये हैं। आठवें में उन पर ब्राह्मण हैं। नवें अनुवाक में ब्रह्मौदन का विधान है और दक्षिणाओं का वर्णन है। दशम में पँचाग्नियों का आधान है। इस प्रकार प्रथम काण्ड का प्रथम प्रपाठक समाप्त होता है।

जैसा पहले कहा जा चुका है कि ब्राह्मणों में सदृश सूक्तों से बने कर्म-विधान की ही भिन्न क्रम से और भिन्न प्राधान्य से निरूपण मिलता है। किन्तु उनमें अनेक स्थलों में अन्तर्दृष्टि और विशिष्ट आख्यान प्राप्त होते हैं। उदाहरण के लिए तैत्तिरीय की उक्ति देखिए-

असतोऽधि मनोऽसृज्यत। मनः प्रजापतिमसृजत। प्रजापतिः प्रजा असृजत।

तद्वा इदं मनस्येव परमं प्रतिष्ठितम्। यदिदं किंच। तदेवच्छ्वोवस्यसं नाम ब्रह्म, इति।

(तै० ब्रा०, २.२.१०)

इन वाक्यों में वही दृष्टि झलकती है जो कि पीछे *मनोपुब्बंगमाधम्मा मनोसेट्ठा मनोमया* इत्यादि बौद्ध आगम में अथवा *चित्तमात्रं यदुतत्रैधातुकम्* इस विज्ञानवाद के सूत्र में। इसी नवम अनुवाक का आरम्भ जगत् सृष्टि के निरूपण से होता है। आरम्भ में कुछ भी नहीं था, न आकाश, न पृथ्वी, न अन्तरिक्ष। असत् ने ही यह विचार किया कि मैं हो जाऊँ। उसने तप किया, उससे धूम उत्पन्न हुआ फिर अग्नि, फिर ज्योति, फिर अर्चि, फिर मरीचियाँ, फिर उदार अथवा उल्बणज्वाला, फिर मेघवत् पदार्थ, जो सघन होकर समुद्र हुआ। (तै० ब्रा०, २.२.९)

इस विवरण में सांकेतिकता के द्वारा ही ठीक अर्थ पता चलता है अन्यथा आधुनिक दृष्टि से विशुद्ध मिथकीय बन जाता है।

तैत्तिरीय के उपाख्यानों का एक दृष्टान्त तृतीय काण्ड के दशम प्रपाठक के ग्यारहवें अनुवाक से लिया जा सकता है। भरद्वाज ऋषि ने आयु के तीन भागों में

ब्रह्मचर्यवास किया (अथवा तिगुनी आयु के द्वारा - सायण) बुढ़ापे से पड़े हुए उनके पास इन्द्र ने आकर कहा- भरद्वाज, यदि मैं तुम्हें चौथी आयु दूँ तो तुम उसे क्या करोगे? उसने उत्तर दिया ब्रह्मचर्यवास ही करूँगा। इन्द्र ने उसे पहाड़ जैसे तीन अनजान ढेर दिखलाये, उनसे एक-एक मुट्ठी निकाल कर कहा- भरद्वाज! वे वेद हैं, अनन्त हैं। वेद जितना तुमने अध्ययन किया है, वह ये तीन मुट्ठियां हैं, शेष तुमने देखा ही नहीं है। आओ, इसे समझो, यही सारी विद्या है। भरद्वाज को सावित्र अग्नि का उपदेश दिया। उसे जानकर वह अमृतत्व को प्राप्त हुआ। (तै० ब्रा०, ३.१०.११.१३)

कठोपनिषद् के प्रसिद्ध नाचिकेताग्निचयन का मूल तैत्तिरीय ब्राह्मण में मिलता है। वाजश्रवस नामक ऋषि ने अपना सर्वस्वदान किया उसका नचिकेता नाम का पुत्र था। यद्यपि वह कुमार था तो भी दक्षिणा के लिए जाते हुए उसके मन में श्रद्धा ने प्रवेश किया, उसने कहा- तात! मुझे किसको दोगे? दुबारा, तिबारा यह प्रश्न किया। पिता ने रुष्ट होकर कहा- तुम्हें मृत्यु को दूँगा। उठ खड़े होने पर दैवी वाक् ने गौतम कुमार से कहा- जाओ, मृत्यु के घर, मृत्यु को तुम्हें दिया है (यह अभिप्राय उस वाक् से प्रकट हुआ)। वाग्देवता ने कहा- जब यम प्रवास कर रहा हो तब जाना, तीन रात्रि उसके घर में उपवास किये हुए रहना, यदि वह तुमसे पूछे- कुमार, कितनी रात रहे हो तो उत्तर देना- तीन रात। पहली रात क्या खाया? तुम्हारी प्रजा। दूसरी रात तुम्हारे पशु। तीसरी रात, तुम्हारे शुभकर्म। नचिकेता वैसे ही गया, तीन रात रहा और वैसे ही प्रश्नोत्तर हुए। यम ने उसे प्रणाम किया और कहा- वर माँगो। उसने माँगा, जीता हुआ ही मैं पिता के पास जाऊँ। दूसरा वर, मेरे इष्टापूर्त को अक्षय करो। उसके लिए यम ने इस नाचिकेत अग्नि का उपदेश किया जिससे इष्टापूर्त का क्षय नहीं होता। तीसरा वर - उसने माँगा पुनर्मृत्यु की अपचिति बताओ। उसने वही नाचिकेताग्नि का उपदेश किया। उसने जीत लिया। (तै० ब्रा० ३.११.८)

अर्थवाद के दो रोचक उदाहरण हैं- अश्वमेध में वीणागायन से श्री की समृद्धि होती है। किन्तु दो ब्राह्मणों को साथ नहीं गाना चाहिए क्योंकि ब्राह्मण में श्री नहीं ठहरती है (तै० ब्रा० ३.९.१४)। ऐसे ही यह कहा गया है कि प्रत्येक लोक में मृत्यु पीछा करती है उससे बचने के लिए उसके लिए आहुति देनी चाहिए-

लोकाल्लोकादेव मृत्युमवयजते।
नैनं लोके लोके मृत्युर्विन्दति, इति। —तै० ब्रा० ३.९.१६

ब्राह्मण वाङ्मय में यज्ञ धर्म का निरूपण

ब्राह्मण वाङ्मय में यज्ञ-धर्म का निरूपण है। धर्म के अनेक पक्षों का उल्लेख मिलता है। व्यक्ति के लिए आदर्श शील का निर्देश धर्म का एक पक्ष है। समाज की मर्यादाओं का निर्देशन उसका दूसरा पक्ष है। सामाजिक न्याय का सन्तुलन उसका तीसरा

पक्ष है। व्यक्ति के लिए लौकिक तथा पारलौकिक अर्थ का साधन उसका एक और पक्ष है। राष्ट्र के लिए लौकिक हित का साधन भी उसका एक पक्ष है। अन्ततः व्यक्ति के लिए निःश्रेयस का सम्पादन उसका चरम पक्ष है। संक्षेप में धर्म, व्यक्ति और समाज के लिए हित का साधन है। मानव हित लौकिक, पारलौकिक और नैःश्रेयसिक, तीन प्रकार का कहा जाता है। निःश्रेयस या मोक्ष ज्ञानरूप निवृत्तिधर्म का देशकालातीत लक्ष्य है और उसका उपदेश उपनिषद् रूप वेदान्त में मिलता है। व्यक्ति और राष्ट्र, दोनों के लौकिक हित और व्यक्ति के पारलौकिक सुख का साधन प्रवृत्ति-धर्म है, जिसका उपदेश वेद में सामान्यतया और सूत्रों एवं स्मृतियों में व्यवस्थित रूप से मिलता है। प्रवृत्तिधर्म का एक पक्ष वर्णाश्रम धर्म में, एक साधारण धर्म में निरूपित होता है। ब्राह्मण-साहित्य, श्रौतसूत्र और मीमांसासूत्रों में प्रवृत्तिधर्म का मूलाधार यज्ञ-धर्म है। ब्राह्मण नाना यज्ञों के अन्तर्गत कर्म और उनके तात्पर्यों का विवरण देते हैं, मीमांसासूत्र ब्राह्मण-वाक्यों को यथावत् समझने के उपाय प्रदर्शित करते हैं। श्रौतसूत्र यज्ञविधियों की व्यवस्था प्रदर्शित करते हैं।

याग-धर्म विधिपूर्वक, कर्मात्मक और अदृष्टपरक है। वैदिक विधान ही इस धर्म का नियामक है। विधि प्रवर्तक वाक्य को कहते हैं। इस प्रकार के वाक्य में प्रेरणार्थक क्रिया होती है। उसे सुनकर श्रोता वक्ता के अभिप्राय को समझता है कि मुझे अमुक कार्य करना चाहिए। इस प्रेरणा अथवा प्रवर्तना को मीमांसकगण भावना कहते हैं। यह प्रेरणा प्रेरक के वचन में रहनेवाली शक्ति है जो प्रेर्य पुरुष या कर्त्ता को कार्य के अनुकूल कर्म में प्रेरित करती है। प्रेरक वाक्य में क्रियावाचक शब्द और उसकी वृत्ति के नियामक प्रत्यय में यह शक्ति रहती है। 'यजेत', यजन करे, इस क्रियावाचक पद से 'यजन क्रिया मुझे करनी चाहिए' इस प्रकार का बोध श्रोता को होता है। इस क्रिया पद के भी दो अंश हैं—क्रियावाचक और वृत्तिवाचक, जो संस्कृत में धातु और प्रत्यय के द्वारा कहे जाते हैं। प्रत्यय में भी आख्यातत्त्व और लिङ्त्व दो अंश होते हैं। लिङ्त्व अंश विशेष रूप से भावना का वाचक होता है। वैदिक वाक्य अपौरुषेय माने जाते हैं, अतः उनकी भावना भी अपौरुषेय या शाब्दी मानी जाती है। उनके सुनने से उत्पन्न श्रोता के मन में कर्म की प्रेरणा, 'मुझे यह करना चाहिए', इस आकार का संकल्प, आर्थीभावना कही जाती है। जिस कर्म में मनुष्य सहज रूप से अथवा दृष्ट परिणामों के आकलन के द्वारा प्रवृत्त होता है, वह श्रौत विधि का विषय नहीं होता। 'भूख लगने पर खाना चाहिए', 'धनार्थी को सेवा करनी चाहिए, 'राजकर्मचारी को नियम से कार्यालय जाना चाहिए', इत्यादि लौकिक विधियाँ लाभ की इच्छा अथवा दंड के भय को पुरस्कृत करती हैं और दृष्टपरिणामहेतुक हैं और किसी वक्ता के प्रेरणात्मक अभिप्राय को व्यक्त करती हैं। 'स्वर्ग' के लिए यज्ञ करना चाहिए, यह वैदिक विधि कामनापूर्वक होते हुए भी अपूर्व-कर्म-प्रेरणात्मक और अदृष्ट परिणामहेतुक है। 'सायं-प्रातः अग्निहोत्र का हवन करना चाहिए', यह कर्त्ता की इच्छा को पुरस्कृत न कर अपने अधिकारी के लिए अनिवार्यतया विधान है, 'सच बोलना चाहिए', यह सब के लिए

नियम है। यागधर्म की विधिपूर्वकता का अर्थ है कि जिस कर्म का विधान हो रहा है वह अन्यथा प्राप्त या प्रदत्त नहीं है, वह किसी प्रवृत्ति के आधार पर या लौकिक अनुभव के आधार पर स्वबुद्धि-व्यवसित कर्म नहीं है। उसका वेद से ही पता चलता है और वह लौकिक व्यवहार के अतिरिक्त है, इसलिए इस प्रकार की विधि को अपूर्वविधि या उत्पत्तिविधि कहते हैं। मीमांसकों ने विधि का अनेकधा विभाजन किया है। विनियोग-विधि प्रधान और अंग कर्म का सम्बन्ध बताती है, प्रयोगविधि कर्मविषयक क्रम बताती है। अधिकार-विधि कर्त्ता को विशेषित करती है। विधि कभी सामान्यतया कर्म निर्देश करती है, कभी निषेध करती है, कभी नियम सूचित करती है।

वैदिक वाक्य पाँच प्रकार के बताये गये हैं—विधि, मन्त्र, नामधेय, निषेध और अर्थवाद। इनमें अर्थवाद निन्दा अथवा प्रशंसा के रूप में होता है। उससे विहित या निषिद्ध कर्म के गुण-दोष पता चलते हैं, जिससे उसकी ओर समुचित प्रवृत्ति उत्पन्न होती है। स्थूलरूप से वैदिक वाक्य दो भागों में बाँटे जा सकते हैं—विधि और अर्थवाद। विधि वाक्यों का मूर्द्धाभिषिक्त दृष्टान्त है—*स्वर्गकामो यजेत*।

इस विधिवाक्य में लिङ् प्रत्यय के द्वारा शाब्दीभावना से प्रवर्तनीय पुरुष के मन में यज्ञ कर्म के विषय में आर्थीभावना उत्पन्न होती है। विधि वाक्य की प्रेरणा से श्रोता समझता है कि उसे किसी कार्य की ओर प्रेरित किया जा रहा है किन्तु शाब्दीभावना से उत्पन्न होने पर भी आर्थीभावना प्रवृत्ति रूप में तभी निष्पन्न होती है जब अर्थवाद के द्वारा यज्ञ की प्रशस्ति से वह प्ररोचित होता है। इस प्रकार वाक्य सुनकर और उसमें सूचित कर्म के गुण समझ कर पुरुष उस प्रेरित कर्म की ओर प्रवृत्त होता है। शाब्दीभावना की कल्पना की आवश्यकता इसलिए होती है कि वैदिक वाक्य किसी पुरुष के आदेश नहीं हैं, उनकी प्रेरणा शक्ति उन शब्दों में ही निहित है। यही शाब्दीभावना कहलाती है। शाब्दिक प्रेरणा स्वीकार करने के लिए प्रवर्तनीय पुरुष को उस प्रेरणा में इष्टसाधनता और कृतिसाध्यता का ज्ञान आवश्यक है। जिस कर्म का वैदिक वाक्य के द्वारा विधान होता है उसके अनुसार प्रवृत्ति होने के लिए यह आवश्यक है कि विहित कर्म में अभीष्ट प्रयोजन की साधकता विदित होनी चाहिए और यह भी पता होना चाहिए कि वह कर्म प्रवर्तनीय पुरुष के द्वारा करना सम्भव है।

सामान्यतया कर्म का आधार इच्छा या काम में होता है साथ ही मानवकर्म पशुसुलभ प्रवृत्तिमात्र न होने के कारण धर्म के द्वारा नियन्त्रित होता है। धर्म में कर्म-विशेषता का निर्देश और मर्यादाएँ होती हैं। सामान्यतः मनुष्य अनुभव और तर्क पर आधारित बुद्धि के अनुसार साध्य-साधन-सम्बन्ध समझ कर कार्य करता है। साध्य उसकी इच्छा के अनुकूल होना चाहिए और कर्म की साधकता विदित होनी चाहिए। इस प्रकार सभी लौकिक कर्म एक ओर प्रवृत्तिमूलक और दूसरी ओर बुद्धिसंगत होते

हैं। लौकिक कर्मों में दो प्रकार का भेद करना आवश्यक है, एक वे कर्म हैं जिनके फल हमारी सहज इच्छाओं के लक्ष्य हैं और जिनके साधनों का हमें अनुभव के आधार पर ज्ञान होता है, जैसे—बुभुक्षा तृप्त करने के लिए हम भोजन करते हैं या भोजन प्राप्त करने के लिए खेती करते हैं या खेती के लिए हल बनाते हैं, इत्यादि। सभी अर्थ-काम-विषयक कर्म इसी प्रकार के इच्छामूलक और हमारे अपने ज्ञान पर आधारित हैं। वेद विहित कर्म इन लौकिक कर्मों से भिन्न होते हैं उनमें साध्य या साधन या दोनों ही न सिर्फ सहज इच्छा से उत्पन्न होते हैं और न लौकिक ज्ञान पर ही आधारित होते। *स्वर्गकामो यजेत,* इसमें स्वर्ग साध्य है पर वह मानवीय अनुभव के परे है। यज्ञरूपी कर्म भी वेद से ही पता चलता है। इस प्रकार इस वाक्य में साधन पूर्वत: अप्राप्य है और साध्य अदृष्ट है, इसलिए वैदिक धर्मरूपी कर्म अपूर्व-विधिपूर्वक और अदृष्टपरक है। लौकिक कर्मों में काम्य कर्मों के अतिरिक्त जो नैतिक कर्म हैं उन्हें एक प्रकार की नियमविधि कहा जा सकता है, जिनका मूल पुरुष की इच्छा में न होकर विवेक में होने के कारण अपौरुषेय ही कहा जा सकता है। किन्तु यह अपौरुषेयता वैदिक अपौरुषेयता से भिन्न है।

मीमांसा दर्शन के द्वारा व्याख्यात वैदिक धर्म मानवीय प्रत्यक्ष से अतीत है। वैदिक धर्म अप्रत्यक्षपरायण है। उसका सार यज्ञात्मक कर्म है। यज्ञ कर्म का सामान्य अर्थ देवोपासना है, किन्तु उसका विशेष अर्थ द्रव्यत्याग के द्वारा सम्पाद्य देवोपासना है। पूर्ववैदिक युग में नाना देवताओं का विवरण प्रचलित था और उनमें से बहुतों के लिए विशिष्ट प्रकार के यज्ञों का विधान या इनमें देवताओं का स्तवन, स्मरण और उपयुक्त भावना ही मुख्य थी। उत्तरवैदिक युग में देवता मानो यज्ञ पद्धति में विलीन हो गये। मीमांसक मन्त्रों से पृथक् देवताओं का अस्तित्व नकारते हैं। देवताविषयक कथाएँ एवं कीर्तन अर्थवाद मात्र रह गया है। दूसरी ओर सभी देवताओं को ज्ञानियों ने एक देवता में विलीन कर दिया। द्रव्य प्रधान बहिर्याग के स्थान पर इस प्रकार अन्तर्याग अथवा रहस्योपासना का आरम्भ हुआ जिनसे क्रमश: ध्यान और ज्ञान के मार्ग प्रशस्त हुए।

ब्राह्मण ग्रन्थों में यज्ञ के कर्मकाण्ड का विस्तार से प्रतिपादन है। प्रत्येक यज्ञ में उसकी अन्तर्गत क्रियाएँ किस प्रकार क्यों सम्पन्न की जायें इसका उनमें सविस्तार वर्णन मिलता है। ब्राह्मणों में अभिव्यक्त विचारधारा के परिचय के लिए कुछ उदाहरण दिये जा सकते हैं।

शतपथ ब्राह्मण

शतपथ ब्राह्मण शुक्लयजुर्वेद की माध्यन्दिन शाखा का है। इसमें सौ अध्याय हैं, अतएव इसका नाम शतपथ है। अध्यायों का संग्रह १४ काण्डों में और ६८ प्रपाठकों में

है। अध्याय से छोटा विभाजन ब्राह्मण कहा गया है। शतपथ में ४३८ ब्राह्मण हैं। उनसे भी छोटा विभाजन कण्डिकाओं में है। शतपथ में ७६२४ कण्डिकाएँ हैं।

पहले काण्ड में दर्शपूर्णमास याग का निरूपण है। दर्शपूर्णमास सभी इष्टियों की प्रकृति है। दूसरे काण्ड में अग्निहोत्र, पिण्ड पितृयाग, दाक्षायण यज्ञ, नवान्नेष्टि और चातुर्मास्यों का निरूपण है। तीसरे और चौथे काण्डों में सोमयाग का विधान है। पञ्चम काण्ड में वाजपेय और राजसूय का वर्णन है। छठें से १०वें काण्ड के अन्त तक अग्निचयन का निरूपण है। ११वें काण्ड में पंशुबन्ध पञ्चमहायज्ञ, मित्रविन्देष्टि और दर्शपूर्णमास आदि के शेष का निरूपण है। १२वें काण्ड में द्वादशाह सत्त, संवत्सर सत्त और सौत्रामणी है। १३वें काण्ड में अश्वमेध, पुरुषमेध, सर्वमेध और पितृमेध का निरूपण है। १४वें काण्ड में प्रवर्ग्य का विधान है और बृहदारण्यक है।

वेदाचार्य वंशीधर मिश्र का कथन है कि शतपथ ब्राह्मण सब ब्राह्मणों में प्रधान है क्योंकि इसमें प्रकृतिभूत इष्टि, पशु और सोमयागों के प्रयोग से जुड़े हुए अर्थों का स्मरण दिलानेवाले मन्त्रों का सकल पाठ मिलता है। इनका विधान करने के कारण यह ब्राह्मण भी प्रधान है। इसी में समग्र अंगों का उपदेश किया गया है। शुक्लयजुर्वेद के द्रष्टा याज्ञवल्क्य ऋषि माने जाते हैं। शुक्लयजुर्वेद संहिता वाजसनेयिसंहिता भी कहलाती है। याज्ञवल्क्य को इसका ज्ञान सूर्य भगवान् से हुआ। याज्ञवल्क्य के अनेक शिष्यों ने इस संहिता की अनेक शाखाओं का प्रवर्तन किया। इनमें माध्यन्दिन शाखा प्रथम है, उसी से जुड़ा हुआ है, शतपथ ब्राह्मण।

परम्परा के अनुसार शतपथ ब्राह्मण वेद का अंग होने के कारण अनादि है। किन्तु शतपथ ब्राह्मण में स्पष्ट ही अनेक महर्षियों और राजाओं के नाम आते हैं, जिनसे वह एक ऐतिहासिक रचना सिद्ध होती है। परम्परा के अनुसार ये नाम या तो नाम नहीं हैं अथवा प्रतिकल्प में पुनरावर्ती व्यक्तियों के नाम हैं। यह पारम्परिक मत असम्भाव्य प्रतीत होता है। शतपथ ब्राह्मण को उत्तरवैदिककालीन ऐतिहासिक रचना मानना युक्तियुक्त लगता है। इसके रचनाकाल के विषय में ऐसा प्रतीत होता है कि सम्पूर्ण ग्रन्थ एक समय का नहीं है। इसमें परम्परागत सामग्री का संग्रह है और इस संग्रह का भी संभवतः उपबृंहण हुआ है। कम-से-कम उसमें वर्णित सामग्री एक समय की नहीं है। प्राचीन यज्ञ विधान, अग्निचयन और ब्रह्मविद्या को प्रायः उत्तरोत्तर युगों का विकास माना जाता है। यदि यह माना भी जाय कि बीज रूप में ब्रह्मविद्या और उपासनाएँ पहले से ही विद्यमान थीं तो भी बृहदारण्यक में उल्लिखित राजाओं और ऋषियों के नाम कम-से-कम उस भाग को अपेक्षाकृत परवर्ती सिद्ध करते हैं।

याज्ञवल्क्य को विदेहराज जनक का समकालीन बताया गया है। वास्तव में विदेहराज यहाँ दैवराति जनक थे, ऐसा उपपादित किया गया है। (द्र० उदयवीर

शास्त्री, *सांख्यदर्शन का इतिहास;* पृ० ५९४-९५) उनसे यह प्रश्न किये जाने का उल्लेख भी मिलता है कि पारीक्षित कहाँ गये? इन दो बातों से यह सिद्ध होता है कि याज्ञवल्क्य का काल जनमेजय के बाद का था और महाजनपद काल के पूर्व था। यदि हेमचन्द्र रायचौधरी के द्वारा निर्धारित परीक्षित् का काल स्वीकार किया जाय तो याज्ञवल्क्य का काल नवीं शताब्दी ई० पू० से ७वीं शती ई०पू० के बीच में रखना युक्तियुक्त होगा। सम्भवत: आठवीं शताब्दी ई०पू० उनका सम्भाव्य काल है। जिस समय परीक्षित् के वंशज एक अनुश्रुति बन गये थे और हस्तिनापुर को छोड़कर कौशाम्बी चले गये थे। दूसरी ओर शतपथ के दूसरे काण्ड में उल्लिखित कृत्तिका नक्षत्र के ठीक पूर्व में उदय से यह सिद्ध होता है कि उस ग्रन्थ के उस भाग का काल २५०० ई०पू० मानना चाहिए। शंकर बालकृष्ण दीक्षित ने इस ज्यौतिषिक तथ्य के आधार पर शतपथ का काल ३००० ई०पू० निर्धारित किया था, किन्तु प्रसिद्ध खगोलशास्त्री प्रो० गोरख प्रसाद का कथन है कि दीक्षित ने अयन का मान कुछ अशुद्ध किया है (दीक्षित, *इंडियन एन्टीक्वेरी,* २४, २४५-२४६, गोरख प्रसाद, *भारतीय ज्योतिष का इतिहास,* पृ० ५०)। यह तिथि सम्भवत: शतपथ के प्राचीनतम अंश अर्थात् पहले पाँच काण्डों का काल सूचित करती है। इन काण्डों में सम्भवत: वे परम्पराएँ संगृहीत हैं, जो कि प्राचीन वैदिक काल से चली आ रहीं थीं। छठें काण्ड से जो अग्निचयन का विवरण प्रस्तुत होता है, उसका वैचारिक और आध्यात्मिक आयाम पूर्ववर्ती बहिर्याग मात्र से भिन्न है। कपाली शास्त्री के *सिद्धांजनभाष्य* में यह कथन है कि बहिर्याग और अन्तर्याग में युग का अन्तर नहीं मानना चाहिए। ये दोनों साधन पद्धतियाँ अधिकार-भेद से एक साथ ही पहले से चली आती रही हैं। उन्होंने ऋक्संहिता के मन्त्रों का दोनों पक्षों में ही अर्थ लगाया है, यह असम्भाव्य नहीं है, यद्यपि अधिकांश इतिहासवेत्ता ऐसी स्थिति में विकासवाद की कल्पना को अनायास लागू करते हैं। ज्योतिष का जो अधिक विकसित ज्ञान इसमें मिलता है वह भी उसकी आध्यात्मिक कल्पनाओं को उत्तरकालीन परिष्कार सिद्ध करता है। इन्हीं काण्डों में जो अश्वमेध यज्ञ से जुड़ी हुई नाराशंसी गाथाएँ मिलती हैं उनमें जनमेजय का उल्लेख मिलता है। यदि यह पारीक्षित जनमेजय जिसके पुरोहित दैवाप शौनक थे, वही हैं जो कि पाण्डवों के वंशज थे तो कम-से-कम तेरहवाँ काण्ड नवीं शताब्दी ई०पू० से पहले का न होगा। इस प्रकार १४वें काण्ड का बृहदारण्यक उसके कुछ बाद का मानना ठीक होगा। इन सन्दर्भों को एकत्र करके देखा जाय तो प्रतीत होता है कि शतपथ के प्रारम्भिक काण्ड अपनी सामग्री के द्वारा २५०० ई०पू० के होने चाहिए। उसका मध्यभाग अर्थात् छठें से दसवें काण्ड तक बीज रूप से प्राचीन सामग्री से जुड़ा होने पर भी अपने वर्तमान पल्लवित रूप में उत्तरवैदिककालीन मानना चाहिए। अन्तिम दो काण्ड उत्तरवैदिक काल के अन्तिम भाग नवीं-आठवीं शताब्दी ई०पू० के लगभग के हैं। शायद यह कहना अनुचित नहीं होगा कि शतपथ का पहला तृतीय भाग अर्थात् पहले पाँच काण्ड इसके प्राचीनतम भाग हैं और चतुर्दश काण्ड उसका सबसे अन्तिम भाग है। एक प्राचीन परम्परा के अनुसार शतपथ के पहले नौ काण्ड 'षष्ठिपथ' कहलाते थे और उनके अलग अध्ययन की भी प्रथा थी जिसका

उल्लेख महाभाष्य में आता है। एग्लिङ् के अनुसार सम्भवतः पहले नौ काण्ड का 'षष्ठिपथ' शतपथ का मूल रूप था।* इस प्रकार स्थूल रूप से पहले नौ काण्ड और बाद के पाँच काण्ड ही शतपथ के दो भाग बन जाते हैं।

शतपथ एवं अन्य ब्राह्मण ग्रन्थों में यज्ञ-विधि का जो वर्णन किया गया है, उसको यथावत् व्यवस्थित और संगत रूप से समझने के लिए व्याख्या के सिद्धान्त मीमांसाशास्त्र में निरूपित किये गये हैं। इन सिद्धान्तों के अनुसार यज्ञ-विधि का सर्वांगीण निरूपण श्रौतसूत्रों में दिया गया है। उस विवरण को यहाँ फिर से लिखने का प्रयास अनावश्यक है क्योंकि उन्हें श्रौतसूत्रों के व्याख्यानों, अनुवादों और सामान्य एवं संक्षिप्त आधुनिक विवेचनों में देखा जा सकता है। वर्तमान काल में प्रचलित यज्ञ-विधि का वीडियो-टेप भी किया गया है। उन सब साधनों से यज्ञ-विधि का परिचय सुगम है, किन्तु वास्तविकता यह है कि हजारों वर्ष तक न्यूनाधिक रूप में प्रचलित होने पर अब श्रौतयज्ञों का प्रचलन प्रायः बंद हो गया है।

किन्तु ब्राह्मण ग्रंथों में यज्ञ-विधि के अतिरिक्त बहुत से ऐसे वाक्य और संदर्भ हैं जिन्हें मीमांसक अर्थवाद अथवा प्रशंसात्मक वाक्य मानकर उपेक्षा कर देते हैं—वस्तुतः अर्थवादात्मक कथनों में भूतार्थवादात्मक कथन भी आते हैं, जिनमें वैदिक ज्ञान-विज्ञान की सूचना मिलती है। ब्राह्मणों में उल्लिखित अनेक आख्यानों और उपाख्यानों में रूपकात्मक प्रकार से इतिहास, अनुश्रुति एवं आध्यात्मविद्या का परिचय मिलता है। आधुनिक युग में मीमांसकों के द्वारा उपेक्षित अर्थवादात्मक कथन बहुत महत्त्व के प्रतीत होते हैं। इन्हीं में से कुछ की ओर आगे के प्रस्तुत विवरण में ध्यान दिलाया जायगा।

पाद टिप्पणी

१. *अथर्व०*, सा० भा०, जि० १, पृ० १ श्लोक १०

२. शु० य० सं०, १.१- 'इषे त्वोर्जे त्वा...'

३. *च० सं०* निदान० अ० ३०, १८ : 'वेदो ह्याथर्वणः स्वस्त्ययन-बलि-मङ्गल-होम-नियम-प्रायश्चित्तोपवास-मन्त्रादिपरिग्रहाच्चिकित्सां प्राह।', (*च० सं०*, जि० १, पृ० २६६)

४. ह्विटनी (अनु०) *अथर्ववेद संहिता*, जि० १, पृ० ३८-३९

५. उदा० वा० सं० (उव्वट और महीधर के भाष्यों के साथ) दिल्ली, १९७८; मै० सं० (सं० सातवलेकर, औन्ध); का० सं० (सं० सातवलेकर, औन्ध); तै० सं० (आनन्दाश्रम संस्करण)। वा० सं० का स्वामी दयानन्द ने विस्तृत भाष्य लिखा है

---

* एग्लिङ् (अनु०), *शतपथ* (से० बु० ई०)

जिसका करपात्री जी ने खंडन भी लिखा है। द्र०- *वा० मा० शु० य० सं०, करपात्रभाष्य-समन्विता,* ८ जि०, (वृन्दावन, सम्वत् २०४३)।

६. विन्टरनित्स, हि० इ० लि०, जि० १, पृ० १८०

७. *तै० सं०* सायण भाष्य सहित (आनन्दाश्रम, पुणे)

८. *नारदीय शिक्षा,* भट्ट सोमाकर की टीका, (मैसूर)

९. *जै० उ० ब्रा०,* (तिरुपति, १९६४)

१०. सामगान में प्रयुक्त स्वरों की संख्या विकास-क्रम से बढ़कर तीन से सात हुई—द्र० जयदेव सिंह, *भारतीय संगीत का इतिहास,* पृ० ४५-४६; इन सात स्वरों के नाम थे—प्रथम, द्वितीय, तृतीय, चतुर्थक, मन्द्र, क्रुष्ट और अतिस्वार्य (*नारदीयशिक्षा,* १.१.१२)। नारद के अनुसार सामगायकों का प्रथम स्वर वेणु का मध्यम था और फिर अवरोही क्रम में स्वर द्वितीय, तृतीय और चतुर्थ कहे जाते थे। मन्द्र धैवत था और अतिस्वार्य पञ्चम, इसमें स्वर क्रम वक्र हो जाता है किन्तु यह कहा गया है कि इस वर्णन में 'प्रथम' साम का पारिभाषिक शब्द नहीं है। 'क्रुष्ट' ही प्रथम स्वर का नाम था। पारिभाषिक 'प्रथम' मूर्छनाएँ निर्धारित करता था।

११. द्र० ताण्ड्य, ६.९.१०, ७.१

१२. सा० सं०, जि० ३, पृ० १०५

कर्मकाण्ड और उसका अर्थ

ऋतं च सत्यं चाभीद्धात् तपसोऽध्यजायत।
ततो रात्र्यजायत ततः समुद्रो अर्णवः॥

—ऋग्वेद १०.१९०.१

यज्ञेय यज्ञमयजन्त देवास्तानि धर्माणि प्रथमान्यासन्।
ते ह नाकं महिमानः सचन्त पूर्वे साध्याः सन्ति देवाः॥

—ऋग्वेद १०.९०.१६

चिदसि तया देवतयाऽङ्गिरस्वद् ध्रुवा सीद।
परिचिदसि तया देवतयाऽङ्गिरस्वद् ध्रुवा सीद॥

लोकं पृण छिद्रं पृणाथो सीद ध्रुवा त्वम्।
इन्द्रानी त्वा बृहस्पतिरस्मिन् योनावसीषदन्॥

—यजु. वा. सं. १२.५३-५४

कुछ आधुनिक विद्वान् यज्ञ-विधान को प्राचीन सामाजिक जीवन का संक्षिप्त निदर्शन मानते हैं। यद्यपि इस प्रकार का निदर्शन यज्ञ-विधि का प्रयोजन नहीं है, तो भी उसके अनुशीलन से अवश्य ही तत्कालीन समाज पर प्रकाश पड़ता है। वह समाज मुख्यतया आरण्यक और ग्रामीण प्रतीत होता है। यज्ञ के उपादान प्रायः आरण्यक प्रकृति से लिये गये हैं। लकड़ियों को रगड़ कर अग्नि का उत्पादन; अग्नि का घर में निरन्तर संरक्षण; मिट्टी की कच्ची और पकाई हुई ईंटों का निर्माण जिनका प्रयोग यज्ञशाला के अंदर वेदि में होता है। लकड़ियों और मिट्टी से घर और यज्ञशाला का निर्माण, लकड़ी काटना और उससे नाना प्रकार के उपकरणों का निर्माण, उपकरणों और आयुधों का

निर्माण, धातुओं का सीमित प्रयोग जिनमें ताँबा और लोहा प्रधान है, घास और कुश को काट कर संग्रह करना; अनेक प्रकार के तृणों का संग्रह करना, पशुपालन और कृषि। अरण्य से नाना प्रकार की घासों के अतिरिक्त वृक्षों की लकड़ी का व्यापक प्रयोग मिलता हैं। कुल्हाड़ी से लकड़ी काटी जाती थी और अनेक प्रकार के कारीगरी के धातुयुक्त उपकरणों से बढ़ईगीरी का कार्य विस्तृत और परिष्कृत रूप से प्रचलित था। लकड़हारे (दार्वाहार) के अतिरिक्त बढ़ई (तक्षा) विशेषज्ञ शिल्पी था, जो कि नाप-जोख (मान) और नाना प्रकार के रूप-विधान में दक्ष था। आरण्य और ग्राम्य-पशुओं का विभाग किया जाता था। ग्राम्य-पशु ही जीवनोपयोगी थे। पशु-चारण और खेती जीविका के मुख्य साधन थे। मृगया या आखेट का यज्ञ में कहीं भी प्रतिरूपण नहीं होता है। दूसरी ओर रथों के प्रयोग का प्रचुर उल्लेख मिलता है। स्पष्ट ही यज्ञ की पृष्ठभूमि कृषि-प्रधान थी, किन्तु ऐसी कृषि जिसमें पशुपालन अनिवार्यतया जुड़ा था। अरण्य का चतुर्दिक् विस्तार और उसकी महिमा का निरन्तर स्मरण होने पर भी यज्ञ-विधि ग्रामीण संस्कृति से ही मुख्यतया जुड़ी है।

जैसा पहले कहा जा चुका है कि हविर्यज्ञों में दर्शपूर्णमास नाम की इष्टियाँ अन्य इष्टियों की प्रकृति या मॉडल (Model) मानी जाती हैं। इनके विवरण से ही शतपथ का आरम्भ होता है।

हविर्याग नामक शतपथ का प्रथम काण्ड

शतपथ के अनुसार व्रत ग्रहण की इच्छा से आहवनीय और गार्हपत्य के बीच पूर्व की ओर मुख कर, खड़ा होकर जल से (यजमान) आचमन करता है। जो आचमन करता है उससे वह अन्दर से पवित्र हो जाता है। मनुष्य अपवित्र होता है, क्योंकि वह असत्य का भाषण करता है, जल पवित्र होता है, 'पवित्र होकर मैं व्रत लूँगा, जल पावन है, उससे पवित्र होकर मैं व्रत ग्रहण करूँगा,' इसलिए वह जल से आचमन करता है। वह अग्नि की ओर देखते हुए व्रत (संकल्प) लेता है-- *अग्ने व्रतपते व्रतं चरिष्यामि तच्छकेयं तन्मेराध्यतामिति*। (हे अग्नि, तुम व्रतपति हो, मैं व्रत करूँगा, वह मैं कर पाऊँ, वह मेरा व्रत सफल हो।) अग्नि ही सब देवताओं का व्रतपति है, इसलिए उससे कहता है व्रत लूँगा, सफल हो, इसमें कुछ भी छिपा नहीं है।

यज्ञ सम्पन्न होने पर वह व्रत का विसर्जन करता है। सत्य और अनृत ये दो हैं, तीसरा नहीं है। देवता सत्य है, मनुष्य अनृत। सत्य के व्रत से मनुष्य देवताओं के समीप हो जाता है। उसे सत्य ही बोलना चाहिए, देवता जिस व्रत का पालन करते हैं, वह सत्य बोलना है।

आहार और उपवास के विषय में चर्चा करते हुए सावयस आषाढ़ ने कहा है कि उपवास ही व्रत है। देवता मनुष्य का मन जानते हैं। उसके व्रत लेते हुए वे जानते हैं कि वह प्रातः उनका यजन करेगा, सारे देवता उसके घर आकर ठहरते हैं, उनका यह पास रहना (उपवसन) ही उपवसथ है। मानव अतिथियों के भोजन के पहले गृहस्थ

का भोजन ही जब अनुचित है तो देवताओं के पहले भोजन तो और भी अनुचित है। याज्ञवल्क्य का कहना है कि भूखे रहने से वह पितरों का ही यजन करेगा, पेट भरने से देवताओं की अवहेलना करेगा। अतएव उसे ऐसा भोजन करना चाहिए, जिसे (देवताओं का) अन्न नहीं मानते। (ऐसा भोज्य वह है जो देवताओं की छवि के लिए उपयुक्त नहीं होता, उसे खाना अनापत्तिजनक है।) उसे आरण्यक उपज खानी चाहिए, जैसे अरण्य की ओषधियाँ या वृक्ष के फल। बर्कुवार्ष्ण ने कहा—'मेरे लिए उड़द पकाओ, उनकी हवि नहीं होती। किन्तु ऐसा न करें क्योंकि व्रीहि और जौ (धान और जौ) के क्षेत्र में शमीधान्य (तिल, उड़द आदि) से व्रीहि, जौ की वृद्धि होती है। अतः इन सभी धान्यों को छोड़कर आरण्यक उपज का ही आहार करना चाहिए। उस रात आहवनीयशाला अथवा गार्हपत्यशाला में ही सोना चाहिए। देवताओं के लिए व्रत लेते हुए वह यजमान उन्हीं के बीच में नीचे की तरफ सोता है क्योंकि नीचे से ही बड़ों की सेवा होती है।

यहाँ पूर्णिमा की रात्रि के कृत्यों का वर्णन है—जिनमें यजमान आचमनपूर्वक संकल्प लेता है, उपवास करता है या अरण्य की ओषधियाँ या फल ही खाता है और वहीं यज्ञशाला में नीचे सोता है। इन विहित क्रियाओं को युक्तिसंगत सिद्ध करने के लिए जो बातें कही गयी हैं वे अर्थवाद का उदाहरण हैं। जल से आचमन इसलिए करते हैं कि जल पावन है, अग्नि के अभिमुख संकल्प इसलिए लेते हैं कि अग्नि ही व्रतपति है। पश्चिम से ली हुई आजकल की भाषा में जल और अग्नि की भूमिका प्रतीकात्मक है। किन्तु वैदिक चिन्तनधारा में जड़ और चेतन, दिव्य और पार्थिव का आत्यन्तिक भेद नहीं है। प्राचीन चिन्तन में सामान्यतया नाम और नामी, रूप और रूपी का अत्यन्त पार्थक्य नहीं माना जाता।

प्रातःकाल वह *(अध्वर्यु)* जल का प्रणयन करता है, यज्ञ जल ही है। अपने इस पहले कर्म से वह यज्ञ के निकट जाता है। इसलिए जल को ले जाते हुए वह यज्ञ का विस्तार करता है। जल ले जाते समय वह इन अनिरुक्त या अव्याख्यात व्यावहृतियों का उपयोग करता है। 'कौन (कः = प्रजापति) तुम्हें (जल) युक्त करता है? वह (प्रजापति) तुम्हें युक्त करता है। किसके लिए युक्त करता है? उसके लिए (यज्ञ के लिए) तुम्हें युक्त करता है' इत्यादि (आहवनीय अग्नि के निकट स्थापित जल अग्नि से मानो युक्त होता है, दोनों संयुक्त रूप से यज्ञ का वहन करते हैं)। यह इसलिए है कि प्रजापति अनिरुक्त है, वह यज्ञ है। इसलिए प्रजापति से ही यज्ञ को जोड़ता है, वह पानी ले जाता है, क्योंकि पानी से ही यह सब कुछ आप्त या व्याप्त है। इसलिए वह (अध्वर्यु) अपने कर्म से सब कुछ व्याप्त करता है। जो वह जल का प्रणयन करता है, (उससे) वह देवताओं की यज्ञ के द्वारा असुर-राक्षसों से रक्षा करता है। 'तुम (देवताओं) यज्ञ नहीं करोगे', यह कहने से ही वे (असुर-राक्षस) राक्षस हुए तब देवताओं ने इस (जलरूपी) वज्र को देखा। जल ही वज्र है। जिधर जल जाता है, उधर नीचा करता है। जहाँ ठहरता है वहाँ विनष्ट करता है। इस वज्र को उठा कर ही उन्होंने निर्भय निवात में

यज्ञ किया। तब से जो इस वज्र को उठाकर यज्ञ करता है, वह भी भयमुक्त होता है। इसलिए वह जल का प्रणयन करता है। गार्हपत्य अग्नि के उत्तर में कुछ जल-पात्र में डाल, प्रणीता-पात्र को नीचे रखता है। जल मादा है, अग्नि नर है। गार्हपत्य घर है, जैसे घर में जोड़ा होने से संतान होती है ऐसे ही वह उठाकर जल का प्रणयन करता है। वह अप्रतिष्ठित वज्र को उठाता है। उससे उसका विरोध नहीं हो पाता वह जो गार्हपत्य में जल नीचे रखता है तो गार्हपत्य के गृह होने के कारण, गृह प्रतिष्ठित होता है, उसमें हिंसा नहीं होती। आहवनीय के उत्तर में रखता है। फिर वह तृणों से अग्नियों को सब ओर ढँकता है। वह दो-दो कर पात्र लाता है, पात्रों के द्वन्द्व दस कहे जाते हैं—शूर्प और अग्निहोत्रहवणी, स्फ्य और कपाल, शम्या व कृष्णजिन् , उलूखल और मुसल तथा दृषद् और उपल, दस अक्षरों का विराट् छन्द होता है। यज्ञ भी विराट् (विराजमान, शोभमान) होता है। वह *(अध्वर्यु)* विराट् यज्ञ का अभिसम्पादन करता है। जो (पात्रों को) दो-दो कर उठाता है, वह पराक्रम के लिए। जब दो साथ जुटते हैं तो पराक्रम होता है। द्वन्द्व जोड़ी होती है, प्रजनन होता है। मिथुन से ही प्रजनन होता है।

इस उपर्युक्त प्रथम ब्राह्मण में पौर्णमासी की रात व्रत-ग्रहण और प्रतिपदा को प्रातः प्रणीताप्रणयन, परिस्तरण और पात्रासादन का वर्णन है। इस प्रसंग में सत्य और अनृत, जल और अग्नि, यज्ञ और मिथुन के तत्त्वों का निरूपण है।

दूसरा ब्राह्मण : हवि-निर्वाप की विधि

दूसरे ब्राह्मण में हवि के निर्वाप की विधि है। शूर्प और अग्निहोत्रहवणी को तपाया जाता है और शकट से हवि की मात्रा निकालकर अग्नि के समीप रखी जाती है।

'वह *(अध्वर्यु)* शूर्प और अग्निहोत्रहवणी लेता है (यह कहते हुए), कर्म के लिए तुम दोनों को, श्रम के लिए (संविभाजन आदि के लिए)', यज्ञ ही कर्म है इसलिए कहता है, 'कर्म के लिए तुम दोनों को, सेवा के लिए', यज्ञ को मानो क्रियान्वित करता है।

फिर वाक् को संयत करता है (मौन धारण करता है) क्योंकि वाक् ही यज्ञ है, (वह सोचता है) 'अविक्षुब्ध भाव से मैं यज्ञ-सम्पादन करूँगा'।

फिर वह (शूर्प और हवणी) को तपाता है। (इस मन्त्र से) 'दग्ध हो गया राक्षस, दग्ध हो गये शत्रु', 'ताप से निश्शेषित हुआ राक्षस-निश्शेषित शत्रु'। यज्ञ-सम्पादन करते देवता राक्षसों के उपद्रव से डरे, यज्ञ के द्वारा ही राक्षस और संहारक अपहत हुए।

फिर वह (इस मन्त्र से) आगे बढ़ता है, 'उरु अन्तरिक्ष के सहारे चलता हूँ'। विना जड़ों के और विना बन्धन के राक्षस अन्तरिक्ष में चलता है (हवि छीनने के लिए), मनुष्य भी ऐसे चलता है, अन्तरिक्ष में मन्त्र के सहारे, उसे (अंतरिक्ष को) भय और हिंसा से मुक्त करते हुए।

उसे (अध्वर्यु को हव्य) शकट से ही लेना चाहिए। क्योंकि शकट में ही धान्य पहले था फिर शालोपगत हुआ। 'जो पहले था वही मैं करूँ, इसलिए वह गाड़ी से लेता है।' क्योंकि 'अनस्' (गाड़ी), 'भूमा' (वैपुल्य) है, जब बहुत होता हो तो कहा जाता है कि वह अनोवाह्य (शकट से ढोने योग्य) है। शकट के पास जाते हुए वह भूमा के पास जाता है। अतः शकट से ही लेना चाहिए। यज्ञ गाड़ी ही है, क्योंकि उसी के लिए यजुर्मन्त्र है, न अनाज के कोठे के लिए, न कुम्भी के लिए। पहले ऋषि भस्त्रा (खाल की थैली) से ग्रहण करते थे, उसी के लिए मन्त्र थे। अब आजकल वे मन्त्र वस्तुतः शकट-प्रयुक्त मन्त्रों के ही रूपान्तर हैं।

कुछ लोग पात्री से लेते हैं, तब निरन्तर यजुष् जपने चाहिए और स्फ्य (लकड़ी का सीधा खड्गाकृति उपकरण) को पात्री के नीचे रखकर फिर पात्री से लेना चाहिए। 'जहाँ से जोड़ते हैं, वहीं से खोलते हैं' (यह सोचते हुए वह कुम्भी से निकालता है क्योंकि युगशम्या ही बन्धन और विमोचन का स्थान है)। इस गाड़ी का जुआ *(धूः)* अग्नि ही है, तभी उसे ढोते बैलों के कन्धे जल जाते हैं। जो उसके पीछे कस्तम्भी या प्रउग है, वह वेदि है। नीड हविर्धान है। वह *(अध्वर्यु)* धुर् को छूता है-'तुम धूः हो हिंसक की हिंसा करो, उसकी जो हमारी हिंसा करता है, जिसकी हम हिंसा करते हैं। यह अग्नि ही धुर्य है, उससे (शकट से) हवि लेने के लिए, उसके (अग्नि रूप धुर्य के) आगे जाने के लिए उसका (अग्नि का) प्रसादन करता है कि वह उसकी हिंसा न करे।'

आरुणि ने कहा था—'मैं प्रतिद्वन्द्वियों को हर पखवारे पराजित करता हूँ।' (अग्नि रूपी धुर् के आगे जाने से आरुणि शत्रुओं का धुर्वण (हिंसा) करते हैं।)

फिर पीछे से कस्तम्भी (ईषा) को छूकर जपता है—'तुम (अग्नि) देवताओं में वाहकतम हो, प्रापकतम हो, पूरकतम हो, सेव्यतम हो, देवहूततम हो'। 'तुम अक्षत हो, हविर्धान को दृढ़ करो, वह खराब न हो।' इस स्तुति से भक्तिपूर्ण मन से वह हवि उठाने का संकल्प करता है—'तुम्हारे यज्ञपति विचलित न हों' यजमान ही यज्ञपति है, इसलिए यज्ञमान की स्थिरता का आशीष माँगता है।

फिर वह (गाड़ी पर) चढ़ता है। 'विष्णु तुम पर आरोहण करें', यज्ञ विष्णु ही हैं, देवताओं के लिए उन्होंने यह आरोहणात्मक विक्रम किया। पृथ्वी को पहले कदम से पार किया, अन्तरिक्ष को दूसरे और द्युलोक को तीसरे से। यही वह विक्रमण है जो विष्णु (यज्ञरूपी विष्णु) ने किया।

फिर वह (यज्ञरूपी विष्णु) दृष्टिपात करता है 'विस्तीर्ण है वायु के लिए', प्राण ही वायु है तो वह मन्त्र से प्राण या वायु को व्यापक बनाता है।

फिर वह दूर करता है, 'तृण आदि फेंक देता है', 'अपहत हुआ राक्षस'। यदि फेंकने के लिए कुछ न हो तो वह सिर्फ छूता है। उससे ही हिंसा-कार्यों और राक्षसों को दूर करता है।

फिर वह अनाज को पकड़ता है—'पाँच लिये जायँ', ये पाँच अँगुलियाँ (व्रीहि, यव हवि का ग्रहण करें), पंचविध यज्ञ होता है, उँगलियाँ रखने से वह यज्ञ को ही गाड़ी पर रखता है।

'सविता देवता की प्रेरणा से तुम्हें (हवि) लेता हूँ अश्विनीकुमारों की बाहों से, पूषा के हाथों से, अग्नि के लिए प्रिय हवि का ग्रहण करता हूँ।' सविता ही देवताओं का प्रेरक है। सविता के द्वारा ही यह प्रेरित है, सविता के द्वारा प्रेरित होकर वह हवि को लेता है। अश्विनीकुमारों की बाहों से क्योंकि वे अध्वर्यु हैं, पूषा के हाथों से क्योंकि वही भोजन का भाग बाँटते हैं, हाथों में रखते हैं। देवता सत्य हैं, मनुष्य अनृत है। यहाँ अध्वर्यु सत्य से ही हवि का ग्रहण करता है।

फिर वह देवता का नाम लेता है। जब अध्वर्यु हवि पकड़नेवाला होता है तो सभी देवता उसके पास घिर आते हैं कि मेरा नाम लेगा, मेरा नाम लेगा। इन एकत्र हुए देवताओं में वह मेल करता है। जब वह देवता का नाम लेता है तो जितने देवताओं के लिए हवि का ग्रहण करता है वे उसे ऋण मानते हैं और उसकी समृद्धि की आशंसा करते हैं। यथापूर्व हवि ग्रहण करके उसे वह छूता है 'तुमको विभूति के लिए न कि अदानशील के लिए।' जितना वह लेता है उससे वह कम न होकर बढ़ जाता है।

फिर पूरब की ओर देखता है, 'मैं ज्योति को देखूँ', गाड़ी ढँकी हुई-सी होती है, (क्योंकि) उसकी आँख पापविद्ध-सी होती है। यज्ञ ही ज्योति है, दिन है, देवता है, सूर्य है। वह इन्हीं (चार) ज्योतियों को देखता है।

फिर वह उतरता है—'पृथ्वी पर दरवाजे दृढ़ हों', 'घर-द्वार दृढ़ हों'। यह हो सकता है कि अध्वर्यु के पीछे यजमान के घर के द्वार गिर पड़ें, उससे उसका कुल विक्षुब्ध हो सकता है, इसलिए वह उनको दृढ़ करता है ताकि वह प्रच्युत या विक्षुब्ध न हो। इसके बाद गार्हपत्य की ओर चलता है—'विस्तृत अन्तरिक्ष का अनुगमन करता हूँ।'

जिसके गार्हपत्य में हवि पकायी जाती है उसके गार्हपत्य में पात्रों को नीचे रखता है। गार्हपत्य के पीछे उनको रख 'पृथ्वी की नाभि में तुमको (हविपात्र) रखता हूँ' मध्य ही नाभि है, मध्य अभय है, इसलिए कहता है कि 'पृथ्वी की नाभि में तुमको रखता हूँ', 'अदिति की गोद में'। जब लोग किसी चीज को बहुत सावधानी से छिपाते हैं तो कहा जाता है कि गोद में रखे हैं इसलिए वह कहता है कि अदिति की गोद मे है। अग्नि की रक्षा के लिए अग्नि को और इस पृथ्वी को देता है इसलिए कहता है कि 'हे अग्नि इसकी रक्षा करो'। यहाँ पर दूसरा ब्राह्मण समाप्त होता है।

इस विवरण में यह ध्यान देने योग्य है कि यज्ञार्थक कर्मों के वास्तविक देश-काल से उनके वे देश-काल भिन्न हैं जिनमें उनका होना माना जाता है जैसे कि जो प्रत्यक्ष रूप से अध्वर्यु गाड़ी की ओर जाता है और उस पर चढ़ता है अप्रत्यक्ष रूप से वह अन्तरिक्ष मार्ग से जाता है और त्रिलोक के ऊपर द्युलोक तक चढ़ता है। प्रत्यक्ष रूप से वह धा

उठाता है। परोक्ष रूप से वह देवताओं की प्रेरणा से कार्य करता है। यह कहना चाहिए कि जो प्रत्यक्ष घटित है उसका वास्तविक अर्थ परोक्ष है। कहा गया है कि *परोक्षप्रिया देवा:*। यह सांकेतिकता और परोक्षता ही आजकल की भाषा में कर्मकाण्ड का मिथ्याकल्पनात्मक पक्ष है। वस्तुत: यह उसका परोक्ष आधिदैविक और आध्यात्मिक पक्ष है। प्रत्यक्ष में घटना छोटी सी है—पुरोडाश के लिए गाड़ी से अध्वर्यु कुछ अनाज़ लाता है किन्तु कल्पना यह है कि वह देवताओं के बीच देवलोक के अनन्त भण्डार या भूमा से सामग्री लाता है।

तृतीय ब्राह्मण : पवित्रच्छेदन

तीसरा ब्राह्मण आरम्भ होता है। इसका विषय पवित्रच्छेदन है। (स्वच्छ करने के लिए तृणों से पवित्र बनाये जाते थे, यज्ञोपयोगी ये छन्नियाँ सांकेतिक ही होती थीं। दो कुशाओं को जोड़कर उन्हें बनाते थे, जैसे आजकल भी।) तीसरे ब्राह्मण में जल से पात्रों को पवित्र करने का वर्णन है।

१.१.३ : 'वह दो पवित्रों को बनाता है—'तुम दो वैष्णवी पवित्र हो'। यज्ञ विष्णु ही है, तुम यज्ञिय हो, यही कहता है। वे दो (उच्छ्वास-नि:श्वास वायु से तात्पर्य है) होते हैं, यह जो बहता (पवन) है, वही 'पवित्र' है, वही एक पवमान मनुष्य के अन्दर प्रविष्ट होकर बाहर और अन्दर दो ओर अभिरूढ़ होकर प्राण और उदान बन जाता है। उस श्वास-प्रश्वास रूप सहज पवित्रीकरण का अणुमात्र ही ये दो पवित्र हैं अथवा ये तीन हो सकते हैं क्योंकि व्यान तीसरा है, वस्तुत: दो ही होते हैं। उन दोनों से स्वच्छ करनेवाले जल (प्रोक्षणी) को पवित्र करके उन्हें छिड़कते हैं क्योंकि इन पवित्रों से प्रोक्षणी जल को पवित्र (उत्पवन) करते हैं। इस प्रसंग में इतिहास का निदर्शन किया जाता है।

वृत्र इस सबको ढँक कर लेट गया था। द्युलोक और पृथ्वी के बीच में जो कुछ है उस सबको आच्छादित करके वह शयित हुआ, इसलिए उसका नाम वृत्र हुआ। इन्द्र ने उसको मारा, निहत होकर वह सड़ाँध के साथ सब दिशाओं में जल की ओर बहने लगा। क्योंकि सब ओर समुद्र है। इस पर जुगुप्सा से जल ऊपर-ऊपर उठता हुआ बहने लगा, यह ऊपर से प्रवाहित जल ही कुश है। वह दुर्गन्धरहित जल है। जो वृत्र की सड़ाँध से मलिन था, वह इन पवित्र जलों से शुद्ध हो जाता है। इसलिए वह इन पवित्रों से शोधित जल के द्वारा प्रोक्षण करता है।

पवित्रों से उत्पवन करते हैं (छानता है)। 'सविता तुम्हारी प्रेरणा से मैं उत्पवन करता हूँ अच्छिद्र पवित्र के द्वारा, सूर्य की रश्मियों से'। सविता ही देवताओं का प्रेरक है, सविता से प्रेरित होकर ही वह छिद्र-रहित पवित्र से उत्पवन करता है। क्योंकि यह जो बहनेवाला पवन है, यही अछिद्र निर्दोष पवित्रीकरण का साधन है। जो सूर्य की रश्मियों से यह कहता है वह इसलिए कि सूर्य की किरणें अवश्य ही सब कुछ स्वच्छ पवित्र कर देती हैं।

जल को बाँये हाथ में लेकर दाहिने से ऊपर की ओर उसे उछालता है और उसकी स्तुति करता है। उनकी प्रशंसा करता है कि ये दिव्य जल हैं, ये अग्रसारी हैं, आगे बढ़कर पवित्र करनेवाले हैं। क्योंकि ये जल दीप्यमान हैं इसलिए उनको दिव्य कहते हैं। वे समुद्र की ओर जाते हैं, इसलिए वह अग्रगामी हैं। उन्हें प्रथम स्वच्छकारी इसलिए कहते हैं क्योंकि वह पहले सोमराजा को आत्मसात करते हैं। 'इस यज्ञ को आगे ले जाओ यज्ञपति के पास, सुधाता देवभक्त यज्ञपति के पास। अच्छा है यजमान।' यही उसके कहने का आशय है। 'तुमको इन्द्र ने वृत्र के साथ संग्राम में वरण किया।' क्योंकि इन्द्र ने वृत्र के साथ युद्ध करते हुए *आप:* की (जल की) सहायता से वृत्र को मारा, इसलिए वह कहता है कि तुमको इन्द्र ने वृत्र-संग्राम में वरण किया। 'तुमने (जल) इन्द्र को वरण किया वृत्र से संग्राम में'। इन्होंने (जल ने) इन्द्र का वरण किया। वृत्र से युद्ध करते हुए इनकी सहायता से उसने वृत्र को मारा इसलिए यह कहा गया है कि 'तुमने वृत्र-संग्राम में इन्द्र का वरण किया'।

'तुम प्रोक्षित हो'। (उनके स्वयं पवित्र होने के स्मरण से) वह अपराध का अपनयन करता है। एक ही है प्रोक्षणविधि जिससे पवित्र करता है।

वह प्रोक्षण करता है। 'अग्नि के प्रिय तुम्हारा प्रोक्षण करता हूँ'। जिस देवता के लिए हवि होती है उसके लिए पवित्र करता है। यथाक्रम हवि: प्रोक्षण के पश्चात् यज्ञपात्रों का प्रोक्षण करता है। 'देवोपयोगी कर्म के लिए शुद्ध हो जाओ, देव-यजन के लिए'। देवकर्म के लिए शुद्ध करता है, देवयजन के लिए। 'जो कुछ किसी अशुद्ध पुरुष ने छूकर तुम्हें मलिन किया है, उसे मैं दूर करता हूँ। जो कुछ उनमें बढ़ई (तक्षा) या अन्य किसी अशुद्ध पुरुष ने छूकर दूषित किया है, उसे दूर करता है, जल से शुद्ध करता है। इसलिए कहता है, 'जो तुम्हें अशुद्ध जनों ने पराहत किया है, वह मैं साफ करता हूँ'।

इसमें वर्णित इतिहास आधुनिक भाषा में मिथ है। मीमांसकों की दृष्टि से वह अर्थवाद का उदाहरण है, जिससे पवित्र की प्रशंसा होती है। दूसरी ओर मिथ या इतिहास का मूल सन्दर्भ सृष्टिकथा और देवकथा है। अव्यक्त से व्यक्त होने में आवरण का हटाना आवश्यक है। यही वृत्र-वध है। *आप:* सृष्टि के पूर्व की अव्यक्त अवस्था का प्रतीक है, जल से प्रोक्षण वस्तु का आवरण हटाकर उसे मूल रूप में ले जाना है।

चौथा ब्राह्मण-१.१.४ : कृष्णाजिन के आदान की विधि

वह अध्वर्यु कृष्णाजिन को उठाता है। एक बार अतीत में यज्ञ कृष्णमृग बनकर देवताओं से दूर चला गया। देवताओं ने उसका चर्म छीन लिया। कृष्णमृग के शुक्ल और कृष्ण रोम, ऋचाओं और सामों के रूप हैं। शुक्ल रोम साम के और कृष्ण रोम ऋचा के। इसका उलटा भी हो सकता है। जो भूरे और पीले रोम हैं ये यजुष् के रूप हैं। यही त्रयीविद्या यज्ञ है, उसी का यह शिल्प है जो यह विविध वर्ण का कृष्णाजिन है। यज्ञ की सम्पूर्णता के लिए ही कृष्णाजिन के ऊपर दीक्षा दी जाती है, उसके ऊपर ही

अवघात और अधिपेषण किया जाता है, अर्थात् कूटना और पीसना किया जाता है ताकि उस पर से हवि खिसक न जाय। यदि कुछ चावल या पिट्ठी च्युत होगी तो वह भी मृगचर्म पर गिरने के कारण यज्ञ में ही प्रतिष्ठित होगी। फिर वह कृष्णाजिन को उठाता है, इस मन्त्र से 'तुम शर्म (सुख या शरण) हो'। कृष्णमृग की खाल को मनुष्यों में चर्म कहते हैं किन्तु देवताओं में उसे शर्म कहते हैं। इसीलिए वह कहता है—'तुम शर्म हो'। फिर वह उसको झाड़ता है, कहता है—'राक्षस हटा दिये गये शत्रु भी'। मृगचर्म को झाड़ते समय वह पात्रों को दूर रखता है।

फिर वह उसको नीचे बिछाता है कि उसमें रोम ऊपर की तरफ रहते हैं। मन्त्र पढ़ता है—'अदिति की त्वचा हो, फिर से तुम्हें अदिति स्वीकारें'। क्योंकि यही पृथ्वी अदिति है, उसकी यह त्वचा है जो कुछ उसके ऊपर होता है'। इसलिए वह कहता है—'तुम अदिति की त्वचा हो; अदिति तुम्हें स्वीकारें'। क्योंकि जो अपना होता है, उसे वह पहचानता है। पहचान के लिए ही वह यह कहता है एक दूसरे को हिंसित न करें। बाँये हाथ से मृगचर्म को दबाये हुए ही दाहिने हाथ से ऊखल (उलूखल) ले आता है ताकि शत्रु और राक्षस कहीं उसके पहले ही न प्रवेश कर जायँ। ब्राह्मण ही राक्षस का अभिहन्ता है। इसलिए बाँये हाथ से मृगचर्म दबाये रखता है। फिर ऊखल को नीचे रखता है और मन्त्र पढ़ता है—तुम अद्रि हो, ग्रावा हो, पृथुबुध्न हो (अर्थात् तुम दारुवत् दारण योग्य नहीं हो, पेड़ की लकड़ी के बने हो, शिला या बट्टे के समान हो, बड़े पेंदे के हो) तो जैसे वहाँ राजा सोम को चौड़े पेंदे के बट्टे से कूट-पीस कर रस निकालते हैं, ऐसे ही यहाँ ऊखल और मूसल के द्वारा या सिल-बट्टे के द्वारा हविर्यज्ञ में भी रसनिष्पादन करते हैं। इसलिए अद्रि कहा गया है। वही उसका नाम है। वानस्पत्य, वनस्पति संभूत होने के कारण कहा गया है और पृथुबुध्न-ग्रावा, इसलिए कि वह बट्टा नीचे से चौड़ा होता है। 'तुम्हें अदिति की त्वचा फिर से स्वीकार हो', पहचान के लिए वह यह बात कृष्णमृगचर्म से कहता है ताकि परस्पर हिंसा न हो।

फिर वह हवि का आवपन करता है अर्थात् दो मुट्ठी हवि ऊखल में डालता है, यह मन्त्र पढ़ते हुए कि 'तुम अग्नि का शरीर हो, वाक् का विसर्जन हो'। इस मन्त्र के द्वारा यज्ञ को ही अग्नि का शरीर बताता है, क्योंकि हवि अग्निसात् हो जाती है, वाक् का विसर्जन इसलिए कहा है कि जो पहले हवि् को लेते समय वाणी का नियंत्रण किया था, अब उसको छोड़ देता है। यह जो यज्ञ अर्थात् हवि का धान्य ऊखल में प्रतिष्ठित हो गया है, इससे वह विस्तृत हुआ। इसीलिए कहता है कि तुम वाणी का विसर्जन हो।

यदि मन्त्रात्मक दिव्यवाक् से पहले वह कुछ मानव-भाषा के शब्द कह बैठे तो उसे विष्णु के लिए ऋचा या यजुष् का जप करना चाहिए। यज्ञ ही विष्णु है वह यज्ञ का फिर से आरम्भ करता है। उसके लिए यह प्रायश्चित है। 'देवताओं के आस्वादन के लिए तुम्हें लेता हूँ।' ऐसा वह देवताओं को कहता है। फिर वह मूसल को लेता है।

'तुम वनस्पति के बने बड़े बट्टे हो' क्योंकि वह इसी प्रकार का होता है। उसे नीचे करता है (कूटता है)। मन्त्र पढ़ता है। देवताओं के लिए इस हवि को अच्छी तरह से तैयार करता है। वह यही कहता है कि देवताओं के लिए हवि का अच्छी तरह से संस्कार करो।

फिर वह हविष्कृत् को पुकारता है। 'हविष्कृत् आओ', वस्तुतः वाक् ही हविष्कृत् है। वाक् का ही वह विसर्जन करता है। (विसर्जन का अर्थ खोलना है, त्यागना नहीं) वाक् ही यज्ञ भी है और यज्ञ को ही वह पुकारता है। (यह स्मरणीय है कि 'हु' धातु, हवन करने और बुलाने दोनों ही अर्थों में प्रयुक्त होती थी, इसलिए हवि बनाना और देवता को पुकारना, इन दोनों ही बातों को यहाँ अभिन्न कर दिया गया है।)

ये चार वाक् के भेद हैं। बुलाने में ब्राह्मण के लिए कहते हैं 'एहि', वैश्य और राजन्यबंधु के लिए कहते हैं 'आगहि' या 'आद्रव', शूद्र के लिए कहते हैं 'आधाव'। जो ब्राह्मण के लिए कहता है, वही यज्ञ के लिए उपयुक्ततम है। वही वाणी का शान्ततम रूप है।

पहले पुराकाल में यजमान की पत्नी ही हविष्कृत् के रूप में पास आती थी। आजकल कोई भी (पत्नी या ऋत्विक्) उठ कर आते हैं। यहाँ वह हविष्कृत् को पुकारता है उस समय एक ऋत्विक् (आग्नीध्र) सिलबट्टे को खूँटी से (शम्या से) आघात करता है। इस प्रकार का विसंवादी प्रत्युद्वादन क्यों करता है—मनु के पास एक वृषभ था। उसमें असुरों और शत्रुओं को मारनेवाली वाक् प्रविष्ट थी। उसके हुंकारने से और साँस लेने से असुर और राक्षस चूर-चूर हो जाते थे। असुरों ने मिलकर बात की कि यह वृषभ बहुत दुष्ट है। इसको कैसे नष्ट करें। असुरों के पुरोहित थे—किलात और आकुलि। उन्होंने कहा, 'मनु बहुत श्रद्धालु है (झट से विश्वास कर लेता है) हम उसको समझाते हैं'। उन्होंने मनु के पास जाकर कहा—'मनु हम तुम्हें यज्ञ करायेंगे'। मनु ने पूछा—'किससे', उन्होंने कहा 'इस वृषभ से'। वृषभ की बलि देने पर वह वाणी चली गई। किन्तु वह मनु की पत्नी मानवी में प्रविष्ट हो गयी। उसके बोलने पर जो असुर-राक्षस सुनते थे, वे चूर-चूर हो जाते थे। असुरों ने फिर से आपस में सलाह की कि यह तो और भी गडबड़ है और भी अधिक मानुषीवाक् प्रकट हो गयी है। किलात और आकुलि ने कहा कि मनु बहुत श्रद्धालु है, अभी समझा लेते हैं। मनु के पास जाकर उन्होंने यज्ञ कराने का प्रस्ताव किया और मनु की पत्नी का ही बलिदान कर दिया। वह वाणी चली गयी। किन्तु यज्ञ और यज्ञ-पात्रों में प्रविष्ट हो गयी। वहाँ से वे उसे नहीं निकाल पाये। वही यह असुरहंत्री, शत्रुहंत्री, वाणी है जिसका ये प्रत्युद्वादन करते हैं। इसी असुरहंत्री, शत्रुहंत्री वाक् का उद्वादन करते हैं। जो इस रहस्य को जानता है, उसके शत्रु दुःखी हो जाते हैं।

वह आघात करता है इस मन्त्र से—'तुम मधुर वाक् कुक्कुट हो' वह वृषभ देवताओं के लिए मधुवाक् था, असुरों के लिए विषवाक्। जैसे तुम देवताओं के लिए

वैसे हमारे लिए रहो। फिर कहता है, 'सार (इष्) और ऊर्जा हमारे लिए यहाँ बुलाओ। तुमसे हम प्रत्येक संघर्ष में विजय प्राप्त करें। इसमें कुछ अस्पष्ट नहीं है।'

फिर वह सूप उठाता है, 'तुम वर्षा से बढ़े हो' क्योंकि वर्षा से ही नरकुल, वेणु (बाँस) और सरपत की सींक (इषीक) की वृद्धि होती है। वह हवि के लिए गृहीत धान को डालता है और पढ़ता है 'वर्षा से बढ़े हुए स्वीकार किये जाओ'। यह धान वर्षा से ही बढ़ता है यद्यपि जौ के भी बढ़ने के लिए वर्षा की आवश्यकता होती है। वह इनकी पहचान सूप को बताता है ताकि एक-दूसरे की हिंसा न करें (नरकुल, धान आदि वर्षा जल से पुष्ट होने के कारण बन्धु हैं)। फिर वह फटकता है, मन्त्र पढ़ता है—'दूर विशोधित हो रहे हैं शत्रु और दूर विशोधित हो रहे हैं राक्षस'। वह तुष या भूसी को अलग करता है। तुष को हटाने के लिए कूटता है। 'राक्षस हटा दिये गये' कणों को भूसी से बीनता है। 'वायु ही अलग-अलग करनेवाला है'। वायु ही है जो यह बहता (साफ करता) है। यही सब कुछ अलग-अलग कर देता है जो कुछ भी अलग-अलग किया जाता है, सब इसी के द्वारा।

फिर वह सम्बोधित कर मन्त्र को पढ़ता है 'तुमको हिरण्यपाणि सविता देवता ग्रहण करें अच्छिद्र हाथ से'। सुप्रतिगृहीत हों यह अभिप्राय है, तीन बार वह फलीकरण या निस्तुषीकरण (पछोरना) करता है क्योंकि यज्ञ तिहरा होता है।

कुछ कहते हैं कि देवताओं के लिए साफ करो—देवताओं के लिए साफ करो—यह कहते हुए पछोरते हैं किन्तु ऐसा नहीं करना चाहिए क्योंकि निर्दिष्ट देवता के लिए यह हवि होती है। सब देवताओं के लिए नहीं, इसलिए मौन हो सब देवताओं के लिए फलीकरण है।

१.२.१ : पेषण और उपधान

पेषण और उपधान अध्याय-2 के प्रथम ब्राह्मण के विषय हैं। पुरोडाश पकाने के लिए कपालों का उपधान, मृगचर्म पर सिल-बट्टा रखकर उसमें तण्डुल को पीसना पेषण है।

'कपाल' शब्द एक ओर मिट्टी के ठीकरे का वाचक है, दूसरी ओर सिर के अस्थि-विभागों का भी। चावल की पिट्ठी मस्तिष्कीय सत्त्व के तुल्य प्रतीत होती है। पुरोडाश को यज्ञ के सिर के रूप में मानकर ब्राह्मण में यह कल्पना की गयी है कि मृत्कपाल उस सिर के कपाल हैं और पिष्ट उसके अन्दर मस्तिष्क। पुरोडाश के श्रपणार्थ कपालोपधान तथा तण्डुलपेषणार्थ दृषदुपल का मृगचर्म पर उपधान एक साथ किया जाता है। इस समकालिकता के उपपादन के लिए उपर्युक्त कल्पना अर्थवाद के रूप में प्रस्तुत की गयी है।

कपालों को एक विशेषक्रम से रखा जाता है ताकि उनसे एक विशेष आकार की निष्पत्ति हो। उपवेष या धृष्टि से अंगारे खींचे जाते हैं और उन पर कपाल रखकर फिर

कपालों पर उन्हें तपाने के लिए अंगार रख दिये जाते हैं। इस प्रसंग में एक स्थल पर तीन लोकों के अतिरिक्त चौथे लोक के विषय में सन्देह व्यक्त किया गया है। अन्यत्र भृगु और अंगिरस् का तेज सर्वश्रेष्ठ बताया गया है। दृषद् (सिल), शम्या (खूँटी) और उपल (बट्टा) रखते हुए यह उत्प्रेक्षा की गयी है कि दृषद् पर्वत या पृथ्वी है, शम्या द्युलोक की स्तम्भनी है, उपल द्युलोक है। शम्या को पार्वतेयी और कनीयसी दुहिता के समान बताया गया है। धान पीसने को प्राण, अपान और उदान के छन्द के रूप में कहा गया है क्योंकि निर्जीवित धान्य को उसके द्वारा प्राण-प्रतिष्ठा मिलती है ताकि वह अमर देवताओं के योग्य अमृत भोजन बन सके।

१.२.२ : पात्री में पिष्टि का संवाप। पवित्रयुक्त पात्र में तण्डुल पिष्टि डालकर वेदि के अन्दर बैठता है, उसमें (संवाप) पानी मिलाकर गूँथता है, उसके दो भाग करता है, अग्नि के लिए और अग्निसोम के लिए। एक साथ ही पुरोडाश पकाया जाता है और घी तपाया जाता है। पात्र और हाथ साफ करने के लिए पानी के प्रसंग में आप्त्यों का उल्लेख है।

१.२.३ : निर्णेजन के प्रसंग में आप्त्यों की उत्पत्ति का उपाख्यान। आरम्भ में (अग्रे) यज्ञ चार प्रकर का था, उनके होतृकर्म के लिए वरण किये जाने पर तीन अग्नियाँ डर से भाग गयीं। चतुर्थ अग्नि पानी में छिप गयी, वहाँ से देवता उसे खोजकर बलपूर्वक ले आये, अग्नि ने शरण प्रदान करने में असमर्थ जल पर थूक दिया। उससे एकत, द्वित और त्रित नाम के आप्त्य पैदा हुए। वे इन्द्र के अनुचर बने जैसे ब्राह्मण राजा के होते हैं। जब इन्द्र ने त्रिशीर्षा विश्वरूप त्वाष्ट्र का वध किया, उनको विश्वरूप की वयता का पता था। इस वध से इन्द्र तो देवता होने के कारण मुक्त हैं, इसलिए अवश्य त्रित ने ही वध किया था। आप्त्य ही पाप के भागी हुए। यज्ञ से वे शुद्ध हों इसीलिए पात्री और अँगुलियों का निर्णेजन जल उसके लिए होता है। आप्त्यों ने अपना धोया पाप उनकी ओर रख दिया जो दक्षिणा के विना यज्ञ करते हैं।

दर्शपूर्णमास के लिए देवताओं ने नियम बनाया इनमें अन्वाहार्य दक्षिणा होगी। (अन्वाहार्य पुरोडाश नये चावल का दक्षिणाग्नि में पकाया भात होता है।)

जिस पशु की बलि दी जाती है, वह पुरोडाश ही है। आरम्भ में (अग्रे) देवता मनुष्य की ही बलि देते थे। बलि दिये गये मनुष्य की मेधा दूर चली गयी, वह क्रमशः अश्व, गाय, अवि और अज में प्रविष्ट हुई और जैसे-जैसे उनकी बलि दी गयी उनसे हटती गयी और अन्ततः पृथ्वी में प्रविष्ट हुई। पृथ्वी को खोदकर व्रीहि और यव के रूप में उसे देवताओं ने पाया। जितना सब पशुओं का बल है उतना व्रीहि-यव का है। इसीलिए उसे पञ्चविध पशु *(पाङ्क्तः पशुः)* कहते हैं।

जिस पुरुष की उन्होंने बलि दी थी, वह किम्पुरुष हो गया, जिस अश्व की वह गौर और जिस गाय की वह गवय, अवि (भेंड़) ऊँट बन गया और अज या बकरा शरभ बन गया इसीलिए इन पशुओं का मांस अभक्ष्य है।

१.२.४ : वेदिकरण

इन्द्र ने जहाँ मित्र के लिए वज्र का प्रहार किया था वह प्रहार किया हुआ वज्र चार हिस्सों में विभक्त हो गया। इनमें बचे हुए का एक तिहाई स्फ्य (खड्गाकार उपकरण) हुआ। एक तिहाई यूप (यज्ञोपयोगी स्तम्भ) बन गया और एक तिहाई रथ बन गया। जिस चौथे भाग ने वृत्र पर आघात किया. वह टुकड़ा टूट गया और गिरकर शर बन गया। इन चारों में से दो से ब्राह्मण यज्ञ में कार्य करते हैं, दो से राजन्य बन्धु युद्ध में, ब्राह्मणों के पास यूप और स्फ्य होता है। राजन्य बन्धुओं के पास रथ और शर होता है।

१.२.५ : वेदिपरिग्रह

पुराकाल में प्रजापति की संतान देवताओं और असुरों का संघर्ष हुआ। देवताओं को पराजित कर असुरों ने बैल के चमड़े से पृथ्वी को नापकर आपस में बाँटना आरम्भ किया। देवता यज्ञरूप विष्णु को आगे कर अपना हिस्सा माँगने गये। असुरों ने कहा जितना यह बौना (वामन) विष्णु है उतना ही भाग तुम्हारा है। पर देवताओं ने कहा यज्ञसंमित हमको दिया, तो बहुत दिया है। विष्णु को छन्दों से परिगृहीत कर (घेर कर) अग्नि को सामने (पूर्व की ओर) कर, श्रम और अर्चन करते हुए देवताओं ने सारी पृथ्वी प्राप्त कर ली। वही वेदि है। इसीलिए कहते हैं—'जितनी वेदि है, उतनी पृथ्वी है'।

विष्णु थक गये (और भागना चाहते थे) पर तीन ओर छन्द थे, पूर्व की ओर अग्नि, अतः विष्णु ओषधियों के मूल में छिप गये। वहीं विष्णु को खोजते, खोदते हुए देवताओं ने उसे तीन अंगुल नीचे पाया। इसीलिए वेदि तीन अंगुल होती है यही मत पाञ्चि ने व्यक्त किया है। पर ऐसा न करना चाहिए। पौधों (ओषधि) की जड़ें हटाने लायक ही खोदना चाहिए। वेदि के चारों ओर रेखाएँ खींची जाती हैं—तीन बार उत्तर की ओर तीन बार पूर्व की ओर। छः ऋतुएँ होती हैं, इसलिए छह बार। फिर व्याहृतियों से पूर्व और उत्तर की ओर रेखाएँ खींची जाती हैं। यह बारह महीनों के लिए क्योंकि यज्ञ संवत्सर है। वेदि का परिमाण व्याममात्र (फैलाये गये दोनों हाथों के मध्य की दूरी) होता है क्योंकि वह पुरुषसंमित है। वेदि की पश्चिमी भुजा के मध्य से वेदि के मध्य से होकर पूर्व तक जानेवाली रेखा तीन अरत्नि की होती है। वेदि का आकार स्त्री के धड़ के समान होता है, पीछे की ओर पृथु, मध्य में तनु और ऊपर कन्धों के भाग के समान कुछ विस्तृत। उत्तर और पूर्व की ओर वेदि में ढलान रखनी चाहिए, दक्षिण की ओर नहीं।

आग्नीध्र वेदि का प्रतिमार्जन करता है। पुराकाल में असुरों से संग्राम के पहले देवताओं ने अपने अमृत देवयजन को सुरक्षा के लिए चन्द्रमा में रख दिया था जो आज भी उसके चिह्न के रूप में दीखता है। प्रतिमार्जन के द्वारा आग्नीध्र वेदि को चन्द्रमा में पहुँचा देता है।

पुराकाल में यज्ञ करनेवाले वेदि को छू लेते थे, अत: निष्फल होकर अश्रद्धालु हो गये। बृहस्पति आंगिरस ने फिर उनमें श्रद्धा का सही उपदेश से संचार किया।

१.३.१ : स्रुच्, जुहू, प्राशित्रहरण, प्राण का संमार्जन, पत्नी-संनहन और आज्यावेक्षण की विधियाँ। स्रुचा, जुहू तथा प्राशित्रहरण का घास-फूस (तृणादि) से संमार्जन किया जाता था। प्राशित्रहरण वह पात्र था जिसमें ब्रह्मा नाम के ऋत्विज का भाग रखा जाता था।

यजमान-पत्नी की कमर में अध्वर्यु मूँज की मेखला बाँधता है। यह मेखला उसके वस्त्र के चारों ओर होती है। यह बताया गया है कि कटि के नीचे का भाग अपवित्र होने के कारण मेखला से उसे मर्यादित कर दिया जाता है। वस्तुत: यह मौञ्जीबन्धन पत्नी का व्रतोपायन या उपनयनतुल्य दीक्षा का प्रतीक था।

पत्नी के आज्यावेक्षण के प्रसंग में कहा गया है कि आज्य रेतस् का प्रतीक है। इस आज्य को वेदि के मध्य में रखने की परम्परा थी किन्तु ऐसा करने में यह शंका कुछ विचारकों ने व्यक्त की थी इससे देवता अपनी पत्नियों से वियुक्त हो जायेंगे क्योंकि वे वेदि के बाहर ही उपस्थित थे। यह भी भय व्यक्त किया गया कि यजमान की पत्नी पति से हटकर किसी पर-पुरुष की हो जाय। पर याज्ञवल्क्य ने इन संशयों को अविचार्य बताया।

यह कहा गया है कि आँखों से प्रत्यक्ष देखना ही सत्य या प्रामाणिक है, न कि कानों से सुनना। देखी हुई बात सुनी हुई से अधिक विश्वसनीय होती है।

१.३.२ : जुहू, उपभृत् और ध्रुवा में पुरुषावयवों की कल्पना कि यज्ञ-पुरुष ही है क्योंकि वह पुरुष-साध्य है। जुहू, उपभृत् और ध्रुवा उसके अंग हैं, ध्रुवा धड़ के समान, जुहू और उपभृत् उसके दो पक्ष हैं। स्रुव प्राण-संचार के समान हैं। (कुछ प्राच्यविदों के मत से स्रुचा बड़ा चमस होता था जिससे अग्नि में आज्यादि डालते थे, स्रुवा छोटा चमस जिससे आज्यादि निकालते थे। *अमरकोश* (२.७.२४) के अनुसार स्रुक् या स्रुचा सामान्य आख्या है; ध्रुवा, उपभृत्, जुहू और स्रुव उसके भेद हैं। जुहू दाँये हाथ में रहती थी, उपभृत् बाँये हाथ में। ध्रुवा से स्रुव के द्वारा आज्य निकाल कर उनमें (जुहू, उपभृत्) डाला जाता था, और जुहू से अग्नि में। स्रुव पुल्लिङ्ग है, स्रुक् स्त्रीलिङ्ग। ये अलग-अलग लकड़ियों की और अलग आकारों की बनती थीं।) जुहू द्यौ: के समान है, स्रुव पवन के समान है, उपभृत् अन्तरिक्ष के, ध्रुवा पृथ्वी के।

यज्ञ देवताओं, ऋतुओं और छन्दों के लिए किया जाता है। सोम और पुरोडाश देवताओं की हवि है, आज्य ऋतुओं और छन्दों की। जुहू में चार बार आज्य दिया जाता है, चार ऋतुओं के लिए वही प्रयाजों के लिए भी। आठ बार ग्रहण छन्दों के लिए और अनुयाजों के लिए।

जुहू में चार बार (आज्य) लेता है, उपभृत में आठ बार, इससे अत्ता (=भक्षक) परिमित रहता है, आद्य प्रभूत। यही समृद्धि की अवस्था है जहाँ भोग्य अपरिमित हो,

भोक्ता परिमित। जुहू में चार बार और उपभृत् में आठ बार लेकर वह राजा को बली बनाता है, वह अकेला ही (एक घर से ही) अपार जनता *(विशः)* पर शासन करता है। यदि वह उपभृत् से हवन करेगा तो उसकी प्रजा अलग हो जायगी। न अत्ता रहेगा, न आद्य। जुहू से हवन करने के कारण जनता *(विशः)* उसके लिए बलि लाती है और जो वह उपभृत् में रखता है उससे क्षत्रिय के वश में रहते हुए वैश्य के पास पशुधन प्रभूत होता है। जुहू में लेकर हवन करने से क्षत्रिय वैश्य को स्वेच्छा से आदेश करता है (बलि लाने के लिए)।

छन्दों में अनुष्टुप् ही ध्रुवास्थानीय है, वही वाक् है।

१.३.३ : अध्वर्यु के द्वारा इध्म आदि का प्रोक्षण

अध्वर्यु इध्म का प्रोक्षण करता है अर्थात् जल छिड़क कर उसे गीला करता है। फिर वह वेदि को गीला करता है और उस पर तृणों का आच्छादन करता है जिसे बर्हिस्तरण कहते हैं, फिर आहवनीय में अग्नि प्रज्वलित करता है। फिर उसके चारों ओर परिधि खींचता है। पुराकाल में वषट्काररूपी वज्र से डर कर तीन अग्नियाँ पलायित हो गयीं थीं इसलिए अग्नि ने देवताओं से रक्षा के रूप में परिधियाँ माँगीं। ये परिधियाँ टहनियों की होती थीं और परिधान रूप में कल्पित थीं। इस मत का निरास किया गया है कि परिधियों को सूखी जलवन या इध्म से बनाया जाय। पलाश की टहनियाँ ही उत्तम मानी जाती थीं अन्यथा और वृक्षों की हो सकती थीं, जैसे— विकंकत, कार्ष्मर्य या बिल्व, खदिर या उदुम्बर, ये यज्ञ के योग्य वृक्ष थे। अग्नि को मानो इन वृक्षों की पंक्तियों से घेर दिया जाता था। जहाँ पर वेदि के परिस्तरण की चर्चा है वहाँ यह स्पष्ट किया गया है कि वेदि-रूप पृथ्वी की हरियाली के रूप में तृणों का आच्छादन कल्पित है। ऋषि का वाक्य उद्धृत किया गया है कि जहाँ ओषधियों अथवा पौधों की बहुतायत होती है वहाँ जीविका के साधन भी प्रभूत होते हैं—

यत्र वा अस्यै बहुलतमा ओषधयः, तदस्या उपजीवनीयतमम्।

१.३.४ : परिधियों के परिधान की विधि

उन परिधियों को हरा होना चाहिए, उनका रस ही उनका जीवन है, उन्हीं से वे तेजस्वी और वीर्यवान होती हैं। परिधियों को जमाने के बाद समिधाएँ रखी जाती हैं। परिधियाँ भी क्रम से रखी जाती हैं, पहले बीच की और फिर दक्षिण की ओर, फिर उत्तर की ओर। समिधाओं में पहली को रखते समय वह गायत्री को समृद्ध करता है। वह गायत्री अन्य छन्दों को और वे देवताओं के लिए यज्ञ ले जाते हैं। दूसरी समिधा से वसन्त को समृद्ध करता है उससे ऋतुओं को, उससे जन्तुओं को और ओषधियों को। तीसरी समिधा से अनुयाजों में ब्राह्मण को समृद्ध करता है फिर वह आच्छादित वेदि के पास आता है और दो तृणों को तिरछे रखता है और कहता है कि 'तुम सविता की बाहु हो'। प्रस्तर ही चोटी होती है फिर ये तिरछे तृण ही भौंहें होती हैं।

प्रस्तर क्षत्र ही है दूसरे बर्हि या तृण। जनता *(विशः)* बर्हि अर्थात् तृण है। क्षत्र और विशः के विधारण के लिए इनको तिरछा रखता है इसलिए वे विधृती कहलाते हैं। फिर उन पर आच्छादन करता है।

जुहू को उठाता है। ऊपर जुहू को रखता है उसके नीचे अन्य स्रुचाओं को क्योंकि जुहू क्षत्रिय है, अन्य स्रुचा प्रजाजन हैं, वे नीचे रहते हैं। क्षत्रिय ऊपर, प्रजा नीचे।

१.३.५ : सामिधेनी प्रकरण

इध्म (जलावन की लकड़ी) को अध्वर्यु सुलगाता है। होता उनको सामिधेनी नाम की ऋचाओं से प्रज्वलित करता है। समिध्यमान अग्नि के लिए कही जाने के कारण ये ऋचाएँ सामिधेनी कही जाती हैं। ११ ऋचाएँ गायत्री छन्द में हैं। गायत्री छन्द अग्नि का है इसलिए उसका प्रयोग होता है। ११ इसलिए कि त्रिष्टुप् में ११ अक्षर होते हैं और जहाँ गायत्री ब्राह्मणों की प्रतिनिधि है, क्षत्र-प्रतिनिधि त्रिष्टुप् है। इन दोनों के मेल से पराक्रम होता है, इसलिए ११ सामिधेनी गायत्री छन्द में पढ़ी जाती हैं। उनमें पहली ओर अन्तिम ऋचाएँ तीन बार पढ़ी जाती हैं, इस प्रकार सामिधेनी १५ हो जाती हैं। पन्द्रह रातें पखवाड़े में होती हैं और पखवाड़ों से संवत्सर होता है। पन्द्रह गायत्रियों में ३६० अक्षर होते हैं और संवत्सर में भी ३६० दिन होते हैं। जो किसी काम्य प्रयोजन से इष्टि करता है, वह सत्रह सामिधेनी पढ़ता है क्योंकि संवत्सर के बारह महीने होते हैं और पाँच ऋतुएँ, यह प्रजापति ही सप्तदशात्मक होता है। २१ सामिधेनियों का भी प्रचार है। १२ महीने, पाँच ऋतुएँ, तीन लोक और सूर्य को मिलाकर २१ होता है किन्तु २१ सामिधेनी उसी के लिए ठीक है जिसे न अधिक चाहिए न कम।

सामिधेनियाँ निरन्तर अविच्छिन्न रूप से पढ़ी जानी चाहिए क्योंकि संवत्सर के अहोरात्र और गायत्री प्राणरूप हैं।

१.४.१ : सामिधेनी के अनुवचन के आरम्भ में हिंकार का विधान

इन ऋचाओं के पढ़ने में पहले हिंकार होना चाहिए और ओंकार का भी प्रयोग होना चाहिए। हिंकार और ओंकार से साम का रूप शुद्ध होता है। हिंकार प्राण ही है, ऋचा वाक् है, सामिधेनी में वाक् और प्राण का जोड़ा बनता है।

पहली सामिधेनी है—

प्र वो वाजा अभिद्यवो हविष्मन्तो घृताच्या। देवाञ्जिगाति सुम्नयुः।

—ऋग्वेद, ३.२७.१

प्र-आगे बढ़ने की प्रेरणा देता है, वाज- का अर्थ अन्न, अभिद्यवो- का अर्थ यहाँ अर्धमास दिया गया है, यद्यपि उसका सामान्य अर्थ द्युलोक की ओर अभिमुख होता है।

'हविष्मन्तः' का अर्थ पशु बताया गया है, जो कि पशुयाग के लिए प्रासंगिक है। 'घृताची' शब्द पर एक रोचक इतिहास सुनाया गया है-विदेघ माथव ने अग्नि वैश्वानर को अपने मुख में रख लिया। उसके पुरोहित ऋषि गौतम राहूगण ने उसे पुकारा किन्तु उसने उत्तर नहीं दिया, वह इस डर से कि वैश्वानर अग्नि बाहर न निकल जाय। इस पर पुरोहित ने अग्नि की स्तुति में ऋचाएँ पढ़नी शुरू कीं। तीसरी ऋचा में 'घृतस्नु' शब्द आने पर अग्नि मुख से कूद कर बाहर प्रज्वलित हो गयी। विदेघ माथव उस समय सरस्वती के तट पर था। अग्नि पूर्व की ओर बढ़ने लगी। राजा और पुरोहित उसके पीछे चलते रहे, रास्ते में नदियों को जलाती हुई अग्नि सदानीरा पहुँची जो हिमालय से निकलने के कारण कभी सूखती नहीं थी, उसे अग्नि ने नहीं जलाया। तब तक ब्राह्मण सदानीरा को पार नहीं करते थे। अब आजकल (शतपथ ब्राह्मण के समय में) बहुत से ब्राह्मण पूरब में सम्पन्न खेतों को रखते हैं। कहते हैं कि इनको अग्नि ने आस्वादित किया है। तो फिर आजकल सम्पन्न खेतों के ब्राह्मण यज्ञों के द्वारा अग्नि को तृप्त करते हैं। अन्तिम ग्रीष्म में भी वह नदी ठंडी बहती रहती है। विदेघ माथव ने पूछा, 'मैं कहाँ हूँ।' पहले उस पूर्वी भाग को प्राचीन भुवन कहते थे अब उसे कोशल और विदेह की सीमा बताते हैं।

इसी पहली ऋचा में *जिगाति* का अर्थ *जिगीषति* किया गया है यह ऋचा आग्नेय होते हुए भी अनिरुक्त है।

दूसरी सामिधेनी है-

अग्न आ याहि वीतये गृणानो हव्यदातये। नि होता सत्सि बर्हिषि।

—*ऋग्वेद,* ६.१६.१०

पहले ये लोक परस्पर अति सन्निकट थे, इन्हें दूर करने के लिए देवताओं ने 'वीतये' इन तीन अक्षरों का प्रयोग किया। इससे देवताओं के लिए प्रशस्त अवकाश हो गया। हव्यदाति का अर्थ यजमान है। अग्नि ही होता है, यह लोक ही बर्हि है। बर्हि में अग्नि को बैठाता हुआ इस लोक में बैठाता है, उसे पाता है।

तीसरी सामिधेनी है-

तं त्वा समिद्भिरङ्गिरो घृतेन वर्धयामसि। बृहच्छोचा यविष्ठ्य।

—*ऋग्वेद,* ६.१६.११

अनुष्टुप् से अग्नि को समिधाओं से समृद्ध किया था। इसलिए अग्नि को अंगिरा कहते हैं। अगली सामिधेनी है-

स नः पृथु श्रवाय्यमच्छा देव विवाससि। बृहदग्ने सुवीर्यम्।

—*ऋग्वेद,* ६.१६.१२

पाँचवीं सामिधेनी है-

ईळेन्यो नमस्यस्तिरस्तमांसि दर्शतः। समग्निरिध्यते वृषा।

—ऋग्वेद, ३.२७.१३

छठीं सामिधेनी है-

वृषो अग्निः समिध्यतेऽश्वो न देववाहनः। तं हविष्मन्त ईळते।

—ऋग्वेद, ३.२७.१४

सातवीं सामिधेनी है-

वृषणं त्वा वयं वृषन् वृषणः समिधीमहि। अग्ने दीद्यतं बृहत्।

—ऋग्वेद, ३.२७.१५

आठवीं सामिधेनी है-

अग्निं दूतं वृणीमहे होतारं विश्ववेदसम्। अस्य यज्ञस्य सुक्रतुम्।

—ऋग्वेद, १.१२.१

देवता और असुरों की प्रतिद्वन्द्विता में गायत्री बीच में स्थित हुई। गायत्री यह पृथ्वी ही है। यह तय हुआ कि गायत्री जिन्हें वरण करेगी वे जीतेंगे। देवताओं ने अग्नि को दूत बनाकर भेजा, असुरों ने सहरक्षा को। गायत्री ने अग्नि का साथ दिया।

होतारं विश्ववेदसम् में कुछ लोग 'होता अरम्' इस विग्रह की सम्भावना से *होता यो विश्ववेदसः* पढ़ते हैं किन्तु मानवीय कल्पना से यज्ञ की समृद्धि क्षीण होती है। इसलिए मनुष्योत्तर ऋचा को बदलना नहीं चाहिए।

नवीं सामिधेनी है-

समिध्यमानोअध्वरेऽग्निः पावक ईड्यः। शोचिष्केशस्तमीमहे।

—ऋग्वेद, ३.२७.४

दसवीं सामिधेनी है-

समिद्धो अग्न आहुत देवान् यक्षि स्वध्वर। त्वं हि हव्यवाळसि।

—ऋग्वेद, ५.२८.५

ग्यारहवीं सामिधेनी है-

आ जुहोता दुवस्यताग्निं प्रयत्यध्वरे। वृणीध्वं हव्यवाहनम्।

—ऋग्वेद, ५.२८.६

बारहवीं सामिधेनी है-

आ जुहोता दुवस्यताग्निं प्रयत्यध्वरे। वृणीध्वं हव्यवाहनोऽम्।

—*ऋग्वेद,* ५.२८.६

तेरहवीं सामिधेनी है-

आ जुहोता दुवस्यताग्निं प्रयत्यध्वरे। वृणीध्वं हव्यवाहनम्।

—*ऋग्वेद,* ५.२८.६

सामिधेनी मन्त्रों के उच्चारण के साथ समिधाएँ आहवनीय में डाली जाती हैं। १८ समिधाएँ होती हैं, जिनमें दो परिधि-स्थापन के समय डाली जाती हैं। एक अनुयाज के लिए बचायी जाती है, शेष पन्द्रह में एक-एक समिधा एक-एक सामिधेनी के पाठ के साथ डाली जाती हैं और शेष पाँच ग्यारहवीं सामिधेनी के साथ। इन मन्त्रों के पाठ के बाद घृत की 'धाय्या' नामक दो आहुतियाँ दी जाती हैं।

१.४.२ : अग्रे महाँ इत्यादि के अनुवचन की विधि

सामिधेनी पाठ के बाद अग्नि के लिए *अग्रे महाँ असि ब्राह्मण भारत* इससे आरम्भ करके *आ च वह जातवेदः सुयजा च यज* तक निगद पाठ करते हैं। अग्नि को दूत के कठिन कार्य में नियुक्त करते हुए देवता इन वचनों से उसका मनोबल बढ़ाते हैं।

१.४.३ : श्रेष्ठत्व का कथन

सामिधेनी मन्त्रों के द्वारा समिद्ध अग्नि अन्य अग्नियों से श्रेष्ठ होती है। इन मन्त्रों में प्रवः प्राण का सूचक है। इससे प्राण को समिद्ध करता है। दूसरे मन्त्र में *आ याहि वीतये* अपान का द्योतक है। इससे अपान समिद्ध होता है। तीसरे में *बृहच्छ्रवाः* उदान का द्योतक है, इससे उदान समिद्ध होता है। चौथे में *पृथु श्रवाय्याम् श्रोत्र* का द्योतक है। इससे श्रोत्र समिद्ध होता है। पाँचवीं में *ईडेन्य* वाक् के लिए है, वाक् को समिद्ध करता है। छठीं में *देववाहनः* मन का द्योतक है, मन को समिद्ध करता है। सातवीं ऋचा में *दीद्यत* से चक्षु को समिद्ध करता है। आठवीं से मध्यम प्राण समिद्ध होता है। नवीं में *शोचिष्केश* शिश्न को समिद्ध करता है। दसवीं में अवाङ् (निचला) प्राण समिद्ध होता है, ग्यारहवीं से समस्त देह समिद्ध होती है।

१.४.४ : आघार-होम का विधान

इसमें आघार-होम का विधान है। कुछ आहुतियाँ मन्त्रों के उच्चारण के लिए होती हैं, कुछ मौन। मन और वाक् दोनों साथ जुते हुए हैं, वे यज्ञ का वहन करते हैं। मन अनिरुक्त होने से उसका द्योतक मौन है, वाक् निरुक्त होती है, जैसे मन्त्र हैं। वाक् मन से अन्य होती है क्योंकि वह परिमित होती है जबकि मन अपेक्षाकृत अपरिमित होता है।

१.४.५ : उत्तराधार का प्रयोग

मन और वाक् की प्रतिद्वन्द्विता में मन ने अपने को श्रेष्ठ बताया क्योंकि मन से सोचे हुए को ही वाक् कहती है और इस प्रकार से मन का अनुकरण करती है। वाक् का कहना था कि उसके द्वारा ही मन का पता चलता है। अतः वह श्रेष्ठ है। दोनों प्रजापति के पास गये, उन्होंने मन को श्रेष्ठ बताया, यह सुनकर वाक् को अत्यन्त विस्मय हुआ और उसका गर्भ गिर गया। उसने कहा कि वह प्रजापति के लिए हवि का वहन नहीं करेगी। इसीलिए प्रजापति-यज्ञ मौन ही किया जाता है। वाक् के गिरे हुए गर्भ को देवता चमड़े में उठा लाये, वहीं से अत्रि का जन्म हुआ, इसीलिए आत्रेय या पतितगर्भा स्त्री के साथ समागम पाप का हेतु होता है।

१.५.१ : अध्वर्यु और होता का वरण

वह प्रवर के लिए आश्रावण करता है। इस प्रसंग में यह कहा गया है कि अध्वर्यु मन के समान है, होता वाक् के। पाप से रक्षा के लिए छः महान् तत्त्वों का स्मरण किया जाता है, जैसे—अग्नि, पृथ्वी, जल, वायु, दिन और रात्रि। ये देवता आर्ति से रक्षा करें। इसी समय होता का वरण भी होता है।

१.५.२ : आश्रावण-विधि

इसमें प्रसंगतः सारी प्रजा यज्ञ में भागीदार है। मनुष्यों के पीछे पशु, देवताओं के पीछे पक्षी, ओषधि और वनस्पति। नौ व्याहृतियाँ कही जाती हैं। ये मनुष्य के अन्दर नौ प्राण हैं, उन्हीं का आधान व्याहृतियों से होता है। वाक् ही यज्ञ है, पाँच व्याहृतियाँ होती हैं-

(१) ओश्रावय, (२) अस्तु श्रौषट्, (३) यज, (४) ये यजामहे, (५) व्वौषडिति।

इन पाँच व्याहृतियों में यज्ञ की पञ्चविधता प्रकट होती है, पशु भी पञ्चविध हैं, ऋतुएँ भी।

१.५.३ : प्रयाजविषयक आख्यायिका

प्रयाज ऋतुएँ ही हैं, इसलिए वे पाँच हैं। देवासुर-संग्राम में देवताओं ने ऋतुओं से यजन कर, विजय प्राप्त की। अतः प्रजय रूप ही वे याग प्रयाज कहलाये। उनमें आज्य की हवि होती है क्योंकि आज्य वज्र ही है। फिर आज्य संवत्सर का अपना पय है।

प्रयाजों से यजन भी संग्राम में उपस्थिति है। इसलिए जहाँ खड़े होकर प्रयाज का आश्रावण होता है, वहाँ से पीछे नहीं हटना चाहिए।

समिधों के यजनरूप प्रयाज से वसन्त ही समिद्ध होता है जिससे अन्य ऋतुओं और फलतः जीव-जन्तुओं की वृद्धि और ओषधियों की परिपक्वता होती है। समिध् वसन्त ही है। तनूनपात् ग्रीष्म ही है क्योंकि वह सब की देह (तनु) तपाता है। इड् वर्षा ही

है क्योंकि वर्षा में क्षुद्र सरीसृप अन्न खोजते हुए बाहर निकलते हैं। बर्हिष् शरद् है क्योंकि उसमें पौधे तृणों के रूप में बिखर जाते हैं। स्वाहा अन्त में आनेवाली ऋतु हेमन्त ही है। हेमन्त से ही वसन्त का पुनर्जन्म होता है।

१.५.४ : प्रयाजों की स्तुति

समिधों का यजन करता है, समिधा प्राण ही है जिनसे मनुष्य समिद्ध होता है। तनूनपात् का यजन करता है, तनूनपात् रेतस् ही है। इडा प्रजा ही है। बर्हि भूमा है। 'स्वाहा-स्वाहा' कह कर यजन करता है, स्वाहाकार हेमन्त है। हेमन्त सब जन्तुओं को वश में ले आता है। पौधे मुरझा जाते हैं, पेड़ों के पत्ते झड़ जाते हैं। पक्षी नीचे-नीचे उड़ने लगते हैं। पापी पुरुष लोमहीन-सा लगता है।

देवता असुरों को डंडों और धनुष-बाण से नहीं जीत पाये। उन्होंने तय किया कि वाचिक प्रतियोगिता से जय का निर्णय होगा। देवताओं की ओर से इन्द्र वक्ता बना और उसने *'एकः'* कहा, असुरों ने उत्तर में *'एका'* कह कर उसकी जोड़ी बनायी। इन्द्र ने *'द्वौ'* कहा, असुरों ने *'द्वे'* कह कर उसकी जोड़ी बनायी। इन्द्र ने *'त्रयः'* कहा, असुरों ने *'तिस्रः'* कहा। इन्द्र ने *'चत्वारः'* कहा असुरों ने *'चतस्रः'* कहा। पर जब इन्द्र ने *'पञ्च'* कहा तो असुर *'पञ्च'* का स्त्रीलिंग न होने से पराजित हो गये। इसलिए पाँच ही प्रयाज होते हैं।

१.६.१ : प्रयाज-देवताओं के विषय में आख्यायिका

ऋतुओं ने देवताओं से यज्ञ में भाग माँगा, देवताओं ने स्वीकार नहीं किया। ऋतुएँ असुरों के पास चली गईं। असुरों की समृद्धि बढ़ गयी। पहले इनमें कुछ जोतते थे; फिर बोते थे, फिर काटते थे, निस्तुषीकरण (मसलकर दाने अलग - भूसी अलग) करते थे। अब विना खेती किये ही अनाज पकने लगा। देवताओं ने यह सुन कर ऋतुओं को अपनी तरफ फुसलाने का काम अग्नि को सौंपा और कहा कि ऋतुओं को हम पहले ही यज्ञ में भाग देंगे। पर पहला भाग तो अग्नि को ही चाहिए था। देवताओं ने स्वीकार किया। ऋतुओं ने अग्नि के साथ यज्ञ-भाग का संविभाग स्वीकार किया। अग्नि के साथ ही ऋतुएँ ओषधियों को पकाती हैं, इसलिए उन्हें उनके साथ आहुतियाँ दी जाती हैं।

वह प्रयाजों के द्वारा संवत्सर को जीतता है क्योंकि ऋतुएँ ही संवत्सर के द्वार हैं, जैसे—वसन्त और हेमन्त। संवत्सर सब कुछ है, वही अक्षय्य है।

१.६.२ : आग्नेय अष्टाकपाल विधि की आख्यायिका

यज्ञ से देवताओं ने स्वर्गलोक जीता। वे नहीं चाहते थे कि वहाँ तक मनुष्य चढ़ें। उन्होंने यज्ञ के रस को इस तरह पीकर जैसे मधुमक्खियाँ शहद चूस लेती हैं, यज्ञ को चूस लिया और यूप से उसके चिह्नों को भी मिटा दिया। इसीलिए यूप का नाम यूप

(मिटानेवाला, ८ योपयति) है। ऋषियों ने यह सुनकर यज्ञ की खोज की। श्रम से देवताओं की जय हुई थी। ऋषि भी श्रम और अर्चन करते चलने लगे। उन्होंने पुरोडाश को कूर्म के रूप में सरकते देखा। उन्होंने उसे ही यज्ञ मान कर ठहरने के लिए कहा। अग्नि के नाम पर वह ठहर गया। अग्नि में ही उन्होंने उसका हवन किया। उससे यज्ञ को चमक मिलती है। यही यज्ञविद्या है, जिसका अनुशासन पिता ब्रह्मचारी पुत्र के लिए करता है। पुरोदाश ही पुरोडाश है क्योंकि उसे वहीं सामने यज्ञ को दिया जाता है और वही चमकाता है। वह यह आग्नेय अष्टाकपाल पुरोडाश है। वह न पूर्णिमा की हवि है, न अमावास्या की। पूर्णिमा की हवि अग्निषोमीय है, अमावास्या की सान्नाय्य।

अग्नि ही सब देवता हैं उसमें ही सब देवताओं के लिए हवन होता है। अग्नि सब देवताओं में प्रत्यक्षतम है, मृदुहृदयतम है, निकटतम है।

१.६.३ : अग्निषोमीय एकादशकपाल पुरोडाश की विधि

त्वष्टा का एक पुत्र था, जिसके तीन सिर, ६ आँखें और तीन मुख थे। इसलिए उसका नाम विश्वरूप था। वह एक मुख से सोम पीता था, एक से सुरा और तीसरे से खाता था। इन्द्र उससे द्वेष करता था और उसने विश्वरूप के सिर काट दिये। सोमपायी मुख कपिञ्जल (बटेर) बन गया। इसलिए सोम के समान ही कपिञ्जल भूरा होता है। जो सुरा पीनेवाला मुख था वह कलविंक (गौरैया) बन गया। वह मद्यमत्त की तरह से कहता है 'कः इव'? (कौन है, कौन है) जो अन्नभक्षी मुख था, वह तीतर बन गया जो कि विश्वरूपतम है। उसमें घृत की और मधु की बूँदें अंकित रहती हैं। इस तरह से वह अन्न का रूप प्रस्तुत करता है। त्वष्टा क्रुद्ध हुआ। 'कैसे मेरे पुत्र को मार दिया'। उसने विना इन्द्र के ही सोम का आहरण किया, जैसे वह चुआया गया था वैसे ही वह विना इन्द्र के रहा। इन्द्र ने सोचा—यह तो मुझे सोम से हटा दे रहे हैं, जैसे-बलवान् निर्बल से छीन लेता है वैसे ही उसने विना बुलाये ही द्रोणकलश में सोम का भक्षण किया। सोम ने उसको आहत किया। उसके सब प्राणछिद्रों से, मुख को छोड़कर, वह (सोम) बाहर बहने लगा। कैसे देवताओं ने उसकी चिकित्सा की यह सौत्रामणी के प्रसंग में व्याख्यात है। त्वष्टा क्रुद्ध हुआ। कैसे विना बुलाये इन्द्र ने सोम का भक्षण किया। उसने द्रोणकलश में बचे हुए सोम को यह कह कर प्रवाहित किया कि इन्द्रशत्रु, तुम बढ़ो, वह अग्नि में पहुँच कर बढ़ा या पहले ही। सब विद्याएँ, सब यश, सब अन्न, सब श्री उसे प्राप्त हुई। जो वह लुढ़कता हुआ उत्पन्न हुआ। इसलिए वह वृत्र कहलाया। जो विना पैरों के हुआ इसलिए 'अहि' कहलाया। 'दनु' और 'दनायु' उसके माता-पिता हुए। इसलिए वह दानव कहलाया। त्वष्टा ने 'इन्द्रशत्रु' शब्द में बहुव्रीहि के अनुरूप पूर्व पद को उदात्त कर दिया जिससे इन्द्र ने ही उसे मार डाला। यदि वह कहता इन्द्र के शत्रु बढ़ो तो अवश्य ही वह इन्द्र को मार डालता। जो यह कहा कि बढ़ो तो वह बाण की तरह सामने बढ़ता गया। पूर्व और पश्चिम के समुद्रों को उसने समेट लिया। उतना ही अन्न खाने लगा। उसे पूर्वाह्ण में देवता अन्न देते थे, मध्याह्न में

मनुष्य, अपराह्ण में पितर। इन्द्र ने अग्नि और सोम को अपनी ओर से फुसलाया कि तुम मेरे हो और मैं तुम्हारा हूँ। तुम क्यों इस दस्यु को बढ़ावा देते हो। उन्होंने कहा-ठीक है, तब अग्नि और सोम के लिए एकादशकपाल पुरोडाश का निर्वपन किया। वे इन्द्र की ओर हो गये। उनके पीछे सब देवता गये, सब विद्या, सब यश, सब अन्न, सब श्री। इस यज्ञ से इन्द्र ने इन्द्रत्व प्राप्त किया। वृत्र मारा गया। जैसे खाली मशक पटकी जाय या खाली थैली होती है, ऐसे वृत्र पड़ गया और इन्द्र उसे मारने दौड़ा। वृत्र ने कहा-'मुझे वज्र से चूर-चूर मत करो, दो भागों में काट दो'। इन्द्र ने कहा-'तुम मेरा भक्ष्य बनो'। वृत्र अनुमत हो गया। इन्द्र ने उसे दो भागों में अलग कर दिया। उसके सौम्य भाग से इन्द्र ने चन्द्रमा बनाया। उसके आसुरिक भाग से जन्तुओं के उदर को विद्ध किया। पूरा होता हुआ चन्द्रमा इस लोक से ही आप्यायित होता है। सब जन्तु अन्न चाहते हुए उदर रूप वृत्र के लिए बलिहरण करते हैं। जो इस प्रकार वृत्र को अन्नभक्षी जान लेता है, वह अन्नभक्षी बन जाता है।

देवताओं ने अग्नि और सोम से कहा, 'तुम दोनों का ही भाग अधिक है हमें भी इसमें भाग दो'। उन्होंने कहा, 'हमें उससे क्या लाभ होगा'। देवताओं ने कहा, 'जिस किसी देवता के लिए हवि निकाली जायगी उसके पहले तुम दोनों के लिए आज्य भाग से तुम्हारा याग होगा किन्तु यह सोमयाग में अथवा पशुयाग में नहीं होगा'। अग्नि ने कहा, 'मुझमें ही आप सबके लिए हवि डाली जाय। मैं सबको उसका भाग दूँगा', इसीलिए अग्नि में सब देवताओं के लिए हवन करते हैं और इसीलिए कहते हैं कि अग्नि ही सब देवता हैं। सोम ने कहा, 'आप सबके लिए मेरी आहुति हो, मैं आप लोगों का भाग रख दूँगा', इसलिए सब देवताओं के लिए हवन करते हैं और जो इन्द्र में सब देवता स्थित हैं इसलिए इन्द्र ही सब देवता है। इस प्रकार देवता त्रिविधरूप से एक देवता हो गये, जो यह जानता है वह अकेला अपने लोगों में श्रेष्ठ होता है।

अथवा दो ही हैं, तीसरा नहीं है-आर्द्र और शुष्क। जो शुष्क है वह आग्नेय है, जो आर्द्र है वह सौम्य है, जो वह दो ही हैं इसलिए अग्नि और सोम के लिए आज्य भाग होते हैं, उनके लिए उपांशु याग होता है और पुरोडाश भी होता है। जो कुछ भी प्रजा है, सब अग्नि और सोम की विभूति है। सूर्य आग्नेय है, चन्द्रमा सौम्य है, दिन आग्नेय है, रात्र सौम्य है, शुक्लपक्ष आग्नेय है, कृष्णपक्ष सौम्य है, आज्य भागों के द्वारा सूर्य और चन्द्र की प्राप्ति होती है उपांशुयाग से दिन-रात की प्राप्ति होती है और पुरोडाश से पखवारों की। आसुरि ने कहा है, आज्य भागों से, उपांशुयाग से, पुरोडाश से, जो कुछ प्राप्त होता है, सब मेरा हो, वृत्र को मैं मार सकूँ और सब शत्रुओं को मार सकूँ। *(क्या यह आसुरि वही हैं जो पीछे सांख्य के प्रसिद्ध आचार्य हुए)*।

जन्तुओं की सृष्टि करते हुए प्रजापति के जोड़ ढीले हो गये। संवत्सर ही प्रजापति है। उसके जोड़ हैं—दिन-रात, पूर्णिमा और अमावस्या, ऋतुओं के आरंभ काल। देवताओं ने हविर्यज्ञों से प्रजापति की चिकित्सा की। अग्निहोत्र से दिन-रात की दो

संधियों को ठीक किया। पूर्णिमा और अमावस्या में दर्शपूर्णमास से और ऋतुओं के आरंभ में चातुर्मास्य से उन्होंने संवत्सर की संधियों की चिकित्सा कर दी। इस तरह से संहितपर्व होने पर प्रजापति अन्न-संवृद्धि के लिए खड़े हो सके।

ये आज्यभाग, यज्ञ की आँखें हैं, इनमें अग्नि और सोम का रूप अन्वायत्त है। शुक्ल अग्नि का, कृष्ण सोम का अथवा कृष्ण अग्नि का, शुक्ल सोम का। जो देखता है, वह अग्नि का रूप है। क्योंकि देखनेवाले की आँखें शुष्क-सी होती हैं। जो सोता है, वह सोम का होता है, क्योंकि सोनेवाले की आँखें गीली जैसी होती हैं। जो इन आज्यभागों को आँखों के रूप में जानता है, वह बुढ़ापे तक चक्षुष्मान् होता है और मृत्यु के बाद भी चक्षु-युक्त होता है।

१.६.४ : अमावास्या की हवि के विधान की आख्यायिका

इन्द्र ने वृत्र पर वज्र का प्रहार किया। वह (इन्द्र) अपने को निर्बल मानकर डरता हुआ कि मैंने वृत्र को नहीं गिराया है, दूर दिगंत में छिप गया। देवताओं को पता था कि वृत्र मर गया है और इन्द्र छिप गया है। वे उसे ढूँढ़ने निकले। देवताओं में अग्नि, ऋषियों में हिरण्यस्तूप, छन्दों में बृहती खोज में निकले। अग्नि ने उसका पता लगा लिया और वह उस रात को उसके साथ रहा क्योंकि इन्द्र देवताओं का वसु (प्रशस्त, निवास देनेवाला) वीर है। देवताओं ने कहा, 'हमारे घर आज वसु निवास कर रहा है जो प्रवास में चला गया था। जैसे दो अभ्यागत बिरादरों के लिए *(जाति)* या मित्रों के लिए *(सखि)* समान ओदन या बकरा पकाया जाये जो कि मानव रीति है, जैसे देवताओं के लिए हवि होती है, ऐसे ही उनके लिए समान हवि का निर्वपन किया, जो कि बारह ठीकरों में पकाया हुआ पुरोडाश था। इसलिए ऐन्द्राग्न पुरोडाश द्वादशकपाल वाला होता है।' इन्द्र ने कहा, 'वृत्र पर वज्र के प्रहार से मैं कृश हो गया हूँ। इस पुरोडाश से मुझे तृप्ति नहीं होती, जिससे तृप्ति हो वह दो।' देवताओं ने कहा, 'सोम के अतिरिक्त यह तृप्त नहीं होगा, सोम को ही तैयार करते हैं'। उसके लिए सोम तैयार किया गया। यह राजा सोम देवताओं का अन्न है, वही जो चन्द्रमा है। जिस रात यह पूरब या पश्चिम में नहीं दीखता उस रात यह इस लोक में आता है और जल में और पौधों में प्रवेश करता है। वह देवताओं का विधिवत् अन्न जिस रात यहाँ घर में साथ *(अमा)* बसता है तो वह अमावास्या कहलाती है। गायों के द्वारा उसका संचय किया गया। पौधे खाकर पौधों से, पानी पीकर पानी से उन्होंने सोम का सम्भरण किया। उसे उबाल कर, फाड़ कर इन्द्र को दिया। इन्द्र ने कहा, 'ये मुझे तृप्त नहीं करता, मुझे उबाला हुआ दो'। यद्यपि दही और उबाला दूध दोनों मूलत: गोरस हैं तो भी उनका प्रभाव अलग-अलग है, जैसे-सोम के रेशे जल से पुष्ट हो जाते हैं और पीलेपन को दूर कर देते हैं। इस बात को जानते हुए जो अमावास्या को दही और उबाले हुए दूध को मिलाकर सान्नाय्य का याग करते हैं, वे सन्तान और पशुधन से समृद्ध होते हैं। इसलिए कहा गया है कि जो सोमयाजी नहीं हैं, वह सान्नाय्य से हवन न करें। पूर्णिमा की हवि वृत्रहन इन्द्र की है। सूर्य ही इन्द्र है, चन्द्रमा ही वृत्र है, अमावास्या को सूर्य चन्द्रमा का

ग्रास कर लेता है। जैसे राजा विजय प्राप्त करके महाराज हो जाता है, वैसे इन्द्र भी वृत्र का वध कर महेन्द्र बन जाता है।

१.७.१ : सान्नाय्य को बनाने के लिए, वत्स को हटाने के लिए शाखा का छेदन

सान्नाय्य की तैयारी के लिए पहले एक शाखा काटकर उससे बछड़े को अलग किया जाता है। एक समय गायत्री श्येन के रूप में सोम की ओर उड़ी, किन्तु रास्ते में उसका एक पंख गिर गया क्योंकि कृशानु नाम के एक पादरहित धनुर्धारी ने उस पर बाण चलाया और उसका पंख काट लिया। गायत्री का या सोम का यह पंख कटकर नीचे गिरने में एक पत्ता बन गया। पर्णयुक्त शाखा को वह काटता है, जिससे बछड़े को हटाना है। काटते समय कहता है- *इषे त्वा, ऊर्जे त्वा।* 'इष्' वस्तुतः वर्षा के लिए है, 'ऊर्ज्' अन्न के लिए।

बछड़े को शाखा से छूता है, *'वायवः स्थ'*। यह वायु ही जो बहती है, सबको आप्यायित करती है, जिससे वर्षा होती है। एक गाय को छूता है- *देवो वः सविता प्रापयतु*।

उस रात यवागू से अग्निहोत्र करता है। वह उखापात्र को गार्हपत्य पर रखता है, उस पर पवित्र बाँधता है और तीन गायों का दूध उसमें भरता है।

१.७.२ : अवदान के स्वरूप को प्रकाशित करनेवाली आख्यायिका

जिसका जन्म होता है, वह ऋण के साथ जन्म लेता है। उसका जन्मजात ऋण देवताओं के लिए, ऋषियों के लिए, पितरों के लिए और मनुष्यों के लिए होता है। यज्ञ के द्वारा वह देवताओं के ऋण का शोधन करता है। अध्ययन के द्वारा ऋषियों से ऋणमुक्त होता है, सन्तानोत्पादन के द्वारा पितरों के ऋण से मुक्त होता है, अतिथियों के आवास और भोजन के द्वारा सत्कार से वह मनुष्यों के ऋण से उबरता है।

जो वह देवताओं के लिए अग्नि में हवन करता है, वह अवदान कहलाता है। अवदान चतुर्धा या पञ्चधा होता है। चतुर्धा ही ठीक है क्योंकि वही कुरु-पञ्चाल में प्रसिद्ध है।

देवताओं ने शुक्लपक्ष और असुरों ने कृष्णपक्ष अपनाया। देवताओं ने दर्शपूर्णमास के द्वारा असुरों का भाग भी छीन लिया।

१.७.३ : स्विष्टकृद् याग का विधान और उस प्रसंग में आख्यायिका

यज्ञ से देवता द्युलोक को प्राप्त हुए, जो देवता पशुओं का स्वामी है (अर्थात् रुद्र) वह पीछे रह गया। इसलिए उसे वास्तव्य कहते हैं क्योंकि वह वास्तु में रहा। उसने देखा कि देवताओं ने उसे यज्ञ से बाहर कर दिया है। वह आयुध उठाकर स्विष्टकृत्याग

के समय उत्तर की ओर पहुँचा। देवता उसे भाग देने के लिए सहमत हो गये तो उसने उनके अनुरोध पर आयुध उन पर नहीं चलाया। अध्वर्यु ने हवियों का यथापूर्व अभिधार कर उन्हें ताजा किया और एक अतिरिक्त हवि का अवदान किया। यह अवदान स्विष्टकृत् के लिए है। स्विष्टकृत् अग्नि ही है, उसके ये नाम हैं—उसे प्राच्य शर्व कहते हैं, बाह्लीक भव कहते हैं, पशुपति, रुद्र, अग्नि, ये इसके अन्य नाम हैं। अग्नि ही शान्ततम नाम है। अन्य नाम अशान्त हैं।

स्विष्टकृत् के लिए याज्या और अनुवाक्या त्रिष्टुप् से होनी चाहिए या अनुष्टुप् से। भाल्लवेय ने अनुवाक्या अनुष्टुप् से और याज्या त्रिष्टुप् से की, वह रथ से गिर पड़ा और बाँह टूट गयी, तब यह समझे कि यह ठीक नहीं है।

यज्ञ नग्नता से डरता है और तृष्णा से। उसकी नग्नता परिस्तरण से हटती है, तृष्णा ब्राह्मण की तृप्ति से।

१.७.४ : प्राशित्र-अवदान-विधि और तदर्थ आख्यायिका

प्रजापति अपनी सुता 'द्यु' अथवा 'उषा' के प्रति सकाम होकर उसके साथ समागम करने चले। देवताओं ने अपनी बहन के साथ यह पाप करते हुए पिता को देखकर रुद्र से कहा, 'उसे वेध दो'। रुद्र ने बाण से प्रजापति को वेधा, उसका आधा रेतस् पृथ्वी में गिरा। यह वृत्तान्त ऋषि ने कहा है *पिता यत्स्वां दुहितरम्....* यह सूक्त अग्निमारुत् कहा गया है। पीछे शान्त होने पर देवताओं ने प्रजापति की चिकित्सा की, क्योंकि प्रजापति ही यज्ञ हैं। प्रजापति-यज्ञ का जो भाग बाण से क्षत हो गया था उसे पहले भग को दिया गया, उसकी आँखें जल गयीं, इसलिए भग अन्धा है। पूषा को दिया गया, उसके दाँत टूट गए, इसलिए उसके लिए चरु बनाते हैं। बृहस्पति को दिया गया, उसने सविता से प्रेरणा माँग कर उसे खाया और उसे हानि नहीं हुई। देवताओं ने कहा, 'अब यह भाग शान्त हो गया है'। यह प्राशित्र की निदान-कथा है। यज्ञ का अविद्ध भाग वस्तुतः रुद्र का भाग है। मन से ही सब कुछ व्याप्त है, मन से ही सब कुछ प्राप्त करता है।

१.८.१ : इडावदान विधि के लिए आख्यायिका

प्रातःकाल मनु के लिए मुँह धोने का पानी लाये, जब वह पानी हाथों में लेकर मुँह धोने को चले तो देखा कि हाथ में एक छोटा मच्छ है। उसने कहा कि 'मुझे पालो, मैं तुम्हें पार लगाऊँगा'। 'किस चीज के पार लगाओगे'? 'एक बार सब जन्तुओं को बाढ़ बहा ले जायेगी, उससे मैं तुम्हें पार लगाऊँगा'। 'तुम्हारा भरण कैसे होगा?' उसने कहा, 'जब हम छोटे होते हैं, बहुत शत्रु होते हैं। मत्स्य ही मत्स्य को निगल जाता है। मुझे पहले एक कुम्भी में रखना। जब मैं बढ़ जाऊँ तब एक गड्ढा खोदकर रखना। जब उससे भी बढ़ जाऊँ तब मुझे समुद्र में ले जाना'। वह जल्दी ही बड़ा मच्छ बन गया। जब वह बढ़ गया तब निर्दिष्ट तिथि को बाढ़ आयी। उसके बताये के अनुसार मनु ने

नाव बनायी, जिसमें वे बैठ गये। मत्स्य के सींग से नाव की रस्सी को बाँध दिया। मत्स्य नाव को उत्तरगिरि की ओर तेजी से खींच ले गया और कहा, 'तुम्हें मैंने पार करा दिया। नाव को पेड़ से बाँध दो। पानी तुमको काट न दे इसलिए जितना वह कटे उतना ही तुम नीचे उतरो।' आज भी उत्तरगिरि की वह ढलान जहाँ मनु उतरे थे, मनु का अवसर्पण कहा जाता है। बाढ़ सब जन्तुओं को बहा ले गयी, केवल एक मनु शेष रहे। वे सन्तान की इच्छा से अर्चन और श्रम की चर्या में लगे। पहले उन्होंने पाकयज्ञ से यजन किया। घी, दही, पनीर और पानी इनसे उन्होंने जल में हवन किया। वर्ष भर में उससे एक स्त्री उत्पन्न हुई। परिपुष्ट होने पर उस स्त्री के पद-चिह्नों में घृत जमा हो जाता था। मित्र और वरुण उसके निकट आये। उन दोनों ने उससे पूछा कि तुम कौन हो? उसने कहा कि मैं मनु की कन्या हूँ। उन्होंने कहा कि तुम हमारी हो जाओ। उसने कहा, 'नहीं' मैं मनु की कन्या हूँ, उन्होंने मुझे जन्म दिया है, अतएव मैं उन्हीं की हूँ'। उससे वे सम्बन्ध चाहते थे, इस बात को जानते हुए भी न जान कर वह उनसे आगे बढ़ गयी और मनु के पास आयी। मनु ने पूछा कि तुम कौन हो? उसने कहा कि तुम्हारी कन्या। मनु ने कहा कि भगवती तुम कैसे मेरी पुत्री हो। उसने कहा कि जल में तुम्हारी आहुतियों से मेरा जन्म हुआ। मैं *'आशिष्'* हूँ। यज्ञ में मेरा उपयोग करो, इससे तुम्हें सन्तान और सम्पत्ति मिलेगी। उसी के अनुसार यज्ञ करने पर मनु से यह सारी प्रजा हुई है। वह यज्ञ की ही आशीष है। यह आशीष ही 'इडा' है।

१.८.२ : उल्मुक का उदूहन

वह दो उल्मुकों को अर्थात् जलती समिधाओं को उठाता है। क्योंकि अग्नि अनुयाजों के लिए बासी हो चुकी है। उसे ताजा करने के लिए उल्मुकों को हटा कर फिर छुआते हैं। इससे अग्नि नवीकृत हो जाती है! फिर समिधाओं को आधान करते हैं। जो वह अनुयाजों को यजन करता है, वह वस्तुतः छन्द ही अनुयाज है, वे देवताओं के पशु हैं। जैसे पशु मनुष्यों के वाहन हैं, ऐसे ही छन्द देवताओं के वाहन होते हैं। वे ही देवताओं तक यज्ञ का हवन करते हैं।

पहले बर्हि के लिए यजन करता है। बर्हि के लिए जगती छन्द का ही पहले प्रयोग करता है, क्योंकि बर्हि पौधों से पैदा होती है और इस लोक में सभी पौधे उगते हैं, यही जगत् है, इसलिए जगती का पहले प्रयोग होता है। फिर नराशंस का यजन करता है। नराशंस अंतरिक्ष है। उसके लिए त्रिष्टुप् का प्रयोग करता है। फिर अग्नि के लिए यज्ञ करता है और उसमें गायत्री का प्रयोग करता है। गायत्री अग्नि ही है।

१.८.३ : स्रुचा का व्यूहन

वह दो स्रुचाओं का व्यूहन करता है। (स्रुचा पलाश की लकड़ी की बनी एक हाथ लम्बी हंस के मुख के समान नोंकवाला हवन करने में प्रयुक्त उपकरण होता था, जिसे जुहू भी कहते थे। व्यूहन का अर्थ होता है; परस्पर विरुद्ध दिशाओं में हटाना)।

वह जुहू को दाहिने हाथ से पूरब की ओर, उपभृत् को बाँये हाथ से पश्चिम की ओर हटाता है।

एक समान कर्म में विशेष विभाजन किया जाता है-जैसे उसी मनुष्य से अत्ता भी होता है और आद्य भी, अर्थात् भोक्ता भी और भोग्य भी। (जुहू के पीछे अत्ता और उपभृत् के पीछे आद्य की कल्पना की गयी है और इन स्रुचाओं को अलग करना सामाजिक सम्बन्धों के व्यवस्थापन का प्रतीक है)। तीसरी या चौथी पीढ़ी में विवाह हो सकता है (बाद में पाँचवीं या सातवीं पीढ़ी तक निषेध है)।

जुहू से परिधियों को चिकना करता है। देवताओं के लिए जुहू से हवि दी जाती है, इसलिए जुहू के सम्मार्जन से परिधि भी प्रसन्न होती है। तीन मुख्य देवता हैं—वसु, रुद्र और आदित्य। उन्हीं के नाम से परिधियों के नाम का आश्रावण होता है। प्रस्तर उठाता है। यजमान ही प्रस्तर है। जहाँ यजमान का यज्ञ जाता है वहीं देवलोक में वह यजमान को भी ले जाता है।

एक तृण उठाता है। चूँकि यजमान प्रस्तर है, यदि वह पूरे प्रस्तर को फेंकेगा तो यजमान शीघ्र ही परलोक सिधार जायेगा। जितनी उसकी मानव आयु है उतने के लिए ही उठाता है। ये स्रुचाएँ यज्ञ की वाहक हैं।

१.९.१ : सूक्तवाक् और हौत्र का आख्यान

अध्वर्यु की प्रेरणा से होता यजमान के लिए शुभाशंसा के रूप में सूक्तवाक् पढ़ता है। यजमान के लिए यह आशीर्वाक् यज्ञ के उपरान्त ही होनी चाहिए। वह शुभाशंसा करता है कि द्यावापृथ्वी भद्र हो, अन्नवती हो, शंगवी हो, जीवदानू हो, निर्भय हो, उरुगव्यूति हो, वृष्टिमती हो, शंभु हो, मयोभू हो, ऊर्जस्वती हो, पयस्वती हो, सूपचरण हो, स्वधिचरण हो। अग्नि, सोम और अन्य देवता हवि ग्रहण करें। यजमान के लिए प्रत्यक्ष आशीष माँगता है—वह दीर्घायु हो, सुसन्तान हो, प्राणवान् हो, दिव्यधर्म का वह लाभी हो।

शंयु बार्हस्पत्य ने यज्ञ की सम्पूर्णता अनायास प्राप्त की और देवलोक को चला गया। मनुष्यों के लिए यह (उपाय) अन्तर्हित था पर ऋषियों ने उसका पता चलाया।

शंयु की यज्ञ-परिपूर्णता के लिए ही शंयोः (सुख, आरोग्य) का पाठ करता है। 'देवताओं के लिए स्वस्ति हो, मनुष्यों के लिए स्वस्ति हो, दोपायों के लिए और चौपायों के लिए शम्'।

१.९.२ : पत्नी-संयाज

पत्नी-संयाज के लिए (=देवपत्नियों के लिए याग के लिए) अध्वर्यु, जुहू और स्रुवा उठाता है, होता वेद को (=कुशगुच्छ को), आग्नीध्र आज्यविलापनी को। यज्ञ से सन्तान उत्पन्न होती है, यद्यपि यज्ञ से उत्पन्न होती हुई संतति मिथुन से उत्पन्न होती है तो भी

अन्ततः यज्ञ से ही उत्पन्न होती है। इसीलिए देव-पत्नियों के लिए यजन करते हैं। चार देवताओं के लिए यज्ञ करते हैं क्योंकि चार देवताओं में दो-दो के दो मिथुन बन जाते हैं। उनकी हवि आज्य होती है क्योंकि आज्य रेतस् है। यह उपांशु ही किया जाता है क्योंकि मिथुनचर्या भी अलग उपांशु ही होती है। सोम का यजन करता है क्योंकि सोम रेतस् है। त्वष्टा का यजन करता है जो बोये बीज को विकसित करता है, फिर देव-पत्नियों के लिए यजन करता है क्योंकि पत्नियों से ही सन्तान उत्पन्न होती है। जहाँ देव-पत्नियों के लिए यजन करता है उसको अन्तरित कर देता है। याज्ञवल्क्य ने कहा कि मानव स्त्रियाँ भी जब भोजन करती हैं तो पुरुषों से अन्तरित होकर करती हैं।

१.९.३: पूर्णपात्र के निनयन की विधि

इसमें पूर्णपात्र के निनयन की विधि का वर्णन है। यज्ञ के पूरा होने पर दक्षिण से घूमकर पूर्णपात्र को अन्दर लाता है। इस तरह सुबह उत्तर की ओर हो जाता है। देवलोक के लिए ही यज्ञ किया जाता है। वह यजमान को प्राप्त हो इसलिए उत्तर की ओर पूर्णपात्र का जल बिखेरता है। उसे दक्षिणा के पीछे फल की प्राप्ति होती है। दो मार्ग हैं, देवयान और पितृयान। जो मार्ग देवलोक को जाता है वह देवयान है, जो पितृलोक को जाता है, वह पितृयान। उसके दोनों ओर अग्निशिखा जलती है, जो अयोग्य को जला देती है। चूँकि जल शान्त है इसलिए जल बिखेरकर वह मार्ग शान्त करता है। वह पूर्णपात्र से जल डालता है ताकि शान्ति हो और यज्ञ के दोष भी हट जायँ।

जल को अंजलि से ग्रहण करता है और आचमन करता है क्योंकि जल अमृत है; फिर वह विष्णु के पग धरता है। ऐसा करके वह देवताओं को प्रसन्न करता है। विष्णु यज्ञ ही है। देवताओं के लिए विष्णु ने तीन पग धरे थे, पृथ्वी, अन्तरिक्ष और द्युलोक में। इन लोकों पर आरूढ़ होकर उसकी यही गति, यही प्रतिष्ठा है, जो यह सूर्य के रूप में तप रहा है। जो उसकी यह रश्मियाँ हैं वे ही पुण्यात्मा रूप हैं। उसके परे जो प्रकाश है वह प्रजापति है, वही स्वर्गलोक है।

वह सूर्य की ओर देखता है, वही गति है, वही प्रतिष्ठा है, वहीं वह जाता है। याज्ञवल्क्य ने कहा है कि ब्राह्मण को ब्रह्मवर्चस् ही माँगना चाहिए किन्तु औपोहितेय ने कहा कि सब प्रकार की कामनाओं की पूर्ति माँगनी चाहिए।

वह घूमता है, परम गति को प्राप्त होकर वह सूर्य के साथ ही घूमता है।

पुत्र का नाम लेता है कि पुत्र उसके पराक्रम को आगे बढ़ाये, पुत्र न हो तो अपना नाम लेना चाहिए।

फिर व्रत का विसर्जन करता है, व्रतग्रहण करने से सत्य के द्वारा वह देवता के समकक्ष था। अब फिर से मनुष्य बन जाता है।

द्वितीय : एकपादिका नामक काण्ड

अग्न्याधान-विषयक टिप्पणी और विमर्श

वैदिक कर्मकाण्ड में अधिकार के लिए अग्न्याधान के द्वारा दीक्षित होना आवश्यक था। विवाहित गृहस्थ जो अभी ५० वर्ष का नहीं हुआ और जिसके केश अभी काले हैं, इस दीक्षा का अधिकारी माना जाता है। अग्न्याधान का सम्पादन शुक्ल प्रतिपदा को किया जाता था। पिछला दिन उपवसथ का होता था जब यजमान दम्पति व्रत रखते थे। अग्निशाला का भी तब निर्माण किया जाता था। पश्चिम से पूर्व की ओर एक दीर्घ मध्य रेखा विषुवत् रेखा के सदृश खींची जाती थी। उसके मध्य में गार्हपत्य अग्नि का गोलाकार कुण्ड बनाया जाता था। गार्हपत्य से पूर्व की ओर आठ-ग्यारह अथवा बारह प्रक्रमों की दूरी पर चतुष्कोण आहवनीय कुण्ड बनाया जाता था, जो चतुष्कोण होता था किन्तु उसका परिमाण उतना ही होता था जितना कि गार्हपत्य का अर्थात् एक वर्ग अरत्नि। दक्षिण की ओर दक्षिणाग्नि अथवा अन्वाहार्यपचन नाम की अग्नि का कुण्ड बनाया जाता था। यह कुण्ड अर्ध-चन्द्राकार किन्तु समान क्षेत्रफल का होता था। गार्हपत्य और वेदि के अन्तराल से दक्षिण की ओर यह अवस्थित होता था। गार्हपत्य अग्निशाला की छाजन की बल्लियाँ पश्चिम से पूर्व की ओर लगायी जाती थीं अथवा दक्षिण से उत्तर की ओर। इसका द्वार दक्षिण की ओर होता था। अग्निशाला को छानेवाली बल्लियाँ नियमत: पश्चिम से पूर्व की ओर होती थीं। इनका द्वार पूर्व की ओर होता था। दोनों शालाएँ अन्दर से खुली होती थीं।

अध्वर्यु अरणि-मन्थन के द्वारा अथवा कुछ विहित घरों से जैसे वैश्य के घर से अथवा भड़भूँजे की भट्टी से अग्नि प्राप्त करता था और गार्हपत्य कुण्ड में बुहारना-छिड़कना-लीपना आदि पाँच संस्कारों के बाद अग्नि उसमें स्थापित करता था। सायंकाल यजमान अग्निशाला में पूर्व से प्रवेश करता था उसकी पत्नी दक्षिण से। दोनों गार्हपत्य के पश्चिम की ओर बैठते थे। अध्वर्यु उनको शमीगर्भ अश्वत्थ की दो अरणियाँ देता था। यदि सम्भव हो तो गार्हपत्यशाला में एक बकरा बाँधा जाता था जिसे कर्म सम्पन्न होने पर आग्नीध्र को दे दिया जाता था। अध्वर्यु छिलके निकाले (निस्तुषीकृत) तण्डुल की तीन-तीन मुट्ठियाँ एक-एक पात्र में रखता हुआ चार पात्र भरता था। इन पात्रों को लाल रँगे उक्षचर्म के ऊपर रखा जाता था। इन तण्डुलों से चार ऋत्विजों के भक्षण के लिए चातुष्प्राश्य ओदन पकाया जाता था। इस ओदन में घी डाला जाता था। उस घी के शेष से तीन समिधाओं को लिप्त कर अग्निकुंड में डाला जाता था। फिर ऋत्विजों का वरण किया जाता था। पर्वरात्रि में इस कर्म को समाप्त कर वीणावादन आदि के द्वारा जागरण किया जाता है और अग्नि को प्रज्वलित रखा जाता है।

प्रात:काल गार्हपत्य-स्थण्डिल में पाँच संस्कार कर पाँच सम्भार एक के ऊपर एक रखे जाते हैं-जल, हिरण्य, ऊष् (रेहू, नमक), मूषोत्किर (मूस द्वारा खोदी गयी मिट्टी) और शर्करा। अन्य प्रकार से भी सम्भारों का विवरण मिलता है-वराहविहत

मृद्, वल्मीक (बाँबी) की मृद्, ऊष्, सिकता, शर्करा, हिरण्य। बाँस में श्वेत अश्व बाँधा जाता है। अरणि-मन्थन से अग्नि उत्पादित कर गार्हपत्य में उसे प्रज्वलित कंडे के द्वारा ले जाया जाता है। पलाश आदि वृक्षों के इध्मों को इस अग्नि में प्रज्वलित कर आहवनीय के लिए अग्नि का उद्धरण किया जाता है। फिर दक्षिणाग्नि, सभ्याग्नि एवं आवसथ्याग्नि का आधान होता है। फिर पूर्णाहुति होती है और तीन पवमान इष्टियाँ की जाती हैं। अन्त में दक्षिणा दी जाती है।

पहले कहा जा चुका है कि वैदिक वाक् अनेकार्थक है। वैदिक सूक्त आधिदैविक, आधिभौतिक, आध्यात्मिक और आधियाज्ञिक स्तरों पर समानान्तरता के तत्त्व के अनुसार सृष्टि और साधना के रहस्य का निर्देश करते हैं। जिन द्रव्यमय बहिर्यागों का वेदों में विधान मिलता है, उनके समानान्तर ही अन्तर्याग के रूप में उनका आध्यात्मिक पक्ष रहता है, सृष्टिप्रक्रिया के रूप में आधिदैविक पक्ष और समाज-विधान के रूप में आधिभौतिक पक्ष। यह स्मरणीय है कि एक मत के अनुसार वेदों में आधिदैविक यज्ञों का उल्लेख है, द्रव्यमय यज्ञों का साक्षात् विधान नहीं है।

वेदि-निर्माण की प्रक्रिया में सृष्टि-क्रम का संकेत मिलता है। वेदि को पृथ्वी बताया गया है और पञ्च सम्भार उसके विकास की अवस्थाएँ द्योतित करते हैं। *आपो ह वा इदमग्रे सलिलमेवास* (श० ब्रा०)। जलमय पृथ्वी में अग्निसंयोग से उसका विकास हुआ। *स श्रान्तस्तेपानः फेनमसृजत.... स श्रान्तस्तेपानो मृदं शुष्काऽपमूषसिकतं शर्करामश्मानमयोहिरण्यमोषधिवनस्पत्यसृजत तेनेमां पृथ्वीं प्राऽच्छादयत्।* (शत० ६.१.१.१३) वेदि-निर्माण में वराहोत्खात मृद् का प्रयोग पृथ्वी के जलमय रूप से बाहर निकलना या दृढ़ता प्राप्त करने का द्योतक है। वराह सूर्य की आंगिरस किरणों का नाम कहा गया है, वे ही जल सुखा कर पृथ्वी का उद्धार करती हैं। यही वराहावतार की पौराणिक कथा का मूल है। सूखी हुई मिट्टी शुष्काप का प्रतीक बाँबी की मिट्टी है- *वल्मीकोद्भवा या मूषोत्किरा*। सर्वथा सूखी मिट्टी को ही ऊष् (रेहू) द्योतित करती है। सिकता, शर्करा, अश्मा, अयोहिरण्य, ओषधि, वनस्पति विकास की अन्य अवस्थाएँ हैं। ताप से पृथ्वीतल की दृढ़ता, शिलाओं और धातुओं का निर्माण होता है। सौर ऊर्जा ही जल और मिट्टी से ओषधि और वनस्पति उगाती है।

अग्न्याधान का अनुष्ठान कब होना चाहिए, इस विषय पर अनेक विधान हैं। यह कात्यायन श्रौतसूत्र में विहित है कि ब्राह्मणों का अग्न्याधान वसन्त में, राजन्य का ग्रीष्म में और वैश्य का वर्षा में। अमावास्या में अग्न्याधान होना चाहिए, यह सबके लिए समान है। शतपथ के दूसरे काण्ड के पहले अध्याय के पहले ब्राह्मण (२.१.१) में वेदिनिर्माण के सम्भारों और संस्कारों का वर्णन है। दूसरे में अग्न्याधान का उपयुक्त नक्षत्र में विधान है। कृत्तिका में अग्नियों का आधान करें क्योंकि कृत्तिका अग्नि-नक्षत्र है, और नक्षत्र १, २, ३, या ४ तारे होते हैं, कृत्तिका में सबसे अधिक होते हैं। यद्यपि इसके विरुद्ध मत भी था किन्तु उसका यहाँ खण्डन किया गया है। एकमत से रोहिणी नक्षत्र में आधान उचित है क्योंकि वह समृद्धि देता है, विशेष रूप से पशुधन का अथवा

मृगशीर्ष में आधान उचित बताया गया है, जिससे श्रीवृद्धि होती है, किन्तु इसका विरोध भी मिलता है। फाल्गुनी में आधान का उल्लेख है क्योंकि यह इन्द्र का नक्षत्र है। हस्त एवं चित्रा नक्षत्र में भी आधान हो सकता है। इन विभिन्न मतों का समाधान यही था कि ब्राह्मणों के लिए वसन्त, क्षत्रियों के लिए ग्रीष्म और वैश्य के लिए वर्षा का काल समुचित माना जाता था। इस प्रसंग में यह स्मरणीय है कि कृत्तिका का पूर्व से च्युत न होना एक नाक्षत्रिक तथ्य है, जिससे इस उल्लेख की ज्यौतिषिक गणना की जा सकती है।

अग्न्याधान यज्ञकर्म में अधिकार के लिए आवश्यक है। सायं-प्रातः अग्निहोत्र यावज्जीवन नित्यकर्म है। सायंकाल अग्नि और प्रजापति के लिए, प्रातःकाल सूर्य के लिए दूध की आहुति इसमें प्रधान है। यद्यपि दधि, यवागू आदि का भी हवन किया जा सकता है। अग्निहोत्र दैनिक उपासना का रूप है, जैसे-दर्शपूर्णमास पाक्षिक उपासना-पर्व है। ऋतुओं के पर्व चातुर्मास्य हैं। अग्निहोत्र के आध्यात्मिक पक्ष का उल्लेख शतपथ (११.३.१) में मिलता है। जनक से संवाद में याज्ञवल्क्य का कथन है कि जहाँ अग्निहोत्र के लिए द्रव्य हवि उपलब्ध न हो वहाँ श्रद्धा में सत्य का होम करे। इस पर जनक का साधुवाद है कि 'याज्ञवल्क्य, तुम अग्निहोत्र को जानते हो'। फिर यह प्रश्न उठाया गया है कि घर से प्रवासी होने पर भी किसके ज्ञान से अग्निहोत्री बना रहता है। उत्तर में कहा गया है कि मन सब भुवनों में जविष्ठ है, मन के द्वारा ही वह अनाप्रोषित होता है। फिर यह प्रश्न किया गया है कि दूर जाने पर जो प्रमाद होता है उसके लिए घर पर क्या आहुति दी जाती है। उत्तर में कहा गया है कि जो सदा जागता रहता है उस प्राण की ही आहुति होती है- *तस्मादाहुः प्राण एवाग्निहोत्रमिति*। गीता में भी प्राण और अपान की निरन्तर क्रिया को नित्यहोम के रूप में वर्णित किया गया है।

जैसा ऊपर कहा जा चुका है अग्न्याधान की प्रक्रिया में आधिदैविक सृष्टिक्रम की समानान्तरता है। पाँच अथवा अधिक सम्भाग जो वेदि के निर्माण में प्रयुक्त होते हैं, वे पृथ्वी के ही विकास की अवस्थाएँ बताती हैं। इस प्रसंग में विशेष रूप से वराहोद्धृत मृत्तिका का उल्लेख महत्त्वपूर्ण है। वराह सूर्य की विशेष किरणों का नाम सम्भव है। पुराणों में वर्णित वराह अवतार के द्वारा जल से पृथ्वी का उद्धार इसी वैदिक रहस्यमय वाक् का आख्यानात्मक रूप प्रतीत होता है।

अग्न्याधान का महत्त्व यह बताया गया है कि जहाँ देवताओं ने अमृतत्व की अभिलाषा से अग्नि को अपने अन्दर आहित किया वहीं असुरों ने अग्नि को लकड़ी जलाने, खाना पकाने जैसे कार्यों में नियुक्त किया। जो मनुष्य अग्नि का अपने अन्दर आधान करता है वह अमरता तो नहीं पाता किन्तु पूर्ण आयु पाता है। अपने अन्दर रखी जानेवाली अग्नि प्राण ही है, इसी प्राणाहुति-रूप अग्निहोत्र का उल्लेख गीता में भी मिलता है। सुत्तनिपात में बुद्ध ने भी यज्ञपरायण ब्राह्मण को देखकर कहा कि मैं तो अपने अन्दर ही अग्नि जलाता हूँ। प्राण और अपान की श्वास-प्रश्वास-रूपी सतत क्रिया ही आध्यात्मिक अग्निहोत्र है, जो जीवनव्यापी है। प्राण की इस सतत क्रिया की ओर

ध्यान देने को बौद्ध-ग्रन्थ प्राणापान-स्मृति (आनापानसति) कहते हैं। वर्तमान युग के प्रसिद्ध योगी श्यामाचरण लाहिड़ी महाशय इसे क्रियायोग कहते हैं। उन्होंने यह योग मारकण्डेय ऋषि से प्राप्त किया था, ऐसी प्रसिद्धि है। इस प्राणाग्निहोत्र का उपचार सत्य बताया गया है। असत्य वैसा ही है, जैसे आग में पानी डालना।

अग्न्याधान का यह महत्त्व बताया गया है कि आहिताग्नि मृत्यु के उपरान्त अग्नि से नया जन्म प्राप्त करता है।

२.२.४-२.४.१ : अग्निहोत्र

अग्निहोत्र सायं-प्रातः किया जाता है। सायंकाल सूर्य अग्नि में प्रविष्ट हो जाता है इसलिए अग्नि में दूध की आहुति दी जाती है। प्रातःकाल सूर्योदय के पहले ही सूर्य को दूध की आहुति दी जाती है जिससे सूर्योदय और मानव जागरण के समय की उपासना सम्पन्न हो।

जैसे अग्नि का आधान करने पर वह अग्नि का उत्पादन और भरण-पोषण करता है वैसे ही अग्नि परलोक में उसे उत्पन्न कर उसका भरण करती है। अग्निहोत्र को मृत्यु से मुक्ति का हेतु कहा गया है। सूर्य ही मृत्यु है, उसके ताप के नीचे जितने प्राणी हैं वे सब मरते हैं, अर्थात् सूर्य की गति के नीचे दिन-रात रूपी काल-प्रवाह के अन्दर सब जन्तु मरणशील हैं। सूर्य के ताप के ऊपर देवता हैं, इसलिए वे अमर हैं। सब प्राणियों के प्राणों में सूर्य की रश्मियाँ (किरण, रस्सी) बँधी हुई हैं, जैसे-घोड़े में लगाम और पेटियाँ (अश्वाभिधान, अभीशु) बँधी रहती हैं। सूर्य जिसको चाहता है उसके प्राण को रश्मि से खींच लेता है और इस प्रकार उसे मार देता है। जैसे इस लोक में मनुष्य सूर्य के बन्धन में हैं ऐसे ही परलोक में, वहाँ भी वह बार-बार मारा जाता है। तात्पर्य यह है कि जब तक मनुष्य सूर्य अथवा काल के बन्धन में रहता है उसके लिए मृत्यु अनिवार्य है, इस लोक में भी, परलोक में भी। इस मृत्यु की नियति से सायं-प्रातः अग्निहोत्र की दो-दो आहुतियाँ उसे छुड़ा देती हैं। इस प्रकार अग्निहोत्र मृत्यु से अतिमृत्यु है। दिन-रात उस लोक में एक-दूसरे के साथ चक्कर काटते, बहते हुए (परिप्लवमान) मनुष्य के पुण्यों को क्षीण कर देते हैं। किन्तु वे सूर्य के नीचे हैं इसलिए सूर्य के परे जानेवाले अग्निहोत्री के पुण्यों को क्षीण नहीं कर सकते। वह अपने नीचे दिन-रात का चक्र घूमते हुए देखता है। जैसे कोई रथ पर बैठा हुआ हो, रथ चक्र को घूमते हुए देखे। अथवा अग्निहोत्र स्वर्गीय नाव है। आहवनीय और गार्हपत्य उस नाव के दो अरित्र (नौमण्ड) हैं। क्षीर होता उसका नाविक है, (इस प्रकार प्रति संवत्सर अग्निहोत्र में ७२० आहुतियाँ होती हैं।)

२.४.२ : पिण्डपितृयाग

आदिकाल में प्रजापति के पास सब जातियों के प्राणी आये। उन्होंने कहा कि हमें जीविका दो। देवता यज्ञोपवीत पहनकर दाहिने घुटने को मोड़कर बैठे, उनको प्रजापति

ने कहा, 'यज्ञ तुम्हारा अन्न है, उससे तुम्हें अमरत्व प्राप्त होगा। सूर्य ही तुम्हारी ज्योति है।' फिर पितर दाहिने कन्धे में उपवीत पहने हुए बाँये घुटने को मोड़कर बैठे। उनसे प्रजापति ने कहा, 'महीने-महीने में तुम्हें भोजन मिलेगा, 'स्वधा' के साथ। तुम मनोजव होगे चन्द्रमा तुम्हारी ज्योति होगी'। फिर मनुष्य उनके पास आये, उनसे प्रजापति ने कहा, 'तुम्हारा भोजन सायंकाल और प्रातःकाल होगा। सन्तान तुम्हारी मृत्यु होगी, अग्नि तुम्हारी ज्योति होगी'। फिर पशु उनके पास आये, उनसे प्रजापति ने कहा, 'तुम स्वच्छन्द होगे, जब जहाँ जो मिल जाय वह तुम्हारा भोजन होगा'। फिर उनके पास असुर आये, उन्हें प्रजापति ने तम और माया दी और वे असुर माया से पराभूत हुए। सभी जन्तु प्रजापति के विधान या व्यवस्था से चलते हैं, न देवता उसका अतिक्रमण करते हैं न पितर; न पशु। मनुष्य ही ऐसा जन्तु है जिसमें प्रजापति के विधान का अतिक्रमण करनेवाले भी होते हैं। इसीलिए उनमें अशुभ रूप से लोग मोटे हो जाते हैं, वे ठीक नहीं चल सकते। वे झूठ के सहारे मोटे होते हैं। इसलिए मनुष्य को चाहिए कि वह सायं-प्रातः खाकर अपनी वाणी में देवसत्य की रक्षा करें। इसी से वह तेजस्वी होता है और व्रतचर्या में समर्थ होता है। उसके लिए यह आवश्यक है कि जैसे वह देवताओं को यज्ञरूप भोजन देता है, ऐसे ही वह पितरों को प्रतिमास भोजन दे। यह कर्म अमावस्या को अपराह्न में किया जाना चाहिए। इसमें दक्षिणाग्नि में चावल के पिण्ड पकाये जाते हैं और उसी में उनका हवन किया जाता है। अग्नि और सोम के लिए पितरों के लिए पहले पानी देकर बर्हि के ऊपर उबाले चावल के पिण्ड रखे जाते हैं। पिछली तीन पीढ़ियों का स्मरण किया जाता है। पिण्डों पर सूत्र रखे जाते हैं। पितरों के स्मरण करने के लिए पढ़े जाते हुए मन्त्रों में उनके प्रसन्न होकर भोजन करने से सब प्रकार का सुख प्रदान करने का उल्लेख मिलता है।

२.४.३ : आग्रयण इष्टि

आग्रयण इष्टि वसन्त और शरद् में नये धान्य की होती है। कहोड कौषीतकि ने कहा था कि यह द्यावापृथ्वी के रस की आहुति है जिसे देवों को आग्रयण इष्टि के द्वारा समर्पित कर हम उसका भोग करते हैं। याज्ञवल्क्य ने एक आख्यान के द्वारा आग्रयण इष्टि का महत्त्व समझाया। देवों और असुरों के संघर्ष में असुरों ने उन दोनों प्रकार की ओषधियों को कृत्या और विष से प्रलिप्त कर दिया जिन्हें मनुष्य और पशु अपना आहार बनाते थे। तब सब जन्तु अनशन से मरने लगे। देवताओं ने यह सुनकर यज्ञ के द्वारा हिंसा का निवारण किया। यह यज्ञ किसके लिए होगा, इस पर देवताओं ने स्पर्धा में एक आजि (दौड़) आयोजित की, जिसमें इन्द्र और अग्नि प्रथम आये। इसलिए उनको द्वादश-कपाल पुरोडाश दिया जाता है। विश्वेदेवाः विश्-स्थानीय थे, उन्हें क्षत्रस्थानीय इन्द्राग्नि के पीछे चरु का भाग दिया गया। द्यावापृथ्वी को जिसका रस था, उनके लिए एक कपाल पुरोडाश का भाग कल्पित हुआ। कुछ लोग यह आशंका माना करते हैं कि स्विष्टकृत् के लिए भाग न होने से राष्ट्र में व्यवस्था-विप्लव शायद हो। उसका समाधान है कि आहवनीय रस के रूप में रहेगा। कुछ आज्य को प्रत्यक्ष रस मानकर उसकी

हवि का विधान करते हैं। इस प्रकार वसन्त और शरद् में नये अन्न (यव और व्रीहि) की हवि से धान्य और पशु निर्विष और पुष्ट होते हैं। इस यज्ञ की दक्षिणा गाय का प्रथमजात बछड़ा होता है। देवताओं की तरह विद्वान् ब्राह्मण भी मनुष्य-देव होते हैं।

२.४.४ : दाक्षायण यज्ञ

दाक्षायण यज्ञ से दक्ष प्रजापति ने आरम्भ में यज्ञ किया था। उससे सन्तान, पशु, श्री, समृद्धि और यश की प्राप्ति होती है। दक्ष के द्वारा प्रवर्तित होने के कारण यह यज्ञ दाक्षायण कहलाता है। कुछ इसे वशिष्ठ-यज्ञ कहते हैं। प्रतिदर्श श्वैक्र ने भी इस यज्ञ के द्वारा अपने प्रतिद्वन्द्वियों को निर्वचन कर दिया था। सुप्ला सहदेव सार्ञ्जय ने भी यह यज्ञ किया था। देवभाग श्रौतर्ष कुरु और सृञ्जय, दोनों राष्ट्रों के पुरोहित थे-एक राष्ट्र का पुरोहित होना ही परमता है, दो राष्ट्रों की तो बात ही क्या है, उन्होंने भी यह याग किया था। दक्ष पार्वति ने भी यह यज्ञ सम्पन्न किया था जिससे दाक्षायण जानराज्य को प्राप्त हुआ। यह स्मरणीय है कि इस यज्ञ का अनुष्ठान दर्शपूर्णमास में कुछ विशेष जोड़ने से होता है।

ऐसा प्रतीत होता है कि दाक्षायण जन या कुल में दाक्षायण इष्टि का प्रचार था। इसमें भी दर्शपूर्णमास की तरह दो दिन लगते थे। दाक्षायण में दोनों दिन विशेष आहुतियाँ दी जाती थीं। प्रत्येक हवि प्रदान में दो अलग इष्टियाँ की जाती थीं। दाक्षायण में अग्नि, सोम और इन्द्राग्नि के पुरोडाश पहले दिन के पूर्वाह्ण में दिये जाते थे। अग्नि सोम को पूर्णमास के पहले दिन और इन्द्राग्नि को प्रतिपदा के पहले दिन अर्थात् अमावास्या को। इस प्रकार वस्तुतः दाक्षायण में दर्शपूर्णमास को एक प्रकार से द्विगुणित कर दिया जाता था। पूर्णमासी को अग्नि और सोम की हवि को दो देवताओं के लिए दो बार दिया जाता है, ऐसा ही प्रातःकाल आग्नेय पुरोडाश और ऐन्द्र सान्नाय्य दो देवताओं के लिए दिया जाता था। अमावास्या में भी इन्द्र और अग्नि को दो मान कर दो बार और प्रातःकाल आग्नेय पुरोडाश और मैत्रावरुणी पयस्या को दो-दो मानते थे।

२.५.१-२.६.४ : चातुर्मास्य

चातुर्मास्य नाम की तीन अथवा चार इष्टियाँ दर्शपूर्णमास पर आधारित हैं। ये चार-चार माह में की जाती थीं। इनका अनुष्ठान ऋतु संधियों में किया जाता था। एक प्रकार से इनका प्रयोजन ऋतुओं के उपलक्ष्य में उत्सव के समान था, इसलिए इन्हें पर्व भी कहा जाता था। इनको भैषज्य-यज्ञ भी कहा गया है। मानो इनके करने से ऋतुपरिवर्तन के विकार दूर हो जाते हैं। वसन्त ऋतु में वैश्वदेव नाम का चातुर्मास्य; वर्षा में वरुणप्रघास नाम का; हेमन्त ऋतु में साकमेध नाम का चातुर्मास्य अनुष्ठित किया जाता था। चौथा पर्व जिसका उल्लेख श्रौतसूत्रों में मिलता है उसका नाम शुनासीरीय था। वैश्वदेव का याग फाल्गुन अथवा चैत की पूर्णमासी को किया जाता था। इसमें वैश्वदेव के लिए पयस्या की हवि दी जाती थी। पयस्या तप्त दूध में दही डालकर बनायी जाती

थी। वरुणप्रघास आषाढ़ी या श्रावण पूर्णिमा को किया जाता था। इसमें वरुण ही मुख्य देवता हैं। साकमेध का अनुष्ठान कार्तिक या मार्गशीर्ष की पूर्णिमा को हेमन्त में किया जाता था। इसमें सूर्योदय के साथ अनीकवान् अग्नि को प्रथम हवि दी जाती थी। शुनासीरीय का अनुष्ठान साकमेध के अनन्तर हेमन्त में किसी समय किया जाता था। इसके प्रधान देवता शुन और सीर हैं जिन्हें वायु या इन्द्र एवं आदित्य की संज्ञा माना गया है। वस्तुतः शुन का अर्थ समृद्धि या सौभाग्य का देवता है और सीर हल का द्योतक है। शुन और सीर ये कृषि के देवता हैं, जिन पर ऋग्वेदसंहिता में एक पृथक् सूक्त मिलता है।

चातुर्मास्य स्वतन्त्र रूप से अनुष्ठित होते थे और राजसूययज्ञ में भी। इन सभी अनुष्ठानों में पाँच देवताओं की हवियाँ समान हैं—आग्नेय अष्टाकपाल पुरोडाश, सौम्यचरु, सावित्र अष्टाकपाल या द्वादशकपाल पुरोडाश, सारस्वत चरु, पूषा के लिए पिष्टचरु। सभी में व्रत के नियम सामान्य हैं।

इन यागों के फल के विषय में तैत्तिरीय ब्राह्मण का कथन है कि वैश्वदेव से सन्तान की उत्पत्ति होती है। वरुणप्रघास से वह वरुण के पाश से मुक्त होता है। साकमेध से (यजमान) प्रतिष्ठित होता है। शबरस्वामी के अनुसार स्वर्ग की प्राप्ति होती है। (द्र० काणे, *हिस्ट्री ऑव द धर्मशास्त्र,* जि० २, भाग २)।

२.५.१ : चातुर्मास्ययाग विधि

इसमें दी गयी आख्यायिका के अनुसार प्राचीनकाल में प्रजापति अकेले थे, उन्होंने सोचा - कैसे मैं प्रजा के रूप में उत्पन्न होऊँ, उन्होंने श्रम और तप करके प्रजा की सृष्टि की। पहले जन्तुओं की सृष्टि पक्षियों की थी, वे उड़ गये और प्रजापति अकेले रह गये। तब उन्होंने सरीसृप जाति के कुछ जन्तुओं की सृष्टि की, वे भी दूर चले गये। फिर उन्होंने सर्पों की सृष्टि की जो दो प्रकार के होते हैं। यद्यपि याज्ञवल्क्य उन्हें तीन प्रकार के बताते हैं, वे भी हट गये। तब प्रजापति ने स्तनपायी जन्तुओं की सृष्टि की। मनुष्य ही प्रजापति के निकट है, वह भी अन्न के सहारे जीता है और स्तनपय ही उसका आधार होता है। जो मनुष्य प्रजापति की तरह से सन्तान के द्वारा अपने आपको उत्पन्न करना चाहता है, उसे इस वैश्वदेव यज्ञ से यजन करना चाहिए। इसमें अग्नि के लिए आठ कपालों में पुरोडाश, सोम के लिए चरु, सविता के लिए बारह या आठ कपालों में पुरोडाश, सरस्वती के लिए चरु और पूषा के लिए चरु की हवि होती है किन्तु पयस्या को मुख्य माना जाता है, वह विश्वेदेव के लिए दी जाती है। मरुद्गण जो कि देवताओं की प्रजा हैं; उनके लिए सात कपालों में पुरोडाश दिया जाता है। दूध से ही प्रजा उत्पन्न होती है। द्यावापृथिवी के लिए एक कपाल का पुरोडाश दिया जाता है। (इस प्रकार पाँच हवियों में चार अग्नि-सोम, सरस्वती-पूषा के लिए हैं जो मिथुनीकृत होने से प्रजनन की प्रतीक हैं, एक सावित्र स्वयं प्रजापति का प्रतीक है। पयस्या में द्रव और ठोस भाग भी एक मिथुन है और पयस् स्वयं स्तनपायियों का संकेत है। वैश्वदेवी

पयस्या ही मुख्य हवि है। इस विधान में उत्तरवेदि अनावश्यक है, बर्हि के तीन गुच्छे एक साथ बाँधे जाते थे, माता-पिता और अपत्य को सूचित करने के लिए।) यह स्पष्ट है कि वसन्त ऋतु में वैश्वदेव पर्व प्रजा-वृद्धि के लिए मुख्यतः किया जाता है। वसन्त में सभी सृष्टि नवीन होती प्रतीत होती है, इसी भाव का अभिनन्दन वैश्वदेव में मिलता है।

२.५.२-२.६.४ : वरुणप्रघास वैश्वदेव से चार मास पश्चात् वर्षारम्भ में आषाढ़ी अथवा श्रावणी पूर्णिमा को ही किया जाता था। दर्शपूर्णमास और वैश्वदेव को प्रकृति मानकर उनमें कुछ जोड़ने से यह कर्म सम्पन्न होता था। इसमें आहवनीय के पूर्व की ओर दो अतिरिक्त वेदियाँ बनायी जाती थीं, जो एक-दूसरे के उत्तर-दक्षिण होती थीं। इन वेदियों के मध्य में नाभि बनायी जाती थी। नाभि में गार्हपत्य अथवा आहवनीय से उद्धरण कर अग्नि दीप्त की जाती थी। उत्तर स्थित वेदि की उत्तरी भुजा के मध्य में एक खम्भा खड़ा किया जाता था। उत्तर की वेदि का कर्म अध्वर्यु मन्त्रोच्चारणपूर्वक और दक्षिण की वेदि का कर्म प्रतिप्रस्थाता उपांशु अनुष्ठान द्वारा करता था। प्रधान याग नौ होते थे, पाँच वैश्वदेव के समान, चार नवीन। ये चार थे-ऐन्द्राग्नि द्वादशकपाल पुरोडाश, वारुणी पयस्या, मारुती पयस्या, 'क' के लिए एककपाल पुरोडाश। प्रयाज और अनुयाज भी नौ-नौ होते थे।

करम्भ अर्थात् भुने हुए जौ की मिट्टी के दीपाकार गोल करम्भ-पात्र बनाये जाते थे, जिनकी संख्या यजमान-परिवार की संख्या होती थी। शेष करम्भ से एक मेष और एक मेषी का निर्माण किया जाता है। अध्वर्यु वारुणी आमिक्षा का अवदान कर मेष को स्थापित करता है, प्रतिप्रस्थाता मारुती आमिक्षा का अवदान कर उस पर मेषी को रखता है। करम्भपात्र होम के समय प्रतिप्रस्थाता यजमान-पत्नी से पूछता है- *केन चरसि*। ऐन्द्राग्रयाग के बाद अध्वर्यु और प्रतिप्रस्थाता मेष-मेषी बदल देते हैं। बाद में उनकी आहुति दे दी जाती है।

वरुणप्रघास भी अन्य चातुर्मास्यों की तरह एक ओर वर्षा ऋतु के स्वागत और उसमें रक्षा के लिए लोकमंगल का समारोह है, दूसरी ओर वरुण के पाशों से मुक्ति के लिए इष्टि है। आख्यायिका के अनुसार वैश्वदेव के द्वारा प्रजापति ने जिस प्रजा की सृष्टि की वह वरुण के यव खाने लगी, जो वरुणप्रघास कहे जाते हैं। वरुण के प्रकोप से वे जीर्ण-शीर्ण और श्वासमात्र शेष रह गये। तब प्रजापति ने इस हवि से (वरुणप्रघास से) प्रजा की चिकित्सा की, तत्पश्चात् वह वरुण के पाशों से मुक्त हुई। वरुणप्रघास से प्रजापति ने प्रजा को वरुण-पाश से मुक्त कर उन्हें नीरोग और निर्मल बनाया।

देवताओं ने साकमेधों के द्वारा वृत्र का वध किया। जो साकमेध का अनुष्ठान करते हैं वह भी पापमुक्त, नीरोग और विजयी होते हैं। इसका अनुष्ठान वरुणप्रघास से चौथे महीने होता है और दो दिन में सम्पन्न किया जाता है। कार्तिक या मार्गशीर्ष पूर्णिमा के पूर्व दिन यह आरम्भ होता है। इस दिन प्रातःकाल अनीकवान् अग्नि के लिए अष्टकपाल पुरोडाश का निर्वपण होता है। पूर्वकाल में देवता अग्नि को अनीक

(हरावल, नोक) बनाकर वृत्र को पराजित कर पाये, इसलिए विजयाकांक्षी अनीकवान् अग्नि को हवि देता है। फिर मध्याह्न में सान्तपन मरुद्गण के लिए चरु का निर्माण होता है। मरुतों ने मध्याह्न में वृत्र को सन्तप्त किया था। उनके लिए याग से यजमान भी शत्रुओं पर विजयी होता है। सायंकाल मरुत् गृहमेधियों के लिए चरु दिया जाता है। यह क्षीरोदन का होता है। स्विष्टकृत् अग्नि के लिए भी आहुति होती है। फिर इडा-भक्षण होता है जिसमें घरवाले ऋत्विक् और अन्य भाग लेते हैं। शेष चरु को कलसी में रख दिया जाता है। प्रातःकाल उस कुम्भी से दर्वी में लेकर घर के वृषभ को बुलवा कर इन्द्र के लिए वह आहवनीय में डाली जाती है। वृषभ का रव वृत्र के प्रति इन्द्र के गर्जन का प्रतीक है। फिर क्रीडी मरुद्गण के लिए सप्तकपाल का निर्वपण होता है, फिर महाहवि का हवन होता है, जिससे देवताओं ने वृत्र का वध किया था। इसमें नौ प्रयाज, नौ अनुयाज और उत्तरवेदि में पाँच हवि पूर्ववत् होते हैं और कुछ अन्य आग्नेय अष्टाकपाल पुरोडाश, सौम्य चरु, सावित्र द्वादशकपाल या अष्टाकपाल पुरोडाश, सारस्वत चरु, पौर्ष्ण चरु। फिर ऐन्द्राग्न द्वादशकपाल पुरोडाश, माहेन्द्र चरु और अन्त में विश्वकर्मा के लिए एककपाल पुरोडाश। इस पर्व में एक विशेष पितृयज्ञ किया जाता था। इसमें विशेष आहुतियाँ दी जाती थीं-सोम पितृमान्, बर्हिषद् पितर, अग्निष्वात्त पितर और स्विष्टकृत् अग्नि के लिए। एककपाल पुरोडाश की त्रैयम्बक इष्टि इस पर्व की विशेषता है।

चातुर्मास्ययाजी अक्षय सुकृत को प्राप्त होता है। वैश्वदेव से उसे अग्नि का सायुज्य और सलोकता, वरुणप्रघास से वरुण की, साकमेध से इन्द्र की। जो ऋतुक्रम से चातुर्मास्य सम्पन्न करता है वह परम स्थान को जाता है और परम गति को प्राप्त करता है।

अध्वर नामक तृतीय काण्ड

हविर्याग, पशु और सोम-यज्ञ के इन तीन प्रकारों में सोम की सात विधाएँ मानी गयी हैं—अग्निष्टोम, अत्यग्निष्टोम, उक्थ्य, षोडशी, वाजपेय, अतिरात्र और आप्तोर्याम। सोम संस्थाओं की प्रकृति अग्निष्टोम मानी गयी है। अग्निष्टोम में यद्यपि कुल मिलाकर पाँच दिन लगते हैं, सोम का सवन और आहुतियाँ, अन्तिम एक दिन में पूरी होती थीं, जिसे सुत्या-दिवस या सवन-दिवस कहा जाता था। इसलिए अग्निष्टोम को एक दिन में सम्पाद्य या एकाह कहा जाता है। एक से अधिक बारह दिन तक का सोमयाग 'अहीन' कहलाता है, बारह से अधिक दिन का सोमयाग 'सत्र' कहलाता है। अग्निष्टोम नाम उस साम के नाम से है जिसका उसमें प्रयोग किया जाता है। अग्निष्टोम के समान ही उक्थ्य, षोडशी और अतिरात्र नाम की संस्थाएँ ज्योतिष्टोम कही जाती हैं, क्योंकि इनमें ज्योतिः नाम के स्तोत्र पर गान होते हैं।

सामान्यतया सोम-संस्थाओं की विशेषता तीन बातों से सम्पन्न होती है, एक तो उनमें बहुसंख्यक ऋत्विक् कार्य करते हैं और उनकी दक्षिणा भी अधिक होती है। अग्निष्टोम में सोलह प्रधान ऋत्विक् होते हैं। यह स्मरणीय है कि दर्शपूर्णमास में चार

ही मुख्य ऋत्विक् होते हैं। अग्निष्टोम में ब्रह्मा, होता, अध्वर्यु और उद्गाता इन चारों के अपने-अपने चतुस्संख्यक गण होते हैं।

सोमयागों में यज्ञशाला अलग स्थान पर बड़े आकार की बनायी जाती थी। पश्चिम की ओर एक चौकोर प्राग्वंशशाला या विमित का निर्माण होता था जो कि चौकोर होता था। उससे पूर्व की ओर महावेदि बनायी जाती थी। महावेदि पूर्व की ओर कुछ सँकरी हो जाती है। पश्चिमी भाग में इसमें सदोमण्डप होता है और पूर्वभाग में उत्तरवेदि का निर्माण होता है, बीच में हविर्धान मण्डप होता है। इस प्रकार सोमयाग के लिए निर्मित शाला के मुख्य अंग प्राग्वंशशाला, सदोमण्डप, हविर्धानशाला और उत्तरवेदि होते थे। प्राग्वंशशाला मानो एक प्रकार से नेपथ्यशाला होती थी, जिसमें एक ओर पत्नीशाला होती थी, एक ओर यज्ञ की सामग्री रखी जाती थी, अग्नि स्थापन के लिए गार्हपत्य, वेदि और आहवनीय होते थे। सोम के लिए आसन (आसन्दी) रखे जाते थे, उसके दक्षिण की ओर बलि के लिए पशु बाँधे जाते थे, उत्तर की ओर स्नान और क्षौरकर्म आदि के लिए स्थान था। हविर्धान मण्डप में शकट रहते थे जिनसे सोम निकाला जाता था। उत्तरवेदि में मुख्य हवन होता था। (अन्त में संलग्न चित्र देखें)।

यज्ञ के प्रसंग में मन्त्रों का पाठ और गान दोनों होते थे। पाठ्य मन्त्र शस्त्र कहे जाते हैं और गेय मन्त्र स्तोत्र कहे जाते हैं। शस्त्र का पाठ सदोमण्डप में होता के गण के अन्तर्गत चार ऋत्विक् करते हैं। इस शस्त्रपाठ का मुख्य अंग कुछ सूक्तों और ऋचाओं के समूह से बनता था। शस्त्र की पहली ऋचा जिसे प्रतिपद् कहा जाता है, उसका तीन बार पाठ होता है।

स्तोत्र ही गेय साम होते हैं। साम का अर्थ धुन और उसका आधार होता है—ऋचा। प्रत्येक स्तोत्र का आधार या योनि तीन ऋचाएँ होती हैं। इनको तीन बार अनेक क्रमों से गाया जाता है। ये उसके तीन पर्याय होते हैं, प्रत्येक पर्याय में एक, दो या तीन ऋचाओं की आवृत्ति होती है। 'आवृत्ति से निष्पन्न संख्यावाले स्तोत्र को स्तोम नाम दिया जाता है।' स्तोम अनेक प्रकार के त्रिवृत्, पञ्चदश आदि हैं। स्तोत्र की आवृत्ति के विशिष्ट प्रकार को विष्टुति कहते हैं। मान लीजिये-प्र०, द्वि०, तृ० तीन ऋचाएँ साम-योनि हैं। त्रिवत् (९) स्तोम में इनका गान इस प्रकार होगा—प्रथम पर्याय में प्र०, द्वि०, तृ०; द्वितीय पर्याय में द्वि०, तृ०, प्र०; तृतीय पर्याय में तृ०, प्र०, द्वि०। त्रिवृत् की यही एक विष्टुति है। पञ्चदश (१५) स्तोम की तीन विष्टुतियाँ हैं। पहली विष्टुति में-प्रथम पर्याय होगा प्र०, प्र०, प्र०, द्वि०, तृ०; द्वितीय पर्याय=प्र०, द्वि०, द्वि०, द्वि०, तृ०; तृतीय पर्याय=प्र०, द्वि०, तृ०, तृ०, तृ०। दूसरी विष्टुति में-प्रथम पर्याय=प्र०, प्र०, प्र०, द्वि०, तृ०; द्वितीय पर्याय = प्र०, द्वि०, तृ०; तृतीय पर्याय = प्र०, द्वि०, द्वि०, द्वि०, तृ०, तृ०, तृ०। तीसरी विष्टुति में-प्रथम पर्याय = प्र०, द्वि०, तृ०; द्वितीय पर्याय प्र०, द्वि०, द्वि०, द्वि०, तृ०; तृतीय पर्याय = प्र०, प्र०, प्र०, द्वि०, तृ०, तृ०, तृ०। इन सब स्तोमों की कुल

मिलाकर अट्ठाईस विष्टुतियाँ हैं। यह उद्गाता की इच्छा पर निर्भर है कि वह किस स्तोम को किस विष्टुति के अनुसार गाना चाहता है।*

सामगान के पाँच विभाग होते थे। प्रस्ताव, उद्गीथ, प्रतिहार, उपद्रव और निधन। गान के समय ऋचा के स्वरों में परिवर्तन भी किया जाता था, जिसे स्तोभ कहते हैं। नाना स्वरों और मूर्छनाओं का भी प्रयोग होता था। गान के इन तत्त्वों से संगीत की परम्परा बनी है।**

पहले दिन ऋत्विजों का वरण, यज्ञशाला के लिए राजा से भूमि-याचन और प्राग्वंशशाला का निर्माण किया जाता था। इसके अनन्तर यजमान का केश-वपन, स्नान और दीक्षा होती थी। दीक्षणीय इष्टि अग्नि और विष्णु के लिए एकादश कपाल के पुरोडाश से होती थी। यजमान मृगचर्म पर बैठकर मूँज की मेखला बाँधकर उष्णीष पहन, मृगशृंग हाथ में ले, रात्रि को दुग्धमात्र का आहार कर मौन रखता है। उसकी पत्नी भी सिर पर जाली और कटि में मूँज का बन्धन बाँधती है। उनके दीक्षित होने की घोषणा की जाती है। दूसरे दिन प्रायणीय इष्टि का अनुष्ठान होता था। ये आरम्भिक इष्टियाँ मुख्यतया पाँच होती थीं। सोम का क्रय भी इसी दिन होता था और सोम के लिए आतिथ्येष्टि की जाती थी। यजमान और अध्वर्यु परस्पर सहयोग की शपथ तानूनप्त्र के द्वारा लेते हैं। सोम को गर्म जल से छींटे देकर उसका आप्यायन करते हैं और निह्नव (जिसमें ऋतवादियों के लिए नमस्कार वाजसनेयि-संहिता ५.७ के द्वारा किया जाता था।) करते हैं। इस परस्पर अद्रोह की शपथ में प्रायश्चित और अपराध क्षमापन के तत्त्व थे। प्रवर्ग्य और उपसद् की इष्टियों को प्रतिदिन दो बार किया जाता है। महावीर नाम के पात्र में घी तप्त किया जाता है, उसे पिनवन में दुहा जाकर और बकरी का दूध डालकर घर्म सम्पन्न होता है। घर्म की आहुति इन्द्र और अश्विन् के लिए रखी जाती है और रौहिण कपाल से आहवनीय में ले जायी जाती है। उपसद् इष्टि के प्रधान देवता अग्नि, सोम और विष्णु हैं। तीसरे दिन के कार्यों में प्रवर्ग्य और महावेदिकरण प्रधान है। चौथे दिन वैसर्जनहोम और अग्नि-सोम के लिए पशुबलि दी जाती थी। पाँचवें दिन में अपररात्रि से ही शस्त्र और स्तोत्र का पाठ आरम्भ हो जाता था और प्रातः, मध्याह्न और अपराह्न में सोम की आहुति दी जाती थी, जिन्हें प्रातःसवन, मध्यन्दिन-सवन और तृतीय-सवन कहते थे। प्रातःसवन के मुख्य और विशिष्ट देवता अग्नि, आश्विन् हैं। माध्यन्दिनसवन के मुख्य देवता इन्द्र और मरुत् हैं। तृतीय सवन के आदित्य और सविता हैं।

---

* द्र० *ताण्ड्य महाब्राह्मण,* जि० १, पृ० ५६ और आगे; *लाट्यायन श्रौतसूत्र,* जि० १, पृ० १७२ और आगे; तु० *कात्यायन श्रौतसूत्रम्* (विद्याधर शर्मा द्वारा सम्पादित), भूमिका, पृ० ४३-४४, विशेषतः टिप्पणी ४; तु० युधिष्ठिर मीमांसक, *श्रौतयज्ञों का संक्षिप्त परिचय,* पृ० १०६, *सामवेद संहिता, सायण भाष्य,* जि० १, पृ० ४६ और आगे

** सामसंगीत के लिए द्र० जयदेवसिंह, *भारतीय संगीत का इतिहास,* पृ० ५८ और आगे।

इस अत्यन्त संक्षिप्त विवरण से इस बात का संकेत मिल सकता है कि सोमयाग का विधान जटिल विस्तारों से भरा हुआ था। नाना प्रकार के ऋत्विक् नाना कार्यों के सम्पादन में अपने सहकारियों के साथ लगे रहते थे। कुछ अनेक प्रकार के जलों का सम्भरण करते थे और उसे स्थान से स्थानान्तर ले जाते थे। कुछ पशुबलि का अनुष्ठान करते थे। कुछ एक ओर बैठे शस्त्र और स्तोत्र का पाठ और गान करते थे। मुख्य ऋत्विक् अनेकानेक देवताओं के लिए सोम के ग्रहों को (ग्रहण पात्र) उठाकर आहुति में लगे रहते थे। पूरा वातावरण एक सुव्यवस्थित समारोह का रहता था। किन्तु इस पूरे आयोजन में जहाँ एक ओर अनेक अवान्तर यज्ञों का समायोजन होता है वहीं दूसरी ओर इसमें एक निगूढ़ ब्रह्माण्डीय रहस्य और आध्यात्मिक साधना के सूत्रों का संकेत भी निहित है।

३.१.१ : शाला-निर्माण के लिए देवयजन का परिग्रह

सोम यज्ञ के लिए देवयजन अर्थात् देवयज्ञ के योग्य भूमि को अनुमत किया जाता है। उसमें उच्चतम स्थान को देखना चाहिए किन्तु वह ऊँचा स्थल सम होना चाहिए, विभ्रंशी नहीं होना चाहिए, किन्तु पूर्व की ओर कुछ ढाल होनी चाहिए। याज्ञवल्क्य का कथन था कि हम देवयजन की अनुमति के लिए वार्ष्ण के पास गये परन्तु सात्ययज्ञ ने कहा कि ये सारी दिव्य पृथ्वी देवयजन है, इसमें कहीं भी यजुष् के द्वारा परिग्रह करके यज्ञ कराया जा सकता है अथवा ऋत्विक् ही देवयजन है जो ब्राह्मण विद्वान्, श्रुतवान् और परम्पराधीत हैं वे जब यज्ञ कराते हैं तो वहीं पृथ्वी स्थिर रहती है, यही निकटतम मानते हैं।

वे शाला, विमित या प्राचीनवंश को नापते हैं। पूर्व दिशा देवताओं की होती है, उत्तर दिशा मनुष्यों की; दक्षिण दिशा पितरों की और पश्चिम दिशा सर्पों की। इसलिए मनुष्यों के घरों में उत्तर की ओर बाँस होता है किन्तु यहाँ पूर्व की ओर होता है। (शाला बीस अरत्नि लम्बी, १० अरत्नि चौड़ी होती है, विमित १० अरत्नि का चौकोर वर्गाकार होता है)। शाला को छा देते हैं ताकि उसके अन्दर बारिश का पानी न गिरे।

ब्राह्मण, राजन्य और वैश्य इस यज्ञ के लिए उपयुक्त हैं। यजमान को सबसे बात नहीं करनी चाहिए क्योंकि दीक्षा उसको देवताओं के पास पहुँचाती है। देवता सबसे बात नहीं करते, शूद्र से यदि बात करनी हो तो किसी दूसरे के माध्यम से करनी चाहिए।

हाथों में अरणि लेकर शाला में पूर्व से स्थूणाराज (मुख्य थूनीं) के पास पहुँचना चाहिए।

३.१.२ : दीक्षा विधि

दीक्षा अपराह्ण में होती है, उसके पहले केश और दाढ़ी बनवानी चाहिए। तब तक वह मनमाना खा सकता है किन्तु उसके बाद व्रत का भोजन अथवा अनशन ही उपयुक्त है। क्षौरकर्म के बाद वह नहाता है फिर शुचि वस्त्र धारण करता है। इस वस्त्र का पर्यास अग्नि का होता है। अनुच्छाद वायु का, नीवी पितरों की, प्रघात सर्पों का, तन्तु सब देवताओं के और आरोक नक्षत्रों के, इस प्रकार दीक्षित के वस्त्र में सब देवता समाहित होते हैं। (पर्यास-किनारी, अनुच्छाद-पैरों तक गिरनेवाला कपड़े का भाग, नीवी-फेटा, प्रघात-कोना, तन्तु-धागे, आरोक-चमकते अन्तराल)।

वस्त्र कोरा होना चाहिए, उसे ताजा करने के लिए धोकर निचोड़ना चाहिए ताकि काटने और बिननेवालों के अपवित्र हाथों से अशुद्ध वस्त्र शुद्ध हो जाय।

उसे शाला में प्रवेश कराते हैं। उसे गाय व बैल का मांस नहीं खाना चाहिए क्योंकि वे सब का भरण करते हैं, परन्तु याज्ञवल्क्य ने कहा था कि अगर वह अंसल हो तो मैं खा लेता हूँ।

३.१.३ : दीक्षांग के रूप में अग्नि और विष्णु के लिए इष्टि

दीक्षणीय इष्टि आग्रावैष्णव, एकादशकपाल पुरोडाश से होती है। अग्नि सब देवताओं के पहले और विष्णु चरम हैं। इनको पुरोडाश देने से सब देवताओं को दे दिया जाता है। कुछ कहते हैं कि आदित्यों के लिए चरु का निर्वाप करना चाहिए। अदिति के आठ पुत्र हुए। आठवाँ मार्तण्ड, जो एक विकृत पिण्ड के समान था, उसको आदित्यों ने काट-छाँट कर पुरुष का आकार दिया और उसके बचे हुए मांस से हाथी बना दिया। पुरुषाकृति विवस्वान् हुई।

यजमान को सींक के द्वारा नवनीत से अभ्यञ्जल करते हैं, सिर से पैर तक और आँखों में।

३.१.४ : दीक्षा की आहुति विधि

दीक्षा में प्रयुक्त पाँच आहुतियों के यजुर्मन्त्र विशेष रूप से 'औद्ग्रभण' कहलाते हैं क्योंकि वे यजमान को उच्चतर लोक ले जाते हैं।

३.२.१ : कृष्णाजिन पर दीक्षा विधि

आहवनीय के दक्षिण में दो कृष्णाजिन बिछाये जाते हैं, उनकी ग्रीवा पूर्व की ओर होती है। इस पर बैठकर यजमान दीक्षित होता है। कृष्णाजिन इन लोकों का रूप है, उसके श्वेत भाग द्यौ के, कृष्ण भाग पृथ्वी के, भूरे—पीले भाग अन्तरिक्ष के। यजमान मृगचर्मों के पीछे के भाग पर घुटने मोड़कर बैठता है और जहाँ शुक्ल और कृष्ण की

सन्धि होती है, उसे छूकर जपता है, तुम ऋक् और साम के शिल्प हो', क्योंकि जो प्रतिरूप होता है, वह शिल्प होता है* *(यद् वै प्रतिरूपं तच्छिल्पम्)*।

यजमान मेखला पहनता है। मेखला-बन्धन से उसे बल मिलता है। वह सन की होती है। सन उल्ब के समान है, यजमान के वस्त्र जरायु के समान।

यजमान सिर ढँकता है क्योंकि दीक्षित होना भी गर्भ से निकलना है। कृष्णमृग के सींग को वस्त्र के किनारे से बाँधता है। कृष्णाजिन यज्ञ का रूप है, उसका विषाण वाक् का। प्रजापति की दाय के रूप में देवताओं ने मन या यज्ञ, असुरों ने वाक् का ग्रहण किया। देवताओं ने पुरुषात्मक यज्ञ के द्वारा योषात्मक वाक् को आकर्षित कर अपने में मिलाकर उसकी सर्वाहुति दे दी। असुर वाक्-विहीन होकर म्लेच्छित ही करते रह गये। यज्ञ और वाक् के मिथुन से इन्द्र ने स्वयं जन्म लिया और अपने अभिभव से डरकर गर्भ को काट कर निकाल लिया और यज्ञ के सिर पर रख दिया, वही यह कृष्ण विषाण है।

दीक्षित कृष्णविषाण से ही अपने आपको खुजलाये। फिर वह अपने मुख तक ऊँचे उदुम्बर दण्ड को धारण करे। वह मुट्ठी बाँधकर रखे और मौन रहे। यजमान के लिए यह उद्घोष होता है-'यह ब्राह्मण दीक्षित हुआ'। वस्तुतः जन्म से कौन ब्राह्मण है, इसका पता चलना कठिन है क्योंकि राक्षस स्त्रियों के पीछे लगे रहते हैं और उनमें गर्भ डाल देते हैं। जो ब्रह्म या यज्ञ से उत्पन्न होते हैं, जैसे-दीक्षित पुरुष, वह प्रत्यक्ष ही ब्राह्मण है, चाहे क्षत्रिय या वैश्य ही हो।

३.२.२: वाग्विसर्जन काल का विधान

यजमान सूर्यास्त तक मौन रखता है। एकमत से तारे देखने तक किन्तु वह ठीक नहीं है क्योंकि मेघ होने पर तारे दीखेंगे ही नहीं। मौन छोड़ने पर वह व्रत का भोजन माँगता है। यह भोजन दुग्ध ही होता है। एक मत से उसमें व्रीहि और यव को पका कर मिलाया जा सकता है किन्तु यह अनुचित है। यदि व्रत की गाय दूध न दे तो उनमें से एक का सेवन किया जा सकता है। एक मत से प्रथम व्रत-भोजन में नाना ओषधियाँ और सुगन्धित मसाले डाले जा सकते थे पर यह भी अनुचित है। यजमान लड़खड़ाती वाक् *(परिह्वालं वाचं)* बोलता है क्योंकि वह सर्वथा मानुषीवाक् से दूर रहता है।

---

* **प्रतिरूपता का अर्थ यथार्थ चित्रण न होकर सांकेतिक सादृश्य विधान है, जिसे फ्रांसीसी *सिम्बॉलिस्ट* कवियों ने *कारेसपॉण्डेन्स* कहा है। चित्र षडंग में सादृश्य को रूपभेद से समवेततया ही ग्रहण करना चाहिए।**

३.२.३ : प्रायणीय इष्टि का विवरण

इसमें आदित्य के लिए चरु का निर्वाप होता है। भाग न दिये जाने पर कुपित पृथ्वी ने देवताओं को भ्रम में डाल दिया। क्योंकि उसमें यज्ञ किया जाता है, इसलिए उसको भाग दिया जाना स्वीकार हुआ। अत: उसके लिए भाग दिया जाता है। इसके अतिरिक्त पथ्या स्वस्ति, अग्नि, सोम और सविता के लिए भी हवि दी जाती है। इन पाँच देवताओं के यजन से पाँचों ऋतुओं और दिशाओं से अस्पष्टता हट जाती है।

पाँच प्रायणीय और पाँच उदयनीय इष्टियाँ दो बाहुओं के समान होती हैं, बीच में शिर:स्थानीय आतिथ्येष्टि होती है।

३.२.४ : सोम के क्रय का आख्यान

गायत्री देवताओं के लिए द्युलोक से सोम ला रही थी पर विश्वावसु गन्धर्व ने वह छीन लिया। देवताओं ने वाक् को देने के बदले में सोम को गन्धर्वों से प्राप्त किया। पीछे उन्होंने वीणा-वादन और गायन से वाक् को भी रिझा लिया। यजमान सोम को जिस सोमक्रयणी गाय से खरीदता है वह वस्तुत: वाक् का ही प्रतीक है।

हिरण्यवती आहुति देकर सोमक्रयणी को ले जाया जाता है।

३.३.१ : सोमक्रयणी की अनुनिष्क्रमण विधि

सोमक्रयणी के पीछे सात पग चलते हैं, उसके सप्तम पद में हिरण्य रख कर आहुति देते हैं। सोमक्रयणी गाय को बभ्रु और पिङ्गाक्षी होना चाहिए। जो गाय रोहिणी होती है वह वृत्रहन्ता इन्द्र की होती है, जिस रोहिणी की काली आँखें होती हैं उसके देवता पितर होते हैं, उनके लिए उसकी बलि होती है।

इस प्रसंग में यह भी कहा गया है कि इन्द्र और विष्णु ने जब एक सहस्त्र को तीन भागों में बाँटा तब एक शेष रह गया। यह भी कहा गया है कि घर ही पत्नी की प्रतिष्ठा है।

३.३.२ : अध्वर्यु पात्र में गाय के पग की धूल डालता है। सोम के क्रय के लिए अध्वर्यु हाथ धोकर अनामिका से हिरण्य (सोने) का टुकड़ा बाँधता है। स्वर्ण सत्य का प्रतीक है। सोम को लेने के लिए सत्य के प्रतीक सोने के टुकड़े को बाँध लेता है, फिर वह आदेश देता है। सोम को बाँधने के लिए उष्णीष लाओ, यदि उष्णीष न मिले तो सोम को लपेटने के लिए कपड़े का एक/टुकड़ा ले लो। सोम को रखने के लिए लाल रँगी हुई बैल की खाल नीचे बिछायी जाती है। उस पर प्रतिप्रस्थाता सोमलताओं को रखता है। सोम का विक्रेता कुत्स गोत्र का अथवा शूद्र होता है। सोम के सामने पानी से भरा एक घड़ा रखा जाता है। ब्राह्मणाच्छंसी उसके पास बैठ जाता है। खाल के ऊपर वस्त्र रखकर उस पर सोम अनेक बार निकाल कर रखा जाता है फिर कपड़े को लपेट कर बाँध दिया जाता है।

सोम को राजा कहा जाता है और क्षत्रिय माना जाता है, अन्य ओषधियाँ या पौधे सोम की प्रजा हैं।

३.३.३ : सोम-क्रय-विधि

सोम के क्रय के लिए मोल-तोल करता है क्योंकि वह सोमरूपी राजा का मूल्य निर्धारित करता है, इसलिए सब कुछ ही पण्य है। वह गाय की महिमा बखानता है। जो सोम के मूल्य के रूप में प्रस्तुत है। गाय के दस गुण हैं। गाय से ही दूध मिलता है, उसी से प्राप्त दूध उबाला जाता है उससे मलाई (शर) मिलती है, दही मिलता है, मस्तु (दही का पानी या दही की मलाई) मिलता है, फटा दूध मिलता है, मक्खन मिलता है, घी मिलता है, पनीर का पानी और पनीर (आमिक्षा और वाजिन) मिलता है।

गाय के द्वारा सोम विक्रयी को प्रलोभित कर फिर स्वर्ण और अजा भी देकर सोम का क्रय होता है। सोम को गाड़ी से लाते हैं।

३.३.४ : शकट के मध्य में सोम की स्थापना के लिए कृष्णाजिन का आस्तरण

गाड़ी के नीड में (मध्यभाग में) कृष्णाजिन फैलाते हैं। फिर सोम को चारों तरफ कपड़े से बाँधते हैं। गाड़ी के प्रउग में दो फलक उठे होते हैं उसमें खड़ा होकर सुब्रह्मण्य गाड़ी को हाँकता है। जब गाड़ी शाला की ओर जाती है, होता उसके पीछे चलता है, वहाँ प्रतिप्रस्थाता शाला के सामने अग्नीषोमीय पशु के साथ उपस्थित होता है, अध्वर्यु सोम के आवरण को हटाता है और चार पुरुष सोम की कुर्सी (आसन्दी) लाते हैं मानव राजा के लिए दो व्यक्ति पर्याप्त होते हैं। सोम राजा के लिए चार व्यक्ति। यह आसन्दी उदुम्बर लकड़ी की बनी होती है। यह आसन्दी नाभि तक ऊँची होती है।

३.४.१ : आतिथ्येष्टि विधि

आये हुए राजा सोम को सम्मानित अतिथि के रूप में आतिथ्य इष्टि के द्वारा स्वागत किया जाता है, जैसे-किसी राजा या ब्राह्मण के लिए बड़े बैल या बड़े बकरे को पकाये तो वह मानवीय उपचार हुआ। देवताओं के लिए हवि है। इसमें विष्णु के लिए नव कपालों में हवि तैयार होती है। हवि के लिए सामग्री निकालने में साधारण यजुष् का प्रयोग होना चाहिए जिसके दोनों ओर छन्द हो। जैसे राजा के साथ उससे भिन्न राजकर्ता, सूत, ग्रामणी उसके सचिव होते हैं उसी प्रकार यहाँ भी दोनों ओर छन्द होते हैं। छन्दों के लिए हवि का ग्रहण अलग से न होकर साथ ही होता है। जैसे-महिमाशाली के लिए पकाने पर उसके साथ के लोगों के लिए भी पक जाता है।

३.४.२ : तानूनप्त्र विधि

इसमें प्रवर्ग्य और तानूनप्त्र का विवरण है। देवताओं ने जब आतिथ्य इष्टि की, उनमें भेद पड़ गया। वे चार टुकड़ों में बँट कर अलग-अलग भाग गये। एक दूसरे की समृद्धि के लिए असहनशील बन सके। अग्नि वसुओं के साथ; सोम रुद्रों के साथ; वरुण आदित्यों के साथ; इन्द्र मरुतों के साथ; बृहस्पति विश्वेदेवताओं के साथ। तब असुर राक्षसों ने उनका पीछा किया। देवताओं ने यह समझकर इस बात पर सहमति की कि एक की प्रभुता स्वीकार करेंगे। उन्होंने इन्द्र को श्रेष्ठ मान लिया इसीलिए सम्बन्धियों को परस्पर नहीं झगड़ना चाहिए। उन्होंने कहा, 'हम अपने मेल (अजर्य-संगत) को शाश्वत अजर्य करेंगे। देवताओं ने अपना प्रिय शरीर; प्रिय रूप और तेज एक साथ रख दिये ताकि कोई अब अलग न हो जाय, साक्षी के रूप में उन्होंने तनूनपात् को चुना, जो पवन ही है। पवन ही प्राण और उदान के रूप में सबका अन्त:प्रविष्ट साक्षी है, इसलिए कहते हैं कि देवता मनुष्य के मन पहचानते हैं क्योंकि जो देवता मनुष्य को जानता है, प्राण पवन को और पवन देवताओं को बताता है कि मनुष्य के मन में क्या है। देवताओं का एक ही व्रत है, वह है सत्य।

यह तानूनप्त्र का निदान है। यजमान और ऋत्विज् भी देवताओं के अनुसरण में यह प्रतिज्ञा करते हैं कि वे परस्पर द्रोह नहीं करेंगे। इस प्रकार आज्य को छूकर वे शपथ लेते हैं।

जो प्रिय रूप और तेज देवताओं ने एक साथ रखे वे ही संगत होकर साम बन गये। इसलिए कहते हैं कि सत्य ही साम है, देवताओं से उत्पन्न है।

३.४.३ : अवान्तरदीक्षा से प्रायश्चित्त की विधि

परस्पर-भेद की जिस प्रवृत्ति को तानूनप्त्र से शान्त किया गया, उसके प्रायश्चित्त के रूप में अवान्तर दीक्षा का विधान है। अग्नि तप और दीक्षा है, उसके द्वारा ही देवताओं ने अपने को त्वचा से ढँका और कमर कसी। रूप बदलकर भी राक्षस अग्नि पर मिथ्या आरोप नहीं लगा सके। अग्नि में समिधा डालकर अवान्तर दीक्षा होती है।

सोमदेवता द्युलोक में था, वह वृत्र था, उसका शरीर पर्वत है, वहीं अशाना नाम की ओषधि उगती है, वहीं सोम है, यह श्वेतकेतु औद्दालकि ने कहा।

३.४.४ : उपसद् इष्टि

(उपसद् में आज्य की तीन आहुतियाँ अग्नि, सोम और विष्णु को दी जाती थीं। फिर होम होता था। यह इष्टि कम-से-कम तीन दिन तक प्रतिदिन दो बार की जाती थी। पहले दिन की इष्टि अय:शया, दूसरे दिन की रज:शया, तीसरे दिन की हरिशया कहलाती थी। उपसद् के पूर्व प्रवर्ग्य सम्पादित किया जाता था। 'उपसद्' का अर्थ घेरा डालना कहा गया है।)

उपसद् यज्ञ की ग्रीवा है, प्रवर्ग्य उसका सिर है। इसलिए प्रवर्ग्य के बाद उपसद् का अनुष्ठान करते हैं। जो पूर्वाह्न में अनुवाक्या होती है, वही अपराह्न में याज्या होती है, जो याज्या होती है वही अनुवाक्या होती है, उनको ग्रीवा के पर्वों की तरह से व्यतिषिक्त करते हैं।

देवता और असुर जब संघर्ष में थे तो असुरों ने पृथ्वी पर अयस्मयी पुर् की रचना की। अन्तरिक्ष में रजतमयी और द्युलोक में हरिणी पुर् की अर्थात् स्वर्ण-निर्मित पुर् की। देवताओं ने इन पुरों का घेरा डाला और उनको तोड़ दिया। उपसद् के द्वारा ही पुर की विजय होती है। मानवपुर भी उपसद् से जीते जाते हैं।

उपसदों की हवि आज्य की होती है। अग्नि और सोम देवताओं के लिए साथ-साथ स्रुवा का वहन करते हैं। इसलिए उनके लिए एक साथ ही आघारण होता है, उसके बाद सोम के लिए।

तप से लोक की प्राप्ति होती है। तप निरन्तर वरीय होता जाता है और उससे श्रेष्ठ और श्रेष्ठतर लोक प्राप्त होते हैं।

३.५.१ : महावेदिनिर्माण विधि

(अग्निष्टोम के उपान्तिम दिन में (औपवसथ्य दिन के पूर्व के दिन में) प्रातः उपसद्-इष्टि के बाद महावेदि और उत्तरवेदि का निर्माण होता है। जिस दिन अग्निषोमीय पशु की बलि होती है, वह औपवसथ्य दिन कहलाता है। वह सामान्यतया चतुर्थ दिन होता है।)

पूर्व की ओर जो सबसे बड़ी थूनी होती है, उससे पूर्व की ओर तीन पगों की दूरी पर खूँटी गाड़ी जाती है, वह अन्तःपात्य है। उसको केन्द्र में रखकर दक्षिण की ओर पन्द्रह प्रक्रम पर दूसरी खूँटी गाड़ी जाती है, वह दाहिनी श्रोणि है। उत्तर की ओर पन्द्रह प्रक्रम पर उत्तर श्रोणि के लिए खूँटी गाड़ते हैं। उसी केन्द्रीय खूँटी से पूर्व की ओर छत्तीस कदमों में खूँटी गाड़ी जाती है। बीच की खूँटी से १२-१२ कदमों पर दक्षिण और उत्तर की ओर वेदि की नाप बताते हुए शंकु या खूँटी गाड़ते हैं, जो अंसस्थानीय होता है। यह उत्तरवेदि यज्ञ की नासिका है।

आदित्यों और अंगिरसों में स्पर्द्धा हुई कि कौन पहले सोमयज्ञ अनुष्ठित करे। अंगिरसों का दूत अग्नि देवताओं का होता बन गया। अतः अंगिरसों ने आदित्यों का यज्ञ कराया। उन्होंने दक्षिणा के रूप में वाक् को स्वीकार नहीं किया, सूर्य के रूप में नयी दक्षिणा ली। इसलिए सद्यस्क्रीयाग की दक्षिणा श्वेत अश्व होता है जिसके सम्मुख स्वर्णफलक रहता है। यदि श्वेत अश्व न मिले तो श्वेत गाय को दिया जा सकता है किन्तु उसके भी सम्मुख रुक्म होना चाहिए।

३.५.२ : उत्तरवेदि में अग्नि का प्रणयन इसका मुख्य विषय है। उत्तर-वेदि के चारों ओर जो परिधियाँ रखी जाती हैं जो पीतदारु या चीड़ की होती हैं। वे अग्नि का

शरीर हैं। अगुरु उसका मांस हैं, सुगन्धितेजन उसकी गन्ध है। वृषा का तुक (सींगों के बीच के बाल का गुच्छा) इसलिए रहता है क्योंकि अग्नि ने वहाँ एक रात बितायी थी।

३.५.३ : सदस् और हविर्धान के निर्माण की विधि

सदस् और हविर्धान का निर्माण यज्ञपुरुष का अनुविधान है। पुरुष ही यज्ञ का विस्तार करता है जितना पुरुष होता है, उतना यज्ञ होता है। हविर्धान उसका सिर होता है। विष्णु उसके देवता हैं। आहवनीय उसका मुख है। यूप उसका स्तुप या चूड़ा है। अग्नि, घी और मार्जालीय उसके बाहु हैं। सदस् उसका उदर है, इसलिए सदस् में भोजन करते हैं। प्राचीनवंश के आहवनीय और गार्हपत्य उसके पैर हैं।

हविर्धान के दोनों ओर द्वार होते हैं हविर्धानशकट सदस् में रखते हैं। उनके ऊपर छत डाल देते हैं और सब ओर से भी ढँक देते हैं। छाजन सरपत की होनी चाहिए, वह न मिले तो बाँस के खपच्चों से होना चाहिए।

३.५.४ : इसमें उपरवों का निर्माण वर्णित है। उपरव गहरे छोटे गड्ढे होते थे, जिनके ऊपर सोम को निचोड़ने के लिए तख्ते रखे जाते हैं (आधिषवण-फलक)। उनके ऊपर अधिषवण-चर्म रखा जाता था जिस पर सोम का रस निकाला जाता था। बट्टों से सोम को कूटने पर नीचे के गड्ढों में गहरी गूँज उठती थी। उपरव दो कारणों से खोदे जाते हैं। हविर्धान यज्ञ का सिर है और उसमें ये चार छिद्र होते हैं (नाक और कान)। दूसरा कारण यह है कि असुरों ने देवताओं के लिए भूमि में अभिचार के लिए वलग (बाँकी) गाड़ दी थी। खोदने पर वह बेकार हो जाती है, इसलिए उपरव खोदने से अभिचार की शंका निरस्त हो जाती है।

हाथ में कुदाल लेकर एक बालिस्त भर रेखा खींचकर एक हाथ खोदते हैं। अध्वर्यु और यजमान उनमें हाथ डालकर छूते हैं। अध्वर्यु यजमान से पूछता है—कैसा है? वह कहता है-अच्छा है। चार गड्ढे खोदे जाते थे। वे जमीन के अन्दर से अक्ष्णा (नलिका) से जुड़े रहते थे, फिर उन पर पानी छिड़ककर हाथ से ढँक देते थे, ऊपर दो अधिषवण फलक डालते हैं। उन पर लाल रंग के दो, चारों ओर से कटे हुए चर्म, फिर उन पर पाँच बट्टे लाकर रखते थे।

३.६.१ : औदुम्बरी निखनन विधि

सद्स विष्णु का उदर ही है, उसके बीच में उदुम्बर का खम्भा गाड़ते हैं। मध्यम शंकु या अंत:पात्य से पूर्व की ओर छः कदम चलकर सातवाँ दक्षिण की ओर चलता है और वहाँ एक गड्ढे (अवट) के लिए निशान बनाता है। अभ्रि या कुदाली लेकर गड्ढे के चारों ओर रेखा खींच कर खोदता है। फिर यजमान के बराबर उदुम्बर यष्टि को परिवासित करता है। उसके ऊपर उतनी लम्बी बर्हि (कुश) रखता है और जौ मिले पानी से छिड़कता है क्योंकि सब पौधों का रस जौ में है। जब और पौधे सूख जाते हैं तो भी जौ मुदित रहता है। गड्ढे में भी उस पानी को डाल देते हैं फिर बर्हि को और

उदुम्बर-यष्टि को खड़ा कर देते हैं। फिर चारों तरफ मिट्टी जमा कर देते हैं, फिर उसको दबा देते हैं। उसके बाद चटाई की छत बना लेते हैं। वे नौ होते हैं, इस प्रकार सदस् उत्तर की ओर खम्भेवाला होता है। 'सदस् दीर्घ चतुरस्र' आकार का होता है, जिसका मुख्य स्तम्भ उत्तर की ओर होता है। सदस् को चारों तरफ से ढँक देते हैं (खड़ी चटाई से) जो कि दरवाजे से बँधी रहती है।

सोम-शकटों के पीछे की ओर उत्तर में आग्नीध्रीय बनाया जाता है। आग्नीध्र के धिष्ण्य से ही विश्वेदेवाः ने अमृतत्व प्राप्त किया।

३.६.२ : धिष्ण्य-निर्माण

(आठ धिष्ण्य बनाये जाते हैं। उनमें दो आग्नीध्रीय और मार्जालीय उत्तर और दक्षिण की ओर क्रमशः उठाये जाते हैं, शेष छः सदस् के पूर्वी भाग में बनाये जाते हैं, दक्षिण से उत्तर की ओर क्रमशः होता, ब्राह्मणाच्छंसी, पोता, नेष्टा और अच्छावाक् के लिए और एक उसके दक्षिण में मैत्रावरुण या प्रशास्ता के लिए। आग्नीध्र के साथ ये सात होता होतृगण होते हैं। आग्नीध्रीय और मार्जालीय धिष्ण्य के ऊपर चार खम्भों पर मण्डप बना रहता है।)

धिष्ण्य यजमान के प्रतिरूप होते हैं। क्योंकि वे उसके सलक्षण हैं। जो सलक्षण होते हैं, वे प्रतिरूप होते हैं।

सोम द्युलोक में था। उसको पाने की इच्छाओं से देवताओं ने दो मायाओं की सृष्टि की—सुपर्णी और कद्रू। वाक् ही सुपर्णी है, यह भूमि ही कद्रू है। उनमें भेद पैदा हुआ। झगड़ते हुए उन्होंने कहा-'हममें से जो अधिक दूर देख पायेगा, वह जीत जायगा'। कद्रू ने कहा-'तुम दूर देखो'। सुपर्णी ने कहा-'इस जलराशि (समुद्र) के पार श्वेत अश्व खम्भे के निकट है। मैं उसे देखती हूँ। क्या तुम उसे देखती हो?' कद्रू ने कहा-'उसके बाल चिपके हैं और हवा से हिल रहे हैं।' सुपर्णी के कथन 'सलिल के पार' में यहाँ वेद ही सलिल है और खम्भे के निकट श्वेत अश्व ही यूप के निकट अग्नि है। कद्रू ने हवा से हिलते जिन बालों की चर्चा की वह रसना (रस्सी) ही है। सुपर्णी ने कहा-'आओ, हम पता लगाने के लिए उड़ें।' कद्रू ने कहा-'तुम उड़ो और हमें बताओ।' सुपर्णी ने उड़कर देखा, वैसा ही था जैसा कद्रू ने कहा था। उसने लौटकर कहा-'तुम जीत गयी'। यह सौपर्णाख्य नाम का आख्यान है। कद्रू ने कहा-'तुम देवताओं के लिए द्युलोक से सोम को ले आओ। इस प्रकार तुम अपने को छुड़ा लोगी।' सुपर्णी ने छन्दों की सृष्टि की और गायत्री द्युलोक से सोम को ले आयी। सोम दो स्वर्णिम कुशियों (आयुध, प्याले) के मध्य में रखा था। उनकी छुरे के समान धार थी और वे एक-एक निमेष में जुड़ते थे। वे दीक्षा और तप ही थे। उनके द्वारा गन्धर्वों ने सोम की रक्षा की थी। गायत्री ने तप और दीक्षा को देवताओं को दिया। सोम की रक्षा के लिए दीक्षितों को तत्पर रहना चाहिए। जैसे ब्रह्मचारी आचार्य की रक्षा करते हैं, घर की और पशुओं की कि वे लुट न जायें। इस प्रकार सुपर्णी ने अपना निष्क्रयण किया।

मनुष्य मात्र पैदा होते ही मृत्यु का ऋणी होता है। उस ऋण से यज्ञ के द्वारा अपने को छुड़ाता है।

जो प्राणी यज्ञ में सम्मिलित होते हैं उनका पराभव नहीं होता। जैसे मनुष्यों के साथ पशु, देवताओं के साथ पक्षी, पौधे और पेड़। यहाँ जो कुछ है, सब यज्ञ में भागीदार हैं दोनों देवता, मनुष्य और पितर साथ समर्पित करते हैं। पहले प्रत्यक्ष रूप से, अब अप्रत्यक्ष रूप से।

३.६.३ : वैसर्जनहोम की विधि

जैसे विष्णु ने अपने तीन विक्रमों से तीनों लोक जीत लिये ऐसे ही जो वैसर्जनहोम करता है, उसके लिए यज्ञरूपी विष्णु अपने विक्रमण से सब कुछ जीत लेता है।

अपराह्ण में वेदि पर कुश बिछाता है, सोम को यजमान अपने अंक में लेता है। सोमक्रयणी के पैरों की धूल बिखेरता है, फिर हवन करता है, फिर यज्ञ की सामग्री उठाते हैं—कूटने के बट्टे, द्रोणकलश, वायव्यपात्र, बीस इध्म, कार्ष्मर्य की परिधियाँ (चारों तरफ रखी जानेवाली टहनियाँ), आश्वबाल, घास का प्रस्तर या गुच्छा, ईख की दो विधृतियाँ और कुश। इनके अतिरिक्त दो वपाश्रपणी (मेदा पकाने के लिए सींक), दो रस्सियाँ, दो अरणि, अधिमंथन, खण्ड या छिपला, दो वृषा इनको लेकर पूर्व की ओर आते हैं। सामग्री को नीचे रखकर जल छिड़ककर यथास्थान विनियोग कर आहुति देता है। हविर्धान के दक्षिण में शकट के मध्यस्थान में मृगचर्म पर सोम को रखता है।

३.६.४ : यूप-निर्माण विधि

अग्निषोमीय पशुयाग के लिए यूप-निर्माणार्थ वृक्ष को काटने, छाँटने का अनुष्ठान इस ब्राह्मण में वर्णित है। यूप वैष्णव है,इसलिए विष्णु की ऋचा से आहुति दी जाती है। इस घृत की आहुति से बचे हुए घृत को लेकर तक्षा या बढ़ई काटने के उपकरण को उठाता है। वह वृक्ष को छूकर पश्चिम से पूर्व की ओर खड़ा होकर उसका अभिमन्त्रण करता है। वृक्ष की स्तुति के बाद यह प्रार्थना की जाती है कि पशु हिंसा न करें। इस प्रार्थना के साथ कि वह हिंसा न करे, वह वृक्ष पर प्रहार करता है। पहले छिपले को अलग रख लेता है। वृक्ष को यहाँ तक काटता है कि बचा हुआ भाग गाड़ी के लिए बाधा न हो। गिरते हुए वृक्ष से प्रार्थना करता है कि वह आकाश को चोट न पहुँचाये। फिर वृक्ष की लकड़ी को वह परिवासित करता है अर्थात् सब ओर से यथेष्ट रूप देता है। पाँच से पन्द्रह अरत्नि तक यूप का परिवासन किया जाता है। यूप का स्तंभ अष्टकोण होता है।

३.७.१ : यूप-स्थापना की विधि

वह अभ्रि (खुरपी या कुदाल) लेता है उससे अवट या गड्ढे का परिलेखन करता है, फिर खोदता है, फिर उसमें जौ डालता है और सींचता है, फिर कुश बिछाता है,

फिर कटे हुए यूपखण्ड को डालता है। फिर घृत की आहुति देता है। यूप में घी चुपड़ता है। यूप के सिरे में चषाल रखता है। (चषाल लकड़ी की खोखली टोपी के समान होता है, परवर्ती स्तंभों में यही शीर्षभाग या कैपिटल के रूप में मिलता है, बीच में संकुचित होता है।) चारों ओर से घेरता है, फिर उसे खड़ा करता है। ऊपर की ओर चषाल को देखता है। फिर यूप को चारों ओर से तीन बार ढँक देता है। स्वर्ग के लिए सीढ़ी बनाता है। जो यह यूपखण्ड है, यह रस्सी है, यूप शकल के बाद चषाल है, चषाल के बाद स्वर्ग है। जो नीचे खोदा हुआ है उससे पितृलोक को जीतता है। गड्ढे से ऊपर रशना या मेखला तक जो भाग है, उससे मनुष्यलोक को जीतता है। रशना के ऊपर, चषाल तक के भाग से स्वर्गलोक जीतता है। इस प्रकार वह साध्यों और देवताओं का सलोक बनता है।

३.७.२ : एकादश यूप-निर्माण की विधि

जितनी वेदि है उतनी पृथ्वी है। यूप वज्र है। एकादश यूप बनायें जाते हैं। बारहवाँ उपशय कहलाता है और पड़ा रहता है। ये बारहवाँ उपशय इस प्रकार का है जैसे, न चलाया हुआ तीर हो या उठाया पर न गिराया हुआ दण्ड हो।

११ यूप इस क्रम से लगाये जाते हैं कि सबसे ऊँचा दक्षिण की ओर और फिर छोटे होते हुए उत्तर की ओर ताकि यूप पंक्ति उत्तर की ओर झुकी हुई प्रतीत हो।

३.७.३ : उपाकरण

उपाकरण का अर्थ है, तृण से पशु का स्पर्श। पहले पशु, पुरुषों की तरह से दो पैरों पर चलते थे और अन्न बनने के लिए तैयार नहीं थे, फिर यूप से डर कर चार पैरों पर चलने लगे।

३.७.४ : पशुपाश विधि

पशु के गले में पाश डालकर उसे यूप से बाँध देते थे। फिर उस पर जल छिड़कते हैं। जल से पौधे उत्पन्न होते हैं। उसी से पशु को शुद्ध करते हैं।

वर्षा से पौधे पैदा होते हैं। पौधे खाकर और पानी पीकर रस उत्पन्न होता है उससे रेतस् या बीज, उससे पशु। इस प्रकार जिससे पशु उत्पन्न होते हैं उसी से उसे शुद्ध करते हैं। फिर पशु के सिर पर, माथे पर, कंधों पर और श्रोणियों पर घी लगाते हैं। मारे जाते हुए पशु का प्राण वायु में मिल जाता है।

३.८.१ : पशु-संज्ञपन की प्रयोगविधि

होता बैठकर अध्वर्यु को प्रेरित करता है। ११ प्रयाज होते हैं, क्योंकि १० पुरुष में प्राण होते हैं और ११वाँ आत्मा स्वयं होता है। जहाँ पशु को मारते हैं, वहाँ तृण बिछाते हैं। अध्वर्यु और यजमान आहवनीय की ओर अभिमुख होकर बैठते हैं ताकि वे मारे जाते हुए पशु को न देखें। पशु को न तो मनुष्यों की तरह 'कूट' से मारते हैं; न कान में

पीछे से जैसा पितरों के लिए करते हैं बल्कि उसे मुँह से पकड़ कर साँस रोककर मारा जाता है। इसको मारना नहीं कहा जाता, शांत करना कहा जाता है।

३.८.२ : पत्नीकर्म विधि

इसमें अग्नि और सोम के लिए वपा की हवि का उल्लेख है। पशु के संज्ञप्त होने पर यजमान-पत्नी पशु को जल से साफ करती है। देवता अमर हैं, उनके लिए सजीव हवि होनी चाहिए, इसलिए मृत पशु को पानी छुआ कर प्राण से युक्त करते हैं। इस प्रकार देवताओं के लिए हवि सजीव और अमृत होती है। पानी इसलिए भी डालते हैं, क्योंकि उससे शांति होती है। पशु का मारना क्रूर कर्म है इसलिए उसे जल से शांत करते हैं।

पशु को काटने की प्रक्रिया का वर्णन है। वपा को निकाल कर सीकों में लपेटते हैं और पकाते हैं।

३.८.३ : पशु-पुरोडाश की यागविधि

सब पशुओं का अन्न व्रीहि और यव है। इसलिए जिस देवता के लिए पशु की बलि होती है उसके लिए व्रीहि, यव का पुरोडाश भी दिया जाता है। पशु को शमिता काटता है और उससे पूछते हैं कि पका *(शृतं)* है कि नहीं। इस प्रकार यजमान या अध्वर्यु को पाप नहीं लगता है। शमिता को ही पाप लगता है।

पहले हृदय का ही अभिधार करता है। आत्मा मन है, हृदय प्राण। घी *(पृषदाज्य)* प्राण है। अभिधारण से वह मन में प्राण का आधान करता है। क्रूर कर्म से युक्त हो जाने के कारण उसको ठीक अन्दर से नहीं ले जाते हैं।* हृदय के बाद जिह्वा, बाँह, वृगल, वृक्क, गुदा, त्र्यङ्ग और श्रोणी को काटते हैं और पकाते हैं। चर्बी का होम करते हैं।

३.८.४ : उपयाज विधि

पशु-याग के तीन एकादश होते हैं—एकादश प्रयाज, एकादश अनुयाज, एकादश उपयज्। दस हाथों की अँगुलियाँ, दस पैरों की, दस प्राण। प्राण, उदान और व्यान इतना पुरुष होता है, जो पशुओं में श्रेष्ठ है। यज्ञ में ऐसा क्या किया जाता है कि सब अंगों के लिए प्राण शुभ हो। जो वह जघनभाग (=गुदा) के तीन हिस्से करता है। प्राण ही जघनभाग है। वहीं सम्मुख (प्राण) आतत है। यही प्राण है जो अनुसंचरित होता है। तीन भागों में एक उपयज् के लिए, एक जुहू में, एक उपभृत् में। इसलिए प्राण सब अंगों

---

* **उसे चात्वाल के पीछे से यूप और अग्नि के बीच से ले जाते हैं, न और हवियों की तरह मध्य से, न यज्ञशाला के बाहर से।**

के लिए शुभ होता है। वही पशु की बलि दे सकता है, जो उसमें सत्त्व *(मेध)* पहुँचा सकता है।* प्राण ही पशु है। सात ग्राम्य पशु और सात आरण्यक पशु हैं।

३.८.५ : जाघन्य-पत्नीसंयाज की विधि

मारे जाते हुए पशु के हृदय में शोक उत्पन्न होता है। इसलिए जिस सींक में हृदय को पकाते हैं उसमें भी वह शोक लग जाता है। उस सींक को जल और स्थल के बीच में गाड़ देते हैं। (यहाँ दो भिन्नस्तरीय या भिन्नयुगीन नैतिकताओं की विसंगति है)।

३.९.१ : एकादश-पशु-विधानार्थ आख्यायिका

सृष्टि करते हुए प्रजापति रिक्त-सा हो गया, प्रजा उससे दूर हट गयी। तब यूप-एकादशिनी से प्रजापति ने अपने आप को फिर से आप्यायित किया। ऐसे ही यजमान भी भद्रतर होता है। जिन देवताओं के लिए वह एकादश पशुओं की बलि देता है, वे हैं—अग्नि, सरस्वती, सोम, पूषा, बृहस्पति, विश्वेदेवा:, इन्द्र, मरुत् , इन्द्राग्नि, सविता, वरुण।

३.९.२ : वसतीवरी की ग्रहणविधि

यज्ञ का रस बहते हुए पानी में प्रविष्ट हुआ, अत: बहते हुए प्रवाह से संगृहीत जल जिसको मिलाकर सोमरस को बढ़ाया जाता है, वसतीवरी कहलाता है। सब कुछ कभी अपनी गति छोड़ देता है, पवन तक। किन्तु ये स्यन्दमान जल कभी नहीं रुकते।

दिन में ही वसतीवरी-संग्रह करना चाहिए, दिन के प्रकाश की रश्मियाँ विश्वेदेवा: हैं।

३.९.३ : सवनीय पशुओं के लिए प्रयोगविधि

पाँचवें दिन रात्रि के तीसरे प्रहर ऋत्विजों को जगाया जाता है। वे स्वच्छ होकर आग्नीध्र के पास से आज्य ग्रहण करते हैं, अध्वर्यु सोम को ईषादण्डों के बीच उतारता है और सोम कूटने के बट्टों पर रखता है।

होता प्रातरनुवाक् पढ़ने के पहले प्रातर्यावा देवताओं के लिए समिधा डालता है। छन्द ही वे देवता हैं। प्रचरणी** स्रुचा से आहुति दी जाती है। यजमान-पत्नी आगे आती है, अयुग्मसंख्यक एकधनाख्य घट रखे जाते हैं जिनके जल से सोम को आप्यायित करते हैं।

---

* इस महत्त्वपूर्ण कथन के बाद मेधा को मेदा बता कर प्रश्न दबा दिया गया है जैसे ऊपर 'यज्ञ में क्या है जिससे प्राण सब अंगों के लिए शुभ होता है' इस महत्त्वपूर्ण प्रश्न को।

** विकङ्कत काष्ठ की बनी, जुहू के आकार की स्रुक्।

३.९.४ : सोमाभिषव प्रयोगविधि

(उपांशुसवन का विधान) अध्वर्युगण और यजमान अधिषवण-फलकों के चारों ओर बैठते हैं। अध्वर्यु अनामिका में स्वर्णखंड बाँधता है, क्योंकि स्वर्ण सत्य का रूप है। वह बट्टा (अश्मा) उठाता है क्योंकि अश्मा गिरि का खंड है और गिरि सोम का शरीर है। सोम पहले द्युलोक में वृत्र ही था। (अर्थात् वज्राहत सोम-वृत्र ही शिलाकार बन गया) सोम को दबाकर रस निकालने के लिए उसमें निग्राभ्य जल मिलाते हैं। फिर सोम का मान करते हैं- (परिणाम देखते हुए रखते और बाँटते हैं)। इस मापन से आहत- मृत सोम संजीवित हो जाता है। क्योंकि सोम की मात्रा होती है। इसीलिए मनुष्यों में और अन्यत्र मात्रा होती है।*

(सोम की डंठलों और रेशों-अंशुओं को हलके कूटते-दबाते हैं। सोम को ब्राह्मण में ओषधि कहा गया है, पर लता नहीं, न उसके पत्तों का उल्लेख है। कदाचित् वह कैक्टस-जातीय पौधा हो। सोम का रस नीचे बिछी खाल पर रिसता था जहाँ से उसे बटोरा जाता था और पिसे अंशुओं को पानी में भिगो कर फिर रस निकाला जाता था।)

तीन बार सोम का रस निकालते हैं (अभिषव), तीन बार उसे सम्भालते हैं (सम्भार), चार बार निग्राभ्य जल का उपसर्जन करते हैं।

ग्रहनामक चतुर्थ काण्ड

४.१.१ : अंशुग्रह ग्रहणविधि

प्राण ही इस यज्ञ का उपांशु (ग्रह) है और व्यान उपांशुसवन (सवनोपयोगी अश्मा या बट्टा) है, उदान ही अन्तर्याम ग्रह है। उपांशु नाम इसलिए है कि जो अंशु ग्रह है, वह प्रजापति है, उसका यह प्राण है।

४.१.२ : महाभिषव का विवरण

प्रतिप्रस्थाता, नेष्टा और उन्नेता की सहायता से अध्वर्यु सोम को तीन-तीन बार के तीन पर्यायों में कूटते हैं, प्रत्येक बार कितने अभिघात हों यह नियत नहीं होता जबकि उपांशु अभिषव में यह नियम होता है। प्रथम पर्याय के पूर्व निग्राभ्य जल अंशुओं पर डाला जाता है। निकाला हुआ रस द्रोण-कलश के मुख पर पवित्र रख कर उसमें डाला जाता है। इसके पश्चात् सोम की धारा से ग्रहों का ग्रहण किया जाता है। इस धारा से पहले आप्तोर्याम का ग्रहण होता है। अन्य ग्रह भी भर लिये जाते हैं। पाँच ग्रह माध्यन्दिन के होते हैं (शुक्र, मन्थी, आग्रयण, मरुत्वतीय, उक्थ्य)। ये धाराग्रह कहे जाते हैं। आठ प्रातः सवन में, पाँच माध्यन्दिनसवन में। पहला ग्रह अन्तर्याम कहलाता

---

* चन्द्रमा (= सुन्दर मान) सब मानों का प्रतिमान है और कालबोध ही संख्या का प्रथमज्ञापक है। संख्या मूल मान है।

है। ग्रह में रखकर पात्र लिये जाते थे (जैसे—उथली *प्लेट* में, *कप*, पर ग्रह का आकार अन्य प्रकार का भी कहा गया है।) ग्रह मिट्टी के होते हैं, पात्र लकड़ी के।

अन्तर्याम इसलिए कहते हैं क्योंकि वह बाहर आती साँस का (उदानाख्य प्राण को) अन्दर खींच कर धारण करता है। अन्तर्गृहीत प्राण ही अन्तर्याम है।

सोम ने अपने पुरोहित बृहस्पति को पीड़ित किया था, इस दोष से शुद्ध करने के लिए उसे पवित्र से छाना जाता है।

एक होने पर भी प्राण और उदान का नाम-भेद होता है। अहोरात्र ही यह ग्रह हैं। रात्रि रहने पर अन्तर्याम का ग्रहण होता है, उदित होने पर आहुति।

उपांशु और अन्तर्याम ग्रह एक-दूसरे को छूते हुए रखे जाते हैं, प्राण और उदान की सन्धि के समान। वे तृतीय सवन तक वहीं स्थिर रहते हैं *(प्राणोदानान्तसन्दधाति)*।

४.१.३. ऐन्द्रवायवग्रह का निकालना

ऐन्द्रवायव वाक् ही है, यह अध्यात्म है। जब इन्द्र ने वृत्र पर प्रहार किया तब यह पता नहीं चला कि वृत्र का क्या हुआ। देवताओं की अभ्यर्थना पर वायु ने पता लगाना स्वीकार किया, इसलिए प्रथम वषट्कार वायु के लिए होता है। वायु ने वृत्र को मरा पाया। देवता सोम को लेने के लिए दौड़े पर वृत्र-सोम की तीव्र खट्टी दुर्गन्ध थी, इसलिए वे रुक गये। वायु ने उसको बहाया, इसलिए ये ग्रह वायव्य कहे गये। इन्द्र ने भी वायु के साथ भाग चाहा और कहा कि इससे वाक् स्पष्ट बोलेगी, पर प्रजापति ने वायु और इन्द्र में बँटवारा करते हुए चौथाई भाग ही इन्द्र को दिया। वाक् का चतुर्थ भाग तो मनुष्यों में स्पष्ट होता है। अस्पष्ट चतुर्थ, पशु, पक्षी और सरीसृपों में।

तुरीयं वाचो निरुक्तं यन्मनुष्या वदन्त्यथैतत्तुरीयं वाचोऽनिरुक्तं यत्पशवो वदन्त्यथैतत्तुरीयं वाचोऽनिरुक्तं यद्वयांसि वदन्त्यथैतत्तुरीयं वाचोऽनिरुक्तं यद्वयांसि वदन्त्यथैतत्तुरीयं वाचेऽनिरुक्तं यदिदं क्षुद्रं सरीसृपं वदति। तस्मादेतदृषिणाभ्यनूक्तम्। चत्वारि वाक्परिमिता पदानि--।

धाराग्रह हैं- ऐन्द्रवायव, मैत्रावरुण, शुक्र, मन्थी, आग्रयण, उक्थ्य, ध्रुव, इन्हें खर पर रखते हैं। प्रातः सवन के समय बहिष्पवमान स्तोत्र पढ़ते हैं। माध्यन्दिनसवन के समय माध्यन्दिन पवमान और तृतीय सवन के समय तृतीय पवमान स्तोत्र गाया जाता है।

४.१.४ मैत्रावरुणग्रह

मित्र और वरुण उसके क्रतु और दक्ष (संकल्प और कर्मशक्ति) हैं- यह आध्यात्मिक अर्थ है। जो मन से चाहता है, यह मेरा हो, यह मैं करूँ- वह क्रतु है। जो उसकी इच्छा सम्पन्न होती है, वह दक्ष है। मित्र ही क्रतु है, वरुण दक्ष, ब्राह्मण मित्र है, वरुण क्षत्रिय, पुरोहित अभिगन्ता (विचारक) है, शासक कर्त्ता। पहले वे अलग-

अलग थे, तब ब्रह्म या मित्र समर्थ था किन्तु क्षत्र या वरुण स्वतंत्र अवस्थान में समर्थ नहीं था। तब क्षत्र ने ब्रह्म को निमंत्रित किया कि मेरी ओर आओ, हम साथ जुड़ कर कार्य करें, तुम्हारी प्रेरणा से मैं कर्म करूँ। इस संसर्ग के कारण मैत्रावरुण ग्रह लिया जाता है।

वही पुरोहित है, इसलिए ब्राह्मण को जिस किसी क्षत्रिय का पुरोहित न बनना चाहिए, उससे सुकृत और दुष्कृत मिल जाएँगे। न क्षत्रिय को जिस किसी ब्राह्मण को पुरोहित बनाना चाहिए। ब्राह्मण राजा के विना हो सकता है, क्षत्रिय राजा के विना नहीं।

मैत्रावरुण ग्रह में दूध मिलाते हैं क्योंकि सब का मित्र होने के कारण मित्र ने वृत्र-सोम पर प्रहार नहीं किया था, अतएव, उसे सोम से वंचित कर दिया गया था। ऋत है वरुण, वही आयु का संवत्सर, (काल, युग) है।

४.१.५ : आश्विनग्रह

आश्विनग्रह यज्ञ का कान है, इस ग्रह को सर्वतः घुमाते हुए पीते हैं क्योंकि कान के द्वारा सब ओर से सुनते हैं।

जब भृगु अङ्गिरसों ने स्वर्गलोक प्राप्त किया च्यवन भार्गव, बूढ़ा और कृत्यारूपी, (कृत्या = धोखा) पीछे छूटा गया। इस समय शर्यात मानव अपने ग्राम (गण) के साथ उधर घूमता हुआ आया। पड़ोस में उसने बस्ती बनाकर पड़ाव डाला। उसके गण में कुछ लड़कों ने च्यवन को कुरूप देखकर उस पर ढेले फेंके। शर्यात ने क्रोध से उनमें व्यामोह फैला दिया, पिता पुत्र से, भाई भाई से लड़ने लगा। शर्यात ने सोचा, ऐसा क्या किया है कि यह आपदा आ पड़ी? ग्वालों और भेड़ चरानेवालों को बुलाकर उसने पूछा- 'किसी ने कुछ देखा है क्या?' उन्होंने कहा- 'बूढ़े प्रेत को मनुष्यों ने ढेलों से मारा है। शर्यात समझ गया वह च्यवन है। वह रथ जोतकर अपनी पुत्री सुकन्या को साथ लेकर रथ दौड़ाता हुआ वहाँ आया, जहाँ ऋषि थे। अपनी पुत्री सुकन्या को ऋषि को देकर शर्यात ने प्रसन्न किया और फिर अपने गण को लेकर वहाँ से चला गया। सुकन्या को देखकर अश्विनीकुमार मुग्ध हुए। किन्तु सुकन्या ने उनके साथ जाने के प्रस्ताव को स्वीकार नहीं किया। ऋषि के परामर्श से सुकन्या ने अश्विनीकुमारों से कहा कि वे आधे अधूरे हैं। यदि वे ऋषि को युवा कर दें तो वह उनका अधूरापन क्या है, यह बता देगी। सरसी में स्नान के द्वारा ऋषि के युवा होने पर सुकन्या ने उन्हें बताया कि 'कुरुक्षेत्र में देवता उन्हें छोड़ कर यज्ञ कर रहे हैं।' इस पर अश्विनीकुमार कुरुक्षेत्र गये और देवताओं से अपनी भागीदारी माँगी। उन्होंने कहा- 'तुम लोग इलाज करते हुए मनुष्यों के बहुत संसर्ग में आते हो।' इस पर अश्विनीकुमारों ने कहा कि हम यज्ञ का सिर जोड़ देंगे। इसीलिए इनके लिए बहिष्पवमान के बाद ग्रह किया जाता है। वे पृथ्वी और आकाश ही प्रत्यक्ष अश्विनीकुमार हैं। दध्यङ् आथर्वण ने इन्हें मधु ब्राह्मण का उपदेश दिया था।

४.२.१ : शुक्र और मन्थी यज्ञ की दो आँखें हैं। शुक्र सूर्य हैं। मंथी चन्द्रमा हैं। उनके लिए सोम में सत्तू मिलाते हैं।

४.२.२ : आग्रयण यज्ञ की आत्मा है। वह इसका सब कुछ है। क्योंकि सब कुछ आत्मा ही है।

४.२.३ : उक्थ्य, यज्ञ की अनिरुक्त आत्मा है। आत्मा ही अनिरुक्त प्राण है। वही आयु है।

४.२.४ : यही इसका प्राण है जो यह संमुख है वही वैश्वानर है, जो पीछे है वह ध्रुव है। ध्रुव और वैश्वानर इन दो ग्रहों को पहले साथ लेते थे, अब उनमें से एक, ध्रुव ही लिया जाता है। यदि चरकों से अथवा और कहीं से उसे वैश्वानर ग्रह का ज्ञान हो तो उसे यजमान के चमस में डाले, होतृचमस में ध्रुवग्रह ही डाले।

४.२.५ : सोम के ग्रहों को लेकर हविर्धान से उत्तरवेदि के पास जाकर वह सोम का विप्रुड्ढोम करता है। यह होम इस बात के लिए प्रायश्चित स्वरूप होता है कि सोम के सवन के समय कुछ बूँदें बिखर जाती हैं। इसके बाद अध्वर्यु, प्रस्तोता, प्रतिहर्ता, उद्गाता, ब्रह्मा और यजमान क्रम से एक-दूसरे को पकड़े हुए हविर्धान से प्रसर्पण करते हैं। उसके पश्चात् वैसे ही वे चात्वाल के समीप साम-गान के लिए बैठ जाते हैं। दोनों अध्वर्यु यज्ञ के प्राण और उदान हैं। प्रस्तोता वाक्, उद्गाता आत्मा या प्रजापति, प्रतिहर्ता भिषक् या व्यान है।

पहले पवमान स्तोत्र का पाठ होता है उसके पीछे धुर्य नाम के स्तोत्रों का। *कयानश्चित्र* इत्यादि नौ ऋचाएँ (ऋ० ४.३१.१) पवमान कही जाती हैं। यह बहिष्पवमान स्तोत्र स्वर्ग ले जानेवाली नाव है, ऋत्विज् उसके स्फ्य (डाँड़) और अरित्र हैं, स्वर्ग पहुँचानेवाले।

फिर वह यह कहता है- 'आग्नीध्र से तृणों को फैलाओ, पुरोडाशों को सजाओ, पशुओं के साथ आओ। फिर आगे बढ़कर आश्विनग्रह को लेता है और यूप के पास आकर उसमें मेखला लपेटता है और फिर पशु बाँधता है। वह पशु प्रातः सवन में आलब्ध होकर द्वितीय सवन तक पकाया जाता हुआ पड़ा रहता है। अग्निष्टोम में अग्नि के लिए पशु की बलि होती है। उक्थ्य में इन्द्र और अग्नि के लिए दूसरे पशु की बलि होती है। यदि षोडशी हो तो इन्द्र के लिए तीसरे पशु की बलि होती है। यदि अतिरात्र हो तो सरस्वती के लिए चौथे पशु की बलि होती है। फिर वह सवनीय पुरोडाश का प्रयोग करता है। ओषधियों से उत्पन्न होने के कारण सवनीय पुरोडाश के प्रयोग से पशु भी सोम बन जाता है। पुरोडाश में भुंजा हुआ जौ; दही; सत्तू और पनीर होते हैं। अपूप खाकर भुंजा जौ खाना चाहते हैं। सत्तू, दही और पनीर इन सब के मिलने पर देवता प्रसन्न होते हैं। इन्द्र के लिए पुरोडाश होता है- उसके दो घोड़ों के लिए भुंजा जौ, पूषा के लिए करम्भ (सत्तू), सरस्वती के लिए दही, मित्र और वरुण के लिए पयस्या।'

बहिष्पवमान को छोड़कर अन्य स्तोत्र उदुम्बरयूप के पास गाये जाते हैं। बहिष्पवमान में गायत्री छन्द में तीन ऋचाओं के तीन तृच होते थे, जिसकी तीन विधाएँ होती थीं, उन्हें उद्यती, परिवर्तनी और कुलायनी कहते हैं। प्रत्येक ऋचा गान के लिए चार भागों में विभक्त होती हैं जिन्हें प्रस्ताव, उद्गीथ, प्रतिहार और निधन कहते हैं।

४.३.१ : ऋतुओं, इन्द्राग्नी और विश्वेदेवाः के लिए ग्रह

ऋतुएँ संवत्सर होती हैं, संवत्सर में १२ मास (तेरहवाँ छोड़कर) होते हैं, इसलिए १२ ग्रह लेते हैं। उन्हें उभयतोमुख पात्रों से निकालता है, ऐसे पात्रों के आदि अन्त का भेद कहाँ है? संवत्सर भी ऐसे ही घूमता रहता है।

वसन्त में पौधे उगते और पकते हैं। वासन्तिक मास मधु और माधव हैं। ग्रीष्म प्रबल ताप देता है, उसके मास शुक्र और शुचि हैं, वर्षा के नभस् और नभस्य, शरद् के इष् ओर ऊर्ज् हैं। हेमन्त के सहस् और सहस्य, शिशिर के तपस् और तपस्य।

४.३.२ : शस्त्रप्रतिगर

(प्रत्येक स्तोत्र जिसका उद्गाता गान करता है उसके बाद होता शस्त्र पढ़ता है। कुल १२ स्तोत्र और १२ शस्त्र होते हैं। प्रातः सवन में बहिष्पवमान स्तोत्र और उसके धुर्य के रूप में चार आज्य स्तोत्र पढ़े जाते हैं। इनके मुकाबले में आज्यशस्त्र, प्रउगशस्त्र और तीन मैत्रावरुण, ब्राह्मणाच्छांसिन्, अच्छावाक शस्त्र पढ़ जाते हैं। माध्यन्दिनसवन में माध्यन्दिन पवमान और चार स्तोत्र गाये जाते हैं उनके मुकाबले में मरुत्वतीयशस्त्र, निष्केवल्यशस्त्र, मैत्रावरुण, ब्राह्मणाच्छांसिन्, अच्छावाक शस्त्र पढ़े जाते हैं। तृतीय सवन में आर्भवपवमान और अग्निष्टोम साम (यज्ञायज्ञिय) गाये जाते हैं और उनमें प्रत्येक के अनन्तर वैश्वदेवशस्त्र और आग्नामारुतशस्त्र पढ़े जाते हैं।)*

होता जब शंसन करता है (स्तोत्र गाता है) तो वह गाता ही है। होता पुकार (आवाहन) देता है 'शंसावोम्' (हम दोनों स्तुति करें), इसका अध्वर्यु उत्तर देता है, यह प्रतिगर कहलाता है। गाते हुए के लिए ही अध्वर्यु प्रतिगर कहता है।

प्रजापति ही उद्गाता है और ऋचा जो कि स्त्री है, वह होता है। प्रजापति और ऋचा के संयोग के समान ही उद्गाता और होता का संयोग है। ऋचा में उद्गाता सृजनात्मक बीज डालता है उसका ही होता शस्त्र से प्रजनन करता है। शस्त्र से वह उसे तीखा आकार देता है (तेज करता है)। (तात्पर्य यह प्रतीत होता है कि ऋचा में साम की धुन सृजन का बीज डालती है, शस्त्रपाठ उसे परिछिन्न या आकारित करता है)।

---

* कात्यायनश्रौतसूत्र, सम्पादक- विद्याधर शर्मा, पृ० ३७५

देवताओं ने छन्दों को बासी कर दिया था। जो ऋचा में मद या मादकता है और जो साम में रस है, उनसे छन्दों का नवीकरण होता है।

एक समय छन्द चार अक्षरों के होते थे। जब जगती सोम पर झपटी तो वह तीन अक्षरों को छोड़कर आयी, फिर त्रिष्टुप् एक अक्षर छोड़कर आयी। इन चारों अक्षरों को लेकर गायत्री आयी और अष्टाक्षरा हो गयी। उसी से प्रातः सवन का अनुष्ठान होता है, इसलिए प्रातः सवन गायत्र है, माध्यन्दिनसवन त्रैष्टुभ् है, तृतीय सवन जागत है।

४.३.३ : (यहाँ से माध्यन्दिनसवन का आरम्भ है) जो इस ब्राह्मण का मुख्य विषय है। यह मरुत्वतीयग्रह से आरम्भ होता है (उहा-उहा कहते हुए सोम का रस निकाला जाता है, जैसे प्रातः सवन में महाभिषव के समय ग्रावस्तुत् पढ़ता है)। पहले इन्द्र फिर शुक्र और मन्थीग्रह निकाले जाते हैं। फिर मरुत्वतीय और उसके बाद उक्थ्यग्रह। इस प्रकार पाँच ग्रह लिए जाते हैं। इस प्रकार माध्यन्दिनसवन में माध्यन्दिन पवमान पाँच सामों का होता है और वह पंचदश होता है। (माध्यन्दिन पवमान में तीन तृचात्मक सूक्त होते हैं जिनमें तीन गायत्री, दो बृहती और तीन त्रिष्टुप् की ऋचाएँ होती हैं किन्तु उन्हें इस प्रकार गाया जाता है कि वे पाँच साम बन जायें। इसमें प्रत्येक साम तीन ऋचाओं का होता है। इस प्रकार पाँच साम में १५ ऋचाएँ होती हैं। गायत्री की तीन ऋचाओं का दो सामों में उद्गान होता है, ऐसे ही बृहती का भी, जिसमें उसकी दो ऋचाएँ तीन बना दी जाती हैं, फिर त्रिष्टुप् की ऋचाओं का गान होता है। इस प्रकार पाँच साम सम्पन्न हो जाते हैं।)

इन्द्र क्षत्र है, मरुत् विशः है। विश् के बल से युक्त होकर क्षत्रिय बलवान् होता है। मरुतों की सहायता से इन्द्र ने वृत्र को मारा था इसीलिए मरुत्वान् इन्द्र के लिए ग्रह लेते हैं। केवल मरुतों के लिए नहीं क्योंकि उससे प्रजा क्षत्र-विरोधिनी हो जायगी। मरुत्वान् इन्द्र के लिए ग्रह लेने से प्रजा अनुगत होती है।

माहेन्द्र ग्रह लिया जाता है क्योंकि मरुतों के साथ संसर्ग के कारण इन्द्र मलिन हो गया था। जैसे राजा प्रजा के साथ एक थाल में खा ले। ऐसे ही मरुत्वतीय ग्रह से विजय प्राप्ति के बाद सिर्फ इन्द्र के लिए माहेन्द्र ग्रह लिया जाता है।

४.३.४ : दक्षिणादानादि विधि

यज्ञ का अनुष्ठान करने में हत्या ही होती है। सोम को कुचलते हैं। पशु को मारते हैं, काटते हैं, सिल पर बट्टे से अनाज की हवि कूटते-पीसते हैं। इस हिंसा से यज्ञ असमर्थ *(अदक्ष)* हो गया, उसे दक्ष बनाने के लिए दक्षिणा आवश्यक है। हविर्यज्ञ में छः या बारह गायें दी जाती हैं, सोमयाग में सौ से कम नहीं क्योंकि पुरुष शतायु होता है। ब्राह्मण मनुष्य-देव हैं, वे दक्षिणा से प्रसन्न होते हैं। चार द्रव्यों की दक्षिणा होती है- हिरण्य, गाय, वस्त्र और अश्व। वस्त्र में हिरण्य बाँधकर दिया जाता है।

'काम ही दाता है, काम ही प्रतिग्रहीता है'।

४.३.५ : (माध्यन्दिनसवन, आदित्यग्रह) देवता त्रिविध हैं- वसु, रुद्र और आदित्य। वसुओं का प्रातःसवन होता है, रुद्र का माध्यन्दिन सवन, आदित्यों का तृतीय सवन।

आदित्य द्विदेवत्य ग्रहों में प्रवेश कर गये। इन ग्रहों के अनुवषट्कार के स्थान पर आदित्यों के लिए सोम की आहुति दी जाती है। यद्यपि आदित्यों का तृतीय सवन है, ये आदित्यग्रह माध्यन्दिन सवन के शेष भाग में लिये जाते हैं।

४.४.१ : (सावित्र-ग्रह) सविता मन ही है। सविता प्राण ही है। उपांशुग्रह उठाने से वह उसमें अग्रिम प्राण डालता है, सावित्रग्रह उठाने से पश्चात्प्राण डालता है। ऊपर से और नीचे से ये दोनों प्राण ही हैं।

माध्यन्दिनसवन में क्रतुग्रहों से ऋतुएँ और संवत्सर परोक्ष रूप से अवकल्पित होते हैं। पर (तृतीय सवन में) यही सविता है; जो तपता है। वही प्रत्यक्ष रूप से सब ऋतु और संवत्सर है। उसके लिए सावित्रग्रह होता है।

उस सावित्रग्रह को उपांशु पात्र के द्वारा लेता है। सविता उसका मन है, उपांशु प्राण है। सविता मन है, आग्रयण आत्मा, आग्रयण-ग्रहण के द्वारा आत्मा में मन रखता है।

वैश्वदेव ग्रह उठाता है। सविता मन है, विश्वेदेवाः यह सब है। जो कुछ है वह मन का अनुकरण करता है, मन का अनुसरण करता है- *इदं सर्वं मनसः कृतानुकरमनुवर्त्म*।

तृतीय सवन वैश्वदेव सवन है। (आर्भव पवमान स्तोत्र) वैश्वदेव साम ही है। वैश्वदेव शस्त्र तो प्रसिद्ध है। (वैश्वदेव शस्त्र में सविता, द्यावापृथिवी, ऋतु और विश्वेदेवाः के लिए सूक्त पढ़े जाते हैं।

४.४.२. : सोम के लिए चरु तैयार रहता है। सोम देवताओं की हवि है, सोम के लिए ही यह हवि तैयार की जाती है। चरु देवताओं का अन्न है, क्योंकि ओदन चरु है, ओदन प्रत्यक्ष अन्न है।

प्रातःसवन और माध्यन्दिन सवन में सौम्यचरु का प्रचरण नहीं होता क्योंकि वे केवल देवताओं के लिए हैं। तृतीय सवन में सौम्यचरु पितृदेवत्य होता है।

प्रतिप्रस्थाता पात्नीवत ग्रह उठाता है, यज्ञ से ही प्राणियों का जन्म होता है। यज्ञ मिथुन रूप है, जिससे प्रजा की सृष्टि होती है। इसीलिए पात्नीवत ग्रह पकड़ता है (पत्नीवान् के लिए ग्रह पात्नीवत होता है अर्थात् सपत्नीक देवताओं के लिए होता है, जैसे- सोम और अग्नि के लिए)।

४.४.३ : छन्द देवताओं के पशु होते हैं। जैसे पशु मनुष्यों के जोतने के लिए होते हैं, ऐसे ही छन्द देवताओं के लिए यज्ञ को ढोते हैं। फिर वह इन्द्र के घोड़े के लिए ग्रह पकड़ता है, जिसे 'हारियोजन' कहते हैं। छन्द ही हारियोजन है।

४.४.३ : नौ समिष्ट यजुषों का (यज्ञसम्पूर्ति के लिए अनुष्ठेय याग और उसके लिए यजुष्शस्त्र) होम करता है। क्योंकि बहिष्पवमान स्तोत्र में नौ ऋचाएँ होती हैं। (बहिष्पवमान स्तोत्र त्रिवृत् स्तोम में गाया जाता है, उसमें गायत्री के तीन तृच होते हैं।) समिष्टयजु नाम इसलिए दिया जाता है कि जिस देवता के लिए यह होम किया जाता है, वह यजन सुसम्पन्न होता है।

४.४.५ : समिष्ट यजुर्होम यज्ञ का अन्त है। उसके बाद वे चात्वाल के पास आते हैं, यजमान कृष्णविषाण और मेखला चात्वाल में फेंकता है। सोम के शेष भाग *(ऋजीष)* को बहाने ले जाते हैं। यह उसका स्वगाकार है। (गमन के लिए स्वस्तिवाचन)। सर्प रज्जुओं की तरह हैं, कूप उनके आयतन हैं, मनुष्यों और सर्पों के बीच सहज वैर है। इसलिए कहता है 'सर्प न हो, पृदाकु न हो'। ऋचा पढ़ता है, जिससे समस्त पापों से मुक्त हो जाता है।

चात्वाल के पीछे से उत्तराभिमुख होकर बाहर निकलते हैं। बहती धारा जहाँ स्थिर सरस् हो वहाँ जाते हैं। अवभृथ का देवता वरुण है, उसके लिए एक कपाल पुरोडाश देते हैं। अग्नि और वरुण के लिए आहुति देते हैं। फिर सब स्नान करते हैं और यजमान और उसकी पत्नी नये वस्त्र पहनते हैं। ऐसे निष्पाप हो जाते हैं, जैसे-दूध पीता शिशु।

४.५.१ : (उदयनीयेष्टि) अदिति के लिए चरु से उदयनीय इष्टि होती है। फिर पथ्यास्वस्ति के लिए हवि देने के बाद क्रम से अग्नि, सोम, पथ्यास्वस्ति और अदिति के लिए हवि दी जाती है। फिर मैत्रावरुण अनुबन्ध्या वशा की बलि होती है। यह एक अलग से पशुयाग है क्योंकि अवभृथ के साथ यज्ञ समाप्त हो चुका है अथवा यह भी अनिष्ट- निवारण के लिए एक प्रकार की स्विष्टकृत् इष्टि है।

४.५.२ : मैत्रावरुण के लिए अनुबन्ध्या वशा (बाँझ गाय) की बलि

यद्यपि अग्निष्टोम में कुल मिलाकर पाँच दिन लगते हैं उसका सुत्यादिवस एक ही होता है, इसलिए उसे 'एकाह' माना जाता है। उक्थ्य, षोडशी, अतिरात्र, अत्यग्निष्टोम, वाजपेय और आप्तोर्याम (अग्निष्टोम को) मिलाकर 'एकाह' सोम की सात संस्थाएँ होती हैं, जिनकी प्रकृति अग्निष्टोम है। इनमें अन्तर कहीं-कहीं होते हैं। उदाहरण के लिए उक्थ्य में एक के स्थान पर दो सवनीय पशु होते हैं। स्तोत्र और शस्त्र संख्या में भी तीन-तीन अधिक होते हैं। षोडशी में षोडश संख्या का महत्त्व है। इसमें अन्तिम स्तोत्र-शस्त्र सोलहवाँ होता है। सवनीय पशु एक तीसरा होता है। अतिरात्र रात भर चलकर अगले दिन समाप्त होता है। अत्यग्निष्टोम के विषय में एक मत यह है कि क्षत्रिय ही उसका अधिकारी है। इसमें उक्थ्य स्तोत्रों का गान न करके षोडशी स्तोत्रों का गान किया जाता है। आप्तोर्याम को अतिरात्र की विकृति माना जाता है।

वाजपेय की विशेष महिमा बतायी गयी है। कहा गया है कि स्वाराज्य की इच्छा रखनेवाले को यह याग करना चाहिए। ब्राह्मण और क्षत्रिय ही इसके अधिकारी हैं। इस याग में सत्रह की संख्या का विशेष महत्त्व है। इसका सम्बन्ध प्रजापति से जोड़ा गया है जो कि इस यज्ञ के प्रधान देवता हैं। बारह मास और पाँच ऋतुएँ मिलाकर ही सत्रह की संख्या होती है, जो उसका आधिदैविक पक्ष है। आध्यात्मिक पक्ष में लोमन्, त्वचा, असृक्, मेदस्, मांस, स्नायु, अस्थि, मज्जा हैं। इनके सोलह अक्षर प्राण के साथ मिलाकर सत्रह कहलाते हैं। यह भी कहा गया है कि प्रश्नोपनिषद् में प्राण की सोलह कलाओं का उल्लेख है और सत्रहवाँ प्रजापति है।* सत्रह दिन में वाजपेय सम्पन्न होता है, जिसमें तेरह दिन दीक्षा के; तीन उपसद् के और एक सव का होता है। यूप सत्रह अरत्नि ऊँचा होता है। अन्य की भी अनेक प्रकार से सत्रह की संख्या इसमें मिलती है। स्तोत्र और शस्त्र भी इसमें सत्रह-सत्रह होते हैं। इसकी एक विशेषता यह है कि इसमें सुरा के भी सत्रह ग्रह होते हैं। एक और विशेष अनुष्ठान इसमें सत्रह रथों की दौड़ का होता है। एक क्षत्रिय बाण फेंकता है और जहाँ वह गिरता है उसे वह फिर फेंकता है। इस प्रकार सत्रह बार किया जाता है। यह दूरी ही रथ की दौड़ के लिए निश्चित होती है। प्रत्येक ऋत्विक् को सत्रह द्रव्यों की दक्षिणा मिलती है, जिसमें रथ, निष्क, अश्व, गज, सौ गायें, दास-दासी आदि सम्मिलित होते हैं।

पंचम काण्ड : सवनाम

५.१.१ वाजपेययाग विधि

वाजपेय के विवरण में अनेक आख्यान, सूक्त, सूक्तियाँ और रहस्य के निर्वचन मिलते हैं। जिनसे इसके वास्तविक आध्यात्मिक स्वरूप का पता चलता है। देवता और असुरों में जब संग्राम हुआ तो किसके लिए आहुति दी जाय, यह प्रश्न उठा। असुरों ने अत्यधिक अभिमान से अपने ही मुखों में आहुति दी। इस अभिमान से वे पराभव को प्राप्त हुए। देवताओं को प्रजापति ने यज्ञ के रूप में अपनी आत्मा दी। यज्ञ ही देवताओं का अन्न है। उन्होंने यह निश्चय करने के लिए कि वह किसका होगा, दौड़ की शर्त लगायी। बृहस्पति, सविता की प्रेरणा के लिए दौड़े और उस प्रेरणा से वे दौड़ में जीत गये। जीतकर बृहस्पति पूर्व दिशा को चले, अतः जो वाजपेय से यजन् करता है, वह भी पूर्व दिशा को जाता है। पहले ऊपर की दिशा को चढ़ते थे, वहाँ से औपाविन् जानश्रुतेय नीचे उतरे, तब से सब मनुष्य नीचे उतरते हैं। (इससे तुलनीय है यूनानी दार्शनिक प्लातोन् की *काताबासेस* (अवरोहण) की अवधारणा।) बृहस्पति और इन्द्र ने यह यज्ञ किया था, इसलिए ब्राह्मण और क्षत्रिय इसके अधिकारी हैं। राजसूय का अधिकारी राजा ही है, ब्राह्मण नहीं किन्तु राजसूय वाजपेय से नीचे है। राजा तो राजसूय से राजा बनता है किन्तु वाजपेय से सम्राट् बनता है। राज्य साम्राज्य से नीचे है।

---

* **युधिष्ठिर मीमांसक, *श्रौत यज्ञों का निरूपण***

सत्रह सोमग्रह होते हैं और सत्रह सुराग्रह, ये दोनों प्रजापति के अंग हैं, सोम रात्य, श्री और ज्योति है। सुरा अनृत, पाप्मा और तमस् है। वाजपेययाजी इन दोनों अंगों को जीत लेता है। सत्रह और सत्रह चौंतीस होते हैं, तैंतीस देवता हैं। चौंतीसवाँ प्रजापति।

सोम का क्रय केशवान् पुरुष से सीसे के बदले में किया जाता है। परिस्रुत् सोम का क्रय (कच्चा च्वाया) केशवान् पुरुष से इसलिए किया जाता है क्योंकि केशवान् पुरुष न स्त्री है न पुरुष जैसे कि सीसा, सोना नहीं है। यह परिस्रुत् सोम, न सोम है, न सुरा।

५.१.२. : पशुतन्त्र प्रयोगविधि

अग्निष्टोम में आग्नेय पशु, ऐन्द्राग्न पशु उक्थ्य में, ऐन्द्र षोडशी में बलिपशु होते हैं। सरस्वती के लिए, सत्रहवें स्तोत्र के लिए, बलि देते हैं। मरुतों के लिए पृश्नि वशा को, यह विशेष रूप से वाजपेय में है। प्रजापति के लिए सत्रह पशुओं की बलि होती है, ये सत्रह विना सींग के *(तूपर)* होते हैं, श्यामा होते हैं और नर होते हैं। तूपर इसलिए कि पुरुष (मनुष्य) ही प्रजापति के निकटतम है और वह विना सींग के होता है- पुरुषो वै *प्रजापतेर्नेदिष्ठः*। श्याम इसलिए कि उसमें शुक्र और कृष्ण का द्वन्द्व होता है और द्वन्द्व ही सृष्टि का मूल है। इसलिए कि वह प्रजनन समर्थ है।

माध्यन्दिनसवन में आजिधावन होता है। घोड़े रथ में जोड़े जाते हैं। यह आशा की जाती है कि उनका वेग वायु और मन का-सा हो क्योंकि न मन से कोई वेगवान् है, न वायु से। घोड़ों को नीवार-चरु पकाकर सुँघाते हैं। जो यह आजिधावन होता है, उससे इस लोक की विजय होती है। जो ब्रह्मा नाभि तक उठे रथ-चक्र के ऊपर अवस्थित होकर साम गाते हैं, उससे अन्तरिक्ष लोक की विजय होती है और जो यजमान यूप का आरोहण करता है, उससे देवलोक की विजय होती है। सत्रह दुन्दुभियों का वादन होता है और राजन्य वेदि के अन्त से उत्तर दिशा में सत्रह बार प्रव्याध का वेध करता है। राजन्य वस्तुतः प्रजापति का प्रत्यक्षतम रूप था, इसीलिए वह एक होकर भी बहुतों पर शासन करता है। प्रजापति के भी चार अक्षर और राजन्य के भी चार अक्षर हैं।

द्यावापृथिवी ही प्रजापति है। वे ही पिता और माता हैं- *मातेव च हि पितेव चप्प्रजापतिः*।

दौड़ में भाग लेते हुए रथों में से एक के ऊपर वैश्य या राजन्य बैठता है, वह वेदि की उत्तर श्रोणि में बैठता है, अध्वर्यु और यजमान पूर्व द्वार से निकल कर मधुग्रह लेकर आते हैं और वैश्य या राजन्य के हाथ में रखते हैं। फिर नेष्टा पश्चिमी द्वार से सुराग्रहों को लेकर निकलता है, वह शाला के पीछे से जाता है और एक वैश्य या राजन्य के हाथ में रखता हुआ कहता है कि मैं इसको तुम्हें देकर निष्क्रय करूँगा।

सत्य, श्री, ज्योति सोम होते हैं, अनृत, पाप और तम सुरा होती है। इस निष्क्रय के द्वारा यजमान में सत्यादि का आधारण होता है और वैश्य में अनृत, पाप और तम होता है। वह जो चाहता है वही करता है। लेकिन ब्राह्मण को वह हिरण्य-पात्र के साथ ही मधुग्रह देता है।

यूप अष्टकोण होता है और सत्रह कपड़ों से वेष्टित होता है। उसका चषाल गोधूम का बना होता है। अर्थात् उसका शिखर गेहूँ के आटे का बना होता है। जैसे पुरुष प्रजापति के निकट है वैसे गेहूँ पुरुष के निकटतम पौधा है क्योंकि वे दोनों ही त्वक् या छिलके के विना होते हैं। नेष्टा यजमान-पत्नी को लाते हुए उसे दीक्षा के समय के वस्त्र के नीचे कुश-चण्डातक पहनने को देता है। सीढ़ी (निःश्रेणी) लगाते हैं, उस पर चढ़ता हुआ यजमान पत्नी से कहता है कि 'जाया आओ, हम साथ स्वर्ग का आरोहण करें' क्योंकि जाया अपना अर्ध होती है। यूप से वह नीचे पृथ्वी को देखता हुआ कहता है- 'पृथ्वी माता को नमस्कार'। इस तरह वह पृथ्वी को अपना मित्र बनाता है क्योंकि माता पुत्र का अहित नहीं करती और न पुत्र माता का। (यूप से) उतरकर उदुम्बर की आसन्दी पर अज ऋषभ (बकरा) की खाल पर सोना रखकर बैठता है। पहले खाल रखकर उस पर चढ़ता है फिर उसके लिए उदुम्बर की आसन्दी लाते हैं। उस पर अब ऋषभ की खाल का आस्तरण होता है।

जब सुत्यादिवस २ से १२ तक होते हैं तो सोमयाग अहीन कहलाता है। इससे अधिक सहस्रवर्ष तक जब सुत्यादिवस होते हैं, तब वे सत्र कहलाते हैं। अहीनयागों की प्रकृति द्वादशाह मानी जाती है। इसमें १२ दिन सुत्या होती है और उसके पूर्व १२-१२ दिन दीक्षा और उपसद् के होते हैं। इसका अनुष्ठान १७ से २४ आहिताग्नि ब्राह्मण करते हैं। इसमें सोलह ऋत्विक्-कर्म करते हैं, शेष अन्य सदस्य होते हैं।

सत्रों की प्रकृति गवामयन मानी जाती है। इसका सांकेतिक अर्थ सूर्य की वार्षिक परिक्रमा से बताया गया है। वर्षभर में सूर्य की नाना स्थितियों का इसमें निदर्शन होता है। पूरे संवत्सर को दो भागों में बाँट दिया जाता है और उनके बीच में विषुवत् दिवस होता है।

राजसूय बहुत सी इष्टियों, होमों, पशुबन्धों और सोमयागों का विशाल समूह है। इसको सम्पन्न करने में २ १/२ (ढाई वर्ष) लगता है। इसमें इष्टि, पशु और होम का आपेक्षिक प्राधान्य समायोजित है। इसका प्रारंभ पवित्र नाम के सोमयाग से होता है, जो अग्निष्टोम का प्रकार है किन्तु इसमें विस्तार अधिक होता है। दीक्षा, उपसद्, दक्षिणा सभी की संख्या अधिक होती है। फिर पाँच इष्टियाँ होती हैं, जिनमें पहली का नाम अनुमति इष्टि है, फिर चातुर्मास्य के पर्वों का अनुष्ठान किया जाता है। दर्शपूर्णमास इष्टियाँ भी सम्पन्न की जाती हैं। इनके अतिरिक्त अनेक होम सम्पन्न किये जाते हैं, जैसे- पंचवातीय होम या अपामार्ग होम। फिर तीन-तीन हवियों से युक्त और दो-दो

हवियों से युक्त इष्टियाँ अनुष्ठित होती हैं। रत्न हवि नाम की १२ इष्टियाँ होती हैं। मित्र और बृहस्पति के लिए इष्टि होती है। अभिषेचनीय सोमयाग किया जाता है और आठ देवसू हवियों का अनुष्ठान करते हैं। फिर सत्रह प्रकार के जलों को मिलाकर उनसे यजमान का अभिषेक किया जाता है, उसे (यजमान को) व्याघ्र चर्म पर बिठाकर तार्प्य का वस्त्र पहनाकर और धनुष-बाण हाथ में दिया जाता था। अभिषेक के बाद शुन:शेप की कथा कही जाती है। यजमान रथ में बैठकर गायों को जीतने का अभिनय करता है, राजा, (यजमान) उसका भाई, सूत, ग्रामणी और ग्रामणी का भाई द्यूतक्रीड़ा में भाग लेते हैं। फिर तीन अनुबन्ध्याओं की इष्टि होती है। संसृपा हवियों का अनुष्ठान किया जाता है। उसके अनन्तर यजमान के गले में कमल के फूलों की माला पहनायी जाती है, फिर पाँच देवताओं को पंचबिल नामक इष्टि में हवि दी जाती है। फिर १२ हवियों का और अनुष्ठान होता है। पशुयाग सम्पादित होता है। वर्ष भर रखे हुए केशों का वपन होता है। व्युष्टि-द्विरात्र नाम का अहीन सोमयाग और क्षत-धृति तथा तृष्टोम और ज्योतिष्टोम नाम के यज्ञ किये जाते थे। अन्त में चरक सौत्रामणी का अनुष्ठान होता है।

राजसूय का प्रधान कृत्य यजमान या राजा का अभिषेक है। रत्नहवियाँ उस युग के राजकीय सहायकों और अनुचरों की व्यवस्था प्रदर्शित करता है। ये १२ रत्नी कात्यायन के अनुसार इस प्रकार हैं- यजमान, सेनापति, पुरोहित, महारानी, सूत, ग्रामणी, क्षत्ता, संग्रहीता, अच्छावाक, गोविकर्त्ता, दूत या पालागल एवं परिवृक्ती। गायों की विजय चिरातीत युग के उस युग का चित्रण करती है जब गायों के लिए युद्ध ही युद्ध का मुख्य प्रकार था।

५.२.३ : इसमें पवित्र इष्टि, अनुमति इष्टि और चातुर्मास्य विधि का वर्णन है। यह कहा गया है कि जो राजसूय से दर्विहोम का यजन करता है, वह सब इष्टियों को जीत लेता है।

५.२.४ : चातुर्मास्यों का और पंचवातीय होम का यजन होता है, जो यह बहता है, वही प्राण है। जो प्राण है वही वायु है, वही एक पवन मनुष्य के अन्दर प्रविष्ट होकर दशविध हो जाता है।

५.२.५ : यह त्रिसंयुक्त इष्टि और द्विसंयुक्त इष्टि होती है।

५.३.१ : इसमें रत्नहवि की इष्टि का विधान होता था। सेनानी इसका एक रत्न है। उसके घर से लौटकर अनीकवान् अग्नि के लिए अष्टाकपाल पुरोडाश का निर्वाप करते हैं। इसकी दक्षिणा हिरण्य है। दूसरे दिन वह पुरोहित के घर जाकर बृहस्पति के लिए चरु का निर्वाप करता है। क्योंकि बृहस्पति देवताओं का पुरोहित है। उसकी दक्षिणा शितिपृष्ठ बैल है। अगले दिन यजमान के घर में इन्द्र के लिए एकादशकपाल पुरोडाश का निर्वाप करते हैं। क्षत्रिय ही इन्द्र है। इसकी दक्षिणा वृषभ है। अगले दिन महिषी के

घर से आदित्य चरु का निर्वाप होता है क्योंकि अदिति ही देवपत्नी है और पृथ्वी है। इस हवि से वह पृथ्वी को अनपक्क्रमणी बनाता है। इसकी दक्षिणा धेनु होती है क्योंकि वही मनुष्यों की सब कामनाएँ पूरी करती है। धेनु माता है, माता की तरह ही वह मनुष्यों का भरण करती है। दूसरे दिन सूत के घर जाकर वरुण के लिए यव-चरु का निर्वाप होता है क्योंकि देवताओं का सूत वरुण है, उसकी दक्षिणा अश्व होती है। अगले दिन ग्रामणी के घर जाकर मरुतों के लिए सप्तकपाल पुरोडाश निकाला जाता है क्योंकि मरुद्गण विश् हैं, ग्रामणी वैश्य होता है। उसकी दक्षिणा चितकबरा बैल होता है। अगले दिन क्षत्ता के घर जाकर सविता के लिए बाहर कपाल या आठ कपालों का पुरोडाश निकाला जाता था। इसकी दक्षिणा श्येतअनड्वान होता था। अगले दिन संगृहीता के घर जाकर अश्विनों के लिए द्विकपाल पुरोडाश निकालते थे। उसकी दक्षिणा जुड़वा बैल है। अगले दिन भागदुघ के घर जाकर पूषा के लिए चरु निकालते थे क्योंकि पूषा देवताओं का भागदुघ है। उसकी दक्षिणा श्याम बैल है। फिर अगले दिन अच्छावाक गोविकर्त्ता के घर से गवेधुक इकट्ठा करके यजमान के घर से गवेधुक के चरु को निकालते हैं। उसकी दक्षिणा दुरंगा बैल होता है तथा जिसके अगले पैर शिति* और पूँछ के बाल भी उसी रंग के हों, इसके अतिरिक्त खड्ग या पंजेवाली छुरी, बालों की रस्सी से बँधा हुआ फड़ (अक्षावपन) है। अगले दिन पालागल के घर जाकर अध्वा के लिए आज्य की आहुति देता है। उसकी दक्षिणा बैल के चमड़े से वेष्टित धनुष और चमड़े के बने तूणीर और लाल साफा है। इस प्रकार से एकादश रत्नों का सम्पादन करके वह रत्न हवियों से राजा बनता है और अन्त में राजा परिवृत्ती के घर जाकर निर्ऋति के लिए चरु का निर्वाप करता है। पुत्रहीन पत्नी परिवृत्ती है। वह काले चावलों को नाखून से निकाल करके उनका चरु पकाता है। उसकी दक्षिणा है, काले रंग की गाय जो कि बूढ़ी और दुर्बल है।

५.३.३. : देवसू हवियों का अनुष्ठान जिसमें अग्नि, सोम के लिए पशु और पुरोडाश के पश्चात् देवसू हवि दी जाती है। सविता के लिए, अग्नि गृहपति के लिए, सोम वनस्पति के लिए, बृहस्पति के लिए, रुद्र पशुपति के लिए, मित्र सत्य के लिए वरुण धर्मपति के लिए। धर्मपति का पद ही परम पद है। यजमान के लिए स्तुति की जाती है कि उसे महान् जानराज्य प्राप्त हो, वह सब प्रजा का शासक होता है, किन्तु ब्राह्मणों का राजा सोम होता है, ब्राह्मण उसका आद्य (शोषणीय) नहीं होता।

५.३.४ : राजा के अभिषेक के लिए वह सत्रह प्रकार के जल का संभरण करता है। पहले प्रकार का जल सरस्वान् का होता है, फिर पशु या मनुष्य के धँसने पर सामने की ओर उठनेवाली और वैसे ही पीछे जानेवाली लहरों का जल; स्यन्दमान जल; प्रतिस्यन्दमान धारा का जल, हटती और फिर जुड़ती धारा का जल, समुद्र की लहरों का जल, भँवर का जल, स्थावरजल, धूप में वर्षा का जल, तालाब का जल, सर और

* शिति सामान्यतः कृष्ण वर्ण का वाचक होते हुए भी यहाँ श्वेतवाची लिया गया है।

कूप का जल, ओस का जल, मधु, गाय के उल्ब का जल, दूध, घी, दही, यह सत्रह प्रकार के होते हैं। वह उनमें मरीचियों को अंजलि में लेकर मिलाता है।

सत्रह प्रकार के जल तैयार किये जाते हैं क्योंकि प्रजापति सप्तदश हैं। इनमें सोलह प्रकार के जल के लिए सोलह आहुति होती है, पर सत्रहवें सारस्वत के जल के लिए आहुति नहीं होती है।

५.३.५ : माध्यन्दिनसवन में अभिषेक करते हैं। शार्दूल की खाल बिछाते हैं फिर पार्थ हवि का होम होता है। पृथी वैन्य मनुष्यों में सबसे पहले अभिषिक्त हुआ था, उसकी इच्छा थी कि सब अन्नाद्य का मैं अवरोध करूँ। ये द्वादश हवि होती हैं। अभिषेचनीय पात्र पलाश, उदुम्बर, न्यग्रोधपाद और अश्वत्थ के होते हैं। हवियों से उन्हें स्वच्छ करते हैं, मन्त्र पढ़ते हैं, जिनमें सूर्य की रश्मियों और तेज का उल्लेख है।

'अग्नि से धूम होता है धूम से बादल, बादल से वृष्टि। इसी प्रकार ताप से वृष्टि होती है।' उसे वस्त्र पहनाते हैं। एक तार्प्य का (रेशमी) वस्त्र होता है एक पांड्व (विना रँगे ऊन का) फिर अधिवास पहनाया जाता है, फिर उष्णीष, फिर उसे धनुष देते हैं, तीन बाण देते हैं। इसके पश्चात् आविद् या देवताओं की अनुमति के लिए आवेदन किया जाता है। प्रजापति, अग्नि, इन्द्र, मित्र, वरुण, द्यावापृथिवी, अदिति, इन सब की अनुमति माँगी जाती है।

५.४.१ : केशवान् पुरुष के मुख में लोहायस घुमाया जाता है (लोहायस का अर्थ है— लाला लोहा अर्थात्-ताँबा) इससे वह मृत्यु को पार करता है। उसकी मृत्यु बुढ़ापे से ही होती है। बालवाले पुरुष को लिया जाता है, क्योंकि वह न तो स्त्री है; न पुरुष, क्योंकि ताँबा न लोहा है, न सोना। इससे दिशाओं के समारोहण के लिए कहा जाता है। शार्दूल की खाल के पिछले भाग में राँगा रखते हैं। उसको पैर से ठुकराता है। यह कहकर कि नमुचि का सिर ठुकराया गया। नमुचि नाम का असुर था, जिसको इन्द्र ने मारा था। इन्द्र ने पैर से दबा कर उसके सिर को कुचल दिया था। उसके सिर से राक्षस पैदा हुआ और चिल्लाया कि कहाँ भागोगे और कहाँ छुपोगे। इन्द्र ने राँगे से मार भगाया। क्योंकि राँगा कोमल और लचीलेपन से रहित होता है *(मृदु सृतजवं)*। सोने में यह गुण नहीं होता है। फिर उसको (राजा को) चीते की खाल पर चढ़ाता है। उसके नीचे सोने का टुकड़ा फेंकता है, एक दूसरा स्वर्ण जिसमें सौ या नौ छेद होते हैं, उसे वह अपने सिर पर रखता है। फिर वह बाँहें उठाता है।

५.४.२ : पूर्वाभिमुख खड़े हुए यजमान का अभिषेक करते हैं- सामने से अध्वर्यु या उसका पुरोहित, शेष ऋत्विज् पीछे से। 'सोम के द्युम्न से तुम्हें अभिषिक्त करते हैं, अग्नि के भ्राजस् से, सूर्य के वर्चस् से, इन्द्र के इन्द्रिय (पराक्रम) से क्योंकि वह क्षत्रों का क्षत्रपति, राजाओं का अधिराज है।'

शार्दूल चर्म पर विष्णु-क्रम चलवाता है। प्रिय पुत्र के लिए ब्राह्मण के पात्र में शेष अभिषेक-जल डालकर देता है।

५.४.३ : जो उसका अपना होता है उसकी सौ अथवा अधिक गायें आहवनीय के उत्तर में स्थापित की जाती हैं। रथ को निकट लाकर, मोड़कर उसमें चार घोड़े जोतते हैं, रथ पर आस्थित होकर धनुष्कोटि से गाय हाँकता है। गोस्वामी को उतनी या अधिक गायें लौटा देता है। वह छीनने का क्रूरकर्म नहीं करता।

५.४.४ : मैत्रावरुणी पयस्या का प्रचरण होता है। उसके बाद कुश आसन्दी के ऊपर यजमान बैठता है और नीचे प्रजा। यह आसन्दी खदिर की बनी और सच्छिद्र होती है और बाँधने के लिए चमड़े के फीतों से युक्त होती थी, जैसे- भरत जन के राजाओं की होती थी। फिर उस पर अधिवास बिछाते हैं तथा उस पर उसे बैठाते हैं। कन्धों के बीच में छूकर वह जपता है कि व्रत धारण करके वह बैठ गया है क्योंकि राजा धृतव्रत होता है। वह सब कुछ बोलने के लिए या सब कुछ करने के लिए स्वतंत्र नहीं होता। जो ठीक है, वही उसे कहना है। जो ठीक है, वही उसे करना है। राजा और श्रोत्रिय यही मनुष्यों में धृतव्रत हैं। इसीलिए वह कहता है कुटुम्बी बस्तियाँ ही प्रजा हैं, उन पर ही साम्राज्य स्थापित होता है।

फिर उसके हाथ में पाँच पाँसे डालता है ताकि वह पाँच दिशाओं को जीते, फिर उसकी पीठ पर मौन रहते हुए दण्डों से प्रहार करते हैं। इस दण्ड-प्रहार से दण्डवध मिट जाता है, इसलिए राजा अदण्ड्य है। (वस्तुतः यह दण्ड-प्रहार राजा को धर्म के अधीन सूचित करता है।) वह वर माँगता है- 'ब्रह्मन्! मैं ब्रह्मप्रसूत वाक् बोलूँ। तुम ब्रह्मा हो' वह (ब्रह्मा) उत्तर देता है- 'तुम ब्रह्मा हो, सविता हो और सत्यप्रसव (प्रेरणा) हो।' फिर दुबारा वह ब्रह्मन् कहकर सम्बोधित करता है और वह भी उससे कहता है, 'हे ब्रह्मन्! तुम ब्रह्मा हो, वरुण हो, सत्य खोजवाले हो।' तीसरी बार उसे ब्रह्मन् कहकर सम्बोधन करता है। वह उत्तर देता है- 'तुम ब्रह्मा हो, इन्द्र हो, प्रजा तुम्हारा ओज, प्रजा ही तुम्हारा बल है।' चौथी बार पुकारता है- 'हे ब्रह्मन्, वह उत्तर देता है- 'तुम ब्रह्म हो, तुम ब्रह्मा हो और कृपालु रुद्र हो।' पाँचवीं बार फिर वही सम्बोधन करने पर उसे उत्तर मिलता है कि 'तुम ब्रह्मा हो' किन्तु इस बार उत्तर अनिरुक्त होता है क्योंकि जो निरुक्त होता है वह परिमित होता है, इसलिए इसके पहले जो पराक्रम कर आधान किया था, इस बार वह अनिरुक्तचित्त रह अपरिमित पराक्रम का आधान करता है। फिर वह उसको मांगलिक नाम से बुलाता है। फिर ब्राह्मण उसे स्फ्य, जो कि खड्गाकार होता है, देता है। यह भी वज्र का प्रतीक है। इस वज्र के द्वारा ब्राह्मण राजा को अपने से दुर्बल बनाता है किन्तु इसलिए कि वह अपने शत्रुओं से बली हो जाता है। फिर राजा उसे अपने भाई को देता है और उसे अपने से कमजोर बना देता है। राजभ्राता सूत को या स्थपति को देता है और उन्हें अपने से दुर्बल बना देता है। सूत या स्थपति ग्रामणी को देता है और उसे अपने से दुर्बल बना देता है,

ग्रामणी उसे अपने बिरादरों को देता है और उन्हें अपने से कमजोर बना देता है। फिर अध्वर्यु पाँसे फेंकता है। अग्नि के अंगारे ही हैं, जो ये पाँसे हैं।

५.४.५ : इसमें संसृपाहवि, दशपेय और उपसद्याग हैं। एक बार जब वरुण का अभिषेक हो रहा था तो उसका तेज *(भर्ग:)* दूर चला गया। यज्ञ या विष्णु ही उससे हट गया। जो संभृत जलों का रस उसके अभिषेक में प्रयुक्त हुआ उससे ही उसका तेज कट गया। तब वरुण भर्ग या तेज के पीछे देवताओं के साथ संसर्पित हुआ। सविता, सरस्वती, त्वष्टा, पूषा, इन्द्र, बृहस्पति, वरुण, अग्नि, सोम और विष्णु इन दश देवताओं से उसने उसको पा लिया। इसलिए इसको संसृप नाम देते हैं और चूँकि दसवें दिन वह प्रसूत होता है इसलिए उसे दशपेय कहते हैं। यह इसलिए था कि दस-दस, एक-एक पात्र के पीछे प्रसर्पण करते हैं। दस सोमपायी पितामहों को गिनाकर वह प्रसर्पण करे, किन्तु दो या तीन से अधिक सोमपायी पितामहों को ढूँढ़ना कठिन है। इसलिए इन्हीं दस देवताओं को गिनाकर प्रसर्पण करना चाहिए। उससे ही वह सोपमान को प्राप्त करता है।

फिर इन हवियों का निर्वाप करता है- सविता, सरस्वती, पूषा, इन्द्र, बृहस्पति, वरुण, अग्नि, सोम और विष्णु के लिए। आग्नेय अष्टाकपाल पुरोडाश पूर्व की ओर रखकर ऐन्द्र एकादशकपाल पुरोडाश या सौम्यचरु दक्षिण की ओर तथा वैश्वदेवचरु पश्चिम और मैत्रावरुणी पयस्या को आगे की ओर रखता है और बार्हस्पत्यचरु को मध्य में रखता है। इसलिए यह पंचबिल नामक चरु है। इससे यजमान पाँच दिशाओं को जीतता है। इन सब हवियों की अलग-अलग दक्षिणाएँ हैं।

५.५.२ : प्रयुजों के लिए १२ हवि होती है। प्रयुज का अर्थ है, गाड़ी में जुतने वाले जोड़ीदार। उनसे वह ऋतुओं को ही जोतता है। ऋतु ही युक्त होकर वहन करती है। १२ मास होते हैं संवत्सर के, अत: वे १२ होते हैं। प्रतिमास उनका यजन करें, ऐसा एक मत है। कुछ कहते हैं कि मनुष्य के जीवन का क्या ठिकाना है? जैसे- एक गाड़ी की खूँटी से दूसरे गाड़ी की खूँटी तक की दूरी पार करके इन हवियों को दे (अर्थात् अत्यल्प अन्तर से इन बारह हवियों को दे)। किन्तु ऐसा भी न करें। छ: पूर्व हवियों को समान कुशों के साथ ही निकाले जैसे- शिशिर में जोतकर पूर्व की ओर वर्षा ऋतु तक जाते हैं। ऐसे ही छ: ऋतुओं के साथ जुता हुआ मानकर होम करते हैं। छ: ही हवियों का निर्वाप उत्तर की ओर करता है, जब तक वह लौटता है। पहले कुरु पांचालवासी कहते थे कि ऋतुएँ युक्त होकर हमारा वहन करती हैं अथवा हम प्रयुक्त ऋतुओं का अनुसरण करते हैं, उनके जो राजसूययाजी राजा थे, वे कहते थे। (तात्पर्य यह है कि पहली छ: हवियाँ एक साथ दी जाती थीं, सायण के अनुसार, कुरु-पांचाल के राजा हेमन्त में पूर्व की ओर युद्ध के लिए निकलते थे और वर्षारम्भ के पूर्व लौट आते थे।) पहली छ: हवियाँ हैं- आग्नेय अष्टाकपाल पुरोडाश, सौम्यचरु, सावित्र द्वादशकपाल या अष्टाकपाल पुरोडाश, बार्हस्पत्य-चरु, त्वाष्ट्रदशकपाल पुरोडाश,

वैश्वानर द्वादशकपाल, बाद के छः चरु हैं- सारस्वत, पौर्ष्ण, मैत्रचरु, क्षेत्रपत्यचरु, आरुणचरु और आदित्यचरु। श्येनी को अदिति के लिए और पृषती को महती के लिए बलि देते हैं।

५.५.३ : अभिषेचनीय इष्टि के बाद केश-वपन नहीं करता। उससे पराक्रम होता है। साल भर तक केश नहीं काटता क्योंकि व्रतचर्या संवत्सर सम्मित होती है। वह आसन्दी से उपानह पहन कर उतरता है, उनके साथ ही यान या रथ पर बैठता है। राजसूययाजी जीवनपर्यन्त नंगे पैर पृथ्वी पर नहीं खड़ा होता।

५.५.४ : अश्विनों के लिए श्वेत अज, सरस्वती के लिए अवि, इन्द्र के लिए वृषभ, इन तीन पशुओं की बलि दी जाती है चूँकि ऐसे पशुओं का मिलना कठिन होता है, इसलिए बकरों की ही बलि दी जाती है। उन्हें पकाना भी आसान होता है। त्वष्टा के एक पुत्र का जिसके तीन सिर, छः आँख और तीन मुख थे, इसलिए उसे विश्वरूप कहते थे। उसका एक मुख सोम, दूसरा सुरा पीता था तथा तीसरा और कुछ खाने के लिए था। इन्द्र उससे द्वेष करता था उसने विश्वरूप के सिर काट दिये। सोम पीनेवाला मुख कपिञ्जल बन गया क्योंकि कपिञ्जल भी बभ्रू होता है, जैसे-सोम। सुरा पीनेवाला मुख कलविंक बन गया और वह नशे में कहता है- *कः एव*। जो तीसरा मुख था वह तीतर बना, वह विश्वरूप था क्योंकि उसमें घी और मधु के धब्बे उसके मुख पर ऐसे पड़े थे जैसे तीतर के पंख हों। त्वष्टा को क्रोध आया कैसे मेरे पुत्र को मारा। उसने सोम का आवाहन करने में इन्द्र का वर्जन किया, जैसे- सोम का रस निकाला गया है, ऐसे ही इन्द्र वर्जित हो गया। इन्द्र ने सोचा- इन्होंने मुझे सोम से बाहर कर दिया। उसने विना बुलाये ही जबरदस्ती द्रोण कलश के सोम को पी लिया किन्तु सोम ने इन्द्र की हिंसा आरम्भ की। उसके सब प्राणों से वह बह निकला सिर्फ मुख से नहीं निकला, इसीलिए प्रायश्चित्त हो सका है। चार वर्ण हैं- ब्राह्मण, राजन्य, वैश्य और शूद्र। इनमें से कोई भी सोम का वमन नहीं करता, यदि कोई करे तो प्रायश्चित्त होगा। जो उसके नाक से बहा वह सिंह बन गया, जो कानों से बहा भेड़िया बन गया, जो वाक् और प्राण से बहा वह शार्दूल-प्रधान श्वापद बन गया और जो ऊपर के अंगों से बहा वह च्वाया (परिस्रुत्) हुआ था। इन्द्र ने तीन बार थूका उससे कुवल, कर्कन्धु (घुमची) और बदर बना। इन्द्र सर्वथा क्षीण हो गया। वह सोम से अभिचारित होकर घर (लड़खड़ाता हुआ) गया। तब अश्विनों ने उसकी चिकित्सा की। इस तरह बचाये जाने के कारण इन्द्र को सूत्रामा कहा गया। उसी के लिए सौत्रामणी का अनुष्ठान है। अश्विन्, सरस्वती और इन्द्र इन तीन के लिए पशु-बलि होती है। उसमें सिंह, वृक और शार्दूल के लोम लगाते थे, किन्तु ऐसा न करें। क्योंकि उन पशुओं का अनुसंधान उल्का द्वारा किया जाता था। पहले दिन परिस्रुत् का सन्धान करे। सुरा के ग्रह मुख्यतया सौत्रामा इन्द्र के लिए होता था। परिस्रुत् को कुश से स्वच्छ करता और उसमें कुवल, कर्कन्धु और बदर के सत्तू डालता है।

५.५.५ : त्रैधातवी इष्टि

इन्द्र और विष्णु के लिए द्वादशकपाल पुरोडाश का निर्वाप करते हैं। पहले वृत्र में ही ऋक्, यजुष्, साम सब कुछ था। इन्द्र उसे वज्र से मारना चाहता था। उसने विष्णु से कहा—'मैं वृत्र पर वज्र से प्रहार करूँगा, तुम मेरे पास खड़े रहना।' विष्णु ने कहा—'अच्छी बात है। मैं तुम्हारे पास रहूँगा। तुम प्रहार करो।' इन्द्र ने वज्र उठाया, वृत्र डर गया। उसने कहा—'यह मेरा पराक्रम है, तुम्हें देना चाहता हूँ, मेरे ऊपर प्रहार न करो।' यह कह कर उसे यजुष् दे दिया, फिर इन्द्र ने वज्र उठाया तब उसने ऋक् दिये तीसरी बार उसने साम दिया। उसके पास जो विद्याओं का आशय था उसको काट कर दे दिया, वही यह इष्टि है। विद्या त्रिविध होने के कारण उसका नाम त्रैधातु हुआ। इसमें इन्द्र और विष्णु की हवि होती है।

अग्निचयन

छठे से दसवें काण्ड तक अग्निचयन की विधि और उसके रहस्य का निरूपण है।

अग्निचयन और उससे जुड़ी हुई विद्याएँ अथवा उपासनाएँ कर्मकाण्ड और ज्ञानकाण्ड के बीच सेतु बनाती हैं। अग्निचयन में विशेष विधियों से अग्नि की स्थापना बतायी गयी है और यहाँ संग्रहार्थक 'चि' धातु से चयन की निष्पत्ति की जाती है। साथ ही अग्निचयन में वेदि का निर्माण अनेक स्तरों में होता है, जिन्हें भी 'चिति' कहा जाता है। 'चयन' और 'चिति' प्राय: समानार्थक हैं और उनका अर्थ विशेष रूप से चुनी हुई इष्टकाओं पर अग्नि की स्थापना है। इष्टकाओं के विशेष चयन के द्वारा अग्निचयन सम्पन्न होता है। मीमांसासूत्रों में (२.३.२१-२३) चयनाधिकरण में यह स्पष्ट किया गया है कि अग्निचयन कोई पृथक् याग नहीं बल्कि अग्नि का संस्कार मात्र है। तात्पर्य यह है कि अग्निचयन अनेक प्रकार के सोमयागों की आख्या है, जिनमें वेदि के निर्माण में विशिष्ट विधि-विधान से इष्टका-चयन होता है, सामान्यतया इस प्रकार की वेदि का आकार उड़ते हुए पक्षी का होता है।

साथ ही अग्निचयन का सम्बन्ध रहस्यात्मक विद्या से भी है। इस दृष्टि से 'चिति' शब्द की व्युत्पत्ति संज्ञानार्थक 'चित्' धातु से की जा सकती है। भगवान् शङ्कराचार्य ने कठोपनिषद् भाष्य में नाचिकेत अग्नि के विज्ञान और चयन का फल ज्ञान-कर्म-समुच्चय के अनुष्ठान से वैराज पद की प्राप्ति बताया है, अर्थात् अग्निचयन ज्ञान और कर्म का समूह है, जैसा उपासनाओं में होता है। प्रारम्भ में यज्ञ का जो सरल हृदयग्राही उपासनात्मक रूप था, जिसमें याजक देवता को पुकारता था उसका भक्तिपूर्वक स्मरण और कीर्तन करता था और उसके लिए अपने स्वत्व का कुछ अंश अर्पित करता था, वह सरल रूप क्रमश: जटिल विधि-विधान में निमग्न हो गया और यज्ञ एक व्यवस्थित विहित कर्म बन गया, जिसमें प्रत्येक कर्म और कर्मांश की अदृष्टपरक व्याख्या एक जादुई वातावरण उपस्थित कर देती है और यज्ञ को ज्ञान और भक्ति से दूर कर देती है। क्रमश: ब्राह्मणों में फिर से एक पुरोहित वर्ग में यह बोध जागा कि

यज्ञानुष्ठान में विश्व के मूलतत्त्व और सृष्टिविज्ञान का प्रतिबिम्बन ही उसका पारमार्थिक पक्ष है और उसका ज्ञान या विद्या ही समूचे अनुष्ठान का प्राण है। इस दृष्टि से अग्निचयन की प्रक्रिया में प्रतीकात्मकता और विशद् हो गयी एवं इस रहस्य के ज्ञान या विद्या को ही अग्निचयन के द्वारा सम्पाद्य सोमयागों में सर्वस्वभूत माना जाने लगा। अग्निचयन से वैदिक उपासनाकाण्ड स्पष्ट रूप में प्रकट होता है।

अग्निचयन के द्वारा नाना सोमयागों का सम्पादन होता है। इसमें जो अग्निचयन का अंश है, उसके दो मुख्य अंग हैं, एक तो प्रारम्भ में पाँच पशुओं की बलि और दूसरे विशेष विधि-विधान से विशेष आकार के पात्र और ईंटों की रचना करके उनसे पाँच प्रस्तरों में पक्षी के आकार में वेदि का निर्माण। पाँच पशु हैं, पुरुष, वृषभ, अश्व, अवि और अज। इनके विषय में यह विधान था कि इन पाँच पशुओं में से सिर्फ अज से ही पशुयाग सम्पन्न होता था, शेष की खोपड़ियों का 'चिति' के आसन के रूप में प्रयोग होता था। उनके कबन्ध तालाब में फेंक दिये जाते थे। पुरुष के विषय में यह विधान है कि युद्ध आदि में मारे गये किसी शव को लेना चाहिए। किन्तु वास्तव में यह विधान भी कालात्यस्त था। याज्ञवल्क्य का स्पष्ट विधान है कि अज ही पाँचों पशु है, वही एक पर्याप्त है। पाँच पशु प्रारम्भ में इसलिए कहे जाते थे क्योंकि पाँच की संख्या सम्पूर्णता की द्योतक थी *(पाङ्क्तः पशुः)*। यह कहा गया है पुरुष सर्वोत्तम पशु है और प्रजापति के नेदिष्ठ (निकटतम) है। जैसा कि पुरुषसूक्त में स्पष्ट है विराट् पुरुष ने ही यह सृष्टि की है और वह उसमें अनुप्रविष्ट है, यही बात अग्नि के लिए भी कही गयी है। अग्नि, प्रजापति का क्रियात्मक रूप है। इस सृष्टि के मूलभूत सर्वव्यापी अग्नि, प्रजापति, पुरुष या आत्मा का ही प्रतीक पशु या पुरुष है क्योंकि पुरुष ने स्वयं अपनी हवि देकर ही सृष्टिरूपी यज्ञ का सम्पादन किया था। उस यज्ञ का प्रतिरूपण ही अग्निचयन में किया जाता है। जिन पक्षियों के रूप में क्रिया जाता है, उन पक्षियों के आकार की चिति बनती थी। उनमें सुपर्ण ही मूलभूत था यद्यपि एक मत से श्येन ही प्रथम प्रतिमान था, किन्तु यह मत श्रद्धेय नहीं है। कुछ अन्य चितियाँ ऐसी भी थीं जिनमें अन्य प्रकार के भी आकार बनते थे, जैसे—चक्र या मण्डल अथवा जिनमें बहुत कम ईंटे प्रयुक्त होती थीं या उनके स्थान में केवल जल प्रयुक्त होता था।*

यह स्मरणीय है कि पक्षी जीव का अत्यन्त प्राचीन प्रतीक है। प्रागैतिहासिक काल में भी मृद्भाण्डों पर वह जीव को चित्रित करता है। सूर्य दिव्य सुपर्ण के रूप में कल्पित था और चक्र एक प्रसिद्ध सौर प्रतीक है। शतपथ के अनुसार सुपर्णचिति में कुल मिलाकर १०८०० लोकम्पृणा और ३९५ यजुष्मती ईंटों का उपयोग होता था। कात्यायन श्रौत-सूत्र की परम्परा में कुल संख्या १११७० है जिसमें यजुष्मती ३७० हैं (*कात्यायन श्रौतसूत्र*, भूमिका, पृ० ६२)। अन्य सन्दर्भ में एक सहस्त्र ईंटों का उल्लेख मिलता है। (तु० फ्रित्स शताल, *सायंस ऑव रिचुअल,* पृ० ५९) इष्टकाओं के आकार-प्रकार और सुविनियोजन अलग-अलग ढंग से विहित हैं।

---

* मेरी, *ओरिजिन्स,* पृ० २७९-८०

अग्निचयन में प्रयुक्त इष्टकाओं के नाम, आकार एवं संख्या

(संक्षिप्त विवरण : *पं० विद्याधर शर्मा द्वारा प्रस्तुत सारणी के अनुसार**)

इष्टकाओं के नाम		इष्टकाओं की लम्बाई, चौड़ाई एवं ऊँचाई	इष्टकाओं की संख्या
१	*पद्या*	बारह अंगुल लम्बी, वर्गाकार और छः अंगुल ऊँची	७५२
२	*अर्द्धपद्या*	छः अंगुल लम्बी, वर्गाकार और छः अंगुल ऊँची	१८०
३	*पादोनपद्या*	बारह अंगुल वर्ग का एक कोना चौथाई हिस्सा कटा और छः अंगुल ऊँची	२
४	*जङ्घामात्री*	अठारह अंगुल वर्गाकार और छः अंगुल ऊँची	५०
५	*अध्यर्द्धा*	अठारह अंगुल लम्बी, बारह अंगुल चौड़ी और छः अंगुल ऊँची	१११
६	*अर्द्धोत्सेधापद्या*	बारह अंगुल वर्गाकार और तीन अंगुल ऊँची	१८
७	*अर्द्धोत्सेधा अर्द्धपद्या*	बारह अंगुल लम्बी, छः अंगुल चौड़ी और तीन अंगुल ऊँची	१२
८	*पादभागा*	छः अंगुल वर्गाकार और छः अंगुल ऊँची	९२६६
९	*त्रिग्राहिणी*	चौबीस अंगुल लम्बी, अठारह अंगुल चौड़ी और छः अंगुल ऊँची	७०
१०	*अर्द्धपादभागा*	छः अंगुल लम्बी, तीन अंगुल चौड़ी और छः अंगुल ऊँची	६७८
११	*बृहती*	चौबीस अंगुल वर्गाकार और छः अंगुल ऊँची	६
१२	*वक्रा*		८
१३	*अर्द्धबृहती*	चौबीस अंगुल लम्बी, बारह अंगुल चौड़ी और छः अंगुल ऊँची	४
१४	*चतुर्भागा*	तीन अंगुल वर्गाकार और छः अंगुल ऊँची	१२
		कुल योग	**१११६९**

* विस्तृत विवरण के लिए द्र० *कात्यायन श्रौतसूत्रम्*, सम्पा० विद्याधर शर्मा, संवत् १९८७ संस्करण।

६.१.१ : प्रारम्भ में असत् ही था, यह प्रश्न किया गया कि असत् क्या था? ऋषि ही वे असत् थे। ऋषि कौन थे? वे प्राण ही थे। उन्होंने ही प्रारम्भ में श्रम से, तप से इसे प्राप्त किया। जो मध्यम प्राण है, वही इन्द्र है क्योंकि वह अपने बल से अन्य प्राणों को समृद्ध करता है। इसलिए वह इन्द्र कहलाता है। इद्ध होते हुए यह इन्द्र है क्योंकि देवता परोक्षप्रिय हैं उन्होंने सात पुरुषों की अलग-अलग सृष्टि की। फिर उन्होंने उन सात को एक कर दिया, नाभि के ऊपर दो, नाभि के नीचे दो, दो पार्श्वों में और एक प्रतिष्ठा के रूप में और एक आधार के रूप में। जो इन सात पुरुषों की श्री या रस था उसको उन्होंने उठाकर उसका सिर बना दिया। इसलिए इस सिर में ही सब प्राण आश्रित होते हैं। आश्रित होने के कारण वे श्री कहलाते हैं और जिसमें प्राण आश्रय लेते हैं—वह शरीर है। वह पुरुष ही प्रजापति हो गया, जो वह पुरुष प्रजापति हुआ वही यह अग्नि है, जिसका चयन किया जा रहा है। यह जो सप्तात्मक पुरुष है इसमें उसकी चार आत्मा हैं—वह स्वयं, दो उसके पक्ष और पुच्छ हैं। जो अग्निचयन में उन सात पुरुषों का सार निहित होता है वह उसके सिर में संगृहीत रहा है। उस पुरुष प्रजापति ने इच्छा की कि मैं बढ़ूँ और आगे पुन: उत्पन्न होऊँ। उसने श्रम और तप से पहले ब्रह्म की सृष्टि की जो कि त्रयी विद्या है। फिर उसने वाक् से जल की सृष्टि की। सर्वव्यापक होने के कारण वाक् ही जल है। वह त्रयी विद्या के साथ जल में प्रविष्ट हुआ और अण्डाकार हो गया। उसमें से पहले त्रयी विद्यात्मक ब्रह्म उत्पन्न हुआ। यह उस पुरुष का मुख सृष्ट हुआ। जो उसके अन्दर गर्भित था, उसकी अग्नि के रूप में सृष्टि हुई। फिर उसके अश्रु से अश्व उत्पन्न हुआ। उसके नाद से रासभ गधा पैदा हुआ।* जो उसके कपाल में रस था, उससे अज पैदा हुआ और जो कपाल था, वह पृथ्वी हो गया। (कपाल से तात्पर्य अण्डे के छिलके से है)। फिर उसने इच्छा की कि वह जल के ऊपर पृथ्वी की सृष्टि करे। उसने पृथ्वी को दबाकर जल में निचोड़ा *(प्राविध्यत्),* उससे बाहर जो रस क्षरित हुआ, वह कूर्म बन गया। जो ऊपर उद्वाहित हुआ वह जल से उत्पन्न यह सृष्टि है। शेष पृथ्वी जल में विलीन हो गयी। उसने फिर इच्छा की कि मैं और बढ़ूँ और प्रजार्थ होऊँ तब उसने श्रम और तप से फेन की सृष्टि की। फेन से ही जलोढ़ मिट्टी, सूखी मिट्टी, रेह, रेत, कंकड़, पत्थर, लोहा, सोना, पौधे और पेड़ इन सब की सृष्टि कर पृथ्वी को ढँक दिया। ये नौ सृष्टियाँ हैं। *(मृदं शुष्काऽपमूषसिकतं शर्करामश्मानमयोहिरण्यमोषधिवनस्पत्यसृजत—श०ब्रा०, ६.१.१३)*। यह नवधा सृष्टि त्रिवृत् अग्नि ही है। (अग्नि त्रिवृत् है और अपने को उत्पन्न करने के कारण वह नवधा हो जाती है।) पृथ्वी अपने को सम्पूर्ण मानकर गाती है, इसीलिए वह गायत्री है। उसके पीछे होने के कारण अग्नि भी गायत्री है।

---

* **अश्व सूर्य का प्रतीक है, जैसे—अश्वमेध में। रासभ गर्जनकारी तत्त्व है। यह स्मरणीय है कि वर्तमान सृष्टि-विज्ञान में एक आद्य अण्ड के विस्फोट से सृष्टि मानी जाती है। प्रस्तुत विवरण में सृष्टि के मूल में अण्ड से ज्योति और महारव का प्रादुर्भाव बताया गया है। रव या नाद का इस प्रसंग में वर्णन आगमिक परम्परा में प्रचुर रूप से मिलता है। इन पशुओं की खगोलीय व्याख्या भी संगत है। द्र० विश्वनाथ विद्यालंकार, *शतपथ०* (सं० २०४२), पृ० ६-११**

६.१.२ : प्रजापति ने फिर सृजन की इच्छा की। अग्नि और पृथ्वी के मिथुन से अण्ड उत्पन्न हुआ, वह पुष्ट हुआ तब उसके गर्भ से वायु उत्पन्न हुई, उसके आँसू से पक्षी और उसके कपाल (अन्तरिक्ष) के रस से मरीचियाँ।

उसने फिर सृष्टि की कामना की वायु से अन्तरिक्ष का मिथुन हुआ उससे अण्ड बना, अण्ड से आदित्य की सृष्टि हुई। उसके अश्रु से अश्म (रंग-बिरंगा पत्थर या मिटियारिक स्टोन?) कपाल के रस से रश्मियाँ और कपाल द्यौः बना।

फिर सृजन की इच्छा से आदित्य और द्यौः का मिथुन होकर अण्ड बना जिससे चन्द्रमा उत्पन्न हुआ। उसके आँसू नक्षत्र बने और कपाल के रस से अवान्तर दिशाएँ तथा कपाल से दिशाएँ बनीं। इन लोकों की सृष्टि करके उसने चाहा कि उन प्रजाओं की सृष्टि करूँ जो इस लोक में मेरी हों। उसने मन से वाक् का मिथुन उत्पादित कर आठ वसुओं को पृथ्वी पर उत्पन्न किया, उसी मिथुन से एकादश रुद्रों को अन्तरिक्ष में, उसी मिथुन से द्वादश आदित्यों को द्युलोक में, उसी मिथुन से विश्वेदेवाः को दिशाओं में। इसमें कहा गया है कि अग्नि के सृष्ट होने पर वसुओं की सृष्टि हुई, उन्हें पृथ्वी पर उपाहित किया गया है। वायु के पीछे रुद्रों की अन्तरिक्ष में और आदित्य के पीछे आदित्यों की द्युलोक में, विश्वेदेवाः और चन्द्रमा दिशाओं में उपाहित हुए। यह भी कहते हैं कि प्रजापति लोकों की सृष्टि करके पृथ्वी में प्रतिष्ठित हुआ, उनके लिए ये पौधे और ये पके अन्न हैं। उन्हें खाकर सगर्भ हुआ और उसने अपने ऊर्ध्व प्राणों से देवताओं की सृष्टि की और निचले प्राणों से मरणशील जन्तुओं की। जैसे भी हो प्रजापति ने ही इस सब कुछ का सृजन किया है। प्रजा की सृष्टि करके वह जैसे दौड़कर विस्रस्त हो गया, मध्य से उसका प्राण बाहर निकल गया। इस पर देवताओं ने उसे छोड़ दिया। उसने अग्नि से कहा—'तुम मुझे जोड़ दो।' अग्नि ने कहा कि 'मुझे क्या फायदा होगा'? उन्होंने कहा कि 'तुम्हारे साथ मेरा नाम लेंगे, जैसे—पुत्र से पिता या पितामह का नाम लेते हैं'। अग्नि ने उसे जोड़ दिया, इसलिए प्रजापति होते हुए उसे अग्नि कहते हैं। उसने (प्रजापति) कहा—'तुम्हें मैं कहाँ रखूँ'। उसने कहा—'उपहित में (रखे हुए अथवा कल्याण में) क्योंकि प्राण ही सब जीवों के लिए हित है।' इसलिए कहते हैं क्या हित है? क्या उपहित है? प्राण ही हित, वाक् उपहित है, प्राण में ही वाक् उपहित है। प्राण हित है, अंग उपहित है। प्रजापति ही अग्नि के रूप में चित्य था। यह यजमान के लिए चेतव्य होने के कारण ही चित्य है। (चेतव्य ज्ञातव्य होने के कारण ही यजमान के लिए चित्य, संग्राह्य है।) प्रजापति की पाँचकाया विस्रस्त हो गयी थी—लोम, त्वक्, मांस, अस्थि और मज्जा। यही पाँच चितियाँ हैं। जो वह प्रजापति विस्रस्त हुआ वही यह संवत्सर है, उसकी काया ही ये पाँच ऋतुएँ हैं। जो यह अग्निचयन में रखी जाती हैं, वही यह अग्नि है। यह भी कहा है कि प्रजापति के विस्रस्त होने पर देवताओं ने अग्नि से कहा कि पिता प्रजापति की चिकित्सा करो, उसने कहा कि मैं इन सब में अनुप्रविष्ट हूँ। इसीलिए प्रजापति को भी अग्नि कहते हैं (अग्नि प्रजापति में प्रविष्ट हुआ)। अग्नि में देवताओं ने आहुति दी और प्रजापति की

चिकित्सा की, जो-जो आहुति दी गयी वह-वह पक्व इष्टका बनकर प्राप्त हुई क्योंकि इष्ट से सम्भूत है, इसलिए इष्टका है; इसीलिए अग्नि से इष्टका को पकाते हैं, इसीलिए अग्नि से पकाना उसे आहुति ही देना है। अक्ताक्ष्य ने कहा था, जो ढेर सारी यजुष्मती इष्टकाओं को पाये या जाने, वह अग्नि का चयन करे। उससे वह पिता प्रजापति की चिकित्सा करता है। ताण्ड्य ने कहा, 'यजुष्मती इष्टका क्षत्र है, लोकम्पृणा विश् है क्योंकि खानेवाले से अन्न अधिक होता है, इसलिए लोकम्पृणा विश् है।'

वस्तुत: पिता और पुत्र के रूप में प्रजापति और अग्नि एक ही हैं। अग्नि का चयन क्यों होता है, क्योंकि वह देवता सृजन व्यापार में विस्रंसित हुआ और उससे रस निकल कर इसी पृथ्वी पर बह गया। जहाँ देवताओं ने उसका संस्कार किया उसी पृथ्वी पर अग्नि का संस्कार किया। यह पृथ्वी ही एक इष्टका है। (सृजन में एक बहिर्मुख होकर अनेक होता है, एकता बिखर जाती है, आत्मा अनात्मवत् हो जाती है। अग्निचयन में प्रत्याहार और समाधान से पुन: वह अखण्ड एकता स्थापित होती है।) अब प्रश्न यह उठता है कि यदि एक ही ईंट पृथ्वी के रूप में है तो फिर पाँच इष्टकाएँ क्या हैं? पहली मृण्मयी है, जो मिट्टी के उपादान से बनती है, दूसरी पशिवष्टका है जो पशुशीर्ष के विधान से निष्पन्न होती है। तीसरी हिरण्य इष्टका है जो रुक्मपुरुष से निष्पन्न होती है, चौथी वानस्पत्य इष्टका है, जो उलूखल, मूसल से निष्पन्न होती है। पाँचवीं अन्नेष्टका है, जो पुष्करपर्ण पर कूर्म है, दधि, मधु, घृत आदि अन्न हैं। यह प्रश्न होता है कि कितने पशु अग्नि में आहुत होते हैं, उसे पाँच भी कहते हैं अथवा एक कहने पर हवि अभिप्रेत होती है, दो कहने पर जल और मृत्तिका अथवा गाय ही पशु कही जाती है क्योंकि ये सब लोक गौ ही हैं, क्योंकि वे सब चलते हैं। फिर यह कहते हैं कि किसलिए अग्नि का चयन किया जाता है? तब कुछ लोग उत्तर देते हैं कि वह सुपर्ण बनकर द्युलोक में ले जाती है। लेकिन ऐसा नहीं समझना चाहिए। प्राण ही इस रूप में प्रजापति हुए, इस रूप के द्वारा प्रजापति ने देवताओं का सृजन किया। इस रूप से देवता अमर हुए।

६.१.३ : प्रजापति इसके पहले अकेले थे। उन्होंने जल की सृष्टि की, जल से फेन, फेन से मृत्तिका, उससे सिकता, सिकता से शर्करा; उससे अश्मा, उससे अयस्, उससे हिरण्य उत्पन्न हुए। बहुत ध्मात होने पर अयस् ही हिरण्यसंकाश हो जाता है (इससे सिद्ध होता है कि 'अयस्' का अर्थ ताँबा है।) भूमि इनकी प्रतिष्ठा हुई और उसी में सब प्राणी प्रतिष्ठित हुए। सब भूतों का पति संवत्सर हुआ, उषा उसकी पत्नी हुई। संवत्सर और उषा से कुमार का जन्म हुआ। प्रजापति ने कुमार के नाम दिये—रुद्र, शर्व, पशुपति, उग्र, अशनि, भव, महादेव, ईशान, आदित्य। इनमें आठ अग्नि के रूप हैं, नवाँ कुमार। इसलिए इसी संवत्सर का चयन करना चाहिए।

६.२.१ : इसमें पाँच पशुओं की बलि का विधान है। ये पाँच पशु हैं—पुरुष, अश्व, गो, अवि और अज। कहा गया है कि प्रजापति ने इन पाँच पशुओं की बलि दी, विश्वकर्मा के लिए पुरुष की, वरुण के लिए अश्व की, इन्द्र के लिए ऋषभ की व

त्वष्टा के लिए अवि की, अग्नि के लिए अज की। उन पशुओं के सींग उनके सिरों में थे इसलिए उन्हें काटकर उपधान किया गया। उनके धड़ या कुसिन्ध जल में बहा दिये गये, उसी जल से मिट्टी लेकर इष्टका-निर्माण किया गया। किन्तु ईंटों को अग्नि में पकाकर अमृत बनाया गया। पशुशीर्षों को नीचे रखकर चितियों का चयन होता है। ये ईंटें सांकेतिक रूप से उन सिरों के साथ धड़ों को संयुक्त करती हैं।

कुछ लोग कहते हैं कि जैसे-तैसे पशुशीर्षों को प्राप्त करके उनको उपहित कर दिया जाय क्योंकि वे मरे हुए तो हैं। किन्तु वे अनाप्रीत हैं। इसी तरह आषाढ सौश्रोमतेय के लिए किया गया। वह तुरंत मर गया (ये सिर अनभिषेकपूर्वक प्राप्त हुए)। कुछ लोग सोने के और कुछ मिट्टी के सिर रखते हैं किन्तु सोने के सिर अमृत के नहीं, अनृत के होते हैं। क्योंकि जो इन पशुओं को उत्सन्न मानते हैं उनकी प्रतिष्ठा उत्सन्न हो जाती है। इन्हीं पाँच पशुओं की बलि प्रजापति ने दी थी।

किन्तु इस प्रकार की बलि का प्रथम याजक प्रजापति और अन्तिम याजक श्यापर्णसायकायन ही था। अब सिर्फ दो ही पशुओं का आलम्भ (बलि) होता है—प्राजापत्य अज और वायव्य अवि। (इससे स्पष्ट है कि पुरुष समेत पाँच पशुओं की बलि एक चिरोत्सन्न इतिहास मात्र था वस्तुतः अज की ही बलि होती थी, सम्भवतः पुरुष की बलि उस प्राचीन युग की है, जब जनजातीय गणों के पारस्परिक युद्ध में बंदी किये गये लोग मारे जाते थे। इस प्रकार की परम्परा अन्य प्राचीन सभ्यताओं में पायी जाती है, उदाहरण के लिए ऐज़टेक (Aztec) जाति में सूर्य के लिए पुरुष-बलि। किन्तु वैदिक साहित्य में इसके वास्तविक प्रचार का प्रमाण नहीं मिलता है।

६.२.२ : अकेले अज में पाँचों पशुओं के लक्षण हैं। यह तूपर (विना सींग के) लप्सुदी अर्थात् दढ़ियल होता है, यह पुरुष का रूप है। वह तूपर है और केसरवान् है, यह अश्व का रूप है। वह अष्टाशफ होता है, यह गाय का रूप है। उसके शफ अवि के समान हैं, अतः अवि का रूप है। अज तो स्वयं है ही। फाल्गुनी पूर्णिमा संवत्सर की पहली रात्रि है, तभी यह बलि देनी चाहिए। अष्टका के दिन उखा का संभरण करते हैं। (उखा अग्नि रखने के लिए मिट्टी का बड़ा बर्तन होता था, जिसका निचला हिस्सा निधि है, उस पर दो बार उसके शेष भाग जोड़े जाते थे। प्रत्येक संधि स्थल पर स्पष्ट उभार 'उद्धी' कहलाता था। ऊपर मेखला होती थी, बर्तन के कई कोने होते थे, इसमें कई स्तर बनाये जाते थे। इसमें अग्नि को निरन्तर प्रज्वलित रखा जाता था।)

६.२.३ : पाँच चितियाँ बनायी जाती थीं, जिनमें पहली, तीसरी और पाँचवीं पृथ्वी, अन्तरिक्ष और द्युलोक की प्रतीक थीं। इन तीनों के बीचोबीच एक स्वाभाविक छेद वाली ईंट रखी जाती थी, जिसे स्वयमातृण्णा कहते हैं।

६.३.१ : देवताओं ने प्रेरणा दी कि *चेतयध्वं, चितिमिच्छत* 'समझो और चयन करो' तो सविता ने सावित्रों का दर्शन किया। जिस तालाब में शव फेंके जाते थे उससे मिट्टी लाकर पहले आहवनीय से पूर्व की ओर एक चौकोर गड्ढे में रख दी जाती थी।

अश्व, गर्दभ और अज को ले जाकर उन पर बाँस की खुरपी से खोदकर वह मिट्टी निकाल कर लायी जाती थी। (यह कहा गया है कि अभ्रि या खुरपी स्त्री होती है, स्त्री किसी की हिंसा नहीं करती वह शांति देती है।)

(जिन ईंटों का चयन में प्रयोग होता था उनमें सामान्य ईंटों का नाम लोकम्पृणा और विशिष्ट का नाम यजुष्मती है। यजुष्मती ईंटों के अनेक प्रकार हैं जो अलग-अलग चिह्नों से पहचाने जाते थे, उनके आकार और प्रमाण भिन्न होते थे। शुक्लयजुर्वेदीय शाखा में १४ प्रकार की ईंटों का उल्लेख है—पद्या, अर्द्धपद्या, पादोनपद्या, जंघामात्री, अध्यर्द्धा, अर्धोत्सेधापद्या, अर्द्धोत्सेधा अर्द्धपद्या, पादभागा, त्रिग्राहिणी, अर्धपादभागा, बृहती, वक्रा, अर्धबृहती और चतुर्भागा।)

उत्तरवेदि के ऊपर ईंटों द्वारा अग्नि का चयन किया जाता था। इस स्थल को अग्नि-केन्द्र माना जाता था। प्रथम चिति का आरम्भ दर्भस्तम्ब के उपधान से होता है। दर्भस्तम्ब के ऊपर पुष्करपर्ण रखा जाता है, उसके ऊपर रुक्म, रुक्म के ऊपर हिरण्यपुरुष का उपधान है। हिरण्यपुरुष के दक्षिण और उत्तर में स्त्रुचाओं का आधान होता था, इसके ठीक ऊपर स्वयमातृण्णाएँ रखी जाती थीं। इनके छेद में दूब डाली जाती थी, जो दूर्वेष्टका कहलाती थी। उसके पूर्व में द्वियजुष् नाम की पद्या ईंट रखी जाती थी। उसके पूर्व में रेत:सिच् नाम की दो पद्या ईंटे, उनके पूर्व में विश्वज्योति नाम की पद्या ईंट रखी जाती थी। उसके पूर्व में ऋतव्या में दो पद्या ईंट, उसके पूर्व में अषाढा नाम की एक पद्या ईंट, उसके दक्षिण में कूर्म रखा जाता था। उसे दही, मधु और घृत से अभिव्यंजित किया जाता था। उसके उत्तर में खल और मूसल रख दिये जाते हैं। एक उखा में पाँच पशु सिरों को रखा जाता है, इसे पशुइष्टका कहते हैं। इसके बाद पाँच अपस्या और १५ छन्द:स्या नाम की ईंटें रखी जाती थीं। ५० प्राणभृत् नाम की ईंटे रखी जाती थीं। कुछ कुम्भों का भी विधान होता है। कुछ अन्य विशिष्ट प्रकार की ईंटों का भी आधान होता है। इन सब ईंटों के रिक्त स्थान में लोकम्पृणा ईंटें रख दी जाती हैं। प्रथम चिति में १९२९ लोकम्पृणा ईंटें रखी जाती हैं और ७७ यजुष्मती। द्वितीय चिति में अश्विनी नाम की पाँच ईंटे रखते हैं—ऋतव्या, प्राणभृत्, अपस्या, छन्द:स्या आदि ईंटों के अतिरिक्त १५९० लोकम्पृणा ईंटें प्रयुक्त होती थीं। तृतीय चिति में १९५० लोकम्पृणा और ७० यजुष्मती ईंटें होती हैं। चतुर्थ चिति में १९५० लोकम्पृणा ईंटें होती हैं। पाँचवीं चिति में २९२२ लोकम्पृणा और १३४ यजुष्मती ईंटें रखी जाती थीं।*

जैसा पहले कहा जा चुका है कि पूरी चिति का आकर किसी उड़ते हुए पक्षी का होता था, इसमें सुपर्ण जो सूर्य का प्रतीक है, वही मूल प्रतिमान था। किन्तु इस विषय में अनेक अन्य आकारों का विवरण मिलता है। तैत्तिरीय संहिता** में छन्दश्चिति,

---

* द्र० *कात्यायन श्रौत-सूत्र,* भूमिका, पृ० ६३; विश्वम्भरनाथ त्रिपाठी, *अग्निचयन,* पृ० ९४ और आगे; विश्वनाथ विद्यालंकर, *शतपथ ब्राह्मणस्य अग्निचयन-समीक्षा,* पृ० ६२ और आगे

** द्र० तैत्तिरीय संहिता* ५.४.११, (आनन्द आश्रम संस्करण, जि० ८, पृ० ३५६४)

श्येनचिति, कंकचिति, अलजचिति, प्रउग या रथचक्रचिति, उभयतः प्रउगचिति, रथचक्रचिति, द्रोणचिति, परिचाय्य और श्मशानचिति का विभिन्न प्रयोजनों के लिए उल्लेख मिलता है।

अग्निचयन का तात्त्विक विचार विशेषकर शतपथ में अग्निरहस्य नामक दशम काण्ड में मिलता है। आधिदैविक दृष्टि में अग्निचयन प्रजापति का प्रतिरूपण है, प्रजापति सूर्य और अग्नि के रूप में विश्व में अनुप्रविष्ट सर्जनात्मक शक्ति है। यद्यपि सृष्टि कामनापूर्ति के रूप में होती है और जीवित अवस्था में मनुष्य भोगार्थी रहता है पर वह इस बात की अपेक्षा नहीं कर सकता है कि संवत्सररूपी कालचक्र उसे निरन्तर मृत्यु की ओर ले जा रहा है। मृत्यु के बाद अमृतत्व प्राप्त करने के लिए प्रजापति, अग्नि, सूर्य, संवत्सर का प्रतिरूपण करते हुए अग्निचयन इस आशा से प्रेरित है कि मृत्यु के बाद वैराज पद की प्राप्ति होगी। इस प्रक्रिया में ज्ञान और कर्म का संयोग रहता है किन्तु ज्ञान का महत्त्व बढ़ने से कर्म प्रतीकात्मक होने लगता है। अग्निचयन का परिणाम द्रव्यविधान के निमित्तमात्र से प्रतीकात्मक उपासना में होता है। अनेक उपनिषदों में इन उपासनाओं से प्रारम्भ किया गया है।

१०.१.३ : प्रजापति ने प्रजाओं का सृजन किया। अपने ऊर्ध्व प्राणों से देवताओं का और निचले प्राणों से मरणशील प्रजाओं का। ऊपर से ही उसने प्रजाओं की भक्षक मृत्यु का सृजन किया। प्रजापति का आधा मरणशील था, आधा अमर, जो उसका मध्य भाग था वह मृत्यु से डरकर पृथ्वी में प्रवेश कर गया और मिट्टी-पानी बन गया। मृत्यु ने देवताओं से पूछा—'कहाँ है वह, जिसने हमें पैदा किया था, तुम्हारे डर से वह अन्दर छिप गया।' उसने कहा कि हम ढूँढेंगे उसको, उसका पता लगायेंगे, मारेंगे नहीं। देवताओं ने पानी और मिट्टी से उसको निकाला और इष्टका बना दिया। यही पाँच उसकी मरणशील काया है—लोम, त्वक्, मांस, अस्थि, मज्जा। उसकी अमृत काया है—मन, वाक्, प्राण, चक्षु और श्रोत्र। वह प्रजापति यही अग्नि है, जिसका चयन होता है। उसकी यह मिट्टी की चितियाँ *(पुरीषचितयः)* ही मर्त्यकाया है। वह इष्टकाचिति अमृतकाया है। देवताओं ने कहा—'इसे अमृत कायाओं से घेर कर मर्त्य को अमृत बनायेंगे। ऐसे ही उन्होंने दूसरी, तीसरी और चौथी को भी इष्टकाचितियों से घेरा। पाँचवीं को नीचे फैलाकर उसके ऊपर मिट्टी डालते हैं, उस पर विकर्णी और स्वयमातृण्णा रखते हैं, फिर हिरण्य के टुकड़े बिखेरते हैं। उसके अनन्तर उस पर अग्नि का उपधान करते हैं, वही सप्तमी चिति होती है। वह अमृत होती है। इस प्रकार जैसे मर्त्यकाया को अमर्त्यकायाओं से घेरने के प्रतीक के रूप में मिट्टी की काया को इष्टकाचितियों से घेर दिया तब वह प्रजापति अमृत हो गया वैसे ही यह यजमान अपने आपको अमृत करके अमृत हो जाता है। (तात्पर्य यह है कि मनुष्य की मरणशील काया यज्ञ से प्राप्त इष्टका-चिति द्वारा अमृतत्व को प्राप्त होती है। इस प्रकार के चिन्तन का निदर्शन उन सभी युगों और सभ्यताओं में मिलता है जहाँ मृतकाया के लिए भव्य शवायतन बनाये जाते हैं, जैसे—पिरामिड)।

१०.१.४ : आरम्भ में प्रजापति में दोनों ही था, मर्त्य और अमर्त्य। उसके प्राण ही अमृत थे और शरीर मर्त्य। उसने इस कर्म से अपने को अजर-अमर बना दिया, ऐसे ही यजमान भी है, उसके प्राण अमर हैं, शरीर मरणशील, इस यज्ञकर्म से वह अपने को अमर बनाता है। उसकी पहली चिति प्राणमयी होती है। उसमें जो मिट्टी डालते हैं, वह मज्जा है। दूसरी चिति अपान है, वह अमृत है, उसके ऊपर वह अमृत चिति है। उसके दोनों तरफ मर्त्यचिति है। जो मिट्टी उस पर डालते हैं वह अस्थि ही है, वह मरणशील है। तीसरी चिति व्यान की है। उस पर मर्त्यचिति स्नायु है। चौथी चिति उदान है, उसके ऊपर मांस की पुरीषचिति है। पाँचवीं चिति समान है, उस पर पुरीषचिति मेदस् है। छठी चिति वाक् है, उस पर पुरीषचिति असृक् (रुधिर) है। ये छः इष्टकाचिति हैं और छः पुरीषचिति हैं, ये बारह हुए। संवत्सर १२ महीनों का होता है। जो कि अग्नि है प्रजापति, वह अजर-अमर है। ऐसे ही यजमान भी। क्योंकि वह विकर्णी और स्वयमातृण्णा पर हिरण्य शकल डालता है और अग्नि का अभ्याधान करता है, अतः वह प्रजापति का ही रूप है। इसलिए कहते हैं प्रजापति हिरण्य है। इसलिए यजमान भी अन्ततः अपना रूप हिरण्यमय करता है। अग्निचयन का कर्त्ता मृत्यु के बाद हिरण्यमय हो जाता है। शाण्डिल्य और सप्तरथवाहणि जो कि आचार्य और शिष्य थे, इनमें बहस हुई। शाण्डिल्य ने कहा—'वह उसका रूप है।' सप्तरथवाहणि ने कहा—'नहीं, उसके लोम हैं।' शाण्डिल्य ने कहा—'रूप लोम-युक्त भी होता है, अलोमक भी होता है, अतः वह रूप है।' जैसा शाण्डिल्य ने कहा वही सही है। हिरण्यमय काया की भास्वर किरणें उसके लोम हैं। यह कहते हैं कि यहाँ अग्नि में क्या किया जाता है जिससे यजमान पुनर्मृत्यु प्राप्त नहीं करता है। वह अग्नि देवता ही बन जाता है। अर्थात् जो अग्नि का चयन करता है, वह देवता बन जाता है क्योंकि अग्निदेवता है।

त्रयोदश काण्ड : अश्वमेध

अश्वमेध एक अत्यन्त प्राचीन सोमयाग की विधा है, जिसमें अश्व मुख्य सवनीय पशु है। इसका अधिकारी राजा, विशेषतः सार्वभौम राजा था। ऋत्विग्-वरण और ब्रह्मौदनपाक से इसका आरम्भ होता था, राजा और रानियाँ प्राग्वंशशाला में प्रवेश कर रात बिताते हैं और अगले दिन पथिकृत् अग्नि के लिए इष्टि होती है। अश्व को सरोवर में नहला कर बाँधा जाता है और दस आहुतियाँ दी जाती हैं। सविता के लिए तीन इष्टियाँ होती हैं और वीणागाथक यजमान की प्रशंसा में गाते हैं। फिर यज्ञीय अश्व सौ अश्वों के साथ सैनिकों की संरक्षकता में यथेष्ट भ्रमण के लिए छोड़ दिया जाता है।

सारस्वत इष्टियों और वीणागान के पश्चात् पारिप्लव-स्तोत्र का शंसन होता है, फिर प्रक्रम और धृति होम होते हैं। यह क्रम प्रतिदिन वर्ष भर तक चलता रहता है।

अश्व के लौट आने पर १२ दीक्षा, १२ उपसद् और ३ सुत्याओं से युक्त अहीन सोमयाग अनुष्ठित होता है। गरुडचिति का भी निर्माण होता है। २१ अरत्नि के २१ यूप

गाड़े जाते हैं। नाना वृक्षों के अन्य यूप भी स्थापित होते हैं। प्रथम सुत्या अग्निष्टोम संस्था की होती है, दूसरी सुत्या उक्थ्य संस्था की होती है। अश्व के शरीर में रस्सियाँ लपेट दी जाती हैं और उनसे अश्व के विभिन्न अंगों से अनेक अन्य पशु बाँधे जाते हैं। यूपों के बीच में अनेक आरण्य पशु-पक्षी रखे जाते हैं जो पर्यग्निकरण के पश्चात् छोड़ दिये जाते हैं। अश्व के संज्ञपन के बाद उसके समीप महिषी लेटती है और ऋत्विजों एवं रानियों का संवाद होता है। ब्रह्मोद्य भी आयोजित होता है। तीसरे दिन तृतीय सुत्या अतिरात्र संस्था की होती है। फिर अवभृथ स्नान, अनुबन्ध्या इष्टि और उदवसानीय इष्टि होती है। उदवसानीय के बाद राजा-रानियों की दासियाँ ऋत्विजों को दे दी जाती हैं।

अश्वमेध के अनुष्ठान में नाना अन्य यागों के समाहार के अतिरिक्त विशेष बातें तीन हैं। एक, तो अश्व का संवत्सर-पर्यन्त यथेष्ट भ्रमण कर लौटना; दूसरा, इस अन्तराल में गाथा-गान और पारिप्लव-आख्यान का वाचन, तीसरी विशेषता है कि संज्ञप्त अश्व को लेकर रानियों और उनकी सेविकाओं के साथ ऋत्विजों के भोंड़े मजाक। अश्व का परिभ्रमण आधिभौतिक स्तर पर राजा की दिग्विजय का संकेत है। इसी रूप में अश्वमेध इतिहास में विदित है। महत्त्वाकांक्षी राजाओं में पुष्यमित्र से लेकर सवाई जयसिंह तक अश्वमेध का अनुष्ठान किया था। मुख्य अश्व के साथ सौ और भी अश्व होते थे। उनके साथ रथी के रूप में सौ बख्तरबन्द राजपूत, सौ तरकस से लैस राजन्य धनुष-बाण लिये, सौ सूत ग्रामणी के पुत्र दण्ड (लाठी) लिये, सौ क्षत्ता और संगृहीताओं के पुत्र, किन्तु आधिदैविक स्तर पर अश्व का घूमना सूर्य के परिभ्रमण का प्रतीक है। इसीलिए विरूप अश्व लिया जाता था, जिसमें काला और सफेद दोनों रंग होते थे, जो दिन और रात में सूर्य के दो पक्ष द्योतित करते हैं।

वीणागाथी ब्राह्मण और क्षत्रिय दोनों होते थे, ब्राह्मण दिन के समय और क्षत्रिय रात्रि के समय। जिस समय प्रयाजों का अनुष्ठान होता है, उस समय ब्राह्मण वीणागाथी दक्षिण की ओर से उत्तरमन्द्रा को बजाता हुआ अपनी रची हुई तीन गाथाएँ गाता है। पारिप्लव-आख्यान इस दिन तक नया-नया कहा जाता था और फिर दोहराया जाता था। अश्व को छोड़ने के पश्चात् वेदि के दक्षिण की ओर सोने का मृदु आसन बिछाया जाता था, उस पर होता बैठता था। होता से दक्षिण की ओर सोने की कुर्सी पर यजमान बैठता था। उसके दक्षिण की ओर ब्रह्मा, उद्गाता, सोने के मृदु आसन पर (सोने के आसन पर मृदु गद्दी बिछाकर) बैठते थे। पूरब से पश्चिम की ओर अध्वर्यु सोने की कुर्सी (कूर्च) या सोने के फलक या चौकी के ऊपर। सबके बैठ जाने पर अध्वर्यु बात शुरू करता है—'होता पुरानी बातें कहो, पुरानी बातों से यजमान को परिचित करो।' प्रेरित होने पर होता अध्वर्यु को सम्बोधित करता है, पारिप्लव-आख्यान को कहते हुए—'मनु वैवस्वत राजा था, मनुष्य उसकी प्रजा थी। वह यहाँ बैठी है, अश्रोत्रिय गृहस्थ एकत्र हैं।' फिर उनको ऋचाओं का उपदेश करता है—कहता है कि ऋचाओं का वेद है, उसके किसी सूक्त की व्याख्या करता हुआ-सा आगे बढ़ जाता है। उसके साथ

वीणागाथक होते हैं। अध्वर्यु उन्हें निर्देश देता है कि यजमान को पुराने अच्छे कार्यों के करनेवाले राजाओं की गाथा सुनाओ, वे वैसे ही गाते हैं। दूसरे दिन फिर सावित्र इष्टियों के पूरे हो जाने पर होता को सम्बोधित कर अध्वर्यु कहता है—'वैवस्वत राजा था, पितर उसकी प्रजा थी, वे यहाँ पर हैं।' बूढ़े लोगों को उपदेश देता है कि यह यजु:वेद है, उसके एक अनुवाक को कहता हुआ उठ जाता है। तीसरे दिन वह कहता है कि वरुण आदित्य राजा था, उसकी प्रजा गंधर्व है, वे यहाँ हैं और वे जो अलंकृत युवा हैं, उन्हें उपदेश देता है कि यह अथर्ववेद है। चौथे दिन कहता है—'सोम वैष्णव राजा है, अप्सरा उसकी प्रजा है' और जो सुन्दर युवतियाँ उपस्थित होती हैं, उन्हें आङ्गिरस-वेद का उपदेश देता है। पाँचवें दिन कहता है—'अर्बुद काद्रवेय राजा है, सर्प उसकी प्रजा है।' वह उपस्थित सर्प प्रजा को सर्पवेद विद्या का उपदेश देता है। छठें दिन कहता है—'कुबेर वैश्रणव राजा है, राक्षस उसकी प्रजा है और जो वहाँ पापी डकैत (अलग से) बैठे हैं, उन्हें देवजनविद्या के वेद का उपदेश देता है।' सातवें दिन कहता है—'असित धान्व राजा है, असुर उसकी प्रजा हैं, वे यहीं बैठे हैं।' जो सूदखोर हैं, उन्हें उपदेश देता है मायावेद का। आठवें दिन कहता है कि 'मत्स्य समद राजा है, उदक जलचर उसकी प्रजा है।' मछुओं को वह इतिहासवेद का उपदेश देता है। नवें दिन कहता है—'तार्क्ष्य वैवस्वत राजा है, पक्षी प्रजा हैं, पक्षीविद्या के ज्ञाता को पुराणवेद का उपदेश देता है।' दसवें दिन कहता है कि 'धर्म इन्द्र राजा है, देवता उसकी प्रजा है, वे यहीं हैं जो दान न लें, वे श्रोत्रिय, उन्हें सामवेद का उपदेश देता है।' यह पारिप्लव है।

अश्वमेधयाजियों की यशोगाथाएँ भी सुनायी जाती थीं, जिनमें कुछ शतपथ में उल्लिखित हैं, इन्द्रोतदैवाप शौनक ने पारीक्षित जन्मेजय को अश्वमेधयज्ञ कराया था, जिससे वह ब्रह्महत्या के पाप से मुक्त हुआ। यह इस गाथा में अभिगीत है। जनमेजय ने धान्य और सुवर्ण से पूर्ण, धान्यभक्षी, स्वर्ण से युक्त और सुनहरी माला पहने हुए काली चित्तीवाले घोड़े को देवताओं के लिए आसन्दीवत् में बाँधा था।

१३.५.४ : भीमसेन, उग्रसेन और श्रुतसेन नाम के पारीक्षितीय राजाओं के विषय में भी गाथा है कि पारीक्षित यजमानों ने अश्मेधों के द्वारा पापकर्म छोड़कर पुण्यकर्म से पुण्य प्राप्त किया। पर आट्नार ने अभिजित् अतिरात्र से यज्ञ किया। वह कोशल का राजा था। उसके विषय में गाथा है कि आट्नार के पुत्र पर ने यज्ञीय अश्व को बाँधा। कोशल के हैरण्यनाभ ने सब दिशाओं को (दान से) पूर्ण कर दिया। पुरुकुत्स दौर्गह ने विश्वजित् अतिरात्र का अनुष्ठान किया, वह इक्ष्वाकुवंशी राजा था। मरुत्त आविक्षित ने महाव्रत अतिरात्र का अनुष्ठान किया, वह आयोगव राजा था। पांचाल ने आप्तोर्याम अतिरात्र का यजन किया। (पहले पाँचालों को क्रिवि कहते थे।) परिवक्रा उनकी राजधानी थी। मत्स्य के राजा ध्वसन्द्वैतवन ने अनेक सोमयाग किये, जहाँ द्वैतवन सर है। इसके विषय में गाथा है कि राजा द्वैतवन ने संग्राम में विजित १४ घोड़ों को इन्द्र के लिए बाँधा। भरत दौष्यन्ति ने सोमयाग का अनुष्ठान किया। उसके लिए गाथा है

कि भरत दौष्यन्ति ने यमुना के किनारे ७८ और गंगा में ५५ अश्वमेध किये। यह भी कि सौद्युम्नि ने १३३ अश्वमेध किये। तीसरी गाथा भी है कि शकुन्तला नाडपिती नामक अप्सरा ने भरत को जन्म दिया, जिसने हजार से अधिक अश्वमेधों से समस्त पृथ्वी को जीता। चौथी गाथा भी है। भरत के समान न पहले कोई हुआ, न बाद में। पाँचों जन में कोई उसके बराबर नहीं हुआ।

शिवक्नों के राजा ऋषभ याज्ञतर ने एकविंश स्तोम से यज्ञ किया। पंचालों के राजा सोम सात्रासाह ने त्रयस्त्रिंशस्तोम से यज्ञ किया। सात्रजित शतानीक ने काशिराज का अश्व लेकर अश्वमेध किया। तब से काशी के राजा अग्न्याधान नहीं करते, यह कहते हुए कि हमारा सोम छीन लिया गया है।

जहाँ तक यह प्रसंग है कि संज्ञप्त अश्व के पास महिषी लेटती थी और उससे गर्भ धारण का नाट्य करती थी और उस अवसर पर ऋत्विक् गण रानियों और उनकी दासियों के साथ अश्लील परिहास करते थे, इसको पुरानी लोकप्रचलित रूढ़ि पर आधारित प्रथा माना जा सकता है। स्वयं शतपथ ब्राह्मण में अन्यत्र इसकी अन्य प्रकार से व्याख्या की गयी है। (इसके लिए द्रष्टव्य *शतपथ ब्राह्मण;* काण्ड १३, अध्याय २; ब्राह्मण ८-९)।

अश्वमेध के अन्त में ब्रह्मोद्य आयोजित होता है, इसका उदाहरण है कि होता अध्वर्यु से पूछता है कि कौन अकेला चलता है? वह उत्तर देता है—'सूर्य अकेला चलता है।' फिर अध्वर्यु होता से पूछता है, 'सूर्य के समान ज्योति किसकी है?' वह उत्तर देता है कि ब्रह्म सूर्य के समान ज्योतिवाला है। ब्रह्मा उद्गाता से पूछता है कि मैं तुम्हें जानने के लिए पूछता हूँ—वह उत्तर देता है उन तीन स्थानों में मैं हूँ। उद्गाता ब्रह्मा से पूछता है—'किन के अन्दर पुरुष ने प्रवेश किया है?' ब्रह्मा उत्तर देता है—'पाँच के अन्दर।' ये कहने के बाद सदस्य उठकर पूर्व की ओर यजमान के पास आते हैं। फिर ऐसे ही प्रश्नोत्तर चलते रहते हैं।

पुरुषमेध

अध्याय ६ : पुरुष नारायण ने इच्छा की मैं सब भूतों के ऊपर उठूँ, मैं यह सब कुछ हो जाऊँ। उसने यह पञ्चरात्र यज्ञ पुरुषमेध के रूप में देखा और उसका अनुष्ठान किया। इसमें २३ दीक्षा और १२ उपसद् एवं ५ सुत्या होती है। वह ४० रात का होता है क्योंकि ४० अक्षरों का विराट् होता है। इसमें ११ अग्नीषोमीय पशु उपवसथ के दिन बलि में दिये जाते हैं। पहले दिन अग्निष्टोम होता है फिर उक्थ्य, फिर अतिरात्र, फिर उक्थ्य, फिर अतिरात्र। इस प्रकार उसके दोनों ओर से ज्योति होती है।

इसका नाम पुरुषमेध इसीलिए है क्योंकि इसमें पुरुषों की बलि मानी गयी है। इसमें कुल १८४ पुरुष अनेक यूपों में बाँधे जाते हैं। मध्य यूप में ब्राह्मण आदि ४८ पुरुष, शेष दस यूपों में ११-११ पुरुष, बाकी दूसरे यूपों में २६ पुरुष बांधे जाते थे। सविता की तीन आहुतियाँ दी जाती हैं फिर बलि की तैयारी होती है, ब्रह्म के लिए ब्राह्मण की,

क्षत्र के लिए राजन्य की, मरुतों के लिए वैश्य की, तप के लिए शूद्र की (क्योंकि शूद्र तप हैं)। आज्य से आहुति देते हैं। बाँधे हुए पुरुषों के दक्षिण के पुरुष से ब्रह्मा पुरुषसूक्त से स्तुति करता है। उनके इस पर्यग्निकरण के बाद वे असंज्ञप्त अवस्था में ही छोड़ दिये जाते हैं (उत्सर्जन)। फिर वाक् ने कहा—'हे पुरुष! मारो मत, यदि मारोगे तो पुरुष ही पुरुष को खायेगा।' इसलिए पर्यग्निकृत उन लोगों को छोड़ देवता आहुति से ही प्रसन्न हुए। *(पुरुष मा सन्तिष्ठिपो यदि संस्थापयिष्यसि पुरुषऽएव पुरुषमत्स्यतीति तान्पर्य्यग्निकृतानेवोसृजत्तद्देवत्याऽआहुतीरजुहोत्ताभिस्ता देवता अप्रीणात्ताऽएनम्प्रीता-ऽअप्रीणन्सर्वैः कामैः॥ शतपथ— १३.६.१.१३॥)*

सर्वमेध

ब्रह्मा स्वयंभू ने तप किया। उसने सोचा कि तप से आनन्द क्यों नहीं मिलता? मैं प्राणियों में अपने आप का हवन करूँ और सब भूतों का अपने आप में। इस प्रकार सब भूतों में अपना हवन करके और सब भूतों का अपने में हवन करके मैं स्वराज्य को प्राप्त कर लूँगा। यह सर्वमेध यज्ञ दस रात्रियों का होता है। उसमें पहले दिन अग्नि की स्तुति में अग्निष्टोम, दूसरे दिन इन्द्र की स्तुति में उक्थ्य होता है। तीसरे दिन सूर्य-स्तुति में उक्थ्य होता है। चौथे दिन वैश्वदेव होता है। पाँचवें दिन आश्मेधिक होता है। छठें दिन पौरुषमेधिक होता है। सातवें में आप्तोर्याम। आठवें दिन त्रिणव। नवें दिन त्रयस्त्रिंशत्। दसवें दिन विश्वजित्।

राष्ट्र के अन्दर जो कुछ हो वह बस दक्षिणा में देना होता है किन्तु ब्राह्मण का धन और भूमि देय नहीं है। प्राची दिशा होता की, दक्षिण दिशा ब्रह्मा की, प्रतीची अध्वर्यु की, उदीची उद्गाता की। विश्वकर्मा भौवन ने इस तरह यज्ञ किया था। कश्यप ने उस यज्ञ को कराया था। किन्तु भूमि ने यह कहा—'मुझे कोई मनुष्य नहीं दे सकता, तुम मूर्ख हो। कश्यप के लिए तुम्हारा यह संकल्प मिथ्या है, पृथ्वी कभी नहीं दी जायगी।' इसका तात्पर्य यह है कि भूमि पर राजा का स्वत्व नहीं है, यह बात धर्मशास्त्र की परम्परा में स्वीकृत है। अर्थशास्त्र में भी राजा को प्रजा की रक्षा के लिए बलिहरण का अधिकार दिया गया है। व्यक्ति की सम्पत्ति भूमि होती थी, जैसे—ब्राह्मणों की। वह राजा के द्वारा नहीं दी जाती थी।

संहिताओं पर विचार करने से यह स्पष्ट होता है कि उनमें अर्थ एक साथ ही अनेक आयामों और स्तरों को व्याप्त किये रहते हैं। ऋचा और उसके प्रतिपाद्य विषय देवता एवं यज्ञ का एक पक्ष कर्मात्मक या अनुष्ठानात्मक होता है। यही उनका आधियाज्ञिक पक्ष है। इस स्तर पर मन्त्रों के अतिरिक्त देवताओं की कोई सार्थकता नहीं होती। मन्त्र विधि के अनुसार कर्म में विनियोज्य होते हैं और कर्म की सार्थकता अदृष्टफल में ही पर्यवसित होती है। इस स्तर पर विधि ही प्रमाण है, विहित क्रियाओं की कार्यकारण भाव की दृष्टि से विवेचना निरर्थक है। क्योंकि विधि ही नीति और धर्म की सर्वोपरि नियामक है। विधि-विधान के विषय में नैतिक प्रश्न भी

नहीं उठते, जो जैसा जिसके लिए विहित है, वही धर्म है। उस विधि-विधान में तार्किक या स्वतन्त्र नैतिक विचार अप्रासंगिक हैं। हाँ, विधि-प्रतिपादक वाक्यों की और उनके प्रतिपाद्य अनुष्ठानों की संगति, अर्थ और क्रम, गुणप्रधान भाव आदि, मीमांसाशास्त्र के तर्कों से निर्धारित होते हैं। पथ में स्वस्ति के लिए क्यों पूषा ही देवता है और क्यों उनको चरु ही दी जानी चाहिए। इस प्रकार के प्रश्नों का कोई वास्तविक उत्तर विधिवाद में नहीं मिलता। कर्मकाण्ड विधान में कर्म के पक्ष को एक सीमा तक अनुभूतिसिद्ध अथवा अनुभूतिविरुद्ध कह सकने का अवकाश है और अधिकांश में कर्मकाण्ड का प्रमाण वेद में प्रतिपादित अदृष्ट के कवच से सुरक्षित रहता है। अदृष्ट की कार्यकारणता लोकसिद्ध नहीं होती किन्तु सभी धर्मों में इस प्रकार परोक्षवाद अपरिहार्य है। इसीलिए वेद के मुख्य विरोधी चार्वाक प्रत्यक्षवादी थे।

चार्वाकों ने कर्मकाण्डी ऋत्विजों को और वेद के कर्त्ताओं के विषय में घोषित किया था कि *त्रयो वेदस्य कर्त्तारः भण्डधूर्तनिशाचराः*। अश्वमेध आदि में जो अभिमेथन का प्रसंग है, वह भण्डता का प्रमाण है। *भूयो भूयः* जो अधिकाधिक दक्षिणा पर आग्रह है और प्रत्यक्ष भौतिक पदार्थों में अप्रत्यक्ष आरोपों के द्वारा फल-प्रदायकता का वर्णन है, यह उनके अनुसार उतना ही स्फुट धूर्तता का प्रमाण है। हिंसा का व्यापक विवरण पशु-हिंसा, यहाँ तक कि पुरुष-हिंसा का विधान निशाचरता का प्रमाण है। यद्यपि आस्तिक जनता इन आरोपों को चार्वाकों की धूर्तता का प्रमाण मानती है, किन्तु इन पर विचार करना आवश्यक है। जहाँ तक पशु-हिंसा का प्रश्न है, यह एक मत से प्राचीनकाल से चलता रहा है कि पशु-वध एक विकृति है। पुरुषवध अप्रचलित था और पशुओं के साथ पुरुष को जोड़ना उनकी सम्पूर्णता निष्पन्न करने के लिए कल्पना पर आधारित है। यह भी स्मरणीय है कि समाज में देवताओं को वही भोजन दिया जाता है जो उस समाज में प्रचलित होता है। वैदिक समाज स्पष्ट ही मांसभक्षी था। जहाँ तक हिंसा का प्रश्न है, हिंसा को ब्राह्मणग्रंथों में अनैतिक माना गया और क्रूरता के कारण उसको पाप माना गया है किन्तु एक धार्मिक रूढ़ि के कारण उसे स्वीकार किया जाता था यह कहकर कि वैदिक हिंसा, हिंसा नहीं होती। इसमें कोई सन्देह नहीं है कि राजाओं या धनाढ्यों के द्वारा किये जाते हुए बड़े यज्ञों में पुरोहितों की दान-दक्षिणा भी बड़े पैमाने पर होती थी, किन्तु यह एक स्वाभाविक सामाजिक प्रवृत्ति है।

कुछ जिज्ञासु परम्परा-समादृत विधिमूलक विधिवाद या कर्मकाण्ड से सन्तुष्ट न होकर उसमें अन्तर्निहित विज्ञान या रहस्य खोजते हैं। इन्हें दो बातों से बल मिलता है, एक तो स्वयं ब्राह्मणग्रंथों में अनेकत्र निगूढ रहस्यात्मक अर्थ या विज्ञान का उल्लेख मिलता है, दूसरे आरण्यकों एवं उपनिषदों में स्पष्ट रूप से यह मत प्रतिपादित है कि इस प्रकार की यज्ञात्मक उपासना में कर्म और विज्ञान दोनों का समुच्चय रहता है। कर्म वस्तुस्थिति के अनुसार विहित होते हैं अर्थात् यज्ञविधान एक प्रतिमानभूत शाश्वत और सहज कर्मविधान का अनुकरण है। यज्ञ का मूल प्रतिमान पुरुषसूक्त में ही प्रत्यक्ष होता है। स्रष्टा पुरुष जो प्रजापति है, अपने आपको सृष्टि के क्रम में विसृष्ट और विशसित

करता है। उसका आत्म-बलिदान ही मूल यज्ञ है। उसी की स्मृति और अनुकृति में यज्ञ-विधान होता है। यहाँ यज्ञ का आधिभौतिक पक्ष उसके आधिदैविक और आध्यात्मिक पक्षों का अनुसरण करता था।

समग्र सृष्टि एक सतत यज्ञ है। प्रत्येक पिण्ड अन्य पिण्डों के साथ आदान-विसर्गात्मक क्रिया के द्वारा जुड़ा है। इसका सर्वश्रेष्ठ निदर्शन मनुष्य में प्राण का व्यापार है। विभिन्न प्रकार के प्राण-व्याप्त आहार-भेदों से मानव देह अपने बाहर से ऊर्जा ग्रहण करती है और उसे परिणामित कर प्रत्यर्पित करती है। यह अविराम प्राणक्रिया मनुष्य का मूल क्रियायोग है। इन्द्रियों के अधिष्ठाता देवता प्राण के इस यज्ञ से ही संतृप्त होते हैं। व्यष्टि के सदृश ही समष्टि के स्तर पर भी निरन्तर ऊर्जा के रूपान्तरण की क्रिया या आधिदैविक यज्ञ चलता रहता है। इसका स्थूल निदर्शन है, सूर्य के द्वारा जल का अवशोषण और उसका फिर प्रवर्षण। सामाजिक जीवन में कौटुम्बिक स्तर पर स्त्री-पुरुष के ऊर्जा संक्रमण के द्वारा सन्तानोत्पत्ति और माता-पिता के द्वारा आत्म-त्याग-पूर्वक सन्तान का भरण-पोषण इसी सहज यज्ञ का निदर्शन है, शिक्षा-संस्कृति के स्तर पर, गुरु-शिष्य के आदान-प्रदान से विद्या की सन्तति का प्रवर्तन, भौतिक जीवन में पर्यावरण से ग्रहण और उसको प्रत्यर्पण अथवा श्रम के दान से उत्पादन एवं वितरण अन्य निदर्शन हैं। राजनीतिक स्तर पर लोकशक्ति और राजशक्ति का आदान-प्रदान है जिससे लोकयात्रा सम्पन्न होती है। इसी प्रकार की प्रक्रिया सभी स्तरों पर आदान और त्याग के रूप में है। इनके इस संयोग से यज्ञचक्र प्रवर्तित रहता है। प्रजापति ने सृष्टि के साथ ही यज्ञ की सृष्टि की और उपदेश दिया— *देवान् भावयतानेन ते देवा भावयन्तु वः, अनेन प्रसविष्यध्वमेष वोऽस्त्विष्टकामधुक्*। इस प्रकार वस्तुतः यज्ञ का परिज्ञान जीवन में व्याप्त सहज कर्मचक्र का परिज्ञान है। यज्ञ का रहस्य कर्मयोग ही है। इसीलिए गीता में *श्रेयान् द्रव्यमयाद् यज्ञात् ज्ञानयज्ञः परन्तप* कहकर भी यह कहा है कि यज्ञ, ज्ञान और तप की क्रियाएँ मनुष्य के लिए पावन हैं, परित्याज्य नहीं।

कर्मकाण्ड को कर्त्तव्यभाव से और निष्कामभाव से यथाविहित रूप में करते जाना यह उनके शब्दों में वैदिक कर्मयोग है। विधिविधान को नाना फलों की कामना से अलौकिक शक्तियुक्त अनुष्ठान मानकर करना उसे जादू बना देना है। वह उतना ही व्यर्थ है, जितना जादू। जो लोग कर्मकाण्ड को पुराने जनजातीय युगों से चले आते अन्धविश्वास, जादू, प्रचलित रूढ़ि अथवा लौकिक तत्त्वों का प्रतिरूपण मानते हैं, उनके लिए कर्मकाण्ड मात्र ऐतिहासिक सामग्री के रूप में उपस्थित होता है। अपनी मूल्य-मान्यताओं से ही वे कर्मकाण्ड की सार्थकता देखने से वंचित हो जाते हैं।[१]

यज्ञप्रधान वैदिक धर्म की चिरंतन शास्त्रीय परम्परा जो सनातनी कहलाती है, उसके अनुसार यज्ञ वैदिकमन्त्रों और विधियों के अनुसार देवताओं के लिए अन्न, पशु अथवा सोमरूपी द्रव्यों की हवि देना है। इन विधियों की युक्तता और साधकता का ज्ञान प्रत्यक्ष अथवा अनुमान से नहीं हो सकता। इनकी सार्थकता श्रुति-प्रमाण से सिद्ध और सर्वथा परोक्ष मानी जाती है। कर्मकाण्ड के अन्दर इतनी विस्तृत जटिल और

विचित्र विधियों का उपदेश क्यों दिया गया है, उनके पीछे क्या युक्ति या क्या प्रयोजन है, यह जिज्ञासा स्वाभाविक है। ब्राह्मणों में जो इतिहास, आख्यान अथवा सामान्यतया तत्त्व-व्याख्यान मिलता है, उसे मीमांसक सम्प्रदाय निन्दा-प्रशंसात्मक अर्थवाद मात्र मानता है। श्रुति का विषय इस सम्प्रदाय के अनुसार विधि-मात्र है, न कि वस्तु-निरूपण। इस व्याख्यापद्धति का सर्वथा स्वीकार किसी भी जिज्ञासु के लिए कठिन है और सम्भवत: यही कारण है कि काल-क्रम से इस जटिल कर्मकाण्ड का अनुष्ठान उत्सन्नप्राय हो गया है। मानवीय हृदय को सम्बोधित करनेवाले आचारात्मक या भावनात्मक उपदेश तो सभी धर्मों में मिलते हैं किन्तु नाना द्रव्यों के नाना उपाकरण और विनियोग का विस्तार जो अपनी इति-कर्तव्यता में भी अपरिवर्तनीय रूप से विहित हो, यह सर्वथा हृदयग्राही रूप से युक्तियुक्त नहीं लगता।

स्वामी दयानन्द के द्वारा प्रवर्तित परम्परा में कर्मकाण्ड को युक्तिपूर्वक समझने-समझाने का प्रयास किया गया है। इस दृष्टि से पशु-हिंसा आदि यज्ञ के अंग वस्तुत: मूल परम्परा की विकृति अथवा गलतफहमी का नतीजा है।* आधुनिक पाश्चात्य व्याख्याकार अनुष्ठान को परम्परागत रूप से ही समझते हैं किन्तु इतिहास आदि को मिथ या कल्पित आख्यान के रूप में लेते हैं।

अनेक मनीषी, जैसे—कुमारस्वामी[२] और श्री अरविन्द[३] वेदविद्या को सनातन सद्विद्या मानकर उसे प्रतीकात्मक भाषा में निबद्ध मानते हैं। सबसे अधिक महत्त्वपूर्ण कर्मकाण्ड की व्याख्या मधुसूदन ओझा व मोतीलाल शास्त्री आदि के द्वारा की गयी है।[४] इसे वेद की वैज्ञानिक व्याख्या कहा गया है। कर्मकाण्ड की भाषा सूक्ष्म और परोक्ष तत्त्वों का पारिभाषिक प्रतिपादन है। कर्मकाण्ड पुरुषवद् देवताओं का मानवीय रूढ़ियों से प्रतिपादन नहीं है। यज्ञ-विधि ज्योतिर्विज्ञान, सृष्टिविज्ञान और आत्मविज्ञान का प्रयोगात्मक निरूपण है। उसमें सब द्रव्यों के परोक्ष तत्त्वों का प्रत्यक्ष रूपों में निदर्शन अभीष्ट होता है। सृष्टि और संवत्सर दोनों ही यज्ञात्मक हैं क्योंकि दोनों में ही अग्नि और सोम का सम्बन्ध होता है। अग्नि क्रियात्मक और गत्यात्मक ऊर्जा है जबकि सोम इस क्रिया और गति में उपयोज्य एवं उपादेय द्रव्य है। पृथ्वी का सूर्य के आकर्षण से उसका परिभ्रमण ब्रह्माण्डीय सतत यज्ञ है जिसमें सौरशक्ति के रूप में सोम भू-पिण्ड रूप अग्नि पर पड़ता है। अग्नि-चयन में स्पष्ट रूप से भूतसृष्टि और प्राणसृष्टि एवं संवत्सर-चक्र को प्रदर्शित किया गया है। पञ्चमचिति में क्रान्तिवृत्त का ही प्रदर्शन है, जिसमें कि दोनों अयनों में १५, १४ का अनुपात बताना अद्भुत और सूक्ष्म खगोलीय जानकारी दिखाता है।

---

* यह दृष्टि महाभारत के शान्तिपर्व में भी मिलती है जहाँ एक प्रसिद्ध सन्दर्भ में *छाग* का अर्थ बीज कहा गया है। महाभारत, १२.३२४.४, जि० ३, पृ० २४४५ (पूना)
करपात्री जी के *वेदपारिजात सौरभम्* और *वाजसनेयिसंहिता* के भाष्य में सनातनी दृष्टि का विस्तृत उपपादन किया गया है।

इस वैज्ञानिक व्याख्या की जो मुख्य बात है, वह यह है कि यज्ञात्मक कर्मकाण्ड में जो किया जाता था वह एक विज्ञान या विद्या का स्मरण व परिशीलन था। इस प्रकार कर्मकाण्ड का प्रयोजन विद्या या ज्ञान में पर्यवसित होता है। उपासनात्मक विद्याएँ ही कर्मकाण्ड की चरम परिणति बनीं। शतपथ की सुपर्णचिति आत्मविज्ञान का ही निदर्शन है। आत्मा और परमात्मा को दो पक्षियों के रूप में बताया जाना प्रसिद्ध है। जिस अग्नि का चयन होता है वह दैहिक और प्राणिक आवरणों में निहित जीव ही है, जबकि सुपर्ण सूर्य या परमात्मा है। सुपर्ण के आकार में अग्निचयन इस तत्त्व का द्योतक है कि अमरत्व की प्राप्ति जीवात्मा के परमात्म-भाव से ही सम्भव है। नाचिकेताग्नि का चयन तैत्तिरीय ब्राह्मण में निरूपित है, कठोपनिषद् में उसके (अग्निचयन) प्रसंग में शङ्कराचार्य का कहना है कि उसके ज्ञान से वैराज पद की प्राप्ति होती है। तैत्तिरीय ब्राह्मण में ही सावित्रचयन का उल्लेख है जिससे सारभूत वेदविद्या का ज्ञान होता है, यह स्मरणीय है कि वेदविद्या को सृष्टि के नियामक तत्त्वों का विज्ञान माना जाता था।

पाद टिप्पणी

१. इस कर्मकाण्ड के विभिन्न अंगों और तत्त्वों के विषय में नृतत्त्वीय दृष्टि से भी अनेक पश्चिमी आलोचकों ने स्पष्टीकरण का प्रयत्न किया है। वे कर्मकाण्ड में मिथ्याख्यान (मिथ), रूप साम्य पर निर्भर जादुई अनुष्ठान (सिम्पैथेटिक मैजिक), जनजातीय *तापू* या *वर्जना* का प्रभाव एवं सामाजिक स्थितियों का प्रतिचित्रण देखते हैं। कहीं बारिश बरसाने के लिए जादू है तो कहीं फसल बढ़ाने के लिए, कहीं प्रजनन शक्ति बढ़ाने के लिए, कहीं शत्रुओं के दमन के लिए, कहीं सूर्य के उदित होने में सहायता के लिए, कहीं सौभाग्य के लिए इत्यादि। इस प्रकार के विवेचन के लिए द्रष्टव्य- कीथ, *पूर्व०,* फ्रित्सशताल, *पूर्व०;* ओल्देनवर्ग, *पूर्व०;* हिल्लेब्रान्त, *रित्वाल लितरातूर वेदिशे आप्फेर उन्त्साउबेर,* (१८९७); कालान्द, *लॉग्नीस्तोम-डिस्क्रीप्स्यों कॉप्लेथ दे ला फॉर्म नॉरमाल दु साक्रिफीस द सोम* (१९०६)

२. कुमारस्वामी, *न्यू एप्रोच टु द वेदाज;* लिप्से (सं०), *सेलेक्टेड पेपर्स;* विद्या निवास मिश्र (सं०), *परसेप्शन ऑव द वेदाज* (नयी दिल्ली, २०००)

३. अरविन्द, *सीक्रेट ऑव द वेदाज;* अनिर्वाण, *वेद मीमांसा;* कपाली शास्त्री, *पूर्व०*

४. मोतीलाल शास्त्री, *शतपथब्राह्मण विज्ञान भाष्य;* तु० सुभाष काक, *एस्ट्रोनॉमिकल कोड ऑव द ऋग्वेद*

भाग-४

उपनिषदों का परिशीलन

यो अस्याध्यक्षः परमे व्योमन् त्सो अङ्ग वेद यदि वा न वेद।

—ऋग्वेद १०.१२९.७

ईशावास्यमिदंसर्वं यत्किञ्च जगत्यां जगत्।

—ईशावास्योपनिषद् १

तत्त्वमसि.........

—छान्दोग्योपनिषद् ६.८.७

उपनिषदों को वेदान्त का समानार्थक माना जाना चाहिए क्योंकि वे वेदों के अन्तिम भाग हैं। यह स्मरणीय है कि वेद संहिता और ब्राह्मण भागों में विभक्त हैं, ब्राह्मणों के साथ ही आरण्यक और उपनिषद् जुड़े हैं, कभी उनके अंग के रूप में, कभी उनसे सम्बद्ध ग्रंथों के रूप में। एक उपनिषद् संहिता का भाग भी है। उपनिषदों का सामान्य विषय ब्रह्मविद्या या आत्मविद्या है। वे आध्यात्मिक ज्ञान का भंडार हैं, उन्हें यथार्थ ही वेद का ज्ञानकाण्ड कहा जाता है। उपनिषद् अधिकांश में स्वल्प आख्यानों की भूमिका के साथ संवाद के रूप में लिखे गये हैं। इन संवादों में ज्ञानियों के उपदेश सन्निहित हैं। सहस्राब्दियों से उपनिषद् भारतीय जिज्ञासुओं, साधकों एवं मनीषियों के लिए अक्षय प्रेरणा के स्रोत रहे हैं। भारत के बाहर भी जिन्होंने इनका अध्ययन किया है वे इनसे गम्भीर रूप से प्रभावित हुए हैं, जैसे- जर्मन दार्शनिक शोपेनहावर और दार्शनिक विद्वान् पाउल डायसन। बादरायण के ब्रह्मसूत्र में उपनिषदों के ही सिद्धान्तों का संग्रथन है। गीता के लिए प्रसिद्ध है कि *सर्वोपनिषदो गावो दोग्धा गोपालनन्दनः*। सभी वेदान्त के आचार्य शंकराचार्य

से गौड़ीय सम्प्रदाय तक उपनिषदों की व्याख्या पर अपना आधार बनाकर प्रस्तुत हुए हैं। राममोहनराय से रवीन्द्रनाथ तक उपनिषद् ही ब्रह्मसमाज के प्रेरणादायक रहे हैं।

उपनिषद् किसी एक ग्रंथकार की कृति नहीं हैं। वे अनेक वैदिक शाखाओं के अन्तर्गत आध्यात्मिक परम्पराओं के संग्रह हैं। उनकी कुल संख्या इसीलिए अनिश्चित है। दस या बारह उपनिषद् अत्यन्त प्राचीन हैं। बाद के युगों में भी उपनिषद् नाम से ग्रंथ लिखे जाते रहे और ऐसे उपनिषदों की संख्या शताधिक है। प्राचीन उपनिषदों का क्या काल है, इस विषय में यह मत प्रायः सम्मत है कि उपनिषदों की रचना ब्राह्मण ग्रंथों के अनन्तर एवं बुद्ध के युग के पूर्व सम्पन्न हुई। ऊपर कहा जा चुका है कि ब्राह्मण ग्रंथों के रचना की अन्तिम तिथि सम्भवतः १२००-१००० ई०पू० की स्वीकार की जा सकती है। इस दृष्टि से उपनिषदों का रचनाकाल लगभग १००० ई०पू० से ६००ई०पू० अथवा १२०० ई०पू०-८०० ई०पू० सम्भाव्य है। प्रो० हेमचन्द्र रायचौधरी ने प्रश्नोपनिषद् में लिखित कबंधी कात्यायन का तादात्म्य बौद्ध आगम में उल्लिखित पकुध कच्चायन से प्रस्तुत किया है। इस तर्क से प्रश्नोपनिषद् का काल सातवीं सदी ई०पू० का अन्त अथवा छठीं सदी ई०पू० के आरम्भ का काल हो सकता है। उपनिषदों में पांचालराज प्रवाहण जैविली, काशी के राजा अजातशत्रु, विदेह के राजा जनक और केकय के राजा अश्वपति के नाम मिलते हैं। स्पष्ट है कि ये राजा महाजनपद काल के पूर्व के थे, जब काशी एक स्वतंत्र जनपद था और विदेह में गणतंत्र स्थापित नहीं हुआ था। यह स्थिति भी सातवीं सदी ई०पू० के बाद की नहीं हो सकती बल्कि उससे पूर्ववर्ती काल का ही इससे संकेत मिलता है। दूसरी ओर उपनिषदों में यह प्रश्न उठाया गया है कि पारीक्षित नरेश कहाँ गये? अर्थात् परीक्षित् के पर्याप्त बाद ही उपनिषद् काल को रखना चाहिए। यह स्मरणीय है कि परीक्षित् का काल १४०० से ९वीं सदी ई०पू० तक सम्भावित किया जा सकता है। कुछ विद्वान् कठोपनिषद् जैसे उपनिषदों को बुद्ध के बाद का बतलाते हैं किन्तु यह युक्तिसंगत नहीं प्रतीत होता। सब उपनिषद् एक समय के रचित नहीं हैं। कुछ, जैसे- बृहदारण्यक और छान्दोग्य अपेक्षाकृत प्राचीन स्वीकार किये जाते हैं, जबकि कठ, मुण्डक और श्वेताश्वतर अपेक्षाकृत आर्वाचीन हैं। (द्र० *फ्रीडम, प्रोग्रेस एण्ड सोसायटी,* सं० बालासुब्रह्मण्यम्, १९८६, पृ० २०९ से मेरा लेख)

ईशोपनिषद्

उपनिषदों में वैदिक विचारधारा का चरमोत्कर्ष देखा जा सकता है और यहीं परवर्ती आध्यात्मिक दार्शनिक धाराओं का उद्गम। ईशोपनिषद् संक्षिप्त पद्यात्मक उपनिषद् है, इसमें १८ श्लोक हैं, इनका प्राथमिक शांतिपाठ है–

ॐ पूर्णमदः पूर्णमिदं पूर्णात् पूर्णमुदच्यते।
पूर्णस्य पूर्णमादाय पूर्णमेवावशिष्यते॥

शांतिपाठ एक ओर अद्वैत की सूचना देता है, दूसरी ओर जगत् और ब्रह्म के विरोध को तिरस्कृत करता है। उसका पहला श्लोक सुप्रसिद्ध है–

ईशावास्यमिदंसर्वं यत्किञ्च जगत्यां जगत्।
तेन त्यक्तेन भुञ्जीथा मा गृधः कस्यस्विद् धनम्॥

यह सब ईश्वर का आवास्य है जो कुछ भी इस जगती में गतिशील है। अर्थात् इसलिए त्यागपूर्वक ही भोग करना चाहिए, किसी के धन का लोभ नहीं करना चाहिए। इस श्लोक में 'त्यक्तेन' शब्द का अर्थ अनेक प्रकार से किया गया है। त्यागपूर्वक भोग का अर्थ यह भी हो सकता है कि औरों के लिए उचित त्याग करके अथवा ईश्वर के लिए समर्पित करके। दोनों ही अर्थों में 'एषणा' का त्याग विवक्षित है।

इस श्लोक में कर्मयोग का मूल सूत्र विद्यमान है। दूसरे श्लोक में कहा गया है– *कुर्वन्नेवेह कर्माणि जिजीविषेच्छतं समाः*। अर्थात् कर्म करते हुए ही यहाँ सौ वर्ष जीवित रहना चाहिए। इस प्रकार कर्म करने के अतिरिक्त दूसरा प्रकार नहीं है। *न कर्मलिप्यते नरे*, ''मनुष्य में कर्म लिप्त नहीं होते हैं।'' अर्थात् निष्काम भाव से कर्म करता हुआ मनुष्य बंधन में नहीं फँसता। आजीवन कर्म का यह उपदेश पूर्वोक्त त्यागपूर्वक कर्म के उपदेश का पूरक है। कर्मानुष्ठान में निवृत्तिमार्गियों की मुख्य आपत्ति यह है कि कर्म बंधन को जन्म देता है। किन्तु यहाँ उपनिषद् का यह निर्णय है कि निष्काम भाव से या त्यागपूर्वक किया हुआ कर्म बंधन नहीं उत्पन्न करता, प्रत्युत मानव-जीवन को सिद्धि प्रदान करता है। जैसा कि गीता में कहा गया है– *स्वकर्मणा तमभ्यर्च्य सिद्धिं विन्दंति मानवः*, कर्म से ईश्वर की अर्चना करके मनुष्य सिद्धि प्राप्त करता है।

'वे अन्ध तमस् से ढके हुए असुर्य नाम के लोक हैं, यहाँ वे मर कर जाते हैं, जो आत्मघात करते हैं।' वस्तुतः यह श्लोक उन निवृत्तिमार्गियों की निन्दा में कहा गया है जो सर्वथा कर्म त्याग करके आत्मघातपर्यन्त तप ही स्वीकार करते हैं। इसके उदाहरण आजीवक हैं और एक अंश तक निर्ग्रन्थ भी।

> 'वह अकेला अविचलित होते हुए भी मन से वेगवान् है, देवता उस तक नहीं पहुँच पाये, वह पहले ही पहुँच गया। वह खड़ा हुआ भी दौड़ते हुए

> अन्य लोगों से आगे बढ़ जाता है। उसमें मातरिश्वा अथवा वायु या प्राण कर्म का आधान करता है।'

भगवान् शंकराचार्य ने इसको समझाया है- देवता इन्द्रियाँ ही हैं, उनसे मन अधिक वेगशील है, उससे भी आत्मा सर्वव्यापी होने के कारण चैतन्यस्वरूप होने के कारण सब क्रियाओं का आस्पद है।

> 'वह चलता है या नहीं चलता, वह दूर है या पास है, वह इस सब के अन्दर है या इस सब के बाहर'। यह ईश्वर की सर्वव्यापिता और सर्वातिक्रामिता बताता है।'

> 'जो सब पदार्थों को अपने में देखता है और सब में अपने को, वह किसी से घृणा नहीं करता। जिसके लिए सब भूत आत्मा ही हो गये हैं उस ज्ञानी के लिए एकत्व को देखते हुए कहाँ मोह, कहाँ शोक।'

यहाँ आत्मा की सर्वात्मता प्रतिपादित की गयी है। सर्वात्मत्व विज्ञान से सब मोह और शोक उत्तीर्ण हो जाते हैं। यही वास्तविक समता की अनुभूति है। एक आत्मा की अनुभूति जगत् की सब अनुभूतियों को छोड़कर निविड एकान्त में मन के उपराम होने पर ही नहीं होती प्रत्युत् जागतिक जीवन के बीच में भी होती है। यह एकत्व की अनुभूति जीवन में मुक्त अवस्था में भेद-प्रतीति के साथ विद्यमान रहती है। जैसे- दो चन्द्रमाओं को देखते हुए भी समझदार व्यक्ति यह जानता है कि यह इन्द्रिय-विकारजन्य-भ्रान्ति है या कि जैसे-चलचित्र देखते हुए प्रेक्षक उन सब चित्रों को स्रष्टा के मन की कल्पना सोचता है या जैसे कभी स्वप्न देखते हुए यह बोध होता है कि मैं स्वप्न देख रहा हूँ।

> 'वह शुक्र, अकाय, अव्रण, अस्नाविर, शुद्ध और अपापविद्ध सर्वत्र परिगत् है। कवि, मनीषी, परिभू, स्वयंभू ने इसमें सब अर्थों का याथातथ्य से, सनातन समय से विधान किया है।'

जगत् स्रष्टा होते हुए भी ईश्वर अथवा परमात्मा सर्वथा असंग है। वह स्थूल, सूक्ष्म और कारण उपाधियों से संश्लिष्ट है, वह स्वयंभू है और सर्वव्यापी है। वह सर्वज्ञ और क्रान्तदर्शी है। वह कालातीत रूप से ही सब अर्थों को उनकी तथ्यता के अनुसार प्रकट करता है। ईश्वरीय सृष्टि मूलतः सनातन और तात्त्विक है, वह ईश्वर के सत्यज्ञान के अनुरूप है।

> 'जो अविद्या की उपासना करते हैं वे घोर अन्धकार में प्रवेश करते हैं, जो विद्या में रत होते हैं वे उससे भी घने अँधेरे में। वह विद्या से अन्य कहा गया है और अविद्या से भी अन्य, ऐसा हमने मनीषियों से सुना है, जिन्होंने उसे हमें बताया है। विद्या और अविद्या जो इन दोनों को साथ जानता है, वह अविद्या से मृत्यु को पार कर विद्या से अमृततत्त्व को प्राप्त करता है। जो असम्भूतिकी उपासना करते हैं, वे घोर अन्धकार में प्रवेश

करते हैं, उनसे भी अधिक अन्धकार में वे जो संभूति में रत रहते हैं। सम्भव और असम्भव दोनों से ही उसे निराला बताया है। मनीषियों में जो सम्भूति और विनाश को एक साथ जानता है। वह विनाश से मृत्यु को पारकर असम्भूति से अमृतत्व को प्राप्त करता है।

इन श्लोकों का अर्थ बहुधा विवादित है, विद्या और अविद्या, सम्भूति और असम्भूति इन पदों का ठीक अर्थ क्या है, यह सुनिश्चित रूप से कहना कठिन है। इतना तो स्पष्ट है कि ऐकान्तिक कर्मानुष्ठान और ऐकान्तिक कर्म-संन्यास इन दोनों द्वन्द्वात्मक मार्गों का समन्वय यहाँ अभिप्रेत है।

शंकराचार्य यहाँ अविद्या का अर्थ कर्मानुष्ठान और विद्या का अर्थ देवता-ज्ञान लेते हैं। वे सम्भूति का अर्थ हिरण्यगर्भ या कार्यब्रह्म लेते हैं, असम्भूति का अर्थ प्रकृति या अव्यक्त लेते हैं। इस प्रकार उनके अनुसार यहाँ केवल कर्म अथवा केवल देवताविज्ञान एवं केवल अव्यक्त अथवा केवल कार्यब्रह्म की उपासना का निषेध है। उनका कहना है कि वेद में प्रवृत्ति-लक्षण और निवृत्ति-लक्षण दो प्रकार के धर्मों का प्रकाशन है। प्रवृत्ति-लक्षण धर्म का ब्राह्मणों में उपदेश किया गया है। उपनिषदों में निवृत्ति-लक्षण धर्म का उपदेश है।

> 'हिरण्मय पात्र से सत्य का मुख ढँका हुआ है। हे पूषा! तुम उसे खोल दो ताकि सत्यधर्मा के लिए उसके दर्शन हों।'

> 'हे पूषा! अनेक तरह से यम! सूर्य प्राजापत्य! अपनी रश्मियों को बटोरो! तुम्हारा जो कल्याणतम तेज का रूप है उसे मैं देखूँ। जो वह पुरुष है, वही मैं हूँ। वायु, अमृत और फिर यह भस्मान्त शरीर, हे क्रतु! अपने किये का स्मरण करो।'

> 'हे अग्नि! सुमार्ग से हमें लाभ की ओर ले जाओ। हे देव! तुम समस्त कर्मों को जानते हो, हमसे कुटिल पाप को छुड़ाओ। तुम्हारे लिए हम प्रभूत वन्दना करते हैं।'

ये श्लोक मृत्यु के सन्निकट होने की अवस्था के सन्दर्भ में कहे गये हैं। पूषा मार्गों के रक्षक और यात्रा के देवता हैं, सूर्य ही कालरूप में मृत्यु के देवता और यम हैं, वे ही स्रष्टा या प्रजापति के अपत्य हैं। मृत्यु के समय यह प्रार्थना है कि और्ध्वदैहिक यात्रा के पहले सत्य का साक्षात्कार हो और जो परमेश्वर सूर्य के रूप में स्थित है, उनके साथ अपने तादात्म्य का अनुभव हो ताकि मृत्यु के बन्धन से अमृतत्व की प्राप्ति हो। मृत्यु के समय प्राण शरीर छोड़कर आधिदैविक वायु में और फिर सर्वात्मक सूत्रात्मा में प्रतिपन्न हो। ओंकार का स्मरण करते हुए अपने कर्मों के प्रबोध के साथ अन्तगति हो, कर्माभिज्ञ ईश्वर सुपथ से ले जाये और पाप से छुड़ाये।

शुक्लयजुर्वेद संहिता के पहले ३९ अध्यायों में कर्मकाण्ड में उपयोगी मन्त्र संगृहीत हैं, किन्तु ४०वें अध्याय में ईशोपनिषद् के रूप में ज्ञान का उपदेश है। भगवत्पाद शंकराचार्य का कहना है कि कर्म और ज्ञान की परम्पराएँ सर्वथा विरोधी हैं, कर्म का अधिकारी एषणाओं से युक्त मनुष्य है, जो कि अपने में कर्तृत्व और भोक्तृत्व मानता है। देह, इन्द्रिय आदि के साथ तादात्म्य से अहंकार, काम और कर्म की उत्पत्ति होती है। ज्ञान, आत्मा के निर्गुण निरुपाधिक अद्वय स्वरूप का ज्ञान है। अज्ञानी ही कर्म कर सकता है और उसी के लिए कर्म का उपदेश होता है। ज्ञानी के लिए कर्म के उपदेश का कोई औचित्य नहीं है। न कर्म किसी भी प्रकार से ज्ञान का साधन है प्रत्युत् वह अज्ञान के अन्दर ही फल देता है। इस दृष्टि से उन्होंने *'भुञ्जीथा:'* का अर्थ *'पालयेथा:'* कहा है। उनके अनुसार पहला श्लोक कर्म का उपदेश नहीं करता बल्कि वासना त्याग पर ही बल देता है। ऐसे ही दूसरे श्लोक में वे कहते हैं कि चूँकि मनुष्य जीना चाहता है इसलिए वह कर्म में लगा रहता है। उनके पूरे प्रतिपादन का आधार कर्म और ज्ञान का विरोध है। कर्म का उपदेश किया जा चुका है, अब ज्ञान का उपदेश किया जाता है, यही उनका उपदेश है। वस्तुत: इस व्याख्या में खींचतान प्रतीत होती है क्योंकि पहला श्लोक भोग का निषेध नहीं करता बल्कि उसे मर्यादित करता है। इस प्रकार वह एक नियमविधि है। दूसरा श्लोक यह नहीं कहता कि जीने की इच्छा करने वाले को कर्म करना चाहिए, बल्कि यह कहना कि कर्म करते हुए जीते रहना चाहिए। अर्थात् दोनों ही श्लोक कर्म का उपदेश करते हैं, किन्तु वे कर्मकाण्ड का विधान नहीं करते हैं। वे सहज प्रवृत्ति को त्याग, ईश्वर-समर्पण और दूसरों के अधिकार के परिज्ञान से न्याय के सिद्धान्तों से परिष्कृत करते हैं। गीता के कर्मयोग का बीज इस उपदेश में देखा जा सकता है। स्वयं शंकराचार्य यह मानते हैं कि ईश्वरार्पण से किया कर्म मुमुक्षु मनुष्य में ज्ञान की योग्यता उत्पन्न करता है। वस्तुत: ज्ञान का उपदेश ज्ञानी को नहीं बल्कि जिज्ञासु को दिया जाता है। जिज्ञासु अविद्या अवस्था में ही रहता है किन्तु ज्ञान के उपदेश से उसका प्रवृत्ति-रूप कर्म रूपान्तरित हो जाता है, जिससे वह क्रमश: ज्ञान प्राप्ति के निकट पहुँचता है।

केनोपनिषद्

केनोपनिषद् सामवेद के तलवकार ब्राह्मण का नवम अध्याय है। इसके पूर्व प्राणोपासना, सामोपासना के वर्णन के अनन्तर गायत्र-साम-विषयक विचार और गुरु-शिष्य-परम्परा रूप वंश का वर्णन किया गया है। कर्मानुष्ठान और उरासे मिलनेवाली गतियाँ तीन प्रकार की कही गयी हैं। शास्त्र के द्वारा अमर्यादित सहज प्रवृत्तिरूपी कर्म मृत्यु के अनन्तर अधोगति को ले जाता है। सकाम पर ज्ञानरहित मनुष्य के शास्त्र विहित कर्म उसे दक्षिण मार्ग से ले जाते हुए आवागमन के चक्र के अन्तर्गत रखते हैं। निष्काम मोक्षाभिलाषी मनुष्य के ज्ञानयुक्त विहित कर्म उसकी चित्त-शुद्धि के हेतु बनते हैं। इस प्रकार तीन कर्म मार्ग प्रसिद्ध हैं किन्तु जो शुद्ध और निष्काम व्यक्ति बाहरी अनित्य साध्य-साधन सम्बन्धपूर्वक कर्मों से उत्पन्न संस्कार-विशेष से विरक्त हो गया है, वह प्रत्यगात्मा को जानना चाहता है। अर्थात् कर्म जीवन से विरक्त पुरुष आत्मविद्या की ओर मुड़ता है, ऐसा पुरुष ही आत्मज्ञान का अधिकारी है और उसके लिए उपनिषद् का उपदेश है।

प्रथम खण्ड

'किसके द्वारा प्रेरित होकर, किसी इच्छा से, किसके द्वारा प्रेषित होकर मन विषयों की ओर उड़ता है। किसके द्वारा युक्त होकर मुख्य प्राण आगे बढ़ता है। किसकी इच्छा से इस वाणी को बोलते हैं। कौन देवता आँख और कान को अपने विषयों से जोड़ता है'॥ १॥

'जो कानों का कान है और मन का मन है। जो वाक् का वाक् है, वही प्राण का प्राण है और जो चक्षु का चक्षु है उसको जांनकर ही विवेकी मुक्त हो जाते हैं और अमरत्व को प्राप्त होते हैं'॥ २॥

'वहाँ न चक्षु जाती है, न वाक्, न मन, न हम जानते हैं, न हमें पता है कि कैसे उसे बताया जाय'।

'वह जाने हुए से भिन्न है और न जाने हुए के ऊपर, ऐसा हमने पूर्वजों से सुना है, जिन्होंने हमें उपदेश दिया'॥ ३॥

'जो वाक् से नहीं कहा जा सकता किन्तु जिससे वाक् कही जाती है। उसी को तुम ब्रह्म समझो। उसको नहीं, जिसकी लोग उपासना करते हैं'॥ ४॥

'जिसको मन से नहीं सोचते, जिससे मन सोचा जाता है। उसको तुम ब्रह्म समझो। उसको नहीं, जिसकी लोग उपासना करते हैं'॥ ५॥

'जिसको आँख से नहीं देखते हैं, जिससे आँखों को देखते हैं। उसी को ब्रह्म जानो। उसको नहीं; जिसकी वे उपासना करते हैं'॥ ६ ॥

'जिसे कानों से नहीं सुनते हैं, जिससे कान सुना जाता है। उसे ही तुम ब्रह्म जानो। उसको नहीं, जिसकी ये उपसना करते हैं'॥ ७ ॥

'जो प्राण से नहीं जीता जिससे प्राण जीता है, उसी को तुम ब्रह्म समझो। उसको नहीं, जिसकी वह उपासना करता है'॥ ८ ॥

यहाँ पर उपनिषद् का पहला खण्ड समाप्त होता है, इस खण्ड का प्रतिपाद्य विषय यह है कि आत्मा इन्द्रिय, मन और प्राण का विषय नहीं है। वह न इनसे जाना जा सकता है न इन पर निर्भर है, बल्कि इन्द्रिय, मन, प्राण के समस्त व्यापार आत्मा पर निर्भर करते हैं।

रूप, रंग को देखने का साधन आँख है किन्तु रूप-रंग किसके लिए उपस्थित होते हैं, कौन आँख का उपयोग करता है? किसकी प्रेरणा से आँख अपनी दिशा और केन्द्र तय करती है? सामान्यत: यह कहा जा सकता है कि आँख, कान आदि एक हद तक तो विषयों के द्वारा सहज रूप से प्रभावित होकर बिम्ब उपस्थित करते हैं। दूसरी ओर मन उनको प्रेरित, संयोजित और व्याख्यायित करता है। निर्विकल्पक प्रत्यक्ष इन्द्रियसहज है किन्तु सविकल्पक प्रत्यक्ष मन और बुद्धि के सहकार से सम्भव होता है। गूँगे के गुड़ के समान इन्द्रियों का निर्विकल्पक ज्ञान होता है किन्तु उसे गुड़ के रूप में या उस मिठास को गुड़ के रूप में पहचानना बुद्धि और मन के अध्यवसाय के द्वारा सम्पन्न होता है। तब भी यह प्रश्न उठता है कि सविकल्पक प्रत्यक्ष के रूप में प्रमा का फल किसे प्राप्त होता है। सविकल्पक प्रत्यक्ष से उत्पन्न हानोपादान* बुद्धि का विषयी कौन होता है, प्रत्यक्ष की प्रक्रिया को नाना दर्शनों ने नाना प्रकार से समझाया है। सांख्य, न्याय, बौद्ध आदि दर्शनों में प्रत्यक्ष की अलग-अलग व्याख्याएँ हैं। आजकल भी यह प्रश्न मनोवैज्ञानिक और तत्त्व-विचारकों के बीच में उलझा हुआ है। यहाँ उपनिषद् में वेदान्त की मूल अवधारणा का संकेत मिलता है, इन्द्रियाँ और मन विषयों के आकार-प्रकार प्रस्तुत करते हैं। किन्तु चैतन्यरूपी आत्मा ही इन प्रस्तुतियों का साक्षी होता है, जैसे- कोई क़ैमरा, टेलिस्कोप या कम्प्यूटर तरह-तरह के बिम्ब और सूचनाएँ प्रस्तुत और आकलित कर सकता है किन्तु जब तक उनका प्रयोक्ता, प्रेरिता और साक्षी मानव नहीं होता तब तक यह सारी प्रस्तुतियाँ यांत्रिक और जड़ रहती हैं। ऐसे ही चेतन आत्मा भी सब इन्द्रियों की प्रेरक है और उनकी उपलब्धियों की साक्षी है।

---

* 'यह आम है' यह सविकल्पक प्रत्यक्ष है। 'मुझे आम लेना या नहीं लेना चाहिए' यह हानोपादान बुद्धि है।

द्वितीय खण्ड

२.१ : 'यदि तुम जानते हो कि मैंने अच्छी तरह से जान लिया तो वह बहुत कम है, जो तुमने ब्रह्म का रूप शायद जाना। उसको जो तुममें या देवताओं में पता है, वह विचारणीय है कि कितना पता है।'

२.२ : 'मैं यह नहीं मानता कि मैं भली-भाँति जानता हूँ और न यह कि मैं नहीं जानता या कि जानता हूँ। जो हममें उसे जानता है, वह नहीं जानता। जो नहीं जानता, वह जानता है। जिसने नहीं माना कि वह जानता है, उसने ठीक माना। जिसने यह माना कि वह जानता है, उसने नहीं जाना। जाननेवालों से वह नहीं जाना गया, न जाननेवालों से वह जाना गया।'

२.३ : 'जिसने नहीं समझा, उसने समझा है। जो मानता है कि मैंने जान लिया, वह नहीं जानता।'

'वह विदित से भिन्न है और अविदित के ऊपर है, यह हमने पिछले लोगों से सुना है, जिन्होंने हमारे लिए व्याख्या की थी।'

२.४ : 'वह प्रतिबोध-विदित है, उससे अमृतत्व प्राप्त होता है। आत्मा से वीर्य प्राप्त होता है, विद्या से अमृतत्व प्राप्त होता है।'

२.५ : 'यदि यहाँ जान लिया तब तो ठीक है, यहाँ यदि नहीं जाना तो महती हानि है। विवेकी पुरुष समस्त प्राणियों में उसे पहचान कर मरने के बाद इस लोक से अमृतत्व प्राप्त करते हैं।'

व्याख्या- आत्मज्ञान एक शाश्वत समस्या है। ज्ञान विषय का होता है और आत्मा विषय से भिन्न विषयी है। इसलिए जिसका ज्ञान होता है, वह आत्मा नहीं होती है, किन्तु यह प्रश्न उठता है कि आत्मा क्या सर्वथा अज्ञात है तो वह विचार या उपलब्धि का विषय कैसे बन सकता है? आत्मा के विषय में ये दो विरुद्ध विप्रतिपत्तियाँ बनी रहती हैं। एक ओर तो आत्मा को किसी विषय के साथ विषयरूप में समझना, दूसरी ओर आत्मा को नितान्त अज्ञात मानना। आत्मा अप्रमेय है, साथ ही वह समस्त प्रमाण-व्यवहार की पूर्वापेक्षा है। एक प्रसिद्ध किस्सा है कि दस ब्राह्मणों ने नदी पार की। नदी पार करने पर वे गिनने लगे कि सब सकुशल पार आ गये कि नहीं, जिसने गिना उसने नौ ही गिने क्योंकि सब अपने को छोड़ देते थे। *दसमस्त्वमसि* इसका ज्ञान देखने और गिनने के ज्ञान से भिन्न है। मैंने गिना है, मैं गिने जानेवालों से भिन्न हूँ। ऐसे ही आधुनिक विश्व में जब विज्ञान को सर्व-विषयक माना जाता है और जो विज्ञान का विषय नहीं है उसकी सत्ता ही नहीं मानी जाती है। इस स्थिति में भौतिक पदार्थों के अतिरिक्त आत्मा का सहज लोप सिद्ध हो जाता है। आत्मा विज्ञान का विषय नहीं है क्योंकि वह प्रत्यक्ष का विषय नहीं है और प्रत्यक्ष का विषय न होने के कारण वह अनुमान का भी विषय नहीं है। मनुष्य को भूतविज्ञान भौतिक और रासायनिक द्रव्यों का

पिण्ड मानता है, जीवविज्ञान उसे विशिष्ट रासायनिक संघातों से बने जीवाणुओं का समूह मानता है। मनोविज्ञान उसे मानसिक संवेदनों और प्रत्ययों का प्रवाह मानता है, अतिनूतन मनोविज्ञान उसे दैहिक व्यवहार के द्वारा प्रसूत कल्पना मानता है। समाज-विज्ञान उसे व्यवहार का केन्द्र मानता है, सभी विज्ञान आत्मा को नाना स्थूल और सूक्ष्म प्रत्यक्षतत्त्वों में विभक्त कर देते हैं और अनात्मवाद को प्रतिपादित कर देते हैं। सजीव और चेतन व्यवहार का जो प्रत्यक्ष होता है उसका आधार जड़तत्त्वों का क्रियात्मक संघात है। कहीं उनसे पृथक् जीव या चैतन्य नहीं है। इस प्रकार विषय के रूप में आत्मा को अवधारित करने का प्रयत्न आत्मसत्ता के विलोप में पर्यवसित होता है।

किन्तु इस सारे विश्लेषण में विश्लेषणकर्त्ता दसवें ब्राह्मण की तरह छूट जाता है। विषयों की सत्ता प्रत्ययों से सिद्ध होती है और प्रत्ययों की सत्ता प्रत्ययदर्शी साक्षी पर निर्भर करती है। इस अनिवार्य, अनपोह्य, प्राक्सिद्ध प्रत्ययसाक्षी का ज्ञान विषय के ज्ञान के समान नहीं होता किन्तु अज्ञान का भी विषय नहीं होता क्योंकि वह अज्ञान का भी साक्षी है। *प्रतिबोधविदित* यह पद विशेष रूप से आलोचनीय है। इसका अर्थ है, प्रत्येक बोध में विदित। हम नील देखते हैं, पीत देखते हैं, मधुर या तिक्त, शत्रु या मित्र जानते हैं। इन सभी में हमारा अपना ज्ञान पहले विद्यमान रहता है। प्रतिबोध का एक और अर्थ भी सम्भाव्य है, वह है—प्रत्यग्बोध अर्थात् आन्तरिकबोध, बाह्य विषयों से हटकर अपनी ओर मुड़ती हुई चेतना।

आत्मना विन्दते वीर्यं- इसका कदाचित् अर्थ यह है कि आत्मज्ञान का सामर्थ्य अपने ऊपर निर्भर करने से ही प्राप्त होता है। ज्ञान के लिए आवश्यक पराक्रम आत्मा से ही आता है, कहीं और से नहीं। उसी आत्मसम्भूत योग्यता से आत्मज्ञान उत्पन्न होता है जो अमृतत्व तक ले जाता है। अमृतत्व आत्मा का स्वरूप है।

आत्मा के ज्ञान से अमृतत्व प्राप्त होता है, ऐसा कहने में दो भ्रांतियाँ उत्पन्न होती हैं। आत्मिकज्ञान घटित नहीं होता है और न वह अपने भिन्न अमृतत्वरूपी कार्य का कारण होता है। आत्मज्ञान, आत्मावस्थिति और अमृतत्व प्राप्ति एक ही बात है। आत्मा का ज्ञान ऐसा ही प्रयोग है जैसे—राहु का शिर।

तृतीय खण्ड

इसमें एक उपाख्यान के माध्यम से उपदेश है। ब्रह्म ने देवताओं के लिए विजय प्राप्त की, यह प्रसिद्धि है। किन्तु ब्रह्म की विजय में देवताओं ने अपने को बड़ा माना। उन्होंने सोचा, हमारी ही यह महिमा है। इसे जानकर ब्रह्म उनके लिए प्रकट हुआ, किन्तु वे नहीं जान पाये कि यह कौन यक्ष है। उन्होंने अग्नि से कहा—'जातवेदा! तुम इसका पता लगाओ कि यह कौन यक्ष है।' अग्नि ने स्वीकार किया, वह यक्ष के पास दौड़ा और यक्ष ने उससे पूछा- 'तुम कौन हो?' 'मैं अग्नि हूँ अथवा जातवेदा हूँ', यह उसने कहा- फिर यक्ष ने पूछा- 'वैसे तुममें क्या पराक्रम है?' 'चाहूँ तो इस सारी पृथ्वी को जला दूँ, चाहूँ तो इस सबको जला दूँ, जो इस पृथ्वी में है।' ब्रह्म ने उसके सामने

एक तिनका रखकर कहा कि जलाओ, वह उसके पास सारे वेग से गया, किन्तु उसे न जला पाया और वहाँ से लौट गया। मैं नहीं पता चला पाया, कि ये कौन यक्ष है? फिर उन्होंने वायु से कहा– 'वायु तुम पता चलाओ, यह कौन यक्ष है?' 'अच्छी बात है।' वायु उसके पास दौड़ा, उसने पूछा– 'तुम कौन हो?' 'मैं वायु हूँ अथवा मातरिश्वा'। 'तो तुममें क्या सामर्थ्य है?' 'चाहूँ तो यह सब उठा सकता हूँ, जो इस पृथ्वी में है।' उसके सामने तिनका रख दिया और कहा– 'इसे उठाओ।' वह सारे वेग से उस ओर दौड़ा, लेकिन उठा नहीं पाया, तो लौट गया कि मैं नहीं पता चला पाया कि यह कौन यक्ष है।

इस पर इन्द्र से देवताओं ने कहा– 'मघवन्! तुम पता चलाओ कि यह कौन यक्ष है?' 'अच्छी बात है' कहकर, इन्द्र उसकी ओर दौड़ा तो वह अन्तर्धान हो गया।

जब इन्द्र वहाँ था, उसी आकाश में एक स्त्री आ गयी। उस बहुत शोभमान उमा हैमवती से वह बोला– 'यह कौन यक्ष था?'॥ १-१२॥

इसके पूर्व इन्द्रियों और मान का आत्मा के द्वारा प्रेरित और प्रकाशित होना बताया गया है। इन्द्रियाँ विषयों का ग्रहण करती हैं, मन उन पर निर्णय देता है, प्राण से यह सब क्रिया सम्पन्न होती है, किन्तु इनमें कुछ भी स्वायत्त नहीं है। समस्त ज्ञान और क्रिया का तन्त्र आत्भा के अनुभाव से ही सिद्ध होता है। इस खण्ड में वही बात व्यष्टि के स्तर से उठाकर ब्रह्माण्ड अर्थात् समष्टि के स्तर पर कही गयी है। देवता इन्द्रियों के अधिष्ठाता होते हैं। अग्नि उनका प्रतिनिधि है। वायु प्राण के देवता हैं, इन्द्र मन के। देवासुर संग्राम का आख्यान सृष्टि-प्रक्रिया को दर्शाता है। देवता प्रकाश और क्रिया ही शक्ति हैं, असुर उनकी विरोधी अन्धकार की शक्ति। तमस् के ऊपर प्रकाश की विजय ही सृष्टि है। इसका हेतु ब्रह्म की इच्छा ही है। देवताओं का अपनी स्वतंत्रकारिता में गर्व वैसा ही है जैसा इन्द्रियों का अथवा मन का। ब्रह्म सब विषयों में निगूढ अन्तःशक्ति है, जिसे इन्द्रियाँ और मन देखकर भी नहीं पहचानते। उमा हैमवती ब्रह्मविद्या का ही प्रतीक है। यह भी आलोच्य है कि यह इस नाम का पहला और एकमात्र उल्लेख है। उपनिषदों में समस्त वैदिक साहित्य में 'उमा' का अर्थ सम्भवतः 'अम्बा' अथवा 'माँ' ही था। प्रकृतिभूत अलक्ष्यशक्ति के रूप में ब्रह्मविकारभूत देवताओं के सामर्थ्य के अगोचर हैं।

चतुर्थ खण्ड

'उसने कहा– यह ब्रहा है। ब्रह्म की ही इस विजय में तुम अपना बड़प्पन मान रहे हो। तब इन्द्र को पता लगा कि यह ब्रह्म है। इसी कारण ये देवता अर्थात् अग्नि, वायु, इन्द्र अन्य देवताओं से अधिक हैं, क्योंकि उन्होंने इसे निकट से छुआ और पहले जाना, यह ब्रह्म है। इसीलिए इन्द्र अन्य देवताओं से अधिक है। क्योंकि इसने उसे निकट से छुआ और पहले जाना यह ब्रह्म है। इस (ब्रह्म के) ये आदेश हैं, जो विद्युत् का चमकना या पलक

का झपकना, यह अधिदैवत है और अध्यात्म यह है कि जो मन यह जानता (अर्थात् जो मन ब्रह्म के समीप जाता हुआ-सा प्रतीत होता है) है और इससे उसका स्मरण करता है और बार-बार संकल्प करता है।'

'वही तद्वन है, तद्वन के रूप से ही उसकी उपासना करनी चाहिए। जो यह जानता है, उसे सब लोग चाहते हैं।'

'मेरे लिए उपनिषद् कहो!, यह कहे जाने पर उसने कहा- 'तुम्हारे लिए ब्राह्मी उपनिषद् ही हमने कही है।'

'उसके लिए तप, दम, कर्म यह प्रतिष्ठा है और वेद और सारे अंग और सत्य, ये आयतन हैं।'

'जो इस उपनिषद् को जानता है, वह पाप छोड़कर अनन्त स्वर्गलोक में प्रतिष्ठित होता है'।। १-९ ॥

इन्द्र के प्रश्न पर उन्होंने यक्ष का ब्रह्म के रूप में सही पता बत।या। ब्रह्म का उन्होंने तद्वन रूप से उपासना का उपदेश दिया। तद्वन का अर्थ है, जो वननीय अर्थात् स्पृहणीय और सम्भजनीय है। तद्वन रूप से ब्रह्म की उपासना, मनुष्य को सब के लिए स्पृहणीय बना देती है। बाहरी जगत् में ब्रह्म का रूप बिजली के झलकने और ओझल हो जाने में मिलता है। आन्तरिक जगत् में क्षण-क्षण में बदलते हुए, स्मरण करते हुए और संकल्प-विकल्प करते हुए मन में ब्रह्म के दोनों ही उपास्य रूप संकेतमात्र हैं। विद्युत् और मन दोनों अपनी प्रकाशकता के कारण ब्रह्म का संकेत करते हैं, किन्तु दोनों ही अपनी अनित्यता के कारण ब्रह्म से भिन्न हैं। ब्रह्मोपासना के लिए तप, दम और कर्म पर आचार प्रतिष्ठित होने चाहिए और ब्रह्मविद्या का आयतन सत्य है। जिसका पता वेद और वेदांगों से चलता है।

कठोपनिषद्

प्रथम अध्याय : प्रथम वल्ली

'(यज्ञ फल की) कामना से वाजश्रवा के पुत्र ने अपना समस्त धन दे दिया। उसका नचिकेता नाम का एक पुत्र था। जब दक्षिणा ली जा रही थी तब कुमार होते हुए भी उनके मन में श्रद्धा का उदय हुआ। उसने सोचा–

'जो जल पी चुकी हैं, घास खा चुकी हैं, दुही जा चुकी हैं और असमर्थ हैं, ऐसी गायों को देनेवाला अनन्द नाम के लोकों को जाता है।'

उसने पिता से कहा–'तात! मुझे किसे दोगे।' दुबारा, तिबारा उसने यही पूछा। 'मृत्यु को तुम्हें दूँगा।'

(ऐसा कहा जाने पर उस पुत्र ने एकान्त में विलाप किया) कैसे? 'इस प्रकार–बहुतों का मैं पहला हूँ, बहुतों के मध्य में। यम को क्या करना है, जो मुझसे करेगा।'

'देखो, जैसा पिछले लोगों ने देखा, विचार करो जैसा अन्य लोगों ने किया, मर्त्य धान्य की तरह मर्त्य पकते हैं और धान्य की तरह से ही फिर उत्पन्न होते हैं।'

'(इस प्रकार कहा जाने पर पिता ने अपने सत्य की रक्षा के लिए उसे भेज दिया। वह यम के भवन में जाकर तीन रात रहा। जब यम बाहर गया हुआ था। लौटने पर यम से उसके अमात्यों अथवा भार्या ने कहा–)'

'ब्राह्मण अतिथि, घर में प्रवेश करता है तो वैश्वानर भी प्रवेश करता है, उसकी शांति की जाती है। हे वैवस्वत! तुम जल ले आओ।'

'जिस अल्पबुद्धि पुरुष के घर में ब्राह्मण बिना खाये ठहरता है, उसकी आशा और प्रतीक्षा, संगत और सुनृता, इष्ट और पूर्त, पुत्र और पशु सब को हर लेता है।'

'मेरे घर में जो तुम तीन रात विना खाये रहे हो वन्दनीय अतिथि होकर, हे ब्राह्मण! तुम्हारे लिए प्रणाम है। मेरे लिए स्वस्ति हो, इसलिए तीन वरों का वरण करो।'

'हे मृत्यु! मेरे पिता गौतम, मेरे प्रति विगत क्रोध होकर शांतचित्त और प्रसन्न हों। तुम्हारे भेजे जाने पर मेरा वह अभिवादन करें, यह मेरा पहला वर है।'

'मेरे पास से लौटे हुए तुमको अरुण का पुत्र औद्दालकि पहले जैसा ही मानेगा और शेष रात्रियाँ वह सुख से सोयेगा, उद्वेग से मुक्त होकर मेरे पास से छुटे हुए तुमको देखकर।'

'स्वर्गवास में कोई भय नहीं है। न वहाँ तुम हो, न वहाँ बुढ़ापे का डर है।'

'भूख, प्यास को पार करके शोक से परे होकर मनुष्य स्वर्गलोक में आनन्द करता है।'

'हे मृत्यु! तुम मुझे स्वर्ग ले जानेवाली अग्नि का ज्ञान बताओ, मेरी तुम पर श्रद्धा है। स्वर्गलोकवासी अमृतत्व के भागी होते हैं। यह मेरा दूसरा वर है।'

'मैं तुम्हें प्रवचन करता हूँ, तुम समझो। हे नचिकेता! स्वर्ग की अग्नि के विषय में जिससे अनन्त लोकों की प्राप्ति होती है और प्रतिष्ठा मिलती है, उसे तुम गुहा निहित समझो।'

'यम ने नचिकेता को लोक के आदि अग्नि का ज्ञान दिया। कितनी और कौन सी ईंटें हैं? उस नचिकेता ने भी सुने हुए को दोहरा दिया, इस पर मृत्यु ने संतुष्ट होकर कहा-

उस महात्मा ने प्रसन्न होकर नचिकेता से कहा- तुम्हें एक और भी वर देता हूँ, तुम्हारे ही नाम से यह अग्नि प्रसिद्ध होगी। तुम इन अनेक रूपवाली माला को ग्रहण करो (माला शब्दमयी, माला रत्नमयी अथवा कर्ममयी समझी जा सकती है)।'

जो त्रिणाचिकेत है अर्थात् नाचिकेत अग्नि का जिसने तीन बार चयन किया है, वह तीन के (तीन का अर्थ अनेकधा व्याख्यायित किया गया है।) साथ सन्धान प्राप्त करके तीन कर्मों को करनेवाला बनकर जन्म-मृत्यु के पार होता है। ब्रह्म से उत्पन्न, पूज्य देव को जानकर परम शान्ति को प्राप्त करता है।'

—(१-१७)

[(तीन संबंधी) माता-पिता और आचार्य कहे गये हैं, अथवा श्रुति, स्मृति और शिष्टजन अथवा प्रत्यक्ष, अनुमान और आगम के रूप में व्याख्येय हैं। तीन कर्म— ईज्या, अध्ययन और दान कहे गये हैं।]

'तीन बार नाचिकेत अग्नि का चयन करनेवाला इस त्रितय को जानकर (इष्टिकाओं की संख्या, प्रकार, रचना), जो नाचिकेताग्नि का चयन करता है,

वह मृत्यु के फंदों को अपने सामने से ढकेलकर शोकोत्तीर्ण होकर स्वर्गलोक में मुदित होता है।'

—(१८)

मानव आत्मा देह में निबद्ध है। वह उस अग्नि के समान है, जो सृष्टि के समय सब भूतों में प्रविष्ट हुई। पार्थिव देह के साथ प्राणमय सत्ता जुड़ी है, मिट्टी और ईंटों का चयन इन्हीं पार्थिव और प्राणमय स्तरों की रचना का प्रतीक है, अग्निचयन में प्राणाग्नि के रूप में विद्यमान आत्मा की पहचान मुख्य है। इसीलिए भगवान् शंकराचार्य ने कहा है कि–

यश्चैवम् आत्मरूपेण अग्निं विद्वान् चिन्तयेत्।

'हे नचिकेता! यह स्वर्ग ले जानेवाली अग्नि है, जिसे तुमने दूसरे वर से वरा। इस अग्नि को लोग तुम्हारा ही बतायेंगे। अब तुम तीसरा वर माँगो।'

'मरे हुए के विषय में जो यह संशय मनुष्यों में है कि कुछ कहते हैं, वह है, कुछ कहते हैं, वह नहीं है। तुमसे सिखाया जाकर मैं उसे जानूँ यह मेरा तीसरा वर है।'

'देवताओं ने भी पूर्वकाल में इस पर संशय किया था। यह अत्यन्त सूक्ष्म धर्म दुर्विज्ञेय है। नचिकेता कोई और वर माँगो। मेरे ऊपर दबाव न डालो, तुम मुझे इससे छोड़ दो।'

'यदि देवताओं ने भी इस पर संशय किया था और तुम कहते हो— यह दुर्ज्ञेय है और इसका वक्ता फिर तुम्हारे जैसा नहीं मिलेगा। इसलिए मेरी समझ में ऐसा कोई दूसरा वर नहीं है।'

'सौ साल जीनेवाले पुत्र-पौत्रों को माँगो। बहुत पशुओं को, हाथियों को, सोने को, घोड़ों को, भूमि के इस महत् क्षेत्र को और तुम स्वयं जितना जीना चाहते हो, माँगो।'

'इसके तुल्य यदि किसी वर को समझते हो तो माँगो, जैसे- वित्त और चिरजीवन, तुम संसार में नचिकेता अभ्युदय को प्राप्त हो; तुम जो चाहोगे वह तुम्हें मिलेगा। जितने भोग मर्त्यलोक में दुर्लभ हैं उन सबको तुम स्वच्छन्दता से माँगो। ये स्त्रियाँ जिनके साथ रथ और तूर्य हैं। मनुष्यों को कभी नहीं मिल सकतीं। मेरे द्वारा दी हुई इनसे अपनी सेवा करवाओ, किन्तु नचिकेता, मृत्यु को मत पूछो।'

'हे मृत्यु! मरणशील मनुष्य के जीवन का कोई भरोसा नहीं। ये सारे भोग इन्द्रियों के तेज को जीर्ण कर देते हैं और फिर सारा जीवन अल्प ही रहता है, तुम्हारे ही हैं घोड़े और तुम्हारे ही हैं, नृत्य और गान।'

'मनुष्य धन से तृप्त नहीं होता है। धन तो हम पा लेंगे क्योंकि तुम्हें देख लिया है (अत:) तभी तक जियेंगे जब तक तुम चाहोगे, वर तो मुझे वही चाहिए।'

'अजर, अमर देवताओं के पास जाकर जीर्ण मनुष्य यह जानकर कि देवता अमर्त्य हैं और मैं मर्त्य हूँ कैसे, नीचे पृथ्वी पर रंग-रूप और मौज-मस्ती के प्रति विवेकी बुद्धि रखनेवाला अतिदीर्घ जीवन में प्रसन्न होगा। हे मृत्यु! जिसमें यह शंका करते हैं कि परलोक में जीवन है कि नहीं, उसके विषय में मुझे बताओ। यह जो वर निगूढ अन्तर्निहित है उससे अलग मैं और कुछ नहीं माँगता।'

प्रथम अध्याय : द्वितीय वल्ली

'श्रेयस् अन्य है, प्रेयस् अन्य है। वे दोनों भिन्न प्रयोजनवाले हैं और पुरुष को बाँधते हैं। उनमें श्रेय को ग्रहण करनेवाले मनुष्य का अच्छा होता है और जो प्रेय का वरण करता है, वह लक्ष्य से भ्रष्ट हो जाता है।'

'श्रेयस् और प्रेयस् मनुष्य के पास आते हैं। बुद्धिमान् उनकी परीक्षा कर उन्हें अलग-अलग करता है। (हित और सुख को परीक्षापूर्वक अलग-अलग करना ही विवेक है।) बुद्धिमान् प्रेयस् को छोड़कर श्रेयस् का वरण करता है। मूढ़ जोड़ने-बटोरने के हेतु प्रेयस् का वरण करता है। तुमने प्रिय और प्रिय रूप भोगों पर विचार कर, हे नचिकेता! उन्हें छोड़ दिया। इस वित्तमय शृंखला में तुम नहीं फँसे जिसमें बहुत लोग डूब जाते हैं।'

'ये दोनों विद्या और अविद्या के रूप में जो ज्ञात हैं, सर्वथा विपरीत और नाना फल देनेवाले हैं। तुम नचिकेता को मैं विद्या का अभिलाषी मानता हूँ, तुम्हें बहुत से भोगों ने भी प्रलोभित नहीं किया।'

'अविद्या के अन्दर घूमते हुए बुद्धिमान् होकर भी अपने को बुद्धिमान् और पंडित मानते हुए मूढ़ लोग टेढ़े-मेढ़े चलते हैं। जैसे-अन्धों के द्वारा ले जाये जाते अंधे।'

'मूर्ख को, जो कि धन के मोह से प्रमादी और विमूढ़ है, परलोक नहीं सोचता। यह मानते हुए कि यह लोक है, परलोक नहीं है, यह बार-बार वश में आता है।'

'अधिकांश उसको सुन भी नहीं पाते हैं, जो सुनते हैं, उनमें भी अधिकांश उसको नहीं जानते, इसको बतानेवाला कोई अद्‌भुत व्यक्ति ही हो सकता है। उसका पानेवाला भी निपुण ही हो सकता है। निपुण आचार्य से शिक्षित होने पर इसको जाननेवाला भी विस्मयकारी हो सकता है।'

'किसी साधारण पुरुष के द्वारा बताया जाने पर यह बहुत मनन करने पर भी ठीक समझ नहीं आ सकता। किसी और के द्वारा बताये जाने पर (अन्य प्रोक्त होने पर जिसमें गति नहीं होती) क्योंकि यह अत्यन्त सूक्ष्म है और सूक्ष्मता के कारण अतर्क्य है।'

'यह मति तर्क से प्राप्त नहीं हो सकती। दूसरे के द्वारा कहे जाने पर ही इसका ज्ञान ठीक हो सकता है। अत्यन्त प्रिय नचिकेता जिस भक्ति को तुमने पाया है वह तर्क से नहीं मिल सकती, तुम सत्य धृतिवाले हो, तुम्हारे जैसा पूछनेवाला हमें मिले।'

'मैं जानता हूँ कि निधि अनित्य है, (निधि = कर्म परतन्त्र भोग अनित्य है) अनित्य साधनों से वह नित्य वस्तु प्राप्त नहीं हो सकती। इसलिए हे नचिकेता! मैंने अनित्य द्रव्यों से अग्निचयन करके नित्यवस्तु को प्राप्त किया है। (यम का पद आपेक्षिक रूप से नित्य होने के कारण अनित्य कहा गया है। श्लोक के पूर्वार्द्ध में ध्रुव और अध्रुव शब्दों का प्रयोग है यहाँ अनित्य और नित्य का, सम्भवतः यह प्रयोगभेद अर्थभेद का सूचक है।)'

'काम की तृप्ति, जागतिक प्रतिष्ठा, यज्ञ की अनन्तता और भय से रहित, प्रशंसनीय महिमा, विस्तृत गति और प्रतिष्ठा इनको सामने देखकर भी हे नचिकेता! तुमने विवेक और धैर्य से उन्हें छोड़ दिया।'

'उस दुर्लक्ष्य, निगूढतया अनुप्रविष्ट, गुहा में निहित, गहन में स्थित पुरातन देवता को, अध्यात्मयोग की प्राप्ति से मनन कर विवेकी पुरुष हर्ष और शोक छोड़ देता है। (गुहा, हृदय या बुद्धि के अर्थ में प्रयुक्त होता है। दुर्गम होने के कारण उसे गहन भी कहा गया है। इसमें प्रच्छन्न होने के कारण उसे गूढ या गोपनीय कहा गया है। पुराण से तात्पर्य है, सनातन और मूलसत्ता)।'

'इस तत्त्व को सुनकर और अच्छी तरह से पहचान कर मरणशील मनुष्य सूक्ष्म और विश्लेषणीय धर्मभूत (आत्मा को) पाकर वह आनन्दित होता है क्योंकि वह आनन्दनीय को पा चुका है, नचिकेता के लिए मैं उस भवन को खुला मानता हूँ। ('धर्म' शब्द यहाँ तत्त्व के अर्थ में प्रयुक्त है और 'धर्म्य' तात्त्विक के अर्थ में, *'प्रवृह्य'* का अर्थ है, शरीर आदि से विवेक करके, बौद्ध ग्रन्थों में इसकी उपमा दी है, जैसे- मूँज से सींक को अलग किया जाय। बौद्धग्रंथ धर्म को भी तत्त्व के अर्थ में जानते हैं।'

'वह धर्म और अधर्म से भिन्न है, कर्म और अकर्म से, भूत और भविष्य से, उसे तुम जानते हो, मुझे बताओ।'

'सारे वेद जिस पद को सिखाते हैं। सारी तपस्याओं को जिसके लिए कहते हैं। जिसकी इच्छा से ब्रह्मचर्य की चर्या की जाती है। उस पद को मैं तुम्हें संक्षेप में बताता हूँ। वह ॐ है।'

'यह अक्षर ही ब्रह्म है। यही अक्षर पर है। यही अक्षर जानकर जो, जो चाहता है, उसका वही हो जाता है।'

'यह आलम्बन श्रेष्ठ है, यह आलम्बन परम है, इस आलम्बन को जानकर ब्रह्मलोक में बड़प्पन पाता है।'

'वह न पैदा होता है, न कभी मरता है। न वह कहीं से उत्पन्न हुआ है, न किसी कारण से अस्तमित होता है।'

'न यह कहीं से है, न यह कुछ हुआ। अजन्मा, नित्य, शाश्वत, पुराण शरीर के मरने पर यह नहीं मरता।'

'जो सोचता है कि मैं मारनेवाला हूँ या कि मैं मारा गया हूँ। वे दोनों नहीं जानते, वह न मारता है और न मारा जाता है। (ये दोनों श्लोक प्रायः इसी रूप में गीता में भी मिलते हैं। इन्हीं में नचिकेता के प्रश्नों का उत्तर है। आत्मा शरीर से पृथक् हृदय में अवस्थित है। वह अजर-अमर है। उसको पाने का साधन अध्यात्मयोग है। प्रणव आत्मा का वाचक बताया गया है।)'

'अणु से अणु और महत् से महान् प्राणी की आत्मा गुहा में निहित है, आत्मा की महिमा को धातु प्रसाद से संकल्परहित पुरुष देखता है और शोक से मुक्त हो जाता है। (धातुप्रसादात् अथवा धातुःप्रसादात् ये दो पाठ हैं जिनके क्रमशः अर्थ हैं— धातुओं की निर्मलता अथवा धाता की प्रसन्नता से)'

'बैठे हुए वह दूर जाता है, लेटे हुए सब ओर पहुँचता है। हर्ष और अहर्ष से युक्त उस देवता को मेरे सिवा और कौन जान सकता है।'

'शरीरों में शरीररहित, अस्थिर में स्थिर, उस महान् सर्वव्यापी आत्मा को जानकर विवेकी शोक नहीं करता।'

'यह आत्मा शास्त्राध्ययन से प्राप्त नहीं होता, न मेधा से, न बहुत सुनने से, जिसे यह स्वयं चुनता है, वही इसे पाता है, उसके लिए यह अपने आपको खोल देता है।'

'जो दुराचार से विरत नहीं है, न शांत है, न समाहित है, उद्विग्नचित्त है, वह प्रज्ञान से इसे नहीं प्राप्त करता।'

'ब्रह्म और क्षत्र दोनों जिसके अन्न हैं, मृत्यु जिसके लिए उपसेचन है उसके विषय में कौन जान सकता है कि वह कहाँ है'॥ २५॥

प्रथम अध्याय : तृतीय वल्ली

'इस लोक में सुकृत का फल भोगते हुए गुहा में प्रविष्ट परम स्थान में अवस्थित (वे दो हैं) जो छाया-आतप के समान हैं, ऐसा ब्रह्मवेत्ता, पंचाग्नि और त्रिणाचिकेताग्नि सम्पन्न करनेवाले बताते हैं॥ १ ॥'

'जो यज्ञ करनेवालों के लिए सेतु है, वह अक्षर ब्रह्म है और जो उसके परे है, पार जानेवालों के लिए अभय है। इन दोनों को- ब्रह्म और नाचिकेताग्नि- को हम जान सकें।'

'आत्मा को समझो। शरीर को रथ, बुद्धि को सारथी और मन को लगाम, इन्द्रियों को घोड़े और विषयों को गोचर या मार्ग। इस प्रकार आत्मा, इन्द्रिय और मन से युक्त भोक्ता कहा जाता है।'

'जो अविज्ञानवान् होता है और जिसका मन अयुक्त होता है उसकी, इन्द्रियाँ वश में नहीं होतीं, जैसे- दुष्ट अश्व सारथी के। जो विज्ञानवान् होता है और जिसका मन युक्त होता है उसकी इन्द्रियाँ अच्छे अश्वों के समान सारथी के वश में होती हैं। जो विज्ञानरहित, अमनस्क और अपवित्र रहता है, वह उस पद को प्राप्त नहीं होता, संसार को ही प्राप्त होता है। जो विज्ञानवान् होता है समनस्क और शुचि होता है वह उस पद को प्राप्त होता है जहाँ से फिर जन्म नहीं होता हैं। जो विज्ञान-सारथी होता है और जिसके मन की लगाम उसके हाथ में होती है वह (उस) मार्ग के लक्ष्य तक पहुँचता है, जो विष्णु का परमपद है।'

'इन्द्रियों से परे विषय हैं, विषयों से परे मन, मन के परे बुद्धि और बुद्धि से परे महान् आत्मा होती है। महत् से परे अव्यक्त है, अव्यक्त से परे पुरुष, पुरुष से परे कुछ नहीं है। वह पराकाष्ठा और परा गति है।'

'यही सब भूतों में निगूढ़ आत्मा है, जो प्रकट नहीं होती किन्तु वह एकाग्र और सूक्ष्म बुद्धि से सूक्ष्मदर्शियों के द्वारा देखी जाती है।'

'वाक् को मन में डाले मन को ज्ञानरूपी आत्मा में, ज्ञान को महान् आत्मा में और उसे शान्त आत्मा में।'

'उठो, जागो, श्रेष्ठ (लक्ष्यों) को प्राप्त कर समझो। छुरे की धार के समान तेज और दुर्गम यह मार्ग है, जिसे ज्ञानी बताते हैं।'

'जो अशब्द, अस्पर्श, अरूप, अव्यय, अरस, नित्य और अगंध है, जो अनादि और अनन्त है, महत् के परे शाश्वत है, उसे जानकर मृत्यु के मुख से मुक्त होता है।'

'मृत्यु के द्वारा कहा हुआ यह सनातन नाचिकेतोपाख्यान सुनकर कहकर मेधावी ब्रह्म के रूप में महिमा प्राप्त करता है।'

'जो इस परम गुह्य संवाद को ब्रह्म संसद में अथवा श्राद्धकाल में सुनाये वह अनन्त फल प्राप्त करता है।'

'यह फलश्रुति कदाचित् इस बात की अनुमापक है कि यहाँ ग्रंथ की समाप्ति है।'

दूसरा अध्याय : पहली वल्ली

'स्वयंभू ने इन्द्रियों को बाह्योन्मुख बनाया। अतएव मनुष्य सहज रूप से बाहर की ओर देखता है, अन्तरात्मा की ओर नहीं। कोई विवेकी पुरुष जिसकी इन्द्रियाँ बाहर से निवृत्त हुई हैं प्रत्यगात्मा को देखता है। अमृतत्व की इच्छा से ही इस प्रकार की निवृत्ति सम्भव है।'

'मूर्ख लोग बाहरी भोगों के पीछे चलते हैं। ये मृत्यु के फैले हुए फन्दे में पड़ते हैं किन्तु विवेकी अमृतत्व को जानकर अध्रुवों में ध्रुव को नहीं खोजते।'

'जिससे रूप, रस आदि प्रत्यय जाने जाते हैं वही आत्मा है, (अर्थात् सभी विषय जो प्रत्ययगोचर हैं, उन वृत्तियों का साक्षी आत्मा है।) उसके जानने पर कुछ और शेष नहीं रहता। स्वप्न और जागरितावस्था दोनों को जिससे देखता है, वह महान् आत्मा है (जागरित और स्वप्न बुद्धि की साक्षीभूत आत्मा)।'

५. 'जो समीप से जानता आत्म

कर्मफल भोक्ता जीव को

भूत भविष्य का ईश

वह निर्भय हो जाता

यही है वह

नचिकेता' *

श्लोक ६-८ तक यह प्रतिपादित करते हैं कि विश्वस्त्रष्टा सृष्टि के अनन्तर समस्त सृष्टि में अनुप्रविष्टि है।

९. ‘जिससे सूर्य उदित होता
जिसमें सूर्य अस्त होता
उसमें अर्पित सब देवता
कोई भी उल्लंघन
उसका नहीं कर सकता*
यही वह है
नचिकेता’

१०. ‘जो यहाँ है
वही वहाँ है
जो वहाँ है
वह ही यहाँ है
जो नानात्व देखता
मृत्यु से मृत्यु को जाता’*

११. ‘यह मन के ही द्वारा
प्राप्त किये जाने योग्य
इसमें नानापन कुछ भी नही
मृत्यु से मृत्यु को जाते
जो इसमें नानात्व देखते’*

१२. ‘अंगुष्ठ मात्र पुरुष आत्मा के मध्य में अवस्थित है वही भूत और भावी का ईश्वर है उसे जानकर मनुष्य कहीं भी घृणा नहीं करता।’

१३. ‘अंगुष्ठ मात्र पुरुष
धूम रहित ज्योति जैसा
भूत भविष्य का ईश
यही आज है
यही रहेगा कल
यही है वह’*

१४. 'ऊँचे शिखर पर बरसा जल पहाड़ों में बह जाता धर्मों को अलग-अलग देखते उन्हीं के पीछे भागता।'

१५. 'शुद्ध जल में
डाला शुद्ध जल
वैसा ही हो जाता
उसी प्रकार, गौतम
विज्ञानी मुनि की आत्मा'*

द्वितीय अध्याय : द्वितीय वल्ली

यम

श्लोक एक और दो का प्रतिपाद्य यह है कि आत्मा शरीर के अन्तर में स्थित है और सर्वव्यापी भी है।

प्राण की गति का विधारक वही सब देवों का उपास्य है। जब वह शरीरी शरीर के विघटित होने पर उसे छोड़ देता है तब क्या शेष रहता है? यह ३ और ४ श्लोक का आशय है। पाँचवें का आशय है मनुष्य साँस से नहीं आत्मा से जीता है।

६. 'अब मैं तुम्हारे लिए, गौतम
इस गुह्य सनातन ब्रह्म
के बारे में कथन करूँगा
और मरण प्राप्त आत्मा
जैसा हो जाता'

७. 'कर्म और विद्या के अनुसार जन्मान्तर होता है, नाना योनियों में।'

८. 'अविद्या में सोये हुए जीवों में स्वयंप्रभ ब्रह्म ही जागता है। उसी में सब लोक आश्रित हैं।

श्लोक ९, १०, ११, १२, १३ का आशय यह है कि सभी रूपों में वही आत्मा अन्तर्निहित है। उसे जो अपने में देख पाता है वही शाश्वत सुख को प्राप्त करता है।'

१४. 'वह अनिर्देश्य परम सुख है। कैसे मैं यह पता चलाऊँ वह प्रकाशित होता है या नहीं।'

१५. 'न वहाँ सूर्य प्रकाशित
न चन्द्रमा तारे चमकते
न यह बिजलियाँ चमचमातीं
अग्नि की बात ही क्या
उसके प्रकाशमान होने पर
सब प्रकाशित होते
उसके प्रकाश से ही
सब भासता'*

द्वितीय अध्याय : तृतीय वल्ली

१. 'ऊपर की ओर मूल नीचे की ओर शाखाएँ यही है वह अश्वत्थ वृक्ष सनातन।'

३. 'इसी के भय से
अग्नि तपता
इसी के भय से
तपता सूर्य
इन्द्र वायु
और पाँचवीं मृत्यु
दौड़ते इसी के भय से'*

४. 'यदि मृत्यु के पहले आत्मज्ञान हो जाय तब तो ठीक है। अन्यथा आवागमन में रहता है।'

५. 'जिस प्रकार दर्पण में
आत्मा का दर्शन होता
निर्मल बुद्धि में
जैसा स्वप्नलोक में
वैसा पितृलोक में
गंधर्वलोक में दीखता
जैसा जल में
भान होता
छाया और धूप
जैसा स्पष्ट
ब्रह्मलोक में'*

६. 'जो ऐन्द्रिय उपलब्धियों की अनित्यता समझता है, वह दुःख से मुक्त होता है।'

७. 'इंद्रियों से मन परम, मन से बुद्धि, उत्तम बुद्धि से उत्तम महान् आत्मा और महान् से अव्यक्त उत्तम।'

८. 'अव्यक्त से पुरुष ऊपर है, वह व्यापक है और लिंगरहित है। उस परमतत्व को जानकर जीव मुक्त हो जाता है।'

९. 'इसका रूप सामने
नहीं ठहरता
कोई भी इसको
चक्षुओं से नहीं देख सकता
हृदय में स्थित
मनीषा द्वारा
मन में अभिव्यक्त होता
जो इसे जानते हैं
वे अमर होते'*

१०. 'मन सहित पाँचों इंद्रिया विज्ञान जब स्थित होते हैं और बुद्धि भी निश्चेष्ट हो जाती है तब उसको परम गति कहते हैं, इस प्रकार की स्थिर इन्द्रिय धारणा को योग मानते हैं।'

११. 'वह स्थिर इंद्रिय धारणा
ही योग है
अप्रमत्त हो जाता उस समय
क्योंकि योग
उत्पत्ति और विनाश है'*

१२. 'न वाणी से, न मन से, न चक्षुओं से पाया जाता 'वह है' ऐसा कहनेवाले के अतिरिक्त वह कैसे उपलब्ध हो सकता है। अन्यत्र किसे मिल सकता।'

१३. 'वह आत्मा 'है' इस प्रकार ही उपलब्ध किया जाना चाहिए तथा उसे तत्त्वभाव से भी जानना चाहिए, इन दोनों प्रकार की उपलब्धियों में से जिसे 'है' इस प्रकार की उपलब्धि हो गयी है; तत्त्वभाव उसके अभिमुख हो जाता है।'

१४. 'हृदय में स्थित
कामनाएँ रूप की सब
जब छूट जाती हैं
तब मरणधर्मा मनुष्य
अमर हो जाता
यही ब्रह्मभाव पा लेता'*

१५. 'जब हृदय की संपूर्ण ग्रंथियाँ छूट जातीं मरणधर्मा मनुष्य अमर हो जाता, इतना ही उपदेश है।'*

१६. 'हृदय की एक सौ एक नाड़ियाँ उनमें से एक मूर्धा की ओर निकली है, उसके द्वारा ऊर्ध्व जाकर अमृतत्व पाते हैं। बाकी प्राणोत्सर्ग पर विभिन्न लोक को जाते हैं।'

१७. 'अंगुष्ठमात्र पुरुष अंतरात्मा सदा जनों के हृदय में सन्निविष्ट मूँज की सींक जैसे अपने शरीर से धैर्य से पृथक् कर देखे उसे ही भास्वर और अमर समझे।'

१८. 'मृत्यु की कही विद्या, संपूर्ण योगविधि पाकर नचिकेता ब्रह्म को प्राप्त हुआ विरज विमृत्यु अन्य दूसरा भी अध्यात्म को इस प्रकार जाननेवाला वैसा ही हो जायगा।'*

यह मृत्यु के द्वारा कही हुई विद्या और योग विधि है।

---

* **द्वितीय अध्याय की प्रथम वल्ली के पाँचवें श्लोक से लेकर तृतीय वल्ली तक के ताराङ्कित श्लोकों का हिन्दी काव्यानुवाद श्री विनोद चंद्र पाण्डे कृत उपनिषदों के हिन्दी अनुवाद (सिद्धार्थ प्रकाशन, दिल्ली) से उद्धृत है।**

प्रश्नोपनिषद्

पहला प्रश्न

'सुकेशा भारद्वाज, शैव्य सत्यकाम, सौर्यायणी गार्ग्य, कौशल्य आश्वलायन, भार्गव वैदर्भि और कबन्धी कात्यायन वेदाभ्यासी और ब्रह्म के जिज्ञासु थे। वे भगवान् पिप्पलाद के पास शिष्यत्व ग्रहणपूर्वक उपदेश के लिए गये। उनसे ऋषि ने कहा- एक बार और तप, ब्रह्मचर्य और श्रद्धा से एक संवत्सर संवास करो उसके बाद यथाकाम प्रश्न करना। इसके बाद कबन्धी कात्यायन ने पहला प्रश्न किया कि भगवान्, ये जन्तु कहाँ से पैदा होते हैं? पिप्पलाद ने उत्तर दिया कि प्रजा की इच्छा से प्रजापति ने तप किया और एक द्वन्द्व रयि और प्राण को उत्पन्न किया और कहा कि ये दो सृष्टि करेंगे। आदित्य ही प्राण है, चन्द्रमा ही रयि है। जो कुछ मूर्त्त और अमूर्त्त है, वह रयि है। विशेष रूप से जो मूर्त्ति है, वही रयि है। प्राण और रयि, आदित्य और चन्द्रमा, संवत्सर के ही दो पक्ष हैं, जो उत्तरायण और दक्षिणायण, दिन और रात के रूप में प्रकाशित होते हैं। संवत्सर या प्रजापति की श्रद्धा, ब्रह्मचर्य, सत्य और तपस्यापूर्वक व्रतचर्या से ब्रह्मलोक की प्राप्ति होती है।'

प्राण और रयि ऊर्जा और उपादान, शक्ति और द्रव्य के द्वन्द्व को सूचित करते जिनके द्वारा सृष्टि की प्रक्रिया चलती है। यह द्वन्द्व व्यष्टि मानव और समष्टि ब्रह्माण में समान रूप से व्यापारशील है। मनुष्य में प्राण की क्रिया से ही अन्न का आहरण अ निष्पादन होता है। समष्टि के स्तर पर संवत्सर और काल ही प्रजापति हैं जिनमें प्रकार की गतियाँ समाहित हैं। उनमें एक ज्ञानप्रधान है, एक कर्मप्रधान। यज्ञ यज्ञात्मक और दानपुण्यादि के रूप में कर्म के सम्पादन से चन्द्रात्मक अनित्य ब्रह्मलो की प्राप्ति होती है। सत्य और तप का सर्वात्मना आचरण करने पर नित्य ब्रह्मलोक प्राप्ति होती है।

वस्तुतः इस उपदेश में प्रजापति की द्वन्द्वात्मकता के प्रकाशन से ज्ञान-कर्म-समुच्च का ही उपदेश विवक्षित है।

दूसरा प्रश्न

'उसके बाद भार्गव वैदर्भि ने प्रश्न किया कि कितने देवता प्रजा विधारण करते हैं? कितने प्रकाशित करते हैं? कौन उनमें श्रेष्ठ है? पिप्पलाद ने कहा, ये देवता हैं- आकाश, वायु, अग्नि, जल, पृथ्वी, वाक्, मनस्, चक्षु और श्रोत्र। वे सभी इस बात का दावा करते हैं कि वे शरीर को धारण करते हैं। उन सबसे मुख्य प्राण ने कहा- इस भ्रम में मत पड़ो, मैं ही अपने को

पंचधा विभक्त करके शरीर धारण करता हूँ, उन्हें विश्वास नहीं हुआ। इस पर प्राण ने ऊपर उठने का सा प्रयत्न किया इससे शेष सभी ऊपर उठने लगे। जैसे- मधुमक्खियाँ मधुकरराज के पीछे चलती हैं, ऐसे ही वाक्, मन, चक्षु, श्रोत्र भी प्राण का अनुसरण करते हैं। प्राण ही अग्नि के रूप में जलता है, वही सूर्य, पर्जन्य, इन्द्र, वायु, पृथ्वी, रयि और जो कुछ भी सत्-असत् अथवा अमृत है, वह सब प्राण ही है। जैसे- रथचक्र की नाभि में अर प्रतिष्ठित होते हैं, ऐसे ही प्राण में सब प्रतिष्ठित हैं- ऋक्, यजुष्-साम, यज्ञ, क्षत्र और ब्रह्म। प्राण के वश में ही समस्त लोक हैं, वही हमारी रक्षा करें, जैसे-माता पुत्र की।'

यहाँ पर जिन देवताओं की चर्चा है, वे इन्द्रियों की अधिष्ठात्री शक्तियाँ हैं और समस्त इन्द्रियों की प्राण पर निर्भरता ही प्रतिपाद्य है। समष्टि और व्यष्टि दोनों ही आयामों में प्राण ही देवता है अर्थात् चरम शक्ति है। इसलिए पहले प्रश्न में प्राण को काल की क्रियात्मक शक्ति बताया गया था जो समस्त भौतिक उपादान का रूपनिष्पादन करती है और जो इस काल रूप प्रजापति को उपास्य बताया गया था। इसमें द्वन्द्वात्मकता का उल्लेख गृहस्थाश्रम के उपयोगी धर्मचर्या के लिए किया गया है। दूसरे प्रश्न में 'रयि' को प्राण के समानान्तर नहीं माना गया है। यहाँ भूततत्व गौण कर दिया गया है। मुख्य प्राण है, वह चेतन शक्ति है और उपास्य है।

तीसरा प्रश्न

फिर कौशल्य आश्वलायन ने पूछा- 'कैसे यह प्राण उत्पन्न होता है? कैसे शरीर में आता है? कैसे अपने को विभक्त करके प्रतिष्ठित होता है? कैसे उत्क्रान्त होता है? कैसे बाहरी और कैसे आन्तरिक कहा जाता है?'

पिप्पलाद ने उत्तर दिया- 'तुम अतिप्रश्न पूछ रहे हो, किन्तु ब्रह्मनिष्ठ हो इसलिए बताता हूँ।' अतिप्रश्न का तात्पर्य अतिमर्याद प्रश्नों से है। यह स्पष्ट है कि तब विचारकों ने इस बात को देख लिया था कि प्रश्नों की अपनी मर्यादा होती है।

आत्मा से ही प्राण उत्पन्न होता है। जैसे- पुरुष में छाया होती है, ऐसे ही आत्मा में प्राण लगा रहता है। मानसिक संकल्प के द्वारा ही प्राण शरीर में आता है, जैसे- सम्राट् अपने अधिकारियों को नियुक्त करता है कि तुम इस गाँव का, इस गाँव का अधिष्ठान करो, ऐसे ही प्राण अन्य प्राणों को नियुक्त करता है। पायूपस्थ में अपान नियुक्त होता है। चक्षु और श्रोत्र, मुख और नासिका में प्राण स्वयं रहता है। मध्य में समान रहता है। जिस अन्न की देह में आहुति होती है, प्राण ही उसे सर्वत्र सात ज्वालाओं के रूप में ले जाता है। इन ज्वालाओं से तात्पर्य शरीरव्यापी विभक्त प्राणशक्ति के व्यापार से है। यह स्मरणीय है कि सात शीर्षण्य प्राणों की चर्चा पुरानी थी। उदरगत अन्न का समान प्राण रक्तात्मक परिवर्तन करता है, जिससे हृदय की क्रिया से समस्त नाड़ियों को ऊर्जा प्राप्त होती है। इनमें मुख्य स्नायविक ऊर्जाओं का आधार मस्तिष्क

है। उसमें कार्य करनेवाला प्राण ही सप्तविध प्राण है। जिस पर आँख, कान, नाक और मुख के व्यापार निर्भर करते हैं।

हृदय में यह आत्मा रहती है। वहाँ १०१ नाड़ियाँ होती हैं। उनमें प्रत्येक के सौ भेद होते हैं और उनमें भी प्रत्येक के ७२-७२ हजार प्रति शाखाएँ होती हैं। इस प्रकार ७२००० प्रतिशाखाओं में विभक्त हैं, सौ नाड़ियाँ। इन प्रतिशाखाओं में ज्ञान का संचार होता है। एक नाड़ी से ऊपर की ओर गति होती है। पुण्यकर्म से पुण्यलोक की ओर, पापकर्म से पापलोक की ओर और दोनों से मनुष्यलोक की ओर गति होती है।

इस प्रश्नोत्तर का आशय यह है कि शरीर को संचालित करनेवाली कर्मेन्द्रिय और ज्ञानेन्द्रिय प्राणों से प्रेरित होती हैं। प्राण आत्मा से विलग है और शरीर में विभक्त होकर कार्य करता है। इनके पाँच भेद हैं- प्राण, अपान, समान, व्यान और उदान।

चौथा प्रश्न

फिर सौर्यायणी गार्ग्य ने प्रश्न किया- भगवन्! इस पुरुष में कौन सोते हैं? कौन जागते हैं? कौन सा देवता स्वप्न देखता है? किसे उसका सुख होता है? किसमें सब सम्प्रतिष्ठित होते हैं?

पिप्पलाद ने उत्तर दिया- जैसे अस्त होते हुए सूर्य की रश्मियाँ तेजोमय मण्डल में समाहित हो जाती हैं और उदित होते हुए उसमें व्यापारशील होती हैं; ऐसे ही सारी इन्द्रियाँ परम देवता मन में एक हो जाती हैं। इसी से वह पुरुष न सुनता है, न देखता है, न सूँघता है, न रसास्वादन करता है, न छूता है, न लेता है, न देता है, न आनन्दित होता है, न विसर्जन करता है, न चेष्टा करता है, यही उसकी सुप्ति की अवस्था है। सोते हुए पुरुष में प्राणाग्नि ही जागती है, यह अपान ही गार्हपत्य है, व्यान अन्वाहार्य दक्षिणाग्नि है। गार्हपत्य से जो ले जाया जाता है, वही आहवनीय प्राण है। अर्थात् सोता हुआ पुरुष यज्ञशाला के समान है जिसमें नाना प्राण याज्ञिक अग्नियों की तरह से प्रज्वलित होते रहते हैं। जो उच्छ्वास और नि:श्वासरूपी आहुतियों को समरूप से ले जाता है, वह समान है। मन ही यजमान है। यज्ञ का इष्टफल ही उदान है। वह यजमान को प्रतिदिन ब्रह्मलोक ले जाता है। स्वप्न में यह देवता अपनी महिमा का अनुभव करता है, देखे हुए को फिर देखता है, सुने हुए को फिर से सुनता है। दिग्दिगन्त से प्रत्यनुभव करता है। जो देखा है, जो नहीं देखा है, जो सुना है, नहीं सुना है, जो अनुभूत है अननुभूत है, जो सत् है असत् है, वह सब कुछ देखता है। जब वह तेजस् से अभिभूत हो जाता है तब स्वप्न नहीं देखता है, इस समय शरीर ही में वह सुख निमग्न रहता है। जैसे- पक्षी अपने निवास के वृक्ष में लौट आते हैं वैसे सब इन्द्रियाँ आत्मा में स्वयं प्रतिष्ठित हो जाती हैं। पृथ्वी और पृथ्वीमात्रा, जल और जलमात्रा, तेज और तेजोमात्रा, वायु और वायुमात्रा, आकाश और आकाशमात्रा, सभी इन्द्रियाँ और उनके विषय, मन, बुद्धि, अहंकार, चित्त और इन सबके विषय तेजस्

और उसके द्वारा प्रकाश्य प्राण और उसके द्वारा विधारित यह समस्त विश्व है, जो आत्मा में सम्प्रतिष्ठित होता है। इन सब से परे आत्मा है जिनमें वह प्रतिष्ठित होता है। इन्द्रियों के द्वारा अनुभविता, मन्ता, बोद्धा और कर्त्ता विज्ञानात्मक पुरुष होता है। वह परम अक्षर आत्मा में सम्प्रतिष्ठित रहता है। जो छायाहीन, शरीरहीन, रक्तहीन, शुभ्र, अक्षर को जानता है, वही परमाक्षर को प्रतिपन्न होता है। वह सर्वज्ञ होकर सब को जानता है।

पिछले प्रश्न के उत्तर में कहा था कि इन्द्रियाँ प्राण पर निर्भर करती हैं और प्राण आत्मा पर। इस प्रश्नोत्तर में कहा गया है कि समस्त बाह्य और अन्तःकरण एवं उनके विषय विज्ञानात्मा में प्रतिष्ठित हो अक्षरात्मा हो जाता है।

पाँचवाँ प्रश्न

फिर शैव्य सत्यकाम ने प्रश्न किया- जो मनुष्यों में मृत्यु-पर्यन्त ओंकार का अधिध्यान करता है, वह किस लोक में जीतता है?

उन्होंने उत्तर दिया कि ओंकार ही पर और अपर ब्रह्म है। इसलिए विद्वान् ओंकार के द्वारा उनमें एक को प्राप्त होता है। यदि वह एकमात्रावाले विशिष्ट ओंकार का ध्यान करता है तो उसके प्रभाव से शीघ्र ही संसार में उसका जन्म हो जाता है। ऋचाएँ उसको मनुष्यलोक में ले जातीं हैं, जहाँ वह तत्त्व ब्रह्मचर्य से महिमा का अनुभव करता है। यदि वह दो मात्राओंवाले ओंकार का ध्यान करता है तब वह यजुषों के द्वारा अन्तरिक्ष में सोमलोक को ले जाया जाता है, वहाँ विभूति का अनुभव कर फिर लौटता है। तीन मात्राओं का ध्यान करने पर सूर्य के तेज को प्राप्त होता है, जैसे- सर्प त्वचा से मुक्त होता है वैसे ही वह पाप से मुक्त हो जाता है। साम उसको ब्रह्मलोक ले जाते हैं, वह जीवघन से परात्पर हृदय स्थित परमपुरुष का साक्षात्कार करता है। ओंकार की तीन मात्राएँ अलग-अलग होने पर मृत्यु से युक्त होती हैं, किन्तु सम्यक् होने पर ज्ञाता अविकम्प रहता है।

आशय यह है कि जागरित, स्वप्न-सुषुप्ति रूप चैतन्य की तीन अवस्थाएँ ओंकार की तीन मात्राओं से अभिहित होती हैं। इन तीनों में अनुस्यूत परम चैतन्य ही ओंकार का वास्तविक लक्ष्य है।

छठॉ प्रश्न

सुकेशा भारद्वाज ने पूछा- 'भगवन्! राजपुत्र हिरण्यनाभ कौशल्य ने मुझसे यह पूछा था कि क्या तुम षोडशकलावाले पुरुष को जानते हो? मुझे पता नहीं था, मैं वही आपसे पूछता हूँ।'

पिप्पलादि ने उत्तर दिया- 'वह पुरुष शरीर के अन्दर ही स्थित है, इससे यह सोलह कला उत्पन्न होती है।' उस (पुरुष) ने सोचा कि किसके निकलने पर मैं भी

निकला हुआ हो जाऊँगा। किसके प्रतिष्ठित रहने पर प्रतिष्ठित रहूँगा? उसने प्राण का सृजन किया। प्राण से श्रद्धा, आकाश, वायु, ज्योति, जल, पृथ्वी, इन्द्रिय, मन और अन्न। अन्न से वीर्य, तप, मन्त्र, कर्म और लोकों में नाम। जैसे- ये नदियाँ बहती हुई समुद्र में समाती हैं और उनके नाम-रूप खो जाते हैं, ऐसे ही इस सर्वद्रष्टा की यह सोलह कलाएँ पुरुष को प्राप्त कर लीन हो जाती हैं, नामरूप को छोड़कर। वही यह एकल और अमृत आत्मा है। जैसे- रथचक्र नाभि में अर प्रतिष्ठित हैं, वैसे ही इसमें कलाएँ भी प्रतिष्ठित हैं, वह पुरुष है। इससे परे कुछ नहीं है, वही परमब्रह्म है।

इस प्रश्नोत्तर में चैतन्यात्मक पुरुष में सोलह कलाओं को प्रतिष्ठित बताया गया है, इन सोलह कलाओं का जो विवरण दिया गया है उन्हें तीन भागों में विभक्त किया गया है, पहले में दो हैं- प्राण और श्रद्धा। श्रद्धा का अभिप्राय मन की वासना या अभिनिवेश प्रतीत होता है। जैसे-गीता में *योयच्छ्रद्धः स एव सः*। दूसरे वर्ग में सात कलाएँ निहित हैं, जो कि पाँचभूत, इन्द्रिय और मन हैं। तीसरे वर्ग में फिर सात कलाएँ हैं, जो कि अन्न, वीर्य, तप, मन्त्र, कर्म, लोक और नाम कही गयी हैं, अर्थात् अन्नमूलक देह, उसके कर्म, उससे संचित लोक यही सबसे बाहरी कलाएँ हैं। अन्तरतम कलाएँ प्राण और वासना हैं। बाह्य कलाएँ देह और उसके कार्य हैं। बीच में इन्द्रियाँ मन और तन्मात्र हैं। ये सारा आन्तरिक और बाह्य कार्यकारणसंघात इसके विना उसी तरह से लुप्त हो जाता है, जैसे- आँख के विना रूप, वही कलाओं का आधार पुरुष है।

प्रश्नोपनिषद् को एक प्रकार से प्राणोपनिषद् भी कहा जा सकता है। इसमें प्राण को समष्टि और व्यष्टि के स्तरों पर सर्जना और नियमन की मुख्य ऊर्जा बताया गया है। इस सृष्टि में प्राणशक्ति का भौतिक उपादान के साथ एक द्वन्द्व सक्रिय रहता है। मानव देह में प्राण अनेकधा विभक्त होकर असंख्य नाड़ियों के द्वारा कार्य करता है। यद्यपि उसका मुख्य अंश मस्तिष्क में रहता है और हृदय से उद्गत नाड़ियों से उसकी ऊर्जा का संचार होता है। मनुष्य में प्राण का मूलाधार आत्मा है, जो कर्मों के द्वारा व्यापारित होता है और देहाश्रित विश्व में अभिव्यक्त होता है।

मुण्डकोपनिषद्

मुण्डकोपनिषद् भी अथर्ववेद के साथ जोड़ा जाता है। कदाचित् मूलतः यह पनिषद् श्रमण परम्परा से प्रभावित था और कर्म-संन्यास की दृष्टि का पालन करता ा। इसमें तीन मुण्डक हैं, प्रत्येक में दो खण्ड हैं-

थम मुण्डक : प्रथम खण्ड

सब देवताओं में ब्रह्मा प्रथम थे और सृष्टि को तत्पर थे। उन्होंने सारी विद्याओं की तिष्ठा के रूप में विद्या का अपने ज्येष्ठ पुत्र अथर्वा को उपदेश दिया। अथर्वा ने ङ्गिरा को उपदेश किया, उसने भारद्वाज सत्यवह को और उसने अङ्गिरस को। ङ्गिरस के पास महाशाल शौनक ने विधिवत् शिष्यता स्वीकार की और प्रश्न किया कि भगवन्! यह सब किसके जानने पर जाना जाता है? अङ्गिरस ने उत्तर दिया, 'दो द्याएँ जानने के योग्य हैं-परा और अपरा। अपरा विद्या है— ऋग्वेद, यजुर्वेद, ामवेद, अथर्ववेद, शिक्षा, कल्प, व्याकरण, निरुक्त, छन्द और ज्योतिष। अर्थात् जिन्हें द षडंग कहा जाता है। परा विद्या वह है, जिससे उस अक्षर की प्राप्ति होती है। वह क्षर जो समस्त भूतों का मूल है और अदृश्य और अग्राह्य, अगोत्र और अवर्ण है। चक्षु और अश्रोत्र, अपाणि-अपाद, अर्थात् वह न इन्द्रियों का गोचर है, न ज्ञानेन्द्रियों ौर कर्मेन्द्रियों से कार्य करता है। वह नित्य, विभु, सर्वगत, सूक्ष्म है। उसका ही ाविद्या से विवेकी साक्षात्कार करते हैं। जैसे— मकड़ी जाला बनाती है और निगल ती है; जैसे— पृथ्वी से पौधे उत्पन्न होते हैं वैसे पुरुष से केश और रोम उत्पन्न होते ; वैसे ही अक्षर से विश्व उत्पन्न होता है। जो सर्वज्ञ है और सब विद्याओं का आधार उसका ज्ञानमय तप है उसी ब्रह्म से नाम, गुण, प्राण पर आधारित है।'

थम मुण्डक : दूसरा खण्ड

जो यह सत्य और कर्म मन्त्रों में मन्त्रद्रष्टाओं ने देखा था, वे ही त्रेता में बहुधा स्तृत हैं, सत्य की जिज्ञासा से, उनका आचरण करो, यही लोक में पुण्य का मार्ग है।

अग्निहोत्र से लेकर चातुर्मास्यों तक जो यथाविधि (कर्म) सम्पन्न नहीं करता है, की सात पीढ़ियों तक हानि होती है। यथाविधि किया हुआ कर्म स्वर्ग ले जाता है।

किन्तु यह मार्ग मोक्ष की ओर नहीं ले जाता है। ये यज्ञरूप प्लव अदृढ़ हैं। अविद्या अन्दर विद्यमान जो अपने को ज्ञानी मानते हैं, वे उसी प्रकार भटकते रहते हैं, जैसे- न्धों के द्वारा ले जाये जाते अन्धे। अज्ञान में वे मूढ़ अपने को कृतार्थ मानते हैं, वे र्मासक्त लोग राग के कारण ज्ञानरहित होकर फिर स्वर्ग से पृथ्वी पर लौट आते हैं। ा-पुण्य को और यज्ञ सम्पादन को श्रेष्ठ मानते हुए जो सोचते हैं कि इससे बेहतर कुछ ीं होगा, वे स्वर्गलोक से फिर मर्त्यलोक में लौटते हैं। जो शान्त विद्वान् तप और श्रद्धा

से युक्त होकर वन में रहते हैं और भिक्षु की वृत्ति अपनाते हैं, वे रजोमुक्त होकर सूर्य के द्वार पर जाते हैं, जहाँ अमर और अव्यय पुरुष है। कर्म से संचित लोकों की समीक्षा कर ब्राह्मण को निर्वेद प्राप्त करना चाहिए कि कर्म से नित्य की प्राप्ति नहीं होती है। ब्रह्मज्ञान के लिए उसे गुरु के पास जाना चाहिए उसे विद्वान् गुरु ब्रह्मविद्या का उपदेश देगा।

दूसरा मुण्डक : प्रथम खण्ड

जैसे सुदीप्त अग्नि से चिंगारियाँ अग्नि स्वरूप ही अनेकधा उत्पन्न होती हैं, ऐसे ही उस अक्षर से विविध भाव उत्पन्न होते हैं और उसमें विलीन हो जाते हैं। परम पुरुष अक्षर के भी परे है, वह दिव्य, अमूर्त्त, सर्वव्यापी, अजन्मा, अप्राण, अमनस्क और शुद्ध है। उससे ही प्राण, मन, इन्द्रिय और पाँचों तत्त्व उत्पन्न होते हैं। उसका विराट् रूप समस्त विश्व को व्याप्त करता है। अग्नि उसका मस्तक है, आँखें सूर्य–चन्द्र, दिशाएँ श्रोत्र, वाक् वेद, वायु प्राण और समस्त विश्व उसका हृदय है, उसके पैर से पृथ्वी प्रकट हुई है। उससे वह अग्नि उत्पन्न हुई है, जिसकी समिधा सूर्य है। सोम से पर्जन्य ओषधियाँ पृथ्वी में उत्पन्न हुई हैं, स्त्री और पुरुष से समस्त प्रजा, उससे वेद, कर्मकाण्ड, संवत्सर, यजमान, समस्त लोक, सोम और सूर्य उत्पन्न होते हैं। नाना देवता, साधु, मनुष्य, पशु–पक्षी, प्राणी और अपान, व्रीहि, यव, तप, सत्य, ब्रह्मचर्य और विधि उसी से उत्पन्न हुए हैं। पुरुष ही यह समस्त विश्व है और वही परमअमृत ब्रह्म है। उसे जो गुहानिहित समझ लेता है, उसकी अविद्या–ग्रन्थि कट जाती है।

दूसरा मुण्डक : दूसरा खण्ड

ब्रह्म प्रकाशमान है, वह गुहा में स्थित है। वह महत्पद, वही गतिशील और प्राणोच्छ्वास, निमेषोन्मेष में विद्यमान है। वही सत् और असत् है। वह वरेण्य है उसके विज्ञान के लिए सतत प्रयत्न करना चाहिए। उपनिषदों से निष्पन्न धनुष (विद्यात्मक धनुष) रूपी महाअस्त्र लेकर उपासना से निशित शर का उसमें सन्धान करे। भावगत चित्त से उसे खींचकर उसी अक्षर रूप लक्ष्य का वेध करे। प्रणव धनुष है, शर आत्मा और ब्रह्म लक्ष्य। अप्रमत्त होकर उसका वेध करना चाहिए।

पृथ्वी, अन्तरिक्ष और आकाश प्राणों के साथ मन जिसमें ओत है उसी एक को आत्मा समझो और बातें छोड़ो। वही अमृत का सेतु है, जिसमें नाड़ियाँ इस प्रकार से संलग्न होती हैं, जैसे— रथचक्र की नाभि में अर्। जो अनेक प्रकार से उत्पन्न हुआ अन्तस् में विचरण करता है; उस आत्मा को 'ॐ' इस प्रकार से ध्यान करो। अंधकार के उस पार तुम्हारा मंगल हो। जो सर्वज्ञ हैं और जिसकी सारी विद्याएँ हैं, जिसकी महिमा सारी पृथ्वी में है, जो दिव्य ब्रह्मपुर के आकाश में प्रतिष्ठित है, वह आत्मा है। वह मनोमय, प्राण और शरीर का नेता, अन्नमय शरीर में प्रतिष्ठित है, उसे विवेकी विज्ञान से देखते हैं। वह आनन्दमय और अमृत हृदय में प्रकाशित होता है। हिरण्मय परमकोश में वह निष्फल और विरज ब्रह्म है। वह शुभ्र ज्योतियों की ज्योति है, जि

आत्मवित् जानते हैं। न वहाँ सूर्य चमकता है, न चन्द्र-तारक, न बिजलियाँ, अग्नि कहाँ चमकेगा उसी के प्रकाशित होने से यह सब प्रकाशित होता है। ब्रह्म ही अन्तः स्वरूप सब ओर प्रकाशमान है, सामने-पीछे, उत्तर-दक्षिण। यह जो कुछ है, वह ब्रह्म ही है, वह सर्वश्रेष्ठ है।

तीसरा मुण्डक : प्रथम खण्ड

सुन्दर पंखोंवाले दो साथ रहनेवाले सहचर पक्षी समान वृक्ष पर रहते हैं, उनमें एक स्वादिष्ट फल खाता है, दूसरा विना खाये देखता रहता है। समान वृक्ष में निमग्न पुरुष अनीश्वरता के कारण शोक करता है, मोहित होता है। अपने से अन्य ईश्वर की महिमा को देखकर वह शोक से मुक्त हो जाता है। जब देखनेवाला स्वर्णवर्ण ब्रह्म के कारण जगत् के कर्त्ता ईश्वर पुरुष को देखता है तब वह पुण्य-पाप को छोड़कर निर्मल होकर परम साम्य को प्राप्त होता है। सत्य ही विजयी होता है, मिथ्या नहीं। सत्य से ही देवयान पथ फैला हुआ है जिससे ऋषि सत्य के परम धाम पहुँचते हैं। उसका न प्रत्यक्ष हो सकता है इन्द्रियों से, न शब्दों से प्रतिपादन, न तप से, न कर्म से, ज्ञान के प्रसार से ही विशुद्ध सत्त्व होकर उसे निष्कल ध्यान के द्वारा देखा जाता है।

तीसरा मुण्डक : दूसरा खण्ड

उस परमब्रह्म को वह जानता है, जिसमें समस्त विश्व निहित होकर प्रकाशमान होता है। निष्काम होकर जो उस पुरुष की उपासना करते हैं, वे विवेकी संसार का अतिक्रमण करते हैं। जो काम-क्रोध के पीछे रहते हैं, वे संसार में फिर-फिर उत्पन्न होते हैं। किन्तु आप्तकाम और कृतात्मा की इच्छाएँ यहीं विलीन हो जाती हैं। यह आत्मा प्रवचन से प्राप्त नहीं होता है, न मेधा से, न बहुत अध्ययन से, जिसको यह चुनता है, उसी के द्वारा वह लभ्य है। उसी के लिए वह अपने आपका प्रकाशन करता है। विशुद्ध चित्त वेदान्त विज्ञान से लक्ष्य को स्थिर करके संन्यास-योग के द्वारा अन्तकाल में मुक्त होकर ब्रह्मलोक में रहते हैं। पंचदश कलाएँ और सब देवता, कर्म और विज्ञानमय आत्मा, परम-अव्यय पुरुष में एक हो जाते हैं, जैसे— नदियाँ समुद्र में बहती हुई नामरूप छोड़ देती हैं, ऐसे ही ज्ञानी नामरूप से मुक्त होकर परम दिव्यपुरुष को प्राप्त होते हैं।

जो क्रियावान् ब्रह्मनिष्ठ हैं और जिन्होंने विधिवत् शिरोव्रत का आचरण किया है, उनके लिए ही यह ब्रह्मविद्या कही जानी चाहिए।

माण्डूक्योपनिषद्

माण्डूक्य का कलेवर अत्यन्त संक्षिप्त है। इस पर गौडपादकृत कारिकाएँ प्रसिद्ध हैं। एक मत के अनुसार, ये कारिकाएँ ही मौलिक ग्रन्थ हैं और इन पर उपनिषद् आधारित है, पर विधुशेखर भट्टाचार्य का यह मत श्रद्धेय नहीं है। मूल उपनिषद् ॐकार का उपव्याख्यान है। अनेकत्र उपनिषदों में ॐकार को परमतत्त्व का वाचक कहा गया है एवं वाच्य-वाचक-अभेद के सिद्धान्त के अनुसार उसे ब्रह्म से अभिन्न कहा गया है। इस प्रकार ॐकार परमतत्त्व है, उसका वाचक है और उस तक पहुँचने का साधन है। माण्डूक्य में ॐ की चार मात्राओं को आत्मा के चार पादों का द्योतक बताया गया है। ॐ की चार मात्राएँ हैं-अ, उ, म्, और अर्धमात्रा ँ। इनमें पहली मात्रा प्रथमपाद जागरित अवस्था के बहिर्मुख चैतन्य की वाचक है, जिसकी संज्ञा विश्व है। दूसरापाद अन्त:प्रज्ञ स्वप्न-चैतन्य का वाचक है, जिसे तैजस् कहा गया है। तीसरापाद सुषुप्ति में निमग्न चैतन्य है, जिसे प्राज्ञ संज्ञा दी गयी है। चौथापाद अमात्र, अव्यहार्य, शान्त, शिव, अद्वैत, प्रपञ्चोपशम रूप परमार्थ है, जिसे तुर्य, तुरीय या चतुर्थ कहा गया है।

उपनिषदों में आत्मानुसंधान की अनेक विधियाँ निर्दिष्ट हैं। कठोपनिषद् में रथ का प्रसिद्ध रूपक आत्मा को विषय, इन्द्रियों, मन और बुद्धि के परे अनुसंधेय बनाता है। इनमें आत्मा इन्द्रियों और मन के पीछे उनकी प्रेरक और दृष्टा शक्ति है, मुण्डक में वह चरम ज्योति है। मांडूक्य में निर्दिष्ट प्रणव की साधना के द्वारा साध्य, आत्मा का स्पष्ट विवरण मिलता है। जागरित, स्वप्न और सुषुप्ति में चैतन्य की तीन अवस्थाएँ सुविदित हैं। प्राय: मनुष्य जागरित चैतन्य को ही अपना स्वरूप मानता है, स्वप्न एवं सुषुप्त को अचैतन्य। वस्तुत: जागरित अवस्था में चैतन्य का अपना स्वरूप विषयों के द्वारा आच्छन्न रहता है। चैतन्य की स्वरूप की दृष्टि से यह अवस्था उसके स्वरूप का निमीलन अथवा सुप्त की अवस्था है। स्वप्न में चैतन्य जागरित संस्कारों के परतन्त्र होते हुए भी और विवेक सहित होते हुए भी अपने विषयों की स्वयं सर्जना करता है और आत्मा मनोमात्र सत्ता का अनुभव करता है। सुषुप्ति की अवस्था में आत्मा विषयों से विप्रकृष्ट और अपने नेदिष्ठ रहता है इसलिए वह आनन्दमय स्थिति रहती है। इस प्रकार ५ कोषों की दृष्टि से स्वप्न और सुषुप्ति, मनोमय और आनन्दमय कोषों से जुड़े होने के कारण जागरित की तुलना में अधिक आभ्यन्तरिक अवस्था में है। किन्तु इनमें विवेक या विज्ञान के अभिभूत होने के कारण, ये आत्मज्ञान की अवस्था में नहीं हैं तो भी इतना सुनिश्चित है कि आत्मानुसंधान के लिए आवश्यक है कि इन तीनों अवस्थाओं के परिवर्तनों के बीच अपरिवर्तित चैतन्य सूत्र पकड़ा जाय। इस प्रकार के अनुसंधान की चरम स्थिति समाधि की होती है। जहाँ चैतन्य सर्वथा आत्मानुरूप होते हुए भी, निर्विषय होते हुए भी, प्रबुद्ध और स्वयंप्रभ रहता है। समाधि की स्थिति में ही चैतन्य का पारमार्थिक स्वरूप प्रकट होता है। इस स्थिति को तुरीयावस्था कहा गया है।

ऐतरेय उपनिषद्

ऐतरेय उपनिषद् ऋग्वेद के ऐतरेय ब्राह्मण के अन्तर्गत द्वितीय आरण्यक का भाग ः। इसमें तीन अध्याय हैं और पहले अध्याय में तीन खण्ड हैं।

हला अध्याय : पहला खण्ड

पहले अध्याय में सृष्टि का विचार प्रस्तुत किया गया है। आरंभ में आत्मा ही नकेली थी और कुछ नहीं था। आत्मा ने सोचा कि मैं लोकों की रचना करूँ। इसने इन ोकों का सृजन किया—अम्भः, मरीचि, मर, आपः। अम्भः का अर्थ है वह जो द्युलोक ो परे है और जिसकी प्रतिष्ठा द्युलोक में है। मरीचि, अन्तरिक्ष है। मर, पृथ्वी है। जो थ्वी के नीचे है, वह आपः है।

यहाँ पृथ्वी, अन्तरिक्ष और द्युलोक जो प्रसिद्ध हैं उनके अतिरिक्त एक सर्वोपरि और र्वनिम्न लोकों की भी कल्पना है। उसने (आत्मा) सोचा— ये तो लोक हैं। इनके लिए ोकपालों का सृजन करना चाहिए। इसलिए उसने जल से उठाकर एक पुरुष को मूर्त्त रूप दिया। (यहाँ जल या आपः का अर्थ, अमूर्त्त भूततत्त्वों से है)।

उसने उस पिण्ड को अपने संकल्प के द्वारा पकाया, जिससे इन्द्रियाँ और उनके धिष्ठाता देवता प्रकट हुए।

यहाँ अमूर्त्त रूप में स्थित भौतिक प्रकृति से विराट् पुरुष एवं उसके समानान्तर यष्टि पुरुष की सृष्टि बतायी गयी है। ईश्वर के संकल्प से ही अमूर्त्त उपादान मूर्त्त नकर अनेकधा प्रविभक्त हो गया।

हला अध्याय : दूसरा खण्ड

पहले गाय लायी गयी देवताओं के लिए, फिर अश्व। किन्तु वे संतुष्ट नहीं हुए। स पर उनके लिए पुरुष लाया गया। उन्होंने कहा-वाह! यह सचमुच ठीक बना है। रुष ही सचमुच ठीक बना हुआ है। ईश्वर के आदेश से देवता पुरुष के अन्दर अपने-पने स्थानों में प्रवेश कर गये। अग्नि वाक् बन कर मुख में प्रविष्ट हुआ। वायु प्राण न नासारंध्रों में। सूर्य चक्षु बन कर आँखों में। दिशाएँ कान इन्द्रियाँ बन कर कर्णरंध्रों में। धे और पेड़, रोम बन कर त्वचा में। चन्द्रमा मन बन कर हृदय में। मृत्यु अपान नकर नाभि में। जल रेतस् बनकर शिश्न में। भूख-प्यास ने कहा—हमको भी स्थान । ईश्वर ने उनको उन्हीं देवताओं के साथ भागी बना दिया।

हला अध्याय : तीसरा खण्ड

उसने सोचा— लोक और लोकपाल बन गये। इनके लिए अन्न की सृष्टि करनी ाहिए, उसने संकल्प किया और अभितप्त जल में से मूर्ति उत्पन्न की। यही मूर्ति अन्न

है। उस पर उस अन्न ने लोकपालों की ओर से मुँह मोड़ कर भागना चाहा। किसी भी इन्द्रिय या मन से वह नहीं पकड़ा गया। उसका ग्रहण अपान के द्वारा हुआ, इसलिए वायु ही अन्न आयु (अन्न काम) है।

उसने सोचा— मेरे विना वह कैसे रहेगा। उसने अपना प्रवेश मार्ग मूर्धा से ही निर्धारित किया। इसलिए मस्तक में विधृति कही जाती है। फिर उसने पहले अपने से पृथक् विषयों को देखा। फिर यह समझा कि मेरे अतिरिक्त और कुछ नहीं है। यह पुरुष ही ब्रह्म है।

इस प्रथम अध्याय में यह प्रतिपादित किया गया है कि आत्मा ही एकमात्र सत्ता है और वह चेतन एवं ऐश्वर्य सम्पन्न है, वह अपनी इच्छामात्र से विश्व की सृष्टि करती है। विश्व में पिण्ड और ब्रह्माण्ड की एकसूत्रता एवं समरूपता है। विश्व की सृष्टि में सर्वोत्तम सृष्टि पुरुष की है। उसके अन्दर ही देवताओं का शक्ति रूप से निवास है, आत्मा पुरुष में अनुप्रवेश करती है किन्तु पुरुष में क्षय एवं पूर्ति का व्यापार चलता रहता है, जो भूख और प्यास में लक्षित होता है। इस प्रकार पुरुष की सत्ता के कई पक्ष बन जाते हैं। एक ओर वह भौतिक उपादान से बनी मूर्ति है, दूसरी ओर उसमें इन्द्रिय, मन और प्राण के रूप में देव शक्तियाँ हैं किन्तु उसका सबसे महत्त्वपूर्ण और अंन्तरतम पक्ष आत्मा है, जो कि व्यष्टि पुरुषों में रहते हुए भी समष्टि की नियामक एक अद्वय सत्ता है।

द्वितीय अध्याय

पुरुष का पहला जन्म स्त्री से होता है। जन्म के अनन्तर कुमार का जो संस्कार किया जाता है, वह उसका दूसरा जन्म है। मृत्यु के अनन्तर कर्म के द्वारा जो पुनर्जन्म होता है, वह उसका तीसरा जन्म है, यही बात ऋषि ने कही है-'गर्भ में ही मैंने सब देवताओं के जन्म जान लिये। सैकड़ों लोहों के पुरों ने मुझे रोके रखा, पर अब मैं शेर के समान वेग से निकल आया हूँ, यह वामदेव ने गर्भ में ही कहा था, वह शरीर के बाद स्वर्ग में आप्तकाम होकर अमर हो गया।'

तृतीय अध्याय : पहला खण्ड

यह आत्मा कौन है जिसकी हम उपासना करते हैं? वह कौन आत्मा है जिससे हम इन्द्रियों के द्वारा ऋषियों को ग्रहण करते हैं? यह जो हृदय है, वह मन है। संज्ञान, आज्ञान, विज्ञान, प्रज्ञान, मेधा, दृष्टि, धृतिः, मति, मनीषा, जूति, स्मृति, संकल्प, क्रतु, असु, काम, वश, ये सभी प्रज्ञान के नाम हैं। अर्थात् समस्त चित् की वृत्तियाँ, शक्तियाँ और अनुभव के प्रकार सब प्रज्ञान के ही रूप हैं। प्रज्ञान ही ब्रह्म है, वही इन्द्र है, वही प्रजापति है, सारे देवता, पाँचों महाभूत, समस्त प्राणी जंगम या स्थावर, समस्त विषय, विश्व प्रज्ञारूपी नेत्र से ही देखे जाते हैं। प्रज्ञान में सब कुछ प्रतिहित है। प्रज्ञान ही लोकों का नेत्र है। प्रज्ञान प्रतिष्ठा है। प्रज्ञान ही ब्रह्म है।

प्रथम अध्याय में यह बताया गया था कि आत्मा ही एक मात्र सत्ता है, जो स्वेच्छा से विश्व की सृष्टि करती है और उसकी उत्कृष्ट रचना पुरुष में अनुप्रवेश करती है। दूसरे अध्याय में पुरुष के तीन जन्म बताये गये हैं। शारीरिक उत्पत्ति, संस्काराधान और मृत्यु के बाद पुनर्जन्म। तीसरे अध्याय में आत्मा का पारमार्थिक स्वरूप बताया गया है जो कि प्रज्ञान या ज्ञान है। पहले अध्याय में आत्मा ईश्वर के रूप में वर्णित है। दूसरे अध्याय में संसारी जीव के रूप में। तीसरे अध्याय में अपने स्वरूप में वर्णित है।

तैत्तिरीयोपनिषद्

तैत्तिरीय, कृष्णयजुर्वेद के तैत्तिरीय आरण्यक का भाग है इसमें तीन विभाग— शीक्षा वल्ली (शिक्षा), ब्रह्मानन्द वल्ली और भृगु वल्ली। पहली शीक्षा वल्ली म सबसे प्रसिद्ध सन्दर्भ हैं, उसके एकादश अनुवाक में यह बताया गया है कि आचार अन्तेवासी को वेद पढ़ाकर इस प्रकार अनुशासन करें। इस उपदेश का आज भी अनेक दीक्षान्त समारोह में उपयोग होता है।

'सत्य बोलो, धर्म का आचरण करो, स्वाध्याय को मत भूलो, आचार्य के लि प्रिय धन लाकर प्रजातन्तु का विच्छेद मत करो। (गृहस्थ आश्रम में प्रवेश करके पिता-पुत्र की परम्परा को विच्छिन्न न करो) सत्य से प्रमाद नहीं करना चाहिए, धर्म से प्रमाद नहीं करना चाहिए, शुभ से नहीं भटकना चाहिए, वैभव के लिए नहीं भटकना चाहिए, स्वाध्याय और प्रवचन से नहीं हटना चाहिए, देवकार्य औ पितृकार्य में भूल नहीं करना चाहिए। माता-पिता, आचार्य और अतिथि को देवव समझना चाहिए। हमारे जो अच्छे कार्य हैं उनका सेवन करना चाहिए, औरों का नही हमारे सुचरितों का सेवन करना चाहिए, उनसे अन्य का नहीं। जो हमसे श्रेष्ठ ब्राह्मण उनको आसन देना चाहिए, श्रद्धा से देना चाहिए, अश्रद्धा से नहीं देना चाहिए। श्री के अनुसार देना चाहिए, विनयपूर्वक देना चाहिए, संकोच से देना चाहिए, ज्ञानपूर्वक दे चाहिए।'

'यदि तुम्हें कर्म के विषय में या आचार्य के विषय में संशय हो तो जो विचारशी योग्य मृदु और धर्म के प्रेमी ब्राह्मण हों, वे जैसा बरतें, वैसा बरतना चाहिए। निन्दि विषयों में भी ऐसा ही करना चाहिए, जो सही आदेश है, वेदोपनिषद् है, इसका पाल करना चाहिए।'

दूसरी : ब्रह्मानन्द वल्ली

प्रथम अनुवाक

ब्रह्म को जाननेवाला परमार्थ को प्राप्त करता है। ब्रह्म का स्वरूप है— सत्य, ज्ञा अनन्त। ब्रह्म गुहा के अन्दर परमव्योम में निहित है। ब्रह्म को जाननेवाला सब सुखों क प्राप्त होता है।

इस आत्मा से ही सब सृष्टि उत्पन्न हुई है। आत्मा से आकाश, आकाश से वा वायु से अग्नि, अग्नि से जल, जल से पृथ्वी, पृथ्वी से ओषधि, ओषधि से अन्न, अन्न पुरुष, पुरुष अन्नरसमय होता है।

दूसरा अनुवाक

अन्न से ही प्रजा उत्पन्न होती है, जो भी पृथ्वी पर है। अन्न से जीते हैं, अन्तत: वहीं जाते हैं। अन्न ही सब भूतों में ज्येष्ठ है, इसलिए अन्न को ओषधि कहते हैं। वे निखिल अन्न को प्राप्त होते हैं, जो ब्रह्म को अन्न मानकर उपासना करते हैं। अन्न से ही सब जीव उत्पन्न होते हैं। अन्न से ही उत्पन्न होकर बढ़ते हैं। वह जीवों द्वारा खाया जाता है और जीवों को खाता है, इसलिए वह अन्न कहलाता है। अन्नमय पुरुष से अन्तरतर प्राणमय होता है, जो अन्नमय को व्याप्त करता है। अन्नमय की पुरुषविधता के अनुसार यह भी पुरुषविद्ध होता है।

तीसरा अनुवाक

प्राण से ही देवता साँस लेते हैं; मनुष्य भी और पशु भी। प्राण ही भूतों की आयु है इसलिए उसे सर्वायुष कहते हैं। प्राणमय आत्मा से अन्तरतर मनोमय आत्मा होती है। इस मनोमय आत्मा के अभ्यन्तर विज्ञानमय आत्मा है, विज्ञानमय से अभ्यन्तर आनन्दमय आत्मा।

चतुर्थ अनुवाक

जहाँ से वाणी लौट आती है, विना पाये मन के साथ। उस ब्रह्म के आनन्द को जानकर कभी नहीं डरता है।

पंचम अनुवाक

विज्ञान यज्ञ का विस्तार करता है, कर्मों का विस्तार करता है। विज्ञान ही सब देवता है। वही ज्येष्ठ ब्रह्म है, विज्ञान को यदि ब्रह्म समझता है और उससे प्रमत्त नहीं होता है तो शरीर के सब पापों को छोड़कर सब अभीष्ट पाता है। और उसकी यही शरीरस्थ आत्मा है जो पहले की है।

षष्ठ अनुवाक

जो ब्रह्म को असत् समझता है, वह असत् हो जाता है। जो ब्रह्म को सत् समझता है तो वह सत् पुरुष हो जाता है। आत्मा ने इच्छा की कि वह बहुत हो जाय और प्रजा की सृष्टि करे, उसने तप से विश्व की सृष्टि की और उसमें प्रविष्ट हो गया। वही सत् और असत् है, निरुक्त और अनिरुक्त, निलयन और अनिलयन, विज्ञान और अविज्ञान।

सप्तम अनुवाक

असत् ही पहले था, उससे सत् उत्पन्न हुआ, उसने अपने को स्वयं बनाया इसलिए वह सुकृत कहा जाता है। जो सुकृत है वही रस है, रस को पाकर ही सानन्द होता है।

यदि यह आकाश आनन्द न होता तो कौन साँस लेता और कौन जीता, यही आनन्दित करता है। जब तक यह जीव इस अदृश्य, अनात्म, अनिरुक्त, अनिलय, अभय में प्रतिष्ठित होता है, तब वह अभय को प्राप्त होता है। जो इसमें थोड़ा भी भेद करता है, उसे भय होता है।

अष्टम अनुवाक

इसके डर से हवा बहती है। सूर्य उदित होता है। अग्नि, इन्द्र और मृत्यु दौड़ते हैं।

आनन्द की इस प्रकार मीमांसा होती है। यदि कोई युवा हो, सदाचारी हो, पढ़ने वाला हो, तेज हो, दृढ़ हो, बली हो और उसके पास धन सम्पन्न पृथ्वी हो, तो उसका आनन्द, मानव आनन्द है और यह आनन्द गणना में इकाई है ऐसे सौ मानुष आनन्द, एक मनुष्य गंधर्वों के आनन्द के बराबर हैं। उतना ही आनन्द एक निष्काम श्रोत्रिय का है। सौ मनुष्य गन्धर्वों के आनन्द, एक देव गन्धर्वों का आनन्द है और निष्काम श्रोत्रिय का है। सौ मनुष्य गन्धर्वों के आनन्द, एक चिरस्थायी पितरों का आनन्द है। वही श्रोत्रिय का है। ऐसे सौ पितरों के आनन्द, एक आजान देवताओं का आनन्द है तथा श्रोत्रिय का। सौ आजान देवताओं का आनन्द, एक कर्म देवताओं का आनन्द है, वैसे सौ एक देवताओं का। सौ देवताओं के एक इन्द्र का। इन्द्र के सौ आनन्द बृहस्पति का एक आनन्द है। बृहस्पति का सौ आनन्द एक प्रजापति का है और प्रजापति का सौ आनन्द ब्रह्मा का एक आनन्द है। इनमें प्रत्येक आनन्द अकामहत् श्रोत्रिय का आनन्द है। तात्पर्य यह है कि मानव सुख भोग से बहुत अधिक सुख गन्धर्व, पितर और देवताओं के हैं। किन्तु कोई भी सुख निष्काम, वेदाध्यायी के सुख से अधिक नहीं है। जो मनुष्य में है और जो आदित्य में है, वह एक ही पुरुष है। जो इस बात को जानता है, वह मृत्यु के बाद क्रम से अन्नमय, प्राणमय, मनोमय, विज्ञानमय और आनन्दमय आत्मा तक पहुँचता है।

नवम अनुवाक

कहा गया है कि जहाँ तक विना पहुँचे मन के साथ वाक् लौट आती है, उस ब्रह्मानन्द को जाननेवाला किसी से नहीं डरता। उसे इस बात की चिन्ता नहीं होती कि क्या हमने अच्छा किया है या बुरा। वह आत्मा को प्राप्त होता है। पुण्य और पाप से परे।

तीसरी : भृगुवल्ली

वरुण के पुत्र भृगु ने पिता के पास जाकर कहा कि मुझे ब्रह्म का उपदेश दीजिये। उन्होंने कहा-‘अन्न, प्राण, चक्षु, श्रोत्र और वाक्, इनमें ब्रह्म का अनुसंधान करो। ब्रह्म

वह है, जिससे ये सारे भूत उत्पन्न होते हैं, जिसके द्वारा जीते हैं और जिसमें लीन हो जाते हैं। उसे जानो, वह ब्रह्म है।

अनुवाक : दो-छः

भृगु ने तपस्या करके अन्न, प्राण, मन, विज्ञान और आनन्द में आनन्द को क्रमशः ब्रह्म के रूप में पहचाना। किन्तु विज्ञान तक सभी तत्त्वों को वरुण ने ब्रह्म का पारमार्थिक रूप नहीं कहा। आनन्द ही ब्रह्म का परमरूप है। आनन्द से ही सब प्राणी उत्पन्न होते हैं, जीते हैं और उसमें लीन होते हैं। यह भार्गवी, वारुणी विद्या परमव्योम में प्रतिष्ठित है।

सप्तम से दशम अनुवाक

अन्न की निन्दा नहीं करनी चाहिए। अन्न को बढ़ाना चाहिए। किसी अतिथि को मना नहीं करना चाहिए।

छान्दोग्य उपनिषद्*

छान्दोग्य सामवेदीय तलवकार ब्राह्मण का भाग है और उसके आठ अध्याय हैं। पहले दो अध्याय मुख्यतया सामोपासना से संबद्ध हैं। पहले अध्याय के दशम खण्ड में उषस्तिचाक्रायण का रोचक आख्यान है। वह कुरु प्रदेश में अपनी पत्नी के साथ इभ्य ग्राम में दरिद्र अवस्था में रहता था क्योंकि टिड्डियों के प्रकोप से वहाँ फसल नष्ट हो गयी थी। उसने उड़द खाते हुए एक महावत से भोजन की याचना की। उसने कहा– 'जितने थे सब इसी पात्र में हैं, जिससे मैं खा रहा हूँ।' उनमें से ही उषस्ति ने लेकर खाया किन्तु महावत के जूठे पानी का अनुपान स्वीकार नहीं किया, कहा कि जूठा खाना तो जीवित रहने के लिए अपेक्षित था, पानी बहुत मिल जायेगा। बचे हुए उड़द वे पत्नी के पास ले गये। उसने पहले ही भिक्षा से पेट भर लिया था और पति के बचे हुए भोजन को उसने रख लिया। दूसरे दिन प्रातः उषस्ति ने कहा–'यदि कुछ खाने को होता तो मैं राजा के यज्ञ में जाकर कुछ धनराशि कमाता। पत्नी ने वही जूठे और बासी उड़द दे दिये, उन्हें खाकर उषस्ति राजकीय यज्ञशाला में गये और वहाँ अपने ज्ञान से अन्य द्विजों को चुप कर वे स्वयं यज्ञ के मुख्य अधिष्ठाता बन गये'।

दूसरे अध्याय में मुख्यतया सामोपासना का विवरण है। इसी अध्याय के तेईसवें खण्ड में एक प्रसिद्ध सन्दर्भ है जिसमें तीन धर्मस्कन्धों का विवरण है। 'तीन धर्मस्कन्ध हैं— यज्ञ, अध्ययन और दान, यह पहला है। तप दूसरा है। ब्रह्मचारी और आचार्यकुल में निवास करनेवाला जो अपने को अत्यन्त अवसादित करता है, यह तीसरा है। ये सभी पुण्यलोकवाले होते हैं। ब्रह्मसंस्थ अमरत्व को प्राप्त होता है।' इस अनुच्छेद में कितने आश्रमों का उल्लेख है, यह स्पष्ट नहीं है। पहला धर्मस्कन्ध अवश्य ही गृहस्थ आश्रम की ओर संकेत करता है। दूसरा वानप्रस्थ की ओर, तीसरा ब्रह्मचर्य की ओर। इन तीन को जो इस उलटे-पुलटे क्रम से कहा गया है, उससे ऐसी ध्वनि होती है मानो अभी आश्रम एक निश्चित आनुपूर्वी से व्यवस्थित नहीं हुए थे। चतुर्थ आश्रम का इसमें स्पष्ट उल्लेख भी नहीं है, यद्यपि *ब्रह्मसंस्थोऽमृतत्वमेति* इस वचन से संन्यास का तात्पर्य भाष्यकार के द्वारा लिया गया है।

इसमें सन्देह नहीं है कि ब्रह्मचर्य और गार्हस्थ्य प्राचीन वैदिक आश्रम थे। वानप्रस्थ उत्तरवैदिक काल में उपासनाकाण्ड के विकास के साथ सम्भवतः विकसित हुआ। किन्तु वैदिक कर्म के संन्यास के रूप में संन्यास का निश्चित उल्लेख कुछ उपनिषदों में ही पहले पहल मिलता है, जैसे–मुण्डक में। किन्तु वैदिक विद्वानों में सामान्यतः स्वीकृत न होने पर भी भिक्षु या यति विदित थे, यह निश्चित है। स्वयं ऋक्संहिता में केशिसूक्त इसका प्रमाण है। कदाचित् एक प्राचीन श्रमण-परम्परा वैदिक

---

* **मूल उपनिषद् का यहाँ संक्षिप्त व्याख्या के साथ सार-संग्रह प्रस्तुत किया गया है।**

परम्परा के बाहर विद्यमान थी। वैदिक परम्परा में संन्यास का स्वीकार धीरे-धीरे हुआ, ऐसा प्रतीत होता है।

वस्तुतः संन्यास आश्रम की कल्पना के पीछे कर्मवाद और संसारवाद की कल्पना है। वैदिक दृष्टि काम और कर्म को निन्दनीय रूप में नहीं देखती और न पुनर्जन्म एवं संसार-चक्र उसमें एक व्यापक विश्वास के रूप में मिलता है। उपनिषदों में इन मतों का स्पष्ट उन्मेष पहली बार देखा जा सकता है। इसके पहले पुनर्मृत्यु की धारणा अवश्य शतपथ में मिलती है। ब्राह्मणों में विशेष यज्ञ कौशल के द्वारा ही स्वर्ग की प्राप्ति एक चरम मानव लक्ष्य है।

तृतीय अध्याय में मधुविद्या, गायत्री-उपासना, शाण्डिल्यविद्या आदि उल्लिखित हैं।

तृतीय अध्याय : चतुर्दश खण्ड

यह सब कुछ ब्रह्म है। उसकी शांतभाव से *तज्जलान्* इस रूप में उपासना करनी चाहिए। (तज्जलान् का अर्थ किया गया है, जो जन्म, लय और स्थित का आधार है)। मनुष्य क्रतुमय अथवा संकल्पमय होता है, जैसा उसका संकल्प इस लोक में होता है, वैसा ही वह मरने के बाद भी होता है। वह मनोमय है, प्राण उसका शरीर है, भा या ज्योति उसका रूप है। वह सत्य संकल्प आकाशात्मा है। सर्वकर्मा, सर्वकाम, सर्वगन्ध, सर्वरस है। वह आत्मा मेरे हृदय के अन्दर है, अत्यन्त सूक्ष्म, व्रीहि, यव, सर्षप या श्यामाक इन सबसे अधिक अणु आत्मा, जो हृदय के अन्दर है, वही पृथ्वी से बड़ा है, अन्तरिक्ष से बड़ा है। द्युलोक से बड़ा, इन सब लोकों से बड़ा, सर्वकर्मा, सर्वकाम, सर्वरस है। यह मेरा आत्मा हृदय के अन्दर ही स्थित ब्रह्म है। उन्हीं के पास यहाँ से मरने के बाद मैं जन्म लूँगा। जिसके लिए यह प्रत्यक्ष है, वह विचिकित्सा का विषय नहीं है— यह शाण्डिल्य ने कहा।

तृतीय अध्याय के षोडश खण्ड में मानव-जीवन की यज्ञरूप में उपासना निर्दिष्ट है। महिदास ऐतरेय इस विद्या से ११६ वर्ष तक जीवित रहे। सप्तदश खण्ड में घोर आङ्गिरस का देवकीपुत्र कृष्ण के लिए उपदेश है जिससे वह पिपासा से मुक्त हो गये। उपदेश यह है-'मनुष्य जो भूख या प्यास से प्रेरित होता है या जो आनन्दित नहीं होता, वही इसकी दीक्षा होती है। जो खाता है, पीता है या आनन्दित होता है, उससे वह उपसदों का सादृश प्राप्त करता है। (उपसदों में केवल दुग्धपान का सुख मिलता है)। वह जो हँसता है, खाता है या स्त्री सहवास करता है तो वह स्तुतशस्त्रों (स्तुति में पढ़ी जानेवाली ऋचाओं का शंसन) की समानता को प्राप्त होता है और जो वह तप, दान, आर्जव, अहिंसा और सत्यवचन कहता है, वह उसकी दक्षिणा है। यज्ञ में सोम का अभिषव ही उसका पुनर्जन्म है। मृत्यु ही उसका अवभृथ या स्नान है।' अन्तकाल में ये तीन ऋचाएँ पढ़नी चाहिए— अक्षित हो, अच्युत हो, प्राणसंशित हो।

चतुर्थ अध्याय

चौथे अध्याय में संवर्गविद्या के प्रसंग में जानश्रुति पौत्रायण और रैक्व का उपाख्यान है। जानश्रुति पौत्रायण अर्थात् जनश्रुति के पुत्र का पौत्र श्रद्धा से बहुत दान देनेवाला था। वह जनता के लिए बहुत अन्न पकवाता था। सब ओर उसने धर्मशालाएँ खोली कि लोग उसी का अन्न खायें, एक बार रात्रि में हंस उधर से उड़े, एक हंस ने दूसरे से कहा कि जानश्रुति पौत्रायण का तेज आकाश तक फैला हुआ है, तुम उसको छूकर कहीं जल न जाओ। दूसरे ने कहा-'क्या तुम इस राजा को सयुग्वा रैक्व के समान बता रहे हो जिसके पास इस राज्य का सारा पुण्य पहुँच जाता है।' दूसरे ने पूछा-'यह कौन है?' जानश्रुति ने यह सुना और सवेरे ही वन्दियों से स्तुति किये जाते हुए क्षत्ता से कहा-'अरे, क्या मेरी प्रशंसा गाड़ीवाले रैक्व की तरह से कर रहे हैं।' उसने पूछा-'वह कौन है?' राजन् ने कहा-'जैसे जुए में चार अंकवाले कृत नाम के पासे से और सब का धन बटोर लिया जाता है, ऐसे ही सब का पुण्य रैक्व के पास चला जाता है। क्षत्ता रैक्व को ढूँढ़ने गया और लौटकर कहा कि वह नहीं मिला।' राजा ने कहा-'अरे, उसको वहाँ ढूँढो, जहाँ ज्ञानी रहते हैं। अर्थात् किसी निर्जन दूर स्थान में क्षत्ता ने रैक्व को एक रथ के नीचे दाद खुजलाते हुए देखा। उसने पूछा-'तुम्हीं गाड़ीवाले रैक्व हो।' उसने कहा-'हाँ।' पता पाकर राजा, छः सौ गाय, निष्क और अश्वतरी रथ लेकर रैक्व के पास पहुँचा और प्रार्थना की, 'यह आपके लिए है, आप मुझे उस देवता का उपदेश दें, जिसकी आप उपासना करते हैं।' रैक्व ने उत्तर दिया-'अरे शूद्र, यह सब तेरे पास रहे।' दूसरी बार राजा एक सहस्र गाय अश्वतरी रथ, निष्क और अपनी कन्या को लेकर गये। रैक्व से उसने कहा कि ये हजार गायें, यह निष्क, यह अश्वतरी रथ, यह पत्नी और वह गाँव जिसमें आप हैं, वह आप स्वीकार करें और मुझे उपदेश दें। उसके मुख को उठाते हुए रैक्व ने कहा-'शूद्र! तुम यह सब लाये हो किन्तु इस मुख के द्वारा ही मुझे बुलवाओगे।' वह बस्ती जहाँ वह रहता था, वह महावृषों के देश में रैक्वपर्ण के नाम से प्रसिद्ध हुई।

रैक्व ने उपदेश दिया कि 'वायु ही संवर्ग है। जब अग्नि बुझती है तो वायु में लीन हो जाती है। अस्त होता हुआ सूर्य या चन्द्रमा भी वायु में लीन हो जाता है। जल भी सूख कर वायु में लीन हो जाता है, वायु इन सब का संवर्जन करती है, यह अधिदैवतविद्या है।'

'अध्यात्म यह है कि प्राण ही संवर्ग है। जब मनुष्य सोता है तो प्राण में ही वाक्, चक्षु, श्रोत्र और मन लीन हो जाते हैं। प्राण उनका संवर्ग होता है। ये दो संवर्ग हैं - देवताओं में वायु, प्राणों में प्राण।'

चतुर्थ अध्याय के चतुर्थ खण्ड में सत्यकाम जाबाल की प्रसिद्ध कथा है वह अपनी माता जबाला को सम्बोधित कर बोला-'मैं ब्रह्मचर्यवास करना चाहता हूँ, मेरा गोत्र क्या है?' जबाला ने कहा-'मैं तो यह नहीं जानती कि तुम्हारा गोत्र क्या है? बहुतों की सेवा करती हुई, मैंने तुम्हें यौवन में पाया। तुम्हारा नाम सत्यकाम है और मेरा

जबाला। तुम अपने को सत्यकाम जाबाल कहना।' वह हारिद्रुमत गौतम के पास ब्रह्मचर्यवास के लिए गया। उसने पूछा-'तुम्हारा क्या गोत्र है?' सत्यकाम ने माँ से सुनी हुई बात दुहरा दी। गौतम ने कहा-'जो ब्राह्मण नहीं है, वह ऐसी साफ बात नहीं कर सकता। तुम समिधा लाओ, मैं तुम्हारा उपनयन करूँगा। तुम सत्य से नहीं डिगे हो। फिर चार सौ दुबली और कमजोर गायों को बाहर करके कहा-'इनके पीछे जाओ।' सत्यकाम ने उनको हाँकते हुए कहा-'जब तक ये एक हजार नहीं होतीं, मैं नहीं लौटूँगा।'

बहुत वर्षों तक वह प्रवास में पड़ा रहा, जब तक कि वे हजार नहीं हो गयीं। सत्यकाम से वृषभ ने कहा-'ये हजार हैं, इनको आचार्यकुल में पहुँचा दो, मैं तुम्हें ब्रह्म का एक पाद बताता हूँ। ब्रह्म का यह पाद प्रकाशवान् नाम का है, चार दिशाएँ इसकी चार कलाएँ हैं। इस प्रकाशवान् नामक ब्रह्मपाद को जाननेवाला प्रकाशवान् होता है। अग्नि तुमको दूसरा पाद बतायेगा।' यह कहकर वृषभ मौन हो गया। दूसरे दिन गायों को हाँककर वह जहाँ शाम हुई, वहाँ गायों को घेरकर अग्नि जलाकर उसमें समिधा डालकर अग्नि के पश्चिम में पूर्वाभिमुख होकर बैठ गया। अग्नि ने कहा-'मैं तुम्हें ब्रह्म के एक पाद का उपदेश दूँगा। ब्रह्म का यह पाद अनन्तवान् नाम का है। इसकी चार कलाएँ हैं— पृथ्वी, अन्तरिक्ष, द्युलोक और समुद्र। इसको जानकर अनन्तवान् होता है।' अगले दिन गायों को हाँककर जहाँ शाम को ठहरा, वहाँ हंस पास आकर बोला-'तुझे ब्रह्म का पाद बताऊँगा यह ज्योतिष्मान् नाम का पाद है, इसकी चार कलाएँ हैं— अग्नि, सूर्य, चन्द्र और विद्युत्। इसको जानने से मनुष्य ज्योतिष्मान् होता है।' दूसरे दिन इसी प्रकार शाम को मद्‌गु या पनडुब्बी पक्षी ने उसे ब्रह्म के आयतनवान् नाम के पाद का उपदेश दिया, जिसकी चार कलाएँ हैं— प्राण, चक्षु, श्रोत्र और मन। इसको जानने से मनुष्य आयतनवान् हो जाता है। फिर जब वह आचार्यकुल पहुँचा, आचार्य ने कहा- 'सत्यकाम, तुम ब्रह्मज्ञानी दिखायी दे रहे हो; किसने तुम्हें उपदेश दिया?' उसने उत्तर दिया-'वे मनुष्य नहीं थे, अब आप ही मुझे उपदेश दें। मैंने सुना है कि आचार्य से ही मिलने पर विद्या पूरी तरह से प्राप्त होती है।' तब गुरु ने उसे उसी विद्या का उपदेश दिया जिसमें कुछ कमी नहीं रही।

दशम खण्ड से पन्द्रहवें खण्ड तक

एक अन्य उपाख्यान के अनुसार उपकोसल कामलायन ने सत्यकाम जाबाल के पास ब्रह्मचर्यवास किया। १२ वर्ष तक वह ब्रह्मचर्य में सेवा करता रहा अन्य अन्तेवासियों का समावर्तन करते हुए भी सत्यकाम ने उसका समावर्तन नहीं किया। सत्यकाम की पत्नी ने कहा कि यह ब्रह्मचारी बहुत तप कर चुका है और सेवा भी इसने ठीक की है, कहीं अग्नियाँ तुम्हारी निन्दा न करें, इसलिए तुम इसे उपदेश दो, किन्तु वह उपदेश दिये विना ही प्रवास के लिए चला गया। उपकोसल खेद के मारे अनशन पर बैठ गया। गुरु पत्नी ने कहा-'ब्रह्मचारी खाओ, क्यों नहीं खा रहे हो?' उसने कहा-

'मनुष्य में बहुत सी कामनाएँ रहती हैं, जो बाधा देती हैं। मैं उनकी चिन्ताओं से परिपूर्ण हूँ, मैं नहीं खाऊँगा।' अग्नियों ने इस पर उसकी सेवा से प्रसन्न होकर उसे उपदेश दिया–'प्राण ब्रह्म है, क ब्रह्म है, ख ब्रह्म है।' उसने कहा–'प्राण तो समझ में आता है, क और ख क्या हैं?' उन्होंने कहा–'जो क है वह ख है, जो ख है वह क है' इस प्रकार उन्होंने उसे प्राण और आकाश का उपदेश दिया।

फिर उसको गार्हपत्य की अग्नि ने शिक्षा दी— पृथ्वी, अग्नि, अन्न और आदित्य। जो आदित्य में पुरुष दिखता है वह ही मैं हूँ।

दक्षिणाग्नि ने उपदेश दिया कि जो चन्द्रमा में पुरुष है, वही मैं हूँ। आहवनीय ने बताया 'मैं विद्युत् में पुरुष हूँ।' उन अग्नियों ने कहा–'उपकोसल यह तुमहारे लिए आत्मविद्या है, आचार्य तुम्हें फल बतायेंगे।' आचार्य ने आकर कहा–'उपकोसल जो आँख में पुरुष दिखता है वही आत्मा है, वही ब्रह्म है। यही वामनी है, वही भामनी है। इस प्रकार का ब्रह्मज्ञानी मनुष्य अग्नि की लपटों से शुक्ल पक्ष में, वहाँ से उत्तरायण के छः महीनों में, वहाँ से संवत्सर, संवत्सर से आदित्य, आदित्य से चन्द्रमा, चन्द्रमा से विद्युत् को जाता है, जहाँ मानवेतर पुरुष उसे ब्रह्म तक पहुँचाता है। यही देवपथ है, ब्रह्मपथ है। इससे चलकर इस मानव-आवर्त में नहीं लौटता।'

पंचम अध्याय

पहले और दूसरे खण्डों में यह प्रतिपादित है कि प्राण ही सब इन्द्रियों और मन से ज्येष्ठ और श्रेष्ठ है। इस विद्या के प्रथम प्रवर्तक सत्यकाम जाबाल थे।

तृतीय खण्ड

आरुणि का पुत्र श्वेतकेतु पांचाल जनपद की समिति में आया। प्रवाहण जैवलि ने उससे पूछा–तुमको पिता ने शिक्षा दी है, हाँ भगवन्। तुम जानते हो कि मृत्यु के बाद लोग कहाँ जाते हैं–नहीं या कैसे लौटते हैं–नहीं। क्या देवयान और पितृयाण के अलग-अलग मार्ग पता हैं–नहीं। यह जानते हो कि स्वर्गलोक भर क्यों नहीं जाता?–नहीं। तुम्हें पता है कि कैसे पाँचवें आहुति में जल पुरुष के वचनवाला हो जाता है?–नहीं। तो फिर तुम कैसे सुशिक्षित हो, जो तुम यह सब नहीं जानते। परेशान होकर श्वेतकेतु अपने पिता के पास लौट आया और कहा कि जैसा आपने सिखाया था और मैंने सीखा था, मुझसे उस राजन्य बन्धु ने पाँच सवाल पूछे पर एक का भी उत्तर नहीं दे पाया। उसने कहा–अगर मुझे पता होता तो मैं तुझे बताता। तब वह गौतम राजा के पास गया, राजा ने उनका सम्मान किया और कहा–हे गौतम! आप मानवीय धन में कुछ भी माँग लीजिए। उसने कहा–राजन्! मानव वित्त तुम्हारे पास रहे। इनमें कुमार से जो बात कही थी, वही मुझसे बोलो। इस पर वह कठिन बन गया और कहा–तुम कुछ समय ठहरो। तुम्हारे पहले यह विद्या किसी ब्राह्मण के पास नहीं गयी थी और इसीलिए सब लोकों में क्षत्रिय का ही प्रशासन हुआ है।

चतुर्थ खण्ड

गौतम! पञ्चम प्रश्न के उत्तर से राजा ने आरम्भ किया। वह लोक ही अग्नि है, आदित्य उसकी समिधा हैं, रश्मियाँ धुँआ हैं, दिन लपट है, चन्द्रमा अंगारे हैं और नक्षत्र ही उसकी चिंगारियाँ हैं। इस अग्नि में देवता श्रद्धा का हवन करते हैं और उस आहुति से राजा सोम का जन्म होता है।

पंचम खण्ड

गौतम! पर्जन्य ही अग्नि है। वायु ही उसकी समिधा है। बादल उसका धुँआ है, बिजली लपट है, वज्रपात अंगारे हैं। बिजली का कड़कना चिंगारियाँ हैं। इस अग्नि में देवता राजा सोम की आहुति देते हैं उस आहुति से बारिश उत्पन्न होती है।

षष्ठ खण्ड

गौतम! पृथ्वी ही अग्नि है, संवत्सर उसके समिध् हैं, आकाश धुँआ है, रात्रि ज्वाला है, दिशाएँ अंगारे हैं तथा अवान्तर दिशाएँ विस्फुलिङ्ग हैं, देवता बारिश की आहुति देते हैं, उस आहुति से अन्न पैदा होता है।

सप्तम खण्ड

गौतम! पुरुष अग्नि है, उसकी वाणी समिधा है, प्राण धुँआ है, जिह्वा लपट है, चक्षु अंगारे हैं और श्रोत्र चिंगारियाँ। उसमें देवता अन्न की आहुति देते हैं और उससे रेतस् की उत्पत्ति होती है।

अष्टम खण्ड

गौतम! स्त्री अग्नि है, उपस्थ समिधा है, उपमन्त्रण धुँआ है, योनि अर्चि है, आभ्यन्तर कर्म अंगारे हैं, अभिनन्द विस्फुलिंग हैं। इस अग्नि में रेतस् की आहुति से गर्भ उत्पन्न होता है।

नवम खण्ड

इस पाँचवीं आहुति में जल पुरुषवाक् हो जाता है, वह उल्ब से आवृत गर्भ दश या नवम मास में अन्त:शयन के बाद बाहर होता है या वह आयु जीकर मरता है और मरने पर उसको यहाँ से अग्नि ही ले जाती है वहीं; जहाँ से वह उत्पन्न होता है।

दशम खण्ड

जो इसे जानते हैं, वे अरण्य में श्रद्धा और तप की उपासना करते हैं। वे अर्चि में जन्म लेकर उससे दिन में और दिन शुक्ल पक्ष में, वहाँ से उत्तरायण में, वहाँ से संवत्सर, संवत्सर से आदित्य, आदित्य से चन्द्रमा, चन्द्रमा से विद्युत्, वहाँ से अमानव पुरुष उन्हें ब्रह्मलोक ले जाता है। यह देवयान पथ है और जो गाँव में इष्टापूर्त और दान

के द्वारा उपासना करते हैं वे धूम में जन्म लेकर वहाँ से रात्रि, रात्रि से कृष्णपक्ष, दक्षिणायन मास में जन्म लेते हैं, वे संवत्सर में उत्पन्न नहीं होते। दक्षिणायन महीनों से वे पितृलोक को, पितृलोक से आकाश, आकाश से चन्द्रमा, जिसका सोम राजा है और जो देवताओं का अन्न है। वे सम्पात तक रहकर इसी मार्ग से पुनः जन्म लेते हैं। आकाश से वायु, वायु से धूम और धूम से बादल, बादल से अभ्र, अभ्र से मेघ, मेघ से वर्षा, वर्षा से व्रीहि, यव आदि ओषधियाँ, वनस्पतियाँ, तिल, माष आदि उत्पन्न होते हैं। वहाँ से अन्न खानेवाले के रेतस् में जाकर फिर जन्म होता है। जिनका अच्छा आचरण होता है, वे अच्छी योनि पाते हैं, जैसे-ब्रह्मयोनि, क्षत्रयोनि। पर जो दुराचारी होते हैं, वे अपवित्र योनि पाते हैं, जैसे-कुत्ता, सूअर या चाण्डाल की योनि और जो इन मार्गों में से किसी एक से नहीं जाते हैं वे क्षुद्र जीव बनते हैं, जो बार-बार जन्म लेते हैं और मरते हैं, उनका तीसरा स्थान है। इसी कारण वह लोक पूरा भरता नहीं है। इसीलिए अधर्म से जुगुप्सा करनी चाहिए। यह श्लोक कहा गया है-जो सोने का चोर है या सुरापायी है या गुरुतल्प का सम्मान नहीं करता या ब्राह्मण का वध करता है, ऐसे चारों का पतन होता है। उनके साथ रहनेवाला पाँचवाँ भी वैसा ही होता है। जो इन पाँच अग्नियों को जानता है, वह पाप से लिप्त नहीं होता।

यह पंचाग्नि विद्या संसारवाद के सिद्धान्त का विस्तृत और प्राथमिक विवरण है जिसमें कर्म का महत्त्व, पुनर्जन्म और पितृयाण एवं देवयान का स्पष्टीकरण दिया गया है। ब्राह्मणों में यह विद्या पहले प्रचलित नहीं थी। यह भी इससे पता चलता है। यह क्षत्रिय विद्या थी। इसमें भी जैसे अन्यत्र कई विद्याओं में यज्ञ की एक नयी और विस्तृतर व्याख्या मिलती है। इस व्याख्या में आधिदैविक और आध्यात्मिक पक्ष जुड़े हुए हैं।

एकादश खण्ड से बीसवें खण्ड तक

औपमन्यव प्राचीनशाल, पौलुषि सत्ययज्ञ, भाल्लवेय इन्द्रद्युम्न, जनशार्कराक्ष, बुडिल आश्वतराश्वि, ये महाशाल महाश्रोत्रिय थे। उन्होंने साथ मिलकर मीमांसा की कि आत्मा क्या है? ब्रह्म क्या है? उन्होंने यह तय पाया कि आजकल उद्दालक आरुणि इस आत्मा को वैश्वानर के रूप में जानता है तो हम उसके पास बैठें। उद्दालक आरुणि ने सोचा— ये आकर मुझसे पूछेंगे, मैं सब कुछ स्वीकार नहीं करूँगा और किसी दूसरे को बता दूँगा। उसने उनसे कहा कि केकय अश्वपति वैश्वानर आत्मा का परिशीलन करता है तो उसके पास चलते हैं। उन लोगों के प्राप्त होने पर उसने (अश्वपति) सम्मान किया और सुबह उठते ही बोला— मेरे जनपद में न चोर हैं, न कदर्य, न मद्यपायी, न अनाहिताग्नि, न अविद्वान्, कोई व्यभिचारी नहीं है, व्यभिचारिणी कहाँ से होगी। मैं यज्ञ करनेवाला हूँ तब एक-एक ऋत्विक् के लिए जितना धन दूँगा उतना आप लोगों को भी दूँगा। आप लोग ठहरें, उन्होंने कहा कि धन से मतलब नहीं है। जिस लक्ष्य के लिए मनुष्य जीता है, वही हमें बताइये। वैश्वानर आत्मा को आप

सिखाते हैं, हमको बताइये। उसने कहा— कल बताऊँगा। वे पूर्वाह्न में हाथ में समिधा लेकर उसके पास आये उनका उपनयन किये विना उसने कहा— औपमन्यव! तुम किस आत्मा की उपासना करते हो। उसने कहा— जीवलोक की। उसने कहा-जिसकी तुम उपासना करते हो वह वैश्वानर आत्मा सुतेजा है। इसलिए जो तुम सोम की आहुति देते हो उसका फल तुम्हारे कुल में मिलता है। तुम अन्न खाते हो, प्रिय देखते हो और प्रिय होता है। जो इसे जानता है, उसके कुल में ब्रह्मवर्चस होता है, किन्तु यह उस आत्मा की मूर्धा है। तुम लोग यदि मेरे पास नहीं आते तो मूर्धा तुम्हारी गिर गयी होती। पौलुषि सत्ययज्ञ आदित्य की उपासना करता था। उन्हें अश्वपति ने बताया कि यह विश्वरूप नाम की आत्मा है। यह चक्षु है, उस आत्मा की। इन्द्रद्युम्न भाल्लवेय वैय्याघ्रपद्य वायु की उपासना करता था। वह पृथग्वर्त्मा बताया गया है, जो कि वैश्वानर के प्राण हैं। जनशार्कराक्ष्य के द्वारा उपास्य आकाश है, उसने कहा— यह निश्चय ही बहुलसंज्ञक आत्मा वैश्वानर आत्मा है, जिसकी तुम उपासना करते हो। इसी से तुम प्रजा और धन के कारण बहुल हो। बुडिल आश्वतराश्वि वैय्याघ्रपद्य जल की ही उपासना करता था। उसने कहा— जिसकी तुम उपासना करते हो, वह निश्चय ही रयिसंज्ञक वैश्वानर आत्मा है; इसी से तुम रयिमान् (धनवान्) और पुष्टिमान् हो। अरुण का पुत्र उद्दालक पृथिवी की उपासना करता था, उससे अश्वपति ने कहा— वह वैश्वानर की प्रतिष्ठासंज्ञक आत्मा है।

फिर उनसे अश्वपति ने कहा— आप लोग वैश्वानर की अलग-अलग प्रादेशमात्र की उपासना करते हैं। उसकी मूर्धा सुतेजा है, चक्षु विश्वरूप है, प्राण पृथग्वर्त्मा है, आत्मा बहुलसंज्ञक है, बस्ति रयि है, पृथ्वी पैर है, वक्ष वेदि है, लोम दर्भ है, हृदय गार्हपत्याग्नि है, मन दक्षिणाग्नि है, मुख आहवनीय है।

एकोनविंश से चतुर्विंश खण्ड

पहली आहुति प्राण के लिए, प्राण के तृप्त होने पर चक्षु तृप्त होता है, चक्षु से आदित्य, आदित्य से द्यौ:, द्यौ: से वह सब जिस पर द्यौ: अधिष्ठित हैं, उससे प्रजा; पशु; अन्नादि की तृप्ति होती है। दूसरी आहुति व्यान के लिए है, व्यान से श्रोत्र, श्रोत्र से चन्द्रमा, चन्द्रमा से दिशाएँ और दिशाओं से सब कुछ तृप्त होता है। तीसरी आहुति अपान की है-जिससे वाक् तृप्त होती है। वाक् से अग्नि, उससे पृथ्वी, उससे अधिष्ठित सब कुछ। चौथी आहुति समान के लिए-उससे मन, मन से पर्जन्य, पर्जन्य से विद्युत् तृप्त होती है, उससे सब कुछ। पाँचवीं आहुति उदान के लिए— उससे त्वक्, उससे वायु, उससे आकाश और उससे उनके द्वारा अधिष्ठित सब कुछ। जो यह सब विना जाने अग्निहोत्र का हवन करता है, वह ऐसा है, जैसे-अंगार हटाकर भस्म में आहुति डाले। यह जाननेवाला सब पापों से मुक्त होता है। यह जाननेवाला यद्यपि चाण्डाल को उच्छिष्ट दे तो वह उसकी अपने लिए ही आहुति होता है। जैसे-भूखे बच्चे माँ के पास आते हैं, ऐसे ही सब जीव अग्निहोत्र के पास आते हैं।

छठा अध्याय : पहला खण्ड

आरुणि का पुत्र श्वेतकेतु था। उससे पिता ने कहा— श्वेतकेतु! तू ब्रह्मचर्यवास कर। हमारे कुल में कोई वेद न पढ़ा हुआ नाममात्र का ब्राह्मण नहीं होता। श्वेतकेतु १२ वर्ष की अवस्था से २४ वर्ष तक सब वेद पढ़ कर अपने को बुद्धिमान् और विद्वान् मानकर गर्व के साथ लौटा। उससे पिता ने कहा— श्वेतकेतु! तुम पंडितम्मन्य प्रतीत होते हो। क्या तुमने वह रहस्य जाना है जिससे अश्रुत श्रुत हो जाता है, अमत मत हो जाता है, और अविज्ञात विज्ञात अर्थात् वह तत्त्व जिसके द्वारा सब कुछ सुना-समझा जाना जाता है। श्वेतकेतु ने कहा— भगवन्, वह तत्त्व क्या है? जैसे एक मिट्टी के पिण्ड के जानने से सब मिट्टी के बने पदार्थ जान लिये जाते हैं, क्योंकि मिट्टी ही सत्य है और मृत्तिका से बने हुए पदार्थ सिर्फ अलग-अलग नामवाले विकार हैं। जैसे एक लोहमणिका का ज्ञान होने पर, सब लोहे के पदार्थ जाने जाते हैं, अथवा जैसे एक नहनी के जानने से, सारे लोहे के पदार्थ जाने जाते हैं, ऐसा ही वह परमतत्त्व है। श्वेतकेतु ने कहा कि अवश्य ही मेरे गुरु इस तत्त्व को नहीं जानते थे। अन्यथा अवश्य ही उसका उपदेश करते। आप ही उसे समझायें।

छठा अध्याय - दूसरा खण्ड

हे सौम्य! आरम्भ में सत् ही था, एक मात्र अद्वितीय। कुछ लोग कहते हैं कि असत् ही पहले था एक और अकेला। उस असत् से सत् उत्पन्न हुआ। किन्तु ऐसा कैसे हो सकता है? असत् से सत् कैसे उत्पन्न हो सकता है? वस्तुत: सत् ही अकेला आरंभ में था। उसने सोचा— मैं बहुत होऊँ। उसने तेज की सृष्टि की। तेज ने सोचा— मैं बहुत हो जाऊँ और उत्पन्न होऊँ। उसने जल की सृष्टि की। इसीलिए जब कोई तपता है तो उसे पसीना आता है, क्योंकि ताप से ही जल पैदा हुआ है। जल ने सोचा— हम बहुत हो जाएँ। उन्होंने अन्न उत्पन्न किया। इसलिए जहाँ वर्षा होती है, वहाँ अन्न पैदा होता है क्योंकि जल से ही, अन्न आदि उत्पन्न होते हैं।

तीसरा-चौथा खण्ड

इन भूतों के तीन ही बीज होते हैं। अण्डज, जीवज और उद्भिज्ज। उस देवता ने यह सोचा— मैं इन तीनों देवताओं में जीवात्मा के रूप से प्रविष्ट होकर नाम, रूप को प्रकट करूँ और उनमें से एक-एक को तीन-तीन बार बाँटकर एक बनाऊँ। उस देवता ने इसी तरह से उन तीनों में अनुप्रविष्ट होकर नाम-रूप प्रकट किये। इस प्रकार उन तीनों देवताओं में प्रत्येक त्रिगुण हो गया। अग्नि का जो लाल रूप है वह तेज का है, जो श्वेत का है वह जल का, जो कृष्ण रूप है वह अन्न का है। इन तीनों को हटाने पर अग्नि का अग्नित्व ही हट जाता है और वह नाममात्र विकार बन जाता है। वे तीन रूप ही सत्य हैं। सूर्य का लाल रूप तेज का है। श्वेत, जल का और कृष्ण, अन्न का। उसके भी तीन रूप ही सत्य हैं, शेष नाममात्र का। ऐसे ही चन्द्रमा में, विद्युत् में, वे तीन रूप देखे जा सकते हैं। यही जानने के कारण पिछले महाशाल-महाश्रोत्रिय विद्वानों ने कहा—

अब हमारे लिए कुछ अजाना या असुना नहीं है। वे यह समझ गये कि यही तीन तत्त्व सब पदार्थों एवं इन्हीं तीन देवताओं के संघात हैं। अब तुम यह समझो कि वे तीन देवता पुरुष को प्राप्त होकर किस प्रकार प्रत्येक त्रिवृत् हो जाते हैं।

पंचम खण्ड

अन्न भक्षित होने पर त्रिधा हो जाता है। उसका स्थूलभाग पुरीष बन जाता है। मध्यमभाग मांस और सूक्ष्मभाग मन बन जाता है। ऐसे ही पीया हुआ पानी तीन रूपों में बदल जाता है। उसका स्थूलभाग मूत्र बनता है, मध्यमभाग रक्त बनता है, सूक्ष्मभाग प्राण बनता है। भक्षित होने पर तेज का स्थूलभाग हड्डी बनता है, मध्यभाग मज्जा और सूक्ष्मभाग वाक् बनती है। मन अन्नमय है, प्राण आपोमय और वाक् तेजोमय। उसने कहा— मुझे फिर समझाइये।

दही मथने पर उसका सूक्ष्मभाग ऊपर घी बनकर नवनीत रूप से ऊपर आ जाता है। वैसे ही अन्न का सूक्ष्मभाग मन बन जाता है। जल का प्राण और तेज का वाक्।

सप्तम खण्ड

पुरुष सोलह कलाओं का होता है। पन्द्रह दिन खाना मत खाओ और मन की इच्छा के अनुसार जल पियो तो प्राण नहीं छूटेंगे। श्वेतकेतु ने पन्द्रह दिन भोजन नहीं किया उससे पिता ने कहा कि वेद की ऋचाएँ सुनाओ। उसने कहा— मुझे नहीं सूझ रही है। पिता ने कहा— जैसे जुगनू के बराबर अंगारे से कुछ भी नहीं जल सकता, वैसे ही मन की एक कला से जो बची हुई है, वेदों का ज्ञान नहीं हो सकता। इसी प्रकार यह भी समझना चाहिए कि प्राण आपोमय है और वाक् तेजोमय है।

अष्टम खण्ड

उद्दालक आरुणि ने श्वेतकेतु से कहा—स्वप्रांत को तुम ठीक तरह से समझ लो। जब मनुष्य सोता है तो वह सत् के द्वारा सम्पन्न होता है और अपने स्वरूप को प्राप्त होता है। जैसे डोरी से बँधा पक्षी नाना दिशाओं में उड़कर कहीं और न जाकर अपने बन्धनस्थान को लौट आता है, ऐसे ही मन सारी दिशाओं में उड़कर ठौर न पाकर, प्राण में ही शरण लेता है। प्राण ही मन का बन्धन है।

इस देह का मूल अन्न है जो जल के द्वारा ही परिणामित होता है। जल ही अन्नमय का मूल है, उसका मूल तेज है और उसका सत्। इस प्रकार एक के मूल में दूसरे को खोजते हुए सत् तक पहुँचना चाहिए।

सारी प्रजा (प्राणी) सत् में प्रतिष्ठित है, वही एक तत्त्व तीन त्रिवृत्कृत देवताओं के द्वारा पुरुष में अनुप्रविष्ट होता है। मृत्यु के समय वाक् मन में, मन प्राण में, प्राण तेज में, तेज परम देवता में सम्पन्न होता है।

यह जो अणिमा है, यही सब की आत्मा है, यही सत्य है, वही आत्मा है, वही तुम हो।

जैसे नाना वृक्षों से चुनकर मधु-मक्खियाँ रस तैयार करती हैं और उनमें उसके भागों की पृथक्ता का पता नहीं चलता, इसी प्रकार सत् को प्राप्त कर सभी जीव-जन्तु अपनी पृथक्ता भूल जाते हैं। जिस मूल और सूक्ष्म सत् में विलीन हो जाते हैं, वही विश्वात्मा है, वही तुम हो।

जैसे किसी जीवित महावृक्ष को काटने पर रस निकलता है, जीवन रहने पर वह फलता-फूलता है, निर्जीव होने पर सूख जाता है, ऐसे ही सब सत्ताओं में एक चेतन सत् अनुप्रविष्ट है, वही तुम हो।

जैसे महान् वटवृक्ष दुर्लक्ष्य सूक्ष्म बीज से उगता है, ऐसे ही सत् से यह विश्व, वह तुम्हीं हो। जैसे जल में घुला हुआ नमक दिखाई नहीं देता पर स्वाद से पता चलता है कि सर्वत्र व्याप्त है, ऐसे ही सूक्ष्म सत् विश्व में अनुप्रविष्ट है, तुम वही हो।

जैसे कोई गन्धार-जनपद से आँखें बाँध कर दूर निर्जन देश में लाकर छोड़ दिया जाय और वह पूछ-पूछ कर दिशा पता लगाकर गाँव से गाँव जाता हुआ गन्धार पहुँच जाए, ऐसे ही आचार्य सम्पन्न पुरुष ज्ञान प्राप्त कर लेता है। उसकी उतनी ही देरी होती जब तक देह है। फिर वह सत् सम्पन्न हो जाता है।

ज्वर-ग्रस्त पुरुष को घेर कर सम्बन्धी पूछते हैं—क्या तुम हमें पहचानते हो? जब तक मन प्राण में, प्राण तेज में, तेज परमदेवता में लीन नहीं होता, तब तक वह पहचानता है। जब इनका यथोक्त क्रम से लय हो जाता है, तब नहीं पहचानता।

जब किसी को चोरी के अभियोग में पकड़ते हैं और वह झूठ बोलकर वहाँ परशु को छूता है तो वह जल जाता है और मारा जाता है। यदि वह चोर नहीं है और सत्य-सन्ध है तो वह इस परीक्षा में नहीं जलता। ऐसे ही सत् का ग्रहण करनेवाला मुक्त हो जाता है।

छान्दोग्य का षष्ठ अध्याय वेदान्त के सुप्रसिद्ध महावाक्य *तत्त्वमसि* का प्रतिपादन करता है। समस्त विश्व जिसकी स्वेच्छा से बना है, जो उसका अभिन्न निमित्तोपादान कारण है, वह मूलतत्त्व और कर्त्ता सत् है। जो कुछ है, वह सत् ही है, सत् का ही आत्मविस्तृत रूप है। सत् का स्वरूप अखंड असीमित, नित्य है। खंड-खंड रूप में विद्यमान विषय अपने पृथक्-पृथक् रूपों में विकारमात्र हैं, जिन्हें अलग-अलग नामों के द्वारा व्यवसित किया जाता है। शब्द-व्यपदेश्य पृथक् प्रतीत विषय नाम-रूप मात्र हैं, सत्य केवल सत् है। वही नाम-रूप के द्वारा विश्व-सृष्टि करता है और उसमें जीवात्मा के रूप में अनुप्रविष्ट होता है।

विषय-जगत् का आधार एक अद्वितीय सत् है, जो चेतन और स्वतंत्र है। विषय जड़ और अनेक है। पर उनमें व्याप्त उनका मूल अद्वय और चेतन सत् है। सभी घट नामरूप के अतिरिक्त मिट्टी ही हैं, सभी स्वर्णाभूषण स्वर्णमात्र हैं। पर इन दृष्टान्तों में मूल उपादान जड़ है, सत् चेतन और स्वतंत्र है। इसीलिए सत् विषयों का ही नहीं, चेतन प्राणियों का भी मूल है। समस्त आत्मप्रतीति का वह अधिष्ठान है। अतः वही आत्मा है। जो विश्व की मूलभूत सत्ता है, वही जीव में स्वचेतन हो जाती है। जीव को समझना है कि वह विश्वात्मा से अभिन्न है। तुम वही हो यह सुनकर 'मैं ब्रह्म हूँ' यह ज्ञान प्राप्त करना ही मनुष्य का लक्ष्य है।

तत्त्व जिज्ञासा की दो मुख्य दिशाएँ हैं—'यह क्या है' इस प्रश्न से आरम्भ कर ब्रह्म सत्ता की जिज्ञासा और 'मैं क्या हूँ', इस प्रश्न से आत्मसत्ता की जिज्ञासा। बाह्य जिज्ञासा प्रायः जड़-विज्ञान अथवा प्रकृति-दर्शन में समाप्त हो जाती है। इस जिज्ञासा में प्रत्यक्ष और अनुमान ही साधन बनते हैं। आत्मजिज्ञासा में यदि हम अपने आपको प्रत्यक्षगोचर प्राकृतिक-सामाजिक सत्ता मानकर चलते हैं तो चैतन्यशक्ति के रूप में आत्मा की विशेषता अपोहित हो जाएगी। भौतिक पिण्ड के रूप में प्रकृति-तंत्र में मेरी क्या स्थिति है या समाज में मुझे और लोग क्या जानते समझते हैं, इसकी जानकारी से आत्मजिज्ञासा पूरी नहीं होती। सांख्य की प्रसिद्ध विश्लेषणात्मक पद्धति से विचार करने पर मनुष्य यह समझ सकता है कि वह आत्मा देह, प्राण और मन से विविक्त उनका साक्षी है। उपनिषदों में बार-बार इस विवेचन के सूत्र दिये हैं। केनोपनिषद् में प्रश्न किया गया है कि यद्यपि इन्द्रियाँ और मन विषयों को उपलब्ध करते हैं, इन उपलब्धियों का साक्षी कौन है? आत्मा देहादि विषयों का विषयी है और अनित्य उपलब्धियों का नित्य साक्षी है। मनुष्य में देहातिरिक्त नित्य आध्यात्मिक सत्ता की स्वीकृति अनेक दर्शनों और धर्मों में मिलती है। जीव के अतिरिक्त जगत्कर्ता ईश्वर की सत्ता भी आस्तिक दर्शनों और धर्मों में मानी गयी है। किन्तु वेदान्त की यह विशेषता है कि उसमें जगत् की मूलभूत सत्ता और मानव आत्मा की अभिन्नता का प्रतिपादन किया गया है, जीवात्मा और परमात्मा का यह अद्वैत ही *तत्त्वमसि* इस महावाक्य का प्रतिपाद्य है। इस प्रतिपत्ति का आधार शब्दप्रमाण ही है। पृथक् जीव अथवा जगत्कर्ता का साधक तर्क भी दिया जा सकता है। किन्तु जीव-ब्रह्म का अभेद श्रुतिमात्र से ही पता चल सकता है।

सप्तम अध्याय

नारद सनत्कुमार के पास पहुँचे और प्रार्थना की, कि महाराज! मुझे उपदेश दीजिए। सनत्कुमार ने कहा—तुम यह बताओ कि तुम्हें क्या आता है? नारद ने कहा—महाराज! मैंने ऋग्वेद, यजुर्वेद, सामवेद, चौथा अथर्ववेद, पाँचवाँ इतिहास पुराण, वेदों का वेद (व्याकरण), पितृविद्या, राशि या गणित, दैव, निधि, वाकोवाक्य या तर्कविद्या, एकायन (नीतिशास्त्र या भक्तिशास्त्र), देवविद्या, ब्रह्मविद्या, भूतविद्या, क्षत्रविद्या, नक्षत्रविद्या, सर्पदेवजनविद्या, ये सभी विद्याएँ पढ़ ली हैं। किन्तु महाराज! मैं मन्त्रवित्

हूँ, आत्मवित् नहीं। मैंने आप जैसे लोगों से सुना है कि आत्मज्ञानी शोक के पार जाता है, तो मैं शोकनिमग्न हूँ; आप मुझे शोक के पार उतारें। सनत्कुमार ने कहा—तुमने जो कुछ पढ़ा है, सब नाममात्र है। सारी विद्याएँ नाममात्र हैं, जो नाम की उपासना करता है उसे समस्त नाम के गोचर में सिद्धि प्राप्त होती है। नारद ने कहा—नाम से अधिक क्या है? हमें बताइये।

वाक् ही नाम से बड़ी है क्योंकि वाक् से ही विद्याओं का पता चलता है। सभी विश्व के पदार्थ यहाँ तक कि धर्म, अधर्म, सत्य और मिथ्या, साधु-असाधु, हृदयज्ञ और अहृदयज्ञ वाणी के द्वारा ही विदित होते हैं। जो वाक् की ब्रह्म के रूप में उपासना करता है, वह वाणी के गोचर में सिद्धि प्राप्त करता है।

नारद ने पूछा—उससे अधिक बड़ा क्या है? वाक् से मन बड़ा है, जैसे-दो आँवले या दो बेर या दो बहेड़े एक मुट्ठी में आ जाते हैं। ऐसे ही नाम और वाक् को मन समेट लेता है। मन से सोचकर ही मन्त्रपाठ करता है, कर्म करता है। जो कुछ भी इच्छा करता है, मन विचारपूर्वक ही करता है। यह चिन्तन या सोच ही आत्मा है और सारे लोक हैं।

संकल्प मन से बड़ा है क्योंकि संकल्प के बाद ही मनुष्य सोचता है और वाक् उच्चारित करता है। वाक् से नाम, नाम से मन्त्र और मन्त्रों से कर्म प्रेरित होते हैं। मन आदि सभी का संकल्प ही एकायन है। वे सब संकल्पात्मक हैं। द्यावापृथिवी, वायु, आकाश, आपः और तेज, ये सब संकल्प करते हैं। उनके संकल्प से वृष्टि, उससे अन्न, उससे प्राणी और उनसे मन्त्र, कर्म और सब लोक संकल्पित होते हैं। सभी संकल्प में आधृत हैं, वही उपासनीय है। (संकल्प के सामान्यतया दो अर्थ हैं—१. मानस कर्म, २. मानसिक विकल्प। यहाँ संकल्प शब्द स्थिर धारणा के रूप में प्रयुक्त हुआ दिखता है।)

चित्त संकल्प से बड़ा है। जैसा बोध होता है वैसा ही संकल्प, उसके अनुसार मन या सोच, उससे वाक्यों (नाद-स्फोट-प्रेरणा), उससे मात्रा (वर्ण-पद-वाक्य) इन सब का चित्त ही एकायन है। बहुत जाननेवाला भी अगर ध्यान नहीं देता तो कहते हैं कि यहाँ पर है नहीं। कम जाननेवाला भी यदि चित्तवान् होता है तो उससे ही सब सुनना चाहते हैं।

ध्यान चित्त से बड़ा है। पृथ्वी ध्यान-सी करती है, अन्तरिक्ष मानो ध्यान करता है, द्युलोक मानो ध्यान करता है, आपः ध्यान करते हैं, पर्वत ध्यान करते हैं, देव-मनुष्य ध्यान करते हैं। मनुष्यों में जो महिमा प्राप्त करते हैं वे ध्यान के ही लेश से लाभ करते हैं। जो क्षुद्र होते हैं, वे झगड़ते हैं, चुगली करते हैं, बुराई करते हैं, किन्तु जो समर्थ होते हैं, वे ध्यान से ही लाभ प्राप्त करते हैं।

ध्यान से विज्ञान बड़ा है। विज्ञान से ही विद्यायें जानी जाती हैं। सभी तत्त्व, सभी प्राणी, धर्म-अधर्म, साधु-असाधु विज्ञान से ही जाने जाते हैं।

विज्ञान से बल बड़ा है। सौ विज्ञानियों को भी एक बलवान् हिला देता है। बल होने पर ही मनुष्य उठता है। उठने पर कार्य करता है। शिक्षा ग्रहण करता है, द्रष्टा, श्रोता, मन्ता, बोद्धा, विज्ञाता बनता है। बल से पृथ्वी खड़ी है। बल से ही पर्वत, देव, मनुष्य, प्राणी, तृण, वनस्पति सभी बल पर ही आधारित हैं। बल उपास्य है।

बल से अन्न बड़ा है। दस रात यदि भोजन नहीं करे तो जीवित रहने पर भी सब ज्ञान-विज्ञान और कर्म छूट जायेंगे।

अन्न से भी बड़ा जल है, जब अच्छी वर्षा न हो तो सब प्राणी रोगी हो जाते हैं। पृथ्वी जल का ही मूर्त्त रूप है और सब लोक और पदार्थ भी जल का ही मूर्त्त रूप हैं।

जल से तेज बड़ा है जब ताप होता है, तभी ठीक वर्षा होती है। जब बिजली चमकती है, गर्जन होता है, तब ठीक वर्षा होती है।

तेज से आकाश बड़ा है। सभी ज्योतियाँ आकाश में ही स्थित हैं। आकाश के द्वारा ही पुकारते हैं, सुनते हैं। आकाश में ही सब पदार्थ होते, बढ़ते और स्थित रहते हैं।

आकाश से बड़ा स्मर या स्मृति है। बहुत से होने पर भी विना स्मरण के वे कुछ न सुन सकते हैं, न सोच सकते हैं, न जान सकते हैं। स्मरण से ही स्वजनों या पशुओं को पहचानते हैं।

स्मरण से बड़ी आशा है। (आशा अथवा प्राप्ति की इच्छा, तृष्णा या काम) वही अध्ययन, कर्म आदि का कारण है।

आशा से बड़ा प्राण है। जैसे सब अर नाभि में समर्पित होते हैं, ऐसे ही सब कुछ प्राण में समर्पित है। प्राण ही माता-पिता, भ्राता, स्वसा, आचार्य और ब्राह्मण है, चूँकि सभी सम्बन्ध और उनकी मर्यादाएँ प्राण के रहते ही होती हैं।

इतना सुनने पर नारद को लगा कि मैंने परमतत्त्व का ज्ञान पा लिया और उन्होंने आगे प्रश्न नहीं किया। इसलिए सनत्कुमार को कहना पड़ा कि बड़ी-बड़ी बातें जानने पर भी सत्य जानना चाहिए। नारद ने कहा—मैं सत्य जानना चाहता हूँ। सनत्कुमार ने कहा—जानने पर ही सत्य बोला जा सकता है। श्रद्धापूर्वक ही सोचना सम्भव है। निष्ठा से ही श्रद्धा होती है। कर्म के विना निष्ठा नहीं हो सकती। कर्म का आधार सुख है। जहाँ मनुष्य सुख पाता है, वहीं करता है। इसलिए यह समझना चाहिए सुख क्या है? नारद ने कहा—बतायें, सुख क्या है? सनत्कुमार ने अन्तिम उपदेश किया—जो भूमा या महत् है, वही सुख है। अल्प में सुख नहीं होता। भूमा में ही सुख होता है। भूमा को ही जानना चाहिए, जहाँ किसी अन्य को नहीं देखता, किसी अन्य को नहीं सुनता, अन्य को नहीं जानता, वह भूमा है। जहाँ अन्य को देखता, सुनता, जानता है, वह अल्प है। जो भूमा है, वही अमृत है। जो अल्प है, वही मर्त्य है। नारद ने पूछा—महाराज! भूमा कहाँ प्रतिष्ठित है। सनत्कुमार ने कहा—वह अपनी महिमा में प्रतिष्ठित

है या उसमें भी नहीं। लोक में कहते हैं—गाय, घोड़ा को बड़प्पन या महिमा कहते हैं, हाथी और हिरण्य, दास और भार्या, खेत और घर इनको बड़प्पन बताते हैं। किन्तु मैं ऐसा नहीं कहता क्योंकि वे सब अपरोक्ष अन्य में प्रतिष्ठित हैं, अर्थात् सापेक्ष हैं। भूमा के अतिरिक्त कुछ नहीं, वही ऊपर, वही नीचे, वही सामने, वही पीछे। उसी में अहम् की प्रतीति होनी चाहिए कि मैं ही सर्वत्र हूँ, मैं यह सब कुछ हूँ। उसी में आत्भ-प्रतीति होनी चाहिए। उस सर्वत्र आत्म-प्रतीति से मनुष्य आत्मक्रीड, आत्ममिथुन, आत्मानन्द और स्वराट् हो जाता है।

ऐसे देखने, सोचने, जाननेवाले के लिए आत्मा से प्राण, आशा, स्मृति, आकाश, तेज, आप:, आविर्भाव, तिरोभाव, अन्न, बल, विज्ञान, ध्यान, चित्त, संकल्प, मन, वाक्, नाम, मन्त्र और कर्म यह सभी उसके लिए सिद्ध हो जाते हैं।

यह श्लोक है, जाननेवाला मृत्यु को नहीं देखता, न रोग, न दु:खता। वह सब देखता है, सब प्राप्त करता है। वह एकधा होकर त्रिधा, पंचधा, सप्तधा, नवधा, एकादश, शत, दश, एक सहस्त्र और बीस सहस्त्र है।

आहारशुद्धि होने पर सत्त्व की शुद्धि होती है। सत्त्वशुद्धि पर ध्रुवा स्मृति और स्मृति प्राप्त होने पर सब ग्रन्थियाँ खुल जाती हैं। उस मृदितकषाय के लिए सनत्कुमार अंधकार के परे दिखलाते हैं। उन्हीं सनत्कुमार को स्कन्द कहते हैं।

आत्मजिज्ञासु और उसके लक्ष्य के बीच में अनेक तत्त्वों का सोपान है, उसी का विवरण इस आख्यान में किया गया है। अध्ययन वाक्य ज्ञान में समाप्त हो जाता है। उससे मनुष्य नाम के प्रपञ्च में ही फँसा रहता है, नाम के पीछे वाक् और मन की शक्तियाँ हैं, जिनके अनेक भेद इसमें उल्लिखित हैं। जैसे—मन, विज्ञान, चित्त, संकल्प, ध्यान, स्मृति और आशा अथवा काम, तात्पर्य यह है कि नाना विषयों का अध्ययन करना पर्याप्त नहीं है बल्कि जो उनको जानने और करने में मनुष्य की शक्तियाँ प्रयुक्त होती हैं उनका उपासना द्वारा साक्षात्कार करना चाहिए। ये मानसिक शक्तियाँ अनेक भौतिक तत्त्वों के साथ जुड़ी हैं, जिनसे उनका कार्य सम्भव होता है। जैसे—अन्न, पृथ्वी, जल और तेज। भौतिक और मानसिक दोनों ही प्रकार की शक्तियों का आधारसूत्र प्राण है। प्राण ही आन्तरिक और बाह्य को जोड़ता है। उसी के द्वारा जीव लोक के साथ आहरण-निर्हरण के द्वारा जुड़ा रहता है। पर प्राण का सम्बन्ध कर्म से और कर्म अन्ततोगत्वा इस बात से निर्धारित होता है कि मनुष्य को कहाँ सुख मिलता है। सुख का रहस्य यही है कि सीमित वस्तुओं में सुख कभी टिकता नहीं इसलिए असीम की ही उपासना करनी चाहिए, किन्तु असीम सापेक्ष और भेदमय जगत् में नहीं हो सकता। असीम दैशिक या ऐतिहासिक विकास का क्रम नहीं है। भोग जुटाते रहने से या अभ्युदय जुटाते रहने से असीम की प्राप्ति नहीं हो सकती। असीम अद्वय चेतना में होता है। वह नित्य सर्वत्र विद्यमान है। उसे पहचानने की आवश्यकता है, वही अन्धकार के परे ज्योति है, जो वासनाओं के क्षीण होने से प्रकट होती है।

आठवाँ अध्याय

दहरविद्या के प्रतिपादन से इसका आरम्भ होता है। मानव शरीर ब्रह्मपुर है, उसमें एक दहर या सूक्ष्म पुण्डरीकाकार भवन है। उसके अन्दर एक आकाश या शून्य अवकाश है। उसमें क्या है? इसका अन्वेषण करना चाहिए।

पुण्डरीकाकार भवन हृदयकमल या अन्तःकरण ही है जिसमें आकाश या अवकाश, जिसे हृदयाकाश भी कहते हैं, आकाशोपम शून्यवत् चित्त ही है। इसी शून्यचित्ताकाश या हृदयगुहा में 'इन्द्रियों का प्रत्याहार करने वाले योगी स्वच्छ उदक में शुद्धदर्पण में प्रतिबिम्ब के समान स्वच्छ विज्ञानज्योतिःस्वरूप में अवभासमान की उपलब्धि करते हैं।' (शंकर)

'जितना यह बाह्याकाश है, उतना ही यह अन्तर्हृदय आकाश भी है, उसमें द्यावापृथिवी, अग्नि और वायु, सूर्य और चन्द्र, विद्युत् और नक्षत्र, जो कुछ यहाँ है या नहीं है, सब कुछ समाहित है।'

आशय यह है कि समस्त सृष्टि और ब्रह्मांड का केन्द्रविन्दु अन्तस्थ ब्रह्म ही है।

'शरीर के नाश होने पर भी अन्तरात्मा या ब्रह्म नित्य बना रहता है, वह पापों से, जरा-मृत्यु से अछूता रहता है। इसी में सब कामनाओं का समाधान मिलता है। इसमें न शोक है, न भूख, न प्यास, यह सत्यकाम है, सत्यसंकल्प है।'

इहलोक और परलोक, दोनों ही क्षयशील हैं। जो आत्मज्ञानपूर्वक देहत्याग करता है। उसकी सब कामनाएँ सत्य हो जाती हैं। वह जिन लोकों की कामना करता है, वे उसको तत्काल प्राप्त हो जाते हैं—पितृलोक, मातृलोक, भ्रातृलोक, स्वसृलोक, सखाओं का लोक, गन्धमाल्यलोक, अन्नपानलोक, गीतवादितलोक, स्त्रीलोक, इच्छामात्र से उसे इष्ट विषयों की प्राप्ति हो जाती है।

ये सत्य कामनाएँ अनृत से ढँकी हुई हैं। सत्य होने पर भी उन कामनाओं का अनृताच्छादन रहता है, जो-जो उसका प्रिय यहाँ से चला जाता है, वह फिर उसे देखने को नहीं मिलता, तात्पर्य यह है कि इस लोक में कामना के विषय अनित्य होने के कारण नष्ट होने पर फिर नहीं प्राप्त होते। इसका कारण है उन कामनाओं का अज्ञानमूलक होना। वस्तुतः सभी कुछ इष्ट विषय हृदयाकाश में विद्यमान रहते हैं, जो वहाँ प्राप्त होते हैं। इसीलिए वहाँ सत्य होने पर भी कामनाएँ मिथ्याज्ञान के आवरण के कारण यहाँ पूर्णतया सफल नहीं होतीं, जैसे—किसी क्षेत्र में सोने का खजाना गड़ा हो लेकिन अनजान लोग ऊपर चलते हुए भी उसको न पहचानें। ऐसे ही सब लोग प्रतिदिन इस ब्रह्मलोक को जाते हैं किन्तु पाते नहीं, क्योंकि वे अनृत से ढँके हुए हैं। वही यह आत्मा हृदय के अन्दर होने के कारण हृदय कहलाती है। उसको जाननेवाला प्रतिदिन स्वर्ग पहुँचता है।

यह कहा गया है कि जो यह सम्प्रसाद अर्थात् चित्त का विक्षेपों से हटकर अपने में लीन होकर स्वच्छ हो जाना है। वह सम्प्रसाद शरीर से उठकर परमज्योति को सम्पन्न होता है, वह स्वरूप से निष्पन्न होता है, वही आत्मा है। वही अमृत-अभय है, वही ब्रह्म है, उस ब्रह्म का नाम सत्य है। सत्य में तीन अक्षर हैं—स, त् और य इसमें जो 'स' है, वह अमृत है। जो 'त्' है, वह मर्त्य है। जो 'य' है, वह इन दोनों को जोड़ता है। तात्पर्य यह है कि मानवलोक में सम्पूर्ण सत्य प्राप्त नहीं होता क्योंकि उसमें मिथ्या आ जाता है। इसीलिए मनुष्य निरन्तर सत्-असत् के बीच में आन्दोलित रहता है।

आत्मा इन लोकों के बीच में संघर्ष को रोकनेवाला सेतु या विधृति है। जरा-मृत्यु, शोक, पाप-पुण्य, ये सभी इस सेतु से लौट जाते हैं। ब्रह्मलोक इन कलुषों से अछूता रहता है। इस सेतु को पार करके अन्धा आँखोंवाला हो जाता है। विद्ध अविद्ध हो जाता है, रोगी अरोगी हो जाता है। वहाँ इस सेतु को पार करके रात दिन बन जाती है। ब्रह्मलोक सदा ज्योतिर्मय रहता है। जो इस ब्रह्मलोक को ब्रह्मचर्य से खोजते हैं, उन्हीं को यह प्राप्त होता है।

जिसको यज्ञ कहते हैं, वह ब्रह्मचर्य ही है। जिसको इष्ट कहते हैं, वह भी ब्रह्मचर्य ही है। ब्रह्मचर्य के द्वारा यज्ञ करके ही वह आत्मा को प्राप्त करता है। इसे सत्त्रायण कहते हैं, वह भी ब्रह्मचर्य है। जिसे अनाशकायन कहते हैं, वह भी ब्रह्मचर्य है। जो आख्यायन है, वह भी ब्रह्मचर्य है।

'यहाँ से तीसरे द्युलोक में ऐरम्मदीय सर है, वहाँ अश्वत्थ है; जिसका नाम सोमसवन है, वही ब्रह्म की अपराजित पुरी है। वही प्रभु के द्वारा निर्मित स्वर्णमय है।'

ये जो हृदय की नाड़ियाँ हैं, वे पिंगलवर्ण अणिमा की हैं। शुक्ल, नील, पीत, लोहित वर्ण की हैं। जो वह आदित्य है, वह पिंगल है, यह शुक्ल, नील, पीत और लोहित हैं। आशय यह है कि हृदय पुण्डरीक से सूक्ष्म पिंगलवर्ण सार लेकर विविध वर्णों की नाड़ियाँ सब ओर फैली हुई हैं, जैसे कि आदित्य की रश्मियाँ। जैसे विस्तीर्ण महापथ दोनों ग्रामों को जाता है—पास भी और दूर भी। ऐसे ही आदित्य की रश्मियाँ दोनों लोक में पहुँचती हैं, वहाँ भी और यहाँ भी। आदित्य से निकली रश्मियाँ इन नाड़ियों तक आती हैं और इन नाड़ियों से आदित्य तक। सुप्ति की अवस्था में जब आत्मा सम्प्रसन्न होती है और स्वप्न नहीं देखती तब इन नाड़ियों में रहती है। उसे पाप नहीं छूता, वह तेजस् से सम्पन्न होती है। जब यह मनुष्य कमजोर हो जाता है तो उसे चारों ओर बैठे लोग पूछते हैं—मुझे पहचानते हो। जब तक जीता है तब तक पहचानता है। जब इस शरीर से उत्क्रान्त होता है तब इन रश्मियों से ऊपर चढ़ता है। वह 'ॐ' कहकर मन की गति से ही आदित्य तक पहुँचता है। यही विद्वानों के लिए द्वार है, अज्ञानियों के लिए निरोध। कहा गया है, हृदय की १०१ नाड़ियाँ हैं उनमें एक मूर्धा को गयी हुई है। उससे ऊपर चलता हुआ अमृतत्व को प्राप्त होता है; इधर-उधर जानेवाली नाड़ियों से मृत्यु मात्र होती है।

आठवाँ अध्याय : खण्ड-सात

प्रजापति ने कहा—उस आत्मा को जानना चाहिए जो पापरहित, जरा-मृत्यु, शोकरहित, भूख-प्यास से रहित, सत्यकाम, सत्यसंकल्प है, उसकी खोज करनी चाहिए, वही जानने योग्य है। उसको जानकर सब लोकों की प्रतीति होती है, सब कामनाएँ पूरी होती हैं। देव व असुर दोनों को यह बात पता चली। उन्होंने कहा—चलो, हम उस आत्मा को ढूँढते हैं। देवताओं की ओर से इन्द्र बाहर चला और असुरों में से विरोचन। दोनों परस्पर स्पर्धालु होकर प्रजापति के पास शिष्य बनकर आये। दोनों ३२ वर्ष तक ब्रह्मचर्य में रहे। प्रजापति ने कहा—किस लिए तुमने यह ब्रह्मचर्य पालन किया? उन्होंने उत्तर दिया कि आपकी बतायी आत्मा की खोज के लिए। प्रजापति ने कहा—यह जो आँख में पुरुष दीखतां है, यही आत्मा है, यही अमृत-अभय है। उन्होंने पूछा—महाराज! जो यह दर्पण या जल में छाया-सा दीखता है उनमें कौन सा आत्मा है। वही जो सब जगह दीखता है।

आँख में दीखनेवाले पुरुष का अर्थ इन्द्र और विरोचन ने छाया या रूप या प्रतिबिम्बरूप ग्रहण किया। जबकि उसका वास्तविक अर्थ यह था कि अन्तर्दृष्टि से या अन्तर्मुख नेत्रों से जो दीखता है, जो आँखों के बाहर नहीं आँखों के अन्दर है। पानी के शकोरे में यदि आत्मा को न जानो तो मुझे बताना। उन्होंने वैसा देखा। प्रजापति ने पूछा—क्या देखते हो? उन्होंने कहा—पूरी तरह से हम अपने आपको देखते हैं, ऊपर से नीचे तक अपने प्रतिरूप को। प्रजापति ने कहा—अपने को सुसज्जित करके स्वच्छ वस्त्र पहनकर देखो, उन्होंने वैसा ही अपने आपको देखा। प्रजापति ने कहा—ये जो तुम देखते हो वही आत्मा है। दोनों प्रसन्न होकर लौट गये। उनको जाते देखकर प्रजापति ने कहा—इनमें से विना आत्मा को पहचाने लौटते हुए जो इसी को सत्य समझेगा, वही पराजित हो जायगा। विरोचन पूरी तरह संतुष्ट होकर असुरलोक लौट गया और यही उसने उपनिषद् का रहस्य बताया। यही आत्मा है, इसको पूजो, इसकी सेवा करो, इससे ही दोनों लोक मिलेंगे। इसीलिए आज तक जो व्यक्ति दान नहीं करता, श्रद्धा नहीं करता, यज्ञ नहीं करता, उसे कहते हैं, असुर। यही असुरों की उपनिषद् हैं कि प्रेत के शरीर को अन्न-पान आदि से और वस्त्राभूषण से अलंकृत करके सोचते हैं कि उस लोक को हम जीत लेंगे (शायद इसका सर्वोत्तम उदाहरण पिरामिड की रचना से परलोक-विजय की इच्छा है)।

किन्तु इन्द्र देवताओं तक पहुँचे विना ही डर गया कि यदि यह शरीर ही आत्मा है तो जैसे इसके सुसज्जित होने पर आत्मा सुसज्जित होगी, ऐसे ही उसके अन्धे होने पर अन्धी, क्षीण होने पर क्षीण होगी, छिन्न होने पर छिन्न होगी, शरीर के नष्ट होने पर नष्ट होगी। उसे भोग के योग्य न समझ कर इन्द्र पुनः प्रजापति के पास लौटा, प्रजापति ने उसे पुनः शिष्यत्व ग्रहण कराया। इन्द्र ने अपनी समस्या प्रजापति को बतायी, प्रजापति ने कहा—ठीक कहते हो, मैं तुम्हें फिर से बताऊँगा लेकिन ३२ वर्ष जो ब्रह्मचर्य किया है, उसे बत्तीस वर्ष और कर लो, फिर उन्होंने बताया—यह जो स्वप्न में महिमान्वित

होकर विचरण करता है, यह आत्मा है। दुबारा फिर इन्द्र लौटते हुए मार्ग में ही असन्तुष्ट हो गया। उसने सोचा कि यद्यपि शरीर के कुछ दोषों से स्वप्नदर्शी पीड़ित नहीं होता है किन्तु वह स्वप्न में ही दुःखी होता है, दुःख भोगता है। यह भी स्वीकार्य योग्य आत्मा नहीं है। वह फिर से प्रजापति के पास लौटा और फिर से उसने ३२ वर्ष ब्रहचर्य का पालन किया तब प्रजापति ने उपदेश दिया—जब मनुष्य सुषुप्त होता है और स्वप्न भी नहीं देखता तब वह आत्मा प्राप्त होती है। इस बार भी इन्द्र जाते-जाते लौट आया। उसने विचारा कि सुषुप्त तो न अपने को जानता है, न औरों को। वह तो विलीन अथवा विनष्ट ही प्रतीत होता है। इस बार फिर उसको पाँच वर्ष ब्रह्मचर्य रहने के लिए प्रजापति ने उपदेश दिया, इस तरह इन्द्र के ब्रह्मचर्य के १०१ वर्ष पूरे हुए। प्रजापति ने उपदेश दिया—मघवन्! यह शरीर मर्त्य है, मृत्यु से आप्त है, आत्मा जो कि अमृत और अशरीर है, उसका यह अधिष्ठान है। शरीर के रहते हुए प्रिय और अप्रिय संस्पर्शों से मुक्ति नहीं होती। शरीर की मृत्यु होने पर प्रिय और अप्रिय उसको नहीं छूते। वायु, अभ्र, विद्युत्, स्तनयित्नु ये अशरीर हैं। ये दिव्य आकाश से उठकर परमज्योति को प्राप्त होकर स्वरूप से अभिनिष्पन्न होते हैं। ऐसे ही यह सम्प्रसाद भी शरीर से उठकर परमज्योति को प्राप्त होता है, वह उत्तमपुरुष है। वह इस अवस्था में खाता है, हँसता है, खेलता है, आराम करता है, स्त्रियों से, वाहनों से या सम्बन्धियों से अपने सहज या सहजात शरीर का स्मरण नहीं करते हुए। जैसे—बैलगाड़ी चलाने में बैल जुता रहता है, वैसे ही प्राण शरीर में जुता रहता है। जहाँ इस आकाश में चक्षु लक्षित होती है वह चाक्षुष पुरुष है, उसके देखने के लिए चक्षु है। जो यह जानता है कि मैं सूँघूँ, वह आत्मा है। गन्ध के लिए नाक है। जो जानता है मैं बोलूँ वह आत्मा है। बोलने के लिए वाक् है। जो जानता है कि मैं सुनूँ, वह आत्मा है। सुनने के लिए कान हैं। जो यह जानता है कि मैं मनन करूँ, वह आत्मा है। मन उसका दिव्य चक्षु है। वह इस दिव्य चक्षु मन के द्वारा सब कामों का प्रत्यक्ष करते हुए रमण करता है। ब्रह्मलोक में देवता इसी आत्मा की उपासना करते हैं। इसीलिए सब लोक और काम उनके द्वारा प्राप्त हैं।

आकाश ही नामरूप का निर्वाह करता है। उनके जो बीच में है वह ब्रह्म है, वह अमृत है, वह आत्मा है।

बृहदारण्यक उपनिषद्*

इसे वाजसनेयिब्राह्मणोपनिषद् और वंशब्राह्मण भी कहा गया है। पाँच अध्यायों में सम्पन्न यह उपनिषद् शतपथ ब्राह्मण के आरण्यक भाग के अन्तर्गत है। प्रथम अध्याय में विविध उपासनाओं का विधान है। इसके प्रथम ब्राह्मण में अश्वमेध के अश्व की विराट् रूप में कल्पना है। द्वितीय ब्राह्मण में सृष्टि का विवरण मिलता है—'पहले कुछ नहीं था, सब कुछ मृत्यु से ही ढँका हुआ था, भूख से ही ढँका हुआ था क्योंकि भूख ही मृत्यु है।' क्रमशः जल, पृथ्वी और तेज की सृष्टि हुई। फिर अग्नि, आदित्य और वायु जन्मे, प्राण, मन और वाक् की सृष्टि हुई। भूख या मृत्यु के बीच से संवत्सर उत्पन्न हुआ। उसके बाद सारी सृष्टि हुई।

प्रथम अध्याय : चतुर्थ ब्राह्मण

चतुर्थ ब्राह्मण में पुनः सृष्टि का विवरण है—आत्मा ही प्रारम्भ में थी पुरुषाकार, उसने परख कर देखा कि उसके अतिरिक्त कुछ नहीं है। उसने कहा—यह मैं ही हूँ और इस प्रकार उसका नाम अहम् हुआ, किन्तु उसे एकाकी रहने से डर पैदा हुआ। उसने सोचा कि डर किससे, डर तो दूसरे से होता है। किन्तु अकेले वह आनन्दित नहीं हुआ। आनन्द के लिए दूसरा चाहिए, उसने अपने आप को दो भागों में बाँट दिया और पति-पत्नी बन गया। वे दो अर्धबृगल की तरह हैं, यह याज्ञवल्क्य ने कहा है। वहाँ से मानुषी सृष्टि हुई।

उस समय यह सब अव्याकृत था। नाम-रूप से ही सब व्याकुल होता है क्योंकि यह कहा जाता है कि उसका यह नाम है; यह रूप है। वह स्रष्टा ही यहाँ प्रत्येक में प्रविष्ट है, किन्तु वह दीखता नहीं है, अपने आप में वह अधूरा-सा है। साँस लेते हुए वह प्राण कहलाता है, बोलते हुए वाक्, देखते हुए चक्षु, सुनते हुए श्रोत्र, सोचते हुए मन, यह उसके कर्म-नाम हैं। जो इनमें से एक-एक को पकड़ता है वह पूरे को नहीं समझता। सम्पूर्ण को आत्मा ही समझना चाहिए, उसमें ये सब एक होते हैं। वह आत्मा पुत्र से प्रिय है, धन से प्रिय है और अन्य सब चीजों से प्रिय है। सब से अन्तरतम है यह आत्मा।

ब्रह्म ही पहले था, उसने यह जाना कि 'मैं ब्रह्म हूँ'। इससे वह सब कुछ हो गया, देवताओं में जिसने उसे पहचाना वही हो गया, ऐसे ही ऋषियों में और मनुष्यों में भी। ऋषि वामदेव को यह ज्ञान हुआ कि 'मैं मनु हूँ', 'मैं सूर्य हूँ', जो यह जानता है कि 'मैं ब्रह्म हूँ', वह सब कुछ हो जाता है। देवता उस पर शासन नहीं करते, जो अन्य देवता की उपासना करता है कि 'मैं अन्य हूँ, वह अन्य है', इस भाव से वह अज्ञानी है, वह

---

* **मूल उपनिषद् का यहाँ संक्षिप्त व्याख्या के साथ सार-संग्रह प्रस्तुत किया गया है।**

देवताओं का पशु रहता है। देवता यह नहीं चाहते कि मनुष्य यह ज्ञान प्राप्त करे। क्योंकि तब देवता उनका उपभोग नहीं कर सकते।

प्रारम्भ में ब्रह्म ही था, किन्तु अकेला होने से वह समृद्ध नहीं हुआ, उसने श्रेयोरूप क्षत्र की सृष्टि की। देवताओं में क्षत्र हैं—इन्द्र, वरुण, सोम, रुद्र, पर्जन्य, यम, मृत्यु और ईशान। इसलिए क्षत्र से ऊपर कुछ नहीं है इसलिए ब्राह्मण क्षत्रिय के नीचे बैठता है। राजसूय में क्षत्र के ही यश का गान करता है। वस्तुतः ब्रह्म ही क्षत्रिय का मूल (योनि) है, इसलिए यद्यपि राजा परमता को प्राप्त होता है तथापि अन्ततः वह ब्रह्म का ही सहारा लेता है जो उसकी (ब्राह्मण की) हिंसा करता है वह अपने ही मूल को हानि पहुँचाता है, पापी बनता है और अपने कल्याण की हिंसा करता है।

किन्तु तब भी ब्रह्म समृद्ध नहीं हुआ, उसने विश् की सृष्टि की। देवताओं में विश् वे हैं, जो गणों में गिने जाते हैं। जैसे—वसु, रुद्र, आदित्य, विश्वदेव और मरुत्। जब उससे भी समृद्धि नहीं हुई तब उसने शूद्र वर्ण की सृष्टि की। पूषा शूद्र वर्ण का प्रतिनिधि है, यह पृथ्वी ही पूषा है, क्योंकि वही सब की पुष्टि करती है।

जब उससे भी समृद्धि नहीं हुई तब उसने श्रेयोरूप धर्म की सृष्टि की—'वह जो धर्म है वह क्षत्र का क्षत्र है। उस धर्म से परे कुछ नहीं है, धर्म के द्वारा ही दुर्बल बलवान् की बराबरी करता है, जैसे—राजा के द्वारा। जो यह धर्म है वही सत्य है, इसीलिए सत्य बोलनेवाले के लिए कहते हैं कि वह धर्म कह रहा है। धर्म कहने वाले के लिए कहते हैं कि वह सत्य बोल रहा है, यह दोनों ही बात कही जाती है।'

आत्मा ही पहले अकेला था, उसने इच्छा की कि मेरी पत्नी हो ताकि मेरे पास सन्तान हो, धन हो, ताकि मैं कर्म करूँ। आज भी जब तक यह सब प्राप्त नहीं होता, मनुष्य अधूरा-सा रहता है। वस्तुतः मन ही आत्मा है, वाक् जाया, प्राण सन्तान, चक्षु ही मानुषवित्त है और श्रोत्र दैववित्त हैं। आत्मा ही कर्म करती है, इन पाँच के द्वारा मनुष्य सम्पूर्ण होता है।

पञ्चम ब्राह्मण

पञ्चम ब्राह्मण में एक प्रसंग आता है कि प्रजापति ने आत्मा के लिए तीन को बनाया मन, वाक् और प्राण। मन से देखता, सुनता है। मन के अन्दर काम, संकल्प, विचिकित्सा, श्रद्धा-अश्रद्धा, धृति-अधृति, लज्जा, बुद्धि, भय ये सब हैं। जितने शब्द हैं, सब वाक् हैं। प्राण में उसके सब भेद हैं—अपान, व्यान, उदान, समान और अन, यही तीन-तीन लोक हैं, वाक् पृथ्वी रूप है, मन अन्तरिक्ष और प्राण द्युलोक। तीन वेद भी यही हैं, वाक् ऋग्वेद है, मन यजुर्वेद है, प्राण सामवेद है, वाक् ही देवता है, मन पितर, प्राण मनुष्य, पिता-माता और सन्तान भी मनोवाक् और प्राण हैं। जो कुछ विदित है, वह वाक् है। जो वेदितव्य है, वह मन है और जो अविदित है, वह प्राण है।

संवत्सर ही प्रजापति है, उसकी १६ कलाएँ हैं। रात्रियाँ ही उसकी १५ कलाएँ हैं और सोलहवीं कला ध्रुवा है। अमावास्या की रात को वह षोडशी कला में अनुप्रविष्ट होकर प्रातः उत्पन्न होते हैं। मनुष्य का भी वित्त १५ कलाएँ हैं और आत्मा उसकी षोडशी कला है।

जहाँ से सूर्य उदित होता है, जहाँ वह अस्त होता है, वह प्राण ही है। देवताओं ने उसे ही धर्म ठहराया है, वही आज है, वही कल भी होगा।

षष्ठ ब्राह्मण

यह तीन तत्त्व हैं—नाम, रूप और कर्म। नामों का उक्थ्य 'वाक्' है, रूपों का 'चक्षु' और कर्म का 'आत्मा'। जो तीन होते हुए भी एक है, वह आत्मा है। एक आत्मा ही यह तीन हो जाती है। इनमें अमृत तत्त्व ही सत्य से आच्छादित है। प्राण ही अमृत तत्त्व है, नाम-रूप सत्य हैं।

(सत्य की नाम-रूप-कार्यात्मक अवस्थाएँ हैं, प्राण उनकी आधारभूत क्रिया, नाम-रूप सृष्टि प्रक्रिया के बाहरी पक्ष हैं। यहाँ सत्य शब्द त्रिकालाबाधित सत्य नहीं है अपितु व्यावहारिक सत्य है। उसके द्वारा प्राण आच्छादित है।)

द्वितीय अध्याय

एक बार गर्ग गोत्र का दृप्तबालाकि नाम का घमण्डी और वाग्मी (पुरुष) था। वह काशी के अजातशत्रु के पास गया और कहा कि मैं तुम्हें ब्रह्म का उपदेश दूँगा। अजातशत्रु ने कहा—तुम्हें इस उपदेश के लिए मैं एक हजार देता हूँ। लोग व्यर्थ में ये जनक-जनक कहते भागते हैं। (एक हजार का अर्थ एक सहस्र गाय है।) गार्ग्य ने कहा—यह जो आदित्य में पुरुष हैं, इसी की मैं ब्रह्म के रूप में उपासना करता हूँ। अजातशत्रु ने कहा—ऐसा मत कहो, यह सब का अतिक्रामी सब जीवों का मूर्धास्थानीय राजा है, इस रूप में मैं इसकी उपासना करता हूँ।

गार्ग्य ने कहा—यह जो चन्द्रमा में पुरुष है, मैं उसको ब्रह्म मानकर उपासना करता हूँ। अजातशत्रु ने कहा—ऐसा मत कहो, मैं उसे बृहत् पाण्डुरवस्त्रधारी सोम राजा के रूप में उपासना करता हूँ। फिर गार्ग्य ने विद्युत् में पुरुष को ब्रह्म मानकर उपासना बतायी। अजातशत्रु ने कहा कि मैं तेजस्वी के रूप में उसकी उपासना करता हूँ। उसके बाद गार्ग्य ने आकाश में पुरुष को उपास्य बताया, तब अजातशत्रु ने उसकी पूर्ण अप्रवर्ति के रूप में उपासना बतायी। गार्ग्य ने वायु की पुरुष रूप में उपासना बतायी। अजातशत्रु ने उसकी इन्द्र, वैकुण्ठ और अपराजित सेना के रूप में उपासना बतायी। गार्ग्य ने अग्नि में पुरुष को उपास्य कहा—तब अजातशत्रु ने उसे विषासहि के रूप में उपास्य बताया। गार्ग्य ने जल पुरुष के रूप में उपासना बतायी। अजातशत्रु ने उसके प्रतिरूप में पुरुष, इस धारणा से उपासना बतायी। गार्ग्य ने दर्पण में पुरुष को उपास्य कहा तो

अजातशत्रु ने उसे रोचिष्णु के रूप में उपास्य बताया। गार्ग्य ने शब्द के रूप में पुरुष को उपास्य बताया, अजातशत्रु ने उसकी प्राण के रूप में उपासना बतायी। गार्ग्य ने दिशाओं में पुरुष को उपास्य बताया, अजातशत्रु ने उसे चुप कराते हुए कहा—मैं उसकी द्वितीय और अनपग रूप में उपासना करता हूँ। (शंकराचार्य यह स्पष्ट करते हैं कि दिशाओं, कान और हृदय में एक ही देवता दो अवियुक्त रूपवाले अश्विनीकुमार हैं। उनकी अद्वितीयता और अवियुक्तता को अजातशत्रु ने यहाँ बताया है।)

गार्ग्य ने कहा—छायामय पुरुष उपास्य है। अजातशत्रु ने कहा—मैं उसकी मृत्यु के रूप में उपासना करूँगा। गार्ग्य ने कहा—मैं आत्मा में पुरुष की उपासना करता हूँ। अजातशत्रु ने कहा—चुप रहो, मैं उसकी आत्मन्वी के रूप में उपासना करता हूँ, आत्मन्वी का अर्थ है—आत्मवान्। इस पर गार्ग्य चुप हो गया। अजातशत्रु ने कहा—बस, इतना ही तुम्हारे पास पढ़ाने के लिए है, इतने से ब्रह्म का पता नहीं चलता। गार्ग्य ने कहा कि मैं आपका शिष्य बनता हूँ। अजातशत्रु ने कहा—यह उल्टा है कि ब्राह्मण क्षत्रिय का शिष्य बने। मैं तुम्हें वैसे ही ज्ञान बताऊँगा, यह कहकर उसका हाथ पकड़कर उठाया और वह उठ खड़ा हुआ और सोते हुए पुरुष के पास वे दोनों गये और कहा—हे बृहत् पाण्डुरवस्त्रधारी सोम राजन्! वह नहीं उठा। तब हाथ से दबाकर उसे जगाया तो वह उठ गया। अजातशत्रु ने कहा—यह जो सोया हुआ था और अब ज्ञानवान है, यह कहाँ था? कहाँ से आया? गार्ग्य को पता नहीं था, तब अजातशत्रु ने कहा—यह जो विज्ञान में पुरुष सोया हुआ था वह प्राणों के विज्ञान से विज्ञान को लेकर अन्तर्हृदय आकाश में सोता है। जब उसको अपने में ले लेता है, तब यह सोता है। उस समय प्राण, वाक्, चक्षु, श्रोत्र, मन सब अन्तर्गृहीत रहते हैं। जब यह स्वप्नचारी होता है, उस समय वे लोक (कर्मफल) उदित होते हैं, जहाँ वह महाराज बन जाता है, महाब्राह्मण बनता है, ऊँच-नीच गतियों में जाता है, जैसे—कोई महाराजा जनपदवासियों को पकड़कर अपने जनपद में यथेष्ट घूमे, ऐसे ही यह प्राणों का ग्रहण कर अपने शरीर में यथेष्ट विचरण करता है। जब यह सो जाता है और कुछ नहीं जानता उस समय जो यह हिता नाम की ७२ हजार नाड़ियाँ हृदय से पुरीतत् तक अभिप्रस्थित हैं, उनसे लौटकर पुरीतत् में सोता है। जैसे—कोई कुमार हो या महाराज हो या महाब्राह्मण हो। वह आनन्द की अतिघ्नी को पहुँचकर सो जाये ऐसे ही यह सोता है। जैसे—मकड़ी जाल के रेशे से ऊपर जाती है, जैसे अग्नि से छोटी चिंगारियाँ फूटती हैं, ऐसे ही इस आत्मा से सारे प्राण, सारे लोग, सारे देवता, सारभूत विच्चरित होते हैं। उसका उपनिषद् है, सत्य का सत्य। प्राण सत्य हैं, आत्मा उनका सत्य।

इस संवाद में यह द्रष्टव्य है कि अजातशत्रु ने एक प्रत्यक्ष प्रयोग के द्वारा वासनात्मक कल्पना के महल को ढहाया, जो उपास्य देवता बुलाने पर प्रत्युत्तर नहीं दे सकते वह स्पष्ट ही विज्ञानमय पुरुष के सम्मुख नगण्य हैं। विज्ञानमय का रहस्य पुरीतत् में निहित है। यहाँ विज्ञान या चैतन्य को नाडीवाही और अन्तर्देह में अवस्थित बताया गया है। यह तो एक प्रकार से प्रायोगिक मनोवैज्ञानिक दृष्टिकोण है, जो कि

आधिदैविक दृष्टि को तिरस्कृत करता है, किन्तु संवाद के अन्त में पुरीतत् अव्यक्त चैतन्य को विश्व की मूलभूत सत्ता में कैसे प्रतिपादित करता है, यह स्पष्ट नहीं है। कदाचित् इसमें अन्तर्निहित युक्ति पिण्ड और ब्रह्माण्ड के साम्यानुमान पर आधारित है। जैसे—पिण्ड में सुप्तविज्ञान, स्वप्नचैतन्य और जागरित का मूल है और इस नाते ब्रह्माण्ड के स्तर पर ब्रह्म के तुल्य अथवा उससे अभिन्न है। यदि सुप्ति के वर्णन में तुरीय का निर्देश अन्तर्निहित माना जाय तब निर्गुण आत्मा का ब्रह्म से तादात्म्य सहजरूप से युक्तियुक्त हो जाता है।

तृतीय ब्राह्मण

ब्रह्म के दो रूप हैं—मूर्त और अमूर्त, मर्त्य और अमृत, स्थित और यत् (गतिमत्), सत् और त्यत्, यह मूर्त है। जो कि वायु और अन्तरिक्ष से अन्य है, वह मर्त्य है, स्थित है, सत् है। उस मूर्त का, इस मर्त्य का, स्थित का, सत् का यह रस है। जो यह तपता है, वही सत् का रस है।

अमूर्त है वायु और अन्तरिक्ष, वही अमृत है, गतिमत् है, त्यत् है, उस अमृत और त्यत् का रस यह है, जो इस मण्डल में पुरुष है। यह रस ही अधिदैवतविद्या है। उसका अध्यात्म यह है कि यही मूर्त है, जो कि प्राण से अन्य है और जो यह अन्तरात्मा का आकाश है। उससे अन्य ही यह मर्त्य है, यही स्थित है, यही सत् है उस मूर्त का, इस मर्त्य का, स्थित का, इस सत् का यह रस है। जो यह चक्षु है, यही सत् का रस है। यही मूर्त है जो प्राण से अन्य है और उससे जो अन्तरात्मा के आकाश में है (अर्थात् बाहरी वायु और आन्तरिक प्राण से)। अमूर्त प्राण है और जो यह अन्तरात्मा के आकाश में है, यह अमृत या गतिमत् और त्यत् है और इसी का रस वह है जो कि दाहिनी आँख में पुरुष है।

उस पुरुष का यह रूप है, जैसे—हल्दी में रँगा हुआ कपड़ा या सफेद भेड़ के ऊन का कपड़ा, जैसे—बीर बहूटी या अग्नि की लपट या सफेद कमल या अचानक एक बिजली की झलक, ऐसी ही उसकी शोभा होती है, इसलिए यह आदेश है—नेति नेति। इससे परे कोई नहीं है। इसका नाम है—सत्य का सत्य। प्राण ही सत्य है, यह उनका सत्य है।

चतुर्थ ब्राह्मण

याज्ञवल्क्य ने कहा—मैत्रेयी, मैं इस स्थान को छोड़कर जाना चाहता हूँ, अतः मैं तुम्हारे और कात्यायनी के बीच बँटवारा कर दूँ। (मूल का उद्यास्यन शब्द गार्हस्थ से, अलग होने का अर्थ देता है।)

मैत्रेयी ने कहा—यदि महाराज यह सारी पृथ्वी धन से पूर्ण हो तो क्या मैं उससे अमृतत्व को प्राप्त होऊँगी। याज्ञवल्क्य ने कहा—नहीं, जैसा जीवन साधन सम्पन्न लोगों

का होता है, वैसा ही तुम्हारा होगा। अमृतत्व की आशा वित्त से नहीं। मैत्रेयी ने कहा—जिससे मैं अमृत नहीं होऊँगी, उससे मैं क्या करूँगी। जो आप जानते हैं, वह बतायें। याज्ञवल्क्य ने कहा—तुम मेरी प्रिय भी हो और प्रिय बात भी कह रही हो, आओ बैठो, मैं समझाता हूँ और जो मैं कहूँ, उस पर ध्यान करना। उसने कहा—अरे, पति के लिए पति प्रिय नहीं होता, अपने लिए पति प्रिय होता है। न स्त्री के लिए स्त्री प्रिय होती है, अपने लिए होती है। न पुत्रों के लिए पुत्र प्रिय होता है, अपने लिए होता है। न धन के लिए धन प्रिय होता है, अपने लिए प्रिय होता है। ऐसे ही ब्राह्मण और क्षत्रिय, सारे लोक, देवता, सब प्राणी कोई भी उसके लिए प्रिय नहीं होता, सब अपने लिए ही प्रिय होते हैं। यह अपनी आत्मा ही द्रष्टव्य है, श्रोतव्य है, मन्तव्य है, निदिध्यासितव्य है। मैत्रेयी, आत्मा के ही दर्शन, श्रवण, मनन और विज्ञान से यह सब विदित होता है। ब्रह्म उसे छोड़ देता है, जो आत्मा से अलग ब्रह्म समझता है। [यहाँ आत्मा का अर्थ क्षुद्र अहम् विशिष्ट व्यक्ति सत्ता नहीं है। यहाँ आत्मा का अर्थ सब में व्याप्त विराट् सत्ता से है।] यह प्रेम को स्वार्थ में विलीन करनेवाला सिद्धान्त नहीं है। यह सब कामना के विषयों को चैतन्य में लीन करने का सिद्धान्त है। पति-पत्नी के प्रेम के विषय एक-दूसरे की क्षुद्र व्यक्ति सत्ता नहीं है बल्कि दोनों को जोड़नेवाली चैतन्य सत्ता है। इसलिए जो इस सन्दर्भ को एक सर्वग्रासी स्वार्थवादी आचारशास्त्र का प्रतिपादन मानते हैं, वे इसे नहीं समझते। क्षत्र भी, सारे लोक भी, देवता भी, सब प्राणी भी, ये सभी आत्मा ही हैं, जैसे—डुगडुगी पीटे जाने पर उसके बाहर शब्द ग्रहण नहीं किये जा सकते हैं वैसे ही दुंदुभी के ग्रहण से या उसके आघात के ग्रहण से ही वे ग्रहण किये जा सकते हैं। जैसे—शंख या वीणा के बजाने से शब्द उन वाद्यों के बाहर नहीं ग्रहण किये जा सकते। जैसे—आर्द्र ईंधन में आहित अग्नि से धुँआ बाहर निकलता है, ऐसे ही इस महान् भूत का निःश्वास भी है जो यह ऋग्वेद, यजुर्वेद, सामवेद, अथर्वाङ्गिरस, इतिहासपुराणविद्या, उपनिषद्, श्लोक, सूत्र और व्याख्यान हैं। जैसे—सारे जल का समुद्र एकायन है, सब स्पर्शों का त्वक् एकायन है, गन्धों की नासिका, रसों की जिह्वा, रूपों की चक्षु, शब्दों के श्रोत्र, संकल्पों का मन, विद्याओं का हृदय, कर्मों का हाथ, आनन्दों का उपस्थ, विसर्गों का पायु, संचार का पैर और सब वेदों का वाक् एकायन है। जैसे—पानी में फेंका हुआ नमक विशेष रूप से उसमें विलीन हो जाता है और उसे निकाला नहीं जा सकता, किन्तु जहाँ-जहाँ से निकालें नमक ही मिलता है, ऐसे ही यह महद्भूत अनन्त-अपार विज्ञानघन है। यह इन भूतों से उठकर उनके पीछे ही (प्रज्ञानघन) नष्ट हो जाता है। मरने के बाद कुछ चेतना नहीं बचती, ऐसा मैं कहता हूँ।

मैत्रेयी ने कहा—महाराज! आपने तो मुझे भ्रम में डाल दिया कि मरने के बाद होश नहीं रहता। याज्ञवल्क्य ने कहा—नहीं, मैंने तुम्हें मोह में नहीं डाला। यह जानने की बात है, जहाँ द्वैत होता है वहाँ एक दूसरे को पूछता है, देखता है, सुनता है, बोलता है, सोचता है, जागता है, जब किसी के लिए सब कुछ आत्मा ही हो गई तो

इसको किससे वह समझेगा, देखेगा, सुनेगा, सोचेगा या जानेगा। जिससे वह सबको जानता है, उसे किससे जानेगा। अरे! विज्ञाता को किससे जानेगा। [याज्ञवल्क्य की यह उक्ति कि एक मृत्यु के बाद प्रज्ञान या संज्ञा नहीं रहती, न सिर्फ मैत्रेयी को भ्रम में डालने के लिए पर्याप्त थी किन्तु वह युग-युग से तत्त्व जिज्ञासुओं के लिए एक पहेली के रूप में खड़ी है। इसका समाधान याज्ञवल्क्य ने स्वयं यह किया है कि अद्वैतभाव हो जाने पर विज्ञान शेष नहीं रहता। यह बात सीधे-सीधे बौद्ध विज्ञानवादी और शून्यवादी दर्शन की ओर संकेत करती है। यदि द्वैत के अभाव में ज्ञान संभव नहीं है तो मुक्ति की अवस्था में वह संभव नहीं होगा। मुक्ति तब स्वरूपतः अनिर्वाच्य बन जायगी और परमार्थ को शून्यवत् ही समझना पड़ेगा। इसी बिन्दु पर आकर गौडपाद-बौद्धदर्शन का मिलन होता है। शंकर के विरोधी इस बौद्ध सहमति को शंकर के दर्शन में देखते हैं और उन्हें प्रच्छन्न बौद्ध कहते हैं। किन्तु शंकर यहाँ चैतन्य को लुप्त न मानकर निर्विशेष मानते हैं।]

पंचम ब्राह्मण

[इस मैत्रेयीब्राह्मण में आगम और तर्क से आत्मा के श्रवण और मनन का उपाय बताया गया है। पंचम, मधुकाण्ड में वही श्रोतव्य और मन्तव्य अर्थ निदिध्यासितव्य के रूप में प्रस्तुत हैं।]

यह पृथ्वी सब भूतों की मधु है और सब भूत उसके मधु हैं। इस पृथ्वी में जो तेजोमय और अमृतमय पुरुष है और जो शरीर में तेजोमय अमृतमय पुरुष है वही यह है, जो कि आत्मा है, अमृत है और ब्रह्म है। ऐसे ही जल, अग्नि, वायु, आदित्य, दिशाएँ, चन्द्रमा, विद्युत्, स्तनयित्नु, आकाश, धर्म, सत्य सभी मधु हैं। बाहरी और आभ्यान्तरिक सब पुरुषमय है, ऐसे ही मनुष्य सब भूतों का मधु है। सब भूत उसके मधु हैं, वही पृथ्वी पर तेजोमय पुरुष है और अध्यात्म में भी। यह आत्मा सब भूतों का अधिपति है, सब भूतों का राजा है, जैसे—रथनाभि और रथनेमि में सब अर समर्पित होते हैं, ऐसे ही सब देवता, सब लोक, सब प्राण इस आत्मा में समर्पित हैं। इस मधु को दध्यङ् आथर्वण ने अश्विनीकुमारों से कहा। ['मधु' का अर्थ शंकराचार्य ने कार्य किया है, जैसे-मधुमक्खियाँ मिलकर छत्ता बनाती हैं, ऐसे ही सृष्टि के सब पदार्थ परस्परोपकारी होते हुए, आत्मा का निवास प्रस्तुत करते हैं। यह सृष्टि के सब पदार्थों का कार्यकारणभाव भी उन्हें अपने से भिन्न आत्मा का अनुमापक संकेत बनाता है।]

[दध्यङ् आथर्वण की कथा इस प्रकार है। इन्द्र ने दध्यङ् को चेतावनी दी थी कि यदि वह ब्रह्मविद्या का उपदेश करेंगे तो इन्द्र उनका सिर काट देगा। उन्होंने यह अश्विनीकुमारों से कहा। उन्होंने (अश्विनीकुमारों ने) कहा कि कोई डर की बात नहीं है हम पहले ही तुम्हारा सिर काट देते हैं और घोड़े का सिर लगा देते हैं, उससे तुम उपदेश करना। जब इन्द्र उसे काट लेगा तो वापस हम असली सिर लगा देंगे, ऐसा ही हुआ।] तब ऋषि ने अश्विनीकुमारों के अद्भुत कर्म की प्रशंसा की।

दध्यङ् आथर्वण के द्वारा उपदिष्ट मधुविद्या का एक भाग प्रवर्ग्य संबंधी था, जिससे यज्ञ के कटे सिर का उपचार होता था। वह त्वाष्ट्रमधु कहलाता है। दूसरा भाग गोपनीय आत्मविद्या के रूप में है, जो यहाँ उल्लिखित है।

तीसरा अध्याय

विदेह के राजा जनक ने बहुदक्षिणावाला यज्ञ किया। उसमें कुरु-पांचाल के ब्राह्मण इकट्ठा हुए। जनक यह जानना चाहते थे कि उनमें कौन सबसे अधिक विद्वान् है। उन्होंने एक सहस्त्र गायों को अलग रोक लिया और उनमें प्रत्येक के सींग में दश-दश पाद सुवर्ण बाँध दिये और उनसे कहा कि पूज्य ब्राह्मणों! आप में जो सर्वाधिक ब्रह्मवेत्ता है, वह इन गायों को हाँक ले। उन ब्राह्मणों का साहस नहीं हुआ। याज्ञवल्क्य ने अपने ब्रह्मचारी से कहा—सौम्य सामश्रवा! इनको हाँको वह उनको ले चला। इस पर ब्राह्मण क्रुद्ध हो गये। कैसे, अपने आपको ब्रह्मनिष्ठ कह रहा है? विदेहराज जनक का होता अश्वल था, उसने पूछा—याज्ञवल्क्य! क्या तुम हमसे अधिक ब्रह्मज्ञानी हो? याज्ञवल्क्य ने कहा—ब्रह्मज्ञानी को मैं प्रणाम करता हूँ, हमें तो गाय चाहिए। इस पर होता अश्वल ने उससे तत्काल प्रश्न पूछना आरम्भ किया।

उसने कहा—याज्ञवल्क्य, जो यह सब मृत्यु से आप्त है तो यजमान मृत्यु से कैसे मुक्त होता है? याज्ञवल्क्य ने कहा कि वह ऋत्विक् रूप अग्नि के द्वारा मुक्त होता है। वाक् ही यज्ञ का होता है। जो यह वाक् है, वही अग्नि है, वही होता है, वही मृत्यु है।

यह यज्ञ के तीन पक्षों का द्योतक है। अधियज्ञीयपक्ष में होता या ऋत्विक्, अध्यात्मपक्ष में वाक् और आधिदैविकपक्ष में अग्नि। (शंकराचार्य का कहना है कि होता और वाक् की अग्नि से अभिन्नता का ज्ञान मुक्तिदायक है।)

दूसरा प्रश्न, उसने पूछा—यह जो सब दिन-रात से व्याप्त है, इससे यजमान की मुक्ति कैसे हो सकती है? याज्ञवल्क्य ने कहा—अध्वर्यु रूप जो ऋत्विक् है जो कि चक्षु और आदित्य है, उसी से होगी।

तीसरा प्रश्न था कि यह सब कुछ पूर्वपक्ष और अपरपक्ष से व्याप्त है। उससे कैसे मुक्ति होगी, उत्तर में कहा गया—उद्गातारूपी ऋत्विक्, वायु और प्राण के द्वारा मुक्ति होगी।

चौथा प्रश्न यह था कि यह जो आलम्बनहीन अन्तरिक्ष है तो यजमान किस प्रकार स्वर्गलोक को चढ़ सकेगा। याज्ञवल्क्य ने कहा—ब्रह्मा ऋत्विक् है, वे मन और चन्द्रमा हैं, उसी से।

अन्य प्रश्न था कि याज्ञवल्क्य आज होता कितनी ऋचाओं से इस यज्ञ में संशन करेगा। याज्ञवल्क्य ने कहा—तीन से। कौन सी तीन—पुरोनुवाक्या, याज्या और शस्या। उनसे यजमान किसको जीतता है? जो कुछ भी प्राणी है, वह सब। अध्वर्यु कितनी

आहुति से यज्ञ करेगा?—तीन से। वे तीन हैं, जो होम किये जाने पर प्रज्वलित होती हैं, जो बहुत शब्द करती हैं, जो ऊपर लीन हो जाती हैं। पहली से देवलोक की जय होती है, दूसरी से पितृलोक की, तीसरी से मनुष्यलोक की होती है।

ब्रह्मा कितने देवताओं द्वारा यज्ञ की आज रक्षा करता है। एक देवता के द्वारा, जो मन है। मन अनन्त है।

उद्गाता कितनी स्तोत्रिय ऋचाओं का अनुगमन करेगा—तीन। वे तीन कौन हैं—पुरोनुवाक्या, याज्या और शस्या। इनमें प्राण पुरोनुवाक्या, अपान याज्या और व्यान शस्या है। इनमें पुरोनुवाक्या से पृथ्वी, याज्या से अन्तरिक्ष और शस्या से द्युलोक की विजय होती है।

इस प्रसंग में यज्ञ के कर्मकाण्ड के रहस्य का अनुसंधान है। यज्ञ से स्वर्ग की प्राप्ति होती है। यज्ञ के विभिन्न घटक हैं, इस प्रकार ये स्वर्ग प्राप्ति का साधन बनते हैं, यही जिज्ञास्य है। याज्ञवल्क्य ने यज्ञ के आधियाज्ञिक तत्त्वों को आध्यात्मिक और आधिदैविक तत्त्वों से जोड़ा और अन्ततोगत्वा वाक्, प्राण और मन को भी परलोक प्राप्ति का साधन बताया।

इसके अनन्तर जरत्कारु के पुत्र आर्तभाग ने याज्ञवल्क्य से पूछा कि कितने ग्रह हैं? कितने अतिग्रह हैं? याज्ञवल्क्य ने उत्तर दिया—आठ ग्रह हैं और आठ अतिग्रह हैं। प्राण ग्रह है, अपान अतिग्रह है जो उसका ग्रहण करता है, क्योंकि प्राण अपान से ही गन्ध सूँघता है। [भाष्यकार का कहना है प्राण का अर्थ है, नासिका और अपान का अर्थ है, गन्ध। इस प्रकार गन्ध का अर्थ घ्राणेन्द्रिय से करते हैं।]

वाक् ग्रह है, नाम अतिग्रह जिससे गृहीत होकर मनुष्य वाक् से नामों को बोलता है। इसी प्रकार जिह्वा ग्रह है, रस अतिग्रह। चक्षु ग्रह है रूप अतिग्रह। श्रोत्र ग्रह है शब्द अतिग्रह। मन ग्रह है काम अतिग्रह। काम्य विषय के अर्थ में हस्त ग्रह है कर्म अतिग्रह। त्वक् ग्रह है स्पर्श अतिग्रह।

इस प्रश्न में ग्रहण की शक्ति के रूप में ग्रह का प्रयोग किया गया है, अतिग्रह या अतिग्राह उसके विषय के रूप में। इस प्रकार पाँच इन्द्रियाँ, मन और उसका विषय और उसकी दो कर्मेन्द्रियाँ हैं—वाक् और मन।

दूसरा प्रश्न था, यदि सब कुछ मृत्यु का अन्न है तो वह कौन से देवता हैं, जिसका अन्न मृत्यु है। याज्ञवल्क्य ने कहा—अग्नि ही मृत्यु है और वह जल का अन्न है। इस ज्ञान से मृत्यु पर विजय होती है।

जब यह पुरुष मरता है तो उससे प्राण उत्क्रान्त होते हैं या नहीं। नहीं, वह यहीं फूल कर पड़ा रहता है। [शंकराचार्य का कहना है कि ये ज्ञानी के विषय में कहा गया है।]

याज्ञवल्क्य, मरने पर क्या चीज पुरुष लोक के लिए छोड़ता है?—नाम, वही अनन्त है।

याज्ञवल्क्य, जब मृत पुरुष के वाक् अग्नि में लीन हो जाते हैं, प्राण वायु में, चक्षु आदित्य में, मन चन्द्रमा में, दिशाएँ श्रोत्र में, शरीर पृथ्वी में, आकाश में आत्मा, रोम पौधों में, केश पेड़ों में, रक्त और रेतस् जल में तब यह पुरुष कहाँ रहता है? इस पर याज्ञवल्क्य ने कहा—आर्तभाग! अपना हाथ लाओ, हम ही दोनों इस रहस्य को जानेंगे और इस समाज में कोई नहीं। वे अलग हटकर मन्त्रणा में रहे। उन्होंने जो बात की कर्म के विषय में थी। कर्म की ही मैंने प्रशंसा की। पुण्यकर्म से पुण्यात्मा होता है। पापकर्म से पापात्मा। इस पर जारत्कारु आर्तभाग चुप हो गया।

यह अत्यन्त महत्त्वपूर्ण सन्दर्भ है जिसमें यह कहा गया है कि मरने के बाद प्राणी के सब घटक विलीन हो जाते हैं, कर्म ही शेष रहता है। इस सिद्धान्त से कर्मकाण्ड के प्रसिद्ध तत्त्वों की और उपासनाकाण्ड के प्रसिद्ध तत्त्वों की प्राण, वाक् और मन आदि की अनित्यता और अनाश्वास्यता की प्रसिद्धि हो जाती है। बौद्ध दर्शन के सदृश कर्ममात्र पर आश्रित संशरण प्रतिपादित होता है। प्रो० रामकृष्ण गोपाल भंडारकर ने यह बताया था कि तत्कालीन पुरोहित मण्डली में कर्म के सिद्धान्त का अपरिचय भी इससे सूचित होता है।

तृतीय अध्याय : तृतीय ब्राह्मण

याज्ञवल्क्य से भुज्यु लाह्यायनि ने पूछा—हम लोग चरकों के समान मद्र देश में परिव्रज्या करते थे। हम पतञ्चलकाप्य के घर पहुँचे उसकी लड़की पर गंधर्व का आवेश था। उससे हमने पूछा—तुम कौन हो? उसने कहा—आङ्गिरस सुधन्वा हूँ। उससे लोकों के अन्त के विषय में हमने पूछा, और उसने कहा—पारीक्षित अर्थात् परीक्षित् की सन्तति कहाँ हैं? वही प्रश्न तुमसे पूछता हूँ कि पारीक्षित कहाँ हैं? याज्ञवल्क्य ने कहा—अवश्य ही गंधर्व ने यह बताया होगा कि वे उन लोकों को गये हैं, जहाँ अश्वमेधयाजी जाते हैं। वे कहाँ जाते हैं? याज्ञवल्क्य ने कहा—यह लोक देवरथ के द्वारा बत्तीस दिनों में पार किया जाता है। (देवरथ का अर्थ आदित्य का रथ कहा गया है जितना एक दिन में जाता है, वह देवरथाह्न्य है। यह लोक बत्तीस देवरथाह्न्य है।) उसकी दुगनी चारों ओर से पृथ्वी घेरे हुए है। उसके चारों ओर दुगना समुद्र घेरे है। (जिसे पौराणिक घनोद कहते हैं। इस अण्डात्मक लोकालोक के दो कपालों के बीच में सूक्ष्म छिद्रात्मक आकाश है।) जो कि छुरे की धार अथवा मक्खी के पर के समान है। उस अश्वमेध में चित्य अग्नि के रूप में इन्द्र सुपर्ण बनकर वायु को उन्हें देता है। वायु उन्हें आत्मसात् कर वहाँ ले जाती है, जहाँ अश्वमेधयाजी जाते हैं। (अर्थात् अश्वमेधयाजी सुपर्ण के रूप में चित्य इन्द्रात्मक अग्नि के द्वारा वायु को समर्पित होते हैं, वही उन्हें उनके गन्तव्य को ले जाती है।) वायु की उस गंधर्व ने

प्रशंसा की है। वायु ही व्यष्टि है, वही समष्टि है, वही मृत्यु को जीतता है, जो इस प्रकार जानता है। भुज्यु लाह्यायनि चुप हो गया।

चतुर्थ ब्राह्मण

उषस्त चाक्रायण ने प्रश्न किया—याज्ञवल्क्य! जो साक्षात् अपरोक्ष ब्रह्म है, जो सर्वान्तरभूत आत्मा है, उसे मुझे बताओ। याज्ञवल्क्य ने कहा—यही तुम्हारी आत्मा ही सर्वान्तर है। कौन सी? जो प्राण से प्राणन करती है वही अपान से अपानन करती है, व्यान से, उदान से वही यह सर्वान्तर आत्मा है। उषस्त ने उससे कहा कि जैसे कोई समझाये—ये गाय है, ये अश्व है, ऐसे मुझे समझाओ। याज्ञवल्क्य ने कहा है—दृष्टि के द्रष्टा को न देख सकते हैं, श्रुति के श्रोता को न सुन सकते हैं, मति के मन्ता का न मनन कर सकते हैं, न विज्ञान के विज्ञाता को जान सकते हैं। यह जो तुम्हारी आत्मा है, वही सर्वान्तर है बाकी सब व्यर्थ है। तब उषस्त चुप हो गये।

पंचम ब्राह्मण

कौषीतकेय कहोड़ ने याज्ञवल्क्य से प्रश्न किया—यह जो साक्षात् अपरोक्ष ब्रह्म है, सर्वान्तर आत्मा है, इसे ही बताओ। याज्ञवल्क्य ने कहा—यह जो तुम्हारी आत्मा है, वही। कौन?—जो लोभ, शोक, मोह, जरा-मृत्यु के परे है, उसी आत्मा को जानकर ब्राह्मण पुत्रैषणा से, वित्तैषणा से, लोकैषणा से वियुत्थित होकर भिक्षाचार का आचरण करते हैं। जो यह पुत्रैषणा, वित्तैषणा, लोकैषणा है, यह सब एषणाएँ ही हैं, अर्थात् एक-दूसरे से जुड़ी हुई हैं, इसीलिए ब्रह्म को चाहिए कि वह पाण्डित्य से उदासीन होकर बाल्य में स्थित हो। बाल्य और पाण्डित्य, मौन और अमौन दोनों से वह ब्राह्मण उदासीन होता है। वह किस बात से ब्राह्मण होता है? चाहे जिससे हो ऐसा ही होता है; उसके अतिरिक्त और सब आर्त्त (नाशवान्) है।

षष्ठ ब्राह्मण

वाचक्नवी गार्गी ने प्रश्न किया—याज्ञवल्क्य! यह सब कुछ जल में ओत-प्रोत है, जल किसमें ओत-प्रोत है? वायु में और वायु अन्तरिक्ष में, अन्तरिक्ष गन्धर्वलोक में, गन्धर्वलोक चन्द्रलोक में, चन्द्रलोक नक्षत्रलोक में, नक्षत्रलोक देवलोक में, देवलोक इन्द्रलोक में, वह प्रजापति लोक में, प्रजापतिलोक ब्रह्मलोक में। गार्गी ने पूछा—ब्रह्मलोक कहाँ ओत-प्रोत है? याज्ञवल्क्य ने कहा—गार्गी, इतना प्रश्न न पूछो, इससे अधिक पूछने पर तुम्हारा सिर फट जायगा, यह देवता के विषय में अतिप्रश्न है।

सप्तम ब्राह्मण

उद्दालक आरुणि ने पूछा—याज्ञवल्क्य! हम लोग जब मद्र देश में पतञ्चलकाप्य के घर में थे तब उसकी भार्या को गन्धर्व ने पकड़ लिया था। हमने कहा—तुम कौन

हो? उसने कहा—कबन्ध आथर्वण। गन्धर्व ने पतञ्चलकाप्य और याज्ञिकों से प्रश्न किया क्या तुम जानते हो वह कौन सा सूत्र है, जिससे लोक-परलोक और सारे भूत संदृब्ध हैं। पतञ्चलकाप्य ने कहा—मुझे पता नहीं। उसने कहा—क्या तुम जानते हो उस अन्तर्यामी को, जो इस लोक-परलोक और सब भूतों को अन्दर से नियमित करता है। उसने कहा—नहीं। उसने फिर पूछा—जो सूत्र को जानता है—वह देववित् है, लोकवित्, आत्मवित्, भूतवित् और सर्ववित् है। मैं उसको जानता हूँ, अब याज्ञवल्क्य! यदि तुम नहीं जानते हो और तुमने गायों को हँकाया है तो तुम्हारा मूर्धा फट जायगा। याज्ञवल्क्य ने कहा—गौतम, मैं जानता हूँ उसको, यदि तुम्हें सचमुच ज्ञान है तो बताओ क्या जानते हो? उसने कहा—गौतम! वायु ही वह सूत्र है जिससे यह लोक-परलोक और सब भूत सन्दर्भित हैं और इसलिए मरे हुए पुरुष के लिए कहते हैं कि उसके अंग विस्रस्त हो गये हैं क्योंकि वायु अथवा प्राण के सूत्र से वे खुल गये हैं।

अन्तर्यामी वह है, जो पृथ्वी में रहते हुए पृथ्वी के अभ्यन्तर है, जिसे पृथ्वी नहीं जानती, पृथ्वी जिसका शरीर है और जो पृथ्वी का अन्दर से नियमन करता है, वह तुम्हारी आत्मा अन्तर्यामी और अमृत है। ऐसे ही जो जल में रहते हुए, अग्नि, अन्तरिक्ष, वायु, द्युलोक, आदित्य, दिशाओं, चन्द्र-तारक, आकाश, अन्धकार, तेजस् में रहते हुए उनका नियमन करता है, वह अन्तर्यामी अमृत आत्मा है। यह अधिदैवत है। और (यह अध्यात्म है) जो सब भूतों में रहते हुए प्राण में, वाक् में, चक्षु, श्रोत्र, मन, त्वक्, रेतस् में रहते हुए जो अमृत अन्तर्यामी, अदृष्ट द्रष्टा है, अश्रुत श्रोता है, अमत मन्ता है, अविज्ञात विज्ञाता है, जिससे अलग कुछ नहीं है वह तुम्हारा आत्मा अमृत अन्तर्यामी है, उसके अलावा सब कुछ आर्त है। इस पर आरुणि चुप हो गया।

अष्टम ब्राह्मण

फिर वाचक्नवी ने खड़े होकर कहा—पूजनीय ब्राह्मणों! मैं इससे दो प्रश्न पूछूँगी यदि यह उनका उत्तर दे देता है तो तुम लोगों में से कोई भी इसको शास्त्रार्थ में जीत नहीं सकता। ठीक है, पूछो। उसने कहा—जैसे, काशी या विदेह का कोई उग्रपुत्र धनुष को तानकर दो बाण या शरों को हाथ में लेकर शत्रु के घात के लिए खड़ा हो ऐसे ही मैं दो प्रश्नों को लेकर तुम्हारे सामने खड़ी हूँ। याज्ञवल्क्य ने कहा—गार्गी, पूछो। उसने कहा—जो द्युलोक के ऊपर है, जो पृथ्वी के नीचे है, जो द्यावापृथ्वी के बीच में है, जो भूत, भवत् और भविष्यत् इस प्रकार कहा जाता है, वह किसमें ओत-प्रोत है? याज्ञवल्क्य ने उत्तर दिया—वह आकाश है। उसने कहा—याज्ञवल्क्य, तुम्हें प्रणाम है। दूसरे के लिए तैयार हो। उसने कहा—पूछो। उसने पूछा—याज्ञवल्क्य! वह आकाश किसमें ओत-प्रोत है? उसने उत्तर दिया—जिसे ब्राह्मण अक्षर कहते हैं, जो स्थूल, अनन्य, अह्रस्व, अदीर्घ, अलोहित, अस्नेह, अछाय, अतमस्, अवायु, अनाकाश, अशरीर, अरस, अगन्ध, अचक्षुण, अश्रोत्र, अवाक्, अमनस्, अतेजस्क, अप्राण, अमुख,

अमात्र, अनन्तर, अबाह्य है, न किसी को खाता है न जिसे कोई खाता है। उसी अक्षर के प्रशासन में सूर्य और चन्द्रमा विधृत होकर स्थित रहते हैं। उसी के प्रशासन में द्यावापृथिवी, निमेष, मुहूर्त, अहोरात्रि, अर्द्धमास, मास, ऋतु और संवत्सर विधृत खड़े रहते हैं। उसी अक्षर के प्रशासन में प्राची (पूरब की ओर) और अन्य नदियाँ बहती हैं। अन्य नदियाँ श्वेत पर्वतों से पश्चिम की ओर एवं अन्य दिशाओं को जाती हैं। इस अक्षर के प्रशासन में दानियों की मनुष्य प्रशंसा करते हैं। देवता यजमान के और पितर दर्वीहोम के अधीन रहते हैं। जो भी इस अक्षर को बिना जाने इस लोक में हवन करता है, यज्ञ करता है या तपता है, हजारों वर्ष तक उस सबका फल अन्तवान् होता है। जो इस अक्षर को न जानकर प्रयाण करता है, वह दयनीय है। जो जानकर प्रयाण करता है, वह ब्राह्मण है। यह अक्षर अदृष्ट-द्रष्टा, अश्रुत-श्रोता, अमत-मन्ता, अविज्ञात-विज्ञाता इसके अतिरिक्त कोई देखने-सुननेवाला नहीं है, न मनन करनेवाला और न जाननेवाला है। उसी अक्षर में आकाश ओत-प्रोत है। इस पर गर्गी ने कहा—ब्राह्मणों! बहुत समझना कि इनको प्रणाम करके ही तुमको छुटकारा मिल जाय, जीतने का कोई प्रश्न नहीं, यह कहकर चुप हो गई।

नवम ब्राह्मण

विदग्ध शाकल्य ने पूछा—याज्ञवल्क्य, कितने देवता हैं? याज्ञवल्क्य ने कहा—जितने वैश्वदेव में निविद् कहे जाते हैं—३३०६। फिर वही प्रश्न पूछने पर उन्होंने कहा तैंतीस हैं। फिर कहा छह हैं, फिर पूछने पर कहा—तीन हैं, फिर भी पूछने पर कहा—दो है, फिर कहा—डेढ़ हैं, अन्त में कहा—एक है। शाकल्य ने पूछा—३३०६ कौन हैं? याज्ञवल्क्य ने कहा—तैंतीस हैं, उन्हीं की महिमा है ये, और तैंतीस हैं—आठ वसु, एकादश रुद्र, द्वादश आदित्य, इन्द्र और प्रजापति। वसु कौन हैं? अग्नि, पृथ्वी, वायु, अन्तरिक्ष, आदित्य, द्यौः, चन्द्रमा, नक्षत्र। इन्हीं में सब कुछ बसता है, अतः ये वसु हैं। रुद्र पुरुष के अन्तस्थ दश प्राण और आत्मा हैं, जब ये शरीर छोड़ते हैं, तो रुलाते हैं, अतः रुद्र हैं। आदित्य संवत्सर के १२ महीने हैं। ये ही सब कुछ का आदान करते हुए चलते हैं, अतः ये आदित्य हैं। इन्द्र और प्रजापति कौन हैं? स्तनयित्नु अर्थात् विद्युत् ही इन्द्र है और यज्ञ ही प्रजापति है और यज्ञ पशु ही है। छः कौन हैं? अग्नि, पृथ्वी, वायु, अन्तरिक्ष, आदित्य और द्यौः। तीन देवता कौन हैं? यही तीन लोक जिसमें सारे देवता हैं। दो कौन हैं? अन्न और प्राण। डेढ़ कौन हैं? पवन, उसमें सब कुछ अध्यासित है इसलिए डेढ़ कहते हैं। एक देवता कौन हैं? प्राण, वही ब्रह्म है, वही त्यत् है।

पृथ्वी जिसका आयतन है। अग्नि लोक है, मन ज्योति है, वही पुरुष सब की आत्मा का परायण है। वही जाननेवाला है। याज्ञवल्क्य, मैं उसे जानता हूँ, यह शाकल्य ने कहा। याज्ञवल्क्य ने कहा—जिसे तुम कहते हो वह यही शरीर आत्मा है। शाकल्य ने फिर पूछा—उसके कौन देवता हैं? याज्ञवल्क्य ने उत्तर दिया—अमृत।

शाकल्य ने कहा—काम जिसका आयतन है, हृदय लोक है, मन ज्योति है, वही पुरुष सब आत्मा का परायण है। याज्ञवल्क्य ने कहा—यह काममय पुरुष है। शाकल्य के पूछने पर उन्होंने कहा—इसकी देवता स्त्री है। फिर शाकल्य ने कहा—रूप जिसका आयतन है, चक्षु लोक, मन ज्योति है, वह पुरुष सब आत्मा का परायण है। याज्ञवल्क्य ने कहा—वह आदित्य रूप पुरुष है, उसका देवता सत्य है। शाकल्य ने पूछा—आकाश आयतन है, श्रोत्रलोक, मन ज्योति है वह सब आत्मा का परायण है। याज्ञवल्क्य ने कहा—वह श्रौत्र प्रातिश्रुत्क पुरुष है, उसकी देवता दिशाएँ हैं। फिर शाकल्य ने कहा—तम जिसका आयतन है, हृदयलोक और मन ज्योति है। याज्ञवल्क्य ने कहा—वह छायामय पुरुष है, उसका देवता मृत्यु है। फिर शाकल्य ने कहा—रूप जिसका आयतन है, चक्षु लोक है, मन ज्योति है। याज्ञवल्क्य ने कहा—वह आदर्श दर्पण में पुरुष है, उसकी देवता असु है। फिर शाकल्य ने पूछा—जल आयतन, हृदयलोक, मन ज्योति है। याज्ञवल्क्य ने कहा—वह जल में दिखनेवाला पुरुष है, उसके देवता वरुण हैं। फिर भी शाकल्य ने पूछा—रेतस् आयतन, हृदय लोक, मन ज्योति है। याज्ञवल्क्य ने कहा—वह पुत्रमय पुरुष है, उसके देवता प्रजापति हैं। तब उन्होंने कहा—शाकल्य, तुम्हें इन ब्राह्मणों ने अंगारे निकालने का चिमटा बना दिया है। फिर शाकल्य ने कहा—जो कुछ तुमने कुरु-पांचाल के ब्राह्मणों से अपने आपको श्रेष्ठ बताया है तो किस ब्रह्म-ज्ञान के कारण? याज्ञवल्क्य ने कहा—मैं दिशाओं को उनके देवता और प्रतिष्ठा के साथ जानता हूँ। शाकल्य ने कहा—यदि ऐसा है तो बताओ प्राची दिशा में कौन से देवता हैं। उसने कहा—आदित्य देवता हैं। वह आदित्य किसमें प्रतिष्ठित हैं, आँख में। आँख कहाँ—रूप में, रूप-हृदय में, तो शाकल्य ने कहा—हाँ, ऐसा ही है। दक्षिण दिशा के देवता यम हैं, वह यज्ञ में प्रतिष्ठित हैं, वह दक्षिणा में, वह श्रद्धा में, वह हृदय में।

उत्तर दिशा के देवता सोम हैं जो दीक्षा में प्रतिष्ठित हैं, दीक्षा सत्य में, सत्य हृदय में, क्योंकि हृदय से ही सत्य पहचाना जाता है। ध्रुवा दिशा की देवता अग्नि है, वह वाक् में प्रतिष्ठित है, वाक् हृदय में। हृदय किसमें प्रतिष्ठित है? याज्ञवल्क्य ने कहा—अरे, मरनेवाले जब यह हमसे अलग हो जाता हैं, उस समय इस शरीर को कुत्ते खाते हैं या पक्षी नोंचकर खा जाते हैं। फिर उसने पूछा कि तुम और आत्मा कहाँ प्रतिष्ठित हो? प्राण में, प्राण अपान में, अपान व्यान में, व्यान उदान में, उदान समान में, वह यह नेति-नेति आत्मा है। जो अगृह्य है जिसका ग्रहण नहीं होता, अशीर्य है, जिसका क्षरण नहीं होता, असंग है, असित (अबद्ध) है व्यथित नहीं होता, न हिंसित होता है। ये आठ आयतन, आठ लोक, आठ देवता और आठ पुरुष जो हैं वह उन सब पुरुषों को समझ कर उनको अपने में समेटकर उनसे परे जाता है। वह औपनिषद् रहस्यात्मक पुरुष कौन है? यह मैं तुमसे पूछता हूँ। यह नहीं बताओगे तो तुम्हारा सिर गिर जायगा। शाकल्य को उत्तर नहीं आया। उसका सिर गिर कर बिखर गया। डाकुओं ने आकर उसकी हड्डियाँ तक चुरा लीं, उन्हें कुछ और समझकर।

फिर याज्ञवल्क्य ने कहा—ब्राह्मणों! आप में जो चाहता है, वह पूछे अकेले या मिलकर अथवा मैं आपसे पूछूँ। ब्राह्मणों का साहस नहीं हुआ। याज्ञवल्क्य ने प्रश्न किया—जैसे वनस्पति वृक्ष है वैसे ही यह पुरुष है, उसके रोएँ पर्ण हैं, त्वक् उसकी बाहरी छाल है। त्वचा से ही इसका रुधिर गिरता है, ऐसे ही छाल टूटने पर वृक्ष से रस निकलता है। मांस उसकी शकर (छाल का भीतरी अंश) है। स्नायु किनाट शकर के भीतर का अंश विशेष है। अस्थि दारु है। मज्जा दारु का अन्तस्सार है। कटने के बाद वृक्ष जड़ से नया पैदा होता है। मृत्यु से कटने के बाद मर्त्य किस मूल से पैदा होता है। रेतस् से यह मत कहना क्योंकि वह जीव से उत्पन्न होता है। किन्तु वृक्ष बीज से कटने के बाद भी पैदा होता है। यदि वृक्ष को समूल उखाड़ दें तो फिर नहीं पैदा होगा। मनुष्य किस जड़ से मरने के बाद पैदा होता है? कहाँ से पुरुष उत्पन्न होता है? इसका अन्तिम उत्तर है—विज्ञान और आनन्द स्वरूप ब्रह्म ही परायण है।

चतुर्थ अध्याय

विदेह का राजा जनक बैठा हुआ था। याज्ञवल्क्य घूमते-घूमते वहाँ आ पहुँचे। राजा ने कहा—याज्ञवल्क्य, किस लिए विचरण कर रहे हो, पशु चाहिए या शास्त्रार्थ। दोनों ही चाहिए सम्राट्। अच्छा, यह बताइये कि आपको किसी ने क्या बताया है, वही हम भी सुनें। जित्वाशैलिनि ने बताया है कि वाक् ब्रह्म है। याज्ञवल्क्य ने कहा—यह माता-पिता, गुरु के समान दी हुई शिक्षा है, क्या शैलिनि ने आपको यह भी समझाया कि वाक् ब्रह्म का क्या आयतन है और क्या प्रतिष्ठा है? जनक ने कहा—नहीं, तब यह एकांश हुआ। तब आप बताइये—सुनिए, वाक् ही आयतन है, आकाश प्रतिष्ठा है, प्रज्ञा के रूप में इसकी उपासना करनी चाहिए। जनक ने पूछा—प्रज्ञता क्या है? वाक् ही है। वाक् से बन्धु पहचाना जाता है। वेदादि का ज्ञान होता है। इष्टापूर्त, आशित-पायित, यह लोक-परलोक सब भूत वाक् से ही पहचाने जाते हैं। वाक् ही परम ब्रह्म है जो ऐसा जानता है, वाक् उसको नहीं छोड़ती। सब जीव की ओर आकर्षित होते हैं वह दिक् होकर देवताओं के पास पहुँचता है। राजा ने कहा—मैं एक हजार गायें देता हूँ जिनके हाथी जैसे बछड़ा हों। याज्ञवल्क्य ने कहा—मेरे पिता की सोच थी कि विना अनुशासित किये दक्षिणा न लें।

और जो आपने सुना है, बताइये। उदङ्क शौल्बायन ने प्राण को ब्रह्म बताया। याज्ञवल्क्य ने समझाया कि प्राण ही उसका आयतन है, आकाश प्रतिष्ठा और प्रिय के रूप में उसकी उपासना करनी चाहिए। प्रियता क्या है? प्राण ही है। उसको फिर एक हजार गायें देने के लिए जनक ने कहा और बताया बकुर्वार्ष्ण ने चक्षु को ब्रह्म बताया था। याज्ञवल्क्य ने कहा—चक्षु आयतन है, आकाश प्रतिष्ठा, सत्य के रूप में उसकी उपासना करनी चाहिए। जनक ने कहा—भारद्वाज गोत्र के गर्दभीविपीत ने कहा है कि श्रोत्र ही ब्रह्म है। याज्ञवल्क्य ने आगे बताया कि उसका श्रोत्र आयतन है, आकाश प्रतिष्ठा, अनन्त इस रूप में उसकी उपासना करनी चाहिए।

सत्यकाम जाबाल ने मन को ब्रह्म बताया था। याज्ञवल्क्य ने कहा—मन ही उसका आयतन है, आकाश प्रतिष्ठा है, आनन्द के रूप में उसकी उपासना होनी चाहिए।

विदग्ध शाकल्य ने बताया था कि हृदय ही ब्रह्म है। याज्ञवल्क्य ने आगे बताया हृदय उसका आयतन है, आकाश, प्रतिष्ठा, स्थिति के रूप में उसकी उपासना करनी चाहिए।

द्वितीय ब्राह्मण

जनक ने कुर्सी से उतर कर कहा—प्रणाम है, याज्ञवल्क्य! आप मुझे उपदेश दीजिए। याज्ञवल्क्य ने कहा—सम्राट्! जैसे बड़ी दूर की यात्रा में जाने के लिए रथ या नाव में सवार होता है। वैसे इतने उपनिषद् रहस्यात्मक ज्ञानों से तुम समाहितात्म हो। इतने प्रतिष्ठित आढ्य विद्वान्, यहाँ से छूटकर तुम कहाँ जाओगे? जनक ने कहा—महाराज, मुझे पता नहीं। याज्ञवल्क्य ने कहा—मैं बताता हूँ। जनक ने कहा—बताइये। पुरुष के दाहिने नेत्र में इन्ध नाम का पुरुष होता है। जो इन्ध होते हुए भी इन्द्र कहलाता है। क्योंकि देवता परोक्ष प्रिय हैं। बायीं आँख में उसकी पत्नी विराट् है। इन दोनों का मेल हृदय के अन्दर आकाश में होता है। उनका यह अन्न है जो हृदय में लोहित पिण्ड है। उनकी यह ओढ़नी है जो हृदय के अन्दर जाल जैसा है। उनके घूमने का यह रास्ता है जो हृदय से ऊपर नाड़ी निकलती है। जैसे केश को हजार भागों में बाँट दें तो ऐसे ही हिता नाम की नाड़ियाँ हृदय के अन्दर प्रतिष्ठित होती हैं। इन्हीं से अन्दर आते हुए आहार का सूक्ष्म भाग आत्मा का आधार होता है (तात्पर्य यह है कि अन्न का सूक्ष्म भाग रस रूप से स्थूल देह को उपचित करता हुआ देहाभिमानी वैश्वानर का आहार होता है। वह तैजस् हृदयभूत प्राण के द्वारा विधारित प्राण ही होता है।)

उसके प्राची दिक् की ओर पूर्व प्राण है, दक्षिण की ओर दक्षिण प्राण, पश्चिम की ओर पश्चिम प्राण, उदीचि की ओर उत्तर प्राण, ऊर्ध्व की ओर ऊर्ध्व और नीचे की ओर नीचे के प्राण हैं। सब ओर उसके प्राण ही प्राण हैं। वही यह नेति-नेति आत्मा है, जो अग्राह्य है, अशीर्य है, असंग है, असित है, अव्यथित है, अरिष्य है। जनक, तुम अभय को प्राप्त हो गये हो। जनक ने कहा—अभय आपको प्राप्त हो, जो आपने मुझे अभय तक पहुँचाया, प्रणाम है, यह सारा विदेह देश है और यह मैं हूँ।

तृतीय ब्राह्मण

याज्ञवल्क्य, विदेहराज जनक के पास गये। उन्होंने सोचा, अब मैं कुछ नहीं बोलूँगा किन्तु पहले कभी अग्निहोत्र के समय संवाद में याज्ञवल्क्य ने जनक को वर दिया था कि वह जब चाहे उनसे प्रश्न कर सकता है। अतः सम्राट् ने ही उनसे प्रश्न किया—याज्ञवल्क्य, ये पुरुष की ज्योति क्या है? आदित्य है महाराज, सूर्यास्त हो जाने पर तब चन्द्रमा ज्योति है। चन्द्रमा के अस्त होने पर अग्नि, अग्नि के बुझने पर वाक्

उसकी ज्योति हो जाती है। वाक् के शांत होने पर पुरुष की ज्योति कौन है? तब आत्मा ही उसकी ज्योति है, स्वयं ज्योति।* यह आत्मा क्या है? यह विज्ञानमय हृदय के अन्तर्गत प्राणों में ज्योति स्वरूप है। वह बराबर दोनों लोकों तक संचार करता है, ध्यान करता है मानो चेष्टा करता है, वही स्वप्न होकर इस लोक का अतिक्रमण करता है और मृत्यु के रूपों का अतिक्रमण करता है।

यह पुरुष उत्पन्न होते समय शरीर के तादात्म्य से पापों से युक्त होता है और उससे निकलते हुए पापों को छोड़ता है। इस पुरुष के दो ही स्थान होते हैं इहलोक और परलोक, तीसरा स्वप्नस्थान संधिगत स्थान है। सन्धिस्थान में दोनों स्थानों को देखता है, इस लोक को और परलोक को। अब जब यह परलोक स्थान में होता है तब यह पाप और आनन्द दोनों को देखता है। जब प्रसुप्त होता है तब इस लोक की एक मात्रा का उपादान कर उसे अपने आप बदलकर निर्माण करके अपनी ज्योति से प्रसुप्त होता है और तब यह पुरुष स्वयं ज्योति होता है। वहाँ न रथ हैं, न घोड़े हैं, न रास्ते हैं। लेकिन वह रथ, घोड़े और रास्तों को बनाता है। वहाँ न आनन्द है, न मोद, न प्रमोद लेकिन वह उनका निर्माण करता है। वहाँ न कुण्ड हैं, न पुष्करिणियाँ, न नदियाँ वह उन्हें बना डालता है क्योंकि वह कर्त्ता है। यहाँ पर ये श्लोक है, स्वप्न है, स्वप्न में शरीर को शांत कर सोता हुआ समस्त पदार्थों को चमकाता है, ज्योति को लेकर फिर वह हिरण्मय पुरुष एक हंस (वह अकेले चलता है, अतः एक हंस) है फिर जागरित स्थान को लौट आता है। स्थूल शरीर से प्राण की रक्षा करता हुआ अमृतधर्मा पुरुष घोंसले के बाहर घूमकर वहाँ जाता है, जहाँ उसकी इच्छा है, वह एक हंस हिरण्मय पुरुष स्वप्न में ऊँचा-नीचा देखते हुए (वह दिव्य पुरुष) बहुत से रूपों को बनाता है। कभी स्त्रियों के साथ आनन्द करता है, कभी हँसता है, कभी डर देखता है। उसके आराम को लोग देखते हैं, उसे नहीं। कहा गया है, उसे सहसा नहीं जगाना चाहिए वरना उसकी चिकित्सा बड़ी कठिन हो सकती है। कुछ लोग कहते हैं कि यह जागरित वेश में ही रहता है और उसी की सामग्री देखता है किन्तु वस्तुतः यह पुरुष स्वयं ज्योति होता है।

जनक ने कहा—मैं आपको हजार गायें देता हूँ, आप और आगे बताइये। वह इस सम्प्रसाद अथवा सुषुप्ति में आराम करके और घूमकर पुण्य और पाप को देखकर फिर

---

* **यही भाव शङ्कराचार्य के प्रसिद्ध प्रकरण *एकश्लोकी* में अद्‌भुत सौन्दर्य के साथ दर्शाया गया है—**

किं ज्योतिस्तव भानुमानहनि मे रात्रौ प्रदीपादिकं
स्यादेवं रविदीपदर्शनविधौ किं ज्योतिराख्याहि मे।
चक्षुस्तस्य निमीलनादिसमये किं धीर्धियो दर्शने
किं तत्राहमतो भवान्परमकं ज्योतिस्तदस्मि प्रभो॥

—श्रीशांकर ग्रन्थावलिः (प्रकरण प्रबन्धावलिः)

जैसे आया था वहीं लौट जाता है। वहाँ वह जो देखता है उससे असक्त रहता है क्योंकि पुरुष असंग है। जनक ने पुनः सहस्र गायों का दान कर आगे पूछा। जागने पर, आराम करके और घूमकर, पुण्य-पाप को भोगकर वह फिर वहीं स्वप्न में लौट आता है। जैसे कोई महामत्स्य दोनों किनारों तक जाये ऐसे ही यह पुरुष स्वप्न और जागरित दोनों चेतना के तटों तक घूमता है। जैसे कोई बाज या सुपर्ण आकाश में थककर पंख समेट कर घोंसले में आराम करता है ऐसे ही पुरुष भी दोनों किनारों को छोड़कर सुषुप्ति में न कुछ चाहता है न कुछ स्वप्न देखता है। हिता नाम किसकी नाड़ियाँ होती हैं? पुरुष की। केश के सहस्र भाग के समान सूक्ष्म, जो कि शुक्ल, नील, पिङ्गल, हरित, लोहित भरी रहती हैं, वहाँ कभी जैसे—मारा जाय, खदेड़ा जाय, गड्ढे में गिरे इस प्रकार जागरित के भयों को देखता है। जहाँ देवता के समान मैं इस सब का राजा हूँ, यह मानता है। यह उसका परमलोक है, वही इसका अतिच्छन्द, पापरहित अभय रूप है। जैसे—प्रिय स्त्री से आलिंगित होकर कोई न बाहर को जानता है न अन्दर को, ऐसे ही वह पुरुष प्राज्ञ-आत्मा से सम्परिष्वक्त होकर बाह्य या अन्तर कुछ नहीं जानता। यह इसका आप्तकाम, आत्मकाम, अकाम रूप है जो कि शोकातीत है। यहाँ पिता अपिता हो जाता है, अतः माता-अमाता, लोक-अलोक, देव-अदेव, वेद-अवेद, स्तेय-अस्तेय, चाण्डाल-अचाण्डाल, पौल्कस-अपौल्कस, श्रमण-अश्रमण, तापस-अतापस, न यहाँ पुण्य है न पाप। वह हृदय के सब शोकों के पार होता है, जो वहाँ नहीं देखता वह देखते हुए नहीं देखता क्योंकि द्रष्टा की दृष्टि का भी परिलोप नहीं होता, वह बना रहता है। अविनाशी होने के कारण उससे दूसरा नहीं होता, न उससे अलग न उससे विभक्त। वह न सूँघते हुए सूँघता है, आस्वाद न करते हुए आस्वादित करता है, बोलते हुए नहीं बोलता है, सुनते हुए, सोचते हुए, छूते हुए, जानते हुए, नहीं जानता है।

जहाँ अन्य जैसा कुछ हो वहाँ एक दूसरे को देखता है, सोचता है, चखता है, बोलता है, सुनता है, छूता है, जानता है, जैसे जल (जलवत् स्वच्छीभूत) में अकेला द्रष्टा अद्वैत होता है (ऐसे ही सुषुप्ति में), यही है ब्रह्मलोक, सम्राट्। इस प्रकार याज्ञवल्क्य ने जनक को दिखाया—यह उसकी परमगति है, परमसम्पदा है, यही उसका परमलोक है, यही उसका परम आनन्द है। इसी आनन्द की मात्रा पर सारे जीव, टिके हैं। यदि कोई मनुष्य समृद्ध और सम्पन्न हो, औरों का अधिपति हो और सब मानवीय भोगों से सम्पन्न हो, तो उसको मनुष्यों के परम आनन्द में स्थित कहा जा सकता है। ऐसे सौ आनन्दों का एक आनन्द है पितरों का, इसके सौ का एक गन्धर्वों का, उनसे सौ गुना है कर्म देवों का, उनसे सौ गुना आनन्द है एक आनन्द आजान देवों का अथवा एक श्रोत्रिय का, जो कि सरल और निष्काम होता है। आजान देवों के सौ आनन्दों का एक प्रजापतिलोक का आनन्द होता है वही श्रोत्रिय का होता है। प्रजापति का सौ गुना होता है, वही सरल अकाम श्रोत्रिय का, यही ब्रह्मलोक का परम आनन्द है। राजा ने कहा—और आगे बताइए—याज्ञवल्क्य ने कहा कि बुद्धिमान् राजा ने मुझे पूरी तौर से बाँध लिया है।

वह आत्मा स्वप्नापरांत से बुद्धांत में प्रवेश करता है—जैसे लदा हुआ छकड़ा आवाज करता जाता है, ऐसे ही यह शरीर-आत्मा, प्राण-आत्मा से अधिष्ठित होकर आवाज करता जाता है। जब वहाँ ऊर्ध्व श्वास लेने लगता है, जब यह देह कृश हो जाती है, उस समय जैसे--आम, जामुन, गूलर का फल अपनी डाल से चू जाता है, वैसे ही यह पुरुष इन अंगों से छूटकर प्रत्येक योनि में जीवन के लिए लौटता है। जैसे आते हुए राजा को देखकर उग्र, प्रत्येनस (दण्डकर्मिक?), सूत और ग्रामणी अन्न-पान से युक्त आवास का प्रबंध करते हैं, यह सोचकर कि यह आगे आ रहा है, ऐसे ही सारे भूत यह सोचकर तैयारी करते हैं कि यह ब्रह्म आ रहा है। जैसे जाते हुए राजा के उग्र, सूत, ग्रामणी उसके पीछे-पीछे चलते हैं, वैसे ही मरते समय आत्मा के पास सब एकत्र हो जाते हैं।

चतुर्थ ब्राह्मण

जब यह आत्मा दुर्बल होकर मूर्च्छित हो जाता है, तब इसके प्राण एकत्र हो जाते हैं। आत्मा उनसे तेज की मात्रा लेकर हृदय में प्रवेश करता है। जहाँ यह चाक्षुष पुरुष सब ओर से लौटकर रूप का ज्ञान छोड़ देता है। तब वह एक हो जाता है। कुछ देखता नहीं, न सुनता है, न चखता है, न बोलता है, न सोचता है, न छूता है। उसके हृदय का अग्रभाग चमकने लगता है, उसी रोशनी से यह आत्मा बाहर निकलता है। आँख से या हाथ से या अन्य किसी शरीर के प्रदेश से बाहर निकलते हुए जीव के पीछे प्राण भी निकलते हैं। बाहर निकलते हुए प्राण के पीछे सारे प्राण बाहर निकलते हैं। उसका विज्ञान बना रहता है। वह विज्ञान के साथ ही उतरता है। उस समय विद्या, कर्म और पूर्वप्रज्ञा ही उसके साथ रहते हैं। जैसे घास में रहनेवाली जोंक, घास के अंत में जाकर दूसरी घास में उतरती है। ऐसे ही आत्मा शरीर के मरने पर, अविद्या को नष्ट कर, दूसरे शरीर में उतरती है। जैसे कोई सुनार थोड़ा सा सोना लेकर दूसरा साफ सुन्दर रूप बनाता है, ऐसे ही यह आत्मा इस शरीर को छोड़कर अविद्या को बिता कर *(गमयित्वा)* नया सुन्दर रूप बनाता है। पितृलोक में या लोक में, गन्धर्वलोक में, देवलोक में, प्राजापत्यलोक में या ब्रह्मलोक में या और किन्हीं जीवों में। यह आत्मा ब्रह्म है। वह विज्ञानमय, मनोमय, प्राणमय, चक्षुमय, सूर्यमय, पृथ्वीमय, जलमय, वायुमय, आकाशमय, तेजोमय, अतितेजोमय, काममय, अकाममय, क्रोधमय, धर्ममय, अधर्ममय, सर्वमय, इदंमय, अदोमय, इह और परत्र जैसा करता है अर्थात् जैसा कर्म होता है और जैसा आचरण होता है वैसा ही वह बनता है। अच्छा करता है, अच्छा बनता है, पाप करता है, पापी होता है, पुण्य करता है तो पुण्यवान् बनता है। कुछ लोग कहते हैं कि पुरुष काममय ही है, जैसी उसकी कामना होती है वैसा ही उसका संकल्प होता है। जैसा संकल्प (क्रतु) होता है वैसा कर्म करता है। जैसा कर्म करता है वैसा जन्म लेता है।

कहा गया है कि जिसमें जिसका मन आसक्त होता है, उसके लिंग शरीर की गति भी वैसे ही होती है। उस कर्म का अन्त होने पर वह कर्म के अनुसार ही उस लोक से

पुनः इस लोक में आता है। जो कामरहित है, जो निष्काम है, उसके प्राण ऊपर नहीं जाते वह ब्रह्म रूप में ही लीन हो जाता है। इसलिए कहा गया है जब इसके हृदय में रहनेवाली कामनाएँ छूट जाती हैं तब यह मरणशील जीव ब्रह्म को प्राप्त होता है। जैसे—साँप की केंचुल छूटकर बाँबी के ऊपर पड़ी रहती है, ऐसे ही इसका शरीर पड़ा रहता है और यह अशरीर अमृत प्राण ब्रह्म से अभिन्न तेज होता है। राजा ने फिर कहा कि मैं आपको और एक सहस्र देता हूँ। यहाँ पर ये श्लोक कहे गये हैं—पुराना सूक्ष्म मार्ग फैला हुआ है, मुझे छूता हुआ, मुझसे जाना हुआ। उससे धीर ब्रह्मवेत्ता स्वर्गलोक को जाते हैं। उसमें शुक्ल, नील, पिङ्गल, हरित और लोहित (रूप) कहे गये हैं। यह पन्थ ब्रह्म (ब्रह्माभिन्न ज्ञानी) के द्वारा उपलब्ध है, उससे ब्रह्मवेत्ता, पुण्यकर्मा और तैजस्, जाता है।

वे घने अँधेरे में जाते हैं, जो अविद्या की उपासना करते हैं। उससे भी अधिक वे जो विद्या में रत होते हैं। वे अनन्द नाम के लोक हैं जो अन्धतमस् से आवृत हैं। जो अविद्वान् और अबुध हैं, वे मरने के बाद वहाँ जाते हैं। जो पुरुष अपने को जाने—'मैं यह हूँ', वह क्या चाहता हुआ, किस अभिलाषा से शरीर के पीछे थकेगा। जो इस गहन संदेह के विषय में प्रविष्ट हो आत्मा का साक्षात्कार कर जाग गया है, वह विश्वकर्ता है, वह सब का कर्त्ता है, उसका ही लोक है, वह लोक ही है। इसी जीवन में यदि उसे हम जान लेते हैं तो हम कृतार्थ हैं, न जान पाये तो बड़ी हानि होगी। जो यह जान लेते हैं, वे अमृतत्व प्राप्त करते हैं, जो नहीं जान पाते दुःख ही पाते हैं। जब वह इस दीप्यमान, दिव्य आत्मा का साक्षात् अनुभव करता है, जो भूत और भविष्य का स्वामी है, तो उसे कहीं से भय या घृणा नहीं होती। उसके नीचे घूमता है संवत्सर, दिनों के साथ पलटता हुआ। उस ज्योतियों की ज्योति को देवता अमर आयु के रूप में उपासना करते हैं। जिसमें वे पाँच पञ्चजन (गन्धर्व, पितर, देव, असुर, राक्षस अथवा निषाद पञ्चम वर्ण) और आकाश प्रतिष्ठित है, उसे ही मैं आत्मा मानता हूँ। अमृत ब्रह्म को जाननेवाला मैं अमृत हूँ। जो प्राण के प्राण, चक्षु के चक्षु, श्रोत्र के श्रोत्र और मन के मन को जानता है वही सनातन और प्रथम ब्रह्म को जानता है। मन से उसे जानना होता है। यहाँ नानात्व नहीं है। मृत्यु से मृत्यु को ज़ाता है जो नानात्व को देखता है। एक ही प्रकार से इस ध्रुव और अप्रमेय को देखना होता है। आकाश से परे वह ध्रुव, विमल, अजन्मा, महान् आत्मा है। उसके विषय में जानकर बुद्धिमान् साक्षात्कार करे। शब्दों का बहुत चिन्तन न करे, उनसे वाणी थक जाती है। यह महान् जन्मरहित आत्मा है जो यह प्राणों में विज्ञानमय है जो हृदय के अन्दर आकाश में सोयी है। सब इसके वश में है। यही स्वामी है। न वह अच्छे कर्म से बढ़ती है, न पाप कर्म से घटती है। यही सब लोकों का विधारक सेतु है। इसी के कारण लोक अलग-अलग नहीं होते। इसी को ब्राह्मण वेदाध्ययन से जानना चाहते हैं। यज्ञ से, दान से, तप से, व्रत से इसको जानकर ही मुनि बनते हैं। प्रव्राजक इस लोक की ही इच्छा से प्रव्रजित होते हैं। इसीलिए पिछले ज्ञानी संतान की कामना नहीं करते। हम संतान से क्या करेंगे? आत्मा

ही हमारा लोक है। वे पुत्रैषणा से, वित्तैषणा से, लोकैषणा से उठ कर भिक्षाचार से जीते हैं, क्योंकि जो पुत्रैषणा है, वही वित्तैषणा है। जो वित्तैषणा है, वही लोकैषणा है। ये एषणाएँ ही हैं। वह आत्मा नेति-नेति कहा गया है। उसको ग्रहण नहीं किया जा सकता। वह नष्ट नहीं होता। वह असंग है, अव्यथित है। पाप, पुण्य दोनों को वह तर जाता है। वह कर्म से नहीं बँधता। यही ऋचा के द्वारा कहा गया। यही ब्राह्मण की नित्य महिमा है, वह न कर्म से बढ़ता है, न घटता है। उसका ही जानकार होना चाहिए, उसे जानकर पापकर्म से लिप्त नहीं होता। सब पाप कट जाता है, उसे पाप नहीं सताते। वह विमल संशयरहित ब्रह्मवेत्ता हो जाता है। यह ब्रह्मलोक है, सम्राट्, इसे तुम पहुँच गये हो। 'मैं अपने को और विदेह राज्य को आपकी चाकरी के लिए देता हूँ।' वह महान् अजन्मा आत्मा, अजर, अमर, अमृत, अभय है। वह अभय ब्रह्म है, उसे जाननेवाला अभय हो जाता है।

पंचम अध्याय : प्रथम ब्राह्मण

इसका आरम्भ *पूर्णमदः पूर्णमिदं* इत्यादि प्रसिद्ध श्लोक से होता है। शंकराचार्य का कहना है कि यह खिलकाण्ड है, अर्थात् यह एक प्रकार का परिशिष्ट है जो कि इस शांतिपाठ में उपयुक्त श्लोक के आरम्भ में होने से सिद्ध होता है।

ब्रह्म का नाम 'ख' बताया गया है, 'ख' का अर्थ आकाश है।

द्वितीय ब्राह्मण

प्रजापति की तीन सन्तानें थीं—देव, मनुष्य, असुर। उन्होंने ब्रह्मचर्य का पालन कर प्रजापति से उपदेश प्राप्त किया। प्रजापति ने उन्हें द, द, द इस प्रकार का उपदेश दिया। देवताओं ने यही समझा कि उनके लिए 'द' का अर्थ 'दमन' या इन्द्रिय संयम है। मनुष्यों ने समझा कि उनके लिए उपदेश 'दान' का है और असुरों ने समझा उनके लिए उपदेश 'दया' का है।

शंकराचार्य का कहना है—'अथवा यह समझना चाहिए कि देवता या असुर और कोई नहीं है, मनुष्यों के अतिरिक्त। मनुष्यों में ही जो उत्तम गुणों से सम्पन्न होने पर भी दान्त नहीं है, वे देवता हैं। लोभमय मनुष्य होते हैं, हिंसापरक और क्रूर, असुर। इस प्रकार वे ही मनुष्य असंयम, लोभ और हिंसा आदि दोषों की दृष्टि से देवता, मनुष्य और असुर कहे जाते हैं। इसलिए मनुष्यों के द्वारा ही यह सीखना चाहिए, जो यह तीन गुणों का उपदेश किया गया है।'

तृतीय ब्राह्मण

यही प्रजापति है, जो हृदय है। यही ब्रह्म है, यही सब कुछ है जो यह तीन अक्षरों के द्वारा हृदय कहा जाता है। जो 'हृ' को समझता है उसके लिए सब उपहार

लाते हैं। जो 'द' को समझता है उसके लिए सब देते हैं। 'य' का जाननेवाला स्वर्ग प्राप्त करता है।

शंकराचार्य का कहना है कि हृदय की स्तुति के लिए ही यह अक्षरों की महिमा बतायी गयी है।

चतुर्थ ब्राह्मण

यह जो हृदय है, वह सत्य ही है। यही महान् लक्ष्य है अर्थात् परम पूजनीय है।

पंचम ब्राह्मण

आरम्भ में जल ही था। जल से सत्य की सृष्टि हुई। सत्य ही ब्रह्म है। उसने प्रजापति की सृष्टि की, प्रजापति ने देवताओं की, देवता सत्य की उपासना करते हैं। उसके तीन अक्षरों में यह आधा 'त्' है वह अनृत है। वह दोनों ओर सत्य से परिगृहीत है।

छठाँ ब्राह्मण

यह पुरुष मनोमय है, भास्वर रूप और सत्य। वह हृदय के अन्दर जैसे व्रीहि या यव है, इस तरह से चमकता है। वह सब कुछ का ईश्वर है, सब का अधिपति है।

सप्तम ब्राह्मण

विद्युत् ब्रह्म है।

अष्टम ब्राह्मण

धेनु के रूप में वाक् की उपासना करनी चाहिए। उसके चार स्तन हैं। स्वाहाकार, वषट्कार, हन्तकार और स्वधाकार। उसके दो स्तनों का देवता सहारा लेते हैं—स्वाहाकार और वषट्कार का। हंतकार का मनुष्य, स्वाधाकार का पितर। उसका प्राण वृषभ है। मन उसका बछड़ा है।

नवम ब्राह्मण

यह पुरुष के अन्दर विद्यमान अग्नि वैश्वानर है, जिससे अन्न पचता है।

दशम ब्राह्मण

जब मनुष्य इस लोक से प्रयाण करता है तो वह वायु में आता है। वही उसके लिए मार्ग बनता है। जैसे—रथचक्र के बीच का छिद्र। उससे ऊपर चढ़ता हुआ वह आदित्यलोक को पहुँचता है। उससे ऊपर वह सूर्य द्वारा प्रदत्त छिद्र से चढ़ता है, जो लम्बर नाम के वाद्य के छिद्र के समान है। फिर चन्द्रमा में पहुँचता है। वहाँ से दुंदुभी के छिद्र के समान आकाश से चढ़कर वह शोकरहित लोक को पहुँच जाता है और वहाँ सदा बसता है।

एकादश ब्राह्मण

व्याधियुक्त पुरुष का जो कष्ट है वही परम तप है। जो मरे हुए को जंगल ले जाते हैं और अग्नि में रखते हैं, वह भी परम तप है।

द्वादश ब्राह्मण

कुछ कहते हैं कि अन्न ब्रह्म है, यह ठीक नहीं है क्योंकि अन्न सड़ जाता है। कुछ प्राण को ब्रह्म कहते हैं, वह भी ठीक नहीं है क्योंकि अन्न के विना प्राण सूख जाता है। परन्तु यह दोनों देवता एक साथ होकर परमता को प्राप्त होते हैं।

त्रयोदश ब्राह्मण

'उक्थ' इस रूप में प्राण उपासितव्य है, क्योंकि प्राण ही इन सबका उत्थापन करता है। उक्थ की उपासना करनेवाले का वीर पुत्र होता है।

प्राण की यजुष् के रूप में उपासना करनी चाहिए, क्योंकि प्राण में यह सब प्राणी उप्त होते हैं। साम के रूप में प्राण उपासनीय है क्योंकि साम में ही समस्त भूत सम्यक् अनुस्यूत होते हैं। क्षत्र के रूप में प्राण की उपासना करनी चाहिए क्योंकि क्षत ही रक्षा करता है।

चतुर्दश ब्राह्मण

भूमि, अन्तरिक्ष, द्यौः—ये आठ अक्षर हैं। आठ अक्षरोंवाला ही गायत्री का एक पद्य होता है। ऋक्, यजुष् और साम ये आठ अक्षर हैं। प्राण, अपान और व्यान—यह भी आठ अक्षर हैं। इस गायत्री का तुरीय पद्य दर्शत, परोरजा पद में प्रतिष्ठित है। वह शक्ति में प्रतिष्ठित है। सत्य चक्षु है, इसीलिए यदि दो में विवाद हो तो देखनेवाला माना जाता है, न कि सुननेवाला। सत्य बल में प्रतिष्ठित है।

कुछ लोग सावित्री को अनुष्टुप् बताते हैं, किन्तु यह ठीक नहीं है। गायत्री ही सावित्री है। इन तीन लोकों का प्रतिग्रह जो करता है, वह गायत्री के प्रथम पाद को प्राप्त करता है, जो त्रयीविद्या को प्राप्त करता है वह उसके दूसरे पाद को प्राप्त करता है। जो समस्त प्राणियों के रूप में उसको ग्रहण करता है वह तीसरे पाद को प्राप्त करता है। चतुर्थ पाद आदित्य रूप में है, इसकी प्राप्ति किसी के द्वारा नहीं होती। गायत्री का उपस्थान कि तुम एकपदी, द्विपदी, त्रिपदी, चतुष्पदी हो। इन सबसे परे तुम अपदी हो। तुम्हारे चतुर्थ दर्शनीय परमपद के लिए प्रणाम है।

जनक वैदेह ने बुडिल आश्वतराश्वि को कहा था कि जो तुमने गायत्रीवित् होकर कहा था—तो तुम हाथी बनकर बोझा ढोते हो। उसने उत्तर दिया था—सम्राट्, मैं इसके मुख को नहीं जानता हूँ। अग्नि ही उसका मुख है। जितना भी अग्नि में डाला जाय उतना ही भस्म हो जाता है, ऐसे ही सारा पाप यह जानने वाले का भस्म हो जाता है।

षष्ठ अध्याय : द्वितीय ब्राह्मण

आरुणेय श्वेतकेतु पञ्चाल जनपद के परिषद् में गये। वहाँ उन्होंने प्रवाहण जैवलि को देखा, जिनकी परिचारक सेवा कर रहे थे। उसे देखकर प्रवाहण ने सम्बोधन किया, अरे! बालक क्या तुझे पिता से शिक्षा मिली है? क्या तुम जानते हो कि सब जन्तु मर कर अलग-अलग कैसे जाते हैं और कैसे लौटते हैं? कैसे वह लोक बार-बार लोकों के जन्तुओं के इसमें आते हुए भी भरता नहीं है? कौन सी आहुति डालने पर जल मनुष्य की वाणी बनकर बोलती है? देवयान या पितृयान के तथ्यों को बहुत कैसे पहुँचते हैं? क्या ऋषि का यह वचन नहीं सुना। दो मार्ग मैंने सुने हैं, पितरों के और देवताओं के, मनुष्यों के दो मार्ग सुने हैं। इन दो के द्वारा यह विश्व सब से पीड़ित होकर समाता है, जो कुछ भी माता-पिता के मध्य में है। श्वेतकेतु ने कहा—उसे एक भी प्रश्न का उत्तर नहीं मालूम है। उसने श्वेतकेतु से ठहरने के लिए कहा—किन्तु उसे ठुकरा कर अपने पिता के पास भागा। मुझे कैसे शिक्षा दी कि उस राजन्यबन्धु के पूछे हुए पाँच प्रश्नों में मुझे एक भी प्रश्न का उत्तर नहीं आया। पिता ने कहा—जो कुछ मुझे पता था वह मैंने तुम्हें बताया। चलो, हम जाकर दोनों ब्रह्मचर्यवास करें। लड़के ने कहा—तुम्हीं जाओ। वह गौतम, प्रवाहण जैवलि के पास पहुँचा। राजा ने आसन देकर उसका स्वागत किया और कहा—मैं आपको मुँह माँगा देता हूँ। आरुणि ने कहा—मुझे उन प्रश्नों का उत्तर बताइये, जो मेरे लड़के से पूछे थे। राजा ने कहा—यह वर तो देवताओं का है, मनुष्यों के बारे में पूछो। गौतम ने कहा—वह आपको पता है, मेरे पास है-हिरण्य, गाय, अश्व, दासी, परिवार, परिधान। आप अनन्त के दाता होकर मेरे लिये अनुदार न हों। राजा ने कहा—क्या तुम विधिवत् ज्ञान प्राप्त करना चाहते हो? गौतम ने कहा—मैं आपके पास शिष्यवत् उपस्थित हूँ। पहले वाणीमात्र से ही ब्राह्मण क्षत्रिय के पास शिक्षा को ग्रहण करते थे, वैसे ही हमने भी कहा। राजा ने कहा—गौतम, जैसे तुम्हारे पूर्वजों ने हमारे लिये अपराध नहीं माने, ऐसे ही तुम भी हमारा अपराध न मानना। वस्तुतः यह विद्या पहले कभी किसी ब्राह्मण के पास नहीं थी, मैं तुम्हें बताऊँगा।

इस विद्या का विस्तृत विवरण पहले आ चुका है।

उपनिषदों में प्रतिपादित ब्रह्मविद्या[१] की मीमांसा बादरायण मुनि ने अपने सूत्र ग्रंथ में की है। जिन्हें ब्रह्मसूत्र, उत्तरमीमांसा, शारीरकसूत्र अथवा वेदान्तसूत्र कहा जाता है। भगवद्गीता में भी उपनिषदों का सार-संग्रह मिलता है। उपनिषद्, ब्रह्मसूत्र और भगवद्गीता यह वेदान्त की प्रस्थानत्रयी है। वेदान्त के सारे सम्प्रदाय इसी प्रस्थानत्रयी पर अलग-अलग व्याख्या के अनुसार प्रवर्तित हुए हैं।[२] आधुनिक काल में राममोहन राय ने ब्रह्मसूत्रों की व्याख्या की है और स्वामी विवेकानन्द ने वेदान्त का विश्वव्यापी प्रचार किया है। राधाकृष्णन् ने वेदान्त को पश्चिमी दर्शन के अध्येताओं के लिए विशेष रूप से प्रस्तुत किया है। एक मत से वेदान्त ही भारतीय संस्कृति का मूल दर्शन है।

पाद टिप्पणी

१. शांकरभाष्य के साथ सभी प्रमुख उपनिषद् हिन्दी अनुवाद सहित, गीता प्रेस गोरखपुर से प्रकाशित हो चुके हैं। बृहदारण्यक के शांकरभाष्य का अच्छा अंग्रेजी अनुवाद माधवानन्द का किया हुआ रामकृष्ण मिशन से प्रकाशित है। शांकरभाष्य के साथ मूल उपनिषद् अनेक स्थानों से प्रकाशित हुए हैं- उदा० *ईशादिदशोपनिषदः* (वाणी-विलास ग्रन्थमाला, वाराणसी), *श्रीशांकरग्रन्थावलिः*, जि० ८, ९, १०, समता बुक्स, (चेन्नई, १९८३), *उपनिषदभाष्यम्*, ३ जि० एवं सुरेश्वराचार्य का *बृहदारण्यकोपनिषद्-भाष्यवार्तिकम्*, १ जि०, एस० सुब्रह्मण्यमशास्त्री (सं०), महेश रिसर्च इन्स्टीट्यूट, (वाराणसी, १९८२), *तैत्तिरीयोपनिषद्-भाष्यवार्तिकम्*, (सं०) आर० बालासुब्रह्ममण्यम, (मद्रास विश्वविद्यालय, १९८४)

उपनिषदों के आधुनिक निरूपण एवं अनुसंधान के लिये द्रष्टव्य- आर० डी० रानाडे, *क्रन्स्ट्रक्टिव सर्वे ऑव दि उपनिषदिक* फिलासफी (१९२६), वेलवलकर एण्ड रानाडे '*दि क्रियेटिव पीरियड ऑव इण्डियन फिलासफी;* पॉल डॉइसन, *दि फिलासफी ऑव दि उपनिषद्* (अनु० मूल जर्मन, १९१९); ओल्डेनबर्ग, *दी लेरा देर उपनिषादेन उन्त दी अन्फेगें देस बुद्धिस्मुस,* (गटीङ्गन, १९१५); मेरी, *ऑरिजिन्स*

२. वेदान्त और उसके इतिहास पर विशाल साहित्य प्रकाशित हुआ है। निम्नलिखित ग्रन्थों से उसका आभास प्राप्त हो सकता है।

वेदान्त दर्शन के प्राचीन इतिहास पर द्रष्टव्य- वेलवलकर, श्री गोपाल वसुमल्लिक *लेक्चर्स ऑन वेदान्त,* महामहोपाध्याय गोपीनाथ कविराज की भूमिका, *ब्रह्मसूत्र-शांकरभाष्य-रत्नप्रभा* (हिन्दी अनुवाद सहित) प्रकाशित, अच्युत ग्रन्थमाला, गोविन्द चन्द्र पाण्डे, *लाइफ एण्ड थॉट ऑव शंकराचार्य;* हाजिम नाकामुरा, *हिस्ट्री ऑव वेदान्त* (अंग्रेजी अनुवाद), जि० १, (मोतीलाल बनारसीदास)

•

वैदिक विज्ञान

विज्ञानेन वा ऋग्वेदं विजानाति यजुर्वेदंसामवेदमाथर्वणं
चतुर्थमितिहासपुराणं पञ्चमं वेदानां वेदं पित्र्यंराशिं दैवं निधिं
वाकोवाक्यमेकायनं देवविद्यां ब्रह्मविद्यां भूतविद्यां क्षत्रविद्यां
नक्षत्रविद्यांसर्पदेवजनविद्यां दिवं च पृथिवीं च वायुं चाकाशं चापश्च
तेजश्च देवांश्च मनुष्यांश्च पशूंश्च वयांसि च
तृणवनस्पतीञ्छ्वापदान्याकीटपतङ्गपिपीलिकं धर्मं चाधर्मं च सत्यं चानृतं
च साधु चासाधु च हृदयज्ञं चाहृदयज्ञं चान्नं च रसं चेमं च लोकममुं च
विज्ञानेनैव विजानाति विज्ञानमुपास्स्वेति॥

—छान्दोग्योपनिषद् ७.१

आजकल 'विज्ञान' शब्द में वैसा ही जादुई चमत्कार है जैसा कभी 'वेद' शब्द में था। यह सुविदित है कि वेद शब्द का अर्थ ही ज्ञान या विद्या है। यह ज्ञान या विद्या वेदों में एक अखण्ड रूप से प्रतिपादित है। उसे लोकोत्तर–साक्षात्कारमूलक अभ्रान्त और सम्पूर्ण सत्य माना जाता है। इस ज्ञान के विधिपक्ष से लौकिक अभ्युदय या कामनापूर्ति अदृष्ट हेतुओं के द्वारा होती है और उसके पारमार्थिक पक्ष को हृदयङ्गम करने से मुक्ति होती है। दूसरी ओर विज्ञान की आधुनिक अवधारणा उसे सर्वथा मानवीय, पर कठोरतया परीक्षित, दुहराये जानेवाले प्रत्यक्ष से सत्यापित, सदा अधूरा, पर प्रगतिशील ज्ञान मानती है, जिसके द्वारा प्राकृतिक वस्तुओं पर नियन्त्रण प्राप्त हो सकता है, कम-से-कम उनकी गतिवधि को नियमतः पूर्वादेशित किया जा सकता है। इस वैज्ञानिक ज्ञान की परिणति ऐसी व्याप्तियों में होती है जो निश्चित विधि से मानपूर्वक गणितीय समीकरणों में कही जा सकती है और जिनका प्रमाण आगम-निरपेक्ष प्रत्यक्ष और

अनुमान ही है। परन्तु यह स्मरणीय है कि विज्ञान की इस आधुनिक अवधारणा के पीछे अप्रत्यक्ष रूप से एक विशिष्ट प्रकार की विश्वदृष्टि पूर्वाभ्युपगमित है। प्रत्यक्षगोचर जगत् के विषय में जिज्ञासा चिरन्तन और सार्वभौमिक है किन्तु पारम्परिक सभ्यताओं ने प्रायः प्रत्यक्षगोचर जगत् के तात्त्विक स्वरूप को बुद्धिगोचर माना है और भौतिकवादी दार्शनिकों को छोड़कर, जड़ता को परमार्थ का लक्षण नहीं माना है। इससे सिद्ध है कि आधुनिक विज्ञान का जडवादी आग्रह आधुनिक पश्चिमी संस्कृति की दार्शनिक मान्यता की ही प्रसूति है, इसलिए यह आवश्यक है कि वैदिक युग और सभ्यता के विज्ञान के परिशीलन में उसकी दार्शनिक और सांस्कृतिक दृष्टि पर भी विचार किया जाय। यह विशेषरूप से स्मरणीय है कि वैदिक दृष्टि आत्माद्वैतवादी है जिसके अनुसार सब प्राकृतिक या जड पदार्थ पर चैतन्य के ही विवर्त हैं। सत् और चित् का भेद अपारमार्थिक है।

वैदिक विज्ञान को मूल रूप से सृष्टिविद्या या *कौसमालौजी* कहा जा सकता है। प्रसिद्ध वैज्ञानिक एवं दार्शनिक *ह्वाइटहेड* ने कहा है कि चिन्तन का प्रत्येक युग अपनी एक निराली सृष्टि-ज्ञानात्मक धारणा पर प्रतिष्ठित होता है।[१] भौतिकी के प्रसिद्ध ज्ञाता *बौम* ने इसका समर्थन किया है। उनका कहना है कि प्रत्येक युग में एक आधारभूत दृष्टि रहती है, जो यह निर्धारित करती है कि मूल पदार्थों का क्या स्वरूप है और वे किन नियमों के द्वारा व्यवस्थित होते हैं।[२] मूल तत्त्व और उनकी मौलिक व्यवस्था ही सृष्टिप्रक्रिया का आधार है। *बौम* ने आधुनिक और प्राचीन दृष्टियों का यह भेद बताया है कि आधुनिक दृष्टि सब पदार्थों को विखंडित और विश्लेषित करती हुई उन्हें देश, काल और गति के नियमों से यन्त्रवत् संहत मानती है। प्राचीन दृष्टि एक जगद्व्यापी अखण्ड व्यवस्था को खोजती थी। किन्तु आधुनिक दृष्टि इधर *क्वांटम* भौतिकी के विकास से असमंजस में पड़ी हुई है, उसका जडवादी और यन्त्रवादी आग्रह अब अपना मुख्य समर्थन भौतिकी की अपेक्षा अल्पविकसित प्राणि-विज्ञान में ही पाती है। ज्ञानीय समाजविज्ञान और विचारों के इतिहास-लेखन में भी अब इस बात का समर्थन मिलता है कि प्रत्येक युग का विज्ञान एक मूलभूत दृष्टि पर प्रतिष्ठित रहता है।[३]

वैदिक दृष्टि सृष्टि के मूलतत्त्व को खोजती हुई अपने प्राचीन युग में ही इस निष्कर्ष पर पहुँची थी कि देव-शक्तियाँ ही विश्व की मूल विधारक शक्तियाँ हैं और ऋत ही मूल व्यवस्था है। देवशक्ति ज्योतिःस्वरूप है। एक ही ज्योति बाहरी जगत् और मानवीय सत्ता में अनुस्यूत है। पिण्ड और ब्रह्माण्ड की समानरूपता एक महत्त्वपूर्ण वैदिक चिन्तन का सूत्र था। ज्योति का स्वरूप मनुष्य अपने अन्दर ध्यान के निर्मंथन द्वारा प्रत्यक्ष कर सकता है।[४] सृष्टि एक सूक्ष्म और अव्यक्त अवस्था से स्थूल और व्यक्त अवस्था तक पहुँचती है। प्रत्यक्षगोचर विश्वब्रह्माण्ड का कारण अव्यक्त है, जिसे पीछे प्रधान या प्रकृति कहा गया है। इस अव्यक्त अवस्था में व्यक्त जगत् के पदार्थों का भेद, उनके देशकाल का नियम, उनकी कारण-शृंखलाएँ, सभी लुप्त हो जाती हैं। किन्तु स्वतः क्रियाशील और अशेष-बीज-योनि होते हुए भी यह नीरूप और शून्यवत्

है, जिसका बिम्ब अथाह और अँधेरे से ढँके समुद्र में देखा गया है।[५] किन्तु इस सृष्टिक्रम की अध्यक्षता ज्योतिर्मय चेतन सत्ता करती है और उसके स्वाभाविक नियम ही ऋत कहे जाते हैं। ऋत ही परमेष्ठी है। उसकी अधीनता में ज्योति या देवशक्तियाँ सृष्टि का निर्धारण और ब्रह्माण्ड का संचालन करती हैं। ऋत का सबसे महत्त्वपूर्ण नियम है सृष्टिक्रम में सत् का परिच्छेदक आकारों के द्वारा आत्मविभाजन और यथातथ्य व्यवस्थापन। विभक्त सत्ताएँ परस्पर आदान-प्रदान की क्रियाओं से जुड़ी रहती हैं। यज्ञ ऋत का ही प्रतिरूप है। यज्ञ का रहस्य सृष्टि का ही रहस्य है।

प्राचीन वैदिक दृष्टि विश्व की व्यवस्था को ज्योति और तम के संघर्षात्मक सम्बन्ध से निर्धारित मानती थी। यही देवासुर संग्राम का रूपकात्मक आख्यान है। तम का स्वभाव है अवरोध—वह प्रकाश का विरोधी है, गति का विरोधी है और स्थिति का भी। उसमें स्वत: रूप-परिच्छेद नहीं है। उसकी क्रिया अन्धी और निरुद्देश्य होती है, उसकी सत्ता सीमित और असंख्य-विभक्त होते हुए भी निसर्गत: अपनी ही ओर आकृष्ट रहती है। एक ओर तमस् समुद्रवत् सर्वत: समानरूप से विस्तृत है, दूसरी ओर वह गुहा के सदृश संकीर्णकारा के समान है जिससे कोई ज्योति या ऊर्जा बाहर नहीं जा सकती। ज्योति एक केन्द्र से सब ओर बिखरती किरणों के प्रभामंडल की तरह है, जो अपने प्रहार से तमोगुहा को भंग करती है और किरणों के लिए अवकाश का सृजन करती है। वह ऋत के प्रतिमानों से नाना लोकों, पिण्डों और रूपों का सृजन करती है।*

वैदिक सृष्टि-विज्ञान की पुरानी परम्परा ब्राह्मणों और आरण्यकों में यज्ञ और उपासना के प्रसंगों में तथाकथित अर्थवादात्मक आख्यान आदि के द्वारा सांकेतिक रूप से निदर्शित है। किन्तु वैदिक युग में इस मूल वेद-विद्या के साथ दो और प्रकारों से भी विज्ञान का विकास हुआ। जहाँ एक ओर अनेक वैदिक विद्याओं का आधिदैविक, आधिभौतिक, आधियाज्ञिक और आध्यात्मिक रहस्यों और प्रतीकों से संवलित रूप में विकास हो रहा था जिसकी कुछ छटा उपनिषदों में भी देखी जा सकती है, दूसरी ओर अपरा विद्याओं की परम्पराएँ नवीन शास्त्रों को जन्म दे रही थीं। इन दोनों ही से पृथक् पराविद्या या ब्रह्मविद्या का भी इस युग में प्रतिपादन किया जा रहा था। जहाँ तक यज्ञ एवं उपासना से जुड़ी हुई विद्याएँ हैं, उनकी विधि श्रवण-मननपूर्वक निदिध्यासन बतायी गयी है। श्रवण आर्ष परम्परा से परिचित होना था, ऋषियों के द्वारा किया गया तत्त्व-साक्षात्कार का वह पारम्परिक शब्दों में सम्प्रेषण था। मनन उसकी असम्भावना एवं विपरीत-भावना की निवृत्ति करने के लिए और विसंगतियों को दूर करने के लिए तथा सम्यक् अर्थ और विधि के निर्धारण के लिए युक्ति का प्रयोग था। इस प्रसंग में युक्तिशास्त्र का स्वयं एक पृथक् शास्त्र के रूप में विकास हुआ। जिसकी एक शाखा

---

* सृष्टि की मूलभूत शक्ति के तीन आयामों को ऋग्-यजु:-सामात्मक त्रयी कहा गया है। मधुसूदन ओझा ने इसकी वैज्ञानिक व्याख्या की है, जिसका पहले उल्लेख किया जा चुका है।

मीमांसात्मक तर्कशास्त्र की थी, दूसरी अन्वीक्षात्मक तर्कशास्त्र की। निदिध्यासन तत्त्व अथवा उसके प्रतीक के ऊपर मन की एकाग्रता का सम्पादन है। इस प्रकार के ध्यान से वास्तविक तत्त्वों का अनुभव सम्भव है, यह मान्यता न सिर्फ वैदिक परम्परा में है बल्कि श्रमण परम्परा में भी है। सम्पूर्ण योगशास्त्र इसी पर आधारित है। यहाँ पर मूल सिद्धान्त यह है कि चित्त के अन्दर सब कुछ जानने की एक अद्‌भुत शक्ति है। यदि चित्त शुद्ध और एकाग्र हो तो वह एक महती देवता है। *यक्षमन्तः प्रजानां* है। *ज्योतिषां ज्योतिरेकं* है। यह सही है कि मीमांसाशास्त्री अदृष्ट-विषयक ज्ञान का मूल श्रुति को मानते हैं और दृष्ट-विषयक ज्ञान को लौकिक प्रमाणों से ज्ञातव्य समझते हैं। यद्यपि वैदिक ज्ञान-साधना का आरम्भ ही श्रवण से होता है और ज्ञान का मूल वैदिक उपदेश ही है किन्तु उसके साक्षात्कार का हेतु निदिध्यासन है। उसी के द्वारा आगम का निजी स्तर पर सत्यापन और आत्मसात्करण होता है।

इन वैदिक विद्याओं के निदर्शन के रूप में नाना प्रकार की अग्नि-चयन से जुड़ी हुई विद्याएँ जैसे—नाचिकेताग्नि गिनायी जा सकती है। कुछ अन्य विद्याएँ, जैसे—संवर्ग विद्या या मधुविद्या उपनिषदों में कथित हैं। इनमें कुछ आनुष्ठानिक कर्म से जुड़ी हैं, कुछ प्रायः सर्वात्मना भावनात्मक हैं। इन विद्याओं का एक पक्ष पराभौतिक एवं लौकिक प्रत्यक्ष की अगोचर सत्ता के साक्षात्कार से सम्बन्ध रखता है। इस पक्ष का आधार योगतन्त्र अथवा यज्ञानुष्ठान की क्रियाएँ हैं और इसकी परिणति अनुभूतिसिद्ध ज्ञान में होती है। वस्तुपरक और ज्ञानपरक होते हुए भी ये विद्याएँ लौकिक दृष्टि से रहस्याच्छन्न हैं, कम-से-कम आजकल के मानव के लिए जो अपने अलौकिक अनुभवों को सन्देह और अश्रद्धा से तिरस्कृत करता है। इन विद्याओं के वैज्ञानिक पक्ष को कुछ मधुसूदन ओझा जैसे विद्वानों ने समझाने का प्रयत्न किया है,[६] अधिकांश श्रद्धालु विद्वान् भी उन्हें रहस्यवाद के अन्दर ही रखते हैं। अधिकांश ऐतिहासिक अध्येता उन्हें पुराकालिक अज्ञान-विलास मानते हैं। वस्तुतः सत्यासत्य का प्रश्न तर्कमात्र से निश्चित नहीं हो सकता क्योंकि तर्क अनुभव अथवा आगम का आधार खोजता है। आगम-निरपेक्ष उत्प्रेक्षाएँ अप्रतिष्ठित तर्कों को ही जन्म देती हैं।[*] यह भी स्मरणीय है कि सत्य या असत्य का निर्णय अन्ततः अनुभूति द्वारा सत्यापन पर ही निर्भर करता है। वैदिक विद्याएँ निश्चित अवधारणाओं और विधियों पर आधृत हैं और उनका परिशीलन अनुभूतिपर्यवसायी ही माना जाता है। यदि अर्थक्रियाकारित्व सत्ता का लक्षण है तो विद्यागोचर पराभौतिक सत्ताओं पर वह लक्षण व्याप्त होता है।

जिन नाना शास्त्रों का विकास इस युग में हुआ उनकी लम्बी सूचियाँ पहले दी जा चुकी हैं।[७] विद्याओं के विभाजन के आधार सब युगों में वही नहीं रहते। आजकल विज्ञान के चार मुख्य विभाग स्वीकार किये जाते हैं—भौतिक विज्ञान, जीवविज्ञान,

---

* शाङ्करभाष्य *ब्रह्मसूत्र* (२.१.११) पर। पुनश्च द्र० मेरी, *लाइफ एण्ड थॉट ऑव शंकराचार्य*, पृ० १७६ और आगे

समाजविज्ञान और आकारिक विज्ञान। प्राचीन परम्परा में विद्याओं का विभाजन पुरुषार्थों को लक्ष्य में रखकर ही मुख्यतः किया जाता था। त्रयी, वार्ता, दण्डनीति और आन्वीक्षिकी, ये चार विद्या के मुख्य भेद स्वीकृत थे। इनमें त्रयी अथवा वेद-विद्या के अन्तर्गत वेदांग और उपवेद गिने जाते थे।[८] वेदांग ६ हैं—शिक्षा, कल्प, व्याकरण, निरुक्त, छन्द और ज्योतिष।* उपवेद मुख्यतया ४ हैं—आयुर्वेद, धनुर्वेद, गान्धर्ववेद और स्थापत्यवेद अथवा अर्थशास्त्र।

आधुनिक विज्ञान का मुख्य विषय भौतिक प्रकृति है। शेष विज्ञान प्रचलित आधुनिक दृष्टि से अन्ततोगत्वा भौतिकी में ही घटाये जा सकते हैं। इस सृष्टि से मनुष्य मूलतः एक प्राकृतिक पिण्ड है। मनोविज्ञान और समाजविज्ञान मानवजीवन के रहस्य का अन्ततोगत्वा मानवदेह के आधार पर ही उद्‌घाटन करना चाहते हैं। जड़ तत्त्वों और उनके नियमों के अनुसार समझने की यह *रिडक्शनिस्ट* दृष्टि मनुष्य के आत्मविज्ञान को एक स्वायत्त विज्ञान नहीं मानती। विराट् भौतिक आकाश में मानव पिण्ड एक क्षुद्र और क्षणिक संयोगजन्य घटना है, यह मानने पर मनुष्य अपने को क्या समझता है, कैसे वह समाज और संस्कृति की रचनाएँ करता है, यह सब इतिहास मात्र का विषय बन जाता है। उसका ठोस तत्त्व भौतिक-रासायनिक नियमों में अन्तर्निहित रहता है। प्रकृति की ओर अभिमुख इस पराचीन दृष्टि से भिन्न प्राचीन प्रतीचीन दृष्टि थी। उस दृष्टि से मानव ज्ञान-विज्ञान का मुख्य विषय मानव जीवन है और उसका रहस्य मनुष्य के आत्मबोध में है। यह आत्मबोध भौतिक कारणों का अतर्कित परिणाम न होकर एक अमर और शाश्वत सत्ता का भौतिक स्तर पर अवतरण है। यदि प्रकृति को समझने की भाषा संख्याओं की भाषा अर्थात् गणित है तो मनुष्य को समझने की भाषा स्वयं वाक् है। जैसे जड़ वस्तु से पृथक् मनुष्य अपनी सत्ता से, विना किसी के बताये, स्वयं परिचित रहता है ऐसे ही भाषा सिर्फ बाहरी वस्तुओं को सांकेतिक रूप से प्रत्युपस्थित करने का माध्यम ही नहीं है बल्कि वह मानव-सत्ता की आत्माभिव्यक्ति है। मनुष्य की निजी सामाजिक और सांस्कृतिक सत्ता भाषा में ही प्रतिबिम्बित होती है। भाषा का अध्ययन ही मनुष्य को समझने का निकटतम और गंभीरतम साधन है। मनुष्य को अपने से परिचित कराती हुई भाषा उसके आत्मबोध का साधन है, दूसरों से परिचित कराते हुए वह सामाजिक बोध का साधन है। पश्चिम में भाषा के इस सत्य का बोध अर्वाचीन काल में ही क्रमशः होने लगा है और उसने कम-से-कम समाजविज्ञान, मानविकी और दर्शन के अध्ययन को गहरे रूप में आन्दोलित और परिवर्तित किया है। भारत में यह बोध अत्यन्त प्राचीनकाल से चला आ रहा है। यह औचित्य के साथ कहा गया है कि जहाँ पश्चिमी परम्परा में गणित और उसकी यूक्लिडीय प्रस्तुति ज्ञान का प्रतिमान रही है वहीं भारत में यह गौरव भाषाशास्त्रीय अध्ययन और पाणिनि को प्राप्त है।

---

* तु० "शिक्षा कल्पो व्याकरणं निरुक्तं छन्दसां चयः।
ज्योतिषामयनं चैव वेदाङ्गानि षडेव तु॥"

यही कारण है कि छः वेदांगों में चार प्रत्यक्ष रूप से ही भाषा-विषयक हैं—शिक्षा, व्याकरण, निरुक्त और छन्द। शिक्षा भाषा को उसके ध्वन्यात्मक रूप में विचारती है। निरुक्त उसे अर्थविज्ञान के परिवेश में देखता है। व्याकरण भाषा को संरचना के रूप में देखता है और छन्द उसे एक लय के रूप में देखता है। आजकल *लिंग्विस्टिक्स* या भाषाशास्त्र के अन्दर *फोनेटिक्स, सिमैंटिक्स* और *हर्मेन्यूटिक्स, ग्रामर* और *स्ट्रक्चरल लिंग्विस्टिक्स* तथा *मैट्रिक्स* नाम के विभाग प्रसिद्ध हैं। प्राचीन और नवीन भाषाशास्त्रीय दृष्टियों में एक अन्तर देखना आवश्यक है। नवीन दृष्टि भाषा को प्राकृतिक-सामाजिक आकारिक रचना मानती है। वह सामाजिक अनुबन्धों से संचालित सामाजिक व्यवहार की भाषा के परे और कोई भाषा नहीं जानती भले ही वह इस भाषा के अन्तर्गत सीमित, सांकेतिक उपभाषाएँ जानती हो। सम्पूर्ण गणितविद्या एकमत से ऐसी ही एक आकारिक संकेत-व्यवस्था है। दूसरी ओर प्राचीन भारतीय दृष्टि, जिसे आर्ष या वैदिक दृष्टि कहा जा सकता है, वह व्यक्त मानवभाषा के मूल में अनेक अन्य स्तर पहचानती है। उच्चारित भाषा जिसे बाद में वैखरी कहा जाता था एक आन्तरिक मनोमय भाषा या मध्यमा पर निर्भर करती है। उसके मूल में प्रातिभ भाषा है, जो पश्यन्ती कहलाती है। उसका भी मूल चैतन्य की आत्माभिव्यक्ति अथवा सृष्टि की ओर उन्मुख नित्य चैतन्य की अवस्था में है।[९] भाषा सिर्फ बाहरी जगत् का वर्णन करने अथवा सामाजिक व्यवहार के साधन के लिए नहीं है। भाषा उन सत्यों को पहचानने के लिए भी है, जो चैतन्य के गहरे स्तरों से स्वयं उद्भूत होकर मानव मन के सामने लोकोत्तर सत्यों के रूप में स्फुरित होते हैं। भाषा की यह क्षमता ही शब्दप्रमाण, आगमिक-प्रामाण्य अथवा वेदप्रामाण्य का रहस्य है। अधिकांश परवर्ती विज्ञानों का जन्म इन्हीं वेदांगों और उपवेदों में देखा जा सकता है।

प्रथम वेदांग शिक्षा है, जिसे आजकल *फोनेटिक्स* कहा जाता है। उस युग में भाषा की ध्वनियों का सूक्ष्म विश्लेषण और इस उच्चारण-विज्ञान के द्वारा पुरानी भाषा की परम्परा को यथावत् संरक्षित रखना एक अपूर्व उपलब्धि थी, जिसके कारण अलिखित अथवा अल्पलिखित होने पर भी वैदिक वाङ्मय नष्ट होने से बचा।[१०] *तैत्तिरीयोपनिषद्* की शिक्षा-वल्ली में इस वेदांग के विषय का कुछ निदर्शन मिलता है।* संहिताओं को पदपाठ के द्वारा सुरक्षित रखना और पदपाठ से संहितापाठ को फिर से बना लेना, यह इस प्राचीन शिक्षाशास्त्र का प्रातिशाख्य के रूप में महत्त्वपूर्ण कार्य था। *ऐतरेय आरण्यक* के अनुसार ऋक्संहिता का पदपाठ शाकल्य ने रचा था। प्रातिशाख्य के ग्रंथ इस शास्त्र के सबसे प्राचीन उदाहरण हैं। इनमें शौनक का *ऋग्वेद-प्रातिशाख्य,* कात्यायन का *वाजसनेयि-संहिता-प्रातिशाख्य, तैत्तिरीय-संहिता-प्रातिशाख्य, अथर्ववेद-प्रातिशाख्य* और *सामप्रातिशाख्य* इस विधा के उल्लेखनीय ग्रंथ हैं। इन ग्रंथों से न सिर्फ वेद के अध्येताओं को सहायता मिलती है बल्कि यह भी स्पष्ट होता है कि

---

* तै० उप० में शीक्षा-वल्ली, यह प्रयोग मिलता है, जो शिक्षा वल्ली से अभिन्न हो और शिक्षा वल्ली का ही अर्थ देता है।

भाषा किस प्रकार वर्णात्मक इकाइयों से और पदों से सुनिर्मित स्थिर रचनात्मक पदार्थ है। व्याकरण का विकास भी शिक्षा से सूचित होता है। शिक्षा नाम से संज्ञित ग्रंथों में इसका प्रतिपादन किया गया है कि किस प्रकार मानव-शरीर एक ध्वनियंत्र के समान भाषा की ध्वनियों को उत्पन्न करता है और कौन से वर्ण कहाँ से उच्चारित होते हैं। प्रातिशाख्यों में वैदिक शाखा-विशेष के उच्चारण की विशेषताएँ संगृहीत हैं, जब कि शिक्षा-ग्रन्थों में सार्ववेदिक उच्चारण का ही निरूपण है। प्राय: प्राचीनतम शिक्षा-ग्रन्थ *पाणिनीय-शिक्षा* मानी जाती है, यद्यपि एक *आपिशलि-शिक्षा* भी प्रकाशित की गयी है। इसके अनुसार, 'जब आत्मा बुद्धि से संगत होकर मन को अर्थ-विवक्षा में प्रेरित करता है, तो मन शरीर को प्रेरित करता है, वह मारुत को (प्रेरित करता है), मारुत वक्ष में जाकर मन्द्र स्वर जनता है।' अन्य ग्रन्थों में *याज्ञवल्क्य-शिक्षा, माण्डूकी-शिक्षा* और *नारदीय-शिक्षा* प्रसिद्ध हैं। *नारदीय-शिक्षा* में ध्वनियों का संगीतात्मक पक्ष भी प्रतिपादित है क्योंकि वैदिक भाषा की ध्वनियों में न सिर्फ स्वर, व्यंजन, मात्राएँ और लघु-गुरु आदि का भेद था बल्कि उसमें स्वरों की तारता का भी भेद रहता था और ये स्वर उदात्त, अनुदात्त, स्वरित के नामों से अभिहित संगीतात्मक तारता या *(pitch)* के भेद पर निर्भर थे। इस प्रकार शिक्षा का अध्ययन वैदिक पाठ के संरक्षण और शब्दों के रूप और उच्चारण की शुद्धता के संरक्षण से लेकर स्वरों की पहचान और साम-संगीत के तत्त्वों तक विस्तृत था। सामिक स्वरों का विवरण और उनका वेणु के स्वरों के साथ तादात्म्य-स्थापन ही गान्धर्व-वेद का आरम्भ था।[११]

दूसरा वेदाङ्ग कल्प कहा जाता है। इसके अन्तर्गत अनेक प्रकार के सूत्र संगृहीत हैं जिनमें धर्मसूत्र और श्रौतसूत्र प्रधान हैं किन्तु धर्मसूत्रों से जुड़े हैं गृह्यसूत्र और श्रौतसूत्रों से शुल्बसूत्र। इन सबका सामान्य विषय है धर्म के अनुष्ठान की विधियाँ और उनके द्वारा अपेक्षित यज्ञशालाओं और वेदियों के निर्माण की विधि। धर्मशास्त्र या धर्मविज्ञान का कोई ठीक आधुनिक पर्याय नहीं है। धर्म ऋत की सामाजिक स्तर पर अभिव्यक्ति है। वैदिक दृष्टि से मनुष्य का आचार और व्यवहार, सामाजिक सम्बन्ध और कर्त्तव्य न तो उसकी निरंकुश इच्छा पर निर्भर है, न कार्यकारणात्मक प्रवृत्तियों से जनित हैं, न वे ऐतिहासिक संयोग से उत्पन्न हैं। मनुष्य का आचार और व्यवहार आदर्श प्रतिमानों पर निर्भर होना चाहिए। ये प्रतिमान मानवीय इच्छा से सृष्ट नहीं हैं, ये गंभीरतम मानवीय सत्य के निदर्शन हैं जो मनुष्य के हृदय में प्रकाशित होते हैं और शिष्ट परम्परा से सुनिश्चित होते हैं।[१२] धर्म का स्वरूप-निर्देश, उसको सुनिश्चित करने के प्रमाण, उसके कलेवर को रचित करनेवाली विधियाँ वैदिक साहित्य में अनेकत्र बिखरी मिलती हैं। वेद अथवा श्रुति के अनुसार ही स्मृतियों के रूप में सूत्रग्रन्थ रचे गये हैं पर उनमें जो धर्मशास्त्र का व्यवस्थित निरूपण करते हैं वे वैदिक युग के बाद के ही प्रतीत होते हैं।* इन ग्रंथों का विस्तृत विवरण देना यहाँ आवश्यक नहीं है। उनमें वर्णित प्रधान तथ्य और सिद्धान्त अवश्य ही वैदिक परम्परा को संरक्षित, व्यवस्थित और परिष्कृत

---

* उनके तिथि-विवेचन के लिए द्र० ब्यूलर, से० बु० ई०, जि० २ और १४, भूमिकाएँ।

करते हैं।* वैदिक युग में नानाजनों और जनपदों में समाज विभक्त था जिनमें अनेकानेक रीति और रूढ़ि के भेदों के बावजूद एक पुरानी वेदमूलक परम्परा पर धर्म-वितान आधारित था। इस धर्म-संहिता ने ही नाना जनपदों को एक महादेश के रूप में अन्वित किया।**

धर्मतत्त्व में मुख्य अन्तर्दृष्टि यह थी कि धर्म एक सनातन और सार्वभौम तत्त्व है, उसका मूल लोकोत्तर है। यह प्राचीन धारणा इस प्रत्यक्षवादी नवीन धारणा का निरास करती है कि सत्ता का स्वरूपत: कोई नैतिक आयाम नहीं है। नैतिक नियमों की वैसी ही आदर्शलग्न, स्वरूप-सत्ता है जैसी गणितीय प्रमेयों की। ऋषियों ने उस ऋत-तत्त्व को जानकर मानवसमाज की मर्यादाओं का तक्षण किया है। वेदों से और वैदिक परम्परा से ही उसका सम्यक् ज्ञान हो सकता है। स्वयं मानव समाज की वैदिक कल्पना एक विराट् पुरुष के रूप में थी जिसमें कर्म-विभाजन के आधार पर सामाजिक वर्गों का विभाजन था।[१३] समाज की व्यवस्था स्वार्थ, जोर-जबरदस्ती और पण्यविक्रय में निदर्शित समझौता नहीं माना जाता था।[१४] समाज जनता के द्वारा वृत और स्वीकृत राजा की दण्डशक्ति अथवा क्षत्र से नियन्त्रित था। राजा धर्म के अधीन ज्ञानियों के अधीन परामर्श पर कार्य करता है। इस दृष्टि से समाज-विज्ञान धर्म-विज्ञान है, वह समुदाचार-विज्ञान नहीं है। पश्चिम में सुकरात ने सर्वप्रथम सोफिस्ट विचारकों की इस मान्यता का निरास किया था कि सामाजिक और भौतिक नियमों का आधार सामाजिक रीति और अनुबन्धमात्र था और यह प्रतिपादित किया कि धर्म ज्ञान से अभिन्न है। उनके शिष्य प्लातोन् ने धर्म या *दिके* को ज्ञानियों द्वारा प्रतिपाद्य व्यवस्था बताया। वैदिक विचारों से ये मत सर्वथा समंजस है। साम्य इतना अधिक है कि इन दो पुरानी संस्कृतियों के बीच अवश्य ही वैचारिक सम्बन्ध भी होना चाहिए था। यह स्मरणीय है कि सुकरात और प्लातोन् धर्मसूत्रों के युग के हैं और वैदिक परम्परा से अर्वाचीन हैं। धर्मविज्ञान समाज की व्यवस्था, मनुष्य के कर्त्तव्य, सामाजिक न्याय इन तीनों का ही निरूपण करता है।

मानव कर्त्तव्यों में देवयजन का महत्त्वपूर्ण स्थान है। सभी सभ्यताओं और संस्कृतियों में देवयजन अथवा *रिलीजन* आधार-शिला के समान रहता है। देवयजन ज्ञान, भाव और कर्म तीनों आयामों में निष्पन्न होता है। इस यजन की विधियाँ वेद से प्राप्त होती हैं और उन्हीं विधियों का व्यवस्थित निरूपण श्रौतसूत्रों में है। श्रौतसूत्रों को यज्ञ-विज्ञान कहा जा सकता है। इस विषय का ऊपर विस्तृत निरूपण किया गया है। इसके साथ दो और शास्त्र जुड़े हुए थे, एक मीमांसाशास्त्र और दूसरा शुल्बशास्त्र। मीमांसाशास्त्र आजकल की *हर्मेन्यूटिक्स* नाम के विज्ञान का समानान्तर है। वाक्यों के

---

* *हिस्ट्री ऑव द धर्मशास्त्र,* जि० १; में काणे ने स्मृतियों के विधानों के वैदिक मूल दरसाने का प्रयत्न किया है, जिसकी सफलता अधूरी ही कही जा सकती है। धर्मसूत्रों के तिथि-विवेचन के लिए जौली (Jolly) का *हिन्दू लॉ एण्ड कस्टम* भी आलोच्य है।

** द्र० मेरी, *फाउण्डेशन्स ऑव इण्डियन कल्चर,* जि० २, अध्याय ८-१०।

अर्थ किस प्रकार निश्चित किए जायँ और एक जटिल कर्मविधान में किस प्रकार संगति प्रतिपादित की जाय, ये मीमांसा के मुख्य विषय हैं। परवर्ती धर्मशास्त्र में मीमांसाशास्त्र का उपयोग बराबर होता रहा है, जब तक हिन्दू लॉ भारतीय न्याय-व्यवस्था में प्रचलित रहा मीमांसा उसकी *ज्यूरिसप्रूडेंस* के रूप में रही। आज हिन्दू लॉ के हट जाने पर भी एक व्याख्याशास्त्र के रूप में मीमांसाशास्त्र का महत्त्व चिरस्थायी है। शिक्षा भाषा के ध्वन्यात्मक रूप का विवेचन करती है। व्याकरण उसके पदात्मक रूप का, मीमांसा उसके वाक्यात्मक रूप का। व्याख्याशास्त्र होने के साथ ही मीमांसा विधिशास्त्र भी है। इस प्रकार भाषा और विधान दोनों को ही समझने के लिए प्रयुक्त तर्कशास्त्र के रूप में मीमांसा प्रसिद्ध है। जैमिनि के मीमांसासूत्र सभी सूत्रग्रन्थों में प्राय: प्राचीनतम माने जाते हैं।

तीसरा वेदाङ्ग *व्याकरण* है जो कि भारतीय परम्परा में महाशास्त्र है। वर्तमान युग में इस शास्त्र का प्रधान ग्रंथ पाणिनि की *अष्टाध्यायी* है, जो न सिर्फ संस्कृत भाषा की संरचना को पारदर्शी बनाता है बल्कि भाषामात्र के संरचनात्मक अध्ययन के लिए अनुसंधानकर्त्ताओं का मार्ग प्रशस्त करता है। जैसे—संस्कृतभाषा का अध्ययन तुलनात्मक भाषाशास्त्र का जन्मदाता है ऐसे ही पाणिनि का अध्ययन नवीन विश्लेषणात्मक और संगणकीय शोध में दीपक के समान कार्य करता है। भाषा मानव-चेतना के इतनी निकट है, सामाजिक व्यवहार में इतनी व्याप्त है कि उसका अपना स्वरूप आसानी से पता नहीं चलता। उसे समझने के लिए न सिर्फ भाषा के असंख्य प्रयोगों का अनुभवात्मक ज्ञान चाहिए अपितु उसमें अभिव्यक्त मानवीय विचारों की प्रवृत्तियों में भी अन्तर्दृष्टि चाहिए। पाणिनीय व्याकरण का रचनाकाल प्राय: छठी से चौथी शती ई०पू० में रखा गया है। इसका समय छठी शताब्दी में ही रखना अधिक समीचीन प्रतीत होता है।[१५] इस तरह पाणिनि का समय वैदिक युग का परवर्ती है। उनका रचित व्याकरण भी मुख्यतया लौकिक संस्कृत का है न कि वैदिक संस्कृत का। किन्तु व्याकरणशास्त्र पाणिनि से बहुत प्राचीन है। इस बात के अनेक प्रमाण हैं, एक तो यह है कि अनेक व्याकरणशास्त्रीय संज्ञाएँ वैदिक साहित्य में मिलती हैं, दूसरे स्वयं पाणिनि ने अपने अनेक पूर्ववर्ती आचार्यों का नाम से उल्लेख किया है। तीसरा, परम्परा के अनुसार व्याकरणशास्त्र का इतिहास ब्रह्मा से आरम्भ होता है। एक पुरानी परम्परा के अनुसार ब्रह्मा ने इस शास्त्र को बृहस्पति से कहा, बृहस्पति ने इन्द्र से, इन्द्र ने भरद्वाज से, उन्होंने ऋषियों से, उन्होंने ब्राह्मणों से। यह उपदेश प्रथमत: अक्षर-समाम्नाय के रूप में था।[१६] बृहस्पति के द्वारा दृष्ट एक प्रसिद्ध सूक्त में भाषा के मौलिक तत्त्वों पर विचार मिलता है। यह भी प्रसिद्ध है कि ब्राह्म सम्प्रदाय के अतिरिक्त व्याकरण के दो और सम्प्रदाय थे जिन्हें माहेश्वर और ऐन्द्र कहा जाता है। प्रातिशाख्यों में अनेक प्राचीन आचार्यों का उल्लेख है। पाणिनि ने अपने पूर्ववर्ती दस आचार्यों के नाम दिये हैं—आपिशलि, काश्यप, गार्ग्य, गालव, चाक्रवर्मन, भारद्वाज, शाकटायन, शाकल्य, सेनक और स्फोटायन।

सामान्यतया भाषा को वस्तुओं का निरूपक या प्रदर्शक माना जाता है। रसेल और विट्गेन्स्टाइन जैसे आधुनिक दर्शन के महारथी भाषा की इसी चित्रात्मकता के सिद्धान्त को स्वीकार करते थे, किन्तु भाषा एक सहज मानवीय रचना है जो चैतन्य को व्यक्त करती है। ध्वनियों को वह इस अभिव्यक्ति में उपयुक्त मुद्राओं की तरह से प्रयुक्त करती है। भाषा के द्वारा प्रतिपादित अर्थ मूलतः बाह्यार्थ न होकर चेतना द्वारा सृष्ट पदार्थ ही होते हैं। व्याकरणशास्त्र में शब्दों के पीछे स्फोट की सत्ता स्वीकार की जाती है। शब्द की व्युत्पत्ति प्रकृति और प्रत्यय से मानी जाती है, प्रकृति को मूलतः क्रियावाची धातु माना जाता है, और शब्द के वाक्यात्मक व्यापार में अध्यवसायात्मक, आदेशात्मक या कल्पनात्मक क्रिया या आख्यात को केन्द्रवर्ती माना जाता है। ये सभी विषय कि शब्द का रूप क्या है? उसके अर्थ का स्वरूप क्या है? अर्थज्ञापन का स्वरूप और उसके भेद क्या हैं? शब्दों की उत्पत्ति कैसे होती है? उनका अर्थ-सम्बन्ध कैसे निश्चित होता है? इत्यादि प्रश्न चिरकाल से शास्त्रार्थ के विषय रहे हैं।[१७] यह व्याकरणशास्त्र की विशेषता है कि उसमें भाषा का वर्णन और उसका तत्त्वदर्शन दोनों ही एक साथ विद्यमान हैं। यह बात इस महत्त्वपूर्ण सत्य को प्रदर्शित करती है कि जैसे-जैसे वैज्ञानिक अनुसन्धान मानवचेतना के निकट पहुँचता है, विज्ञान और दर्शन का पार्थक्य भी मिटता जाता है।

यास्क का *निरुक्त* चौथे वेदाङ्ग का प्राचीनतम उपलब्ध ग्रंथ है। निरुक्त का अर्थ है, निर्वचन अथवा शब्द की व्युत्पत्ति बताना किन्तु उसका एक व्यापक अर्थ है जो कि अर्थकारक हेतुओं की समष्टि के व्यापक आधार पर शब्दों के तात्पर्य का निर्णय करता है। यास्क के समय तक स्पष्ट ही वेद दुर्बोध हो गये थे और उनके विषय में तरह-तरह के आक्षेप प्रचलित थे। कुछ यहाँ तक कहते थे कि वेद निरर्थक हैं। यास्क का कहना है कि यह ठूँठ का अपराध नहीं है यदि अन्धा उसे नहीं देखता। किन्तु यास्क के समय तक नैरुक्तिकों के अतिरिक्त और भी वेदार्थ की व्याख्या के सम्प्रदाय थे जिनमें ऐतिहासिकों का भी उल्लेख मिलता है। ये ऐतिहासिक देवताओं, ऋषियों और राजाओं के विषय में आख्यानों का तात्पर्य निरूपित करते थे। यास्क भाषा के स्वरूप पर विचार से अपना ग्रंथ आरम्भ करते हैं और वेदों की सार्थकता प्रतिपादित करने के बाद निघण्टु में संगृहीत शब्दों के अर्थ सन्दर्भों के परिप्रेक्ष्य में व्याख्यायित करते हैं। उसके बाद वे देवताओं के स्वरूप, कर्म, सम्बन्ध एवं आख्यानों की व्याख्या वैदिक ऋचाओं के आधार पर करते हैं। जैसे निघण्टु प्राचीनतम कोश है, निरुक्त व्युत्पत्तिमूलक अर्थविज्ञान का सर्वप्रथम उपलब्ध ग्रंथ है। यास्क की तिथि अनिश्चित है किन्तु उन्हें पाणिनि से पूर्व एवं वैदिक संहिताओं के परवर्ती मानना चाहिए। सम्भवतः उनकी तिथि ८०० ई०पू० के लगभग रखी जा सकती है।

छन्दःशास्त्र प्राचीनकाल से ही अत्यन्त विकसित था। वेदों की आख्या ही छन्दस् है। वैदिक मन्त्र छन्दों के रूप में ही अधिकांश में ऋषियों के द्वारा दृष्ट हुए थे। वैदिक छन्दों का आधार अक्षर-संख्या प्रधानरूप से है। इन अक्षरों के क्रम में गुरु-लघु के

नियम भी होते थे जिनसे लय निर्धारित होती थी किन्तु वैदिक छन्द में गुरुलाघव के नियम उतने कठोर नहीं हैं जितने बाद में वे हो गये। अक्षरों की संख्या पर आधारित छन्दों के भेद और उनके नाना प्रकार के अनुमत संयोग छन्द:शास्त्र के विषय थे। इस प्रसंग में तीन बातें विशेष रूप से ध्यातव्य हैं। अक्षरों और गणों की संख्या विविध प्रकार से नियत करने पर छन्दों के प्रभेदों की गणना एक प्रसिद्ध गणितीय विभाग के लिए महत्त्वपूर्ण थी जिसे अब *परम्यूटेशन* और *काम्बीनेशन* कहा जाता है। दी हुई मूल संख्याओं से कितने प्रभेद सम्भव हैं, इसकी गणित का विशेष विकास छन्द:शास्त्र के प्रसंग में हुआ।[१८] पिङ्गल के छन्द:सूत्रों में मेरु-प्रस्तार या *पैस्केल्स ट्रायंगल (Pascal's triangle)* की विधि मिलती है। वहीं गुणोत्तर श्रेढी का प्रयोग भी है।[१९] नष्टोद्दिष्ट की गणना भी इस शास्त्र में प्रचलित थी। दूसरी बात यह है कि वैदिक काव्य में अन्तर्निहित छन्दों में कुछ ऐसी तरंगात्मक या लयात्मक विशेषताएँ हैं जो कि सर्वथा स्थूल मानवीय श्रवण के स्तर पर नहीं पहचानी जा सकतीं। किन्तु जिनमें एक अपूर्व व रहस्यमय मांत्रिकता होती है। तीसरी बात यह है कि अक्षर-संख्याओं का एक व्यापक प्रतीकात्मक महत्त्व स्वीकार किया जाता था।

स्वामी रामतीर्थ का कहना था कि पहला विज्ञान ज्योतिर्विज्ञान था और अन्तिम अध्यात्म-विज्ञान होगा। ज्योतिर्विज्ञान की प्राचीनता में कोई सन्देह नहीं है क्योंकि अब यह सिद्ध हो चुका है कि नवाश्मयुगीन मानव-समाजों में खगोलीय पर्यवेक्षण की सुप्रतिष्ठित परम्परा प्रचलित थी। मानव-व्यवहार के लिए दिशाओं का ज्ञान सूर्य, चन्द्र और तारों से होता है। दिन, पक्ष, मास और संवत्सर का पता भी उनसे ही चलता है। इनमें संवत्सर अप्रत्यक्ष सत्ता है, उसका पता लगाने के लिए चिरकाल तक सूक्ष्म यथावत् वेध की आवश्यकता होती है। ऋतुओं के परिवर्तन के पीछे विद्यमान खगोलीय तत्त्वों का ज्ञान भी सामाजिक व्यवहार के लिए अपेक्षित है। किन्तु ज्योतिष का ज्ञान सिर्फ लौकिक व्यवहार के लिए ही आवश्यक नहीं था। इस ज्ञान का धार्मिक कर्मकाण्ड के लिए भी उपयोग आवश्यक था। ज्योतिष वैदिक धार्मिक जीवन से निविड रूप से जुड़ी हुई थी। आकाशीय ज्योतियों के नियमों की जिज्ञासा के रूप में ज्योतिष तब देवलोक की ही विद्या मानी जाती थी। ये ज्योतियाँ देवसत्ताओं के प्रत्यक्ष रूप, चिह्न या आवास हैं। उनकी गतियों और उसके नियमों पर विचार विश्व पर गम्भीर तात्त्विक विचार के तुल्य माना जाता था। इसी कारण वैदिक युग के नक्षत्रदर्शी ने सूर्य और चन्द्र की गति, ऋतु-परिवर्तन, संवत्सर का मान इत्यादि अनेक विषयों पर सूक्ष्म ज्ञान अर्जित किया। अत्रि ऋषि की ग्रहण के विषय में विशेषज्ञता प्रसिद्ध थी। उस युग में संवत्सर का काल के रूप में सर्वाधिक महत्त्व था। गवामयन और सत्रों में सूर्य की गति का अनुसन्धान किया जाता है। संवत्सर की गति को उन्होंने नक्षत्र-मार्ग में सूर्य की गति से जोड़ा और सूर्य और चन्द्र दोनों की गतियों पर आधारित पञ्चाङ्ग निर्धारित किया। संवत्सर दो अयनों में विभक्त किया जाता था। दक्षिणायन के अन्त से वर्ष का आरम्भ माना जाता था और प्रवर्ग्य का अनुष्ठान किया जाता था। विषुवत् का अनुष्ठान

दक्षिणायन का आरम्भ सूचित करता था। अर्यमा के मार्ग के रूप में अथवा ऋत के रूप में नक्षत्रमार्ग पूर्ववैदिक युग में विदित था, उत्तरवैदिक युग में इस मार्ग के घटक २७ अथवा २८ नक्षत्रों का निर्धारण कर लिया गया था।

इस ज्योतिष के मुख्य ग्रंथ *वेदांग ज्योतिष* की तिथि वैदिक युग की ही है। उसे लगभग १४०० ई०पू० में रखा गया है।[२०] अवधेय है कि वेदाङ्ग ज्योतिष के दो पाठ हैं, ऋग्वेदीय और यजुर्वेदीय।[२१] वेदांग ज्योतिष के अनुसार पाँच वर्षों का युग होता है जिसमें इन पाँच वर्षों के अलग-अलग नाम दिये गये हैं।* नक्षत्रों की नामावली भी इस ग्रंथ में मिलती है। स्मरणीय है कि पारम्परिक पद्धति से जिस नक्षत्र में पूर्णिमा होती थी उस नक्षत्र से मास का नाम होता था।[२२] ऐसे ही यह तब पता था कि सूर्योदय के पहले क्षितिज पर दिखनेवाले नक्षत्र एक निश्चित क्रम से बदलते रहते हैं। वैदिक ज्योतिष में अयन और विषुव के दिनों का विशेष महत्त्व था क्योंकि दक्षिणायन के अन्त से वर्ष का आरम्भ माना जाता था किन्तु यह घटना किस नक्षत्र में होती थी निश्चित करना कठिन है क्योंकि अयन-चलन के कारण यह स्थिति बदलती रही है। कुछ लोग मानते हैं कि वैदिक ज्योतिष में अयन-चलन का आभास था। तिलक ने *ओरायन* नाम के अपने प्रसिद्ध ग्रन्थ में इसका विस्तृत विवेचन किया है। यह भी कहना युक्ति युक्त प्रतीत होता है कि वैदिक ज्योतिष पृथ्वी को गोल और गतिशील मानता था। पृथ्वी को *गौः* कहना और गार्हपत्य अग्नि-कुण्ड को वृत्ताकार बनाना इसके सूचक हैं। कुछ मनीषी सूर्य को स्थिर मानते थे इसका भी संकेत मिलता है। *ऐतरेय ब्राह्मण* में (३.४४.४) कहा गया है कि सूर्य वस्तुतः उदित या अस्त नहीं होता। यह एक ओर अँधेरा, दूसरी ओर उजाला करता है।

ज्योतिष के दो आधार हैं—एक ओर वेध अर्थात् खगोलीय घटनाओं का प्रत्यक्षदर्शन, दूसरी ओर गणित। वैदिक युग में गणित का आश्चर्यजनक विकास अनेक तथ्यों से सूचित होता है। संख्याओं के विषय में यह ज्ञान अनेक स्थलों पर लक्षित है। $१०^{१२}$ तक की बड़ी संख्याओं के नाम वैदिक साहित्य में मिलते हैं। दशमलव अथवा दशगुणोत्तर पद्धति से यह संख्याक्रम निर्धारित है और संख्याओं के विषय में लेखन-पद्धति का ज्ञान था, यह प्रमाणित है। संख्याओं में युग्म और अयुग्म संख्याएँ तथा मूलभूत परिकर्म संकलन, व्यवकलन, गुणन, भागहरण तथा भिन्नों का ज्ञान प्रमाणित है। श्रेढी-गणित और अंक-प्रस्तार का अनुसन्धान प्रचलित था। यज्ञशालीय निर्माण के लिए वर्ग और वर्गमूल निकालने की विधि का ज्ञान अपेक्षित है। छन्दःशास्त्र, ज्योतिषशास्त्र ये दोनों भी अंकगणित की प्रगति दिखलाते हैं। शुल्बसूत्रों में रेखागणित का विपुल ज्ञान मिलता है। बौधायन, मानव, आपस्तम्ब, कात्यायन आदि के शुल्बसूत्र प्रसिद्ध हैं।[२३] अन्य देशों में रेखागणित का ज्ञान व्यावहारिक क्षेत्रमापन या *मैन्सुरेशन* से

---

* **एक युग में १८३० दिन और ६२ चान्द्रमास बताये गये हैं। इस गणना से चान्द्रमास का मध्यमान २९.५१६ दिन होता है, वर्ष का ३६६ दिन।**

आरम्भ हुआ। वैदिक युग में उसका विशेष विकास कर्मकाण्ड से हुआ। क्षेत्रमापन और नाना आकार के क्षेत्रों के निर्माण की विधियाँ शुल्बसूत्रों में मिलतीं हैं। उदाहरणार्थ—यज्ञशाला के निर्माण में गार्हपत्य का कुण्ड वृत्तात्मक होता था, आहवनीय का वर्गात्मक और दक्षिणाग्नि का अर्धचन्द्राकार। इन आकार-भेदों के बावजूद इनका क्षेत्रफल समान होता था। इसके लिए आवश्यक था कि इन विभिन्न आकारों के क्षेत्रफल के निर्णय की विधि पता हो। साथ ही आकार-परिवर्तन के लिए व्यक्त से अव्यक्त मान का पता लगाने के लिए रेखागणितीय पद्धति से स्वरूपतः बीजगणितीय समीकरणों का हल आवश्यक था। इस प्रसंग में करणीगत संख्याओं का ज्ञान भी अर्जित हुआ। वृत्त के सन्दर्भ में व्यास और परिधि के सम्बन्ध का जो *पाइ* नाम का स्थिरांक है उसकी भी अनेक प्रकार से गणना की गयी है। अनेक रेखागणितीय प्रमेयों का ज्ञान शुल्बसूत्रों में मिलता है। उदाहरणार्थ तथाकथित पाइथागोरस के प्रमेय का। यह अवधेय है कि गणित के पाश्चात्य इतिहासकार गणितशास्त्र का मूल यूनान में ही मानते हैं। उनका कहना है कि गणित के कुछ व्यवहारसिद्ध गुर अन्य सभ्यताओं में पता थे किन्तु वे तर्कसिद्ध प्रमेयों के रूप में ज्ञात नहीं थे। गणित का स्वरूप *एक्शियोमेटिक* पद्धति है, *यूक्लिड* में ही यह पद्धति सर्वप्रथम मिलती है। उनका यह भी कहना है कि यूनानियों के पहले की ज्योतिष भी शास्त्रीय रूप से व्यवस्थित नहीं थी। किन्तु वास्तविकता यह है कि प्राचीन भारतीय गणित-लेखन में निष्कर्षात्मक सूत्र दिये जाते थे, उनकी उपपत्तियाँ नहीं। यह भी स्मरणीय है कि भारतीय गणित की पद्धति में साक्षात्कारात्मक प्रतिभा का विशेष महत्त्व था। आधुनिक गणितशिरोमणि रामानुजम् का कार्य इसका ज्वलन्त उदाहरण है। यह भी स्मरणीय है कि यूक्लिड की रेखागणित सर्वथा *एक्शियोमेटिक* न होकर महत्त्वपूर्ण अंशों में प्रत्यक्ष पर निर्भर है, उदाहरण के लिए उसकी समानान्तरता की स्थापना अथवा आकृतियों की अन्योन्य आरोपण की कल्पना। वस्तुतः ज्यामिति अंकगणित की तुलना में स्पष्ट ही प्रत्यक्ष के अधिक निकट है।

शुल्ब सूत्रों का रेखागणित के इतिहास में महत्व सर्वप्रथम थीबो ने प्रतिपादित किया था, किन्तु गणित के पश्चिमी इतिहासकारों ने उनके रचनाकार को यूनानी रेखागणित की तुलना में परवर्ती बताया और उसकी मौलिकता को स्वीकार नहीं किया। प्रसिद्ध रेखागणितशास्त्री ज़ाइदेनबर्ग (Seidenberg) ने यूनानी और बेबीलोनियन रेखागणित से तुलना कर शुल्बसूत्रों के रेखागणित को अत्यन्त प्राचीन और मौलिक निर्धारित किया है। अब यह निर्विवाद है कि रेखागणित और ज्योतिष दोनों ही उत्तरवैदिक युग में एक समुचित विज्ञान का रूप धारण कर चुके थे। इस विकास का काल १७०० ई०पू० से पहले का है।[२३क] जहाँ तक ज्योतिष का प्रश्न है यूनानी ज्योतिष का विशेष विकास भी अन्य सभ्यताओं के साथ सम्पर्क द्वारा हुआ।

वेदांगों के अतिरिक्त वैदिक वाङ्मय में उपवेदों का भी उल्लेख आता है। वेदांगों का उल्लेख तो उत्तरवैदिक साहित्य में मिलता है किन्तु उपवेदों की चर्चा परवर्ती प्रतीत होती है। किन्तु इसका यह अर्थ नहीं है कि जो विद्याएँ उपवेदों में निहित हैं वे वैदिक युग में नहीं थीं। आयुर्वेद, स्थापत्य या शिल्पशास्त्र अथवा धनुर्वेद अथवा

क्षत्रविद्या अथवा दण्डनीति, ये सभी विद्याएँ अपनी परम्परा का मूल वैदिक ऋषियों से ही बताती हैं। किन्तु यह सही है कि इन विषयों पर लिखे गये शास्त्रों के वैदिक रूप नहीं मिलते हैं। किन्तु इसमें विस्मय की बात नहीं है क्योंकि अन्य विद्याओं के भी शास्त्रीय ग्रन्थ वैदिक युग के नहीं मिलते हैं, जबकि उन विद्याओं के स्पष्ट पृथक् उल्लेख छान्दोग्योपनिषद् और शतपथ ब्राह्मण में मिलते हैं। चिकित्साशास्त्र तो अनुमानतः मानव-जीवन के साथ ही जुड़ा होने से प्राचीनतम माना जा सकता है। बच्चे को जनने और नाल काटने में सहायक जन को प्रथम चिकित्सक कहा जा सकता है।[२४] जैसे प्रागैतिहासिक काल में भोजन के योग्य और अयोग्य पौधों का ज्ञान हुआ, ऐसे ही तब ओषधियों और विषों का भी ज्ञान सम्भाव्य है। वेदों में रुद्र और अश्विनों को दिव्यभिषक् माना गया है। रुद्र न सिर्फ दिव्यभिषक् हैं अपितु उनके पास शीतल ओषधियाँ हैं। यह स्मरणीय है कि रुद्र की आकृति सिन्धुघाटी की एक प्रसिद्ध मुहर पर मिलती है। सम्भवतः भैषज्य की रुद्र-परम्परा सिन्धुघाटी तक चली जाती है।

अश्विन् वेद में सबसे प्रसिद्ध भिषक् हैं। उनके अनेक अद्भुत कर्मों का ऋक्संहिता में उल्लेख आता है। उन्होंने कक्षीवान् को पुनर्युवा बनाया। अन्यत्र उल्लेख है कि उन्होंने च्यवन भार्गव को भी युवा बनाया। घोषा को कुष्ठ रोग से उबारा। दीर्घतमा का अन्धापन ठीक किया। दध्यङ् आथर्वण के कटे सिर का प्रतिरोपण किया, इत्यादि अनेकानेक उनकी चिकित्साओं और शल्यचिकित्सा का उल्लेख मिलता है।[२५] रोगों के कारणों के विषय में यह प्रतीत होता है कि धातुवैषम्य का सिद्धान्त बीज रूप से तब पता था। इसके अतिरिक्त क्रिमियों को भी अथर्ववेद में रोग का विशेष कारण बताया गया है। वैदिक संहिताओं में बहुत से रोगों की पहचान मिलती है और ओषधियों के बहुत से नाम अथर्ववेद के आठवें काण्ड के सातवें सूक्त में और ग्यारहवें काण्ड के छठें सूक्त में मिलते हैं। ऋग्वेद के भी ओषधि सूक्त में (१०.९७), संहिताओं और ब्राह्मणों में सैकड़ों ओषधियों के नाम खोजे गये हैं और दर्जनों रोगों के नाम पता लगाये गये हैं। चिकित्सा के प्रकारों में प्रमेहण, गर्भप्रसवन, वाजीकरण, विषहरण, क्रिमिनाशन, कासहरण, रसायन आदि अनेक चिकित्सा की विधियाँ भी उल्लिखित मिलती हैं।

सुश्रुत और चरक संहिताएँ अपने वर्तमान रूप में सातवाहन और कुषाण काल की मानी जाती हैं। पर उनका मूल प्राचीन वैदिक परम्परा में ही सम्भाव्य है। ऐसा प्रतीत होता है कि उत्तरवैदिक युग से आयुर्वेद की विस्तृत संहिताएँ बननी शुरू हुईं थीं और इन संहिताओं की अनेक परम्पराएँ थीं। कहा जाता है कि ब्रह्मा ने एक लाख श्लोकों की संहिता बनायी थी। उन्होंने यह संहिता सूर्य को दी। सूर्य ने अनेक शिष्यों को। धन्वन्तरि की एक संहिता का उल्लेख मिलता है जिसमें शल्य-चिकित्सा का प्राधान्य था। कहा जाता है कि उन्होंने हड्डियों की संख्या ३०० बतायी थी। सुश्रुत को धन्वन्तरि ने ही उपदेश दिया, ऐसी परम्परा है। धन्वन्तरि के विषय में उल्लेख पौराणिक युग में मिलते हैं। एक मत से सुश्रुत के उपदेशक काशीराज दिवोदास थे। दिवोदास एक वैदिक युग के राजा रहे हैं। वस्तुतः सुश्रुत संहिता का मूलरूप वैदिक युग

का ही मानना चाहिए क्योंकि उसमें ज्योतिष का ज्ञान वेदांग ज्योतिष के अनुकूल है। दूसरी ओर यह प्रतीत होता है कि इस संहिता का पीछे प्रतिसंस्करण हुआ।

चरकसंहिता की भी ऐसी ही स्थिति है। इसके अनुसार भरद्वाज ऋषि से यह ज्ञान आत्रेय तक पहुँचा और उनसे अग्निवेश, भेल, जतुकर्णि, पराशर, हारीत और क्षारपाणि तक। अग्निवेश तंत्र ही इसका मूल रूप था। वर्तमान चरकसंहिता में काल की दृष्टि से तीन स्तर हैं। जिनमें अग्निवेश तंत्र प्राचीनतम है। उनका काल वैदिक काल के अन्त में सुझाया गया है।[२६] चरकसंहिता का एक प्रतिसंस्कृत रूप मौर्य-शुङ्गकाल में रखा गया है।

परवर्ती शास्त्रीय युग की चिकित्सा त्रिदोष सिद्धान्त पर आधारित थी और उसका देह-रचना और स्वास्थ्य के सिद्धान्त से घनिष्ठ सम्बन्ध है। वैदिक युग में यह सिद्धान्त सम्भवत: बीज रूप से विदित था। किन्तु चिकित्साशास्त्र अधिकांश में ओषधियों के भेषजीय गुण पहचानने पर निर्भर करता है और यह परिचय अधिकांश में व्यवहारसिद्ध ही रहता है।[२७] ओषधियों का ज्ञान वैदिक काल से ही निरंतर बढ़ता रहा है। कहा जाता है कि जीवक को तक्षशिला के चारों ओर एक योजन तक अभेषजीय ओषधि ही नहीं मिली।[२८] स्वास्थ्य में उचित आहार-विहार की भूमिका, ब्रह्मचर्य और तप से तेजस्विता की प्राप्ति पर वैदिक युग से ही जोर दिया गया था। शल्य-चिकित्सा में भी तभी से निपुणता का प्रमाण मिलता है।

स्थापत्य या शिल्पविद्या भी उपवेदों में गिनी गयी है। यद्यपि वैदिक युग से पुरातात्त्विक खोज ने शैल्पिक अवशेष नहीं पाये हैं तो भी इसके दो कारण हो सकते हैं। एक तो उस युग में काष्ठशिल्प का प्रचलन, दूसरे नगर-जीवन का अपेक्षाकृत अभाव। यदि सिन्धु सभ्यता वैदिक से जुड़ी है तब पुरातात्त्विक सामग्री विपुल हो जायगी। वास्तुशिल्प की कमी होने पर भी वैदिक वाङ्मय में नानाशिल्पों के विकास का प्रचुर प्रमाण मिलता है।[२९] किन्तु क्या तब शिल्पशास्त्र के रूप में कोई पृथक् शास्त्र था? इस प्रसंग में यह स्मरणीय है कि विज्ञान और शिल्प का सम्बन्ध, प्राचीन और नवीन सभ्यताओं में भिन्न प्रकार का है। प्राचीन सभ्यताओं में शिल्प का ज्ञान विशेषज्ञ परम्परा के अन्दर होते हुए भी किसी व्यवस्थित सैद्धान्तिक चिन्तन पर आधारित नहीं था जिससे व्यवहार-योग्य विधियाँ निकाली जा सकतीं। आजकल सिद्धान्तमूलक प्रविधि (Theory-based technology) का युग है। किन्तु सभी पिछले युगों में प्रविधि शिल्पियों के हाथ में थी, न कि आचार्यों के, यद्यपि निपुण शिल्पियों को भी आचार्य कहा जाता था। पर पह प्रविधि प्रयोगमूलक (Empirical) ही थी।

त्रयीविद्या के अन्दर इतिहास-वेद की भी चर्चा अर्थशास्त्र में मिलती है।[३०] वहाँ इतिहास के अन्दर पुराण, इतिवृत्त, आख्यायिका, उदाहरण, धर्मशास्त्र और अर्थशास्त्र का उल्लेख मिलता है। इतिहास, पुराण और आख्यान का उल्लेख वैदिक साहित्य में बराबर मिलता रहता है। धर्मशास्त्र कल्पसूत्रों से जुड़ते हैं और उनके पीछे वैदिक विधिशास्त्र था। यद्यपि अर्थशास्त्र का इस नाम से वैदिक साहित्य में उल्लेख नहीं है,

क्षत्रविद्या और धनुर्वेद के उल्लेख मिलते हैं। राजनीति और युद्धविद्या दोनों ही विद्याएँ वैदिक युग में विकसित विद्याएँ थीं। इतिहास-पुराण में ब्रह्माण्डीय इतिहास के अतिरिक्त राजाओं और ऋषियों के विषय में वंशावलियाँ, कीर्ति-गाथाएँ और अनुश्रुतियाँ संगृहीत थीं।

इस संक्षिप्त सर्वेक्षण से यह निर्विवाद रूप से सिद्ध होगा कि वैदिक युग में अनेक शास्त्रीय दिशाओं में वैज्ञानिक अनुसंधान का विकास हुआ। अपरा विद्याओं के रूप में ये विज्ञान व्यवहार के साधक थे। यद्यपि शिल्प का क्षेत्र अभी लोकसिद्ध अवस्था में (Empirical) ही था, प्रकृति-विज्ञान की विशेष उन्नति ज्योतिष और चिकित्सा के क्षेत्र में हुई थी, न कि भौतिकी और रसायन के। यह स्थिति सभी पारम्परिक सभ्यताओं में थी। पृथ्वी पर मानव और विश्व की नियामक ज्योतिर्मय सत्ताएँ विज्ञान के चिरन्तन विषय रही हैं। दूसरे स्तर पर उन्हें बताने वाली संख्याएँ, आकार एवं शब्द विज्ञान के विषय हुए हैं। तीसरे स्तर पर विश्वनियमों को प्रतिबिम्बित करनेवाली मानव-संस्थाएँ विज्ञान की विषय हुईं। मानव-विज्ञान का निरूपण नैतिक परिप्रेक्ष्य में हुआ था और वह धर्म-विज्ञान का अंग था। आकारिक शास्त्रों में भाषाशास्त्र, गणित और तर्कशास्त्र का आश्चर्यजनक विकास हुआ था। यदि उस युग का भौतिक विज्ञान आज की तुलना में प्रारम्भिक प्रतीत होता है तो यह स्मरणीय है कि उस युग में भौतिक सत्ता के पारमार्थिक चैतन्य स्वरूप की खोज कर के ऋषियों ने पराभौतिकी को प्रकाशित किया जो वर्तमान युग के लिए स्पृहणीय है क्योंकि मानव-कल्याण के लिए उस पर आधारित धर्म-विज्ञान और अध्यात्म-विज्ञान सदा ही आवश्यक रहेंगे। वैदिक विज्ञान का शिखर चैतन्य-विज्ञान है।

पाद टिप्पणी

१. द्र० ह्वाइटहेड, *एड्वेंचर ऑव आइडियाज़,* पृ० १४ (कैम्ब्रिज, १९४७)
२. यह स्मरणीय है कि विश्वदृष्टि की यह खोज क्वांटम मेकेनिक्स की क्रांति के सन्दर्भ में है। द्र० बौम, *अन्फोल्डिंग मीनिंग* (सं० डॉनेल्ड फैक्टर), लन्दन, १९८७
३. तु० अवधकिशोर शरण, *सोशियोलाजी ऑव नॉलेज* और उसमें मेरी भूमिका (केन्द्रीय भोट विद्या संस्थान, सारनाथ)
४. *द्र० श्वेताश्वतर, १.१४*
५. द्र० ऋग्वेद, *नासदीय सूक्त,* १०.१२९
६. मधुसूदन ओझा के बहुसंख्यक ग्रंथ संस्कृत में हैं, उनके मत के संक्षेप के लिए द्रष्टव्य मोतीलाल शास्त्री, *सांस्कृतिक व्याख्यान-पञ्चक, वेद का स्वरूप-विचार, वेद-विज्ञान एवं अन्य निबन्ध* (प्रस्तोता प्रद्युम्नकुमार शास्त्री)
७. द्र० *छान्दोग्य,* अध्याय ७ खण्ड १
८. तु० *अर्थशास्त्र* (सं० काँगड़े), जि० १, पृ० ७
९. द्र० ऋ० बृहस्पति द्वारा दृष्ट सूक्त (१०.७१); *अस्यवामीय सूक्त* १.१६४; *वागाम्भृणी सूक्त* १०.१२५
१०. वैदिक युग में लेखनकला विदित थी या नहीं, इसके विमर्श के लिए द्र० मेरी भूमिका हि० इ० सा० फि० क०, जि० १, भाग २

११. द्र० जयदेवसिंह, *भारतीय संगीत का इतिहास* (१९९४), पृ० १००-२७.
१२. तु० धर्मस्य तत्त्वं निहितं गुहायां
    महाजनो येन गतः स पन्थाः ॥ —*महाभारत, वनपर्व*
१३. द्र० ऋ०, *पुरुषसूक्त* १०.९०; मेरी, *भारतीय समाज-दार्शनिक और ऐतिहासिक विश्लेषण* (नेशनल, दिल्ली)
१४. तु० *बृहदारण्यक,* अध्याय १, ब्राह्मण ४
१५. तु० गोल्डस्टूकर, *पाणिनि : हिज प्लेस इन संस्कृत लिट्रेचर,* (१९६५)
१६. द्र० युधिष्ठिर मीमांसक, *व्याकरणशास्त्र का इतिहास,* जि० १, पृ० ७९ से आगे
१७. जब राममोहन राय ने इस तरह के शास्त्रार्थ का तिरस्कार कर आधुनिक विज्ञान की शिक्षा की माँग की तो उसे एक सांस्कृतिक परिवर्तन का क्षण मानना चाहिए।
१८. द्र० राव और काक, *कम्प्यूटिंग सायंस इन एन्शियेण्ट इण्डिया,* (१९९८)
१९. द्र० बोस, सेन और सुब्बारायप्पा, *कन्साइज़ हिस्ट्री ऑव सायंस इन इण्डिया,* (१९७१) पृ० १५७
२०. द्र० गो०च० पाण्डे (सं०), *डौन ऑव इण्डियन सिविलिजेशन,* जि० १, भाग १, पृ० ६९९ और आगे
२१. द्र० *वेदाङ्ग ज्योतिष,* (सं०) आर० शामशास्त्री, (मैसूर १९३६)
२२. तु० *अमरकोश,* कालवर्ग, १४
२३. द्र० सेन और बाग, द *शुल्ब सूत्रज़* (१९८३); (राव और सुभाष काक, *कम्प्यूटिंग सायंस इन एन्शियेण्ट इण्डिया* (१९९८))
२३-क. द्रष्टव्य, ज़ाइदेनबर्ग, द ज्योमेट्री ऑव द वैदिक रिचुअल्स, प्रकाशित—अग्नि, सं० फ्रित्स श्तॉल, जिल्द-२, पृ० सं० ९५-१२६
    द डौन ऑफ सिविलाइजेशन वाल्यूम-१ भाग-१, फाउण्डेशन्स ऑफ इण्डियन मैथेमेटिक्स एण्ड ज्योमेट्रिकल आईडियाज़ इन द शुल्ब सूत्र, एस०ए० परमहन्स, पृ० ६६५-६९७।
२४. मैंने यह अनुमान प्रो० प्रकाशनारायण टण्डन (प्रसिद्ध न्यूरोसर्जन) से सुना था।
२५. द्र० प्रियव्रत शर्मा, *आयुर्वेद का वैज्ञानिक इतिहास* (१९७५)
२६. प्रियव्रतशर्मा, *पूर्वोद्धृत,* पृ० ८८
२७. तु० गो०च० पाण्डे, *फाउण्डेशन ऑव इण्डियन कल्चर,* जि० १, पृ० २२७ और आगे
२८. द्र० मललसेकर, *डिक्शनरी ऑव पालि प्रौपरनेम्स,* जि० २, *यथास्थान*
२९. द्र० प्रेमसागर चतुर्वेदी, *वैदिक टेक्नोलाजी* नामक लेख, गो० च० पाण्डे (सं०) *डौन ऑव इण्डियन सिविलिज़ेशन* में।
३०. *अर्थशास्त्र,* जि० १, पृ० ४, ७।

वैदिक और सिन्धु—कुछ नये तथ्य

सिन्धु सभ्यता में यज्ञ प्रचलन के साक्ष्य

वैदिक संस्कृति तथा सिन्धु सभ्यता की अभिन्नता का एक प्रमाण सरस्वती नदी की घाटी में स्थित विभिन्न स्थलों के उत्खनन में प्राप्त यज्ञकुण्डों की विद्यमानता है। यहाँ यह विशेष रूप से उल्लेखनीय है कि कालीबंगा टीले पर व्यक्तिगत तथा सामूहिक रूप से यज्ञ सम्पादन के निश्चित प्रमाण प्राप्त किये गये हैं।[१] बनावली टीले पर उत्खनन करते समय आर०एस०बिष्ट[२] को यज्ञकुण्डों की एक पंक्ति प्राप्त हो चुकी है। एस०आर० राव द्वारा लोथल टीले पर यज्ञकुण्डों की प्राप्ति भी महत्वपूर्ण है। उनके अनुसार इस तरह के यज्ञकुण्ड आमरी तथा रंगपुर नामक स्थलों से भी प्राप्त हुए हैं। उनका मत है कि हड़प्पा और मोहनजोदड़ो के टीलों पर भी यज्ञकुण्ड अवश्य रहे होंगे किन्तु उत्खननकर्ताओं द्वारा शीघ्रता में उत्खनन (मास डिगिंग) कराये जाने के कारण वे प्रकाश में नहीं आ सके।[३] यज्ञमयी वैदिक संस्कृति का पुरातात्विक अभिज्ञान सरस्वती-सिन्धु सभ्यता से यज्ञकुण्डों के साक्ष्य के अतिरिक्त इस अन्तर्वेदी से प्राप्त यज्ञपात्रों से भी होता है। दोनों सभ्यताओं की अभिन्नता का ज्ञान हमें इस क्षेत्र के विविध प्रकार के मृदभाण्डों से भी होता है। **नॉब्ड** मृदभाण्ड तथा छिद्रित मृदभाण्ड (परफोरेटेड पाटरी) इस क्षेत्र में प्राप्त होते हैं। ऋग्वैदिक मृदभाण्डों में **नॉब्ड** भाण्ड[४] उल्लिखित है, जिसका विस्तृत विवरण शतपथ ब्राह्मण के उखा सम्भरण नामक छठें काण्ड में प्राप्त है। उखा में चार ही स्तन बनाये जाते हैं क्योंकि यह गाय का प्रतीक है[५] छिद्रित भाण्डों के लिये शतातृण्ण कुम्भी तथा छिद्र कुम्भ आदि नाम प्राप्त होते हैं। ऋग्वेद की एक ऋचा (९.१३.१) में सोमरस को सहस्त्रधार पात्र से ऊन द्वारा छानने का उल्लेख किया गया

है। इससे यह संकेतित है कि सहस्त्रधार नामक पात्र ही बहुछिद्रित भाण्ड है जो वैदिक काल में यज्ञीय कर्मकाण्ड में प्रयुक्त होता था।[६]

काष्ठनिर्मित यज्ञ पात्रों में ऋग्वैदिक[७] ग्रह या चमस एक हत्थेदार कटोरा था।[८] ऋग्वैदिक जुहू (८.४४.५, १०.२१३) बड़े आकार का चम्मच या कलछुल होता था।[९] इसके अतिरिक्त जुहू मिट्टी के भी बनते थे। चित्रित (पेंटेड) मृदभाण्ड तो लोथल की सड़क संख्या ९ में स्थित यज्ञकुण्ड से सटे प्राप्त हुए हैं। इस सम्बन्ध में राव का कथन है कि इस पात्र का उपयोग याज्ञिक क्रियाओं में किया जाता था।[१०] ऋग्वेद में चित्रित मृदभाण्ड को अमत्र कहा गया है।[११] इस कलश पात्र में छना हुआ सोमरस रखा जाता था। इसी अमत्र[१२] से जुहू द्वारा निकाल-निकालकर देवताओं को सोम की आहूति दी जाती थी।

अश्व का प्रश्न

पाश्चात्य विद्वानों की पहले यह धारणा बनी हुई थी कि अश्व के उपयोग से हड़प्पा-जन अपरिचित थे जबकि ऋग्वैदिक आर्यजनों का प्रिय पशु अश्व था। पुरातात्विक अन्वेषणों ने पूर्व की मान्यताओं को संदिग्ध कर दिया है। वैदिक आर्यजन अश्वों तथा अश्वरथों का प्रचुर प्रयोग करते थे। सरस्वती-सिन्धु सभ्यता के अनेक स्थलों, यथा हड़प्पा, रोपड़, कालीबंगा, लोथल, सुरकोटदा आदि के उत्खनन से अश्व की हड्डियाँ प्राप्त हो चुकी हैं। यद्यपि मोहनजोदड़ो और नौशारों से अश्व के अवशेष अभी तक प्राप्त नहीं हुए हैं तथापि अश्व की मिट्टी निर्मित आकृतियाँ यहाँ से प्राप्त हुयी हैं।[१३] इससे यह प्रमाणित होता है कि हड़प्पा संस्कृति में अश्व का बहुविध उपयोग होता था। सामान्यत: भारत भूमि पर अश्व की उपस्थिति २००० ई०पू० से पहले नहीं स्वीकार की जाती थी।[१४] प्रो० गोवर्धन राय शर्मा[१५] तथा दिलीप चक्रवर्ती[१६] ने गंगाघाटी से अश्व की अस्थियों का प्रमाण लगभग ५००० ई०पू० के संदर्भों से प्राप्त बताया है। एलचिन व जोशी[१७] ने सौराष्ट्र में मालवन नामक हड़प्पन पुरास्थल से, धवलिकर[१८] ने कुन्तसी से (२३००-२००० ई०पू०) तथा थामस[१९] ने शिकारपुर नामक पुरास्थल से २३०० वर्ष ई०पू० के हड़प्पन सांस्कृतिक संदर्भों से अश्व की अस्थियों की प्राप्ति का सप्रमाण उल्लेख किया है।

हड़प्पा सभ्यता के कई स्थलों, यथा बनावली राकीगढ़ी और कालीबंगा से अरों से युक्त पहियों के प्रबल प्रमाण प्राप्त हुए हैं।[२०] किन्तु हड़प्पा सभ्यता में जो पहिए प्राप्त हुए हैं वे ठोस हैं, अरायुक्त नहीं हैं।[२१] ऋग्वेद में नेमि का ग्यारह बार उल्लेख किया गया है जिसमें मात्र तीन बार (१.३२.१५, १.४१.९ और ५.१३.६) स्पष्टत: अरायुक्त पहिये का अंकन है। अत: वैदिक संस्कृति के जन ठोस तथा अरायुक्त दोनों प्रकार के पहिए प्रयोग करते थे। सरस्वती-सिन्धु सभ्यता के बनावली, राकीगढ़ी एवं कालीबंगा स्थलों से अरायुक्त पहिये तथा ठोस पहियों के अनेक उदाहरण प्राप्त हो चुके हैं, जिनमें सर्वाधिक महत्वपूर्ण दाइमाबाद के वृषभ रथ में लगे पहिए हैं।

शरीर-रचनाशास्त्र (एनिमल एनॉटमी)

अश्व सम्बन्धी जो अध्ययन इस क्षेत्र में हुआ है उसके निष्कर्ष अतिमहत्वपूर्ण हैं। ऋग्वैदिक अश्व-प्रजाति के सम्बन्ध में वैज्ञानिकों ने शोधात्मक तथ्य प्रस्तुत किया है। अश्वों की शारीरिक रचना और जातीय वर्गीकरण (टैक्सोनॉमी) पर प्रमाणित अध्ययनों का संदर्भ प्रस्तुत करते हुए प्रसिद्ध विद्वानों[२२] ने यह स्पष्ट किया है कि यूरोप, मध्य एशिया और ईरान के अश्वों की शारीरिक संरचना भारतीय देशज अश्वों की शारीरिक बनावट से भिन्न है। भारतीय अश्वों में सत्रह जोड़ी अर्थात् चौबीस पसलियाँ (रिब्स) होती हैं, जबकि पश्चिमी उत्तरी क्षेत्रों के अश्वों में अठारह जोड़ी पसलियाँ होती हैं। ध्यातव्य है कि ऋग्वेद की एक ऋचा (१.१६२.१८) में अश्व की चौंतीस पसलियों (चतुस्त्रिंशत् वङ्क्री) का स्पष्ट उल्लेख किया गया है। अस्तु, वैदिक आर्यजन जिन अश्वों को उपयोग में ला रहे थे, वे ईरान, मध्य एशिया और यूरोप के अश्वों से भिन्न, विशुद्ध भारतीय देशज कोटी के अश्व थे।

कुछ वैज्ञानिकों ने पुराने मानव इतिहास के आनुवंशिक आधारों के नये अध्ययन प्रस्तुत किये हैं। इस सम्बन्ध में निश्चय और एकमत्य न होने पर भी कुछ वैज्ञानिक समुदायों के निम्नलिखित मत विचारोत्तेजक हैं—

१. सिन्धु-सरस्वती घाटी के लोगों में लगभग ४००० ई०पू० से ८०० ई०पू० की अवधि में किसी आनुवंशिक (जेनेटिक) परिवर्तन का पता नहीं चलता।

२. यूरोपियन यूरेशियन जीन पूल भारतीय जीन पूल से मूलतः भिन्न है।

३. उत्तर भारतीय जीन पूल भारतीय जीन पूल में कोई अन्तर नहीं है।

यदि वे अनुसन्धान, प्रमाणित हैं, तो आर्यों के भारत में आक्रमण की कल्पना, एक भारोपीय प्रजाति की कल्पना, आर्य-द्रविड़ प्रजाति भेद की कल्पना तीनों ही ध्वस्त हो जाती है।

पाद टिप्पणी

१. बी०बी० लाल, द अर्लिएस्ट सिविलाइजेशन ऑफ साउथ एशिया, पृ० १२३-२४ एवं २२७-२८, आर्यन बुक्स इण्टरनेशनल, नई दिल्ली, १९९७

२. आर०एस० बिष्ट, एक्सकेवेशन्स ऐट बनावली, १९७४-७७, जी०एल० पोसेल (सम्पादित) हड़प्पन सिविलाइजेशन : ए न्यू पर्सपेक्टिव, १९८२-८३, पृ० ११३-२४, ऑक्सफोर्ड एण्ड आई०वी०एच० पब्लिशिंग, नई दिल्ली

३. एस०आर० राव, लोथल : ए हड़प्पन पोर्ट टाउन (१९५५-६२) खण्ड १, पृ० २१६ - १८, आर्कियोलॉजिकल सर्वे ऑफ इण्डिया, नई दिल्ली, १९७१। द आर्यन्स इन इण्डस सिविलाइजेशन, एस०बी० देव एवं सूर्यनाथ कामथ (सम्पादित) द आर्यन प्रॉब्लम, पुणे, भारतीय इतिहास संकलन समिति, महाराष्ट्र, १९९३

४. तत्रैव, पृ० २१८

५. ऋग्वेद, १.१६२.१३; १.१६२.१५; ३.५३.२२; अथर्ववेद, १२.३.२३

६. शतपथ ब्राह्मण, ६.५.२.१८-१९

७. एस०आर० राव, लोथल, १९८५, फलक १६९

८. ऋग्वेद, १.२०.६; १.११०.३; ८.८२.७; १०.१६.८; १०.३६.९ आदि

९. एस०आर० राव, लोथल, १९८५, फलक १८४

१०. तत्रैव, फलक २१७

११. तत्रैव, पृ० ३६०

१२. राव, तत्रैव, फलक १६६

१३. एस०पी० गुप्त, द इण्डस-सरस्वती सिविलाइजेशन, पृ० १५९-६१, प्रतिभा प्रकाशन, दिल्ली, बी०बी० लाल, द अर्लिएस्ट सिविलाइजेनशन ऑफ साउथ एशिया, पृ० २८५-८६, आर्यन बुक्स इण्टरनेशनल, नई दिल्ली, १९९७

१४. ए०एच० मिडो, 'ए नोट ऑन द हार्स इन प्री एण्ड प्रोटोहिस्टारिक साउथ एशिया : ए कमेन्ट ऑन कजानास' इन जे०आई०ई०एस० वाल्यूम ३०, नं० ३ और ४, २००२, पृ० ३९२

१५. जी०आर० शर्मा, हिस्ट्री टू प्रीहिस्ट्री; आर्कियोलॉजी ऑफ द विन्ध्याज एण्ड द गंगा वैली, रिपोर्ट बाई द एन्शिएण्ट हिस्ट्री डिपार्टमेन्ट, इलाहाबाद विश्वविद्यालय, १९८०

१६. डी०के० चक्रवर्ती, इण्डिया : ऐन आर्कियोलॉजिकल हिस्ट्री, नई दिल्ली, ऑक्सफोर्ड विश्वविद्यालय प्रेस, १९९९

१७. एफ०आर० एल्चिन एवं जगत्पति जोशी (सम्पादक), एक्सकेवेशन ऐट मालवन (विद कान्ट्रीब्यूशन्स फ्रॉम ए०के० शर्मा, के०आर० आलूर, के०टी०एम० हेगड़े आदि) दिल्ली, आर्कियोलॉजिकल सर्वे ऑफ इण्डिया (मेम्वायर नं० ९२), १९९५

१८. एम०के० धवलिकर, कल्चरल, इम्पीरियलिज्म, नई दिल्ली, बुक्स एण्ड बुक्स, १९९९

१९. पी०के० थामस, हड़प्पन सब्सिस्टेंस पैटर्न्स विद स्पेशल रिफरेंस टू शिकारपुर, ए हड़प्पन साइट इन गुजरात, मैन एण्ड इन्वायरनमेन्ट, भारत, २०, २, ३३-४१, १९९५

२०. तत्रैव, द सरस्वती फ्लोज ऑन-दि कण्टीन्यूटी ऑफ इण्डियन कल्चर, पृ० ७४, चित्र ३.३० एवं ३.३८, आर्यन बुक्स इण्टरनेशनल, नई दिल्ली, २००२

२१. आर०एस० शर्मा, एडवेन्ट ऑफ द आर्यन इन इण्डिया, पृ० १८-१९, मनोहर पब्लिशर्स, नई दिल्ली, १९९९

२२. पी०के० भन्सला, ए न्यू लुक ऐट वैदिक इण्डिया, २०००, इन्टरनेट पर उपलब्ध kakai@JPs.net

- बी०ई० हेंफिल आदि, बायोलॉजिकल एडाप्टेशन्स एण्ड एफिनीटीज-ऑफ ब्रोंज एज हड़प्पन्स, आर०एच० मिडो द्वारा सम्पादित, हड़प्पन एक्सकेवेशन, १९८६-१९९०, ए मल्टी डिसिप्लिनरी एप्रोच टू थर्ड मिलिनियम अर्बनिज्म, पृ० १३७-८२, मेडिसन : प्रीहिस्ट्री प्रेस, १९९१
- बी०बी० लाल, द अर्लिएस्ट सिविलाइजेशन ऑफ साउथ एशिया, पृ० २८७, आर्यन बुक्स इण्टरनेशनल, नई दिल्ली, १९९७
- टी० किवीसील्ड आदि, डीप कॉमन ऐन्सेस्ट्री ऑफ इण्डियन एण्ड वेस्टर्न-यूरेशियन मइट्रोकंड्रियल डी०एन०ए० लिनिएजेज, करेंट बायोलॉजी, ९, पृ० १३३१-३४।

परिशिष्ट-१

॥ ऋग्वेद संहिता ॥

अनूदित सूक्तों के मूल पाठ मैक्समूलर द्वारा
सम्पादित ऋग्वेद संहिता के अनुसार

मण्डल प्रथम

(१)

९ मधुच्छन्दा वैश्वामित्रः। अग्निः। गायत्री।

ओं अग्निमीळे पुरोहितं यज्ञस्य देवमृत्विजं। होतारं रत्नधातमं ॥१॥
अग्निः पूर्वेभिर्ऋषिभिरीड्यो नूतनैरुत। स देवाँ एह वक्षति ॥२॥
अग्निना रयिमश्नवत्पोषमेव दिवेदिवे। यशसं वीरवत्तमं ॥३॥
अग्ने यं यज्ञमध्वरं विश्वतः परिभूरसि। स इद्देवेषु गच्छति ॥४॥
अग्निर्होता कविक्रतुः सत्यश्चित्रश्रवस्तमः। देवो देवेभिरा गमत् ॥५॥
यदंग दाशुषे त्वमग्ने भद्रं करिष्यसि। तवेत्तत्सत्यमंगिरः ॥६॥
उप त्वाग्ने दिवेदिवे दोषावस्तर्धिया वयं। नमो भरंत एमसि ॥७॥
राजंतमध्वराणां गोपामृतस्य दीदिविं। वर्धमानं स्वे दमे ॥८॥
स नः पितेव सूनवेऽग्ने सूपायनो भव। सचस्वा नः स्वस्तये ॥९॥

(२)

९ मधुच्छन्दा वैश्वामित्रः। १-३ वायुः, ४-६ इन्द्र-वायु ;
७-९ मित्रावरुणौ। गायत्री।

वायवा याहि दर्शतेमे सोमा अरंकृताः। तेषां पाहि श्रुधी हवं ॥१॥
वाय उक्थेभिर्जरंते त्वामच्छा जरितारः। सुतसोमा अहर्विदः ॥२॥
वायो तव प्रपृंचती धेना जिगाति दाशुषे। उरूची सोमपीतये ॥३॥
इंद्रवायू इमे सुता उप प्रयोभिरा गतं। इंदवो वामुशंति हि ॥४॥
वायविंद्रश्च चेतथः सुतानां वाजिनीवसू। तावा यातमुप द्रवत् ॥५॥
वायविंद्रश्च सुन्वत आ यातमुप निष्कृतं। मक्ष्वि१त्था धिया नरा ॥६॥
मित्रं हुवे पूतदक्षं वरुणं च रिशादसं। धियं घृताचीं साधंता ॥७॥
ऋतेन मित्रावरुणावृतावृधावृतस्पृशा। क्रतुं बृहंतमाशाथे ॥८॥
कवी नो मित्रावरुणा तुविजाता उरुक्षया। दक्षं दधाते अपसं ॥९॥

(३)

१२ मधुच्छन्दा वैश्वामित्रः। १-३ अश्विनौ; ४-६ इन्द्रः
७-९ विश्वे देवाः, १०-१२ सरस्वती, गायत्री।

अश्विना यज्वरीरिषो द्रवत्पाणी शुभस्पती । पुरुभुजा चनस्यतं ॥१॥
अश्विना पुरुदंससा नरा शवीरया धिया । धिष्ण्या वनतं गिरः ॥२॥
दस्रा युवाकवः सुता नासत्या वृक्तबर्हिषः । आ यातं रुद्रवर्तनी ॥३॥
इंद्रा याहि चित्रभानो सुता इमे त्वायवः । अण्वीभिस्तना पूतासः ॥४॥
इंद्रा याहि धियेषितो विप्रजूतः सुतावतः । उप ब्रह्माणि वाघतः ॥५॥
इंद्रा याहि तूतुजान उप ब्रह्माणि हरिवः । सुते दधिष्व नश्चनः ॥६॥
ओमासश्चर्षणीधृतो विश्वे देवास आ गत । दाश्वांसो दाशुषः सुतं ॥७॥
विश्वे देवासो अप्तुरः सुतमा गंत तूर्णयः । उस्रा इव स्वसराणि ॥८॥
विश्वे देवासो अस्रिध एहिमायासो अद्रुहः । मेधं जुषंत वह्नयः ॥९॥
पावका नः सरस्वती वाजेभिर्वाजिनीवती । यज्ञं वष्टु धियावसुः ॥१०॥
चोदयित्री सूनृतानां चेतंती सुमतीनां । यज्ञं दधे सरस्वती ॥११॥
महो अर्णः सरस्वती प्र चेतयति केतुना । धियो विश्वा वि राजति ॥१२॥

(४)

१० मधुच्छन्दा वैश्वामित्रः। इन्द्रः। गायत्री।

सुरूपकृत्नुमूतये सुदुघामिव गोदुहे । जुहूमसि द्यविद्यवि ॥१॥
उप नः सवना गहि सोमस्य सोमपाः पिब । गोदा इद्रेवतो मदः ॥२॥
अथा ते अंतमानां विद्याम सुमतीनां । मा नो अति ख्य आ गहि ॥३॥
परेहि विग्रमस्तृतमिंद्रं पृच्छा विपश्चितं । यस्ते सखिभ्य आ वरं ॥४॥
उत ब्रुवंतु नो निदो निरन्यतश्चिदारत । दधाना इंद्र इद्दुवः ॥५॥
उत नः सुभगाँ अरिर्वोचेयुर्दस्म कृष्टयः । स्यामेदिंद्रस्य शर्मणि ॥६॥
एमाशुमाशवे भर यज्ञश्रियं नृमादनं । पतयन्मंदयत्सखं ॥७॥
अस्य पीत्वा शतक्रतो घनो वृत्राणामभवः । प्रावो वाजेषु वाजिनं ॥८॥
तं त्वा वाजेषु वाजिनं वाजयामः शतक्रतो । धनानामिंद्र सातये ॥९॥
यो रायो३वनिर्महान्त्सुपारः सुन्वतः सखा । तस्मा इंद्राय गायत ॥१०॥

(५)

१० मधुच्छन्दा वैश्वामित्रः। इन्द्रः। गायत्री।

आ त्वेता नि षीदतेंद्रमभि प्र गायत । सखायः स्तोमवाहसः ॥१॥
पुरूतमं पुरूणामीशानं वार्याणां । इंद्रं सोमे सचा सुते ॥२॥
स घा नो योग आ भुवत्स राये स पुरंध्यां । गमद्वाजेभिरा स नः ॥३॥
यस्य संस्थे न वृण्वते हरी समत्सु शत्रवः । तस्मा इंद्राय गायत ॥४॥
सुतपाव्ने सुता इमे शुचयो यंति वीतये । सोमासो दध्याशिरः ॥५॥
त्वं सुतस्य पीतये सद्यो वृद्धो अजायथाः । इंद्र ज्यैष्ठ्याय सुक्रतो ॥६॥
आ त्वा विशंत्वाशवः सोमास इंद्र गिर्वणः । शं ते संतु प्रचेतसे ॥७॥
त्वां स्तोमा अवीवृधन्त्वामुक्था शतक्रतो । त्वां वर्धंतु नो गिरः ॥८॥
अक्षितोतिः सनेदिमं वाजमिंद्रः सहस्रिणं । यस्मिन्विश्वानि पौंस्या ॥९॥
मा नो मर्ता अभि द्रुहन्तनूनामिंद्र गिर्वणः । ईशानो यवया वधं ॥१०॥

(६)

१० मधुच्छन्दा वैश्वामित्रः। १-३ इन्द्रः, ४, ६, ८, ९ मरुतः,
५, ७ मरुत इन्द्रश्च, १० इन्द्रः। गायत्री।

युंजंति ब्रध्नमरुषं चरंतं परि तस्थुषः । रोचंते रोचना दिवि ॥१॥
युंजंत्यस्य काम्या हरी विपक्षसा रथे । शोणा धृष्णू नृवाहसा ॥२॥
केतुं कृण्वन्नकेतवे पेशो मर्या अपेशसे । समुषद्भिरजायथाः ॥३॥
आदह स्वधामनु पुनर्गर्भत्वमेरिरे । दधाना नाम यज्ञियं ॥४॥
वीळु चिदारुजत्नुभिर्गुहा चिदिंद्र वह्निभिः । अविंद उस्रिया अनु ॥५॥
देवयंतो यथा मतिमच्छा विदद्वसुं गिरः । महामनूषत श्रुतं ॥६॥
इंद्रेण सं हि दृक्षसे संजग्मानो अबिभ्युषा । मंदू समानवर्चसा ॥७॥
अनवद्यैरभिद्युभिर्मखः सहस्वदर्चति । गणैरिंद्रस्य काम्यैः ॥८॥
अतः परिज्मन्ना गहि दिवो वा रोचनादधि । समस्मिन्नृंजते गिरः ॥९॥
इतो वा सातिमीमहे दिवो वा पार्थिवादधि । इंद्रं महो वा रजसः ॥१०॥

(७)

१० मधुच्छन्दा वैश्वामित्रः। इन्द्रः। गायत्री।

इंद्रमिद्गाथिनो बृहदिंद्रमर्केभिरर्किणः। इंद्रं वाणीरनूषत ॥१॥
इंद्र इद्धर्योः सचा संमिश्ल आ वचोयुजा। इंद्रो वज्री हिरण्ययः ॥२॥
इंद्रो दीर्घाय चक्षस आ सूर्यं रोहयद्दिवि। वि गोभिरद्रिमैरयत् ॥३॥
इंद्र वाजेषु नोऽव सहस्रप्रधनेषु च। उग्र उग्राभिरूतिभिः ॥४॥
इंद्रं वयं महाधन इंद्रमर्भे हवामहे। युजं वृत्रेषु वज्रिणं ॥५॥
स नो वृषन्नमुं चरुं सत्रादावन्नपा वृधि। अस्मभ्यमप्रतिष्कुतः ॥६॥
तुंजेतुंजे य उत्तरे स्तोमा इंद्रस्य वज्रिणः। न विंधे अस्य सुष्टुतिं ॥७॥
वृषा यूथेव वंसगः कृष्टीरियर्त्योजसा। ईशानो अप्रतिष्कुतः ॥८॥
य एकश्चर्षणीनां वसूनामिरज्यति। इंद्रः पंच क्षितीनां ॥९॥
इंद्रं वो विश्वतस्परि हवामहे जनेभ्यः। अस्माकमस्तु केवलः ॥१०॥

(८)

१० मधुच्छन्दा वैश्वामित्रः। इन्द्रः। गायत्री।

एंद्र सानसिं रयिं सजित्वानं सदासहं। वर्षिष्ठमूतये भर ॥१॥
नि येन मुष्टिहत्यया नि वृत्रा रुणधामहै। त्वोतासो न्यर्वता ॥२॥
इंद्र त्वोतास आ वयं वज्रं घना ददीमहि। जयेम सं युधि स्पृधः ॥३॥
वयं शूरेभिरस्तृभिरिंद्र त्वया युजा वयं। सासह्याम पृतन्यतः ॥४॥
महाँ इंद्रः परश्च नु महित्वमस्तु वज्रिणे। द्यौर्न प्रथिना शवः ॥५॥
समोहे वा य आशत नरस्तोकस्य सनितौ। विप्रासो वा धियायवः ॥६॥
यः कुक्षिः सोमपातमः समुद्र इव पिन्वते। उर्वीरापो न काकुदः ॥७॥
एवा ह्यस्य सूनृता विरप्शी गोमती मही। पक्वा शाखा न दाशुषे ॥८॥
एवा हि ते विभूतय ऊतय इंद्र मावते। सद्यश्चित्संति दाशुषे ॥९॥
एवा ह्यस्य काम्या स्तोम उक्थं च शंस्या। इंद्राय सोमपीतये ॥१०॥

(९)

१० मधुच्छन्दा वैश्वामित्रः। इन्द्रः। गायत्री।

इंद्रेहि मत्स्यंधसो विश्वेभिः सोमपर्वभिः । महाँ अभिष्टिरोजसा ॥१॥
एमेनं सृजता सुते मंदिमिंद्राय मंदिने । चक्रिं विश्वानि चक्रये ॥२॥
मत्स्वा सुशिप्र मंदिभिः स्तोमेभिर्विश्वचर्षणे । सचैषु सवनेष्वा ॥३॥
असृग्रमिंद्र ते गिरः प्रति त्वामुदहासत । अजोषा वृषभं पतिं ॥४॥
सं चोदय चित्रमर्वाग्राध इंद्र वरेण्यं । असदित्ते विभु प्रभु ॥५॥
अस्मान्त्सु तत्र चोदयेंद्र राये रभस्वतः । तुविद्युम्न यशस्वतः ॥६॥
सं गोमदिंद्र वाजवदस्मे पृथु श्रवो बृहत् । विश्वायुर्धेह्यक्षितं ॥७॥
अस्मे धेहि श्रवो बृहद्द्युम्नं सहस्रसातमं । इंद्र ता रथिनीरिषः ॥८॥
वसोरिंद्रं वसुपतिं गीर्भिर्गृणंत ऋग्मियं । होम गंतारमूतये ॥९॥
सुतेसुते न्योकसे बृहद्बृहत एदरिः । इंद्राय शूषमर्चति ॥१०॥

(१०)

१२ मधुच्छन्दा वैश्वामित्रः। इन्द्रः। अनुष्टुप्।

गायंति त्वा गायत्रिणोऽर्चंत्यर्कमर्किणः। ब्रह्माणस्त्वा शतक्रत उद्वंशमिव येमिरे ॥१॥
यत्सानोः सानुमारुहद्भूर्यस्पष्ट कर्त्वं। तदिंद्रो अर्थं चेतति यूथेन वृष्णिरेजति ॥२॥
युक्ष्वा हि केशिना हरी वृषणा कक्ष्यप्रा। अथा न इंद्र सोमपा गिरामुपश्रुतिं चर ॥३
एहि स्तोमाँ अभि स्वराभि गृणीह्या रुव। ब्रह्म च नो वसो सचेंद्र यज्ञं च वर्धय ॥४
उक्थमिंद्राय शंस्यं वर्धनं पुरुनिष्षिधे। शक्रो यथा सुतेषु णो रारणत्सख्येषु च ॥५॥
तमित्सखित्व ईमहे तं राये तं सुवीर्ये। स शक्र उत नः शकदिंद्रो वसु दयमानः ॥६॥
सुविवृतं सुनिरजमिंद्र त्वादातमिद्यशः। गवामप व्रजं वृधि कृणुष्व राधो अद्रिवः ॥७॥

नहि त्वा रोदसी उभे ऋघायमाणमिन्वतः।
जेषः स्वर्वतीरपः सं गा अस्मभ्यं धूनुहि ॥८॥

आश्रुत्कर्ण श्रुधी हवं नू चिद्दधिष्व मे गिरः।
इंद्र स्तोममिमं मम कृष्वा युजश्चिदंतरं ॥९॥

विद्मा हि त्वा वृषंतमं वाजेषु हवनश्रुतं। वृषंतमस्य हूमह ऊतिं सहस्रसातमां ॥१०॥

आ तू न इंद्र कौशिक मंदसानः सुतं पिब।
नव्यमायुः प्र सू तिर कृधी सहस्रसामृषिं ॥११॥

परि त्वा गिर्वणो गिर इमा भवंतु विश्वतः।
वृद्धायुमनु वृद्धयो जुष्टा भवंतु जुष्टयः ॥१२॥

(२४)

१५ आजीगर्तिः शुनःशेपः स कृतिमो वैश्वामित्रो देवरातः।
१ कः (प्रजापतिः); २ अग्निः; ३-५ सविता, ५ भगो वा, ६-१५ वरुणः।
१, २, ६-१५ त्रिष्टुप्, ३-५ गायत्री।

कस्य नूनं कतमस्यामृतानां मनामहे चारु देवस्य नाम।
को नो मह्या अदितये पुनर्दात्पितरं च दृशेयं मातरं च ॥१॥

अग्नेर्वयं प्रथमस्यामृतानां मनामहे चारु देवस्य नाम।
स नो मह्या अदितये पुनर्दात्पितरं च दृशेयं मातरं च ॥२॥

अभि त्वा देव सवितरीशानं वार्याणां। सदावन्भागमीमहे ॥३॥

यश्चिद्धि त इत्था भगः शशमानः पुरा निदः। अद्वेषो हस्तयोर्दधे ॥४॥

भगभक्तस्य ते वयमुदशेम तवावसा। मूर्धानं राय आरभे ॥५॥
नहि ते क्षत्रं न सहो न मन्युं वयश्चनामी पतयंत आपुः।
नेमा आपो अनिमिषं चरंतीर्न ये वातस्य प्रमिनंत्यभ्वं ॥६॥

अबुध्ने राजा वरुणो वनस्योर्ध्वं स्तूपं ददते पूतदक्षः।
नीचीनाः स्थुरुपरि बुध्न एषामस्मे अंतर्निहिताः केतवः स्युः ॥७॥

उरुं हि राजा वरुणश्चकार सूर्याय पंथामन्वेतवा उ।
अपदे पादा प्रतिधातवेऽकरुतापवक्ता हृदयाविधश्चित् ॥८॥

शतं ते राजन्भिषजः सहस्रमुर्वी गभीरा सुमतिष्टे अस्तु।
बाधस्व दूरे निर्ऋतिं पराचैः कृतं चिदेनः प्र मुमुग्ध्यस्मत् ॥९॥

अमी य ऋक्षा निहितास उच्चा नक्तं ददृश्रे कुह चिद्दिवेयुः।
अदब्धानि वरुणस्य व्रतानि विचाकशच्चंद्रमा नक्तमेति ॥१०॥

तत्त्वा यामि ब्रह्मणा वंदमानस्तदा शास्ते यजमानो हविर्भिः।
अहेळमानो वरुणेह बोध्युरुशंस मा न आयुः प्र मोषीः ॥११॥

तदिन्नक्तं तद्दिवा मह्यमाहुस्तदयं केतो हृद आ वि चष्टे।
शुनःशेपो यमह्वद्गृभीतः सो अस्मान्राजा वरुणो मुमोक्तु ॥१२॥

शुनःशेपो ह्यह्वद्गृभीतस्त्रिष्वादित्यं द्रुपदेषु बद्धः ।
अवैनं राजा वरुणः ससृज्याद्विद्वाँ अदब्धो वि मुमोक्तु पाशान् ॥१३॥

अव ते हेळो वरुण नमोभिरव यज्ञेभिरीमहे हविर्भिः ।
क्षयन्नस्मभ्यमसुर प्रचेता राजन्नेनांसि शिश्रथः कृतानि ॥१४॥
उदुत्तमं वरुण पाशमस्मदवाधमं वि मध्यमं श्रथाय ।
अथा वयमादित्य व्रते तवानागसो अदितये स्याम ॥१५॥

(३५)

११ हिरण्यस्तूप आङ्गिरसः। १ (पादानां क्रमेण) अग्निः, मित्रावरुणौ, रात्रिः, सविता च। २-११ सविता। त्रिष्टुप्, १, ९ जगती,।

ह्वयाम्यग्निं प्रथमं स्वस्तये ह्वयामि मित्रावरुणाविहावसे ।
ह्वयामि रात्रीं जगतो निवेशनीं ह्वयामि देवं सवितारमूतये ॥१॥
आ कृष्णेन रजसा वर्तमानो निवेशयन्नमृतं मर्त्यं च ।
हिरण्ययेन सविता रथेना देवो याति भुवनानि पश्यन् ॥२॥
याति देवः प्रवता यात्युद्वता याति शुभ्राभ्यां यजतो हरिभ्यां ।
आ देवो याति सविता परावतोऽप विश्वा दुरिता बाधमानः ॥३॥
अभीवृतं कृशनैर्विश्वरूपं हिरण्यशम्यं यजतो बृहंतं ।
आस्थाद्रथं सविता चित्रभानुः कृष्णा रजांसि तविषीं दधानः ॥४॥
वि जनाञ्छ्यावाः शितिपादो अख्यन्रथं हिरण्यप्रउगं वहंतः ।
शश्वद्विशः सवितुर्दैव्यस्योपस्थे विश्वा भुवनानि तस्थुः ॥५॥
तिस्रो द्यावः सवितुर्द्वा उपस्थाँ एका यमस्य भुवने विराषाट् ।
आणिं न रथ्यममृताधि तस्थुरिह ब्रवीतु य उ तच्चिकेतत् ॥६॥
वि सुपर्णो अंतरिक्षाण्यख्यद्गभीरवेपा असुरः सुनीथः ।
क्वेदानीं सूर्यः कश्चिकेत कतमां द्यां रश्मिरस्या ततान ॥७॥
अष्टौ व्यख्यत्ककुभः पृथिव्यास्त्री धन्व योजना सप्त सिंधून् ।
हिरण्याक्षः सविता देव आगाद्दधद्रत्ना दाशुषे वार्याणि ॥८॥
हिरण्यपाणिः सविता विचर्षणिरुभे द्यावापृथिवी अंतरीयते ।
अपामीवां बाधते वेति सूर्यमभि कृष्णेन रजसा द्यामृणोति ॥९॥
हिरण्यहस्तो असुरः सुनीथः सुमृळीकः स्ववाँ यात्वर्वाङ् ।
अपसेधन्रक्षसो यातुधानानस्थाद्देवः प्रतिदोषं गृणानः ॥१०॥
ये ते पंथाः सवितः पूर्व्यासोऽरेणवः सुकृता अंतरिक्षे ।
तेभिर्नो अद्य पथिभिः सुगेभी रक्षा च नो अधि च ब्रूहि देव ॥११॥

(८५)

१२ गोतमो राहूगणः। मरुतः। जगतीः। १२ त्रिष्टुप्।

प्र ये शुंभंते जनयो न सप्तयो यामन्रुद्रस्य सूनवः सुदंससः ।
रोदसी हि मरुतश्चक्रिरे वृधे मदंति वीरा विदथेषु घृष्वयः ॥१॥
त उक्षितासो महिमानमाशत दिवि रुद्रासो अधि चक्रिरे सदः ।
अर्चंतो अर्कं जनयंत इंद्रियमधि श्रियो दधिरे पृश्निमातरः ॥२॥
गोमातरो यच्छुभयंते अंजिभिस्तनूषु शुभ्रा दधिरे विरुक्मतः ।
बाधंते विश्वमभिमातिनमप वर्त्मान्येषामनु रीयते घृतं ॥३॥
वि ये भ्राजंते सुमखास ऋष्टिभिः प्रच्यावयंतो अच्युता चिदोजसा ।
मनोजुवो यन्मरुतो रथेष्वा वृषव्रातासः पृषतीरयुग्ध्वं ॥४॥
प्र यद्रथेषु पृषतीरयुग्ध्वं वाजे अद्रिं मरुतो रंहयंतः ।
उतारुषस्य वि ष्यंति धाराश्चर्मेवोदभिर्व्युंदंति भूम ॥५॥
आ वो वहंतु सप्तयो रघुष्यदो रघुपत्वानः प्र जिगात बाहुभिः ।
सीदता बर्हिरुरु वः सदस्कृतं मादयध्वं मरुतो मध्वो अंधसः ॥६॥
तेऽवर्धंत स्वतवसो महित्वना नाकं तस्थुरुरु चक्रिरे सदः ।
विष्णुर्यद्धावद्वृषणं मदच्युतं वयो न सीदन्नधि बर्हिषि प्रिये ॥७॥
शूरा इवेद्युयुधयो न जग्मयः श्रवस्यवो न पृतनासु येतिरे ।
भयंते विश्वा भुवना मरुद्भ्यो राजान इव त्वेषसंदृशो नरः ॥८॥
त्वष्टा यद्वज्रं सुकृतं हिरण्ययं सहस्रभृष्टिं स्वपा अवर्तयत् ।
धत्त इंद्रो नर्यपांसि कर्तवेऽहन्वृत्रं निरपामौब्जदर्णवं ॥९॥
ऊर्ध्वं नुनुद्रेऽवतं त ओजसा दादृहाणं चिद्बिभिदुर्वि पर्वतं ।
धमंतो वाणं मरुतः सुदानवो मदे सोमस्य रण्यानि चक्रिरे ॥१०॥
जिह्मं नुनुद्रेऽवतं तया दिशासिंचन्नुत्सं गोतमाय तृष्णजे ।
आ गच्छंतीमवसा चित्रभानवः कामं विप्रस्य तर्पयंत धामभिः ॥११॥
या वः शर्म शशमानाय संति त्रिधातूनि दाशुषे यच्छताधि ।
अस्मभ्यं तानि मरुतो वि यंत रयिं नो धत्त वृषणः सुवीरं ॥१२॥

(८९)

१० गोतमो राहूगणः। विश्वेदेवाः। (१-२, ८-९ देवाः, १० अदितिः)। जगती; ६ विराट्-स्थाना; ८-१० त्रिष्टुप्।

ा नो भद्राः क्रतवो यंतु विश्वतोऽदब्धासो अपरीतास उद्भिदः ।
वा नो यथा सदमिद्वृधे असन्नप्रायुवो रक्षितारो दिवेदिवे ॥१॥
वानां भद्रा सुमतिर्ऋजूयतां देवानां रातिरभि नो नि वर्ततां ।
वानां सख्यमुप सेदिमा वयं देवा न आयुः प्र तिरंतु जीवसे ॥२॥
ान्पूर्वया निविदा हूमहे वयं भगं मित्रमदितिं दक्षमस्रिधं ।
अर्यमणं वरुणं सोममश्विना सरस्वती नः सुभगा मयस्करत् ॥३॥
न्नो वातो मयोभु वातु भेषजं तन्माता पृथिवी तत्पिता द्यौः ।
ग्रावाणः सोमसुतो मयोभुवस्तदश्विना शृणुतं धिष्ण्या युवं ॥४॥
मीशानं जगतस्तस्थुषस्पतिं धियंजिन्वमवसे हूमहे वयं ।
षा नो यथा वेदसामसद्वृधे रक्षिता पायुरदब्धः स्वस्तये ॥५॥
वस्ति न इंद्रो वृद्धश्रवाः स्वस्ति नः पूषा विश्ववेदाः ।
वस्ति नस्तार्क्ष्यो अरिष्टनेमिः स्वस्ति नो बृहस्पतिर्दधातु ॥६॥
षदश्वा मरुतः पृश्निमातरः शुभंयावानो विदथेषु जग्मयः ।
ग्निजिह्वा मनवः सूरचक्षसो विश्वे नो देवा अवसा गमन्निह ॥७॥
द्रं कर्णेभिः शृणुयाम देवा भद्रं पश्येमाक्षभिर्यजत्राः ।
थिरैरंगैस्तुष्टुवांसस्तनूभिर्व्यशेम देवहितं यदायुः ॥८॥
तमिन्नु शरदो अंति देवा यत्रा नश्चक्रा जरसं तनूनां ।
त्रासो यत्र पितरो भवंति मा नो मध्या रीरिषतायुर्गंतोः ॥९॥
दितिर्द्यौरदितिरंतरिक्षमदितिर्माता स पिता स पुत्रः ।
श्वे देवा अदितिः पंच जना अदितिर्जातमदितिर्जनित्वं ॥१०॥

(९०)

९ गोतमो राहूगणः। विश्वेदेवाः। गायत्री; ९ अनुष्टुप्।

ऋजुनीती नो वरुणो मित्रो नयतु विद्वान्। अर्यमा देवैः सजोषाः॥१॥
ते हि वस्वो वसवानास्ते अप्रमूरा महोभिः। व्रता रक्षंते विश्वाहा॥२॥
ते अस्मभ्यं शर्म यंसन्नमृता मर्त्येभ्यः। बाधमाना अप द्विषः॥३॥
वि नः पथः सुवितायं चियंत्विंद्रो मरुतः। पूषा भगो वंद्यासः॥४॥
उत नो धियो गोअग्राः पूषन्विष्णवेवयावः। कर्ता नः स्वस्तिमतः॥५॥
मधु वाता ऋतायते मधु क्षरंति सिंधवः। माध्वीर्नः संत्वोषधीः॥६॥
मधु नक्तमुतोषसो मधुमत्पार्थिवं रजः। मधु द्यौरस्तु नः पिता॥७॥
मधुमान्नो वनस्पतिर्मधुमाँ अस्तु सूर्यः। माध्वीर्गावो भवंतु नः॥८॥
शं नो मित्रः शं वरुणः शं नो भवत्वर्यमा।
शं न इंद्रो बृहस्पतिः शं नो विष्णुरुरुक्रमः॥९॥

(१५४)

६ दीर्घतमा औचथ्यः। विष्णुः। त्रिष्टुप्।

विष्णोर्नु कं वीर्याणि प्र वोचं यः पार्थिवानि विममे रजांसि।
यो अस्कभायदुत्तरं सधस्थं विचक्रमाणस्त्रेधोरुगायः॥१॥
प्र तद्विष्णुः स्तवते वीर्येण मृगो न भीमः कुचरो गिरिष्ठाः।
यस्योरुषु त्रिषु विक्रमणेष्वधिक्षियंति भुवनानि विश्वा॥२॥
प्र विष्णवे शूषमेतु मन्म गिरिक्षित उरुगायाय वृष्णे।
य इदं दीर्घं प्रयतं सधस्थमेको विममे त्रिभिरित्पदेभिः॥३॥
यस्य त्री पूर्णा मधुना पदान्यक्षीयमाणा स्वधया मदंति।
य उ त्रिधातु पृथिवीमुत द्यामेको दाधार भुवनानि विश्वा॥४॥
तदस्य प्रियमभि पाथो अश्यां नरो यत्र देवयवो मदंति।
उरुक्रमस्य स हि बंधुरित्था विष्णोः पदे परमे मध्व उत्सः॥५॥
ता वां वास्तून्युश्मसि गमध्यै यत्र गावो भूरिशृंगा अयासः।
अत्राह तदुरुगायस्य वृष्णः परमं पदमव भाति भूरि॥६॥

(१६०)

५ दीर्घतमा औचथ्यः। द्यावापृथिवी। जगती।

ते हि द्यावापृथिवी विश्वशंभुव ऋतावरी रजसो धारयत्कवी ।
सुजन्मनी धिषणे अंतरीयते देवो देवी धर्मणा सूर्यः शुचिः ॥ १ ॥

उरुव्यचसा महिनी असश्चता पिता माता च भुवनानि रक्षतः ।
सुधृष्टमे वपुष्ये३ न रोदसी पिता यत्सीमभि रूपैरवासयत् ॥ २ ॥

स वह्निः पुत्रः पित्रोः पवित्रवान्पुनाति धीरो भुवनानि मायया ।
धेनुं च पृश्निं वृषभं सुरेतसं विश्वाहा शुक्रं पयो अस्य दुक्षत ॥ ३ ॥

अयं देवानामपसामपस्तमो यो जजान रोदसी विश्वशंभुवा ।
वि यो ममे रजसी सुक्रतूययाजरेभिः स्कंभनेभिः समानृचे ॥ ४ ॥

ते नो गृणाने महिनी महि श्रवः क्षत्रं द्यावापृथिवी धासथो बृहत् ।
येनाभि कृष्टीस्ततनाम विश्वहा पनाय्यमोजो अस्मे समिन्वतं ॥ ५ ॥

(१६४)

५२ दीर्घतमा औचथ्यः। १-४१ विश्वेदेवाः, ४२ आद्यर्धर्चस्य वाक्, द्वितीयस्य आपः;४३ आद्यर्धर्चस्य शकधूमः, द्वितीयस्य सोमः, ४४ केशिनः (अग्निः सूर्यो वायुश्च;) ४५ वाक्; ४६-४७ सूर्यः; ४८ संवत्सरकालचक्रम्; ४९ सरस्वती, ५० साध्याः, ५१ सूर्यः, पर्जन्याग्नयो वा; ५२ सरस्वान्, सूर्यो वा। त्रिष्टुप्; १२, १५, २३, २९, ३६, ४१ जगती; ४२ प्रस्तारपंक्तिः; ५१ अनुष्टुप्।

अस्य वामस्य पलितस्य होतुस्तस्य भ्राता मध्यमो अस्त्यश्नः ।
तृतीयो भ्राता घृतपृष्ठो अस्यात्रापश्यं विश्पतिं सप्तपुत्रं ॥१॥
सप्त युंजंति रथमेकचक्रमेको अश्वो वहति सप्तनामा ।
त्रिनाभि चक्रमजरमनर्वं यत्रेमा विश्वा भुवनाधि तस्थुः ॥२॥
इमं रथमधि ये सप्त तस्थुः सप्तचक्रं सप्त वहंत्यश्वाः ।
सप्त स्वसारो अभि सं नवंते यत्र गवां निहिता सप्त नाम ॥३॥
को ददर्श प्रथमं जायमानमस्थन्वंतं यदनस्था बिभर्ति ।
भूम्या असुरसृगात्मा क्व स्वित्को विद्वांसमुप गात्प्रष्टुमेतत् ॥४॥
पाकः पृच्छामि मनसाविजानन्देवानामेना निहिता पदानि ।
वत्से बष्कयेऽधि सप्त तंतून्वि तत्निरे कवय ओतवा उ ॥५॥
अचिकित्वाञ्चिकितुषश्चिदत्र कवीन्पृच्छामि विद्मने न विद्वान ।
वि यस्तस्तंभ षळिमा रजांस्यजस्य रूपे किमपि स्विदेकं ॥६॥
इह ब्रवीतु य ईमंग वेदास्य वामस्य निहितं पदं वेः ।
शीर्ष्णः क्षीरं दुह्रते गावो अस्य वव्रिं वसाना उदकं पदापुः ॥७॥
माता पितरमृत आ बभाज धीत्यग्रे मनसा सं हि जग्मे ।
सा बीभत्सुर्गर्भरसा निविद्धा नमस्वंत इदुपवाकमीयुः ॥८॥
युक्ता मातासीद्धुरि दक्षिणाया अतिष्ठद्गर्भो वृजनीष्वंतः ।
अमीमेद्वत्सो अनु गामपश्यद्विश्वरूप्यं त्रिषु योजनेषु ॥९॥
तिस्रो मातॄस्त्रीन्पितॄन्बिभ्रदेक ऊर्ध्वस्तस्थौ नेमव ग्लापयंति ।
मंत्रयंते दिवो अमुष्य पृष्ठे विश्वविदं वाचमविश्वमिन्वां ॥१०॥
द्वादशारं नहि तज्जराय वर्वर्ति चक्रं परि द्यामृतस्य ।
आ पुत्रा अग्ने मिथुनासो अत्र सप्त शतानि विंशतिश्च तस्थुः ॥११॥

पंचपादं पितरं द्वादशाकृतिं दिव आहुः परे अर्धे पुरीषिणं ।
अथेमे अन्य उपरे विचक्षणं सप्तचक्रे षळर आहुरर्पितं ॥१२॥
पंचारे चक्रे परिवर्तमाने तस्मिन्ना तस्थुर्भुवनानि विश्वा ।
तस्य नाक्षस्तप्यते भूरिभारः सनादेव न शीर्यते सनाभिः ॥१३॥
सनेमि चक्रमजरं वि वावृत उत्तानायां दश युक्ता वहंति ।
सूर्यस्य चक्षू रजसैत्यावृतं तस्मिन्नार्पिता भुवनानि विश्वा ॥१४॥
साकंजानां सप्तथमाहुरेकजं षळिद्यमा ऋषयो देवजा इति ।
तेषामिष्टानि विहितानि धामशः स्थात्रे रेजंते विकृतानि रूपशः ॥१५॥
स्त्रियः सतीस्ताँ उं मे पुंस आहुः पश्यदक्षण्वान्न वि चेतदंधः ।
कविर्यः पुत्रः स ईमा चिकेत यस्ता विजानात्स पितुष्पितासत् ॥१६॥
अवः परेण पर एनावरेण पदा वत्सं बिभ्रती गौरुदस्थात् ।
सा कद्रीची कं स्विदर्धं परागात्क्व स्वित्सूते नहि यूथे अंतः ॥१७॥
अवः परेण पितरं यो अस्यानुवेद पर एनावरेण ।
कवीयमानः क इह प्र वोचद्देवं मनः कुतो अधि प्रजातं ॥१८॥
ये अर्वाचस्ताँ उ पराच आहुर्ये पराचस्ताँ उं अर्वाच आहुः ।
इंद्रश्च या चक्रथुः सोम तानि धुरा न युक्ता रजसो वहंति ॥१९॥
द्वा सुपर्णा सयुजा सखाया समानं वृक्षं परि षस्वजाते ।
तयोरन्यः पिप्पलं स्वाद्वत्त्यनश्नन्नन्यो अभि चाकशीति ॥२०॥
यत्रा सुपर्णा अमृतस्य भागमनिमेषं विदथाभिस्वरंति ।
इनो विश्वस्य भुवनस्य गोपाः स मा धीरः पाकमत्रा विवेश ॥२१॥
यस्मिन्वृक्षे मध्वदः सुपर्णा निविशंते सुवते चाधि विश्वे ।
तस्येदाहुः पिप्पलं स्वाद्वग्रे तन्नोन्नशद्यः पितरं न वेद ॥२२॥
यद्गायत्रे अधि गायत्रमाहितं त्रैष्टुभाद्वा त्रैष्टुभं निरतक्षत ।
यद्वा जगज्जगत्याहितं पदं य इत्तद्विदुस्ते अमृतत्वमानशुः ॥२३॥
गायत्रेण प्रति मिमीते अर्कमर्केण साम त्रैष्टुभेन वाकं ।
वाकेन वाकं द्विपदा चतुष्पदाक्षरेण मिमते सप्त वाणीः ॥२४॥

जगता सिंधुं दिव्यस्तभायद्रथंतरे सूर्यं पर्यपश्यत् ।
गायत्रस्य समिधस्तिस्र आहुस्ततो मह्ना प्र रिरिचे महित्वा ॥२५॥

उप ह्वये सुदुघां धेनुमेतां सुहस्तो गोधुगुत दोहदेनां ।
श्रेष्ठं सवं सविता साविषन्नोऽभीद्धो घर्मस्तदु षु प्र वोचं ॥२६॥

हिंकृण्वती वसुपत्नी वसूनां वत्समिच्छंती मनसाभ्यागात् ।
दुहामश्विभ्यां पयो अघ्न्येयं सा वर्धतां महते सौभगाय ॥२७॥

गौरमीमेदनु वत्सं मिषंतं मूर्धानं हिङ्ङकृणोन्मातवा उ ।
सृक्वाणं घर्ममभि वावशाना मिमाति मायुं पयते पयोभिः ॥२८॥

अयं स शिंक्ते येन गौरभीवृता मिमाति मायुं ध्वसनावधि श्रिता ।
सा चित्तिभिर्नि हि चकार मर्त्यं विद्युद्भवंती प्रति वव्रिमौहत ॥२९॥

अनच्छये तुरगातु जीवमेजद्ध्रुवं मध्य आ पस्त्यानां ।
जीवो मृतस्य चरति स्वधाभिरमर्त्यो मर्त्येना सयोनिः ॥३०॥

अपश्यं गोपामनिपद्यमानमा च परा च पथिभिश्चरंतं ।
स सध्रीचीः स विषूचीर्वसान आ वरीवर्ति भुवनेष्वंतः ॥३१॥

य ईं चकार न सो अस्य वेद य ईं ददर्श हिरुगिन्नु तस्मात् ।
स मातुर्योना परिवीतो अंतर्बहुप्रजा निर्ऋतिमा विवेश ॥३२॥

द्यौर्मे पिता जनिता नाभिरत्र बंधुर्मे माता पृथिवी महीयं ।
उत्तानयोश्चम्वो३र्योनिरंतरत्रा पिता दुहितुर्गर्भमाधात् ॥३३॥

पृच्छामि त्वा परमंतं पृथिव्याः पृच्छामि यत्र भुवनस्य नाभिः ।
पृच्छामि त्वा वृष्णो अश्वस्य रेतः पृच्छामि वाचः परमं व्योम ॥३४॥

इयं वेदिः परो अंतः पृथिव्या अयं यज्ञो भुवनस्य नाभिः ।
अयं सोमो वृष्णो अश्वस्य रेतो ब्रह्मायं वाचः परमं व्योम ॥३५॥

सप्तार्धगर्भा भुवनस्य रेतो विष्णोस्तिष्ठंति प्रदिशा विधर्मणि ।
ते धीतिभिर्मनसा ते विपश्चितः परिभुवः परि भवंति विश्वतः ॥३६॥

न वि जानामि यदिवेदमस्मि निण्यः संनद्धो मनसा चरामि ।
यदा मागन्प्रथमजा ऋतस्यादिद्वाचो अश्नुवे भागमस्याः ॥३७॥

अपाङ् प्राङेति स्वधया गृभीतोऽमर्त्यो मर्त्येना सयोनिः ।
ता शश्वंता विषूचीना वियंता न्य१न्यं चिक्युर्न नि चिक्युरन्यं ॥३८॥

ऋचो अक्षरे परमे व्योमन्यस्मिन्देवा अधि विश्वे निषेदुः ।
यस्तन्न वेद किमृचा करिष्यति य इत्तद्विदुस्त इमे समासते ॥३९॥

सूयवसाद्भगवती हि भूया अथो वयं भगवंतः स्याम ।
अद्धि तृणमघ्न्ये विश्वदानीं पिब शुद्धमुदकमाचरंती ॥४०॥

गौरीर्मिमाय सलिलानि तक्षत्येकपदी द्विपदी सा चतुष्पदी ।
अष्टापदी नवपदी बभूवुषी सहस्राक्षरा परमे व्योमन् ॥४१॥

तस्याः समुद्रा अधि वि क्षरंति तेन जीवंति प्रदिशश्चतस्रः ।
ततः क्षरत्यक्षरं तद्विश्वमुप जीवति ॥४२॥

शकमयं धूममारादपश्यं विषूवता पर एनावरेण ।
उक्षाणं पृश्निमपचंत वीरास्तानि धर्माणि प्रथमान्यासन् ॥४३॥

त्रयः केशिन ऋतुथा वि चक्षते संवत्सरे वपत एक एषां ।
विश्वमेको अभि चष्टे शचीभिर्ध्राजिरेकस्य ददृशे न रूपं ॥४४॥

चत्वारि वाक्परिमिता पदानि तानि विदुर्ब्राह्मणा ये मनीषिणः ।
गुहा त्रीणि निहिता नेंगयंति तुरीयं वाचो मनुष्या वदंति ॥४५॥

इंद्रं मित्रं वरुणमग्निमाहुरथो दिव्यः स सुपर्णो गरुत्मान् ।
एकं सद्विप्रा बहुधा वदंत्यग्निं यमं मातरिश्वानमाहुः ॥४६॥

कृष्णं नियानं हरयः सुपर्णा अपो वसाना दिवमुत्पतंति ।
त आववृत्रन्त्सदनादृतस्यादिद्घृतेन पृथिवी व्युद्यते ॥४७॥

द्वादश प्रधयश्चक्रमेकं त्रीणि नभ्यानि क उ तच्चिकेत ।
तस्मिन्त्साकं त्रिशता न शंकवोऽर्पिताः षष्टिर्न चलाचलासः ॥४८॥

यस्ते स्तनः शशयो यो मयोभूर्येन विश्वा पुष्यसि वार्याणि ।
यो रत्नधा वसुविद्यः सुदत्रः सरस्वति तमिह धातवे कः ॥४९॥

यज्ञेन यज्ञमयजंत देवास्तानि धर्माणि प्रथमान्यासन् ।
ते ह नाकं महिमानः सचंत यत्र पूर्वे साध्याः संति देवाः ॥५०॥

समानमेतदुदकमुच्चैत्यव चाहभिः । भूमिं पर्जन्या जिन्वंति दिवं जिन्वंत्यग्नयः ॥५१॥

दिव्यं सुपर्णं वायसं बृहंतमपां गर्भं दर्शतमोषधीनां ।
अभीपतो वृष्टिभिस्तर्पयंतं सरस्वंतमवसे जोहवीमि ॥५२॥

(१८९)

८ अगस्त्यो मैत्रावरुणिः। अग्निः। त्रिष्टुप्।

अग्ने नय सुपथा राये अस्मान्विश्वानि देव वयुनानि विद्वान् ।
युयोध्य१स्मज्जुहुराणमेनो भूयिष्ठां ते नमउक्तिं विधेम ॥१॥
अग्ने त्वं पारया नव्यो अस्मान्स्वस्तिभिरति दुर्गाणि विश्वा ।
पूश्च पृथ्वी बहुला न उर्वी भवा तोकाय तनयाय शं योः ॥२॥
अग्ने त्वमस्मद्युयोध्यमीवा अनग्नित्रा अभ्यमन्त कृष्टीः ।
पुनरस्मभ्यं सुविताय देव क्षां विश्वेभिरमृतेभिर्यजत्र ॥३॥
पाहि नो अग्ने पायुभिरजस्रैरुत प्रिये सदन आ शुशुक्वान् ।
मा ते भयं जरितारं यविष्ठ नूनं विदन्मापरं सहस्वः ॥४॥
मा नो अग्नेऽव सृजो अघायाविष्यवे रिपवे दुच्छुनायै ।
मा दत्वते दशते मादते नो मा रीषते सहसावन्परा दाः ॥५॥
वि घ त्वावाँ ऋतजात यंसद्गृणानो अग्ने तन्वे३ वरूथं ।
विश्वाद्रिरिक्षोरुत वा निनित्सोरभिह्रुतामसि हि देव विष्पट् ॥६॥
त्वं ताँ अग्न उभयान्वि विद्वान्वेषि प्रपित्वे मनुषो यजत्र ।
अभिपित्वे मनवे शास्यो भूर्मर्मृजेन्य उशिग्भिर्नाक्रः ॥७॥
अवोचाम निवचनान्यस्मिन्मानस्य सूनुः सहसाने अग्नौ ।
वयं सहस्रमृषिभिः सनेम विद्यामेषं वृजनं जीरदानुं ॥८॥

मण्डल द्वितीय

(१२)

१५ गृत्समद (आङ्गिरसः शौनहोत्रः पश्चाद्) भार्गवः शौनकः। इन्द्रः। त्रिष्टुप्।

यो जात एव प्रथमो मनस्वान्देवो देवान्क्रतुना पर्यभूषत्।
यस्य शुष्माद्रोदसी अभ्यसेतां नृम्णस्य मह्ना स जनास इंद्रः ॥१॥
यः पृथिवीं व्यथमानामदृंहद्यः पर्वतान्प्रकुपिताँ अरम्णात्।
यो अंतरिक्षं विममे वरीयो यो द्यामस्तभ्नात्स जनास इंद्रः ॥२॥
यो हत्वाहिमरिणात्सप्त सिंधून्यो गा उदाजदपधा वलस्य।
यो अश्मनोरंतरग्निं जजान संवृक्समत्सु स जनास इंद्रः ॥३॥
येनेमा विश्वा च्यवना कृतानि यो दासं वर्णमधरं गुहाकः।
श्वघ्नीव यो जिगीवां लक्षमाददर्यः पुष्टानि स जनास इंद्रः ॥४॥
यं स्मा पृच्छंति कुह सेति घोरमुतेमाहुर्नैषो अस्तीत्येनं।
सो अर्यः पुष्टीर्विज इवा मिनाति श्रदस्मै धत्त स जनास इंद्रः ॥५॥
यो रध्रस्य चोदिता यः कृशस्य यो ब्रह्मणो नाधमानस्य कीरेः।
युक्तग्राव्णो योऽविता सुशिप्रः सुतसोमस्य स जनास इंद्रः ॥६॥
यस्याश्वासः प्रदिशि यस्य गावो यस्य ग्रामा यस्य विश्वे रथासः।
यः सूर्यं य उषसं जजान यो अपां नेता स जनास इंद्रः ॥७॥
यं क्रंदसी संयती विह्वयेते परेऽवर उभया अमित्राः।
समानं चिद्रथमातस्थिवांसा नाना हवेते स जनास इंद्रः ॥८॥
यस्मान्न ऋते विजयंते जनासो यं युध्यमाना अवसे हवंते।
यो विश्वस्य प्रतिमानं बभूव यो अच्युतच्युत्स जनास इंद्रः ॥९॥
यः शश्वतो मह्येनो दधानानमन्यमानाञ्छर्वा जघान।
यः शर्धते नानुददाति शृध्यां यो दस्योर्हंता स जनास इंद्रः ॥१०॥
यः शंबरं पर्वतेषु क्षियंतं चत्वारिंश्यां शरद्यन्वविंदत्।
ओजायमानं यो अहिं जघान दानुं शयानं स जनास इंद्रः ॥११॥

यः सप्तरश्मिर्वृषभस्तुविष्मानवासृजत्सर्तवे सप्त सिंधून् ।
यो रौहिणमस्फुरद्वज्रबाहुर्द्यामारोहंतं स जनास इंद्रः ॥१२॥
द्यावा चिदस्मै पृथिवी नमेते शुष्माच्चिदस्य पर्वता भयंते ।
यः सोमपा निचितो वज्रबाहुर्यो वज्रहस्तः स जनास इंद्रः ॥१३॥
यः सुन्वंतमवति यः पचंतं यः शंसंतं यः शशमानमूती ।
यस्य ब्रह्म वर्धनं यस्य सोमो यस्येदं राधः स जनास इंद्रः ॥१४॥
यः सुन्वते पचते दुध्र आ चिद्वाजं दर्दर्षि स किलासि सत्यः ।
वयं त इंद्र विश्वह प्रियासः सुवीरासो विदथमा वदेम ॥१५॥

(३३)

१५ गृत्समद (आङ्गिरसः शौनहोत्रः पश्चाद्) भार्गवः शौनक। रूद्रः। त्रिष्टुप्।

आ ते पितर्मरुतां सुम्नमेतु मा नः सूर्यस्य संदृशो युयोथाः।
अभि नो वीरो अर्वति क्षमेत प्र जायेमहि रुद्र प्रजाभिः ॥१॥
त्वादत्तेभी रुद्र शंतमेभिः शतं हिमा अशीय भेषजेभिः।
व्य१स्मद्द्वेषो वितरं व्यंहो व्यमीवाश्चातयस्वा विषूचीः ॥२॥
श्रेष्ठो जातस्य रुद्र श्रियासि तवस्तमस्तवसां वज्रबाहो।
पर्षि णः पारमंहसः स्वस्ति विश्वा अभीती रपसो युयोधि ॥३॥
मा त्वा रुद्र चुक्रुधामा नमोभिर्मा दुष्टुती वृषभ मा सहूती।
उन्नो वीराँ अर्पय भेषजेभिर्भिषक्तमं त्वा भिषजां शृणोमि ॥४॥
हवीमभिर्हवते यो हविर्भिरव स्तोमेभी रुद्रं दिषीय।
ऋदूदरः सुहवो मा नो अस्यै बभ्रुः सुशिप्रो रीरधन्मनायै ॥५॥
उन्मा ममंद वृषभो मरुत्वान्त्वक्षीयसा वयसा नाधमानं।
घृणीव छायामरपा अशीया विवासेयं रुद्रस्य सुम्नं ॥६॥
क्व१स्य ते रुद्र मृळयाकुर्हस्तो यो अस्ति भेषजो जलाषः।
अपभर्ता रपसो दैव्यस्याभी नु मा वृषभ चक्षमीथाः ॥७॥
प्र बभ्रवे वृषभाय श्वितीचे महो महीं सुष्टुतिमीरयामि।
नमस्या कल्मलीकिनं नमोभिर्गृणीमसि त्वेषं रुद्रस्य नाम ॥८॥
स्थिरेभिरङ्गैः पुरुरूप उग्रो बभ्रुः शुक्रेभिः पिपिशे हिरण्यैः।
ईशानादस्य भुवनस्य भूरेर्न वा उ योषद्रुद्रादसुर्यं ॥९॥
अर्हन्बिभर्षि सायकानि धन्वार्हन्निष्कं यजतं विश्वरूपं।
अर्हन्निदं दयसे विश्वमभ्वं न वा ओजीयो रुद्र त्वदस्ति ॥१०॥
स्तुहि श्रुतं गर्तसदं युवानं मृगं न भीममुपहत्नुमुग्रं।
मृळा जरित्रे रुद्र स्तवानोऽन्यं ते अस्मन्नि वपंतु सेनाः ॥११॥
कुमारश्चित्पितरं वंदमानं प्रति नानाम रुद्रोपयंतं।
भूरेर्दातारं सत्पतिं गृणीषे स्तुतस्त्वं भेषजा रास्यस्मे ॥१२॥
परि णो हेती रुद्रस्य वृज्याः परि त्वेषस्य दुर्मतिर्मही गात्।
अव स्थिरा मघवद्भ्यस्तनुष्व मीढ्वस्तोकाय तनयाय मृळ ॥१४॥
एवा बभ्रो वृषभ चेकितान यथा देव न हृणीषे न हंसि।
हवनश्रुन्नो रुद्रेह बोधि बृहद्वदेम विदथे सुवीराः ॥१५॥

(३५)

१५ गृत्समद (आङ्गिरसः शौनहोत्रः पश्चाद्) भार्गवः शौनक। अपांनपात्। त्रिष्टुप्।

उपेमसृक्षि वाजयुर्वचस्यां चनो दधीत नाद्यो गिरो मे।
अपां नपादाशुहेमा कुवित्स सुपेशसस्करति जोषिषद्धि ॥१॥
इमं स्वस्मै हृद आ सुतष्टं मंत्रं वोचेम कुविदस्य वेदत्।
अपां नपादसुर्यस्य मह्ना विश्वान्यर्यो भुवना जजान ॥२॥
समन्या यंत्युप यंत्यन्याः समानमूर्वं नद्यः पृणंति।
तमू शुचिं शुचयो दीदिवांसमपां नपातं परि तस्थुरापः ॥३॥
तमस्मेरा युवतयो युवानं मर्मृज्यमानाः परि यंत्यापः।
स शुक्रेभिः शिक्वभी रेवदस्मे दीदायानिध्मो घृतनिर्णिगप्सु ॥४॥
अस्मै तिस्रो अव्यथ्याय नारीर्देवाय देवीर्दिधिषंत्यन्नं।
कृता इवोप हि प्रसर्स्रे अप्सु स पीयूषं धयति पूर्वसूनां ॥५॥
अश्वस्यात्र जनिमास्य च स्वर्द्रुहो रिषः संपृचः पाहि सूरीन्।
आमासु पूर्षु परो अप्रमृष्यं नारातयो वि नशन्नानृतानि ॥६॥
स्व आ दमे सुदुघा यस्य धेनुः स्वधां पीपाय सुभ्वन्नमत्ति।
सो अपां नपादूर्जयन्नप्स्व१ंतर्वसुदेयाय विधते वि भाति ॥७॥
यो अप्स्वा शुचिना दैव्येन ऋतावाजस्र उर्विया विभाति।
वया इदन्या भुवनान्यस्य प्र जायंते वीरुधश्च प्रजाभिः ॥८॥
अपां नपादा ह्यस्थादुपस्थं जिह्मानामूर्ध्वो विद्युतं वसानः।
तस्य ज्येष्ठं महिमानं वहंतीर्हिरण्यवर्णाः परि यंति यह्वीः ॥९॥
हिरण्यरूपः स हिरण्यसंदृगपां नपात्सेदु हिरण्यवर्णः।
हिरण्ययात्परि योनेर्निषद्या हिरण्यदा ददत्यन्नमस्मै ॥१०॥
तदस्यानीकमुत चारु नामापीच्यं वर्धते नप्तुरपां।
यमिंधते युवतयः समित्था हिरण्यवर्णं घृतमन्नमस्य ॥११॥
अस्मै बहूनामवमाय सख्ये यज्ञैर्विधेम नमसा हविर्भिः।
सं सानु मार्ज्मि दिधिषामि बिल्मैर्दधाम्यन्नैः परि वंद ऋग्भिः ॥१२॥

स ईं वृषाजनयत्तासु गर्भं स ईं शिशुर्धयति तं रिहंति ।
सो अपां नपादनभिम्लातवर्णोऽन्यस्येवेह तन्वा विवेष ॥१३॥
अस्मिन्पदे परमे तस्थिवांसमध्वस्मभिर्विश्वहा दीदिवांसं ।
आपो नप्त्रे घृतमन्नं वहंतीः स्वयमत्कैः परि दीयंति यह्वीः ॥१४॥
अयांसमग्ने सुक्षितिं जनायायांसमु मघवंद्भ्यः सुवृक्तिं ।
विश्वं तद्भद्रं यदवंति देवा बृहद्वदेम विदथे सुवीराः ॥१५॥

मण्डल तृतीय

(५९)

९ गाथिनो विश्वामित्रः। मित्रः। त्रिष्टुप्, ६-९ गायत्री।

मित्रो जनान्यातयति ब्रुवाणो मित्रो दाधार पृथिवीमुत द्याम् ।
मित्रः कृष्टीरनिमिषाभि चष्टे मित्राय हव्यं घृतवज्जुहोत ॥१॥
प्र स मित्र मर्तो अस्तु प्रयस्वान्यस्त आदित्य शिक्षति व्रतेन ।
न हन्यते न जीयते त्वोतो नैनमंहो अश्नोत्यन्तितो न दूरात् ॥२॥
अनमीवास इळया मदन्तो मितज्ञवो वरिमन्ना पृथिव्याः ।
आदित्यस्य व्रतमुपक्षियन्तो वयं मित्रस्य सुमतौ स्याम ॥३॥
अयं मित्रो नमस्यः सुशेवो राजा सुक्षत्रो अजनिष्ट वेधाः ।
तस्य वयं सुमतौ यज्ञियस्यापि भद्रे सौमनसे स्याम ॥४॥
महाँ आदित्यो नमसोपसद्यो यातयज्जनो गृणते सुशेवः ।
तस्मा एतत्पन्यतमाय जुष्टमग्नौ मित्राय हविरा जुहोत ॥५॥
मित्रस्य चर्षणीधृतोऽवो देवस्य सानसि । द्युम्नं चित्रश्रवस्तमम् ॥६॥
अभि यो महिना दिवं मित्रो बभूव सप्रथाः । अभि श्रवोभिः पृथिवीम् ॥७॥
मित्राय पञ्च येमिरे जना अभिष्टिशवसे । स देवान्विश्वान्बिभर्ति ॥८॥
मित्रो देवेष्वायुषु जनाय वृक्तबर्हिषे । इष इष्टव्रता अकः ॥९॥

मण्डल चतुर्थ

(५१)

११ वामदेवो गौतमः। उषाः। त्रिष्टुप्।

इदमु त्यत्पुरुतमं पुरस्ताज्ज्योतिस्तमसो वयुनावदस्थात् ।
नूनं दिवो दुहितरो विभातीर्गातुं कृणवन्नुषसो जनाय ॥१॥
अस्थुरु चित्रा उषसः पुरस्तान्मिता इव स्वरवोऽध्वरेषु ।
व्यू व्रजस्य तमसो द्वारोच्छंतीरव्रञ्छुचयः पावकाः ॥२॥
उच्छंतीरद्य चितयंत भोजान्राधोदेयायोषसो मघोनीः ।
अचित्रे अंतः पणयः ससंत्वबुध्यमानास्तमसो विमध्ये ॥३॥
कुवित्स देवीः सनयो नवो वा यामो बभूयादुषसो वो अद्य ।
येना नवग्वे अंगिरे दशग्वे सप्तास्ये रेवती रेवदूष ॥४॥
यूयं हि देवीर्ऋतयुग्भिरश्वैः परिप्रयाथ भुवनानि सद्यः ।
प्रबोधयंतीरुषसः ससंतं द्विपाच्चतुष्पाच्चरथाय जीवं ॥५॥
क्व स्विदासां कतमा पुराणी यया विधाना विदधुर्ऋभूणां ।
शुभं यच्छुभ्रा उषसश्चरंति न वि ज्ञायंते सदृशीरजुर्याः ॥६॥
ता घा ता भद्रा उषसः पुरासुरभिष्टिद्युम्ना ऋतजातसत्याः ।
यास्वीजानः शशमान उक्थैः स्तुवञ्छंसन्द्रविणं सद्य आप ॥७॥
ता आ चरंति समना पुरस्तात्समानतः समना पप्रथानाः ।
ऋतस्य देवीः सदसो बुधाना गवां न सर्गा उषसो जरंते ॥८॥
ता इन्न्वे३व समना समानीरमीतवर्णा उषसश्चरंति ।
गूहंतीरभ्वमसितं रुशद्भिः शुक्रास्तनूभिः शुचयो रुचानाः ॥९॥
रयिं दिवो दुहितरो विभातीः प्रजावंतं यच्छतास्मासु देवीः ।
स्योनादा वः प्रतिबुध्यमानाः सुवीर्यस्य पतयः स्याम ॥१०॥
तद्वो दिवो दुहितरो विभातीरुप ब्रुव उषसो यज्ञकेतुः ।
वयं स्याम यशसो जनेषु तद्द्यौश्च धत्तां पृथिवी च देवी ॥११॥

मण्डल पंचम

(६३)

७ अर्चनानां आत्रेयः। मित्रावरुणौ। जगती।

ऋतस्य गोपावधि तिष्ठथो रथं सत्यधर्माणा परमे व्योमनि ।
यमत्र मित्रावरुणावथो युवं तस्मै वृष्टिर्मधुमत्पिन्वते दिवः ॥१॥
सम्राजावस्य भुवनस्य राजथो मित्रावरुणा विदथे स्वर्दृशा ।
वृष्टिं वां राधो अमृतत्वमीमहे द्यावापृथिवी वि चरंति तन्यवः ॥२॥
सम्राजा उग्रा वृषभा दिवस्पती पृथिव्या मित्रावरुणा विचर्षणी ।
चित्रेभिरभ्रैरुप तिष्ठथो रवं द्यां वर्षयथो असुरस्य मायया ॥३॥
माया वां मित्रावरुणा दिवि श्रिता सूर्यो ज्योतिश्चरति चित्रमायुधं ।
तमभ्रेण वृष्ट्या गूहथो दिवि पर्जन्य द्रप्सा मधुमंत ईरते ॥४॥
रथं युंजते मरुतः शुभे सुखं शूरो न मित्रावरुणा गविष्टिषु ।
रजांसि चित्रा वि चरंति तन्यवो दिवः सम्राजा पयसा न उक्षतं ॥५॥
वाचं सु मित्रावरुणाविरावतीं पर्जन्यश्चित्रां वदति त्विषीमतीं ।
अभ्रा वसत मरुतः सु मायया द्यां वर्षयतमरुणामरेपसं ॥६॥
धर्मणा मित्रावरुणा विपश्चिता व्रता रक्षेथे असुरस्य मायया ।
ऋतेन विश्वं भुवनं वि राजथः सूर्यमा धत्थो दिवि चित्र्यं रथं ॥७॥

(८३)

१० भौमोऽत्रिः। पर्जन्यः। त्रिष्टुप्, २-४ जगती, ९ अनुष्टुप्।

अच्छा वद तवसं गीर्भिराभिः स्तुहि पर्जन्यं नमसा विवास।
कनिक्रदद्वृषभो जीरदानू रेतो दधात्योषधीषु गर्भं ॥१॥

वि वृक्षान् हंत्युत हंति रक्षसो विश्वं बिभाय भुवनं महावधात्।
उतानागा ईषते वृष्ण्यावतो यत्पर्जन्यः स्तनयन् हंति दुष्कृतः ॥२॥

रथीव कशयाश्वाँ अभिक्षिपन्नाविर्दूतान्कृणुते वर्ष्याँ३ अह।
दूरात्सिंहस्य स्तनथा उदीरते यत्पर्जन्यः कृणुते वर्ष्य१ं नभः ॥३॥

प्र वाता वांति पतयंति विद्युत उदोषधीर्जिहते पिन्वते स्वः।
इरा विश्वस्मै भुवनाय जायते यत्पर्जन्यः पृथिवीं रेतसावति ॥४॥

यस्य व्रते पृथिवी नंनमीति यस्य व्रते शफवज्जर्भुरीति।
यस्य व्रत ओषधीर्विश्वरूपाः स नः पर्जन्य महि शर्म यच्छ ॥५॥

दिवो नो वृष्टिं मरुतो ररीध्वं प्र पिन्वत वृष्णो अश्वस्य धाराः।
अर्वाङेतेन स्तनयित्नुनेह्यपो निषिंचन्नसुरः पिता नः ॥६॥

अभि क्रंद स्तनय गर्भमा धा उदन्वता परि दीया रथेन।
दृतिं सु कर्ष विषितं न्यंचं समा भवंतूद्वतो निपादाः ॥७॥

महांतं कोशमुदचा नि षिंच स्यंदंतां कुल्या विषिताः पुरस्तात्।
घृतेन द्यावापृथिवी व्युंधि सुप्रपाणं भवत्वघ्न्याभ्यः ॥८॥

यत्पर्जन्य कनिक्रदत्स्तनयन् हंसि दुष्कृतः।
प्रतीदं विश्वं मोदते यत्किं च पृथिव्यामधि ॥९॥

अवर्षीर्वर्षमुदु षू गृभायाकर्धन्वान्यत्येतवा उ।
अजीजन ओषधीर्भोजनाय कमुत प्रजाभ्योऽविदो मनीषां ॥१०॥

मण्डल षष्ठ

(५४)

१० बार्हस्पत्यो भरद्वाजः। पूषा। गायत्री।

सं पूषन्विदुषा नय यो अंजसानुशासति। य एवेदमिति ब्रवत् ॥१॥

समु पूष्णा गमेमहि यो गृहाँ अभिशासति। इम एवेति च ब्रवत् ॥२॥

पूष्णश्चक्रं न रिष्यति न कोशोऽव पद्यते। नो अस्य व्यथते पविः ॥३॥

यो अस्मै हविषाविधन्न तं पूषापि मृष्यते। प्रथमो विंदते वसु ॥४॥

पूषा गा अन्वेतु नः पूषा रक्षत्वर्वतः। पूषा वाजं सनोतु नः ॥५॥

पूषन्ननु प्र गा इहि यजमानस्य सुन्वतः। अस्माकं स्तुवतामुत ॥६॥

माकिर्नेशन्माकीं रिषन्माकीं सं शारि केवटे। अथारिष्टाभिरा गहि ॥७॥

शृण्वंतं पूषणं वयमिर्यमनष्टवेदसं। ईशानं राय ईमहे ॥८॥

पूषन्तव व्रते वयं न रिष्येम कदा चन। स्तोतारस्त इह स्मसि ॥९॥

परि पूषा परस्ताद्धस्तं दधातु दक्षिणं। पुनर्नो नष्टमाजतु ॥१०॥

मण्डल सप्तम

(४९)

४ मैत्रावरुणिर्वसिष्ठः। आपः। त्रिष्टुप्।

समुद्रज्येष्ठाः सलिलस्य मध्यात्पुनाना यंत्यनिविशमानाः।
इंद्रो या वज्री वृषभो रराद ता आपो देवीरिह मामवंतु ॥१॥
या आपो दिव्या उत वा स्रवंति खनित्रिमा उत वा याः स्वयंजाः।
समुद्रार्था याः शुचयः पावकास्ता आपो देवीरिह मामवंतु ॥२॥
यासां राजा वरुणो याति मध्ये सत्यानृते अवपश्यञ्जनानां।
मधुश्चुतः शुचयो याः पावकास्ता आपो देवीरिह मामवंतु ॥३॥
यासु राजा वरुणो यासु सोमो विश्वे देवा यासूर्जं मदंति।
वैश्वानरो यास्वग्निः प्रविष्टस्ता आपो देवीरिह मामवंतु ॥४॥

(६१)

७ मैत्रावरुणिर्व सिष्ठः। मित्रावरुणौ। त्रिष्टुप्।

उद्वां चक्षुर्वरुण सुप्रतीकं देवयोरेति सूर्यस्ततन्वान्।
अभि यो विश्वा भुवनानि चष्टे स मन्युं मर्त्येष्वा चिकेत ॥१॥
प्र वां स मित्रावरुणावृतावा विप्रो मन्मानि दीर्घश्रुदियर्ति।
यस्य ब्रह्माणि सुक्रतू अवाथ आ यत्क्रत्वा न शरदः पृणैथे ॥२॥
प्रोरोर्मित्रावरुणा पृथिव्याः प्र दिव ऋष्वाद्बृहतः सुदानू।
स्पशो दधाथे ओषधीषु विक्ष्वृधग्यतो अनिमिषं रक्षमाणा ॥३॥
शंसा मित्रस्य वरुणस्य धाम शुष्मो रोदसी बद्बधे महित्वा।
अयन्मासा अयज्वनामवीराः प्र यज्ञमन्मा वृजनं तिराते ॥४॥
अमूरा विश्वा वृषणाविमा वां न यासु चित्रं ददृशे न यक्षं।
द्रुहः सचंते अनृता जनानां न वां निण्यान्यचिते अभूवन् ॥५॥
समु वां यज्ञं महयं नमोभिर्हुवे वां मित्रावरुणा सबाधः।
प्र वां मन्मान्यृचसे नवानि कृतानि ब्रह्म जुजुषन्निमानि ॥६॥
इयं देव पुरोहितिर्युवभ्यां यज्ञेषु मित्रावरुणावकारि।
विश्वानि दुर्गा पिपृतं तिरो नो यूयं पात स्वस्तिभिः सदा नः ॥७॥

(६३)

६ मैत्रावरुणिर्वसिष्ठः। १-४ सूर्यः, ५ सूर्य-मित्रावरुणाः। ६ मित्रावरुणौ अर्यमा च। त्रिष्टुप्।

उद्वेति सुभगो विश्वचक्षाः साधारणः सूर्यो मानुषाणां ।
चक्षुर्मित्रस्य वरुणस्य देवश्चर्मेव यः समविव्यक्तमांसि ॥१॥
उद्वेति प्रसवीता जनानां महान्केतुरर्णवः सूर्यस्य ।
समानं चक्रं पर्याविवृत्सन्यदेतशो वहति धूर्षु युक्तः ॥२॥
विभ्राजमान उषसामुपस्थाद्रेभैरुदेत्यनुमद्यमानः ।
एष मे देवः सविता चच्छंद यः समानं न प्रमिनाति धाम ॥३॥
दिवो रुक्म उरुचक्षा उदेति दूरेअर्थस्तरणिर्भ्राजमानः ।
नूनं जनाः सूर्येण प्रसूता अयन्नर्थानि कृणवन्नपांसि ॥४॥
यत्रा चक्रुरमृता गातुमस्मै श्येनो न दीयन्नन्वेति पाथः ।
प्रति वां सूर उदिते विधेम नमोभिर्मित्रावरुणोत हव्यैः ॥५॥
नू मित्रो वरुणो अर्यमा नस्त्मने तोकाय वरिवो दधंतु ।
सुगा नो विश्वा सुपथानि संतु यूयं पात स्वस्तिभिः सदा नः ॥६॥

(७१)

६ मैत्रावरुणिर्वसिष्ठः। अश्विनौ। त्रिष्टुप्।

अप स्वसुरुषसो नग्जिहीते रिणक्ति कृष्णीररुषाय पंथां ।
अश्वामघा गोमघा वां हुवेम दिवा नक्तं शरुमस्मद्युयोतं ॥१॥
उपायातं दाशुषे मर्त्याय रथेन वाममश्विना वहंता ।
युयुतमस्मदनिराममीवां दिवा नक्तं माध्वी त्रासीथां नः ॥२॥
आ वां रथमवमस्यां व्युष्टौ सुम्नायवो वृषणो वर्तयंतु ।
स्यूमगभस्तिमृतयुग्भिरश्वैराश्विना वसुमंतं वहेथां ॥३॥
यो वां रथो नृपती अस्ति वोळ्हा त्रिवंधुरो वसुमाँ उस्रयामा ।
आ न एना नासत्योप यातमभि यद्वां विश्वप्स्न्यो जिगाति ॥४॥
युवं च्यवानं जरसोऽमुमुक्तं नि पेदव ऊहथुराशुमश्वं ।
निरंहसस्तमसः स्पर्तमत्रिं नि जाहुषं शिथिरे धातमंतः ॥५॥
इयं मनीषा इयमश्विना गीरिमां सुवृक्तिं वृषणा जुषेथां ।
इमा ब्रह्माणि युवयून्यग्मन्यूयं पात स्वस्तिभिः सदा नः ॥६॥

(८६)

८ मैत्रावरुणिर्वसिष्ठः। वरुणः। त्रिष्टुप्।

धीरा त्वस्य महिना जनूंषि वि यस्तस्तम्भ रोदसी चिदुर्वी ।
प्र नाकमृष्वं नुनुदे बृहन्तं द्विता नक्षत्रं पप्रथच्च भूम ॥१॥
उत स्वया तन्वा३ सं वदे तत्कदा न्व१न्तर्वरुणे भुवानि ।
किं मे हव्यमहृणानो जुषेत कदा मृळीकं सुमना अभि ख्यं ॥२॥
पृच्छे तदेनो वरुण दिदृक्षूपो एमि चिकितुषो विपृच्छं ।
समानमिन्मे कवयश्चिदाहुरयं ह तुभ्यं वरुणो हृणीते ॥३॥
किमाग आस वरुण ज्येष्ठं यत्स्तोतारं जिघांससि सखायं ।
प्र तन्मे वोचो दूळभ स्वधावोऽव त्वानेना नमसा तुर इयां ॥४॥
अव द्रुग्धानि पित्र्या सृजा नोऽव या वयं चकृमा तनूभिः ।
अव राजन्पशुतृपं न तायुं सृजा वत्सं न दाम्नो वसिष्ठं ॥५॥
न स स्वो दक्षो वरुण ध्रुतिः सा सुरा मन्युर्विभीदको अचित्तिः ।
अस्ति ज्यायान्कनीयस उपारे स्वप्नश्चनेदनृतस्य प्रयोता ॥६॥
अरं दासो न मीळ्हुषे कराण्यहं देवाय भूर्णयेऽनागाः ।
अचेतयदचितो देवो अर्यो गृत्सं राये कवितरो जुनाति ॥७॥
अयं मु तुभ्यं वरुण स्वधावो हृदि स्तोम उपश्रितश्चिदस्तु ।
शं नः क्षेमे शमु योगे नो अस्तु यूयं पात स्वस्तिभिः सदा नः ॥८॥

मण्डल अष्टम

(२९)

१० मनुर्वैवस्वतः, कश्यपो वा मारीचः। विश्वे देवाः। द्विपदा विराट्।

बभ्रुरेको विषुणः सूनरो युवाञ्ज्यङ्क्ते हिरण्ययं ॥१॥
योनिमेक आ संसाद द्योतनोऽन्तर्देवेषु मेधिरः ॥२॥
वाशीमेको बिभर्ति हस्त आयसीमन्तर्देवेषु निध्रुविः ॥३॥
वज्रमेको बिभर्ति हस्त आहितं तेन वृत्राणि जिघ्नते ॥४॥
तिग्ममेको बिभर्ति हस्त आयुधं शुचिरुग्रो जलाषभेषजः ॥५॥
पथ एकः पीपाय तस्करो यथाँ एष वेद निधीनां ॥६॥
त्रीण्येक उरुगायो वि चक्रमे यत्र देवासो मदन्ति ॥७॥
विभिर्द्वा चरत एकया सह प्र प्रवासेव वसतः ॥८॥
सदो द्वा चक्राते उपमा दिवि सम्राजा सर्पिरासुती ॥९॥
अर्चन्त एके महि साम मन्वत तेन सूर्यमरोचयन ॥१०॥

(४८)

१५ प्रगाथो घौरः काण्व। सोमः। त्रिष्टुप्, ५ जगती।

स्वादोरभक्षि वयसः सुमेधाः स्वाध्यो वरिवोवित्तरस्य ।
विश्वे यं देवा उत मर्त्यासो मधु ब्रुवंतो अभि संचरंति ॥१॥
अंतश्च प्रागा अदितिर्भवास्यवयाता हरसो दैव्यस्य ।
इंदविंद्रस्य सख्यं जुषाणः श्रौष्टीव धुरमनु राय ऋध्याः ॥२॥
अपाम सोमममृता अभूमागन्म ज्योतिरविदाम देवान् ।
किं नूनमस्मान्कृणवदरातिः किमु धूर्तिरमृत मर्त्यस्य ॥३॥
शं नो भव हृद आ पीत इंदो पितेव सोम सूनवे सुशेवः ।
सखेव सख्य उरुशंस धीरः प्र ण आयुर्जीवसे सोम तारीः ॥४॥
इमे मा पीता यशस उरुष्यवो रथं न गावः समनाह पर्वसु ।
ते मा रक्षंतु विस्रसश्चरित्रादुत मा स्रामाद्यवयंत्विंदवः ॥५॥
अग्निं न मा मथितं सं दिदीपः प्र चक्षय कृणुहि वस्यसो नः ।
अथा हि ते मद आ सोम मन्ये रेवाँ इव प्र चरा पुष्टिमच्छ ॥६॥
इषिरेण ते मनसा सुतस्य भक्षीमहि पित्र्यस्येव रायः ।
सोम राजन्प्र ण आयूंषि तारीरहानीव सूर्यो वासराणि ॥७॥
सोम राजन्मृळया नः स्वस्ति तव स्मसि व्रत्या३स्तस्य विद्धि ।
अलर्ति दक्ष उत मन्युरिंदो मा नो अर्यो अनुकामं परा दाः ॥८॥
त्वं हि नस्तन्वः सोम गोपा गात्रेगात्रे निषसत्था नृचक्षाः ।
यत्ते वयं प्रमिनाम व्रतानि स नो मृळ सुषखा देव वस्यः ॥९॥
ऋदूदरेण सख्या सचेय यो मा न रिष्येद्धर्यश्व पीतः ।
अयं यः सोमो न्यधाय्यस्मे तस्मा इंद्रं प्रतिरमेम्यायुः ॥१०॥
अप त्या अस्थुरनिरा अमीवा निरत्रसन्तमिषीचीरभैषुः ।
आ सोमो अस्माँ अरुहद्विहाया अगन्म यत्र प्रतिरंत आयुः ॥११॥
यो न इंदुः पितरो हृत्सु पीतोऽमर्त्यो मर्त्याँ आविवेश ।
तस्मै सोमाय हविषा विधेम मृळीके अस्य सुमतौ स्याम ॥१२॥

त्वं सोम पितृभिः संविदानोऽनु द्यावापृथिवी आ ततंथ।
तस्मै त इंदो हविषा विधेम वयं स्याम पतयो रयीणां ॥१३॥
त्रातारो देवा अधि वोचता नो मा नो निद्रा ईशत मोत जल्पिः।
वयं सोमस्य विश्वह प्रियासः सुवीरासो विदथमा वदेम ॥१४॥
त्वं नः सोम विश्वतो वयोधास्त्वं स्वर्विदा विशा नृचक्षाः।
त्वं न इंद ऊतिभिः सजोषाः पाहि पश्चातादुत वा पुरस्तात् ॥१५॥

मण्डल दशम

(१)

७ त्रित आप्त्यः। अग्नि :। त्रिष्टुप्।

अग्रे॑ बृ॒हन्नु॒षसा॑मू॒र्ध्वो अ॑स्थान्निर्जग॒न्वान्तम॑सो॒ ज्योति॒षागा॑त् ।
अ॒ग्निर्भा॒नुना॒ रुश॑ता॒ स्वङ्ग॒ आ जा॒तो विश्वा॒ सद्मा॑न्यप्राः ॥१॥

स जा॒तो गर्भो॑ असि॒ रोद॑स्यो॒रग्ने॒ चारु॒र्विभृ॑त॒ ओष॑धीषु ।
चि॒त्रः शिशुः॒ परि॒ तमां॑स्य॒क्तून्प्र मा॒तृभ्यो॒ अधि॒ कनि॑क्रदद्गाः ॥२॥

विष्णु॑रि॒त्था प॑र॒मम॑स्य वि॒द्वाञ्जा॒तो बृ॒हन्न॒भि पा॑ति तृ॒तीय॑म् ।
आ॒सा यद॑स्य॒ पयो॒ अक्र॑त॒ स्वं सचे॑तसो अ॒भ्य॑र्च॒न्त्यत्र॑ ॥३॥

अत॑ उ त्वा पितु॒भृतो॒ जनि॑त्रीरन्ना॒वृधं॒ प्रति॑ चर॒न्त्यन्नैः॑ ।
ता ईं॒ प्रत्ये॑षि॒ पुन॑र॒न्यरू॑पा॒ असि॒ त्वं वि॒क्षु मानु॑षीषु॒ होता॑ ॥४॥

होता॑रं चि॒त्ररथमध्व॒रस्य॑ य॒ज्ञस्य॑यज्ञस्य के॒तुं रुश॑न्तम् ।
प्रत्य॑र्धिं दे॒वस्य॑देवस्य म॒ह्ना श्रि॒या त्व१॒॑ग्निमति॑थिं॒ जना॑नाम् ॥५॥

स तु वस्त्रा॒ण्यध॒ पेश॑नानि॒ वसा॑नो अ॒ग्निर्नाभा॑ पृथि॒व्याः ।
अ॒रु॒षो जा॒तः प॒द इळा॑याः पु॒रोहि॑तो राजन्यक्षी॒ह दे॒वान् ॥६॥

आ हि द्यावा॑पृथि॒वी अ॑ग्न उ॒भे सदा॑ पु॒त्रो न मा॒तरा॑ त॒तन्थ॑ ।
प्र या॒ह्यच्छो॑श॒तो य॑विष्ठा॒था व॑ह सहस्ये॒ह दे॒वान् ॥७॥

(२)

७ त्रित आप्त्यः। अग्नि :। त्रिष्टुप्।

पिप्रीहि देवाँ उशतो यविष्ठ विद्वाँ ऋतूँर्ऋतुपते यजेह ।
ये दैव्या ऋत्विजस्तेभिरग्ने त्वं होतॄणामस्यायजिष्ठः ॥१॥
वेषि होत्रमुत पोत्रं जनानां मंधातासि द्रविणोदा ऋतावा ।
स्वाहा वयं कृणवामा हवींषि देवो देवान्यजत्वग्निरर्हन् ॥२॥
आ देवानामपि पंथामगन्म यच्छक्नवाम तदनु प्रवोळ्हुं ।
अग्निर्विद्वान्स यजात्सेदु होता सो अध्वरान्स ऋतून्कल्पयाति ॥३॥
यद्वो वयं प्रमिनाम व्रतानि विदुषां देवा अविदुष्टरासः ।
अग्निष्टद्विश्वमा पृणाति विद्वान्येभिर्देवाँ ऋतुभिः कल्पयाति ॥४॥
यत्पाकत्रा मनसा दीनदक्षा न यज्ञस्य मन्वते मर्त्यासः ।
अग्निष्टद्धोता क्रतुविद्विजानन्यजिष्ठो देवाँ ऋतुशो यजाति ॥५॥
विश्वेषां ह्यध्वराणामनीकं चित्रं केतुं जनिता त्वा जजान ।
स आ यजस्व नृवतीरनु क्षाः स्पार्हा इषः क्षुमतीर्विश्वजन्याः ॥६॥
यं त्वा द्यावापृथिवी यं त्वापस्त्वष्टा यं त्वा सुजनिमा जजान ।
पंथामनु प्रविद्वान्पितृयाणं द्युमदग्ने समिधानो वि भाहि ॥७॥

(३)

७ त्रित आप्त्यः। अग्नि :। त्रिष्टुप्।

इनो राजन्नरतिः समिद्धो रौद्रो दक्षाय सुषुमाँ अदर्शि ।
चिकिद्वि भाति भासा बृहतासिक्नीमेति रुशतीमपाजन् ॥१॥

कृष्णां यदेनीमभि वर्पसा भूज्जनयन्योषां बृहतः पितुर्जां ।
ऊर्ध्वं भानुं सूर्यस्य स्तभायन् दिवो वसुभिररतिर्वि भाति ॥२॥

भद्रो भद्रया सचमान आगात्स्वसारं जारो अभ्येति पश्चात् ।
सुप्रकेतैर्द्युभिरग्निर्वितिष्ठन्रुशद्भिर्वर्णैरभि राममस्थात् ॥३॥

अस्य यामासो बृहतो न वग्नूनिन्धाना अग्नेः सख्युः शिवस्य ।
ईड्यस्य वृष्णो बृहतः स्वासो भामासो यामन्नक्तवश्चिकित्रे ॥४॥

स्वना न यस्य भामासः पवन्ते रोचमानस्य बृहतः सुदिवः ।
ज्येष्ठेभिर्यस्तेजिष्ठैः क्रीळुमद्भिर्वर्षिष्ठेभिर्भानुभिर्नक्षति द्यां ॥५॥

अस्य शुष्मासो ददृशानपवेर्जेहमानस्य स्वनयन्नियुद्भिः ।
प्रत्नेभिर्यो रुशद्भिर्देवतमो वि रेभद्भिररतिर्भाति विभ्वा ॥६॥

स आ वक्षि महि न आ च सत्सि दिवस्पृथिव्योररतिर्युवत्योः ।
अग्निः सुतुकः सुतुकेभिरश्वै रभस्वद्भी रभस्वाँ एह गम्याः ॥७॥

(४)

७ त्रित आप्त्यः। अग्नि :। त्रिष्टुप्।

प्र ते॑ यक्षि॒ प्र त॑ इयर्मि॒ मन्म॒ भुवो॒ यथा॒ वंद्यो॑ नो॒ हवे॑षु।
धन्व॑न्निव प्रपा अ॑सि॒ त्वम॑ग्न इयक्षवे॑ पूरवे॑ प्रत्न राजन् ॥१॥
यं त्वा॒ जना॑सो अ॒भि सं॒चर॑न्ति॒ गाव॑ उष्णमि॑व व्रजं य॑विष्ठ।
दूतो दे॒वाना॑मसि॒ मर्त्या॑नाम॒न्तर्म॒हाँश्च॑रसि रोच॒नेन॑ ॥२॥
शिशुं॒ न त्वा॒ जेन्यं॑ व॒र्धय॑न्ती माता बिभर्ति सचनस्यमा॑ना।
धनो॒रधि॑ प्र॒वता॑ यासि॒ हर्य॒ञ्जिगी॑षसे प॒शुरि॒वाव॑सृष्टः ॥३॥
मू॒रा अ॑मूर॒ न व॒यं चि॑कित्वो महि॒त्वम॑ग्ने त्वम॒ङ्ग वि॑त्से।
शये॑ व॒व्रिश्चर॑ति जि॒ह्वयादन्रे॑रि॒ह्यते॑ युव॒तिं वि॒श्पतिः॒ सन् ॥४॥
कूचि॑ज्जायते॒ सन॑यासु॒ नव्यो॒ वने॑ तस्थौ पलि॒तो धू॒मके॑तुः।
अ॒स्ना॒तापो॑ वृ॒ष॒भो न प्र वे॑ति॒ सचे॑तसो॒ यं प्र॒णय॑न्त॒ मर्ताः ॥५॥
त॒नू॒त्यजे॑व॒ तस्क॑रा व॒न॒र्गू र॑श॒नाभि॑र्द॒शभि॑र॒भ्य॑धीताम्।
इ॒यं ते॑ अग्ने॒ नव्य॑सी मनी॒षा यु॒क्ष्वा रथं॒ न शु॒चय॑द्भि॒रङ्गैः॑ ॥६॥
ब्रह्म॑ च ते जातवेदो॒ नम॑श्चे॒यं च॒ गीः॒ सद॒मिद्वर्ध॑नी भूत्।
रक्षा॑ णो अग्ने॒ तन॑यानि तो॒का रक्षो॒त न॑स्त॒न्वो॒३ अप्र॑युच्छन् ॥७॥

(१४)

१६ वैवस्तो यमः। यमः, ६ अङ्गिरःपित्रथर्वभृगुसोमाः,
७-९ लिङ्गोक्तदेवताः, पितरो वा, १०-१२ श्वानौ।
त्रिष्टुप्,१३,१४,१६, अनुष्टुप्, १५ वृहती।

परेयिवांसं प्रवतो महीरनु बहुभ्यः पंथामनुपस्पशानं।
वैवस्वतं संगमनं जनानां यमं राजानं हविषा दुवस्य ॥१॥
यमो नो गातुं प्रथमो विवेद नैषा गव्यूतिरपभर्तवा उ।
यत्रा नः पूर्वे पितरः परेयुरेना जज्ञानाः पथ्या३ अनु स्वाः ॥२॥
मातली कव्यैर्यमो अंगिरोभिर्बृहस्पतिर्ऋक्वभिर्वावृधानः।
यांश्च देवा वावृधुर्ये च देवान्त्स्वाहान्ये स्वधयान्ये मदंति ॥३॥
इमं यम प्रस्तरमा हि सीदांगिरोभिः पितृभिः संविदानः।
आ त्वा मंत्राः कविशस्ता वहंत्वेना राजन्हविषा मादयस्व ॥४॥
अंगिरोभिरा गहि यज्ञियेभिर्यम वैरूपैरिह मादयस्व।
विवस्वंतं हुवे यः पिता तेऽस्मिन्यज्ञे बर्हिष्या निषद्य ॥५॥
अंगिरसो नः पितरो नवग्वा अथर्वाणो भृगवः सोम्यासः।
तेषां वयं सुमतौ यज्ञियानामपि भद्रे सौमनसे स्याम ॥६॥
प्रेहि प्रेहि पथिभिः पूर्व्येभिर्यत्रा नः पूर्वे पितरः परेयुः।
उभा राजाना स्वधया मदंता यमं पश्यामि वरुणं च देवं ॥७॥
सं गच्छस्व पितृभिः सं यमेनेष्टापूर्तेन परमे व्योमन।
हित्वायावद्यं पुनरस्तमेहि सं गच्छस्व तन्वा सुवर्चाः ॥८॥
अपेत वीत वि च सर्पतातोऽस्मा एतं पितरो लोकमक्रन्।
अहोभिरद्भिरक्तुभिर्व्यक्तं यमो ददात्यवसानमस्मै ॥९॥
अति द्रव सारमेयौ श्वानौ चतुरक्षौ शबलौ साधुना पथा।
अथा पितॄन्त्सुविदत्राँ उपेहि यमेन ये सधमादं मदंति ॥१०॥
यौ ते श्वानौ यम रक्षितारौ चतुरक्षौ पथिरक्षी नृचक्षसौ।
ताभ्यामेनं परि देहि राजन्त्स्वस्ति चास्मा अनमीवं च धेहि ॥११॥
उरूणसावसुतृपा उदुंबलौ यमस्य दूतौ चरतो जनाँ अनु।
तावस्मभ्यं दृशये सूर्याय पुनर्दातामसुमद्येह भद्रं ॥१२॥

यमाय सोमं सुनुत यमाय जुहुता हविः।
यमं ह यज्ञो गच्छत्यग्निदूतो अरंकृतः॥१३॥
यमाय घृतवद्धविर्जुहोत प्र च तिष्ठत।
स नो देवेष्वा यमद्दीर्घमायुः प्र जीवसे॥१४॥
यमाय मधुमत्तमं राज्ञे हव्यं जुहोतन।
इदं नम ऋषिभ्यः पूर्वजेभ्यः पूर्वेभ्यः पथिकृद्भ्यः॥१५॥
त्रिकद्रुकेभिः पतति षळुर्वीरेकमिद्बृहत्।
त्रिष्टुब्गायत्री छंदांसि सर्वा ता यम आहिता॥१६॥

(१५)

१४ शङ्खो यामायनः। पितरः। त्रिष्टुप्, ११ जगती।

उदीरतामवर उत्परास उन्मध्यमाः पितरः सोम्यासः।
असुं य ईयुरवृका ऋतज्ञास्ते नोऽवंतु पितरो हवेषु ॥१॥
इदं पितृभ्यो नमो अस्त्वद्य ये पूर्वासो य उपरास ईयुः।
ये पार्थिवे रजस्या निषत्ता ये वा नूनं सुवृजनासु विक्षु ॥२॥
आहं पितॄन्त्सुविदत्राँ अवित्सि नपातं च विक्रमणं च विष्णोः।
बर्हिषदो ये स्वधया सुतस्य भजंत पित्वस्त इहागमिष्ठाः ॥३॥
बर्हिषदः पितर ऊत्य१र्वागिमा वो हव्या चकृमा जुषध्वं।
त आ गतावसा शंतमेनाथा नः शं योररपो दधात ॥४॥
उपहूताः पितरः सोम्यासो बर्हिष्येषु निधिषु प्रियेषु।
त आ गमंतु त इह श्रुवंत्वधि ब्रुवंतु तेऽवंत्वस्मान् ॥५॥
आच्या जानु दक्षिणतो निषद्येमं यज्ञमभि गृणीत विश्वे।
मा हिंसिष्ट पितरः केन चिन्नो यद्व आगः पुरुषता कराम ॥६॥
आसीनासो अरुणीनामुपस्थे रयिं धत्त दाशुषे मर्त्याय।
पुत्रेभ्यः पितरस्तस्य वस्वः प्र यच्छत त इहोर्जं दधात ॥७॥
ये नः पूर्वे पितरः सोम्यासोऽनूहिरे सोमपीथं वसिष्ठाः।
तेभिर्यमः संरराणो हवींष्युशन्नुशद्भिः प्रतिकाममत्तु ॥८॥
ये तातृषुर्देवत्रा जेहमाना होत्राविदः स्तोमतष्टासो अर्कैः।
आग्ने याहि सुविदत्रेभिरर्वाङ् सत्यैः कव्यैः पितृभिर्घर्मसद्भिः ॥९॥
ये सत्यासो हविरदो हविष्पा इंद्रेण देवैः सरथं दधानाः।
आग्ने याहि सहस्रं देववंदैः परैः पूर्वैः पितृभिर्घर्मसद्भिः ॥१०॥
अग्निष्वात्ताः पितर एह गच्छत सदःसदः सदत सुप्रणीतयः।
अत्ता हवींषि प्रयतानि बर्हिष्यथा रयिं सर्ववीरं दधातन ॥११॥
त्वमग्न ईळितो जातवेदोऽवाड्ढव्यानि सुरभीणि कृत्वी।
प्रादाः पितृभ्यः स्वधया ते अक्षन्नद्धि त्वं देव प्रयता हवींषि ॥१२॥
ये चेह पितरो ये च नेह यांश्च विद्म याँ उ च न प्रविद्म।
त्वं वेत्थ यति ते जातवेदः स्वधाभिर्यज्ञं सुकृतं जुषस्व ॥१३॥
ये अग्निदग्धा ये अनग्निदग्धा मध्ये दिवः स्वधया मादयंते।
तेभिः स्वराळसुनीतिमेतां यथावशं तन्वं कल्पयस्व ॥१४॥

(१६)

१४ दमनो यामायनः। अग्निः। त्रिष्टुप्, ११-१४ अनुष्टुप्।

मैनमग्ने वि दहो माभि शोचो मास्य त्वचं चिक्षिपो मा शरीरं।
यदा शृतं कृणवो जातवेदोऽथेमेनं प्र हिणुतात्पितृभ्यः ॥१॥
शृतं यदा करसि जातवेदोऽथेमेनं परि दत्तात्पितृभ्यः।
यदा गच्छात्यसुनीतिमेतामथा देवानां वशनीर्भवाति ॥२॥
सूर्यं चक्षुर्गच्छतु वातमात्मा द्यां च गच्छ पृथिवीं च धर्मणा।
अपो वा गच्छ यदि तत्र ते हितमोषधीषु प्रति तिष्ठा शरीरैः ॥३॥
अजो भागस्तपसा तं तपस्व तं ते शोचिस्तपतु तं ते अर्चिः।
यास्ते शिवास्तन्वो जातवेदस्ताभिर्वहैनं सुकृतामु लोकं ॥४॥
अव सृज पुनरग्ने पितृभ्यो यस्त आहुतश्चरति स्वधाभिः।
आयुर्वसान उप वेतु शेषः सं गच्छतां तन्वा जातवेदः ॥५॥
यत्ते कृष्णः शकुन आतुतोद पिपीलः सर्प उत वा श्वापदः।
अग्निष्टद्विश्वादगदं कृणोतु सोमश्च यो ब्राह्मणाँ आविवेश ॥६॥
अग्नेर्वर्म परि गोभिर्व्ययस्व सं प्रोर्णुष्व पीवसा मेदसा च।
नेत्त्वा धृष्णुर्हरसा जर्हृषाणो दधृग्विधक्ष्यन्पर्यङ्खयाते ॥७॥
इममग्ने चमसं मा वि जिह्वरः प्रियो देवानामुत सोम्यानां।
एष यश्चमसो देवपानस्तस्मिन्देवा अमृता मादयन्ते ॥८॥
क्रव्यादमग्निं प्र हिणोमि दूरं यमराज्ञो गच्छतु रिप्रवाहः।
इहैवायमितरो जातवेदा देवेभ्यो हव्यं वहतु प्रजानन् ॥९॥
यो अग्निः क्रव्यात्प्रविवेश वो गृहमिमं पश्यन्नितरं जातवेदसं।
तं हरामि पितृयज्ञाय देवं स घर्ममिन्वात्परमे सधस्थे ॥१०॥
यो अग्निः क्रव्यवाहनः पितॄन्यक्षदृतावृधः।
प्रेदु हव्यानि वोचति देवेभ्यश्च पितृभ्य आ ॥११॥
उशन्तस्त्वा नि धीमह्युशन्तः समिधीमहि।
उशन्नुशत आ वह पितॄन्हविषे अत्तवे ॥१२॥
यं त्वमग्ने समदहस्तमु निर्वापया पुनः।
कियाम्ब्वत्र रोहतु पाकदूर्वा व्यल्कशा ॥१३॥
शीतिके शीतिकावति ह्लादिके ह्लादिकावति।
मण्डूक्या३ सु सं गम इमं स्व१ग्निं हर्षय ॥१४॥

(१८)

१४ संकुसुको यामायनः। १-४ मृत्युः, ५ धाता, ६ त्वष्टा,
७-१४ पितृमेधः, १४ प्रजापतिर्वा।
त्रिष्टुप्, ११ प्रस्तारपङ्क्तिः, १३ जगती, १४ अनुष्टुप्।

परं मृत्यो अनु परेहि पंथां यस्ते स्व इतरो देवयानात्।
चक्षुष्मते शृण्वते ते ब्रवीमि मा नः प्रजां रीरिषो मोत वीरान् ॥१॥
मृत्योः पदं योपयंतो यदैत द्राघीय आयुः प्रतरं दधानाः।
आप्यायमानाः प्रजया धनेन शुद्धाः पूता भवत यज्ञियासः ॥२॥
इमे जीवा वि मृतैराववृत्रन्नभूद्भद्रा देवहूतिर्नो अद्य।
प्रांचो अगाम नृतये हसाय द्राघीय आयुः प्रतरं दधानाः ॥३॥
इमं जीवेभ्यः परिधिं दधामि मैषां नु गादपरो अर्थमेतं।
शतं जीवंतु शरदः पुरूचीरंतर्मृत्युं दधतां पर्वतेन ॥४॥
यथाहान्यनुपूर्वं भवंति यथ ऋतव ऋतुभिर्यंति साधु।
यथा न पूर्वमपरो जहात्येवा धातरायूँषि कल्पयैषां ॥५॥
आ रोहतायुर्जरसं वृणाना अनुपूर्वं यतमाना यति ष्ठ।
इह त्वष्टा सुजनिमा सजोषा दीर्घमायुः करति जीवसे वः ॥६॥
इमा नारीरविधवाः सुपत्नीरांजनेन सर्पिषा सं विशंतु।
अनश्रवोऽनमीवाः सुरत्ना आ रोहंतु जनयो योनिमग्रे ॥७॥
उदीर्ष्व नार्यभि जीवलोकं गतासुमेतमुप शेष एहि।
हस्तग्राभस्य दिधिषोस्तवेदं पत्युर्जनित्वमभि सं बभूथ ॥८॥
धनुर्हस्तादाददानो मृतस्यास्मे क्षत्राय वर्चसे बलाय।
अत्रैव त्वमिह वयं सुवीरा विश्वाः स्पृधो अभिमातीर्जयेम ॥९॥
उप सर्प मातरं भूमिमेतामुरुव्यचसं पृथिवीं सुशेवां।
ऊर्णम्रदा युवतिर्दक्षिणावत एषा त्वा पातु निर्ऋतेरुपस्थात् ॥१०॥
उच्छ्वंचस्व पृथिवि मा नि बाधथाः सूपायनास्मै भव सूपवंचना।
माता पुत्रं यथा सिचाभ्येनं भूम ऊर्णुहि ॥११॥
उच्छ्वंचमाना पृथिवी सु तिष्ठतु सहस्रं मित उप हि श्रयंतां।
ते गृहासो घृतश्चुतो भवंतु विश्वाहास्मै शरणाः संत्वत्र ॥१२॥
उत्ते स्तभ्नामि पृथिवीं त्वत्परीमं लोगं निदधन्मो अहं रिषं।
एतां स्थूणां पितरो धारयंतु तेऽत्रा यमः सादना ते मिनोतु ॥१३॥
प्रतीचीने मामहनीष्वाः पर्णमिवा दधुः।
प्रतीचीं जग्रभा वाचमश्वं रशनया यथा ॥१४॥

(३३)

९ कवष ऐलूषः। १ विश्वे देवाः, २-३ इन्द्रः, ४-५ कुरूश्रवणस्त्रासदस्यवः,
६-९ उपमश्रवा मैत्रातिथिः।
१ त्रिष्टुप्; प्रगाथः = (२ वृहती, ३ सतोवृहती), ४-९ गायत्री।

प्र मा युयुज्रे प्रयुजो जनानां वहामि स्म पूषणमंतरेण।
विश्वे देवासो अध मामरक्षन्दुःशासुरागादिति घोष आसीत् ॥१॥
सं मा तपंत्यभितः सपत्नीरिव पर्शवः।
नि बाधते अमतिर्नग्नता जसुर्वेर्न वेवीयते मतिः ॥२॥
मूषो न शिश्ना व्यदंति माध्यः स्तोतारं ते शतक्रतो।
सकृत्सु नो मघवन्निंद्र मृळयाधा पितेव नो भव ॥३॥
कुरुश्रवणमावृणि राजानं त्रासदस्यवं। मंहिष्ठं वाघतामृषिः ॥४॥
यस्य मा हरितो रथे तिस्रो वहंति साधुया। स्तवै सहस्रदक्षिणे ॥५॥
यस्य प्रस्वादसो गिर उपमश्रवसः पितुः। क्षेत्रं न रण्वमूचुषे ॥६॥
अधि पुत्रोपमश्रवो नपान्मित्रातिथेरिहि। पितुष्टे अस्मि वंदिता ॥७॥
यदीशीयामृतानामुत वा मर्त्यानां। जीवेदिन्मघवा मम ॥८॥
न देवानामति व्रतं शतात्मा चन जीवति। तथा युजा वि वावृते ॥९॥

(५८)

१२ बन्धुः श्रुतबन्धुर्विप्रबन्धुर्गौपायनाः। मन आवर्तनम्। अनुष्टुप्।

यत्ते॑ य॒मं वै॑वस्व॒तं मनो॑ ज॒गाम॑ दूर॒कं।
तत्त॒ आ व॑र्तयामसी॒ह क्षया॑य जी॒वसे॑ ॥१॥

यत्ते॒ दिवं॒ यत्पृ॑थि॒वीं मनो॑ ज॒गाम॑ दूर॒कं।
तत्त॒ आ व॑र्तयामसी॒ह क्षया॑य जी॒वसे॑ ॥२॥

यत्ते॒ भूमिं॒ चतु॑र्भृष्टिं॒ मनो॑ ज॒गाम॑ दूर॒कं।
तत्त॒ आ व॑र्तयामसी॒ह क्षया॑य जी॒वसे॑ ॥३॥

यत्ते॒ चत॑स्रः प्र॒दिशो॒ मनो॑ ज॒गाम॑ दूर॒कं।
तत्त॒ आ व॑र्तयामसी॒ह क्षया॑य जी॒वसे॑ ॥४॥

यत्ते॑ समु॒द्रम॑र्ण॒वं मनो॑ ज॒गाम॑ दूर॒कं।
तत्त॒ आ व॑र्तयामसी॒ह क्षया॑य जी॒वसे॑ ॥५॥

यत्ते॒ मरी॑चीः प्र॒वतो॒ मनो॑ ज॒गाम॑ दूर॒कं।
तत्त॒ आ व॑र्तयामसी॒ह क्षया॑य जी॒वसे॑ ॥६॥

यत्ते॑ अ॒पो यदोष॑धी॒र्मनो॑ ज॒गाम॑ दूर॒कं।
तत्त॒ आ व॑र्तयामसी॒ह क्षया॑य जी॒वसे॑ ॥७॥

यत्ते॒ सूर्यं॒ यदु॒षसं॒ मनो॑ ज॒गाम॑ दूर॒कं।
तत्त॒ आ व॑र्तयामसी॒ह क्षया॑य जी॒वसे॑ ॥८॥

यत्ते॒ पर्व॑तान्बृह॒तो मनो॑ ज॒गाम॑ दूर॒कं।
तत्त॒ आ व॑र्तयामसी॒ह क्षया॑य जी॒वसे॑ ॥९॥

यत्ते॒ विश्व॑मि॒दं जग॒न्मनो॑ ज॒गाम॑ दूर॒कं।
तत्त॒ आ व॑र्तयामसी॒ह क्षया॑य जी॒वसे॑ ॥१०॥

यत्ते॒ परा॑ः परा॒वतो॒ मनो॑ ज॒गाम॑ दूर॒कं।
तत्त॒ आ व॑र्तयामसी॒ह क्षया॑य जी॒वसे॑ ॥११॥

यत्ते॑ भू॒तं च॒ भव्यं॑ च॒ मनो॑ ज॒गाम॑ दूर॒कं।
तत्त॒ आ व॑र्तयामसी॒ह क्षया॑य जी॒वसे॑ ॥१२॥

(७१)

११ वृहस्पतिराङ्गिरसः। ज्ञानम्। त्रिष्टुप्, ९ जगती।

बृहस्पते प्रथमं वाचो अग्रं यत्प्रैरत नामधेयं दधानाः ।
यदेषां श्रेष्ठं यदरिप्रमासीत्प्रेणा तदेषां निहितं गुहाविः ॥१॥
सक्तुमिव तितउना पुनंतो यत्र धीरा मनसा वाचमक्रत ।
अत्रा सखायः सख्यानि जानते भद्रैषां लक्ष्मीर्निहिताधि वाचि ॥२॥
यज्ञेन वाचः पदवीयमायन्तामन्वविंदन्नृषिषु प्रविष्टां ।
तामाभृत्या व्यदधुः पुरुत्रा तां सप्त रेभा अभि सं नवंते ॥३॥
उत त्वः पश्यन्न ददर्श वाचमुत त्वः शृण्वन्न शृणोत्येनां ।
उतो त्वस्मै तन्वं१ वि सस्रे जायेव पत्य उशती सुवासाः ॥४॥
उत त्वं सख्ये स्थिरपीतमाहुर्नैनं हिन्वंत्यपि वाजिनेषु ।
अधेन्वा चरति माययैष वाचं शुश्रुवाँ अफलामपुष्पां ॥५॥
यस्तित्याज सचिविदं सखायं न तस्य वाच्यपि भागो अस्ति ।
यदीं शृणोत्यलकं शृणोति नहि प्रवेद सुकृतस्य पंथां ॥६॥
अक्षण्वंतः कर्णवंतः सखायो मनोजवेष्वसमा बभूवुः ।
आदघ्नास उपकक्षास उ त्वे ह्रदा इव स्नात्वा उ त्वे ददृश्रे ॥७॥
हृदा तष्टेषु मनसो जवेषु यद्ब्राह्मणाः संयजंते सखायः ।
अत्राह त्वं वि जहुर्वेद्याभिरोहब्रह्माणो वि चरंत्यु त्वे ॥८॥
इमे ये नार्वाङ्न परश्चरंति न ब्राह्मणासो न सुतेकरासः ।
त एते वाचमभिपद्य पापया सिरीस्तंत्रं तन्वते अप्रजज्ञयः ॥९॥
सर्वे नंदंति यशसागतेन सभासाहेन सख्या सखायः ।
किल्बिषस्पृत्पितुषणिर्ह्येषामरं हितो भवति वाजिनाय ॥१०॥
ऋचां त्वः पोषमास्ते पुपुष्वान्गायत्रं त्वो गायति शक्वरीषु ।
ब्रह्मा त्वो वदति जातविद्यां यज्ञस्य मात्रां वि मिमीत उ त्वः ॥११॥

(७२)

९ लौक्यो बृहस्पतिः, बृहस्पतिराङ्गिरसो वा.
दाक्षायणी अदितिर्वा। देवाः। अनुष्टुप्।

देवानां नु वयं जाना प्र वोचाम विपन्यया।
उक्थेषु शस्यमानेषु यः पश्यादुत्तरे युगे ॥१॥

ब्रह्मणस्पतिरेता सं कर्मार इवाधमत्।
देवानां पूर्व्ये युगेऽसतः सदजायत ॥२॥

देवानां युगे प्रथमेऽसतः सदजायत।
तदाशा अन्वजायन्त तदुत्तानपदस्परि ॥३॥

भूर्जज्ञ उत्तानपदो भुव आशा अजायन्त।
अदितेर्दक्षो अजायत दक्षाद्वदितिः परि ॥४॥

अदितिर्ह्यजनिष्ट दक्ष या दुहिता तव।
तां देवा अन्वजायन्त भद्रा अमृतबन्धवः ॥५॥

यद्देवा अदः सलिले सुसंरब्धा अतिष्ठत।
अत्रा वो नृत्यतामिव तीव्रो रेणुरपायत ॥६॥

यद्देवा यतयो यथा भुवनान्यपिन्वत।
अत्रा समुद्र आ गूळ्हमा सूर्यमजभर्तन ॥७॥

अष्टौ पुत्रासो अदितेर्ये जातास्तन्वस्परि।
देवाँ उप प्रैत्सप्तभिः परा मार्ताण्डमास्यत् ॥८॥

सप्तभिः पुत्रैरदितिरुप प्रैत्पूर्व्यं युगम्।
प्रजायै मृत्यवे त्वत्पुनर्मार्ताण्डमाभरत् ॥९॥

(८१)

७ विश्वकर्मा भौवनः। विश्वकर्मा। त्रिष्टुप्, २ विराड्रूपा।

य इमा विश्वा भुवनानि जुह्वदृषिर्होता न्यसीदत्पिता नः ।
स आशिषा द्रविणमिच्छमानः प्रथमच्छदवराँ आ विवेश ॥१॥
किं स्विदासीदधिष्ठानमारंभणं कतमत्स्वित्कथासीत् ।
यतो भूमिं जनयन्विश्वकर्मा वि द्यामौर्णोन्महिना विश्वचक्षाः ॥२॥
विश्वतश्चक्षुरुत विश्वतोमुखो विश्वतोबाहुरुत विश्वतस्पात् ।
सं बाहुभ्यां धमति सं पतत्रैर्द्यावाभूमी जनयन्देव एकः ॥३॥
किं स्विद्वनं क उ स वृक्ष आस यतो द्यावापृथिवी निष्टतक्षुः ।
मनीषिणो मनसा पृच्छतेदु तद्यदध्यतिष्ठद्भुवनानि धारयन् ॥४॥
या ते धामानि परमाणि यावमा या मध्यमा विश्वकर्मन्नुतेमा ।
शिक्षा सखिभ्यो हविषि स्वधावः स्वयं यजस्व तन्वं वृधानः ॥५॥
विश्वकर्मन्हविषा वावृधानः स्वयं यजस्व पृथिवीमुत द्यां ।
मुह्यन्त्वन्ये अभितो जनास इहास्माकं मघवा सू̱रिरस्तु ॥६॥
वाचस्पतिं विश्वकर्माणमूतये मनोजुवं वाजे अद्या हुवेम ।
स नो विश्वानि हवनानि जोषद्विश्वशंभूरवसे साधुकर्मा ॥७॥

(८२)

७ विश्वकर्मा भौवनः। विश्वकर्मा। त्रिष्टुप्।

चक्षुषः पिता मनसा हि धीरो घृतमेने अजनन्नम्नमाने ।
यदेदंता अदंदृहंत पूर्व आदिद्यावापृथिवी अप्रथेतां ॥१॥

विश्वकर्मा विमना आद्विहाया धाता विधाता परमोत संदृक् ।
तेषामिष्टानि समिषा मदंति यत्रा सप्तऋषीन्पर एकमाहुः ॥२॥

यो नः पिता जनिता यो विधाता धामानि वेद भुवनानि विश्वा ।
यो देवानां नामधा एक एव तं संप्रश्नं भुवना यंत्यन्या ॥३॥

त आयजंत द्रविणं समस्मा ऋषयः पूर्वे जरितारो न भूना ।
असूर्ते सूर्ते रजसि निषत्ते ये भूतानि समकृण्वन्निमानि ॥४॥

परो दिवा पर एना पृथिव्या परो देवेभिरसुरैर्यदस्ति ।
कं स्विद्गर्भं प्रथमं दध्र आपो यत्र देवाः समपश्यंत विश्वे ॥५॥

तमिद्गर्भं प्रथमं दध्र आपो यत्र देवाः समगच्छंत विश्वे ।
अजस्य नाभावध्येकमर्पितं यस्मिन्विश्वानि भुवनानि तस्थुः ॥६॥

न तं विदाथ य इमा जजानान्यद्युष्माकमंतरं बभूव ।
नीहारेण प्रावृता जल्प्या चासुतृप उक्थशासश्चरंति ॥७॥

(८५)

४७ सावित्री सूर्या ऋषिका। १-५ सोमः ६-१६ सूर्याविवाहः
१७ देवाः, १८ सोमार्कौ, १९ चन्द्रमाः, २०-२८ नृणं विवाहमन्त्रा
आशीः प्रायाः, २९-३० वधूवासः संस्पर्शनिन्दा, ३१ दम्पत्योर्यक्ष्मनाशनं,
३२-४७ सूर्या सावित्री। अनुष्टुप्; १४,१९-२१,२३-२४,२६,३६-३७,४४,
त्रिष्टुप्; १८,२७,४३ जगती; ३४ उरोवृहती।

सत्येनोत्तभिता भूमिः सूर्येणोत्तभिता द्यौः ।
ऋतेनादित्यास्तिष्ठंति दिवि सोमो अधि श्रितः ॥१॥
सोमेनादित्या बलिनः सोमेन पृथिवी मही ।
अथो नक्षत्राणामेषामुपस्थे सोम आहितः ॥२॥
सोमं मन्यते पपिवान्यत्संपिंषंत्योषधिं ।
सोमं यं ब्रह्माणो विदुर्न तस्याश्नाति कश्चन ॥३॥
आच्छद्विधानैर्गुपितो बार्हतैः सोम रक्षितः ।
ग्राव्णामिच्छृण्वन्तिष्ठसि न ते अश्नाति पार्थिवः ॥४॥
यत्त्वा देव प्रपिबंति तत आ प्यायसे पुनः ।
वायुः सोमस्य रक्षिता समानां मास आकृतिः ॥५॥
रैभ्यासीदनुदेयी नाराशंसी न्योचनी।
सूर्याया भद्रमिद्वासो गाथयैति परिष्कृतं ॥६॥
चित्तिरा उपबर्हणं चक्षुरा अभ्यंजनं।
द्यौर्भूमिः कोश आसीद्यदयात्सूर्या पतिं ॥७॥
स्तोमा आसन्प्रतिधयः कुरीरं छंद ओपशः ।
सूर्याया अश्विना वराग्निरासीत्पुरोगवः ॥८॥
सोमो वधूयुरभवदश्विनास्तामुभा वरा।
सूर्यां यत्पत्ये शंसंतीं मनसा सविताददात् ॥९॥
मनो अस्या अन आसीद्द्यौरासीदुत छदिः ।
शुक्रावनड्वाहावास्तां यदयात्सूर्या गृहं ॥१०॥
ऋक्सामाभ्यामभिहितौ गावौ ते सामनावितः ।
श्रोत्रं ते चक्रे आस्तां दिवि पंथाश्चराचरः ॥११॥

शुची ते चक्रे यात्या व्यानो अक्ष आहतः ।
अनो मनस्मयं सूर्यारोहत्प्रयती पतिं ॥१२॥

सूर्याया वहतुः प्रागात्सविता यमवासृजत् ।
अघासु हन्यंते गावोऽर्जुन्योः पर्युह्यते ॥१३॥

यदश्विना पृच्छमानावयातं त्रिचक्रेण वहतुं सूर्यायाः ।
विश्वे देवा अनु तद्वामजानन्पुत्रः पितरावृणीत पूषा ॥१४॥

यदयातं शुभस्पती वरेयं सूर्यामुप ।
क्वैकं चक्रं वामासीत्क्व देष्ट्राय तस्थथुः ॥१५॥

द्वे ते चक्रे सूर्ये ब्रह्माण ऋतुथा विदुः ।
अथैकं चक्रं यद्गुहा तदद्धातय इद्विदुः ॥१६॥

सूर्यायै देवेभ्यो मित्राय वरुणाय च ।
ये भूतस्य प्रचेतस इदं तेभ्योऽकरं नमः ॥१७॥

पूर्वापरं चरतो माययैतौ शिशू क्रीळंतौ परि यातो अध्वरं ।
विश्वान्यन्यो भुवनाभिचष्ट ऋतूँरन्यो विदधज्जायते पुनः ॥१८॥

नवोनवो भवति जायमानोऽह्नां केतुरुषसामेत्यग्रं ।
भागं देवेभ्यो वि दधात्यायन्प्र चंद्रमास्तिरते दीर्घमायुः ॥१९॥

सुकिंशुकं शल्मलिं विश्वरूपं हिरण्यवर्णं सुवृतं सुचक्रं ।
आ रोह सूर्ये अमृतस्य लोकं स्योनं पत्ये वहतुं कृणुष्व ॥२०॥

उदीर्ष्वातः पतिवती ह्येषा विश्वावसुं नमसा गीर्भिरीळे ।
अन्यामिच्छ पितृषदं व्यक्तां स ते भागो जनुषा तस्य विद्धि ॥२१॥

उदीर्ष्वातो विश्वावसो नमसेळामहे त्वा ।
अन्यामिच्छ प्रफर्व्यं१ सं जायां पत्या सृज ॥२२॥

अनृक्षरा ऋजवः संतु पंथा येभिः सखायो यंति नो वरेयं ।
समर्यमा सं भगो नो निनीयात्सं जास्पत्यं सुयममस्तु देवाः ॥२३॥

प्र त्वा मुंचामि वरुणस्य पाशाद्येन त्वाबध्नात्सविता सुशेवः ।
ऋतस्य योनौ सुकृतस्य लोकेऽरिष्टां त्वा सह पत्या दधामि ॥२४॥

प्रेतो मुंचामि नामुतः सुबद्धाममुतस्करं ।
यथेयमिंद्र मीढ्वः सुपुत्रा सुभगासति ॥२५॥

पूषा त्वेतो नयतु हस्तगृह्याश्विना त्वा प्र वहतां रथेन ।
गृहान्गच्छ गृहपत्नी यथासो वशिनी त्वं विदथमा वदासि ॥२६॥
इह प्रियं प्रजया ते समृध्यतामस्मिन्गृहे गार्हपत्याय जागृहि ।
एना पत्या तन्वं१ सं सृजस्वाधा जिव्री विदथमा वदाथः ॥२७॥
नीललोहितं भवति कृत्यासक्तिर्व्यज्यते।
एधन्ते अस्या ज्ञातयः पतिर्बन्धेषु बध्यते॥२८॥
परा देहि शामुल्यं ब्रह्मभ्यो वि भजा वसु ।
कृत्यैषा पद्वती भूत्व्या जाया विशते पतिं ॥२९॥
अश्रीरा तनूर्भवति रुशती पापयामुया ।
पतिर्यद्वध्वो३ वाससा स्वमंगमभिधित्सते ॥३०॥
ये वध्वश्चंद्रं वहतुं यक्ष्मा यंति जनादनु ।
पुनस्तान्यज्ञिया देवा नयंतु यत आगताः ॥३१॥
मा विदन्परिपंथिनो य आसीदंति दंपती।
सुगेभिर्दुर्गमतीतामप द्रांत्वरातयः॥३२॥
सुमंगलीरियं वधूरिमां समेत पश्यत।
सौभाग्यमस्यै दत्त्वायाथास्तं वि परेतन॥३३॥
तृष्टमेतत्कटुकमेतदपाष्ठवद्विषवन्नैतदत्तवे ।
सूर्यां यो ब्रह्मा विद्यात्स इद्वाधूयमर्हति ॥३४॥
आशसनं विशसनमथो अधिविकर्तनं ।
सूर्यायाः पश्य रूपाणि तानि ब्रह्मा तु शुंधति ॥३५॥
गृभ्णामि ते सौभगत्वाय हस्तं मया पत्या जरदष्टिर्यथासः ।
भगो अर्यमा सविता पुरंधिर्मह्यं त्वादुर्गार्हपत्याय देवाः ॥३६॥
तां पूषञ्छिवतमामेरयस्व यस्यां बीजं मनुष्या३ वपंति ।
या न ऊरू उशती विश्रयाति यस्यामुशंतः प्रहराम शेपं ॥३७॥
तुभ्यमग्रे पर्यवहन्त्सूर्यां वहतुना सह।
पुनः पतिभ्यो जायां दा अग्ने प्रजया सह॥३८॥
पुनः पत्नीमग्निरदादायुषा सह वर्चसा ।
दीर्घायुरस्या यः पतिर्जीवाति शरदः शतं ॥३९॥

सोमः प्रथमो विविदे गंधर्वो विविद उत्तरः ।
तृतीयो अग्निष्टे पतिस्तुरीयस्ते मनुष्यजाः ॥४०॥
सोमो ददद्गंधर्वाय गंधर्वो ददद्ग्नये।
रयिं च पुत्रांश्चादादग्निर्मह्यमथो इमां ॥४१॥
इहैव स्तं मा वि यौष्टं विश्वमायुर्व्यश्नुतं।
क्रीळंतौ पुत्रैर्नप्तृभिर्मोदमानौ स्वे गृहे॥४२
आ नः प्रजां जनयतु प्रजापतिराजरसाय समनक्त्वर्यमा ।
अदुर्मंगलीः पतिलोकमा विश शं नो भव द्विपदे शं चतुष्पदे ॥४३॥
अघोरचक्षुरपतिघ्न्येधि शिवा पशुभ्यः सुमनाः सुवर्चाः ।
वीरसूर्देवकामा स्योना शं नो भव द्विपदे शं चतुष्पदे ॥४४॥
इमां त्वमिंद्र मीढ्वः सुपुत्रां सुभगां कृणु ।
दशास्यां पुत्राना धेहि पतिमेकादशं कृधि ॥४५॥
सम्राज्ञी श्वशुरे भव सम्राज्ञी श्वश्र्वां भव ।
ननांदरि सम्राज्ञी भव सम्राज्ञी अधि देवृषु ॥४६॥
समंजंतु विश्वे देवाः समापो हृदयानि नौ ।
सं मातरिश्वा सं धाता समु देष्ट्री दधातु नौ ॥४७॥

(९०)

१६ नारायणः। पुरूषः। अनुष्टुप्, १६ त्रिष्टुप्।

सहस्रशीर्षा पुरुषः सहस्राक्षः सहस्रपात्।
स भूमिं विश्वतो वृत्वात्यतिष्ठद्दशांगुलं ॥१॥
पुरुष एवेदं सर्वं यद्भूतं यच्च भव्यं।
उतामृतत्वस्येशानो यदन्नेनातिरोहति ॥२॥
एतावानस्य महिमातो ज्यायांश्च पूरुषः।
पादोऽस्य विश्वा भूतानि त्रिपादस्यामृतं दिवि ॥३॥
त्रिपादूर्ध्व उदैत्पुरुषः पादोऽस्येहाभवत्पुनः।
ततो विष्वङ्व्यक्रामत्साशनानशने अभि ॥४॥
तस्माद्विराळजायत विराजो अधि पूरुषः।
स जातो अत्यरिच्यत पश्चाद्भूमिमथो पुरः ॥५॥
यत्पुरुषेण हविषा देवा यज्ञमतन्वत।
वसंतो अस्यासीदाज्यं ग्रीष्म इध्मः शरद्धविः ॥६॥
तं यज्ञं बर्हिषि प्रौक्षन्पुरुषं जातमग्रतः।
तेन देवा अयजंत साध्या ऋषयश्च ये ॥७॥
तस्माद्यज्ञात्सर्वहुतः संभृतं पृषदाज्यं।
पशून्तांश्चक्रे वायव्यानारण्यान्ग्राम्याश्च ये ॥८॥
तस्माद्यज्ञात्सर्वहुत ऋचः सामानि जज्ञिरे।
छंदांसि जज्ञिरे तस्माद्यजुस्तस्मादजायत ॥९॥
तस्मादश्वा अजायंत ये के चोभयादतः।
गावो ह जज्ञिरे तस्मात्तस्माज्जाता अजावयः ॥१०॥
यत्पुरुषं व्यदधुः कतिधा व्यकल्पयन्।
मुखं किमस्य कौ बाहू का ऊरू पादा उच्येते ॥११॥
ब्राह्मणोऽस्य मुखमासीद्बाहू राजन्यः कृतः।
ऊरू तदस्य यद्वैश्यः पद्भ्यां शूद्रो अजायत ॥१२॥

चंद्रमा मनसो जातश्चक्षोः सूर्यो अजायत ।
मुखादिंद्रश्चाग्निश्च प्राणाद्वायुरजायत ॥१३॥
नाभ्या आसीदंतरिक्षं शीर्ष्णो द्यौः समवर्तत ।
पद्भ्यां भूमिर्दिशः श्रोत्रात्तथा लोकाँ अकल्पयन् ॥१४॥
सप्तास्यासन्परिधयस्त्रिः सप्त समिधः कृताः ।
देवा यद्यज्ञं तन्वाना अबध्नन्पुरुषं पशुं ॥१५॥
यज्ञेन यज्ञमयजंत देवास्तानि धर्माणि प्रथमान्यासन् ।
ते ह नाकं महिमानः सचंत यत्र पूर्वे साध्याः संति देवाः ॥१६॥

(१०१)

१२ बुधः सौम्यः । विश्वे देवा, ऋत्विजो वा ।
त्रिष्टुप्, ४,६ गायत्री; ५ बृहती; ९, १२ जगती।

उद्बुध्यध्वं समनसः सखायः समग्निमिंध्वं बहवः सनीळाः ।
दधिक्रामग्निमुषसं च देवीमिंद्रावतोऽवसे नि ह्वये वः ॥१॥

मंद्रा कृणुध्वं धिय आ तनुध्वं नावमरित्रपरणीं कृणुध्वं ।
इष्कृणुध्वमायुधारं कृणुध्वं प्रांचं यज्ञं प्र णयता सखायः ॥२॥

युनक्त सीरा वि युगा तनुध्वं कृते योनौ वपतेह बीजं ।
गिरा च श्रुष्टिः सभरा असन्नो नेदीय इत्सृण्यः पक्वमेयात् ॥३॥

सीरा युंजंति कवयो युगा वि तन्वते पृथक्। धीरा देवेषु सुम्नया ॥४॥
निराहावान्कृणोतन सं वरत्रा दधातन ।
सिंचामहा अवतमुद्रिणं वयं सुषेकमनुपक्षितं ॥५॥

इष्कृताहावमवतं सुवरत्रं सुषेचनं । उद्रिणं सिंचे अक्षितं ॥६॥

प्रीणीताश्वान्हितं जयाथ स्वस्तिवाहं रथमित्कृणुध्वं ।
द्रोणाहावमवतमश्मचक्रमंसत्रकोशं सिंचता नृपाणं ॥७॥

आ वो धियं यज्ञियां वर्त ऊतये देवा देवीं यजतां यज्ञियामिह ।
सा नो दुहीयद्यवसेव गत्वी सहस्रधारा पयसा मही गौः ॥९॥

व्रजं कृणुध्वं स हि वो नृपाणो वर्म सीव्यध्वं बहुला पृथूनि ।
पुरः कृणुध्वमायसीरधृष्टा मा वः सुस्रोच्चमसो दृंहता तं ॥८॥

आ तू षिंच हरिमीं द्रोरुपस्थे वाशीभिस्तक्षताश्मन्मयीभिः ।
परि ष्वजध्वं दश कक्ष्याभिरुभे धुरौ प्रति वह्निं युनक्त ॥१०॥

उभे धुरौ वह्निरापिब्दमानोऽंतर्योनेव चरति द्विजानिः ।
वनस्पतिं वन आस्थापयध्वं नि षू दधिध्वमखनंत उत्सं ॥११॥

कपृन्नरः कपृथमुद्दधातन चोदयत खुदत वाजसातये ।
निष्टिग्र्यः पुत्रमा च्यावयोतय इंद्रं सबाध इह सोमपीतये ॥१२॥

(१२१)

१० हिरण्यगर्भ : प्राजापत्य : । क : (प्रजापति :)। त्रिष्टुप्।

हिरण्यगर्भः समवर्तताग्रे भूतस्य जातः पतिरेक आसीत् ।
स दाधार पृथिवीं द्यामुतेमां कस्मै देवाय हविषा विधेम ॥१॥
य आत्मदा बलदा यस्य विश्व उपासते प्रशिषं यस्य देवाः ।
यस्य छायामृतं यस्य मृत्युः कस्मै देवाय हविषा विधेम ॥२॥
यः प्राणतो निमिषतो महित्वैक इद्राजा जगतो बभूव ।
य ईशे अस्य द्विपदश्चतुष्पदः कस्मै देवाय हविषा विधेम ॥३॥
यस्येमे हिमवंतो महित्वा यस्य समुद्रं रसया सहाहुः ।
यस्येमाः प्रदिशो यस्य बाहू कस्मै देवाय हविषा विधेम ॥४॥
येन द्यौरुग्रा पृथिवी च दृळ्हा येन स्वः स्तभितं येन नाकः ।
यो अंतरिक्षे रजसो विमानः कस्मै देवाय हविषा विधेम ॥५॥
यं क्रंदसी अवसा तस्तभाने अभ्यैक्षेतां मनसा रेजमाने ।
यत्राधि सूर उदितो विभाति कस्मै देवाय हविषा विधेम ॥६॥
आपो ह यद्बृहतीर्विश्वमायन्गर्भं दधाना जनयंतीरग्निं ।
ततो देवानां समवर्ततासुरेकः कस्मै देवाय हविषा विधेम ॥७॥
यश्चिदापो महिना पर्यपश्यद्दक्षं दधाना जनयंतीर्यज्ञं ।
यो देवेष्वधि देव एक आसीत्कस्मै देवाय हविषा विधेम ॥८॥
मा नो हिंसीज्जनिता यः पृथिव्या यो वा दिवं सत्यधर्मा जजान ।
यश्चापश्चंद्रा बृहतीर्जजान कस्मै देवाय हविषा विधेम ॥९॥
प्रजापते न त्वदेतान्यन्यो विश्वा जातानि परि ता बभूव ।
यत्कामास्ते जुहुमस्तन्नो अस्तु वयं स्याम पतयो रयीणां ॥१०॥

(१२५)

८ वागाम्भृणी। आत्मा। त्रिष्टुप्, २ जगती

अहं रुद्रेभिर्वसुभिश्चराम्यहमादित्यैरुत विश्वदेवैः ।
अहं मित्रावरुणोभा बिभर्म्यहमिंद्राग्नी अहमश्विनोभा ॥१॥
अहं सोममाहनसं बिभर्म्यहं त्वष्टारमुत पूषणं भगं ।
अहं दधामि द्रविणं हविष्मते सुप्राव्ये३ यजमानाय सुन्वते ॥२॥
अहं राष्ट्री संगमनी वसूनां चिकितुषी प्रथमा यज्ञियानां ।
तां मा देवा व्यदधुः पुरुत्रा भूरिस्थात्रां भूर्यावेशयंतीं ॥३॥
मया सो अन्नमत्ति यो विपश्यति यः प्राणिति य ईं शृणोत्युक्तं ।
अमंतवो मां त उप क्षियंति श्रुधि श्रुत श्रद्धिवं ते वदामि ॥४॥
अहमेव स्वयमिदं वदामि जुष्टं देवेभिरुत मानुषेभिः ।
यं कामये तंतमुग्रं कृणोमि तं ब्रह्माणं तमृषिं तं सुमेधां ॥५॥
अहं रुद्राय धनुरा तनोमि ब्रह्मद्विषे शरवे हंतवा उं ।
अहं जनाय समदं कृणोम्यहं द्यावापृथिवी आ विवेश ॥६॥
अहं सुवे पितरमस्य मूर्धन्मम योनिरप्स्वं१तः समुद्रे ।
ततो वि तिष्ठे भुवनानु विश्वोतामूं द्यां वर्ष्मणोप स्पृशामि ॥७॥
अहमेव वात इव प्र वाम्यारभमाणा भुवनानि विश्वा ।
परो दिवा पर एना पृथिव्यैतावती महिना सं बभूव ॥८॥

(१२७)

८ कुशिकः सौभरः, रात्रिर्वा भारद्वाजी। रात्रिः। गायत्री।

रात्री व्यख्यदायती पुरुत्रा देव्य१क्षभिः । विश्वा अधि श्रियोऽधित ॥१॥
ओर्वप्रा अमर्त्या निवतो देव्यु१द्वतः । ज्योतिषा बाधते तमः ॥२॥
निरु स्वसारमस्कृतोषसं देव्यायती । अपेदु हासते तमः ॥३॥
सा नो अद्य यस्या वयं नि ते यामन्नविक्ष्महि । वृक्षे न वसतिं वयः ॥४॥
नि ग्रामासो अविक्षत नि पद्वंतो नि पक्षिणः । नि श्येनासश्चिदर्थिनः ॥५॥
यावया वृक्यं१ वृकं यवय स्तेनमूर्म्ये । अथा नः सुतरा भव ॥६॥
उप मा पेपिशत्तमः कृष्णं व्यक्तमस्थित । उष ऋणेव यातय ॥७॥
उप ते गा इवाकरं वृणीष्व दुहितर्दिवः । रात्रि स्तोमं न जिग्युषे ॥८॥

(१२९)

७ प्रजापति : परमेष्ठी। भाववृत्तम्। त्रिष्टुप्।

नासदासीन्नो सदासीत्तदानीं नासीद्रजो नो व्योमा परो यत् ।
किमावरीवः कुह कस्य शर्मन्नंभः किमासीद्गहनं गभीरं ॥१॥
न मृत्युरासीदमृतं न तर्हि न रात्र्या अह्न आसीत्प्रकेतः ।
आनीदवातं स्वधया तदेकं तस्माद्धान्यन्न परः किं चनास ॥२॥
तम आसीत्तमसा गूळ्हमग्रेऽप्रकेतं सलिलं सर्वमा इदं ।
तुच्छ्येनाभ्वपिहितं यदासीत्तपसस्तन्महिनाजायतैकं ॥३॥
कामस्तदग्रे समवर्तताधि मनसो रेतः प्रथमं यदासीत् ।
सतो बंधुमसति निरविंदन्हृदि प्रतीष्या कवयो मनीषा ॥४॥
तिरश्चीनो विततो रश्मिरेषामधः स्विदासी३दुपरि स्विदासी३त् ।
रेतोधा आसन्महिमान आसन्त्स्वधा अवस्तात्प्रयतिः परस्तात् ॥५॥
को अद्धा वेद क इह प्र वोचत्कुत आजाता कुत इयं विसृष्टिः ।
अर्वाग्देवा अस्य विसर्जनेनाथा को वेद यत आबभूव ॥६॥
इयं विसृष्टिर्यत आबभूव यदि वा दधे यदि वा न ।
यो अस्याध्यक्षः परमे व्योमन्त्सो अंग वेद यदि वा न वेद ॥७॥

(१३०)

७ यज्ञः प्राजापत्यः। भाववृत्तम्। त्रिष्टुप्, १ जगती।

यो यज्ञो विश्वतस्तंतुभिस्तत एकशतं देवकर्मेभिरायतः।
इमे वयंति पितरो य आययुः प्र वयाप वयेत्यासते तते ॥१॥
पुमाँ एनं तनुत उत्कृणत्ति पुमान्वि तत्ने अधि नाके अस्मिन्।
इमे मयूखा उप सेदुरू सदः सामानि चक्रुस्तसराण्योतवे ॥२॥
कासीत्प्रमा प्रतिमा किं निदानमाज्यं किमासीत्परिधिः क आसीत्।
छंदः किमासीत्प्रउगं किमुक्थं यद्देवा देवमयजंत विश्वे ॥३॥
अग्नेर्गायत्र्यभवत्सयुग्वोष्णिहया सविता सं बभूव।
अनुष्टुभा सोम उक्थैर्महस्वान्बृहस्पतेर्बृहती वाचमावत् ॥४॥
विराण्मित्रावरुणयोरभिश्रीरिंद्रस्य त्रिष्टुबिह भागो अह्नः।
विश्वान्देवाञ्जगत्या विवेश तेन चाक्लृप्र ऋषयो मनुष्याः ॥५॥
चाक्लृप्रे तेन ऋषयो मनुष्या यज्ञे जाते पितरो नः पुराणे।
पश्यन्मन्ये मनसा चक्षसा तान्य इमं यज्ञमयजंत पूर्वे ॥६॥
सहस्तोमाः सहछंदस आवृतः सहप्रमा ऋषयः सप्त दैव्याः।
पूर्वेषां पंथामनुदृश्य धीरा अन्वालेभिरे रथ्यो३ न रश्मीन् ॥७॥

(१३५)

७ कुमारो यामायनः। यमः। अनुष्टुप्।

यस्मिन्वृक्षे सुपलाशे देवैः संपिबते यमः ।
अत्रा नो विश्पतिः पिता पुराणाँ अनु वेनति ॥१॥

पुराणाँ अनुवेनंतं चरंतं पापयामुया।
असूयन्नभ्यचाकशं तस्मा अस्पृहयं पुनः ॥२॥

यं कुमार नवं रथमचक्रं मनसाकृणोः।
एकेषं विश्वतः प्रांचमपश्यन्नधि तिष्ठसि ॥३॥

यं कुमार प्रावर्तयो रथं विप्रेभ्यस्परि।
तं सामानु प्रावर्तत समितो नाव्याहितं ॥४॥

कः कुमारमजनयद्रथं को निरवर्तयत्।
कः स्वित्तदद्य नो ब्रूयादनुदेयी यथाभवत् ॥५॥

यथाभवदनुदेयी ततो अग्रमजायत।
पुरस्ताद्बुध्न आततः पश्चान्निरयणं कृतं ॥६॥

इदं यमस्य सादनं देवमानं यदुच्यते ।
इयमस्य धम्यते नाळीरयं गोभिः परिष्कृतः ॥७॥

(१५१)

५ श्रद्धा कामायनी। श्रद्धा। अनुष्टुप्।

श्रद्धयाग्निः समिध्यते श्रद्धया हूयते हविः ।
श्रद्धां भगस्य मूर्धनि वचसा वेदयामसि ॥१॥

प्रियं श्रद्धे ददतः प्रियं श्रद्धे दिदासतः ।
प्रियं भोजेषु यज्वस्विदं म उदितं कृधि ॥२॥

यथा देवा असुरेषु श्रद्धामुग्रेषु चक्रिरे ।
एवं भोजेषु यज्वस्वस्माकमुदितं कृधि ॥३॥

श्रद्धां देवा यजमाना वायुगोपा उपासते ।
श्रद्धां हृदय्य१याकूत्या श्रद्धया विंदते वसु ॥४॥

श्रद्धां प्रातर्हवामहे श्रद्धां मध्यंदिनं परि ।
श्रद्धां सूर्यस्य निम्रुचि श्रद्धे श्रद्धापयेह नः ॥५॥

(१५४)

५ यमी वैवस्वती। भाववृत्तम्। अनुष्टुप्।

सोम एकेभ्यः पवते घृतमेक उपासते ।
येभ्यो मधु प्रधावति तांश्चिदेवापि गच्छतात् ॥१॥

तपसा ये अनाधृष्यास्तपसा ये स्वर्ययुः ।
तपो ये चक्रिरे महस्तांश्चिदेवापि गच्छतात् ॥२॥

ये युध्यंते प्रधनेषु शूरासो ये तनूत्यजः ।
ये वा सहस्रदक्षिणास्तांश्चिदेवापि गच्छतात् ॥३॥

ये चित्पूर्व ऋतसाप ऋतावान ऋतावृधः ।
पितॄन्तपस्वतो यम तांश्चिदेवापि गच्छतात् ॥४॥

सहस्रणीथाः कवयो ये गोपायंति सूर्यं ।
ऋषीन्तपस्वतो यम तपोजाँ अपि गच्छतात् ॥५॥

(१६८)

४ अनिलो वातायनः। वायुः। त्रिष्टुप्।

वातस्य नु महिमानं रथस्य रुजन्नेति स्तनयन्नस्य घोषः ।
दिविस्पृग्यात्यरुणानि कृण्वन्नुतो एति पृथिव्या रेणुमस्यन् ॥१॥
सं प्रेरते अनु वातस्य विष्ठा ऐनं गच्छंति समनं न योषाः ।
ताभिः सयुक्सरथं देव ईयतेऽस्य विश्वस्य भुवनस्य राजा ॥२॥
अंतरिक्षे पथिभिरीयमानो न नि विशते कतमच्चनाहः ।
अपां सखा प्रथमजा ऋतावा क्व स्विज्जातः कुत आ बभूव ॥३॥
आत्मा देवानां भुवनस्य गर्भो यथावशं चरति देव एषः ।
घोषा इदस्य शृण्विरे न रूपं तस्मै वाताय हविषा विधेम ॥४॥

(१७३)

६ ध्रूव आङ्गिरसः। राजां। अनुष्टुप्।

आ त्वाहार्षमंतरेधि ध्रुवस्तिष्ठाविचाचलिः ।
विशस्त्वा सर्वा वांछंतु मा त्वद्राष्ट्रमधि भ्रशत् ॥१॥
इहैवैधि माप च्योष्ठाः पर्वत इवाविचाचलिः ।
इंद्र इवेह ध्रुवस्तिष्ठेह राष्ट्रमु धारय ॥२॥
इममिंद्रो अदीधरद्ध्रुवं ध्रुवेण हविषा ।
तस्मै सोमो अधि ब्रवत्तस्मा उ ब्रह्मणस्पतिः ॥३॥
ध्रुवा द्यौर्ध्रुवा पृथिवी ध्रुवासः पर्वता इमे ।
ध्रुवं विश्वमिदं जगद्ध्रुवो राजा विशामयं ॥४॥
ध्रुवं ते राजा वरुणो ध्रुवं देवो बृहस्पतिः ।
ध्रुवं त इंद्रश्चाग्निश्च राष्ट्रं धारयतां ध्रुवं ॥५॥
ध्रुवं ध्रुवेण हविषाभि सोमं मृशामसि ।
अथो त इंद्रः केवलीर्विशो बलिहृतस्करत् ॥६॥

(१९०)

३ माधुच्छन्दसोऽघमर्षणः। भाववृत्तम्। अनुष्टुप्।

ऋतं च सत्यं चाभीद्धात्तपसोऽध्यजायत।
ततो रात्र्यजायत ततः समुद्रो अर्णवः ॥१॥
समुद्रादर्णवादधि संवत्सरो अजायत।
अहोरात्राणि विदधद्विश्वस्य मिषतो वशी ॥२॥
सूर्याचंद्रमसौ धाता यथापूर्वमकल्पयत्।
दिवं च पृथिवीं चांतरिक्षमथो स्वः ॥३॥

परिशिष्ट–२

यज्ञशालाओं के मानचित्र

१. दर्शपूर्णमास यज्ञशाला

२. सोमयाग यज्ञशाला

३. सुपर्णचिति : प्रथम प्रस्तार

दर्शपूर्णमास यज्ञशाला

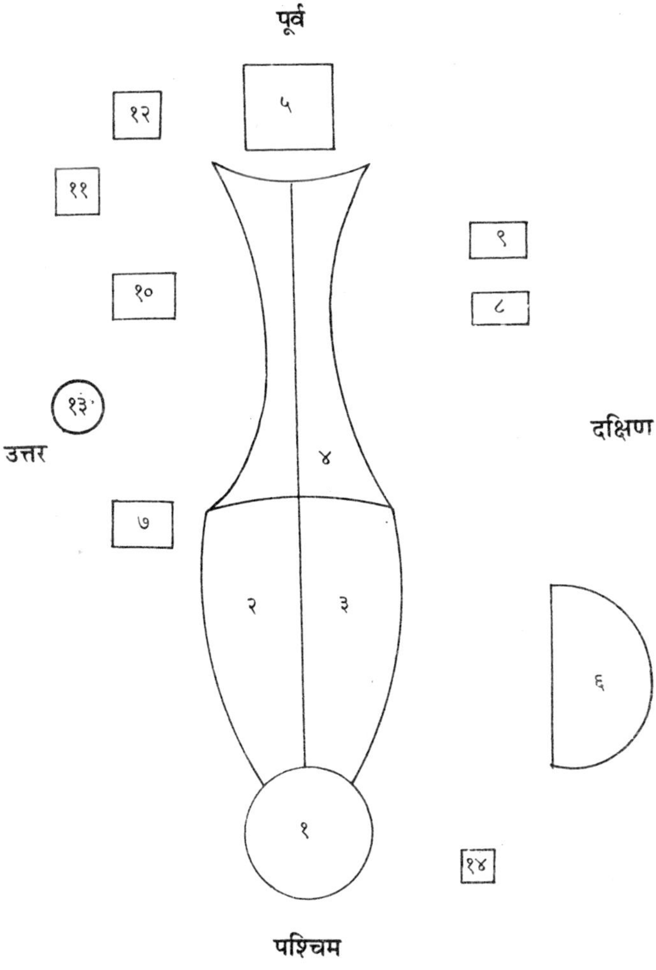

१. गार्हपत्य अग्नि	२. अन्तरपात	३. विशय	४. वेदि
५. आहवनीय अग्नि	६. दक्षिणाग्नि	७. होता	८. यजमान
९. ब्रह्मा	१०. अध्वर्यु	११. आग्नीध्र	१२. प्रणीताः
१३. उत्कर	१४. यजमान पत्नी		

सोमयाग यज्ञशाला

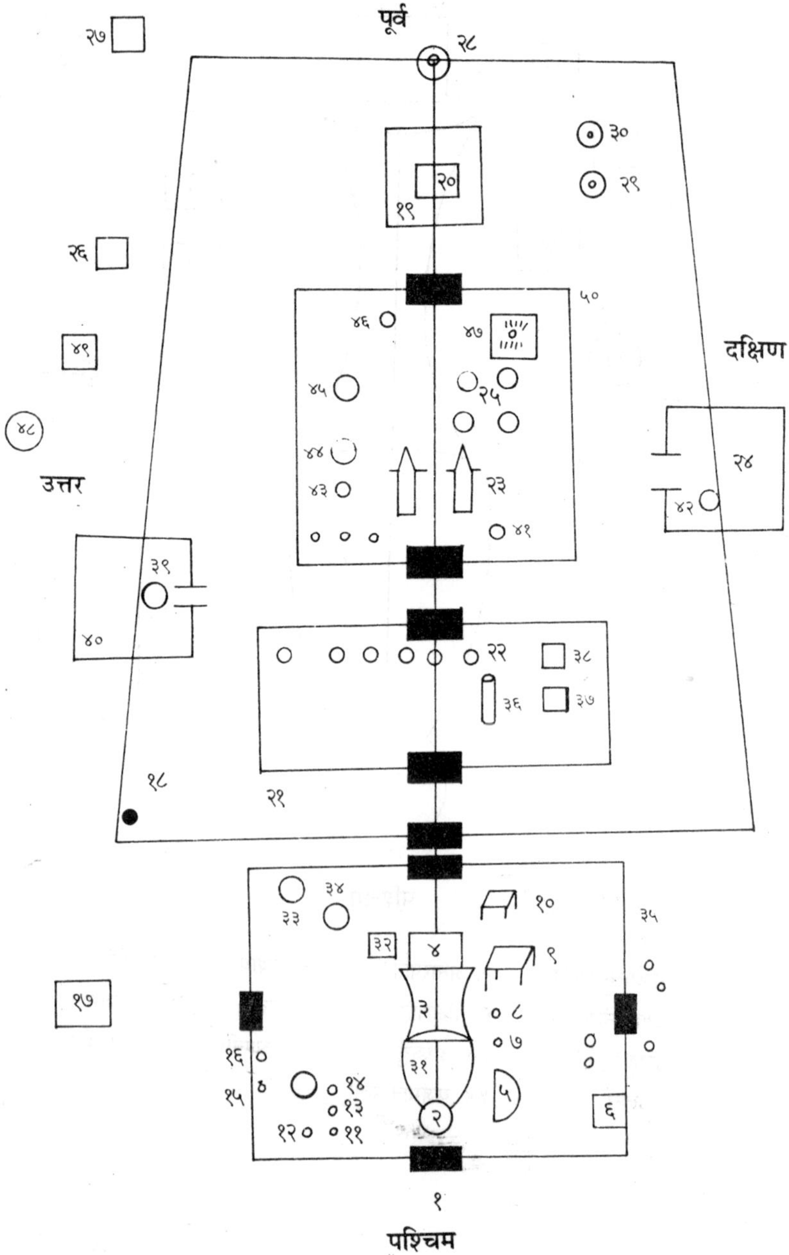
पूर्व
२७
२८
३०
२९
२०
१९
२६
५०
४६
४७
४९
दक्षिण
४५
२५
४८
४४
२४
उत्तर
४३
२३
४२
४१
३९
४०
२२
३८
३६
३७
१८
२१
३४
१०
३३
३५
३२
४
९
१७
३
८
७
१६
३१
१५
१४
५
१३
६
१२
११
२
१
पश्चिम

सोमयाग यज्ञशाला संकेत

१. विहार का द्वार	२. गार्हपत्य
३. वेदि	४. आहवनीय
५. दक्षिणाग्नि	६. पत्नीशाला
७. यजमान	८. ब्रह्मा
९. राजासन	१०. विमातस
११. प्रस्तोता	१२. होता
१३. यजमान	१४. ब्रह्मा
१५. आग्नीध्र	१६. प्रतिप्रस्थाता
१७. यजमान वपन-स्थान	१८. महावेदि
१९. उत्तरवेदि	२०. नाभि
२१. सदोमण्डप	२२. धिष्ण्य
२३. हविर्धान	२४. मार्जालीय
२५. उपरव	२६. शामित्रशाला
२७. चात्वाल	२८. यूपावट
२९. यजमान	३०. ब्रह्मा
३१. विशय	३२. प्रणीता
३३. उच्छिष्ट खर	३४. उद्वासनीय खर
३५. प्राग्वंशशाला	३६. औदुम्बरी
३७. यजमान	३८. ब्रह्मा
३९. आग्नीध्रीयाग्नि	४०. आग्नीध्रशाला
४१. द्रोणकलश	४२. खर
४३. वसतीवरी	४४. आधवनीय
४५. पूतभृत्	४६. ध्रुवास्थाली
४७. खर (ग्रहचमस)	४८. उत्कर
४९. ऊवध्यगोह	५०. हविर्धानमण्डप

सुपर्णचिति : प्रथम प्रस्तार

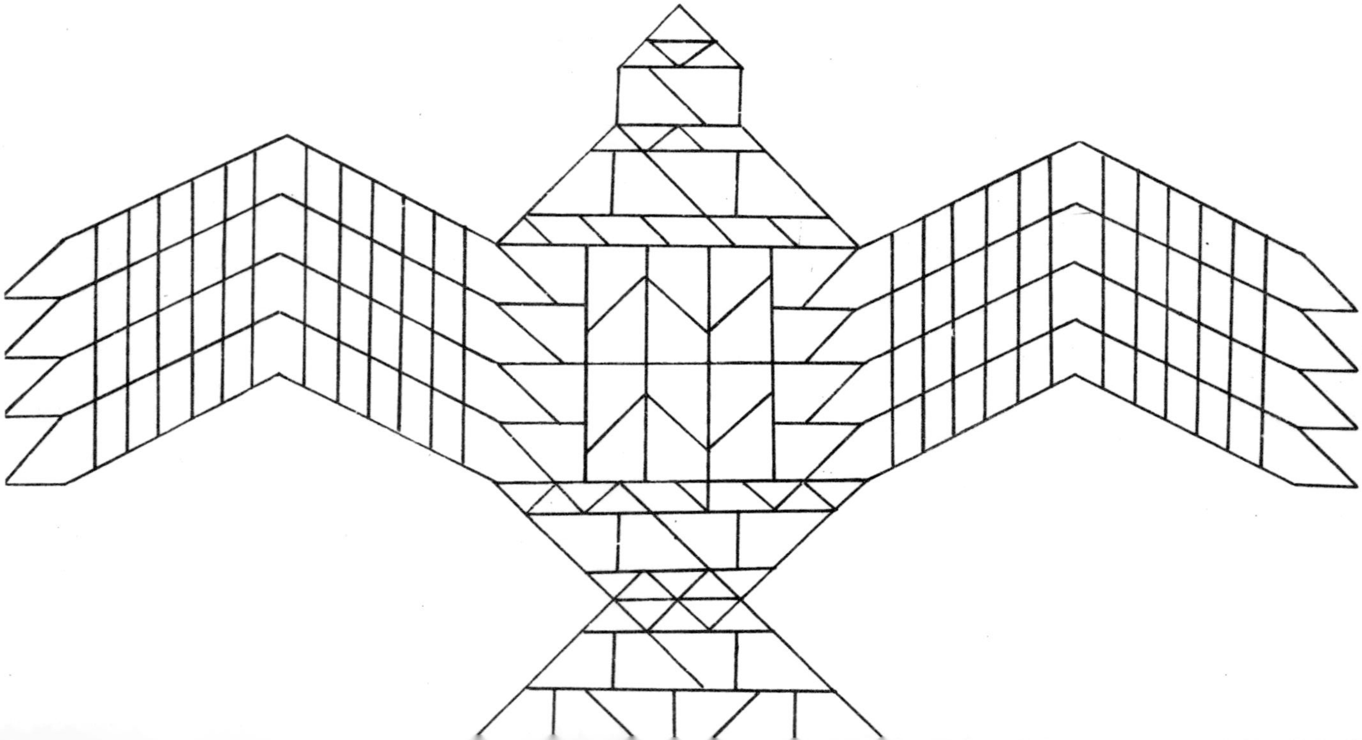

अनुक्रमणी

अक्कदी - ३४, ४८
अक्ताक्ष्य - ४१४
अकाय - ४३२,
अकामहत् श्रोत्रिय - ४६८
अक्कुप्रक - ३८
अर्क - १५६
अकृष्टपच्य ओषधि - २६३
अग्न्याधान - ९१, ३२३, ३३०, ३६८, ३६९, ३७०, ३७१, ४२१
अग्न्युपस्थान - १०९
अग्नायी - ७७
अग्नि - १०, ५७, ६३, ७५, ७६, ७७, ७८, ७९, ८१, ८२, ८३, ८५, ८८, ८९, ९०, ९१, ९२, ९३, ९४, ९६, १०९, ११०, १११, ११२, १३५, १३६, १४९, १५१, १५८, १५९, १६०, १६१, १६२, १६३, १७५, १७७, १९३, १९६, १९८, १९९, २००, २०२, २०४, २०७, २०९, २१०, २११, २२४, २२९, २३४, २३५, २३९, २४०, २४६, २५०, २६४, २६८, २६९, २८०, २८१, २८७, २९१, २९३, २९५, २९६, २९८, ३००, ३०३, ३०९, ३१३, ३१५, ३१६, ३१७, ३१८, ३१९, ३२०, ३२१, ३२७, ३२८, ३२९, ३३०, ३३९, ३४०, ३४१, ३४२, ३४४, ३४६, ३४७, ३५०, ३५१, ३५२, ३५३, ३५४, ३५५, ३५६, ३५७, ३५८, ३५९, ३६०, ३६१, ३६२, ३६३, ३६४, ३६५, ३६७, ३६८, ३६९, ३७०, ३७१, ३७२, ३७३, ३७६, ३७७, ३७८, ३८० ३८२, ३८४, ३८५, ३८६, ३९०, ३९१, ३९५, ३९८, ३९९, ४०४, ४०५, ४०७, ४०९, ४१३, ४१४, ४१६, ४१७, ४१८, ४२२, ४२५, ४३३, ४३८, ४३९, ४४२, ४४३, ४५१, ४५४, ४५५, ४६०, ४६१, ४६३, ४८९, ४६६, ४७२, ४७४, ४७५, ४७८, ४९१, ४९२, ४९५, ४९६, ४९७, ४९८, ५०१, ५०२, ५०४, ५११
अग्निकुण्ड - ३६८, ९१, ९२
अग्निगृहपति - ९२
अग्निचयन - २६८, ३२३, ३३५, ३३६, ४०९, ४१०, ४११, ४१२, ४१३, ४१४, ४१६, ४१७, ४१८, ४२५, ४२६,
अग्नि का चयन - ५३, ५१७, ४४२, ४४३, ४४५
अग्निजिह्व - १४४
अग्नि की लपट - ४९३
अग्निदग्ध - २०८
अग्नि-प्रणयन - ९१
अग्नि-प्रदक्षिणा - ९८
अग्निमारुत् सूक्त - ३६४
अग्निहोत्र - ९१, १०९, ३३२, ३३५, ३६३, ३७०, ३७१, ४५९, ४७७, ५०४
अग्निहोत्रहवणी - ९२, ३४२
अग्निहोत्री - ३७०, ३७१
अग्निवेश या अग्निवेश तंत्र- ५२७, ५२८
अग्निवैश्वानर - ५१०
अग्निशाला - २६८
अग्निष्टोम - १०९, ३२३, ३२७, ३७६, ३७७, ३८५, ३९५, ३९९, ४०१, ४०२, ४२१, ४२२, ४१९
अग्निष्टोम साम - ३९६
अग्निष्टोम स्तोत्र - ९५
अग्निष्वात्त पितर - ३७६
अग्निषोमीय - ३६०
अग्निषोमीय पशुयाग - ९४, ३८८
अग्नीषोमीयपशु - ४२१
अग्नीषोमीय पुरोडाश - ९१
अगुरु - ३८६
अग्रहार और उपवास - ३४०, ३४१
अघ्न्या - १५७, १६०, ३१५
अघोर - ११९
अच्युत - ४७१
अच्छावाक - १२९, १३२, ३८७, ४०३, ४०४
अर्चि - ४७५
अज - २२२, २६४, २७६, ३१५, ३५०, ४०२, ४०८, ४१०, ४१४, ४१६
अजपाल - २६६
अजा - ३८३
अजातशत्रु - ४३०, ४९१, ४९२
अजाश्व - ८५
अर्जुन - ४८, २८५
अर्जुनकाण्ड - २९८
अजोषाः - १३०
अणव या चना - २६३, २६४
अणिमा - ४८०, ४८६
अत्क - ५३, १७४, २६५
अत्ता - ३५२, ३५३, ३६६
अत्यग्निष्टोम - ९४, ३७६, ३९९
अर्त्त - ६६
अत्ति - ८८

अतिग्रह - ४९७
अतिथिग्व - ८८
अतिप्रश्न - ४५५
अतिरात्र - ९३, १२५, १२७, १२९, ३२८, ३७६, ३९५, ३९९, ४१९, ४२०, ४२१
अथबास्कन - ३३
अथर - २८१
अथर्व - २८५
अथर्वसंहिता - ८३, ८६, ९८, २५७, २५८, २६१, २६३
अथर्वा या अथर्वान् - २८०, २८१, २८६
अथर्वाङ्गिरस - ४९४
अथर्वगण - २०३
अथर्वणो - ३२५
अथर्ववेद या अथर्ववेद संहिता - - ४६, ४७, ४९, ५६, ५७, ७०, २८०, २८१, २८२, २८४, २८५, २८६, ३००, ३२७, ४२०, ४५१, ४८१, ५२७
अथर्ववेद प्रातिशाख्य - ५१९
अर्थक्रियाकारित्व - ५१७
अर्थशास्त्र - ६, १९, ४२२, ५१८, ५२८,
अर्थवाद या अर्थवादात्मक - ३३१, ३३३, ३३४, ३३७
अर्थसाधकप्रज्ञा - ८५
अद्वय- ४८१
अद्वयसत्ता - ४६४
अद्वय चेतना - ४८४
अदिति - ६३, ६७, ८४, ८५, ९४, १३५, १४३, १४४, १९५, २१९, २२०, ३१४, ३२१, ३४४, ३४७, ३८०, ३९९, ४०३, ४०५, ४०८, ४६१
अदोमय - ५०७
अद्वैत - ४६२, ५०६
अद्वैतभाव - ४९५
अद्वैतवादी - ११०
अदुआर्द मायर - ४०
अदृष्ट -फल - ९०
अदृष्ट -हेतु - ९०
अध्यवसाय - ९७
अध्यर्द्धा - ४१६
अध्ययनविधि - २८३
अध्यात्मयोग - ४४५, ४४६
अध्यात्मविद्या - २८१, २८२, २८४, २९७, ३०४, ३०९, ३१२, ३१३, ३२०
अध्यात्मविज्ञान - ५२४, ५३०
अध्वर - १११, १९८, १९९, २२५, ३७६
अध्वा - २९७, ४०४
अध्वर्यु - ९२, ९३, ९५, २८१, ३२१, ३४१, ३४२, ३४३, ३४४, ३४५, ३४६, ३५२, ३५३, ३५४, ३६४, ३६६, ३७७, ३७८, ३८२, ३८३, ३८६, ३६८, ३७५, ३८९, ३९०, ३९१, ३९२, ३९५, ३९६, ४०५, ४०७, ४१९, ४२०, ४२१, ४२२, ४९६
अर्धबृगल- ४८९
अधिकार विधि - ३३३
अधिदैवत - ४४०
अधिदैवतविद्या - ४७२, ४९३
अधिपति - ५१०
अधिमानसिक - १०७
अधियज्ञीय - ४९६, ४९७
अधिवास - ४०५, ४०६
अधिषवण फलक - ३८६, ३९२
अर्द्धपद्या - ४१६
अर्द्धपादभागा - ४१६
अर्धोत्सेधापद्या अर्द्धपद्या - ४१६
अन्त्येष्टि - ९५,९६,९७
अन्तर्गुहा - २९७
अन्तःपात्य - ३८५, ३८६,
अन्तर्याग - १०१, १०९, २७५, ३६१
अन्तर्यामग्रह - ३९२, ३९३
अन्तर्यामी - ५००
अन्तरात्मा - ४४८
अन्तराकाश-गुहा - २९७
अन्तरिक्ष - ६६, ७८, ८०, १२४, १३६, १३७, १३८, १४०, १४९, १५०, १५५, १६४, १९९, २०१, २०२, २०६, २३४, २३८, २४४, २५२, २५४, २६९, २८५, २९४, ३०७, ३१२, ३१६, ३१८, ३२०, ३३०, ३४२, ३४३, ३४४, ३५२, ३६५, ३६७, ३८०, ३८५, ४१३, ४१५, ४५७, ४६०, ४६३, ४७१, ४९०, ४९३, ४९६, ४९७, ४९९, ५००, ५०१, ५११
अन्तरिक्ष लोक - ४०१
अन्तरिक्षस्थानीय - ७६, ७७, ८१
अन्तेवासी - ४६६, ४७३
अन्वाधान -९१
अन्वाहार्य - ३५०, ४५६
अन्वाहार्यपचन - ३६८
अन्वाहार्यस्थाली - ९२
अन्वीक्षात्मक तर्कशास्त्र - ५१७,
अन्न - ४६७, ४६८, ४६९, ४७४, ४७५, ४७६, ४७८, ४८३, ४८४, ४९७, ५०४, ५११
अन्नमय - ४६०, ४६७, ४६८, ४७९
अन्नमूलक देह - ४५८
अन्नमी - ३४
अन्नयानलोक- ४८५
अन्नेष्टका - ४१४

अन – ४९०
अनन्त – ५०३, ५१२
अनन्तवान् – ४७३
अनन्द नाम के लोक – ४४१, ५०८
अनपग – ४९२
अनपक्क्रमणी – ४०४
अनष्टवेदस् – ८५
अनस् – ३४३
अनवद्य – ८६
अनाउ – २, ३, ३९
अनात्मवाद – ४३८
अनार्य – २८, ४१
अनाहिताग्नि – ४७६
अनीकवान् अग्नि – ९२, ३७५, ३७६, ४०३
अनीश्वरता – ४६१
अनु या आनव – २७६
अनुच्छाद – ३८०
अनुदेयी – २२३, २४८
अनुष्टुप् – १३२, ३५५, ३६४, ५११
अनुष्ठान-भावना-प्रतीक – ८९
अनुबन्ध्या की इष्टि – ४०३, ४१९
अनुबन्ध्यावशा – ३९९
अनुभूतिसिद्ध ज्ञान – ५१७
अनुयाज – ९२, ९३, ३५२, ३५३, ३५७, ३६५, ३७५, ३७६, ३९०
अनुराधा – २५८
अनुवचन की विधि – ३५७
अनुवाक – ३२९, ४२०, ४६६, ४६७
अनुवाक्या – ३६४, ३८५
अनुक्षत्ता – २६६
अनृत – ४०१, ४०२, ४०८, ५१०
अपरा और परा – ८७
अपराविद्या – ४५९, ५१६, ५३०
अपराजितपुरी– ४८६
अपरपक्ष – ४९६
अपस्मार – २८३
अपस्या – ४१६
अप्सरा – ४२०, ४२१, २९७, २९८, ३१७
अप्सुजित् – ८१,
अभ्यञ्जल – ३८०
अभ्याधान – ४१८
अपामार्ग –२८५, ३०८
अपामार्ग या पंचवातीयहोम – ४०२, ४०३
अपान – ३१४, ३५०, ३५७, ३७०, ४१८, ४५५, ४५६, ४६०, ४६३, ४६४, ४७७, ४९०, ४९७, ४९९, ५०२
अपां – १६६
अपांनपात् – ६३, ८०, ८१, १७२, १७३, १७४, ३१४
अपापविद्ध – ४३२
अपूर्व गुणाधान – ९७
अभिगन्ता – ३९३
अभिधानी – ९२
अभिनन्द – ४७५
अभिप्लवषडह – ११९,१३२
अभिमंत्रितपाश – २८३
अभिषव – ३९२
अभिषेचनीय इष्टि – ४०८
अभिषेचनीयपात्र – ४०५
अभिषेचनीययाग – ३२९
अभिषेचनीयसोमयाग – ४०३
अभिषुत सेाम – १२१, १२९
अभिसारकर्म – २८४
अभीवर्तमणि –२९४
अमरकोश – ३५२
अमर्त्य – ४४४
अमर प्राण – ३०९, ३१०
अमृत – ३५०, ३५१, ३६७, ३९०, ४१५, ४१७, ४१८, ४५५, ४८६, ४८७, ४८८, ४९३, ४९४, ५००, ५०१, ५०८
अमृतकाया – ४१७
अमृतप्राण – ५०८
अमृतचिति – ४१८
अमावास्या – ९१, २९१, ३६०, ३६१, ३६२, ३६९, ३७२, ३७३, ४९१
अम्बिका – २४
अमिक्षा – ९२
अयज्वा – २०
अयन – २५८, ४२५, ५२४
अयन–चलन – २५, २५८, ५२५
अयन और विषुव – ५२५
अर्यमन् – ८५, ८६, ९८
अर्यमा – १४३, १४५, १८९, २२६, २२८, २८८, ३११, ५२५,
अयस् – ४८, ४९, ५०, ३८, २३६, २६४, २६७, ४१४
अयस्ताप – २६६
अयःशया – ३८४
अयास्य – ३२९,
अयोध्या – २६८, ३२१
अयोमुख – ०
अयोहिरण्य – ३६९
अर – ६६, ३२१

अरण्य - १४७, २३३, २६२, ३२८, ३२९
अरण्यानीसूक्त - ४६
अरण्यगेय गान - ३२४
अरणि - २८१, ३७९, ३८८
अरणिघर्षण - ७८
अरणि-मन्थन - ३६८, ३६९
अरत्नि - २६३
अरस्तू - ६६
अरब सागर - ४४
अरि - १२०
अरिष्ठ - ८६,
अरिष्य- ५०४
अल्टेकर - २७, २५८
अल्ताई भाषा - १५, ३४, ३५
अलजचिति - ४१७
अलक्ष्मीनाशन - २९२
अलास्का-सेतु - ३३
अलिन - २७६
अव्यय - ४६०
अवघात और अधिपेषण - ३४७
अवदान - ३६३, ३७५
अवभृथ - ९५, ३९९, ४७१
अवभृथ स्नान - ४१९
अवं - ३२८
अवान्तरदीक्षा - ३८४
अवेस्ता - १८, ४०, ४५, ५०, १०८, २८१
अवेष या धृष्टि - ३४९
अवृजन् - ८६
अव्रण - ४३२
अवि - ३८, २६४, ३११, ३१५, ३५०, ४०८, ४१०, ४१४, ४१५
अविद्या - ४३२, ४३३, ४३४, ४५०, ४५९, ५०७, ५०८
अविद्या-ग्रन्थि - ४६०,
अविपाल - २६६
अविश्वमिन्वा वाक् - १५४
अश - ६६
अश्मचक्र - २६३
अश्ममयपुर - २६७
अश्मनोरन्तः - १६४
अश्मा - ३६९, ३९२, ४१४
अश्व - १५, २३, २४, ३८, ८५, ८८, ८९, ९९, १२०, १२३, १५२, १५९, १६६, १६९, १७३, १७९, १८४, १९०, २१४, २३३, २८५, २६२, २६४, २६९, ३१५, ३१६, ३२५, ३२६, ३५०, ३९७, ४००, ४०४, ४१०, ४१२, ४१४, ४१६, ४१८, ४१९, ४२०, ४२१, ४४७, ४६३, ५१२
अश्वत्थ - ४७, ३६८, ४०५, ४५१
अश्वतरी रथ - ४७२
अश्वप - २६६
अश्वपति - ४३०, ४७६, ४७७
अश्वमेध - २७६, ३२३, ३३१, ३३५, ३३६, ४१८, ४१९, ४२०, ४२१, ४२३, ४९८
अश्वमेधयज्ञ - ४२०
अश्वमेधयाजी - ४२०, ४९८
अश्वल - ४९६
अश्वसाद - २६६
अशाना - ८३, ३८४, ४१४
अश्विगण - ११६
अश्विनौ - ३२९
अश्विनी कुमार या आश्विन् - ३४४, ३९४, ४९२, ४९५
अशीर्य - ५०२, ५०४
अष्टाकपाल पुरोडाश - ९२, ४०३
अष्टका - ९०, ९१
अष्टकाकर्म - २८३
अष्टाचक्र - ३२१
अष्टाध्यायी - ५२२
अष्टाशफ - ४१५
असत् - ३३०, ४६७
असत् और सत् -१५५
असत् से सत् - २१९
असम्भूति - ४३२, ४३३
अस्नाविर - ४३२
अस्तु श्रौषट् - ३५८
अस्त्र और ज्वाला - २९०
अस्यवामीय - १५१
असि - २६४
असिक्नी - २२, २८५
असित - ५०२, ५०४
असितधन्वा - ४२०
अस्त्रि - ३९५
असीरियायी - ४०, ४८
असुर्यलोक - ४३१
असुर - १९, २०, ८६, १६५, १८१, २६३, २८८, ३१६, ३४१, ३४८, ३५६, ३५९, ३६३, ३८४, ३८५, ३८६, ४००, ४०५, ४२०, ४३९, ४८७, ५०९
असुरलोक - ४८७
अश्रोत्रिय गृहस्थ - ४१९
अहीन - ९५, ३७६, ४०२, ४०३
अहीन सोमयाग - ४१८
अहोरात्र - २५४, ३५४, ५०१
अहं और इदं - ६५, १५९
अहंकार - ४५६

अक्ष – २९८
अक्षर – ४४६, ४५७, ४५९, ४६०, ५००, ५०१, ५०९, ५१०
अक्षर और क्षर – ११०, १६०,
अक्षर ब्रह्म – ४४७,
अक्षर-समाम्राय – ५४२२
अक्षावपन – ४०४
अक्षित – ४७१
अक्षु (जाल) – २६८
अत्रि – ९, ५५, १९०, ५२४
आइज – ४८, ४९
आएस – ४८
आकाश – ६६, ६७, ७५, ७७, ७८, ८५, ८६, ८८, ९९, १४१, १२७, १३८, १४६, १४७, १४९, १५३, १६०, १६१, १६२, १६४, १६७, १७६, १७८, १८२, १८७, १९१, १९३, २०९, २२१, २२२, २२४, २३४, २४१, २५३, २६९, २८७,२९४, ३१६, ३१७, ३२०, ३३०, ३८८, ३९४, ४५४, ४५६, ४५८, ४६०, ४६६, ४६८, ४७२, ४७४, ४७६, ४७५, ४७६, ४७६, ४७७, ४८३, ४८४, ४८४, ४८५, ४८८, ४९१, ४९३, ४९५, ४९८, ४९८, ५०० ५०३, ५०४, ५०६, ५०८, ५०९, ५१०, ५१८,
आकाशात्मा – ४७१
आकाश-पुत्रियां – १७८
आकाशमय – ५०७
आकाश संचार – ८४
आकाशीय ज्योति – ५२४
आकार एवं शब्दविज्ञान – ५२८
आकारिक विज्ञान – ५१८
आर्केटाइप या लेक्स नातुरालिस – ६७
आकुलि – ३४८
आख्यातत्त्व – ३३२
आखेट – ३४०
आखेटक – ५४
आगम – ५१७
आगम और तर्क – ४९५
आगम दर्शन – ७
आगस्त्य – ५५,
आग्रयण – ९१, ३९२, ३९३, ३९५, ३९८
आग्रयण-ग्रहण – ३९८
आग्रयणइष्टि – ९३, ३७२
आग्रहायण – २५
आग्रहायण उत्सव – २८३
आर्गेन्तुम् – ४८
आग्ना – ३२८
आग्नावैष्णव – ३८०
आग्नेय – ३६१
आग्नेय अष्टाकपाल पुरोडाश – ३७४, ३७५, ४०७
आग्नेय अष्टाकपालविधि – ३५९, ३६०
आग्नेय पशु – ४०१
आग्नेय पुरोडाश – ३७३
आग्नेय पुरोडाशयाग – ९१
आग्नीध्र – ९२, ३४८, ३५१, ३६६, ३६८, ३८७, ३९१, ३९५
आघारण – ३८५
आघार होम – ३५७
आङ्गिरस सुधन्वा – ४९८
आंगिरस वेद – ४२०
आंगिरसकल्प – २८२, २८४
आचमन – ३४०, ३४१, ३६७
आचार्य – ४६६, ९८
आचार्य और अतिथि – ४६६
आचार्यकुल – ४७०, ४७३
आर्चिक – ३२४
आज्य – ९४, ३५२, ३६१, ३६२, ३६७, ३७२, ३८४, ३८५, ४०४, ४२२
आज्य-ग्रहण – ३९१
आज्यतंत्र – २८३
आज्यद्रव्य – ९१
आज्यशस्त्र – ३९६
आज्य स्तोत्र – ३२४
आज्यावेक्षण – ३५२
आज्यविलयिनी – ३६६
आजान देव – ४६८, ५०६
आजिधावन – ४०, ६३, ४०१
आत्मन्वी – ४९२
आत्मप्रतीति– ४८१, ४८४
आत्म बलिदान – ४२३
आत्मविज्ञान – ४२५, ४२६
आत्मवित्– ४६०, ४८२, ५००
आत्मविद्या – ६५, ७२, ४९६, ३०६, ३१८, ४३५, ४७४
आत्मसत्ता – ४८१
आत्मा – ६६, ७५, ८४, ९७, २५२, ३८९, ३९०, ३९५, ३९८, ४१०, ४१४, ४२६, ४३२, ४३४, ४३६, ४३७, ४३८, ४४३, ४४५, ४४७, ४४८, ४५०, ४५१, ४५५, ४५६, ४५७, ४५८, ४६२, ४६३, ४६४, ४६५, ४५२, ४६०, ४६६, ४६८, ४७६, ४७७, ४८०, ४८४, ४८६, ४८७, ४८८, ४८९, ४९०, ४९४, ४९५, ४९८, ४९९, ५००, ५०१, ५०२, ५०४, ५०५, ५०६, ५०७, ५०८, ५०९, ५२०

आत्मा और अनात्मा - ६५
आत्मा का साक्षात्कार - ५०८
आत्माद्वैतवादी - ५१५
आतिथ्येष्टि - ९४, ३७८, ३८३, ३८४
आथर्वण - २८६, ३१३
आथर्वणकर्म - २८२
आथर्वण पुरोहित - २८१
आथर्वणमन्त्र - २८६
आथर्वणसूक्त - २८४
आर्थीभावना - ३३२, ३३३
आद्य - २७१
आद्रवस् -१३३
आदित्य - ५५, ६६, ७६, ८२, ८३, ८४, १५१, १५४, १५९, १६०, १७५, १९१, २२३, २८८, २९७, ३११, ३२०, ३२३, ३६६, ३७४, ३७८, ३८०, ३८२, ३८४, ३८५, ३९८, ४०३, ४०८, ४१३, ४१४, ४५४, ४७४, ४७५, ४७७, ४८६, ४८९, ४९०, ५०१, ५०२, ४९१, ४९५, ४९८, ५००, ५०४, ५११
आदित्यग्रह - ९५, ३९८
आदिम युग - ८९
आदिसूक्त - २८६
आधृणि - ८५
आधिदैविक - ७१, ७८, ७९, ८०, ८३, ८४, ८५, ८६, ८७, १०९,१४०,१४६, १५१, १६४, ३१८, ३२०, ३४५, ४००, ४१९, ४२४, ४७६, ४९३, ४९६, ४९७, ५१६
आधिदैविक यज्ञ - ४२४
आधिभौतिक - ७१, ७८, ७९, ८०, ८२, ८३, ८४, ८५, ८६, ८७, १०९, १४०, १६४, १६६, ३२०, ३६९, ४१९, ५१६
आधियाज्ञिक - ७१, १०९, ३६९, ४२२, ५१६
आधिषवण-फलक- ३८६
आनन्द - ४६८, ४६९, ५०४, ५०५, ५०६
आनन्दमय आत्मा - ४६७, ४६८
आनन्दमयकोष - ४६२
आनुपूर्वी - ४७०
आनुष्ठानिक कर्म - ५१७
आन्वीक्षिकी - ६, ५१८
आपस्तम्ब - ५२१५
आप्तकाम - ५०६
आप्त्य - ३५०
आप्तोर्याम अतिरात्र - ४२०,
आप्तोर्याम - ९४, ३७६, ३९२, ३९३, ३९९, ४२२, ४६१, ४६४
आप्तुरः - ११७
आप्यायन - ३७८
आपोमय - ४७९
आपोनप्त्रीय - ३२८
आपिशलि - ५२२
आपिशलि-शिक्षा - ५२०
आपः - १८६, २२२, २३०, २८७, २९४, २९५, ३१४, ३४६, ४६३, ४८२, ४८४
आभ्युदयिककर्म - २८४
आभ्यन्तरकर्म - ४७५
आर्भवपवमान - ३९६
आभिचारिक कर्म - २८४
आमिक्षा और वाजिन - ३८३
आम - ५०७
आमासु पूर्षु (कच्चे नगर) - १७३
आमिषभोजी अग्नि - २१०
आर्मीनी - ३७
आट्नार - ४२०
आठ आयतन - ५०२
आठ पुरुष - ५०२,
आठ देवता - ५०२,
आठ लोक - ५०२
आढ्यविद्वान् - ५०४
आणि - २६५
आयतन- ४४०
आयस - ८१
आयतनवान् - ४७३
आयसपुर - २६७
आर्य - ४९, ५०, ७७, २६०, २६६, २६७
आर्यवादी - २७
आर्य या विरॉस - १२, १३, १४, १९, २०, २१, २३, २८, ३८, ४१
आर्य समाज - ८३
आर्य-अनार्य - ८०
आ याहि वीतये - ३५७
आर्यावर्त - २६०
आयोगव - ४२०
आयुध उपकरण - २६२
आयुधजीवी - २६६
आयुष्यकर्म - २८३
आयुर्वेद - ६
आरण्यक - ४२३, ५१६
आरण्यकधान्य - ९१
आरण्यक पशु - ३९१
आरण्यकभाग- ४८९
आरण्यक योगी - ८४
आरुणचरु - ४०८
आरुणेय श्वेतकेतु - ५१२
आरुणि - ३४३

आरोक - ३८०
आवपन - ३४७, ३४८
आवसथ्य - २८३,
आवसथ्याग्नि - ३६९
आवृत्ति - ३७७
आविधक उपाधि - ८२
आश्वमेधिक - ४२२
आशा - ४८३, ४८४
आशा और प्रतीक्षा - ४४१
आश्रम - ९६
आश्रावण - ३५८, ३६६
आस्तरण - ४०२
आसन - ९२
आस्तिक - ४२३
आस्तिक दर्शन- ४८१
आसन्दी - ३८३, ४०२, ४०६, ४०८
आसन्दीवत् - ४२०
आसामी - ३५
आसुरि - ३६१
आषाढ सौश्रोमतेय - ४१५
आषाढा - ४१६
आषाढ़ी - ३७४, ३७५
आषाढ़ी पूर्णिमा - ९२
आह्वनीय - ४७७, ५२६
आहवनीय कुण्ड - ३६८
आहवनीयशाला - ३४१
आहार-विहार - ५२८
आहारशुद्धि - ४८४
आहिताग्नि - ३७१, ४०२
आहुति - ९०
आत्रेय - ५५, ५२७
इच्छा-सृष्टि - ६४
इड् - ३५८
इडा - ७७, १९८, ३५९, ३६५
इडापात्री - ९२
इडाभक्षण - ९१, ३७६
इडावदानविधि - ३६४
इतरा - ३२७
इतालिक - ३५, ३७
इतिहास-पुराण - ६५, ४८१, ४९४
इतिहास-वेद - ४२०, ५२८
इद-कसद्रु - ४८
इदवत्सर - ३१५
इदंमय - ५०७
इध्म - ९२, २३३, ३५३, ३५४, ३६९, ३८८
इन्द्र - १०, ११, १२, २०, ४०, ११३, ११४, ११५, ११६, ११७, १४८, १५५, १५८, १६१, १६४, १६५, १६७, १६८, १८६, १९३, १९५, २१५, २२७, २३०, २३४, २३५, २३७, २४०, २४७, २५३, २६४, २६९, २८७, २९१,२९८, ३००, ३०२, ३११, ३१२, ३१३, ३१४, ३२३, ३२८, ३२९, ३३१, ३४५, ३४६, ३५०, ३५१, ३५९, ३६०, ३६१, ३६२, ३६३, ३७०, ३७४, ३७६, ३७८, ३८१, ३८२, ३८४, ३९१, ३९३, ३९५, ३९७, ३९८, ४०३, ४०५, ४३९, ४४०, ४५१, ४४, ५३, ५७, ६३, ७५, ७६, ७७, ७९, ८०, ८१, ४५५, ४६४, ४६८, ४८७, ४८८, ४९०, ४९१, ४९५, ४९९, ५०१, ५२२, ८२, ८३, ८४, ८५, ८६, ८७, ८८, ९१, ९२, ९३, ९४, ९९, १००
इन्द्रमह - १३२, २८३
इन्द्रध्वज - १३२
इन्द्रलोक - ४९९
इन्द्राग्नि - ३७२, ३७३, ३९१, ३९६
इन्द्रोत दैवापशौनक - ४२०
इन्द्रिय - ४३४, ४३६, ४३९, ४४७, ४४८, ४५६, ४५७, ४५८, ४६०, ४६१, ४६३, ४६४, ४६२, ४८५
इन्द्रियधारणा - ४५२
इन्द्रियपाटव -२६२
इन्द्रियसंयम - ५०९
इन्द्रिय-संवेदन - ७२
इन्दु - १९५, १९७
इन्ध - ५०४
इभ्यग्राम - ४७०
इरावती - ४५
इराक्वियन - ३३
इलहाम - ६४
इला - २७५
इष्ट - २२२
इष्ट और पूर्त - ४४१
इष्टापूर्त - २०४, ३३१, ४७५, ५०३
इष्टफल - ४५६
इष्टका - ४१०, ४११, ४१४
इष्टका चयन - ४०९
इष्टकाचिति - ४१७, ४१८
इष्टि - ३३५, ३४०, ३५४, ३६९, ३७३, ३७५, ३८०, ३८२, ३८४, ४०२, ४०३, ४१८
इष् और ऊर्ज् - ३६३, ३९६
इषीक - ३४९
इषु - ४९, ५०

इषुकारा - २६६
इषः - ११६
इहलोक - ५०५,
इक्ष्वाकु - २६, २७६
इक्ष्वाकु वंश - ३२८
ईख - २९६, ३८८
ईज्या-अध्ययन-दान-४४२
ईडेन्य - ३५७
ईस्टर 5 ३४
ईषादण्ड - ३९१
ईषा-युग - २९८
ईषा या हरिस - २४८
ईशान - ८२, ८३, ४१४, ४९०
ईशोपनिषद् - ४३१, ४३४
उक्थ - ११३,१२२, ५११
उक्थ्य - ९३, १२८, १३२, १७९, ३२८, ३७६, ३९२, ३९३, ३९५, ३९७, ३९९, ४०१, ४२१, ४२२, ४९१
उक्थ्य संस्था - ४१९
उखा - २६५, ४१५
उखापात्र - ३६३
उग्र - ८३, ११८, १२५, १७०, १७१, १९३, ३११, ४१४, ५०७
उग्रसेन - ४२०
उच्चाटन - २८२
उच्छ्वास और निःश्वास - ४५६
उड़द - ३४१, ४७०
उत्पवन - ३४५
उत्तानपद् - २१९
उत्तमपुरुष - ४८८
उत्तरमन्द्रा - ४१९
उत्तरमीमांसा - ५१२
उत्तरवेदि - ३७५, ३७६, ३७७, ३८५, ३९५, ४१६
उत्तराघाट - ३५८
उत्तरार्चिक - ३२४, ३२५
उत्तरापथ - २६०
उत्तरायण - ९३
उद्गाता - ८, १३२, २८१, ३२९, ३७७, ३७८, ३९५, ३९६, ४१९, ४२१, ४२२, ४९६, ४९७
उद्गीथ - ३९६
उदङ्क शौल्बायन - ५०३
उद्धी - ४१५
उदन्त्य - २६१
उद्भिज्ज - ४७८
उदयवीर शास्त्री - ३३५, ३३६
उदयनीय - ३८२
उदयनीय इष्टि - ९५, ३९९
उद्यास्यन - ४९३
उदवसानीय इष्टि - ९५, ४१९
उदान - ३४५, ३५०, ३५७, ३८४, ३९०, ३९२, ३९३, ३९५, ४१८, ४५६, ४७७, ४९०, ४९९, ५०२
उद्दालक आरुणि - २६, ४७६, ४७७, ४७९, ४९९, ५००
उद्यती - ३९६
उद्वेजन - २८२
उदुम्बर - ४७, ३८३, ४०२, ४०५
उदुम्बरयष्टि - ३८६, ३८७
उदुम्बरयूप - ३९६
उदूहन - ३६५
उन्नेता - ३९२
उपकोसल कामकलायन - ४७३, ४७४
उपदेश - ४७३, ४९५
उपद्रव - ३७८
उपनयन - ९६, ९८, २८३, ३२२, ३२३, ४७३, ४७७
उपनिषद् - ५३, ४२९, ४३०, ४३१, ४३५, ४३६, ४३८, ४४०, ४६०, ४६२, ३३२, ४२३, ४८७, ४९२, ४९४, ५०४, ५१२, ५१६, ५१७
उपभृत् - ९२, ३५२, ३५३, ३६६, ३९०
उपमन्त्रण - ४७५
उपमश्रवस् - २१५
उपमित् - २६८, ३२०
उपयाज - ३९०
उपरव - ३८६
उपवसथ - ३६८, ४२१
उपवास - ९४, २८५, ३३१
उपवेद - ५१८, ५१९, ५२२
उपशय - ३८[illegible]
उपस्थ - ४७५
उपस्थान - ५११
उपसर्जन - ३९२
उपसद् - ९४, ३७८, ३८४, ३८५, ४००, ४०२, ४१८, ४२१, ४७१
उपसद् इष्टि - ३७८, ३८५
उपसद्याग - ४०७
उपस्ति - ५७,
उपष्टम्भक - ८२
उपाकरण - ३८९
उपादान - ५०५
उपानह - ५३
उपासक - ११२
उपासना - ६६, ७३, ७६, ७८, ८९, ९०, ९५, १०९, ११०, १११, १२४, १६८, २७५, ३०६,

३३५, ४०९, ४१७, ४८२, ४८९, ४३२, ४३३, ४३५, ४३६, ४४०, ४६०, ४६१, ४६४, ४६७, ४७१, ४७५, ४७६, ४७७, ४८८, ५०३, ५०४, ५०८, ५१०, ५११, ५१६
उपासनाकाण्ड - ४१०, ४७०, ४९८
उपासनापर्व - ३७०
उपांशु - ३६७
उपांशु अभिषव - ३९२
उपांशुग्रह - ३९८
उपांशुप्राण - ३९८
उपांशुयाग - ९१
उपांशुसवन - ३९२
उपसेचन - ४४६
उभयत: प्रउगचिति - ४१७
उमा हैमवती - ४३९
उरुक्रम - ८७, १४६, १४७
उरुगव्यूति - ३६६
उरुगामी - १४६, १९३
उरुगाय - ८७, १४६, १४८
उरुची - ११३
उरुक्षया - ११५
उल्का - ४०८,
उल्ब - ३८१, ४०५, ४७५
उल्मुक - ३६५
उल्वणज्वाला - ३३०
उलप - ४७
उलूखल -४१४, ४१६, ९२, ३४२, ३४७
उस्त्रियाः - १२४
उसीनर - २७६
उष्णीय - ३७८, ३८२
उष्णीष - ५३, ४०५
उष् (रेहू) - ३६९
उषस्ति चाक्रायण या उषस्त चाक्रायण - ४७०, ४९९
उषा - ८१, ११४, ११७, १२३, १४५, १५५, १६६, १७८, १७९, १८०, १८९, १९०, १९८, २००, २०७, २१६, २२६, २३५, २४२, २४३, २६५, २९७, ३१४, ३१९, ३२९, ३६४, ४१४
उक्षचर्म - ३६८
ॐ - ४४६, ४६०
ऊँकार - ४६२
ऊति - १२२, १३६
ऊर्ज् - ३६३
ऊर्जा और उपादान - ४५४
ऊहगान - ३२४
ऊरानॉस - ८६, १८७
एइदॉस - ६६
एककपाल पुरोडाश - ३७२, ३७५, ३७६, ३९९
एकविंशस्तोम - ४२१
एकश्लोकी - ५०५
एकायन- ४८१, ४८२, ४९४
एकाग्नि-साध्य काम्ययाग-२८३
एकादशकपाल पुरोडाश - ३६१, ३७८, ३८०, ४०३
एकादशकपाल हवि - ३२८
एकादशद्वार - २६७
एकेश्वर या एकदेववाद - ६४, ७३
एग्लूटिनेटिव - ३४
एग्लिङ् - ३३७
एज़्टेक - ३३, ४१५
एँर्ज - ४८
एपोट्रोपेइक - ८४
एपोनिमस - १०, २७५
एन्सिस -५०
एनेटोलिया - १८
एँर या एँरु - ४८, ४९
एरानवेज - १९
एल्गोंकियन - ३३
एलिकैन्थिक फोल्ड - १३
एस्किमो - ३३
एषणा - ४३१, ४३४, ४९९, ५०९
एक्षियोमेटिक पद्धति - ५२६
ऐकान्तिक कर्मानुष्ठान - ४३३
ऐकान्तिक कर्म-संन्यास - ४३३
ऐतरेय आरण्यक - ५१९
ऐतरेय उपनिषद् - ४६३
ऐतरेय ब्राह्मण - ५५, १५६, १५८, २६१, २६५, २७१, २७७, ३२७, ३२८, ३२९, ४६३, ५२५
ऐन्द्र एकादशकपाल पुरोडाश - ४०७
ऐन्द्रपयोयाग - ९१
ऐन्द्रवायवग्रह - ३९३
ऐन्द्रषोडशी - ४०१
ऐन्द्र सान्नाय्य - ३७३
ऐन्द्राग्नद्वादशकपाल पुरोडाश - ३७५, ३७६
ऐन्द्राग्न पशु - ४०१
ऐन्द्राग्न पुरोडाश - ३६२
ऐन्द्राग्नयाग - ३७५
ऐनिमिज्म - ६४
ऐर्य - १९
ऐरम्मदीय सर- ४८६
ऐल पुरुरवा - २७६
ऐहिक और आमुष्मिक - ८२

ओक – ३८
ओदन – ५२, १०८, ११८, ३६२, ३६८, ३९८
ओपश – २२४
ओम – ४८६
ओर – ४८
ओरायन – ५२५
ओल्डेनबर्ग – ८६
ओषधि – ४६६
ओषधिसूक्त – ५२७
ओंकार – ४३३, ४५७, ३५४,३५५, ३५६
औत्तराधर्य – २७४
और्ध्वदैहिक – ४३३
औदग्रभण – ३८०
औद्दालकि – ४४२
औदुम्बरी – ३८६
औपमन्यव प्राचीनशाल – ४७६, ४७७
औपवसथ्य – ३८५
औपाविन् जानश्रुतेय – ४००
औपासन होम – ९०
औपोहितेय – ३६७
औस्ट्रोनेशियायी – ३४
अंकगणित – ५२५
अंक-प्रस्तार – ५२५
अंग – २६०,२६१
अंगदेवता – ९०,
अंगारावक्षयण – २६५
अंगिरस – ९, ८७, १२३, १५८, १७९, २०३, ३५०, ३८५
अंगिरा – ८८, ३५५
अंगुष्ठमात्र पुरुष – ४४९, ४५३
अंजनीकारी – २६६
अंजनविषयक –३०६
अंसत्रकोश – २६३
अंसत्राण – २३६
अंश – ८५, ८६
अंशुग्रह – ३९२
अंहू – ५०
ऋक् – ५, ८, २२४, २३३, २८१, ३८१, ४०९, ५११
ऋग्वेद या ऋक् संहिता – ४४, ४५,४६, ४७, ४८, ५२, ५४, ५५, ५७, ५८, ७०, ७६, ७७, ७९, ८३, ८४, ८५, ८७, ९६, ९८, ९९, १०९, ११३, १४०, १५९, २३१, २५७, २६६, २७५, २७७, २८०, २८१, २८२, २८४, २८७, ३०२, ३०६, ३०८, ३११, ३२१, ३२३, ३२४, ३२८, ३५४, ३५५, ३५६, ३५७, ३९५, ४५९, ४६३, ४७०, ४८१, ४९०, ४९४ ५१९, ५२७
ऋग्वेद – प्रातिशाख्य – ५१९
ऋग्वेदीय – ५२५
ऋग्वेदीय स्तोत्र – २८१
ऋग् –यजुः – सामात्मक त्रयी – ५१६
ऋचा – ८४, ९०, ९१, ९३, ९४, १०९, ११०, ११२, १३६, १३७, १४७, १५९, १६७, १७४, १७९, २७६, २९३, ३००, ३०१, ३०२, ३०४, ३०७, ३११, ३१२, ३१७, ३१९, ३२०, ३२३, ३२४, ३२५, ३२६, ३२८, ३४६, ३४७, ३५४, ३५५, ३५६, ३५७, ३७७, ३७८, ३८८, ३९६, ३९७, ३९९, ४१९, ४२२, ४७१, ४७९, ४९६, ४९७
ऋज्राश्व – ८५
ऋजुपति – १९९
ऋत्विक् – ९३, ९४, ९५, १०९, ११७, १२९, १३२, १५१, १९८, १९९, २१५, २१७, २२५, २२७, २२८, २३५, २८३, ३०५, ३४८, ३५२, ३६८, ३७६, ३७७, ३७८, ३७९, ३८४, ३९१, ३९५, ४०५, ४१९, ४९६
ऋत्विक कर्म – १०९, ४०२
ऋत्विक् –गण – ४२१
ऋत्विग् चरण – ४१८
ऋत्विग्दक्षिणा – ९१
ऋत – ४६, ५६, ६३, ६५, ६६, ६७, ६८, ६९, ७१, ७२, ८६, ८७, ९७, १०१, १०९, ११२, ११४, १५९, १६१, १८१, २२३, २२६, २५१, २५४, २५८, २६१, २६२, २६९, २७३, २८५, २९५, २९६, ३०५, ३१३, ३१५, ३१८, ३२०, ३२७, ५१५, ५१६, ५२१, ५२५
ऋत के गोपा – १८१
ऋतचक्र – ९७, २३१
ऋतचर्या – ९५,९६,
ऋतचारी – २०, ९५, १४५
ऋतजातसत्याः – १७९
ऋतयुग् – १७९
ऋतयुग्भिः – १९०
ऋतवादी – ३७८
ऋतवान् – १७३, १८६, २५२
ऋतवर्धिष्णु – २१०
ऋतस्य गोपा – ८६
ऋतसूत्र – १०१, १५३, २६१, २९७
ऋतज्ञाः – २०६
ऋत-पद-वाच्य – ६७, ७१
ऋतप्रजाता – २८८
ऋतव्या – ४१६,
ऋत-सदस – १८०
ऋतात्म – ९५

ऋतु - १०९, १४९, १९९, २१२, २२५, २६३, २६४, ३१९, ३२०, ३३०, ३५१, ३५२, ३५३, ३५४, ३५७, ३६१, ३७०, ३७३, ३९६, ३९८, ४००, ४०७, ५२४, ५०१
ऋतुक्रम - ३७६
ऋतु-चक्र - ६८
ऋतुसंधि - ३७३
ऋतुविभाग - १७९
ऋभु - ६३, ९९, १७९, २३६, २६५,
ऋषभ - ४१४
ऋषभ याज्ञतर - ४२१
ऋषिचरित - ८८
ऋषि-ऋण - ९७
ऋष्टि - ४९, २६४
ऋक्ष - ३८, ८८
क्लाइना श्रित्फन -१०८, ११८
कच्चापुर (आमा) - २६७, २६८
कण्टकीकारी -२६६
कठोपनिषद् - १६६, ३३१, ४२६, ४३०, ४४१, ४६२
कठोपनिषद्भाष्य - ४०९
कण्डिका - ३२३, ३३५
कण्व - ९, ५५, ८८, २९९
कर्त्ता - ५०५
कीर्तिगाथा - २७७
कदर्य - ४७६
कद्रू - ३८७
कपाल - ९२, ३४२, ३४९, ३५०
कपाली शास्त्री - ३३६
कपिञ्जल - ३६०, ४०८
कपिष्ठल-कठ - ५
कफ - २८९
कबन्ध आथर्वण - ५००
कबन्धी कात्यायन- ४३०, ४५४
कम्बोज - १५, २२
कम्बुज - ३४
कयानश्चित्र - ३९५
करणीगत संख्या - ५२६
करपात्री जी - ४२५,
करम्भ (सत्तू) - ५२, ९४, ३७५, ३९५
करम्भपात्र - ३७५
करम्भाशी - ८५
कर्कंधु - ४७, ४०८
करघा - २१८
कर्म - ४४०, ४५९, ४६१, ४८४
कर्म-उपासना-ज्ञान - ७०
कर्मकाण्ड - ३, १०१, १०८, २५७, २६०, २७७, ३३४, ४०९, ४२३, ४२४, ४२५, ४३४, ४६०, ४९७, ४९८, ५२४, ५२६
कर्म-फल सम्बन्ध - २७४
कर्मयोग - ८२, २३१, २६१, ४२४, ४३१, ४३४
कर्मवाद - ४७१
कर्म और विद्या - ४५०
कर्मविधान - ४२३
कर्म-विज्ञान-समुच्चय - ४२३
कर्मसंन्यास - ४५९
कर्म संचितलोक - ४६०
कर्मार - ५०, २६६, ३०२
कर्षक - ८२
कल्प - ४५९, ५१८, ५२०
कल्पसूत्र - ५२८
कलविंक - ३६०, ४०८
कलाएं - ४९१,
कवच - २०९, २३६
कवष - २७६,
कवष ऐलूष - २१५, ३२८
क्वांटम - ५१५
कवि - १०७, १११, १४९, १५५, २१७, २५१, ३०५, ३०६, ३१०, ३११, ४३२
कविक्रतु - १०, १११
कविर्मनीषी - ११५
कविवरः - १९२
कविशुक्र - ३०६
कस्तम्भी (ईषा) - ३४३
कस्सितरास - ४८
कस्सी - ४१, ५१
क्सैफोस - ५०
कश्यप - ५५, २९१, ४२२
कशा - ३२०
कहोड़ कौषितकि - २६, ३७२
कक्ष - ४६
कक्ष्या - १३२
कक्षीवान् - ५२७,
क्रतु - ११४, ११६, १२०, १८७, ३२४, ४३३
क्रतुग्रह - ३९८
क्रतु और दक्ष - ३९३
क्रतुमय - ४७१
क्रुमु - २२, ४५
क्रव्यवाहनः - २१०
क्रव्याद अग्नि - ९९
कृत - ४७२
कृता - १७२

कृतात्मा - ४६१
कृत्या परिहार - ३१३
कृत्या - २२७, ३७२,
कृत्तिका - २५, २५८, २७७, ३३०, ३३६, ३६९, ३७०
कृतिसाध्यता - ३३३
कृपावर्षी - १७१
कृशानु - ३६३
कृष्ण - २७३, ४०१
कृष्णचर्म - ९४
कृष्णपक्ष - २८४, ४७६
कृष्णपर्णी - २८५
कृष्णमृग - ३४६, ३४७,
कृष्णयजुर्वेद - ३२४, ३२७, ३२९, ४६६
कृष्णवर्ण - ८६
कृष्णविषाण - ३८१, ३९९
कृष्णा-२८५
कृष्णाजिन - ९२, ३४२, ३४६, ३४७,३८०, ३८१, ३८३
कृष्टि - १२०, १५०
कृषीवला - २३
काकुद् - १२८
काठक या काठक संहिता - ५, २७२
काण्ड - ३२९, ३३०, ३३४, ३३६, ३३७
काण्व शाखा - ५
काणे - ५२१
कात्यायन - २६०, ४०३, ५१९, ५२५
कात्यायन श्रौतसूत्र - ३६९, ३७८, ३९६, ४१०, ४११, ४१६
कात्यायिनी - ९१, ४९३
काताबासेस - ४००
कार्तिक - ३७४, ३७५
कार्तिकी पूर्णिमा - ९२
कार्पास - २६५
कार्पासिक वस्त्र - ५३
काम - ३२०, ४९०
कामला - २८३, २९२
कामवर्षी पति - १३०
काम-विषयक कर्म - ३३४
काम्य कर्म - ३३४
काम्य विषय - ४९७
कॉम्बीनेशन - ५२४
काम्पिल्य - २६८
कामिनीमनोऽभिमुखीकरणम् - २९९
कार्यकारणभाव या नियम - ६४, ६७, ६८
कार्य-कारण-सम्बन्ध - ९०
कार्यकारणसंघात - ४५८
कार्यब्रह्म - ४३३
कारिका - ४६२
कालिदास - १००
कालीबंगन - २४, ५२
काव्य उशना - ८८
काश - ४७
काश्यप - ५२२
काशिराज या काशिराज दिवोदास - ४२१, ५२७
काशी - २६८, ४९१, ४९२, ५००
काशीप्रसाद जायसवाल - ३०१
काष्ठशिल्प - ५२८
कार्ष्णायस - ४९
कार्ष्मर्य या बिल्व - ३५३, ३८८
कासहरण - ५२७
कॉस्मोलॉजी - २९७
कांगड़ा - ३९
कांसा - ४९, २६४, २६६,
किक्कुलि - ४०
कियाम्बु - २११
किरात - २१, ३५, ४३
किलात - ३४८
किंशुक - ४७
क्रिमिनाशन - ३००, ३०९, ५२७
क्रियात्मक योग-तन्त्र - ७२
क्रियायोग - ३७१, ४२४
क्रियावान् सोम - १२९
क्रिवि - २७६, ४२०
कीनाश - ५२, २६६
कुक्कुट - ३४८
कुटीर - २२४
कुटुम्ब - ५२, ८२, ९९
कुण्ड - ५०५
कुत्स - ८८
कुत्सगोत्र - ३८२=
कुबेर वैश्रवण - ४२०
कुभा - २२, ४४, ४५
कुम्भ - २६५, ४१६,
कुम्भी - ९२, ३४३, ३७६
कुमारस्वामी - ६५, ४२५
कुर्गन - ३८
कुरु - २५९, २६०, २६८, २७६, २७७, ३६३
कुरु-पांचाल - ४०७, ४९६, ५०२
कुरु प्रदेश - ४७०
कुरुश्रवण - २१५
कुरुक्षेत्र - २७३, ३९४
कुल - ८२, २७५
कुल्या - ४८, २६३

कुलाल - ५०, २६६
कुलायनी - ३९६
कुवल - ४०८
कुसिन्ध जल - ४१५
कुष्ठ या कुष्ठ रोग - २८५, ३११
कुषाण - १५
कुश - ४७, ४०७
कुश - चण्डातक - ४०२
कुश और तृण - ९२
कुश-संग्रह - ९१
कुशिकपुत्र - १३४
कुहू - ९२, ३१९
कुंआ - २३५, २६३
कूर्च - ९२,
कूप - ३९९
कूर्म - ३६०, ४१४, ४१६,
केकय - २६८, २७६, २७७, ४७६
केंचुल - ५०८
केन्तुम् - ३७, ४०
केनोपनिषद् - ४३५, ४८१
केरोलीन - ३४
केशवान् पुरुष - ४०१, ४०५
केशिसूक्त - ४७०
कैक्टस-जातीय - ३९२
कैथेड्रल - २८४
कैल्टिक - ३५, ३७
कैवर्त - २६६
कोंकनी - ३५
कोमेस - ५७
कोसल -२६८, ३५५, ४२०
कोशकारी - २६६
कौथुम - ५
कौटुम्बिक जीवन - ९७, ९९
कौशल्य आश्वलायन - ४५४, ४५५,
कौशाम्बी - ३६, २६७, २६८
कौशिकसूत्र - २८२
कौषीतकेय कहोड़ - ४९९
कौषीतकि - ३२७
कौषीतकि ब्राह्मण - १५६, २५८
कौसमालौजी - ५१५
कंकचिति - ४१७
कंदमूल - २८३
कंस - २६५
खगोलीय - ५२४, ५२५
खत्ती - ४०, ५१
खदिर या उदुम्बर - ४७, ४०६, ३५३
खनित्र - २६३
खर - ३९३
खल्व के दाने - ३००
खल्व या चना - २६३,२६४
खलिहान - २६३
खिलकाण्ड - ५०९
खुरपी - २६३
खेतिहर - ५०
गगन-सर - १८६
गज - ४००
गड़रिये - ४३
गणक - २६६
गणपति - ५५, ८७
गणित - ५१८, ५१९, ५२५, ५२६, ५३०
गणितीय विभाग - ५२४
गति - ५१६
गति और प्रतिष्ठा - ४४५
गदा - १२७
गन्धमाल्यलोक- ४८५
गन्धर्व - २२९, २९६, २९७, ४२०, ४९८, ४९९, ५००, ५०६
गन्धर्वलोक - ४५१, ४९९, ५०७
गन्धार या गन्धार जनपद - २६४, २६८, ४८०
गरुड - १३८, १६१
गरुडचिति - ४१८
गवामयन - ३२७, ४०२, ५२४
ग्वाला या ग्वाले - ४३, ५०
गविष्टि - ५१
गवेधुक् - ४०४
गहपति या गाहावयी - १९
ग्रह - ९४, ९५, ३७९, ३९२, ३९३, ३९६, ४९७
ग्रहण - २८३
ग्रह-होम - ९५
ग्रहशान्तिविधि - २८३
गृत्समद - ९, ५५
गृह्य - ९१
गृह्य या आवसथ्य - ९०, ९१
गृह्यसूत्र - ५२०
गृह्य संस्कार - ९७
गृहपति - ७७, ७८, २०१, २४८
गृहमेधिमस्त - ३७६
गृहमेधी मरुत् - ९२
गृहस्थ - ४७०
गृहस्थाश्रम - ४५५
गर्ग गोत्र - ४९१
गर्दभीविपीत - ५०३

गर्भप्रसवन - ५२७
गर्भाधान - ९७, २८३
गान - ३२४
गाथा - २२३, २७६, ३३६, ४१९
गाथा-गान - ४१९
गान्धार - १५, २२, ३९
गान्धर्ववेद - ६, ५१८, ५२०
गाय - ९९, ११९, १२४, १२५, १२६, १२८, १३३, २०१, २१८, २२५, २३३, २४३, २६४, २६९, २८३, २८४, ३०४, ३०७, ३१४, ३१५, ३१९, ३२०, ३२७, ३५०, ३६२, ३६३, ३७३, ३८०, ३८१, ३८२, ३८३, ३८५, ३९७, ४००, ४०३, ४०५, ४०६, ४१४, ४१५, ४४१, ४६३, ४७२, ४७३, ४८४, ४९१, ४९६, ४९९, ५०३, ५०५, ५०६, ५१२,
गायत्र साम - ३२५, ४३५,
गायत्री - १०, १०९, ३५३, ३५४, ३५६, ३६३, ३६५, ३८२, ३८७, ३९६, ३९९, ३९७, ४१२, ५११
गायत्री-उपासना - ४७१
गायत्री की तीन समिधा - १५६, १५७
गायत्री छन्द - ७७, ११३, ११५, १५६, १५७, २०५
गायत्रीमंत्र - ८४
गार्गी - २७२
गार्ग्य - ४९१, ४९२, ५२२
गार्गवी - ४६९
गार्हपत्य - ९१, १५१, २२७, २२८, ३६३, ३६८, ३६९, ३७१, ३७५, ३७७, ४५६, ४७४
गार्हपत्य अग्नि या गार्हपत्याग्नि - ३४२, ३४४, ३६८, ४७७
गार्हपत्य अग्नि कुण्ड - ५२५
गार्हपत्यकुण्ड - ९१, ३६८, ५२६
गार्हपत्यशाला - ३४१
गार्हपत्य-स्थण्डिल - ३६८
गार्हस्थ्य -९९, २७५
ग्राम - ९९, १६६, २३३, २६७,२७५, २८२, ३२८, ३२९, ३९४, ४८६
ग्रामगेयगान - ३२४
ग्रामणी - ५७, २६६, ३०२, ३८३, ४०३, ४०४, ४०६, ४०७, ४१९, ५०७
ग्रामीण-जीवन - २६९
ग्रामर - ५१९
ग्रा० या ग्रासमान - ६५, १०८, ११६, ११७, ११८, १२३, १२४, १४०, १९२, १९६
ग्राम्य पशु - ३९१
ग्रावस्तुत् - ३९७
ग्रावा - ३४७
गालव - ५२२
गियान - २-३९
गिरिष्ठाः - १४६
गिलबर्ट मार्शल - ३४
गिस्सार संस्कृति - ३९
ग्रिफिथ - ६५
ग्रिम - ३५, ३७
गीतवादितलोक- ४८५
गीताभाष्य - ११०
गीति - २४६, २४८, २५३, ३७०, ४२४, ४२९, ४३१, ४३४, ४४६, ४५८
ग्रीक - २७५
ग्रीष्म - ३३०, ३५८
गुणन - ५२५
गुरु - ८२, ४६१, ४७३, ५०३
गुरुकुलवास - ९८
गुरुलाघव नियम - ५२४
गुह्यक - ५५,
गुहा - २९६, ४४५, ४४६, ४४७, ४६०, ४६६
गूलर- ५०७
गै० या गैल्डनर - ६५, १०८, ११६, ११७, १२१, २१७, २६७
गो या गोमातरः - ८३
गोचर्म - २०९
गोठ - ११७, ३३३
गोतम - १४२, १४३
गोतम राहूगण - ३५५
गोधूम या गेहूँ - २६३, २६४, ४०२
गोप - ५१, ५४, १५८
गोपथ ब्राह्मण - ३२७, २६१, २८०
गोपाल - २६६
गोबृन्द - १८०
गोमती - २२, ४५
गोमांस - ९१
गोरख प्रसाद - २५, ३३६
गोरस - ५३, ८९, ९२
गोलोक - १४८
गोविकर्ता - ४०३, ४०४
गोविन्द चन्द्र पाण्डे - १६४
गो-समृद्धि - २८३
गोष्ठ - ५१, ५३, २०१, २३६, २६४, ३०२, ३२०
गोत्र - २७५, ४७२, ४७३
गौथिक - ४८, ५१
गौडपाद- ४६२, ४९५
गौडीय सम्प्रदाय - ४३०
गौतम - ५५, ८८, ५००, ५१२, ४४१, ४५०, ४७४, ४७५

गौतम कुमार - ३३१
गंगा - २२, २८, ४३, ४४, ४५, ४६, ४२१
गंगा-जमुना - २५९,२७६
गौः - १५, ३८, २६२, २६४, ३१५, ३२५, ५२५
घनोद - ४९८
घर्म - १५७, ३०४, ३७८
घर या शाला - ५३
घृतपृष्ठ - १५१
घृताची - ३५५
घृणि - ११४
घृष्वि - १४०
घी - २१३, २१४, २५१
घुर्ये - ४८
घोर आङ्गिरस - ४७१
घोषा - ८५, ५२७
चतुर्भागा - ४१६
च्यवन - ८५, १९०
च्यवन भार्गव - ३९४, ५२७,
चरक - २८५, ३२३, ३९५, ४९८
चरक संहिता - ५२७, ५२८
चरक सौत्रामणी - ४०३
चरु - ९१, ९२, ९३, ९४, १२५, ३६४, ३६५, ३७२, ३७४, ३७६, ३८०, ३८२, ३९८, ३९९, ४०३, ४०४, ४२३
चक्षु - ९५, ३५७, ३६२, ४१७, ४५४, ४५५, ४६३, ४६८, ४७२, ४७३, ४७५, ४८८, ४८९, ४९२, ४९३, ४९६, ४९७, ४९८, ४९८, ५००, ५०२, ५०३, ५०८, ५११
चक्षुमय - ५०७
चिकित्सक - ५२७
चिकित्सा - २८५
चिकित्साशास्त्र - ५२६
चित् - ४६४
चितकबरा बैल -४०४
चित्य अग्नि - ४९८
चित्त- ४५६, ४८२, ४८४, ५१७
चित्त-शुद्धि - ४३५
चिति - ४०९, ४१०, ४१३, ४१५, ४१६, ४१७, ४१८
चित्रभानो या चित्रभानुः - ११७, १३७, १४२
चित्रषडंग - ३८१
चित्रश्रवस्तम - १११
चित्रा - ३७०
चित्राकर्म - २८३
चीन - २५९, २७०
चूड़ाकरण - २८३
चेतन या चेतनमूलक - ६७, ६८
चेतनसत्ता - ११०, २३१, ५१६
चेतना - ८८, १११, १३२,
चैतन्य - ७५, ७६, २३१, ३७३, ४३२, ४३६, ४३८, ४५७, ४६२, ४९२, ४९३, ४९४, ५१५. ५१९, ५१३,
चैतन्यविज्ञान - ५३०
चैतन्यशक्ति- ४८१
चैतन्यात्मक पुरुष - ४५८
छन्द - १०८ ,१०९, ११३, ११९, १२३, १२५, १२७, १४६, १४९, १५२, १५६, २३३, २४६, २४७, ३५१, ३५२, ३५३, ३५४, ३६२, ३६५, ३८३, ३८७, ३९१, ३९६, ३९७, ३९८, ४५९, ५१८, ५१९, ५२३, ५२४
छन्दश्चिति - ४१६
छाग - ४९५
छान्दोग्य - २६, ४३०, ४७०, ४८०
छान्दोग्योपनिषद् - ५१४, ५२६
छन्दःशास्त्र - ५२३, ५२४, ५२५
छन्दःस्या - ४१६
ज्याकार - २६६
ज्योति - ९३, १२३, ४०१, ४०२, ४२१, ४५८, ४६०, ४८३, ४८४, ५०१, ५०२, ५१६
ज्योति और तम - ५१६, ९७,
ज्योतिर्विज्ञान - ४२५, ५२४
ज्योतिष्टोम - ९३, ९४, १२९, ३२४, ३२७, ३२८, ३७६, ४०३
ज्योतिष्मान् - ४७३
ज्योतिष - ४५९, ५१८, ५२४, ५२६
ज्योतिषशास्त्र - ५२५
ज्यूरिसप्रूडेन्स - ५२१
ज्वर - २८३, २८६, ४८०
जन्म-मृत्यु - ४४२
जन - २०१, २७५, २७७
जन और जनपद - ५२१
जनक - २७७, ३३५, ३७०, ४३०, ४९१, ४९६, ५०३, ५०४, ५०५, ५०६
जनजातीयगण - ४१५
जनमेजय - २७७, ३३६, ४२०
जनशार्कराक्ष - ४७६, ४७७
जल - ७८, ९४, १४९, १६२, २०२, २१४, २६९, २८५, २८७, ३०९, ३१४, ३१५, ३१९, ३४०, ३४१, ३४२, ३४५, ३५०, ३५३, ३५८, ३६७, ३६९, ४५४, ४५६, ४५७, ४६३, ४७७, ४७८, ४७९, ४८३, ४८९, ४८४, ४९१, ४९४, ५००, ५०२

जल संभरण – ४०४
जलन्धर रोग – ३०८
झाड़ने-फूंकने का मन्त्र – २९२
टोटेमिक – १०
टेसू – २२६
टैसिटस – १२
ट्राइब – ५४, २७५
ट्रिबुश, फुले – ५४, २७५
डाकू – ५०२
डुगडुगी – ४९४
तज्जलान् – ४७१,
तत्त्वजिज्ञासा– ४८१
तत्त्वभाव – ४५२
तत्त्वमसि – ४८०
तत्त्ववेध – २९७
तद्वन – ४४०
तन्तु – ३८०
तनूत्यजा – २०२
तनूनपात् – ७९, ३५८, ३५९, ३८४,
तप – ४६, ७८, ९५, ९७, १५७, ३२१, ३३०, ३७४, ३८४, ३८५, ३८७, ४१२, ४२२, ४२४, ४४०, ४५४, ४५९, ४६०, ४६१, ४७१, ४७५, ५०८
तमस् – ४०१, ४०२
तमोगुहा – ५१६
तर्कशास्त्र – ५३०
तर्पण – ९०, ४९१, ५०२
तलवकार ब्राह्मण – ४३५, ४७०
तक्षशिला – ५२८
तक्षा – २६६, ३४०, ३४६, ३८८
तृच् – ९४, ११३, ११६
तृचात्मकसूक्त – ३२५
तृण – ४७
तृत्सु – २७६
तृतीय सवन – ३९३, ३९७, ३९८
तृष्टोम – ४०३
ताण्ड्य ब्राह्मण – ३२५
ताण्ड्यमहाब्राह्मण – ३२७, ३७८
तानूनप्त्र – ९४, ३७८, ३८४
तापस – ५०६
ताँबा या तांबा – १५, ३९, ४८, ४९, ८१, २६४, २६६, ४०५, ४१४
ताम्र-कांस्ययुग – २५८
ताम्रश्मयुगीन सभ्यता – ५४, ५८
तारे – ५२४
तार्प्य – ५३, २६५, ४०३, ४०५
तार्क्ष्य – १४४
तार्क्ष्य वैवस्वत – ४२०
ताहिती – ३४
तीतर – ४०८
तीन कर्म – ४४२
तीन केशी ऋतु – १६०
तीन गुण का उपदेश – ५०९
तीन संबन्धी – ४४२
तीक्ष्णशृंगी – २८५
तुग्र – ८५
तुर्क – १५
तुर्वश – २७५, २७६
तुरीय या चतुर्थ – ४९३, ५११, ४६२
तुरीयावस्था – ४६२,
तुरंग टीपे – ३९
तुलनात्मक धर्मविज्ञान–१०१, १०८
तुलनात्मक भाषाशास्त्र–१०१, १०८
तुलनात्मक व्याकरण – १०८
तूजुजान – ११७
तूणव – २६६
तूणीर – ४०४
तेज – ४५६, ४८४, ४८२, ४८३, ४८९
तेजोमय – ४७९, ५०७
तेल-अल-अमर्ना – ४०
तैजस् – १५१, ४६२,
तैत्तिरीय – ५
तैत्तिरीय आरण्यक – ४६६,
तैत्तिरीयोपनिषद् – ४६६, ५१९
तै० ब्रा० या तैत्तिरीय ब्राह्मण – ७०, ८६, १२३, ३१६, ३२४, ३२७, ३२९, ३३०, ३३१, ३७४, ४२६
तैत्तिरीयसंहिता प्रातिशाख्य – ५१९,
तैत्तिरीयसंहिता – ९७, ३२४, ३२९, ४१६
तैत्तिरीय शाखा – ३२९,
तोखारी – ३७
दध्यङ् आथर्वण – ३९४, ४९५, ४९६, ५२७
दध्यञ्च् – ८५, ८८
दध्याशिरः – १२१
दधि – ९४
दधिक्रा – २३५
दण्ड – ३३२, ४०६
दण्डपाशधर – ८६,
दण्डनीति – ५१८, ५२६
दनु और दनायु – ३६०
दयानन्द – ६५, ६९, १०७, १०८, ४२५
दर्भ – ४७
दर्भस्तम्ब – ४१६

दलिया या सत्तू की लप्सी - ५२
दवेयज्ञ - ३७९
दर्वीहोम - ४०३, ५०१
दर्शपूर्णमास - ९१, ९२, ३२३, ३३५, ३५०, ३६२, ३६३, ३७०, ३७३, ३७५, ३७६, ४०२
दर्शपूर्णमासविधि - २८२, २८३
दर्शयाग - १२७
दर्शन-श्रवण-मनन - ४९४
दशग्व - ८८, १७९
दशपेय - ४०७
दशमलव - ५२५
दशवृक्ष - २९८
दस्यु - १६६, २८८, ३६१
दस्युनाशन - २९९
दस्र - ८५
दहर विद्या ४८५
द्रव्यत्याग- ८९, ९०, ३३४
द्रव्यमय बहिर्याग - ३६९
द्रव्य-यज्ञ - ६४
द्रव्ययाग - १११, ११२
द्रव्य-सत्ता और गति - ६८
द्रव्य हवि - ३७०
द्रह्यु- २७५, २७६, ३२८
द्रह्युजन - २७६
दृक् -शक्ति - ८४
दृप्तबालाकि - ४९१
दृषद् और उपल - ३४२, ३५०
दृष्ट परिणामहेतुक - ३३२
दृषद्वती - २५९
दक्ष - ८५, ८६, १४३, २१९, ३९७
दक्ष पार्वति - ३७३
दक्षिण या दक्षिणाग्नि - ९१, १५१, ३५०, ३६८, ३६९, ३७२, ४५६, ४७४, ४७७, ५२६
दक्षिणा - ३३०, ३३१, ३५०, ३६७, ३६३, ३८५, ३९७, ४०२, ४०३, ४०४, ४२२, ४२३, ४७१, ५०३
दक्षिणायन - ९३, ४७६, ५२४, ५२५
दान - १२६, ५०८
दानवर्षी - १४२
दाय-विभाग - ९०
दारु - २३६
दारुकर्म - २६५
दारु-शिल्प - ४९, २६४
द्रापि - ५३, २६५
द्राविड - २१, २३, ३४, ४१, ४२, ७७
द्राविडवादी - २७
द्राविणोदस् - ७९
दार्वाहार - २६६, ३४०
दाश - २६६
दाशराज्ञ युद्ध - ८१, २७६
दास - २८, ८२, १९२, २६२, ४००
दास-दस्यु - १७, २०
दासी - २६२, ५१२
दात्र या सृणि - २६३, २६५
दाक्षायण इष्टि - ३७३,
दाक्षायणयज्ञ - ३३५, ३७३
दिके - ५२१
द्विकपाल पुरोडाश - ४०४
द्वियजुष् - ४१६
दिव्यपुरुष - ४६१
दिव्यभिषक् - ५२७
दिवोदास - ८८, २७६
दिशा - ४९२
दिशाएं - ४९५, ४९८, ५००, ५०१
दीर्घतमा या दीर्घतमा औचथ्य - १४६, १४९, ५२७
दीर्घधी - ८६
दीद्यत - ३५७
दीप्तायुध - ८३
दीक्षणीय इष्टि - ९४, ३२८, ३७८, ३८०
दीक्षा - ४६, ३६८, ३७८, ३८०, ३८४, ३८७, ४००, ४०२, ४१८, ४२१, ४७१, ५०२
दीक्षान्त समारोह - ४६६
दीक्षित पुरुष - ३८१
दुन्दुभि - ३१७, ३२४, ४०१
दुर्ग - २८२
दुष्यन्त - २३
दुहिता - ३१८, ३२०
दूर्वा - ४७
दूर्वाशाला - ३१६
दूर्वेष्टका - ४१६
देव - ७५
देवकार्य और पितृकार्य - ४६६,
देवकीपुत्र कृष्ण - ४७१
देव गन्धर्व - ४६८
देवचरित - ८८
देवता - १०१
देवता-मंत्र-द्रव्य - ९५
देवताविज्ञान - ४३३
देवपथ - ४७४
देवभक्ति - ९७
देवभाग श्रोतर्षकुरु - ३७३

देवमूर्ति या देवदास - ८
देवयज्ञ - ९०
देवयजन - ३७९, ५२१
देवयजनविद्या - ४२०
देवयान - ३१७, ३६७, ४७४, ४७६, ५१२
देवयान पथ - ४६१, ४७५
देवर - २३०
देवरथाह्न्य - ४९८
देवरात वैश्वामित्र - ३२९,
देवलोक - ९५, ४९७, ५०७, ५२४
देववाहन - ३५७
दैहिक और प्राणिक - ४२६
देवविद्या - २८४, ४८१
देवस्थानीय - ८२
देवसत्ता - १०१
देवसू हवि - ४०३, ४०४
देव-ऋण - ९७
देवाख्यान - ८९
देवाप शौनक - ३३६
देवासुर-संग्राम - ९७, १६५, ३५८, ४३९, ५१६
देवोपासना - ११२, ३३४
देवोपासनामूलक - १०१
देवियों - २९७
देष्ट्री - २३०
देह- ४८१
दैवतकाण्ड - २८१
दैवदायाद - ३२९
दैववित्त - ४९०, ५००
दैवीवाक् - ३३१
दोषापनयन - ९७
दोहनपात्र - ९२
द्रोण - २६५
द्रोणकलश - ३६०, ३८८, ३९२, ४०८
द्रोणचिति - ४१७
द्यावापृथिवी - ९२, ६३, ७७, १३३, १३८, १४०, १४९, १५०, १६०, १८०, १८३, १८८, १९१, १९७, १९८, २००, २२१, २२१, २२४, २६२, २९४, २९६, २९९, ३०५, ३०८, ३१०, ३१२, ३१५, ३१८, ३६६, ३७२, ३७४, ३९८, ४०१, ४०५, ४८२, ५००, ५०१
द्युलोक - १२४, १२५, १३७, १५१, १५४, १५६, १५८, १८१, २००, २२३, २३२, २३९, २४१, २५४, २८५, २९७, ३०५, ३०७, ३०८, ३१०, ३११, ३१२, ३१८, ३४५, ३५०, ३५४, ३६३, ३६७, ३८२, ३८४, ३८५, ३८७, ३९२, ४१३, ४१४, ४१५, ४६३, ४७१, ४८६, ४८७, ४९०, ४९८, ५००
द्युस्थनीय - ८४
द्युस्थानीय - ७६, ७७
द्यूत - ६३
द्यूतक्रीड़ा -४०३
द्यौ - ७५, ७६, ७७, १४३, १४४, १४५, १७५, २२३, २९५, ३१२, ३१४, ३८०, ४१३, ४७७, ५०१, ५११
द्यौष्पिता की दुहिताएं - १७८, १८०
धन्वन्तरि - ५२७
धनिष्ठा - २५८
धनुर्वेद - ६, ५१८, ५२६, ५२८
धनुष -४०४, ४०५
धनुष्कार - २६६
धमनीबन्धन - २९१
ध्माता या द्रविता - ५०
ध्यान- ४८२, ४८४, ५१७
ध्वन्यात्मकरूप - ५१९, ५२२
धर्म्य - ४४५
धर्मइन्द्र - ४२०
धर्मस्कन्ध - ४७०
धर्मसूत्र - ५२०, ५२१
धर्मशास्त्र - ५२०
धर्मशाला - ४७२
धर्माध्यक्ष - ८७
धृतव्रत - ८६
धृति-अधृति - ४९०
धृष्णु - २९०
धाता - १०९, २१२, २२२, २३०, २५४, २९५
धातुप्रसादात् - ४४६
धातुवैषम्य का सिद्धान्त - ५२७
धातुशिल्पी - ५०
धातृ - ८६
धाना - ९४
धाम - १८८
धाय्या - ३५७
धाराग्रह - ३९२, ३९३
धारोष्ण दूध - ९३
धिया या धी - ११२, ११४, ११६
धियावसुः - ११८
धियोविश्वा विराजति - ११८
धियेषितः - ११७
धिष्ण्य - ११६, ३८७
धीमान् - ३०२
धीवर - २६६
धुर्य - स्तोत्र - ३९५, ३९६
ध्रुव - ३९३, ३९५
ध्रुव-अध्रुव - ४४५; ४४८

ध्रुव और अप्रमेय - ५०८
ध्रुवग्रह - ३९५
ध्रुवा - ९२, ३५२, ४८४, ४९१, ५०२
धूमकेतु - २८३
धूमरहित ज्योति - ४४९
धेना - ११३
धेनु - ११३, १४९, ३१८, ३२०, ४०४, ५१०
धोबी - ५३
न्यग्रोध - ४७
न्यग्रोधपाद् - ४०५
न्योचनी - २२३
न्याय - ७, ४३६
न्यायकुसुमाञ्जलि - ७
नचिकेता - ३३१, ४४१, ४४२, ४४३, ४४४, ४४५, ४४६, ४४८, ४४९, ४५३
नट - १३२
नदीमातृक - २६२
नदीसूक्त - ४५
नन्द - २६
ननद - २३०
नबी - ८, ९, ६५
नमुचि - ४०५
नर्मदा - ४५
नरसिंह - १४६
नराशंस - ७९, ३६५,
नवग्व - ८८, १७८, २०३
नवद्वार - ३२१
नवनीत - ३८०
नवान्नेष्टि - ३३५
नवाश्मयुगीन - ५२४
नष्टोद्दिष्ट - ५२४
नक्षत्र - ४७५
नक्षत्रकल्प - २८२
नक्षत्रदर्श - २५, २५९, २६६, ५२४
नक्षत्र पद्धति - २५९
नक्षत्रमार्ग - ५२५
नक्षत्रलोक - ४९९
नक्षत्रविद्या- ४८१
नहुअत्लन - ३३
नहुष - १९०, २७५, २७६
नृतत्त्वविज्ञान - १०१
नाई - ५०
नागरिक क्रान्ति - २६७,
नाचिकेत अग्नि या नाचिकेताग्नि - ४०९, ४४२, ४४७, ५१७
नाचिकेताग्नि का चयन - ४२६
नाचिकेतोपाख्यान - ४४८
नाट्यात्मक संवाद - १०७
नाड़ियां - ४५३, ४५५, ४५६, ४५८, ४८६
नाड़ी - ५०४
नाडीवाही और अन्तर्देह - ४९२
नातुरा नातुरान्स - ११०, ३१८
नाद - ३०९, ४१२
नाभाग - २७६
नाभानेदिष्ठ - २६५, २७६,
नाम- ४८२, ४८४
नामकरण - २८३
नामरूप - ४५८, ४६१, ४८०, ४८८
नाम-रूप-कर्म - ४९१
नारद - ३२८, ४८१
नारदीय शिक्षा - ३२४, ५२०,
नाराशंसी - २२३, ३३६,
नाव - ५४, २४८
नासत्य या नासत्यगण - ८५, ११६, १९०
नासिका - ४५५
निगम - २६७
निगम और आगम - ७७
निघण्टु - १९, १२४, ५२३
नित्य - अनित्य - ४४५
नित्य होम - ३७०
निदान - ९२
निदिध्यासन - ५१६, ५१७
निदिध्यासितव्य - ४९४, ४९५
निधन - ३७८, ३९६
निनयन की विधि - ३६७
निमित्तोपादान - ४८०
निमेष - ५०१
नियम - २८५
नियमविधि - ३३४
नियुत्वान् - ८२
निरुढ पशुबंध - ९३
निरुक्त - ७५, ७६, ७९, १०१, २२१, ४०६, ४५९, ५१८, ५१९, ५२३
निर्गुण - ४३४
निर्गुण आत्मा - ४९३
निर्ग्रन्थ - ४३१
निग्रोध - २८५
निग्राभ्य-जल - ३९२
निर्णेजन - ३५०
निर्वपन - ३६१
निर्विकल्पक प्रत्यक्ष - ४३६
निर्वेद - ४६०

निर्ऋति - १५८, २१३, २९४, ४०४
निर्ऋतिकर्म - २८३
निवृत्ति धर्म - ३३२
निवृत्तिमार्गी -४३१,
निवृत्ति लक्षण - ४३३
निस्तुषीकरण - ३४९, ३५९
निवेशनी - १३६
निष्क - १७१, २६७, ४००, ४७२
निष्कल ध्यान - ४६१
निष्क्रय - ४०१, ४०२
निष्क्रयण - ३८७
निष्काम - ४६१
निष्कामभाव - ४२४, ४३१
निष्काम श्रोत्रिय - ४६८
निष्केवल्यशस्त्र - ३९६
निषाद - २१, ३५, ४३, २७२
निःश्रेयस - ८१, ३३२
निह्नव - ३७८
नीरद चौधरी - १७
नीवार या कोंदो या गेहूँ - ९१, २६३, २६४
नीवार-चरु - ४०१
नीवी - ५३, ३८०
नेग्रिटो - १२, ३५
नेता - १६६, ३०२, १३२, १३९
नेति-नेति - ४९३, ५०२, ५०४, ५०९
नेपथ्यशाला - ३७७
नेष्टा - ३८७, ३९२
नैतिक नियम - १०९
नौमण्ड (दो अस्त्रि) - ३७१
प्लव - ४५९
प्लेटो या प्लातोन् - ६६, ७२, ४००, ५२१
पक्थ - २७६
पकुध कच्चायन - ४३०
पर्जन्य - ४४, ६३, १६२, १८२, १८३, २८७, ४५५, ४६०, ४७५, ४७७, ४९०
पण्य - ३८३
पण्य विक्रय - ५२१
पणयः - १७८
पणि - ५४, ८१, १००, २६६
पर्णमणि - ५६, ३०१
पत्नीकर्म - ३९०
पत्नीशाला - ३७७
पत्नीसदन - ५३, २६८
पत्नीसंनहन - ३५२
पत्नीसंयाज - ९२, ९५, ३६६
पतञ्चलकाप्य - ४९८, ४९९, ५००
पतञ्जलि - १२, ७२, २६०
पथ्यास्वस्ति - ९४, ३९९, ३८२
पथिकृत् अग्नि - ४१८
पदपाठ - ५१९
पदात्मक रूप - ५२२
पद्या - ४१६
पनडुब्बी पक्षी - ४७३
पयस्या - ९२, ९४, ३७३, ३७४, ३९५
पर्यग्निकरण - ४२२,
पर्याय - ३७७
पर्यायापन्न देववाद - ७३
पर्व - १२९
पर और अपर - ४५७, ४५९
पर-पुरंजय - ८०
परलोक - ४८७, ५०५
परमकवि - १०७
परमगति - ४५२, ५०६
परमज्योति- ४८६, ४८८
परमतप - ५११
परमतत्त्व - ४७८,
परमपद - ४४७, ५११
परमपुरुष - ४५७, ४६०, ४६१
परमब्रह्म - ४५८, ४६१, ५०३
परम्यूटेशन - ५२४
परमलोक - ५०६
परमव्योम - ४६९
परमात्मा - ४२६
परमाक्षर -४५७
परशु - ४९, १४०, २६४, २६५
परागति - ४४७
पराभौतिक - ५१७
परायण - ५०३
पराविद्या - ४५९
पराशर - ५२७
परिकर्म संकलन - ५२५
परिग्रह - ३७९
परिचक्रा - २६८
परिचाय्य - ४१७
परिचारक - ५१२
परिधा - ९२
परिधान - ५१२
परिधानविधि - ३५३
परिधि - २३४, २४६, ३५३, ३५७, ३६६, ३८५, ३८८
परिमित् - २६८, ३२०
परिवक्रा - ४२०
परिवत्सर - ३१५
परिवर्तनी - ३९६

परिवार - ५१२
परिवेष्टा - २६६
परिवृत्ती या परिवृक्ती - ४०३, ४०४
परिव्रज्या - ४९८
परिव्राजक - २८६
परिस्तरण - ३४२, ३५३, ३६४
परिस्त्रुत - ४०८,
परिसारक - ३२८
परिस्रुत् सोम - ४०१
परीक्षित् - २६, २५८, २७६, ४३०, ४९८
परोरजा पद - ५११
परुष्णी - २२, ४५
पलाश - ३६५, ३६९, ४०५
पवमान - ७९, ३२५
पवमान-गान - ९५
पवमान स्तोत्र - ३९३, ३९५
पवमान हवि - ३३०
पवनपुत्र हनुमान - ८१
पर्वरात्रि - ३६८
पवित्र - ३४५, ३४६, ३६३, ३९३, ४०२, ४०३
पवित्रच्छेदन - ३४५
पवित्रीकरण - ३४५
पश्यन्ती - ७१, ५१९
पश्यन्तीवाक् - ३०९
पश्चिमी दर्शन - ५१२
पर्श - २६३,२६५
पर्शु - २६८
पशु - ९१, २३०, ४६७
पशुइष्टका - ४१६
पशुपति - २४, ८३, ८४, ३६४, ४१४
पशुपालक - ८२
पशुपाश - ३८९
पशु-पुरोडाश - ९५
पशु पुरोडाश याग - ३९०
पशुबन्ध - ३३५, ४०२
पशुबलि - ३७८, ३७९, ४०८
पशुयाग - ९३, ३६१, ४०३, ४१०
पशु हिंसा - ४२३, ४२५
पञ्चजन - २७६, ५०८
पंचदश कला - ४६१
पंचबिल इष्टि - ४०३
पंचबिल चरु -४०७
पञ्चमचिति - ४२५
पञ्चमहायज्ञ - ९०, ३३५
पञ्चरात्र यज्ञ - ४२१
पञ्चविध पशु - ३५०
पंचविध यज्ञ - ३४४
पञ्चाङ्ग - ५२४
पञ्चाल या पञ्चाल जनपद - २५९, २६०, ५१२
पंचाग्नि - ३३०, ४४७
पंचाग्निविद्या - ४७६
पक्षीविद्या - ४२०
पाइ - ५२६
पाइथागोरस - ५२६
पाउल डायसन - ४२९
पाकदूर्वा - २११
पाकयज्ञ - ९१, ९०, ९१, ९५, ९७, ३६५
पाणिग्रहण - ९८
पाणिन्धम - २६६
पाणिनि - ५४, २६०, ५१८, ५२२
पाणिनीय-शिक्षा - ५२०
पाण्डव - ३३६
पात्नीवत ग्रह - ३९८
पाथहवि - ४०५
पार्थिवलोक - ७७, १२४
पादभागा - ४१६
पादोनपद्या - ४१६
पाप्मा - ४०१, ४०२
पापलोक - ४५६
पायूपस्थ - ४५५
पारमार्थिक चैतन्य स्वरूप - ५३०
पारिप्लव - ४२०
पारिप्लव-आख्यान - ४१९
पारिप्लव स्तोत्र - ४१८
पारीक्षित - ३३६, ४२०
पालागल या दूत - २७१, ४०३, ४०४
पालिसाहित्य - २६७
पार्वण - ९०, ९१
पाश - २२६, २६८, २६९, २९८, ३०८, ३२९
पाशधर - ३१२
पाशमोचन - २९८
पाशविमोचन - २८८, २९४
पाषाण-शिल्प - २६४
पाक्षिक याग - ९१
पात्रासादन - ३४२
पात्री - ३४३, ३५०
पाञ्चाल या पांचाल - २६८, २७६, ३६३, ४२०, ४२१, ४७४
पांच प्रयाज - ९१
पांच संस्कार - ३६८
पांचों महाभूत - ४६४
पांच सम्भार - ३६८, ३६९

पाञ्चि - ३५१
पांसे - १९२
पिङ्गल - ५२४
पिङ्गाक्षी - ३८२
पिण्ड - १५२, ३७२, ३८०, ४२४, ४६३, ४७८, ५१५, ५१६
पिण्ड और ब्रह्माण्ड - ४६४, ४९३
पिण्डोत्पत्ति-गति-तेज - ७०
पिण्डपितृयज्ञ या पिण्डपितृयाग - ९१, ९५, २७१, ३२३, ३३५
पितर - २०६, २०७, २०८, २०९, २१०, २१४, २३१, २४७, २५१, ३१५, ३२०, ३४१, ३६१, ३६३, ३७२, ३७९, ३८०, ३८२, ३८८, ३९०, ४२०, ४६८, ४९०, ५०१, ५०६, ५१२
पित्त - २८३
पितृतर्पण - ९१
पितृपूजा - ९१
पितृमेध - ३२३, ३३५
पितृयज्ञ - ९०, ९३, २१०, ३७६
पितृयाग - ३१७
पितृयान या पितृयाण - ९५, ३६७, ४७४, ४७६, ५१२
पितृयाण पथ - १९९
पितृलोक - ९५, ३८९, ४५१, ४७६, ४८५, ४९७, ५०७
पितृविद्या- ४८१
पितृ-ऋण - ९७
पिधानपात्र - ९२
पिनवन - ३७८
पिप्पलाद - ४५४, ४५५, ४५६, ४५७
पिप्पली -२८५
पिमन - ३३
पिरामिड - २५, ४१७, ४८७
पिशाचनाशन - ३०८
पिशेल - २६७
पिष्ट चरु - ३७४
पिष्ट लेपमात्र - ९२
पी० एल० भार्गव - २७
पीटर रैस्टर -१०८
पीतदारु - ४७, ३८५
पुण्डरीकाकार भवन - ४८५
पुण्ड्र - २६१, ३२९
पुण्य और पाप - ५०५, ५०६
पुण्यलोक - ४५६
पुनर्जन्म - ४६५, ४७१, ४७६
पुनर्मघ - ३१८
पुनर्मृत्यु - ३३१
पुर - २६७,२६८, ३८५
पुरंधि - २२८
पुरना - ५३
पुर और पणि - ४६, ५४
पुराज्योतिष - २८
पुराण - ८९
पुराणवेद - ४२०
पुरीतत् - ४९२, ४९३
पुरीषचितयः - ४१७, ४१८
पुरीष और करीष - २६३
पुरु - २०१, २७५, २७६
पुरुकुत्स या पुरुकुत्स दौर्गह - ८८, ४२०
पुरुचीः २१२
पुरुजन - २७६
पुरुद्रप्साः - ८३
पुरुदंससा - ११६
पुरुभुजा - - ११६
पुरुरवा - २७५
पुरुष - ६३, ६४, ६६, ८२, १०१, २३१, २३२, २३३, २३४, २३६, २३७, २४६, २६९, ३०६, ३०८, ३१६, ३२१, ३५२, ३५९, ३६७, ३८०, ३८३, ३८६, ३८९, ३९०, ३९७, ४०१, ४०२, ४०५, ४१०, ४१२, ४१४, ४१५, ४२१, ४२२, ४२३, ४५२, ४६०, ४५६, ४६१, ४६४, ४६७, ४६८, ४७४, ४७९, ४८७, ४९१, ४९२, ४९३, ४९५, ४९७, ५००, ५०१, ५०२, ५०४, ५०५, ५०६, ५०७, ५०८
पुरुषबलि - ४१५
पुरुषमेध - ३२१, ३३५, ४२१
पुरुषयज्ञ - २३१
पुरुषवाक् - ४७५
पुरुषविद्ध - ४६७
पुरुषविद्या - ६५
पुरुष विज्ञान - ६९
पुरुषसूक्त - २३१, २३२, २७०, ४१०, ४२२, ४२३
पुरुषसंमित - ३५१
पुरुष-हिंसा - ४२३
पुरोडाश - ९१, ९२, ९३, ९४, १६७, १६८, ३४५, ३४९, ३५०, ३५२, ३६०, ३६१, ३६२, ३८०, ३९०, ३९५, ३९९, ४०४
पुरोडाशपात्री - ९२
पुरोनुवाक्या - ४९६, ४९७
पुरोहित - ५०, ७९, ५६, ५७, ८२, ८६, ८७, ८८, ९१, १००, १०१, १०९, १६६, १९८, २२३, २२४, २६९, २७०, २७६, २८०, २८१, ३३६, ३४८, ३५५, ३७३, ३९३, ३९४, ४०३, ४०५, ४०९, ४२३, ४९८

पुलिन्द - २६१, ३२९
पुष्करपर्ण - ४१४, ४१६
पुष्करिणी - ५०५
पुष्यमित्र - ४१९
पुष्टिम्भर - ८५
पुत्र और पशु - ४४१
पुंगव (वंसगः) - १२६
पुंसवन - २८३
पूर्ण अप्रवर्ति - ४९१
पूर्णपात्र - ३६७
पूर्णमासी - ३७३
पूर्णिमा - ३४१, ३६०, ३६१, ३६२, ३७५, ५२५
पूतदक्षम् - ११४
पूर्भित् - ८१
पूर्वपक्ष - ४९६
पूषा - ३५, ५२, ६३, १४३, १४४, १८४, १८५, १९३, २१५, २२५, २२७, २२८, २८८, ३४४, ३६१, ३६२, ३६७, ३७४, ३९१, ३९५, ४०४, ४३३, ४९०
पेदु - १९०
पेशस्कारी - २६६
पेशिता - २६६
पेषण और उपधान - ३४९
पैजवन - २७६
पैप्पलाद संहिता - ५
पैलिनेशियायी - ३४
पैष्टचरु - ९२
पोता - ३८७, ३९१, ३९६, ४१९
पौर्णमासी - ९१
पौर-जीवन - २६९
पौरुषमेधिक - ४२२
पौरोहित्य - ५३, ५६, ८१, ८९, १०१, २७२
पौरोहित्य और राजत्व - ५६, १०१
पौल्कस - २७१, ५०६
पौलुषि सत्ययज्ञ - ४७६, ४७७
पौष्र्ण - ४०८
पौष्टिक - २८१
पौष्टिककर्म - २८३
पृथ्वी - ६६, ६७, ७६, ७७, ७८, ७९, ८३, ८५, ९१, १५३, १५६, १५८, १६०, १६४, १६७, १७५, १८२, १८३, १८७, १९८, २०१, २०९, २१२, २२१, २२२, २२३, २६२, २६४, २६९, २८५, २८७, २९३, २९४, २९५, ३०४, ३०५, ३०७, ३४३, ३४४, ३४७, ३५०, ३५३, ३५८, ३६४, ३६७, ३६९, ३७०, ३७९, ३८०, ३८२, ३८९, ३९४, ४०२, ४०४, ४१२, ४१३, ४१४, ४१५, ४२१, ४२५, ४३८, ४५४, ४५६, ४५८, ४६०, ४५९, ४६०, ४६३, ४६६, ४७१, ४७४, ४७५, ४७७, ४८३, ४८४, ४८९, ४९०, ५०१, ५२५, ४९३, ४९५, ४९७, ४९८, ५००, ५२८
पृथ्वीमय - ५०७
पृथ्वी स्थानीय - ७६, ७७
पृथीवैन्य - ४०५
पृथु - ३१०
पृथुबुध्न - ३४७
पृथु श्रवाय्याम् - ३५७
पृथुवैन्य - २६३
पृश्नि या पृश्निमातरः - ८३, १४०, १४१, १४४, २९५, २९६
पृश्निपर्णी - २९९
पृश्निवशा - ४०१
पृष्ठ्यषडह - २६५
पृष्ठ -स्तोत्र - ३२४
पृषण्वान् इन्द्र - ९४
पृषतीः - १४१, ४०८
पृषदश्व - ८३
प्रउग - ३८३
प्रउग या रथचक्रचिति - ४१७
प्रउगशस्त्र - ११३, ३९६
प्रकाश - ५१६
प्रकाश और क्रिया - ४३९
प्रकाशवान् - ४७३
प्रकोष्ठ - ३२०
प्रकुश - ३२०
प्रकृति - ५१५, ५१८, ५२२
प्रकृति और प्रत्यय - ५२३
प्रकृति-विज्ञान -६९, ५२८
प्रक्रम और धृतिहोम - ४१८
प्रघात - ३८०
प्रच्छन्न बौद्ध - ४९५
प्रचरणी - ३९१
प्रजा - ३०१, ३११, ३३१
प्रजातन्तु - ४६६
प्रजापति - ५६, ६३, ८६, ९०, ९१, ९३, १००, २२९, २६४, २६८, २७२, ३०६, ३२१, ३१८, ३४१, ३५१, ३५८, ३६१, ३६२, ३६४, ३६७, ३७०, ३७१, ३७२, ३७४, ३७४, ३७५, ३९१, ३९२, ३९३, ३९५, ३९६, ४००, ४०१, ४०२, ४०५, ४१०, ४१२, ४१३, ४१४, ४१५, ४१६, ४१७, ४१८, ४२३, ४५४, ४५५, ४६४, ४६८, ४८७, ४८८, ४९०, ४९१, ५०१, ५०६, ५०९, ५१०

ग्रजापति-यज्ञ - ३५८, ३६४
ाजापतिलोक - ४९९, ५०६
ग्रणव - ४४६, ४६०
प्रणयन - ३४१, ३४२, ३८५
प्रणीता प्रणयन - ३४२
प्रणीता-पात्र - ३४२
प्रत्यगात्मा - ४४८
प्रत्यय चक्र की नाभि - ७२
प्रत्यक्ष और अनुमान - ५१४, ५१५
प्रत्यक्ष-अनुमान-आगम-४४२
प्रत्यक्षवादी या प्रत्यक्षवाद - ६५, ७२, ७४, ४२३
प्रत्याहार और समाधान - ४१४
प्रत्येनस - ५०७
प्रतिधि - २२४
प्रतिदर्श श्वैक्र - ३७३
प्रतिपद् - ३७७
प्रतिपदा - ३१९, ३६८, ३७३
प्रतिपत्ति-कर्म - ८९
प्रतिप्रस्थाता - ९३, ३७५, ३९२, ३९८
प्रतिबोध विदित - ४३७, ४३८
प्रतिमार्जन - ३५१
प्रतिमित् - २६८, ३२०
प्रतिरूप - ३८१
प्रतिष्ठा - ५०३
प्रतिष्ठासंज्ञक - ४७७
प्रतिहार - ३७८, ३९६
प्रतिहर्ता - ३९५
प्रथा - ९१
प्रधानयाग - ९१
प्रपण-विक्रय-प्रतिपण - ३०२
प्रपाठक - ३२९, ३३०, ३३४
प्रपृश्नती - ११३
प्रमेहण - ५२७
प्रयाज - ९३, ३५२, ३५८, ३५९, ३७५, ३७६, ३८९, ३९०
प्रयाण - ५०१, ५१०
प्रयुज - ४०७
प्रयोगविधि - ३३३
प्रवर्ग्य - ९४, ३७८, ३८४, ३८५, ५२४
प्रवर्ग्यमन्त्र - ३२३
प्रवचन - ४६१
प्रवृत्ति-लक्षण - ४३३
प्रवर्तनीय पुरुष - ३३३
प्रवर - ३५८
प्रवाहण जैविली - ४३०, ४७४, ५१२
प्रव्राजक - ५०८
प्रवृह्य - ४४५
प्रश्नी - २६६
प्रश्नविवाक - २६६
प्रश्नोपनिषद् - ४००, ४३०, ४५४, ४५८
प्रशास्ता - ३८७
प्रस्तर-शिल्प - ४९
प्रस्ताव - ३७८, ३९६
प्रस्तोता - ३९५
प्रस्थानत्रयी- ५१२
प्रसर्पण - ३९५
प्रहर्षण सोम - १२९
प्रहर्षण स्तोत्र - २३५
प्रज्ञा - ५०३
प्रज्ञान या संज्ञा - ४४६, ४६४, ४६५, ४९५
प्राकार और द्वार - २६८
प्राकार और परिखा - २६७
प्राकृत - ३७, ४०
प्राकृतिक पिण्ड - ५१८
प्राकृतिक बहुदेववाद - ६४, ७३
प्राग्वंशशाला या विमित - ३७७, ३७९, ४१८
प्रागैतिहासिक काल - ४१०, ५२७
प्राचेतस सृष्टि - १५२
प्राची- ५०१,
प्राजापत्य - ५०७
प्राजापत्य अज - ४१५
प्रातरनुवाक् - ९४, १०९, ११६, ३९१
प्रात:सवन - ७७, ९४, ११३, ३२५, ३७८, ३९२, ३९५, ३९६, ३९७, ३९८
प्रातर्यावा देवता - ३९१
प्रातिशाख्य - ५१९, ५२०, ५२२
प्राण - ८३, ९५, १०९, १३८, १५१, १५२, १५६, १५७, १५८, २०४, २०९, २१५, २३४, २८१, ३१२, ३१४, ३२०, ३४३, ३४५, ३५०, ३५४, ३५७, ३५९, ३७०, ३७१, ३७०, ३७२, ३७४, ३८४, ३८९, ३९०, ३९१, ३९२, ३९३, ३९५, ३९८, ४००, ४०३, ४०८, ४१०, ४१२, ४१३, ४१४, ४१७, ४१८, ४२४, ४३३, ४३५, ४३६, ४३९, ४५०, ४५४, ४५५, ४५६, ४५७, ४५८, ४५९, ४६०, ४६३, ४६७, ४६८, ४६९, ४७१, ४७२, ४७३, ४७४, ४७५, ४७७, ४७९, ४८०, ४८१, ४८३, ४८४, ४८८, ४८९, ४९०, ४९१, ४९२, ४९३, ४९५, ४९६, ४९७, ४९८, ४९९, ५००, ५०१, ५०२, ५०३, ५०४, ५०७, ५०८, ५११
प्राण का संमार्जन - ३५२
प्राणक्रिया - ४२४
प्राणभृत् - ४१६

प्राणमय - ४६७, ४६८, ५०७
प्राणवान् - २९४
प्राणशक्ति - ४५८
प्राशित्र-अवदान-विधि - ३६४
प्राशित्रहरण - ९२, ३५२
प्राणशंसित - ४७१
प्राणसृष्टि - ४२५
प्राणाग्नि - ४४३, ४५६
प्राणाग्निहोत्र - ३७१
प्राणायाम-स्मृति (आनापानसति) - ३७१
प्राणिक ऊर्जा - ३०९
प्राणिविज्ञान - ५१५
प्राणोत्सर्ग - ४५३
प्राणोपनिषद् - ४५८
प्राणोपासना - ४३५
प्रायणीय - ३८२,
प्रायणीय इष्टि - ९४, ३७८, ३८२,
प्रायश्चित - २८५, ३००, ३४७, ३७८, ३८४, ३९५, ४०८
प्रार्थना - ८९, १०७, ११७, १२५, १४३, १६३, १८८, १९०, १९६, २२६, २६३, २८२, २८४, २८९, २९४, ३०२, ३११, ३१२, ३१४, ३१५, ३१६, ३१८, ३१९, ३२०, ३२३, ३२६, ३२७, ३२८, ३८८, ४३३
प्रावार - ५३
प्राज्ञ - १५१, ४६२
प्राज्ञ-आत्मा - ५०६
प्रियंगु या कंगनी - ९१, २६३, २६४
प्रेत - ४८७
प्रेयस् - २७४
प्रेर्य पुरुष - ३३२
प्रोटोआस्ट्रेलॉयड - १३, ३५
प्रोक्षण - ३४६, ३५३
प्रोक्षणी - ३४५
फर्ग्युसन - १७
फल्गुनी - २२५, ३३०, ३७०
फलीकरणपात्र - ९२
फादर श्मित् - ७७
फारसी - २८१
फाल्गुनीपूर्णिमा - ९२, ४१५
फाल्गुनी शुक्ला प्रतिपदा - ९२
फाल और सीता - ४८, ५१, ५२
फिजी - ३४
फिलीपाइन - ३४
फ्रित्सश्ताल - ४१०
फिनो-उग्रियन - ३४
फिनिशन - ५४
फॉरमूसा - ३४,
फुले - २७५
फेन - ४१२, ४१४
फेरुम - ४८
फोनेटिक्स - ५१९
बकरा - ९३
बकरी - २३३
बर्कुवार्ष्ण या बकुर्वार्ष्ण - ३४१, ५०३
बंगाली - ३५
बछड़ा - १५२, १५३, १५७, ३६३, ३७३, ५०३
बढ़ई - ५०
बंदर - २७२
बनिया - ५०
बभ्रु - ३८२
बर्मी - ३४
बरात - २२५,२२६, २२८, २२९
बरो - ४०
बल्बज - ४७
बल- ४८३, ४८४
बलि - ८६, ८९, ९१, ९३, २२५, २८५, ३०१, ३२८, ३४८, ३५०, ३५३, ३७७, ३८२, ३८५, ३९०, ३९१, ३९५, ३९९, ४०१, ४०८, ४१०, ४१४, ४१५, ४२१, ४७७
बलिदान और जादुई अनुष्ठान - ८९, ९०
बलिहृत: २५३,
बलिहरण - ३६१, ४२२
बलीवर्द - ३०७
बलूचिस्तान - ३९
ब्लूमफील्ड - ७७
बस्ति - ४७७, २२५, २८५, ३०१, ३२८
बसु - ३६२, ३६६
बसूला - २३६
बहिर्मुख चैतन्य - ४६२
बहिर्याग - १०१, ३३४, ३३६
बर्हि - १४१, २०३, २०७, २३३, ३५४, ३५५, ३६५, ३७२, ३७५, ३८६
बर्हिषद् पितर - ३७६
बहिष्पवमान - ३२४, ३२५, ३२७
बहिष्पवमान स्तोत्र - ९५, ३९३, ३९४, ३९५, ३९६, ३९९
बहुमूत्र - २८३
बहुलसंज्ञक - ४७७
ब्रह्म - ४६, ६४, ६६, ६९, ७०, ७१, ७२, ७६, ८१, ११०, १५१, १६७, १८७, १८८, २५८, २७०, २८४, ३०४, ३०५, ३०९, ३१०, ३११,

३१२, ३१८, ३२१, ३२२, ३२८, ३५२, ३८१, ३९४, ४१२, ४२१, ४६६, ४६७, ४६८, ४६९, ४७१, ४७३, ४७४, ४७६, ४८८, ४९१, ४९२, ४९३, ५०१, ५०३, ५०३, ५०४, ५०८, ५०९, ५१०, ५११, ८९, ९६, ४३५, ४३६, ४३७, ४३८, ४३९, ४४०, ४४२, ४४७, ४४८, ४५०, ४५३, ४५७, ४५९, ४६०, ४६१, ४६४, ४८२, ४८५, ४८६, ४८९, ४९०
ब्रह्म और क्षत्र – ५६, ८१, २७७, ४४६, ४५५
ब्रह्मकर्म – ३१३
ब्रह्मगवी – ३१३
ब्रह्मचर्य– ४८६
ब्रह्मचर्य और तप – ४७२, ४७३, ४७८, ५१२, ५२८
ब्रह्मचर्यवास – ३३१
ब्रह्मचारी – ९७, ९९, २७४, ३८७, ४४६, ४५४, ४५७, ४६०, ४७०, ४७३, ४८७, ४८८
ब्रह्मजाया – ३१३
ब्रह्मजिज्ञासा – २७७, ४५४
ब्रह्मणस्पति – ८७, २१९, २५३, २९४
ब्रह्मनिष्ठ – ४५५, ४६१, ४९६
ब्रह्मपथ – ४७४
ब्रह्मप्रसूतवाक् – ४०६
ब्रह्मपुर – ४६०, ४८५
ब्रह्मात्मैक्यवितान – ९५
ब्रह्ममीमांसा – २५९
ब्रह्मोपासना – ४४०
ब्रह्मभाव – ४५३
ब्रह्मयज्ञ – ९०
ब्रह्मयोनि – ४७६
ब्रह्मराक्षस – २८३
ब्रह्मलोक – ४४६, ४५६, ४५१, ४५४, ४५७, ४६१, ४७५, ४८८, ४९९, ५०६, ५०७, ५०९
ब्रह्मवर्चस् – ४७७
ब्रह्मवाद – ११०, २६२
ब्रह्मवादिनी – २७२
ब्रह्मविकारभूत – ४३९
ब्रह्मविद् – ३२१
ब्रह्मविद्या– १८, ७२, २८४, ३११, ३३५, ४२९, ४३९, ४४०, ४६०, ४६१, ४८१, ४९५, ५१२, ५१६
ब्रह्मवेत्ता – ४९६, ५०८
ब्रह्मवेद – २८०, २८१
ब्रह्मशक्ति – १०९
ब्रह्मर्षिदेश – २५९, २६०
ब्रह्मसमाज – ४३०
ब्रह्मसम्प्रदाय – ५२२
ब्रह्मसंसद – ४४८
ब्रह्मसूत्र – ४२९, ५१२
ब्रह्महत्या – ४२०
ब्रह्मक्षत्रात्मक – ८६
ब्रह्मज्ञानी – ४७३, ४७४, ४९६
ब्रह्मा – ९२, १३२, १५९, २१८, २६९, २८१, ३०९, ३२९, ३७७, ३९५, ४०१, ४०६, ४१९, ४२१, ४२२, ४५९, ४६८, ४९७, ५२२, ५२७
ब्रह्माण्ड – ८४, १५२, ३१०, ५१५
ब्रह्माण्डदर्शन – २५९
ब्रह्मोद्य – ४१९, ४२१
ब्रह्मानन्द – ८२, ४६८
ब्रह्मानन्द वल्ली – ४६६
ब्रह्माभिन्न ज्ञानी – ५०८
ब्रह्मावर्त – २५९
ब्राह्मण भाग – ७०
ब्राह्मण और श्रमण – ७७
ब्राह्मणाच्छंसी – ३८२, ३८६, ३९६
ब्राह्मीभाषा – २६०
ब्राहुई – २१
ब्रह्मौदन – ३०९, ३२१, ३३०
ब्रह्मौदनपाक – ४१८
बृहच्छ्रवाः – ३५७
बृहत्तर भारत – १७
बृहती – ३६२, ४१६, ३९७
बृहतीधनु – २९२
बृहदारण्यक उपनिषद् – २६, २६१
बृहदारण्यक – ४३०
बृहद्देवता – ६३, ७९, १९१
बृहस्पति – ५७, ८१, ८२, ८७, १४४, २१७, २४६, २५३, ३०५, ३०६, ३६४, ३८४, ३९१, ३९३, ४००, ४०३, ४०४, ४०७, ४६८, ५२२
बृहस्पति आंगिरस – ३५२
बाउमगार्तन – १०८
बांटू – ३४
बॉथलिंक – ६५, १०८
बादरायण – ४२९, ५१२
बादरि – २७१
बादल – ४७५, ४७६
बाबुली या बाबुली पद्धति – ३४, ४८, ४९, २५९
बाल्टोस्लाविक – ३५, ३७
बाल्टोस्लावी – ४८
बालग्रह – २८३,
बालासुब्रह्मण्यम – ४३०
बाली – ३४
बार्हस्पत्य चरु – ४०७
बिल्व – ४७

बीच अथवा एल्म – १५, ३८
बीजगणितीय समीकरण – ५२६
बुद्ध – ९, २२, २६, ७८, ४३०, ३७०
बुनकर – २१८
बेणु –२८७
बेबीलोनिया – २५
बैकुण्ठ – ४९१
बैखरी – ५१९
बैल – ३८०, ३८२, ३८३
बैलगाड़ी – ५४, ४८८
बोगाज़कुई – १४, २२, २३, ४०, १८७
बौद्ध – ४३६
बौद्ध आगम – ३३०, ४३०
बौद्ध ग्रंथ – ४४५
बौद्ध और जैन धर्म – २६०
बौधायन – २६०, ५२५
बौद्ध दर्शन – ४९५, ४९८
बौम – ५१५
बाह्लीक – ३६४
भक्तियोग – ८२
भक्तिसिद्धान्त – १३९
भग – १४३, २२६, २२८, २५०, ३६४
भगवद्गीता – २६१, २३१, ५१२
भरत – ५४, २७६, ४२१
भरतजन – ४०६
भरत दौष्यन्ति – ४२०, ४२१
भरद्वाज – ५५, ३३०, ३३१, ५२२, ५२७
भलानस – २७६
भस्त्र या भस्त्रा – २६५, ३४३
भाग – ५७
भागधेय – २०९
भागदुघ् – ५७, ४०४
भागवतचित्त – ४६०
भागहरण – ५२५
भार्गव – ५५
भार्गव वैदर्भि – ४५४
भारद्वाज – ८८
भारद्वाज गोत्र – ५०३
भारद्वाज सत्यवह– ४५९
भाल्लवेय या भाल्लवेय इन्द्रद्युम्न – ३६४, ४७६, ४७७
भ्रातृलोक – ४८५
भिक्षु या यति – ४७०
भिक्षु–वृत्ति– ४६०
भीमसेन – ४२०
भुज्यु या भुज्युलाह्यायिनी – ४६, ८५, ४९८, ४९९
भुरिज् – २६५
भुवनपतिसूक्त – २९७
भूकम्प – २८३
भूर्ज – ३८
भूत–प्रेत–पिशाच – २८३
भूतयज्ञ – ९०
भूतविद्या– ४८१
भूतवित् – ५००
भूतसृष्टि – ४२५
भूमा – ३४३, ३४५, ४८३
भूमि – ५११
भूमिसूक्त – ३२२
भूर्यक्ष – ८६
भूरिकर्मा – १३३
भूरिमूल – ४७
भूरिशृंग – ८७, १४८
भेड़ – २३३
भेड़िया – ३०६, ४०८
भेल – ५२७
भेषज – १६९, १७०, १७१, १९३, २९३
भैरव स्वर – ३१७
भैषज्य – २८३, २८५, ३१४, ५२७
भैषज्यवेद – २८०, २८१, २८६
भैषज्यविद्या – २८२
भोज – २७६
भोजक – २५०
भौतिवादी दार्शनिक – ५१५
भौतिक पिण्ड– ४८१
भौतिक विज्ञान – ६९, ७१, ५१७, ५३०
भृगु – ८८, २०३, २८१, ३५०, ४६८, ४६९
भृग्वंगिरस या भृगुअंगिरस – २८०, ३१४
भृगुवल्ली – ४६६, ४६८
मख – १२४
मगध – २६१,
मंगल – २८५
मंगोल – १५, ३४
मंगोलिद् – १३, ३५
मन्थी – ३९२, ३९३, ३९५, ३९७
मघवन् – ८१, २१५, ४८८
मघा – २२५
मौञ्जीबन्धन – ३५२
मणिकार – २६६
मत्तिवाज – २३, ४०
मदन्तीपात्र – ९२
मध्यमा और बैखरी – ३१८
मध्यमलोक – ११३

मधु या शहद - ५३
मधु और माधव - ३९६
मधुकशा - ३२०
मधुकाण्ड - ४९५
मधुग्रह - ४०१, ४०२
मधुच्छन्दा या मधुच्छन्दस् - ११३, ११६, ३२९
मधुच्छन्दा वैश्वामित्र या मधुच्छन्दस् वैश्वमित्र - १०, १३२
मधुपर्क - २२५, २८३
मधुब्राह्मण - ३९४
मधुविद्या - २९५, ४७१, ४९६
मधुस्त्रावीकोष - ३२६
मधुसूदन ओझा - ७, ७०, ४२५, ५१६, ५१७
मर्त्य-अमृत - ४९३
मर्त्यचिति - ४१८
मर्त्यलोक - ४४३, ४५९
मत्स्य - २५९, २७६, ३६४
मन्त्र - ३३३, ४८४
मंत्रगायक - ८७
मद्यपायी - ४७६
मन्द्र स्वर - ५२०
मन्त्रपाठ- ४८२
मन्त्रपाठक - १२५
मन्त्रवित्- ४८१
मन या मनस् - ९५, ४८९, ४९०, ४८१, ५०७, ५०८, ५१७, २१६, २२, २२४, २३४, २३५, २४७, ३१२, ३१८, ३२२, ३३१, ३३२, ३५७, ३५८, ३६४, ३७०, ३९०, ३९८, ४०१, ४१७, ४५४, ४५५, ४५८, ४६०, ४७२, ४७३, ४८२, ४८४, ४८८, ४९२, ४९६, ४९७, ४९८, ५००, ५०१, ५०२, ५०४
मनोजव - ३१६, ३७२
मनोमय - ४६०, ४६७, ४६८, ४७१, ५०७, ५१०
मनोमात्रसत्ता - ४६२
मनोवाक् - ४९०
मनोविज्ञान - ५१८
मनोवैज्ञानिक - १०१, ४९२
मनु - २२५, २५९, २६०, ३४८, ३६४, ३६५, ४८९
मनु वैवस्वत - २७६, ४१९
मनु-शतरूपा - १५५
मनुष्ययज्ञ - ९०
मनुष्यलोक - ४९७
मयूख - २६५
मयोभू - ३६६
मर - ४६३
मराठी - ३५
मरीचि - ३३०, ४६३, ४०५
मरुत् - ८२, ८३, ८४, ९२, १६९, १७०, ३००, ३१४, ३१६, ३७८, ३८४, ३९१, ३९७, ४०१, ४०४, ४२२, ४९०
मरुत्त आविक्षित - ४२०
मरुत्वत् - ८१
मरुत्वतीय ग्रह - ३९२, ३९७
मरुत्वतीयशस्त्र - ३९६
मरुत्तस् - ४१
मरुद्गण - ८३, १२४, १३२, १४०, १४१, १४२, १६०, १७१, १८२, ३१७, ३७४, ३७६
मशक - १४१, १८३
मस्तिष्क - ४५५, ४५८
मलय - ३४
मलैपौलोनेशियायी - ३४
महद्गण - ४०४
महद्ब्रह्म - २९४
महती - ४०८
मसूर - २६३, २६४
महाजन - १००
महाजनपद काल - ३३७, ४३०
महाधन- १२५
महादेव - ४१४
महान्देव - ८३
महापद्मनन्द - २५८
महापथ- ४८६
महाभिषव - ३९२, ३९७
महाभारत - ४२५
महाभाष्य - ३३७
महामत्स्य - ५०६
महारानी - ४०३
महाव्रत - १२५, १२७
महाव्रत अतिरात्र - ४२०
महावेदि - ९४, ३७७, ३८५
महावेदिकरण - ३७८
महावीर - ९४, ३७८
महाशाल - ४७६, ४७८
महाशाल शौनक - ४५९
महाश्रोत्रिय - ४७६, ४७८
महासाम - १९४
महाहवि - ९३, ३७६
महिदास ऐतरेय - ३२७, ४७१
महिमा - ४८३, ४८४
महिषी - १६०, ४०३
महीमाता - ७७
मक्षिका - ३८

मार्गशीर्ष - ३७४, ३७५
माघ - २५८
मार्जालीय - ३८६, ३८७
माण्डूक्योपनिषद् - ४६२
माण्डूकीशिक्षा - ५२०
मातरिश्वा - ८८, १६१, २३०, ४३२, ४३७
मातली कव्यभाक् - २०३
माता-पिता-आचार्य - ४४२
मार्तण्ड या मार्ताण्ड - ८६, २२०, ३८०
मातृलोक- ४८५
माध्यन्दिन - ३९२
माध्यन्दिनशाखा - ५, ३३४, ३३५
माध्यन्दिनपवमान - ३२४, ३९३, ३९६, ३९७
माध्यन्दिनसवन - ९५, ३७८, ३९२, ३९३, ३९६, ३९७, ३९८, ४०१, ४०५
मानसकर्म- ४८२
मानसूनी हवा - ८३
मानसिक विकल्प- ४८२
मानसिक संकल्प - ४५५
मानविकी - ५१८
मानव-आवर्त- ४७४
मानव पिण्ड - ५१८
मानवसत्ता - ५१८
मानवी - ३४८
मानुषवित्त - ४९०
मानुषीवाक् - ३४८
माया - १८१, १४९
मायावेद - ४२०
मार्या गिम्बुतास - ३८
मायरहौफर - ६५
मारकण्डेय - ३७१
मारुत - ५२०
मारुती आमिक्षा - ३७५
मारुती पयस्या - ३७५
माला कर्ममयी - ४४२
माला रत्नमयी - ४४२
मालाशब्दमयी - ४४२
मार्शल - १७, २१, २३, २४
माष या उड़द - २६३, २६४, ४७६
मासिक श्राद्ध - ९०, ९१
मांस-भोजन - ५३
महेन्द्र - ९३, ३६३
माहेन्द्र ग्रह - ३९७
माहेन्द्र चरु - ३७६
माहेश्वर - ५२२
मितन्नी - २३, ४०, ४१
मिथ - ७१, ७४, ८९
मिथकविज्ञान - १०८
मिश्र - १८७
मिथिकल - १०
मिनोआयी संस्कृति - ४१
मिस्र - ८, २७०, २७५, २७७
मित्र - ८२, ८४, ८५, ८६, १००, ११३, ११४, ११५, १२५, १३४, १६१, १७५, १७६, १८७, १८८, १८९, २२५, २३५, २६९, २८८, ३५१, ३६५, ३९३, ३९४, ३९५, ४०३, ४०४, ४०५
मित्र और वरुण - ५६, ६३, ६७, ७५
मित्रविन्देष्टि - ३३५
मित्रावरुण या मित्रवरुण - १०, २३, ४०, ८६, ८७, ९४, १३६, १८१, १८७, १८८, १८९, १९३, २२५, २४७
मित्रातिथि - २१५
मीमांसक - ३३३, ३३४, ३३७, ३४६, ४२५
मीमांसक गण- ३३२
मीमांसक परम्परा - ६९
मीमांसा - ७, ४६८, ४७६, ५१२
मीमांसा दर्शन - ३३४
मीमांसात्मक तर्कशास्त्र - ५१६,
मीमांसाशास्त्र - ६५, ३३७, ४२३, ५२१, ५२२
मीमांसासूत्र - ३३२, ४०९, ५२२
मुखिया - ५०
मुंज - ४७
मुंडा - ३४
मुंडिकाक - ३९
मुण्डक - ४३०, ४५९, ४६२, ४७०
मु० या मुण्डकोपनिषद् - १८७, ४५९
मुद्ग या मूंग - २६३,२६४
मुष्टियुद्ध - १२७
मुस्गोकियन - ३३
मुसल - ९२, ३४२, ३४७, ४१४, ४१६
मुहूर्त - ५०१
मूर्छना - ३७८
मूजवन्त - १५, २२, ८७
मूजवान् या मौजवत - ४४
मूतिब - २६१, ३२९
मूर्त-अमूर्त - ४९३
मूर्धा - ४६४, ४७७, ४८६, ५००
मूर्धास्थानीय - ४९१
मूषोत्किर - ३६८
मेखला - ९४
मेखला-बन्धन - ३८१
मेगास्थनीज - २६७

मेरु - प्रस्तार - ५२४
मेष और मेषी - ३७५
मेसोपोटामिया - ७, ८
मेहरगढ़ - ३९
मेक्षण - ९२
मैक्समूलर - १२,२२, २३, २५८,
मैक० या मैक्डॉनेल - ६३, ६५, ७६, १११, १७८, १९१, १९२, १९६
मैट्रिक्स - ५१९
मैत्रचरु - ४०८
मैत्रावरुणी पयस्या - ३७३, ४०६, ४०७
मैत्रावरुण - ९३, ३८७, ३९३, ३९४, ३९६, ३९९
मैत्रावरुण पशु - ९५
मैत्रायणी - ५
मैत्रेयी - ४९३, ४९४, ४९५
मैत्रेयी ब्राह्मण - ४९५
मोतीलाल शास्त्री - ७, २८, ७०, ४२५
मोह - ४९४
मोहन - २८२
मोहनजोदड़ो - २१, २४, ८३
मोक्ष - ३३२
मौर्य-शुङ्गकाल- ५२८
मौन-खमेर - ३४
मृगयु - २६६,
मृगशीर्ष - ३७०
मृगश्रृंग - ३७८
मृगो न भीमः - १४६
मृत्यु - ८२, ४९२, ४९६, ४९७, ४९९, ५०३
मृत्तिका - ४१४
मृद्काण्ड - ४१०
यज - ३५८
यजन - १९८, १९९, २२१, २७६, ३३२
यजमान - ९१, ९४, ९८, ११२, ११३, १३१, १७३, २२१, २७५, २८०, ३४०, ३४१, ३४३, ३४४, ३५२, ३५५, ३६६, ३६७, ३६८, ३७४, ३७५, ३७८, ३७९, ३८०, ३८१, ३८२, ३८४, ३८६, ३८७, ३८९, ३९०, ३९१, ३९२, ३९५, ३९९, ४०१, ४०२, ४०३, ४०४, ४०५, ४०६, ४०७, ४१८, ४१९, ४२०, ४२१, ४५६, ४५०, ४९६, ५०१
यजुर्मन्त्र - ३८०
यजुर्वेद - ७०, ४५९, ४८१, ४९०, ४९४
यजुर्वेदसंहिता - २५७, २८४, २८५, ३२३
यजुर्वेदीय कर्मकाण्ड - ३२९
यजुष् - २३३, २८१, २८४, ३४३, ३४६, ३४७, ३७९, ३८३, ४०९, ४५५, ४५७, ५११
यजुष्शस्त्र - ३९९
यजुष्मती - ४१०, ४१४, ४१६
यजूंषि - २८०
यति - २२०, २७५, २७७
यथाकामवध्य - २७१
यदु - ५४, २७५, २७६
यम - ८१, ८२, १६१, २०३, २०४, २०५, २०७, २१२, २१४, २४८, २४९, २५१, ३१७, ३३१, ४३३, ४४१, ४४२, ४४५, ४५०, ४९०, ५०२
यमजदेवता - ८५
यमलोक - १३७
यमुना - १५, २२, ४२, ४३, ४४, ४५
यमी - ८१
ययाति - २७५, २७६
यव - १५, ३८, ८३, २६३, २६४, ३२०, ३६४, ३७३, ३७५, ३८१, ४१४, ४६०, ४७१, ४७६, ५१०
यव-चरु - ४०४
यव या जौ - ९१, ९२, ९३,
यवागू - ५२, ९१, ३६३, ३७०
यहूदी - ८
यक्ष्म-विबर्हण - ३००
यक्ष्मनाशन - २८९, ३०२
यक्ष - ३२१, ४३८, ४३९, ४४०
यक्ष-राक्षस - २८३
यक्षु - २७६,
यज्ञ - १०९, १११, ११४, ११८, १२०, १४९, १५१, १५४, १५९, १७४, १८०, १८८, १९८, २००, २०१, २०४, २०६, २०८, २१०, २१२, २१८, २२२, २३१, २३३, २३५, २३९, २४६, २४७, २५०, २५९, २६१, २६३, २७४, २८०, २८४, २९१, ३१२, ३१३, ३२०, ३२३, ३२४, ३२७, ३२८, ३३३, ३३४, ३३६, ३४०, ३४१, ३४२, ३४३, ३४६, ३४७, ३४८, ३४९, ३५०, ३५१, ३५२, ३५३, ३५५, ३५६, ३५७, ३५८, ३५९, ३६०, ३६१, ३६२, ३६३, ३६५, ३६६, ३६७, ३६९, ३७२, ३७३, ३९१, ३९४, ३९५, ३९७, ३९८, ३९९, ४००, ४०३, ४०७, ४०९, ४१०, ४२१, ४२२, ४२३, ४२४, ४२५, ४४७, ४५५, ४५६, ४५, ४६, ५२, ६३, ६४, ६६, ६७, ७६, ४६७, ३७७, ३७९, ३८१, ३८२, ३८५, ३८६, ३८८, ४७०, ४७१, ४७६, ४९६, ४९७, ५०१, ५०२, ५०८, ५१६, ५२१, ८६, ८७, ८८, ८९, ९०, ९२, ९५, ९६, ९७, १००, १०१
यज्ञकर्म - २३५, ३७०, ४१८
यज्ञकर्मी - १६७
यज्ञ-कुंड - ९१

यज्ञकेतुः - १८०
यज्ञचक्र - ४२४
यज्ञ-धर्म - ३३१, ३३२
यज्ञनिष्ठा - ९७
यज्ञ-पद्धति - २६०
यज्ञमन्मा - १८८
यज्ञविधान- १०९, ३३९, ४२३
यज्ञ-विधि - १११, - ३३७, ३४०, ८९, १०१
यज्ञविद्या - ३६०
यज्ञविज्ञान - १७८
यज्ञशाला - २९०, ३३९, ३३९, ३४१, ३७७, ३७८, ३९०, ४६, ४७०, ५२०, ५२६, ९१, ९२
यज्ञशालीय निर्माण - ५२५
यज्ञ साधना - ९५
यज्ञसाधक - ११६
यज्ञात्मक उपासना - ४२३
यज्ञात्मक कर्मकाण्ड - ४२६
यज्ञायज्ञिय - ३२७
यज्ञोत्सव - १२४
यज्ञोपवीत - ३७१
याकोबी - २८
याग-धर्म - ३३२
याज्या - ३६४, ३८५, ४९६, ४९७
याजक - ६६, १६५, ४०९
यातु और अभिचार - २८१
यातुधान - १३९, २८८
यायावरीय गण - ५४
यास्क - १९, ४५, ६५, ७५, ८५, १०८, १२६, १६५, २६८, २८१, ५२३
याज्ञवल्क्य - ३३५, ३३६, ३४१, ३५२, ३६७, ३७०, ३७२, ३७४, ३७९, ३८०, ४१०, ४८९, ४९३, ४९४, ४९५, ४९६, ४९७, ४९८, ४९९, ५००, ५०१, ५०२, ५०३, ५०४, ५०६
याज्ञवल्क्य शिक्षा - ५२०
याज्ञवल्क्य स्मृति - ९०
याज्ञिक अग्नि - ४५६
याज्ञिक विधान - ९७
युक्तिशास्त्र - ५१६
युग्म - अयुग्म संख्या - ५२५
युग - ५२५
युग या जुआ - २६३
युद्धविद्या - ५२८
युधिष्ठिर मीमांसक - ३७८, ४००
युवनाश्व - २७६
यूक्लिड - ५१८, ५२६
यू० एन० घोषाल - ३०१
यूथपति - १३०,१३२
यूनानी - ३५, ३६, ३७, ४१, ८५, ९५, २६७, ५२६
यूप - ९३, ९४, ३२९, ३५१, ३५९, ३८६, ३९५, ४००, ४०१, ४०२, ४१८, ४१९, ४२१
यूप एकादशिनी - ३९१
यूप-निर्माण - ३८८
यूपसनाथयज्ञ - १३२
योक्त्र - ९२, ३०४
योग - ४५२
योगक्षेम या योग और क्षेम - ११०, १९२
योगविधि - ४५३
योगतन्त्र - १०१, ५१७
योगभाष्य - ७२
योगी - ३२२, ४८५
योद्धा - १२०
योगेश चन्द्र राय - २५९
योगशास्त्र - ५१७
रघुवंश - १००, ११२, २६२
रजत - २६४,२६६
रजयित्री - २६६
रजःशया - ३८४
रज्जुसर्ज - २६६
रत्न हवि - ४०३, ४०४
रत्नि - २७१
रत्नि या रत्नियां - ५६, ५७
रथकार - २६६, २७१, २७२, ३०२
रथ-चक्र - ४०१, ५१०
रथधावी - ८३
रथन्तरसाम - १५७
रथनेमि - ४९५
रथ-शकट - २६२
रथिनीरिषः - १३०
रयि - १८०, २०७, ४५५, ४७७
रयि और प्राण - ४५४
रयि और पुष्टि - ११०,१४२
रयि संवर्द्धन- ३०३
रवीन्द्रनाथ ठाकुर - ४६, ४३०
रस - ४६७, ४९३, ४९७, ५०४
रसा - १५, २२, ४५
रसायन - ५२७
रसेल - ५२२
रहट - २६३
रहर - २३६
राका - ३१९

राज्याभिषेक - ३०६
राजकर्तारः - २८५
राजकृतः - ३०१
राजतंत्र - १०२
राजन्य - २३४, ३३०, ३६९, ४२१
राजयक्ष्म - २८५
राजसत्ता - १०१
राजसूय - २५३, ३२३, ३२९, ३३५, ४००, ४०२, ४०३, ४९०
राजसूय यज्ञ - ३७४
राजसूययाजी - ४०७, ४०८
राणायणीय - ५
रॉथ - ६५, १०८, १२४, १२५
राधः - १३०, १६७
राधाकृष्णन् - ५१२
राधोदेयाय - १७८
राममोहनराय - ४३०, ५१२
रामकृष्णगोपाल भण्डारकर - ४९८
रामतीर्थ - ५२४
रामा - २८५
रामानुजम् - ५२६
रायस्पोष -११०,१४२, ३०२
राये - १९२, १९५
रावी - २७६
राशि या गणित- ४८१
राष्ट्र - २५३, २६९, २७७, २८२, ३०१, ३०२, ३२२, ३३२, ३७३
राष्ट्रसभा - ३१८
राष्ट्री - ३०५, ३०८
रासभ - ४१२
राहु - ४३८
राहूगण - १४३
रेखागणित - ७१, २५९, ५२५, ५२६
रेतःसिच् - ४१६
रेभ - ८५, २६६
रेह - ४१२
रैक्व - ४७१२
रैक्वपर्ण - ४७२
रात्रि - ६३, ६६, ८५, ८६, १९९, २६५, २६९, २९३, ३०९, ३११, ३१८, ३२३, ३३०, ३३१, ३५८, ३७८, ३९१, ३९३, ४१५, ४१९, ४२२, ४७२, ४७६, ४९१
रांगा - ४०५
रिडक्शनिस्ट - ५१८
रिलीजन - ५२१
रीति और रुढ़ि - ५२१
रुक्म - ३८५, ४१६
रुक्मपुरुष - ४१४
रुडौल्फ ऑटो - ७४
रुद्र - २४, ५५, ६३, ७५, ७६, ८०, ८२, ८३, ८४, ११६, १४०, १४१, १६९, १७०, १७१, १९३, ३११, ३१२, ३१९, ३२१, ३२३, ३६३, ३६४, ३६६, ३८४, ३९८, ४०४, ४०६, ४१३, ४१४, ४९०, ५०१, ५२७
रुद्रवर्तनि - ८५, ११६
रुद्राष्टाध्यायी - २६३
रुद्राभिषेक - ३२३
रूस - २७२
रूप-त्रयी - ७७
रैभी - २२३
रोचिष्णु - ४९२
रोधचक्र - ३१०
रोहिणी -२८५, ३६९, ३८२
रोहिणी नक्षत्र - ३३०
रोहिणी वनस्पति - ३०७
रोहित - ३२२, ३२८, ३२९
रौहिण - १६७,
रौहिण कपाल - ३७८
रंहा - ४५
लज्जा - ४९०
लम्बर - ५१०
लक्ष्मी - २१७
लाट्यायन श्रौतसूत्र - ३७८
लार्ड कर्जन - १७
लांगल - २६३
लांगली या लगुड - ४८, ५१, ५२
लिङ्गत्व - ३३२
लिनियर बी - १४
लिथुआनियन - १५, ३८
लुडविग - ६५, १०८
लैटिन - २७५
लोक-परलोक - ४४४, ५००, ५०३, ५०५
लोकद्वारिसाम - ९५
लोकदेवता - ८३
लोकपाल - ४६३, ४६४
लोकम्पृणा - ४१६, ४२०, ४२१, ४२२, ४२६
लोकवित् - ५००
लोहा, लोह या लोहायस - ४९, ४०५, २६४, २६६, २७७, ४१२, ४७८
लोहित पिण्ड - ५०४
लौकिककर्म - ३३४
लौह उपकरण - २५८
व्यकलन - ५२५
वटवृक्ष - ४८०

वणिज् - १००, २६६, ३०२
वज्र - ४९, ७९, ८०, ८१, ११८, १२५, १२७, १४२, १६४, १९३, २६४, ३४१, ३४२, ३५१, ३६१, ३६२, ३८९, ४०६, ४०९
वज्रधर - १२६,१२७,१३३
वज्रपात - ४७५
वज्रबाहु - ८१, १६७, १६९
वज्री - ८१
वज्रोपम चित्त - ८२
वनस्पति - १४५
वंग - २६१
वंश - ८९
वंशनर्ती - २६६
वंशब्राहमण- २६, ४८९
वंशानुचरित - ८९
वंशीधर मिश्र - ३३५
वंक्षु - १५, १६, ३८, ४४,
वपन - २६३
वपन और स्नान - ९४
वपा - ९३
वपाश्रपणी - ३८८
वर्गमूल - ५२५
वर्ण - ८२, ९६
वर्ण अथवा जाति - २३१
वर्णव्यवस्था- २७०,२६१
वर्णाश्रम धर्म - २६०, ३३२
वर्म - २६४
वर्षा - ७८, ८०, ८३, ९१, ९३, १४२, १४९, १६१, १६२, २६२, २८९, ३०७, ३४९, ३५८, ३५९, ३६३, ३६९, ३७०, ३७३, ३८९, ३९६, ४०७, ४७६, ४७८
वर - ४४३, ५१२
वरणीशाला - २६८
वरत्रा - ५२
वराह - ३६९, ३७०
वराहविहत मृद या वराहोद्धत मृचिका - ३६८, ३७०
वराहावतार - ३६९, ३७०
वरुण - १०, ४०, ८२, ८४, ८५, ८६, ८८, १००, ११३, ११४, ११५, १४३, १४५, १६१, १८६, १८७, १८८, १८९, १९१, १९२, २०४, २२५, २२६, २५३, २६९, २८८, २९०, २९१, ३०७, ३०८, ३२८, ३२९, ३६५, ३७४, ३७५, ३७६, ३९१, ३९३, ३९४, ३९५, ३९९, ४०४, ४०५, ४०६, ४०७, ४१४, ४२०, ५०२
वरुण-पाश - ३७५
वरुणआदित्य - ४२०
वरुणप्रघास - ९२, ३७३, ३७४, ३७५
व्रज - १३३, १४२, २३६
व्रण - २८५, २८६
व्रत - ५०८
व्रत-ग्रहण - ३४२, ३६७
व्रतचर्या - ३७२, ४०८, ४५४
व्रतपति - ३४१
व्रतोपायन - ३५२
वस्राः - २३५
वसन्त या वसन्तऋतु - ७७, ३३०, ३५३, ३५८, ३५९, ३६९
वसतीवरी - ९४, ११६
वसिष्ठ - ५५, ५७, ८८, १९१, १९२, २०७, २७६
वसु - ४१३, ५०१, ५५, ७६, ८२, १३३, १५७, २५०, २८८, ३८४, ३९८, ४९०
वसुधारा - १००, २६२
वसुपति - १२१, २८६
वसुपूर्ण - १९०
वसुमान् - १९०
वषट्कार - २८८, ३९३, ५१०
वषट्कार रूपी वज्र - ३५३
वशिष्ठ यज्ञ - ३७३
वह्निभिः - १२४
वह्वीदतिया - १९
वाक् - १५२, १५४, १५६, १५८, १५९, १६०, १६१, २१४, २१७, २१८, २९५, २९६, ३०३, ३०४, ३०५, ३०८, ३१४, ३१८, ३२०, ३३१
वाक्यपदीय - ७
वाकरनागल - ६५
वाक्यात्मक रूप - ५२२
वाग्देवता - ३३१
वाच्य-वाचक अभेद - ४६२,
वाचक्रवी गार्गी - ४९९, ५००
वाचस्पति - २२१, २८६
वाकोवाक्य या तर्कविद्या- ४८१
वाज - ११८, १२०, १२२, १३३, १६८, ३२६, ३५४
वाजपेय - ९४, ३२३, ३३५, ३७६, ३९९, ४००, ४०१
वाजपेययाजी - ४०१
वाजयुः - १७२
वाजसनेयिब्राह्मणोपनिषद- ४८९
वाजसनेयिसंहिता - ४९, ८३, ३२३, ३२९, ३३५, ३७८, ४२५
वाजसनेयिसंहिता प्रातिशाख्य - ५१९

वाजसनेयी – २५८, २६२, २६५
वाजश्रवस् – ३३१, ४४१
वाजिनीवसू – ११४
वाजीकरण – २८६, ३०६, ५२७
वाणिज्य – ३०२
वाणी – १९०, २१५, २६४, २९५, ३१८, ३४७, ३४८, ४७५, ४८२, ५१२
वात – २५२, २८३, २८९, ३१२, ३१६, ३२१
वातरंहा – ३१६
वार्ता – ५१८
व्रात्य – २७७, ३२२
वानप्रस्थ – २७५, ४७०
वानस्पत्य इष्टका – ४१४
वामदेव – ८८, ४६४, ४८९
वामदेव गौतम – ५७
वामनी–भामनी – ४७४,
वायव्यपात्र – ३८८
वायव्य – ३९३
वायव्य अवि – ४१५
वायवीय अश्व – २००
वायु – ५०, ६३, ७५, ७६, ७७, ८०, ८१, ८२, ८३, ९३, ९५, ११३, ११४, ११५, १४०,१५१, १६०, २२३, २३४, २४१, २४४, २५०, ३१०, ३१९, ३२०, ३४९, ३५८, ३६३, ३७४, ३८०, ३८९, ३९३, ४०१, ४०३, ४१३, ४३२, ४३३, ४३७, ४३९, ४५१, ४५४, ४५६, ४६३, ४६४, ४६६, ४७२, ४७५, ४७६, ४७७, ४८२, ४८९, ४८८, ४९१, ४९३, ४९५, ४९६, ४९८, ४९९, ५००
वारुणी – ३०७
वारुणी आमिक्षा – ३७५
वारुणी पयस्या – ३७५
वारुणी विद्या – ४६९
वास्तव्य – ३६३
वास्तु–ब्रह्म – ५३
वासना – ४५८, ४८४
वासः – ५३, २६५
वासः पल्पूली – २६६
वासिष्ठ – ५५
वार्ष्ण – ३७९
वाशी – २३६, २६४, २६५
विकर्णी – ४१७, ४१८
विकारमात्र– ४८०
विकंकत या गूलर – २६३, ३९१
विट्गेन्स्टाइन – ५२२
विण्टरनिट्ज़ – २८१, ३२३
वित्तध – २६६
वितस्ता – २२
विदग्धशाकल्य– ५०१, ५०२, ५०४
विदथ – १४०, १५६, १६८, १७१, १७४, १९७, २२७
विदद्वसुम् – १२४
विदलकारी – २६६
विद्यते–वेत्ति–विन्दति – ७०
विद्यारंभ – ९७
विद्या–अविद्या =– ४४४
विद्युत् – २८९, २९०, २९७, ३२०, ४७४, ४७५, ७८, ८०, ८८, १७३, २०२, ४३९, ४७७, ४७८, ४८८, ४९१, ४९५, ५०१, ५१०
विदेघ माथव – ४४, २६०, ३५५
विदेह – २६०, २६८, ३५५, ५००, ५०४
विदेह राज्य – ५०९
वोल्गा – १६
वौर्तरबुख – १०८
विधि – ३३३, ४६०
विधुशेखर भट्टाचार्य – ४६२
विधृति – ३८८, ४६४
विधृती – ३५४
विन्ध्य – २६०
विन्सेण्ट स्मिथ – १७
विनशन – २६०
विनियोग – १०८, ११३, ११६, ११९, १२३, २८६, २८७, २९०, ३२१, ३८८
विनियोगविधि – ३३३,
विनोद चन्द्र पाण्डे – ४५३
विप्र – ३०५
विप्रजूतः – ११७
विप्रुड्ढोम – ३९५
विभाग–देवता – ७३
विभूति – ४५७
वियाशा – २२
विराषाट् – १३७
विरूप – ८८
विरुप अश्व – ४१९
विरुध् – २९५, २९८, ३११, ३१९
विराट् – ३२०, ४२१
विराट् पुरुष– ८४, ४६३, ५२१
विराट् छन्द – ३४२
विरोचन – ४८७
विरूप पुत्र – २०३
विल्सन – ६५
विलियम जोन्स – १२, १४, ३५
विलियम जेम्स – ७४
विलों (वेतस्) – ३८
विवस्वन्त या विवस्वान् – ८६, २०३, ३८०

विवाह – ९०, ९६,९७, ९८, २२६, २२७, २६१, २९०, ३२२, ३६६
विवाहसूक्त – ९८
विवेकानन्द – ५१२
विश्वकर्मा – ६३, ९३, ९९, २२१, २२२, ३००, ३७६, ४१४
विश्वकर्मा भौवन – ४२२
विश्वजित् – ४२२
विश्वजित् अतिरात्र – ४२०
विश्व–तैजस–प्राज्ञ – ८२
विश्वनाथ विद्यालंकार – ४१६
विश्वपुरुष – ८२
विश्वब्रह्माण्ड – ५१५
विश्वम्भरनाथ त्रिपाठी – ४१६
विश्वम्भरा – ३२२
विश्वमिन्व–अविश्वमिन्व – ७२
विश्वयोनि – ३०९
विश्वरूप – १३७, ३६०, ४७७
विश्वावसु या विश्वावसु–गन्धर्व – २२६, २९७, ३८२
विश्ववेदस् – ८५
विश्ववारा – ३२२
विश्वस्रष्टा – ४४८
विश्वसर्जनीशक्ति – २८५
विश्व सृष्टि – ४८०,
विश्वशंभुवा – १४९, १५०
विश्वशम्भु – २२१
विवस्वान् – ८१
विश्वामित्र – ५५, ८८, ११३, १७७, २६१, ३२९
विश्वेदेव – ८२, ९२, ११६, ११७, ३२९, ३८४, ३८७, ४९०
विश् – ५४, ८१, ८२, १५१, २७५, ४०४, ४१४, ४९०
विश्पला – ८५
विश्पति – १५१
विश् स्थानीय – ३७२
विशुद्ध सत्व – ४६१
विशुद्ध चित्त – ४६१
विशः – ९६, १३७, ३०१, ३५३, ३५४
विष्टुति – ३७७, ३७८
विष्णु – ६३, ७५, ८४, ८७, ९४, १४२, १४६, १४७, १४८, १५९, १९३, १९८, २०६, ३१४, ३२८, ३४३, ३५१, ३६७, ३७८, ३८०, ३८२, ३८३, ३८४, ३८६, ३८८, ४०७, ४०९, ४४७
विष्णु–क्रम – ४०६
विषनाशन – २८६
विषहरण – ५२७
विषाणिन् – २७६
विषासहि – ४९१
विषुवत् – २५८, २६८, ५२४
विषुवत् दिवस– ४०२
विषुवत् रेखा – ३६८
विसर्गात्मक क्रिया – ४२४
विसर्जन – ३४७, ३४८
विज्ञाता – ४९५
विज्ञान – ४६७, ४६९, ४८४, ४८२, ४८३, ४९२, ४९४, ४९९, ५००, ५०३, ५०७
विज्ञानघन – ४९४
विज्ञानमय – ४६७, ४६८, ५०५, ५०७
विज्ञानमय आत्मा – ४६१
विज्ञानमय पुरुष – ४९२
विज्ञानवान् – ४४७
विज्ञानवाद – ३३०
विज्ञानवादी – ४९५
विज्ञान–सम्प्रदाय – ७०
विज्ञान–सारथि – ४४७
विज्ञान–स्तुति–इतिहास – ७०
विज्ञानात्मक पुरुष – ४५७
वीणा – ३२४, ४९४
वीणागाथक – ४१८, ४२०
वीणागाथी – ४१९
वीणागायन – ३३१
वीणावाद – २६६
वीणावादन – ३६८, ३८२
वीर्य – ४५८
वीर्य और तप – ११२
वीर – ५७, १११, ११४, ११६, १२०, १२३, १६०, १७०, २१२, ३१७, ३६२
वीरचरित – ८८, १४६
वीरण – ४७
वीर–प्रसूति – ३०३
वीर बहूटी – ४९३
वीर सनाथ – १७४, १९७, २०७, २१२
वीरुध् – २८५
व्रीहि या चावल – २६३, २६४
वुत्री – ४८
वेणु – २४९, ३२४, ३४९, ५२०
वेद – १, ६८, ६९, ७०, ७१, ७५, ७९, ८०, १०७, १०८, १५६, २६४, २६९, २७३, २७४, २७१, २७३, २७४, २८०, २८१, ३३१, ३३२, ३३३, ३३५, ३६६, ३६९, ३८७, ४१९, ४२३, ४२५, ४२९, ४३३, ४४०, ४४६, ४५९, ४६०, ४६५, ४७९, ५०६, ५१४, ५१९, ५२०, ५२१, ५२३, ५२७, ८९, ९२

वेदमीमांसा - ७
वेदप्रामाण्य - ५१९
वेदविद्या - ६९, ४२५, ४२६, ५१६
वेदाध्ययन - ९८, ५०८
वेदाध्यायी - ४६८
वेदांग - ३१५, ४४०, ५१८, ५१९, ५२०, ५२३, ५२६
वेदांग ज्योतिष - २५८, २५९, ५२५, ५२७,
वेदान्त - ७२, ३३२, ४२९, ४३६, ४८१, ५१२
वेदान्तसूत्र - ५१२
वेदि - १५९, २०२, २१३, ३३९, ३४३, ३५०, ३५१, ३५२, ३५३, ३६८, ३७५, ३७७, ३८५, ३८८, ३८९, ४०१, ४१९, ४०९, ४१०, ४१९, ९०, ९२, ११२
वेदिकरण - ३५१
वेदि-निर्माण - ९१, ३६९, ३७०, ४१०, ५२०
वेदिपरिग्रह - ३५१
वेन - २९५, २९६, ३०४
वेन या हिरण्यगर्भ - २८४
वेमा या करघा - २६५
वेशन्ती (कैथीटर) - २८७
वेशी - २६५
वैकर्ण - २६
वैतान - २८२
वैतानसूत्र -२८३
वैतालिकगण - २९७
वैदिक और तांत्रिक - ७७
वैदिक पदानुक्रमकोश - १०८
वैद्य - ५०
वैनायक ग्रह - २८४
वैराग्य - ९७
वैराज्य - ५५
वैराजपद - ४०९, ४१७, ४२६
वैवस्वत - ४२०, ४४१
वैवस्वत यम - २१६
वैसर्जनहोम - ३७८, ३८८
वैष्णव - ३२८
वैष्णव सिद्धान्त - १४७
वैष्णवी - ३४५
वैश्य - ८२
वैश्वदेव - ९०, ९२, ११३, ३७३, ३७४, ३७५, ३७६, ४२२, ५०१
वैश्वदेवग्रह - ३९८
वैश्वदेवचरु - ४०७
वैश्वदेवी पयस्या - ३७४,३७५
वैश्वदेवपर्व - ३७५
वैश्वदेवसाम - ३९८
वैश्वदेवशस्त्र - ३९८
वैश्वानर - ७९, १५१, १८६, ३१५, ३९५, ४४१, ५०४
वैश्वानर अग्नि - ३५५
वैश्वानर आत्मा - ४७६, ४७७
वैश्वानर द्वादशकपाल पुरोडाश - ४०८
वृक - ३८
वृत्ति - ४४८
वृषभ - २२४, २६४, ३४८, ३७६, ४०३, ४०८, ४१०, ४७३, ५१०
वृषा या वृषभ - १४७, १४८, १४९, १५८, २८९
वृष्टि - ३०७
वृष्णि - १३२
वृश्चिक - २८३
वृहदारण्यक - ३३५
वृत्र - ४४, ७९, ८०, ८१, १४२, ३४५, ३४६, ३५१, ३६०, ३६१, ३६२, ३६३, ३७५, ३७६, ३८४, ३९२, ३९३, ३९७, ४०९
वृत्र या वृत्रासुर - १६४, १६५
वृत्रोपाख्यान - १२४
श्मशानचिति - ४१७
श्यापर्णसाकायन - ४१५
श्यामा - २८५
श्यामाक - ९३, २६३, २६४
श्यामाचरण लाहिड़ी - ३७१,
श्यामाक या सांवा - २६३,२६४
श्येतअनड्वान - ४०४
श्येन - १८९, ३००, ३६३, ४१०
श्येनचिति - ४१७
श्येनी -४०८
श्लेषम - २८३
श्लोक - ४९४, ५०५
श्वघ्नी - १६५
श्वन् - ३८
श्वनी - २६६
श्वेत अश्व - ३६९, ३८५, ३८७
श्वेतकुष्ठनाशन - २९३
श्वेतकेतु - ४७४, ४७८, ४७९
श्वेतकेतु औद्दालकि 5 ३८४
श्वेत पर्वत - ५०१
श्वेतवर्ण - ८६
श्वेताश्वतर या श्वेताश्वतरोपनिषद् - ७८, ४३०
श्विक्न - ४२१
शक्वरी साम - २१८
शक - १५
शकट - ३४२, ३४३, ३८६, ३८७, ३८८
शकधूम - ३१७

शक्ति और द्रव्य - ४५४
शकर - ९२, ३७७
शकुन्तला नाडपिती - ४२१
शचीपति - ८१
शचीवत् - ८१
शतकांड - ४७
शतक्रतु - ८१, २१५, १२०, १२२, १३२
शतपथ या शतपथ ब्राह्मण - ९, २५, २६, ८३, ८६, १५६, १५७, १५८, २५८, २६०, २६३, २६७, २८०, ३२३, ३२७, ३२९, ३३४, ३३५, ३३६, ३३७, ३४०, ३५५, ४१०, ४१२, ४१७, ४२०, ४२१, ४२२, ४२६, ४८९, ५२६
शतभुजि - २६७
शतम् - ३७
शतरुद्रिय होम - ३२३
शपथ -३७८, ३८४
शब्द - ५२२
शब्दप्रमाण - ४८१, ५१९
शब्दव्यपदेश - ४८०
शबरस्वामी - ३७४
शब्बिलुल्यूमा - २३, ४०
शम्या - ९२, २६५, ३४२, ३४३, ३४८, ३५०
शम्बर - १६७, २६१, २७६, ३२९
शम् और अक्षति - २०६
शमिता - ३९०
शमी - ४७
शमीगर्भ - ३६८
शमीधान्य - ३४१
शमीवृक्ष - ९१
शर्यात - ३९४
शर्करा - ४१४, ३६८, ३६९
शर्धः - ३८, ८३
शर्याति - २७६
शर्व - ८३, ३६४, ४१४
शरद् - ३३०
शरीर-आत्मा - ५०७
शल्यचिकित्सा - ५२७, ५२८
शलालि - ४७
शवदाह - ९९
शष्प - ४७
शस्या - ४९६, ४९७
शस्त्र - ९३, ९४, ११३, १२९, १७९, २६५, २८३, ३७७, ३७८, ३७९
शस्त्र-ग्रहण - ९७
शस्त्र प्रतिगर - ३९६
शाकटायन - ५२२
शाकल्य - ५१९, ५२२
शाकलक या शाकल शाखा - ५, ९
शाखाछेदन - ३६३
शाद - ४७
शाङ्करभाष्य ब्रह्मसूत्र - ५१७
शांखायन आरण्यक - २६
शांखायन ब्राह्मण - ३२७
शार्ङ्गरव २३
शाण्डिल्य - ४१८, ४७१
शांडिल्यविद्या - ४७१
शांतिक - २८१
शान्तिककर्म - ३२२
शांतिकल्प - २८२, २८४
शान्तिपर्व - ४२५
शांतिपाठ - ४३१, ५०९
शापमोचन - २९८
शाब्दी -३३२
शाब्दीभावना - ३३३
शाबरमन्त्र - २८२
शामुल्य वस्त्र - २२७
शार्दूल - ४०५, ४०६, ४०८
शारीरकसूत्र - ५१२
शारीरिक उत्पत्ति - ४६५,
शाला - ९२, ९४, २६९, ३७९, ३८०, ३८३, ४०१
शाला-निर्माण - ९४, ३०२, ३२०, ३७९
शालासूक्त - २६८
शास्त्र और शस्त्र - १०७, २७१
शास्त्रार्थ - ५०३
शाहटीपे - ३९
शिक्य - ९२
शिकारी - ५०
शिग्रु - २७६
शिति -४०४
शितिपाद् अवि - ३०३
शितिपादः - १३७
शिम्यु - २७६
शिरा-धमनी - २९२
शिल्पी - २७१, ३०२, ३४०
शिल्पशास्त्र - ५२६, ५२८
शिव - ८३, २७६, ४६२
शिवसंकल्पसूक्त - ३२३
शिवि - २७६
शिविका - ५४
शिशिर - ९१

शिंशपा – ४७
शिक्षा – ४५९, ५१८, ५१९, ५२२
शिक्षाशास्त्र – ५१९
शीक्षा वल्ली – ४६६, ५१९
शुक्लयजुर्वेद – ३२७, ३३४, ३३५
शुक्लयजुर्वेदीय शाखा – ४१६
शुक्लयजुर्वेद संहिता – ४३४
शुक्र – ३९२, ३९३, ३९५, ३९७, ४०१, ४३२
शुक्र और शुचि – ३९६
शुक्रतारा – २९७, ३०८, ३०५
शुक्रामन्थीग्रह – ३३०
शुचि – ८६
शुचिपा: – ८३
शुतुद्रि – २२
शुन और सीर – ९९
शुनासीर या शुनासीरीय– ५२, ९२, ९३, ३७३, ३७४
शुन:पुच्छ – ३२९
शुन:शेप – २६१, ३२९, ४०३
शुम्बल – ४७
शुल्बशास्त्र – ५२१
शुल्बसूत्र – ५२०, ५२५, ५२६
शूलगव – ९०, ९१
शूद्र – ८२
शून्यचित्ताकाश – ४८५
शून्यवादी – ४९५
शूर्प – ९२, ३४२
शूरसेन – २५९
शूषम् – १३१
शेली – ७५, १४०
शैलूष – २६६
शैव्य सत्यकाम – ४५४, ४५७
शोकरहितलोक – ५१०
शोकातीत – ५०६
शोचिष्केश – ३५७
शोपेनहावर – ४२९
शोशोनियन – ३३
शौद्रन्याय – ३२९
शौनक – ६३, ५१९
शौनक संहिता – ५
शौनकीय शाखा – २८०
शंकर– ४८५, ४९५
शंङ्कराचार्य – ११०, ४०९, ४२९, ४२६, ४३२, ४३४, ४४३, ४९२, ४९५, ४९६, ४९७, ५०५, ५०९, ५१०
शंकु – २६५
शंख – ४९४
शंगवी – ३६६
शंखध्म – २६६
शङ्खमणि – ३०७
शंभु – ३६६
शंसन– ११३, ४७१
शंयु बार्हस्पत्य – ३६६
षष्टि पथ – ३३६, ३३७
षोडशी – ३२३, ३२८, ३७६, ३९५, ३९९
षोडशकला पुरुष – ४५७, ४५८
षोडशीकला – ४९१
स्कन्द – ४८४
स्कन्दस्वामी – १९
स्ट्रक्चरल लिंग्विस्टिक्स – ५१९
स्टोनहेंज – २५
स्तनयित्नु – ४८८, ४९५, ५०१
स्तंभन – २८२
स्तुतशस्त्र – ४७१
स्तुतिपाठ – १२२
स्तुति–वाक् – १३३
स्तेय – ५०६
स्तोभ – ३७८
स्तोम या स्तोत्र – १२२, १२८, १७९, २४७, ३२४, ३२५, ३७७, ३७८
स्तोत्र या स्तोत्रों – ९३, १३२, ३७७, ३७८, ३७९
स्तोत्र और शस्त्र – ३९९
स्तोत्रवाची – २२२
स्थपति – २७२, ४०६
स्वयमातृण्णा – ४१६, ४१७, ४१८
स्थापत्यवेद – ५१८, ५२६
स्थाली या स्थालीपाक – ९१, २६५, २८२
स्थावर – २८३
स्थूणा –३१०
स्थूणाराज – ३७९
स्थूलभाग – ४७९
स्नायविक ऊर्जा – ४५५
स्नायुकिनाट – ५०३
स्पश् – ८४, १८७
स्पंय – ९२, ३९५, ३४२, ३४३, ३५१, ८७, ११३, १२८, ३४२, ३४७, ३४८, ३५४, ३५७, ३५८, ३६९, ३७०, ३८१, ३८२, ३८५, ३८७, ३९३, ३९५, ४०६, ४०८, ४१२, ४१७, ४२२, ४३५, ४४७, ४५४, ४५५, ४६०, ४६३, ४६०, ४६८, ४७२, ४७७, ४७९, ४८४, ४९२, ४९६, ४९७, ४९८, ५०२, ५०३, ५०४, ५०५, ५१०, ५१८, ४८२, ४८९, ४९०, ४९१, ४९४
स्फोट – ५२३
स्फोटायन – ५२२
स्फोटवाद – ७

स्मर - ३१७, ३१८, ४८३, ४८४
स्मार्त अग्नि - ९०, ९१, ९८
स्मृति- ९६, ३३२, ४८४, ५२०
स्मृति और श्रद्धा - ९८
स्लावोनी - ४८
स्वत्वत्याग - ८९, ११२
स्वर्ज्योति - ३०७
स्वधा - ९०, १४७, २०७, २०८, २०९, ३०५, ३०६, ३७२
स्वधाकार - ५१०
स्वधापान - १७३
स्वधिचरण - ३६६
स्वप्न और जागरित - ४४८
स्वधिति - ४९
स्वप्न - ४६२, ४८७, ४८८, ५०५, ५०६
स्वप्न चैतन्य - ४९३
स्वप्नलोक - ४५१
स्वप्नस्थान - ५०५
स्वबुद्धि व्यवसितकर्म - ३३३
स्वयंवर - २२५
स्वर्भानु - ८८
स्वर्ग- ८९, २०८, ३९५, ४०२
स्वर्गलोक - ३५९, ३६७, ३८९, ३९४, ४४२, ४४२, ४५९, ४७४, ५०८
स्वराट् - १९२, २०८, ४८४
स्वस्त्ययन - २८५
स्वस्त्ययनकर्म - २८३
स्वसृलोक- ४८५
स्वसरं - ११७
स्वस्ति अयन - २९४
स्वाध्याय और प्रवचन - ४६६
स्वापन - ३०६
स्वाराज्य - ५५, ८२, ४००
स्वाहाकार - ३१२, ३५९, ५१०
सगुण-निर्गुण - ७२
स्त्रीलोक- ४८५
सगोत्र विवाह - ५५
सत् - १०७, ११०, ४६७, ४८०, ४९३
सत् और असत् ९७, ३०४, ४५५, ४५६, ४६०
सत्तू - ४०८
सत्त्वविद्या - २१८
सत्य - १०७, १११, ११२, ११४, २०७, २२३, २५४, २६१, ३६९, ३७०, ३७१, ३८२, ३८४, ३९२, ४०१, ४०२, ४०४, ४०६, ४६, ६६, ६९, ७१, ७२, ७३, ८६, ९५, १०१, ४६६, ४८०, ४९०, ४९१, ४९३, ४४०, ४४१, ४५४, ४५९, ४६०, ४६१, ४९५, ५१०, ५११, ५१७, ५१८, ५१९, २७४, ३२१, ५०३
सत्य और अनृत - ३४०, ३४२, ३४४
सत्यकाम जाबाल - २७२, ४७२, ४७३, ४७४, ५०४
सत्य -धृति - ४४५
सत्त्व शुद्धि - ४८४
सत्संकल्प - ९७
सत्त्रायण- ४८६
सत् और चित् - ५१५
सत् और त्यत् - ४९३
सतलज - ४५
सदस् - ५३, २६८, ३१०, ३८६, ६८७
सदस्पति - ८७
सदानीरा - ४४, २६०, ३५५
सदोमण्डप - ३७७
सद्यस्क्रीयाग - ३८५
सधस्थं - १४६, १४७
सन्तपन मरुत् - ९२
सन - ३८१, ३९०, ३९१, ४०५, ४१०, ४१२, ४१४, ४२४
सनत्कुमार- ४८१
सप्तमीचिति - ४१७
सनातन और प्रथम ब्रह्म - ५०८
सप्तकपाल पुरोडाश - ४०४
सप्ततन्तु वितान - १५२
सप्तपदी - ९८
सप्तय: - १४०,१४१
सप्तरथवाहणि - ४१८
सप्तरश्मि - ८७
सप्तविध प्राण - ४५६
सप्तर्षि - २२२
सप्तसिन्धु - ४४, ५४, १३८, १६४, १६७, २५९, ३१४
सपर्या - १७४, २५२
सभ्य - ९१
सभ्याग्नि - ३६९
सभा - ३०२, ३०४
सभा और समिति - १००, ३१८
सभासद् - ३०३, ३१०
सभा-स्थान - २१०
सभा-सदन - १४६, १४७
सम्पतकर्म - ३१२
सम्पाद्य या एकाह - ३७६
सम्मार्जन - ३६६
सम्प्रसाद - ४८६, ४८८, ५०५,

सम्भार - ३९२
सम्मोहन - ३००
समनस्क और शुचि - ४४७
समष्टि - ४५४, ४५८, ४६४, ४९९
समाजविज्ञान - ५१५, ५१८
समान - ४१८, ४५६, ४७७, ४९०, ५०२
समाधि - ४६२
समोआ - ३४
समाधि और प्रज्ञा - ८२
समावर्तन - ४७३
समाहितात्म - ५०४
समिति - ४७४
समिद्ध - १९, ११०, १७३, २००, २३५, २५०, ३५७
समिधा - ९०, ९१, ९२, ९८, २३४, ३५३, ३५७, ३५९, ३६५, ३६८, ३८४, ३९१, ४६०, ४७३, ४७५, ४७७
समिष्ट यजुष् - ३९९
समिष्ट यजुर्होम -३९९
समुद्र - १२८, १६०, १७२, १८६, २१६, २२०, २९०,२९४, २९७, २९८, ३०७, ३१२, ३१६, ३२०, ३२७, ३३०, ३६४, ४०४, ४५, ४६, ४७, ६६, ४५८, ४६१, ४९४, ५१६, ८३, ८५, ८६
सर्यु - ४८
सर्जना और नियमन - ४५८
सर्प - ९१, २८३, ३७९, ३८०, ३९९, ४२०
सर्पदेवजनविद्या- ४८१
सर्पवत् मायावी - ११८
सर्पवेद विद्या - ४२०
सरण्यू - ८१
सरस्वती - १०, २२, २५, २८, ४४, ४५, ५८, ६३, ११६, ११८, १४३, १६१, २५९, २६०, ३२८, ३५५, ३७४, ३९१, ३९५, ४०१, ४०७, ४०८
सरस्वती भारती - ९४
सरमा - ६६, २०४
सरीसृप - ३७४, ३९३
सवन - १३१, ३७६
सवनीय पशु - ३९१, ३९९, ४१८
सवनीय पशुयाग - ९५
सवनीय पुरोडाश - ३९५
सवनीय हवि - ९५
सर्वदर्शन संग्रह - ७
सवर्ग - ३३२
सवनाम - ४००
सवयवसि अजीगर्त - ३२९
सर्वमेध - २२१, ३३५, ४२२, ५०७
सर्वहारावर्ग - २७२
सर्ववित् - ५००
सवाई जयसिंह - ४१९
सविकल्पक प्रत्यक्ष - ४३६
सविता - ६३, ८४, ९२, ९४, ९८, १३६, १३७, १३८, १३९, १५७, १७७, २२४, २२५, २२६, २२८, २४६, २९५, ३१३, ३२९, ३४४, ३४५, ३४९, ३५३, ३६३, ३७४, ३७८, ३८२, ३९१, ३९८, ४००, ४०४, ४०६, ४०७, ४१५, ४१८
ससुर - २३०
सर्षप - ४७१
सहस्त्रफण - ४७
सहस्त्राक्षरा वाक् - १५४
सत्र - ९५, ३२८, ३७६, ४०२, ५२४
साइकोलॉजी - २९७
साकमेध - ९२, ३७३, ३७४, ३७५, ३७६
सर्वायुष - ४६७
साजात्य-व्यवस्था - ५५
सात्ययज्ञ ३७९
सात ज्वाला -४५५
सातछन्द - २१७
सातवलेकर - १३३
सातवाहन-कुषाणकाल- ५२७
सात शीर्षण्य प्राण - ४५५
सान्नाय्य - ३६०, ३६२, ३६३
साम - ८२, ९३, १५६, २१८, २३३, २८१, ३१६, ३२४, ३४६, ३५४, ३७६, ३७७, ३८१, ३८४, ३९७, ४०१, ४०९, ४५५, ४५७, ५११
सामगान - ९५, १२२, ३२४, ३७८, ३९५
सामगायक - १२५
सामनस्य - ३०३, ३०४, ३१८
सामश्रवा - ४९६
सामप्रातिशाख्य - ५१९
सामयोनि - ३२४, ३७७
सामवेद - ७०, ४२०, ४३५, ४५९, ४८१, ४९०, ४९४
सामवेद संहिता - ३२४, ३२५, ३२७, ३७८
सामन् - ५, ६, ८, २२४
साम-संगीत - ५२०
सामाख्य - ३२४
सामिक कर्म - १३२
सामिक गीति - ९३
सामिकधुन - ३२४
सामिध्यमान - ३५४
सामिधेनी - ९१, ३५४, ३५५, ३५६, ३५७
सामी - १३, १५, १८, ३४, ३५
सामोपासना - ४३५, ४७०

सा० या सायण - २०, ६५, १०८, ११४, ११६, ११७, १५३, १६५, १६९, १७८, १८४, १९१, १९२, १९६, २०१, २१३, २१६, २२३, २२४, २२५, २८२, २८४, २८६, ३०४, ३०५, ३०८, ३१८, ४०७
साध्य - ५५
सायणभाष्य - ३७८
सारस्वत इष्टि - ४१८
सारस्वत - ४०५, ४०८
सारस्वत चरु - ९२, ३७४, ३७६
सारस - ३८
सावित्र - ३७४, ४१५
सावित्र अग्नि - ३३१
सावित्र अष्टाकपाल या द्वादशकपाल पुरोडाश - ३७४, ३७६
सावित्र इष्टि - ४२०
सावित्रग्रह - ९५, ३९८
सावित्रचयन - ४२६
सावित्र द्वादशकपाल पुरोडाश -४०७
सावित्री - ८४, ५११
सावित्रीमन्त्र - १३६
साक्षात्कार - ५०८
सात्राजित शतानीक - ४२१
स्थित और यत् - ४९३
स्थिति - ५०४, ५१६
स्मिद् - ४८
स्विष्टकृत् - ९१, ३७२, ३७५
स्विष्टकृत् इष्टि - ३९९
स्विष्टकृत् या स्विष्टकृद्याग - ३६३, ३६४
स्विष्टि - ३००
सिकता - ३६९, ४१४
सिकतावती - २९२
सिदरोम - ४८
सिद्धांजन भाष्य - ३३६
सिद्धान्तदर्पण - २५९
सिद्धान्तमूलक प्रविधि - ५२८
सिन्धु - १५, १६, २२, २५, २८, ४१, ४४, ४५, ५८, १५६, १५७, १६४, २७६, ३१४
सिन्धुघाटी - २६५, ५२७
सिन्धुमातरः - १४१
सिन्धु या सिन्धुमातरः - ८३
सिन्धु लिपि - २७
सिन्धु-सरस्वती युग - २६८
सिन्धु-सारस्वत सभ्यता - २६९
सिनीवाली - ९२, ३१९
सिमैंटिक्स - ५१९
सियुअन - ३३
सिल-बट्टा - ३९७
सिलुब्र - ४८
सिंहली - ३५
सीर - ४८, ५१
सीरिया - ४०
सीसा - २६५, २६६
सुकन्या - ३९४
सुकरात - ५२१
सुकेश भारद्वाज - ४३४, ४[illegible]
सुत्तनिपात - ३७०
सुत्या - ४१८, ४१९, ४२१
सुत्या-दिवस - ३७६, ४०२
सुदास - ८१, ८८, २७६
सुनीति कुमार चटर्जी - २१
सुप्ति - ४५६, ४८६
सुप्ला सहदेव सार्ञ्जय - ३७३
सुप्तविज्ञान - ४९३
सुपर्ण - ८१, १३८, २९३, २९९, ४१६, ४९८, ५०६
सुपर्णचिति - ४१०, ४२६
सुपर्णी - ३८७
सुब्रह्मण्य - ३८३
सुमेरियायी - ४०
सुरा - ३६०, ४०१, ४०२, ४०८
सुराकार - २६६
सुराग्रह - ४०१
सुरापायी - ४७६
सुवास्तु - २२
सुविदत्रेभिः - २०७
सुशिप्र - १२९
सुषिरा - २६३
सुषुप्ति - ४६२, ४८८, ५०६
सुषोमा - ४५,
सुद्युम्न - २७६
सुश्रुत या सुश्रुतसंहिता - ५२७
सुचा - ४१६
सृञ्जय - ३७३
सूक्तवाक् - ३६६
सूची - २६५
सूत - ५६, २६६, ३०२, ३८३, ४०३, ४०४, ४०६, ४१९, ५०७
सूपचरण - ३६६
सूपवंचन - २१३
सूपायन - ११२
सूर्मि -२६३

सूर्य - ६३, ६६, ६८, ७५, ७६, ७८, ८०, ८१, ८४, ८६, ८७, ९०, ९१, ९३, १२३, १२५, १३६, १३७, १३८, १४५, १४६, १४७, १४९, १५१, १५२, १५३, १९४, १९६, २००, २०४, २०९, २१६, २२०, २२२, २२३, २२४, २३४, २५०, २५१, २५८, २६२, २७२, २८५, २९२, २९७, ३०४, ३०५, ३१०, ३१२, ३१४, ३१९, ३२२, ३२६, ३३५, ३६९, ३७०, ३७१, ३७२, ३८५, ३९५, ४०२, ४०५, ४१५, ४१६, ४१७, ४१९, ४२१, ४२२, ४२४, ४२५, ४२६, ४४९, ४५१, ४५५, ४५६, ४५७, ४६०, ४६१, ४६३, ४६८, ४७२, ४७५, ४७८, ४८९, ४९१, ५००, ५१०, ५२४, ५२५, ५२७
सूर्यग्रहण - ८८
सूर्यचक्षु - १४४
सूर्यप्राजापत्य - ४३३
सूर्यमय - ५०७
सूर्यस् - ४१
सूर्यवंश - २७६
सूर्या - ९८, २२४, २२५, २२८, २२९, २६५
सूर्या का विवाह - २२३
सूर्योपासना - १३६
सूत्र - ५००
सूत्र और व्याख्यान - ४९४
सूत्रकाल - २७१
सूत्रग्रन्थ - ५२०
सूक्ष्मभाग - ४७९
सृष्टि और परलोक - १०१
सृष्टि और संवत्सर - ४२५
सृष्टि और ब्रह्माण्ड- ४८५
सृष्टिक्रम - ३६९
सृष्टि -तन्तुवितान - १५२
सृष्टि -प्रक्रिया - ४३९, ४९१
सृष्टि -प्रपंच - ७१, ११०
सृष्टि -यज्ञ १५२, १६०
सृष्टिविद्या - ६५, ६६, ५१५
सृष्टिविज्ञान - ७०, ४१०, ४१२, ४२५, ५१६
स्रुक् - ३९१
स्रुच - ३५२, ३५४
स्रुचा - ३९१
स्रुचाओं का व्यूहन - ३६५
स्रुव - ९२
स्रुव या स्रुवा - ३५२, ३६६, ३८५
सेठना - २६५
सेनक - ५२२
सेनानी - ५५, ५७
सेनापति - ८२, २८३, ४०३
सेमर - २२६
सेमेटरी या कब्रगाह-एच - २१, ३९
सैन्धव नगर - २६७
सैन्धव सभ्यता - ८०
सोम - ९, ११, ४४, ६३, ८१, ८२, ८३, ९९, ११३, ११७, ११९, १२०, १२१, १५५, १५७, १५९, १६०, १६५, १६७, १८६, १९३, १९५, १९६, १९७, २०४, २०९, २२३, २२४, २२५, २२७, २२९, २३६, २३७, २४०, २४६, २५१, २५३, ३११, ३१२, ३१९, ३२०, ३२५, ३२६, ३२७, ३४६, ३४७, ३५०, ३५२, ३६०, ३६१, ३६२, ३६३, ३६७, ३७२, ३७३, ३७४, ३७६, ३७७, ३७८, ३७९, ३८२, ३८३, ३८४, ३८६, ३८७, ३८८, ३९०, ३९१, ३९२, ३९३, ३९४, ३९५, ३९७, ३९८, ३९९, ४०१, ४०२, ४०४, ४०५, ४०७, ४०८, ४२१, ४२४, ४२५, ४६०, ४७५, ४७७, ४९०, ४९१, ५०२
सोमक - २७६
सोमक्रयणी - ३८८
सोमक्रयणी गाय - ३८२
सोम का क्रय - ३७८, ३८२, ३८३, ४०१
सोमग्रह - ४०१
सोमपा - १३२
सोमपान - ५३, ८१, ८२, ९५, ११३
सोमपायिन् या सोमपायी - ११९, १२८, १६७, २०६, २०७, २१०, ३६०, ४०७
सोमपात्र - २३६
सोम पितृमान् - ३७६
सोमप्रिय - २०३
सोमभक्षण - ३००
सोम-यज्ञ - ३७६, ३७९, ३८५
सोमलोक - ४५७, ४६०,
सोमयाग - ९०, ९३, ९४, ९५, ९७, १३२, ३२४, ३२८, ३३५, ३७६, ३७७, ३७९, ३९७, ४०२, ४०९, ४१०, ४१८, ४२०
सोमयाजी - १८४, २१८, ३६२
सोमरस - ८७, ९४, ११३, ११४, ११६, ११७, १२०, १६७, १६८, ३९१
सोमरस एवं सोमपान - १०, ११
सोमवैष्णव - ४२०
सोमसंस्था - १३२, ३२७, ३७६
सोम सात्रासाह - ४२१
सोमाभिषव - ३९२, ४७१
सोमलता - १२९, ३८२
सोलहकला - ४७९
सोलोमन - ३४
सौद्युम्नि - ४२१

सौपर्णाख्य - ३८७
सौम्य चरु - ९५, ३७४, ३७६, ३९८, ४०७
सौर्यायणी गार्ग्य - ४५४, ४५६
सौर अग्नि - १६०
सौर ऊर्जा - ३६९
सौर तेज - ८४, ८७, १५६, १६१
सौर परिवार - ८५
सौर देवता- १४६
सौरपिण्ड - ८४
सौरवर्ग - ८४
सौर शक्ति - ४२५
सौत्रामणी - ३२३, ३३५, ४०८
संकर्मार - २१९
संकल्प - ४८२, ४८४, ४९०, ५०७
संकल्प-विकल्प -४४०
संकल्पशक्ति - ३२०
संगत और सुनृता - ४४१
संगीतात्मक तारता - ५२०
संगृहीता - ४०३, ४०४, ४१९
संघात - ४७९
संचयन -२८३
सृंजय - २७६
संदंश -२६८
संधूनुहि - १३३
संन्यास - ४७०, ४७१
संन्यास-योग - ४६१
संवत्सर - ६६, १५४, १६०, १७९, २५४, २५८, २५९, ३१५, ३२१, ३३०, ३५१, ३५४, ३५८, ३५९, ३६१, ३६२, ३७१, ३९४, ३९६, ३९८, ४०२, ४०७, ४०८, ४१३, ४१४, ४१७, ४१८, ४१९, ४१५, ४६०, ४७४, ४७५, ४८९, ४९१, ५०१, ५०८, ५२४
संवत्सर-चक्र - ९५, १६१, ४२५
संवत्सर वास - ४५४
संवत्सर सत्त - ३३५
संवर्ग या मधु विद्या - ४७२, ५१७
संवर्गविद्या - ४७२
संवाद और परिप्रश्न - ९८
संस्कार - ९६,९७
संस्काराधान - ४६५
संसार चक्र - ४७१
संसारवाद - ४७१, ४७६
संसारी जीव - ४६५
संसृपा हवि - ४०३, ४०७
संहितापर्व - ३६२
संहितापाठ - ७३, ५१९
संज्ञप्त अश्व - ४२१
संज्ञपन - ९३, ४१९
सांख्य - ४३६
सांसारिक परिग्रह - ८२
श्रद्धा - २५०, ३२१, ३३१, ३७०, ४८३, ५०२, ४५४, ४५८, ४५९, ४७५
श्रद्धा-अश्रद्धा - ४९०
श्रमण - २७५, ५०६
श्रमण और आगमिक संस्कृति - २६०
श्रमणपरम्परा - ४५९, ४७०, ५१७
श्रवण और मनन - ४९५, ५१६
श्रवणा - ९०, ९१
श्राद्ध - २८३
श्राद्धकाल -४४८
श्रावणीपूर्णिमा ३७५
श्री - १२०,१३३, १६९, ३३१, ३७३, ४०१, ४०२, ४१२
श्री अरविन्द - ७, ६५, १०७, १०८, ४२५
श्रुतसेन - ४२०
श्रुति - ४२५
श्रुति-स्मृति-शिष्ट जन-४४२
श्रेढी या श्रेढी गणित - ५२४, ५२५
श्रेयस् - २७३, २७४, २९८
श्रेयस् -प्रेयस् - ४४४
श्रेयस् -निःश्रेयस् - ६९
श्रेयोरूप धर्म - ४९०
श्रोत्र - ९५, ४१७, ४५४, ४५५, ४६०, ४६८, ४७२, ४७३, ४७५, ४७७, ४९२, ४९८, ५००, ५०३, ५०८
श्रोत्रिय - ४०६, ४२०, ५०६
श्रौत अग्नि - ३००
श्रौत कर्मकाण्ड - २८४
श्रौत प्रातिश्रुत्क - ५०२
श्रौतविधि - ३३२
श्रौतसंस्था - ९१
श्रौतसूत्र - ३३२, ३३७, ३७३, ५२०, ५२१
श्रौतयज्ञ विधान - २८१
श्रौष्टी - १९५
ह्वाइटहैड - ६५, ५१५
हड़प्पा - २१, २२, ३९, ४१
हन्तकार - ५१०
हफ़्त - ४०
हर्मेन्यूटिक्स - ५१९, ५२१
हर्यश्व - १९६
हरमत्ता - २७

हराटकी - २८५
हरि या ईषा - २६३
हरिकेश - ८१
हरिताश्व - २१५
हरिद्र - ४७
हरिवः - ११७
हरिवान् इन्द्र - ९४
हरिशया - ३८४
हरिश्चन्द्र - ३२८, ३२९
हव्य - २०७, २१०
हव्यदाति - ३५५
हवन - ९३, ९४, ३३२, ३६१, ३६२, ३६५, ३७०, ३७२, ३७६, ३७७, ३८८, ४२२, ४७५, ५०१
हवाई - ३४
हवि - ६६, ७८, ९१, ९३, ११६, १७०, १७४, १७५, १८४, १९१, १९८, १९६, १९९, २००, २०३, २०४, २०५, २०६, २०७, २१०, २२१, २३३, २३८, २३९, २५०, २५२, २५३, २८९, २९१, ३०४, ३०६, ३४१, ३४२, ३४४, ३४६, ३४७, ३४८, ३४९, ३५८, ३६०, ३६१, ३६२, ३६४, ३६६, ३६७, ३७३, ३७४, ३७५, ३७६, ३८३, ३८५, ३९०, ३९८, ३९९, ४०२, ४०३, ४०४, ४०५, ४०७, ४१०, ४१४, ४२४
हविर्धान - २६८, ३४३, ३८६, ३८८, ३९५
हविर्धान मण्डप - ३७७
हविर्धानी गोशाला - २६८
हविर्याग या हविर्यज्ञ - ९०, ९१, ९५, ९७, ३४०, ३६१
हविष्मन्तः -३५५
हविष्यान्न - १७५
हवि - सपर्या - १९७
हस्त - ३७०
हस्तिप - २६६
हस्तिन् - ३८
हस्तिनापुर - २६७, २६८, ३३६,
हल - ९७, ९९, २३५, २६३,२६४, २९८, ३७४
हॉटेनटॉट - ३४
हानोपादान - ४३६
हारिद्रुमत गौतम - ४७३
हारियोजन - ३९८
हामी - १३, १८, ३४, ३५
हारीत - ५२७
हिक्सॉस - ५१
हिटाइट - ३७
हित्ती (खित्ती) - १४, २३, ४०, ४१
हिता नाम - ४९२, ५०४, ५०६
हिन्दुकुश - २२, ४४
हिब्रू - ७, २४
हिमालय - ४४, २६०, ३५५
हिरण्मयकोश - ३२१
हिरण्मय पात्र - ४३३
हिरण्मय पुरुष - ५०५
हिरण्य - ४८, ४९, २६२, २६५, २६७, ३१५, ३६९, ३८२, ३९७, ४०३, ४१७, ४८४, ५१२
हिरण्य इष्टका - ४१४
हिरण्य-पात्र - ४०२
हिरण्यपाणि - १३८, १३९
हिरण्यशकल - ४१८
हिरण्यकार - २६६
हिरण्यगर्भ - ३०४, ३०९, ३१०
हिरण्यमय - ८६
हिरण्यनाभ कौशल्य - ४५७
हिरण्यमय परमकोश - ४६०
हिरण्यपुरुष - ४१६
हिरण्यवती - आहुति - ३८२
हिरण्यवर्तनि - ८५
हिरण्यशम्यं -१३७
हिरण्यस्तूप - ३६२
हिन्दी - ३५
हिन्दू धर्म - २६४
हिन्दू लॉ - ५२१
हिरण्याक्ष - १३८
ह्विटनी -२८६, २९७, ३०५, ३०९, ३११
हिसार - ३९
हीगेल - ७२
ह्वीलर - २६
हूण - १५
हेमचन्द्र रायचौधरी - २६, २५८, ३३६, ४३०
हेमन्त - ९१, ३५९
हैरण्यनाभ - ४२०
होता - ९२, १०९, १११, १३२, १५१, १९९, २८१, ३५८, ३७७, ३८६, ४९६
होतृकर्म - ३५०
होतृगण - ३८७
होतृचमस - ३९५
होतृप्रधानगण - १२९
होम - ९१, ९३, ९४, १३१, २८३, २८५, ३१३, ३५७, ३७०, ३७५, ३९०, ३९५, ३९९, ४०२, ४०७, ४९७
होमर - १८

हंस - ३८, ४७, २१, ५०५
हंस (शर)- २८७
क्षत्ता - ४०३, ४०४, ४७२, ४१९
क्षत-धृति - ४०३
क्षारपाणि - ५२७
क्षत्र - ९६, १५१, ५११
क्षत्रयोनि - ४७६
क्षत्रविद्या - २८२, ४८१, ५२६, ५२८
क्षत्रवेद - २८०, २८१
क्षत्रस्थानीय - ३७२
क्षत्रियविद्या - ४७६,
क्षात्रवेदात्मक पक्ष - ३००
क्षीर होता - ३७१
क्षेत्र- ४८९
क्षेत्रमापन (मैन्सुरेशन) ५२५, ५२६
क्षेत्रपति - ४७, ५२, ९९, २९८
क्षेत्रपत्यचरु -४०८
क्षेत्रेशचन्द्र चट्टोपाध्याय - २०, ८६, १०८, १६५, २८१
क्षेत्रिय रोग - २९८
क्षौम - २६५
क्षौरकर्म - ३७७, ३८०
क्षुद्रजीव - ४७६
त्र्यम्बक - ८३
त्र्यम्बक होम - ९३
त्रयस्त्रिंशत् - ४२२
त्रयस्त्रिंश स्तोम - ४२१
त्रयी - ८
त्रयीविद्या - ३४६, ४१२, ५११, ५२८
त्रिगुण - ४७८
त्रिगुणावृत पुण्डरीक - ३२१
त्रिग्राहिणी - ४१६
त्रितय - ४४२
त्रिदोष सिद्धान्त - ५२८
त्रिधा - ४७९
त्रिणाचिकेत - ४४२
त्रिणाचिकेताग्नि - ४४७
त्रिणव - ४२२
त्रि-षप्ताः - २८६
त्रिष्टुप् - १४६, १५६, २०५, २४७, ३५४, ३६४, ३६५, ३९७
त्रिषधस्थ - ७८
त्रिवृत् अग्नि - ४१२
त्रिवृत् - ४७९
त्रिवृत् स्तोम - ७७, ९४, ३२४, ३९९
त्रिशूल - २८९
त्रिसंयुक्त एवं द्विसंयुक्त इष्टि - ४०३
ज्ञान-कर्म-समुच्चय - ४०९, ४५४
ज्ञानकाण्ड - ४०९
ज्ञान-साधना - ५१७
ज्ञानयोग - ८२